TERCEIRA 20
EDIÇÃO 25

Guilherme Magalhães **Martins**
João Victor Rozatti **Longhi**
José Luiz de Moura **Faleiros Júnior**
COORDENADORES

COMENTÁRIOS À LEI GERAL DE PROTEÇÃO DE DADOS PESSOAIS
—— LEI 13.709/2018 ——

Alexandre Pereira **Bonna** • Arthur Pinheiro **Basan** • Bianca **Kremer** • Bruno **Miragem** • Cecília **Dantas** • Chiara Spadaccini de **Teffé** • Cíntia Rosa Pereira de **Lima** • Cristiano **Colombo** • Daniela Copetti **Cravo** • Eduardo **Tomasevicius Filho** • Guilherme Damasio **Goulart** • Guilherme Magalhães **Martins** • Gustavo da Silva **Melo** • Isabella Z. **Frajhof** • João Victor Rozatti **Longhi** • José Luiz de Moura **Faleiros Júnior** • José Sérgio da Silva **Cristóvam** • Juliano **Madalena** • Kelvin **Peroli** • Lucas Colombera Vaiano **Piveto** • Marcos **Ehrhardt Júnior** • Mariana de Moraes **Palmeira** • Mariella **Pittari** • Pedro **Modenesi** • Pedro Rubim Borges **Fortes** • Pietra Daneluzzi **Quinelato** • Rafael A. F. **Zanatta** • Rafael de Freitas Valle **Dresch** • Roberta **Densa** • Roger Vieira **Feichas** • Tatiana Meinhart **Hahn** • Têmis **Limberger**

Dados Internacionais de Catalogação na Publicação (CIP) de acordo com ISBD

C732

Comentários à Lei Geral de Proteção de Dados Pessoais / Alexandre Pereira Bonna ... [et al.] ; coordenado por Guilherme Magalhães Martins, João Victor Rozatti Longhi, José Luiz de Moura Faleiros Júnior. - 3. ed. - Indaiatuba, SP : Editora Foco, 2025.

816 p. ; 17cm x 24cm.

Inclui índice e bibliografia.

ISBN: 978-65-6120-537-5

1. Direito. 2. Direito digital. 3. Lei Geral de Proteção de Dados Pessoais. I. Bonna, Alexandre Pereira. II. Basan, Arthur Pinheiro. III. Kremer, Bianca. IV. Miragem, Bruno. V. Dantas, Cecília. VI. Teffé, Chiara Spadaccini de. VII. Lima, Cíntia Rosa Pereira de. VIII. Colombo, Cristiano. IX. Cravo, Daniela Copetti. X. Tomasevicius Filho, Eduardo. XI. Goulart, Guilherme Damasio. XII. Martins, Guilherme Magalhães. XIII. Melo, Gustavo da Silva. XIV. Frajhof, Isabella Z. XV. Longhi, João Victor Rozatti. XVI Faleiros Júnior, José Luiz de Moura. XVII. Cristóvam, José Sérgio da Silva. XVIII. Madalena, Juliano. XIX. Peroli, Kelvin. XX. Piveto, Lucas Colombera Vaiano. XXI. Ehrhardt Júnior, Marcos. XXII. Palmeira, Mariana de Moraes. XXIII. Pittari, Mariella. XXIV. Modenesi, Pedro. XXV. Fortes, Pedro Rubim Borges. XXVI. Quinelato, Pietra Daneluzzi. XXVII. Zanatta, Rafael A. F. XXIX. Dresch, Rafael de Freitas Valle. XXX. Densa, Roberta. XXXI. Feichas, Roger Vieira. XXXII. Hahn, Tatiana Meinhart. XXXIII. Limberger, Têmis. XXXIV. Título.

2025-2571 CDD 340.0285 CDU 34:004

Elaborado por Vagner Rodolfo da Silva - CRB-8/9410

Índices para Catálogo Sistemático:

1. Direito digital 340.0285   2. Direito digital 34:004

TERCEIRA
EDIÇÃO

Guilherme Magalhães **Martins**
João Victor Rozatti **Longhi**
José Luiz de Moura **Faleiros Júnior**
C O O R D E N A D O R E S

COMENTÁRIOS À LEI GERAL DE PROTEÇÃO DE DADOS PESSOAIS

LEI 13.709/2018

Alexandre Pereira **Bonna** • Arthur Pinheiro **Basan** • Bianca **Kremer** • Bruno **Miragem** • Cecília **Dantas** • Chiara Spadaccini de **Teffé** • Cíntia Rosa Pereira de **Lima** • Cristiano **Colombo** • Daniela Copetti **Cravo** • Eduardo **Tomasevicius Filho** • Guilherme Damasio **Goulart** • Guilherme Magalhães **Martins** • Gustavo da Silva **Melo** • Isabella Z. **Frajhof** • João Victor Rozatti **Longhi** • José Luiz de Moura **Faleiros Júnior** • José Sérgio da Silva **Cristóvam** • Juliano **Madalena** • Kelvin **Peroli** • Lucas Colombera Vaiano **Piveto** • Marcos **Ehrhardt Júnior** • Mariana de Moraes **Palmeira** • Mariella **Pittari** • Pedro **Modenesi** • Pedro Rubim Borges **Fortes** • Pietra Daneluzzi **Quinelato** • Rafael A. F. **Zanatta** • Rafael de Freitas Valle **Dresch** • Roberta **Densa** • Roger Vieira **Feichas** • Tatiana Meinhart **Hahn** • Têmis **Limberger**

2025 © Editora Foco

Coordenadores: Guilherme Magalhães Martins, João Victor Rozatti Longhi e José Luiz de Moura Faleiros Júnior

Autores: Alexandre Pereira Bonna, Arthur Pinheiro Basan, Bianca Kremer, Bruno Miragem, Cecília Dantas, Chiara Spadaccini de Teffé, Cíntia Rosa Pereira de Lima, Cristiano Colombo, Daniela Copetti Cravo, Eduardo Tomasevicius Filho, Guilherme Damasio Goulart, Guilherme Magalhães Martins, Gustavo da Silva Melo, Isabella Z. Frajhof, João Victor Rozatti Longhi, José Luiz de Moura Faleiros Júnior, José Sérgio da Silva Cristóvam, Juliano Madalena, Kelvin Peroli, Lucas Colombera Vaiano Piveto, Marcos Ehrhardt Júnior, Mariana de Moraes Palmeira, Mariella Pittari, Pedro Modenesi, Pedro Rubim Borges Fortes, Pietra Daneluzzi Quinelato, Rafael A. F. Zanatta, Rafael de Freitas Valle Dresch, Roberta Densa, Roger Vieira Feichas, Tatiana Meinhart Hahn e Têmis Limberger

Diretor Acadêmico: Leonardo Pereira

Editor: Roberta Densa

Coordenadora Editorial: Paula Morishita

Revisora Sênior: Georgia Renata Dias

Revisora Júnior: Adriana Souza Lima

Capa Criação: Leonardo Hermano

Diagramação: Ladislau Lima e Aparecida Lima

Impressão miolo e capa: FORMA CERTA

DIREITOS AUTORAIS: É proibida a reprodução parcial ou total desta publicação, por qualquer forma ou meio, sem a prévia autorização da Editora FOCO, com exceção do teor das questões de concursos públicos que, por serem atos oficiais, não são protegidas como Direitos Autorais, na forma do Artigo 8º, IV, da Lei 9.610/1998. Referida vedação se estende às características gráficas da obra e sua editoração. A punição para a violação dos Direitos Autorais é crime previsto no Artigo 184 do Código Penal e as sanções civis às violações dos Direitos Autorais estão previstas nos Artigos 101 a 110 da Lei 9.610/1998. Os comentários das questões são de responsabilidade dos autores.

NOTAS DA EDITORA:

Atualizações e erratas: A presente obra é vendida como está, atualizada até a data do seu fechamento, informação que consta na página II do livro. Havendo a publicação de legislação de suma relevância, a editora, de forma discricionária, se empenhará em disponibilizar atualização futura.

Erratas: A Editora se compromete a disponibilizar no site www.editorafoco.com.br, na seção Atualizações, eventuais erratas por razões de erros técnicos ou de conteúdo. Solicitamos, outrossim, que o leitor faça a gentileza de colaborar com a perfeição da obra, comunicando eventual erro encontrado por meio de mensagem para contato@editorafoco.com.br. O acesso será disponibilizado durante a vigência da edição da obra.

Impresso no Brasil (6.2025) – Data de Fechamento (6.2025)

2025

Todos os direitos reservados à
Editora Foco Jurídico Ltda.
Rua Antonio Brunetti, 593 – Jd. Morada do Sol
CEP 13348-533 – Indaiatuba – SP
E-mail: contato@editorafoco.com.br
www.editorafoco.com.br

SOBRE OS AUTORES

COORDENADORES

GUILHERME MAGALHÃES MARTINS

Procurador de Justiça do Ministério Público do Estado do Rio de Janeiro. Professor associado de Direito Civil da Faculdade Nacional de Direito – Universidade Federal do Rio de Janeiro – UFRJ. Professor permanente do Doutorado em Direito, Instituições e Negócios da Universidade Federal Fluminense – UFF. Pós-doutor em Direito Comercial pela Faculdade de Direito da Universidade de São Paulo – USP – Largo de São Francisco (2021). Doutor em Direito Civil (2006), Mestre em Direito Civil (2001) e Bacharel (1994) pela Faculdade de Direito da Universidade do Estado do Rio de Janeiro. É professor do Mestrado da Faculdade de Direito da Universidade Cândido Mendes-Centro. Foi professor visitante do Mestrado e Doutorado em Direito e da Graduação em Direito da Universidade do Estado do Rio de Janeiro (2009-2010). É Membro Honorário do Instituto dos Advogados Brasileiros – IAB NACIONAL, junto à Comissão de Direito do Consumidor. Leciona Direito Civil, Direito do Consumidor e temas ligados ao Direito da Tecnologia da Informação e aos novos direitos. Diretor do Instituto Brasilcon – Instituto Brasileiro de Política e Direito do Consumidor, Associado Fundador do IBERC – Instituto Brasileiro de Estudos em Responsabilidade Civil, Diretor da MPCON – Associação Nacional do Ministério Público do Consumidor, membro fundador do IAPD – Instituto Avançado de Proteção de Dados, e associado do IBDFAM- Instituto Brasileiro de Direito de Família, tem participado como palestrante de diversos congressos e simpósios jurídicos, nacionais e internacionais. Autor dos livros Contratos eletrônicos de consumo (4.ed. São Paulo: Atlas, 2023), Responsabilidade civil por acidente de consumo na Internet (3.ed. São Paulo: Revista dos Tribunais, 2020) e O direito ao esquecimento na sociedade da informação (2.ed. Indaiatuba: Foco, 2025). Coordenador de diversas obras coletivas.

JOÃO VICTOR ROZATTI LONGHI

Defensor Público do Estado do Paraná. Professor Visitante do Programa de Pós-Graduação em Direito da Universidade Estadual do Norte do Paraná (UENP), mestrado e doutorado. Pós-Doutor no International Post-doctoral Programme in New Technologies and Law do Mediterranea International Centre for Human Rights Research (MICHR – Università "Mediterranea" di Reggio Calabria), Itália. Pós-Doutor em Direito pela UENP. Doutor em Direito do Estado na Faculdade de Direito da Universidade de São Paulo (USP). Mestre em Direito Civil pela Universidade do Estado do Rio de Janeiro (UERJ). Bacharel em Direito pela Universidade Estadual Paulista – UNESP, com intercâmbio na Universidade de Santiago de Compostela (Espanha). Foi bolsista CAPES em nível Pós-Doutorado (PNPD-CAPES). Foi pesquisador bolsista da Fundação Carlos Chagas Filho de Amparo à Pesquisa do Estado do Rio de Janeiro (FAPERJ), nível mestrado, e da Fundação de Amparo à Pesquisa do Estado de São Paulo (FAPESP), em grau de iniciação científica. Foi professor Adjunto da Faculdade de Direito da Universidade Federal de Uberlândia-MG (UFU) em graduação, pós-graduação lato sensu (especialização) e pós-graduação stricto sensu (mestrado). Foi Professor Substituto da Universidade Estadual do Oeste do Paraná (Unioeste). Foi professor no Centro de Ensino Superior de Foz do Iguaçu (CESUFOZ) e da União Dinâmica das Faculdades das Cataratas (UDC). Atuou como professor convidado em programas de pós-graduação lato sensu, como o da Escola da Magistratura do Estado do Paraná, Complexo Damásio de Jesus, Faculdade de Direito de Ribeirão Preto-USP, Curso Proordem, Universidade Pitágoras, PUC-Rio, ESA/OAB-RJ e dos programas executivos do IBMEC-Rio. Foi tutor de pesquisas da Escola de Direito do Rio de Janeiro da Fundação Getúlio Vargas (FGV-Rio). Aprovado em 1° lugar no III Concurso da Defensoria Pública do Estado do Paraná. Autor de obras dedicadas ao estudo do Direito Digital.

JOSÉ LUIZ DE MOURA FALEIROS JÚNIOR

Doutor em Direito Civil pela Faculdade de Direito da Universidade de São Paulo – Usp/Largo de São Francisco. Doutor em Direito, na área de estudo Direito, Tecnologia e Inovação, pela Universidade Federal de Minas Gerais – UFMG. Mestre e Bacharel em Direito pela Universidade Federal de Uberlândia – UFU. Especialista em Direito Processual Civil, Direito Civil e Empresarial, Direito Digital e Compliance. Professor dos Cursos de Graduação em Direito e Mestrado em Direito da Faculdade Milton Campos (Nova Lima-MG, Brasil) e da Skema Law School (Belo Horizonte, MG, Brasil). Supervisor Acadêmico do curso de Pós-Graduação em Direito Privado, Tecnologia e Inovação da Escola Brasileira de Direito – Ebradi. Professor convidado de cursos de pós-graduação lato sensu e LLMs em Direito Digital na Escola Brasileira de Direito – Ebradi, na Universidade do Vale do Rio dos Sinos – Unisinos, na Fundação Escola Superior do Ministério Público do Rio Grande do Sul – FMP/RS, na Pontifícia Universidade Católica do Paraná – PUC/PR e no Instituto de Tecnologia e Sociedade do Rio de Janeiro – ITS-Rio. Associado e 1 Vice-Presidente do Instituto Brasileiro de Estudos de Responsabilidade Civil – IBERC e do Instituto Avançado de Proteção de Dados – IAPD. Membro da Red Iberoamericana de Investigadores y Docentes de Derecho y Informática – RED CIIDDI. Membro e Pesquisador do Centro de Pesquisa em Direito, Tecnologia e Inovação – Centro DTIBR. Pesquisador do Grupo de Estudos em Direito e Tecnologia – DTec (UFMG, Brasil). Editor da Brazilian Journal of Law, Technology and Innovation (ISSN 2965-1549). Membro da Comissão Executiva da Revista IBERC (ISSN 2595-976X). Advogado.

AUTORES

ALEXANDRE PEREIRA BONNA

Doutor em Direito pela Universidade Federal do Pará – UFPA (2018), com sanduíche na University of Edinburgh. Mestre em Direito pela Universidade Federal do Pará – UFPA (2015). Graduado em Direito pela Universidade Federal do Pará – UFPA (2012). Professor de graduação e pós-graduação do CESUPA. Professor Orientador da Liga Acadêmica Jurídica do Pará – LAJUPA. Parecerista das Revistas Civilística, Quaestio Iuris e REDES. Associado Fundador e Diretor Adjunto do Instituto Brasileiro de Estudos de Responsabilidade Civil – IBERC. Advogado-Sócio do Escritório Coelho de Souza.

ARTHUR PINHEIRO BASAN

Doutor em Direito da Universidade do Vale do Rio dos Sinos (Unisinos), Mestre em Direito na Faculdade de Direito Prof. Jacy de Assis, da Universidade Federal de Uberlândia (UFU). Pós-graduado em Direito Constitucional Aplicado pela Faculdade Damásio (2014). Possui graduação em Direito pela Universidade Federal de Uberlândia (2013). Associado Titular do Instituto Brasileiro de Estudos em Responsabilidade Civil – IBERC. Tem experiência na área de Direito, com ênfase em Teoria Geral do Direito, Direito Civil, Direito do Consumidor e Direito Digital, atuando principalmente na área de Direitos Fundamentais. Atualmente é Professor Adjunto na Universidade de Rio Verde (UNIRV).

BIANCA KREMER

Doutora em Direito pela PUC-Rio (2021), com estágio pós-doutoral no Geneva Graduate Institute – IHEID (Capes/Print 2024). Mestre em Direito Constitucional pela Universidade Federal Fluminense – UFF (2016). Graduada em Direito pela Universidade Federal do Rio de Janeiro – UFRJ (2013). Atualmente é professora visitante e coordenadora de pesquisa no Centro de Tecnologia e Sociedade da Fundação Getúlio Vargas – CTS/ FGV Direito Rio, no Projeto Data Regulations (2023 – presente). Pesquisadora do Núcleo Legalite – PUC-Rio (2018 – presente). Membro do Instituto Brasileiro de Estudos de Responsabilidade Civil – IBERC. Membro do Instituto Brasileiro de Direito Civil (IBDCivil). Foi professora de Direito Civil e Direito Digital no Instituto Brasileiro de Ensino, Desenvolvimento e Pesquisa (IDP) (2021-2025). Foi pesquisadora visitante no Instituto Weizenbaum (2024) e no Center for Law and Digital Technologies da Universidade de Leiden (bolsista Coimbra Group – 2016). Foi professora substituta de Direito Privado na UFF (2018-2020) e Direito Civil/ Direito Internacional Privado na UFRJ (2015-2016). Professora convidada de cursos de pós-graduação e extensão na PUC-Rio, FGV Direito Rio, CEPED-UERJ, EBRADI, ITS-Rio, Escola Superior de Advocacia (ESA-OAB/RJ), Fesudeperj, Instituto Infnet, Verbo Jurídico, Escola de Governança da Internet (EGI – CGI.br), IDDD, Instituto New Law, Future Law e Data Privacy Brasil. Tem experiência nas áreas de Direito Civil, Teoria Geral do Direito Privado e Direito Digital, atuando principalmente nos seguintes temas: direitos da personalidade, privacidade e proteção de dados, governança de IA, governança da internet, pensamento afrodiaspórico e decolonialidade. Atualmente é conselheira titular do Comitê Gestor da Internet no Brasil (CGI.br) representante do terceiro setor (mandato 2024-2026). Autora do livro Algoritmos, Vieses Raciais e o Direito pela Editora Lumen Juris (no prelo). Para mais informações, acesse: www.biancakremer.com.br.

BRUNO MIRAGEM

Professor Associado da Faculdade de Direito da Universidade Federal do Rio Grande do Sul – UFRGS. Professor Permanente no Programa de Pós-Graduação em Direito da UFRGS. Professor Associado Convidado da Universidade de Coimbra. É Doutor e Mestre em Direito pela Faculdade de Direito da Universidade Federal do Rio Grande do Sul (UFRGS). É graduado em Ciências Jurídicas e Sociais pela mesma instituição, onde igualmente obteve os títulos de Especialista em Direito Internacional. Ex-Presidente Nacional do Instituto Brasileiro de Política e Direito do Consumidor (Brasilcon). Recebeu dois Prêmios Jabuti, da Câmara Brasileira do Livro, na categoria Direito, pela melhor obra jurídica, nos anos de 2013 e 2016. Tem experiência atuação acadêmica e exercício da advocacia nas áreas de Direito Civil, Direito Empresarial, do Direito do Consumidor, Direito Econômico e Direito Administrativo. Advogado e parecerista.

SOBRE OS AUTORES

CECÍLIA DANTAS

Mestre em Direito Civil pela Panthéon-Assas Université – Paris. Pós-graduada em Direito Administrativo pelo IDP – Instituto de Direito Público. Advogada em São Paulo.

CHIARA SPADACCINI DE TEFFÉ

Doutora e mestre em Direito Civil pela Universidade do Estado do Rio de Janeiro (UERJ), tendo sido aprovada com distinção, louvor e recomendação para publicação. Graduada em Direito pela Universidade Federal do Rio de Janeiro (UFRJ), quando foi bolsista de iniciação científica do CNPq e da FAPERJ. Atualmente, é coordenadora acadêmica da pós-graduação em Direito Digital do Instituto de Tecnologia e Sociedade do Rio (ITS Rio), em parceria com a UERJ, e professora de Direito Civil e Direito Digital na faculdade de Direito do IBMEC. Pós-graduada em Direito Civil e em Processo Civil (lato sensu), bem como em Ciências Jurídicas Aplicadas à Advocacia Pública (lato sensu), pelo Gran Centro Universitário (2025). Leciona em cursos específicos de pós-graduação e extensão do CEPED-UERJ, da PUC-Rio, da EMERJ e do ITS Rio. Membro da Comissão de Proteção de Dados e Privacidade da OAB/RJ. Membro da Comissão de Direito Civil do Conselho Seccional do Rio de Janeiro da OAB (2022/2024). Membro da comissão de direitos autorais, direitos imateriais e entretenimento (2025/2027). Membro do Fórum Permanente de Liberdade de Expressão, Liberdades Fundamentais e Democracia da EMERJ. Membro do Fórum permanente de inovações tecnológicas no Direito da EMERJ. Foi professora substituta de Direito Civil na UFRJ. Associada ao Instituto Brasileiro de Estudos em Responsabilidade Civil (IBERC). Membro Titular do Conselho Municipal de Proteção de Dados Pessoais e Privacidade do Rio de Janeiro. Atua como advogada em áreas do Direito Civil e do Direito Digital e como consultora em proteção de dados pessoais. Autora dos livros "Dados pessoais sensíveis: qualificação, tratamento e boas práticas" e "Proteção do direito à imagem na Internet: da identificação do dano à sua compensação".

CÍNTIA ROSA PEREIRA DE LIMA

Livre-Docência em Direito Civil Existencial e Patrimonial pela Faculdade de Direito de Ribeirão Preto (USP). Pós--Doutora em Direito Civil na Università degli Studi di Camerino (Itália) com fomento CAPES (2014-2015). Doutora em Direito Civil pela Faculdade de Direito da USP (2004-2009) com estágio na Universidade de Ottawa (Canadá) com bolsa CAPES – PDEE – Doutorado Sanduíche. Graduada pela Faculdade de Direito pela Universidade Estadual Paulista Júlio de Mesquita Filho – UNESP (2002). Advogada, Membro da Comissão de Direito Digital da OAB de Ribeirão Preto. Foi professora e orientadora na pós-graduação da Faculdade de Direito da USP – Largo São Francisco (2010 – 2018). Atualmente é Professora de Direito Civil da FDRP/USP. Tem experiência na área de Direito, com ênfase em Proteção de Dados Pessoais, Direito Civil, Direito do Consumidor, Direito Digital e Inteligência Artificial, tendo lecionado estas matérias em diversas ocasiões. É autora de diversos livros, artigos publicados em periódicos e capítulos em obras coletivas. Líder do Grupo de Pesquisa: Observatório da LGPD (http://dgp.cnpq.br/dgp/espelhogrupo/4485179444454399) e do Grupo de Pesquisa: Observatório do Marco Civil da Internet no Brasil (http://dgp.cnpq.br/dgp/espelhogrupo/2215582162179038). Presidente do Instituto Avançado de Proteção de Dados (IAPD) e Pesquisadora do Programa Ano Sabático do IEA-RP (fev. a ago 2020). Coordenadora do Grupo de Estudos "Direito e Tecnologia" (Tech Law) do IEA-RP (2020 – atual).

CRISTIANO COLOMBO

Pós-Doutor em Direito junto à Pontifícia Universidade Católica do Rio Grande do Sul (PUCRS). Doutor em Direito pela Universidade Federal do Rio Grande do Sul (UFRGS). Mestre em Direito pela Universidade Federal do Rio Grande do Sul (UFRGS). Bacharel em Ciências Jurídicas e Sociais pela Pontifícia Universidade Católica do Rio Grande do Sul – PUCRS (1999) e em Ciências Contábeis pela Universidade Federal do Rio Grande do Sul – UFRGS (2004). Especialista em Direito Tributário pelo Instituto Brasileiro de Estudos Tributários – IBET. Concluiu Curso de Formação Avançada do Centro de Estudos Sociais do Laboratório Associado à Universidade de Coimbra (Portugal) denominado: "Ciberespaço: Desafios à Justiça". Atua na área tributária, empresarial, previdenciária e direito das novas tecnologias. É Professor do Mestrado Profissional em Direito da Empresa e dos Negócios da UNISINOS, Professor dos cursos de graduação em Direito, Relações Internacionais, Indústria Criativa e Análise e Desenvolvimento de Sistemas da UNISINOS e da Graduação em Direito na Faculdade Verbo Jurídico. Coordenador do LLM em Lei Geral de Proteção de Dados Pessoais. Pesquisador FAPERGS. Foi membro da Comissão de Ensino Jurídico (CEJ) da Ordem dos Advogados do Brasil do Rio Grande do Sul. Visiting Researcher Università Degli Studi di Perugia, Itália. Pós-Doutorando Università Degli Studi di Roma Tre, Itália.

DANIELA COPETTI CRAVO

Procuradora do Município de Porto Alegre. Doutora e Mestre em Direito pela UFRGS. Pós-Doutorado no Departamento de Direito Público e Filosofia do Direito da Faculdade de Direito da UFRGS (2019-2020). Professora orientadora de Mestrado na Ambra University. Professora da Graduação em Direito na Faculdade João Paulo II, Verbo

Jurídico e na Faculdade de Direito São Judas Tadeu. Professora Visitante na Universidade de Gdansk (Outubro de 2023), por meio do Programa de Mobilidade financiado pelo Erasmus+ (União Europeia). Professora Convidada de Cursos de Especialização em Direito (Damásio, UFRGS, PUCRS, UniRitter, Unisinos, FMP/RS, Universidade Católica de Pernambuco, Ebradi) e de Cursos de Curta Duração (School of International and Advanced Problems of Private Law, Editora Fórum, PUC-Rio, AJURIS, ITS Rio, Verbo Jurídico, ESDM, Opice Blum Academy). Participou como Profa. ministrante da disciplina de Canais de Denúncias e sua Operacionalização no Curso de Formação de Gestores do Poder Judiciário em Sistemas de Integridade e Compliance, desenvolvido pela Faculdade de Direito de Santa Maria, no âmbito da Cooperação Técnica Justiça 4.0, do Conselho Nacional de Justiça (CNJ) com o Programa das Nações Unidas para o Desenvolvimento (PNUD). Coordenadora na Escola Superior de Direito Municipal (ESDM). Premiada no V Prêmio de Monografias SEAE. Autora do livro "Direito à Portabilidade de Dados" (2018) e coautora do livro "Portabilidade de Dados na Lei Geral de Proteção de Dados" (2020). Vice-líder do Grupo de Pesquisa Comércio Internacional, Mercados, Investimentos Internacionais e Circulação de Riquezas. Visitante de Investigação na Facultad de Derecho da Universidad de Chile. Participou do United Nations Public Service Forum e do Internet Governance Forum (IGF) Workshop na Colômbia, além da South School on Internet Governance no Panamá. Foi Professora Substituta da Faculdade de Direito da UFRGS (2017-2019). Foi Diretora Acadêmica da ESDM (2021-2022). Foi Assessora do MPF junto ao CADE. Foi Analista de Políticas Sociais no Ministério da Saúde em Brasília. Participou da pesquisa financiada pelo Conselho Nacional de Justiça (CNJ) sobre Demandas Judiciais e Morosidade da Justiça Civil.

EDUARDO TOMASEVICIUS FILHO

Bacharel em Direito pela Faculdade de Direito da Universidade de São Paulo – USP (2001), Doutor em Direito Civil pela Faculdade de Direito da Universidade de São Paulo – USP (2007), Mestre em História Social pela Faculdade de Filosofia, Letras e Ciências Humanas (FFLCH) da Universidade de São Paulo – USP (2012) e Livre-Docente em Direito Civil pela Faculdade de Direito da Universidade de São Paulo – USP (2017). Professor Associado (RTC – 24 horas semanais) do Departamento de Direito Civil da Faculdade de Direito da Universidade de São Paulo – USP. É também professor do Curso de Direito das Faculdades Integradas Campos Salles. Advogado e Consultor Jurídico em São Paulo. Autor dos livros O princípio da boa-fé no direito civil (São Paulo: Almedina, 2020), A proteção do patrimônio cultural pelo direito civil (São Paulo: Almedina, 2020) e Entre a memória coletiva e a história de cola e tesoura: as intrigas e os malogros nos relatos sobre a Fábrica de Ferro de São João de Ipanema (São Paulo, Scortecci, 2022). É atualmente o Encarregado pelo Tratamento de Dados Pessoais – DPO – da Universidade de São Paulo.

GUILHERME DAMASIO GOULART

Doutor em Direito pela Universidade Federal do Rio Grande do Sul (UFRGS) em 2020 e Mestre pela mesma instituição em 2012. Exerce a advocacia, além de atuar como professor universitário e consultor nas áreas de Segurança da Informação e Proteção de Dados Pessoais. Possui experiência como docente e palestrante, com aulas e seminários em temas relacionados ao Direito da Tecnologia, Proteção de Dados e Segurança da Informação em diversas instituições, incluindo Ulbra, UniRitter, UFRGS, UCS, IPA-Metodista, Setrem, FEMA, Comitê Gestor da Internet (CGI), Escola da Advocacia Geral da União (AGU), além de participações internacionais como professor no IV-Curso Luso-Brasileiro em Direito Eletrônico e nas Jornadas Luso-Brasileiras do Centro de Investigação de Direito Privado (CIDP) na Faculdade de Direito da Universidade de Lisboa (FDUL). Foi professor convidado no curso de Especialização em Direito do Consumidor e Direitos Fundamentais e atuou no curso de Especialização em Direito Internacional, ambos oferecidos pela UFRGS. Lecionou em programas de pós-graduação no Damásio Educacional, SENAC-RS, UCS, Verbo Jurídico, IDC, UniRitter abordando matérias como Direito da Tecnologia, Responsabilidade Civil na Informática e Segurança da Informação. É professor das disciplinas de Teoria Geral das Obrigações e dos Contratos, Contratos em Espécie e Direitos Reais na graduação em Direito no Cesuca. É sócio da BrownPipe Consultoria, especializada em Segurança da Informação e Proteção de Dados Pessoais. Tem interesse de pesquisa nos seguintes assuntos: Direito Civil; Direito do Consumidor; Responsabilidade Civil; Direitos Humanos e Fundamentais; Direitos da Personalidade; Direito da Tecnologia da Informação; Responsabilidade Civil na Internet; Dever de Segurança da Informação; Privacidade em ambientes digitais; Proteção de dados pessoais; Proteção do consumidor na Internet; Novos direitos relacionados com a tecnologia e também reflexos da tecnologia nos direitos humanos, fundamentais e da personalidade. E-mail: guilherme@direitodatecnologia.com

GUILHERME MAGALHÃES MARTINS

Procurador de Justiça do Ministério Público do Estado do Rio de Janeiro. Professor associado de Direito Civil da Faculdade Nacional de Direito – Universidade Federal do Rio de Janeiro – UFRJ. Professor permanente do Doutorado em Direito, Instituições e Negócios da Universidade Federal Fluminense – UFF. Pós-doutor em Direito Comercial pela Faculdade de Direito da Universidade de São Paulo – USP – Largo de São Francisco (2021). Doutor em Direito Civil (2006), Mestre em Direito Civil (2001) e Bacharel (1994) pela Faculdade de Direito da Universidade do Estado do Rio de Janeiro. É professor do Mestrado da Faculdade de Direito da Universidade Cândido Mendes-Centro. Foi professor visitante do Mestrado e Doutorado em Direito e da Graduação em Direito da Universidade do Estado do Rio de Janeiro (2009-2010). É Membro Honorário do Instituto dos Advogados Brasileiros – IAB NACIONAL, junto à Comissão de Direito do Consumidor. Leciona Direito Civil, Direito do Consumidor e temas ligados ao Direito da Tecnologia da Informação e aos novos direitos. Diretor do Instituto Brasilcon – Instituto Brasileiro de Política e Direito do Consumidor, Associado Fundador do IBERC – Instituto Brasileiro de Estudos em Responsabilidade Civil, Diretor da MPCON – Associação Nacional do Ministério Público do Consumidor, membro fundador do IAPD – Instituto Avançado de Proteção de Dados, e associado do IBDFAM – Instituto Brasileiro de Direito de Família, tem participado como palestrante de diversos congressos e simpósios jurídicos, nacionais e internacionais. Autor dos livros Contratos eletrônicos de consumo (4.ed. São Paulo: Atlas, 2023), Responsabilidade civil por acidente de consumo na Internet (3.ed. São Paulo: Revista dos Tribunais, 2020) e O direito ao esquecimento na sociedade da informação (2.ed. Indaiatuba: Foco, 2025). Coordenador de diversas obras coletivas.

GUSTAVO DA SILVA MELO

Doutorando em Direito pela Universidade Federal do Rio Grande do Sul (UFRGS), tendo sido pesquisador visitante do Max Planck Institut fur Innovation und Wettbewerb no ano de 2024. Mestre em Direito pela UFRGS (2022). Especialista em responsabilidade civil, contratos e direito imobiliário pela Pontifícia Universidade Católica do Rio Grande do Sul (PUCRS). Graduado em Ciências Jurídicas e Sociais pela Universidade Federal do Rio Grande do Sul (2018), tendo realizado mobilidade acadêmica na Universidade de Lisboa. Tem experiência na área de Direito, com ênfase em Direito Civil.

ISABELLA Z. FRAJHOF

Doutora e mestre em Teoria do Estado e Direito Constitucional na Pontifícia Universidade Católica do Rio de Janeiro – PUC-Rio. Graduada em Direito pela PUC-Rio, com intercâmbio acadêmico na American University (Washington D.C). Foi pesquisadora bolsista do Programa de Iniciação Científica, na área de Liberdade de Expressão. Estagiou em escritórios jurídicos, nas áreas de Contencioso Cível, Petróleo e Gás, Infraestrutura e Operações Bancárias e foi advogada na área de Família e Sucessões. É pesquisadora do Instituto ECOA e do Núcleo Legalite da PUC-Rio.

JOÃO VICTOR ROZATTI LONGHI

Defensor Público do Estado do Paraná. Professor Visitante do Programa de Pós-Graduação em Direito da Universidade Estadual do Norte do Paraná (UENP), mestrado e doutorado. Pós-Doutor no International Post-doctoral Programme in New Technologies and Law do Mediterranea International Centre for Human Rights Research (MICHR – Università "Mediterranea" di Reggio Calabria), Itália. Pós-Doutor em Direito pela UENP. Doutor em Direito do Estado na Faculdade de Direito da Universidade de São Paulo (USP). Mestre em Direito Civil pela Universidade do Estado do Rio de Janeiro (UERJ). Bacharel em Direito pela Universidade Estadual Paulista – UNESP, com intercâmbio na Universidade de Santiago de Compostela (Espanha). Foi bolsista CAPES em nível Pós-Doutorado (PNPD-CAPES). Foi pesquisador bolsista da Fundação Carlos Chagas Filho de Amparo à Pesquisa do Estado do Rio de Janeiro (FAPERJ), nível mestrado, e da Fundação de Amparo à Pesquisa do Estado de São Paulo (FAPESP), em grau de iniciação científica. Foi professor Adjunto da Faculdade de Direito da Universidade Federal de Uberlândia-MG (UFU) em graduação, pós-graduação lato sensu (especialização) e pós-graduação stricto sensu (mestrado). Foi Professor Substituto da Universidade Estadual do Oeste do Paraná (Unioeste). Foi professor no Centro de Ensino Superior de Foz do Iguaçu (CESUFOZ) e da União Dinâmica das Faculdades das Cataratas (UDC). Atuou como professor convidado em programas de pós-graduação lato sensu, como o da Escola da Magistratura do Estado do Paraná, Complexo Damásio de Jesus, Faculdade de Direito de Ribeirão Preto-USP, Curso Proordem, Universidade Pitágoras, PUC-Rio, ESA/OAB-RJ e dos programas executivos do IBMEC-Rio. Foi tutor de pesquisas da Escola de Direito do Rio de Janeiro da Fundação Getúlio Vargas (FGV-Rio). Aprovado em 1º lugar no III Concurso da Defensoria Pública do Estado do Paraná. Autor de obras dedicadas ao estudo do Direito Digital.

JOSÉ LUIZ DE MOURA FALEIROS JÚNIOR

Doutor em Direito Civil pela Faculdade de Direito da Universidade de São Paulo – Usp/Largo de São Francisco. Doutor em Direito, na área de estudo Direito, Tecnologia e Inovação, pela Universidade Federal de Minas Gerais – UFMG. Mestre e Bacharel em Direito pela Universidade Federal de Uberlândia – UFU. Especialista em Direito Processual Civil, Direito Civil e Empresarial, Direito Digital e Compliance. Professor dos Cursos de Graduação em Direito e Mestrado em Direito da Faculdade Milton Campos (Nova Lima, MG, Brasil) e da Skema Law School (Belo Horizonte, MG, Brasil). Supervisor Acadêmico do curso de Pós-Graduação em Direito Privado, Tecnologia e Inovação da Escola Brasileira de Direito – Ebradi. Professor convidado de cursos de pós-graduação lato sensu e LLMs em Direito Digital na Escola Brasileira de Direito – Ebradi, na Universidade do Vale do Rio dos Sinos – Unisinos, na Fundação Escola Superior do Ministério Público do Rio Grande do Sul – FMP/RS, na Pontifícia Universidade Católica do Paraná – PUC/PR e no Instituto de Tecnologia e Sociedade do Rio de Janeiro – ITS-Rio. Associado e 1 Vice-Presidente do Instituto Brasileiro de Estudos de Responsabilidade Civil – IBERC e do Instituto Avançado de Proteção de Dados – IAPD. Membro da Red Iberoamericana de Investigadores y Docentes de Derecho y Informática – RED CIIDDI. Membro e Pesquisador do Centro de Pesquisa em Direito, Tecnologia e Inovação – Centro DTIBR. Pesquisador do Grupo de Estudos em Direito e Tecnologia – DTec (UFMG, Brasil). Editor da Brazilian Journal of Law, Technology and Innovation (ISSN 2965-1549). Membro da Comissão Executiva da Revista IBERC (ISSN 2595-976X). Advogado.

JOSÉ SÉRGIO DA SILVA CRISTÓVAM

Professor adjunto de Direito Administrativo da UFSC (Graduação, Mestrado e Doutorado). Doutor em Direito Administrativo – UFSC (2014), com estágio de Doutoramento Sanduíche na Universidade de Lisboa – Portugal (2012); Mestre em Direito Constitucional – UFSC (2005). Ainda, é Profesor invitado de la Maestría en Derecho de la Universidad de Buenos Aires (UBA – Argentina); Profesor invitado de la Maestría en Derecho de la Universidad Autónoma de Nuevo León (UANL – México); Profesor invitado de la Maestría en Contratación Pública de la Universidad Andina Simón Bolívar (UASB – Ecuador). Professor convidado em Cursos de Pós-Graduação em Direito em diversas instituições no Brasil. Advogado publicista desde 2001, atualmente é membro fundador e Diretor Acadêmico do Instituto de Direito Administrativo de Santa Catarina (IDASC); Miembro efectivo de la Asociación Internacional de Derecho Administrativo (AIDA); Miembro honorario de la Asociación Mexicana de Derecho Administrativo (AMDA); Miembro fundador y Director de la Red de Derecho Administrativo Contemporáneo (REDAC). É coordenador do Grupo de Estudos em Direito Público do CCJ/UFSC (GEDIP/CCJ/UFSC). Tem na pesquisa acadêmica a atuação voltada ao Direito administrativo, principalmente nos seguintes temas: Direito Administrativo social, políticas públicas e cidadania; Administração Pública democrática, governança pública e controle; Direito Administrativo digital, inovação e novas tecnologias; Direito Administrativo sancionador e contemporaneidade.

JULIANO MADALENA

Professor de Direito na Fundação Escola Superior do Ministério Público. Doutor e Mestre em Direito pela Faculdade de Direito da Universidade Federal do Rio Grande do Sul, onde também adquiriu o título de Especialista em Direito Internacional. É graduado em Direito pela Fundação Escola Superior do Ministério Público. Pesquisador do Grupo de Pesquisa Mercosul e Direito do Consumidor – CNPQ/UFRGS. Coordenador do Curso de Pós-Graduação em Direito Digital e Advocacia Corporativa da Fundação Escola Superior do Ministério Público. Advogado.

KELVIN PEROLI

Mestrando em Filosofia pela Universidade do Estado do Rio de Janeiro (UERJ). Graduado em Direito pela Universidade de São Paulo (USP), com intercâmbio acadêmico na Seconda Università degli Studi di Napoli (Itália). Associado Fundador do Instituto Avançado de Proteção de Dados (IAPD). Advogado. Assessor do Gabinete da Controladoria Geral do Município de São Paulo (CGM/SP) e do Encarregado pela Proteção de Dados Pessoais da Prefeitura do Município de São Paulo. Pesquisador dos Grupos de Pesquisa, da Universidade de São Paulo (USP), "Observatório da Lei Geral de Proteção de Dados Pessoais" (http://dgp.cnpq.br/dgp/espelhogrupo/35899) e "Observatório do Marco Civil da Internet" (dgp.cnpq.br/dgp/espelhogrupo/2215582162179038), cadastrados no Diretório de Grupos de Pesquisa CNPq. Autor dos Guias Orientativos sobre Privacidade e Proteção de Dados Pessoais da Administração Pública do Município de São Paulo e de obras sobre privacidade e proteção de dados pessoais indicadas como referências bibliográficas pelo Superior Tribunal de Justiça (STJ) e pelo Superior Tribunal Militar (STM).

LUCAS COLOMBERA VAIANO PIVETO

Coordenador Adjunto e Professor Universitário do Curso de Direito do Centro Universitário Eurípides Soares de Marília - UNIVEM. Mestre em Teoria do Direito e do Estado no Programa de Estudos Pós-Graduados em Direito do Centro Universitário Eurípides de Marília, UNIVEM. Bacharel em Direito pelo Centro Universitário Eurípides de Marília, UNIVEM (2016). Membro Fundador do Projeto Cidadania Proativa e Direito (PROATO): Uma perspectiva entrelaçada entre o ensino do Direito, alunos e comunidade. Membro do Gomes Altimari Advogados desde agosto de 2012. Pós-Graduado em Direito Digital e Compliance pelo Complexo Educacional Damásio de Jesus. Cursou extensão universitária em Direito Tributário pelo Instituto Brasileiro de Direito Tributário (IBDT). Realiza Estágio-Docência na graduação do curso de Direito do Centro Universitário Eurípides Soares da Rocha de Marília/SP, na disciplina Direito Constitucional I, ministrada pela Profa. Dra. Vivianne Rigoldi. Atua na área de direito privado, com ênfase em direito empresarial, direito digital e direito civil. Suas principais pesquisas são: privacidade e proteção de dados pessoais, novas tecnologias, tecnologia da informação e startups. Contato: lucas@gomesaltimari.com.br.

MARCOS EHRHARDT JÚNIOR

Advogado, Doutor em Direito pela Universidade Federal de Pernambuco (UFPE) e Mestre pela Universidade Federal de Alagoas (UFAL). Professor de Direito Civil dos cursos de mestrado e graduação da Universidade Federal de

Alagoas. Professor de Direito Civil e Direito do Consumidor do Centro Universitário CESMAC. Líder do Grupo de Pesquisa Direito Privado e Contemporaneidade (UFAL). Cofundador da Rede de Pesquisas Agendas de Direito Civil Constitucional. Editor da Revista Fórum de Direito Civil (RFDC). Vice-Presidente do Instituto Brasileiro de Direito Civil (IBDCIVIL). Diretor Nordeste e Presidente da Comissão Nacional de Enunciados do Instituto Brasileiro de Direito de Família (IBDFAM), Membro Fundador do Instituto Brasileiro de Direito Contratual (IBDCont) e do Instituto Brasileiro de Estudos de Responsabilidade Civil (IBERC).

MARIANA DE MORAES PALMEIRA

Doutora em Direito pela PUC-Rio. Pesquisadora do Legalite (grupo de pesquisa em direito e tecnologia) e do EPC (Economia Política da Comunicação). Advogada e professora agregada do Departamento de Comunicação Social PUC-Rio, onde atualmente, entre outras disciplinas, também leciona na formação em LGPD do Instituto de Direito da universidade. Mestre em Administração de Empresas, com mais de 10 anos de atuação em grandes empresas. Membro da Comissão de Privacidade e Proteção de Dados da OAB-RJ. Conselheira do Comitê Municipal de Proteção de Dados do Município do Rio de Janeiro.

MARIELLA PITTARI

Mestre em Direito pela Cornell University, em Ithaca, Nova Iorque, Estados Unidos. Especialista em Direito Público. Graduada em Direito pela Universidade Federal da Bahia – UFBA. Defensora Pública no Estado do Ceará.

PEDRO MODENESI

Mestre em Direito Civil pela Universidade do Estado do Rio de Janeiro – UERJ. Bacharel em Direito pela Pontifícia Universidade Católica do Rio de Janeiro – PUC-Rio. Associado do Instituto Brasileiro de Estudos de Responsabilidade Civil – IBERC. Membro do conselho de pareceristas da Revista Eletrônica de Direito do Centro Universitário Newton Paiva. Pesquisador da área de Direito e tecnologia da informação. Autor de artigos publicados em revistas científicas e coautor de livros, na área jurídica. Professor de disciplinas jurídicas em cursos de pós-graduação. Foi assessor jurídico da 2ª Promotoria de Justiça Cível da Capital no Ministério Público do Estado do Rio de Janeiro (2013-2018). Advogado.

PEDRO RUBIM BORGES FORTES

Professor Adjunto de Direito Constitucional da Universidade do Estado do Rio de Janeiro (UERJ), Professor do Programa de Pós-Graduação em Direito da Universidade Cândido Mendes e Promotor de Justiça do MPRJ. Atualmente, é membro do Comitê IRC da LSA e é Líder do CRN Law and Development (LSA) desde 2015, tendo sido Mentor no Graduate Student & Early Career Workshop (2020), Membro do Comitê Internacional da LSA (2018-2019) e do Comitê Organizador da Conferência LSA/RCSL de 2017. Atualmente, é membro do Conselho Executivo do Research Committee of Sociology of Law e é Líder do Grupo de Trabalho Law and Development (RCSL) desde 2017, tendo sido membro do Comitê Organizador da Conferência RCSL em Oñati (2019). Desde 2015 é Coordenador do Grupo Exploring Legal Borderlands da SLSA. Eleito Diretor Internacional do Instituto Brasileiro de Estudos de Responsabilidade Civil (IBERC). Membro do International Academic Advisory Board da BML Munjal University (BMU) na Índia desde 2021. Doctor of Philosophy (DPHIL) por Oxford, Master of Juridical Sciences (JSM) por Stanford, Master of Laws (LLM) por Harvard, Pós-Graduado em Meio Ambiente pelo COPPE/UFRJ, graduado em Administração pela PUC-Rio, graduado em Direito pela UFRJ. Foi Professor Colaborador Voluntário do Programa de Pós-Graduação em Direito da Universidade Federal do Rio de Janeiro, Professor da FGV Direito Rio e do Bennett, Pesquisador Associado CSLS/Law da Universidade de Oxford, Tutor do Centro da Universidade de Stanford em Oxford (Reino Unido), Visiting Scholar na Universidade Goethe, em Frankfurt am Main (Alemanha), pesquisador visitante no Instituto Max Planck de Hamburgo (Alemanha) e de Frankfurt (Alemanha) e Professor Visitante na West Bengal National University of Juridical Sciences, em Calcutá (Índia). Em 2011, foi um dos onze jovens acadêmicos selecionados para o International Junior Faculty Forum, então organizado pela Harvard Law School e pela Stanford Law School. Publicado em diversos idiomas e países, tendo seu trabalho citado por professores da NYU, HEC (Paris) e Shandong (Jinan, China), dentre outros. Conferencista convidado em inúmeras instituições acadêmicas internacionais (por exemplo, para proferir a palestra de abertura da Semana de Direito Global de Bruxelas na ULB em 2019 e a sessão plenária de encerramento da Conferência RCSL em Oñati em 2019). Revisor de editoras e publicações internacionais (Oxford University Press, Oñati Socio-Legal Series, Asian Journal of Law and Society e Tilburg Law Review, dentre outros). Especialista ouvido em Comissões na Câmara dos Deputados e na Assembleia Legislativa do Rio de Janeiro. Ex-Membro da Comissão Nacional de Prevenção e Combate à Violência nos Estádios de Futebol (CNPG). Ex-representante do Procurador-Geral de Justiça no Fórum Estadual de Defesa do Consumidor. Ex-integrante do Grupo de Atuação Especializada do Desporto e da Defesa do Torcedor (GAEDEST) entre 2018 e 2021. Professor homenageado três vezes pelos formandos na cerimônia de formatura (2004, 2005 e 2011). Profissionalmente, merece destaque sua atuação no Ministério

Público do Rio de Janeiro no combate a crimes políticos e homicídios no tribunal do júri de Itaguaí (2002-2004), em investigações policiais e de repressões a entorpecentes (2004-2006), na tutela coletiva da educação (2009), do consumidor (2009-2018), meio-ambiente (2018-2020), cidadania (2020-2021) e da ordem urbanística (2021-2023) na capital do Rio de Janeiro. Atualmente, atua na 1ª Promotoria de Justiça Empresarial da Capital e na 8a Promotoria de Justiça Eleitoral da Capital. Ex-Procurador do Banco Central do Brasil.

PIETRA DANELUZZI QUINELATO

Doutoranda em Direito Civil pela Universidade de São Paulo – USP (2022-25). Doutorado sanduíche financiado pela CAPES na Université Paris 1 Panthéon Sorbonne (2023). Mestre (2019-21) e Bacharel em Direito pela Faculdade de Direito de Ribeirão Preto, USP (2013-2017). LLM em Direito e Prática Empresarial no CEU Law School (2021). Especialização em Direito Digital, ESA e EBRADI (2020-2021). Bolsa de mérito acadêmico na Université Lumière Lyon II – Droit des Affaires, na França (2016-2017). Corpo editorial e colunista do Magis Portal. Professora efetiva do curso de Direito das Faculdades Integradas Campos Salles. Professora convidada em outras instituições de ensino. Temas de pesquisa: plataformas digitais, consumidor, tecnologia, proteção de dados pessoais, inteligência artificial e publicidade.

RAFAEL A. F. ZANATTA

Diretor da Associação Data Privacy Brasil de Pesquisa. Doutor pelo Instituto de Energia e Ambiente da Universidade de São Paulo, com período de estudos no Instituto de Direito da Informação da Universidade de Amsterdam. É mestre em Filosofia e Teoria Geral do Direito pela Faculdade de Direito da USP. Mestre em direito e economia pela Universidade de Turim. Graduado em Direito pela Universidade Estadual de Maringá. Foi pesquisador visitante da The New School. É Membro da Rede Latino-Americana de Vigilância, Tecnologia e Sociedade (Lavits) e do Instituto Brasileiro de Responsabilidade Civil (Iberc). É membro efetivo da Comissão Especial de Defesa dos Direitos da Criança e do Adolescente da OAB de São Paulo (2022-2025). É autor do livro "A proteção coletiva dos dados pessoais no Brasil" (2023) e coautor dos livros "Construindo caminhos para a justiça de dados no Brasil" (2022) e "Dados, mercados digitais e concorrência" (2022).

RAFAEL DE FREITAS VALLE DRESCH

Professor Adjunto na Faculdade de Direito e do Programa de Pós-Graduação em Direito da Universidade Federal do Rio Grande do Sul (UFRGS), Sócio da Coulon, Dresch e Masina Advogados. Graduado em Ciências Jurídicas e Sociais pela Pontifícia Universidade Católica do Rio Grande do Sul - PUCRS (1998), especialista em Contratos e Responsabilidade civil pela UFRGS (2001), mestre em Direito Privado pela UFRGS (2005). Doutor em Direito pela PUCRS (2011), com estágio doutoral (Doutorado Sanduíche – CAPES) na University of Edinburgh/UK (2010). Realizou Pós-doutorado como Visiting Scholar na University of Illinois at Urbana-Champaign (2014). Tem experiência nas áreas de ensino, pesquisa e advocacia, atuando, principalmente, nos seguintes temas: direito privado (civil, comercial e consumidor), direito econômico (regulatório e concorrencial), teoria e filosofia do direito. Atualmente ministra disciplinas na graduação, especialização, mestrado e doutorado na Faculdade de Direito da UFRGS, coordena o Grupo de Pesquisa Filosofia do Direito Privado (UFRGS-CNPq), organiza e participa de atividades de extensão (palestras, simpósios e congressos no Brasil e no exterior) e publica livros e artigos, especialmente, sobre temas vinculados a teoria e filosofia do direito privado.

ROBERTA DENSA

Doutora em Direitos Difusos e Coletivos pela Pontifícia Universidade Católica de São Paulo (PUC/SP), mestre em Direito Político e Econômico pela Universidade Presbiteriana Mackenzie (2005), especialista em Direito das Obrigações, Contratos e Responsabilidade Civil pela Escola Superior de Advocacia, graduada em Direito pela Universidade Presbiteriana Mackenzie (1997). Professora de Direito Civil e Direitos Difusos e Coletivos. Editora Jurídica na Editora Foco. Foi editora responsável pelos conteúdos das obras jurídicas publicadas pela editora Atlas e editora executiva de aquisições e novos projetos da Editora Saraiva. Autora da obra "Proteção jurídica da criança consumidora" publicado pela Editora Foco e do livro "Direito do Consumidor" publicado pela Editora Atlas (9ª edição). Membro da Comissão dos Direitos da Criança e do Adolescente da OAB/SP nos biênios 2007-2009 e 2010-2011.

ROGER VIEIRA FEICHAS

Mestre em Desenvolvimento e Tecnologias Sociais pela Universidade Federal de Itajubá. Especialista em Direito Digital e Compliance. Pós-Graduado em Direito Público. Defensor Público no Estado de Minas Gerais. Lecionou as matérias de Direito do Consumidor e Direito Processual Civil na Faculdade de São Lourenço. Tem experiência na área de Direito Processual Coletivo. Ex-Assessor de Juiz oficiando junto à 1ª Vara Cível e Turma Recursal Cível e Criminal da Comarca de Itajubá/MG. Ex-Assessor de Juiz oficiando perante a 2ª Vara Cível da Comarca de Pouso Alegre/MG.

SOBRE OS AUTORES

TATIANA MEINHART HAHN

Procuradora Federal (PGF/AGU). Colaboradora do Laboratório de Inovação da Advocacia-Geral da União (Labori). Mestra em Direito Administrativo no Programa de Pós-Graduação em Direito da Universidade Federal de Santa Catarina (UFSC). Especialista em Direito Público (IMED) e Master Business Administration em Comércio e Relações Internacionais (UCS). Pesquisadora acadêmica em regulação, autorregulação e governança regulatória em matéria de proteção de dados pessoais. Membra da Comissão da Advocacia Pública Federal na OAB/SC. Membra consultiva da Comissão de Direito Digital da OAB/SC para o exercício de 2024. Membra consultiva da Comissão de Direito da Vítima da OAB/SC no exercício 2023. Integrou Grupos de Pesquisa em Direito Administrativo e Contemporaneidade e em Direito Público (GEDIP/CCJ/UFSC), o Projeto Relatório InovAGU em Números do Grupo de Pesquisa em Gestão Estratégica e Inovação na Advocacia Pública na Escola da Advocacia-Geral da União (EAGU). No Legal Grounds Institute integrou o Grupo em Regulação de Serviços Digitais e o Grupo de Altos Estudos em Computação em Nuvem. Coeditora da Revista da ANAFE. Integra Conselho Editorial da Revista Lex de Direito Administrativo. Tem formação especializada em resolução pacífica de conflitos na Administração Pública Federal. Estudou na Universitá degli Studi di Roma, Itália, na Universidad Argentina de La Empresa e na Fundación Federal de Estudios Superiores, Argentina. Palestrante. Foi professora de Direito Administrativo. Foi Procuradora do Município, quando fez parte do Conselho Municipal de Direito do Consumidor e do Conselho Municipal de Direitos Humanos em Caxias do Sul-RS.

TÊMIS LIMBERGER

Doutora em Direito Público pela Universidade Pompeu Fabra – UPF de Barcelona (2004), pós-doutora em Direito pela Universidade de Sevilha (2013), mestre (1997) e graduada (1986) em Direito pela Universidade Federal do Rio Grande do Sul – UFRGS. Professora Titular da Universidade do Vale do Rio dos Sinos – UNISINOS nas seguintes atividades acadêmicas: (a) Graduação em Direito: Direito Administrativo I e II; (b) Programa de Pós-Graduação em Direito: Estado e Administração (Mestrado) e Direito Digital (Doutorado). Avaliadora ad hoc da Revista de Direito do Consumidor, da Revista Brasileira de Direitos Fundamentais e Justiça e da Revista Direito Público e da Revista Interesse Público. Advogada e Procuradora de Justiça Aposentada do MP/RS. Autora do capítulo de livro intitulado: A proteção de dados do consumidor e a Autoridade Nacional de Proteção de Dados Pessoais, da obra 5 anos de LGPD: estudos em homenagem a Danilo Doneda, organizado por Claudia Lima Marques, et al., destacada nos sites do STF e STJ. Capítulo de livro a respeito da LGPD indicado nas Bibliografias Selecionadas do STJ, em 2024. Livro "Cibertransparência, informação pública em rede" indicado na Bibliografia Temática de Direito ao Esquecimento do Supremo Tribunal Federal – STF. Temas preferenciais: Direito Digital, Transparência da Administração Pública, Controle Social e Jurisdicional dos Atos Administrativos, Direito à Privacidade e à Intimidade, Proteção de Dados Pessoais, Inteligência Artificial. Integra o Conselho Nacional de Proteção Dados (2024/2026)

"With big data promising valuable insights to those who analyze it, all signs seem to point to a further surge in others' gathering, storing, and reusing our personal data. (...) The stakes are higher than is typically acknowledged. The dangers of failing to govern big data in respect to privacy and prediction, or of being deluded about the data's meaning, go far beyond trifles like targeted online ads. The history of the twentieth century is blood-soaked with situations in which data abetted ugly ends."

— VIKTOR MAYER-SCHÖNBERGER; KENNETH CUKIER

Big Data (2014), p. 151.

AGRADECIMENTOS

O plano de estruturar comentários à Lei Geral de Proteção de Dados Pessoais (Lei 13.709/2018) – LGPD com a densidade necessária para que a obra contemple o máximo possível de visões, impressões e experiências somente poderia ser concretizado com um time qualificadíssimo de autores e autoras.

Quando concebemos as premissas iniciais para a coordenação da obra, em novembro de 2018, sabíamos que seria necessário tempo para que pudéssemos delinear todos os contornos almejados, tendo em vista que não se trata de uma coletânea de artigos científicos, mas, efetivamente, de uma lei comentada. Para isso, tivemos a honra de contar com a colaboração de todos os especialistas que convidamos e que, com enorme competência e dedicação, abraçaram o projeto e fizeram seus comentários aos dispositivos da lei com grande esmero! No ano de 2023, buscamos atualizar com esmero todos os dispositivos da lei para o lançamento da 2ª edição, em esforço relevante devido às inúmeras alterações promovidas pelo legislador e aos complementos normativos editados pela Autoridade Nacional de Proteção de Dados. Agora, concluindo longa revisão que teve início no ano de 2024 e se estendeu até fevereiro de 2025, lançamos a 3ª edição da obra, ainda mais detalhada, ampla e composta por apontamentos teóricos e práticos relevantes para profissionais e acadêmicos. Todo esse resultado somente foi possível graças ao brilhantismo das autoras e dos autores que nos deram a honra de compor este projeto. Nosso muito obrigado!

Da mesma forma, não seria possível construir os comentários à LGPD, tendo em vista a efervescência e a renovação constante dos debates sobre a proteção de dados no Brasil, se não nos fosse assegurada a excelência editorial necessária para que todos os ajustes, acréscimos e atualizações pudessem ser feitos adequadamente. Então, à Editora Foco, com a qual temos a honra de desfrutar de sólida parceria, e a toda a sua equipe, manifestamos nossa gratidão e nossos elogios.

Por fim e, em especial, registramos nossa gratidão a todos os nossos leitores. É por vocês e para vocês que essa obra foi concebida, redigida, editada e, enfim, publicada! Muito obrigado por sempre nos incentivarem a persistir e a nos dedicar aos estudos sobre o tema!

Esperamos que a obra contribua para vossos estudos e reflexões!

Rio de Janeiro, Curitiba, Belo Horizonte, fevereiro de 2025.

Guilherme Magalhães Martins
João Victor Rozatti Longhi
José Luiz de Moura Faleiros Júnior

NOTA DE APRESENTAÇÃO

O percurso legislativo que culminou na promulgação da Lei 13.709, de 14 de agosto de 2018 (Lei Geral de Proteção de Dados Pessoais – LGPD), que é objeto dos comentários desta obra, demonstrou a riqueza e a complexidade do debate em torno da proteção de dados pessoais no Brasil. O tema, que há tempos é debatido pela doutrina especializada, enfim está normatizado! Foram amplas as discussões acerca da vigência da lei, tendo havido, inclusive, prorrogação de seu prazo de *vacatio legis* e tentativas de novas extensões; reformas já foram realizadas, antes mesmo de sua vigência, em temas como as decisões automatizadas e as sanções administrativas; a Autoridade Nacional de Proteção de Dados – ANPD, criada por dispositivos originalmente vetados e, posteriormente, recriada com nova estruturação, enfim, iniciou suas atividades. Essas são apenas algumas das nuances que permeiam a amplitude do tema e a necessidade de sua compreensão.

Pensando nisso, concebemos o projeto de coordenação de uma lei comentada no final do ano de 2018, poucos meses depois da promulgação da LGPD. Sabíamos que seria desafiador abranger tantos assuntos – muitos deles relacionados a áreas distintas da Ciência Jurídica – sem contar com a participação de especialistas que têm se dedicado a estudar, com profundidade e dinamismo, cada um dos temas.

Então, o projeto foi vislumbrado, debatido, planejado e apresentado à Editora Foco, que o abraçou no final do ano de 2020, nos conferindo apoio editorial de excelência! Os primeiros contatos foram estabelecidos e, no ano de 2021, tivemos a satisfação de contar com a adesão de vários colegas já nos estágios iniciais de concepção da obra. Muitos desdobramentos se seguiram, inclusive com relação à vigência da lei, ao início das atividades da ANPD, ao surgimento de inúmeras dúvidas – por vezes fomentadas nos eventos acadêmicos realizados sobre o tema – e, naturalmente, à vigência das sanções administrativas, em agosto de 2021. E os avanços continuaram nos anos de 2022 e 2023, com a promulgação da Lei 14.460/2022, que redefiniu a estrutura da ANPD, e com a publicação de diversos Guias Orientativos e Resoluções, pela ANPD, com o intuito de trazer maior clareza a temas variados da LGPD.

A LGPD é, enfim, uma lei em constante revisitação e reinterpretação, que demanda grande sinceridade daqueles que se dedicam a estudá-la quanto à constatação de que inexistem fórmulas prontas para entendê-la e decifrá-la por completo, sem a colaboração e a cooperação de especialistas, inclusive de outras áreas, como a Ciência da Computação, a Ciência de Dados, os Sistemas da Informação, da Administração e, até mesmo, de outras Ciências Humanas e Sociais Aplicadas. De fato, implementá-la e adequar-se a ela é, por consequência, um desafio ainda maior, que envolve estudo diuturno e enfrentamento incansável de temas desafiadores contemplados no contraste de seus dispositivos à prática jurídica, nos mais variados setores.

Em termos estruturais, a LGPD está subdividida em dez capítulos, a saber:

Capítulo I – Disposições Preliminares

Capítulo II – Do Tratamento de Dados Pessoais

Capítulo III – Dos Direitos do Titular

Capítulo IV – Do Tratamento de Dados Pessoais pelo Poder Público

Capítulo V – Da Transferência Internacional de Dados

Capítulo VI – Dos Agentes de Tratamento de Dados Pessoais

Capítulo VII – Da Segurança e das Boas Práticas

Capítulo VIII – Da Fiscalização

Capítulo IX – Da Autoridade Nacional de Proteção de Dados (ANPD) e do Conselho Nacional de Proteção de Dados Pessoais e da Privacidade

Capítulo X – Disposições Finais e Transitórias

Ao todo, 76 artigos da lei – incluindo alguns que foram vetados, mas que mereciam lembrança e análise da razão pela qual foram vetados, e outros que foram acrescentados (arts. 55-A a 55-L, 58-A e 58-B) – tiveram suas redações analisadas e interpretadas por especialistas competentíssimos, cada um assumindo a missão de apresentar as linhas essenciais de cada temática discutida e, ainda, de trazer aprofundamento dogmático para além da usual superficialidade da interpretação literal do texto da norma.

Para comentar os artigos 1º a 6º, que compõem o Capítulo I da LGPD (Disposições Preliminares), convidamos o professor Cristiano Colombo, que teceu considerações aos artigos 1º, 2º e 3º, e o professor Arthur Pinheiro Basan, que analisou os artigos 4º, 5º e 6º. São dispositivos importantíssimos, que congregam, dentre outras previsões, os fundamentos, conceitos e princípios que regem a proteção de dados pessoais no Brasil.

Os artigos 7º a 16, que compõem o Capítulo II (Do Tratamento de Dados Pessoais) – quiçá o cerne da lei – foram analisados, também, por competentíssimos professores: (i) Bruno Miragem e Juliano Madalena, que delinearam os pontos fundamentais do artigo 7º, no qual estão listados os requisitos (ou "bases legais") para o tratamento de dados pessoais; (ii) José Luiz de Moura Faleiros Júnior, que analisou os artigos 8º e 9º, que trazem previsões mais detalhadas sobre o consentimento e o livre acesso; (iii) Lucas Colombera Vaiano Piveto, que teceu comentários ao artigo 10, cuja principal discussão envolve o chamado "legítimo interesse" do controlador para o tratamento de dados pessoais; (iv) Chiara Spadaccini de Teffé, que assumiu a incumbência de comentar o artigo 11, no qual estão listados os requisitos (ou "bases legais") para o tratamento de dados pessoais sensíveis; (v) Mariana de Moraes Palmeira, que comentou os artigos 12 e 13 da lei, nos quais estão estruturados os desafiadores temas da anonimização de dados, e dos estudos em saúde pública (contemplado, quanto a isso, a pseudonimização de dados); (vi) Roberta Densa e Cecília Dantas, que comentaram o artigo 14, no qual o legislador estabeleceu os requisitos para o tratamento dos dados pessoais de crianças e adolescentes; (vii) Pietra Daneluzzi Quinelato, que comentou os artigos 15 e 16, nos quais estão estabelecidos os critérios aplicáveis ao término do tratamento de dados pessoais.

Na sequência, para comentar os artigos 17 a 22 da LGPD, que integram o Capítulo III (Dos Direitos do Titular), pudemos contar com o labor incansável do professor Guilherme Damasio Goulart, que se dedicou a apresentar os aspectos centrais dos dispositivos em questão, contemplando sua tipologia e assuntos como a revisão das decisões automatizadas. Uma particularidade dos comentários ao Capítulo III da LGPD envolve o artigo 18, no qual estão listados, em importantíssimo rol, os direitos do titular propriamente ditos. Esse dispositivo foi "dissecado" e analisado de maneira mais pormenorizada quanto a seu *caput*, aos seus nove incisos e, por fim, quanto a seus parágrafos. No que concerne ao direito à portabilidade de dados (inciso V do artigo 18), pudemos contar com o brilhantismo da professora Daniela Copetti Cravo, que explorou com enorme densidade teórica o referido tema.

Os artigos 23 a 32 da lei compõem o Capítulo IV (Do Tratamento de Dados Pessoais pelo Poder Público) e, de fato, representam "um universo em si", tamanha a amplitude de temas que se poderia explorar, principalmente sob a ótica do direito administrativo. E, para fazê-lo, pudemos contar com a adesão da professora Têmis Limberger, que teceu aprofundados comentários aos artigos 23, 24, 25, 26, 27 e 30 da lei, com o professor José Luiz de Moura Faleiros Júnior, que analisou brevemente o artigo 28 (dispositivo vetado, mas de curiosa compreensão) e o artigo 29, e com o professor Pedro Rubim Borges Fortes, que explorou com grande acuidade os artigos 31 e 32 da LGPD.

A temática relativa à "Transferência Internacional de Dados", contemplada nos artigos 33 a 36 da LGPD (em seu Capítulo V), foi analisada pelas professoras Isabella Frajhof e Bianca Kremer, que exploraram as situações nas quais se admite tal espécie de transferência, o nível de proteção equivalente que se espera de países estrangeiros, a definição do conteúdo de cláusulas-padrão contratuais e os reflexos das alterações nas garantias.

Os artigos 37 a 45, contemplados pelo Capítulo VI (Dos Agentes de Tratamento de Dados Pessoais), foram analisados densamente, haja vista a amplitude dos assuntos neles contidos. De início, quanto à seção I (do controlador e do operador), o professor Roger Vieira Feichas comentou os artigos 37 e 38, e a professora Mariella Pittari comentou os artigos 39 e 40, e, quanto à seção II (do encarregado), o professor João Victor Rozatti Longhi se incumbiu da tarefa de comentar o artigo 41. Nesses dispositivos, estão definidos regramentos mais específicos para as figuras do controlador e do operador de dados, e, ainda, quanto ao encarregado da proteção de dados. Todas essas figuras atuam de forma central em prol da efetivação da proteção de dados pessoais.

Ainda sobre o Capítulo VI da LGPD, para os comentários de sua seção III (Da Responsabilidade e do Ressarcimento de Danos), pudemos contar com a participação dos seguintes professores: (i) Marcos Ehrhardt Júnior, que comentou o artigo 42 da lei, no qual está estruturada a regra de responsabilidade civil; (ii) Rafael de Freitas Valle Dresch e Gustavo da Silva Melo, que exploraram o artigo 43, no qual estão arroladas as causas excludentes do nexo de causalidade; (iii) Rafael Zanatta, que comentou o artigo 44 e o intricado conceito de "tratamento irregular" de dados; (iv) Guilherme Magalhães Martins, que teceu comentários ao artigo 45, no qual há remissão à legislação pertinente às relações de consumo.

Os artigos 46 a 51 da LGPD – que integram o Capítulo VII (Da Segurança e das Boas Práticas) – foram comentados pelos professores Pedro Modenesi, que assumiu a análise dos dispositivos da seção I (segurança e sigilo de dados), quais sejam, os artigos 46, 47, 48 e 49, e Kelvin Peroli e José Luiz de Moura Faleiros Júnior, que trabalharam em coautoria nos comentários aos artigos da seção II (boas práticas e governança), a saber, os artigos 50 e 51 da lei.

Os artigos 52 a 54, que compõem o Capítulo VIII (Da Fiscalização), foram analisados pelo professor Eduardo Tomasevicius Filho. São os artigos que permaneceram por mais tempo em *vacatio legis* – até 1º de agosto de 2021. Além da tipologia das sanções administrativas e dos aspectos concernentes à sua aplicação, foram analisados aspectos relativos ao relacionamento da ANPD com outros órgãos e quanto à destinação do saldo arrecadado com as sanções, dentre outros.

Os artigos 55-A a 59, que compõem o Capítulo IX (Da Autoridade Nacional de Proteção de Dados (ANPD) e do Conselho Nacional de Proteção de Dados Pessoais e da Privacidade), também mereceram cautelosa análise. Primeiramente, pudemos contar com a professora Cíntia Rosa Pereira de Lima, que explorou cuidadosamente todos os dispositivos relativos à ANPD, que integram a seção I do capítulo, a saber: artigos 55-A, 55-B, 55-C, 55-D, 55-E, 55-F, 55-G, 55-H, 55-I, 55-J, 55-K e 55-L. Temas variados, como a natureza jurídica da ANPD, a possibilidade de revisão futura dessa natureza jurídica, sua composição, suas competências e a constituição de suas receitas, foram englobados nos comentários em questão. Ainda, quanto à seção II, que trata do CNPD, José Luiz de Moura Faleiros Júnior comentou os artigos 56, 57 e 59, que foram vetados – embora seja inegavelmente importante saber do que tratavam – e os atuais artigos 58-A e 58-B, que estabelecem a composição e as competências do Conselho. Para a 2ª edição, esta seção foi totalmente reestruturada, acrescentando-se todos os pormenores relativos à nova estrutura da ANPD, definida após a promulgação da Lei 14.460/2022.

Os artigos 60 a 65 da LGPD, que integram o Capítulo X (Disposições Finais e Transitórias), foram analisados por Alexandre Pereira Bonna. Nesse contexto, foram cuidadosamente comentados temas relacionados à *vacatio legis* da lei, às alterações realizadas no Marco Civil da Internet, à notificação e à intimação de empresa estrangeira quanto aos atos processuais previstos na LGPD, além de outros.

Cumprindo o propósito desta obra de ser um repositório amplo sobre a legislação de proteção de dados vigente no Brasil, já na 1ª edição pudemos contar com a

NOTA DE APRESENTAÇÃO

participação do professor José Sérgio da Silva Cristóvam e da professora Tatiana Meinhart Hahn, que redigiram, em coautoria, comentários aos principais pontos do Decreto Federal 10.474, de 26 de agosto de 2020, com as alterações feitas pelo Decreto Federal 11.202, de 21 de setembro de 2022, que aprovou a Estrutura Regimental e o Quadro Demonstrativo dos Cargos em Comissão e das Funções de Confiança da Autoridade Nacional de Proteção de Dados e remanejou e transformou cargos em comissão e funções de confiança. No texto, vários assuntos que são importantíssimos para corroborar a interpretação que se deve construir quanto à ANPD e à sua atuação foram condensados nas reflexões dos autores, com os desejáveis aportes do direito administrativo.

Também é de autoria do professor José Sérgio da Silva Cristóvam e da professora Tatiana Meinhart Hahn o novo capítulo da obra, que passa a compor a 2ª edição, com o título "Autoridade Nacional de Proteção de Dados: discricionariedade e a governança regulatória", no qual são analisados aspectos essenciais da atuação da ANPD com vistas a harmonizar o resguardo à proteção dos dados pessoais com o desenvolvimento econômico, científico e tecnológico é uma meta difícil e de longo prazo.

Com isso, ressaltamos a forma meticulosa que optamos por adotar para a padronização e estruturação dos comentários à lei e ao mencionado decreto. Mais do que uma coletânea de artigos científicos sobre a proteção de dados pessoais, preferimos consolidar o projeto como uma lei comentada, e pudemos contar com a adesão de todos os autores e autoras à concepção formal e metodológica que traçamos. Complementarmente, assim como pudemos fazer ao agregar os comentários aos pontos centrais do Decreto Federal 10.474/2020, pretendemos, em futuras edições da obra, trazer notas sobre eventuais outros regulamentos que venham a ser editados para compor o ecossistema da proteção de dados pessoais no Brasil.

O esforço colaborativo de todos os autores e autoras que participaram desse projeto foi essencial para chegarmos ao resultado final e, por isso, expressamos nossos efusivos agradecimentos a cada um. Finalmente, estando cientes de que o tema não se esgotará nesta primeira edição, contaremos sempre com as impressões e o *feedback* de nossos leitores e leitoras para que possamos revisitar os comentários, ampliando e recrudescendo a obra no futuro.

Desejamos ótima experiência de leitura, na expectativa de que esta lei comentada seja útil para pesquisas acadêmicas e atuação profissional!

Rio de Janeiro, Curitiba, Belo Horizonte, fevereiro de 2025.

Guilherme Magalhães Martins
João Victor Rozatti Longhi
José Luiz de Moura Faleiros Júnior

SUMÁRIO

CAPÍTULO I
DISPOSIÇÕES PRELIMINARES

Art. 1º

Cristiano Colombo.. 1

Art. 2º

Cristiano Colombo.. 9

Art. 3º

Cristiano Colombo.. 19

Art. 4º

Arthur Pinheiro Basan.. 23

Art. 5º

Arthur Pinheiro Basan.. 41

Art. 6º

Arthur Pinheiro Basan.. 61

CAPÍTULO II
DO TRATAMENTO DE DADOS PESSOAIS

Seção I
Dos Requisitos para o Tratamento de Dados Pessoais

Art. 7º

Bruno Miragem e Juliano Madalena... 78

Art. 8º

José Luiz de Moura Faleiros Júnior 104

Art. 9º

José Luiz de Moura Faleiros Júnior 126

Art. 10.

Lucas Colombera Vaiano Piveto 133

Seção II
Do Tratamento de Dados Pessoais Sensíveis

Art. 11.

Chiara Spadaccini de Teffé 149

Art. 12.

Mariana de Moraes Palmeira 182

Art. 13.

Mariana de Moraes Palmeira 201

Seção III
Do Tratamento de Dados Pessoais de Crianças e de Adolescentes

Art. 14.

Roberta Densa e Cecília Dantas 216

Seção IV
Do Término do Tratamento de Dados Pessoais

Art. 15.

Pietra Daneluzzi Quinelato 239

Art. 16.

Pietra Daneluzzi Quinelato 245

CAPÍTULO III
DOS DIREITOS DO TITULAR

Art. 17.

Guilherme Damasio Goulart 257

Art. 18.

Guilherme Damasio Goulart e Daniela Copetti Cravo 260

Art. 18. I a IV

Guilherme Damasio Goulart.. 262

Art. 18. V

Daniela Copetti Cravo 269

Art. 18. VI a IX

Guilherme Damasio Goulart.. 296

Art. 19.

Guilherme Damasio Goulart.. 305

Art. 20.

Guilherme Damasio Goulart.. 310

Art. 21.

Guilherme Damasio Goulart.. 317

Art. 22.

Guilherme Damasio Goulart.. 319

CAPÍTULO IV
DO TRATAMENTO DE DADOS PESSOAIS PELO PODER PÚBLICO

Seção I
Das Regras

Art. 23.

Têmis Limberger 325

Art. 24.

Têmis Limberger 349

Art. 25.

Têmis Limberger 352

Art. 26.

Têmis Limberger 355

Art. 27.

Têmis Limberger 361

Art. 28. (Vetado).

José Luiz de Moura Faleiros Júnior 363

Art. 29.

José Luiz de Moura Faleiros Júnior 364

Art. 30.

Têmis Limberger 368

Seção II
Da Responsabilidade

Art. 31.

Pedro Rubim Borges Fortes 370

Seção II
Da Responsabilidade

Art. 32.

Pedro Rubim Borges Fortes 378

CAPÍTULO V
DA TRANSFERÊNCIA INTERNACIONAL DE DADOS

Art. 33.

Isabella Z. Frajhof e Bianca Kremer... 390

Art. 34.

Isabella Z. Frajhof e Bianca Kremer... 398

Art. 35.

Isabella Z. Frajhof e Bianca Kremer... 402

Art. 36.

Isabella Z. Frajhof e Bianca Kremer.. 418

CAPÍTULO VI
DOS AGENTES DE TRATAMENTO DE DADOS PESSOAIS

Seção I
Do Controlador e do Operador

Art. 37.

Roger Vieira Feichas... 419

Art. 38.

Roger Vieira Feichas... 429

Art. 39.

Mariella Pittari 433

Art. 40.

Mariella Pittari 439

Seção II
Do Encarregado pelo Tratamento de Dados Pessoais

Art. 41.

João Victor Rozatti Longhi.. 445

Seção III
Da Responsabilidade e do Ressarcimento de Danos

Art. 42.

Marcos Ehrhardt Júnior 454

Art. 43.

Rafael de Freitas Valle Dresch e Gustavo da Silva Melo........................... 461

Art. 44.

Rafael A. F. Zanatta... 465

Art. 45.

Guilherme Magalhães Martins 484

CAPÍTULO VII
DA SEGURANÇA E DAS BOAS PRÁTICAS

Seção I
Da Segurança e do Sigilo de Dados

Art. 46.

Pedro Modenesi 493

Art. 47.

Pedro Modenesi 508

Art. 48.

Pedro Modenesi 512

Art. 49.

Pedro Modenesi 521

Seção II
Das Boas Práticas e da Governança

Art. 50.

Kelvin Peroli e José Luiz de Moura Faleiros Júnior 525

Art. 51.

Kelvin Peroli e José Luiz de Moura Faleiros Júnior 545

CAPÍTULO VIII
DA FISCALIZAÇÃO
Seção I
Das Sanções Administrativas

Art. 52.

Eduardo Tomasevicius Filho 549

Art. 53.

Eduardo Tomasevicius Filho 563

Art. 54.

Eduardo Tomasevicius Filho 569

CAPÍTULO IX
DA AUTORIDADE NACIONAL DE PROTEÇÃO DE DADOS (ANPD) E DO CONSELHO NACIONAL DE PROTEÇÃO DE DADOS PESSOAIS E DA PRIVACIDADE

Seção I
Da Autoridade Nacional de Proteção de Dados (ANPD)

Art. 55. (Vetado)... 571

Art. 55-A.

Cíntia Rosa Pereira de Lima 571

Art. 55-B.

Cíntia Rosa Pereira de Lima 575

Art. 55-C.

Cíntia Rosa Pereira de Lima 580

Art. 55-D.

Cíntia Rosa Pereira de Lima 583

Art. 55-E.

Cíntia Rosa Pereira de Lima 591

Art. 55-F.

Cíntia Rosa Pereira de Lima 593

Art. 55-G.

Cíntia Rosa Pereira de Lima 594

Art. 55-H.

Cíntia Rosa Pereira de Lima 596

Art. 55-I.

Cíntia Rosa Pereira de Lima 597

Art. 55-J.

Cíntia Rosa Pereira de Lima 598

Art. 55-K.

Cíntia Rosa Pereira de Lima 607

Art. 55-L.

Cíntia Rosa Pereira de Lima 609

Art. 55-M.

Cíntia Rosa Pereira de Lima 611

Art. 56. (Vetado).

José Luiz de Moura Faleiros Júnior 612

Art. 57. (Vetado).

José Luiz de Moura Faleiros Júnior 614

Art. 58. (Vetado).. 615

Art. 58-A.

José Luiz de Moura Faleiros Júnior 615

Art. 59. (Vetado).

José Luiz de Moura Faleiros Júnior 622

CAPÍTULO X
DISPOSIÇÕES FINAIS E TRANSITÓRIAS

Art. 60.

Alexandre Pereira Bonna 624

Art. 61.

Alexandre Pereira Bonna 630

Art. 62.

Alexandre Pereira Bonna 634

Art. 63.

Alexandre Pereira Bonna 639

Art. 64.

Alexandre Pereira Bonna 645

Art. 65.

Alexandre Pereira Bonna 650

AUTORIDADE NACIONAL DE PROTEÇÃO DE DADOS: NATUREZA JU-RÍDICA, CONSEQUÊNCIAS PRÁTICAS E ASPECTOS ORGANIZACIO-NAIS SEGUNDO A LGPD E O DECRETO Nº 10.474/2020

José Sérgio da Silva Cristóvam e Tatiana Meinhart Hahn 653

AUTORIDADE NACIONAL DE PROTEÇÃO DE DADOS: DISCRICIONA-RIEDADE E A GOVERNANÇA REGULATÓRIA

José Sérgio da Silva Cristóvam e Tatiana Meinhart Hahn 679

APÊNDICE I – DECRETO Nº 10.474, DE 26 DE AGOSTO DE 2020 697

APÊNDICE II – LEI Nº 14.460, DE 25 DE OUTUBRO DE 2022 721

REFERÊNCIAS 723

Cristiano Colombo

CAPÍTULO I
DISPOSIÇÕES PRELIMINARES

Art. 1º Esta Lei dispõe sobre o tratamento de dados pessoais, inclusive nos meios digitais, por pessoa natural ou por pessoa jurídica de direito público ou privado, com o objetivo de proteger os direitos fundamentais de liberdade e de privacidade e o livre desenvolvimento da personalidade da pessoa natural.

Parágrafo único. As normas gerais contidas nesta Lei são de interesse nacional e devem ser observadas pela União, Estados, Distrito Federal e Municípios. (Incluído pela Lei 13.853, de 2019)

A Lei 13.709, de 14 de agosto de 2018, denominada de Lei Geral de Proteção de Dados Pessoais, cuja sigla foi normativamente fixada como LGPD, é a corporificação da disciplina de proteção de dados pessoais, no cenário nacional. Trata-se de "marco normativo geral", tendo como centro a pessoa humana, vocacionada a promover a uniformização da matéria, evitando possíveis oscilações, em nível de proteção de dados, entre diferentes setores de bens e serviços da economia[1]. Sua estrutura sistematizada, afinada aos direitos fundamentais e à tutela da dignidade de pessoa humana, revela sua proximidade ao modelo europeu de proteção de dados pessoais, sob influência do Regulamento Geral de Proteção de Dados da União Europeia (UE) 2016/679.[2]

Destinada ao tratamento de dados pessoais, a LGPD, no capítulo I, em suas "disposições preliminares", descreve seu objeto, fundamentos, bem como limites positivos e negativos de sua aplicação. Dedica-se, ainda, à construção de glossário, desdobrando relevante tábua conceitual, seguida de sua estrutura principiológica, a conduzir sua interpretação. No capítulo II, são normatizados os requisitos para o tratamento de dados pessoais, voltando-se, ainda, a especificações como dados sensíveis, às crianças e adolescentes, quando maiores formalidades deverão ser obser-

---

1. MENDES, Laura Schertel; DONEDA, Danilo. Marco Jurídico para a Cidadania Digital: uma análise do Projeto de Lei 5.276 de 2016. *Revista de Direito Civil Contemporâneo*, v. 9, p. 35-48, São Paulo, out./dez. 2016.

2. DONEDA, Danilo. *Da privacidade à proteção de dados pessoais*: fundamentos da Lei Geral de Proteção de Dados. 2. ed. São Paulo: Thomson Reuters Brasil, 2019, p. 186-188. Em comparação ao modelo europeu, o autor ressalta que "O modelo norte-americano, por outro lado, apresenta-se fracionado, com disposições legislativas e jurisprudenciais concorrentes em uma complexa estrutura federativa, o que torna sua leitura em chave sistemática – e até mesmo sua compreensão geral de seu conjunto – um desafio para os próprios juristas norte-americanos."

vadas para seu exercício. Versa sobre o consentimento como hipótese de tratamento de dados pessoais, bem como as causas diversas ou independentes deste, como as obrigações legais ou regulatórias, para fins de pesquisa, legítimo interesse, entre outras situações elencadas nos artigos 7º e 11 da LGPD. Em seu desfecho, dispõe sobre o término de tratamento de dados. Em seguida, no capítulo III, são edificados os direitos dos titulares, garantindo o controle pelas pessoas naturais sobre os seus dados pessoais, seu acesso e retificação[3], bem como a portabilidade[4]. Especificadamente ao Poder Público, foi destinado o capítulo IV, dispondo sobre suas regras e responsabilidade, devendo pautar seus atos à luz da LGPD.[5]

Em seu capítulo V, a LGPD dispõe sobre a temática da transferência internacional de dados, com a enumeração das hipóteses legais para sua execução, seguida de critérios para avaliação do nível de proteção de dados do país estrangeiro, o que resultará na permissão ou não de estabelecimento de fluxo de dados entre Estados. No capítulo VI, são apresentados os agentes de tratamento de dados pessoais: o controlador, como aquele que estabelece as instruções para o tratamento de dados, bem como o operador, como aquele que as executa. É indicada a figura do Encarregado de Proteção de Dados como o interlocutor entre os usuários, o Agente de Tratamento e Autoridade Nacional de Proteção de Dados. Neste capítulo, desenvolve-se a temática da responsabilidade civil em matéria de tratamento de dados pessoais.

Temas de Segurança e sigilo de dados, boas práticas e da governança estão dispostos no capítulo VII. Iluminam a implementação da LGPD no contexto empresarial, desde a coleta, armazenamento, finalidade e eliminação dos dados pessoais. O capítulo VIII trata da fiscalização, com a descrição das sanções administrativas. E, finalmente, o Capítulo IX dispõe sobre a Autoridade Nacional de Proteção de Dados e do Conselho Nacional de Proteção de Dados Pessoais e da Privacidade, no que se refere à criação, composição, competências e receitas.

Nos termos do *caput* do artigo 1º, ao restar disposto que a LGPD se volta ao tratamento de dados pessoais, "inclusive nos meios digitais", constata-se que seu campo de aplicação se estende tanto ao mundo físico como ao virtual, vibrando entre o *offline* e *online*. Destaque-se a dificultosa tarefa de fragmentar estas experiências em face de as situações quotidianas serem permeadas por simultâneos suportes físicos e digitais. É o que ocorre, por exemplo, na direção de um automóvel com sistema de navegação, acabando por fusionar o *online* e *offline*, atingindo-se a formulação

---

3. FINOCCHIARO, Giusella. *Privacy e protezione dei dati personali*. Turim: Zanichelli, 2012, p. 1.

4. COLOMBO, Cristiano; GOULART, Guilherme Damasio. Direito póstumo à portabilidade de dados pessoais no ciberespaço à luz do Direito brasileiro. In: FLORES, Alfredo de Jesus Dal Molin. (Org.). *Perspectivas do discurso jurídico:* revolução digital e sociedade globalizada. Rio Grande: Editora da Furg, 2020, v. 1, p. 90-109.

5. COLOMBO, Cristiano; ENGELMANN, Wilson. Inteligência artificial em favor da saúde: proteção de dados pessoais e critérios de tratamento em tempos de pandemia. In: PINTO, Henrique Alves; GUEDES, Jefferson Carús; CÉSAR, Joaquim Portes de Cerqueira. (Org.). *Inteligência artificial aplicada ao processo de tomada de decisões*. Belo Horizonte: D'Plácido, 2020, v. 1, p. 225-246.

de uma *onlife experience*.[6] Em síntese, a lei arrebata a experiência humana em sua totalidade, do material ao imaterial, do físico ao eletrônico. Protege os titulares de dados pessoais sobre documentos armazenados em nuvens, em servidores, em memória de computadores, ou mesmo em *pendrives*, bem como em fichas físicas, livros de atas, formulários e prontuários em papel, inclusive aqueles guardados nos antigos armários cinzas, que marcaram época em escritórios e repartições.

Como destinatários obrigados, sujeitos passivos da norma, estão: "pessoa natural" e "pessoa jurídica de direito público ou privado". Designados, de modo ampliativo, por ser uma lei geral, não setorial, são atores das esferas pública e privada, aplicando-se ao comércio, indústria, prestadores de serviços em geral, inclusive profissionais liberais, bem como à própria administração pública. Sustenta-se que, diante da hipervulnerabilidade do titular de dados pessoais, no ciberespaço[7], a compreensão acerca da legitimação passiva deva ser abrangente, de modo a ser cumprida pelos sucessores do falecido que detinha um banco de dados e, inclusive, pelo nascituro, por meio de seu representante, se for candidato a herdá-lo. Ora, a morte de um fotógrafo não afasta seus sucessores da observância da lei. Sejam concebidos ou já nascidos, a sucessão deve observar os direitos dos titulares dos dados pessoais.

Da mesma forma, entes despersonalizados, como a massa falida e o condomínio edilício, também devem observar a LGPD, não se resumindo às pessoas naturais e jurídicas, descritas na lei. A massa falida de uma companhia, que pode deter um largo cadastro de consumidores, bem como o condomínio edilício, que coleta dados pessoais, de tempo e localização dos que transitam por suas portarias, e, frequentemente, dados biométricos, não estão excluídos de sua obrigatoriedade.

O *caput* do artigo 1º dispõe sobre os "direitos fundamentais de liberdade e de privacidade e o livre desenvolvimento da personalidade da pessoa natural." Quando os direitos humanos são reconhecidos nas ordens jurídicas estatais, em seu contexto constitucional, aí estão os direitos fundamentais[8], como se sedimenta no artigo 5º, da Constituição da República Federativa do Brasil. Saliente-se que, quando os direitos humanos se concretizam nos códigos civis, a exemplo do Brasil, em seus artigos 11 e seguintes, são denominados de "direitos de personalidade".[9] Nesta ambiência *onlife*[10],

---

6. FLORIDI, Luciano. *The 4th Revolution*: how the infosphere is reshaping human reality. Oxford: Oxford University Press, 2014, p. 43.

7. COLOMBO, Cristiano; GOULART, Guilherme Damásio. Hipervulnerabilidade do consumidor no ciberespaço e o tratamento dos dados pessoais à luz da lei geral de proteção de dados. *Congreso Iberoamericano de Investigadores y Docentes de Derecho e Informatica*, Montevidéu, 2019.

8. NORONHA, Carlos Silveira. Uma síntese dos direitos humanos da origem à pós modernidade. *Revista da Faculdade de Direito da Universidade Federal do Rio Grande do Sul*, v. 28, p. 27, Porto Alegre, out. 2011.

9. NORONHA, Carlos Silveira. Uma síntese dos direitos humanos da origem à pós modernidade. *Revista da Faculdade de Direito da Universidade Federal do Rio Grande do Sul*, v. 28, p. 28, Porto Alegre, out. 2011.

10. FLORIDI, Luciano. *The 4th Revolution*: How the infosphere is reshaping human reality. Oxford: Oxford University Press, 2014, p. 43.

com "acesso fácil, rápido, de todo e qualquer lugar, e, viralizante"[11], múltiplas são as violações a direitos fundamentais, que "acabam por se propagar instantaneamente, em tempo real, geometricamente, na rede mundial de computadores"[12], merecendo atenção pela Ciência Jurídica.

A LGPD elegeu, no *caput* do artigo 1º, três direitos fundamentais como objetivos de proteção: liberdade, privacidade e o livre desenvolvimento da personalidade da pessoa natural. Quanto ao direito fundamental à liberdade, importa aduzir que a característica de fluidez do mundo virtual, onde há um grande volume de dados pessoais, fez Lawrence Lessig manifestar-se, em um primeiro momento, em uma posição não intervencionista do direito estatal, apontando para a independência do ciberespaço.[13] Posicionou-se, no sentido de uma autorregulação, quando se "operam e se autoproduzem regras sociais de comportamento suas e próprias"[14], em "fontes não estatais".[15] Aplicar-se-ia a "netiqueta"[16], "leis consuetudinárias – não escritas", em que os internautas pautariam sua conduta por uma "forte moral social",[17] sustentando a desnecessidade de regulamentação estatal ou supranacional.[18] Esta posição agradou parte dos usuários da internet, que entendem o mundo virtual como um "espaço de liberdade"[19], ou seu "mundo de liberdade"[20].

---

11. COLOMBO, Cristiano; FACCHINI NETO, Eugênio. Violação dos direitos de personalidade no meio ambiente digital: a influência da jurisprudência europeia na fixação da jurisdição/competência dos tribunais brasileiros. *Civilistica.com*, v. 8, n. 1, Rio de Janeiro, 2019. Disponível em: http://civilistica.com/violacao--dos-direitos-de-personalidade/. Data de acesso: 20 set. 2021.

12. COLOMBO, Cristiano; FACCHINI NETO, Eugênio. Violação dos direitos de personalidade no meio ambiente digital: a influência da jurisprudência europeia na fixação da jurisdição/competência dos tribunais brasileiros. *Civilistica.com*, v. 8, n. 1, Rio de Janeiro, 2019. Disponível em: http://civilistica.com/violacao--dos-direitos-de-personalidade/. Data de acesso: 20 set. 2021.

13. LESSIG, Lawrence. *Code Version 2.0*. 2. ed. New York: Basic Books, 2006. *Versão Kindle*, p. 165.

14. ROSSELLO, Carlo. Riflessioni. De Jure Condendo in materia di responsabilità del provider. *Il Diritto dell'Informazione e Dell'Informatica*, v. 26, n. 6, p. 617-629, p. 618, Roma, nov./dez. 2010.

15. ROSSELLO, Carlo. Riflessioni. De Jure Condendo in materia di responsabilità del provider. *Il Diritto dell'Informazione e Dell'Informatica*, v. 26, n. 6, p. 617-629, p. 618, Roma, nov./dez. 2010.

16. LÉVY, Pierre. *Cibercultura*. Trad. Carlos Irineu da Costa. São Paulo: Editora 34, 2008, p. 128.

17. LÉVY, Pierre. *Cibercultura*. Trad. Carlos Irineu da Costa. São Paulo: Editora 34, 2008, p. 128.

18. COLOMBO, Cristiano; NETO, Eugênio Facchini. Ciberespaço e conteúdo ofensivo gerado por terceiros: a proteção dos direitos de personalidade e a responsabilização civil dos provedores de aplicação, à luz da jurisprudência do Superior Tribunal de Justiça. *Revista Brasileira de Políticas Públicas*, Brasília, v. 7, n. 3, 2017 p. 216-237, p. 221. Disponível em: https://www.publicacoesacademicas.uniceub.br/RBPP/article/view/4910. Data de acesso: 20 set. 2021.

19. MANCINI, Anna. *Justice et internet*: une philosophie du droit pour le monde virtuel. Paris: Buenos Books International, 2004, Versão Kindle, posição 77.

20. FRANZONI, Massimo. Il riscarcimento del danno per lesione dei diritti della personalità su internet. In: NIVARRA, Luca; RICCIUTO, Vincenzo (Org.). *Internet e il diritto dei privati*: persona e proprietà intellettuale nelle reti telematiche. Turim: Giappichelli, 2002, p. 127-136, p. 128.

Contudo, posteriormente, Lessig, ao publicar o *Code Version 2.0*, afirmou que a "liberdade não é a ausência do Estado"[21], havendo a necessidade de "legislação própria"[22], dado o "aparecimento muito rápido de novos problemas"[23]. Dessa forma, as liberdades devem ser compreendidas como "poderes de agir reconhecidos e protegidos pela ordem jurídica a todos os seres humanos."[24], como, por exemplo, no exercício da liberdade de ir e vir, que pode significar se logar ou se desconectar a espaços virtuais, na liberdade de expressão e de comunicação, ao postar comentários nas redes sociais. Dessa forma, em um mundo virtual que se caracteriza pelo livre acesso, a liberdade é objetivo protegido pela LGPD. Contudo, não devem ser afastadas as "garantias de proteção",[25] como as garantias-limite (limitação à ação do poder, como a impossibilidade do consentimento genérico e inespecífico ao tratamento de dados pessoais pelos titulares), as garantias institucionais (proteção pela Autoridade Nacional de Proteção de Dados), bem como as garantias instrumentais (como o *habeas data*).[26]

Seguindo na apreciação dos objetivos da LGPD, o artigo "The Right to Privacy", de 1890, escrito por Samuel D. Warren e Louis D. Brandeis, como marco doutrinário sobre a matéria, abordou a introdução das inovações tecnológicas decorrentes das máquinas fotográficas instantâneas e o direito fundamental à privacidade[27]. Os autores concluíram que não somente bens que guardam valor econômico devem ser objeto de proteção do Direito, mas, também, as ocorrências domésticas, os fatos do quotidiano, palavras e pensamentos, independentemente de sua patrimonialidade. Assim, fotos, bilhetes e cartas afetivas trocadas entre as pessoas, mesmo não se constituindo obras intelectuais, que poderiam vir a ser negociadas, também devem ser tuteladas pelo ordenamento jurídico, não podendo ser livremente publicizados sem o assentimento das partes envolvidas no evento.[28]

---

21. LESSIG, Lawrence. *Code Version 2.0*. 2. ed. New York: Basic Books, 2006. *Versão Kindle*, p. 290. Liberty in cyberspace will not come from the absence of the state. Liberty there, as anywhere, will come from a state of a certain kind. We build a world where freedom can flourish not by removing from society any self-conscious control, but by setting it in a place where a particular kind of self-conscious control survives. We build liberty as our founders did, by setting society upon a certain constitution (p. 185)

22. ASCENSÃO, José de Oliveira. *Estudos sobre direito da internet e da sociedade da informação*. Coimbra: Almedina, 2001, p. 212.

23. ASCENSÃO, José de Oliveira. *Estudos sobre direito da internet e da sociedade da informação*. Coimbra: Almedina, 2001, p. 286.

24. FERREIRA FILHO, Manoel Gonçalves. *Direitos humanos fundamentais*. São Paulo: Saraiva, 2016, p. 44.

25. BASAN, Arthur Pinheiro; FALEIROS JÚNIOR, José Luiz de Moura. A tutela do corpo eletrônico como direito básico do consumidor. *Revista dos Tribunais*, v. 1021, p. 133-168, p. 136, São Paulo, nov. 2020.

26. FERREIRA FILHO, Manoel Gonçalves. *Direitos humanos fundamentais*. São Paulo: Saraiva, 2016, p. 49.

27. WARREN, Samuel D.; BRANDEIS, Louis D. The right to privacy. *Harvard Law Review*, v. 4, n. 5, p. 193, Cambridge, dez. 15, 1890.

28. WARREN, Samuel D.; BRANDEIS, Louis D. The right to privacy. *Harvard Law Review*, v. 4, n. 5, p. 199, Cambridge, dez. 15, 1890: "It is immaterial whether it be by word or by signs, in painting, by sculpture, or in

Ugo Pagallo descreveu as quatro teorias que surgiram, no tempo, sobre a privacidade: não intrusão, exclusão, limitação e controle. A privacidade como "não intrusão" é a descrita no "The Right to Privacy", no sentido do direito de ser deixado sozinho ou "right to be alone". A pessoa deve ser livre de qualquer intrusão pública ou privada não autorizada. A privacidade como "exclusão" é aquela em que uma pessoa deve ser "completamente inacessível aos outros". A privacidade como "limitação" é aquela em que a pessoa vai escolher com quem vai condividir, partilhar, determinada informação e a quem não quer dar conhecimento do fato. E, como quarta teoria, a privacidade como "controle", que, ao invés de se fundar sobre a liberdade, solidão, ou segredo, atribuiu relevância ao papel da escolha pessoal no exercício do direito à privacidade.[29] Pagallo concluiu que a privacidade como uma espécie de "imunidade" às trocas desconhecidas, indesejadas e não intencionais de informações.[30] E, contemporaneamente, nos ensinamentos de Luciano Floridi, em um cenário de *Infosphere*, a privacidade está diretamente relacionada ao conceito de informação e, por conseguinte, deve ser considerada na construção de uma identidade, uma vez que "noi siamo la nostra stessa informazione".[31]

Nessa linha, como ressaltou Stefano Rodotà, o corpo não se limita ao "perímetro delineado pela pele"[32], devendo ser considerado para a formação da identidade a reunião de dados pessoais que fluem no ciberespaço sobre um determinado sujeito, constituindo seu *"corpo elettronico"*[33]. Dados pessoais que servirão de *input* para algoritmos voltados à tomada de decisões automatizadas, em situações que podem afetar substancialmente os interesses das pessoas, como acesso ao mercado de trabalho, contratação de empréstimo e seguros de saúde, entre outros.[34] Dessa forma, a importância de compreender os novos veios da tutela da privacidade, na medida

---

music. Neither does the existence of the right depend upon the nature or value of the thought or emotions, nor upon the excellence of the means of expression. The same protection is accorded to a casual letter or an entry in a diary and to the most valuable poem or essay, to a botch or daub and to a masterpiece."

29. PAGALLO, Ugo. *La tutela della privacy negli Stati Uniti D'America e in Europa:* modelli giuridici a confronto. Milão: Giuffrè, 2008, p. 42.

30. PAGALLO, Ugo. *La tutela della privacy negli Stati Uniti D'America e in Europa:* modelli giuridici a confronto. Milão: Giuffrè, 2008, p. 39-40.

31. PAGALLO, Ugo. *La tutela della privacy negli Stati Uniti D'America e in Europa:* modelli giuridici a confronto. Milão: Giuffrè, 2008, p. 43-44.

32. RODOTÀ, Stefano. *Il diritto di avere diritti.* Roma/Bari: Laterza, 2012, p. 26. "Così il corpo elettronico, costituito dall'insieme delle informazioni riguardanti a un soggetto, è qualcosa che si riversa all'esterno, si distribuisce al mondo, entra nella disponibilità di una molteplicità di soggetti i quali, in questo mondo, contribuiscono alla definizione delle stesse identità altrui, in primo luogo costruendo e diffondendo profili individuali, di grupo, sociali."

33. RODOTÀ, Stefano. *Il diritto di avere diritti.* Roma/Bari: Laterza, 2012, p. 26.

34. FACCHINI NETO, Eugênio; COLOMBO, Cristiano. Decisões automatizadas em matéria de perfis e riscos algorítmicos: Diálogos entre Brasil e Europa acerca das vítimas do dano estético digital. In: MARTINS, Guilherme Magalhães; ROSENVALD, Nelson. (Coord.). *Responsabilidade civil e novas tecnologias.* Indaiatuba: Foco, 2020, p. 163-184.

em que não se volta somente à "reserva e ao isolamento", mas "à construção de uma esfera pessoal na qual seja possível a liberdade de escolha, e, consequentemente, o desenvolvimento da personalidade".[35] Convém destacar que Doneda defende que a proteção de dados tem um enfoque puramente objetivo, não envolvendo os aspectos subjetivos como se opera na privacidade[36]. Finocchiaro, por sua vez, leciona que o direito à proteção de dados pessoais se refere ao direito do sujeito exercitar um controle ativo sobre seus próprios dados, envolvendo o direito ao acesso e à sua retificação, enquanto o direito à "riservatezza" se volta à vida privada, familiar, ao domicílio e às comunicações.[37]

Completando a tríade dos objetivos apontados pelo diploma em comento está o direito fundamental ao livre desenvolvimento da personalidade da pessoa natural. A temática teve destaque na célebre Reclamação Constitucional contra Ato Normativo, BVerfGE 65, 1, de 15 de dezembro de 1983, apreciada pela Corte Constitucional Alemã, conhecida como a Lei do Censo. Ao coletar endereço, profissão e local de trabalho "para fins estatísticos", a norma buscava observar a distribuição populacional, bem como questões sociais, demográficas e econômicas.[38] Ocorre que, em seu § 9°, havia permissão para a "comparação dos dados levantados com os registros públicos" e "transmissão de dados tornados anônimos a repartições públicas federais, estaduais e municipais" para a "execução administrativa".[39] Em que pese a lei tenha sido declarada constitucional, parte dos dispositivos foram julgados nulos, tendo como fundamento, além do "direito à autodeterminação da informação",[40] o "livre desenvolvimento da personalidade", na medida em que protegeu os cidadãos "contra levantamento, armazenagem, uso e transmissão irrestritos de seus dados pessoais".[41] O direito fundamental ao livre desenvolvimento da personalidade garante

---

35. DONEDA, Danilo. *Da privacidade à proteção de dados pessoais*: fundamentos da Lei Geral de Proteção de Dados. 2. ed. São Paulo: Thomson Reuters Brasil, 2019, p. 130.

36. DONEDA, Danilo. *Palestra em curso sobre a nova lei de proteção de dados*, em 29 de agosto de 2018.

37. FINOCCHIARO, Giusella. *Privacy e protezione dei dati personali:* disciplina e strumenti operativi. Turim: Zanichelli, 2012, p. 1-3.

38. CINQUENTA anos de jurisprudência do Tribunal Constitucional alemão. Berlin: Fundação Konrad-Adenauer, c2005. Disponível em http://mpf.mp.br/atuacao-tematica/sci/jurisprudencias-e-pareceres/jurisprudencias/docs-jurisprudencias/50_anos_dejurisprudencia_do_tribunal_constitucional_federal_alemao.pdf. Acesso em: 18 fev. 2025, p. 233-234.

39. CINQUENTA anos de jurisprudência do Tribunal Constitucional alemão. Berlin: Fundação Konrad-Adenauer, c2005. Disponível em http://mpf.mp.br/atuacao-tematica/sci/jurisprudencias-e-pareceres/jurisprudencias/docs-jurisprudencias/50_anos_dejurisprudencia_do_tribunal_constitucional_federal_alemao.pdf. Acesso em: 18 fev. 2025, p. 233-234.

40. MENDES, Laura Schertel. *Privacidade, proteção de dados e defesa do consumidor:* linhas gerais de um novo direito fundamental. São Paulo: Saraiva, 2014, p. 31.

41. CINQUENTA anos de jurisprudência do Tribunal Constitucional alemão. Berlin: Fundação Konrad-Adenauer, c2005. Disponível em http://mpf.mp.br/atuacao-tematica/sci/jurisprudencias-e-pareceres/jurisprudencias/docs-jurisprudencias/50_anos_dejurisprudencia_do_tribunal_constitucional_federal_alemao.pdf. Acesso em: 18 fev. 2025, p. 233-234.

que seja o "indivíduo conformador de si próprio e da sua vida segundo o seu próprio projecto espiritual", enfim, se autoconstruindo.[42] Que cada um possa eleger como viver, sem que com isso prejudique terceiros, constituindo uma "personalidade livre, sem qualquer imposição de outrem, preconizando um direito à individualidade".[43] Liga-se diretamente à "faculdade de cada indivíduo de dispor principalmente sobre a revelação e o uso de seus dados pessoais"[44]

Cumpre destacar que referido objetivo traz de forma expressa que o sujeito ativo de direitos, destinatário da norma, consagrado pela LGPD é a pessoa natural, em sendo o centro de proteção. Aqui também caberá estender estes direitos ao nascituro, o que se exemplifica pela inadequada exibição de uma ecografia, em uma rede social, pelo controlador. Outrossim, aos dados sensíveis, como os de saúde ou de pessoa falecida, na medida em que os legitimados puderem representar seus direitos de personalidade, a teor do artigo 11 do Código Civil, poderão buscar exercê-los. Essa lógica vale para direitos em espécie, como a portabilidade.[45] Ressalte-se que a presente lei não protege dados de pessoas jurídicas, como aqueles decorrentes de violações a segredo industrial.

O parágrafo único do artigo 1º da LGPD dispõe que as normas gerais contidas nesta Lei são de interesse nacional e devem ser observadas pela União, Estados, Distrito Federal e Municípios, ou seja, que devem atender ao interesse de toda a nação, dos interesses legítimos do povo, independente de grupos, partidos ou governos.[46]

---

42. PINTO, Paulo Mota. O direito ao livre desenvolvimento da personalidade. *Boletim da Faculdade de Direito de Coimbra,* Portugal-Brasil Ano 2000, p. 149-246, 1999.

43. MIRANDA, Felipe Arady. *O direito fundamental ao livre desenvolvimento da personalidade.* Disponível em: https://www.cidp.pt/revistas/ridb/2013/10/2013_10_11175_11211.pdf. Acesso em: 18 fev. 2025.

44. LIMBERGER, Têmis. A informática e a proteção à intimidade. *Revista de Direito Constitucional e Internacional,* v. 33, p. 110-124, São Paulo, out./dez. 2000.

45. COLOMBO, Cristiano; GOULART, Guilherme Damasio. Direito póstumo à portabilidade de dados pessoais no ciberespaço à luz do Direito brasileiro. In: FLORES, Alfredo de Jesus Dal Molin. (Org.). *Perspectivas do discurso jurídico:* revolução digital e sociedade globalizada. Rio Grande: Editora da Furg, 2020, p. 90-109.

46. MORAES, Lauro Escorel de. O conceito interesse nacional e a responsabilidade de diplomacia brasileira. *Revista da Faculdade de Direito da Universidade de São Paulo,* v. 81, São Paulo, 1986. Disponível em: https://www.revistas.usp.br/rfdusp/article/view/67074. Acesso em: 18 fev. 2025.

Cristiano Colombo

Art. 2º A disciplina da proteção de dados pessoais tem como fundamentos:

I – o respeito à privacidade;

II – a autodeterminação informativa;

III – a liberdade de expressão, de informação, de comunicação e de opinião;

IV – a inviolabilidade da intimidade, da honra e da imagem;

V – o desenvolvimento econômico e tecnológico e a inovação;

VI – a livre-iniciativa, a livre concorrência e a defesa do consumidor; e

VII – os direitos humanos, o livre desenvolvimento da personalidade, a dignidade e o exercício da cidadania pelas pessoas naturais.

O *caput* do artigo 2º da Lei 13.709, de 2018, enumerou os fundamentos da disciplina de proteção de dados pessoais, catalogando ingredientes de ordem existencial, como a privacidade, a autodeterminação informativa, a inviolabilidade da intimidade, da honra e da imagem, bem como de ordem patrimonial-mercadológica, como desenvolvimento econômico e tecnológico e a inovação, livre-iniciativa e livre concorrência.[1]

Sublinhe-se que, enquanto no artigo 1º a privacidade consta entre os objetivos a serem perseguidos pela LGPD, no artigo 2º, I, desponta como fundamento da disciplina de proteção de dados pessoais, por estar vinculada à gênese da mesma.[2] Ressalte-se que, no artigo 5º da Constituição da República Federativa do Brasil de 1988, constam expressamente a inviolabilidade da intimidade, da vida privada, *habeas data* para assegurar conhecimento de informações constante a registros de bancos de dados de entidades governamentais ou de caráter público e o direito à retificação. No referido comando constitucional, não há referência literal ao vocábulo "privacidade", no entanto, José Afonso da Silva salienta que deve ser interpretado o "direito à privacidade, num sentido genérico e amplo, de modo a abarcar todas essas

---

1. REGIS, Erick da Silva. Linhas gerais sobre a Lei 13.709/2018 (LGPD): objetivos, fundamentos e axiologia da Lei Geral de Proteção de Dados brasileira e a tutela de personalidade/privacidade. *Revista de Direito Privado*, v. 103, p. 63-100, São Paulo, jan./fev. 2020. Nas palavras do autor: "O que se quer dizer é que a relação entre pessoa e mercado, no contexto do novel diploma legal, deve ser diretamente proporcional: na medida em que a proteção dos dados seja eficiente, resguardando-se a personalidade e a privacidade em todos os seus matizes, o mercado também será protegido, com foco no desenvolvimento econômico e tecnológico, capaz de fomentar a livre-iniciativa e a livre concorrência, sem embaraços de qualquer espécie. A Lei parece clara nesse sentido."

2. DONEDA, Danilo. *Da privacidade à proteção de dados pessoais*: fundamentos da Lei Geral de Proteção de Dados. São Paulo: Thomson Reuters Brasil, 2019, p. 44.

manifestações da esfera íntima, privada e da personalidade, que o texto constitucional em exame consagrou."[3] De igual forma, o Código Civil Brasileiro de 2002 dedicou capítulo específico para os direitos de personalidade, consagrando a "vida privada", sem utilizar, todavia, a palavra "privacidade". A primeira oportunidade em que se empregou a palavra "privacidade" em lei federal foi na Lei 12.965, de 23 de abril de 2014, apelidada de Marco Civil da Internet, especificamente em seu artigo 3º.

Diante do contexto tecnológico, em uma *onlife experience*[4], a privacidade recebeu novos contornos, ao ser comparada com sua definição primitiva, vinculada ao segredo, passando a ser compreendida como uma forma de controle sobre as informações pessoais, enfim, quando o titular de dados pessoais tem em suas mãos os limites a serem engendrados para dar conhecimento de si mesmo.[5] As aplicações da Internet passam a exibir conceitos como *privacy by design*, que significa a necessidade por parte dos agentes de tratamento de adotarem medidas técnicas e organizativas, desde a criação dos sistemas informáticos, para tutelar os dados das pessoas naturais, bem como *privacy by default*, que dispõe sobre a tutela da vida privada como padrão, sendo aplicados os princípios da minimização dos dados e da limitação à finalidade.[6]

Dando seguimento, no inciso II, do artigo 2º, da LGPD, está a autodeterminação informativa, que tem como marco histórico o julgamento da Reclamação Constitucional contra Ato Normativo, BVerfGE 65, 1, de 15 de dezembro de 1983, conhecida como Lei do Censo. A apreciação pelo Tribunal Constitucional Alemão resultou na inconstitucionalidade de parte de seus dispositivos, com base no "direito à autodeterminação da informação", sendo apontado como relevante "marco para a teoria de proteção de dados pessoais".[7] Nessa linha, o titular dos dados pessoais tem o direito de saber com "segurança quais informações sobre sua pessoa são conhecidas em certas áreas de seu meio social", sendo que o "livre desenvolvimento da personalidade" o protege "contra levantamento, armazenagem, uso e transmissão irrestritos de seus dados pessoais".[8] A autodeterminação informativa constitui-se no "direito

---

3. SILVA, José Afonso da. *Curso de direito constitucional positivo*. São Paulo: Malheiros, 2007, p. 205-206.

4. FLORIDI, Luciano. *The 4th Revolution*. How the infosphere is reshaping human reality. Oxford: Oxford University Press, 2014, p. 43.

5. SOLOVE, Daniel; SCHWARTZ, Paul M. *Information privacy law*. Washington: Wolters Kluwer, 2015, p. 49.

6. MAGLIO, Marco et al. *Manuale di diritto alla protezione dei dati personali*. Santarcangelo di Romagna: Maggioli, 2019, p. 130-131.

7. MENDES, Laura Schertel. *Privacidade, proteção de dados e defesa do consumidor*: linhas gerais de um novo direito fundamental. São Paulo: Saraiva, 2014. p. 31.

8. CINQUENTA anos de jurisprudência do Tribunal Constitucional alemão. Berlin: Fundação Konrad-Adenauer, c2005. Disponível em: http://mpf.mp.br/atuacao-tematica/sci/jurisprudencias-e-pareceres/jurisprudencias/docs-jurisprudencias/50_anos_dejurisprudencia_do_tribunal_constitucional_federal_alemao.pdf. Acesso em: 18 fev. 2025. p. 233-234.

do indivíduo controlar seus dados pessoais"[9], no sentido de "poder escolher o que será feito de suas informações".[10] A utilização dos dados pessoais estranhos à coleta e à revelia de suas finalidades ofende frontalmente este fundamento da disciplina de proteção de dados.

Por sua vez, no inciso III do mesmo dispositivo, são elencadas como fundamentos da disciplina de proteção de dados pessoais as liberdades de expressão, de informação, de comunicação e de opinião. Em nível constitucional, as liberdades descritas são categorizadas como direitos e garantias fundamentais, de acordo com o artigo 5°, IX, da Constituição da República Federativa do Brasil de 1988. Destaque-se que, no contexto do atual estágio civilizatório, compreendido como "Sociedade da Informação e da Comunicação", operou-se significativa "mutação antropológica ao transformar a própria ideia que o homem tem sobre si mesmo e o mundo em que vive".[11] A fluidez do ciberespaço gerou diferentes ambientes, como chats, redes sociais, blogs, viabilizando a troca de ideias, que vão desde "profundas reflexões científicas até questões do dia a dia, trivialidades, a criar um espaço público, em que se desenvolvem debates e embates."[12] A questão está em encontrar o equilíbrio entre o exercício das liberdades e seus limites, a harmonizar os direitos fundamentais dos titulares dos dados. O Regulamento Geral de Proteção de Dados Pessoais da União Europeia (RGPD), como valorosa fonte, em razão da aproximação da LGPD ao modelo europeu, revela critérios hermenêuticos acerca da matéria, tanto em seus considerandos, como em seus dispositivos. O Considerando (4), ao tratar deste ponto, assim dispôs: "O direito à proteção de dados pessoais não é absoluto; deve ser considerado em relação à sua função na sociedade e ser equilibrado com outros direitos fundamentais, em conformidade com o princípio da proporcionalidade". Mais especificadamente, quanto à liberdade de expressão, no Considerando (153), o Regulamento faz referência que "o direito dos Estados-Membros deverá conciliar as normas que regem a liberdade de expressão e de informação, nomeadamente jornalística, acadêmica, artística e/ou literária com o direito à proteção de dados

---

9. BIONI, Bruno Ricardo. O dever de informar e a teoria do diálogo das fontes para a aplicação da autodeterminação informacional como sistematização para a proteção dos dados pessoais dos consumidores: convergências e divergências a partir da análise da ação coletiva promovida contra o Facebook e o aplicativo "Lulu". *Revista de Direito do Consumidor*, v. 94, p. 283-324, São Paulo, jul./ago. 2014.

10. PUPP, Karin Anneliese. O direito de autodeterminação informacional e os bancos de dados dos consumidores: a Lei 12.414/2011 e a *Bundesdatenschutzgesetz* (BDSG) em um estudo de casos comparados sobre a configuração do dano indenizável nas Cortes de Justiça do Brasil e da Alemanha. *Revista de Direito do Consumidor*, v. 118, p. 247-278, São Paulo, jul./ago. 2018.

11. MESSINETTI, Raffaela. I Limiti e il contenuto della libertà di manifestazione del pensiero. In: BIANCA, Mirzia. GAMBINO, Alberto. MESSINETTI, Raffaela (a cura di). *Libertà di manifestazione del pensiero e diritti fondamentali*. Milão: Giuffrè, 2016, p. 3.

12. Cf. COLOMBO, Cristiano; FACCHINI NETO, Eugênio. Ciberespaço e conteúdo ofensivo gerado por terceiros: a proteção dos direitos de personalidade e a responsabilização civil dos provedores de aplicação, à luz da jurisprudência do Superior Tribunal de Justiça. *Revista Brasileira de Políticas Públicas*, v. 7, n. 3, Brasília, 2017.

pessoais". E, seguindo, realiza ressalva, quando dispõe: "A fim de ter em conta a importância da liberdade de expressão em qualquer sociedade democrática, há que interpretar de forma lata as noções associadas a esta liberdade, como por exemplo o jornalismo."[13] Depreende-se, portanto, o firme propósito em manter a liberdade dos meios de comunicação.

A seu turno, a Lei Geral de Proteção de Dados, em seu artigo 4º, II, no sentido de garantir a liberdade de informação e de opinião, declarou a sua não aplicação ao tratamento de dados pessoais que forem utilizados para fins jornalísticos e artísticos. Ressalte-se que, ao longo do texto, é possível identificar a preocupação em estabelecer o *balancing* entre os direitos fundamentais envolvidos, como a tensão entre a liberdade de expressão e a privacidade. Há menção expressa aos direitos e liberdades fundamentais, nos seguintes dispositivos: artigos 7º, IX, e 10 da LGPD, no que se refere ao legítimo interesse; artigo 11, II, alínea "g", no que se refere aos dados pessoais sensíveis; e, ainda, o artigo 17, *caput*, quando enuncia os direitos dos titulares de dados pessoais. Em sendo assim, dever-se-ão, no caso concreto, a partir do equilíbrio entre a liberdade de expressão, de informação, de comunicação e de opinião, e os direitos de privacidade e intimidade, do titular de dados pessoais, sopesar os direitos em questão, à luz da proporcionalidade[14], a fim de encontrar a solução adequada ao caso concreto.

Destaque-se, ainda, que figuram como fundamentos, nos termos do inciso IV do artigo 2º, "a inviolabilidade da intimidade, da honra e da imagem". O direito à intimidade, nos ensinamentos de José Afonso da Silva, abrange a "inviolabilidade do domicílio, o sigilo de correspondência, o segredo profissional."[15] Por sua vez, Lorenzetti ensina que a intimidade compreende a "reserva de atos pessoais e familiares, como sentimentos, conduta sexual, saúde, fé religiosa, lembranças, ideias políticas, segredos de correspondência, inviolabilidade de domicílio".[16] Ainda, Lorenzetti ensina que a informática pode afetar a intimidade quanto: ao recolhimento e armazenamento, sem consentimento; reunião de informação falsa; utilização de informação com finalidade distinta; subsistência de dado caduco.[17] Não há dúvidas que a temática se

---

13. UNIÃO EUROPEIA. *Regulamento (UE) 2016/679 do Parlamento Europeu e do Conselho de 27 de abril de 2016*. Disponível em: https://eur-lex.europa.eu/legal-content/PT/TXT/HTML/?uri=CELEX:32016R0679&-from=PT. Acesso: 20 set. 2021.

14. UNIÃO EUROPEIA. *Regulamento (UE) 2016/679 do Parlamento Europeu e do Conselho de 27 de abril de 2016*. Disponível em: https://eur-lex.europa.eu/legal-content/PT/TXT/HTML/?uri=CELEX:32016R0679&-from=PT. Acesso: 20 set. 2021. Conforme texto do Considerando 4: "O direito à proteção de dados pessoais não é absoluto; deve ser considerado em relação à sua função na sociedade e ser equilibrado com outros direitos fundamentais, em conformidade com o princípio da proporcionalidade."

15. SILVA, José Afonso da. *Curso de direito constitucional positivo*. São Paulo: Malheiros, 2007, p. 207.

16. LORENZETTI, Ricardo Luis. *Fundamentos do direito privado*. Trad. Vera Maria Jacob de Fradera. São Paulo: Ed. RT, 1998, p. 497.

17. LORENZETTI, Ricardo Luis. *Fundamentos do direito privado*. Trad. Vera Maria Jacob de Fradera. São Paulo: Ed. RT, 1998, p. 497.

liga diretamente aos dados pessoais sensíveis, que versam sobre questões sexuais, de saúde e religiosas, sendo que são protegidos pela intimidade. Nesse ponto, quanto ao consentimento de dados pessoais sensíveis, nos termos do artigo 11, da LGPD, exige-se forma destacada e específica. Quanto à honra, trata-se de conceito "acerca de si perante os demais, seja, amigos, conhecidos, admiradores etc."[18]. Liga-se à estima de que o sujeito goza, implicando juízo por parte dos outros sujeitos.[19] A honra pode ser afetada, quando dados pessoais são utilizados sem o consentimento, inclusive, ofendendo o livre desenvolvimento da personalidade da pessoa natural. Por sua vez, o direito à imagem, quando se volta aos aspectos de fisionomia, que são visuais, liga-se ao conceito de imagem-retrato, e, de outra forma, quando se refere ao modo como as pessoas enxergam o titular de dados, está-se diante da imagem-atributo. [20] Em ambos os casos, o direito à imagem faculta ao titular de dados pessoais proibir sua utilização de forma abusiva[21], enfim, contrária à lei. No âmbito da LGPD, pode-se exemplificar como inadequado tratamento de dados pessoais a utilização de construção de *profiling*, a ser aplicado em decisões automatizadas.[22] A imagem pode revelar dados pessoais, inclusive, sensíveis, como biométricos, de saúde, entre outros. Nos termos do "Parecer 02/2012 sobre o reconhecimento facial nos serviços em linha e móveis", do Grupo de Trabalho do Artigo 29º, atualmente Comitê Europeu de Proteção de Dados da União Europeia: "Os pequenos dispositivos móveis com câmaras de alta resolução permitem que os utilizadores captem imagens e se liguem em tempo real a serviços em linha", bem como que possam "partilhar essas imagens com outros ou proceder à identificação, autenticação/verificação ou categorização para aceder a informações adicionais sobre a pessoa". Portanto, um direito que merece especial atenção no que toca à proteção de dados pessoais.

Também estão entre os fundamentos da disciplina de proteção de dados, nos termos do artigo 2º, V, "o desenvolvimento econômico e tecnológico e a inovação". As novas tecnologias, como a robótica, veículos autônomos, a Internet das coisas (IoT), bem como a Inteligência Artificial são realidades que devem ser objeto de reflexão pelo Direito, sobretudo em matéria de proteção de dados pessoais. A União Europeia já vem, de longa data, desenvolvendo estudos acerca das relações havidas entre os direitos das pessoas naturais e as inovações decorrentes da Quarta Revolução

---

18. GONÇALVES, Antonio Baptista. Intimidade, vida privada, honra e imagem ante as redes sociais e a relação com a internet: limites constitucionais e processuais. *Revista de Direito Privado*, v. 48, p. 299-340, São Paulo, out./dez. 2011.

19. FINOCCHIARO, Giusella. *Privacy e protezione dei dati personali*. Turim: Zanichelli, 2012, p. 13.

20. NEVES, Rodrigo Santos. O direito à imagem como direito da personalidade. *Doutrinas Essenciais de Direito Constitucional*, São Paulo, v. 8, p. 545-562, ago. 2015.

21. FINOCCHIARO, Giusella. *Privacy e protezione dei dati personali*. Turim: Zanichelli, 2012, p. 15.

22. FACCHINI NETO, Eugênio; COLOMBO, Cristiano. Decisões automatizadas em matéria de perfis e riscos algorítmicos: Diálogos entre Brasil e Europa acerca das vítimas do dano estético digital. In: MARTINS, Guilherme Magalhães; ROSENVALD, Nelson. (Coord.). *Responsabilidade civil e novas tecnologias*. Indaiatuba: Foco, 2020, p. 163-184.

Industrial.[23] Saliente-se que não são abordagens desestimulantes aos avanços tecnológicos, pelo contrário, buscam construir cenários de proteção à pessoa humana. A aproximação do ordenamento jurídico brasileiro ao modelo europeu de proteção de dados pessoais aponta para o estudo de resoluções e comunicações expedidas pela União Europeia, trazendo contribuições doutrinárias, que podem impactar em interessantes projeções em nível legislativo.

A uma, aponta-se a Resolução sobre "Disposições de Direito Civil sobre Robótica"[24], que interessa tanto às questões de robótica como, mais especificadamente, aos veículos autônomos. Entre seus princípios éticos, de forma expressa, no item (10), há referência à observância de um "conjunto de tensões ou riscos e deve ser avaliado seriamente do ponto de vista da segurança, da saúde e da proteção humanas; da liberdade, da privacidade, da integridade e da dignidade; da autodeterminação e da não discriminação, e da proteção dos dados pessoais;".[25] Quanto aos robôs, no seu item (14), deve ser avaliada a "ameaça importante à privacidade devido ao seu posicionamento em espaços tradicionalmente protegidos e íntimos e à sua capacidade de extrair informações relativas a dados pessoais sensíveis e de os transmitir;"[26], a exigir um elevado nível de segurança e proteção de dados pessoais (item 21).

A duas, quanto à Internet das Coisas, o "Parecer 8/2014 sobre os recentes desenvolvimentos na Internet das Coisas"[27], que se volta à "computação vestível" (relógios e óculos, que contam com sensores), ao "eu quantificado" (como monitorização de sono), bem como à "domótica", que versa sobre automação residencial. Também questões como falta de assimetria e controle dos dados, qualidade do consentimento do usuário, bem como a redefinição das finalidades após a recolha dos dados são enfrentadas, no referido parecer.

---

23. SCHWAB, Klaus. *A quarta revolução industrial*. Trad. Daniel Moreira Miranda. São Paulo: EDIPRO, 2016, p. 11. "Imagine as possibilidades ilimitadas de bilhões de pessoas conectadas por dispositivos móveis, dando origem a um poder de processamento, recursos de armazenamento e acesso ao conhecimento sem precedentes. Ou imagine a assombrosa profusão de novidades tecnológicas que abrangem numerosas áreas: inteligência artificial, robótica, internet das coisas, veículos autônomos, impressão 3D, nanotecnologia, biotecnologia, ciência dos materiais, armazenamento de energia e computação quântica, para citar apenas algumas."

24. PARLAMENTO EUROPEU. *Resolução do Parlamento Europeu, de 16 de fevereiro de 2017, que contém recomendações à Comissão sobre disposições de Direito Civil sobre Robótic* Disponível em: https://www.europarl.europa.eu/doceo/document/TA-8-2017-0051_PT.html. Acesso em: 18 fev. 2025.

25. PARLAMENTO EUROPEU. *Resolução do Parlamento Europeu, de 16 de fevereiro de 2017, que contém recomendações à Comissão sobre disposições de Direito Civil sobre Robótic* Disponível em: https://www.europarl.europa.eu/doceo/document/TA-8-2017-0051_PT.html. Acesso em: 18 fev. 2025.

26. PARLAMENTO EUROPEU. *Resolução do Parlamento Europeu, de 16 de fevereiro de 2017, que contém recomendações à Comissão sobre disposições de Direito Civil sobre Robótic* Disponível em: https://www.europarl.europa.eu/doceo/document/TA-8-2017-0051_PT.html. Acesso em: 18 fev. 2025.

27. UNIÃO EUROPEIA. *Parecer 8/2014 sobre os recentes desenvolvimentos na internet das coisas*. Adotado em 16 de setembro de 2014. Disponível em: https://www.gpdp.gov.mo/uploadfile/2016/0831/20160831044137578.pdf. Acesso em: 18 fev. 2025.

A três, quanto à Inteligência Artificial, importante fazer referência a dois recentes documentos. Primeiramente, a Comunicação "Inteligência Artificial para a Europa", em que são dispostos sete pontos para uma "IA de confiança"[28]: 1) Iniciativa e controlo por seres humanos; 2) Robustez e segurança; 3) Privacidade e governação dos dados; 4) Transparência; 5) Diversidade, não discriminação e equidade; 6) Bem-estar societal e ambiental e, por último, 7) Responsabilização.[29] Ainda, em 20 de outubro de 2020, o Parlamento Europeu expediu o "Regime relativo aos aspetos éticos da inteligência artificial, da robótica e das tecnologias conexas", dispondo que a IA seja "antropocêntrica e antropogênica", ou seja, feita pelos seres humanos, voltada ao benefício da sociedade.[30] Em sendo assim, as inovações tecnológicas devem ser harmonizadas aos direitos fundamentais, no sentido de que sejam utilizadas em favor da humanidade, sem sacrificá-la.

Além disso, o Regulamento Europeu sobre Inteligência Artificial de 13 de junho de 2024 – conhecido como *AI Act* (Regulamento 2024/1689)[31] – também contribui para o debate ético e jurídico acerca da incorporação de sistemas autônomos na sociedade. Em seu artigo 5º, o regulamento consagra os princípios fundamentais de uma IA de confiança, enfatizando a necessidade de supervisão humana, a robustez dos sistemas e o respeito aos direitos fundamentais. Esses dispositivos reforçam a importância de se alinhar as inovações tecnológicas aos valores éticos e democráticos, complementando as diretrizes já estabelecidas em outros instrumentos.[32]

---

28. UNIÃO EUROPEIA. *Inteligência artificial para a Europa*. Disponível em: https://ec.europa.eu/transparency/regdoc/rep/1/2018/PT/COM-2018-237-F1-PT-MAIN-PART-1.PDF. Acesso em: 18 fev. 2025.

29. COLOMBO, Cristiano; GOULART, Guilherme Damasio. Inteligência artificial aplicada a perfis e publicidade comportamental: proteção de dados pessoais e novas posturas em matéria de discriminação abusiva. In: PINTO, Henrique Alves; GUEDES, Jefferson Carús; CÉSAR, Joaquim Portes de Cerqueira (Coord.). *Inteligência Artificial aplicada ao processo de tomada de decisões*. Belo Horizonte: D'Plácido, 2020. p. 281-310. "1) Iniciativa e controlo por humanos: o bem-estar do utilizador deve estar no centro da funcionalidade do sistema; 2) Robustez e segurança: os algoritmos devem ser seguros, robustos para suportar erros ou incoerências, bem como mecanismos de segurança e proteção; 3) Privacidade e governação dos dados: 'pleno controlo sobre os seus próprios dados e a não utilização dos dados que lhes dizem respeito para as prejudicar ou discriminar'; 4) Transparência: com rastreabilidade e possibilidade do exercício do direito de explicação pelo titular dos dados pessoais; 5) Diversidade, não discriminação e equidade: no sentido de evitar vieses nos algoritmos trazendo indevida discriminação; 6) Bem-estar societal e ambiental: proteger o ambiente, os seres humanos, sencientes, inclusive, gerações futuras, bem como a responsabilidade ecológica; e, 7) Responsabilização, no sentido de prever 'mecanismos acessíveis que garantam uma reparação adequada, para as ocorrências e impactos adversos e injustos'" (p. 292-293).

30. UNIÃO EUROPEIA. *Regime relativo aos aspetos éticos da inteligência artificial, da robótica e das tecnologias conexas*. Disponível em: https://www.europarl.europa.eu/doceo/document/TA-9-2020-0275_PT.html. Acesso em: 18 fev. 2025.

31. UNIÃO EUROPEIA. *Regulation (EU) 2024/1689*. Official Journal of the European Union. Disponível em: https://eur-lex.europa.eu/eli/reg/2024/1689/oj/eng. Acesso em: 18 fev. 2025.

32. REIS, Ana Carolina; GUIMARÃES, Camila de Araújo. Artigo 5.º. In: BLUM, Rento Opice; MORAES, Henrique Fabretti (coord.). *EU AI Act comentado artigo por artigo*. São Paulo: Thomson Reuters Brasil, 2024. p. 149-150.

Ademais, o artigo 10 do AI Act detalha as obrigações específicas dos fornecedores e utilizadores de sistemas de IA de alto risco, impondo a implementação de medidas rigorosas de gestão de riscos e protocolos de transparência. Essa normatização reforça a ideia de que a integração de tecnologias autônomas deve ser feita de maneira a assegurar a proteção dos dados pessoais, a segurança e a não discriminação, elementos centrais para uma abordagem ética e sustentável no desenvolvimento tecnológico contemporâneo. De igual forma, são fundamentos da disciplina de proteção de dados pessoais "a livre-iniciativa, a livre concorrência e a defesa do consumidor", nos termos do artigo 2º, inciso VI, da LGPD. Trata-se de temáticas vinculadas à Ordem Econômica e Financeira, conforme artigo 170, da Constituição da República Federativa do Brasil. A livre-iniciativa está entre os fundamentos da República Federativa do Brasil, promovendo a liberdade de mercado, abrangendo as "formas de produção, individuais ou coletivas".[33] Por sua vez, a liberdade de concorrência volta-se à "oportunidade de participar da atividade econômica do país e, consequentemente, de seu desenvolvimento", em um "mercado competitivo".[34] As questões tecnológicas dependem da sinergia entre a iniciativa privada, universidades e governo.

Quanto à defesa do consumidor, as soluções a serem encontradas devem se operar a partir do diálogo das fontes entre o Código de Defesa do Consumidor e a Lei Geral de Proteção de Dados Pessoais. Como leciona Bruno Miragem, o "regime previsto pela LGPD não exclui aquele definido pelo CDC (LGL\1990\40). A incidência em comum dos arts. 7º do CDC (LGL\1990\40) e 64 da LGPD firma a conclusão de que os direitos dos titulares dos dados previstos nas respectivas normas devem ser cumulados e compatibilizados pelo intérprete."[35] Como ocorre, por exemplo, no artigo 18, § 8º, da LGPD, que permite o direito de petição aos órgãos de defesa do consumidor, mesmo se referindo a dados pessoais. Portanto, os diplomas devem estar alinhados, alcançando proteção ao consumidor que, diante de sua exposição ao ciberespaço, ambiente em que a assimetria se acentua, acabam por estar em condição de hipervulnerabilidade.[36] Assim, medidas concretas devem ser observadas, tais como: ampliados os deveres de informações dos fornecedores aos consumidores; avaliadas as práticas de marketing, observada a vulnerabilidade e ignorância

---

33. FERREIRA, Maria Conceição Martins. Princípios constitucionais informadores da República Federativa do Brasil e da ordem econômica (soberania, livre iniciativa e valor social do trabalho). *Revista de Direito Constitucional e Internacional*, v. 25, p. 134-168, São Paulo, out./dez. 1998.

34. FERREIRA, Maria Conceição Martins. Princípios constitucionais informadores da República Federativa do Brasil e da ordem econômica (soberania, livre iniciativa e valor social do trabalho). *Revista de Direito Constitucional e Internacional*, v. 25, p. 134-168, São Paulo, out./dez. 1998.

35. MIRAGEM, Bruno. A Lei Geral de Proteção de Dados (lei 13.709/2018) e o Direito do Consumidor. *Revista dos Tribunais*, v. 1009, p. 173-222, São Paulo, nov. 2019.

36. COLOMBO, Cristiano; GOULART, Guilherme Damásio. Hipervulnerabilidade do consumidor no ciberespaço e o tratamento dos dados pessoais à luz da lei geral de proteção de dados. *Congreso Iberoamericano de Investigadores y Docentes de Derecho e Informatica*, Montevidéu, 2019.

do consumidor;[37] a disponibilização de meios simples e rápidos para a solução de problemas; redução do âmbito da aplicação da culpa exclusiva.[38]

No que se refere aos direitos humanos, nos termos do artigo 2º, VII, são aqueles que se dedicam a "valores universais"[39], "independente de sua vinculação com determinada ordem constitucional"[40]. Os direitos humanos são classificados pela doutrina em dimensões ou gerações: na primeira, estão liberdades públicas, no sentido de "evitar o arbítrio dos governantes", a proteção do indivíduo em face do Estado; na segunda, os direitos econômicos e sociais, como as prestações de seguridade social, direitos trabalhistas, associação sindical, saúde e lazer; na terceira, direitos de solidariedade ou fraternidade, que congregam o direito à paz, ao meio ambiente, ao desenvolvimento, preservação do meio ambiente[41]; na quarta, o patrimônio genético, a participação democrática, a informação e pluralismo[42]; como direitos de quinta geração estão aqueles voltados às novas tecnologias[43], decorrentes da evolução de uma sociedade industrial para a informacional.[44] Nesse sentido, o Conselho de

---

37. COLOMBO, Cristiano; GOULART, Guilherme Damasio. Inteligência artificial aplicada a perfis e publicidade comportamental: proteção de dados pessoais e novas posturas em matéria de discriminação abusiva. In: PINTO, Henrique Alves; GUEDES, Jefferson Carús; CÉSAR, Joaquim Portes de Cerqueira (Coord.). *Inteligência Artificial aplicada ao processo de tomada de decisões*. Belo Horizonte: D'Plácido, 2020, p. 281-310.

38. COLOMBO, Cristiano; GOULART, Guilherme Damásio. Hipervulnerabilidade do consumidor no ciberespaço e o tratamento dos dados pessoais à luz da lei geral de proteção de dados. *Congreso Iberoamericano de Investigadores y Docentes de Derecho e Informatica*, Montevidéu, 2019.

39. SARLET, Ingo Wolfgang. *A eficácia dos direitos fundamentais:* uma teoria geral dos direitos fundamentais na perspectiva constitucional. Porto Alegre: Livraria do Advogado, 2015, p. 29; 45. Conforme o autor: "Em que pese os dois termos ("direitos humanos" e "direitos fundamentais") sejam comumente utilizados como sinônimos, a explicação corriqueira e, diga-se de passagem, procedente para distinção é de que o termo "direitos fundamentais" se aplica para aqueles direitos do ser humano reconhecidos e positivados na esfera do direito constitucional positivo de determinado Estado, ao passo que a expressão "direitos humanos" guardaria relação com os documentos de direito internacional, por referir-se àquelas posições jurídicas que se reconhecem ao ser humano como tal, independentemente de sua vinculação com determinada ordem constitucional, e que, portanto, aspiram à validade universal, para todos os povos e tempos, de tal sorte que revelam um inequívoco caráter supranacional (internacional). [...] Num primeiro momento, é de ressaltarem as fundadas críticas que vêm sendo dirigidas contra o próprio termo "gerações" por parte da doutrina alienígena e nacional. Com efeito, não há como negar que o reconhecimento progressivo de novos direitos fundamentais tem o caráter de um processo cumulativo, de complementaridade, e não de alternância, de tal sorte que o uso da expressão "gerações" pode ensejar a falsa impressão de substituição gradativa de uma geração por outra, razão pela qual há quem prefira "dimensões" dos direitos fundamentais, posição esta que aqui optamos por perfilhar, na esteira da mais moderna doutrina."

40. TRINDADE, Antonio Augusto Cançado. *Tratado de direito internacional dos direitos humanos*. Porto Alegre: Fabris, 2003, v. 3, p. 307.

41. FERREIRA FILHO, Manoel Gonçalves. *Direitos humanos fundamentais*. São Paulo, Saraiva, 2016, p. 17; 69; 74.

42. GARCIA, Gustavo Filipe Barbosa. O futuro dos direitos humanos fundamentais. *Revista de Direito Constitucional e Internacional*, v. 56, p. 105-112, São Paulo, jul./set. 2006.

43. OLIVEIRA JÚNIOR, José Alcebíades de. *Teoria jurídica e novos direitos*. Rio de Janeiro: Lumen Juris, 2000, p. 86.

44. GOULART, Damásio. O impacto das novas tecnologias nos Direitos Humanos e Fundamentais: o acesso à Internet e Liberdade de expressão. *Revista Direitos Emergentes na Sociedade Global*, v. 1, p. 145-168, Santa Maria, jan./jul. 2012.

Direitos Humanos da Organização das Nações Unidas (ONU) reconheceu que o livre acesso à Internet e a seus meios e conteúdos está entre os direitos humanos.[45]

No mesmo inciso, no que toca ao livre desenvolvimento da personalidade, trata-se do direito que cada um tem de eleger como viver, sem que com isso prejudique terceiros, constituindo uma "personalidade livre, sem qualquer imposição de outrem, preconizando um direito à individualidade",[46] conforme abordado nos comentários ao artigo 1°, da LGPD.

A dignidade da pessoa humana, por sua vez, decorre de fundamento da República Federativa do Brasil, nos termos do artigo 1°, III, da Carta Magna, tratando-se de relevante perspectiva existencial[47], em matéria de proteção de dados pessoais. Incumbe destacar que se constitui critério hermenêutico a preponderar, especialmente quando necessário estabelecer ponderações, diante de fundamentos ligados à ordem patrimonial-mercadológica.[48] Deve ser compreendida como "princípio ético que exige o respeito da pessoa humana como ser único, individual, mas parte integrante da humanidade."[49]

Por último, quanto ao exercício da cidadania pelas pessoas naturais, esta compreende o "conjunto de direitos e obrigações civis e políticos que ligam o indivíduo ao seu respectivo Estado".[50] As novas tecnologias acabaram por propiciar um espaço importante para "reivindicar uma maior atenção aos seus direitos fundamentais institucionalmente garantidos", como forma de "exercício da cidadania e da democracia".[51]

---

45. PULVERIENTI, Orlando. *Derechos humanos e internet.* Buenos Aires: Errepar, 2013, p. 1.

46. MIRANDA, Felipe Arady. *O direito fundamental ao livre desenvolvimento da personalidade.* Disponível em: https://www.cidp.pt/revistas/ridb/2013/10/2013_10_11175_11211.pdf. Acesso em: 18 fev. 2025.

47. TEPEDINO, Gustavo. Normas constitucionais e direito civil na construção unitária do ordenamento. In: SOUZA NETO, Cláudio Pereira; SARMENTO, Daniel (Org.). *A constitucionalização do direito:* fundamentos teóricos e aplicações específicas. Rio de Janeiro: Lumen Juris, 2007, p. 310-311.

48. CAMPOS, Diogo Leite de. *Pessoa humana e direito.* Coimbra: Almedina, 2009, p. 126. Nas palavras do autor: "O direito da informática enfrenta a questão da disciplina jurídica do uso do computador, com a necessidade de tutelar aspectos de personalidade humana, como a privacidade, a imagem, a dignidade e a honra das pessoas. Todos esses campos interagem com o direito civil na solução dos problemas relacionados com o dano à pessoa, tendo como critério decisivo o respeito ao princípio da dignidade da pessoa humana e o reconhecimento dos direitos fundamentais da pessoa e dos direitos da personalidade".

49. FERNANDES, António José. *Direitos humanos e cidadania europeia.* Coimbra: Almedina, 2004, p. 9-10. Nas palavras do autor: "Considerando que o homem é um ser que não mais se repete, dado que cada um tem a sua personalidade própria, desenvolveu-se a ideia de que todo o ser humano deve ser tratado com dignidade, respeitando a sua integridade física e mental".

50. FERNANDES, António José. *Direitos humanos e cidadania europeia.* Coimbra: Almedina, 2004, p. 118.

51. CONI JUNIOR, Vicente Vasconcelos; PAMPLONA FILHO, Rodolfo. Direitos fundamentais e a era digital. *Revista dos Tribunais,* v. 979, p. 245-276, São Paulo, maio 2017.

Cristiano Colombo

Art. 3º Esta Lei aplica-se a qualquer operação de tratamento realizada por pessoa natural ou por pessoa jurídica de direito público ou privado, independentemente do meio, do país de sua sede ou do país onde estejam localizados os dados, desde que:

I – a operação de tratamento seja realizada no território nacional;

II – a atividade de tratamento tenha por objetivo a oferta ou o fornecimento de bens ou serviços ou o tratamento de dados de indivíduos localizados no território nacional; ou (Redação dada pela Lei 13.853, de 2019)

III – os dados pessoais objeto do tratamento tenham sido coletados no território nacional.

§ 1º Consideram-se coletados no território nacional os dados pessoais cujo titular nele se encontre no momento da coleta.

§ 2º Excetua-se do disposto no inciso I deste artigo o tratamento de dados previsto no inciso IV do *caput* do art. 4º desta Lei.

O artigo 3º, em seu *caput*, dispõe que a LGPD se aplica a "qualquer operação de tratamento realizada por pessoa natural ou por pessoa jurídica de direito público ou privado". O texto se refere à sujeição passiva das pessoas naturais, bem como das pessoas jurídicas, estas que são de direito público, como, por exemplo, a União, os Estados-membros e os Municípios, ou de direito privado, como as sociedades empresárias e demais tipos jurídicos, nos termos do artigo 44, do Código Civil Brasileiro. Compreende-se que também deve ser estendida a sua aplicação, como referido no comentário do artigo 1º, aos entes despersonalizados, como a massa falida e o condomínio edilício, que realizam operação de tratamento de dados.

Posteriormente, determina o artigo 3º que a LGPD será aplicada "independentemente do meio". Nesse ponto, a norma em comento se aplica tanto a dados pessoais que estão no mundo físico, como àqueles que percorrem o mundo virtual. Aqui também se aplica o conceito de *onlife experience*,[1] diante da dificuldade, muitas vezes, em fragmentar estes meios, em face dos dados pessoais vibrarem, devendo ser apanhada toda a experiência humana. Sejam dados pessoais registrados em papel ou, ainda, armazenados nas nuvens, todos estão protegidos pela Lei Geral de Proteção de Dados Pessoais.

---

1. FLORIDI, Luciano. *The 4th Revolution*: how the infosphere is reshaping human reality. Oxford: Oxford University Press, 2014, p. 43.

Dispõe, ainda, o *caput* do mencionado artigo, que haverá a aplicação da LGPD independentemente "do país de sua sede ou do país onde estejam localizados os dados". Em sendo assim, a incidência se dá independentemente da nacionalidade da sede do controlador e do operador, ou, ainda, se estiverem armazenados, por exemplo, em outro país ou em águas internacionais. Dessa forma, a LGPD não tomou como elemento para determinar sua incidência a sede jurídica do agente de tratamento de dados pessoais, nem o local onde estão os dados pessoais, ou seja, onde está a nuvem, a *cloud*, onde se dá fisicamente o armazenamento.

Como salienta Natalino Irti, "o direito tem a necessidade do 'onde'. (...) Está no profundo nascer e no desenvolver do direito, uma ligação terrestre, uma originária necessidade de locais".[2] Contudo, no diálogo entre incidência e o ambiente virtual,[3] depreende-se que "o ciberespaço é o espaço informacional das conexões de computadores ao redor do globo", desvinculado de questões geográficas e divisões político-territoriais.[4] E, dessa forma, devem ser buscadas soluções a partir de "Um direito 'déraciné'", em que "as trocas econômicas, por seu próprio desenvolvimento e pela inesgotável busca pelo lucro, não conhecem vínculos de territorialidade".[5]

O texto condiciona a aplicação da lei a uma das três hipóteses descritas, demonstrando que, para que o tratamento seja alcançado pela legislação brasileira, é necessário que a atividade ocorra no território nacional, que tenha como objetivo a oferta ou o fornecimento de bens ou serviços – ou o tratamento de dados de indivíduos localizados no Brasil – ou que os dados tenham sido coletados em solo nacional. Essa estrutura condicional evidencia a intenção de proteger os direitos dos titulares de dados que se encontram sob a jurisdição brasileira, mesmo que o agente de tratamento esteja sediado no exterior, contanto que uma das condições esteja presente. Assim, o legislador cria um mecanismo que permite a aplicação da LGPD a uma ampla gama de operações, privilegiando a proteção dos direitos fundamentais dos indivíduos. Em sendo assim, o "lugar", como critério de jurisdição ou de abrangência territorial da norma, deve ser revisitado, a ser compreendido como um ciberespaço de relações e de realização de atividade, visto que não é possível fixar-se tão somente a uma porção física e estática do território.

Nesse sentido, em havendo a ocorrência de uma das situações descritas, seja no inciso I, como no II, ou III, haverá a aplicação da LGPD; caso contrário, não incidirá.

---

2. IRTI, Natalino. Norma e luoghi: problemi di geo-diritto. Bari: Laterza, 2006, p. 3. (Tradução livre do autor)

3. COLOMBO, Cristiano; FACCHINI NETO, Eugênio. Violação dos direitos de personalidade no meio ambiente digital: a influência da jurisprudência europeia na fixação da jurisdição/competência dos tribunais brasileiros. *Civilistica.com*, v. 8, n. 1, 2019. Disponível em: http://civilistica.com/violacao-dos-direitos-de--personalidade/. Data de acesso: 20 set. 2021.

4. SANTAELLA, Lucia. *Linguagens líquidas na era da mobilidade*. São Paulo: Paulus, 2011, p. 178.

5. IRTI, Natalino. *Norma e luoghi*: problemi di geo-diritto. Bari: Laterza, 2006, p. 7-8. (Tradução livre do autor)

No inciso I, haverá a incidência caso a operação de tratamento seja realizada em território nacional, ou seja, nos termos do artigo 5º, X, da LGPD, operando-se a "coleta, produção, recepção, classificação, utilização, acesso, reprodução, transmissão, distribuição, processamento, arquivamento, armazenamento, eliminação, avaliação ou controle da informação, modificação, comunicação, transferência, difusão ou extração", no território do Brasil.

No inciso II, tem-se a hipótese da atividade dirigida ou oferta ao público brasileiro. Se, por exemplo, o servidor estiver localizado na Alemanha, o provedor de serviço tenha bandeira da Turquia, no entanto, o serviço é dirigido a consumidores brasileiros, em língua portuguesa, com telefones, CEP, atendimento direcionado, haverá a aplicação da LGPD.

No inciso III, havendo a coleta dos dados pessoais no Brasil, haverá a incidência da LGPD. O critério para que o dado pessoal seja compreendido coletado no Brasil é a localização do titular de dados pessoais, nos termos do § 1º do artigo 3º, o que reforça a proteção daqueles que se encontram sob a égide do ordenamento jurídico brasileiro, independentemente do local onde os dados serão posteriormente processados ou armazenados. Dessa forma, a lei assegura que o simples fato de um indivíduo estar no Brasil no momento da coleta de seus dados já é suficiente para que a proteção legal seja exigida, demonstrando uma preocupação especial com a soberania dos dados e a proteção dos direitos individuais.

Como leciona Luiz Carlos Buchain, aplicou-se o princípio dos efeitos (*effects doctrine*), incidindo a lei nacional de onde "se verificaram as consequências da prática ilegal", independente da nacionalidade ou domicílio dos que cometeram o ilícito. E, ainda, foi considerada a territorialidade quando referiu "desde que operação de tratamento seja realizada no território nacional, se os dados tratados tenham sido coletados no território nacional", bem como a "atividade de tratamento tenha por objetivo a oferta de bens e serviços ou o tratamento de dados de indivíduos localizados no país (princípio dos efeitos)".[6]

Por fim, o § 2º do artigo traz uma exceção importante ao disposto no inciso I, referindo-se ao tratamento de dados previsto no inciso IV do *caput* do art. 4º. Essa ressalva indica que há circunstâncias específicas, detalhadas em outra parte da lei, em que o tratamento realizado fora do território nacional pode não ser submetido à mesma exigência de execução da operação de tratamento dentro do território, o que demonstra a complexidade e a necessidade de adequação das disposições legais a diferentes situações e contextos de tratamento de dados. Essa exceção evidencia que

---

6. BUCHAIN, Luiz Carlos. A lei geral de proteção de dados: noções gerais. *Revista dos Tribunais*, v. 1010, p. 209-229, São Paulo, dez. 2019. Nas palavras do autor: "muitas vezes, irrelevante, o lugar físico onde se encontram os dispositivos, os terminais, os servidores, os endereços de domicílio do titular do domínio, deve-se perscrutar o local sob o qual os efeitos dos dados se dão no meio ambiente digital, trazendo consequências, danos, ou, ainda, para onde as atividades do provedor de aplicações são dirigidas, tais como: língua, código de endereçamento postal (ZIP), telefones, entre outros".

a lei não é absoluta, permitindo a coexistência de regimes diferenciados conforme a natureza do tratamento, o que implica uma análise cuidadosa e a necessidade de interpretação conjunta dos dispositivos para a correta aplicação da norma. Saliente-se que, a teor do artigo 3º, § 2º, da LGPD, no caso, por exemplo, de uma pessoa jurídica brasileira, que presta serviço de publicidade comportamental, recebendo os dados pessoais dos consumidores localizados na Itália e tratando-os, no sentido de proceder ao seu ranqueamento, devolvendo inteiramente à empresa italiana para oferecimento de produtos e serviços naquele país, não haverá incidência da Lei Geral de Proteção de Dados Pessoais. Na situação concreta, a Itália tem adequado tratamento de dados pessoais, no contexto do Regulamento Geral de Proteção de Dados Pessoais, bem como Autoridade de Proteção de Dados Pessoais. Se, por outro lado, os dados são provenientes de país sem legislação adequada de proteção de dados, tampouco autoridade de proteção de dados pessoais, ou seja, sendo classificada como nível não adequado de tratamento de dados pessoais, mesmo assim haverá a incidência da LGPD, diante da insuficiência da disciplina de proteção de dados no país de onde provêm os dados pessoais.

Nesse sentido, importante a remissão aos artigos 33 a 36 do diploma ora em comento, que integram o capítulo V, "Da Transferência Internacional de Dados".

Arthur Pinheiro Basan

Art. 4° Esta Lei não se aplica ao tratamento de dados pessoais:

I – realizado por pessoa natural para fins exclusivamente particulares e não econômicos;

II – realizado para fins exclusivamente:

a) jornalístico e artísticos; ou

b) acadêmicos, aplicando-se a esta hipótese os arts. 7° e 11 desta Lei;

III – realizado para fins exclusivos de:

a) segurança pública;

b) defesa nacional;

c) segurança do Estado; ou

d) atividades de investigação e repressão de infrações penais; ou

IV – provenientes de fora do território nacional e que não sejam objeto de comunicação, uso compartilhado de dados com agentes de tratamento brasileiros ou objeto de transferência internacional de dados com outro país que não o de proveniência, desde que o país de proveniência proporcione grau de proteção de dados pessoais adequado ao previsto nesta Lei.

§ 1° O tratamento de dados pessoais previsto no inciso III será regido por legislação específica, que deverá prever medidas proporcionais e estritamente necessárias ao atendimento do interesse público, observados o devido processo legal, os princípios gerais de proteção e os direitos do titular previstos nesta Lei.

§ 2° É vedado o tratamento dos dados a que se refere o inciso III do *caput* deste artigo por pessoa de direito privado, exceto em procedimentos sob tutela de pessoa jurídica de direito público, que serão objeto de informe específico à autoridade nacional e que deverão observar a limitação imposta no § 4° deste artigo.

§ 3° A autoridade nacional emitirá opiniões técnicas ou recomendações referentes às exceções previstas no inciso III do *caput* deste artigo e deverá solicitar aos responsáveis relatórios de impacto à proteção de dados pessoais.

§ 4° Em nenhum caso a totalidade dos dados pessoais de banco de dados de que trata o inciso III do *caput* deste artigo poderá ser tratada por pessoa de direito privado, salvo por aquela que possua capital integralmente constituído pelo poder público.

LIMITES HERMENÊUTICOS DA LGPD

É inegável que o Regulamento Geral de Proteção de Dados da União Europeia (GDPR) serviu de forte inspiração para a LGPD brasileira.[1] Tendo isso em vista, conforme a disposição do preâmbulo do GDPR, um dos objetivos dessa regulação de dados foi contribuir para que se realizasse um espaço amplo de liberdade, segurança e justiça, notadamente pela tutela das novas projeções do direito de privacidade, sem se descuidar com a promoção de uma união econômica focada no progresso financeiro e social, preservando o bem-estar das pessoas humanas, em um verdadeiro balanceamento de interesses. Daí por que se mostra relevante apontar que o GDPR não trata da proteção de qualquer tipo de dado, mas tão somente os pessoais. Neste ponto, é inevitável que este dado protegido esteja intimamente vinculado a uma pessoa humana, identificada ou identificável.[2] Desse modo, em princípio, como limite de aplicação da norma europeia, não é qualquer dado que encontra amparo na regulação, sendo excluídas, por exemplo, informações envolvendo pessoas jurídicas, como informações corporativas, dados estratégicos, balanços financeiros e contábeis etc.[3]

Como se não bastasse, o GDPR é expresso quanto às atividades que promovem o tratamento de dados pessoais mas que não estão sujeitas à aplicação da lei, nos termos do art. 2º (2), isto é, não se aplica a legislação da União Europeia nos seguintes casos: i) atividades relacionadas à segurança pública e à defesa nacional, reguladas por legislações específicas dos países; ii) atividades sobre a política externa e a segurança comum; iii) tratamento de dados realizados por pessoa natural no exercício de atividades puramente pessoais ou domésticas; e iv) as atividades promovidas pelas autoridades competentes para efeitos de prevenção, investigação, detecção ou repressão de infrações penais ou execução de sanções penais, incluindo a salvaguarda e a prevenção de ameaças à segurança pública.

Assim como o GDPR, a LGPD inicia sua previsão deixando expresso que tem o objetivo de proteger a pessoa humana, titular de dados pessoais[4], consagrando o

---

1. BIONI, Bruno Ricardo; MENDES, Laura Schertel. Regulamento Europeu de Proteção de Dados pessoais e a Lei Geral de Proteção de Dados: mapeando convergências na direção de um nível de equivalência. In: FRAZÃO, Ana; TEPEDINO, Gustavo; OLIVA, Milena Donato (Coord.) *Lei geral de proteção de dados pessoais e suas repercussões no direito brasileiro.* São Paulo: Thomson Reuters Brasil, 2019. p. 799.

2. Neste sentido, dispõe o regulamento, em seu artigo 4º (1) que: "Dados pessoais: qualquer informação relativa a uma pessoa natural identificada ou identificável ("titular dos dados"); uma pessoa natural identificável é aquela que pode ser identificada, direta ou indiretamente, em particular por referência a um identificador, como nome, número de identificação, dados de localização, identificador on-line ou a um ou mais fatores específicos de natureza física, fisiológica, identidade genética, mental, econômica, cultural ou social dessa pessoa natural" (tradução nossa). EUROPEAN UNION. General Data Protection Regulation (GDPR). [S. l.], 2018 Disponível em: https://gdpr-info.eu/art-4-gdpr/. Acesso em: 18 fev. 2025.

3. (Tradução nossa). EUROPEAN UNION. General Data Protection Regulation (GDPR). [S. l.], 2018 Disponível em: https://gdpr-info.eu/art-4-gdpr/. Acesso em: 18 fev. 2025.

4. Aqui, a LGPD utilizou o mesmo conceito técnico do GDPR, isto é, em seu artigo 5º, inciso I, dispôs que é considerado dado pessoal toda informação relacionada a pessoa natural identificada ou identificável.

direito de autodeterminação informativa e diversos outros fundamentos, como a garantia da privacidade e dos direitos humanos, do livre desenvolvimento da personalidade, da dignidade e do exercício da cidadania, nos termos do artigo 2º. Seguindo o mesmo raciocínio da legislação europeia, também consolidou que a norma não pretende impedir a liberdade de expressão, de informação, de comunicação e de opinião, o desenvolvimento econômico e tecnológico e a inovação, além de continuar promovendo a livre-iniciativa e a livre concorrência, com base sempre no respeito pelos princípios da ordem econômica e financeira. Afinal, no plano abstrato, valores como a liberdade, a privacidade e a segurança possuem o mesmo peso axiológico.

Além disso, destaca-se que a denominação de "lei geral" não é por acaso. Isso porque a norma se aplica a operação de dados pessoais nas diversas relações jurídicas, ou seja, é aplicada em todos os ramos do Direito, como nas áreas de consumo, trabalhista ou cível, por exemplo; além de construir um verdadeiro microssistema de proteção de dados.[5]

Como paradigma central, a regulação de dados pessoais nasce com a missão de tutelar direitos fundamentais das pessoas humanas sem, em contrapartida, impedir a evolução e o desenvolvimento de tecnologias que se aproveitam do uso de dados e, além disso, sem interferir em atividades que, sem cunho predominantemente econômico, necessitam promover o tratamento de dados pessoais, como as atividades de natureza acadêmica ou mesmo as políticas públicas de segurança, por exemplo. Nesse sentido, a LGPD aponta que o caminho mais seguro é aquele que indica a superação da aparente dicotomia entre direitos fundamentais e evolução tecnológica, notadamente no que se refere às atividades que dependem do tratamento de dados pessoais, para a concepção de que é possível uma harmonização desses dois valores.

Diante disso, é relevante a lembrança de que entre o desenvolvimento econômico e a preservação ambiental, dois ideais em princípio completamente antagônicos, já se assentou o desejado equilíbrio, evidenciado pelas noções de "desenvolvimento sustentável". Por analogia, é prudente buscar, no ramo tecnológico, também esse ideal de "sustentabilidade tecnológica"[6], afinal, a proteção de dados pessoais não se

---

5. "A importância do modelo de lei geral reside no fato de que ela constrói uma arquitetura regulatória que busca consolidar o tema da proteção de dados pessoais como um setor de políticas públicas, composto por instrumentos estatutários, sancionatórios, bem como por um órgão administrativo, responsável pela implementação e aplicação da legislação. A experiência das últimas décadas dos órgãos administrativos de proteção de dados pessoais demonstrou que a existência desses órgãos é essencial para a implementação da cultura de privacidade no país". MENDES, Laura Schertel. *Privacidade, proteção de dados e defesa do consumidor*: linhas gerais de um novo direito fundamental. São Paulo: Saraiva, 2014, p. 49.

6. Neste ponto, importante a reflexão de Caio Lima, no que se refere às legislações de proteção de dados, pois, segundo o autor: "Naturalmente, o foco é a proteção de direitos e garantias fundamentais do cidadão, com o objetivo de mitigar os riscos, em relação ao que pode ser levado a efeito, a partir da coleta e do futuro uso, compartilhamento, armazenamento, entre outros, desses dados. E isso tudo precisa ser pensado de forma a evitar que essa regulamentação não engesse novos modelos de negócios, em espe-

sobrepõe, em princípio, aos demais valores constitucionalmente protegidos, devendo a tutela de dados ser inserida no sistema jurídico de maneira coerente e harmônica com os demais direitos fundamentais.

Partindo daí, é possível traçar certos limites hermenêuticos à aplicação da LGPD, afinal, não é qualquer dado que encontra amparo na norma, conforme se nota nos contornos legais presentes nos artigos 4º, 5º e 6º. Essas limitações se justificam pela necessidade de reduzir os impactos econômicos e sociais da LGPD, "visto que há elevados custos na implementação das exigências trazidas pela legislação de proteção de dados pessoais".[7] Além disso, é preciso lembrar que "outros tipos de informações ou documentos encontram tutela em distintos diplomas legais, como a Lei de Propriedade Industrial, a Lei de Direitos Autorias e a Lei de Software",[8] mencionando alguns exemplos.

Com efeito, o legislador foi cauteloso ao traçar limites de aplicação da LGPD, notadamente buscando o equilíbrio entre direitos fundamentais que, em determinadas situações, podem entrar em conflito, como a vida privada, o sigilo de comunicações, a liberdade de expressão, de informação, religiosa e cultural; além da ordem pública, evidenciada no tratamento de dados, pelo poder público, envolvendo investigação, segurança e defesa.

É importante lembrar que inexistem dados pessoais irrelevantes, tendo em vista que são, em última análise, projeções da personalidade das pessoas humanas.[9] Todavia, os dados pessoais são hoje elementos fundamentais para o desenvolvimento da iniciativa privada e, ademais, para maior eficiência das políticas e das seguranças públicas de uma maneira geral, devendo esses fatores ser considerados no momento de elaborar uma regulação sobre tratamento de dados, sob pena de a norma surgir no contrassenso da evolução social.

Sendo assim, a LGPD, a exemplo do GDPR, previu hipóteses para sua não incidência, como interpretação restritiva das situações previstas pela norma[10], es-

---

cial diante da nova sociedade da informação tecnológica em que vivemos [...] [...] e que cada vez mais se utilizam de dados pessoais como substrato da geração de valor para praticamente todos os tipos de empresas, desde as pequenas até as grandes corporações". LIMA, Caio César Carvalho. Objeto, aplicação material e aplicação territorial. In: BLUM, Renato Opice; MALDONADO, Viviane Nóbrega (Coord.). *Comentários ao GDPR*: regulamento geral de proteção de dados da União Europeia. São Paulo: Thomson Reuters Brasil, 2018. p. 24.

7. PINHEIRO, Patrícia Peck. *Proteção de dados pessoais*: comentários à Lei n. 13.709/18 (LGPD). Saraiva Educação: São Paulo, 2018. p. 57.

8. VAINZOF, Rony. Disposições preliminares. In: BLUM, Renato Opice; MALDONADO, Viviane Nóbrega (Coord.). *LGPD*: lei geral de proteção de dados comentada. São Paulo: Thomson Reuters Brasil, 2019. p. 19.

9. MENDES, Laura Schertel. *Privacidade, proteção de dados e defesa do consumidor*: linhas gerais de um novo direito fundamental. São Paulo: Saraiva, 2014, p. 124.

10. Antes da LGPD o tratamento de dados pessoais, na prática, estava situado no vasto campo da licitude, sustentado pela ideia de que o tratamento era livre, salvo quanto às situações proibidas expressamente

pecialmente nos termos do artigo 4º, que define, de maneira minuciosa, as situações em que a LGPD não se aplicará ao tratamento de dados pessoais, estabelecendo exceções que visam proteger determinadas atividades ou contextos que possuem finalidades específicas ou que envolvem interesses estratégicos do Estado ou da sociedade, conforme se segue.

TRATAMENTO DE DADOS PESSOAIS POR PESSOA NATURAL PARA FINS EXCLUSIVAMENTE PARTICULARES

A LGPD tem, como escopo material, a proteção dos dados pessoais de atividades que promovem o tratamento de dados tanto por meio total ou parcialmente automatizado, assim como o fez o GDPR. Em decorrência disso, e considerando ainda a existência de bancos de dados que não são completamente automatizados, a LGPD considerou "tecnologicamente neutro" o tratamento de dados pessoais,[11] uma vez que é aplicada inclusive ao tratamento promovido de forma manual, pelo uso de documentos em papel, por exemplo. Isso demonstra, portanto, a aplicação ampla da norma no atual contexto informativo.

Partindo daí, é importante mencionar que o primeiro limite hermenêutico previsto pela LGPD se refere ao tratamento de dados pessoais realizado por pessoa natural para fins exclusivamente particulares e não econômicos. Se não houvesse essa previsão, a norma seria aplicada, por exemplo, ao armazenamento de dados de uma simples agenda pessoal, tendo em vista que geralmente documentos desse tipo contêm dados pessoais alheios, como nomes, telefones, e-mails, datas de aniversários, endereços etc.

A não aplicação da LGPD, nessas situações, encontra fundamento na finalidade principal da norma, qual seja, regular o uso de dados pessoais com a finalidade econômica, capaz de interferir na vida privada e promover a indevida vigilância das pessoas humanas.[12] Afinal, corriqueiramente os estudiosos indicam que, no atual

---

por lei. Atualmente, a situação se inverteu, de modo que o tratamento de dados pessoais passa a se sujeitar às determinações legais, ou seja, deve se sujeitar às causas legais, aos objetivos, finalidades, interesses e princípios próprios, determinados pela norma. DE MENEZES, Joyceane Bezerra, COLAÇO, Hian Silva. Quando a Lei Geral de Proteção de Dados não se aplica? In: FRAZÃO, Ana; TEPEDINO, Gustavo; OLIVA, Milena Donato (Coord.) *Lei geral de proteção de dados pessoais e suas repercussões no direito brasileiro*. São Paulo: Thomson Reuters Brasil, 2019. p. 163.

11. LIMA, Caio César Carvalho. Objeto, aplicação material e aplicação territorial. In: BLUM, Renato Opice; MALDONADO, Viviane Nóbrega (Coord.) *Comentários ao GDPR*: regulamento geral de proteção de dados da União Europeia. São Paulo: Thomson Reuters Brasil, 2018. p. 26.

12. "O capitalismo de vigilância afirma unilateralmente a experiência humana como matéria-prima livre para a tradução em dados comportamentais. Embora alguns desses dados sejam aplicados à melhoria de produtos ou serviços, o restante é declarado como propriedade excedente comportamental, alimentando processos de fabricação avançados, conhecidos como "Inteligência de máquina" e fundamentais para a elaboração de produtos de previsão, que antecipam o que você fará agora, em breve e depois. Finalmente, esses produtos de previsão são negociados em um novo tipo de mercado de previsões comportamentais que chamo

contexto, dentro do modo de produção tecnológico e virtualizado, os dados são considerados o novo petróleo, ou seja, a nova fonte de riqueza no mercado.[13]

Em razão disso, a associação entre a privacidade, projetada pelos dados pessoais, e a liberdade torna-se cada vez mais forte, e por isso a ênfase tem sido cada vez maior na necessidade de minimizar a ingerência externa, de agentes econômicos, na esfera privada das pessoas. É necessário garantir que cada pessoa possa desenvolver livremente a sua própria personalidade, de forma autônoma na vida política e social. Assim, evita-se que as escolhas de vida sejam condicionadas por pressões alheias, sejam públicas ou privadas, permitindo a cada um agir em plena autonomia. Por isso, aponta Rodotà que "a lógica econômica não pode legitimar a redução das informações pessoais a mercadorias."[14]

Assim, um dos parâmetros limitadores da LGPD é a própria finalidade econômica, isentando da regulação a pessoa humana que promove o tratamento de dados para fins pessoais, sem qualquer intenção lucrativa, como projeção da sua própria autonomia privada, também um valor fundamental para o sistema jurídico brasileiro. Daí por que a norma é expressa quanto a sua não aplicação quando as informações que identificam terceiros forem promovidas por pessoa natural, detentora também de diversos direitos fundamentais que devem ser protegidos, e para fins pessoais, sem qualquer tipo de vantagem financeira.

Conforme se percebe, neste ponto, a legislação foi certeira ao consagrar que, no dia a dia comum das pessoas, o próprio convívio e as relações sociais do cotidiano demandam o tratamento de dados pessoais de terceiros, de modo que a regulação e as diversas exigências legais decorrentes, nestas situações, interfeririam sobremaneira na própria liberdade dos cidadãos brasileiros, impondo um ônus insustentável. Em resumo, nas situações em que a pessoa humana promove o tratamento de dados pessoais de outras pessoas, ou seja, de terceiros, sem qualquer intuito ou benefício econômico, com finalidade tão somente de uso pessoal, não há que se falar em aplicação da LGPD, por expressa limitação legal.

---

mercados futuros comportamentais. Capitalistas de vigilância enriqueceram-se imensamente com essas operações comerciais, pois muitas empresas estão ansiosas para fazer apostas em nosso comportamento futuro" [Tradução nossa]. ZUBOFF, Shoshana. *The age of surveillance capitalism*: the fight for a human future at the new frontier of power. New York: PublicAffairs, 2018, p. 14.

13. "Podemos ver agora que a informação é a base do nosso mundo: o sangue e o combustível, o princípio vital. Ele permeia as ciências de cima a baixo, transformando todos os ramos do conhecimento. A teoria da informação começou como uma ponte da matemática para a engenharia elétrica e daí para a computação" [Tradução nossa]. GLEICK, James. *The information*: a history, a theory, a flood. New York: Pantheon Books, 2011, p. 10.

14. RODOTÀ, Stefano. *A vida na sociedade da vigilância*: a privacidade hoje. Trad. Danilo Doneda e Luciana Cabral Doneda. Rio de Janeiro: Renovar, 2008. p. 237.

TRATAMENTO DE DADOS PESSOAIS PARA FINS EXCLUSIVAMENTE JORNALÍSTICOS E ARTÍSTICOS

No que se refere ao tratamento de dados para fins jornalísticos, trata-se de tema polêmico, posto que envolve uma porção de questionamentos quanto às características, personagens ou limites, por exemplo. Evidentemente, a atividade jornalística encontra íntima relação com o direito fundamental à liberdade de expressão, além de ser fator determinante de resguardo do próprio regime de governo democrático, afinal, é instrumento de manifestações críticas e debates públicos, que promovem a necessária fiscalização dos atos da administração pública. Nesse sentido, é inegável que a atividade jornalística exerce, além de importante função social, como por exemplo, ao informar sobre questões de segurança, também essencial papel de interesse público, notadamente frente ao diálogo político.[15]

A partir disso, é possível afirmar que a LGPD segue o mesmo raciocínio apontado na jurisprudência do STF, que, no Recurso Extraordinário 511.961, ao julgar a inconstitucionalidade da exigência de diploma de nível superior para o exercício do jornalismo, da relatoria do Ministro Gilmar Mendes, expressamente destacou que "o jornalismo e a liberdade de expressão, portanto, são atividades que estão imbricadas por sua própria natureza e não podem ser pensadas e tratadas de forma separada."[16] Sendo assim, ao prever a não aplicabilidade da LGPD ao tratamento de dados envolvendo a atividade jornalística, a legislação optou por dar primazia, em princípio, à liberdade de expressão em desfavor da proteção de dados pessoais que, se aplicada de maneira extensiva, poderia inviabilizar a atividade jornalística e comprometer a circulação de informações críticas e necessárias ao debate público.

É oportuno mencionar que essa primazia encontra também sustentação normativa constitucional, afinal, o artigo 220 da CF/88 prevê que a manifestação do pensamento, a criação, a expressão e a informação, sob qualquer forma, processo ou veículo não sofrerão qualquer restrição, isto é, estão isentas de qualquer censura prévia, seja de natureza política, ideológica ou artística, nos termos de seu § 2º.

Nesse mesmo sentido, é também o limite de aplicação da LGPD à atividade artística, de uma forma geral, englobando livros, músicas, obras cinematográficas, pinturas, fotografias etc., em diálogo com a Lei 9.610/1998, isto é, a Lei de Direitos Autorais. Nesse ponto, importante mencionar o julgamento da Ação Direta de Inconstitucionalidade (ADI) 4.815, em que o Plenário do STF, por unanimidade,

---

15. "Em geral, há o problema do que acontece com as relações tradicionais entre os cidadãos e o governo, as prerrogativas do indivíduo como privacidade pessoal, consentimento eleitoral e acesso à imprensa crítica independente, e a ética e controle público por uma nova elite de detentores de informações, quando a economia, a segurança, e as políticas sociais se tornam cada vez mais técnicas, de longo alcance, processadas por máquina, baseadas em informações e dominadas por especialistas" [Tradução nossa]. WESTIN, Alan F. *Information Technology in a Democracy*. Cambridge: Harvard University Press, 1971, p. 157.

16. STF, *RE 511.961/SP*, Tribunal Pleno, Rel. Min. Gilmar Mendes, j. 17.06.2009, DJe 17.06.2009.

declarou inexigível a autorização prévia para a publicação de biografias. Na oportunidade, o Ministro Celso de Mello afirmou que a garantia fundamental da liberdade de expressão é um direito contramajoritário, de modo que o fato de uma ideia ser considerada errada por pessoas privadas ou pelas autoridades públicas não é argumento suficiente para que sua veiculação seja condicionada à prévia autorização, até porque a própria Constituição Federal veda qualquer tipo de censura de natureza política, ideológica ou artística.[17]

Conforme se percebe, ao tratar do conflito existente entre a proteção de dados pessoais e a liberdade de expressão, seja pela atividade jornalística, seja pela prática artística, o sistema jurídico brasileiro se projeta para conferir maior garantia à liberdade. Evidentemente, isso não significa que, a partir dessa liberdade, as atividades supracitadas tenham carta branca para promover qualquer tipo de tratamento de dados pessoais, sem qualquer limite. Afinal, havendo qualquer tipo de dano, por exemplo, à honra ou à moral da pessoa mencionada, não há nenhum óbice para o reconhecimento de uma posterior responsabilização civil. Vale lembrar que, no Brasil, nenhum direito fundamental é absoluto, encontrando limites exatamente no núcleo essencial dos demais direitos fundamentais, principalmente na esfera de dignidade de pessoa humana.

Nesse ponto, há de se destacar que muitas vezes a atividade jornalística, ou mesmo a artística, sob o manto da liberdade de expressão, promove práticas de iniciativa puramente pessoais ou comerciais, carregadas de inclinações políticas, ideológicas ou econômicas. Exatamente por isso que é sempre oportuno lembrar que o juízo de prevalência da liberdade de expressão ocorre somente *a priori*, não impedindo que sejam aplicadas responsabilizações legais, em momentos posteriores, desde que presentes os requisitos para tanto.

Nesse mesmo sentido, é importante destacar que a LGPD é clara ao definir que a sua não aplicação ocorre tão somente nos casos em que os fins sejam exclusivamente jornalísticos ou artísticos, de modo que, a exemplo de grupos econômicos que desenvolvem, no jornalismo ou na atividade artística, atividades também de cunho financeiro, qualquer dado pessoal utilizado para essa finalidade econômica terá que cumprir as determinações da regulação legal supracitada.

TRATAMENTO DE DADOS PESSOAIS PARA FINS EXCLUSIVAMENTE ACADÊMICOS

A limitação de aplicação das disposições da LGPD ao tratamento de dados para fins exclusivamente acadêmicos segue o mesmo raciocínio dos itens supracitados, envolvendo as atividades jornalística e artística. Afinal, exigir o cumprimento de todas as previsões da LGPD à atividade acadêmica certamente teria como consequência

---

17. STF, *ADI 8.815/DF*, Tribunal Pleno, Rel. Min. Cármen Lúcia, j. 10.06.2015, DJe 10.06.2015.

o desestímulo da produção de pesquisas, em especial, levando em consideração a necessidade de preservar o desenvolvimento tecnológico e a inovação, que muitas vezes se destacam inicialmente no ambiente acadêmico. Como se não bastasse, é oportuno apontar que a Constituição Federal ressalta a importância da atividade acadêmica, ao dispor, em seu artigo 205, que a educação é direito de todos e dever do Estado e da família, e por isso deve ser promovida e incentivada com a colaboração da sociedade, visando ao pleno desenvolvimento da pessoa, seu preparo para o exercício da cidadania e sua qualificação para o trabalho. Ainda assim, dentre os princípios constitucionais que guiam as atividades acadêmicas, encontra-se a liberdade de aprender, ensinar, pesquisar e divulgar o pensamento, a arte e o saber; sem deixar de mencionar que as universidades gozam de ampla autonomia, especialmente no que se refere à atividade didático-científica.

Em seu Guia Orientativo sobre o tratamento de dados pessoais para fins acadêmicos e para a realização de estudos e pesquisas, de junho de 2023, a Autoridade Nacional de Proteção de Dados (ANPD)[18] ressalta que o tratamento de dados para fins acadêmicos deve ser interpretado de forma restritiva, aplicando-se apenas às atividades que se enquadrem estritamente na esfera do ensino, da pesquisa e da disseminação do conhecimento. Segundo o entendimento da ANPD, a flexibilização da aplicação da LGPD a esse contexto não autoriza a utilização indiscriminada dos dados pessoais para outras finalidades que extrapolem o ambiente acadêmico, preservando, assim, o equilíbrio entre a proteção dos dados e a promoção da liberdade acadêmica.

Interessante destacar que, apesar de a lei expressamente dispor que a atividade acadêmica estaria, em princípio, isenta da aplicação da LGPD, o mesmo inciso da norma impõe a aplicação, para este caso, dos artigos. 7º e 11º, que se referem aos fundamentos legais do tratamento de dados pessoais[19] e dos dados

---

18. BRASIL. Autoridade Nacional de Proteção de Dados. *Guia Orientativo* – Tratamento de dados pessoais para fins acadêmicos e para a realização de estudos e pesquisas. Brasília, DF: ANPD, jun. 2023. Disponível em: https://www.gov.br/anpd/pt-br/documentos-e-publicacoes. Acesso em: 18 fev. 2025.

19. Art. 7º O tratamento de dados pessoais somente poderá ser realizado nas seguintes hipóteses:

    I – mediante o fornecimento de consentimento pelo titular;

    II – para o cumprimento de obrigação legal ou regulatória pelo controlador;

    III – pela administração pública, para o tratamento e uso compartilhado de dados necessários à execução de políticas públicas previstas em leis e regulamentos ou respaldadas em contratos, convênios ou instrumentos congêneres, observadas as disposições do Capítulo IV desta Lei;

    IV – para a realização de estudos por órgão de pesquisa, garantida, sempre que possível, a anonimização dos dados pessoais;

    V – quando necessário para a execução de contrato ou de procedimentos preliminares relacionados a contrato do qual seja parte o titular, a pedido do titular dos dados;

    VI – para o exercício regular de direitos em processo judicial, administrativo ou arbitral, esse último nos termos da Lei 9.307, de 23 de setembro de 1996 (Lei de Arbitragem);

    VII – para a proteção da vida ou da incolumidade física do titular ou de terceiro;

    VIII – para a tutela da saúde, exclusivamente, em procedimento realizado por profissionais de saúde, serviços de saúde ou autoridade sanitária;

sensíveis[20], respectivamente. A partir dessa exigência, Cots e Oliveira afirmam que "não se trata de não aplicação, mas de aplicação mitigada. Até porque, pela simples leitura dos artigos citados, estes ampliarão a necessidade de observação de outros artigos que os complementam, criando uma disciplina legal reduzida, mas não insignificante".[21]

Daí por que é possível defender que, a pesquisa para fins exclusivamente acadêmicos, deverá observar as regras básicas de tratamento de dados pessoais, incluindo a cautela na publicação dos trabalhos que puderem expor, de alguma forma, as pessoas ali individualizadas. É por isso que, mesmo nessas situações, é preciso buscar meios técnicos razoáveis capazes de anonimizar os dados utilizados na pesquisa, nos termos do artigo 7º, inciso IV, retirando, desses dados pessoais, a possibilidade de associação, direta ou indireta, a um indivíduo, ou ao menos dificultando essa associação, retirando informação adicional mantida separadamente pelo controlador em ambiente controlado e seguro (pseudonimização), nos termos do artigo 13, §4º.[22]

IX – quando necessário para atender aos interesses legítimos do controlador ou de terceiro, exceto no caso de prevalecerem direitos e liberdades fundamentais do titular que exijam a proteção dos dados pessoais; ou

X – para a proteção do crédito, inclusive quanto ao disposto na legislação pertinente.

[...]

20. Art. 11. O tratamento de dados pessoais sensíveis somente poderá ocorrer nas seguintes hipóteses:

I – quando o titular ou seu responsável legal consentir, de forma específica e destacada, para finalidades específicas;

II – sem fornecimento de consentimento do titular, nas hipóteses em que for indispensável para:

a) cumprimento de obrigação legal ou regulatória pelo controlador;

b) tratamento compartilhado de dados necessários à execução, pela administração pública, de políticas públicas previstas em leis ou regulamentos;

c) realização de estudos por órgão de pesquisa, garantida, sempre que possível, a anonimização dos dados pessoais sensíveis;

d) exercício regular de direitos, inclusive em contrato e em processo judicial, administrativo e arbitral, este último nos termos da Lei 9.307, de 23 de setembro de 1996 (Lei de Arbitragem);

e) proteção da vida ou da incolumidade física do titular ou de terceiro;

f) tutela da saúde, exclusivamente, em procedimento realizado por profissionais de saúde, serviços de saúde ou autoridade sanitária; ou

g) garantia da prevenção à fraude e à segurança do titular, nos processos de identificação e autenticação de cadastro em sistemas eletrônicos, resguardados os direitos mencionados no art. 9º desta Lei e exceto no caso de prevalecerem direitos e liberdades fundamentais do titular que exijam a proteção dos dados pessoais.

21. COTS, Márcio; OLIVEIRA, Ricardo. *Lei geral de proteção de dados pessoais comentada*. São Paulo: Thomsons Reuteres Brasil, 2018. p. 87.

22. Importante mencionar que a segurança da anonimização ou pseudonimização de dados é sempre questionável, tendo em vista que com a quantidade de informações presentes, especialmente na Internet, e com o desenvolvimento dos processamentos de algoritmos, sempre haverá fatores de risco de identificação ou reidentificação dessas pessoas. Nesse ponto, refletem Machado e Doneda: "Nas últimas duas décadas, importantes estudos realizados no campo da ciência da computação, como as pesquisas de Latanya Sweeney, Arvind Narayanan e Vitaly Shmatikov, revelaram sérias falhas em práticas de anonimização de dados tidas por confiáveis. Isso levou a doutrina especializada a romper com a suposição da anonimização robusta (*robust anonymisation assumption*) então em vigor – a ideia de que com simples operações de eliminação

Ademais, é importante mencionar a exigência do § 3°, também do artigo. 7°, que dispõe que "o tratamento de dados pessoais cujo acesso é público deve considerar a finalidade, a boa-fé e o interesse público que justificaram sua disponibilização". Evidentemente, mesmo que para fins exclusivamente acadêmicos, o tratamento de dados deve ser limitado à finalidade perseguida na pesquisa, acompanhando a lógica estampada na sistemática de proteção da LGPD. Em resumo, a pesquisa acadêmica deve observar os princípios da norma, principalmente os da finalidade, adequação, necessidade e segurança.[23]

Nesse contexto, a ANPD enfatiza a importância da adoção de medidas técnicas e administrativas específicas para garantir a segurança dos dados durante a realização de estudos e pesquisas. Entre essas medidas, destacam-se a anonimização e a pseudonimização, que, quando aplicadas, minimizam o risco de identificação dos titulares, contribuindo para a proteção de informações sensíveis e para a mitigação de possíveis danos decorrentes do tratamento inadequado dos dados.[24]

Além disso, a ANPD orienta que as instituições de ensino e os órgãos de pesquisa mantenham protocolos claros e rigorosos no que diz respeito à documentação e à transparência das operações de tratamento de dados. Essa recomendação visa assegurar que os princípios da finalidade, da necessidade e da adequação sejam rigorosamente observados, permitindo que o uso dos dados se mantenha estritamente vinculado aos objetivos acadêmicos e evitando qualquer desvirtuação que possa comprometer os direitos dos titulares.

Conforme se nota, o legislador, ao excluir do âmbito de aplicação da LGPD as pesquisas acadêmicas, mas, ao mesmo tempo, impor certas condições para essa atividade, pretendeu conter a iniciativa privada que poderia, aproveitando-se do manto de uma ampla proteção acadêmica, promover tratamento de dados pessoais com finalidades predominantemente comerciais.[25] Ainda que haja uma flexibilização das regras para fins exclusivamente acadêmicos, os pesquisadores e as instituições devem cumprir rigorosamente as obrigações legais e éticas, garantindo que o tratamento dos dados preserve a dignidade, a privacidade e os direitos dos titulares, mesmo em contextos de uso secundário para a realização de estudos e pesquisas.

---

ou substituição de atributos dos titulares dos dados, por exemplo, respeitar-se-ia a privacidade ao mesmo tempo que seria reservada a utilidade das informações ao responsável pela base de dados". In: MACHADO, Diego; DONEDA, Danilo. Proteção de dados pessoais e criptografia: tecnologias criptográficas entre anonimização e pseudonimização de dados. *Revista dos Tribunais*, v. 998, Caderno Especial. p. 99-128, São Paulo, dez. 2018.

23. VAINZOF, Rony. Disposições preliminares. In: BLUM, Renato Opice; MALDONADO, Viviane Nóbrega (Coord.). *LGPD*: Lei Geral de Proteção de Dados comentada. São Paulo: Thomson Reuters Brasil, 2019. p. 72.

24. BRASIL. Autoridade Nacional de Proteção de Dados. *Guia Orientativo* – Tratamento de dados pessoais para fins acadêmicos e para a realização de estudos e pesquisas. Brasília, DF: ANPD, jun. 2023. Disponível em: https://www.gov.br/anpd/pt-br/documentos-e-publicacoes. Acesso em: 18 fev. 2025.

25. COTS, Márcio; OLIVEIRA, Ricardo. *Lei geral de proteção de dados pessoais comentada*. São Paulo: Thomsons Reuteres Brasil, 2018. p. 87.

TRATAMENTO DE DADOS PESSOAIS PARA FINS EXCLUSIVOS DE SEGURANÇA PÚBLICA, DEFESA NACIONAL, SEGURANÇA DO ESTADO OU ATIVIDADES DE INVESTIGAÇÃO E REPRESSÃO DE INFRAÇÕES PENAIS

O tratamento de dados pessoais para fins relacionados à segurança pública, inegavelmente, é um dos pontos mais sensíveis do tema de dados, afinal, o conflito entre a tutela da privacidade das pessoas e a aplicação de novas tecnologias visando manter a pacificação social, como interesse público, é complexo e muitas vezes controvertido. Isso porque a privacidade, de um lado, e a segurança pública, do outro, são dois valores de extrema relevância para o desenvolvimento da sociedade brasileira, destacada em nível mundial pela violência.

De uma maneira geral, o sistema jurídico às vezes garante a vida privada, como o faz expressamente no artigo 5º, inciso XII, da CF/88, ao estabelecer a inviolabilidade do sigilo das comunicações telegráficas, de dados e das comunicações telefônicas, mas, em contrapartida, define possibilidades de mitigação desses direitos em prol da concreção da segurança pública, como, por exemplo, ao permitir, por ordem judicial, para fins de investigação criminal ou instrução processual penal, a interceptação telefônica, nos termos da Lei 9.296/96.

Seguindo essa linha de raciocínio, ao prever a não aplicação da LGPD no que se refere à segurança pública, defesa nacional, segurança do Estado ou atividades de investigação e repressão de infrações penais, a norma pretende, de um modo geral, não impor ainda maiores entraves no combate e na prevenção de ocorrência das infrações penais, principalmente diante de graves problemas surgidos no atual contexto, como os decorrentes das organizações criminosas (cada vez mais interconectadas), dos crimes digitais e, não obstante, das polêmicas relacionadas ao uso de novas tecnologias, como câmeras de segurança e de reconhecimento facial,[26] por exemplo. Vale lembrar que, no embate entre segurança e privacidade, é preciso sopesar os valores, a depender da situação concreta, buscando, na medida do possível, uma "caminhada de mãos dadas".[27]

Essa limitação de aplicação da LGPD seguiu a mesma orientação do GDPR, que expressamente previu a não aplicação da norma para as atividades promovidas pelas autoridades competentes para efeitos de prevenção, investigação, detecção ou repressão de infrações penais ou execução de sanções penais, incluindo a salvaguarda e a prevenção de ameaças à segurança pública. Todavia, de maneira complementar

---

26. Essa aplicação, apesar de polêmica, já é uma realidade em diversas cidades do país, como noticiaram as mídias digitais diante de prisões de foragidos, por meio desse sistema, no período do carnaval. GONÇALVES, Eduardo; LOPES, André. Reconhecimento facial no Carnaval busca foragidos da Justiça: polícias de seis capitais do país instalam câmeras inteligentes para caçar foras da lei em meio à multidão na folia. *Veja*, 21 fev. 2020. Disponível em: https://veja.abril.com.br/brasil/reconhecimento-facial-no-carnaval-busca--foragidos-da-justica/. Acesso em: 18 fev. 2025.

27. VAINZOF, Rony. Disposições preliminares. In: BLUM, Renato Opice; MALDONADO, Viviane Nóbrega (Coord.). *LGPD*: lei geral de proteção de dados comentada. São Paulo: Thomson Reuters Brasil, 2019. p. 72.

ao regulamento europeu, foi editada a Diretiva 2016/680, definindo a regulação de tratamentos de dados pessoais relacionados à segurança pública. Esse fato não ocorreu ainda no Brasil, apesar de haver previsão expressa para criação de legislação específica nesse sentido, nos termos do próprio artigo 4º, § 1º, da LGPD.

Com efeito, a norma brasileira prevê que o tratamento de dados pessoais do inciso III será regido por legislação específica, ainda não elaborada, e que deverá definir medidas proporcionais e estritamente necessárias ao atendimento do interesse público, resguardando o devido processo legal, os princípios gerais de proteção e os direitos do titular previstos na LGPD.

O § 1º deixa claro que esse tipo de tratamento, por sua delicadeza e potencial impacto sobre direitos fundamentais, deve ser objeto de legislação específica. Tal legislação, além de observar o devido processo legal, há de prever medidas proporcionais e estritamente necessárias para satisfazer o interesse público, equilibrando a necessidade de atuação estatal com os princípios gerais de proteção de dados e os direitos do titular. Esse dispositivo funciona como uma diretriz que condiciona a atuação legislativa futura, exigindo que se estabeleça uma regulação minuciosa e apropriada, de modo a evitar abusos ou ingerências desproporcionais na esfera de privacidade dos cidadãos.

Dessa maneira, em que pese constar na LGPD a não aplicação da norma para os casos envolvendo tratamento de dados relacionados à segurança pública, a própria legislação defende o respeito aos princípios gerais de proteção de dados, como a finalidade, a adequação e a necessidade, por exemplo, nos termos do artigo 6º, analisado adiante.[28] É sempre oportuno lembrar que os princípios básicos de proteção de dados são, em última análise, um escudo protetor frente ao temido Estado "Big Brother",[29] em constante vigilância dos cidadãos.[30]

---

28. Destaca-se que a supracitada Diretiva 2016/680, ao trabalhar com a regulação do tratamento de dados pessoais para fins de segurança pública, define também princípios gerais muito próximos dos ideias previstos na LGPD, conforme artigo 4º (1): "Os Estados-Membros preveem que os dados pessoais sejam: a) Objeto de um tratamento lícito e leal; b) Recolhidos para finalidades determinadas, explícitas e legítimas, e não tratados de uma forma incompatível com essas finalidades; c) Adequados, pertinentes e limitados ao mínimo necessário relativamente às finalidades para as quais são tratados; d) Exatos e atualizados sempre que necessário; devem ser tomadas todas as medidas razoáveis para que os dados inexatos, tendo em conta as finalidades para as quais são tratados, sejam apagados ou retificados sem demora; e) Conservados de forma a permitir a identificação dos titulares dos dados apenas durante o período necessário para as finalidades para as quais são tratados; f) Tratados de uma forma que garanta a sua segurança adequada, incluindo a proteção contra o seu tratamento não autorizado ou ilícito e contra a sua perda, destruição ou danificação acidentais, recorrendo a medidas técnicas ou organizativas adequadas" (tradução nossa). DIRECTIVE (EU) 2016/680 OF THE EUROPEAN PARLIAMENT AND OF THE COUNCIL of 27 April 2016. Disponível em: https://eur-lex.europa.eu/legal-content/PT/TXT/?uri=CELEX%3A32016L0680. Acesso em: 18 fev. 2025.

29. Afirma Christian Fuchs que as novas Instituições de Ciência e Tecnologia (ICTs) são a extensão do panóptico de Bentham, porque monitoram o tempo todo as atividades, gostos e preferências de quem está conectado em rede. FUCHS, Christian. Internet and society: *social theory in the information age*. Londres: Routledge, 2008. p. 267.

30. LYON, David. *Surveillance society:* monitoring everyday life. Buckingham: Open University Press, 2001, p. 23.

Nesse ponto, a LGPD também reconheceu os riscos provenientes dessa vigilância operada por pessoas jurídicas de direito privado. Nesse sentido, no artigo 4º, § 2º, dispôs a vedação do tratamento dos dados pessoais, para fins de segurança pública, por pessoa de direito privado, exceto em procedimentos sob tutela de pessoa jurídica de direito público ou nos casos em que a pessoa de direito privado possua capital integralmente constituído pelo poder público, nos termos do § 4º do mesmo artigo. Ainda assim, mesmo nessas situações, a lei determina que seja realizado informe específico à Autoridade Nacional (ANPD), órgão da administração pública essencial para a tutela de dados pessoais, nos termos dos artigos 55-A e seguintes.

Aliás, a importância da Autoridade Nacional para a concreção da LGPD é também evidenciada no artigo 4º, tendo em vista que o próprio artigo determina que Autoridade Nacional emitirá opiniões técnicas ou recomendações referentes às exceções relacionadas ao tratamento de dados pessoais para fins de segurança pública, defesa nacional, segurança do Estado ou atividades de investigação e repressão de infrações penais, apontando o dever de solicitação, aos responsáveis, de relatórios de impacto à proteção de dados pessoais.

Além disso, relevante mencionar as recentes alterações promovidas pela denominada Lei Anticrime (Lei 13.964/19) nas disposições do "Banco Nacional de Perfil Genético", com isso criando o "Banco Nacional Multibiométrico e de Impressões Digitais", ao acrescer normas na Lei 12.037/09, que dispõe sobre a identificação criminal do civilmente identificado. Assim, nos termos do artigo 7º-C, § 3º, dessa lei, o Banco Nacional Multibiométrico e de Impressões Digitais é composto pelos registros biométricos, de impressões digitais, de íris, face e voz colhidos em investigações criminais ou por ocasião da identificação criminal, podendo a autoridade policial e o Ministério Público, mediante autorização judicial, ter acesso aos dados ali contidos.

Para a presente análise, importante mencionar que essa lei teve o cuidado de deixar expresso que o tratamento de dados será limitado às impressões digitais e às informações necessárias para identificação do seu titular, demonstrando respeito aos princípios da LGPD, notadamente no que se refere a finalidade específica.[31]

Assim, é importante perceber que, em vez de criar um microssistema completo, capaz de regular todas as atividades que promovem o tratamento de dados pessoais, incluindo as atividades de segurança pública, defesa nacional ou investigação e repressão de ilícitos penais, os legisladores brasileiros optaram por excepcionar esse

---

31. É importante mencionar que o princípio da finalidade ganha contornos de importância ainda maiores após as revelações feitas por Edward Snowden, em meados de 2013, à época profissional da Agência Central de Inteligência (CIA) americana, sobre a utilização de dados pessoais pelos Estados Unidos, a pretexto de segurança pública, especialmente frente aos casos de terrorismo, mas que, em última análise, eram usados para fins de espionagem cibernética. Na oportunidade, foi revelado inclusive que o país americano monitorou comunicações da então presidente do Brasil Dilma Rousseff, indicando os perigos de conceder "carta branca" à utilização de dados pessoais sob o manto das atividades de investigação e repressão de crimes.

tema, especialmente levando em consideração a necessidade de amadurecimento do debate político a respeito do assunto. Aguarda-se, portanto, a promulgação da lei especial mencionada no artigo 4º, § 1º, da LGPD.

Mesmo assim, é importante mencionar que já existem leis esparsas, conforme supracitado, tratando de situações específicas, como a Lei de interceptação de comunicações telefônicas (Lei 9.296/96), regulando esse procedimento investigatório; ou mesmo a Lei de organização criminosa (Lei 12.850/13), que admite expressamente o acesso, pelos Delegados de Polícia ou membros do Ministério Público, aos dados cadastrais de investigados mantidos pela Justiça Eleitoral, empresas telefônicas, instituições financeiras, provedores de internet e administradoras de cartão de crédito; ou o Marco Civil da Internet (Lei 12.965/14), que permite a disponibilização de registros de conexão ou de registros de acesso a aplicações de internet para fins de investigação ou instrução probatória.

Ademais, o Decreto 10.046/19, que dispõe sobre o compartilhamento de dados no âmbito da administração pública federal e institui o Cadastro Base do Cidadão, almeja racionalizar a gestão pública por meio da unificação de bases de dados e do fortalecimento da interoperabilidade entre diferentes órgãos. Tal medida, em princípio, ambiciona, torna mais célere e eficiente a prestação de serviços públicos, ao permitir a troca de informações de modo mais integrado. Não obstante, a magnitude e a sensibilidade das informações envolvidas requerem mecanismos de salvaguarda robustos, sobretudo para evitar excessos na coleta e na difusão de dados de caráter pessoal ou sensível. Em sintonia com a Lei Geral de Proteção de Dados (LGPD) e os preceitos constitucionais, o decreto demanda elevado escrutínio para que se assegurem princípios como adequação, necessidade e transparência, escudando o cidadão de eventuais práticas abusivas. O tema foi levado ao crivo do Supremo Tribunal Federal na ADI 6649[32] e, no julgamento de mérito, foi conferida interpretação conforme à Constituição ao Decreto 10.046/2019, traduzida nos seguintes termos: 1. O compartilhamento de dados pessoais entre órgãos e entidades da Administração Pública, pressupõe: a) eleição de propósitos legítimos, específicos e explícitos para o tratamento de dados (art. 6º, inciso I, da Lei 13.709/2018); b) compatibilidade do tratamento com as finalidades informadas (art. 6º, inciso II); c) limitação do compartilhamento ao mínimo necessário para o atendimento da finalidade informada (art. 6º, inciso III); bem como o cumprimento integral dos requisitos, garantias e procedimentos estabelecidos na Lei Geral de Proteção de Dados, no que for compatível com o setor público.

Nesse contexto, revela-se de suma importância o questionamento levado ao Supremo Tribunal Federal (STF) no âmbito de ações diretas de inconstitucionalidade (como a ADI 6387),[33] que sustentam existir risco de ofensa a direitos fundamentais,

---

32. STF, *ADI 6.649/DF*, Tribunal Pleno, Rel. Min. Gilmar Mendes, j. 23.09.2022, DJe 19.06.2023.

33. STF, *ADI 6.387/DF-MC*, Tribunal Pleno, Rel. Min. Rosa Weber, j. 24.04.2020, DJe 27.04.2020.

mormente a privacidade e a proteção de dados pessoais. A controvérsia orbita em torno da amplitude conferida pelo decreto à permuta de dados, alegadamente desprovido de balizas mais estritas quanto à finalidade e à publicidade das operações de compartilhamento. Tal problemática suscita a ponderação, pela Suprema Corte, entre o interesse público em aprimorar a eficiência administrativa e o inafastável dever de resguardar liberdades individuais. A decisão final, ao consagrar ou restringir a faculdade estatal de centralizar informações dos cidadãos, delineará parâmetros cruciais para o tratamento de dados no setor público brasileiro, influenciando a própria arquitetura de garantia de direitos no Estado Democrático de Direito.[34]

Noutro norte, no § 2º, a lei afasta a possibilidade de pessoas jurídicas de direito privado tratarem, de forma autônoma, dados que se enquadrem nas hipóteses do inciso III, salvo sob tutela de um ente público. Essa ressalva reforça a compreensão de que o uso dessas informações, por sua natureza sensível e seu estreito vínculo com a atividade estatal, não deve ser livremente delegado a entidades privadas. Quando houver tal participação, a LGPD exige que haja comunicação específica à Autoridade Nacional de Proteção de Dados (ANPD) e que se respeite a restrição prevista no § 4º, a qual proíbe, em qualquer hipótese, o tratamento da totalidade desses bancos de dados por empresas privadas, exceto se forem integralmente controladas pelo Poder Público. Trata-se de um mecanismo de contenção para evitar um "Big Brother" privado, dificultando a exploração indevida dessas informações e garantindo que a condução finalística, sobretudo em temas de segurança e investigação, seja resguardada pelo Estado, instância que, em tese, atua sob maior controle jurídico e institucional.

Por fim, o § 3º prevê o papel da ANPD na emissão de opiniões técnicas e recomendações a respeito dessas exceções previstas no inciso III, conferindo-lhe atribuição de fiscalização e orientação perante os responsáveis pelos tratamentos. Nesse sentido, a Autoridade pode exigir relatórios de impacto à proteção de dados pessoais, instrumento de governança criado pela LGPD para avaliar os riscos e as medidas de mitigação relativas aos direitos dos titulares. Essa prerrogativa consolida a importância da ANPD como órgão intermediário, responsável por aferir a licitude, a proporcionalidade e a aderência aos princípios da lei, de forma a assegurar que o tratamento de dados sensíveis, embora justificado por razões de interesse público, não se converta em fonte de arbitrariedades ou em violações indevidas às garantias fundamentais.

Pelo exposto, é relevante destacar novamente que, em que pese a LGPD excetuar a sua aplicação para fins de segurança pública, e mesmo havendo leis esparsas tratando do assunto, em todas as situações que ocorrer o tratamento de dados devem ser respeitados os princípios básicos de proteção de dados pessoais, especialmente

---

34. FALEIROS JÚNIOR, José Luiz de Moura. *Administração Pública Digital*: proposições para o aperfeiçoamento do regime jurídico administrativo na sociedade da informação. 2. ed. Indaiatuba: Foco, 2024. p. 129-131.

os previstos no artigo 6º. Afinal, trata-se de verdadeiro direito fundamental de seu titular, limitando o uso das informações somente às finalidades necessárias à investigação ou repressão dos ilícitos criminais em análise.

TRATAMENTO DE DADOS PESSOAIS PROVENIENTES DE FORA DO TERRITÓRIO NACIONAL

O inciso IV do artigo 4º dispõe que não se aplica a LGPD para o tratamento de dados pessoais proveniente de fora do território nacional e que não sejam objeto de comunicação, uso compartilhado de dados com agentes de tratamento brasileiros ou objeto de transferência internacional de dados com outro país que não o de proveniência (de onde vieram os dados), desde que o país de proveniência proporcione grau de proteção de dados pessoais adequado ao previsto nesta Lei. Essa formulação visa harmonizar a legislação interna com a realidade do fluxo global de informações, evitando a imposição de obrigações excessivas em operações que, de fato, não mantêm vínculo efetivo com o território brasileiro ou com titulares localizados no Brasil. Ressalte-se, contudo, que a dispensa de aplicação não é irrestrita: cabe à Autoridade Nacional de Proteção de Dados (ANPD) avaliar a adequação do nível de proteção no país de origem, procedimento análogo ao que ocorre no âmbito do Regulamento Geral de Proteção de Dados (GDPR) da União Europeia, por meio de suas chamadas "decisões de adequação".

Essa exceção deve ser interpretada de maneira conjunta com o artigo 3º da lei que, em resumo, define a aplicação normativa obrigatória sempre que o tratamento de dados pessoais ocorrer no território nacional, seja pela coleta (o titular esteja no Brasil no momento, independentemente de sua nacionalidade), seja pela operação de dados ou pelo fornecimento de bens e serviços decorrentes do tratamento às pessoas situadas Brasil. Assim, mesmo que os dados tenham origem no exterior, se o agente de tratamento estiver estabelecido aqui ou se a operação for direcionada a titulares brasileiros, a LGPD permanece aplicável, garantindo a proteção efetiva dos direitos fundamentais, como privacidade e liberdade informacional.

Lado outro, conforme dispõe o artigo 4º, IV, se o tratamento for realizado fora do território brasileiro, desde que não tenha comunicação ou compartilhamento com agentes de tratamento brasileiros, estará isento da aplicação da LGPD. Há o receio de que, na ausência de parâmetros claros, possa haver discrepâncias na análise ou risco de complacência com países cujo arcabouço legal não assegure garantias equivalentes às previstas na LGPD. Esse ponto é sensível porque, na prática, as empresas e demais agentes que operam dados globalmente precisam de segurança jurídica sobre onde e como seus fluxos de informações se submetem às regras brasileiras, sob pena de desestimular ou onerar indevidamente a inovação e o comércio internacional. Nesse ponto, importante mencionar que, assim como GDPR, a LGPD determina ainda que somente não será aplicada, nestes casos, se o país de proveniência proporcione grau de proteção de dados pessoais adequado, de acordo com a avaliação pela Autoridade Nacional (ANPD), nos termos do artigo 34.

Outro fator que contribui para a complexidade do tema são os avanços tecnológicos que tornam cada vez mais difusos e descentralizados os locais de armazenamento de dados. Com a adoção intensiva de computação em nuvem e redes distribuídas, pode tornar-se dificultoso identificar, com precisão, o país de origem dos dados ou mesmo o local efetivo em que ocorre a maior parte do tratamento. Em tais situações, é fundamental que se estabeleçam processos de diligência por parte dos controladores e operadores, a fim de demonstrar transparência quanto às jurisdições envolvidas e quanto às medidas de segurança adotadas para proteger os titulares brasileiros.

Por fim, é essencial ressaltar a importância do artigo 4°, inciso IV, como um mecanismo de adequação legislativa frente ao cenário global de trocas informacionais, mas também sublinhar a necessidade de cautela. O equilíbrio entre a facilitação do fluxo internacional de dados e a preservação dos direitos dos titulares é uma das maiores preocupações do legislador. Sem parâmetros bem definidos pela ANPD, corre-se o risco de se abrir uma "lacuna" que pode ser explorada para fugir às obrigações impostas pela LGPD, resultando em enfraquecimento da tutela da privacidade e da autodeterminação informativa. Em resumo, o dispositivo legal, longe de ser apenas uma exceção formal, dialoga diretamente com a dinâmica internacional do tratamento de dados e requer a construção de práticas regulatórias sólidas, que permitam ao Brasil atuar com segurança jurídica e respeito aos direitos fundamentais de seus cidadãos.

Em resumo, a LGPD não será aplicada nas situações que envolver tratamento de dados oriundos do exterior, realizados no Brasil somente na qualidade de operador e, ainda assim, desde que o país de proveniência tenha alto nível de proteção de dados. Nas demais hipóteses, como, por exemplo, se houver compartilhamento de dados com outros países que não o de proveniência, a LGPD deverá ser aplicada.

Arthur Pinheiro Basan

Art. 5º Para os fins desta Lei, considera-se:

I – dado pessoal: informação relacionada a pessoa natural identificada ou identificável;

II – dado pessoal sensível: dado pessoal sobre origem racial ou étnica, convicção religiosa, opinião política, filiação a sindicato ou a organização de caráter religioso, filosófico ou político, dado referente à saúde ou à vida sexual, dado genético ou biométrico, quando vinculado a uma pessoa natural;

III – dado anonimizado: dado relativo a titular que não possa ser identificado, considerando a utilização de meios técnicos razoáveis e disponíveis na ocasião de seu tratamento;

IV – banco de dados: conjunto estruturado de dados pessoais, estabelecido em um ou em vários locais, em suporte eletrônico ou físico;

V – titular: pessoa natural a quem se referem os dados pessoais que são objeto de tratamento;

VI – controlador: pessoa natural ou jurídica, de direito público ou privado, a quem competem as decisões referentes ao tratamento de dados pessoais;

VII – operador: pessoa natural ou jurídica, de direito público ou privado, que realiza o tratamento de dados pessoais em nome do controlador;

VIII – encarregado: pessoa indicada pelo controlador e operador para atuar como canal de comunicação entre o controlador, os titulares dos dados e a Autoridade Nacional de Proteção de Dados (ANPD);

IX – agentes de tratamento: o controlador e o operador;

X – tratamento: toda operação realizada com dados pessoais, como as que se referem a coleta, produção, recepção, classificação, utilização, acesso, reprodução, transmissão, distribuição, processamento, arquivamento, armazenamento, eliminação, avaliação ou controle da informação, modificação, comunicação, transferência, difusão ou extração;

XI – anonimização: utilização de meios técnicos razoáveis e disponíveis no momento do tratamento, por meio dos quais um dado perde a possibilidade de associação, direta ou indireta, a um indivíduo;

XII – consentimento: manifestação livre, informada e inequívoca pela qual o titular concorda com o tratamento de seus dados pessoais para uma finalidade determinada;

XIII – bloqueio: suspensão temporária de qualquer operação de tratamento, mediante guarda do dado pessoal ou do banco de dados;

XIV – eliminação: exclusão de dado ou de conjunto de dados armazenados em banco de dados, independentemente do procedimento empregado;

XV – transferência internacional de dados: transferência de dados pessoais para país estrangeiro ou organismo internacional do qual o país seja membro;

XVI – uso compartilhado de dados: comunicação, difusão, transferência internacional, interconexão de dados pessoais ou tratamento compartilhado de bancos de dados pessoais por órgãos e entidades públicos no cumprimento de suas competências legais, ou entre esses e entes privados, reciprocamente, com autorização específica, para uma ou mais modalidades de tratamento permitidas por esses entes públicos, ou entre entes privados;

XVII – relatório de impacto à proteção de dados pessoais: documentação do controlador que contém a descrição dos processos de tratamento de dados pessoais que podem gerar riscos às liberdades civis e aos direitos fundamentais, bem como medidas, salvaguardas e mecanismos de mitigação de risco;

XVIII – órgão de pesquisa: órgão ou entidade da administração pública direta ou indireta ou pessoa jurídica de direito privado sem fins lucrativos legalmente constituída sob as leis brasileiras, com sede e foro no País, que inclua em sua missão institucional ou em seu objetivo social ou estatutário a pesquisa básica ou aplicada de caráter histórico, científico, tecnológico ou estatístico;

XIX – autoridade nacional: órgão da administração pública responsável por zelar, implementar e fiscalizar o cumprimento desta Lei em todo o território nacional.

CONCEITOS TÉCNICOS E DEFINIÇÕES LEGAIS

O artigo 4º da LGPD estabelece limites hermenêuticos, conforme exposto, definindo as situações em que não haverá aplicação da norma protetiva. Seguindo a mesma linha de raciocínio, isto é, estabelecendo o campo hermenêutico da legislação, o artigo 5º expõe conceitos técnicos e definições legais relevantes para a proteção de dados pessoais. Nesse ponto, a norma brasileira apresenta, novamente, íntima relação com o GDPR, tendo em vista que o regulamento europeu também traz, expressamente, diversas definições legais, como o próprio conceito de dado pessoal[1], a definição de tratamento de dados[2], ou mesmo a qualificação do banco de dados[3].

Desse modo, é possível caracterizar a LGPD, de uma maneira geral, como uma norma de caráter principiológico (especialmente nos termos do artigo 6º) e de ordem técnica, tendo em vista a possibilidade de aferição, de forma auditável, e de controle quanto ao cumprimento da boa governança dos dados pessoais (nos termos dos artigos 50 e seguintes), a partir das definições legais estabelecidas. Daí por que o artigo 5º da LGPD revela sua destacada importância, afinal, cumpre a função de especificação dos termos utilizados na norma, como, por exemplo, deixando expresso o que é considerado dado pessoal, além de evidenciar os processos e técnicas relativas ao tratamento de dados pessoais, sem desconsiderar outros pontos importantes, como a definição da Autoridade Nacional de Proteção de Dados (ANPD). [3]

Partindo desses apontamentos, mesmo já havendo importantes definições conceituais no próprio artigo, é relevante o aprofundamento de alguns aspectos, visando alcançar melhor compreensão da LGPD. É a meta que se segue.

DADOS PESSOAIS

Inicialmente, é importante destacar que o artigo 1º da LGPD limitou sua proteção aos dados pessoais da pessoa natural, não estendendo a tutela às pessoas jurídicas. Assim, com notável caráter humanista, a legislação, visando não banalizar a proteção de dados, projetou-se à proteção das pessoas humanas, seres únicos e completos, totalmente suscetíveis às condições adequadas do ambiente e do contexto informacional, para que possam se desenvolver da melhor maneira possível. Esse apontamento é importante para a compreensão da abrangência da tutela traçada pela legislação.

---

1. "Dados pessoais: qualquer informação relativa a uma pessoa natural identificada ou identificável ("titular dos dados"); uma pessoa natural identificável é aquela que pode ser identificada, direta ou indiretamente, em particular por referência a um identificador, como nome, número de identificação, dados de localização, identificador on-line ou a um ou mais fatores específicos de natureza física, fisiológica, identidade genética, mental, econômica, cultural ou social dessa pessoa natural". (tradução nossa). EUROPEAN UNION. General Data Protection Regulation (GDPR). [S. l.], 2018 Disponível em: https://gdpr-info.eu/art-4-gdpr/. Acesso em: 18 fev. 2025.

2. "Tratamento: significa qualquer operação ou conjunto de operações realizado em dados pessoais ou em conjuntos de dados pessoais, por meios automatizados ou não, como coleta, registro, organização, estruturação, armazenamento, adaptação ou alteração, recuperação, consulta, uso, divulgação por transmissão, disseminação ou de outra forma disponibilizando, alinhamento ou combinação, restrição, apagamento ou destruição; (tradução nossa). EUROPEAN UNION. General Data Protection Regulation (GDPR). [S. l.], 2018 Disponível em: https://gdpr-info.eu/art-4-gdpr/. Acesso em: 18 fev. 2025.

3. "Banco de dados": qualquer conjunto estruturado de dados pessoais acessíveis de acordo com critérios específicos, quer centralizados, descentralizados ou dispersos numa base funcional ou geográfica" (tradução nossa). EUROPEAN UNION. General Data Protection Regulation (GDPR). [S. l.], 2018 Disponível em: https://gdpr-info.eu/art-4-gdpr/. Acesso em: 18 fev. 2025.

Dessa forma, destaca-se que a proteção de dados pessoais surge mantendo um nexo de continuidade com o direito de privacidade, sendo deste oriundo, mas atualizando-se e promovendo características e tutelas próprias, tornando-se direito autônomo. Pode-se assim dizer que "a proteção de dados é uma das facetas do conceito maior de privacidade, e que brotou e floresceu por decorrência do desenvolvimento tecnológico ocorrido nas últimas décadas."[4] Em síntese, por meio da proteção de dados pessoais as garantias que antes se relacionavam com o direito à privacidade são tratadas de maneira mais específica, diante da manipulação de dados[5], atentando-se também à tutela do livre desenvolvimento da personalidade da pessoa[6], inserida no contexto informacional.

Exatamente por isso que é relevante destacar que o direito de proteção de dados surge como instrumento de tutela não dos dados em si, mas, sim, da pessoa de onde advieram essas informações pessoais, em especial diante dos consideráveis riscos que o tratamento de dados atualmente pode provocar. Pela LGPD, essa pessoa é denominada "titular", ou seja, a pessoa natural a quem se referem os dados pessoais que são objeto de tratamento, nos termos do inciso V.

A proteção de dados tem como pressuposto o fato de que, atualmente, parte da personalidade humana é constituída por dados, na ideia do "corpo eletrônico"[7]. Esse tipo de "corpo" é composto pelo conjunto de dados pessoais do titular, sistematizados, a partir do fenômeno de "datificação", que expõe em dados praticamente toda a vida das pessoas.[8] O dado pessoal é, portanto, um prolongamento da própria pessoa, e é exatamente em razão disso que existe a proteção normativa diferenciada.

---

4. MALDONADO, Viviane Nóbrega. Direitos dos titulares de dados. In: BLUM, Renato Opice; MALDONADO, Viviane Nóbrega (Coord.). *Comentários ao GDPR*: regulamento geral de proteção de dados da União Europeia. São Paulo: Thomson Reuters Brasil, 2018. p. 86-87.

5. DONEDA, Danilo. *Da privacidade à proteção de dados pessoais*: fundamentos da Lei Geral de Proteção de Dados. 2. ed. São Paulo: Thomson Reuters Brasil, 2020. p. 204.

6. No complexo cenário da sociedade da informação, Laura Mendes aponta que: "[...] o conceito envolvendo o direito à privacidade sofreu grandes transformações desde a segunda metade do século XX, como poucos conceitos jurídicos sofreram. Da discussão acerca da violação do direito de celebridades fotografadas em situações embaraçosas ou íntimas, o debate sobre o direito à privacidade voltou-se para o risco à personalidade de milhares de cidadãos cujos dados pessoais são coletados, processados e transferidos por organismos estatais e privados, a partir de modernas tecnologias da informação". MENDES, Laura Schertel. *Privacidade, proteção de dados e defesa do consumidor*: linhas gerais de um novo direito fundamental. São Paulo: Saraiva, 2014. p. 22.

7. "Stefano Rodotà descreve a formação de um corpo eletrônico, um novo aspecto da pessoa natural que não ostenta apenas a massa física, ou um *corpus*, mas também uma dimensão digital. Isso significa que, no atual contexto, a integralidade da pessoa humana diz respeito tanto ao seu corpo físico quanto ao seu corpo eletrônico, composto pelo conjunto de seus dados pessoais sistematizado". BASAN, Arthur Pinheiro Basan FALEIROS JÚNIOR, José Luiz de Moura. A tutela do corpo eletrônico como direito básico do consumidor. *Revista dos Tribunais*, São Paulo, v.1021, nov./2020, p. 5.

8. BIONI, Bruno Ricardo. *Proteção de dados pessoais*: a função e os limites do consentimento. Forense: Rio de Janeiro, 2019. p. 87.

Diante disso, tanto a dimensão informacional quanto a dimensão corpórea convergem para a unidade intangível que é a pessoa humana. É por essa razão que se defende que a proteção de dados pessoais é hoje uma nova espécie de direito da personalidade[9], capaz de auxiliar na garantia da dignidade, paridade, não discriminação e liberdade da pessoa humana[10], constituindo, também, nítido direito fundamental.[11]

Conforme se nota, no atual cenário social, a ideia de vida privada transmuda-se para a perspectiva do "pessoal", razão pela qual o direito tutelado não se refere essencialmente às informações privadas, mas, sim, às pessoais[12], que despontam como uma projeção ou extensão da própria pessoa, exigindo proteção dinâmica, tanto nas relações públicas como nas privadas.[13] Com razão, defende Stéfano Rodotà que, se antes a lógica passava pelo ciclo "pessoa-informação-sigilo", atualmente trabalha-se com a perspectiva "pessoa-informação-circulação-controle-gestão"[14], daí decorrendo a importância da tutela do dado pessoal e, consequentemente, da autodeterminação informativa, como caminhos seguros para a concreção da própria dignidade da pessoa humana, envolvida socialmente no contexto informacional.

Tendo isso em vista, a LGPD define o dado pessoal como toda informação relacionada à pessoa natural identificada, como o seu nome, sua foto ou seu número de

---

9. Daí porque defende-se que a proteção de dados é um direito fundamental, que deriva da associação entre o direito fundamental à privacidade e direito ao livre desenvolvimento da personalidade, inclusive no âmbito virtual.

10. VAINZOF, Rony. Dados pessoais, tratamento e princípios. In: BLUM, Renato Opice; MALDONADO, Viviane Nóbrega (Coord.). *Comentários ao GDPR*: regulamento geral de proteção de dados da União Europeia. São Paulo: Thomson Reuters Brasil, 2018. p. 48.

11. Em 2019 foi apresentada a Proposta de Emenda à Constituição 17, que pretende elevar a arquitetura dos dados pessoais ao nível dos direitos fundamentais. Em verdade, a proposta visa alterar a Constituição Federal para incluir a proteção de dados pessoais entre os direitos e garantias fundamentais e para fixar a competência privativa da União para legislar sobre proteção e tratamento de dados pessoais. E apesar de a PEC ainda estar em tramitação no Congresso Nacional, o Supremo Tribunal Federal, em maio de 2020, no julgamento das cinco Ações Diretas de Inconstitucionalidade contra a Medida Provisória 954/2020, que previa o compartilhamento de dados de usuários por prestadoras de serviços de telecomunicações com a Fundação Instituto Brasileiro de Geografia e Estatística (IBGE), reconheceu a proteção de dados direito como fundamental. Ações ajuizadas pelo Conselho Federal da Ordem dos Advogados do Brasil (ADI 6387), pelo Partido da Social Democracia Brasileira – PSDB (ADI 6388), pelo Partido Socialista Brasileiro – PSB (ADI 6389), pelo Partido Socialismo e Liberdade – PSOL (ADI 6390) e pelo Partido Comunista do Brasil (ADI 6393). BRASIL. Supremo Tribunal Federal. ADI 6387 – Ação direta de inconstitucionalidade. Requerente: Conselho Federal da Ordem dos Advogados do Brasil – CFOAB. Intimado: Presidente da República Relator: Min. Rosa Weber. Brasília, DF, 7 de maio de 2020. Disponível em http://portal.stf.jus.br/processos/detalhe.asp?incidente=5895165. Acesso em: 18 fev. 2025.

12. NASCIMENTO, Valéria Ribas do. Direitos fundamentais da personalidade na era da sociedade da informação: transversalidade da tutela à privacidade. Revista de Informação Legislativa: RIL, Brasília, DF, v. 54, n. 213, p. 272, jan./mar. 2017. Disponível em: http://www12.senado.leg.br/ril/ edicoes/54/ 213/ril_ v54_n213_p265. Acesso em: 18 fev. 2025.

13. BASAN, Arthur Pinheiro; ENGELMANN, Wilson; REICH, José Antônio. A Lei Geral de Proteção de Dados Pessoais e a tutela dos direitos fundamentais nas relações privadas. *Interesse Público* [Recurso Eletrônico], Belo Horizonte, v.22, n. 121, maio/jun. 2020.

14. RODOTÀ, Stefano. *A vida na sociedade da vigilância*: a privacidade hoje. Trad. Danilo Doneda e Luciana Cabral Doneda. Rio de Janeiro: Renovar, 2008. p. 93.

identificação (CPF, por exemplo). Além disso, é também considerada dado pessoal toda informação relacionada à pessoa identificável, de maneira indireta, como os dados de geolocalização, endereço, ou demais informações que, conjugadas, são capazes de identificar o seu titular.

Dessa maneira, a doutrina aponta que a legislação brasileira utilizou o critério expansionista[15], afinal, considera como dados pessoais mesmo aqueles que identificam a pessoa de maneira não imediata ou indireta, isto é, considera pessoais também os dados que, unidos, são capazes de identificar a pessoa, promovendo evidente alargamento de qualificação do dado como pessoal. Em determinadas situações, a formação do *profiling*[16], com a reunião de dados de um indivíduo capazes de formar um perfil a seu respeito, por meio da construção de um avatar, tem como consequência a aplicação também da LGPD, nos termos do artigo 12, § 2º. Isso porque esse *profiling* pode ser usado para a tomada de inúmeras decisões, por meio de algoritmos, direcionados àquela pessoa, podendo expô-la a riscos ou mesmo interferir no seu livre desenvolvimento.[17]

Portanto, em linhas gerais, a compreensão do conceito de dado pessoal, essencial para o entendimento da LGPD, parte de uma definição flexível e fluida, em razão da ampla possibilidade de informações que, por meio do tratamento de dados, são capazes de tornar o titular identificável ou mesmo capazes de formar um perfil a seu respeito, interferindo no livre desenvolvimento da sua personalidade, enquanto pessoa humana. Por isso, é possível afirmar que um dado ser considerado pessoal ou não demanda uma análise contextual, ou seja, depende da informação que, após passar pelo devido tratamento, pode ser extraída de um determinado banco de dados. Tendo isso em vista, é preciso compreender melhor esse processo.

SUJEITOS ENVOLVIDOS, TRATAMENTO E O BANCO DE DADOS

No que se refere aos sujeitos envolvidos, o titular, conforme já exposto, é a pessoa natural a quem se referem os dados pessoais que são objeto de tratamento. Quanto aos sujeitos considerados agentes de tratamento, o inciso IX define que são

---

15. BIONI, Bruno Ricardo. *Proteção de dados pessoais*: a função e os limites do consentimento. Rio de Janeiro: Forense, 2019. p. 68.

16. Aponta a melhor doutrina que "para o direito digital, referido termo possui grande importância, pois reflete uma faceta inexorável da utilização dos algoritmos que, empregados nos processos de tratamento de grandes acervos de dados (*Big Data*), propiciam o delineamento do 'perfil comportamental' do indivíduo". MARTINS, Guilherme Magalhães; LONGHI, João Victor Rozatti; FALEIROS JÚNIOR, José Luiz de Moura. *Migalhas de Peso*. A pandemia da covid-19, o "profiling" e a Lei Geral de Proteção de Dados. 28 abr. 2020. Disponível em: https://www.migalhas.com.br/depeso/325618/a-pandemia-da-covid-19-o-profiling-e-a--lei-geral-de-protecao-de-dados. Acesso em: 18 fev. 2025.

17. MARTINS, Guilherme Magalhães; BASAN, Arthur Pinheiro; FALEIROS JÚNIOR, José Luiz de Moura. A responsabilidade civil pela perturbação de sossego na internet. *Revista de Direito do Consumidor*, São Paulo, v. 128, p. 227-253, mar./abr. 2020.

eles o i) controlador e o ii) operador. Nos termos do inciso VI, considera-se controlador aquele a quem competem as decisões, inclusive as fornecidas aos operadores contratados, referentes ao tratamento de dados pessoais. Ele também é responsável pela elaboração do Relatório de Impacto à Proteção de Dados Pessoais, isto é, a documentação que contém a descrição dos processos de tratamento de dados pessoais que podem gerar riscos às liberdades civis e aos direitos fundamentais, nos termos do inciso XVII.

Já o operador é a pessoa que realiza efetivamente o tratamento de dados pessoais, mas em nome do controlador, consoante inciso VII. Tanto o controlador quanto o operador podem ser pessoa natural ou jurídica, de direito público ou privado, e as responsabilidades desses agentes é mais bem definida no capítulo VI da LGPD, nos artigos 37 e seguintes.

É relevante destacar que, em maio de 2021, a Autoridade Nacional de Proteção de Dados (ANPD) brasileira publicou o Guia Orientativo para Definições dos Agentes de Tratamento de Dados Pessoais e do Encarregado, visando, dentre outras funções, explicar quem pode exercer a função do controlador, do operador e do encarregado. Nesse sentido, esse Guia estabeleceu que os agentes de tratamento devem ser definidos a partir de seu caráter institucional, de modo que não são considerados controladores (autônomos ou conjuntos) ou operadores os indivíduos subordinados, tais como os funcionários, os servidores públicos ou as equipes de trabalho de uma organização, já que atuam sob o poder diretivo do agente de tratamento.[18]

Dessa forma, no âmbito das pessoas jurídicas, o agente de tratamento para os fins da LGPD é a própria organização, já que é esta que estabelece as regras para o tratamento de dados pessoais, a serem executadas por seus representantes ou prepostos. Conforme se nota, os funcionários que atuam em subordinação às decisões do controlador não são operadores de dados pessoais.[19] Em resumo, não são conside-

---

18. É importante destacar que o Guia elaborado pela ANPD é evidentemente inspirado nas Diretrizes redigidas pela Autoridade Europeia para a Proteção de Dados (AEPD) em setembro de 2020. Nas Diretrizes 07/2020, sobre os conceitos de controlador e processador, defende-se, a título de exemplo, que, na prática, é a organização como tal, e não um indivíduo dentro da organização (como o CEO, um funcionário ou um membro do conselho), que atua como um controlador na acepção do GDPR.

19. O próprio Guia supracitado traz uma importante ilustração do entendimento, nos seguintes termos: "a título exemplificativo, uma empresa decide enviar propagandas aos seus clientes com a finalidade de alavancar as vendas de determinado produto. Para isso, contrata agência de publicidade, que elaborará a campanha de marketing com fotos de pessoas utilizando o produto. A empresa informa todos os critérios para a campanha, tais como o público-alvo e estabelece os critérios de como deve ser a aparência física dos modelos fotográficos. A agência de publicidade trata dados pessoais para prestar o serviço para a empresa, ao selecionar modelos fotográficos e armazenar as fotos desses titulares. Após a conclusão do serviço pela agência, o funcionário da empresa envia as propagandas aos clientes. Nesse exemplo a empresa atua como controlador, ao determinar o tratamento de dados e definir os seus elementos essenciais. A agência de publicidade atua como operadora ao tratar dados conforme a finalidade do tratamento definida pelo controlador. E o funcionário, ao enviar os e-mails para os clientes, atua sob o poder diretivo da empresa e não se caracteriza como agente de tratamento".

radas controladoras as pessoas naturais que atuam como profissionais subordinados a uma pessoa jurídica ou como membros de seus órgãos.[20]

Além dessas partes, que podem estar envolvidas no tratamento de dados, a LGPD prevê a figura do encarregado, nos termos do inciso VIII. Encarregado será o profissional indicado pelo controlador e operador para atuar como canal de comunicação entre o controlador, os titulares dos dados e a Autoridade Nacional de Proteção de Dados (ANPD). O detalhamento da função de encarregado e suas responsabilidades são mais bem definidas na seção II do capítulo VI da norma, nos artigos 41 e seguintes.[21]

Destaca-se, ainda, que a Resolução CD/ANPD 2, de 27 de janeiro de 2022, emitida pelo Conselho Diretor da Autoridade Nacional de Proteção de Dados (ANPD), tem o objetivo de regulamentar a aplicação LGPD para agentes de tratamento de pequeno porte.[22]

A Resolução foi emitida com base nas competências previstas na própria LGPD, no Decreto 10.474/2020 e no Regimento Interno da ANPD. Ela foi aprovada para estabelecer regras específicas e simplificadas para o tratamento de dados pessoais por parte de agentes de tratamento de pequeno porte, como microempresas, empresas de pequeno porte, *startups*, pessoas jurídicas de direito privado sem fins lucrativos, pessoas naturais e entes privados despersonalizados que realizam o tratamento de dados pessoais.

A norma define os termos utilizados, como "agentes de tratamento de pequeno porte", "microempresas e empresas de pequeno porte" e "startups" (embora, quanto a essas últimas, não haja clareza conceitual em contraste ao que define a Lei Complementar 182/2021, também conhecida como Marco Legal das Startups).[23] Ela

---

20. Vale lembrar que é legalmente possível que uma pessoa natural seja controladora. Isso pode ocorrer nas situações em que é esta a responsável pelas principais decisões referentes ao tratamento de dados pessoais, ou seja, a pessoa natural age de forma independente e em nome próprio, sem qualquer subordinação a outra pessoa. É o que ocorre, por exemplo, com os empresários individuais ou os profissionais liberais.

21. Aponta a doutrina que: "Nota-se que o encarregado, como disciplinado pela LGPD brasileira, não é o *Data Privacy Officer*, conforme as atribuições, características e responsabilidade prevista no GDPR europeu. No entanto, caberá à ANPD detalhar a figura do encarregado, podendo, se for o caso, transformá-lo no *Data Privacy Officer* europeu, à luz do que dispõe o art. 41, § 3º da LGPD". LIMA, Cíntia Rosa Pereira de. Agentes de Tratamento de Dados Pessoais (Controlador, Operador e Encarregado pelo Tratamento de Dados Pessoais. In: LIMA, Cíntia Rosa Pereira de (Coord.). *Comentários à lei geral de proteção de dados:* Lei 13.709/2018. São Paulo: Almedina, 2020. p. 293.

22. BRASIL. Autoridade Nacional de Proteção de Dados. *Resolução CD/ANPD 2, de 27 de janeiro de 2022.* Aprova o Regulamento de aplicação da Lei 13.709, de 14 de agosto de 2018, Lei Geral de Proteção de Dados Pessoais (LGPD), para agentes de tratamento de pequeno porte. Brasília, 28 de janeiro de 2022. Disponível em: https://www.in.gov.br/en/web/dou/-/resolucao-cd/anpd-n-2-de-27-de-janeiro-de-2022-376562019. Acesso em: 18 fev. 2025.

23. O conceito definido em lei é baseado no critério de enquadramento, a saber: "Art. 4º São enquadradas como startups as organizações empresariais ou societárias, nascentes ou em operação recente, cuja atuação caracteriza-se pela inovação aplicada a modelo de negócios ou a produtos ou serviços ofertados. § 1º Para fins de aplicação desta Lei Complementar, são elegíveis para o enquadramento na modalidade de

também estabelece critérios para identificar quando o tratamento de dados pessoais é considerado de alto risco e define as obrigações e os prazos diferenciados para os agentes de tratamento de pequeno porte.

Entre as obrigações, estão a disponibilização de informações sobre o tratamento de dados pessoais, atendimento às requisições dos titulares, elaboração simplificada do registro das operações de tratamento de dados pessoais, comunicação de incidentes de segurança, entre outras. Além disso, a resolução prevê prazos em dobro para algumas atividades, como atender solicitações dos titulares, comunicar incidentes de segurança e fornecer declarações.

Ademais, o inciso XIX define o conceito de Autoridade Nacional e, nos termos da lei, é o órgão da administração pública responsável por zelar, implementar e fiscalizar o cumprimento da norma em todo o território nacional. A compreensão da Autoridade Nacional é essencial para o correto entendimento do sistema de proteção de dados implementado no Brasil, de modo que a LGPD dedicou o capítulo IX para maior aprofundamento das questões envolvendo este órgão, conforme será apontado nos artigos 55-A a 55-L.

Superada a exposição dos sujeitos envolvidos, é preciso destacar que o tratamento de dados pessoais, segundo a LGPD, parte de um conceito amplo, conforme o inciso X, abrangendo desde a coleta dos dados até a sua eliminação, nos termos do inciso XIV. Evidentemente, cada prática possui suas peculiaridades, mas, desde já, registra-se que todas elas são reguladas pela LGPD, de maneira não cumulativa, de modo que, por exemplo, o simples armazenamento de dados pessoais, mesmo sem utilização, será considerado "tratamento" nos termos da lei.

As causas legais que justificam e legitimam o tratamento de dados pessoais encontram-se definidas no capítulo II da LGPD, com destaque para o consentimento do titular. Nos termos do inciso XII, o consentimento é a manifestação livre, informada e inequívoca pela qual o titular concorda com o tratamento de seus dados pessoais para uma finalidade determinada.

---

tratamento especial destinada ao fomento de startup o empresário individual, a empresa individual de responsabilidade limitada, as sociedades empresárias, as sociedades cooperativas e as sociedades simples: I – com receita bruta de até R$ 16.000.000,00 (dezesseis milhões de reais) no ano-calendário anterior ou de R$ 1.333.334,00 (um milhão, trezentos e trinta e três mil trezentos e trinta e quatro reais) multiplicado pelo número de meses de atividade no ano-calendário anterior, quando inferior a 12 (doze) meses, independentemente da forma societária adotada; II – com até 10 (dez) anos de inscrição no Cadastro Nacional da Pessoa Jurídica (CNPJ) da Secretaria Especial da Receita Federal do Brasil do Ministério da Economia; e III – que atendam a um dos seguintes requisitos, no mínimo: a) declaração em seu ato constitutivo ou alterador e utilização de modelos de negócios inovadores para a geração de produtos ou serviços, nos termos do inciso IV do caput do art. 2º da Lei 10.973, de 2 de dezembro de 2004; ou b) enquadramento no regime especial Inova Simples, nos termos do art. 65-A da Lei Complementar 123, de 14 de dezembro de 2006". BRASIL. Lei Complementar 182, de 1º de junho de 2021. *Institui o marco legal das startups e do empreendedorismo inovador; e altera a Lei 6.404, de 15 de dezembro de 1976, e a Lei Complementar 123, de 14 de dezembro de 2006.* Publicada no DOU de 02.06.2021. Disponível em: https://www.planalto.gov.br/ccivil_03/leis/lcp/lcp182.htm. Acesso em: 18 fev. 2025.

Inegavelmente, assim como se qualifica como um dos mais importantes pressupostos dos negócios jurídicos, o consentimento também ganha destaque como causa legal para o tratamento de dados pessoais. Isso porque a manifestação da vontade do titular, além de cumprir importante função na autodeterminação informativa, por outro lado, se destaca pelos limites existentes em relações assimétricas, exigindo do sistema jurídico um "dirigismo informacional"[24], capaz de proteger as pessoas, especialmente em situação de vulnerabilidade. O consentimento será mais bem explorado na análise do artigo 7°, inciso I

Indo adiante, para compreender melhor o tratamento de dados, é importante fazer uma pequena reflexão. Afinal, com a evolução tecnológica, a informação por si só passou a se desmaterializar, permitindo o seu processamento por computadores por meio do sistema binário de dígitos (1 e 0).[25] Com o passar do tempo, foi possível digitalizar e facilitar o acesso e a transferência de diversas informações, inclusive as mais complexas, conforme mencionado, por meio da linguagem binária. Como se não bastasse, o sistema binário permitiu, além da expansão quantitativa, uma mutação qualitativa, na medida em que a organização da informação se tornou muito mais precisa e de fácil acesso.

Diante disso, torna-se necessário destacar que os termos "dados" e "informações" são frequentemente utilizados como sinônimos, pois ambos servem para definir um fato da realidade. Entretanto, para melhor acerto metodológico, é preciso ressaltar que entre esses dois termos existem diferenças sutis que precisam ser apreciadas para melhor compreensão da temática de proteção de dados pessoais.

Isso porque é possível dizer que o "dado" é o sistema bruto e primitivo da informação, ou seja, um fato isolado, que por si só não desenvolve nenhum conhecimento, como uma espécie de "pré-informação".[26] Todavia, a partir do momento em que esses "dados" passam por tratamento, ou seja, são processados e devidamente organizados, tornando-se algo inteligível, se transformam em verdadeiras "informações".

A informação, portanto, carrega consigo um sentido instrumental capaz de reduzir incertas e promover análises lógicas, possibilitando a tomada de decisões estratégicas. Em resumo, dado é qualquer informação em potencial, enquanto a informação é composta por atos ou sinais que, depois de devidamente interpretados, são dotados de sentido.

Paralelamente ao tratamento, o banco de dados foi definido normativamente, no inciso IV, como "conjunto estruturado de dados pessoais, estabelecido em um ou

---

24. BIONI, Bruno Ricardo. *Proteção de dados pessoais*: a função e os limites do consentimento. Rio de Janeiro: Forense, 2019. p. 271.

25. BIONI, Bruno Ricardo. *Proteção de dados pessoais*: a função e os limites do consentimento. Rio de Janeiro: Forense, 2019. p. 7.

26. DONEDA, Danilo. *Da privacidade à proteção de dados pessoais*: fundamentos da Lei Geral de Proteção de Dados. São Paulo: Thomson Reuters Brasil, 2019. p.136.

em vários locais, em suporte eletrônico ou físico". Ao se tratar de "banco de dados" é preciso compreender que há uma dinâmica de entrada (*input*) de dados, com o devido tratamento, para uma posterior saída (*output*) de informações relevantes[27], dentro do procedimento de tratamento mencionado anteriormente. Em outras palavras, o banco de dados se qualifica diante de uma lógica capaz de organizar um conjunto de informações esparsas, podendo ser administrado de maneira manual ou por meio da informática, em busca da produção de um conhecimento inteligível.

É nesse ponto que, diante das novas tecnologias da informação, esse processamento de dados, com uma determinada finalidade lógica, se tornou automatizado, por meio dos algoritmos, havendo uma notável guinada qualitativa no que se refere a disposição de informações. É dizer que foi a tecnologia da informação que permitiu, de maneira mais precisa e efetiva, que a informação dispersa tenha se transformando em informação organizada.[28]

Em resumo, conforme expõe Bruno Bioni, o banco de dados precisa ser compreendido "atrelado à ideia de um sistema de informação, cuja dinâmica explicita, sequencialmente, um processo que se inicia pela coleta e estruturação de dados, perpassa a extração de uma informação que, por fim, agrega conhecimento".[29] Notadamente, o banco de dados não pode ser descrito somente como um agrupamento primitivo de dados, mas também como uma ferramenta capaz de possibilitar, para quem manipula as informações, a partir disso, a tomada de decisões. Ressalta-se que uma das finalidades da previsão legal do banco de dados é facilitar as medidas práticas de bloqueio (inciso XIII) ou de eliminação (inciso XIV), definidos em lei, enquadrando-se o banco de dados como objeto dessas medidas.[30]

Em razão disso, é possível reafirmar a aplicação ampla do conceito de dado pessoal pela LGPD, afinal, considerando a otimização dos processos de tratamento e a ampliação dos bancos de dados, cada vez dados mais sutis, inseridos em algoritmos de tratamento mais complexos, tornam-se capazes de identificar uma pessoa ou mesmo formar um perfil a seu respeito. Diante dessas informações, é possível estruturar logicamente a tomada de inúmeras decisões, como o direcionamento ou não de uma publicidade de consumo a determinada pessoa específica, por exemplo.[31]

---

27. BIONI, Bruno Ricardo. *Proteção de dados pessoais*: a função e os limites do consentimento. Rio de Janeiro: Forense, 2019. p. 37.

28. RODOTÀ, Stefano. *A vida na sociedade da vigilância*: a privacidade hoje. Trad. Danilo Doneda e Luciana Cabral Doneda. Rio de Janeiro: Renovar, 2008. p. 134.

29. BIONI, Bruno Ricardo. *Proteção de dados pessoais*: a função e os limites do consentimento. Rio de Janeiro: Forense, 2019. p. 37.

30. VAINZOF, Rony. Disposições preliminares. In: BLUM, Renato Opice; MALDONADO, Viviane Nóbrega (Coord.). *LGPD*: lei geral de proteção de dados comentada. São Paulo: Thomson Reuters Brasil, 2019. p. 101.

31. BASAN, Arthur Pinheiro. Habeas Mente: garantia fundamental de não ser molestado pelas publicidades virtuais de consumo. *Revista de Direito do Consumidor*. São Paulo. v.131, set./out. 2020.

É exatamente por isso que a própria LGPD define o tratamento de dados também de maneira abrangente, como toda operação realizada com dados pessoais, como as que se referem a coleta, produção, recepção, classificação, utilização, acesso, reprodução, transmissão, distribuição, processamento, arquivamento, armazenamento, eliminação, avaliação ou controle da informação, modificação, comunicação, transferência, difusão ou extração, nos termos do inciso X. O rol legal é exemplificativo, conforme se extrai das expressões "toda operação" seguida de "como as", trazendo consigo, novamente, uma ampla gama de situações fáticas reguladas pela norma.[32]

Partindo do tratamento de dados, várias são as técnicas capazes de oferecer tendências e padrões significativos a partir das informações geradas, com o auxílio de instrumentos estatísticos e matemáticos. Não obstante, vale aqui destacar a mineração de dados (*data mining*). Isso porque se trata de processo em que, por meio de tecnologias de informação e comunicação (TIC), fundadas em combinação de dados e estatísticas, dados de compreensão complexa são transformados em informações inteligíveis, tornando essas informações pessoais úteis e valiosas. Em resumo, a mineração de dados consiste na exploração de "uma base de dados (mina) usando algoritmos (ferramenta) adequados para obter conhecimento (minerais preciosos)".[33]

Por meio da mineração de dados, as empresas são capazes de identificar padrões significativos de informações, isto é, partindo do banco de dados, estabelecem-se classificações lógicas de pessoas e bens, para uma determinada finalidade predefinida, a partir da busca por padrões. Nesse aspecto, "o *Big Data* representa o êxtase desse processo",[34] pois permitiu que esses dados pudessem ser analisados em volumes imensos, em toda a sua extensão, autorizando inferir, inclusive, na probabilidade de acontecimentos futuros.[35]

Nesse ponto, destaca-se que a mineração de dados é um dos fundamentos para a análise preditiva, ou seja, o uso de comportamentos padrão capazes de dar previsão de certos acontecimentos e ações futuras.[36] A título de exemplo, em 2014 o *Facebook* revelou ter encontrado um padrão de comportamentos do usuário da rede capaz

---

32. COTS, Márcio; OLIVEIRA, Ricardo. *Lei geral de proteção de dados pessoais comentada*. São Paulo: Thomson Reuters Brasil, 2018. p. 94.

33. CASTRO de, Leandro Nunes; FERRARI, Daniel Gomes. *Introdução à mineração de dados*: conceitos básicos, algoritmos e aplicações. São Paulo: Saraiva, 2016. p. 4.

34. BIONI, Bruno Ricardo. *Proteção de dados pessoais*: a função e os limites do consentimento. Rio de Janeiro: Forense, 2019. p. 39.

35. Nesse ponto, destaca que: "Os riscos e oportunidades do aproveitamento do grande volume de dados (*big data*) para a tomada de decisão são significativos [...] [...] As preocupações dos cidadãos, no que diz respeito à privacidade e ao estabelecimento da responsabilidade comercial e nas estruturas legais, irão exigir ajustes na forma de pensar, bem como orientações para o uso e prevenção do perfil individual (*profiling*) e consequência imprevistas. SCHWAB, Klaus. *A quarta revolução industrial*. Trad. Daniel Moreira Miranda. São Paulo: Edipro, 2016. p. 137.

36. Cf. SIEGEL, Eric. *Análise preditiva*: o poder de prever quem vai clicar, comprar, mentir ou morrer. Trad. Wendy Campos. Rio de Janeiro: Alta Books, 2017.

de demonstrar que a pessoa posteriormente iniciaria um relacionamento sério.[37] A pesquisa da rede social descreveu que cerca de 3 meses antes da revelação pública de namoro, os usuários intensificam suas interações na rede social, como por meio de comentários, curtidas, compartilhamento de fotos e vídeos e, além disso, por "cutucadas". Assim, percebeu a rede social que próximo da data da exposição do relacionamento sério mais estreitas se tornavam as interações virtuais.[38]

Figura peculiar definida na lei é o conceito de uso compartilhado de dados, cuja previsão consta do inciso XVI do artigo 5º. Trata-se de modalidade qualificada de tratamento que pode ser concretizada entre entes públicos, entre um ente público e um ente privado, ou entre entes privados[39] e cujas justificativas são assim elucidadas por José Luiz de Moura Faleiros Júnior:

Embora o conceito seja claro em termos de abrangência das operações que podem ser consideradas de uso compartilhado, levanta dúvidas quanto à sua distinção em relação ao tratamento de dados, especialmente quando envolve os participantes do compartilhamento, em três situações: (i) apenas entre entes públicos; (ii) entre ente público e ente privado; (iii) entre entes privados. Além disso, a inclusão de termos como "comunicação" e "difusão", que também aparecem no rol exemplificativo do inciso V, e "interconexão", que é um termo totalmente novo e não conceituado, cria uma zona cinzenta, dificultando a compreensão de quando o uso compartilhado se distingue do tratamento de dados como um todo.

A confusão torna-se ainda mais evidente no âmbito das relações entre o Poder Público e entidades privadas, já que o uso compartilhado é tratado como uma modalidade qualificada de tratamento de dados, mas uma possível explicação para a fragmentação do conceito de uso compartilhado em relação ao tratamento de dados reside na estruturação de um duplo regime para o Poder Público, conforme previsto no Capítulo IV da LGPD.

O artigo 23 regula o tratamento de dados pessoais por parte de entes públicos, impondo condições específicas para que dados pessoais sejam manejados no exercício de suas competências, quais sejam: o cumprimento de finalidade pública e o atendimento do interesse público. Já o artigo 26 busca assegurar que o compartilhamento de dados ocorra de maneira responsável, respeitando os princípios de proteção de dados previstos no artigo 6º da lei, como a finalidade,

---

37. DIUK, Carlos. *The formation of love*. Facebook data science. [*S. l.*], 14 fev. 2014. Disponível em: https://www.facebook.com/notes/facebook-data-science/the-formation-of-love/10152064609253859 Acesso em: 18 fev. 2025.

38. Nesse mesmo sentido, aponta Bruno Bioni que a empresa também foi capaz de prever quando haveria o rompimento do relacionamento sério, com base nos posts dos usuários. BIONI, Bruno Ricardo. *Proteção de dados pessoais*: a função e os limites do consentimento. Rio de Janeiro: Forense, 2019. p. 43.

39. GONÇALVES, Vitória Mattos; MARQUES, Verônica do Nascimento. Proteção de dados pessoais: o compartilhamento de dados entre Poder Público e setor privado. In: LIMA, Cíntia Rosa Pereira de (Coord.). *ANPD e LGPD*: desafios e perspectivas. São Paulo: Almedina, 2021, p. 305-314.

necessidade e segurança. A previsão é de que o uso compartilhado atenda diretamente a interesses públicos legítimos, evitando abusos ou utilizações indevidas de informações pessoais.[40]

Com efeito, importante mencionar que essa análise preditiva, ou seja, a possibilidade de identificar padrões e operar a previsão de comportamentos futuros, é uma verdadeira "mina de ouro" para o mercado, especialmente para o ramo publicitário[41], destacada atividade econômica no ambiente da *Internet*. Daí por que o *Big Data*[42] revolucionou não só o mercado, mas principalmente a indústria publicitária[43], criando-se mais do que um rico retrato do consumidor em potencial, mas, sim, concretizando a figura translúcida do consumidor de vidro.[44] Isso sem desconhecer os perigos aos

---

40. FALEIROS JÚNIOR, José Luiz de Moura. Algumas reflexões sobre o conceito de uso compartilhado de dados. *Migalhas de Proteção de Dados*, 4 out. 2024. Disponível em: https://s.migalhas.com.br/S/3E5582. Acesso em: 18 fev. 2025.

41. Nesse ponto, importante mencionar reportagem em mídia digital, entrevistando o professor Martin Hilbert, segundo o qual: "pesquisadores da Universidade de Cambridge, no Reino Unido, fizeram testes de personalidade com pessoas que franquearam acesso a suas páginas pessoais no Facebook, e estimaram, com ajuda de um algoritmo de computador, com quantas curtidas é possível detectar sua personalidade. Com 100 curtidas poderiam prever sua personalidade com acuidade e até outras coisas: sua orientação sexual, origem étnica, opinião religiosa e política, nível de inteligência, se usa substâncias que causam vício ou se tem pais separados. E os pesquisadores detectaram que com 150 curtidas o algoritmo podia prever sua personalidade melhor que seu companheiro. Com 250 curtidas, o algoritmo tem elementos para conhecer sua personalidade melhor do que você". LISSARDY, Gerardo. "'Despreparada para a era digital, a democracia está sendo destruída', afirma guru do 'big data'. *BBC Mundo*, [S. l.], 9 abr. 2017. Disponível em: https://www.bbc.com/portuguese/geral-39535650. Acesso em: 18 fev. 2025.

42. Danilo Doneda destaca que a formação de bancos de dados informatizados, com potencial de tratamento inimagináveis (o *Big Data*), fez com que o próprio conceito de banco de dados, instituto fundamental às primeiras normas protetivas (o próprio objeto da atuação de muitas delas) perdesse a sua centralidade. Segundo o autor, partindo das diversas modalidades de tratamento de dados pessoais existentes na atualidade, a proteção não pode mais ser compreendida a partir de grandes repositórios de informações, mas, sim, a partir das técnicas utilizadas no tratamento, como a coleta, agregação e utilização das informações ali presentes. DONEDA, Danilo. *Da privacidade à proteção de dados pessoais*: fundamentos da Lei Geral de Proteção de Dados. 2. ed. São Paulo: Thomson Reuters Brasil, 2019. p. 141.

43. Nesse ponto, aponta Lindstron que: "O *data mining*, eufemisticamente chamado pelo setor de marketing de 'descoberta do conhecimento' ou 'insights do consumidor', é um negócio global de rápido crescimento, que se dedica à captura e à análise do comportamento do consumidor. O objetivo é classifica, resumir e uniformizar os dados de modo que possam ser usados para nos convencer (e de vez em quando, nos manipular) a comprar determinados produtos. [...] O objetivo dos *insights* do consumidor é buscar motivações e critérios que levem o consumidor a comprar". LINDSTROM, Martin. *Brandwashed*: o lado oculto do marketing. Controlamos o que compramos ou são as empresas que escolhem por nós? Tradução de Rosemarie Ziegelmaier. Rio de Janeiro: Alta Books, 2018. p. 240.

44. "Uma economia que tem como cerne a vigilância. É a observação permanente do comportamento dos indivíduos que a movimenta, sendo as suas informações pessoais a matéria-prima a ser explorada para a geração de riqueza. Mais do que isso, há um varejo dos dados pessoais. Para a operacionalização desse modelo de negócio, há uma complexa rede de atores que transaciona as informações pessoais dos consumidores, agindo cooperativamente para agregar mais e mais dados e, em última análise, tornar a mensagem publicitária ainda mais eficiente". BIONI, Bruno Ricardo. *Proteção de dados pessoais*: a função e os limites do consentimento. Rio de Janeiro: Forense, 2019. p. 49.

regimes democráticos quando o uso do *Big Data* é direcionado para campanhas eleitorais, como pelo incidente envolvendo a empresa *Cambridge Analytica*.[45]

Além disso, um dos grandes problemas dessa técnica é a possibilidade de tratamento discriminatório das pessoas, afinal, há um polêmico perigo de a mineração transformar dados em princípio inofensivos em dados sensíveis.[46] Nesse ponto, um estudo feito pela Universidade de Cambridge demonstrou, por exemplo, que "curtidas" em determinada rede social são capazes de revelar um perfil de gostos e preferências do usuário, servindo de base para promover inferências com relação à orientação sexual, origem racial e eventual ligação político-partidária[47], ou seja, informações sensíveis ao titular de dados. Essa situação se apresenta adiante.

DADOS PESSOAIS SENSÍVEIS

A LGPD definiu, no inciso II, que é considerado sensível o "dado pessoal sobre origem racial ou étnica, convicção religiosa, opinião política, filiação a sindicato ou a organização de caráter religioso, filosófico ou político, dado referente à saúde ou à vida sexual, dado genético ou biométrico, quando vinculado a uma pessoa natural". Os dados sensíveis, portanto, são uma espécie de dados pessoais, com tratamento diferenciado, tendo em vista que o seu conteúdo oferece uma vulnerabilidade agravada, qual seja, a possibilidade de discriminação.[48]

Desse modo, a legislação parte do pressuposto de que certas informações, se conhecidas, ou mesmo submetidas ao tratamento de dados, podem ser utilizadas de modo potencialmente discriminatório ou mesmo efetivamente lesivo ao seu titular, carregando, portanto, maiores riscos às pessoas. Partindo disso, a norma estabeleceu a categoria de dados sensíveis, com maior proteção se comparada aos demais tipos de informação, nos termos dos artigos 11 e seguintes.

A doutrina aponta que "a criação de uma categoria de dados sensíveis foi fruto da observação pragmática sobre as diferenças dos efeitos do tratamento dessa categoria de dados em relação aos demais"[49]. Nesse ponto, relevante destacar que o

---

45. KAISER, Brittany. *Manipulados:* como a Cambridge Analytica e o Facebook invadiram a privacidade de milhões e botaram a democracia em xeque. Tradução de Bruno Fiuza e Roberta Karr. Rio de Janeiro: HarperCollins Brasil, 2019. p. 24.

46. MENDES, Laura Schertel. *Privacidade, proteção de dados e defesa do consumidor*: linhas gerais de um novo direito fundamental. São Paulo: Saraiva, 2014. p. 52.

47. BIONI, Bruno Ricardo. *Proteção de dados pessoais*: a função e os limites do consentimento. Rio de Janeiro: Forense, 2019. p. 86.

48. BIONI, Bruno Ricardo. *Proteção de dados pessoais*: a função e os limites do consentimento. Rio de Janeiro: Forense, 2019. p. 85.

49. DONEDA, Danilo. *Da privacidade à proteção de dados pessoais*: fundamentos da Lei Geral de Proteção de Dados. São Paulo: Thomson Reuters Brasil, 2019. p.143.

GDPR também evidenciou essa diferenciação de tutela, pois, apesar de não definir expressamente o conceito de "dado sensível" (em que pese tenha definido o dado genético, o biométrico e o relativo à saúde, nos termos do artigo 4º (13), (14) e (15), sucessivamente), dispôs sobre o tratamento diferenciado para essa categoria de informações, denominada de "dados especiais".[50] Evidentemente, a diferenciação proposta pelos dados sensíveis é uma construção histórica, também evidenciada no regulamento europeu.

Conforme se nota, a proteção de dados pessoais, notadamente os sensíveis, cumpre função essencial de garantia da igualdade material, exigindo técnicas mais seguras. Nesse aspecto, o regime jurídico mais protetivo, presente na classificação dos dados sensíveis, visa frear odiosas práticas discriminatórias, evitando que as informações sejam utilizadas para criar indesejados traços diferenciais nas relações sociais.[51] Pode-se afirmar, portanto, que a chave de leitura dos dados sensíveis pode ser resumida na privacidade, identidade e não discriminação.[52]

Não obstante, é possível afirmar que o tratamento diferenciado, exigido aos dados sensíveis, se justifica também em razão da capacidade dessas informações de violarem os direitos mais fundamentais do titular, expostos no artigo 17 da LGPD. Aqui, vale lembrar que a norma prevê expressamente que toda pessoa natural tem assegurada a titularidade de seus dados pessoais e garantidos os direitos fundamentais de liberdade, de intimidade e de privacidade, compondo o "núcleo duro" de proteção das pessoas.

Em que pese essa diferenciação promovida pela lei, a doutrina tece relevantes críticas. Em princípio, aponta que é praticamente impossível definir antecipadamente quais são os efeitos de um tratamento de dados, seja decorrente de dados pessoais, seja de dados sensíveis. Como se não bastasse, com a potencialização do tratamento de dados (na figura do *big data*), mesmo dados que não são legalmente qualificados como sensíveis podem revelar aspectos que possibilitam a discriminação de seu titular. Cite-se o histórico de compras no cartão de crédito do consumidor, que pode revelar, por exemplo, a incidência de compras de determinado medicamento, a existência de alguma doença, revelando aspectos de sua

---

50. Nos termos legais, determina o regulamento europeu, em seu artigo 9º, *caput*, que: "Processamento de dados pessoais que revelem origem racial ou étnica, opiniões políticas, crenças religiosas ou filosóficas ou filiação sindical, e o processamento de dados genéticos, dados biométricos com o propósito de identificar de forma única uma pessoa física, dados relativos à saúde ou dados relativos a um natural a vida sexual ou a orientação sexual da pessoa são proibidas". (tradução nossa). EUROPEAN UNION. *General Data Protection Regulation* (GDPR). [S. l.], 2018 Disponível em: https://gdpr-info.eu/art-4-gdpr/. Acesso em: 18 fev. 2025.

51. BIONI, Bruno Ricardo. *Proteção de dados pessoais*: a função e os limites do consentimento. Rio de Janeiro: Forense, 2019. p. 86.

52. KONDER, Carlos Nelson. O tratamento de dados sensíveis à luz da Lei 13.709/2018. In: FRAZÃO, Ana; TEPEDINO, Gustavo; OLIVA, Milena Donato (Coord.) *Lei geral de proteção de dados pessoais e suas repercussões no direito brasileiro*. São Paulo: Thomson Reuters Brasil, 2019. p. 446.

saúde (dado sensível).[53] Daí por que afirma-se que não é o dado em si que gera o comportamento discriminatório, mas o uso que dele se faz.[54]

Dessa forma, é importante mencionar que a diferenciação dos dados sensíveis leva em consideração a probabilidade de a utilização das informações oriundas desses dados ser potencialmente discriminatória. Entretanto, é sempre oportuno mencionar que há situações em que a discriminação pode ocorrer sem a utilização dos dados sensíveis, como no caso da utilização geográfica do consumidor.[55]

ANONIMIZAÇÃO E PSEUDONIMIZAÇÃO DE DADOS

Além da problemática dos dados sensíveis, outro tema controverso na proteção de dados se refere ao processo de anonimização. A doutrina define o dado anônimo como a antítese do dado pessoal, isto é, o dado anônimo é a informação incapaz de identificar uma pessoa.[56] O processo de anonimização, portanto, é aquele que retira a possibilidade da informação de fornecer a identificação de seu titular, se posicionando no extremo oposto do dado pessoal.[57]

Em resumo, a anonimização reside no processo de retirada do vínculo existente entre o dado e o seu titular, isto é, nos termos do inciso XI, na utilização de meios técnicos razoáveis e disponíveis no momento para a retirada da possibilidade de associação, direta ou indireta, do dado a um indivíduo. Tal procedimento é importante para possibilitar a garantia da livre-iniciativa, notadamente pela inovação dos modelos de negócio, que utilizam dados anonimizados para evitar qualquer tipo de lesão às pessoas.

Existem diversas formas de se promover a anonimização, de modo que é preciso a análise contextualizada da situação, para evitar que os titulares dos dados anoni-

---

53. Outro caso ilustrando essa situação é mencionado pela doutrina, segundo o qual "também será considerado dado sensível, citando outro exemplo, quando a análise de geolocalização em uma aplicação no *smartphone* ou por meio de um *chip* instalado no automóvel (dados pessoais indiretos), consiga traçar o comportamento do titular a tal ponto que possa inferir se ele é judeu em razão da quantidade de vezes e do tempo que ele permanece em uma sinagoga, das sextas-feiras que deixa o trabalho antes do pôr do sol em razão do *shabat* e da quantidade de vezes que compra produtos *kosher* em lojas especializadas." VAINZOF, Rony. Disposições preliminares. In: BLUM, Renato Opice; MALDONADO, Viviane Nóbrega (Coord.). *LGPD*: lei geral de proteção de dados comentada. São Paulo: Thomson Reuters Brasil, 2019. p. 93.

54. DONEDA, Danilo. *Da privacidade à proteção de dados pessoais*: fundamentos da Lei Geral de Proteção de Dados. São Paulo: Thomson Reuters Brasil, 2019. p.144.

55. Nas figuras do *geoblocking* e *geopricing*, por exemplo. MORASSUTTI, Bruno Schimitt. Responsabilidade civil, discriminação ilícita e algoritmos computacionais: breve estudo sobre as práticas de geoblocking e geopricing. *Revista de Direito do Consumidor,* São Paulo, v. 124, ano 28, jul./ago. 2019.

56. BIONI, Bruno Ricardo. *Proteção de dados pessoais*: a função e os limites do consentimento. Rio de Janeiro: Forense, 2019. p. 70.

57. CARVALHO, Fernanda Potiguara. *Desafios da anonimização*: um framework dos requisitos e boas práticas para compliance à LGPD. São Paulo: Thomson Reuters Brasil, 2022, p. 62-69.

mizados sejam reidentificados. Aliás, esse é um dos grandes problemas do processo, afinal, houve época em que se acreditava na possibilidade de uma "anonimização robusta", sem a possibilidade de reidentificação.[58] Ocorre que é ampla na doutrina a crítica a respeito desse procedimento, afinal, diversos estudos demonstram que a anonimização segura, sem que exista a possibilidade de reidentificação, é um mito. Nesse ponto, ressalta-se a importância dos estudos de Arvind Narayanan e Vitaly Shmatikov a respeito da possibilidade de reidentificação de dados tornados anônimos, apontando a falibilidade do procedimento supracitado.[59] Em resumo, a crítica que se faz é que "sempre existirá a possibilidade de uma base de dados anonimizada ser agregada a outra para a sua reidentificação".[60] Por isso, "é cogente que a ANPD estabeleça padrões e técnicas a serem utilizadas em processos de anonimização para garantir maior segurança jurídica".[61]

Além disso, a LGPD expõe a possibilidade de pseudonimização, definida no artigo 13, por meio do qual um dado perderia a possibilidade de associação, direta ou indireta, a um indivíduo, senão pelo uso de informação adicional mantida separadamente pelo controlador em ambiente controlado e seguro. Em termos gerais, a pseudonimização de dados consiste na alteração de um ou mais atributos (elementos dos registros de dados) por um pseudônimo, mantido em separado.[62]

O conceito da LGPD é muito próximo da definição do GDPR europeu, segundo o qual a pseudonimização consiste em retirar o poder dos dados de ser atribuído a um titular específico, sem recorrer a informações suplementares, mantidas separadamente. A título de exemplo, considere a existência do seguinte banco de dados:

Nome	Nacionalidade	Gênero	Naturalidade	CPF	Profissão
João da Silva	Brasileiro	Masculino	Minas Gerais	123.456.789-10	Médico

Diante dessas informações, a pseudonimização consistiria em atribuir um pseudônimo (identificador) para os dados pessoais diretos, mantendo-os em ban-

---

58. RUIZ, Evandro Eduardo Seron. Anonimização, Pseudonimização e Desanonimização de Dados Pessoais. In: LIMA, Cíntia Rosa Pereira de (Coord.). *Comentários à lei geral de proteção de dados:* Lei 13.709/2018. São Paulo: Almedina, 2020. p. 107.

59. NARAYANAN, Arvind; SHMATIKOV, Vitaly. *Robust de-anonymization of large sparse datasets.* Disponível em: www.cs.utexas.edu/~shmat/shmat_cacm10.pdf. Acesso em: 18 fev. 2025.

60. BIONI, Bruno Ricardo. *Proteção de dados pessoais:* a função e os limites do consentimento. Rio de Janeiro: Forense, 2019. p. 74.

61. VAINZOF, Rony. Disposições preliminares. In: BLUM, Renato Opice; MALDONADO, Viviane Nóbrega (Coord.). *LGPD:* lei geral de proteção de dados comentada. São Paulo: Thomson Reuters Brasil, 2019. p. 101.

62. Conferir, sobre o tema, MARTINS, Guilherme Magalhães; FALEIROS JÚNIOR, José Luiz de Moura. A anonimização de dados pessoais: consequências jurídicas do processo de reversão, a importância da entropia e sua tutela à luz da Lei Geral de Proteção de Dados. In: DE LUCCA, Newton; SIMÃO FILHO, Adalberto; LIMA, Cíntia Rosa Pereira de; MACIEL, Renata Mota (Coord.). *Direito & Internet IV:* sistema de proteção de dados pessoais. São Paulo: Quartier Latin, 2019.

co de dados separado, de forma controlada e segura.[63] No caso, poderíamos assim promover a pseudonimização, separando os dados da seguinte forma:

Banco de Dados 1 (pseudonimizado)	Nacionalidade	Gênero	Naturalidade	Profissão	Identificador
	Brasileiro	Masculino	Minas Gerais	Médico	ABC.123

Em um banco de dados separado, haveria a identificação do titular de dados, da seguinte forma:

Banco de Dados 2 (com identificadores)	Identificador	Nome	CPF
	ABC.123	João da Silva	123.456.789-10

Destaca-se que, diferente da anonimização, o dado pseudonimizado, apesar dessa característica própria, permanece sendo considerado dado pessoal, devendo respeitar as determinações previstas na LGPD.[64] O processo representa somente uma forma mais segura de tratamento de dados pessoais, especialmente nas situações em que há razões para manter os identificadores diretos. A segurança, portanto, decorre da ideia de manter os dados anônimos e os identificadores de forma separada.

RELATÓRIOS DE IMPACTO, ÓRGÃOS DE PESQUISA E A ANPD

O relatório de impacto à proteção de dados pessoais (art. 5º, XVII) desponta como um instrumento técnico-jurídico de *accountability*, voltado à documentação dos processos de tratamento que possam representar riscos significativos às liberdades civis e aos direitos fundamentais dos titulares. Trata-se de um mecanismo preventivo de avaliação e mitigação de riscos, exigido em situações específicas pela Autoridade Nacional de Proteção de Dados (ANPD), e alinhado às boas práticas internacionais, como a *Data Protection Impact Assessment* prevista no GDPR europeu.

A elaboração do relatório de impacto envolve a descrição detalhada das operações de tratamento, com destaque para as finalidades do tratamento, o tipo de dados tratados, a base legal invocada, os mecanismos de segurança utilizados e a análise dos potenciais impactos à privacidade dos titulares. Além disso, devem constar as medidas técnicas e administrativas adotadas para reduzir eventuais riscos, como pseudonimização, anonimização, controles de acesso, entre outros. Em suma, o relatório funciona como um instrumento de governança que revela o grau de maturidade do controlador no cumprimento dos princípios da LGPD, como a prevenção, a necessidade, a transparência e a responsabilização.

---

63. CARVALHO, Fernanda Potiguara. *Desafios da anonimização*: um framework dos requisitos e boas práticas para compliance à LGPD. São Paulo: Thomson Reuters Brasil, 2022, p. 72.

64. VAINZOF, Rony. Disposições preliminares. In: BLUM, Renato Opice; MALDONADO, Viviane Nóbrega (Coord.). *LGPD*: Lei Geral de Proteção de dados comentada. São Paulo: Thomson Reuters Brasil, 2019. p. 101.

Por sua vez, o conceito de órgão de pesquisa (art. 5º, XVIII) foi incluído para conferir um regime jurídico especial ao tratamento de dados realizado com fins de interesse público, como ocorre em atividades científicas, tecnológicas, estatísticas ou históricas. A LGPD reconhece que tais atividades possuem valor social e devem ser compatibilizadas com os direitos à privacidade e à autodeterminação informativa. Por isso, o tratamento de dados por órgãos de pesquisa pode se beneficiar de flexibilizações, especialmente no que diz respeito ao consentimento, desde que respeitados os requisitos da finalidade, necessidade e segurança, além da vedação ao uso dos dados para fins discriminatórios ou ilícitos.

Para ser qualificado como órgão de pesquisa, o ente deve ser parte da administração pública (direta ou indireta) ou pessoa jurídica de direito privado sem fins lucrativos legalmente constituída no Brasil, e deve possuir, de modo expresso, a pesquisa como parte de sua missão institucional ou de seu objetivo social ou estatutário. Isso evita que entidades que apenas realizem projetos pontuais de pesquisa se beneficiem do tratamento privilegiado previsto na LGPD. A qualificação como órgão de pesquisa, portanto, implica responsabilidade institucional permanente com o desenvolvimento do conhecimento e o respeito à ética na produção científica.

O terceiro conceito destacado é o de autoridade nacional (art. 5º, XIX), representada pela Autoridade Nacional de Proteção de Dados (ANPD), criada como órgão da Administração Pública direta no plano federal por meio da Medida Provisória 869/2018 e posteriormente instituída pela Lei 13.853/2019, com alteração de sua natureza jurídica para autarquia especial pela Medida Provisória 1.124/2022, que restou confirmada com sua conversão na Lei 14.460/2022. Trata-se de entidade integrante da Administração Pública federal indireta, responsável por zelar pela observância da LGPD em todo o território nacional. Suas competências incluem editar normas complementares, fiscalizar os agentes de tratamento, aplicar sanções administrativas, fomentar a cultura de proteção de dados e cooperar com autoridades internacionais em matéria de privacidade.

A ANPD exerce função essencial para a efetividade do sistema protetivo desenhado pela LGPD,[65] funcionando como intérprete autorizado da norma e como instância de resolução de conflitos, inclusive mediante recomendações e orientações que balizam a atuação dos controladores e operadores. Sua atuação é pautada pelos princípios da independência técnica, proporcionalidade regulatória e diálogo com a sociedade, sendo ainda dotada de competência para regulamentar aspectos técnicos da lei, como o tratamento de dados sensíveis, o uso de dados para fins legítimos e o próprio conteúdo e formato do relatório de impacto mencionado anteriormente.

---

65. LOCHAGIN, Gabriel; MORAES, Emanuele Pezati Franco de; PEROLI, Kelvin. A Autoridade Nacional de Proteção de Dados como garantia institucional ao equilíbrio entre agentes econômicos e os titulares de dados pessoais. In: LIMA, Cíntia Rosa Pereira de (Coord.). *ANPD e LGPD*: desafios e perspectivas. São Paulo: Almedina, 2021, p. 93.

Arthur Pinheiro Basan

Art. 6º As atividades de tratamento de dados pessoais deverão observar a boa-fé e os seguintes princípios:

I – finalidade: realização do tratamento para propósitos legítimos, específicos, explícitos e informados ao titular, sem possibilidade de tratamento posterior de forma incompatível com essas finalidades;

II – adequação: compatibilidade do tratamento com as finalidades informadas ao titular, de acordo com o contexto do tratamento;

III – necessidade: limitação do tratamento ao mínimo necessário para a realização de suas finalidades, com abrangência dos dados pertinentes, proporcionais e não excessivos em relação às finalidades do tratamento de dados;

IV – livre acesso: garantia, aos titulares, de consulta facilitada e gratuita sobre a forma e a duração do tratamento, bem como sobre a integralidade de seus dados pessoais;

V – qualidade dos dados: garantia, aos titulares, de exatidão, clareza, relevância e atualização dos dados, de acordo com a necessidade e para o cumprimento da finalidade de seu tratamento;

VI – transparência: garantia, aos titulares, de informações claras, precisas e facilmente acessíveis sobre a realização do tratamento e os respectivos agentes de tratamento, observados os segredos comercial e industrial;

VII – segurança: utilização de medidas técnicas e administrativas aptas a proteger os dados pessoais de acessos não autorizados e de situações acidentais ou ilícitas de destruição, perda, alteração, comunicação ou difusão;

VIII – prevenção: adoção de medidas para prevenir a ocorrência de danos em virtude do tratamento de dados pessoais;

IX – não discriminação: impossibilidade de realização do tratamento para fins discriminatórios ilícitos ou abusivos;

X – responsabilização e prestação de contas: demonstração, pelo agente, da adoção de medidas eficazes e capazes de comprovar a observância e o cumprimento das normas de proteção de dados pessoais e, inclusive, da eficácia dessas medidas.

A PRINCIPIOLOGIA E O NÚCLEO COMUM DE PROTEÇÃO DE DADOS

Ao tratar dos princípios da LGPD, é oportuno destacar que, apesar das diversas regulações existentes nos países, cada uma ajustada ao contexto jurídico específico de cada Estado, é notável que existem alguns princípios comuns à proteção de dados pessoais, sendo possível defender um regime jurídico de proteção de dados, conforme Colin Bennett denominou de "tese da convergência".[1] Dito de outra forma, diante da busca por modelos jurídicos válidos e eficientes, a análise das leis de proteção de dados existentes possibilita o agrupamento lógico de princípios em um verdadeiro "núcleo comum"[2], que permite a convergência das legislações que possuem a finalidade de tutela de dados.

Dessa maneira, inicialmente, aproximando as legislações que tratam sobre o tema em diversos países do mundo, pelo conteúdo e pela forma, é possível destacar que a ideia básica é a de controle, ou seja, a garantia de controle dos dados pessoais pelo próprio titular, diante da autodeterminação informativa. Essa autodeterminação, uma verdadeira expansão da autonomia privada, tem como base a liberdade do titular, não só de acesso aos bancos de dados, mas também de determinar como as informações a seu respeito poderão ser utilizadas, respeitados sempre os princípios que serão adiante apresentados, como o princípio da finalidade, por exemplo.

Assim, é possível perceber que o controle sobre os dados é um ponto nevrálgico em quase todas as normas de proteção de dados, emergindo direitos subjetivos relacionados a esse controle, como o direito de acesso ou retificação, consoante já é possível no Brasil, para bancos de dados de entidades governamentais ou de caráter público, desde o advento do remédio constitucional de *habeas data*. Com efeito, pode-se dizer que o *habeas data* é a garantia constitucional que instrumentaliza o direito fundamental à proteção de dados pessoais, estruturado materialmente por meio da LGPD[3], ampliando o controle também aos bancos de dados de caráter privado.

Indo nesse caminho, e visando elaborar uma ideia central de proteção de dados, Stefano Rodotà aponta alguns princípios que se sustentam desde as primeiras normas que trataram sobre o tema. Segundo o autor, a proteção de dados deve se basear no i) princípio da correção, tanto na coleta quanto no tratamento das informações; ii) princípio da exatidão quanto aos dados coletados, bem como sua devida atualiza-

---

1. BENNETT, Colin; RAAB, Charles. *The governance of privacy:* policy instruments in global perspective. Cambridge: MIT, 2006. p. 131.

2. DONEDA, Danilo. *Da privacidade à proteção de dados pessoais*: fundamentos da Lei Geral de Proteção de Dados. São Paulo: Thomson Reuters Brasil, 2019. p.181.

3. Laura Mendes, ao analisar o acórdão do RE n° 673.707, defende que o *habeas data* abarca, na atual sociedade da informação, nova importante função de garantia da autodeterminação informativa, isto é, segundo a autora, "o *habeas data* e autodeterminação informativa podem ser considerados dois lados da mesma moeda, sendo o primeiro uma garantia processual de proteção das liberdades e da personalidade frente ao tratamento de dados e o segundo o direito material propriamente dito, que protege o indivíduo dos riscos decorrentes desse processamento." Adiante, a autora conclui que: "afinal, se a CF prevê o *habeas data* como uma garantia processual à disposição do indivíduo para ter acesso ou corrigir os dados que lhe digam respeito, é lógico supor que há um direito material que suporte essa garantia processual: o direito fundamental à proteção de dados ou a autodeterminação informativa, para usar a terminologia consolidada no direito alemão." MENDES, Laura Schertel Ferreira. Habeas data e autodeterminação informativa: os dois lados da mesma moeda. *Direitos Fundamentais & Justiça*, Belo Horizonte, ano 12, n. 39, p. 185-216, jul./dez. 2018, p. 198.

ção; iii) princípio da finalidade, que deverá especificar qual será o uso, mantendo a permanente relação entre a finalidade e a utilização; iv) princípio do direito ao esquecimento, diante da necessidade de transformação em dados anônimos a partir do momento em que as informações não forem mais necessárias, v) princípio da publicidade, exigindo o registro público dos bancos de dados; vi) princípio do acesso individual, como direito de acesso aos dados pelo próprio titular e, por fim; vii) princípio da segurança, quanto à coletânea de dados.[4]

Nessa mesma linha de raciocínio, Danilo Doneda, ao defender a ideia de "núcleo comum", como um conjunto de regras presentes em diversas legislações, resume a ideia a partir dos seguintes princípios: i) princípio da publicidade ou transparência, segundo o qual a existência de um banco de dados deve ser de conhecimento público; ii) princípio da exatidão, exigindo que os dados armazenados sejam verídicos, encontrando fidelidade com a realidade que pretendem expressar, além da necessária e constante atualização; iii) princípio da finalidade, pelo qual a utilização dos dados deve obedecer à finalidade conhecida pelo titular antes da coleta de seus dados, limitando a extrapolação do uso para outros fins, sob pena de ser considerada a prática abusiva; iv) princípio do livre acesso, que garante ao titular acesso ao banco de dados onde constam suas informações, além de possibilidade de controle destes dados; e v) princípio da segurança física e lógica, segundo a qual os dados devem ser protegidos de maneira cuidadosa, evitando os riscos inerentes ao extravio, modificação ou acesso não autorizados. Segundo o autor, "esses princípios, mesmo que fracionados, condensados ou então adaptados, podem ser identificados em diversas leis, tratados, convenções ou acordos entre privados."[5]

Para demonstrar que a regulação de dados pessoais segue uma lógica semelhante, destaca-se a normativa europeia. Nesse sentido, o GDPR tem como princípios i) a licitude, lealdade e transparência; ii) a limitação das finalidades; iii) a minimização dos dados e a limitação da conservação; iv) a exatidão; e v) a integridade e confidencialidade.[6]

Já no Brasil, apesar de existirem diversas legislações tratando também sobre a proteção de dados, como a Lei do Cadastro Positivo, o Código de Defesa do Consumidor e o Marco Civil da *Internet*, por exemplo, as normas eram esparsas e setorizadas, dificultando a concreção de um sistema. A LGPD, portanto, surge como uma legislação que supre essa necessidade, afinal, cria a orientação para a organização formal de um sistema de proteção de dados pessoais.

---

4. RODOTÀ, Stefano. *A vida na sociedade da vigilância*: a privacidade hoje. Tradução de Danilo Doneda e Luciana Cabral Doneda. Rio de Janeiro: Renovar, 2008. p. 59.

5. DONEDA, Danilo. *Da privacidade à proteção de dados pessoais*: fundamentos da Lei Geral de Proteção de Dados. São Paulo: Thomson Reuters Brasil, 2019. p.181-182.

6. VAINZOF, Rony. Dados pessoais, tratamento e princípios. *In*: BLUM, Renato Opice; MALDONADO, Viviane Nóbrega (Coord.). *Comentários ao GDPR*: regulamento geral de proteção de dados da União Europeia. São Paulo: Thomson Reuters Brasil, 2018. p. 50-71.

Nesse sentido, sustenta-se a norma geral em cinco eixos principais, quais sejam, "i) unidade e generalidade da aplicação da lei; ii) legitimação para o tratamento de dados (hipóteses autorizativas); iii) princípios e direitos do titular; iv) obrigações dos agentes de tratamento de dados; v) responsabilização dos agentes."[7] Para tanto, a norma estabeleceu como princípios, nos termos do presente artigo 6º, i) a finalidade; ii) a adequação; iii) a necessidade, iv) o livre acesso; v) a qualidade dos dados, quanto a exatidão, clareza, relevância e atualização; vi) a transparência; vii) a segurança; viii) a prevenção; ix) a não discriminação; e x) a responsabilização e a prestação de contas.

É importante ressaltar, novamente, que a LGPD surge como lei geral para sistematizar a regulação de dados. Todavia, antes de sua promulgação, diversos dos princípios supracitados já encontravam abrigo legal no sistema jurídico pátrio, como, por exemplo, os princípios da qualidade de dados e da transparência, já previstos no Código de Defesa do Consumidor, em seu artigo 43. Ainda assim, é importante destacar que o artigo 64 da LGPD prevê expressamente a possibilidade do diálogo de fontes entre a LGPD e as demais normas que tutelam dados pessoais[8], apontando inclusive para o fato de que os princípios listados no artigo 6º compõem um rol meramente exemplificativo.[9]

Diante do exposto, registrada a existência de um núcleo comum de proteção de dados, pelos princípios que regem essa tutela, já é possível demonstrar como a proteção de dados é trabalhada no Brasil, destacando os pontos mais importantes dos princípios que a sustentam.

O PRINCÍPIO DA BOA-FÉ OBJETIVA NO TRATAMENTO DE DADOS

Antes de elencar o rol de princípios que devem ser respeitados, a LGPD determinou expressamente que "as atividades de tratamento de dados pessoais deverão observar a boa-fé." Nesse ponto, é imperioso destacar que a boa-fé objetiva cumpre função basilar no sistema jurídico brasileiro, especialmente nas relações privadas, afinal, enquadra-se como uma das diretrizes do Código Civil de 2002.[10]

No Código Civil, a boa-fé surge como mandamento necessário para a concreção da eticidade no sistema jurídico, ou seja, parte da ideia de que o rigor normativo deve

---

7. MENDES, Laura Schertel; DONEDA, Danilo. Reflexões iniciais sobre a nova lei geral de proteção de dados. *Revista de Direito do Consumidor*, São Paulo, ano 2018, v. 120, p. 471, nov./dez. 2018.

8. "Art. 64. Os direitos e princípios expressos nesta Lei não excluem outros previstos no ordenamento jurídico pátrio relacionados à matéria ou nos tratados internacionais em que a República Federativa do Brasil seja parte."

9. FLUMIGNAN, Silvano José Gomes; FLUMIGNAN, Wévertton Gabriel Gomes. Princípios que Regem o Tratamento de Dados no Brasil. In: LIMA, Cíntia Rosa Pereira de (Coord.). *Comentários à lei geral de proteção de dados*: Lei nº 13.709/2018. São Paulo: Almedina, 2020. p. 124.

10. REALE, Miguel. *Estudos preliminares do Código Civil*. São Paulo: Editora Revista dos Tribunais, 2003. p. 75.

ceder espaço à análise das especificidades dos casos concretos[11], em busca da "ética da situação". A ética da situação permite uma compreensão que enquadra o "ser humano em suas circunstâncias, sempre urgentes e concretas"[12], isto é, a constatação de que, na sociedade atual, uma mesma pessoa pode desempenhar diversos papéis sociais, e por isso o apelo do Código Civil em diversas passagens às "circunstâncias do caso" ou à "natureza da situação", dando pistas de que o aplicador do Direito deve sair do terreno das abstrações normativas e ir, de fato, ao terreno por vezes áspero do caso concreto.[13]

A boa-fé objetiva, portanto, sustenta a necessária proteção da pessoa humana em suas situações jurídicas específicas, se enquadrando como importante instrumento de concreção da dignidade humana.[14] Nesse ponto, vale lembrar novamente que a LGPD carrega consigo forte cunho humanista, afinal, prevê expressamente em seu artigo inaugural que tem como objetivo proteger os direitos fundamentais da pessoa natural, tão somente. Daí porque pode-se afirmar que o princípio da boa-fé, exigido expressamente no tratamento de dados, corrobora a feição humanista da regulação de dados pessoais.

Ademais, pode-se observar que uma das mais destacadas características do sistema jurídico privado brasileiro é a valorização dos pressupostos éticos na ação das pessoas, dignificando a boa-fé objetiva, em seus diversos comportamentos anexos, como a confiança, a honestidade, a probidade e a lealdade. Dessa concepção decorre o "dever geral de colaboração que domina todo o Direito das Obrigações".[15]

---

11. "Como se vê, ao elaborar o projeto, não nos apegamos ao rigorismo normativo, pretendendo tudo prever detalhada e obrigatoriamente, como se na experiência jurídica imperasse o princípio de causalidade próprio das ciências naturais, nas quais, aliás, se reconhece cada vez mais o valor do problemático e do conjetural. O que importa numa codificação é o seu espírito; é um conjunto de ideias fundamentais em torno das quais as normas se entrelaçam, se ordenam e se sistematizam. Em nosso projeto não prevalece a crença na plenitude hermética do Direito Positivo, sendo reconhecida a imprescindível eticidade do ordenamento." REALE, Miguel. Visão geral do Projeto de Código Civil. *Revista dos Tribunais*, São Paulo, n. 752, ano 87, jun. 1998, p. 26.

12. MARTINS-COSTA, Judith. O novo Código Civil brasileiro: em busca da "ética da situação". In: MARTINS--COSTA, Judith; BRANCO, Gerson Luiz Carlos. *Diretrizes Teóricas do Novo Código Civil Brasileiro*. São Paulo: Saraiva, 2002. p. 123.

13. [...] demonstra que seu titular não é um "sujeito de direito abstrato", mas uma pessoa situada no contexto de suas circunstâncias existenciais. [...] [...] O que já foi exposto demonstra que o personagem por excelência do Direito Civil não é, repito, um sujeito de direito abstrato e todo poderoso, mas uma pessoa situada em um complexo de conjunturas e circunstâncias, tal como se dá na Ética da situação." REALE, Miguel. *Estudos preliminares do Código Civil*. São Paulo: Editora Revista dos Tribunais, 2003. p. 78-79.

14. "Passa-se, assim, do indivíduo à pessoa humana. Do individualismo ao personalismo. Do sujeito abstrato, ao sujeito concreto. Isto significa que a ordem jurídica como um todo se volta à tutela da pessoa humana que toma o lugar do indivíduo neutro, tal como aparece na codificação. Importa, assim, a proteção da pessoa humana dentro das relações que participa, sem que seja reduzida a mero elemento, titular de direitos e deveres, mas, também, como ponto referencial de tutela." MEIRELES, Rose Melo Vencelau. *Autonomia privada e dignidade humana*. Rio de janeiro: Renovar, 2009, p.301.

15. MARTINS-COSTA, Judith. O novo Código Civil brasileiro: em busca da "ética da situação". In: MARTINS--COSTA, Judith; BRANCO, Gerson Luiz Carlos. *Diretrizes Teóricas do Novo Código Civil Brasileiro*. São Paulo: Saraiva, 2002. p. 134.

Vale lembrar que o próprio Miguel Reale, ao descrever o artigo 113 do Código Civil, segundo o qual "os negócios jurídicos devem ser interpretados conforme a boa-fé e os usos do lugar de sua celebração", o qualifica como "um artigo chave do Código Civil", isto é, como norma fundante que dá sentido às demais, sintetizando diretrizes válidas para todo o sistema.[16]

Desse modo, a boa-fé no direito privado também atua mediante a imposição de diversos deveres, como, por exemplo, o dever de informação, de lealdade, de solidariedade, de correção, de cuidado, etc.[17], em etapas diferenciadas das relações jurídicas, a saber, pré-negociais, negociais e pós-negociais. Nesse sentido, a boa-fé objetiva opera no direito com a sua função de limitar as condutas, seja no momento do exercício de direitos, faculdades ou liberdades. Neste ponto, Judith Martins-Costa destaca que a função corretora do exercício jurídico, visando impedir o exercício manifestamente abusivo, imoderado ou incoerente, é uma das mais vastas e relevantes funções da boa-fé jurídica. Daí por que, destaca a autora, a sua incidência deve ocorrer em momento dinâmico, isto é, em todas as fases da relação obrigacional, também em atuação multifacetada.[18]

Eduardo Tomasevicius Filho destaca que:

> A informação transmitida deve ser verdadeira, clara e relevante. Ademais, este dever só impõe a transmissão na medida necessária para reduzir custos de transação elevados. [...] Assim, há um ônus de se informar e um dever de informar que incidem simultaneamente. Para facilitar o cumprimento deste dever, existem ainda o dever de informar para ser informado e o dever de se informar para informar.[19]

Além disso, é possível perceber que, antes ainda do Código Civil de 2002, o CDC, ao positivar a boa-fé como princípio fundamental a ser preservado nas relações de consumo, representou um giro epistemológico, ao enquadrar esse princípio como modelo de comportamento no sistema jurídico brasileiro, com forte cariz de imposição de deveres. Afinal, "nas relações contratuais o que se exige é uma atitude positiva de cooperação, e, assim sendo, o princípio é a fonte normativa de deveres de comportamento pautado por um específico *standard* ou arquétipo, qual seja, a conduta segundo a boa-fé que reveste todo o iter contratual."[20]

---

16. REALE, Miguel. *Estudos preliminares do Código Civil*. São Paulo: Editora Revista dos Tribunais, 2003. p. 75.

17. A importância da boa-fé objetiva, como norma que impõe diversos deveres, revela a sua expansão inclusive no processo civil, constando expressamente, a partir do Código de Processo Civil de 2015, como norma fundamental do sistema processualista, nos termos do artigo 5º, segundo o qual: "aquele que de qualquer forma participa do processo deve comportar-se de acordo com a boa-fé."

18. MARTINS-COSTA, Judith. *A boa-fé no direito privado*: critérios para a sua aplicação. São Paulo: Saraiva Educação, 2018. p. 625.

19. TOMASEVICIUS FILHO, Eduardo. *O princípio da boa-fé no direito civil*. São Paulo: Almedina, 2020. p. 486.

20. MARTINS-COSTA, Judith. O novo Código Civil brasileiro: em busca da "ética da situação". In: MARTINS--COSTA, Judith; BRANCO, Gerson Luiz Carlos. *Diretrizes Teóricas do Novo Código Civil Brasileiro*. São Paulo: Saraiva, 2002. p. 135.

Nesse ponto, Nelson Rosenvald evidencia que "para advertir a sociedade sobre o desvalor de determinados comportamentos, a tendência contemporânea caminha no sentido de ampliar o raio de ação do direito privado, em busca de formas de prevenção geral de conduta antijurídicas."[21] Afinal, "hoje sabemos também que não basta falar em direitos fundamentais, esquecendo-se dos deveres fundamentais. Trata-se de correlação imposta pela hermenêutica do equilíbrio." [22]

Diante do exposto, é possível concluir que, ao prever expressamente, no *caput* do artigo 6º, que o tratamento de dados pessoais deve respeitar a boa-fé, a LGPD destaca o caráter de dever que os princípios impõem aos agentes de tratamento. Desse modo, além de respeitar ao menos uma das bases legais para o tratamento de dados (como o consentimento, por exemplo), deverão os agentes de tratamento cumprir as definições previstas nos princípios, de modo que toda violação principiológica injustificada tornará o tratamento ilícito.

O CERNE DA PROTEÇÃO: A FINALIDADE, A ADEQUAÇÃO, A NECESSIDADE E A TRANSPARÊNCIA

Ao analisar de maneira mais específica os princípios do artigo 6º, é importante destacar que há entre eles uma forte conexão sistemática, com cariz de coerência e organização[23], sendo mais didático aproximar as disposições normativas que estão em íntimo diálogo. Dessa maneira, é inegável a importância central do princípio da finalidade, inclusive encontrando previsão no topo do artigo (no inciso inicial), e mencionado, expressamente, em outros três incisos, a saber, nos referentes à adequação (inciso II), à necessidade (inciso III) e à qualidade de dados (inciso V).

O princípio da finalidade é expressamente conceituado como o dever de realização do tratamento para propósitos legítimos, específicos, explícitos e informados ao titular. Não obstante, o próprio texto legal destaca a impossibilidade de o tratamento posterior ser realizado de maneira incompatível com a finalidade definida a *priori*.

Nota-se, portanto, que a finalidade trata do respeito ao motivo pelo qual o dado pessoal foi coletado e pelo qual passa por tratamento. Evidentemente, uma das grandes funções deste princípio é limitar o tratamento, evitando os riscos decorrentes do uso secundário dos dados, feito de forma desconhecida e não autorizada pelo titular. Assim, em regra, esse princípio exige que o propósito do tratamento seja conhecido

---

21. ROSENVALD, Nelson. *A responsabilidade civil pelo ilícito lucrativo*: o disgorgement e a indenização restitutória. Salvador: JusPodivm, 2019. p. 31-32.

22. FARIAS, Cristiano Chaves de; BRAGA NETTO, Felipe Peixoto; ROSENVALD, Nelson. *Novo tratado de responsabilidade civil*. São Paulo: Saraiva Educação, 2019. p. 696.

23. OLIVEIRA, Marco Aurélio Bellizze Oliveira, LOPES, Isabela Maria Pereira. Os princípios norteadores da proteção de dados pessoais no Brasil e sua otimização pela Lei 13.709/2018. *In*: FRAZÃO, Ana; TEPEDINO, Gustavo; OLIVA, Milena Donato (Coord.). *Lei geral de proteção de dados pessoais e suas repercussões no direito brasileiro*. São Paulo: Thomson Reuters Brasil, 2019. p. 81.

antes mesmo da coleta de dados, possuindo grande relevância prática, afinal, é o fundamento para impor restrições, como de transferência de dados a terceiros, ou mesmo servir como base para valorar a razoabilidade do uso de determinados dados para certas finalidades, "fora da qual haveria abusividade".[24]

De acordo com o princípio da finalidade, o propósito da coleta de dados deve respeitar o próprio objetivo final do tratamento. Dessa maneira, a finalidade deve ser i) legítima, ou seja, encontrar amparo legal, especialmente quanto às bases jurídicas do tratamento de dados; ii) específica, isto é, os objetivos devem ser precisos, demonstrados de forma clara, adequada e compreensível, além de totalmente identificados, permitindo a análise da conformidade legal; iii) explícita e informada, devendo ser claramente revelada, garantindo o entendimento inequívoco do titular, especialmente nas situações em que o consentimento for necessário, promovendo o consentimento devidamente esclarecido.[25]

Além disso, o princípio da finalidade revela a sua importância ao determinar um verdadeiro ciclo de vida do tratamento de dados pessoais[26]. Afinal, a partir do momento em que se verificar que a finalidade foi atingida, não haverá mais fundamento jurídico para prosseguir com o tratamento, devendo o agente promover o término deste (nos termos do artigo 15, I[27]) e, consequentemente, o descarte (nos termos do artigo 16[28]).

Conforme mencionado, se a finalidade legítima, específica, explícita e informada for violada, a conduta praticada pelo agente de tratamento de dados passa a ser considerada abusiva. Cite-se como exemplo a coleta de dados cadastrais com a finalidade meramente de execução de um contrato de consumo, que, posteriormente, sem qualquer consentimento do titular, é utilizada para fins de *marketing*. Há, neste caso, verdadeira violação da proteção de dados pessoais pelo fornecedor, fora outras hipóteses de ilicitudes decorrentes desta prática considerada abusiva.[29]

---

24. DONEDA, Danilo. *Da privacidade à proteção de dados pessoais*: fundamentos da Lei Geral de Proteção de Dados. São Paulo: Thomson Reuters Brasil, 2019. p.182.

25. Nos termos do artigo 5º, inciso XII da LGPD, isto é, "manifestação livre, informada e inequívoca pela qual o titular concorda com o tratamento de seus dados pessoais para uma finalidade determinada."

26. VAINZOF, Rony. Disposições preliminares. *In*: BLUM, Renato Opice; MALDONADO, Viviane Nóbrega (Coord.). *LGPD*: lei geral de proteção de dados comentada. São Paulo: Thomson Reuters Brasil, 2019. p. 140.

27. O término do tratamento de dados pessoais ocorrerá nas seguintes hipóteses: I – verificação de que a finalidade foi alcançada ou de que os dados deixaram de ser necessários ou pertinentes ao alcance da finalidade específica almejada.

28. Os dados pessoais serão eliminados após o término de seu tratamento, no âmbito e nos limites técnicos das atividades [...].

29. Cite-se como exemplo a perturbação do sossego a partir das publicidades baseadas em dados pessoais indevidamente utilizados. Nestes casos, "[...] é possível defender a necessidade de responsabilidade civil das empresas que se aproveitam da vulnerabilidade do consumidor conectado para lhe impingir publicidades de consumo não solicitadas. Fora a violação do tempo que a pessoa gasta para eliminar as publici-

Além do princípio da finalidade, a LGPD também determina que o tratamento de dados deve respeitar o princípio da adequação (nos termos do inciso II), segundo o qual deverá haver uma compatibilidade do tratamento com as finalidades informadas ao titular, de acordo com o contexto do tratamento. O princípio da adequação deve ser analisado em conjunto com o da necessidade (nos termos do inciso III), o qual determina que o tratamento de dados deve ser limitado ao mínimo necessário para a realização de suas finalidades, de modo que a abrangência dos dados deve ser pertinente, proporcional e não excessiva, sempre tendo como base as finalidades anteriormente definidas.

Em resumo, o que a LGPD determina é que o uso de dados pessoais deve se restringir às informações adequadas para a finalidade almejada, promovendo o tratamento do mínimo de dados necessários para o alcance do objetivo pretendido. Esse raciocínio também encontra amparo no GDPR, que prevê a minimização dos dados e a limitação da conservação, restringindo o tratamento somente dos dados pertinentes e efetivamente necessários para os propósitos definidos, tornando a prática empresarial de coletar todas as informações possíveis[30], para depois definir o uso, evidentemente ilícita.[31]

Ainda neste contexto de ideias de base principiológica, mas de maneira mais específica, no tratamento de dados pessoais pelo Poder Público, a Autoridade Nacional de Proteção de Dados (ANPD) dedicou um Guia orientativo visando estabelecer parâmetros objetivos, capazes de conferir segurança jurídica às operações com dados pessoais realizadas por órgãos e entidades públicos. E neste documento há destaque para os princípios da finalidade e da adequação, em especial, por meio do seguinte exemplo:

---

dades indesejadas que lhe são direcionadas, gerando o desvio produtivo do consumidor, é evidente que a importunação virtual também é capaz de gerar danos psíquicos aos usuários. Afinal, no atual contexto, estar-se diante de uma reconstrução da personalidade humana, de maneira integral, não se limitando ao corpo físico, mas também sendo estendida à tutela psíquica e social, conforme prevê a própria Organização Mundial da Saúde." BASAN, Arthur Pinheiro. Habeas Mente: garantia fundamental de não ser molestado pelas publicidades virtuais de consumo. *Revista de Direito do Consumidor*, São Paulo. v.131, set./out. 2020.

30. "Por que tantas informações são coletadas sobre as compras diárias de todos? Porque, como notou um observador, as leis sobre privacidade podem variar de país para país, mas as leis da economia não. As leis da economia da era da informação dizem que a informação tem valor – é um produto que pode ser vendido, como meias, carros e pasta de dente". [tradução nossa]. HENDERSON, Harry. *Privacy in the information age*. New York: Library in a book, 2006. p. 27.

31. Rony Vainzof, destacando a importância do Relatório de Impacto à Proteção de Dados Pessoais, como instrumento para garantir o respeito aos princípios da finalidade, adequação e necessidade, afirma que "o controlador, portanto, deve buscar as seguintes respostas, previamente ao tratamento: a finalidade pretendida pode ser atingida de outro modo, sem a utilização de dados pessoais? Se a resposta for negativa, quais as espécies de dados realmente são essenciais ao tratamento? Qual o volume mínimo de dados para o tratamento? Finalmente, superadas todas essas questões, mesmo utilizando as espécies de dados essenciais, no menor volume possível, é proporcional a realização desse tratamento diante dos potenciais riscos aos direitos dos titulares?" VAINZOF, Rony. Disposições preliminares. *In*: BLUM, Renato Opice; MALDONADO, Viviane Nóbrega (Coord.). *LGPD*: lei geral de proteção de dados comentada. São Paulo: Thomson Reuters Brasil, 2019. p. 144.

Política pública de vacinação. A Secretaria de Saúde de um município coleta dados de casos confirmados de uma doença infecciosa para fins de desenho, implementação e monitoramento de uma política pública de vacinação. Os dados são compartilhados com um órgão de pesquisa, para a finalidade específica de realização de estudos em saúde pública. Neste caso, o tratamento posterior dos dados é compatível com a finalidade original da coleta, em conformidade com o princípio da finalidade. Por se tratar de dados sensíveis, relativos à saúde, o órgão deve ter cautela ao compartilhá-los ou divulgá-los, sempre observando o art. 13 e o Capítulo IV da LGPD. Nesse sentido, é preferível que o compartilhamento dessas informações inclua, sempre que possível, a pseudonimização ou a anonimização dos dados.[32]

Na mesma linha de aplicação prática destes princípios, em outubro de 2022 a ANPD publicou um novo Guia orientativo, agora sobre a utilização de *cookies*, também dando ênfase na necessidade de respeito à finalidade, necessidade e adequação. Segundo o documento:

> a coleta de dados pessoais mediante o uso de cookies deve ser limitada ao mínimo necessário para a realização de finalidades legítimas, explícitas e específicas, observada a impossibilidade de tratamento posterior de forma incompatível com essas finalidades. Nesse sentido, a finalidade que justifica a utilização de determinada categoria de cookies deve ser específica e informada ao titular, e a coleta de dados deve ser compatível com tal finalidade. Por exemplo, caso o responsável pela página eletrônica informe ao titular que utiliza cookies apenas para a finalidade de medição de audiência, não poderá utilizar as informações coletadas para fins distintos e não compatíveis com essa finalidade, tais como para a formação de perfis e a exibição de anúncios. Da mesma forma, não poderá coletar outros dados pessoais não relacionados ou não compatíveis com essa finalidade. Por isso, não se admite a indicação de finalidades genéricas, tal como ocorre com a solicitação de aceite de termos e condições gerais, sem a indicação das finalidades específicas de uso dos cookies. Além disso, o princípio da necessidade determina que o tratamento deve abranger apenas os "dados pertinentes, proporcionais e não excessivos em relação às finalidades do tratamento de dados". Esse princípio desaconselha o próprio tratamento de dados pessoais quando a finalidade que se almeja pode ser atingida por outros meios menos gravosos ao titular de dados.[33]

Por fim, também compondo o cerne da proteção de dados pessoais, o princípio da transparência (inciso VI) garante aos titulares informações claras, precisas e facilmente acessíveis sobre a realização do tratamento e os respectivos agentes de tratamento, com ressalva para os casos envolvendo segredos comercial e industrial. De acordo com a transparência, o titular de dados pessoais tem o direito de saber quem é o agente de tratamento e, além disso, as características deste procedimento, notadamente no que se refere às finalidades pretendidas.

---

32. BRASIL. Autoridade Nacional de Proteção de Dados. *Guia orientativo. Cookies e proteção de dados pessoais.* Brasília 2022. p. 14-15. Disponível em: https://www.gov.br/anpd/pt-br/documentos-e-publicacoes/guia--orientativo-cookies-e-protecao-de-dados-pessoais.pdf. Acesso em: 18 fev. 2025.

33. BRASIL. Autoridade Nacional de Proteção de Dados. *Guia orientativo. Tratamento de dados pessoais pelo poder público.* Brasília 2022. p. 14. Disponível em: https://www.gov.br/anpd/pt-br/documentos-e-publicacoes/guia_tratamento_de_dados_pessoais_pelo_poder_publico___defeso_eleitoral.pdf. Acesso em: 18 fev. 2025.

O princípio da transparência ganha maior relevância ao notar-se que a grande maioria das relações jurídicas que envolvem o tratamento de dados pessoais são também relações de consumo, tornando nítida a situação de hipervulnerabilidade[34], que demanda maior atenção e, consequentemente, um âmbito de tutela mais intensificado.[35] O que se busca por meio da transparência, portanto, é proporcionar que o titular consiga identificar, de maneira cristalina, a legalidade, a legitimidade e a segurança do tratamento de dados pessoais, garantindo a confiança e a compreensão das pessoas a respeito dos procedimentos realizados e, consequentemente, possibilitando o exercício dos direitos dos titulares de dados.[36]

A transparência também é um princípio extremamente relevante quando se trata do tratamento de dados promovido pelo Poder Público. Isso porque, a partir do dever de publicidade imposto pelo sistema jurídico brasileiro ao Poder Público, os órgãos e entidades devem fornecer "informações claras e atualizadas sobre a previsão legal, finalidade, os procedimentos e as práticas utilizadas para a execução dessas atividades", nos termos do art. 23, I da LGPD, em meios de fácil acesso, preferencialmente em sítios eletrônicos. Para ilustrar essa importante relação entre transparência no tratamento de dados e o dever de publicidade do Poder Público, a ANPD, em Guia Orientativo, apresenta o seguinte exemplo prático:

> Princípio da transparência no setor público. Uma pessoa tem seus dados coletados pela recepção de um órgão público para fins de segurança patrimonial e dos servidores. Para atender a outros dispositivos legais e dar publicidade a atos do órgão, caso essa pessoa realize uma reunião com uma autoridade, seu nome poderá ser divulgado na agenda pública da autoridade, salvo eventual restrição legal. Em geral, essa pessoa deverá ser informada das finalidades que justificam a coleta e o tratamento, incluindo a de que parte ou a totalidade deles poderá ser divulgada para atender normas específicas que tratem de divulgação de agenda pública. Entre outras possibilidades, essas informações podem constar da política de privacidade ou documento equivalente, disponibilizado na página do órgão público na internet.[37]

---

34. A hipervulnerabilidade consiste no agravamento fático e objetivo da fragilidade da pessoa humana em sua situação jurídica, por circunstâncias pessoais, permanente ou temporária, como a doença, o analfabetismo ou a idade. Ou seja, é uma somatória de situações de vulnerabilidade que despertam a necessidade ainda maior de tratar as pessoas de modo diferenciado para proteger o mais débil. MARQUES, Cláudia Lima; MIRAGEM, Bruno. *O novo direito privado e a proteção dos vulneráveis*. São Paulo: Revista dos Tribunais, 2012. passim.

35. Segundo aduz Bruno Bioni, "[...] o titular dos dados pessoais amarga um (hiper)vulnerabilidade, o que demanda respectivamente, o seu empoderamento para emancipá-lo e a sua intervenção para assisti-lo" BIONI, Bruno Ricardo. *Proteção de dados pessoais*: a função e os limites do consentimento. Rio de Janeiro: Forense, 2019. p. 274.

36. VAINZOF, Rony. Disposições preliminares. *In*: BLUM, Renato Opice; MALDONADO, Viviane Nóbrega (Coord.). *LGPD*: lei geral de proteção de dados comentada. São Paulo: Thomson Reuters Brasil, 2019. p. 152.

37. BRASIL. Autoridade Nacional de Proteção de Dados. *Guia orientativo. Cookies e proteção de dados pessoais*. Brasília 2022. p. 16. Disponível em: https://www.gov.br/anpd/pt-br/documentos-e-publicacoes/guia-orientativo-cookies-e-protecao-de-dados-pessoais.pdf. Acesso em: 18 fev. 2025.

Este princípio também ganhou atenção específica da ANPD no que se refere à utilização de *cookies*. Segundo a Autoridade Nacional, a transparência impõe a obrigação de o agente de tratamento fornecer aos titulares informações claras, precisas e facilmente acessíveis sobre o tratamento de dados pessoais, de uma maneira analítica, como por exemplo, destacando o período de retenção e as finalidades específicas da coleta de dados por meio de *cookies*. Ademais, elucidando a situação, ANPD recomenda que:

> Uma boa prática é a indicação ao titular sobre como gerenciar preferências de cookies em seu próprio navegador ou aparelho. Assim, por exemplo, pode ser objeto de explicação a forma pela qual os cookies podem ser excluídos ou, ainda, como desabilitar cookies de terceiros. Importante ressaltar que o gerenciamento de cookies pelo navegador possui uma função complementar, que não afasta a necessidade de disponibilização ao titular de um mecanismo direto e próprio para o gerenciamento de cookies e para o exercício de seus direitos, sempre acompanhado da indicação das informações correspondentes. Quanto à forma de apresentação, essas informações podem ser indicadas, por exemplo, em banners, apresentados após o acesso a uma página na internet; e, de forma mais detalhada, em políticas ou avisos de privacidade, que contenham informações sobre a política de cookies utilizada pelo agente de tratamento, conforme as recomendações apresentadas neste Guia.[38]

Como se não bastasse, a Autoridade Nacional esclarece que. visando efetivar o princípio da transparência, é prudente elaborar uma Política de *Cookies* ou documento equivalente, ou seja, uma espécie de declaração pública que ofereça informações aos usuários de um site ou aplicativo, apresentando orientações sobre as finalidades específicas que justificam a coleta de dados pessoais, o período de retenção e se há compartilhamento com terceiros, entre outros aspectos exigidos pela LGPD, em especial conforme o art. 9º da Lei.

Desse modo, conforme se percebe pelas ideias apresentadas, há, especialmente entre os princípios da finalidade, da adequação, da necessidade e da transparência uma forte correlação sistemática, de modo que o respeito a um destes princípios é praticamente uma consequência lógica do cumprimento de outro. Não é à toa que, na verificação se a conduta se adequa ou não as boas práticas de proteção de dados, estes princípios são analisados em conjunto, de modo que, conforme apontado, o tratamento deve ser adequado à necessária finalidade específica, dando transparência quanto a extensão e o modo de tratamento praticado, segundo expressa determinação da LGPD.

OS PRINCÍPIOS DO LIVRE ACESSO E DA QUALIDADE DE DADOS

Visando concretizar a autodeterminação informativa dos titulares de dados pessoais, a LGPD prevê o princípio do livre acesso, ou seja, que às pessoas é garantida

---

38. BRASIL. Autoridade Nacional de Proteção de Dados. *Guia orientativo. Cookies e proteção de dados pessoais.* Brasília 2022. p. 14-15. Disponível em: https://www.gov.br/anpd/pt-br/documentos-e-publicacoes/guia--orientativo-cookies-e-protecao-de-dados-pessoais.pdf. Acesso em: 18 fev. 2025.

a consulta facilitada e gratuita sobre a forma e a duração do tratamento, bem como sobre a integralidade de seus dados pessoais, nos termos do inciso IV. Este princípio é relevante para permitir que o titular possa promover o controle dos seus dados, afinal, o acesso às informações, em sua completude, é ponto fundamental para que a pessoa possa decidir acerca dos efeitos do tratamento de dados.

Além do livre acesso, a LGPD também exige, nos termos do inciso V, a qualidade dos dados, ou seja, a garantia de exatidão, clareza, relevância e atualização dos dados, de acordo com a necessidade e para o cumprimento da finalidade de seu tratamento. Evidentemente, qualquer imprecisão, seja em decorrência de um dado incorreto ou mesmo desatualizado, pode promover prejuízos incalculáveis ao titular. Por isso, o livre acesso de dados encontra-se atrelado à qualidade de dados, afinal, facilitando o acesso do titular aos dados colhidos a seu respeito haverá maiores chances de as informações manterem o necessário grau de precisão e de atualização.

Portanto, esses princípios são importantes para permitir que as pessoas possam acompanhar o tratamento de dados a seu respeito, além de controlar o fluxo informacional, corrigir eventuais falhas ou imprecisões, além de possibilitar a solicitação de descarte quando houver justificativa.[39] Não obstante, são princípios em diálogo com a disposição do artigo 9º da LGPD, que prevê ser direito do titular o acesso facilitado às informações sobre o tratamento de seus dados, disponibilizadas sempre de forma clara, adequada e ostensiva, entre outras características previstas em regulamentação, para o atendimento do princípio do livre acesso.[40] Esse direito será mais bem estudado à frente.

---

39. VAINZOF, Rony. Disposições preliminares. *In*: BLUM, Renato Opice; MALDONADO, Viviane Nóbrega (Coord.). *LGPD*: lei geral de proteção de dados comentada. São Paulo: Thomson Reuters Brasil, 2019. p. 152.

40. Neste ponto, importante mencionar as disposições presentes no CDC, que já contemplavam os princípios de acesso, qualidade e transparência dos dados pessoais. Segundo o código, em seu artigo 43, "o consumidor, sem prejuízo do disposto no art. 86, terá acesso às informações existentes em cadastros, fichas, registros e dados pessoais e de consumo arquivados sobre ele, bem como sobre as suas respectivas fontes.

§ 1º Os cadastros e dados de consumidores devem ser objetivos, claros, verdadeiros e em linguagem de fácil compreensão, não podendo conter informações negativas referentes a período superior a cinco anos.

§ 2º A abertura de cadastro, ficha, registro e dados pessoais e de consumo deverá ser comunicada por escrito ao consumidor, quando não solicitada por ele.

§ 3º O consumidor, sempre que encontrar inexatidão nos seus dados e cadastros, poderá exigir sua imediata correção, devendo o arquivista, no prazo de cinco dias úteis, comunicar a alteração aos eventuais destinatários das informações incorretas.

§ 4º Os bancos de dados e cadastros relativos a consumidores, os serviços de proteção ao crédito e congêneres são considerados entidades de caráter público.

§ 5º Consumada a prescrição relativa à cobrança de débitos do consumidor, não serão fornecidas, pelos respectivos Sistemas de Proteção ao Crédito, quaisquer informações que possam impedir ou dificultar novo acesso ao crédito junto aos fornecedores.

§ 6º Todas as informações de que trata o caput deste artigo devem ser disponibilizadas em formatos acessíveis, inclusive para a pessoa com deficiência, mediante solicitação do consumidor."

OS PRINCÍPIOS DA PREVENÇÃO, DA SEGURANÇA E DA RESPONSABILIZAÇÃO

Destacando a importância da proteção de dados pessoais, a LGPD determina, em seu inciso VIII, que os agentes de tratamento de dados devem adotar todas as medidas cabíveis para prevenir a ocorrência de danos em virtude do tratamento de dados pessoais. Dito de outra forma, a própria norma impõe, como dever de conduta, o agir, por parte dos agentes de tratamento, com a finalidade de evitar a ocorrência de qualquer tipo de dano e, ainda assim, a mitigação dos riscos, por meio da governança corporativa (*compliance*).[41]

Em resumo, os agentes de tratamento devem promover projetos de adequação de suas práticas empresariais às exigências protetivas da LGPD, fazendo um verdadeiro "raio x" da atuação para prevenir qualquer tipo de incidente.[42] Pretende-se prevenir, em linhas gerais, três situações acidentais: i) acessos não autorizados; ii) acidentes culposos em sentido estrito (ocorridos em razão de imprudência, negligência ou imperícia); e iii) ilicitudes praticadas com o dolo deliberado (intenção) de destruir, causar perda, alteração ou propiciar tratamento indevido de dados pessoais.[43] Não há dúvidas de que a violação de dados pessoais é uma das situações mais críticas do assunto, tendo em vista que coloca em risco as pessoas, de forma permanente.[44]

Neste ponto, é oportuno ressaltar a importância da exigência prevista no GDPR a respeito do *Privacy by Design*. De maneira sintética, o termo refere-se à metodologia que deve ser utilizada por qualquer sistema de tecnologia da informação ou de práticas de negócios que utilizem dados pessoais para que, desde a concepção da atividade, a proteção da privacidade seja considerada.[45] Assim, a proteção de dados

---

41. O termo "*compliance*" aqui utilizado por ser desenhado como um sistema de governança corporativa, de modo a contribuir para que as empresas e instituições adaptem a atividade exercida ao regulamento previsto na norma brasileira. Assim, independente da natureza da atividade, busca-se pelas melhores práticas adotadas com o fim de garantir a sintonia entre os resultados satisfatórios no mercado, de um lado, e do outro lado, a tutela dos dados pessoais necessários para a atividade desenvolvida. SIMÃO FILHO, Adalberto. A governança corporativa aplicada às boas práticas e *compliance* na segurança de dados. In: LIMA, Cíntia Rosa Pereira de (Coord.). *Comentários à lei geral de proteção de dados*: Lei n° 13.709/2018. São Paulo: Almedina, 2020. p. 330.

42. TEIXEIRA, Tarcísio; ARMELIN, Ruth Maria Guerreiro da Fonseca. *Lei geral de proteção de dados*: comentada artigo por artigo. Salvador: Juspodivm, 2020. p. 53.

43. MARTINS, Guilherme Magalhães; FALEIROS JÚNIOR, José Luiz de Moura. Segurança, boas práticas, governança e *compliance*. In: LIMA, Cíntia Rosa Pereira de (Coord.). *Comentários à lei geral de proteção de dados*: Lei n° 13.709/2018. São Paulo: Almedina, 2020. p. 351.

44. VAINZOF, Rony. Disposições preliminares. *In*: BLUM, Renato Opice; MALDONADO, Viviane Nóbrega (Coord.). *LGPD*: lei geral de proteção de dados comentada. São Paulo: Thomson Reuters Brasil, 2019. p. 153.

45. "[...] conforme os dispositivos inteligentes atraem cada vez mais informações de nossos espaços físicos para a esfera digital, a proteção de nossa privacidade se torna mais desafiadora. Os métodos que computadores, *smartphones*, *wearables* e robôs usam para coletar e analisar dados são incompreensíveis para a pessoa média. Não é novidade que muitos estão impressionados com o ritmo rápido com que a tecnologia

pessoais seria "o ponto de partida para o desenvolvimento de qualquer projeto, sendo incorporada à própria arquitetura técnica dos produtos e serviços."[46]

Nessa mesma linha de raciocínio, a norma define o dever de segurança (inciso VII), exigindo dos agentes de tratamento de dados pessoais medidas técnicas e administrativas aptas a proteger os dados de acessos não autorizados e de situações acidentais ou ilícitas de destruição, perda, alteração, comunicação ou difusão. Evidentemente, a segurança da informação é um dos fundamentos primordiais da LGPD, afinal, a norma estabelece mecanismos concretos para atender ao imperativo de proteção de dados, que, em última análise, tutela os atributos personalíssimos do titular, como desdobramento do direito fundamental à proteção de dados pessoais.[47]

A definição pormenorizada do tema é mais bem definida no Capítulo VII da LGPD, que descreve a segurança e as boas práticas no tratamento de dados, conforme previsão dos artigos 46 ao 51, analisados adiante. De antemão, é oportuno destacar a relação dos deveres de prevenção e segurança com a exigência do Relatório de Impacto à Proteção de Dados Pessoais, tendo em vista que, por ser realizado em momento anterior ao tratamento, deve avaliar os critérios preventivos necessários e compatíveis com os dados utilizados, nos termos do artigo 5º, inciso XVII. Não há melhor maneira de demonstrar a conformidade com a LGPD do que realizando o relatório de impacto supracitado.[48]

Não obstante, a LGPD também prevê expressamente que os agentes de tratamento devem demonstrar que estão praticando medidas eficazes e capazes de comprovar a observância e o cumprimento das normas de proteção de dados pessoais e, inclusive, da eficácia dessas medidas. Em síntese, a própria norma exige que os agentes de tratamento demonstrem que estão cumprindo constantemente, com

---

está mudando ao nosso redor. Quando essas tecnologias ocupam nosso espaço físico (como anunciado pelo termo "a *Internet* das Coisas"), torna-se difícil – às vezes impossível – evitar o contato com novas tecnologias e a subsequente coleta e processamento de nossos dados pessoais por dispositivos inteligentes. Não podemos usufruir do uso de novas tecnologias sem nos preocuparmos com a perda de controle sobre os dados que fornecemos a diversos fornecedores de produtos e serviços. Os legisladores estão tentando restaurar um equilíbrio entre os usos benéficos de dispositivos inteligentes e a proteção da privacidade e dos dados individuais. Seus recursos elevaram a ideia de *privacy por design* e *default* (o conceito que exige que desenvolvedores e engenheiros incorporem privacidade ao design de novas tecnologias desde o início do processo de desenvolvimento) à vanguarda das discussões sobre privacidade e coleta de dados." [Tradução nossa] TAMÒ-LARRIEUX, Aurelia. *Designing for Privacy and its Legal Framework*: Data Protection by Design and Default for the Internet of Things. Cham: Springer, 2018, p. xxiii.

46. JIMENE, Camilla do Vale. Reflexões sobre *privacy by design* e *privacy by default*: da idealização à positivação. *In*: BLUM, Renato Opice; MALDONADO, Viviane Nóbrega (Coord.). *Comentários ao GDPR*: regulamento geral de proteção de dados da União Europeia. São Paulo: Thomson Reuters Brasil, 2018. p. 174.

47. MARTINS, Guilherme Magalhães; FALEIROS JÚNIOR, José Luiz de Moura. Segurança, boas práticas, governança e *compliance*. In: LIMA, Cíntia Rosa Pereira de (Coord.). *Comentários à lei geral de proteção de dados*: Lei nº 13.709/2018. São Paulo: Almedina, 2020. p. 350.

48. ALVES, Fabrício da Mota. Avaliação de impacto sobre a proteção de dados. *In*: BLUM, Renato Opice; MALDONADO, Viviane Nóbrega (Coord.). *Comentários ao GDPR*: regulamento geral de proteção de dados da União Europeia. São Paulo: Thomson Reuters Brasil, 2018. p.186.

eficácia, a lei protetiva de dados.[49] É essa a previsão do princípio da responsabilização e prestação de contas (nos termos do inciso X), que tem melhor definição no conteúdo específico presente dos artigos 42 ao 45.

A PROIBIÇÃO DE DISCRIMINAÇÃO ILÍCITA OU ABUSIVA

A LGPD prevê, como importante princípio, a proibição de discriminação realizada de forma ilícita ou abusiva, nos termos do inciso IX. Essa disposição encontra também guarida no ideário constitucional, afinal, o princípio fundamental da igualdade pressupõe, em regra, o tratamento isonômico.

É evidente a relação entre o princípio da não discriminação e o conceito de dados pessoais sensíveis, que são aqueles "sobre origem racial ou étnica, convicção religiosa, opinião política, filiação a sindicato ou a organização de caráter religioso, filosófico ou político, dado referente à saúde ou à vida sexual, dado genético ou biométrico, quando vinculado a uma pessoa natural." Isso porque, conforme mencionado, essas informações podem ser utilizadas de modo potencialmente discriminatório ou mesmo efetivamente lesivo ao seu titular, carregando, portanto, maiores riscos às pessoas. Exatamente por isso que o tratamento de dados sensíveis recebe maiores limitações, com vista a garantir também maior proteção se comparada aos demais tipos de dados pessoais.

Entretanto, é sempre oportuno destacar que há situações em que a discriminação indevida pode ocorrer mesmo sem a utilização dos dados sensíveis, em razão de atributos aparentemente inofensivos, como a idade, a nacionalidade ou a localização geográfica.[50] Neste aspecto, o princípio da não discriminação ganha ainda maior importância, afinal, mesmo não se tratando de dado sensível, é considerada proibida a estigmatização do titular, seja por meio de classificação (estereótipos), seja por meio de segregação, desde que realizadas de maneira ilícita.[51]

---

49. "Tal princípio determina que, além do dever de cumprir integralmente a LGPD, quem realizar o tratamento de dados pessoais deverá ter evidências de todas as medidas adotadas, com a finalidade de demonstrar a sua boa-fé e diligência. Como exemplos de cumprimento a tal princípio cita-se a comprovação de treinamentos de equipe, a contratação de consultorias especializadas, utilização de protocolos e sistemas que garantam a segurança dos dados bem como a facilitação do acesso do titular dos dados pessoais a empresa quando necessário." FLUMIGNAN, Silvano José Gomes; FLUMIGNAN, Wévertton Gabriel Gomes. Princípios que Regem o Tratamento de Dados no Brasil. In: LIMA, Cíntia Rosa Pereira de (Coord.). *Comentários à lei geral de proteção de dados:* Lei 13.709/2018. São Paulo: Almedina, 2020. p.137.

50. PEREIRA, Ana Luíza Rodrigues Pereira, ANDREO, Lucas Zorzenoni, LIMA, Thainá Lopes Gomes. Geo-discriminação: análise à luz do caso decolar.com *In:* LONGHI, João Victor Rozatti; FALEIROS JÚNIOR, José Luiz de Moura; BORGES, Gabriel Oliveira de Aguiar; REIS, Guilherme. (Org.). *Fundamentos do Direito Digital.* Uberlândia: LAECC, 2020, p. 262.

51. VAINZOF, Rony. Disposições preliminares. *In:* BLUM, Renato Opice; MALDONADO, Viviane Nóbrega (Coord.). *LGPD:* lei geral de proteção de dados comentada. São Paulo: Thomson Reuters Brasil, 2019. p. 161.

Vale ressaltar que o CDC também pode ser utilizado como forma de fundamentar essas proibições, afinal, o código consumerista considera prática abusiva, por exemplo, a recusa injustificada da demanda dos consumidores, ou mesmo a elevação sem justa causa dos preços de produtos ou serviços. A partir do uso de dados pessoais para tais práticas, a atividade dos fornecedores se torna ainda mais discriminatória e, consequentemente, exige maior enfretamento pelo sistema jurídico.

Por fim, é importante destacar que a proibição de discriminação ilícita ou abusiva também é aplicada às decisões automatizadas. Nesses casos, terá o titular de dados pessoais, nos moldes da previsão do artigo 20 da LGPD, o direito de solicitar a revisão dessas decisões. Ainda assim, nessas situações, o agente de tratamento deverá fornecer, sempre que solicitadas, informações claras e adequadas a respeito dos critérios e dos procedimentos utilizados para a decisão automatizada, visando também impedir qualquer tipo de fundamentação indevidamente discriminatória.

Bruno Miragem

Juliano Madalena

CAPÍTULO II
DO TRATAMENTO DE DADOS PESSOAIS
Seção I
Dos Requisitos para o Tratamento de Dados Pessoais

Art. 7º O tratamento de dados pessoais somente poderá ser realizado nas seguintes hipóteses:

I – mediante o fornecimento de consentimento pelo titular;

II – para o cumprimento de obrigação legal ou regulatória pelo controlador;

III – pela administração pública, para o tratamento e uso compartilhado de dados necessários à execução de políticas públicas previstas em leis e regulamentos ou respaldadas em contratos, convênios ou instrumentos congêneres, observadas as disposições do Capítulo IV desta Lei;

IV – para a realização de estudos por órgão de pesquisa, garantida, sempre que possível, a anonimização dos dados pessoais;

V – quando necessário para a execução de contrato ou de procedimentos preliminares relacionados a contrato do qual seja parte o titular, a pedido do titular dos dados;

VI – para o exercício regular de direitos em processo judicial, administrativo ou arbitral, esse último nos termos da Lei nº 9.307, de 23 de setembro de 1996 (Lei de Arbitragem);

VII – para a proteção da vida ou da incolumidade física do titular ou de terceiro;

VIII – para a tutela da saúde, exclusivamente, em procedimento realizado por profissionais de saúde, serviços de saúde ou autoridade sanitária;

IX – quando necessário para atender aos interesses legítimos do controlador ou de terceiro, exceto no caso de prevalecerem direitos e liberdades fundamentais do titular que exijam a proteção dos dados pessoais; ou

X – para a proteção do crédito, inclusive quanto ao disposto na legislação pertinente.

§ 1º (Revogado).

§ 2º (Revogado).

§ 3º O tratamento de dados pessoais cujo acesso é público deve considerar a finalidade, a boa-fé e o interesse público que justificaram sua disponibilização.

§ 4º É dispensada a exigência do consentimento previsto no caput deste artigo para os dados tornados manifestamente públicos pelo titular, resguardados os direitos do titular e os princípios previstos nesta Lei.

§ 5º O controlador que obteve o consentimento referido no inciso I do caput deste artigo que necessitar comunicar ou compartilhar dados pessoais com outros controladores deverá obter consentimento específico do titular para esse fim, ressalvadas as hipóteses de dispensa do consentimento previstas nesta Lei.

§ 6º A eventual dispensa da exigência do consentimento não desobriga os agentes de tratamento das demais obrigações previstas nesta Lei, especialmente da observância dos princípios gerais e da garantia dos direitos do titular.

§ 7º O tratamento posterior dos dados pessoais a que se referem os §§ 3º e 4º deste artigo poderá ser realizado para novas finalidades, desde que observados os propósitos legítimos e específicos para o novo tratamento e a preservação dos direitos do titular, assim como os fundamentos e os princípios previstos nesta Lei.

1. DOS FUNDAMENTOS DA DISCIPLINA AO TRATAMENTO DE DADOS PESSOAIS E SUA DELIMITAÇÃO ÀS HIPÓTESES PREVISTAS EM LEI

A Lei Geral de Proteção de Dados está estruturada em dois vértices fundamentais: i) a proteção do titular de dados pessoais; ii) o reconhecimento da licitude do tratamento de dados pessoais, segundo as condições de quem define. A delimitação das hipóteses legais de tratamento, por sua vez, resulta da relação que se reconhece entre a proteção de dados pessoais e os direitos fundamentais do seu titular, em especial, relacionando-os à proteção da vida privada (art. 5º, X, da Constituição da República), à inviolabilidade do sigilo de dados (art. 5º, XII, da Constituição da República), sem prejuízo de sua projeção sobre os direitos de liberdade e igualdade. Não se desconhece, da mesma forma, a proposta do reconhecimento expresso, pela Constituição, do "direito à proteção de dados pessoais, inclusive nos meios digitais", objeto de Proposta de Emenda Constitucional n. 17/2019, que inclui no art. 5º da Constituição da República o inciso XII-A, com este teor, e cuja tramitação, no Congresso Nacional, já contou com aprovação pelo Senado Federal.

Nessa delimitação que define as condições para licitude do tratamento de dados, protagonizam as hipóteses relacionadas no art. 7º da LGPD. A licitude e regular exercício da atividade de tratamento de dados pessoais supõe o atendimento de uma das hipóteses previstas na norma. Tratando-se de dados pessoais sensíveis (art. 5º, II), as hipóteses de tratamento observam o disposto no art. 11 da Lei.

O art. 7º, ao dispor sobre as hipóteses de tratamento, não exclui, por outro lado, a incidência de normas que disciplinam o tratamento de dados com outra sede legal. É o caso do tratamento com a finalidade de proteção do crédito (art. 7º, X), sobre o que incidem as regras da Lei 12.414/2011 e do Código de Defesa do Consumidor. Aliás, neste ponto, o tratamento de dados de consumidores, inclusive no tocante à proteção do crédito, submete-se ao disposto no art. 43 e demais disposições do Código de Defesa do Consumidor. Para tanto, tem-se em destaque os arts. 2º, VI, e 64 da LGPD, que preservam, expressamente, o âmbito de aplicação das normas que asseguram direitos ao consumidor. Por outro lado, nas relações de direito público, destaque-se a incidência da Lei 12.527/2011 – "Lei de Acesso à Informação".

Anote-se que a técnica legislativa adotada pela LGPD é abrangente, a partir da definição legal de "tratamento de dados" (art. 5º, X), como "toda operação realizada com dados pessoais, como as que se referem a coleta, produção, recepção, classificação, utilização, acesso, reprodução, transmissão, distribuição, processamento, arquivamento, armazenamento, eliminação, avaliação ou controle da informação, modificação, comunicação, transferência, difusão ou extração". Nesse sentido, supera, com vantagem, a estratégia legislativa anterior de exame parcelar das operações com dados, centrado em certas condutas como sua "coleta" ou "utilização". A definição legal adotada considera o tratamento como atividade que contempla diversas condutas, todas elas submetidas às hipóteses legais que condicionam seu exercício regular. A conformidade do tratamento com as hipóteses previstas em lei, nesse sentido, é condição para sua licitude e, nesses termos, integra a noção jurídica de "tratamento regular". A *contrario sensu*, a violação *ab initio* das hipóteses que autorizam o tratamento de dados desde já lhe confere a qualificação de tratamento ilícito ou irregular, sujeitando o agente às sanções previstas em lei.

Refira-se, neste particular, o paralelo com a opção legislativa no âmbito do direito comunitário europeu, que exerce forte impressão sobre o legislador brasileiro. O Regulamento Geral de Proteção de Dados (ou General Data Protection Regulation "GDPR") define, no seu artigo 6º, *caput*, hipóteses *lícitas* de tratamento, nos seguintes termos: "*o tratamento só é lícito se e na medida em que se verifique pelo menos uma das seguintes situações (...)*". No direito brasileiro, as hipóteses (ou "bases legais", como vem sendo referido por parcela da doutrina) que autorizam o tratamento de dados merecerão relação exaustiva no art. 7º da Lei, prestigiando a possibilidade de controle e identificação das operações com dados pessoais, em direta relação com os princípios adotados pela legislação. Nesses termos, o catálogo legal deverá ser interpretado, igualmente, em atenção aos princípios que são objeto de extensa e detalhada definição no art. 6º da Lei.

2. O CONSENTIMENTO

O consentimento do titular é a primeira das hipóteses que autoriza o tratamento de dados pessoais (art. 7º, I). A origem da preocupação e da disciplina da proteção de dados pessoais associa-se ao reconhecimento de um direito à autodeterminação informativa (*Grundrecht auf informationelle Selbsbestimmung*), consagrado a partir de conhecida decisão do Tribunal Constitucional alemão, de 1983, que, julgando inconstitucional lei que obrigava a população a responder a perguntas do censo promovido pelo Estado, admitiu o direito à recusa em fornecer informações pessoais, consistente no poder de disposição do próprio titular dos dados pessoais sobre sua utilização, consentindo com seu tratamento, e cujo exercício poderia ser limitado apenas por razões de interesse público.[1] Desde então, o consentimento do titular tem destaque dentre as hipóteses que autorizam o tratamento de dados, exigindo-se certa *qualidade da manifestação de vontade* neste caso – em especial que seja *livre, específica, informada e inequívoca*. Assim, a definição legal prevista no art. 5º, XII, da LGPD: "Consentimento: manifestação livre, informada e inequívoca pela qual o titular concorda com o tratamento de seus dados pessoais para uma finalidade determinada."

Esta definição tem inspiração no art. 7º do RGPD europeu, sendo tomada, inicialmente, como protagonista da proteção de dados[2] e garantia para o exercício da autodeterminação informativa.[3]

A LGPD, a exemplo do RGPD europeu, tem por objetivo assegurar o controle dos dados pessoais aos titulares mediante exercício de sua autodeterminação. Isso, como regra, realiza-se tanto em vista da promoção das situações de coleta do consentimento, e de sua qualidade, quanto de arquitetura dos modelos negociais para tratamento dos dados.

Consentimento é expressão de longa tradição no direito privado, e compreende a manifestação de vontade, geralmente associada à submissão da esfera jurídica daquele que declara ou exprime a efeitos e repercussões de ação, estado ou atividade exterior. Concentra-se seu exame na manifestação de vontade do titular que celebra negócio jurídico quando autoriza o tratamento de dados pelo controlador ou operador. Nesse sentido, exigem-se os requisitos do art. 104 do Código Civil ("Art. 104. A validade do negócio jurídico requer: I – agente capaz; II – objeto lícito, possível, determinado ou determinável; III – forma prescrita ou não defesa em lei.").[4] O art. 7º, I, da LGPD, de sua vez, refere-se ao "fornecimento do consentimento", podendo ser interpretado como exercício ativo, a exigir manifestação de vontade expressa, desafiando a regra do art. 111 do Código Civil ("Art. 111. O silêncio importa anuência, quando as circunstâncias ou os usos o autorizarem, e não for necessária a declaração de vontade

---

1. SIMITIS, Spiros. Die informationelle Selbstbestimmung – Grundbedingung einer verfassungskonformen Informationsordnung. *Neue Juristische Wochenschrift*, 8. München: C.H. Beck, 1984, p. 398-405.

2. BIONI, Bruno Ricardo. *Proteção de dados pessoais. A função e os limites do consentimento*. São Paulo: Forense, 2019, p. 139; TEPEDINO, Gustavo; TEFFÉ, Chiara Spadaccini. Consentimento e proteção de dados pessoais na LGPD. In: TEPEDINO, Gustavo; FRAZÃO, Ana; OLIVA, Milena Donato (Coord.). *Lei Geral de Proteção de Dados Pessoais e suas repercussões no direito brasileiro*. São Paulo: Thomson Reuters Brasil, 2019, p. 298.

3. MENDES, Laura Schertel. *Privacidade, proteção de dados e defesa do consumidor*: linhas gerais de um novo direito fundamental. São Paulo: Saraiva, 2014, p. 53.

4. MIRAGEM, Bruno. *Teoria geral do direito civil*. Rio de Janeiro: Forense, 2021, p. 378.

expressa."). Destaquem-se, igualmente, situações em que uma mesma declaração de vontade cumpra funções distintas, como é o caso daquelas em que a declaração de vontade de contratar (celebrar negócio jurídico em vista de determinado objeto de interesse comum das partes) também implica o consentimento para tratamento de dados pessoais, como ocorre na adesão a termos de uso ou condições gerais que contemplem a previsão específica nesse sentido.

Uma visão inicial sobre o consentimento como hipótese que autoriza o tratamento de dados pode lhe conferir prevalência em relação às demais previstas na lei, ou mesmo maior legitimidade. Esta impressão desconhece, contudo, suas dificuldades inerentes, bem identificadas[5] como as limitações cognitivas do titular dos dados em relação às características do tratamento e sua própria capacidade de dispor sobre sua realização, ou mesmo as restrições ao seu poder de decisão, quando o consentimento prévio subordine seu acesso a determinada vantagem ("take it or leave it"). Do mesmo modo, não se perde de vista que as possibilidades de tratamento de dados nem sempre serão integralmente mensuráveis ao tempo em que o consentimento é requerido. Em resumo, a vulnerabilidade que se identifique na posição do titular dos dados pode limitar o atendimento à função precípua do consentimento, de assegurar o controle em relação à realização e aos termos do tratamento. O titular dos dados, como se sabe, é sempre pessoa natural (assim a definição de dado pessoal, art. 5º, I, da Lei). Logo, emergem da realidade situações de desequilíbrio, especialmente em relação a pessoas jurídicas, com atuação profissional ou não, e mesmo frente ao próprio Estado, no tocante à disciplina do tratamento de dados e na interpretação das condições para o consentimento.

A mesma situação não passa despercebida na disciplina oferecida pelo RGPD europeu. O considerando n.º 43 do RGPD refere-se aos limites do consentimento como fundamento para o tratamento de dados. Nesses termos, dispõe que o consentimento não será fundamento jurídico válido em situações que existam manifesto desequilíbrio entre o titular e o responsável pelo tratamento dos dados pessoais. Há presunção de invalidade do consentimento caso o mesmo não tenha sido requerido para fases distintas do processo de tratamento de dados pessoais, se assim as características deste mesmo tratamento exigir. Vale o registro, também, sobre o desequilíbrio entre as partes na relação de trabalho, consagrando o direito de o empregado recusar-se ao tratamento dos seus dados pessoais sem experimentar retaliações[6]. Trata-se de situações de desigualdade que podem se estender a outras

---

5. MENDES, Laura Schertel; FONSECA, Gabriel Campos Soares da. Proteção de dados para além do consentimento: tendências de materialização. In: MENDES, Laura Schertel; DONEDA, Danilo; SARLET, Ingo Wolfgang; RODRIGUES JR, Otavio Luiz; BIONI, Bruno (Coord.). *Tratado de proteção de dados pessoais*. Rio de Janeiro: Forense, 2021, em especial p. 78 e ss.

6. Article 29 Working Party, Guidelines on Consent under Regulation 2016/679, adopted on November 28, 2017, as last Revised and Adopted on 10 April 2018. Disponível em: https://ec.europa.eu/newsroom/article29/item-detail.cfm?item_id=623051. Acesso em: 18 fev. 2025.

nas quais, em face das circunstâncias, veja-se limitado o poder de decisão do titular dos dados para consentir livremente.

Independentemente do reconhecimento expresso da vulnerabilidade do titular dos dados pela LGPD, esta pode resultar de sua relação frente aos agentes de tratamento. A uma, pois o tratamento de dados pessoais outorgado mediante consentimento, ou inclusive por virtude de relação contratual, pressupõe intrínseco atendimento do princípio da confiança. Os meios técnicos, econômicos, jurídicos e sociais no tratamento de dados assemelham-se ao conceito de vulnerabilidade do direito do consumidor, denotando uma assimetria ou desigualdade estrutural entre as partes envolvidas.[7] A duas, pois, ainda que ocorra a prestação de informações quanto ao tratamento (*accountability*), com muita dificuldade, os titulares conseguirão auditar as operações. Por essa razão, justamente, que a LGPD prevê inversão do ônus da prova (art. 8º, §2º) quanto à demonstração da aquisição do consentimento na forma e nos termos previstos na lei.

Com efeito, a definição legal de consentimento (art. 5º, XII) refere que se trata de manifestação livre, informada e inequívoca, de concordância com o tratamento para uma finalidade determinada. Na precisa lição de Philip Coppel, o consentimento não será livre se o titular não tiver garantida a genuína escolha em aceitar, negar ou retirar sua manifestação de vontade, sem prejuízo[8]. Observe-se a preponderância do consentimento como *causa* e não como elemento apenas incidental da formação da relação jurídica com o controlador. A manifestação livre da vontade pressupõe o conhecimento prévio dos seus termos e de sua repercussão para o interesse daquele que deve consentir. Nesse sentido, a manifestação informada e inequívoca a que faz referência a Lei resulta em um dever de informar daquele que busca colher o consentimento do titular dos dados. Se informar mal, de modo incompleto, ou em termos que sejam objetivamente incompreensíveis, ou mesmo de difícil compreensão ao destinatário, não colhe consentimento válido.

Da mesma forma, o consentimento do titular dos dados vincula-se *ex lege* a uma finalidade determinada. Não se admite, sob qualquer argumento, que o tratamento de dados realizado com fundamento no consentimento do titular possa ser realizado para finalidade diferente daquela que se deu conhecimento antes de sua coleta. Quem consente para uma finalidade circunscreve a manifestação de vontade, que não pode ser estendida ou desviada pelos agentes de tratamento, devendo-se apenas considerar, em casos tais, se o tratamento de dados não tenha por fundamento outras hipóteses legais do mesmo catálogo previsto no art. 7º. Tratando-se de consentimento prestado mediante cláusula inserta em termos de uso ou condições gerais em que a declaração para aderir ao negócio implique também a aceitação, pelo declarante,

---

7. MARQUES, Claudia Lima. MIRAGEM, Bruno. *O novo direito privado e a proteção dos vulneráveis*. 2. ed. São Paulo: Revista dos Tribunais, 2014.

8. COPPEL, Philip. *Information rights*. 5. ed. Oxford: Hart Publishing, 2020. p. 195.

do tratamento de seus dados pessoais, sua exigência deverá ser identificada pelo declarante, previamente à manifestação da vontade, o que se atende seja com seu destaque em relação às demais condições, seja mediante sua apresentação em separado, sempre assegurando que seja compreensível, garantindo sua manifestação inequívoca.

Há relevância, no ponto, em relação à informação prestada sobre a finalidade. Será ela o critério para vinculação à finalidade determinada, de modo que o que vincula ou autoriza é o que foi informado. Desse modo, não é adequada a informação sobre a finalidade que se preste em termos amplos, genéricos e vagos.

A Corte de Justiça da União Europeia esclareceu a compreensão de consentimento informado em decisão no caso *Orange România SA v. Autoritatea Naţională de Supraveghere a Prelucrării Datelor cu Caracter Personal*, segundo a qual este só será válido se for exarado de forma livre e por conduta ativa do titular. Na oportunidade, ao analisar a coleta de dados pessoais por contrato com empresa de telecomunicações, a CJEU verificou que o consumidor não dispunha de alternativa diversa senão a de transferir seus dados pessoais por meio de cláusula de arrasto resultante da assinalação de um campo (*check box*) que, em tese, manifestava a anuência. Segundo esta visão, ainda que preenchida por marcação em campos que pretendam extrair o consentimento do titular, isso por si só poderá não ser suficiente para verificar a validação da conduta positiva em consentir.

É comum o emprego de campos de seleção previamente preenchidos, principalmente em contratos de adesão. Não é de se rejeitar a hipótese, afinal está de acordo com certa padronização característica da contratação em massa, e em especial nas contratações eletrônicas, nas quais a despersonalização e desmaterialização do contrato exigem, com mais acento, uniformidade na manifestação da vontade e seu recebimento pelo destinatário. Relevância deverá ser dada aos meios disponíveis ao titular dos dados para informar-se previamente sobre a natureza e o alcance do consentimento, assim como a finalidade do tratamento para o qual emite manifestação de vontade.

Observa-se que, em virtude da natureza jurídica dos dados pessoais, seu tratamento é limitado às hipóteses expressamente previstas em lei. Com isso, a mera paráfrase ou a prática de emprego de cláusulas obscuras que ofuscam o consentimento do titular pode invalidar o negócio jurídico por vício de vontade segundo as causas típicas de lei. Sendo assim, a possibilidade do tratamento de dados por força do vínculo contratual exigirá boa-fé na formalização do negócio, pois a prática atrairá o microssistema legal quanto à proteção de dados e aos princípios protetores dos direitos dos titulares. Por essas razões é que o fundamento na relação contratual não se presta a enfraquecer os direitos dos titulares, mas, sim, a reforçar a exigibilidade dos deveres dos agentes de tratamento.

Quanto ao tratamento de dados em contrato de consumo, a adequação do tratamento observa também ao disposto no Código de Defesa do Consumidor (CDC), de modo a respeitar as expectativas legítimas, a boa-fé e a confiança do consumidor. Nesse particular, a tutela da confiança do consumidor abrange a proteção da expectativa legítima em relação às informações prestadas, assim como de que tenha acesso aos seus dados, por força do consentimento dado, não se comporte de modo contraditório a elas, e respeite a vinculação à finalidade de utilização informada originalmente.

Nesse particular, recorde-se que a proteção dos dados pessoais se justifica, originalmente, pela tutela à privacidade do titular dos dados. Privacidade é conceito objetivo, mas também contextual, uma vez que se vincula à expectativa legítima do titular do direito em ter preservadas, sob certas condições, informações a seu respeito, da exposição pública ou a terceiros. Dos termos do consentimento resulta esta expectativa, de modo que não poderá o fornecedor ou o controlador dos dados, dando uso diverso da finalidade que motivou o consentimento do titular, tal qual foi compreendida por ele, sustentar sua utilização para outras finalidades. São relevantes aqui para a correta compreensão desta expectativa legítima do titular dos dados tanto as informações e esclarecimentos prestados na ocasião da obtenção do consentimento, quanto a situação específica de vulnerabilidade, decorrente da lei, ou de situação concreta que acentue esta característica (vulnerabilidade agravada).

Esta compreensão quanto à expectativa legítima do titular dos dados no fornecimento do consentimento, igualmente, revela-se pela definição do dever de informar do fornecedor na fase pré-contratual, conforme define o art. 9º, § 3º, da LGPD, ao dispor que "quando o tratamento de dados pessoais for condição para o fornecimento de produto ou de serviço ou para o exercício de direito, o titular será informado com destaque sobre esse fato e sobre os meios pelos quais poderá exercer os direitos do titular elencados no art. 18 desta Lei." Trata-se de regra de grande importância nas relações de consumo, sobretudo ao regular as denominadas políticas de tudo ou nada, (take-it-or-leave-it-choice), submetendo o consumidor à opção de aceitar integralmente as disposições ou termos de serviço como condição para sua utilização.

Não se deixa, nesse sentido, o consentimento no âmbito de um processo obrigacional,[9] com a exigência de esclarecimento prévio sobre seus termos, de modo acessível pelo titular do direito. Não se admite que seja mero atendimento de exigência formal.

A forma do consentimento do titular para o tratamento de dados é definida pelo art. 8º da LGPD. Compreende requisito de validade da manifestação de vontade,

---

9. A expressão não é desconhecida no direito brasileiro no tocante às relações obrigacionais em geral (veja-se: MIRAGEM, Bruno. Direito das obrigações. 3ª ed. Rio de Janeiro: Forense, 2021, p. 13; especificamente, em relação à disciplina da proteção de dados: MAHMOUD-DAVIS, Sara A. Direct-to-Consumer Genetic Testing: Empowering EU Consumers and Giving Meaning to the Informed Consent Process within the IVDR and GDPR Frameworks. *Washington University Global Studies Law Review*, [S.l], v. 19, n. 1, p. 45, 2020.

observado o seguinte: i) o consentimento deverá ser fornecido por escrito ou por meio que demonstre a manifestação da vontade do titular; ii) se por escrito, deverá estar destacado das demais cláusulas contratuais; iii) caberá ao controlador o ônus da prova de que o consentimento foi obtido em conformidade; iv) é vedado o tratamento de dados mediante vício de consentimento; v) as finalidades deverão constar pormenorizadamente, sob pena de nulidade em caso de expressões genéricas.

No caso do consentimento para o tratamento de dados conferido em troca de dados, com reciprocidade de interesses das partes, trata-se de causa legítima, rivalizando com o próprio interesse legítimo do controlador. Nesses termos, define-se o que Jack M. Balkin denomina como *"fiduciary model of privacy"*[10], pelo qual empresas utilizam os dados dos consumidores para prever seus gostos e identificar seus hábitos, o que deve merecer, por parte do Direito, reforço dos deveres de transparência, lealdade, cuidado e boa-fé como modo de redução das assimetrias, tanto de informação, propriamente dita, quanto as que decorrem de vulnerabilidade em vista da dependência dos titulares a modelos de negócio dessa natureza.

3. O CUMPRIMENTO DE OBRIGAÇÃO LEGAL OU REGULATÓRIA

A segunda hipótese que autoriza o tratamento de dados é a de cumprimento de obrigação legal ou regulatória. Trata-se de hipótese na qual o tratamento de dados é atividade destinada ao cumprimento de dever imposto ao controlador. Ou é a lei que determina certo tratamento de dados, ou ele é meio necessário ao atendimento de determinação legal. Estão abrangidos na definição tanto deveres decorrentes de lei em sentido formal (resultado de deliberação do Poder Legislativo), quanto de regulamentos ou normas regulatórias, observadas as condições para sua validade. É hipótese que não depende de consentimento do titular dos dados. Assim por exemplo, quando se determine o registro da informação sobre a vacinação ou outros dados de saúde do titular dos dados no âmbito do Sistema Único de Saúde, ou os dados do contribuinte e seu tratamento pelo Fisco. Há norma de competência que autoriza e disciplina o tratamento de dados. Da mesma forma ocorre quando um particular, controlador dos dados, deve tratá-los para cumprir dever legal, caso, por exemplo, de sociedades empresárias a quem se impõe o dever de transmitir a diferentes órgãos e entes da Administração Pública dados de operações ou relações jurídicas celebradas com pessoas titulares dos dados que serão transmitidos. A licitude e regularidade do tratamento de dados, nesses casos, seguem, contudo, delimitadas pelos princípios definidos na Lei (art. 6º), em tudo aplicáveis.

Não se deixa de notar, do mesmo modo que o direito fundamental à vida privada, de íntima relação com a proteção de dados pessoais, tem eficácia tanto nas relações entre particulares, como também na delimitação de uma esfera de

---

10. BALKIN, Jack M. The fiduciary model of privacy. *Harvard Law Review*, Cambridge, v. 123, n. 1, 2020.

exclusividade oponível ao Estado, a ser observado, especialmente, no tocante ao exame de proporcionalidade sobre exigências que resultem de regulamento ou norma infralegal, frente aos direitos dos titulares dos dados assegurados em Lei (inclusive a LGPD), assim como no controle de constitucionalidade de lei que imponha exigências, frente à Constituição. Também aí se reconhece limite ao poder de o Estado valer-se de exigências legais ou regulatórias para tratamento de dados, frustrando ou desviando sua finalidade, hipótese em que tanto se cogitará o desvio ou abuso do poder, quanto o atendimento dos requisitos de validade dos atos subsequentes cuja origem se perceba do tratamento irregular.[11] No direito europeu, regra semelhante do RGPD reconhece, corretamente, como condição para a licitude do tratamento o atendimento do interesse público e da proporcionalidade do dever que o imponha.[12]

Não cabe, todavia, ao agente de tratamento, discricionariedade sobre o atendimento do dever. Existindo o dever decorrente de norma válida, é de observância obrigatória. Particularmente, a hipótese exposta ocorrerá quando determinada entidade for *obrigada* a realizar tratamento de dados por força de lei ou normativa específica. Desse modo, a previsão exige a soma de norma que materialmente justifique a necessidade. Não caberá ao agente realizar avaliação discricionária, pois estará sempre vinculado aos exatos termos de lei subjacente, em cotejo com inciso II do art. 7º da LGPD. É situação que se distingue daquela em que a faculdade de tratamento de dados possa melhorar posição jurídica ou interesse do agente de tratamento, sem constituir, propriamente, um dever decorrente de norma cogente. Nesta hipótese, não há cumprimento de obrigação, podendo exigir, como meio de autorizar o tratamento de dados, a referência a outra hipótese definida na lei.

4. O TRATAMENTO DE DADOS PELA ADMINISTRAÇÃO PÚBLICA: POLÍTICAS PÚBLICAS

O tratamento de dados pelo Estado está vinculado ao exercício das competências dos órgãos e entidades que o integram. Na sociedade de massas, a atividade administrativa supõe o tratamento de dados dos cidadãos para diferentes finalidades, desde a organização da prestação de serviços públicos, no âmbito interno, de seus servidores e demais agentes públicos, no âmbito externo, dos destinatários da ação administrativa. Também a formulação e execução de políticas públicas, destinadas à execução dos fins do Estado, exigem o tratamento de dados pessoais.

Preliminarmente, o fundamento previsto no inciso III do art. 7º corresponde ao tratamento de dados pela administração pública para o atendimento de suas compe-

---

11. STF, RE 1.055.941/SP, Rel. Min. Dias Toffoli, j. 28/11/2019, DJe 11/12/2019.

12. CORDEIRO, António Menezes. *Direito da proteção de dados*: à luz do RGPD e da lei nº 58/2019. Coimbra: Almedina, 2020, p. 214.

tências e atribuições. Contudo, dada a complexidade do Estado e multiplicação das tarefas públicas, a base legal limita o tratamento de dados para finalidade específica que tanto pode relacionar-se à prestação de serviços públicos quanto ao exercício do poder de polícia administrativo. Por essa razão é que o texto legal aponta que os dados serão tratados somente quando *"necessários à execução de políticas públicas previstas em leis e regulamentos ou respaldadas em contratos, convênios ou instrumentos congêneres"*.

Essa hipótese não se confunde com a previsão da Lei de Acesso à Informação (Lei nº 12.527/2011–LAI), especialmente regulada pelo art. 23 e seguintes da LGPD. Entretanto, é inafastável a convergência na interpretação e aplicação de ambas as normas, conforme exija a situação concreta. Note-se que, em parte, o sentido de ambas as leis pode se colocar em aparente contraponto. Enquanto a LGPD tem como escopo a proteção do indivíduo e de sua esfera de exclusividade em relação aos dados pessoais, disciplinando o trânsito de dados, a LAI ocupa-se da transparência das atividades relacionadas ao Estado, o que implica divulgação de informações, dentre as quais certos dados pessoais de pessoas naturais que a ele se vinculam, caso de servidores e empregados públicos, usuários de serviços públicos – incluindo os beneficiários das respectivas prestações – cocontratantes, entre outros. Nesses termos, o dever de transparência imputável ao Estado não apenas se realiza ao fornecer, quando requeridos, dados de interesse público (inclusive dados pessoais das pessoas mencionadas), mas também ao tornar disponíveis estes dados, independentemente de solicitação (transparência ativa). O conteúdo e extensão deste dever compreendem-se no interesse público e delimitam a privacidade e a proteção de dados dos sujeitos envolvidos, assim como permitem o controle da própria atuação estatal no tratamento de dados dos seus cidadãos, bem apanhado pela feliz expressão de Steven Aftergood como *"the imperative of open government"*[13]. Sustenta Aftergood que, para a garantia de privacidade na relação entre indivíduo e Estado, toda coleta, classificação e operações de tratamento massivos só poderão ocorrer após amplos debates e nos estritos termos de legislação aprovada com este fim. Com maior razão, diga-se, as informações relativas à segurança pública e à segurança nacional, ao mesmo tempo em que devem atender à finalidade do respectivo tratamento, delimitam-se pelo conteúdo impositivo dos direitos e garantias fundamentais previstos na Constituição da República, próprios do Estado de Direito, inclusive para consagrar, nos casos de dúvida, a interpretação *pro homine*.

Com efeito, resta identificar se o tratamento de dados pessoais em questão se estende aos serviços públicos essenciais em seu amplo espectro. Com efeito, se há serviço público é porque vigora lei que o define e regula em razão de um interesse coletivo. O modo do seu cumprimento, direto ou indireto, não deverá mitigar o di-

---

13. AFTERGOOD, Steven. Privacy and the imperative of open government. *In*: ROTENBERG, Marc; SCOTT, Jeramie; HORWITZ, Julia (Ed.). *Privacy in the modern age*: the search for solutions. Nova York: The New Press, 2015. p. 18 e ss.

reito dos titulares de dados envolvidos em sua prestação. Retome-se o exemplo do tratamento de dados como condição para execução e monitoramento dos serviços públicos de saúde, bem como para formulação e aperfeiçoamento de políticas relacionadas. Observado o interesse público que fundamenta o tratamento de dados neste caso, subordina-se à proporcionalidade para efeito de assegurar o tratamento menos lesivo ou que ofereça o menor risco ao titular dos dados.

5. O TRATAMENTO DE DADOS PARA A REALIZAÇÃO DE ESTUDOS POR ÓRGÃO DE PESQUISA

A amplitude de aplicação das técnicas de tratamento não se limita às finalidades comerciais. Para a tomada de decisões estratégicas, compreensão do passado e, inclusive, análises preditivas, estudiosos coletam e processam dados pessoais em larga escala.

Nesse contexto, a hipótese referida no art. 7º, IV, da LGPD prevê o tratamento de dados para a realização de estudos por órgão de pesquisa, garantida, sempre que possível, a anonimização dos dados pessoais. Como verificado anteriormente, a LGPD dispõe de fundamentos claros quanto ao tratamento de dados pelo Estado, notadamente quanto ao emprego de políticas públicas, o que inclui estudos para sua implementação ou monitoramento e aperfeiçoamento, no âmbito de um dever de planejamento estatal.[14] Não se deixe de recordar que o direito de autodeterminação informativa, no direito alemão (informationelles Selbstbestimmungsrecht), que se identifica com a origem da proteção de dados pessoais e seu desenvolvimento dogmático mais recente, com influência no direito brasileiro,[15] tem sua origem na decisão do Tribunal Constitucional sobre a Lei do Censo de 1982, a qual ensejou a inclusão desta dimensão de proteção da pessoa no âmbito do direito geral de personalidade,[16] compreendido em múltiplas dimensões, como um direito à autodeterminação (Recht der Selbstbestimmung), um direito de autopreservação (Recht der Selbstbewahrung) e um direito de autoapresentação (Recht der Selbstdarstellung).

A realização de pesquisa por órgão ou entidade da administração pública é hipótese expressamente autorizada para o tratamento de dados pessoais, nos termos do inciso IV do art. 7º da LGPD. Contudo, destaca-se que, diante da necessidade do proporcional tratamento de dados para fins de pesquisa, indica-se a anonimização dos dados pessoais como *standard* das operações. *Anonimização*, recorde-se, é definida

---

14. MIRAGEM, Bruno. *Direito administrativo aplicado*. A nova administração pública e o direito administrativo. 3. ed. São Paulo: Thomson Reuters Brasil, 2019, p. 38.

15. MENDES, Laura Schertel. Autodeterminação informacional: origem e desenvolvimento conceitual na jurisprudência da corte constitucional alemã. In: VILLAS BÔAS CUEVA, Ricardo, DONEDA, Danilo, MENDES, Laura Schertel (Org.). *Lei Geral de Proteção de Dados (Lei nº 13.709/2018) – A caminho da efetividade*: contribuições para a implementação da LGPD. São Paulo: Thomson Reuters Brasil, 2020, p. 177-192.

16. MIRAGEM, Bruno. *Teoria geral do direito civil*. Rio de Janeiro: Forense, 2021, p. 218.

pelo art. 5º, XI, da LGPD como "utilização de meios técnicos razoáveis e disponíveis no momento do tratamento, por meio dos quais um dado perde a possibilidade de associação, direta ou indireta, a um indivíduo". A expressão "sempre que possível" viabiliza o tratamento de dados pessoais sem a anonimização quando esta interferir no processo e resultado que se pretende obter com a pesquisa. Trata-se de visível prestígio ao princípio da necessidade.

No Brasil, há importante precedente firmado no julgamento da Medida Cautelar da ADI 6387/DF, pelo qual o Supremo Tribunal Federal suspendeu a eficácia da Medida Provisória nº 954/2020, que previa o compartilhamento de dados dos usuários (nome, número de telefone e endereço) constantes de bancos de dados de prestadoras de serviços telefônicos com o IBGE (Instituto Brasileiro de Geografia e Estatística), para fins de suporte à produção estatística oficial relativa ao coronavírus (Covid-19). Na decisão, entendeu o STF que a MP 954/2020, "ao não definir apropriadamente como e para que serão utilizados os dados coletados, (...) desatende a garantia do devido processo legal (art. 5º, LIV, da CF), na dimensão substantiva, por não oferecer condições de avaliação quanto à sua adequação e necessidade, assim entendidas como a compatibilidade do tratamento com as finalidades informadas e sua limitação ao mínimo necessário para alcançar suas finalidades." Da mesma forma, "ao não apresentar mecanismo técnico ou administrativo apto a proteger, de acessos não autorizados, vazamentos acidentais ou utilização indevida, seja na transmissão, seja no tratamento, o sigilo, a higidez e, quando o caso, o anonimato dos dados pessoais compartilhados, a MP nº 954/2020 descumpre as exigências que exsurgem do texto constitucional no tocante à efetiva proteção dos direitos fundamentais dos brasileiros." Por essa razão "mostra-se excessiva a conservação de dados pessoais coletados, pelo ente público, por trinta dias após a decretação do fim da situação de emergência de saúde pública, tempo manifestamente excedente ao estritamente necessário para o atendimento da sua finalidade declarada". Resulta daí o entendimento de que o compartilhamento de dados pessoais para fins estatísticos deve preencher três e indispensáveis requisitos: i) a finalidade da pesquisa for precisamente delimitada; ii) o acesso for permitido na extensão mínima necessária para a realização dos seus objetivos; iii) adoção de procedimentos de segurança suficientes para prevenir riscos de acesso desautorizado, vazamentos acidentais ou utilização indevida[17].

Ocorre que os dados pessoais serviriam para a elaboração da PNAD Covid (Pesquisa Nacional por Amostra de Domicílios Contínua), com a finalidade de determinar as repercussões da pandemia no mercado de trabalho. Entretanto, verificou-se que a PNAD habitualmente coleta informações de cerca de duzentos mil domicílios, o que, comparado aos dados compartilhados de milhões de usuários do serviço de telefonia, foi considerado excessivo, atingindo a finalidade do tratamento. Registre-

---

17. STF, ADI 6387/DF, Rel. Min. Rosa Weber, j. 12/03/2019, DJe 13/03/2019.

-se também que, entre os fundamentos da decisão, relaciona-se fonte internacional, consistente no Regulamento Sanitário Internacional (RSI 2005), incorporado ao direito brasileiro por meio do Decreto Legislativo nº 395/2009 e promulgado pelo Decreto nº 10.212/2020, e deste modo aplicável no caso de tratamento de dados para fins de saúde pública. Nele consta, expressamente, que o tratamento de dados deverá ser adequado, relevante e não excessivo em relação à finalidade a que se propõe (art. 45, 2, "b").

6. A EXECUÇÃO DE CONTRATO OU DE PROCEDIMENTOS PRELIMINARES RELACIONADOS A CONTRATO DO QUAL SEJA PARTE O TITULAR

O art. 7º, inciso V, da LGPD, prevê relevante hipótese para o tratamento de dados pessoais "quando necessário para a execução de contrato ou de procedimentos preliminares relacionados a contrato do qual seja parte o titular, a pedido do titular dos dados". Pode surgir, na fase pré-contratual, a necessidade de obtenção de dados do contratante para aferição de riscos pelas partes, para conformação da prestação a certas características subjetivas, ou outra causa de interesse comum à celebração do contrato. Da mesma forma, a execução do contrato pode exigir o tratamento de dados das partes ou, eventualmente, de terceiros, como é o caso da estipulação em favor de terceiro, ou ainda quando os efeitos do contrato possam afetar terceiros beneficiários. A própria identificação das partes que ocupam as distintas posições jurídicas ou dados necessários à execução da prestação poderão justificar o tratamento.

Por outro lado, é de anotar que o tratamento de dados no contexto da celebração e execução do contrato não pode dar causa ou mesmo resultar em condutas desleais ou de desequilíbrio das partes contratantes [18]. No direito europeu, o art. 6º, 1, "b", do RGPD, prevê que o tratamento será lícito quando *for necessário para a execução de um contrato no qual o titular dos dados é parte, ou para diligências pré-contratuais a pedido do titular dos dados*". Assim, por exemplo, é o caso em que o tratamento de dados se permita para obter o endereço do titular onde deverá ser executada a prestação ou para a entrega do bem, assim como em contratos pela internet, a necessidade de tratamento dos dados de identificação das partes e dos meios de pagamento que utilizem. Ou ainda, em contratos nos quais o tratamento preceda a concretização do próprio interesse na contratação, como ocorre no seguro, em que a declaração inicial do risco por parte do tomador e dos demais dados a que tenha acesso o segurador pode determinar sua decisão pela celebração ou recusa em contratar. Da mesma forma, não se confunde esta hipótese de tratamento com a do consentimento para tratamento de dados (art. 7º, I). A manifestação de vontade

---

18. LOHSSE, Sebastian. SCHULZE, Reiner. STAUDENMAYER, Dirk. Trading Data in the Digital Economy: legal concepts and tools. *In:* LOHSSE, Sebastian. SCHULZE, Reiner. STAUDENMAYER, Dirk (Ed.). *Trading Data in the Digital Economy*: legal concepts and tools: Münster Colloquia on EU Law and the Digital Economy III. Baden-Baden: Nomos, 2017, p. 20.

para contratar não é a mesma para consentir com o tratamento de dados, embora possam, em termos práticos, especialmente em contratos automatizados, ser parte de uma mesma declaração. Tudo aqui tem a ver com a informação prévia do titular dos dados sobre as funções da declaração de vontade e sua repercussão concreta. Sendo única a declaração de vontade, há o que se pode denominar de *consentimento por arrasto*, o que não elimina a necessidade de prévio esclarecimento sobre seus termos e efeitos.

Esta hipótese legal, contudo, pressupõe a existência de um contrato ou ao menos oferta ou proposta (fase pré-contratual) que justifique o tratamento de dados no interesse comum da sua celebração ou execução, conforme o caso.

A execução do contrato, da mesma forma, em muitas situações, exigirá o tratamento contínuo de dados do titular, seja para identificar os contratantes ou dimensionar as prestações, assim como para permitir resposta a quaisquer intercorrências ao longo da relação contratual. Onde seja realizada a prestação, em favor de quem ou com que características, são questões inerentes à execução de qualquer contrato e que podem envolver, em diferentes graus, o tratamento de dados pessoais das partes.

7. O EXERCÍCIO REGULAR DE DIREITOS EM PROCESSO JUDICIAL, ADMINISTRATIVO OU ARBITRAL

O exercício regular de direitos em processo judicial, administrativo ou arbitral compreende hipótese legal que autoriza o tratamento de dados pessoais (art. 7º, VI, da LGPD). Nesse sentido, destaque-se o direito fundamental previsto no art. 5º, LV, da Constituição da República, o qual dispõe que "aos litigantes, em processo judicial ou administrativo, e aos acusados em geral são assegurados o contraditório e ampla defesa, com os meios e recursos a ela inerentes". Neste caso, na defesa do seu interesse podem os litigantes promover o tratamento de dados, trazendo-os ou não ao processo de que sejam parte. Da mesma forma, este tratamento de dados também será realizado por assistentes e auxiliares, visando contribuir com a solução do processo, em decisão que lhe ponha fim. As alegações das partes, quando deduzidas em juízo, ou a produção de prova, por exemplo, podem implicar o tratamento de dados das partes ou de terceiros, com fundamento no art. 7º, inciso VI, da LGPD. O caráter abrangente da definição legal de tratamento de dados implica que atos comuns do procedimento judicial, administrativo ou arbitral possam envolver a atividade, uma vez que conste, nos respectivos atos, informações que se qualifiquem como dados pessoais das partes ou de terceiros, e inclusive expostos para conhecimento geral, nos casos em que observada a publicidade do processo. Destaque-se que, em tais casos, a hipótese legal que autoriza o tratamento de dados é o exercício regular de direitos em processo judicial, administrativo ou arbitral, o que, todavia, não se confunde com as situações em que originalmente uma das partes teve acesso aos dados, de modo independente ou antecedente ao processo, o que poderá ensejar a incidência de norma que contemple outra hipótese de tratamento prevista na lei.

8. A PROTEÇÃO DA VIDA OU DA INCOLUMIDADE FÍSICA DO TITULAR OU DE TERCEIRO

O art. 7º, VII, prevê hipótese legal de tratamento de dados "para a proteção da vida ou da incolumidade física do titular ou de terceiro." Em grande medida, é possível assentar que a hipótese em apreço corresponderá às situações que envolvam a saúde ou segurança do titular dos dados. Será o caso, por exemplo, em que o tratamento de dados pessoais, como geolocalização, dados de comunicação em redes de mensagens ou outra espécie de comunicação, seja realizado sem o consentimento do titular, para permitir sua localização ou salvá-lo de risco iminente. No RGPD há previsão semelhante no art. 6º, 1, "d", cuja interpretação se faz com o auxílio do Considerando nº 111 da mesma norma, que refere: "(...) Deverá igualmente ser considerada legal uma transferência de dados pessoais que seja necessária para a proteção de um interesse essencial para os interesses vitais do titular dos dados ou de outra pessoa, nomeadamente a integridade física ou a vida, se o titular dos dados estiver impossibilitado de dar o seu consentimento (...)".

Verifica-se que tal hipótese se justifica como alternativa para o consentimento, justamente quando a obtenção deste for impossível ou muito difícil. Assim, vislumbra-se a efetiva perspectiva de tutela da integridade física e segurança, excepcionalmente e em caráter de urgência. Ao largo dessas hipóteses, o consentimento deve ser tomado como base legal preferencial para situações relacionadas à saúde ou proteção da vida.

Como apontado, a urgência e a impossibilidade de extrair o consentimento serão critérios relevantes para fins de adequação do tratamento, mas não só. Também será possível vislumbrar a ocorrência em que a capacidade civil do titular esteja mitigada e a sua substituição por decisão judicial ou representação se apresente como medida que dificulte a proteção da vida.

Diversamente da base legal prevista no inciso VIII, não há agente de tratamento privilegiado na situação em concreto. Tal situação implicará na correta análise do juízo entre a proteção à privacidade em comparação com a proteção da vida ou incolumidade física do próprio titular ou de terceiro.

9. PARA A TUTELA DA SAÚDE, EXCLUSIVAMENTE, EM PROCEDIMENTO REALIZADO POR PROFISSIONAIS DE SAÚDE, SERVIÇOS DE SAÚDE OU AUTORIDADE SANITÁRIA

Quanto à tutela da saúde, a base legal opera em âmbito material extremamente restritivo em relação ao tratamento de dados admitido. Note-se que o art. 7º, VIII, impõe que o tratamento seja realizado em virtude de *procedimento* e com finalidade, exclusiva, relacionada à saúde. Contudo, a matéria aqui exposta propõe a convergência de duas hipóteses com razões diferentes e que, se não estivesse apresentada dessa forma, teria solução jurídica distinta.

No caso do tratamento de dados realizado por profissionais da área da saúde, isoladamente, na eventual omissão da base legal em comento, o tratamento seria justificável com os tradicionais termos de consentimento. Desse modo, a operação de tratamento poderia ser encontrada no disposto no inciso I do art. 7 da LGPD.

Distingue-se a hipótese do inciso VIII em relação a do inciso anterior, que também diz respeito à vida ou incolumidade física, mas que encontra seu paralelo na noção de "interesse vital" da alínea "d", art. 6º do RGDP europeu. No caso do inciso em comento, o tratamento realizado para a tutela da saúde, exclusivamente, em procedimento realizado por profissionais de saúde, serviços de saúde ou autoridade sanitária, envolve a finalidade pressuposta de preservação tanto da saúde do titular dos dados, quanto da coletividade – quando for o caso. Contudo, note-se que, neste caso, o interesse coletivo não elimina, por si só, a proteção da exclusividade que caracteriza a disciplina da proteção de dados, de modo que o tratamento se justifique apenas se proporcional à finalidade legítima de tratamento ou prevenção de riscos à saúde. Assim é o caso de uma situação de emergência em que, mesmo na impossibilidade de consentir do titular, dadas suas próprias condições subjetivas de saúde, haja necessidade de acesso a dados para viabilizar atendimento que promova seu reestabelecimento. O caráter excepcional da hipótese, contudo, reflete-se também no rol reduzido de agentes de tratamento, envolvendo apenas profissionais de saúde, o serviço de saúde ou a autoridade sanitária. Da mesma forma, "tutela da saúde", que é a finalidade autorizada expressamente pela lei, afasta qualquer referência a fins comerciais ou de lucro, que, mesmo envolvendo serviços relacionados à saúde, respeitarão outras bases legais (em especial o consentimento), e, em especial, conforme a natureza dos dados objeto do tratamento, a disciplina própria dos dados pessoais sensíveis e as restrições expressas definidas na lei (art. 11, *caput* e §4º, da LGPD).

10. QUANDO NECESSÁRIO PARA ATENDER AOS INTERESSES LEGÍTIMOS DO CONTROLADOR OU DE TERCEIRO, EXCETO NO CASO DE PREVALECEREM DIREITOS E LIBERDADES FUNDAMENTAIS DO TITULAR QUE EXIJAM A PROTEÇÃO DOS DADOS PESSOAIS

Os interesses legítimos do controlador ou de terceiro, ou simplesmente "legítimo interesse", como fundamento para o tratamento de dados, é conceito que suscita questões atinentes a seu exato sentido e alcance. Tratando-se de espécie de conceito indeterminado, seu preenchimento incentiva os agentes de tratamento a fundamentar licitude de suas operações no legítimo interesse, a redobrar os cuidados na determinação de seu significado, em vista da natureza da atividade do controlador e a finalidade do tratamento.

São conhecidas as críticas à hipótese legal de tratamento com fundamento no legítimo interesse, em especial por sua invocação afastar-se do princípio da autodeterminação informativa ou na orientação legislativa de proteção do titular dos dados, em favor do exame do tratamento realizado pelo controlador. Trata-se de questionamento presente tanto no direito europeu,[19] de onde se origina, quanto no direito brasileiro, que o transplantou, sempre sob o argumento de que expressa uma larga e extensa oportunidade para o controlador afastar-se das demais hipóteses que delimitam a licitude do tratamento de dados.

Deve-se analisar o legítimo interesse em dupla perspectiva. A primeira corresponde ao seu conteúdo material em relação aos agentes de tratamento. Neste caso, a própria noção de legitimidade do interesse vincula-se à tutela da confiança do titular dos dados em relação à espécie de tratamento e sua finalidade; de outro, à utilidade do tratamento e sua pertinência à atividade regular do controlador.

A segunda perspectiva atenta ao peso concedido aos direitos e às liberdades fundamentais do titular. Observa-se que operação fundada no legítimo interesse sempre terá sua interpretação orientada em favor da proteção do titular dos dados. Desse modo, mesmo quando haja fundada razão de ordem econômica, social ou pessoal que justifique o interesse do controlador no tratamento, se este for suscetível de ofender direitos e liberdades fundamentais do titular, não será admitido. Da mesma forma, note-se que ao controlador será conferido o dever de demonstrar a legitimidade do interesse no tratamento, assim como a inexistência de ofensa, por isso, aos direitos e liberdades fundamentais do titular dos dados.[20].

Nessa esteira, o Considerando 47, "i", do RGPD refere que "os interesses legítimos dos responsáveis pelo tratamento, incluindo os dos responsáveis a quem os dados pessoais possam ser comunicados, ou de terceiros, podem constituir um fundamento jurídico para o tratamento, desde que não prevaleçam os interesses ou os direitos e liberdades fundamentais do titular *tomando em conta as expectativas razoáveis dos titulares dos dados baseados com o responsável*". A tutela das expectativas razoáveis dos titulares dos dados pessoais permite que, no direito brasileiro, sejam utilizados os desenvolvimentos dogmáticos da boa-fé e seu conteúdo a partir das diferentes fontes, para delimitação do conceito.

Também no Considerando 47, agora em sua alínea "ii", o RGPD exemplifica a possibilidade de configuração do interesse legítimo "quando existir uma relação relevante e apropriada entre o titular dos dados e o responsável pelo tratamento, em situações como aquela em que o *titular dos dados é cliente ou está ao serviço do responsável pelo tratamento*". Neste caso, o legítimo interesse se vincula aos fins do próprio contrato entre as partes – o que no direito brasileiro também remete, conforme o caso, às relações de consumo e seu regime legal.

---

19. CORDEIRO, António Menezes. *Direito da proteção de dados*: à luz do RGPD e da lei n° 58/2019. Coimbra: Almedina, 2020, p. 223.

20. KIPKER, Dennis-Kenji. WALKUSZ, Michael. Implementation guidelines on EU GDPR and Chinese Cybersecurity Law. *Law & Reference Compliance Guide Series*, Wolters Kluwer, 2020. Disponível em: https://www.academia.edu/44557883/Implementation_Guidelines_on_EU_GDPR_and_Chinese_Cybersecurity_Law_2020_Wolters_Kluwer_China_Law_and_Reference_Compliance_Guide_Series Acesso em: 18 fev. 2025. p. 10.

Ainda no RGPD, o próprio Considerando 47, "iii", destaca a necessidade de análise cuidadosa no sentido de "saber se o titular dos dados pode razoavelmente prever, no momento e no contexto em que os dados pessoais são recolhidos, que esses poderão vir a ser tratados com essa finalidade". Para que o titular conheça e realize o referido exercício de previsibilidade, a conduta dos agentes de tratamento deve informá-lo adequadamente. Assim, não será possível usar o interesse legítimo em situações em que o titular não espere tratamentos posteriores.

O RGPD exemplifica que haverá interesse legítimo; i) quando existir uma relação relevante e apropriada entre o titular dos dados e o responsável, em situações como a que aquele é cliente ou está a serviço deste; ii) quando o tratamento for estritamente necessário aos objetivos de prevenção e controle de fraude; iii) quando o tratamento for efetuado para efeitos de comercialização direta; iv) quando os responsáveis que façam parte de um grupo empresarial ou de uma instituição associada a um organismo central transmitam dados pessoais no âmbito do grupo de empresas para fins administrativos internos, incluindo o tratamento de dados pessoais de clientes ou funcionários e; v) quando o tratamento é necessário para assegurar a segurança da rede e das informações, sobretudo quando o tratamento vise impedir o acesso não autorizado a redes de comunicações eletrônicas e a distribuição de códigos maliciosos e pôr termo a ataques de negação de serviço e a danos causados aos sistemas de comunicação informáticas e eletrônicas[21].

Merecem destaque, na experiência brasileira, as hipóteses de existência de relação jurídica prévia e o tratamento necessário para assegurar a segurança das redes. O legítimo interesse como fundamento do tratamento de dados para emprego de medidas de segurança da informação pode envolver, por exemplo, dados de IP e outros marcadores que identifiquem o usuário por meio de informações técnicas de seus dispositivos informáticos. Ao ingressar em uma rede aberta em um restaurante, poderá ocorrer o tratamento de dados pessoais de cunho técnico para fins de ingresso no sistema de segurança cibernética do estabelecimento. O responsável pela administração do sistema terá dados pessoais capazes de revelar a identidade do usuário da rede de Internet. No exemplo, contudo, o interesse é legítimo, pois está destinado, exclusivamente, à manutenção da segurança cibernética do estabelecimento e do próprio consumidor, uma vez vinculado à finalidade legítima.

Outro exemplo didático envolve o tratamento de dados automatizado realizado por câmeras de segurança. O tema foi objeto de relevantes decisões no TJUE[22-23], nas quais se verificou a existência do legítimo interesse no tratamento de dados pessoais

---

21. PINHEIRO, Alexandre Sousa. GONÇALVES, Carlos Jorge. Artigo 6º. *In:* PINHEIRO, Sousa Alexandre (Coord.). *Comentário ao Regulamento Geral de Proteção de Dados.* Coimbra: Almedina, 2018. p. 226.

22. Acórdão de 4 de maio de 2017, Rīgas satiksme, C-13/16, EU:C:2017:336, n.º 30.

23. Acórdão de 11 de dezembro de 2019, TK v Asociaţia de Proprietari bloc M5A-ScaraA., C-708/18, ECLI:EU:C:2019:1064.

de terceiros para fins de segurança da vida, dos bens e das pessoas naturais, ainda que realizado por particulares.

Apoiado na antiga Diretiva 95/46/CE de 1995, o Grupo de Trabalho do artigo 29ª (WP29), exarou parecer opinativo sobre a interpretação da matéria[24]. Acertadamente, compreendeu que "um interesse deve ser definido de forma suficientemente clara para permitir a realização do teste da ponderação em relação aos interesses e aos direitos fundamentais da pessoa em causa"[25]. Portanto, para análise de licitude do tratamento é indispensável a individualização e identificação do interesse. Para além disso, o WP29 estabeleceu que o interesse precisa ser "real" e "atual". Por real, repisa-se na possibilidade de identificação clara do interesse. Não haverá espaço para vagueza ou dubiedade[26]. Sua atualidade se expressa a partir das atividades de tratamento devem respeitar o critério da temporalidade. Tratamentos posteriores fundados no legítimo interesse que frustrem a expectativa do titular não serão abrangidos na hipótese.

O Tribunal de Justiça da União Europeia adotou entendimento, ainda, de que há interesse legítimo do proprietário de um bem em obter informações pessoais de qualquer pessoa que lhe tenha causado danos.[27] Diante disso, o tratamento atingiria o conceito da necessidade, pois apenas o nome e o sobrenome do autor do ilícito não são suficientes para promover as ações cabíveis. Quanto ao equilíbrio entre os direitos em debate, o TJUE identificou que, por se tratar de dados acessíveis em bancos públicos, não haveria colidência entre os direitos. Nesse caso, o interesse advém do direito que o lesado possui de reparar o dano causado por terceiro. Observa-se que o legítimo interesse dos agentes de tratamento somente será invocado quando mitigar o interesse do próprio titular na proteção dos seus dados pessoais[28].

Um aspecto sensível de fundamento para o legítimo interesse é o seu uso para justificar o tratamento com fins científicos. A base legal do inciso IV, do art. 7º, da LGPD dispõe sobre o tratamento para a realização de estudos por órgão de pesquisa. Não há clareza se o referido órgão é exclusivamente estatal ou se poderia o agente privado promover estudos com a mesma base legal. Em tese, pesquisas científicas que envolvam dados pessoais exigem, como regra, o consentimento dos titulares para tratamento, inclusive segundo regras éticas que informam a atividade. Even-

---

24. https://ec.europa.eu/justice/article-29/documentation/opinion-recommendation/files/2014/wp217_pt.pdf. Acesso em: 18 fev. 2025.

25. https://ec.europa.eu/justice/article-29/documentation/opinion-recommendation/files/2014/wp217_pt.pdf. Acesso em 18 fev. 2025.

26. NIEDERMEIER, Robert. MPAME, Mario Egbe. Processing personal data under article 6(f) of the GDPR: The concept of legitimate interest. *International Journal for the Data Protection Officer, Privacy Officer and Privacy Counsel.* 2019. p. 18-28.

27. ECJ\2017\148 de 4 de maio de 2017.

28. COLIN, Tapper. New European Directions in Data Protection. *Journal of Law and Information Science,* [S.l], v. 3, no. 1, 1992, p. 16.

tual utilização anonimizada dos dados, sem identificação, é admitida. O tratamento de dados para fins científicos, sob o fundamento do legítimo interesse, por outro lado, torna indispensável a identificação de efetivo benefício público. Não se cogita, neste caso, no tocante à pesquisa científica, legítimo interesse no caso de finalidade exclusivamente negocial ou lucrativo do agente de tratamento, exigindo-se que se demonstre sua repercussão ou impacto social[29].

No direito brasileiro, o art. 10 da LGPD define alguns critérios para a concreção do legítimo interesse. Merece registro o fato de que sua identificação não se dá em abstrato ou em termos genéricos. Ao contrário, somente poderá ser determinado "a partir de situações concretas". Vale dizer, a determinação do conceito se dará em vista de fatos específicos (certo tratamento de dados e suas características), verificando-se a existência ou não do interesse legítimo em relação àquela situação concreta.

Isso põe em causa tratar-se o inciso IX do art. 7º da LGPD, ao referir-se ao interesse legítimo do controlador, como espécie de conceito indeterminado, ou mesmo como espécie de cláusula geral.[30] Conforme se sabe, não se confundem as cláusulas gerais e os conceitos indeterminados que a integram.[31] Conforme já afirmamos, distinguem-se em razão da finalidade e dos respectivos efeitos. As cláusulas gerais são normas cujos conceitos que a integram serão preenchidos segundo as circunstâncias do caso, segundo critérios valorativos e extrassistemáticos, de modo que se permita ao intérprete concretizá-los em vista das circunstâncias do caso, segundo critério que reconhecer justificadamente como adequado. Os conceitos jurídicos indeterminados terão seu significado construído, porém, a solução jurídica já estará dada pela lei,[32] como parece ser o caso. Na hipótese, autoriza-se o tratamento de dados.

A legitimidade pressupõe que o interesse do controlador, ao mesmo tempo, não implique dano ao titular dos dados, tampouco viole expectativas que tenham sido geradas pelo comportamento das partes envolvidas. Por outro lado, note-se que a própria lei prevê duas situações em que o interesse legítimo é previamente reconhecido, embora a elas não se limitem. É o caso dos dois incisos do art. 10, da LGPD:

---

29. HINTZE, Mike Hintze. Science and Privacy: Data Protection Laws and Their Impact on Research. *Washington Journal of Law, Technology & Arts*, Washington, D.C., v. 14. n. 2, 2019. p. 103-137.

30. Sustentando tratar-se de cláusula geral, em especial, veja-se: DONEDA, Danilo; MENDES, Laura Schertel. Reflexoes iniciais sobre a nova lei geral de proteção de dados. Revista de direito do consumidor, v. 120. São Paulo: RT, 2019, p. 469 e ss; BUCAR, Daniel, VIOLA, Mario. Tratamento de dados pessoais por legítimo interesse do controlador: primeiras questões e apontamentos. In: TEPEDINO, Gustavo; FRAZÃO, Ana; OLIVA, Milena Donato (Coord.). *Lei Geral de Proteção de Dados Pessoais e suas repercussões no direito brasileiro*. São Paulo: Thomson Reuters Brasil, 2019, p. 465 e ss. Estabelecendo a distinção, e reconhecendo-o como conceito indeterminado: DILL, Amanda Lemos. A delimitação dogmática do legítimo interesse para tratamento de dados pessoais: as bases para a futura concreção. In: MENKE, Fabiano; DRESCH, Rafael de Freitas Valle (Coord.). *Lei Geral de Proteção de Dados*. Aspectos relevantes. Indaiatuba: Foco, 2021, p. 95 e ss.

31. DI MAJO, Adolfo. Clausole generali e diritto delle obbligazioni. *Rivista Critica di Diritto Privato*, [S.l], ano II, n. 3, set. 1984, p. 539-571.

32. MIRAGEM, Bruno. *Teoria geral do direito civil*. Rio de Janeiro: Forense, 2021, p. 89.

"I – apoio e promoção de atividades do controlador; e II – proteção, em relação ao titular, do exercício regular de seus direitos ou prestação de serviços que o beneficiem, respeitadas as legítimas expectativas dele e os direitos e liberdades fundamentais, nos termos desta Lei." *Apoio e promoção de atividades do controlador* serão tanto as hipóteses de divulgação e promoção negocial (e.g. para direcionamento de oferta ou publicidade), quanto para viabilizar providências no interesse comum das partes, em relação jurídica já existente entre elas.

À luz da experiência europeia, propôs o Grupo de Trabalho do Art. 29 alguns exemplos de concreção das hipóteses de tratamento justificado sob interesse legítimo, a partir do conhecido Parecer 06/2014, incluindo: "exercício do direito à liberdade de expressão ou de informação, nomeadamente nos meios de comunicação social e nas artes; marketing direto convencional e outras formas de marketing ou de publicidade; mensagens não comerciais não solicitadas, nomeadamente relativas a campanhas; políticas ou a atividades de angariação de fundos para fins de beneficência; execução de créditos, incluindo cobrança de dívidas através de processos não judiciais; prevenção da fraude, utilização abusiva de serviços ou branqueamento de capitais; monitorização da atividade dos trabalhadores para fins de segurança ou de gestão; sistemas de denúncia; segurança física, tecnologias de informação e segurança das redes; tratamento para fins históricos, científicos ou estatísticos; tratamento para fins de investigação (nomeadamente pesquisas de mercado)".[33]

Por outro lado, a proteção, em relação ao titular, do exercício regular de seus direitos ou prestação de serviços que o beneficiem envolve relação jurídica entre as partes e o tratamento necessário para assegurar sua execução regular, a proteção da segurança do controlador e do titular em relação à mesma. Da mesma forma, não se deixa de reconhecer, nas hipóteses em que haja troca de dados por serviços, que certo tratamento de dados pelo controlador, em acordo com finalidade informada de modo prévio e eficiente ao titular, possa compor a noção de interesse legítimo conforme a situação concreta, em especial no tocante à própria causa negocial, sem prejuízo das hipóteses em que se deva exigir o consentimento.

11. TRATAMENTO PARA PROTEÇÃO DO CRÉDITO, INCLUSIVE QUANTO AO DISPOSTO NA LEGISLAÇÃO PERTINENTE

O tratamento de dados com a finalidade de proteção do crédito tem larga tradição no direito brasileiro, e vem autorizado como uma das hipóteses de licitude, no art. 7º, X, da LGPD. Os bancos de dados de proteção ao crédito resultam das primeiras iniciativas de tratamento de dados dos consumidores no mercado de consumo. Em

---

33. Grupo de Trabalho do Art. 29 para a Proteção dos Dados. Parecer 06/2014 sobre o conceito de interesses legítimos do responsável pelo tratamento dos dados na acepção do artigo 7º da Diretiva 95/46/CE. Adotado em 9 de abril de 2014, p. 39. Disponível em: https://www.uc.pt/protecao-de-dados/suporte/20140409_wp_217_partecer_2_2014_conceito_interesses_legitimos_resp_trat_diretiva_95 Acesso em: 18 fev. 2025.

um primeiro estágio, visavam, exclusivamente, reunir informações sobre situações de inadimplemento do consumidor, às quais a consulta pelos fornecedores implicava a restrição à contratação de crédito, daí por que conhecidos como bancos de dados restritivos de crédito. Sobre eles dispõe, prioritariamente, o art. 43 do CDC.[34]

Já como resultado da melhor capacidade de tratamento de dados, desenvolvem-se, em um segundo momento, bancos de dados não apenas com registro das situações de inadimplemento, mas, de forma mais ampla, de informações do histórico de crédito do consumidor, sobre frequência, volume das obrigações assumidas e pontualidade do pagamento. Com o objeto de aperfeiçoar a avaliação do risco de crédito, justifica-se pelo benefício a "bons pagadores" com melhores condições de contratação. Por isso são denominados "bancos de dados de informações positivas" ou, mais impropriamente, "cadastros positivos". Admitirão tratamento diversificado dos dados, inclusive mediante organização de sistema de atribuição de pontuação ou notas aos consumidores, sinalizando o risco maior ou menor de inadimplemento. Sua disciplina legal é conferida pela Lei 12.414/2011, substancialmente alterada pela Lei Complementar 166/2019.

A LGPD incide sobre o tratamento de dados com a finalidade de proteção ao crédito, devendo sua aplicação articular-se com outras fontes normativas.[35] Afinal, preserva, expressamente, a legislação especial, conforme prevê seu art. 7º, X, ao referir que poderá ser realizado "para a proteção do crédito, inclusive quanto ao disposto na legislação pertinente." Nesses termos, a LGPD não derroga ou revoga o art. 43 do CDC ou a Lei 12.414/2011, devendo suas disposições serem compatibilizadas às normas gerais de proteção de dados que estabelece. Neste particular, especial atenção deve-se dirigir ao art. 64 da LGPD, ao definir que os direitos e princípios que expressa não excluem outros previstos no ordenamento jurídico brasileiro – caso do CDC, que dispõe de regra semelhante em seu art. 7º, e da legislação que disciplina o "cadastro positivo".

A aplicação do regime estabelecido pela LGPD para o tratamento de dados de proteção do crédito implica que princípios e deveres previstos na lei incidam em comum com as disposições específicas, seja do CDC (art. 43), ou da legislação sobre a formação de histórico de crédito ou sistema de pontuação de crédito (Lei 12.414/2011). É o que resulta, ademais, da incidência em comum dos arts. 64, da LGPD, e 7º, *caput*, do CDC, promovendo a interpretação sistemática de suas normas orientada à tutela do titular dos dados.

Nesse sentido, as hipóteses que autorizam o tratamento podem variar conforme as respectivas características e finalidades com as quais se processem – assim, por

---

34. Para o tema, em detalhes, veja-se: MIRAGEM, Bruno. *Curso de direito do consumidor*. 8. ed. São Paulo: Thomson Reuters Brasil, 2019, p. 420 e ss.

35. OLIVA, Milena Donato; VIÉGAS, Francisco de Assis. Tratamento de dados para a concessão de crédito. In: TEPEDINO, Gustavo; FRAZÃO, Ana; OLIVA, Milena Donato (Coord.). *Lei Geral de Proteção de Dados Pessoais e suas repercussões no direito brasileiro*. São Paulo: Thomson Reuters Brasil, 2019, p. 566.

exemplo, não se condiciona ao consentimento do titular dos dados, mas a simples comunicação, sua inclusão em bancos de dados restritivos (art. 43, §2º, do CDC), ou em bancos de dados de informação de adimplemento (art. 4º, §§4º a 6º, da Lei 12.414/2021), assim como regras de temporalidade do tratamento distintas (art. 43, §§1º e 5º, do CDC; art. 14, da Lei 12.414/2011).

Trata-se de hipótese de tratamento de dados com maior tradição no mercado de consumo, sobre a qual dispõe legislação específica, como é o caso do art. 43 do CDC e, mais adiante, a Lei 12.414/2011. Os dados pessoais do consumidor referentes ao seu comportamento de crédito compreendem informações diversas relativas ao nível de comprometimento atual da sua renda com dívidas, eventuais situações de inadimplemento e sua duração, o histórico de pagamento, dentre outras informações relevantes. Todas essas informações são relevantes para a análise do risco de crédito e, neste contexto, da própria capacidade de endividamento do consumidor. Por sua relevância, tais informações podem implicar o impedimento de contratação pelo consumidor ou, ainda, sua submissão a certas condições, razão pela qual o tratamento das informações de crédito deve observar critérios objetivos na análise dos dados, de modo a evitar restrições excessivas ou discriminatórias.

12. DADOS PESSOAIS DE ACESSO PÚBLICO E DADOS PESSOAIS TORNADOS PÚBLICOS PELO TITULAR

Baseia-se a proteção dos dados pessoais na preservação de esfera de exclusividade do titular, expressão da proteção à personalidade. Eventual indisponibilidade do direito, no sentido de vedar ao titular extinguir ou renunciar a ele, não se confunde com seu exercício, pelo qual livremente possa decidir, inclusive, dar acesso ou conhecimento, em caráter transitório ou permanente sobre os dados de que seja titular.

A LGPD distingue entre *dados pessoais de acesso público*, que são aqueles cujo conhecimento, independente da vontade do titular, seja viabilizado pelo caráter público da base de dados em que se encontrem, como é o caso daquelas mantidas pelo Poder Público (e.g. portais da transparência), e os *dados tornados públicos pelo titular*, assim entendidos os disponíveis por decisão deste, no exercício do direito subjetivo que lhe é assegurado. No primeiro caso, dos dados pessoais de acesso público, informam seu tratamento, inclusive por terceiros, a finalidade, a boa-fé e o interesse público que justificaram sua disponibilização (art. 7º, §3º). No caso dos dados tornados públicos pelo titular, dispensa-se o consentimento para tratamento, aproveitando a decisão anterior, no exercício livre do seu próprio direito de torná-lo público. Neste caso, contudo, isso não significa que o tratamento não deva observar a rígida disciplina da lei, em especial quanto aos deveres impostos aos agentes de tratamento e seus condicionamentos – inclusive a finalidade legítima. O que difere, apenas, é a exceção ao consentimento, dispensado considerando a decisão de tornar públicos os dados.

Com muita frequência, dados pessoais são disponibilizados publicamente. Em um passado recente, as listas telefônicas forneciam números de telefone e endereço dos usuários. Cartões de visita pessoais foram substituídos por *web sites* ou contas em redes sociais que podem exibir e-mail, telefone, assim como data de nascimento, estado civil e outras informações, muitas vezes prestadas pelo próprio titular. Neste caso, ainda que a opção em exibir a informação seja exclusiva do titular, sua anuência não reduz o nível de proteção que lhe concede o Direito. Podendo ser acessados por terceiros, deve-se concentrar o exame sobre a medida do tratamento das informações livremente disponibilizadas pelo titular.

Assim, o titular dos dados que torna disponíveis seus contatos pessoais em rede social, por exemplo, está sujeito a amplas abordagens. As interações nas plataformas superam, muitas vezes, o simples contato puramente social que lhe deram origem. Diante disso, admite-se que é usual o tratamento com finalidade comercial, com origem em dados tornados acessíveis pelo titular. O local e o modo de disposição dos dados pelo titular são critérios para caracterização do que se deva considerar o "tornar público", fundamentando a licitude do tratamento.

13. DADOS PESSOAIS DE ACESSO PÚBLICO: ALTERAÇÃO DE FINALIDADE

O §7º do art. 7º prevê, em relação aos dados pessoais de acesso ao público e aos dados pessoais tornados públicos pelo titular, a possibilidade de que o tratamento possa ser realizado para novas finalidades, desde que observados os propósitos legítimos e específicos, e os demais efeitos do regime legal estabelecido pela LGPD. É exceção à regra do art. 9º, § 2º, da Lei, que submete o tratamento fundado no consentimento, em razão de alteração de mudanças de finalidade incompatível com o consentimento original, à informação prévia do titular, com a prerrogativa de revogação do que consentiu, caso discorde das alterações. No caso de dados pessoais de acesso ao público ou dos dados tornados públicos pelo titular, admite-se alteração em relação à finalidade inicial, observado, sempre, propósito legítimo e específico. Auxilia a concreção do conceito o seu exame conjunto com a situação original em que os dados foram tornados públicos. Da mesma forma, a situação também desafia o princípio da necessidade, previsto no inciso III do art. 6º da LGPD. Tal princípio contempla a noção de que o tratamento deve ocorrer de modo a respeitar o "mínimo necessário para a realização de suas finalidades, com abrangência dos dados pertinentes, proporcionais e não excessivos em relação às finalidades do tratamento de dados". Nesse contexto, a finalidade que sustenta a publicidade de dados pessoais é diversa, o que dificulta prever qual será a exata medida do seu tratamento posterior.

Situação peculiar é a das plataformas que agregam dados pessoais tornados públicos. Por inúmeras situações legais, dados pessoais podem vir a público. Ocorre que essas informações ficam isoladas em diversos bancos de dados. O fenômeno fez surgir plataformas que reúnem informações pessoais tornadas públicas em um único buscador privado. Essas plataformas realizam novo tratamento, com a finalidade de reunir em uma única exposição os dados pessoais. É o caso de analisar a licitude desse novo tratamento por meio das premissas: propósito legítimo e específico, bem como a preservação dos direitos do titular.

Portanto, haverá duas modalidades de tratamento. A primeira será a hipótese de tratamento original, por intermédio do qual os dados pessoais foram tornados públicos. Nessa modalidade, o responsável por garantir os direitos dos titulares é aquele que primeiro trata e comunica esses dados ao público. Comunicação ao público tome-se como possibilidade de acesso a qualquer pessoa, independentemente de restrições ou condicionamentos de acesso, tais como autorização ou solicitação. De igual forma, também será possível identificar a existência de públicos definidos: dados pessoais tornados públicos e com acesso restrito apenas para um grupo específico de pessoas. Ao passo em que esses terceiros realizem o tratamento dos dados, a eles se imputa o dever de assegurar os direitos dos titulares, e não mais àquele que promoveu o primeiro tratamento.

14. ALTERAÇÃO DE FUNDAMENTO PARA O TRATAMENTO DE DADOS

O §5º do art. 7º da LGPD permite que o tratamento de dados seja realizado com fundamento no consentimento do titular (art. 7, I), quando necessite comunicar ou compartilhar dados pessoais. Nessa situação, deverá obter consentimento específico para finalidade igualmente específica, ressalvadas as demais hipóteses de tratamento previstas na lei. Tal ordem de ideias permite reconhecer a possibilidade de que o tratamento de dados que, inicialmente, se dê com fundamento no consentimento do titular possa realizar-se em seguida, inclusive com o compartilhamento de dados, desde que se fundamente em outra hipótese legal expressa prevista no rol do art. 7º da Lei. Isso não exclui, contudo, a demonstração do atendimento à finalidade legítima, adequação e necessidade do tratamento, assim como sua adequação à hipótese legal que o autoriza, dentre as previstas no rol do art. 7º da LGPD. Os riscos de eventual tratamento irregular, por sua vez, são mitigados pelo §6º, seguinte, ao dispor que eventual dispensa da exigência do consentimento não desobriga os agentes de tratamento "das demais obrigações previstas nesta Lei, especialmente da observância dos princípios gerais e da garantia dos direitos do titular." Em outros termos, independentemente do fundamento do tratamento de dados e, mesmo, de sua alteração, não se eximem os agentes de tratamento da observância do regime legal, em especial quanto aos deveres impostos à atividade.

José Luiz de Moura Faleiros Júnior

Art. 8º O consentimento previsto no inciso I do art. 7º desta Lei deverá ser fornecido por escrito ou por outro meio que demonstre a manifestação de vontade do titular.

§ 1º Caso o consentimento seja fornecido por escrito, esse deverá constar de cláusula destacada das demais cláusulas contratuais.

§ 2º Cabe ao controlador o ônus da prova de que o consentimento foi obtido em conformidade com o disposto nesta Lei.

§ 3º É vedado o tratamento de dados pessoais mediante vício de consentimento.

§ 4º O consentimento deverá referir-se a finalidades determinadas, e as autorizações genéricas para o tratamento de dados pessoais serão nulas.

§ 5º O consentimento pode ser revogado a qualquer momento mediante manifestação expressa do titular, por procedimento gratuito e facilitado, ratificados os tratamentos realizados sob amparo do consentimento anteriormente manifestado enquanto não houver requerimento de eliminação, nos termos do inciso VI do *caput* do art. 18 desta Lei.

§ 6º Em caso de alteração de informação referida nos incisos I, II, III ou V do art. 9º desta Lei, o controlador deverá informar ao titular, com destaque de forma específica do teor das alterações, podendo o titular, nos casos em que o seu consentimento é exigido, revogá-lo caso discorde da alteração.

1. FORMA DO CONSENTIMENTO

O artigo 8º da LGPD traz maior aprofundamento quanto às características do consentimento para o tratamento de dados pessoais. Em seu *caput*, o dispositivo remete ao inciso I do artigo 7º, no qual está listada a referida "base legal".

É importante ressaltar que há diferenças de redação entre o artigo 7º, inciso I, e o artigo 11, inciso I, da LGPD. Ambos explicitam o consentimento como base legal, sendo o primeiro relativo ao tratamento de dados pessoais e o segundo ao tratamento de dados pessoais sensíveis.

Como salienta Vincenzo Zeno-Zencovich, os dados pessoais, "do nascimento à morte", são tratados "milhares de vezes ao dia", passando a ser uma "disciplina da vida cotidiana do sujeito e suas cotidianas relações sociais".[1] As hipóteses ("bases

---

1. ZENO-ZENCOVICH, Vincenzo. La 'Comunione' di dati personali. Un contributo al Sistema dei Diritti della Personalità. *Il Diritto dell'Informazione e Dell'Informatica*, Roma, Ano XXV, n. 1, p. 5-22, jan.-fev. 2009. p. 22.

legais"), que legitimam o tratamento de dados, passam a ser importante objeto de estudo nesse contexto, pois denotam os regimes adequados para que dados pessoais e dados pessoais sensíveis sejam tutelados, com diferentes causas de legitimação subjacente. E, em relação às hipóteses, não passa ao largo das observações da autora o fato de ter o legislador brasileiro distinguido rol de hipóteses específicas para o tratamento dos dados pessoais conceituados no artigo 5°, inc. I, e de outras hipóteses, também específicas, para o tratamento dos dados sensíveis, que o artigo 5°, inc. II, descreve. As primeiras estão listadas no artigo 7° da lei e as segundas, no artigo 11.

Nota-se que certos detalhes foram negligenciados pelo legislador, que é até mesmo repetitivo e confuso em alguns aspectos de diferenciação dos dados pessoais "comuns" em relação aos dados pessoais sensíveis.

A presença da palavra "somente" nos *caputs* dos dois dispositivos indica a taxatividade das hipóteses apresentadas. Entretanto, quanto aos dados pessoais sensíveis, a redundância que se mencionou anteriormente decorre da necessidade de indicação da finalidade do tratamento, que já consta do art. 9°, inc. I, da lei, e reaparece no art. 11, inc. I, quando se lê que a manifestação do consentimento para a coleta de dados deve se dar "de forma específica e destacada, para finalidades específicas". Outro ponto especialmente peculiar é a utilização de incisos (dez ao todo) para listar as hipóteses de tratamento do artigo 7° e, quanto às do artigo 11, terem sido utilizados incisos e alíneas. Um detalhe, a esse respeito, salta aos olhos: no caso dos dados sensíveis, o consentimento aparece em inciso próprio (art. 11, inc. I), ao passo que todas as demais hipóteses de tratamento aparecem listadas nas sete alíneas (de "a" até "g") do inciso seguinte (art. 11, inc. II), o que permite concluir que, embora não haja preponderância entre as hipóteses, há que se considerar a sensibilidade da própria atividade de tratamento de dados.[2] A partir disso, "além de se realizar uma proteção mais ampla dos dados sensíveis, tal proteção também deverá ser observada nos casos em que houver tratamento sensível de dados pessoais",[3] a denotar regime ampliado que qualifica a proteção defendida na tese e que se coaduna com importante enunciado, de n. 690, aprovado por ocasião da IX Jornada de Direito Civil do Conselho da Justiça Federal, em maio de 2022, com os seguintes dizeres: "a proteção ampliada conferida pela LGPD aos dados sensíveis deverá ser também

---

2. Em pesquisa anterior, desenvolvida em coautoria com o Professor Mario Viola, já destacou a Professora Chiara de Teffé o seguinte: "Os dados sensíveis necessitam mais do que nunca de uma tutela diferenciada e especial, de forma a se evitar que informações dessa natureza sejam vazadas, usadas indevidamente, comercializadas ou sirvam para embasar preconceitos e discriminações ilícitas em relação ao titular. Todavia, a mera proibição do tratamento de dados sensíveis é inviável, pois, em alguns momentos, o uso de tais dados será legítimo e necessário, além do que existem determinados organismos cuja própria razão de ser estaria comprometida caso não pudessem obter informações desse gênero, como, por exemplo, algumas entidades de caráter político, religioso ou filosófico". TEFFÉ, Chiara Spadaccini de; VIOLA, Mario. Tratamento de dados pessoais na LGPD: estudo sobre as bases legais. *Civilistica.com*, Rio de Janeiro, a. 9, n. 1, 2020. p. 37.

3. TEFFÉ, Chiara Spadaccini de. *Dados pessoais sensíveis*: qualificação, tratamento e boas práticas. Indaiatuba: Foco, 2022. p. 39.

aplicada aos casos em que houver tratamento sensível de dados pessoais, tal como observado no §1º do art. 11 da LGPD".

Adiante se verá, nos comentários ao artigo 11, que o tratamento consentido de dados pessoais sensíveis pressupõe que o titular ou seu responsável legal consinta "de forma específica e destacada, para finalidades específicas"; por outro lado, o artigo 7º, I, não contém os mesmos predicados, se limitando a sinalizar a possibilidade de que o tratamento de dados pessoais se dê "mediante o fornecimento de consentimento pelo titular".

Para esclarecer melhor os contornos desse consentimento, optou o legislador por estruturar o tema no artigo 8º e em seus parágrafos. O dispositivo guarda similaridades com o disposto no artigo 7º do Regulamento Geral sobre a Proteção de Dados (2016/679) europeu[4], apresentando o consentimento como manifestação de vontade, embora com ela não se confunda.[5] Nesse aspecto, convém lembrar a posição de Bruno Bioni, que se reporta aos escritos de Helen Nissenbaum[6] para propor

---

4. "Artigo 7.º – Condições aplicáveis ao consentimento.

   1. Quando o tratamento for realizado com base no consentimento, o responsável pelo tratamento deve poder demonstrar que o titular dos dados deu o seu consentimento para o tratamento dos seus dados pessoais.

   2. Se o consentimento do titular dos dados for dado no contexto de uma declaração escrita que diga também respeito a outros assuntos, o pedido de consentimento deve ser apresentado de uma forma que o distinga claramente desses outros assuntos de modo inteligível e de fácil acesso e numa linguagem clara e simples. Não é vinculativa qualquer parte dessa declaração que constitua violação do presente regulamento.

   3. O titular dos dados tem o direito de retirar o seu consentimento a qualquer momento. A retirada do consentimento não compromete a licitude do tratamento efetuado com base no consentimento previamente dado. Antes de dar o seu consentimento, o titular dos dados é informado desse facto. O consentimento deve ser tão fácil de retirar quanto de dar.

   4. Ao avaliar se o consentimento é dado livremente, há que verificar com a máxima atenção se, designadamente, a execução de um contrato, inclusive a prestação de um serviço, está subordinada ao consentimento para o tratamento de dados pessoais que não é necessário para a execução desse contrato."

5. CORDEIRO, A. Barreto Menezes. *Direito da Proteção de Dados*: à luz do RGPD e da lei n. 58/2019. Coimbra: Almedina, 2020, p. 172. Comenta: "Ao apresentar o consentimento como uma manifestação de vontade, o legislador reconduz este conceito ao universo dos negócios jurídicos, afastando-o dos atos jurídicos *stricto sensu*. Ao imputar esta classificação, o consentimento só poderá encontrar-se sujeito à dogmática civilística e a todos os seus desenvolvimentos. Não consta do RGPD, nem poderia constar, um completo regime negocial. Cabe ao intérprete-aplicador recorrer ao regime do negócio jurídico, previsto no Código Civil, com as óbvias adaptações, mas somente na medida em que o RGPD não consagre uma solução especial. (...) A manifestação de vontade não se confunde com o consentimento em si. A manifestação (ou declaração) corresponde a um dos requisitos que compõem a figura; sendo o consentimento, numa aceção ampla, o significado jurídico atribuído pelo sistema a uma determinada declaração."

6. Destaca a autora: "We have a right to privacy, but it is neither a right to control personal information nor a right to have access to this information restricted. Instead, it is a right to live in a world in which our expectations about the flow of personal information are, for the most part, met; expectations that are shaped not only by force of habit and convention but a general confidence in the mutual support these flows accord to key organizing principles of social life, including moral and political ones. This is the right I have called contextual integrity, achieved through the harmonious balance of social rules, or norms, with both local and general values, ends, and purposes. This is never a static harmony, however, because over time, conditions change and contexts and norms evolve along with them." NISSENBAUM, Helen. *Privacy in context*: technology, policy, and the integrity of social life. Stanford: Stanford University Press, 2010, p. 231.

a perspectiva de privacidade como integridade contextual, que pressupõe "analisar como se dá a dinâmica do tráfego informacional sob a perspectiva da relação que lhe dá origem (...) e, posteriormente, como terceiros podem nele ingressar"[7], haja vista a identificação de um valor social da proteção conferida aos dados pessoais, que afasta conceituações individualistas baseadas unicamente na vontade, ainda que se prestigie a sua expressão autodeterminada pelo indivíduo.[8]

De fato, há várias proposições que devem ser conjugadas para a aferição do escopo do dispositivo em questão. Várias das nuances devem ser analisadas de forma mais detida, especialmente em razão dos impactos práticos que podem ter para a compreensão dos contornos nos quais a vontade de consentir possa ser maculada por eventos que demandarão prova em eventual demanda ou para assegurar o exercício de direitos pelo titular de dados, especialmente o de revogação.

1.1 O consentimento verbal

Em linhas gerais, quanto à forma do consentimento, a lei é assertiva: "deverá ser fornecido por escrito ou por outro meio que demonstre a manifestação de vontade do titular". A admissão de meios diversos do tradicionalmente escrito – a indicar sua não exigência –, embora não se possa negar sua licitude, revela dimensão concernente ao alto grau de liberdade que se espera das relações derivadas da autodeterminação informativa que norteia a estruturação da lei, conforme já mencionado.

Segundo Márcio Cots e Ricardo Oliveira,

---

7. BIONI, Bruno Ricardo. *Proteção de dados pessoais*: a função e os limites do consentimento. Rio de Janeiro: Forense, 2019, p. 213.

8. Excelente exploração histórica do conceito de autodeterminação informativa pode ser colhida de rica pesquisa realizada por Laura Schertel Mendes. Como afirma a autora, "Ainda que a concepção da esfera privada tenha importante papel na jurisprudência constitucional, as críticas à relatividade da esfera privada e ao contexto do uso dos dados evidenciaram seus déficits no contexto da sociedade da informação e ensejaram uma evolução desse conceito". MENDES, Laura Schertel. Autodeterminação informativa: a história de um conceito. *Pensar: Revista de Ciências Jurídicas*, Fortaleza, v. 25, n. 4, p. 1-18, out./dez. 2020, p. 15. Também é importante lembrar da distinção da autodeterminação informativa em relação à proteção de dados pessoais, embora sejam dois direitos fundamentais amplamente reconhecidos. Como lembra Ingo Sarlet, "O que se pode afirmar, sem temor de incorrer em erro, é que seja na literatura jurídica, seja na legislação e jurisprudência, o direito à proteção de dados vai além da tutela da privacidade, cuidando-se, de tal sorte, de um direito fundamental autônomo, diretamente vinculado à proteção da personalidade." SARLET, Ingo Wolfgang. Proteção de dados pessoais como direito fundamental na Constituição Federal Brasileira de 1988: contributo para a construção de uma dogmática constitucionalmente adequada. *Direitos Fundamentais & Justiça*, Belo Horizonte, ano 14, n. 42, p. 179-218, jan./jun. 2020, p. 191. Em arremate, recomenda-se a leitura de: MENKE, Fabiano. As origens alemãs e o significado da autodeterminação informativa. In: MENKE, Fabiano; DRESCH, Rafael de Freitas Valle (Coord.). *Lei Geral de Proteção de Dados*: aspectos relevantes. Indaiatuba: Foco, 2021, p. 13-22; JOELSONS, Marcela. Autodeterminação informativa em direito comparado: análise dos contextos históricos e decisões paradigmas das cortes constitucionais alemã e brasileira. *Revista de Direito Constitucional e Internacional*, São Paulo, v. 199, p. 233-272, maio/jun. 2020. Recomenda-se, ainda, a leitura integral de RODRIGUEZ, Daniel Piñeiro. *O direito fundamental à proteção de dados*: vigilância, privacidade e regulação. Rio de Janeiro: Lumen Juris, 2021.

o importante é que a manifestação da vontade seja: (i) preservada e inequívoca; (ii) seja inteligível, ou seja, deve ser compreensível caso precise ser comprovada, especialmente perante as esferas judiciais; e (iii) esteja adequadamente atrelada aos termos do tratamento de dados, isto é, é necessário comprovar que determinado consentimento se deu sobre determinado tratamento.[9]

Nesse aspecto, é sempre valioso lembrar que a perspectiva individualista do controle que se expressa por meios diversos do escrito acaba por conduzir à distorcida percepção de ruptura paradigmática, capaz de atribuir novos contornos aos direitos fundamentais à intimidade e à privacidade. Sem dúvidas, a predileção por modelos escritos para a expressão da vontade tem origens remotas, que podem ser direcionadas ao clássico artigo *"The right to privacy"*, de Samuel Warren e Louis Brandeis, em que, por primeiro, se analisou o direito de ser deixado só (*right to be let alone*)[10]. Hoje, porém, não se pode negar que a complexidade das relações sociais desvela enredamentos ínsitos à própria assimilação do consentimento. Como ressaltam Gustavo Tepedino e Chiara de Teffé:

> O consentimento do titular apresenta-se na LGPD como a primeira possibilidade para a realização do tratamento de dados pessoais (art. 7º, I), sendo que ele, nesse caso, deverá ser fornecido por escrito ou por outro meio que demonstre a manifestação de vontade do titular (art. 8º). A lei não exige, portanto, o consentimento escrito, mas, caso assim ele seja colhido, deverá constar em cláusula destacada das demais cláusulas contratuais.[11]

O artigo 60 da LGPD alterou expressamente dois dispositivos do Marco Civil da Internet, mas permanece vigente a redação atribuída ao artigo 7º, VII, que já exigia que o consentimento fosse expresso, embora, como se adiantou, o artigo 7º, I, da LGPD exija que o consentimento seja inequívoco, provado por qualquer meio lícito, o que permite constatar a viabilidade do consentimento verbal ou implícito, para além do tradicional consentimento escrito.

A manifestação meramente verbal da vontade, especialmente em tempos de hiperconexão, em que tudo pode ser facilmente registrado e catalogado, parece remeter a algum tipo de discussão meramente teórica, sem aplicação prática.

Há abundância de exemplos nos quais é possível imaginar o titular de dados assentindo ao ser consultado quanto à coleta de determinado dado seu... Imagine-se a coleta da imagem e da voz, em videoconferência on-line, que, antes de ser gravada, é submetida a consulta dos demais participantes, pelo anfitrião, quanto à intenção de gravar. Obtido o consenso, sem que se tenha iniciado a gravação propriamente dita, o silêncio dos participantes que estiverem conectados poderá ser interpretado

---

9. COTS, Márcio; OLIVEIRA, Ricardo. *Lei Geral de Proteção de Dados Pessoais comentada*. São Paulo: Thomson Reuters Brasil, 2018, p. 115.

10. WARREN, Samuel D.; BRANDEIS, Louis D. The right to privacy. *Harvard Law Review*, Cambridge, v. 4, n. 5, p. 193-220, dez. 1890. Disponível em: https://www.jstor.org/stable/1321160. Acesso em: 18 fev. 2025.

11. TEPEDINO, Gustavo; TEFFÉ, Chiara Spadaccini de. O consentimento na circulação de dados pessoais. *Revista Brasileira de Direito Civil – RBDCivil*, Belo Horizonte, v. 25, p. 83-116, jul./set. 2020, p. 98.

como consentimento implícito para o ato de tratamento em questão. Trata-se de exemplo quase trivial, mas que encontra sustentáculos no próprio princípio da boa-fé, textualmente listado no artigo 6º, *caput*, da LGPD e que acarretará desdobramentos probatórios, conforme se verá adiante.

1.2 O consentimento escrito (e o respectivo destaque): o modelo *"opt-in"*

O ato de consentir, para que seja considerado "informado", usualmente se reveste de contornos tipicamente visualizados na estruturação dogmática da boa-fé objetiva. Como ressaltam Isabella Frajhof e Ana Lara Mangeth, "reconhecendo que as informações prestadas ao titular de dados constituem elemento legitimador da sua concordância em relação ao tratamento de seus dados pessoais, (...) deverá ser informado sobre determinadas particularidades do tratamento para que haja a completa compreensão sobre o destino que será atribuído aos seus dados pessoais."[12] Como forma de garantir a assimilação dessas particularidades, é esperado que um documento seja lavrado, com atribuição de destaque visual aos termos que revelem o consentimento para o tratamento de dados pessoais.

A título exemplificativo, lembremo-nos da área da saúde, na qual é comum que haja grande preocupação com o devido esclarecimento do paciente acerca de todos os aspectos relevantes para a realização de seu atendimento. A lavratura dos Termos de Consentimento Livre e Esclarecido – TCLEs é prática comum e desejável, há tempos fomentada, e da qual se podem extrair importantes lições sobre como a obtenção do consentimento escrito tende a trazer maior higidez para o tratamento de dados pessoais. Aliás, mesmo em documentos redigidos com grande detalhamento técnico – que podem ser de difícil compreensão, como no jargão da Medicina –, explicações, esclarecimentos e o respectivo consentimento podem se efetivar com o devido destaque clausular, sem que haja prejuízo cognitivo ou embaraço à aferição de sua manifestação.[13]

Nesse aspecto, merece menção a distinção que se faz entre o consentimento para a realização do atendimento médico e o consentimento relativo ao tratamento de dados pessoais. Sobre o tema, Flaviana Rampazzo Soares explica que "é possível

---

12. FRAJHOF, Isabella Z.; MANGETH, Ana Lara. As bases legais para o tratamento de dados pessoais. In: MULHOLLAND, Caitlin (Org.). *A LGPD e o novo marco normativo no Brasil*. Porto Alegre: Arquipélago Editorial, 2020, p. 70.

13. Como já tivemos a oportunidade de alertar: "O consentimento é tido pelo legislador como gatilho para a filtragem da coleta indevida de dados. Optou-se por admitir o tratamento, mediante coleta consentida de dados pessoais, inclusive de dados pessoais sensíveis (inciso X do art. 5º e inciso I do art.11), mas exige-se a observância de finalidade específica. Tudo parte da necessidade de um novo olhar sobre a informação. Na medida em que o consentimento passa a ser o critério fundamental para a coleta, torna-se essencial que o indivíduo saiba discernir os limites e os riscos que enfrentará com o fornecimento de seus dados a determinado agente." FALEIROS JÚNIOR, José Luiz de Moura. Reflexões sobre as bases legais para o tratamento de dados pessoais relativos à saúde na Lei Geral de Proteção de Dados Pessoais. *Revista de Direito Médico e da Saúde*, Brasília, n. 24, p. 11-26, set. 2021, p. 18.

afirmar que o [consentimento do paciente no atendimento em saúde] está sujeito à LGPD no que tange aos dados e informações a ela relacionados, e não quanto ao objeto e objetivo do consentimento em si (que é um específico atendimento), e a incidência da LGPD se circunscreverá ao que disser respeito ao tratamento de dados".[14] Essa dinâmica se torna ainda mais complexa – é preciso frisar – quando envolve o compartilhamento de dados com outros controladores, em que incidirão as disposições do artigo 7º, §5º, e do artigo 11, §4º, da LGPD, sendo exigido o consentimento específico, no primeiro dispositivo, em caráter antecedente.[15]

Nesse ponto, o modelo de consentimento *"opt-in"* parece preponderar como técnica de adesão para atribuição do destaque.[16] Em síntese, ao invés de o titular optar por não permitir o tratamento de seus dados pessoais, realiza ação que pode ser interpretada como manifestação de vontade positiva. É possível fazê-lo por várias técnicas: (i) marcando uma caixa de seleção; (ii) clicando em um botão ou link; (iii) selecionando a partir de uma opção binária (sim/não), de botões ou de um menu *drop-down*; (iv) escolhendo configurações ou preferências no painel da conta; (v) respondendo a um e-mail que solicita o consentimento; (vi) respondendo positivamente a um pedido claro de consentimento verbal gravado, seja na presença do interlocutor ou por ligação; (vii) mediante aposição de assinatura em uma declaração de consentimento em formulário de papel; (viii) assinando eletronicamente um documento, por técnica criptográfica lícita e suficientemente confiável.

Trata-se de evidente rol exemplificativo, que ainda abre margem a discussões mais curiosas e atuais sobre a relação de proximidade entre design e direito. Sem dúvidas, mais do que simplificar a cognição, certas técnicas e ferramentas podem otimizar a interlocução entre o titular e o agente de tratamento quanto à obtenção do consentimento e, especialmente, quanto ao esperado destaque que se deve atribuir ao modelo escrito, por força do que exige o §1º do artigo 8º.

Isso abre margem a estratégias de interação centradas no usuário – que serão mais bem apresentadas adiante – e que primam pela compreensão do conteúdo que gerará o vínculo obrigacional. Mais do que a robustez formal, importa visualizar o

---

14. SOARES, Flaviana Rampazzo. Consentimento no direito da saúde nos contextos de atendimento médico e de LGPD: diferenças, semelhanças e consequências no âmbito dos defeitos e da responsabilidade. *Revista IBERC*, Belo Horizonte, v. 4, n. 2, p. 18-46, maio/ago. 2021, p. 34.

15. Trata-se de situação que guarda similaridades com o regramento estabelecido no RGPD, impondo a adoção de cautelas, como explicam Carla Barbosa e "Naturalmente que esse compartilhamento de dados deverá estar rodeado das devidas cautelas, uma vez que cumpre aferir se e em que medida a sua partilha é estritamente necessária (...). Em qualquer caso, tais atividades de tratamento de dados sobre a saúde autorizadas por motivos de interesse público não deverão ter por resultado que os dados sejam tratados para outros fins por terceiros, como os empregadores ou as companhias de seguros e entidades bancárias." BARBOSA, Carla; LOPES, Dulce. RGPD: compartilhamento e tratamento de dados sensíveis na União Europeia – o caso particular da saúde. In: DALLARI, Analluza Bolivar; MONACO, Gustavo Ferraz de Campos (Coord.). *LGPD na saúde*. São Paulo: Thomson Reuters Brasil, 2021, p. 50.

16. HEIMES, Rita. How opt-in consent really works. *IAPP*, 22 fev. 2019. Disponível em: https://iapp.org/news/a/yes-how-opt-in-consent-really-works/. Acesso em: 18 fev. 2025.

destaque como mecanismo de elevação do grau de interação entre as partes envolvidas para que haja ampla compreensão. O fomento à interatividade, nesse aspecto, atribui inegável realce à reformulação de documentos (especialmente de contratos, na tendência que a doutrina especializada vem designando como *contract design*) para que não apenas sejam esteticamente melhor apresentáveis, mas também para que conduzam à rápida e mais efetiva assimilação de conteúdo.[17]

1.3 O consentimento e as assinaturas eletrônicas

Com o fomento à formalização de documentos diretamente em meio eletrônico (assim chamados documentos 'nato-digitais'), a utilização de assinaturas eletrônicas se mostra imprescindível, inclusive para facilitar a interação entre as partes com alto grau de confiabilidade, dispensando-se o contato presencial. Nos dizeres de Fabiano Menke, "agora se vive a realidade de (...) ter de diminuir bastante a necessidade de utilização das assinaturas manuscritas. E isto se deve justamente ao desenvolvimento da criptografia assimétrica, e, com ela, a criação das assinaturas digitais."[18] Há que se considerar uma mudança importante de comportamento, com redução expressiva do uso de papel – em consolidação ao modelo de sociedade *paperless*[19] – e migração de diversos negócios jurídicos para ambiente virtual.

Recente reforma realizada pela Lei nº 14.063, de 25 de setembro de 2020, reclassificou as modalidades admitidas no Brasil, que agora são três, todas elas conceituadas nos incisos do artigo 4º da lei:

Art. 4º Para efeitos desta Lei, as assinaturas eletrônicas são classificadas em:

I – assinatura eletrônica simples:

a) a que permite identificar o seu signatário;

b) a que anexa ou associa dados a outros dados em formato eletrônico do signatário;

II – assinatura eletrônica avançada: a que utiliza certificados não emitidos pela ICP-Brasil ou outro meio de comprovação da autoria e da integridade de documentos em forma eletrônica, desde que admitido pelas partes como válido ou aceito pela pessoa a quem for oposto o documento, com as seguintes características:

a) está associada ao signatário de maneira unívoca;

---

17. Nessa temática, remetemos o leitor à leitura de importantíssimo estudo: COMPAGNUCCI, Marcelo Corrales; HAAPIO, Helena; FENWICK, Mark. The many layers and dimensions of contract design. In: COMPAGNUCCI, Marcelo Corrales; HAAPIO, Helena; FENWICK, Mark (Ed.). *Research Handbook on Contract Design*. Cheltenham: Edward Elgar, 2022, 2-18.

18. MENKE, Fabiano. *Assinatura eletrônica no direito brasileiro*. São Paulo: Revista dos Tribunais, 2005, p. 30. O autor ainda explica: "As assinaturas eletrônicas, e a espécie assinatura digital, surgem justamente como auxiliar na tarefa de sanar uma imperfeição ínsita das comunicações veiculadas no meio digital, qual seja a de não se ter certeza da identidade da pessoa com a qual se está falando. Enquanto que, no mundo físico, no mais das vezes, se trava contato presencial com a pessoa com quem se contratará ou se entabulará algum tipo de comunicação, no mundo virtual essa já não é a regra."

19. O conceito foi originalmente apresentado por LANCASTER, Frederick. *Toward paperless information systems*. Nova York: Academic Press, 1978.

b) utiliza dados para a criação de assinatura eletrônica cujo signatário pode, com elevado nível de confiança, operar sob o seu controle exclusivo;

c) está relacionada aos dados a ela associados de tal modo que qualquer modificação posterior é detectável;

III – assinatura eletrônica qualificada: a que utiliza certificado digital, nos termos do § 1º do art. 10 da Medida Provisória nº 2.200-2, de 24 de agosto de 2001.

§ 1º Os 3 (três) tipos de assinatura referidos nos incisos I, II e III do *caput* deste artigo caracterizam o nível de confiança sobre a identidade e a manifestação de vontade de seu titular, e a assinatura eletrônica qualificada é a que possui nível mais elevado de confiabilidade a partir de suas normas, de seus padrões e de seus procedimentos específicos.

§ 2º Devem ser asseguradas formas de revogação ou de cancelamento definitivo do meio utilizado para as assinaturas previstas nesta Lei, sobretudo em casos de comprometimento de sua segurança ou de vazamento de dados.

Com o claro intuito de prevenir fraudes, exige-se a identificação do signatário com garantia mínima de integridade para documentos assinados sem a adoção de chaves de padrão ICP-Brasil (criptografia assimétrica) – reflexo claro da inviabilidade de se exigir que todo cidadão brasileiro possua certificado digital (o popular 'token') para promover, com assinatura criptografada[20], o modelo nomeado pela nova lei de 'assinatura eletrônica qualificada'. Como consequência, nota-se que as três categorias indicam espectro crescente de confiabilidade e segurança.

Uma 'assinatura eletrônica simples' jamais poderá ser, por exemplo, a representação simplória da firma manuscrita (feita com caneta e papel) digitalizada e convertida em arquivo binário (geralmente uma imagem em formato .jpg ou .png) e inserida em um documento .pdf logo acima de um nome ou linha de assinatura. Esse tipo de procedimento – pouco confiável e altamente fraudável – não atende ao disposto no artigo 4º, I, "b", da Lei nº 14.063/2020, pois não permite associar os dados em questão (extraídos da imagem da firma manuscrita) a outros dados em formato eletrônico do signatário.

Convém destacar, a partir dessa constatação, a diferença de tratamento entre os documentos nato-digitais e os documentos digitalizados.

---

20. MENKE, Fabiano. A alocação dos riscos na utilização da assinatura digital. *Migalhas de Responsabilidade Civil*, 02 jun. 2020. Disponível em: https://www.migalhas.com.br/coluna/migalhas-de-responsabilidade-civil/328076/a-alocacao-dos-riscos-na-utilizacao-da-assinatura-digital. Acesso em: 18 fev. 2025. Comenta: "Quanto ao segundo aspecto, a criptografia assimétrica agrega algo que implica em verdadeira guinada no que diz respeito à lógica das ferramentas de identificação, uma vez que segrega, o que poderia ser chamado de senha, em chave pública e chave privada. A chave pública, como a denominação indica, é de conhecimento e acesso geral. Mas a chave privada é armazenada em dispositivos seguros como *tokens* e cartões inteligentes, de onde não é exportada. Novamente, calha a comparação com *login* e senha, porquanto estes, além de serem conhecidos do titular que os criou, ficam armazenados nos bancos de dados dos fornecedores, de modo que, para efeitos de imputação jurídica ambos podem ser considerados, tanto titular quanto fornecedor. O compartilhamento da senha que existe no mecanismo de *login* e senha não se faz presente no emprego do certificado digital com criptografia assimétrica e chave privada."

Em linhas gerais, quando foi publicada a Lei da Digitalização (Lei nº 12.682/2012), seu intuito se mostrou bastante alinhado à tendência de conversão do vasto acervo de processos judiciais – usualmente instrumentalizados em meio físico – para a internet. Porém, seu campo de aplicação se tornou mais largo e, hoje, em razão de reforma realizada pela Lei nº 13.874/2019, cogita-se de sua aplicação a outras situações.

Segundo Newton De Lucca,

> Digitalizar significa converter em números o que se quer transmitir. A digitalização permite que distintos tipos de dados e de informação, como textos, voz e imagens possam converter-se em números, ser tratados do mesmo modo e transmitidos pelas mesmas linhas. O fenômeno multimídia, ou hipermídia é resultado da digitalização de todos os tipos de sinais.[21]

Surgem, então, duas figuras diversas a serem consideradas: (i) o documento particular eletrônico digitalizado e assinado eletronicamente; (ii) o documento particular nato-digital. Quanto ao primeiro, o artigo 3º da Lei nº 12.682/2012 define que "o processo de digitalização deverá ser realizado de forma a manter a integridade, a autenticidade e, se necessário, a confidencialidade do documento digital, com o emprego de certificado digital emitido no âmbito da Infraestrutura de Chaves Públicas Brasileira – ICP–Brasil." Tal exigência, compatibilizada com o conceito de assinatura eletrônica qualificada (art. 4º, III, da Lei 14.063/2020), já afastaria a viabilidade do documento particular no qual tenha sido expressado o consentimento em papel e que, posteriormente, tenha sido transformado em documento eletrônico pela digitalização, mas não tenha sido assinado por chave dotada de criptografia assimétrica ('assinatura eletrônica qualificada'), embora esta não seja obrigatória.

Sem dúvidas, os modelos mais seguros ('assinatura eletrônica avançada' e 'assinatura eletrônica qualificada') serão desejáveis para a confecção de documentos nato-digitais, nos quais se expresse o consentimento para o tratamento de dados pessoais.

No Brasil, tal tema ganhou enorme relevância desde a publicação do Provimento nº 100 do Conselho Nacional de Justiça (que criou o sistema "e-Notariado" para reger as atividades das serventias notariais e registrais[22]). A partir de referido ato, essa mesma discussão passou a permear o contexto da emanação de atos de vontade por meio eletrônico em razão da total dependência da fé pública das autoridades notariais para, em observância aos regulamentos expedidos pelo Poder Judiciário, por força do disposto nos arts. 37 e 38 da Lei nº 8.935, de 18 de novembro de 1994, garantir-se não apenas existência a esses documentos, mas validade e eficácia.

---

21. DE LUCCA, Newton. *Aspectos jurídicos da contratação informática e telemática.* São Paulo: Saraiva, 2003, p. 131.

22. Cabe lembrar, nesse ponto, que as atividades notariais e registrais são regidas pelo disposto no Capítulo IV da LGPD, sujeitando-se ao chamado "tratamento público de dados" por disposição expressa do artigo 23, §§ 4º e 5º, da lei.

1.4 Consentimento, contratos de adesão *shrink-wrap/click-wrap* e termos de uso *browse-wrap*

A contratação realizada pela internet se consolidou, ao longo das décadas de 1990 e 2000, a partir de modelos escritos, considerados contratos de adesão estáticos, que somente poderiam ser preenchidos pelo contratante em campos específicos de um *website*, restando-lhe, ao final, aceitar os termos. Na visão de Ricardo Luis Lorenzetti, "é válida a celebração do contrato por adesão às condições gerais de contratação, obtida esta, ou por uma adesão expressa ou tácita, ou ainda por atos meramente lícitos ou por comportamentos declaratórios ou não declaratórios."[23]

Entretanto, Cíntia Rosa Pereira de Lima, em Tese pioneira sobre o tema[24], explorou tais modelos, tendo analisado seus variados reflexos e sua popularização a partir das nomenclaturas inglesas *shrink-wrap* e *click-wrap*. Sua marca precípua é a existência de um ato singelo (rolar a página e/ou clicar) para expressar a concordância com as cláusulas de adesão. Em língua inglesa, o fenômeno também era descrito por essas mesmas ações, em modelos que se tornaram conhecidos como "*scroll down, click and accept*". A característica preponderante desses modelos de adesão sempre foi a pouca atenção dedicada pelo interessado à leitura minuciosa dos longos e complexos termos.

Sobre o tema, comentam Beatriz Haikal, Daniel Becker e Pedro Gueiros:

> Sob o senso comum, até alguns anos atrás, seu conceito sempre foi associado a um contexto negativo: páginas numerosas, leitura cansativa e letras miúdas adjetivavam esta modalidade contratual, ao qual associava-se a conspirações empresariais para a legitimação de condutas excessivas ou até ilícitas.

> Muito embora soe vago e falacioso este último argumento, o conceito de Termos de Uso originalmente é falho. A alteridade na arquitetura de escolhas deste tipo de contrato de adesão traduz-se em um botão atraente que concede a entrada de indivíduos na participação da vida cibernética. Resistir à tentação de clicar nele e dedicar-se ao escrutínio de seu conteúdo era uma opção para alguns advogados ou para uns poucos aventureiros curiosos.[25]

Também se popularizou o modelo identificado pela doutrina como *browse-wrap*, mais comum em documentos como "termos de uso" e "políticas de privacidade", como esclarece Cíntia Rosa Pereira de Lima: "É possível, também, que o fornecedor distribua seus produtos e serviços através da imposição unilateral de termos e

---

23. LORENZETTI, Ricardo Luis. *Comércio eletrônico*. Tradução de Fabiano Menke. São Paulo: Revista dos Tribunais, 2004, p. 335.

24. Cf. LIMA, Cíntia Rosa Pereira de. *Validade e obrigatoriedade dos contratos de adesão eletrônicos* (shrink-wrap e click-wrap) *e dos termos e condições de uso* (browse-wrap): um estudo comparado entre Brasil e Canadá. 2009, 673f. Tese (Doutorado em Direito) – Faculdade de Direito, Universidade de São Paulo. São Paulo, 2009.

25. HAIKAL, Beatriz; BECKER, Daniel; GUEIROS, Pedro. Termos de uso e política de privacidade: design e visual law como promotores do princípio da transparência. In: FALEIROS JÚNIOR, José Luiz de Moura; CALAZA, Tales (Coord.). *Legal design*: teoria e prática. Indaiatuba: Foco, 2021, p. 228.

condições contratuais, que podem estar escritos ou não escritos; podem, ainda, ser acessíveis através de sucessivos cliques (*deep linking*) em *hiperlinks*, como ocorre no tipo *browse-wrap*."[26]

Apesar de claramente ultrapassadas, tais estruturas de *layout* ainda são comuns, embora indesejáveis. De fato, o consentimento obtido por modelos como os contratos de adesão *shrink-wrap* e *click-wrap* ou os termos de uso *browse-wrap* dificilmente será livre, informado e inequívoco. Raramente será atingida a finalidade almejada e, não raro, o consentimento expressado pelo internauta restará viciado pela pressa e pela desatenção.

Consequentemente, tais estruturas não refletem as melhores soluções para a interação virtual com vistas à elucidação dos contornos pelos quais se realiza eventual atividade de tratamento de dados na internet. Conforme se verá, até mesmo para que seja atendido o comando contido no § 4º do artigo 8º, que veda as autorizações genéricas – muito comuns nesses modelos contratuais de adesão ou nos termos de uso excessivamente abertos –, maculando-as de nulidade, certo grau de especificação e minudência será desejável.

1.5 Consentimento informado, experiência do usuário (*user experience*, ou UX) e *visual law*

Outra temática que adquirirá importante proeminência na ressignificação das formas de obtenção do consentimento envolve a disciplina do que hoje se convencionou nomear de experiência do usuário (*user experience*, ou apenas UX), cujo foco – centrado nas vivências e percepções[27] – tem grande relevância para que métodos criativos de obtenção do consentimento, com licitude e suporte nas previsões do artigo 8º da LGPD, sejam pensados e implementados em atividades variadas de tratamento.

Valiosa a síntese de Camilla Telles:

---

26. LIMA, Cíntia Rosa Pereira de. Contratos de adesão eletrônicos (*shrink-wrap* e *click-wrap*) e os termos de condições de uso (*browse-wrap*). In: LIMA, Cíntia Rosa Pereira de; NUNES, Lydia Neves Bastos Telles (Coord.). *Estudos avançados de direito digital*. Rio de Janeiro: Elsevier, 2014, p. 111.

27. A temática envolver verdadeira mudança de cultura, que, para os agentes de tratamento de dados de qualquer setor, pode acarretar profunda ressignificação dos modelos mais tradicionais de realização da atividade informadora e esclarecedora que está envolvida na obtenção do consentimento livre e inequívoco para que haja verdadeira primazia das interações, com valorização das experiências de interlocução entre titular e agente. Na prestação de serviços jurídicos, o tema já permite falar em uma "*legal customer experience*", como explica a doutrina: "Em resumo, para construção do *legal customer experience*, defina seu objetivo e – mais importante – coloque o cliente no centro das decisões. Depois, cuide dos relacionamentos – valorize a experiência das pessoas que somam forças para o alcance do seu objetivo, sejam colaboradores, sócios, fornecedores. E por último, mas não menos relevante, cuide dos processos – a cultura precisa ser viva, tem de estar presente em todas as áreas e departamentos da sua organização." COELHO, Alexandre Zavaglia; BATISTA, Cynara de Souza. Deisgn de serviços jurídicos. In: FALEIROS JÚNIOR, José Luiz de Moura; CALAZA, Tales (Coord.). *Legal design*: teoria e prática. Indaiatuba: Foco, 2021, p. 53.

Experiências são claramente subjetivas, já que cada usuário tem uma diferente experiência ao usar um produto, serviço ou objeto. Isso acontece porque a experiência é influenciada por diversos fatores humanos (visão, capacidade de leitura, habilidade etc.) e fatores externos (temperatura, ambiente, horário do dia). Todas as vivências de uma pessoa com uma marca, produto ou serviço, seja no momento de compra ou no de uso, incluindo a parte emocional, são definidas como experiência do usuário. Essa experiência engloba todo e qualquer ponto de acesso ou contato com uma marca ou empresa. Além do termo conhecido como 'Experiência' do usuário, essa definição vem do inglês *User Experience* (UX). Dessa forma, é comum ver alguns escritores se referindo ao tema como apenas UX, além de profissões com essa sigla.[28]

Essa perspectiva tem enorme valor para a revisão dos famigerados "termos de uso" e "políticas de privacidade", geralmente padronizados, extensos e repetitivos.[29] Tais documentos, quanto mais sintéticos, claros e elucidativos, mais tendem a expressar clareza, robustecendo a transparência na atuação do agente de tratamento e atendendo aos diversos princípios listados no artigo 6º da LGPD.

O mesmo se pode dizer da implementação de elementos visuais (chamados, na seara jurídica, de *visual law*), que permitam facilitar a leitura e internalização de uma informação importante. Para o ato de consentir, tradicionalmente obtido em rápida apresentação de condições que o usuário não costuma ler com a devida atenção, simplificar pode representar grandes ganhos. Elementos visuais têm exatamente o mérito de substituir textos extensos, por exemplo, por gravuras e diagramas, facilitando a percepção e ativando a intuição para que não haja consentimento açodado.

A preocupação se justifica, pois há grande assimetria informacional – especialmente em estruturas dependentes da internet para a manifestação do consentimento –, o que implica considerar as diferentes percepções que cada pessoa pode ter no contato com documentos jurídicos que explicitem as condições de realização do tratamento de dados pessoais.

Com efeito,

por mais que os documentos jurídicos, principalmente no âmbito da tutela da privacidade e da proteção de dados pessoais, cuja presença é relevante, estejam disponíveis nas plataformas dos controladores, cumprindo formalmente os princípios da transparência e prestação de contas, surge o questionamento acerca do efetivo e material cumprimento dos referidos princípios.[30]

A partir de renovada perspectiva, que abandona os modelos padronizados de outrora, como os já superados contratos de adesão *shrink-wrap* e *click-wrap* e os

---

28. TELLES, Camilla. Experiência do usuário (*user experience*) e legal design. In: FALEIROS JÚNIOR, José Luiz de Moura; CALAZA, Tales (Coord.). *Legal design*: teoria e prática. Indaiatuba: Foco, 2021, p. 199.

29. Sobre o tema, conferir HAGAN, Margaret. Prototyping for policy. In: CAMPAGNUCCI, Marcelo Corrales; HAAPIO, Helena; HAGAN, Margaret; DOHERTY, Michael (Ed.). *Legal design*: integrating business, design and legal thinking with technology. Cheltenham: Edward Elgar, 2021.

30. VILLANI, Mônica; GUGLIARA, Rodrigo; COPPOLA JÚNIOR, Ruy. Aplicação do legal design como ferramenta essencial do compliance de proteção de dados. In: FALEIROS JÚNIOR, José Luiz de Moura; CALAZA, Tales (Coord.). *Legal design*: teoria e prática. Indaiatuba: Foco, 2021, p. 215.

termos de uso *browse-wrap*, para privilegiar estruturas mais enxutas – mas que não prejudicam a compreensão –, o que se vislumbra é a necessidade de que agentes de tratamento trabalhem com foco direcionado à reestruturação dos mecanismos que utilizam para informar e esclarecer os titulares sobre as atividades de tratamento que realizam. E, com incrementada assimilação, maior confiabilidade se terá no momento em que o consentimento for expressado.

2. ÔNUS DA PROVA

Ainda que seja lícito o consentimento verbal ou expressado por outros meios e técnicas – usualmente por interações virtuais, como cliques, marcação de caixas de seleção (*check-boxes*) e estruturas de design aplicado –, surge, para o controlador que opta por técnica diversa da escrita, inegável múnus probatórios quanto à sua obtenção.

Esse é o teor do §2° do artigo 8°, que é categórico ao delimitar a incidência desse *onus probandi*: "cabe ao controlador o ônus da prova de que o consentimento foi obtido em conformidade com o disposto nesta lei". Em igual sentido, o artigo 7.°, item 1, do RGPD, prevê que "o responsável pelo tratamento deve poder demonstrar que o titular dos dados deu o seu consentimento para o tratamento dos seus dados pessoais." Trata-se de situação específica, já excepcionada na lei e que não dependerá da excepcional inversão do ônus da prova prevista no artigo 42, § 2°, da LGPD.[31]

Confira-se a ponderação de Gustavo Tepedino e Chiara de Teffé:

> Não se deve confundir a validade do consentimento, especialmente de seus requisitos formais, com a sua prova. Todavia, é aconselhável ao agente de tratamento que tenha registrado em documento escrito o consentimento dado pelo titular. Isso porque, como dispõe o art. 8°, §2°, da LGPD, caberá ao controlador o ônus da prova de que o consentimento foi obtido em conformidade com o disposto na lei, o que é influência direta do princípio da responsabilização e prestação de contas (art. 6°, X).[32]

A distribuição do ônus da prova, em relação à existência do consentimento e à licitude da forma adotada para a sua obtenção, está claramente definida na lei e impõe considerar todas as particularidades dos contextos nos quais esse consentimento é manifestado virtualmente. Para fins probatórios, por vezes, metadados serão imprescindíveis componentes, uma vez que têm o condão de corroborar detalhamentos importantes para a contextualização da forma, da data, do horário e das

---

31. "Art. 42. (...) § 2° O juiz, no processo civil, poderá inverter o ônus da prova a favor do titular dos dados quando, a seu juízo, for verossímil a alegação, houver hipossuficiência para fins de produção de prova ou quando a produção de prova pelo titular resultar-lhe excessivamente onerosa."

32. TEPEDINO, Gustavo; TEFFÉ, Chiara Spadaccini de. O consentimento na circulação de dados pessoais. *Revista Brasileira de Direito Civil – RBDCivil*, Belo Horizonte, v. 25, p. 83-116, jul./set. 2020, p. 98.

condicionantes (como liberdade e esclarecimento) que circundaram a manifestação do consentimento pelo titular em plataformas virtuais.

3. VÍCIOS DE CONSENTIMENTO

Na Lei Geral de Proteção de Dados (LGPD) brasileira, os vícios de consentimento se referem a situações em que o consentimento do titular dos dados é obtido de maneira inadequada ou insuficiente. Esses vícios podem comprometer a validade e a legitimidade do consentimento, resultando em riscos significativos para a proteção de dados pessoais.

Analisando as vicissitudes que podem acometer a manifestação de vontade, à luz do RGPD, A. Barreto Menezes Cordeiro anota que "a manifestação de vontade não será válida 'se o titular dos dados não dispuser de uma escolha verdadeira ou livre ou não puder recusar nem retirar o consentimento sem ser prejudicado".[33] Nesse ponto, trazendo a análise para o contexto brasileiro, a previsão do §3º do artigo 8º da LGPD foi até redundante, pois não inovou em relação à disciplina da lei civil quanto aos vícios de consentimento.

No Código Civil, já se tem definição clara dos efeitos dessas distorções da vontade, que podem decorrer de: (i) erro (arts. 138 e 139); (ii) dolo (art. 145); (iii) coação (art. 151); (iv) estado de perigo (art. 156); (v) lesão (art. 157); (vi) fraude contra credores (art. 158); (vii) simulação (art. 167).[34]

Os vícios do consentimento no Código Civil referem-se a situações em que o consentimento de uma das partes é obtido de maneira defeituosa, afetando a validade do negócio jurídico.[35]

---

33. CORDEIRO, A. Barreto Menezes. *Direito da Proteção de Dados*: à luz do RGPD e da lei n. 58/2019. Coimbra: Almedina, 2020, p. 174.

34. Explicam Cots e Oliveira: "Apenas para reforçar, e com alguns exemplos, são vícios de consentimento ou vontade: (i) Erro ou ignorância – o titular agiu mediante uma noção falsa da realidade induzida pelo controlador, ou, ainda, agiu mediante erro substancial do negócio, não compreendendo completamente os contornos do que estava consentindo (exemplo: titular entende que o tratamento é para oferecimento de outros serviços do controlador quando na realidade se dedica ao compartilhamento com empresas terceiras); (ii) Dolo – controlador que, conscientemente, tem a intenção de enganar o titular; (iii) Coação – consentimento concedido mediante ameaça; (iv) Estado de perigo – titular que dá seu consentimento para salvar a própria vida ou de outrem; (v) Lesão – titular que, por necessidade ou inexperiência, consente com tratamento de dados abusivo ou desproporcional; (vi) Fraude contra credores; e, (vii) Simulação – consentimento realizado visando obtenção de resultado diverso da finalidade aparente, como para iludir terceiros." COTS, Márcio; OLIVEIRA, Ricardo. *Lei Geral de Proteção de Dados Pessoais comentada*. São Paulo: Thomson Reuters Brasil, 2018, p. 118-119.

35. AZEVEDO, Antônio Junqueira de. *Negócio jurídico*: existência, validade e eficácia. 4. ed. 7. tir. São Paulo: Saraiva: 2010, p. 42. Explica: "A validade é, pois, a qualidade que o negócio jurídico deve ter ao entrar no mundo jurídico, consistente em estar de acordo com as regras jurídicas ("ser regular"). Validade é, como o sufixo da palavra indica, qualidade de um negócio existente. "Válido" é adjetivo com que se qualifica o negócio jurídico formado de acordo com as regras jurídicas".

Na LGPD, o consentimento é um dos fundamentos legais para o processamento de dados pessoais. No entanto, para que o consentimento seja válido, ele deve ser fornecido de maneira clara, específica e inequívoca, conforme exigido pela lei. Se o consentimento não for obtido adequadamente, pode haver vícios que comprometem sua validade e a legitimidade do tratamento de dados.

Assim, podemos fazer uma conexão entre os vícios do consentimento no Código Civil e na LGPD, considerando que ambos os contextos legais tratam da validade do consentimento em diferentes áreas. Enquanto o Código Civil aborda a validade do consentimento nos negócios jurídicos em geral, a LGPD se concentra na validade do consentimento no contexto do tratamento de dados pessoais, que pode ou não derivar de um negócio jurídico.

É importante observar que os vícios do consentimento no Código Civil têm uma abordagem mais ampla, cobrindo diferentes aspectos das relações jurídicas negociais, enquanto os vícios de consentimento na LGPD se voltam especificamente ao consentimento como uma das hipóteses (bases legais) para o tratamento de dados pessoais.

4. O CONSENTIMENTO POR MANDATO (PROCURAÇÃO)

Intrigante questão que a práxis tem despertado diz respeito à viabilidade (ou não) da formalização de mandato para a expressão do consentimento quanto ao tratamento de dados pessoais,[36] haja vista a forma aberta conferida ao consentimento, conforme se infere do *caput* do artigo 8º.

O mandato está regulamentado pelos artigos 653 e seguintes do Código Civil e é negócio jurídico que viabiliza a prática de atos no interesse de pessoas que não podem fazê-lo autonomamente. Consta do próprio artigo 653, *caput*, do CC[37] que a procuração é o instrumento pelo qual se realiza o mandato, embora essa seja uma leitura simplista e criticada pela doutrina.[38]

Normalmente, se trata de negócio jurídico unilateral e gratuito (embora nada impeça que seja bilateral e oneroso, quando prestações sejam reciprocamente exigidas). Sua outorga pode se dar por instrumento público ou particular, sendo

---

36. FALEIROS JÚNIOR, José Luiz de Moura. A LGPD e o consentimento por mandato (procuração). *Migalhas de Proteção de Dados*, 21 jan. 2022. Disponível em: https://s.migalhas.com.br/S/9EB7C1 Acesso em: 18 fev. 2025.

37. "Art. 653. Opera-se o mandato quando alguém recebe de outrem poderes para, em seu nome, praticar atos ou administrar interesses. A procuração é o instrumento do mandato."

38. ROSENVALD, Nelson; BRAGA NETTO, Felipe. *Código Civil comentado*: artigo por artigo. 2. ed. Salvador: Juspodivm, 2021, p. 758.

admitido o substabelecimento (art. 655 do Código Civil).[39] Sua natureza *intuito personae*, entretanto, o torna peculiar para os fins da prática de eventual ato concernente ao consentimento para o tratamento de dados pessoais, pois o mandatário deverá agir imbuído de boa-fé – objetiva e subjetiva – para contrair obrigações que serão assumidas pelo mandante. Nota-se, pelas características desse negócio jurídico, que a confiança entre os envolvidos será elemento determinante para sua formalização.

Os problemas quanto à sua admissão para o consentimento para tratamento de dados pessoais surgem pelo próprio conceito do artigo 5º, inciso XII, da LGPD, que é categórico ao conceituar o consentimento como o ato de concordância *do titular*. Não há, porém, vedação à formalização do mandato. No artigo 7º, inciso I (dados pessoais), há menção expressa ao próprio titular; no artigo 11, inciso I (dados pessoais sensíveis), menciona-se "o titular ou seu responsável legal". A se considerar a ausência de vedação expressa e a natureza da manifestação de vontade em questão[40], não parece haver óbice à aceitação do mandato para consentir com o tratamento de dados pessoais.

Outras inquietações surgem, porém, pela interpretação dos artigos 656 e 657 do Código Civil, *in verbis*:

> Art. 656. O mandato pode ser expresso ou tácito, verbal ou escrito.
>
> Art. 657. A outorga do mandato está sujeita à forma exigida por lei para o ato a ser praticado. Não se admite mandato verbal quando o ato deva ser celebrado por escrito.

A LGPD não exige forma escrita para o consentimento, que pode ser verbal ou implícito. Entretanto, admitir que o mandato também possa sê-lo, nesse contexto específico, revela idiossincrasias bastante peculiares, pois abriria margem a grande insegurança jurídica. Além disso, certos pressupostos do consentimento, como ser "informado", envolvem assimilação cognitiva das circunstâncias que o circundam e que serão repassadas ao mandatário. Como ressaltam Isabella Frajhof e Ana Lara Mangeth, "reconhecendo que as informações prestadas ao titular de dados constituem elemento legitimador da sua concordância em relação ao tratamento de seus dados pessoais, (...) deverá ser informado sobre determinadas particularidades do tratamento para que haja a completa compreensão sobre o destino que será atribuído

---

39. "Art. 655. Ainda quando se outorgue mandato por instrumento público, pode substabelecer-se mediante instrumento particular."

40. Analisando as características da manifestação de vontade, A. Barreto Menezes Cordeiro explica o seguinte: "O facto de a manifestação de vontade ter de ser livre, específica, informada e explícita permite trazer para o RGPD inúmeros preceitos do CC; pense-se na *culpa in contrahendo* (227º.) ou nos vícios de vontade que possam ser reconduzidos a estas expressões. Contudo, o facto de esta ligação linguística não ser possível em relação a todos os vícios não significa que estejam excluídos (...). Por outro lado, a nossa análise a estas características não pode ficar refém das concepções do Direito Civil, em especial se a sua letra ou o seu espírito apontarem para uma diferente densificação, mais vasta ou restrita." CORDEIRO, A. Barreto Menezes. *Direito da Proteção de Dados*: à luz do RGPD e da lei n. 58/2019. Coimbra: Almedina, 2020, p. 173.

aos seus dados pessoais".[41] E, mesmo que esse tenha a autonomia necessária para se informar em nome do mandante, certas particularidades concernentes ao tratamento podem demandar do mandatário a necessidade de reportar-se ao mandante, aplicando-se o disposto no artigo 668 do Código Civil[42] ainda que não haja a obtenção de vantagem econômica, em conjugação com os deveres anexos à boa-fé objetiva.

Interessante a reflexão de A. Barreto Menezes Cordeiro:

> A recondução de uma determinada realidade a uma categoria jurídica é uma tarefa reconhecidamente relativa. Por exemplo: um contrato pode ser um facto jurídico ou um bem, dependendo da perspetiva assumida pelo observador. O mesmo se verifica com o consentimento. É mais do que uma simples manifestação de vontade: pode ser encarado como um bem, na medida em que é transacionado, ou como parte integrante de um contrato, visto assumir muitas vezes a natureza de contraprestação de serviços gratuitos.[43]

De fato, embora a própria etimologia do verbo 'consentir' denote aparente limitação semântica, não há dúvidas de que o consentimento como requisito para o tratamento de dados pessoais se reveste de características extremamente peculiares, pois, em essência, permite identificar conteúdo negocial que, na linha do que expressa o posicionamento acima transcrito, pode revelar feições que mais o aproximam de um 'bem'.

Normalmente, o mandato é negócio jurídico unilateral e gratuito, mas nada o impede de ser bilateral e oneroso, quando múltiplas prestações forem reciprocamente exigidas. Sua outorga pode se dar por instrumento público ou particular, sendo admitido o substabelecimento (art. 655 do Código Civil).[44] Sua natureza *intuito personae*, entretanto, o torna peculiar para os fins da prática de eventual ato concernente ao consentimento para o tratamento de dados pessoais, pois o mandatário deverá agir imbuído de boa-fé – objetiva e subjetiva – para contrair obrigações que serão assumidas pelo mandante. Nota-se, pelas características desse negócio jurídico, que a confiança entre os envolvidos será elemento determinante para sua formalização.

Relevante preocupação surge quanto à leitura conjunta que se deve fazer dos §§ 4º e 6º do artigo 8º, que tratam da exigência de finalidade determinada, em contraste à figura do mandato geral (art. 660, *in fine*, do CC). Isso porque, a depender da finalidade para a qual o titular consentiu quanto ao tratamento de seus dados

---

41. FRAJHOF, Isabella Z.; MANGETH, Ana Lara. As bases legais para o tratamento de dados pessoais. In: MULHOLLAND, Caitlin (Org.). *A LGPD e o novo marco normativo no Brasil*. Porto Alegre: Arquipélago Editorial, 2020, p. 70.

42. "Art. 668. O mandatário é obrigado a dar contas de sua gerência ao mandante, transferindo-lhe as vantagens provenientes do mandato, por qualquer título que seja."

43. CORDEIRO, A. Barreto Menezes. *Direito da Proteção de Dados*: à luz do RGPD e da lei n. 58/2019. Coimbra: Almedina, 2020, p. 173.

44. "Art. 655. Ainda quando se outorgue mandato por instrumento público, pode substabelecer-se mediante instrumento particular".

pessoais, se houver alteração superveniente, esta poderá macular o consentimento de outrora, inviabilizando a atividade de tratamento e, em paralelo, os limites para execução do mandato.

Noutros termos, em respeito ao princípio da transparência (art. 6º, VI, da LGPD), qualquer circunstância que altere o modo, a duração, a forma ou qualquer outra característica do tratamento para o qual se consentiu deverá ser prontamente informada ao titular de dados, que poderá não aquiescer ou até revogar o consentimento por haver alteração na finalidade subjacente à manifestação de vontade.

Nessa dinâmica, havendo mandato previamente outorgado, um novo elemento deverá ser considerado na aferição do modo pelo qual se pode operacionalizar a informação sobre as consequências da negativa e a revogação do consentimento, que são direitos do titular de dados (art. 18, VIII e IX) com repercussões sobre o mandato e sobre a nova decisão que deverá ser tomada a partir da ciência quanto a essas alterações supervenientes, uma vez que, por força do artigo 663 do CC, "sempre que o mandatário estipular negócios expressamente em nome do mandante, será este o único responsável; ficará, porém, o mandatário pessoalmente obrigado, se agir no seu próprio nome, ainda que o negócio seja de conta do mandante".

Entendemos que o mandato, na hipótese, deverá ser admitido, desde que claramente delimitado, específico e, excepcionalmente, escrito, para que se possa expressar o consentimento de forma livre, informada e inequívoca, em nome do titular, para finalidade determinada (art. 5º, XII). Sobre a modalidade verbal, embora uma leitura simplista dos artigos 656 e 657 do CC revele sua viabilidade, defendê-la amplamente criaria indesejável zona de risco para o acautelamento do titular. Não obstante, trata-se de tema pouco explorado e que ainda demandará reflexões mais aprofundadas.

5. FINALIDADE DO CONSENTIMENTO E A VEDAÇÃO DE MODELOS GENÉRICOS

A finalidade é pressuposto do consentimento e princípio da LGPD. Vale dizer que, além de consentir de forma livre, informada e inequívoca, o titular também deve fazê-lo para o atingimento de um fim previamente especificado. De fato, para que haja clareza suficiente sobre os contornos dessa manifestação, é preciso romper um paradigma. Os modelos-padrão, usualmente formatados com as nomenclaturas já popularizadas de "termos de uso" e "políticas de privacidade", raramente refletem a complexidade da elucidação exigida para que o consentimento seja livre, informado e inequívoco, como exige a LGPD, pois,

> (...) apesar de a nossa lei permitir que o consentimento possa se dar de maneira inequívoca, é verdade que a forma como atualmente essa manifestação de vontade é colhida, por meio de termos de uso e políticas de privacidade extensos, com uma linguagem hermética, não permite

reconhecer que há o pleno conhecimento e consciência do titular do que será feito com os seus dados.[45]

A partir dessa constatação, alguns riscos associados à finalidade do consentimento na LGPD passam a merecer cuidadosa análise, a saber:

(i) Inadequação do consentimento: Se o consentimento não for obtido de maneira clara, específica e inequívoca, conforme exigido pela LGPD, há o risco de que os direitos dos titulares de dados não sejam adequadamente protegidos, o que pode levar a um tratamento de dados pessoais sem uma base legal válida, o que é uma violação da lei;

(ii) Consentimento não informado: A LGPD estabelece que o consentimento deve ser fornecido após o titular dos dados receber informações claras e completas sobre o processamento de seus dados pessoais, então, se as informações fornecidas forem imprecisas, enganosas ou insuficientes, o consentimento pode ser considerado inválido, o que pode resultar em tratamento de dados injusto ou excessivo, colocando em risco a privacidade e os direitos dos indivíduos;

(iii) Consentimento condicionado: A LGPD proíbe o condicionamento do fornecimento de um serviço ao consentimento para o tratamento de dados além do necessário para a prestação desse serviço, no entanto, em alguns casos, agentes de tratamento podem vincular serviços adicionais ou benefícios ao consentimento para o tratamento de dados. Essa prática pode coagir os titulares de dados a consentirem com o processamento de suas informações pessoais, o que compromete a liberdade de escolha e pode levar a um consentimento inválido;

(iv) Consentimento revogado: O tema será melhor pontuado no tópico seguinte, mas é importante mencionar, desde já, que os titulares de dados têm o direito de revogar o consentimento a qualquer momento. No entanto, se não for fácil para os titulares de dados retirarem seu consentimento ou se houver obstáculos injustificados para a revogação, os dados pessoais podem continuar sendo tratados mesmo contra a vontade dos titulares, o que pode resultar em tratamento inadequado ou não autorizado de dados pessoais;

(v) Consentimento de crianças: O tema será bem analisado nos comentários da Professora Roberta Densa ao artigo 14 da lei – ao qual fazemos remissão –, mas é de se anotar que a LGPD estabelece requisitos específicos para o consentimento no caso de tratamento de dados de crianças, pois o consentimento deve ser obtido de ao menos um dos pais ou responsáveis legais, e não das próprias crianças, em certas circunstâncias. Se o consentimento não for obtido corretamente, crianças podem estar expostas a riscos desnecessários, como o tratamento de dados pessoais sensíveis sem o consentimento adequado.

---

45. FRAJHOF, Isabella Z.; MANGETH, Ana Lara. As bases legais para o tratamento de dados pessoais. In: MULHOLLAND, Caitlin (Org.). *A LGPD e o novo marco normativo no Brasil*. Porto Alegre: Arquipélago Editorial, 2020, p. 71.

Nesse aspecto, uma preocupação surge quanto à leitura conjunta que se deve fazer dos §§4º e 6º do artigo 8º. Isso porque, a depender da finalidade para a qual o titular consentiu quanto ao tratamento de seus dados pessoais, se houver alteração superveniente, esta poderá macular o consentimento de outrora, inviabilizando a atividade de tratamento. Noutros termos, em respeito ao princípio da transparência (art. 6º, VI), qualquer circunstância que altere o modo, a duração, a forma ou qualquer outra característica do tratamento para o qual se consentiu deverá ser prontamente informada ao titular de dados, que poderá não aquiescer ou até revogar o consentimento por haver alteração na finalidade subjacente à manifestação de vontade.

6. REVOGAÇÃO DO CONSENTIMENTO

A revogação do consentimento é direito expresso do titular de dados. Há previsão específica no artigo 18, inciso IX, da LGPD[46], que remete ao §5º do artigo 8º. Trata-se da faculdade atribuída ao titular, que pode ser exercida a qualquer tempo, de fazer cessar o tratamento de seus dados. As consequências naturais dessa ação são duas: em razão da paralisação do tratamento que até então era realizado, a eliminação de dados pessoais deverá ser aferida a partir de requerimento, em exercício do direito previsto no artigo 18, VI, e em sintonia, ainda, com as previsões dos artigos 15 e 16 da LGPD; a outra consequência envolverá a análise de viabilidade da continuidade do tratamento (ainda que parcial), com lastro noutra(s) "base(s) legal(is)", uma vez que o consentimento não é a única delas.

Em breve síntese, anota-se que a LGPD estabelece que os titulares de dados têm o direito de revogar o consentimento a qualquer momento. Isso significa que eles podem solicitar o cancelamento do consentimento que tenham dado anteriormente para o tratamento de seus dados pessoais por um agente de tratamento de dados.

A revogação do consentimento pode ser feita por diferentes meios, desde que sejam razoáveis e acessíveis, sendo incumbência dos agentes de tratamento fornecer aos titulares de dados mecanismos adequados para exercerem esse direito. Isso pode incluir opções como formulários de solicitação, *links* de cancelamento de inscrição, configurações de privacidade em plataformas on-line ou canais de atendimento ao cliente.

Após a revogação do consentimento, a LGPD estabelece que o controlador de dados deve cessar o tratamento dos dados pessoais do titular, a menos que exista outra base legal válida para tal atividade. Em outras palavras, o agente não pode mais utilizar os dados pessoais do titular que tenham sido objeto de revogação de consentimento, a menos que haja uma outra hipótese que dê lastro ao tratamento,

---

46. Para maior aprofundamento, remetemos à leitura dos comentários do Professor Guilherme Damasio Goulart ao artigo 18 da LGPD.

como o cumprimento de uma obrigação legal ou o exercício legítimo de direitos em processo judicial.

A revogação do consentimento não afeta a legalidade do processamento realizado com base no consentimento prévio. Isso significa que o tratamento realizado antes da revogação continua sendo considerado legal.[47] No entanto, após a revogação, o agente não pode mais tratar os dados pessoais do titular, a menos que haja uma base legal alternativa para o processamento. É importante que os agentes de tratamento tenham procedimentos internos adequados para lidar com solicitações de revogação de consentimento, pois, após receber uma solicitação de revogação, deve-se confirmar a revogação com o titular dos dados e, se aplicável, interromper o processamento dos dados pessoais do titular.

---

47. Conferir, sobre o tema, TEFFÉ, Chiara Spadaccini de; GUEIROS, Pedro Teixeira. A revogação do consentimento pelo titular de dados na LGPD. In: FRANCOSKI, Denise de Souza Luiz; TEIVE, Marcello Muller (Coord.). *LGPD*: direitos dos titulares. Belo Horizonte: Fórum, 2023.

José Luiz de Moura Faleiros Júnior

Art. 9º O titular tem direito ao acesso facilitado às informações sobre o tratamento de seus dados, que deverão ser disponibilizadas de forma clara, adequada e ostensiva acerca de, entre outras características previstas em regulamentação para o atendimento do princípio do livre acesso:

I – finalidade específica do tratamento;

II – forma e duração do tratamento, observados os segredos comercial e industrial;

III – identificação do controlador;

IV – informações de contato do controlador;

V – informações acerca do uso compartilhado de dados pelo controlador e a finalidade;

VI – responsabilidades dos agentes que realizarão o tratamento; e

VII – direitos do titular, com menção explícita aos direitos contidos no art. 18 desta Lei.

§ 1º Na hipótese em que o consentimento é requerido, esse será considerado nulo caso as informações fornecidas ao titular tenham conteúdo enganoso ou abusivo ou não tenham sido apresentadas previamente com transparência, de forma clara e inequívoca.

§ 2º Na hipótese em que o consentimento é requerido, se houver mudanças da finalidade para o tratamento de dados pessoais não compatíveis com o consentimento original, o controlador deverá informar previamente o titular sobre as mudanças de finalidade, podendo o titular revogar o consentimento, caso discorde das alterações.

§ 3º Quando o tratamento de dados pessoais for condição para o fornecimento de produto ou de serviço ou para o exercício de direito, o titular será informado com destaque sobre esse fato e sobre os meios pelos quais poderá exercer os direitos do titular elencados no art. 18 desta Lei.

1. BANCOS DE DADOS E ACESSO FACILITADO

O principal objetivo do artigo 9º da LGPD se materializa já no seu *caput*: trata-se de dispositivo estruturado em torno da positivação da garantia de acesso facilitado do titular de dados a informações sobre as atividades de tratamento que lhe digam respeito. O intuito precípuo é garantir-lhe meios para a cognição clara, adequada e ostensiva sobre dados pessoais seus que estejam sujeitos a atividades de tratamento de determinado agente e para, estando ciente, adotar eventuais medidas de efetivação de direitos.

Tal raciocínio, em leitura perfunctória, talvez remeta o leitor ao ideal de controle preconizado nos escritos de Alan Westin, particularmente quanto à perspectiva dominial que permeia seus primeiros argumentos.[1] O tema, entretanto, permite algumas conexões com os debates mais atuais quanto à extensão do direito fundamental à proteção de dados pessoais. Discussões a esse respeito já desafiaram a doutrina europeia[2] e acabaram resultando na positivação de importante premissa na Carta dos Direitos Fundamentais da União Europeia (2000/C; 364/01):

Artigo 8°

Protecção de dados pessoais

1. Todas as pessoas têm direito à protecção dos dados de carácter pessoal que lhes digam respeito.

2. Esses dados devem ser objecto de um tratamento leal, para fins específicos e com o consentimento da pessoa interessada ou com outro fundamento legítimo previsto por lei. Todas as pessoas têm o direito de aceder aos dados coligidos que lhes digam respeito e de obter a respectiva rectificação.

3. O cumprimento destas regras fica sujeito a fiscalização por parte de uma autoridade independente.[3]

A previsão do artigo 8.° (2) é especialmente importante, pois revela exatamente a preocupação do legislador europeu com a garantia de um direito de acesso ("direito de aceder", como se designa na tradução oficial de Portugal) aos dados que lhe digam respeito, inclusive para fins de retificação. Há autores que sinalizam ter sido esta a primeira previsão do que hoje se chama de um direito fundamental à proteção de dados pessoais, na União Europeia. Há controvérsias, entretanto[4], pois o tema não possuía tantas especificidades à época, e também nunca se limitou apenas ao território europeu.[5]

---

1. WESTIN, Alan. *Privacy and freedom*. New York: IG, 2015, p. 362. Comenta: "First, personal information, thought of as the right of decision over one's private personality, should be defined as a property right, with all the restraints on interference by public or private authorities and due-process guarantees that our law of property has been so skillful in devising."

2. RODOTÀ, Stefano. *Elaboratori elettronici e controllo sociale*. Bologna: Il Mulino, 1973, p. 67.

3. UNIÃO EUROPEIA. Carta dos Direitos Fundamentais da União Europeia. Jornal Oficial das Comunidades Europeias, 18 fev. 2000. Disponível em: https://www.europarl.europa.eu/charter/pdf/text_pt.pdf Acesso em: 18 fev. 2025.

4. LYNSKEY, Orla. Deconstructing data protection: The "Added-Value" of a right to data protection in the EU Legal Order. *International and Comparative Law Quarterly*, Cambridge, n. 63, p. 569-597, jul. 2014, p. 562. Anota: "However, what is apparent from this scholarly speculation is that the EU has not adequately justified the introduction of the right to data protection in the EU legal order or explained its content."

5. Em clássica obra, Alan Westin e Michael Baker já antecipavam a preocupação – de cunho social, e, portanto, coletivo – quanto à necessidade de ampliação de direitos da sociedade americana da época: "Ours is a society that has always expected law to define basic Citizen rights, and the scope of what American Society regards as rights and not privileges has been widened dramatically in the past decade." WESTIN, Alan; BAKER, Michael. *Databanks in a free society*. Nova York: Quadrangle Books, 1972, p. 347.

Fato é que a dimensão específica do "acesso" aos dados – de forma facilitada, como diz a LGPD brasileira – é fruto de longa construção doutrinária. A autodeterminação informativa é vista como pré-condição natural do indivíduo para o exercício de um rol quadrangular de direitos considerados 'básicos'. São os chamados *"ARCO rights"*, sigla para os termos em inglês *access, rectification, cancellation* e *opposition*. A ideia que os justifica é a de que, sem que se saiba o mínimo, é impossível buscar a concretização de qualquer direito[6], e os mais elementares – acesso, retificação, cancelamento e oposição – indicariam quatro dimensões conjugáveis para o exercício do que Orla Lynskey chama de "bloco fundante" (*foundational block*)[7] sobre o qual se assentam todas as demais construções normativas sobre direitos do titular de dados baseados na acepção de controle, que, paulatinamente, passa a ser compreendida como "processo" (*due process*).[8]

A relação entre a boa-fé e a garantia de acesso facilitado do titular aos seus dados pessoais está presente na LGPD e diz respeito aos princípios e direitos relacionados à transparência e ao controle do titular sobre seus próprios dados.

A boa-fé é um princípio jurídico que está relacionado à honestidade, confiança e lealdade nas relações jurídicas.[9] Na LGPD, a boa-fé é mencionada em vários contextos, incluindo as obrigações das organizações em relação ao tratamento de dados pessoais. Por outro lado, a garantia de acesso facilitado do titular aos seus dados pessoais é um direito assegurado pela LGPD a partir da conexão entre os artigos 9º, *caput*, e 18, II, da lei. O titular dos dados tem o direito de obter informações claras e acessíveis sobre o tratamento de seus dados pessoais por parte dos agentes de tratamento e a relação entre esses dois conceitos ocorre na medida em que a boa-fé exige que as organizações ajam de forma transparente e honesta em relação ao tratamento de dados pessoais. Isso inclui facilitar o acesso do titular aos seus próprios dados pessoais e fornecer as informações necessárias de maneira clara e compreensível.

---

6. ROUVROY, Antoinette; POULLET, Yves. The right to informational self-determination and the value of self-development: reassessing the importance of privacy for democracy. In: GUTWIRTH, Serge; POULLET, Yves; DE HERT, Paul; DE TERWANGNE, Cécile; NOUWT, Sjaak (Ed.). *Reinventing data protection?* Cham: Springer, 2009, p. 45-76.

7. LYNSKEY, Orla. *The foundations of EU Data Protection Law*. Oxford: Oxford University Press, 2015, especialmente o capítulo 6.

8. O tema é desenvolvido, na Europa, por Westin e Baker (Cf. WESTIN, Alan; BAKER, Michael. *Databanks in a free society*. Nova York: Quadrangle Books, 1972, p. 356-370), mas importantes estudos têm sido publicados, no Brasil, a partir das pesquisas de autores como Bruno Bioni, em especial quanto ao consentimento (BIONI, Bruno Ricardo; LUCIANO, Maria. O consentimento como processo: em busca do consentimento válido. In: MENDES, Laura Schertel; DONEDA, Danilo; SARLET, Ingo Wolfgang; RODRIGUES JR., Otavio Luiz; BIONI, Bruno Ricardo (Coord.). *Tratado de proteção de dados pessoais*. Rio de Janeiro: Forense, 2021).

9. Interessante, a esse respeito, a leitura econômica feita por Eduardo Tomasevicius Filho do princípio da boa-fé objetiva, que pode propiciar a obrigação jurídica de cooperação entre as partes envolvidas, a fim de viabilizar "a máxima satisfação possível a todos, contribuindo-se, portanto, para com a redução dos custos de transação decorrentes das dificuldades de obtenção de informações, omissão de informações relevantes, criação de empecilhos abusivos e quebras de expectativas". TOMASEVICIUS FILHO, Eduardo. *O princípio da boa-fé no direito civil*. São Paulo: Almedina, 2020, p. 310.

Em suma, a boa-fé está relacionada à conduta honesta e transparente dos agentes de tratamento de dados pessoais, enquanto a garantia de acesso facilitado do titular aos seus dados é um direito que busca permitir que o titular tenha controle e conhecimento sobre suas informações pessoais. A combinação desses princípios e direitos contribui para um ambiente de proteção de dados mais justo e confiável.[10]

A importância disso para os fins do disposto no artigo 9º da LGPD está na adjetivação que se colhe do texto da lei. Note-se que o legislador optou por definir o direito de acesso *facilitado* do titular de dados às informações sobre o tratamento realizado com seus dados. Trata-se de importante sinalização quanto à expectativa de atuação proativa dos agentes de tratamento, em cumprimento, também, a princípios como o da transparência (art. 6º, VI) e o da boa-fé objetiva (art. 6º, *caput*), além do princípio do livre acesso (art. 6º, IV), que emana da divulgação "clara, adequada e ostensiva" de tudo o que se coaduna com a expectativa mínima de aferição sobre o tratamento, contemplando a finalidade específica do tratamento, a forma e duração do tratamento, observados os segredos comercial e industrial, a identificação do controlador, as informações de contato do controlador, as informações acerca do uso compartilhado de dados pelo controlador, a finalidade, as responsabilidades dos agentes que realizarão o tratamento e os direitos do titular, bem como os meios para exercê-los.

2. CONSENTIMENTO ENGANOSO OU ABUSIVO

Além de reputar nula a manifestação de vontade subsequente à atuação não transparente (isto é, que não apresente, de forma clara e inequívoca, tudo o que é exigido pelo *caput*), o §1º do artigo 9º trata da enganosidade e da abusividade, que podem contaminar o consentimento expressado pelo titular de dados para o tratamento de seus dados pessoais.

A norma é assertiva ao sinalizar a nulidade do consentimento enganoso e do consentimento abusivo, sendo, portanto, três as situações explicitadas no parágrafo:

• *Consentimento que não tenha sido precedido de informações apresentadas com transparência, de forma clara e inequívoca*: a primeira hipótese pode ser inferida das próprias exigências do *caput*, como desdobramento natural da expectativa do titular de dados quanto à natureza fidedigna das informações que recebe do agente de tratamento e que o levam a consentir com o tratamento de dados.

• *Consentimento enganoso*: a enganosidade pode ser mais bem conjecturada com a importação do conceito contido no artigo 37, §1º, do Código de Defesa do

---

10. FALEIROS JÚNIOR, José Luiz de Moura; SILVA, Michael César. Governança de dados e devida diligência: algumas notas sobre responsabilidade civil e prevenção na Lei Geral de Proteção de Dados Pessoais. In: EHRHARDT JÚNIOR, Marcos; CATALAN, Marcos; MALHEIROS, Pablo (Coord.). *Direito civil e tecnologia*: Tomo II. Belo Horizonte: Fórum, 2021, t. 2, p. 171-188.

Consumidor[11], que poderia se traduzir, para os fins de aferição do engano quanto ao tratamento de dados pessoais, como sendo equivalente à manifestação de vontade que decorra de erro do titular na assimilação das informações apresentadas pelo agente de tratamento.

• *Consentimento abusivo*: a abusividade pode ser elucidada a partir do conceito contido no artigo 37, §2°, do Código de Defesa do Consumidor[12], especialmente quanto ao eventual aproveitamento da deficiência de julgamento e à incitação do titular à prática de ato que acirre riscos de violações a seus dados pessoais.

Naturalmente, os conceitos do CDC não têm aplicação direta sobre as circunstâncias do §1° do artigo 9°, mas tudo está a evidenciar que o legislador trouxe novamente ao debate os vícios do consentimento, que geram nulidade do consentimento, conforme previsto no artigo 8°, §3°, da LGPD, e que estão amplamente elucidados no Código Civil. Hipóteses como o erro ou o dolo – apenas para citar dois exemplos – já são muito conhecidas pela civilística tradicional e poderiam ser aplicadas independentemente de previsão específica na LGPD e a despeito de poderem ser classificadas como desdobramentos de engano ou abuso.

3. CONSENTIMENTO E ALTERAÇÕES DE FINALIDADE

Assim como já se registrou nos comentários ao artigo 8°, que estava mais diretamente ligado ao consentimento, optou o legislador por realçar, no §2° do artigo 9°, a mácula que se atribui à manifestação que seja deturpada, de forma superveniente, pela alteração da finalidade original para a qual o titular consentiu.

Trata-se de dispositivo cuja interpretação deve ser conjugada à leitura dos §§ 4° e 6° do artigo 8° da LGPD, aos quais remetemos o leitor, inclusive quanto à relevância que tem o direito à revogação do consentimento para a aferição da dimensão autodeterminativa, no contexto do dispositivo em questão.

De todo modo, em breve síntese, convém registrar que, se o agente de tratamento pretende utilizar os dados pessoais para uma finalidade diferente daquela originalmente comunicada ao titular, será necessário obter um novo consentimento ou identificar outra base legal válida para o tratamento, pois a mudança de finalidade do tratamento de dados pessoais sem uma base legal adequada pode ser considerada uma violação da LGPD.

---

11. "Art. 37. (...) §1°. É enganosa qualquer modalidade de informação ou comunicação de caráter publicitário, inteira ou parcialmente falsa, ou, por qualquer outro modo, mesmo por omissão, capaz de induzir em erro o consumidor a respeito da natureza, características, qualidade, quantidade, propriedades, origem, preço e quaisquer outros dados sobre produtos e serviços."

12. "Art. 37. (...) §2°. É abusiva, dentre outras a publicidade discriminatória de qualquer natureza, a que incite à violência, explore o medo ou a superstição, se aproveite da deficiência de julgamento e experiência da criança, desrespeita valores ambientais, ou que seja capaz de induzir o consumidor a se comportar de forma prejudicial ou perigosa à sua saúde ou segurança."

É importante ressaltar, ainda, que a nova finalidade deve ser compatível com a finalidade original para a qual o consentimento foi dado. A compatibilidade é avaliada considerando-se a relação entre a finalidade inicial e a nova finalidade, levando em conta a expectativa razoável do titular dos dados. Ademais, em algumas situações, é possível que o agente de tratamento identifique uma base legal alternativa para o tratamento dos dados pessoais, mesmo sem o consentimento do titular. Por exemplo, se a nova finalidade estiver relacionada ao cumprimento de uma obrigação legal ou regulatória, é possível que o tratamento seja justificado com base nessas bases legais, ainda que se trate de alteração superveniente da finalidade.

4. O TRATAMENTO COMO CONDIÇÃO PARA O FORNECIMENTO DE PRODUTO OU SERVIÇO OU PARA O EXERCÍCIO DE DIREITO

O §3º do artigo 9º traz à tona temática nitidamente consumerista, impondo ao controlador o dever de informar, em cláusula destacada, que o tratamento de dados pessoais do titular/consumidor será condição para a realização do consumo (de um produto ou serviço) ou para que se exerça determinado direito. A exigência do destaque à cláusula se coaduna com o que consta do artigo 54, §4º, do CDC para contratos de adesão, cuja redação deve ser de imediata e fácil compreensão, além de destacada do restante do texto.

Os contratos de adesão são aqueles em que as cláusulas são pré-estabelecidas pelo fornecedor e o consumidor tem apenas a opção de aceitar ou recusar o contrato como um todo, sem a possibilidade de negociar individualmente as condições. Isso ocorre comumente em situações como a aceitação de termos de serviço on-line e políticas de privacidade.

Para tais casos, o consentimento do titular dos dados deve ser obtido sem qualquer tipo de condição que o impeça de exercer sua liberdade de escolha. Assim, nos contratos de adesão, é importante que sejam oferecidas alternativas ao titular dos dados, permitindo que ele escolha fornecer consentimento para o tratamento de seus dados pessoais ou optar por não fornecê-lo sem que isso afete negativamente a prestação do serviço contratado.

É importante chamar a atenção, novamente, para a necessidade de que, além do destaque quanto à exigência da atividade de tratamento, em caráter prévio ao fornecimento de produto/serviço ou ao exercício de direito, também se deverá deixar claro para o titular como ele poderá se valer de meios para exercer os direitos que tem, por força do artigo 18 da lei.

A LGPD exige que o consentimento para o tratamento de dados pessoais seja dado de forma livre, ou seja, sem pressão, coerção ou condicionamentos indevidos. Assim, os agentes de tratamento não devem impor o consentimento como uma exigência para que os indivíduos obtenham produtos, serviços ou benefícios adicionais além daqueles estritamente necessários para a prestação do serviço contratado. O consentimento deve ser obtido para finalidades específicas e determinadas, de modo que é dever do controlador e do operador devem informar claramente aos titulares de dados sobre as finalidades para as quais os dados serão tratados, não podendo deles se utilizar para finalidades diferentes daquelas previamente informadas.

Além disso, a LGPD estabelece que o tratamento de dados pessoais não deve ser utilizado como um meio de discriminação injusta contra os titulares de dados. Isso significa que as organizações não podem negar produtos, serviços ou benefícios essenciais com base na recusa do titular em fornecer consentimento para o tratamento de seus dados pessoais, a menos que haja uma base legal alternativa válida para esse tratamento.

Lucas Colombera Vaiano Piveto

Art. 10. O legítimo interesse do controlador somente poderá fundamentar tratamento de dados pessoais para finalidades legítimas, consideradas a partir de situações concretas, que incluem, mas não se limitam a:

I – apoio e promoção de atividades do controlador; e

II – proteção, em relação ao titular, do exercício regular de seus direitos ou prestação de serviços que o beneficiem, respeitadas as legítimas expectativas dele e os direitos e liberdades fundamentais, nos termos desta Lei.

§ 1º Quando o tratamento for baseado no legítimo interesse do controlador, somente os dados pessoais estritamente necessários para a finalidade pretendida poderão ser tratados.

§ 2º O controlador deverá adotar medidas para garantir a transparência do tratamento de dados baseado em seu legítimo interesse.

§ 3º A autoridade nacional poderá solicitar ao controlador relatório de impacto à proteção de dados pessoais, quando o tratamento tiver como fundamento seu interesse legítimo, observados os segredos comercial e industrial.

LEGÍTIMO INTERESSE: CONCEITO JURÍDICO INDETERMINADO, (IM)PREVISÍVEL E (IN)SEGURO

Outra hipótese autorizativa para o tratamento de dados pessoais é o denominado "legítimo interesse", sendo considerado um conceito já vigente em diversas legislações em matéria de proteção de dados no mundo, tendo como ponto de partida a Diretiva 95/46/EC do Parlamento Europeu e Conselho da União Europeia. Antes disso, a tutela da privacidade e proteção de dados pessoais estava concentrada nos textos históricos da Convenção Europeia de Direitos Humanos[1], Convenção 108 do Conselho da Europa[2] e diretivas da Organização para Cooperação e Desenvolvimento Econômico (OCDE)[3], que serviram, basicamente, como verdadeiros atalhos para

---

1. EUROPA. *Convenção Europeia dos Direitos do Homem.* Disponível em: https://www.echr.coe.int/Documents/Convention_POR.pdf. Acesso em: 18 fev. 2025.

2. EUROPA. Council of Europe. *Convention for the Protection of Individuals with Regard to Automatic Processing of Personal Data.* 1981. Disponível em: https://rm.coe.int/CoERMPublicCommonSearchServices/DisplayDCTMContent?documentId=0900001680078b37. Acesso em: 18 fev. 2025.

3. ORGANIZAÇÃO PARA A COOPERAÇÃO E DESENVOLVIMENTO ECONÔMICO. *Recommendation of the Council concerning Guidelines governing the Protection of Privacy and Transborder Flows of Personal Data.* 2013. Disponível em: https://www.oecd.org/sti/ieconomy/2013-oecd-privacy-guidelines.pdf. Acesso em: 18 fev. 2025.

a fixação de hipóteses autorizativas de tratamento de diferentes formas; o ordenamento jurídico brasileiro possui uma redação completamente distante do prisma europeu e, por consequência, desperta uma série de controvérsias a respeito do seu escopo de aplicação, o que não significa que essa opção deve ser compreendida pelos agentes de tratamento como uma nova carta curinga para as atividades de tratamento de dados pessoais.

Em tempos de fortes impactos da Lei Geral de Proteção de Dados, transversalmente, em todos os modelos de negócio, por força da possibilidade de aplicação de sanções administrativas em caso de violação aos preceitos de proteção de dados pela Autoridade Nacional de Proteção de Dados, há um falso entendimento de que o consentimento é a rainha das hipóteses autorizativas para o tratamento de dados pessoais, sobretudo pela aparição inaugural no inciso I, art. 7º. Relevante pontuar que a boa prática demonstra um cenário completamente diverso. É o que se passa a contextualizar.

O termo em pauta pode ser identificado por duas oportunidades nas disposições que integram a Lei Geral de Proteção de Dados, iniciando-se pelo artigo 7º, que enumera as bases legais possíveis para o tratamento de dados pessoais, e, logo após, o artigo 10, que tem por finalidade regular, de forma pormenorizada, o legítimo interesse enquanto base autorizativa específica. Mas, em breves palavras, a ideia dessa hipótese legal dá origem a um direito para o controlador e para terceiros de manipular dados pessoais, mediante o cumprimento das normas que os sujeitam. Esse cumprimento só é alcançado quando verificados os deveres mencionados abaixo atrelados aos cenários práticos que impliquem o tratamento de dados pessoais.

Antes de adentrar-se ao tema, destaca-se que há um consenso internacional acerca da matéria no sentido de que a base legal mais flexível costuma ser mais adequada quando (1) o tratamento não é exigido por norma, mas demonstra um manifesto benefício para o controlador ou para terceiros, inclusive para o próprio titular de dado; (2) existe um impacto mínimo na privacidade do titular a partir da implementação de providências minimamente esperadas que permitam a mitigação de eventuais riscos; (3) existe a expectativa do titular no tratamento de dados; e (4) existem fundamentos adequados para o tratamentos que eventualmente tenha impacto mais invasivo em relação ao titular.

A primeira previsão do legítimo interesse emerge no inciso IX do artigo 7º do referido diploma, assegurando a importante hipótese autorizativa para o tratamento de dados pessoais. O grande temor que se tem decorre da impressão de que o legítimo interesse seria mais do que uma base legal capaz de conferir maior segurança jurídica aos mais diversos modelos de negócio; seria, nos dias atuais, expediente para justificar atividades de tratamento indevidas ou que permitam ao agente se aproveitar das lacunas regulatórias; antes, cinzela uma janela de oportunidade para tais negócios, baseados exclusivamente no uso de dados, apresentarem seus serviços ou produtos com segurança jurídica.

Os interesses legítimos, todavia, não devem ser compreendidos pelo mero exame da disposição legal mencionada, na forma de uma verdadeira carta branca para franquear o tratamento de dados pessoais a bel-prazer ou, ainda, um substantivo ao consentimento. Como se verificará, nem sempre é a base legal mais apropriada para todas as situações, uma vez que a utilização da categoria regulada representa um altíssimo risco jurídico em que a avaliação de seus elementos deve ser devidamente documentada, tanto para garantir a transparência tutelada pela legislação, quanto para possibilitar eventual apreciação posterior pela Autoridade Nacional de Proteção de Dados, a qual pode requisitar a exibição do relatório de impacto à proteção de dados pessoais. A avaliação do legítimo interesse representa um verdadeiro termômetro de risco para o agente de tratamento que optar pela sua utilização no tratamento de dados pessoais.

Segundo Rodrigo Dias de Pinho Gomes, "admite-se, portanto, qualquer interesse protegido pela ordem jurídica, que pode se revestir de natureza legal, econômica ou imaterial, de modo que 'não existe qualquer tipo de interesse que seja excluído per se, desde que, evidentemente, seja lícito'".[4] Alinhado a esse entendimento, Bioni[5] defende que o legítimo interesse tem sido abalizado como a mais flexível das hipóteses jurídicas de tratamento no direito comunitário europeu, servindo como uma verdadeira válvula para que as demais bases legais não estivessem "sobrecarregadas". E complementa afirmando que, assim como o consentimento no limiar do progresso geracional das leis de proteção de dados pessoais, o legítimo interesse conquistou o status de uma "carta curinga regulatória" para acolher uma miríade de possíveis utilizações de dados pessoais.

Diferentemente do cenário internacional, e uma vez superado o longo período de vacância do marco regulatório de privacidade e proteção de dados, o que se verifica, no exercício da atividade profissional, dentro do território brasileiro, é a pessoa desatualizada que leia a Lei Geral de Proteção de Dados pela primeira oportunidade justificar que detém um "legítimo interesse" para determinada atividade de tratamento de dados sem ao menos analisar as diretrizes estabelecidas no diploma, optando, pois, pelo caminho mais fácil de estampar tão somente a referida hipótese na velha política de privacidade.

Contudo, malgrado o tratamento de dados pessoais seja fundado no legítimo interesse por ser a hipótese autorizativa mais flexíveis entre as existentes, eis que está atrelado a uma finalidade específica, mostra-se imprescindível consignar que nem sempre é a hipótese mais apropriada para todas as situações. Trata-se, na realidade, de um risco jurídico, ao passo em que a avaliação de seus pressupostos indispensáveis mencionados abaixo deve ser documentada para assegurar a tão

---

4. GOMES, Rodrigo Dias de Pinho. *Legítimos interesses na LGPD*: trajetória, consolidação e critérios de aplicação. Indaiatuba: Foco, 2024, p. 139.

5. BIONI, Bruno Ricardo. *Proteção de dados pessoais*: a função e os limites do consentimento. Rio de Janeiro: Forense, 2019, p. 248.

esperada transparência exigida pela lei (LGPD, 10 § 2º), quanto para possibilitar a eventual apreciação pela Autoridade Nacional de Proteção de Dados, por intermédio da requisição do relatório de impacto à proteção de dados pessoais (LGPD, 10 § 3º).

Vale enfatizar que o legítimo interesse demanda que o controlador especifique, fortemente, o princípio da finalidade para justificar que a base deve ser utilizada em situações concretas, momento em que a Autoridade Nacional de Proteção de Dados já manifestou entendimento no sentido que as finalidades de "aprimoramento de serviços" e "personalização de recursos", adotadas pelo WhatsApp em seu aviso externo de privacidade ou política de privacidade foram classificados como genéricos, impedindo, dessa forma, o uso adequado do instituto do legítimo interesse justamente pela falta de maior concretude.[6]

Na mesma nota técnica, a Autoridade reforçou o entendimento de que apenas os dados estritamente necessários para a realização das finalidades almejadas pelo legítimo interesse devem ser tratados, uma vez que, na situação em análise, o WhatsApp, apesar de ter disponibilizado as categorias de dados pessoais e estabelecidas as finalidades do legítimo interesse, não possibilitou que a Autoridade pudesse identificar o cumprimento do princípio da necessidade pela falta de especificação de quais dessas categorias de dados seriam estritamente necessários para cada uma das finalidades que seriam fundamentadas pelo legítimo interesse.

Um fator imprescindível para o surgimento do legítimo interesse atribuído ao controlador e terceiros como base legal de tratamento é o movimento de empreendedorismo e inovação, composto por organizações com modelos de negócios que poderiam se tornar inúteis por não se enquadrarem em nenhuma hipótese autorizativa do tratamento e, por via de consequência, por deixar de alcançar a conformidade frente às novas obrigações asseguradas no marco regulatório.

Por essa razão, mais do que provocar uma mudança cultural imposta pela LGPD, com o surgimento de uma hipótese jurídica autorizativa totalmente diferente daquela habitualmente utilizada no momento de realizar uma compra na loja virtual, baseada na lógica do tudo ou nada, as leis gerais de proteção de dados possuem como propósito não apenas a proteção dos direitos e liberdades fundamentais do titular que exigem maior tutela, mas também a promoção de um livre fluxo de tratamento de dados que potencialize o desenvolvimento econômico e tecnológico e a inovação, a livre iniciativa, a livre concorrência e a defesa do consumidor[7].

---

6. BRASIL. Autoridade Nacional de Proteção de Dados (ANPD). *Nota Técnica 02/2021/CGTP/ANPD. Atualização da Política de Privacidade do WhatsApp. Processo/documento 00261.000012/2021-04*. Brasília, março de 2021. Disponível em: https://www.gov.br/anpd/pt-br/assuntos/noticias/inclusao-de-arquivos-para-link--nas-noticias/NOTATECNICADACGTP.pdf. Acesso em: 18 fev. 2025. p. 23.

7. "Art. 1º Esta Lei dispõe sobre o tratamento de dados pessoais, inclusive nos meios digitais, por pessoa natural ou por pessoa jurídica de direito público ou privado, com o objetivo de proteger os direitos fundamentais de liberdade e de privacidade e o livre desenvolvimento da personalidade da pessoa natural."

Logicamente, a referida base legal ganha ainda mais importância com o cresci-mento exponencial de modelos de negócios baseados no processamento de grande conjunto de dados que, em virtude da falta de interação direta com o titular do dado, seria quase impossível validar a hipótese do consentimento diante da alta carga adjetiva (*manifestação livre, informada e inequívoca pela qual o titular concorda com o tratamento de seus dados pessoais para uma finalidade determinada*).

Ao examinar se é possível utilizar o legítimo interesse como base legal de tra-tamento, primeiramente, faz-se imprescindível ao controlador realizar um teste de equilíbrio em contraste com os direitos fundamentais do titular dos dados pessoais. Os referidos pressupostos indispensáveis, tanto do teste, quanto a prerrogativa de confecção do relatório de impacto (*legitimate interests assessment)* foram desenha-dos no artigo mencionado, sendo imprescindível, contudo, acatar as sugestões do Working Party 29[8], tangíveis em seu Parecer 06/2014[9].

Adotando uma metodologia de trabalho paradigmática, destaca-se que o *Working Party* 29, que discorre sobre o uso dos legítimos interesses, reporta uma série de questões que auxiliam o fiel da balança (entre os interesses do responsável pelo tratamento e as legítimas expectativas do titular) a inclinar para o lado daquele, tendo como baluartes: (i) avaliação do legítimo interesse; (ii) impacto sobre o titular do dado (consequências potenciais ou reais do tratamento); (iii) o equilíbrio entre interesses e direitos colocados em jogo; e (iv) existência de salvaguardas técnicas e jurídicas que possam mitigar eventual impacto.

O artigo 10, da Lei Geral de Proteção de Dados, por sua vez, foi criado para capitanear todo e qualquer tipo de aplicação do instituto do legítimo interesse. Em termos de hermenêutica, a interpretação deste artigo provoca dois resultados, sendo o primeiro destinado à aplicação do legítimo interesse do controlador, ou do legítimo interesse de terceiros; e o segundo destinado à relação de incisos e parágrafos do artigo em discussão com condicionantes cumulativas e não alternativas, garantindo uma aplicação uniforme da base legal.

Nesse contexto, a primeira etapa (LGPD, art. 7º, IX, c/c o art. 10, *caput* e inciso I) é corroborar se o interesse do controlador é legítimo, ou seja, se o propósito para o tratamento de dados pessoais contraria legislações esparsas. Aqui, o responsável pelo tratamento deve identificar, expressamente, os interesses em jogo e a razão pela qual este prevalece sobre os interesses dos titulares em causa, perquirindo uma situação concreta para não ser considerado um instituto de cheque em branco. O interesse

---

8. O Article 29 Working Party (WP 29) representava um órgão consultivo formado por representantes de todas as autoridades de proteção de dados dos membros da União Europeia, cujo objetivo é emitir opiniões e orientações acerca de assuntos específicos sobre as práticas de tratamento de dados pessoais.

9. ARTICLE 29 DATA PROTECTION WORKING PARTY. Opinion 06/2014 on the notion of legitimate inte-rests of the data controller under Article 7 of Directive 95/46/EC, p. 25. Disponível em: https://ec.europa.eu/justice/article-29/press-material/public-consultation/notion-legitimate-interests/files/20141126_over-view_relating_to_consultation_on_opinion_legitimate_interest_.pdf Acesso em: 18 fev. 2025.

deve ser definido, expressamente, para permitir o teste de proporcionalidade em relação aos interesses e aos direitos e às garantias (situação concreta).

No segundo passo, também conhecido como "teste da necessidade" (LGPD, arts. 7º, IX, e 10, § 1º, quando aplicável), o controlador ou terceiro deve considerar se os dados coletados são, realmente, aqueles indispensáveis para se alcançar as finalidades almejadas e se o tratamento dos dados não seria mais bem aplicado por outras hipóteses jurídicas autorizativas que não aquela do interesse legítimo. Este cenário ocasiona uma das tarefas mais árduas e complexas de avaliar, a partir do momento em que a base legal do consentimento revelou-se mais apropriada em comparação ao legítimo interesse, e vice-versa. Pode-se considerar a seguinte indagação para facilitar o cumprimento do segundo passo: "existe outra maneira de alcançar a finalidade almejada além do legítimo interesse?".

Sem prejuízo da análise do princípio da necessidade, ou minimização, segundo o qual deverá ser considerada a menor quantidade possível de dados pessoais que seja suficiente para atender a finalidade almejada, e não mais do que isso (LGPD, art. 6º, III), a verificação da incidência de outra base legal, que não o legítimo interesse em discussão, a ser aplicada no caso em concreto não pressupõe qualquer hierarquia estabelecida entre as bases legais, mas tão somente um exercício de reflexão ao próprio agente de tratamento de dados diante do ônus argumentativo reforçado e imposto com a elaboração e documentação prévia do teste de equilíbrio. De um lado, se não há qualquer grau de hierarquia entre as hipóteses autorizativas do tratamento de dados, de outro lado, a seleção, o dever geral de fundamentação do tratamento e o respectivo ônus de demonstração de higidez cabem ao agente de tratamento, o que justifica, pois, a afirmação que a escolha da base legal representa um verdadeiro risco jurídico.

Neste sentido, o teste da necessidade tem como finalidade verificar se seria possível alcançar o mesmo resultado com o tratamento de menor quantidade de dados ou a aplicação de outras hipóteses autorizativas, uma vez que, se a resposta fosse positiva, a fundamentação do tratamento baseado no legítimo interesse seria descabida diante do entendimento de que sempre deve ser adotado o método menos intrusivo e que provoque os menores impactos possíveis ao seu titular.

O terceiro passo é a pedra angular do teste de proporcionalidade (LGPD, arts. 7º, IX, e 10, II), na qual os controladores ou terceiros não deverão realizar o diagnóstico, injusto ou tendencioso, tendo-se em vista a necessidade de sopesar os seus respectivos interesses com os interesses dos titulares dos dados. Deve-se identificar se o uso atribuído ao dado se encaixa nas legítimas expectativas do titular, além da forma como este será impactado com o tratamento de dados.

A quarta etapa (art. 10, §§ 2º e 3º, da LGPD) consiste em garantir transparência em relação aos titulares e às autoridades responsáveis pela proteção de dados, para que, respectivamente, aqueles tenham, eventualmente, a possibilidade de apresentar oposição ao tratamento ou, mesmo, exercer quaisquer outros direitos previstos na

Lei Geral de Proteção de Dados; da mesma forma, faculta às autoridades requisitar, mediante requerimento, a documentação na qual o responsável pelo tratamento tenha fundamentado a sua avaliação, permitindo, assim, a observação e aplicação adequada do instituto.

O princípio da transparência, além de ser considerado um princípio geral da LGPD, que encontra-se positivado no artigo 6º, VI, aplicável a todas as hipóteses de tratamento de dados pessoais, no caso do legítimo interesse ele é repisado pelo art. 10, §2º, segundo o qual o *"controlador deverá adotar medidas para garantir a transparência do tratamento de dados baseado em seu legítimo interesse"*.

Nesse contexto, a medida de transparência é aspecto fundamental no momento da avaliação de legítimo interesse, que contempla, após o balanceamento dos interesses do controlador ou terceiro e do titular, a inclusão de salvaguardas destinadas à mitigação de quaisquer desequilíbrios nessa relação, sobretudo quando houver maior impacto sobre o titular no tratamento de dados, onde a abertura das informações deve ser realizada, de forma proativa, sem a necessidade de eventual requisição por parte do titular ou questionamento pelas autoridades competentes.

Especificamente sobre o mecanismo de salvaguarda, espera-se que o controlador comunique o titular, de forma clara e transparente, acerca dos diversos aspectos do tratamento, desde a sua realização até a identificação da hipótese autorizativa do tratamento com os seus respectivos motivos. O referido teor deve ser explícito, claro e fornecido separadamente, cujo dever de transparência encontra-se preconizado no artigo 9º, § 3º,[10] da LGPD. Decerto, pretendeu o legislador reforçar que o agente de tratamento deve informar ao titular, de forma clara e transparente, antes e durante todo o processo de tratamento, a licitude de sua atuação a qual deve ser documentada e, por via de sua consequência, o titular de dados deve ter amplas condições de controlar a forma como seus dados são objetos de tratamento.

O dever de transparência ativa sobre o tratamento de dados com fundamento no legítimo interesse é endereçado não apenas ao titular dos dados, mas também aos grupos de interesses relevantes e autoridades nacionais de proteção de dados. A transparência proativa das sociedades empresárias demonstra um papel de responsabilidade social, com a exposição de suas próprias práticas à apreciação de terceiros, e fortalece a cultura de privacidade e proteção de dados no mercado, com a finalidade precípua de contenção da prática de abusos por parte do agente de tratamento, eis que não basta apenas a mera afirmação genérica da realização do tratamento com fundamento nesse permissivo da Lei Geral de Proteção de Dados.

---

10. "Quando o tratamento de dados pessoais for condição para o fornecimento de produto ou de serviço ou para o exercício de direito, o titular será informado com destaque sobre esse fato e sobre os meios pelos quais poderá exercer os direitos do titular elencados no art. 18 desta Lei."

ART. 10 — COMENTÁRIOS À LEI GERAL DE PROTEÇÃO DE DADOS PESSOAIS (LEI 13.709/2018)

Fonte: elaborada pelo autor

Em síntese, para avaliação do enquadramento nesta hipótese jurídica, o controlador ou terceiro deve propor os questionamentos indicados, os quais devem ser respondidos positivamente, para que sejam extrapolados os limites do instituto, cumprindo a garantia de que o tratamento se dará em estrita observância à Lei Geral de Proteção de Dados:

(i) foi identificado interesse legítimo do controlador, considerado em situações concretas, que respeite as legítimas expectativas do titular em relação ao seu tratamento?;

(ii) o controlador se responsabiliza por garantir a proteção do exercício regular dos direitos do titular ou a prestação de serviços que o beneficiem, respeitados os direitos e liberdades fundamentais do titular?;

(iii) o titular do dado será informado acerca da base legal de tratamento aplicada; e

(iv) na prática, serão adotadas medidas para garantir a transparência do tratamento de dados baseado no instituto do legítimo interesse?

Não é difícil projetar cenários de questionamentos por parte das autoridades competentes no tocante ao teste de proporcionalidade efetuado pelo controlador por inúmeras razões, como, por exemplo, a divergência entre as justificativas publicizadas ao titular do dado ou pelo fato de que tal balanceamento não foi aprofundado com propriedade suficiente. Por esse motivo, o teste em apreço deve, primordialmente, ser documentado pelo controlador, com o fito de colocar à disposição, em ato posterior, para possíveis auditorias pela autoridade competente.

Acerca do questionamento por parte de autoridades competentes, destaca-se que a própria Autoridade Nacional de Proteção de Dados manifestou entendimento no guia publicado em parceria com o Tribunal Superior Eleitoral acerca da aplicação do legítimo interesse que não é possível qualificar o interesse de determinado controlador como legítimo na situação de utilização de dados pessoais para encaminhamento de propaganda eleitoral por telemarketing, uma vez que tal conduta foi expressamente vedada pela Resolução n. 23.610/2019, do TSE, e por força de decisão proferida pelo Supremo Tribunal Federal na ADI 5.122.[11]

Se, porventura, o teste de proporcionalidade apresentar um sinal positivo, inconcusso é que a aplicação do legítimo interesse pode ser considerada o melhor caminho a ser percorrido pelo controlador. Contudo, ainda que o resultado parcial seja desfavorável a quem deseja realizar tal operação, necessário oferecer plausíveis medidas de proteção ao titular, para que se altere esse resultado preliminar.

Quando a operação de tratamento sinalizar riscos específicos para os direitos e as liberdades dos titulares, far-se-á imperiosa uma avaliação mais abrangente do impacto na privacidade e na proteção de dados; eis que a balança precisa estar equilibrada do início ao fim do jogo. Ademais, frise-se que a existência das boas práticas pode modificar, substancialmente, o resultado do teste de balanceamento, tornando-o apto a demonstrar impactos diretos ao titular, do mesmo modo como a carência absoluta dessas medidas é suficiente para invalidar a caracterização do instituto.

Por outro lado, quando o tratamento for baseado no legítimo interesse de terceiros, a LGPD é silente acerca da necessidade de observância dos requisitos do artigo ora comentado, que dispõe sobre as condições e finalidades do uso do legítimo interesse do controlador como hipótese jurídica para o tratamento de dados pessoais. Este aspecto se mostra relevante, ao passo em que o legítimo interesse de terceiros engloba não apenas os terceiros em determinada relação negocial, como também a própria sociedade considerada. O exemplo mais emblemático da hipótese do legítimo interesse aplicável à figura do "terceiro" é a situação de combate a fraudes, uma vez que é de interesse de uma sociedade empresária evitar que o cartão de crédito que ela oferece seja fraudado, e, na mesma intensidade, é de interesse do sistema financeiro e bancário, que a referida fraude não seja efetivada, razão pela qual o compartilhamento de dados entre atores do setor financeiro sujeita-se à figura de terceiros.

Possibilidade em que o legítimo interesse de terceiros também é aplicável é do tratamento de dados nos procedimentos de *due diligence* (análise financeira, fiscal, contábil, quadro de colaboradores e regularidade de consumidores) em fusão e aquisição, em que terceiros, na posição de futuros adquirentes, não detêm nenhuma relação jurídica previamente estabelecida com os titulares de dados pessoais, porém possuem o tão esperado legítimo interesse para tratar os dados pessoais com o propósito legítimo de verificar a viabilidade da operação societária. Aqui, há uma elevada probabilidade de acesso inevitável a dados pessoais de titulares não envolvidos diretamente na operação societária.

---

11. BRASIL. Autoridade Nacional de Proteção de Dados (ANPD); Tribunal Superior Eleitoral (TSE). *Guia Orientativo – Aplicação da Lei Geral de Proteção de Dados Pessoais (LGPD) por agentes de tratamento no contexto eleitoral*. Brasília, 2021. Disponível em: https://www.gov.br/anpd/pt-br/assuntos/noticias/guia_lgpd_final.pdf. Acesso em: 18 fev. 2025. p. 27.

Na hipótese alhures mencionada, e adotando-se o teste mencionado anteriormente, tem-se que (i) há um legítimo interesse para a realização de operação societária; (ii) mostra-se necessário análise do banco de dados da vendedora para a concretização do negócio jurídico; (iv) reorganizações societárias não fatos desconhecidos ao giro das atividades empresariais e a legítima expectativa do titular não seria violada, além de que inexistiria violação a direitos e liberdades fundamentais, desde que o acesso aos dados pessoais seja efetivado pela compradora para o fim de permitir a tomada da decisão com segurança jurídica; e (v) as Partes deverão empreender as boas práticas de governança para tratar os referidos dados em espaço seguro, a fim de mitigar a ocorrência de incidente de segurança que possa acarretar risco ou dano relevante aos titulares.

Verifica-se, por outro lado, que a utilização do legítimo interesse como base legal de tratamento de dados pessoais, quando se avaliam as atividades relacionadas ao setor de marketing digital, pode ser fundamentada em diversos cenários, isto é, do controlador, de terceiros e do próprio titular. Sob a perspectiva de determinada sociedade empresária como controladora, eventual oferta de serviços de marketing depende de sua capacidade de efetivar o tratamento de dados para poder fornecer estes serviços a seus clientes, os quais devem lícitos e representar uma finalidade legítima que é considerada a partir de situações devidamente concretadas, nos moldes do *caput* do artigo 10 da LGPD.

Por outro lado, sob a perspectiva dos titulares de dados e clientes diretos da sociedade empresária acima referenciada, há um nítido interesse legítimo que busca não só novos consumidores interessados em seus produtos e serviços, como também melhorar o relacionamento e suas vendas em relação à atual base de dados, o que seria lítico e representaria uma finalidade legítima que é considerada a partir de situações concretas.

Nesse aspecto, a *"Opinion 06/2014 on the notion of legitimate interests of the data controller under Article 7 of Directive 95/46/EC"* consigna que *"controladores podem ter um interesse legítimo em conhecer as preferências de seus clientes para possibilitar uma melhor personalização de suas ofertas e, finalmente, oferecer produtos e serviços que atendam às necessidades e desejo dos seus consumidores"*.

Um exemplo de tratamento de dados permitido com base em legítimo interesse seria o uso de dados do consumidor de uma concessionária de veículos para considerar situações de fraude, ainda que estes não tenham sido, originalmente, coletados para tal finalidade, visto que não faria qualquer sentido tentar obter o consentimento de um indivíduo se o responsável pelo tratamento deseja, simplesmente, anotar se tal foi o sujeito ativo de eventual fraude na operação de compra e venda ou troca de veículo.

De modo igual, tem-se, também, o caso de uma companhia de seguros, cujo objetivo é processar dados pessoais dos seus clientes como uma forma de medida antifraude, por tratar-se de um negócio crítico. Há nítido interesse do controlador, que, por sua vez, pode acarretar benefícios aos titulares por conta do custo de fraude.

O procedimento em análise, certamente, lograria pleno êxito no teste de balanceamento dos legítimos interesses, já que o responsável pelo tratamento, por ser alvo de uma fraude, a qual poderia ocasionar prejuízos financeiros, além de o novo uso estar dentro da esfera de legítimas expectativas do titular dos dados, ainda que os interesses não o beneficiassem, revela-se razoável esperar que, no caso de uma possível fraude, seus dados pudessem ser utilizados para fins de investigação. Destaca-se que os testes relacionados à base legal devem ser realizados, com o fito de se confirmar que ela é adequada.

No dia 18 de outubro de 2022, a Autoridade Nacional de Proteção de Dados publicou um Guia Orientativo de Cookies e Proteção de Dados Pessoais para realçar o entendimento que o legítimo interesse poderá ser a hipótese legal apropriada nos casos de utilização de cookies estritamente necessários, ou seja, aqueles que são fundamentais para a adequada prestação do serviço ou para o funcionamento da página, servindo como uma forma de apoio e promoção de atividades do controlador e de prestação de serviços que beneficiem o titular. Em qualquer situação, contudo, foi destacado que devem ser fornecidas aos titulares as informações pertinentes em estrita observância aos princípios da transparência e do livre acesso, além de assegurado o exercício de seus direitos.[12]

O Working Party 29, pelo Parecer 06/2014[13], que trata do uso dos legítimos interesses, mencionou uma série de casos que são condizentes com o instituto em discussão: (i) direito à liberdade; (ii) marketing direto; (iii) mensagens não comerciais não requisitadas; (iv) execução de crédito; (v) prevenção à fraude no sentido amplo; (vi) monitoramento da atividade dos colaboradores para fins de gestão ou de segurança; (vii) canal de denúncias interno; (viii) finalidades históricas, estatísticas ou científicas; e (ix) pesquisas.

A despeito da aplicabilidade do legítimo interesse pelo terceiro, o exemplo mais contundente dessa conformação legal é a aplicação da hipótese do legítimo interesse para o combate a fraude. De um lado, é de interesse de uma empresa evitar que o cartão de crédito oferecido ao mercado seja objeto de fraude. Por outro lado, é interesse do sistema bancário e financeiro, bem como da sociedade, que a referida fraude não seja concretizada, razão pela qual eventual compartilhamento de dados entre os agentes do sistema financeiro enquadra-se na posição de terceiros.[14]

---

12. BRASIL. Autoridade Nacional de Proteção de Dados. Guia orientativo. *Cookies e proteção de dados pessoais*. Brasília 2022. Disponível em: https://www.gov.br/anpd/pt-br/documentos-e-publicacoes/guia-orientativo-cookies-e-protecao-de-dados-pessoais.pdf. Acesso em: 18 fev. 2025.

13. ARTICLE 29 DATA PROTECTION WORKING PARTY. Opinion 06/2014 on the notion of legitimate interests of the data controller under Article 7 of Directive 95/46/EC. Disponível em: https://ec.europa.eu/justice/article-29/press-material/public-consultation/notion-legitimate-interests/files/20141126_overview_relating_to_consultation_on_opinion_legitimate_interest_.pdf Acesso em: 18 fev. 2025.

14. BIONI, Bruno; KITAYAMA, Marina; RIELLI, Mariana. *O Legítimo Interesse na LGPD*: quadro geral e exemplos de aplicação. São Paulo: Associação Data Privacy Brasil de Pesquisa, 2021.

Outro caso emblemático de incidência do legítimo interesse de terceiro seria o compartilhamento de dados pessoais de titulares entre controlador e terceiros interessados na sua utilização para fins acadêmicos, mais precisamente, compartilhamento de dados entre Ministério Público e Faculdades para a elaboração de investigações sociais.

Além das condicionantes do artigo 10, é importante destacar que a aplicação do princípio da boa-fé denota a existência de um dever de conduta por parte do agente de tratamento de dados, com ênfase para lealdade perante o titular dos dados, de modo a não frustrar a confiança nele depositada, bem como maior zelo relacionado à noção de abuso de direito, ou seja, o direito de processar dados pessoais dentro dos limites impostos pelo seu fim econômico ou social. A inserção do princípio da boa-fé no próprio *caput* do artigo 6º, que é o ponto central do dispositivo, é elemento indicativo da centralidade do princípio em detrimento dos demais que foram desmembrados em incisos.

Logo, com o único propósito de mitigar eventuais riscos decorrentes da aplicação do legítimo interesse, a LGPD assegura que, sempre que essa base for utilizada, o teste de quatro passos deve ser documentado, por meio de uma "avaliação de legítimo interesse" (documento conhecido pela sigla LIA, de *legitimate interests assessment*), bem como deve ser elaborado relatório de impacto à proteção de dados pessoais (documento conhecido pela sigla DPIA, de "*data protection impact assessment*), em razão da disposição contida no § 3º deste artigo comentado.

A referida avaliação busca aferir o balanceamento dos direitos colocados em partida, notadamente no que diz respeito se há um interesse legítimo e se as legítimas expectativas e os direitos e as liberdades fundamentais do titular são devidamente respeitadas pelos agentes de tratamento. Acerca dos direitos e as liberdades individuais, entende-se que: "*para além do próprio direito fundamental à proteção de dados pessoais recentemente reconhecido pelo STF (ADI 6.387), entende-se que os principais direitos potencialmente afetados estão descritos no art. 2º da LGPD, que descreve os fundamentos da disciplina da proteção de dados pessoais no Brasil.*"[15]

Nesse contexto, indaga-se: o relatório de impacto à proteção de dados é exigível em toda situação de aplicação do legítimo interesse? Há o consenso na doutrina de que a resposta seria negativa, eis que a exigibilidade do relatório de impacto não está relacionada à hipótese jurídica autorizativa do tratamento, mas, sim, ao alto risco da atividade em apreciação, nos termos do art. 5º, inciso XVII,[16] c.c. o art. 55-

---

15. MATTIUZZO, Marcela; PONCE, Paula. O legítimo interesse e o teste da proporcionalidade: uma proposta interpretativa. *Internet & sociedade*, [S.l], v. 1, n. 2, p. 54-76, dez. 2020.

16. "XVII – relatório de impacto à proteção de dados pessoais: documentação do controlador que contém a descrição dos processos de tratamento de dados pessoais que podem gerar riscos às liberdades civis e aos direitos fundamentais, bem como medidas, salvaguardas e mecanismos de mitigação de risco."

J, inciso XIII,[17] da LGPD. Desta feita, verifica-se que o relatório de impacto pode ser compreendido como uma boa prática do mercado, mas não como um requisito obrigatório, sendo que a principal diferença entre essas duas avaliações (relatório de impacto à proteção de dados pessoais e teste do legítimo interesse) decorre do próprio diploma legal, pois o que se busca, no teste, é avaliar a adequação da base legal deste instituto, enquanto o relatório tem como finalidade o alto nível de risco de qualquer atividade de tratamento de dados.

Desse modo, sempre que o tratamento for justificado no legítimo interesse, é fundamental adotar medidas que assegurem não só a transparência desse tratamento, com a publicização aos titulares que esse compartilhamento ocorrerá, mas também o amplo acesso ao exercício dos direitos estampados no artigo 18, pelos titulares. Por óbvio, embora o legítimo interesse seja a base legal mais flexível do marco regulatório, a sua aplicação sempre estará condicionada ao cenário prático que implique tratamento de dados pessoais.

Há um consenso sobre o tema no sentido de que o legítimo interesse costuma ser a hipótese autorizativa mais adequada quando: (i) há um impacto mínimo na privacidade do titular, com adoção de providências que permitam a mitigação de eventuais riscos; (ii) o tratamento não é exigido por lei, mas representa manifesto benefício para o controlador ou para terceiros, inclusive para o titular; (iii) há expectativa do titular no tratamento de dados; e/ou (iv) existem justificativas plausíveis para estar em conformidade com o tratamento que porventura tenha impacto mais invasivo sobre o titular de dado.

Superada essa questão mais paradigmática, adotando uma camada de coerência interna (análise literal a partir do texto da própria lei), as "legítimas expectativas do titular e os direitos e liberdades fundamentais, nos termos desta Lei" ou "expectativas razoáveis do titular" (trecho destacado do GDPR), previstas no inciso II do artigo ora comentado, não devem ser interpretadas como um obstáculo intransponível para a realização de atividades de tratamento, uma vez que representam apenas um dos múltiplos elementos que devem ser ponderados na avaliação da base legal, caso contrário diversas atividades lícitas e fundamentais da sociedade globalizada movida a dados seriam inviabilizadas com a simples alegação de um titular no sentido de que não esperava que determinado tratamento de dados pessoais seria realizado.

O princípio da boa-fé tem como finalidade afastar qualquer questionamento do que seria considerado como legítima expectativa do titular e qual é a sua relação com um princípio muito valorizado no ordenamento pátrio. O que se busca é uma verdadeira análise de compatibilidade, ou seja, uma verificação sobre a proximidade contextual entre a utilização feita com os dados pessoais do titular e aquilo que ele

---

17. "XIII – editar regulamentos e procedimentos sobre proteção de dados pessoais e privacidade, bem como sobre relatórios de impacto à proteção de dados pessoais para os casos em que o tratamento representar alto risco à garantia dos princípios gerais de proteção de dados pessoais previstos nesta Lei."

idealiza ou deveria idealizar, evitando-se eventual situação de susto por parte do titular com tal uso do seu dado. O princípio irradiará a existência de um dever de conduta por parte do agente de tratamento para manter lealdade junto ao titular, desde que não frustre a confiança nele confiada, mostrando-se, para tanto, necessária a certificação da regularidade conforme o caso em concreto, e amplo dever de cautela sem que o direito em tratar dado pessoais não "exceda manifestamente os limites impostos pelo seu fim econômico ou social, pela boa-fé ou pelos bons costumes".[18]

Nesse contexto, a partir do momento em que a expectativa do titular se torna conhecida pelo controlador é que devem cessar as atividades de marketing, por exemplo, ainda mais quando o titular manifesta claramente seu desinteresse em receber comunicações comerciais ou ofertas, exercendo plenamente o direito de *opt-out*. Aqui, devem ser respeitados o balanceamento entre os legítimos interesses do controlador e os direitos e liberdades fundamentais do titular que exigem a proteção de dados pessoais. Para tanto, mostra-se fundamental garantir ao titular dos dados a possibilidade de efetivar os seus direitos a qualquer tempo, sob pena de compreensão generalizada sobre o instituto do legítimo interesse. O extinto Article 29 Working Party sustentou, categoricamente, que a ideia de "impactos" negativos aos direitos do titular aos quais os titulares estariam expostos em decorrência do tratamento de dados fundado no legítimo interesse não é apenas negativa, mas embarca todas as formas pelas quais um titular pode ser atingido.

> O Grupo enfatiza que é crucial entender que 'impacto' é um conceito muito mais amplo que danos ou prejuízos a um ou mais titulares de dados. 'Impacto', como usado neste Parecer, abarca qualquer consequência possível (potencial ou atual) do tratamento de dados. Para sermos mais claros, também enfatizamos que este conceito não é relacionado à noção de vazamento de dados e é muito mais amplo do que os impactos que podem resultar especificamente de um vazamento. Na verdade, a noção de 'impacto', como usada aqui, abrange as variadas formas pelas quais um indivíduo pode ser afetado – positiva ou negativamente – pelo tratamento de seus dados pessoais.[19]

O Grupo de Trabalho do Artigo 29 destaca em seu parecer (*Opinion*) sobre legítimo interesse a existência de um *"direito incondicional de opt-out"* como exemplo de salvaguarda que o controlador deve disponibilizar ao titular, de forma gratuita e

---

18. BRASIL. Código Civil. "Art. 187. Também comete ato ilícito o titular de um direito que, ao exercê-lo, excede manifestamente os limites impostos pelo seu fim econômico ou social, pela boa-fé ou pelos bons costumes."

19. "The Working Party emphasises that it is crucial to understand that relevant 'impact' is a much broader concept than harmor damage to one or more specific data subjects. 'Impact' as used in this Opinion covers any possible (potential or actual) consequences of the data processing. For the sake of clarity, we also emphasise that the concept is unrelated to the notion of data breach and is much broader than impacts that may result from a data breach. Instead, the notion of impact, as used here, encompasses the various ways in which an individual may be affected - positively or negatively - by the processing of his or her personal data". (ARTICLE 29 DATA PROTECTION WORKING PARTY. Opinion 06/2014 on the notion of legitimate interests of the data controller under Article 7 of Directive 95/46/EC. Disponível em: https://ec.europa.eu/justice/article-29/press-material/public-consultation/notion-legitimate-interests/files/20141126_overview_relating_to_consultation_on_opinion_legitimate_interest_.pdf Acesso em: 18 fev. 2025, p. 37).

facilitada, na aplicação da hipótese autorizativa do legítimo interesse. A LGPD, por sua vez, dispõe no artigo 18°, § 2°, que o "titular pode opor-se a tratamento realizado com fundamento em uma das hipóteses de dispensa de consentimento, em caso de descumprimento ao disposto nesta Lei". Assim, malgrado o instituto em análise permita o tratamento de dados sem o consentimento de seu titular, isto não implica na completa remoção do controle em relação aos seus dados pessoais, sob pena de violação ao fundamento elencado no inciso II, do artigo 2°, da Lei Geral de Proteção de Dados, consistente na "autodeterminação informativa".

Registre-se que, na última etapa do teste, é fundamental que o agente de tratamento implemente ferramentas que proporcionam não só a transparência da atividade de tratamento de dados, como também a salvaguardas que buscam minimizar eventuais riscos oriundos dela. Seria completamente contraditório um cenário em que a atividade de tratamento de dados justificada no legítimo interesse permanecesse lícita, caso houvesse a oposição do titular em relação ao tratamento dos seus dados pessoais, conforme o entendimento sustentado por Bruno Bioni (2020, p. 248):

> Em poucas palavras, se na medida em que é dada transparência acerca do tratamento de dados com base no legítimo interesse e o titular a ele se opõe, caso o agente de tratamento de dados não o acate, estará violando uma das normas da Lei Geral de Proteção de Dados Pessoais. Trata-se de uma interpretação sistemática entre os arts. 10, II e § 2°, combinado com o art. 18, § 2°.[20]

À vista disso, tem-se que o legítimo interesse, além de ser um conceito complexo e multifacetado, poderia ser caracterizado, também, como uma "faca de dois gumes" fornecida a quem procederá ao tratamento de dados pessoais, porquanto, do mesmo modo que tal base é considerada como uma das hipóteses autorizativas mais flexíveis, simultaneamente, também será aquela que mais exigirá do responsável pelo tratamento a observância de todos os requisitos, podendo ser invocado tão somente para finalidades legítimas, propósitos específicos e expectativas do titular do dado.

Feita essa análise, é importante considerar que o legítimo interesse é uma base que não depende do consentimento ou autorização do titular para possibilitar a sua utilização pelo agente de tratamento, razão pela qual, para que esse permissivo legal seja justificado, é necessário que o tratamento tenha uma finalidade legítima e que haja algum nível de expectativa legítima do titular em relação ao processo de tratamento.

Para tanto, os agentes de tratamento deverão cumprir, amplamente, medidas exigidas pela Lei Geral de Proteção de Dados, como dever de transparência e salvaguardas, atrelado à elaboração prévia de um teste de legítimo interesse (LIA), especialmente quando pairar eventual incerteza sobre o uso dessa base legal, de modo a verificar a possibilidade de utilização frente aos possíveis riscos oferecidos

---

20. Cf. BIONI, Bruno Ricardo. *Proteção de dados pessoais*: a função e os limites do consentimento.. Rio de Janeiro: Forense, 2019.

aos titulares. A aplicabilidade do legítimo interesse depende de uma análise aprofundada e holística do caso submetido à análise.

Embora a escolha entre o consentimento ou o legítimo interesse seja um critério do agente de tratamento, destacam-se alguns critérios comparativos entre a aplicação dos institutos do legítimo interesse e do consentimento:

Consentimento	Legítimo Interesse
O tratamento de dados pessoais pode ser iniciado após a manifestação de vontade.	O tratamento de dados pessoais independe do consentimento, podendo ser iniciado em caráter imediato.
O alcance do tratamento tem a capacidade de atingir um público-alvo menor.	O alcance do tratamento tem a capacidade de atingir um público-alvo maior
O consentimento deve ser livre, informado, inequívoco e para finalidades determinada, sem prejuízo da necessidade de registro.	O agente de tratamento deve balancear os interesses da sociedade com os direitos e liberdades do titular.
Pode ser usado para o tratamento de dados pessoais sensíveis e dados de crianças, mediante o consentimento de pelo menos um dos pais ou responsável legal.	É vedado o tratamento de dados pessoais sensíveis e dados de criança.
O titular dos dados pessoais tem o direito de revogar o consentimento.	Deve-se fornecer ao titular a opção de exercer o *opt-out* a qualquer momento e de forma facilitada.

A alternativa existente no marco regulatório de privacidade e proteção de dados, portanto, foi não só prever diretrizes de aplicação no próprio texto da lei, com um dispositivo único que detalha qual deve ser o exame de qualificação para que um interesse seja considerado legítimo, reforçando a aplicação de princípios para evitar fortes impactos a direitos e liberdades fundamentais do titular, como também exigir que o agente de tratamento de dados guarde os registros das suas atividades baseados no legítimo interesse (ônus de registro do teste do legítimo interesse).

Por representar um tema traiçoeiro que demanda complexa formulação teórica para a efetivação do legítimo interesse no caso em concreto, somada a incipiente experiência brasileira, inquestionável é um cenário isento de controvérsias sobre o emprego adequado ou não por parte do controlador ou de terceiros, notadamente pelo fato de que os sujeitos admitidos como responsáveis por realizar o exame de equilíbrio e que determinam quais interesses ou direitos prevalecem no tratamento de dados são os próprios controladores. Diante disso, resta, explicitamente, evidenciada a importância da Autoridade Nacional de Proteção de Dados na promoção das diretrizes e decisões acerca do tema, zelando, assim, pela proteção de dados no território nacional.

Por derradeiro, diante da atual conjuntura e do nível de maturidade de aplicação da Lei Geral de Proteção de Dados no território nacional, faz-se imprescindível que a Autoridade Nacional de Proteção de Dados exerça o seu protagonismo na fiscalização de processos de coleta e tratamentos de dados considerados opacos e inacessíveis baseados no legítimo interesse, com o objetivo de forçar a adoção de medidas de transparência para atender o § 2º, do art. 10, da LGPD, bem como fiscalizar a realização dos testes de proporcionalidades realizados pelos agentes de tratamento.

Chiara Spadaccini de Teffé

SEÇÃO II
DO TRATAMENTO DE DADOS PESSOAIS SENSÍVEIS

Art. 11. O tratamento de dados pessoais sensíveis somente poderá ocorrer nas seguintes hipóteses:

I – quando o titular ou seu responsável legal consentir, de forma específica e destacada, para finalidades específicas;

II – sem fornecimento de consentimento do titular, nas hipóteses em que for indispensável para:

a) cumprimento de obrigação legal ou regulatória pelo controlador;

b) tratamento compartilhado de dados necessários à execução, pela administração pública, de políticas públicas previstas em leis ou regulamentos;

c) realização de estudos por órgão de pesquisa, garantida, sempre que possível, a anonimização dos dados pessoais sensíveis;

d) exercício regular de direitos, inclusive em contrato e em processo judicial, administrativo e arbitral, este último nos termos da Lei 9.307, de 23 de setembro de 1996 (Lei de Arbitragem);

e) proteção da vida ou da incolumidade física do titular ou de terceiro;

f) tutela da saúde, exclusivamente, em procedimento realizado por profissionais de saúde, serviços de saúde ou autoridade sanitária; ou

g) garantia da prevenção à fraude e à segurança do titular, nos processos de identificação e autenticação de cadastro em sistemas eletrônicos, resguardados os direitos mencionados no art. 9º desta Lei e exceto no caso de prevalecerem direitos e liberdades fundamentais do titular que exijam a proteção dos dados pessoais.

§ 1º Aplica-se o disposto neste artigo a qualquer tratamento de dados pessoais que revele dados pessoais sensíveis e que possa causar dano ao titular, ressalvado o disposto em legislação específica.

§ 2º Nos casos de aplicação do disposto nas alíneas "a" e "b" do inciso II do caput deste artigo pelos órgãos e pelas entidades públicas, será dada publicidade à referida dispensa de consentimento, nos termos do inciso I do caput do art. 23 desta Lei.

§ 3º A comunicação ou o uso compartilhado de dados pessoais sensíveis entre controladores com objetivo de obter vantagem econômica poderá ser objeto de vedação ou de regulamentação por parte da autoridade nacional, ouvidos os órgãos setoriais do Poder Público, no âmbito de suas competências.

§ 4º É vedada a comunicação ou o uso compartilhado entre controladores de dados pessoais sensíveis referentes à saúde com objetivo de obter vantagem econômica, exceto nas hipóteses relativas à prestação de serviços de saúde, de assistência farmacêutica e de assistência à saúde, desde que observado o § 5º deste artigo, incluídos os serviços auxiliares de diagnose e terapia, em benefício dos interesses dos titulares de dados, e para permitir:

I – a portabilidade de dados quando solicitada pelo titular; ou

II – as transações financeiras e administrativas resultantes do uso e da prestação dos serviços de que trata este parágrafo.

§ 5º É vedado às operadoras de planos privados de assistência à saúde o tratamento de dados de saúde para a prática de seleção de riscos na contratação de qualquer modalidade, assim como na contratação e exclusão de beneficiários.

1. O QUE SÃO DADOS PESSOAIS SENSÍVEIS?

Os dados sensíveis mostram-se especialmente relevantes para a garantia dos direitos e liberdades fundamentais de seu titular, devendo ser protegidos de forma mais específica e cuidadosa pelas diversas estruturas normativas.[1] Isso porque, em virtude da qualidade e natureza das informações que trazem, seu tratamento ou eventual vazamento poderá gerar riscos significativos à pessoa humana, como preconceitos e discriminações ilícitas ou abusivas em face do titular.[2] Verifica-se na categoria em questão importantes conteúdos relacionados à intimidade, à identidade e à integridade psicofísica da pessoa natural, cabendo a ela determinar a gestão de sua esfera informacional.

Não há dúvidas de que o tratamento de dados sensíveis por parte, por exemplo, de empregadores, recrutadores, companhias de seguro, planos de saúde e governos demanda uma proteção ampliada, diante dos potenciais riscos a direitos. Outro ponto de preocupação é o desenvolvimento contínuo de análises e perfis comportamentais,[3] visando-se direcionar e personalizar com elevada precisão bens e serviços.

Na LGPD, os dados sensíveis foram apresentados em seu art. 5º, inciso II, apontando a lei as seguintes espécies: dado pessoal sobre origem racial ou étnica,[4]

---

1. O presente estudo tem como fonte principal livro de autoria própria – fruto de tese de doutorado defendida na UERJ: TEFFÉ, Chiara Spadaccini de. *Dados pessoais sensíveis*: qualificação, tratamento e boas práticas. Indaiatuba: Foco, 2022. 280p.

2. Cf. DONEDA, Danilo. *Da privacidade à proteção de dados pessoais*: fundamentos da Lei Geral de Proteção de Dados. 2. ed. São Paulo: Thomson Reuters Brasil, 2019.

3. LGPD, Art. 12. [...] § 2º Poderão ser igualmente considerados como dados pessoais, para os fins desta Lei, aqueles utilizados para formação do perfil comportamental de determinada pessoa natural, se identificada.

4. MULHOLLAND, Caitlin; KREMER, Bianca. Responsabilidade civil por danos causados pela violação do princípio da igualdade no tratamento de dados pessoais. In: TEPEDINO, Gustavo; SILVA, Rodrigo da Guia

convicção religiosa, opinião política, filiação a sindicato ou a organização de caráter religioso, filosófico ou político, dado referente à saúde[5] ou à vida sexual[6], dado genético ou biométrico, quando vinculado a uma pessoa natural.[7]-[8] Assim como no

---

(Coord.). *O Direito Civil na era da inteligência artificial*. São Paulo: Revista dos Tribunais, 2020, p. 565-584; GONZALEZ, Lélia. *Por um feminismo afro-latino-americano*. Rio de Janeiro: Zahar, 2020; MUNANGA, Kabengele. *Rediscutindo a mestiçagem no Brasil*: identidade nacional versus identidade negra. 5. ed. Belo Horizonte: Autêntica, 2019; MUNANGA, Kabengele. *Negritude*: usos e sentidos. 4. ed. Belo Horizonte: Autêntica, 2019.

5. "[...] nos últimos anos, tem-se visto uma explosão do número de aplicações voltadas para a área de saúde. Isso inclui, por exemplo, softwares que fazem o acompanhamento e tratamento dos dados cardíacos do usuário ou que prometem um maior controle sobre o ciclo menstrual da mulher. Esse último exemplo é bastante instrutivo, já que existem no mercado aplicativos que acumulam um número significativo de dados sensíveis. Normalmente, tais dados compreendem o nome, e-mail, idade e outras informações pessoais das usuárias; comentários sobre sintomas e humor; histórico de doenças e respectivos tratamentos; extensão do período menstrual; frequência que se tem relações sexuais; e diversas outras informações relacionadas à saúde da paciente. Esse conjunto de informações é extremamente valioso para as empresas do ramo, pois permite que elas entendam o seu público-alvo e suas respectivas demandas. Como resultado, podem desenvolver produtos e serviços melhores, bem como veicular campanhas publicitárias mais eficientes." (ANDRADE, Gustavo Piva de. O GDPR e a proteção dos dados sensíveis. *Migalhas*. 24 maio 2018. Disponível em: https://www.migalhas.com.br/depeso/280651/o-gdpr-e-a-protecao-dos-dados-sensiveis. Acesso em: 18 fev. 202518 fev. 2025). São indicadas as seguintes leituras para o tema: DALLARI, Analluza Bolivar; MONACO; Gustavo Ferraz de Campos (Coord.). *LGPD na saúde*. São Paulo: Revista dos Tribunais, 2021. AITH, Fernando; DALLARI, Analluza Bolivar (Coord.). *LGPD na saúde digital*. São Paulo: Revista dos Tribunais, Thomson Reuters Brasil, 2022. 524 p. SCHULMAN, Gabriel; PEREIRA, Paula Moura. Futuro da saúde e saúde do futuro: impactos e limites reais da inteligência artificial. In: TEPEDINO, Gustavo; SILVA, Rodrigo da Guia (Coord.). *O Direito Civil na era da inteligência artificial*. São Paulo: Thomson Reuters Brasil, 2020, p. 165-182. p. 172-174.

6. COSTA, Ramon. Personalidade Hackeada: considerações sobre proteção de dados pessoais sensíveis, vigilância digital e discriminação. In: TEFFÉ, Chiara Spadaccini de; BRANCO, Sérgio (Coord.). *Proteção de dados e tecnologia*: estudos da pós-graduação em Direito Digital. Rio de Janeiro: Instituto de Tecnologia e Sociedade do Rio de Janeiro; ITS/Obliq, 2022. FICO, Bernardo de Souza Dantas; NOBREGA, Henrique Meng. A Lei Geral de Proteção de Dados Brasileira para Pessoas LGBTQIA+: Identidade de gênero e orientação sexual como dados pessoais sensíveis, *Revista Direito e Práxis*, Rio de Janeiro, Vol. 13, n. 02, 2022, p. 1262-1288. WERMUTH, Maiquel Angelo Dezordi; CARDIN, Valéria Silva Galdino; MAZARO, Juliana Luiza. Tecnologias de controle e dados sensíveis: Como fica a proteção da sexualidade na lei geral de proteção de dados pessoais? *Revista Jurídica Luso-Brasileira*, Lisboa, Ano 8, n. 3, 2022.

7. A definição de "informações sensíveis" não era estranha ao legislador brasileiro, visto que já constava na Lei do Cadastro Positivo (Lei 12.414/11), em seu art. 3º, § 3º, sendo "assim consideradas aquelas pertinentes à origem social e étnica, à saúde, à informação genética, à orientação sexual e às convicções políticas, religiosas e filosóficas".

8. O regulamento europeu de proteção de dados apresenta as seguintes definições em seu Artigo 4º, n. 13, 14 e 15: "13) «Dados genéticos», dados pessoais relacionados às características genéticas, hereditárias ou adquiridas, de uma pessoa singular que julgue informações únicas sobre fisiologia ou de uma saúde dessa pessoa singular e que resulte de uma análise de uma amostra biológica comprovada de uma pessoa singular em causa; 14) «Dados biométricos», dados pessoais permitidos de um tratamento técnico específico relativo a características físicas, fisiológicas ou comportamentais de uma pessoa singular que permita ou confirme uma identificação única dessa pessoa singular, especificamente imagens faciais ou dados; 15) «Dados relacionados à saúde», dados pessoais relacionados à saúde física ou mental de uma pessoa singular, incluindo a prestação de serviços de saúde, que revelam informações sobre o seu estado de saúde" (UNIÃO EUROPEIA. *Regulamento 2016/679, de 27 de abril de 2016*. Regulamento Geral Sobre A Proteção de Dados. 2016. Disponível em: https://eur-lex.europa.eu/legal-content/PT/TXT/PDF/?uri=CELEX:32016R0679&from=PT. Acesso em: 18 fev. 2025, n.p.).

General Data Protection Regulation, entendeu o legislador que a melhor forma de proteger os dados sensíveis seria trazendo exemplos claros de dados assim considerados.

Dados sobre a origem, crenças e relacionados a questões sexuais são especiais diante de históricas perseguições, discriminações e preconceitos em face de pessoas de determinadas origens raciais ou étnicas, com certas crenças ou posições políticas ou, ainda, que tenham determinada orientação sexual. Os dados corporais, com o avanço da ciência e da tecnologia, apresentam uma sensibilidade também elevada, sendo diversas as suas aplicações e tratamentos. Atualmente, por exemplo, eles são fundamentais para alimentar sistemas de Inteligência Artificial que irão colaborar em diagnósticos e tratamentos de saúde, em investigações de crimes e na implantação de tecnologias de identificação e controle.[9] Vale lembrar que, com a hiperconectividade e a disseminação da internet das coisas (Internet of Things – IOT), os *wearables* coletam e analisam,[10] cada vez mais, informações sensíveis de seus usuários, verificando preferências, identidades e o próprio estado de saúde dos mesmos.

Mas, afinal, o que torna um dado sensível? Como caracterizar um dado pessoal como sensível? Pode um dado ser tratado como sensível diante do tipo de tratamento realizado com ele no caso concreto? Se um determinado tratamento revelar dados sensíveis ou, se a partir dele, for possível extrair inferências sensíveis, como deverá ser realizada a proteção jurídica? Essas perguntas mostram-se fundamentais para o desenvolvimento de um estudo aprofundado sobre o tema.

Em cada caso, será relevante verificar o potencial de o tratamento da informação pessoal afetar indevidamente o indivíduo a quem ela diz respeito, o livre desenvolvimento de sua personalidade e seu tratamento em condições concretas de liberdade e igualdade. A categoria especial apresenta como fundamentos: (a) garantir a igualdade material e a liberdade das pessoas naturais; b) assegurar o livre desenvolvimento da personalidade do ser humano; c) impedir discriminações ilícitas ou abusivas; e d) evitar cenários de preconceito, estigmatização e restrição indevida a bens e serviços.

Importa salientar que a linha distintiva entre dados pessoais de caráter geral e dados sensíveis não se mostra tão nítida.[11] Diante da dinamicidade das relações e dos diversos contextos para o processamento de dados, afirma-se que não seria possível definir antecipadamente os efeitos de um tratamento de informações nem

---

9. TEFFÉ, Chiara Spadaccini de; CEIA, Eleonora. M. Facial recognition and public security in the city of Rio de Janeiro: a critical analysis in the perspective of federative competences and fundamental rights. *Ius Publicum Network Review*, [S.l], 2021.

10. Cf. TEFFÉ, Chiara Spadaccini de; MAGRANI, Eduardo; STEIBEL, Fabro. Juguetes conectados y tutela de la privacidad de niños y adolescentes: explorando beneficios y desafíos. In: GARAVAGLIA, Lionel Ricardo Brossi; ROJAS, Tomás Dodds; PASSERON, Ezequiel (Org.). *Inteligencia artificial y bienestar de las juventudes en América Latina*. Santiago: LOM ediciones, 2019, v. 1, p. 197-202.

11. FRAZÃO, Ana. Nova LGPD: o tratamento dos dados pessoais sensíveis. *Jota*, 26 set. 2018. Disponível em: https://www.jota.info/opiniao-e-analise/colunas/constituicao-empresa-e-mercado/nova-lgpd-o-tratamento-dos-dados-pessoais-sensiveis-26092018. Acesso em: 18 fev. 2025.

a real sensibilidade de um dado. Por exemplo, dados que pareçam não relevantes em determinado momento, que não façam referência a alguém diretamente ou, ainda, que não sejam formalmente sensíveis, uma vez transferidos, cruzados e/ou organizados, podem resultar em dados bastante específicos sobre determinada pessoa, trazendo informações, inclusive, de caráter sensível sobre ela.

Em importante ensinamento, Danilo Doneda destacou que:

> A elaboração desta categoria e de disciplinas específicas a ela aplicadas não foi isenta de críticas, como a que afirma que é impossível, em última análise, definir antecipadamente os efeitos do tratamento de uma informação, seja ela da natureza que for. Desta forma, mesmo dados não qualificados como sensíveis, quando submetidos a um determinado tratamento, podem revelar aspectos sobre a personalidade de alguém, podendo levar a práticas discriminatórias. Afirma-se, em síntese, que um dado, em si, não é perigoso ou discriminatório – mas o uso que dele se faz pode sê-lo.

> (...) deve-se ter em conta que o próprio conceito de dados sensíveis atende à uma necessidade de delimitar uma área na qual a probabilidade de utilização discriminatória da informação é potencialmente maior – sem deixarmos de reconhecer que há situações onde tal consequência pode advir sem que sejam utilizados dados sensíveis, ou então que a utilização destes dados se preste a fins legítimos e lícitos.[12]

Nesse sentido, segundo o grande autor, o conceito de dados sensíveis como fator de fundamentação para uma proteção de nível mais elevado tenderia a ceder à noção de *tratamento sensível* de dados pessoais, em razão do reconhecimento de que não seria possível *a priori* predizer os efeitos que um tratamento de dados pessoais poderia causar ao seu titular, com base apenas em considerações a respeito da natureza dos dados tratados. Sabe-se que, diante dos avanços tecnológicos e científicos, até mesmo informações pessoais que tradicionalmente não são classificadas como sensíveis podem causar "tanto (i) um tratamento discriminatório em si quanto (ii) a dedução ou inferência de dados sensíveis obtidos a partir de dados pessoais não-sensíveis."[13] Nos dois casos ocorreria discriminação ilícita a partir do tratamento de dados pessoais.

Como exemplo disso, recorda-se caso em que se verificou que motoristas com nomes não ingleses, como Mohammed Ali, recebiam cotações de seguros de carros mais altas do que "Johns". Segundo reportagem de 2018, grandes firmas ofereciam valores menores quando o motorista tinha nome considerado inglês, como, por exemplo, John, Jack Jones ou David Smith.[14] Há casos também de negativa de concessão de crédito para pessoas cujos nomes são, estatisticamente, os mais recorrentes

---

12. DONEDA, Danilo. *A proteção de dados pessoais nas relações de consumo*: para além da informação creditícia. Escola Nacional de Defesa do Consumidor. Brasília: SDE/DPDC, 2010. p. 26-27.

13. DONEDA, Danilo. *A proteção de dados pessoais nas relações de consumo*: para além da informação creditícia. Escola Nacional de Defesa do Consumidor. Brasília: SDE/DPDC, 2010. p. 27.

14. Disponível em: https://www.thesun.co.uk/motors/5393978/insurance-race-row-john-mohammed/. Acesso em: 18 fev. 2025.

na comunidade afrodescendente.[15] Até mesmo o prenome, em certo contexto, pode ser considerado dado sensível para fins de proteção da dignidade de seu titular. É possível realizar a mesma reflexão com dados como de geolocalização, idade, endereço de moradia e nacionalidade.[16]

Vale lembrar que, a partir do histórico de compras de uma pessoa em um supermercado ou farmácia[17] ou do acesso à fatura de seu cartão de crédito, mostra-se possível inferir dados sensíveis, como convicções religiosas, estado de saúde[18] ou orientação sexual. Dados de geolocalização podem também ser manipulados para usos lesivos a seu titular e para a verificação de informações particulares e sensíveis. O próprio dado relativo à identidade de gênero – entendido dentro de um contexto amplo – pode ser utilizado para discriminações ilícitas ou abusivas. Da mesma forma, é importante ter especial atenção com dados financeiros de pessoas naturais,

---

15. Disponível em: https://www.oabrj.org.br/colunistas/gustavo-tepedino/as-tecnologias-renovacao-direito--civil. Acesso em: 18 fev. 2025.

16. Doneda e Monteiro analisam caso de solicitação de dados de nacionalidade, o qual ensejou questionamentos a respeito da razão de seu requerimento e de possíveis tratamentos discriminatórios que poderia ensejar. Determinado pró-reitor da Universidade Federal de Santa Maria solicitou algumas informações aos programas de pós-graduação da instituição, estando entre elas questionamento acerca da presença de alunos e/ou professores de nacionalidade israelense. O pedido procurava atender a uma solicitação de acesso à informação dirigida à Universidade por algumas entidades. Analisando o caso e a ponderação entre transparência e proteção de dados, os autores destacaram que: "[...] o fato de a informação referente à nacionalidade ter elevado potencial discriminatório – ainda que a nacionalidade não seja comumente considerada em si como uma informação sensível – depreende-se do tratamento sensível que pode ser dado a tal informação, capaz de estigmatizar, classificar, pré-julgar e mesmo comprometer a segurança dos cidadãos afetados. Note-se que a discriminação em razão da procedência nacional é, inclusive, tipificada como crime no Art. 1º da Lei 7.716/1989. Para tal ponderação contribui, igualmente, a motivação discriminatória passível de ser inferida pela série de considerandos ao pedido de acesso à informação, ao julgar de forma contundente atos que eventualmente teriam sido praticados pelo Estado de Israel." (DONEDA, Danilo; MONTEIRO, Marília. Acesso à informação e privacidade no caso da Universidade Federal de Santa Maria. *Jota*. 2 jul. 2015. Disponível em: https://www.jota.info/opiniao-e-analise/artigos/acesso-a-informacao-e-privacidade-no-caso-da-universidade-federal-de-santa-maria-02072015. Acesso em: 18 fev. 2025).

17. "Por exemplo, ao fornecer o número do CPF para obter descontos nas farmácias, a lista de medicamentos associada a esse dado pode conter informações delicadas sobre nossa saúde. É possível que essas informações sejam utilizadas de maneira discriminatória por seguradoras de saúde, alterando o valor da franquia de acordo com o perfil. Da mesma forma, nosso histórico de compras *online* diz bastante sobre poder aquisitivo e preferências pessoais. Por meio dessas informações, é possível embasar o direcionamento de propagandas compatíveis com o nosso gosto, tentando-nos a comprar algo que não precisamos, bem como cobrar preços mais altos ou limitar o acesso ao crédito para determinados perfis. Dados sobre orientação sexual, em uma sociedade que ainda vive preconceitos contra a diversidade, também podem servir a práticas de segregação, restringindo, por exemplo, as oportunidades de trabalho." (VARON, Joana. Entrevista II. *Panorama Setorial da Internet*, v. 11, n. 2, p. 12-14, 2019. Privacidade e dados pessoais. Disponível em: https://www.cetic.br/media/docs/publicacoes/6/15122520190717-panorama_setorial_ano-xi_n_2_privacidade_e_dados_pessoais.pdf. Acesso em: 18 fev. 2025, p. 12).

18. Caso famoso envolve a empresa *Target* e o uso de dados para a realização de previsão de gravidez de clientes. Cf. DUHIGG, Charles. How companies learn your secrets. *The New York Times*. 26 fev. 2012. Disponível em: https://www.nytimes.com/2012/02/19/magazine/shopping-habits.html?pagewanted=1&_r=1&hp . Acesso em: 18 fev. 2025. RODRIGUES, Alexandre; SANTOS, Priscilla. A ciência que faz você comprar mais. *Galileu*. out. 2012. Disponível em: http://revistagalileu.globo.com/Revista/Common/0,,EMI317687-17579,00-A+-CIENCIA+QUE+FAZ+VOCE+COMPRAR+MAIS.html. Acesso em: 18 fev. 2025.

dados sobre alegações ou condenações criminais e dados relativos a alguma forma de deficiência.

Portanto, certos dados, ainda que não sejam na lei qualificados como sensíveis, podem assim ser considerados, especialmente para *fins de proteção*, a depender do *contexto* e do *tratamento* que os envolver. Nesse sentido e retomando as valiosas lições de Danilo Doneda, dispõe o enunciado 690 da IX Jornada de Direito Civil do CJF: "A proteção ampliada conferida pela LGPD aos dados sensíveis deverá ser também aplicada aos casos em que houver tratamento sensível de dados pessoais, tal como observado no §1º do art. 11 da LGPD."

De acordo com a LGPD (art. 11, § 1º), a proteção disposta no artigo 11 será aplicada a qualquer tratamento de dados pessoais que *revele* dados sensíveis e que possa causar danos ao titular, ressalvado o disposto em legislação.

Questiona-se, porém, o seguinte: a partir de qual etapa do processo o agente deverá aplicar as normas de tratamento mais protetivas dispostas no artigo 11? A proteção envolveria apenas a escolha das bases legais? A possibilidade de descoberta de informações sensíveis já atrairia a aplicação da mencionada previsão legal?

Em verdade, tendo em vista as diversas possibilidades de utilização e cruzamento de dados, mostra-se difícil hoje pensar em um dado pessoal que não seja potencialmente sensível.

Vale lembrar que dados sensíveis poderão alcançar diferentes níveis de sensibilidade e de risco em seu tratamento, interagindo de formas diversas com a esfera particular/íntima de seu titular.[19] Por exemplo, os detalhes sobre a saúde mental de um indivíduo são provavelmente mais sensíveis do que se ele está com uma perna quebrada, ainda que ambos sejam dados relativos à saúde.

As novas e complexas formas de tratar dados vêm expandindo as possibilidades de classificação dos dados pessoais. Isso tem levado à defesa de uma análise contextual e setorial das informações pessoais, bem como do estabelecimento de novas categorias e tutelas. Diante do atual cenário tecnológico, marcado pelo amplo uso de inteligência artificial e dentro de um contexto de web 4.0, não mais parece fazer sentido considerar um dado ou um conjunto de dados pessoais de forma isolada e estática, mas sim dentro de uma perspectiva dinâmica e funcional, que considere diversos fatores, sujeitos e possibilidades de tratamento. Há cada vez mais formas de análises que podem identificar indivíduos e revelar dados sensíveis sobre eles.

Justamente por isso, mostra-se fundamental avaliar toda relação de tratamento de dados observando-se: (I) a natureza e as características da informação pessoal, além

---

19. No caso de tratamento de dados de crianças e adolescentes, recomenda-se a leitura da seguinte obra: BRANCO, Sergio; TEFFÉ, Chiara Spadaccini de; FERNANDES, Elora Raad; LATERÇA, Priscila (Org.). *Privacidade e proteção de dados de crianças e adolescentes*. Rio de Janeiro: Obliq, 2021. Disponível on-line.

do contexto que determina seu tratamento; (II) interesses específicos do responsável pelo tratamento, assim como dos destinatários potenciais dos dados; (III) finalidade e propósito para os quais os dados serão tratados; (IV) condições do tratamento; (V) relações que podem ser estabelecidas com as demais informações disponíveis sobre o titular e/ou o grupo de que ele faz parte; (VI) as possibilidades tecnológicas atuais e futuras envolvendo dados; (VII) como a informação pode afetar o indivíduo a quem ela diz respeito e o livre desenvolvimento de sua personalidade; e (VIII) a potencialidade do tratamento do dado servir como instrumento de estigmatização ou discriminação ilícita ou abusiva da pessoa.

Nesse sentido, Caitlin Mulholland ensina que:

> (...) mais importante do que identificar a natureza própria ou conteúdo do dado, é constatar a potencialidade discriminatória no tratamento de dados pessoais. Isto é, a limitação para o tratamento de dados se concretizaria na proibição de seu uso de maneira a gerar uma discriminação, um uso abusivo e não igualitário de dados. Não só a natureza de um dado, estruturalmente considerado, deve ser avaliada para sua determinação como sensível, mas deve-se admitir que certos dados, ainda que não tenham a princípio essa natureza especial, venham a ser considerados como tal, a depender do uso que deles é feito no tratamento de dados.[20]

De forma a ampliar as garantias aos dados sensíveis e afirmar a relevância do *princípio da não discriminação* nas atividades de tratamento,[21] recorda-se que, na LGPD, o titular dos dados poderá revogar o consentimento manifestado (art. 18, IX) ou pleitear o direito à oposição.[22] Além disso, encontra-se positivado o direito à explicação (art. 20),[23] que dispõe que o titular dos dados tem direito a solicitar a revisão de decisões tomadas unicamente com base em tratamento automatizado de dados pessoais que afetem seus interesses, incluídas as decisões destinadas a

---

20. MULHOLLAND, Caitlin. Dados pessoais sensíveis e consentimento na Lei Geral de Proteção de Dados Pessoais. *Migalhas*, publicado em 22 de junho de 2020. Disponível em: https://migalhas.uol.com.br/coluna/migalhas-de-vulnerabilidade/329261/dados-pessoais-sensiveis-e-consentimento-na-lei-geral-de-protecao-de-dados-pessoais. Acesso em: 18 fev. 2025.

21. Art. 6º, IX, da LGPD – princípio que apresenta respaldo nos direitos fundamentais à liberdade e igualdade material.

22. Art. 18 § 2º O titular pode opor-se a tratamento realizado com fundamento em uma das hipóteses de dispensa de consentimento, em caso de descumprimento ao disposto nesta Lei.

23. Debate-se, aqui, se deveria haver uma obrigatoriedade da revisão humana de decisões automatizadas. Sobre o assunto, cf: FRAZÃO, Ana. O direito à explicação e à oposição diante de decisões totalmente automatizadas. *Jota*. Publicado em: 05 dez. 2018. Disponível em: https://www.jota.info/paywall?redirect_to=//www.jota.info/opiniao-e-analise/colunas/constituicao-empresa-e-mercado/o-direito-a-explicacao-e-a-oposicao-diante-de-decisoes-totalmente-automatizadas-05122018. Acesso em: 18 fev. 2025. MULHOLLAND, Caitlin; FRAJHOF, Isabella Z. Inteligência Artificial e a Lei Geral de Proteção de Dados Pessoais: breves anotações sobre o direito à explicação frente à tomada de decisões por meio de machine learning. In: FRAZÃO, Ana; MULHOLLAND, Caitlin (Org.). *Inteligência Artificial e Direito*: Ética, Regulação e Responsabilidade. São Paulo: Thomson Reuters Brasil, 2019. p. 265-287.

definir o seu perfil pessoal, profissional, de consumo e de crédito ou os aspectos de sua personalidade.[24]

Destaca-se também a relevância do *princípio da minimização* (ou princípio da necessidade) no trato dos dados sensíveis. Se o agente estiver coletando dados sensíveis, ele deverá se certificar de coletar apenas o mínimo necessário. Devido às restrições legais, havendo dúvidas sobre a necessidade da informação, a solução mais simples será a sua não coleta ou, se já coletada, a sua eliminação.[25] Ter documentados os tratamentos que envolvem tais dados, técnicas adotadas e estruturas de compartilhamento e descarte, assim como diagnosticar riscos com precisão e trabalhar em sua mitigação, são excelentes práticas nos casos de tratamento de dados sensíveis. Ainda que no Brasil o relatório de impacto à proteção de dados pessoais[26] não seja obrigatório para o tratamento de dados sensíveis, além de ser uma boa prática, ele poderá ser requerido pela Autoridade Nacional de Proteção de Dados (ANPD), a depender do caso.[27]

No ambiente europeu, vale recordar, o *Data Protection Impact Assessments* (DPIA)[28] será obrigatório quando o processamento de dados puder resultar em um alto risco para os direitos e liberdades das pessoas físicas. Isso é particularmente relevante quando uma nova tecnologia de processamento de dados está sendo introduzida. Nos casos em que não restar claro se um DPIA é estritamente obrigatório, realizar um DPIA figurará como boa prática e ferramenta útil para ajudar

---

24. "Art. 20 § 1º O controlador deverá fornecer, sempre que solicitadas, informações claras e adequadas a respeito dos critérios e dos procedimentos utilizados para a decisão automatizada, observados os segredos comercial e industrial. § 2º Em caso de não oferecimento de informações de que trata o § 1º deste artigo baseado na observância de segredo comercial e industrial, a autoridade nacional poderá realizar auditoria para verificação de aspectos discriminatórios em tratamento automatizado de dados pessoais."

25. Disponível em: https://www.cnil.fr/en/sheet-ndeg7-minimize-data-collection. Acesso em: 18 fev. 2025.

26. Art. 5º XVII – relatório de impacto à proteção de dados pessoais: documentação do controlador que contém a descrição dos processos de tratamento de dados pessoais que podem gerar riscos às liberdades civis e aos direitos fundamentais, bem como medidas, salvaguardas e mecanismos de mitigação de risco.

27. LGPD, Art. 38. A autoridade nacional poderá determinar ao controlador que elabore relatório de impacto à proteção de dados pessoais, inclusive de dados sensíveis, referente a suas operações de tratamento de dados, nos termos de regulamento, observados os segredos comercial e industrial. Parágrafo único. Observado o disposto no caput deste artigo, o relatório deverá conter, no mínimo, a descrição dos tipos de dados coletados, a metodologia utilizada para a coleta e para a garantia da segurança das informações e a análise do controlador com relação a medidas, salvaguardas e mecanismos de mitigação de risco adotados. Recorda-se também aqui: "Art. 46. Os agentes de tratamento devem adotar medidas de segurança, técnicas e administrativas aptas a proteger os dados pessoais de acessos não autorizados e de situações acidentais ou ilícitas de destruição, perda, alteração, comunicação ou qualquer forma de tratamento inadequado ou ilícito. § 1º A autoridade nacional poderá dispor sobre padrões técnicos mínimos para tornar aplicável o disposto no caput deste artigo, considerados a natureza das informações tratadas, as características específicas do tratamento e o estado atual da tecnologia, especialmente no caso de dados pessoais sensíveis, assim como os princípios previstos no caput do art. 6º desta Lei. [...]."

28. As avaliações de impacto da proteção de dados podem ser usadas para identificar e mitigar quaisquer riscos relacionados à proteção de dados decorrentes de um novo projeto, que podem afetar uma organização ou os indivíduos com quem ela se envolve.

os controladores a cumprirem a legislação. O GDPR fornece alguns exemplos não exaustivos de quando o processamento de dados "provavelmente resultará em riscos elevados", como, por exemplo, havendo o tratamento em grande escala de categorias especiais de dados a que se refere o artigo 9º, n. 1, ou de dados pessoais relativos a condenações penais e infrações a que se refere o artigo 10. Um exemplo seria um hospital mantendo os registros médicos dos pacientes ou um investigador particular mantendo os detalhes dos infratores.[29]

Cuidados adicionais para a proteção de dados sensíveis são essenciais para o seu regular tratamento, uma vez que a tônica de sua tutela é "permitir uma igualdade substancial no tratamento dos dados, vedando a discriminação e o abuso que dele podem surgir."[30] Isso se mostra relevante pois a mera proibição do tratamento de dados sensíveis seria inviável e desproporcional, já que, em alguns momentos, o uso de tais dados será legítimo e necessário. Além disso, existem determinados organismos cuja própria razão de ser estaria comprometida caso não pudessem obter informações desse gênero.[31] Dessa forma, entende-se que o tratamento de dados sensíveis é possível e, inclusive, pode ser essencial em determinadas circunstâncias. Contudo, deverá ser pautado estritamente nos ditames legais, pela relevância dos valores em questão, e legitimado apenas quando se mostrar proporcional e relevante frente às normas constitucionais.

2. BASES LEGAIS PARA O TRATAMENTO DE DADOS SENSÍVEIS

Dispõe a LGPD em seu artigo 11 que o tratamento de dados pessoais sensíveis somente poderá ocorrer nas seguintes hipóteses: I – quando o titular ou seu responsável legal consentir, de forma específica e destacada, para finalidades específicas; ou II – quando sem fornecimento de consentimento do titular, nas hipóteses em que for indispensável para determinadas situações expressas nas alíneas desse artigo: a) cumprimento de obrigação legal ou regulatória pelo controlador; b) tratamento compartilhado de dados necessários à execução, pela administração pública, de políticas públicas previstas em leis ou regulamentos;[32] c) realização de estudos por órgão de pesquisa, garantida, sempre que possível, a anonimização dos dados pes-

---

29. Disponível em: https://www.dataprotection.ie/en/organisations/know-your-obligations/data-protection-impact-assessments. Acesso em: 18 fev. 2025.

30. MULHOLLAND, Caitlin. Dados pessoais sensíveis e consentimento na Lei Geral de Proteção de Dados Pessoais. *Migalhas*, publicado em 22 de junho de 2020. Disponível em: https://migalhas.uol.com.br/coluna/migalhas-de-vulnerabilidade/329261/dados-pessoais-sensiveis-e-consentimento-na-lei-geral-de-protecao-de-dados-pessoais. Acesso em: 18 fev. 2025.

31. DONEDA, Danilo. *Da privacidade à proteção de dados pessoais*: fundamentos da Lei Geral de Proteção de Dados. 2. ed. São Paulo: Thomson Reuters Brasil, 2019. p. 144.

32. "Art. 11, II, § 2º Nos casos de aplicação do disposto nas alíneas "a" e "b" do inciso II do caput deste artigo pelos órgãos e pelas entidades públicas, será dada publicidade à referida dispensa de consentimento, nos termos do inciso I do caput do art. 23 desta Lei."

soais sensíveis; d) exercício regular de direitos, inclusive em contrato e em processo judicial, administrativo e arbitral, este último nos termos da Lei de Arbitragem; e) proteção da vida ou da incolumidade física do titular ou de terceiro; f) tutela da saúde, exclusivamente, em procedimento realizado por profissionais de saúde, serviços de saúde ou autoridade sanitária; ou g) garantia da prevenção à fraude e à segurança do titular, nos processos de identificação e autenticação de cadastro em sistemas eletrônicos, resguardados os direitos mencionados no art. 9º desta Lei e exceto no caso de prevalecerem direitos e liberdades fundamentais do titular que exijam a proteção dos dados pessoais.

Nessa situação, devem todos os cuidados já previstos para o tratamento dos dados ser aplicados de forma ainda mais intensa, já que para os dados sensíveis se espera um padrão ainda mais rigoroso de proteções técnica e jurídica.[33] Tanto é que, quando se analisar um conjunto de dados e dentre eles pelo menos um for sensível, todo o tratamento em questão, no caso, deverá ser pautado nas bases legais elencadas no artigo 11. Observa-se também que, ainda que seja possível utilizar mais de uma base legal para determinado tratamento de dados, é preciso buscar a base mais *adequada* e *segura* para a situação concreta.[34]

Em leitura comparativa das bases legais, verifica-se que o artigo 11 mantém várias das bases já previstas no art. 7º para o tratamento de dados pessoais, deixando de fora expressamente do tratamento de dados sensíveis as hipóteses de atendimento aos interesses legítimos do controlador ou de terceiro (art. 7º, IX) e de proteção do crédito (art. 7º, X).[35] A base referente ao contrato recebe aqui novos contornos,

---

33. O presente título a respeito das bases legais de tratamento dos dados sensíveis tem como fonte principal livro de autoria própria e foi atualizado em abril de 2023: TEFFÉ, Chiara Spadaccini de. *Dados pessoais sensíveis*: qualificação, tratamento e boas práticas. Indaiatuba: Foco, 2022. 280p.

34. Cf. TEFFÉ, Chiara Spadaccini de; VIOLA, Mario. Tratamento de dados pessoais na LGPD: estudo sobre as bases legais. *Civilistica.com*. Rio de Janeiro, a. 9, n. 1, 2020. Disponível em: http://civilistica.com/tratamento-de-dados-pessoais-na-lgpd/ Acesso em: 18 fev. 2025.

35. Recorda-se que, na Lei do Cadastro Positivo (Lei 12.414/11), os bancos de dados poderão conter informações de adimplemento do cadastrado, para a formação do histórico de crédito, nas condições estabelecidas nesta lei, *ficando proibidas as anotações de informações sensíveis ou excessivas*. Para a formação do banco de dados, somente poderão ser armazenadas informações objetivas, claras, verdadeiras e de fácil compreensão, que sejam necessárias para avaliar a situação econômica do cadastrado. A vedação do uso de dados sensíveis busca evitar a utilização discriminatória da informação e garantir o dever de respeito à privacidade do consumidor. Nesse sentido, no Recurso Especial 1.419.697 (DJe 17.11.2014), foi estabelecido que na avaliação do risco de crédito devem ser respeitados os limites estabelecidos pelo sistema de proteção do consumidor no sentido da tutela da privacidade e da máxima transparência nas relações negociais, como disposto no Código de Defesa do Consumidor e na Lei 12.414/11. Além disso, no tocante ao sistema *scoring* de pontuação, afirmou-se que, "Apesar de desnecessário o consentimento do consumidor consultado, devem ser a ele fornecidos esclarecimentos, caso solicitados, acerca das fontes dos dados considerados (histórico de crédito), bem como as informações pessoais valoradas" (entendimento que motivou a Súmula 550 do STJ). Em seguida, destacou-se que não podem ser valoradas pelo fornecedor do serviço de *credit scoring* informações sensíveis, ficando caracterizado abuso do direito a utilização de informações sensíveis, excessivas, incorretas ou desatualizadas. Veja-se, a esse título, *Transparência e Governança nos algoritmos: um estudo de caso sobre o setor de birôs de crédito*. Disponível em: https://itsrio.org/wp-content/uploads/2017/05/algorithm-transparency-and-governance-pt-br.pdf. Acesso em: 18 fev. 2025.

podendo o tratamento de dados sensíveis se dar para o exercício regular de direitos, inclusive em contrato.[36]

Caso o controlador considere que mais de uma base legal pode ser utilizada para legitimar um determinado tratamento, ele deverá identificar a situação e documentar todas elas desde o início de sua atividade. Sobre o tema, o Information Commissioner's Office (ICO) do Reino Unido afirma que:

> You might consider that more than one basis applies, in which case you should identify and document all of them from the start. You must not adopt a one-size-fits-all approach. No one basis should be seen as always better, safer or more important than the others, and there is no hierarchy in the order of the list in the UK GDPR. Several of the lawful bases relate to a particular specified purpose – a legal obligation, performing a contract with the individual, protecting someone's vital interests, or performing your public tasks. If you are processing for these purposes then the appropriate lawful basis may well be obvious, so it is helpful to consider these first.[37]

Em seguida, o agente de tratamento deverá apontar com cuidado sua base legal e documentar tal seleção com transparência e responsabilidade.[38]

Cabe observar que pode ser possível que mais de uma base se aplique ao tratamento porque, por exemplo, o controlador tem mais de uma finalidade. Em sendo esse o caso, ele deverá deixar isso claro desde o início. Se houver uma mudança nas circunstâncias ou se ele tiver um propósito novo, poderá haver um bom motivo para revisar sua base legal e fazer uma mudança, quando precisará informar ao titular a questão e documentar a mudança.

2.1 Consentimento

A base legal do consentimento para o tratamento de dados do titular representa instrumento de autodeterminação e livre construção da esfera privada. Quando aplicável, permite diferentes escolhas e configurações em ferramentas tecnológicas, garantindo ao indivíduo maior controle sobre os seus dados pessoais. Verifica-se no texto da LGPD cuidadosa caracterização do consentimento, definido como "manifestação livre, informada e inequívoca pela qual o titular concorda com o tratamento

---

36. TEFFÉ, Chiara Spadaccini de; VIOLA, Mario. Tratamento de dados pessoais na LGPD: estudo sobre as bases legais dos artigos 7º e 11. In: DONEDA, Danilo; SARLET, Ingo Wolfgang; SCHERTEL, Laura; RODRIGUES JUNIOR, Otavio Luiz (Coord.); BIONI, Bruno (Org.). *Tratado de Proteção de Dados Pessoais*. 2. ed. Rio de Janeiro: Forense, 2023.

37. INFORMATION COMMISSIONER'S OFFICER. Guide to the General Data Protection Regulation (GDPR). *Lawful basis for processing*. Disponível: https://ico.org.uk/for-organisations/guide-to-data-protection/guide-to-the-general-data-protection-regulation-gdpr/lawful-basis-for-processing/. Acesso em: 18 fev. 2025.

38. "You need to include information about your lawful basis (or bases, if more than one applies) in your privacy notice. Under the transparency provisions of the UK GDPR, the information you need to give people includes: your intended purposes for processing the personal data; and the lawful basis for the processing." INFORMATION COMMISSIONER'S OFFICER. Guide to the General Data Protection Regulation (GDPR). *Lawful basis for processing*. Disponível: https://ico.org.uk/for-organisations/guide-to-data-protection/guide-to-the-general-data-protection-regulation-gdpr/lawful-basis-for-processing/. Acesso em: 18 fev. 2025.

de seus dados pessoais para uma finalidade determinada", seguindo a linha do GDPR e das normas mais atuais sobre o tema. Nesse sentido, entende-se que:

> O maior cuidado com o consentimento do titular mostra-se de grande relevância no cenário tecnológico atual, no qual se verifica a coleta em massa de dados pessoais, a mercantilização desses bens por parte de uma série de sujeitos e a ocorrência de situações de pouca transparência no que tange ao tratamento de dados. Diante desse cenário, defende-se que a interpretação do consentimento deverá ocorrer de forma restritiva, não podendo o agente estender a autorização concedida para o tratamento dos dados para outros meios além daqueles pactuados, para momento posterior, para fim ou contexto diverso ou, ainda, para pessoas distintas daquelas informadas ao titular. Além disso, o consentimento deverá ser manifestado pelo titular antes do tratamento da informação.[39]

No artigo 11, a primeira hipótese autorizativa para o tratamento de dados sensíveis refere-se ao consentimento do titular ou de seu responsável legal, que deverá ser dado de forma específica e destacada, para finalidades específicas.

Um dos desafios será compreender a dimensão e o real significado do consentimento caracterizado como específico e destacado. Segundo doutrina, deve-se "enxergá-lo como um vetor para que haja mais *assertividade* do titular com relação a esses movimentos 'específicos' de seus dados".[40] A noção, no caso, aproxima-se da ideia de consentimento expresso, por exigir maior atuação do titular dos dados, além de cuidado mais elevado com o tratamento da informação pelo agente.[41]

Específico deve ser compreendido como um consentimento manifestado em relação a propósitos concretos e claramente determinados pelo controlador e antes do tratamento dos dados, havendo também aqui, e com mais ênfase, as obrigações de granularidade, que trazem em si configurações de privacidade personalizáveis.

Destacado pode ser interpretado no sentido de que é importante que o titular tenha pleno acesso ao documento que informará todos os fatos relevantes sobre o tratamento de seus dados pessoais, devendo tais disposições virem destacadas para que a expressão do consentimento ocorra conforme a lei. Além de se referir a dados

---

39. TEPEDINO, Gustavo; TEFFÉ, Chiara Spadaccini de. O consentimento na circulação de dados pessoais. *Revista Brasileira de Direito Civil – RBDCivil*, Belo Horizonte, v. 25, p. 83-116, jul./set. 2020.

40. BIONI, Bruno Ricardo. *Proteção de dados pessoais*: a função e os limites do consentimento. Rio de Janeiro: Forense, 2019. P. 202. O autor apresenta a seguinte crítica em relação à adjetivação inserida pelo legislador nacional ao consentimento para o tratamento de dados sensíveis: "[...] sob o ponto de vista de técnica legislativa, teria sido melhor que a LGPD tivesse adotado o adjetivo *expresso*, tal como fez a GDPR [...]. Esse qualificador é o que semanticamente representaria melhor esse nível de participação mais intenso do cidadão no fluxo dos dados. Apesar dessa diferença semântica, entre os qualificadores expresso e específico, a consequência normativa tende a ser a mesma. Isso porque o que está em jogo é reservar um tipo de autorização singular em situações igualmente singulares no que tange ao tratamento de dados, sendo esta a racionalidade que percorre a LGPD, a GDPR e parte das leis setoriais brasileiras de proteção de dados pessoais" (BIONI, Bruno Ricardo. *Proteção de dados pessoais*: a função e os limites do consentimento. Rio de Janeiro: Forense, 2019. P. 203).

41. Cf. TEPEDINO, Gustavo; TEFFÉ, Chiara Spadaccini de. O consentimento na circulação de dados pessoais. *Revista Brasileira de Direito Civil – RBDCivil*, Belo Horizonte, v. 25, p. 83-116, jul./set. 2020.

determinados e haver declaração de vontade que esteja ligada a objetivo específico, a manifestação de vontade deverá vir em destaque no instrumento de declaração que autoriza o tratamento.

Adicionalmente, Mulholland nos ensina acerca do consentimento para o tratamento de dados sensíveis que:

> Considera-se consentimento livre e esclarecido – para efeitos deste artigo, consentimento informado – a anuência, livre de vícios, do titular de dados, após acesso prévio, completo e detalhado sobre o tratamento dos dados, incluindo sua natureza, objetivos, métodos, duração, justificativa, finalidades, riscos e benefícios, assim como de sua liberdade total para recusar ou interromper o tratamento de dados em qualquer momento, tendo o controlador ou operador a obrigação de informar ao titular dos dados, em linguagem adequada, não técnica, para que ele a compreenda (Konder, 2003, 61). Portanto, em havendo o consentimento informado prévio do titular dos dados pessoais sensíveis, o seu tratamento estará autorizado. O consentimento deve ser também qualificado pela finalidade do tratamento, isto é, a aquiescência para o tratamento de dados deve ser delimitada pelo propósito para o qual os dados foram coletados, sob pena de abusividade ou ilicitude do tratamento a gerar eventual responsabilidade do agente de tratamento.[42]

Em seguida, a autora destaca que:

> O fundamento do consentimento qualificado para o tratamento de dados sensíveis se deve, sobremaneira, à natureza existencial e fundamental dos conteúdos a que se referem. Podemos tomar emprestado o conceito utilizado pelo biodireito para delimitar o que estaria compreendido como consentimento específico e destacado, para finalidades específicas. Essa correlação pode ser feita justamente porque a área do biodireito, por se referir a interesses de natureza existencial, em sua essência, necessita de um cuidado específico por parte do Direito para que viabilize a plena autonomia da pessoa que, em casos de tratamento de dados sensíveis, pode ser considerada concretamente como vulnerável.[43]

A expressão do consentimento livre implica uma verdadeira escolha e controle para o titular dos dados. Se ele não puder exercer uma verdadeira escolha, se se sentir coagido a dar o consentimento ou sofrer consequências negativas injustificadas caso não consinta, então o consentimento não será válido. De acordo com entendimento do *European Data Protection Board*,[44] a noção de desequilíbrio e a assimetria informacional entre o responsável pelo tratamento e o titular dos dados devem ser

---

42. MULHOLLAND, Caitlin. Dados pessoais sensíveis e consentimento na Lei Geral de Proteção de Dados Pessoais. Migalhas, publicado em 22 de junho de 2020. Disponível em: https://migalhas.uol.com.br/coluna/migalhas-de-vulnerabilidade/329261/dados-pessoais-sensiveis-e-consentimento-na-lei-geral-de-protecao-de-dados-pessoais. Acesso em: 18 fev. 2025.

43. MULHOLLAND, Caitlin. Dados pessoais sensíveis e consentimento na Lei Geral de Proteção de Dados Pessoais. *Migalhas*, publicado em 22 de junho de 2020. Disponível em: https://migalhas.uol.com.br/coluna/migalhas-de-vulnerabilidade/329261/dados-pessoais-sensiveis-e-consentimento-na-lei-geral-de-protecao-de-dados-pessoais. Acesso em: 18 fev. 2025.

44. EUROPEAN DATA PROTECTION BOARD. *Diretrizes 05/2020 relativas ao consentimento na aceção do Regulamento 2016/679*. Versão 1.1. Adotada em 4 de maio de 2020. p.08. Disponível em: https://edpb.europa.eu/our-work-tools/our-documents/guidelines/guidelines-052020-consent-under-regulation-2016679_en. Acesso em: 18 fev. 2025.

cuidadosamente consideradas, assim como a vulnerabilidade de alguma das partes. Em termos gerais, qualquer elemento que constitua pressão ou influência inadequada sobre o titular dos dados e que o impeça de exercer livremente a sua vontade tornará o consentimento inválido.

Parte da doutrina encontra no art. 11 a existência de alguma preferência à base legal do consentimento, levando em conta o tipo de dado em questão (especialmente na área da saúde) e a técnica legislativa utilizada, qual seja, a inserção de dois incisos no art. 11, sendo o primeiro sobre o consentimento e o segundo dispondo que, sem o fornecimento de consentimento do titular, poderá ocorrer o tratamento de dados sensíveis (apenas) nas hipóteses em que for indispensável para as sete situações ali estabelecidas nas alíneas.

Contudo, de forma majoritária vem sendo aplicado entendimento de que não haveria hierarquia entre as bases legais estabelecidas nos artigos 7° e 11 da Lei Geral de Proteção de Dados (Enunciado 689, da IX Jornada de Direito Civil do CJF). Igualmente, doutrina aponta que tanto na hipótese de tratamento de dados sensíveis por meio do consentimento do titular quanto naquelas que se referem às demais situações que independem desta manifestação, previstas nos incisos I e II do art. 11 da LGPD, haveria posição de igualdade entre as hipóteses legais.[45]

2.2 Cumprimento de obrigação legal ou regulatória pelo controlador

É lícito tratar dados sensíveis para o cumprimento de obrigação legal ou regulatória pelo controlador, como, por exemplo, obrigações trabalhistas[46] e deveres oriundos da lei anticorrupção.

Salvo melhor juízo, podemos incluir também aqui a figura do operador, bem como obrigações oriundas de Códigos de Ética profissionais, portarias do Ministério da Justiça, Resoluções de entidades consolidadas, como um Conselho de determinada profissão, e as orientações e diretrizes estabelecidas pela Autoridade Nacional de Proteção de Dados (ANPD) brasileira.

Vale lembrar que o setor de seguros, serviços de saúde e o mercado financeiro estão submetidos a várias normas legais e regulatórias, devendo cumprir obrigações que, eventualmente, poderão exigir o tratamento de dados pessoais sensíveis de seus clientes.

---

45. MULHOLLAND, Caitlin. Dados pessoais sensíveis e consentimento na Lei geral de Proteção de Dados Pessoais. *Revista do Advogado*, São Paulo, n. 144, p. 47-53, nov. 2019, p. 52.

46. Exemplo: obrigatoriedade de exame médico (art.168, CLT); situações em que a lei permite o empregado deixar de comparecer ao serviço sem prejuízo do salário (art. 473, CLT); e dados relativos à filiação sindical para fins de desconto da contribuição sindical (art. 545, 578 e 579, da CLT).

Como exemplo de obrigação legal, recorda-se que os dados de prontuários médicos deverão ser tratados conforme as disposições legais positivadas na Lei 13.787/18:[47]

Art. 6º Decorrido o prazo mínimo de 20 (vinte) anos a partir do último registro, os prontuários em suporte de papel e os digitalizados poderão ser eliminados. § 1º Prazos diferenciados para a guarda de prontuário de paciente, em papel ou digitalizado, poderão ser fixados em regulamento, de acordo com o potencial de uso em estudos e pesquisas nas áreas das ciências da saúde, humanas e sociais, bem como para fins legais e probatórios. § 2º Alternativamente à eliminação, o prontuário poderá ser devolvido ao paciente. § 3º O processo de eliminação deverá resguardar a intimidade do paciente e o sigilo e a confidencialidade das informações. § 4º A destinação final de todos os prontuários e a sua eliminação serão registradas na forma de regulamento. § 5º As disposições deste artigo aplicam-se a todos os prontuários de paciente, independentemente de sua forma de armazenamento, inclusive aos microfilmados e aos arquivados eletronicamente em meio óptico, bem como aos constituídos por documentos gerados e mantidos originalmente de forma eletrônica.

Nesse tema, é possível citar também a Resolução do Conselho Federal de Medicina 1.605/09, que dispõe que o médico não pode, sem o consentimento do paciente, revelar o conteúdo do prontuário ou ficha médica, bem como a Resolução do CFM 1.821/07, a qual aprova as normas técnicas concernentes à digitalização e uso dos sistemas informatizados para a guarda e manuseio dos documentos dos prontuários dos pacientes, autorizando a eliminação do papel e a troca de informação identificada em saúde.[48]

Além de ser uma base legal que consta tanto no rol do art. 7º quanto no rol do art. 11, o cumprimento de obrigação legal ou regulatória pelo controlador permite a conservação de dados pessoais após o término de seu tratamento, na forma do art. 16, inciso I, da LGPD.

2.3 Tratamento compartilhado de dados necessários à execução, pela administração pública, de políticas públicas previstas em leis ou regulamentos

Em seguida, aborda-se o tratamento compartilhado de dados pessoais pela Administração Pública que sejam necessários à execução de políticas públicas previstas em leis ou regulamentos.[49]

---

47. Dispõe sobre a digitalização e a utilização de sistemas informatizados para a guarda, o armazenamento e o manuseio de prontuário de paciente.

48. Vale destacar os seguintes artigos da resolução do CFM 1.821/07: "Art. 6º No caso de microfilmagem, os prontuários microfilmados poderão ser eliminados de acordo com a legislação específica que regulamenta essa área e após análise obrigatória da Comissão de Revisão de Prontuários da unidade médico-hospitalar geradora do arquivo. Art. 7º Estabelecer a guarda permanente, considerando a evolução tecnológica, para os prontuários dos pacientes arquivados eletronicamente em meio óptico, microfilmado ou digitalizado. Art. 8º Estabelecer o prazo mínimo de 20 (vinte) anos, a partir do último registro, para a preservação dos prontuários dos pacientes em suporte de papel, que não foram arquivados eletronicamente em meio óptico, microfilmado ou digitalizado."

49. BRASIL. Autoridade Nacional de Proteção de Dados. *Guia orientativo. Tratamento de dados pessoais pelo poder público*. Brasília 2022. Disponível em: https://www.gov.br/anpd/pt-br/documentos-e-publicacoes/guia_tratamento_de_dados_pessoais_pelo_poder_publico___defeso_eleitoral.pdf. Acesso em: 18 fev. 2025.

Mas o que seria uma política pública? Podemos compreender como uma atividade estatal que tem por finalidade concretizar direitos. Compete à Administração Pública efetivar os comandos gerais contidos na ordem jurídica e, para tanto, ela deve implementar ações e programas para garantir a prestação de diversos serviços públicos. Uma "política pública" pode ser considerada como "o conjunto de atos e fatos jurídicos que têm por finalidade a concretização de objetivos estatais pela Administração Pública."[50]

As políticas em questão podem envolver, por exemplo, saúde pública, prevenção de doenças, campanhas de vacinação, auxílios a cidadãos em situação de vulnerabilidade ou projetos voltados ao combate de discriminação dirigida a minorias.

Por "Administração pública", a ANPD recomenda que o conceito seja delimitado a partir da definição de Poder Público apresentada em seu Guia orientativo:

> Assim, abrange tanto órgãos e entidades do Poder Executivo quanto dos Poderes Legislativo e Judiciário, inclusive das Cortes de Contas e do Ministério Público, *desde que estejam atuando no exercício de funções administrativas*. De fato, embora a função administrativa seja típica do Poder Executivo, órgãos dos demais Poderes também a exercem em determinadas circunstâncias. Ou seja, ao lado de suas funções típicas, tais como as de legislar e aplicar a lei, órgãos dos Poderes Legislativo e Judiciário também exercem atividades administrativas. É o que ocorre, por exemplo, quando são firmados convênios ou acordos de cooperação técnica com outros órgãos públicos ou entidades sem fins lucrativos visando ao atendimento de alguma finalidade pública.[51]

Vale ressaltar também que, na redação do Art. 11, II, b, fala-se em "tratamento compartilhado de dados", expressão essa criticada pela doutrina especializada:

> (...) é necessário chamar atenção para a confusão terminológica do legislador quanto ao uso da expressão "tratamento compartilhado" no art. 11 da LGPD. Com efeito, a partir da leitura da lei, é possível compreender que o "uso compartilhado de dados", previsto no art. 5º, XVI, é uma modalidade de "tratamento" de dados, conforme definição do art. 5.º, X. Não faria sentido imaginar que a legislação tivesse pretendido limitar o tratamento de dados sensíveis pelo Poder Público à hipótese de uso compartilhado. Uma interpretação sistemática dos artigos em questão conduz, portanto, ao entendimento de que o art. 11 se refere tanto ao tratamento quanto ao uso compartilhado de dados sensíveis pelo Poder Público.[52]

Execução de políticas públicas é uma das justificativas para que o setor público realize tratamentos de dados. Esse requisito encontra-se intimamente ligado à previsão estabelecida no artigo 23 da LGPD, que dispõe que o tratamento

---

50. Cf. FONTE, Felipe de Melo. *Políticas públicas e direitos fundamentais*. 2. ed. São Paulo: Saraiva, 2015.

51. BRASIL. Autoridade Nacional de Proteção de Dados. *Guia orientativo. Tratamento de dados pessoais pelo poder público*. Brasília 2022. Disponível em: https://www.gov.br/anpd/pt-br/documentos-e-publicacoes/guia_tratamento_de_dados_pessoais_pelo_poder_publico___defeso_eleitoral.pdf. Acesso em: 18 fev. 2025. p.11.

52. WIMMER, Miriam. O regime jurídico do tratamento de dados pessoais pelo poder público. In: MENDES, Laura Schertel; DONEDA, Danilo; SARLET, Ingo Wolfgang; RODRIGUES JR., Otavio Luiz (Coord.); BIONI, Bruno Ricardo (Org.). *Tratado de Proteção de dados pessoais*. Rio de Janeiro: Forense, 2021. E-book.

de dados pessoais pelas pessoas jurídicas de direito público referidas no parágrafo único do art. 1º da Lei 12.527/2011 (Lei de Acesso à Informação)[53] deverá ser realizado para o atendimento de sua finalidade pública, na persecução do interesse público, com o objetivo de executar as competências legais ou cumprir as atribuições legais do serviço público,[54] desde que: a) sejam informadas as hipóteses em que, no exercício de suas competências, realizam o tratamento de dados pessoais, fornecendo informações claras e atualizadas sobre a previsão legal, a finalidade, os procedimentos e as práticas utilizadas para a execução dessas atividades, em veículos de fácil acesso, preferencialmente em seus sítios eletrônicos; e b) seja indicado um encarregado quando realizarem operações de tratamento de dados pessoais.[55]

2.4 Realização de estudos por órgão de pesquisa, garantida, sempre que possível, a anonimização dos dados pessoais sensíveis

Pode-se também tratar dados para a realização de estudos por órgão de pesquisa, garantida, sempre que possível, a anonimização dos dados pessoais. A referida disposição encontra-se com a mesma redação nos artigos 7º e 11 da LGPD.

Dispõe a lei, em seu art. 5º, XVIII, que órgão de pesquisa representa "órgão ou entidade da administração pública direta ou indireta ou pessoa jurídica de direito privado sem fins lucrativos legalmente constituída sob as leis brasileiras, com sede e foro no País, que inclua em sua missão institucional ou em seu objetivo social ou

---

53. Art. 1º Esta Lei dispõe sobre os procedimentos a serem observados pela União, Estados, Distrito Federal e Municípios, com o fim de garantir o acesso a informações previsto no inciso XXXIII do art. 5º, no inciso II do § 3º do art. 37 e no § 2º do art. 216 da Constituição Federal. Parágrafo único. Subordinam-se ao regime desta Lei: I – os órgãos públicos integrantes da administração direta dos Poderes Executivo, Legislativo, incluindo as Cortes de Contas, e Judiciário e do Ministério Público; II – as autarquias, as fundações públicas, as empresas públicas, as sociedades de economia mista e demais entidades controladas direta ou indiretamente pela União, Estados, Distrito Federal e Municípios.

54. Cf. MENDES, Laura Schertel; DONEDA, Danilo. Comentário à nova Lei de Proteção de Dados (Lei 13.709/2018): o novo paradigma da proteção de dados no Brasil. *Revista de Direito do Consumidor*, São Paulo, v. 120, 2018, p. 555.

55. "(...) o Estado desempenha um amplo rol de atividades de tratamento de dados que nem sempre podem ser compreendidas como políticas públicas. Atividades relacionadas ao pagamento de salários e gestão de servidores públicos, por exemplo, são claramente necessárias ao funcionamento da máquina estatal, mas dificilmente classificáveis como políticas públicas. Também atividades de fiscalização e sancionamento poderiam ser compreendidas como execução de políticas públicas apenas numa compreensão bastante dilatada do termo. O deslinde dessa questão se dá pela leitura do *art. 23 da LGPD, que estabelece uma hipótese complementar para o tratamento de dados pelo Poder Público, ao acrescentar às previsões dos arts. 7.º e 11 o objetivo de "executar as competências legais ou cumprir as atribuições legais do serviço público".* Compreende-se, assim, que, no que tange às bases legais específicas para o tratamento de dados pessoais pelo Poder Público, a LGPD prevê duas hipóteses centrais: (i) execução de políticas públicas; e (ii) execução de competências legais ou atribuições legais do serviço público." (WIMMER, Miriam. O regime jurídico do tratamento de dados pessoais pelo poder público. In: MENDES, Laura Schertel; DONEDA, Danilo; SARLET, Ingo Wolfgang; RODRIGUES JR., Otavio Luiz (Coord.); BIONI, Bruno Ricardo (Org.). *Tratado de Proteção de dados pessoais*. Rio de Janeiro: Forense, 2021. E-book.) (grifou-se)

estatutário a pesquisa básica ou aplicada de caráter histórico, científico, tecnológico ou estatístico".[56]

Como exemplos de órgão de pesquisa, pode-se recordar do Ipea – Instituto de Pesquisa Econômica Aplicada, do IBGE – Instituto Brasileiro de Geografia e Estatística e da Fiocruz – Fundação Oswaldo Cruz. A ausência de finalidade lucrativa para pessoa jurídica de direito privado cria parâmetro que impede que determinadas entidades de pesquisa privadas, como sociedades, possam se valer dessa base legal para tratar dados pessoais. O agente de tratamento legitimado à utilização da referida base legal será o próprio órgão de pesquisa, e não pessoas naturais que atuem em nome próprio.[57] Aponta estudo que:

> (...) a responsabilidade pelo tratamento de dados pessoais nas hipóteses previstas nos arts. 7°, IV e 11, II, *c*, será sempre do órgão de pesquisa – e não das pessoas naturais a ele subordinadas ou vinculadas, a exemplo de pesquisadores, bolsistas e estudantes de graduação ou de pós-graduação. Trata-se, por outras palavras, de uma responsabilidade de natureza institucional, que é legalmente atribuída ao próprio órgão de pesquisa. Em razão disso, em momento anterior à realização de uma operação de tratamento, como no caso de compartilhamento de dados pessoais para fins de pesquisa, deve ser confirmada, pelos meios legítimos, a ciência do órgão de pesquisa quanto à realização do estudo e o seu compromisso de cumprir as disposições pertinentes da LGPD.[58]

Em relação à anonimização[59] — utilização de meios técnicos razoáveis e disponíveis no momento do tratamento, por meio dos quais um dado perde a possibilidade

---

56. Cf. BARRETO, Maurício Lima; ALMEIDA, Bethania de Araujo; DONEDA, Danilo. Uso e Proteção de Dados Pessoais na Pesquisa Científica. *RDU*, Porto Alegre, v. 16, n. 90, 2019, 179-194, nov./dez. 2019.

57. "(...) pessoas naturais que atuam como controlador ou operador podem realizar tratamento de dados pessoais para fins de estudos e pesquisa, desde que amparados em outra base legal, a exemplo do consentimento e do legítimo interesse, vedada a utilização deste último no caso de dados pessoais sensíveis. Da mesma forma, a restrição apontada não impede que entidades e órgãos públicos disponibilizem a pessoas naturais acesso a dados pessoais em políticas de transparência ativa ou passiva, com amparo na LAI, observadas as disposições pertinentes da LGPD." (BRASIL. Autoridade Nacional de Proteção de Dados. Texto para Discussão 1/2022. Estudo Técnico. A LGPD e o tratamento de dados pessoais para fins acadêmicos e para a realização de estudos por órgão de pesquisa. 2022. Disponível em: https://www.gov.br/anpd/pt-br/documentos-e-publicacoes/sei_00261-000810_2022_17.pdf. Acesso em: 18 fev. 2025).

58. BRASIL. Autoridade Nacional de Proteção de Dados. Texto para Discussão 1/2022. Estudo Técnico. A LGPD e o tratamento de dados pessoais para fins acadêmicos e para a realização de estudos por órgão de pesquisa. 2022. Disponível em: https://www.gov.br/anpd/pt-br/documentos-e-publicacoes/sei_00261-000810_2022_17.pdf. Acesso em: 18 fev. 2025.

59. "Para proteger a privacidade dos indivíduos as bases de dados anonimizadas podem se valer de vários expedientes, como ocultar algumas informações, generalizar outras e assim por diante. Então ao invés de saber quem exatamente visitou o meu estabelecimento eu sei que essa pessoa é homem ou mulher e que tem uma idade entre 40-50 anos, só para continuar com o exemplo. Somando todas as entradas na base de dados eu consigo gerar uma visualização de quantos % do meu público é de cada faixa etária, gênero e assim por diante. Acontece que quanto mais informações eu jogo nessa base, mais fácil fica reidentificar a pessoa cujo dado foi anonimizado. Chegamos então em uma encruzilhada: como criar uma base de dados anonimizados que possa atingir o equilíbrio entre utilidade para quem se vale dela e ao mesmo tempo não saia por aí revelando a identidade de todo mundo? [...] para o dado ser considerado como anonimizado eu preciso olhar para dois fatores: um objetivo e outro subjetivo. Por fatores objetivos no conceito de "esforços razoáveis" a própria lei menciona "o custo e o tempo necessários para reverter o processo de anonimização,

de associação, direta ou indireta, a um indivíduo —, entende a Lei que essa situação seria mais protetiva para os titulares, devendo ser sempre que possível garantida. Anonimizado é o dado relativo a titular que não possa ser identificado, ou seja, uma vez anonimizado, o dado deixa de ser pessoal, segundo o art. 12 da LGPD.[60]

Acerca da possibilidade de anonimização, necessário se faz destacar crítica da doutrina:

> (...) o ônus da determinação da possibilidade de anonimização de dados sensíveis recai necessariamente sobre o agente de tratamento de dados, no caso, os órgãos de pesquisa. Nessa hipótese, devem-se considerar o desconhecimento e a hipossuficiência do titular de dados em relação às técnicas de anonimização de dados existentes para estabelecer um padrão de segurança exigível. Portanto, parece necessário que seja regulado pela Autoridade Nacional de Proteção de Dados Pessoais qual o tipo de tecnologia de segurança e sistema de anonimização de dados que devem ser utilizados pelos agentes de tratamento, com fins de promover a ampla proteção dos dados sensíveis dos sujeitos que participam dos estudos levados a cabo pelos órgãos de pesquisa.[61]

Essa posição dialoga diretamente com o artigo 12, § 3º, da LGPD, o qual afirma que "A autoridade nacional poderá dispor sobre padrões e técnicas utilizados em processos de anonimização e realizar verificações acerca de sua segurança, ouvido o Conselho Nacional de Proteção de Dados Pessoais."

Vale lembrar também que, de acordo com o art. 13, na realização de estudos em saúde pública, os órgãos de pesquisa poderão ter acesso a bases de dados pessoais, que serão tratados exclusivamente dentro do órgão e estritamente para a finalidade de realização de estudos e pesquisas e mantidos em ambiente controlado e seguro, conforme práticas de segurança previstas em regulamento específico e que incluam, sempre que possível, a anonimização ou pseudonimização[62] dos dados, bem

---

de acordo com as tecnologias disponíveis" (art. 12, § 1º). Já os fatores subjetivos olham para quem fez o processo de anonimização e para quem está tentando quebrá-lo (SOUZA, Carlos Affonso. Eles sabem quem é você? Entenda o monitoramento de celulares na quarentena. Disponível em: https://tecfront. blogosfera. uol.com.br/2020/04/17/eles-sabem-quem-e-voce-entenda-o-monitoramento-de-celulares-na-quarentena/. Acesso em: 18 fev. 2025). Conferir também: BIONI, Bruno. Compreendendo o conceito de anonimização e dado anonimizado. Direito Digital e proteção de dados pessoais. *Cadernos Jurídicos*, São Paulo: Escola Paulista da Magistratura, ano 21, n. 53, jan./mar. 2020, p. 191-201.

60. Considerando 26 do GDPR: "[...] Para determinar se há uma probabilidade razoável de os meios serem utilizados para identificar a pessoa singular, importa considerar todos os fatores objetivos, como os custos e o tempo necessário para a identificação, tendo em conta a tecnologia disponível à data do tratamento dos dados e a evolução tecnológica. Os princípios da proteção de dados não deverão, pois, aplicar-se às informações anónimas, ou seja, às informações que não digam respeito a uma pessoa singular identificada ou identificável nem a dados pessoais tornados de tal modo anónimos que o seu titular não seja ou já não possa ser identificado. O presente regulamento não diz, por isso, respeito ao tratamento dessas informações anónimas, inclusive para fins estatísticos ou de investigação."

61. MULHOLLAND, Caitlin. O tratamento de dados pessoais sensíveis. In: MULHOLLAND, Caitlin (Org.). *LGPD e o novo marco normativo no Brasil.* Porto Alegre: Arquipélago Editorial, 2020, p. 142.

62. "Art. 13 § 4º Para os efeitos deste artigo, a pseudonimização é o tratamento por meio do qual um dado perde a possibilidade de associação, direta ou indireta, a um indivíduo, senão pelo uso de informação adicional mantida separadamente pelo controlador em ambiente controlado e seguro."

como considerem os devidos padrões éticos relacionados a estudos e pesquisas. Acrescenta-se que a divulgação dos resultados ou de qualquer excerto do estudo ou da pesquisa de que trata o *caput* deste artigo em nenhuma hipótese poderá revelar dados pessoais. O órgão de pesquisa será o responsável pela segurança da informação prevista no *caput* deste artigo, não permitida, em circunstância alguma, a transferência dos dados a terceiro. O acesso aos dados de que trata este artigo será objeto de regulamentação por parte da Autoridade Nacional e das autoridades da área de saúde e sanitárias, no âmbito de suas competências.

Entende-se que estudos realizados em outras áreas do saber também deverão adotar standards de proteção necessários, adequados e suficientes para a mitigação de riscos aos titulares, aplicando-se, no que couber, os parâmetros definidos no Art. 13. Além disso, especialmente nos casos de estudos que realizarem tratamentos de dados sensíveis, será necessária a aplicação de garantias técnicas e jurídicas apropriadas aos riscos envolvidos e verificar os mais elevados padrões éticos e de transparência aplicáveis.

Ainda sobre o tema, a LGPD assegura, expressamente, em seu artigo 16, II, que os dados pessoais serão eliminados após o término de seu tratamento, no âmbito e nos limites técnicos das atividades, autorizada a conservação para as seguintes finalidades: "(...) II – estudo por órgão de pesquisa, garantida, sempre que possível, a anonimização dos dados pessoais."

2.5 Exercício regular de direitos, inclusive em contrato e em processo judicial, administrativo e arbitral, este último nos termos da Lei 9.307/96

A norma acrescentou a possibilidade de exercício regular de direitos tanto em relação a um contrato (não replicou a disposição do art. 7°, V[63]) quanto em processo judicial, administrativo e arbitral. O Art. 11 não replicou, portanto, a disposição do Art. 7°, V, que permite o tratamento de dados pessoais quando necessário para a execução de contrato ou de procedimentos preliminares relacionados a contrato do qual seja parte o titular, a pedido do titular dos dados. Acerca das diferenças entre as bases legais no que concerne ao contrato, doutrina destaca:

> (...) quis o legislador impor maior grau de cautela aos agentes de tratamento. Assim, em vez de simplesmente transpor o texto do artigo 7°, V, e correr o risco de a base legal de execução de contrato ser aplicada de maneira extensiva, o legislador fez questão de frisar que o agente de tratamento deve identificar um direito concreto que exsurge do contrato e atrai a necessidade do tratamento. Na verdade, mais do que necessidade, no caso, a lei demanda que o tratamento seja essencial, dado o uso do termo "indispensável" no inciso II do artigo 11.[64]

---

63. "Art. 7°, V – quando necessário para a execução de contrato ou de procedimentos preliminares relacionados a contrato do qual seja parte o titular, a pedido do titular dos dados; [...]."

64. PALHARES, Felipe; PRADO, Luis; VIDIGAL, Paulo. *Compliance digital e LGPD*. São Paulo: Thomson Reuters Brasil, 2021. p. 176.

Quanto ao exercício regular de direitos em contrato, como exemplo, recorda--se a situação de um seguro saúde ou seguro de vida necessitar coletar informações sensíveis, pois, sem o tratamento de tais dados, poderá não ser possível entregar a prestação que lhe compete decorrente da relação contratual, como o ressarcimento de despesas médicas no seguro saúde ou o pagamento de indenização por algum tipo de invalidez decorrente de acidente ou doença nos seguros de pessoas.[65] Afirma-se que, aqui, a seguradora não teria apenas o dever de cumprir a obrigação contratual, mas também o direito de adimpli-la.[66]

Acerca do exercício regular de direitos/de defesa em ações judiciais, entende-se que ele não deve se limitar a um processo judicial já em andamento, podendo tal hipótese de tratamento ser interpretada para abranger procedimentos judiciais futuros (para o seu estabelecimento ou em sede de defesa, dentro de critérios razoáveis e havendo justificativa plausível), para obtenção de orientação jurídica ou outra forma de defesa legal para exercício de direitos.[67] [68] Em um caso de constituição de prova, os dados pessoais deverão ser usados quando forem indispensáveis para a defesa do agente. É possível pedir ao juiz, em determinados casos, segredo de justiça para que o acesso aos dados fique limitado e protegido.

Essa base poderá ser utilizada para respaldar a guarda de dados, mesmo após o término de uma operação, para constituir eventual meio de prova de direitos e obrigações. Um parâmetro de tempo razoável para a guarda, em alguns casos, pode

---

65. CONFEDERAÇÃO NACIONAL DAS EMPRESAS DE SEGUROS GERAIS, PREVIDÊNCIA PRIVADA E VIDA, SAÚDE SUPLEMENTAR E CAPITALIZAÇÃO. *Guia de boas práticas do mercado segurador brasileiro sobre a proteção de dados pessoais.* 2019. Disponível em: https://cnseg.org.br/data/files/A6/25/A2/F2/9B22571029E24F473A8AA8A8/GBPMS_ONLINE_ok.pdf. Acesso em: 18 fev. 2025. p. 31.

66. Da mesma forma, a doutrina europeia tratando de dispositivo similar no GDPR reconhece a possibilidade de uma seguradora com base no exercício regular de direitos decorrentes de um contrato tratar dados de saúde de um segurado para verificar a regularidade de uma reclamação de indenização oriunda de um sinistro de seguros de pessoas. "Using sensitive data may also be necessary for a controller to establish, exercise or defend legal claims. Reliance on this criterion requires the controller to establish necessity. That is, there must be a close and substantial connection between the processing and the purposes. One example of an activity that would fall under this criterion is processing medical data by an insurance company in order to determine whether a person's claim for medical insurance is valid. Processing such data would be necessary for the insurance company to consider the claim brought by the claimant under their insurance policy" (USTARAN, Eduardo. *European Data Protection Law and Practice*. Portsmouth: IAPP, 2018, p. 88).

67. Disponível em: https://ico.org.uk/for-organisations/guide-to-data-protection/guide-to-the-general-data--protection-regulation-gdpr/special-category-data/what-are-the-conditions-for-processing/#conditions6. Acesso em: 18 fev. 2025.

68. "The processing of special categories of data which "is necessary for the establishment, exercise or defence of legal claims", whether in court proceedings or in an administrative or out-of-court procedure, is also allowed under the GDPR. In this case, processing must be relevant to a specific legal claim and its exercise or defence respectively, and may be requested by any one of the disputing parties. When acting in their judicial capacity, courts may process special categories of data within the context of resolving a legal dispute. Examples of these special categories of data processed in this context could include for example, genetic data when establishing parentage, or health status when part of the evidence concerns details of an injury sustained by a victim of crime." (Handbook on European data protection law, 2018 edition, p. 163).

ser o prazo para exercício de determinada pretensão. Em um caso de constituição de prova, os dados pessoais deverão ser usados quando forem indispensáveis para a defesa do agente, levando em conta os princípios constitucionais do contraditório e da ampla defesa. Observa-se, portanto, cuidadosamente as situações de violação à boa-fé e de abuso do direito. É possível pedir ao juiz, em determinados casos, segredo de justiça para que o acesso aos dados fique limitado e protegido.

Vale recordar, aqui, exemplos desenvolvidos pela ICO para a presente base legal:

a) Um empregador está sendo processado por um de seus empregados após um acidente de trabalho. O empregador deseja transmitir os detalhes do acidente aos seus advogados para obter aconselhamento jurídico e se defender em reclamação judicial. As informações sobre o acidente incluem detalhes das lesões do indivíduo, que se qualificam como dados de saúde. Aqui, a presente base legal seria aplicável.

b) Um cabeleireiro realiza teste em cliente para verificar se ela terá alguma reação alérgica com a tintura que ele pretende aplicar em seu cabelo. O cabeleireiro registra quando o teste foi feito e os resultados. O cabeleireiro está, portanto, tratando dados de saúde sobre as alergias da cliente. Embora não haja nenhuma reclamação judicial em curso ou esperada, os objetivos no caso são estabelecer que o cabeleireiro está cumprindo o seu dever de cuidar da cliente e se defender em eventual ação judicial, no caso de haver alguma reação adversa.

2.6 Proteção da vida ou da incolumidade física do titular ou de terceiro

Em alguns casos, o tratamento de dados pessoais pode proteger interesses individuais, relativos à vida e integridade do titular dos dados, e/ou coletivos, como, por exemplo, quando o tratamento for necessário para fins humanitários ou visando a tutelar questões de interesse público.

Em meio à pandemia da Covid-19, por exemplo, essa base legal mostrou-se de aplicação relevante, na medida em que diferentes sujeitos da sociedade civil passaram a implementar estratégias para combater o coronavírus em seus ambientes privados, como, por exemplo, em prédios corporativos, indústrias ou estabelecimentos comerciais.[69] O tratamento – devidamente fundamentado e apenas em situações necessárias – de dados médicos dos titulares que frequentam tais ambientes passou a ser relevante para se limitar a possibilidade de proliferação da doença, como uma medida de segurança.

Idealmente, a aplicação dessa base deve se dar nos casos em que for muito difícil obter o consentimento do titular dos dados, porque, por exemplo, ele se encontra inconsciente ou desaparecido.

---

69. Disponível em: https://swisscam.com.br/publicacao/doing-business-in-brazil/33-lei-geral-de-protecao-de-dados-pessoais-lgpd/. Acesso em: 18 fev. 2025.

2.7 Tutela da saúde, exclusivamente, em procedimento realizado por profissionais de saúde, serviços de saúde ou autoridade sanitária

Diante da restrição quanto aos sujeitos que podem fazer uso desta base legal, resta claro que os principais controladores nesse contexto serão hospitais e outros agentes da área da saúde. Em relação à autoridade sanitária, recorda-se a Lei 9.782/99, que define o Sistema Nacional de Vigilância Sanitária e cria a Agência Nacional de Vigilância Sanitária.

Podemos trazer os seguintes questionamentos a respeito dessa base legal: quem seriam os profissionais de saúde e quais serviços seriam considerados de saúde? Um plano de saúde, por exemplo, poderá utilizar de forma ampla tal base legal? A tutela da saúde nesse dispositivo seria especificamente da pessoa a quem esses dados dizem respeito ou poderia envolver uma coletividade ou grupo específico?

O cuidado com a mencionada base deve existir entre outras razões porque, a partir da solicitação de exames ou da análise de dados de saúde, é possível ter em mãos situações muito sensíveis sobre determinada pessoa e terceiros que com ela tenham relação, bem como praticar discriminações ilícitas ou abusivas.

De acordo com o "Código de Boas Práticas: Proteção de Dados para Prestadores Privados de Serviços em Saúde", publicado em 2021 pela Confederação Nacional de Saúde (CNSaúde), para a adequada utilização dessa base legal mostra-se necessário cautela, pois seu conceito não se aplica indiscriminadamente a todas as etapas da prestação de serviços de saúde.

Ainda que todo o setor de saúde atue pelo menos indiretamente para o benefício da saúde do paciente, a referida base legal somente será aplicável nos "procedimentos realizados por profissionais de saúde, serviços de saúde ou autoridade sanitária", não podendo ser aplicável a qualquer processamento de dados do setor da saúde. No documento, sugere-se que sua utilização seja realizada à luz do conceito de tutela da saúde presente no Artigo 9(2)(h) e Artigo 9(3) do GDPR, que dispõem respectivamente que:

> Se o tratamento for necessário para efeitos de medicina preventiva ou do trabalho, para a avaliação da capacidade de trabalho do empregado, para o diagnóstico médico, a prestação de cuidados ou tratamentos de saúde ou de ação social ou a gestão de sistemas e serviços de saúde ou de ação social com base no direito da União ou dos Estados-Membros ou por força de um contrato com um profissional de saúde, sob reserva das condições e garantias previstas no n. 3;[70]
>
> (...)

---

70. Artigo 9(2)(h) do GDPR (...) "processing is necessary for the purposes of preventive or occupational medicine, for the assessment of the working capacity of the employee, medical diagnosis, the provision of health or social care or treatment or the management of health or social care systems and services on the basis of Union or Member State law or pursuant to contract with a health professional and subject to the conditions and safeguards referred to in paragraph 3".

3. Os dados pessoais referidos no n. 1 podem ser tratados para os fins referidos no n. 2, alínea h), se os dados forem tratados por ou sob a responsabilidade de um profissional sujeito à obrigação de sigilo profissional, nos termos do direito da União ou dos Estados-Membros ou de regulamentação estabelecida pelas autoridades nacionais competentes, ou por outra pessoa igualmente sujeita a uma obrigação de confidencialidade ao abrigo do direito da União ou dos Estados-Membros ou de regulamentação estabelecida pelas autoridades nacionais competentes.[71]

Dessa forma, conforme o "Código de Boas Práticas", será necessário verificar quais tratamentos são realizados no âmbito das *atividades fim* dos prestadores (medicina preventiva ou do trabalho, para a avaliação da capacidade de trabalho do empregado, o diagnóstico médico, a prestação de cuidados ou tratamentos de saúde) e se os dados foram tratados por ou sob a responsabilidade de um profissional sujeito à obrigação de *sigilo profissional*. Como exemplos, são destacados usos da base legal em casos de: "acesso e manuseio das informações do prontuário médico por profissionais de saúde envolvidos no tratamento do paciente que são obrigados ao sigilo profissional"; "utilização do prontuário médico para gerar diagnósticos com auxílio de softwares"; e "acessar informações do prontuário médico por profissional da saúde obrigado ao sigilo profissional em caso de risco de vida". Por outro lado, o "acesso e manuseio de informações do prontuário médico por profissionais não obrigados ao sigilo profissional" devem ser realizados com o consentimento do usuário ou por obrigação legal ou regulatória.

Ainda, no "Código de Boas Práticas" entende-se que, em relação às bases legais dos principais tipos de tratamentos de dados envolvendo exames laboratoriais, será necessário utilizar as bases do Art. 11. Diante disso,

No caso da "coleta das amostras ou das imagens"; "encaminhamento da amostra ou da imagem para o setor responsável pela análise clínica"; "emissão de laudo diagnóstico"; "divulgação do resultado para o paciente"; "armazenamento dos resultados", quando realizados por profissional de saúde obrigado ao sigilo médico, a base legal aplicável é a tutela da saúde.[72]

Recorda-se que, durante o tratamento de um paciente, o profissional de saúde pode precisar compartilhar informações com colegas da profissão para dirimir dúvidas ou obter uma segunda opinião sobre determinado diagnóstico ou outras finalidades diretamente relacionadas à tutela da saúde do paciente. Sobre a situação, o "Código de Boas Práticas" esclarece que:

---

71. Artigo 9(3) do GDPR "Personal data referred to in paragraph 1 may be processed for the purposes referred to in point (h) of paragraph 2 when those data are processed by or under the responsibility of a professional subject to the obligation of professional secrecy under Union or Member State law or rules established by national competent bodies or by another person also subject to an obligation of secrecy under Union or Member State law or rules established by national competent bodies."

72. CONFEDERAÇÃO NACIONAL DE SAÚDE. *Código de Boas Práticas: Proteção de Dados para Prestadores Privados de Serviços em Saúde*. Disponível em: http://cnsaude.org.br/baixe-aqui-o-codigo-de-boas-praticas-protecao-de-dados-para-prestadores-privados-de-saude/. Acesso em: 18 fev. 2025. p. 66.

ART. 11 — COMENTÁRIOS À LEI GERAL DE PROTEÇÃO DE DADOS PESSOAIS (LEI 13.709/2018)

(...) um clínico geral pode necessitar do auxílio de um neurologista para diagnosticar determinados sintomas, ou quer discutir um caso específico com outro colega da mesma área, e, para isso, circula dados do seu paciente em meios de comunicação. Caso algum dado que permita a identificação do paciente seja divulgado, ou mesmo os exames dele sejam compartilhados, o caso atrai a incidência da LGPD, devendo estar embasado em uma base legal que permita tal compartilhamento.[73]

A interpretação da referida base legal conforme a visão do GDPR parece uma proposta bastante interessante e que apresenta mais garantias à pessoa humana. O setor de saúde possui grande fluxo de dados sensíveis, devendo contar com proteções adicionais e maior segurança jurídica e técnica.

2.8 Garantia da prevenção à fraude e à segurança do titular, nos processos de identificação e autenticação de cadastro em sistemas eletrônicos, resguardados os direitos mencionados no art. 9º desta Lei e exceto no caso de prevalecerem direitos e liberdades fundamentais do titular que exijam a proteção dos dados pessoais

No lugar da hipótese relativa ao legítimo interesse, o art. 11, II, "g", trouxe base mais específica, que visa à prevenção de fraudes e garantir a segurança do titular, restando vinculada aos interesses dos titulares e determinadas entidades.

Como exemplo de aplicação, aponta-se a seguinte situação: instituições bancárias e empregadores podem tratar dados biométricos para a prevenção de fraudes, sem o consentimento dos titulares dos dados, a fim de confirmar que é o empregado autorizado que está entrando em área de acesso restrito da empresa ou que é determinado cliente que está realizando uma transação bancária relevante. Ainda, é possível tratar dados a partir dessa base legal em um contexto em que se necessite prevenir fraudes em processos de identificação ou confirmação de identidade por meio de aplicativos utilizados em smartphones, como, por exemplo, para a criação de uma conta digital.

Na aplicação da referida base, é necessário observar em síntese quatro questões:

a) O tratamento deve ocorrer visando a garantir a prevenção à fraude e a segurança do titular. Por consequência, o tratamento também oferecerá maior segurança ao controlador.

b) O tratamento do dado sensível será em processos de identificação e autenticação de cadastro do titular em sistemas eletrônicos.

---

73. CONFEDERAÇÃO NACIONAL DE SAÚDE. *Código de Boas Práticas: Proteção de Dados para Prestadores Privados de Serviços em Saúde*. Disponível em: http://cnsaude.org.br/baixe-aqui-o-codigo-de-boas-praticas-protecao-de-dados-para-prestadores-privados-de-saude/. Acesso em: 18 fev. 2025. p. 76.

174

c) No tratamento deverão ser resguardados os direitos mencionados no Art. 9º da LGPD.[74]

d) No tratamento em questão, é necessário observar cuidadosamente eventual lesão ou situação indevida que envolva direitos e liberdades fundamentais do titular e exija a proteção de seus dados pessoais. Assim como ocorre na utilização da base legal do legítimo interesse[75], caso os direitos e liberdades fundamentais do titular devam prevalecer no caso concreto, esta base legal não poderá ser utilizada.

A respeito da aplicação dessa base, mostra-se equivocado realizar seu emprego quando for possível identificar a pessoa natural com outros dados pessoais (não sensíveis) e/ou por meio de ferramentas específicas, havendo, então, níveis próximos de segurança e alcance da finalidade pretendida.

É importante, aqui, que se tenha certeza de que os dados que serão tratados a partir dessa hipótese legal sejam realmente indispensáveis para se alcançar a prevenção de fraudes e a proteção da segurança do titular na utilização de serviços/bens relevantes.

Sua utilização, como regra, será para contextos especiais em que seja necessário maior segurança para a correta identificação e autenticação do titular de dados. Além disso, deve-se observar – com maior vigor – o período de conservação dos dados coletados.

Diante da possibilidade de uso de reconhecimento facial para algumas atividades públicas e privadas, mostra-se necessário discutir com maior profundidade o uso de dados biométricos, bem como se a imagem de uma pessoa natural (contida em fotos e vídeos) pode ser considerada um dado pessoal sensível. Conforme dispõe o considerando 51 do *General Data Protection Regulation* (GDPR), o tratamento de fotografias não deverá ser considerado sistematicamente um tratamento de categorias especiais de dados pessoais, uma vez que elas serão apenas abrangidas pela definição de dados biométricos quando forem processadas por meios técnicos específicos que permitam a identificação inequívoca ou a autenticação de uma pessoa singular. Em adição ao considerando, mostra-se necessário observar também no caso concreto o contexto, os dados revelados pela imagem e a finalidade de seu tratamento.

---

74. Art. 9º O titular tem direito *ao acesso facilitado às informações sobre o tratamento de seus dados*, que deverão ser disponibilizadas de forma clara, adequada e ostensiva acerca de, entre outras características previstas em regulamentação para o atendimento do princípio do livre acesso: I – finalidade específica do tratamento; II – forma e duração do tratamento, observados os segredos comercial e industrial; III – identificação do controlador; IV – informações de contato do controlador; V – informações acerca do uso compartilhado de dados pelo controlador e a finalidade; VI – responsabilidades dos agentes que realizarão o tratamento; e VII – direitos do titular, com menção explícita aos direitos contidos no art. 18 desta Lei. (...) (grifou-se)

75. LGPD, "Art. 7º O tratamento de dados pessoais somente poderá ser realizado nas seguintes hipóteses: (...) IX – quando necessário para atender aos interesses legítimos do controlador ou de terceiro, exceto no caso de prevalecerem direitos e liberdades fundamentais do titular que exijam a proteção dos dados pessoais".

ART. 11 — COMENTÁRIOS À LEI GERAL DE PROTEÇÃO DE DADOS PESSOAIS (LEI 13.709/2018)

Além de questões biométricas, considerando-se que uma imagem pode revelar, em alguns casos, dados de origem étnica ou racial, de saúde, de orientação sexual ou questões religiosas de determinada pessoa natural, é possível defender seu enquadramento, em determinados contextos e diante de certos usos, como um dado pessoal sensível. Além disso, se a finalidade do processamento da imagem (e demais dados adicionados) se relacionar com a obtenção de informações sensíveis, isso acarretará a aplicação das normas especiais relacionadas.

3. VEDAÇÕES LEGAIS NO TRATAMENTO DE DADOS SENSÍVEIS E SITUAÇÕES DE COMUNICAÇÃO OU USO COMPARTILHADO DE DADOS

Voltando para os parágrafos do Art. 11 da LGPD,[76] a comunicação ou o uso compartilhado de dados pessoais sensíveis entre controladores com o objetivo de obter vantagem econômica poderá ser objeto de vedação ou de regulamentação por parte da Autoridade Nacional de Proteção de Dados, ouvidos os órgãos setoriais do Poder Público, no âmbito de suas competências (Art. 11, § 3º). A LGPD não dispôs, porém, se e em que condições o próprio titular poderia obter vantagem econômica a partir do compartilhamento dos seus dados sensíveis de saúde, o que vem sendo discutido no setor da saúde e em novos negócios.[77]

Segundo a Lei (Art. 11, § 4º), é vedada a comunicação ou o uso compartilhado entre controladores de dados pessoais sensíveis referentes à saúde com o objetivo de obter vantagem econômica, *exceto* nas hipóteses relativas a prestação de serviços de saúde, de assistência farmacêutica e de assistência à saúde, desde que observado o § 5º deste artigo, incluídos os serviços auxiliares de diagnose e terapia, em benefício dos interesses dos titulares de dados, e para permitir: I – a portabilidade de dados quando solicitada pelo titular;[78] ou II – as transações financeiras e administrativas resultantes do uso e da prestação dos serviços de que trata este parágrafo.[79]

---

76. O presente título tem como fonte principal livro de autoria própria e foi atualizado em abril de 2023: TEFFÉ, Chiara Spadaccini de. *Dados pessoais sensíveis*: qualificação, tratamento e boas práticas. Indaiatuba: Foco, 2022. 280p.

77. Sugere-se, aqui, a análise do projeto My Health My Data: http://www.myhealthmydata.eu/ Acesso em: 18 fev. 2025. ROTHBARTH, Renata. Monetização de dados de saúde à luz da LGPD: interpretação do artigo 11, § 3º. In: DALLARI, Analluza Bolivar; MONACO; Gustavo Ferraz de Campos (Coord.). *LGPD na saúde*. São Paulo: Revista dos Tribunais, 2021. p. 299.

78. Recorda-se que a portabilidade dos dados representa um dos direitos do titular. Ela possibilita que o titular, junto ao controlador, possa obter as suas informações pessoais de forma estruturada e de modo que possam ser transmitidas e reutilizadas em diferentes serviços. Ela permite que eles movam, copiem ou transfiram dados pessoais facilmente de um ambiente para outro, de forma segura e protegida, sem afetar sua usabilidade. O direito se aplica apenas às informações que o indivíduo forneceu ao controlador. Estando de posse de seus dados e de seu histórico, o titular pode obter similar contratação em concorrente, por exemplo, exercendo assim sua livre opção. Na LGPD, o direito à portabilidade não inclui dados que foram anonimizados (Art. 18, § 7º).

79. "(...) é de rigor que as operadoras de planos de saúde e outros prestadores de serviços de saúde recebam esses dados para que possam realizar as atividades para as quais são contratadas, como realizar o pagamento

176

Nesse caso, a noção de "em benefício dos interesses dos titulares de dados" mostra-se aberta e traz uma série de discussões por se tratar de situação em que haverá a comunicação ou o uso compartilhado entre controladores de dados sensíveis referentes à saúde com o objetivo de obter vantagem econômica. Quem determinará se realmente há um benefício preponderante? Sobre o parágrafo em questão, afirma-se que "(...) o que o legislador quis evitar com a vedação ao compartilhamento dos dados de saúde foi, especialmente, a compra e venda mascarada de bases de dados com essas informações sensíveis e a discriminação na formação de preços de planos de saúde em razão dos conhecimentos obtidos por meio desses dado".[80]

Enfim, o § 5º do Art. 11 dispõe que é vedado às operadoras de planos privados de assistência à saúde o tratamento de dados de saúde para a prática de seleção de riscos na contratação de qualquer modalidade, assim como na contratação e exclusão de beneficiários. Esse dispositivo deve ser lido em consonância com o que dispõe a Lei 9.656/1998 (que versa sobre os planos e seguros privados de assistência à saúde) e seu Art. 14, o qual estabelece que, em razão da idade do consumidor, ou da condição de pessoa portadora de deficiência, ninguém pode ser impedido de participar de planos privados de assistência à saúde.[81]

---

pelos serviços prestados e pelos eventuais insumos médicos utilizados durante o atendimento." (PALHARES, Felipe. Vantagem econômica no compartilhamento de dados de saúde: interpretação do artigo 11, § 4º, da LGPD. In: DALLARI, Analluza Bolivar; MONACO; Gustavo Ferraz de Campos (Coord.). *LGPD na saúde*. São Paulo: Revista dos Tribunais, 2021. p. 310.)

80. PALHARES, Felipe. Vantagem econômica no compartilhamento de dados de saúde: interpretação do artigo 11, § 4º, da LGPD. In: DALLARI, Analluza Bolivar; MONACO; Gustavo Ferraz de Campos (Coord.). *LGPD na saúde*. São Paulo: Revista dos Tribunais, 2021. p. 309.

81. "Esse dispositivo, porém, deve ser lido em consonância com o que dispõe a Lei 9.656/98 (que versa sobre os planos e seguros privados de assistência à saúde) e aqui merece ser feita uma distinção entre seleção de riscos e análise de risco para fins de subscrição e precificação. A Lei 9.656/98 veda a seleção de riscos, ou seja, a possibilidade de recusa de oferecimento de cobertura a determinado proponente, porém a mesma lei reconhece a possibilidade de precificação e de análise de riscos para fins de subscrição ao admitir que, na presença de doença preexistente, deverá ser ofertada ao proponente a cobertura parcial temporária ou o agravo do prêmio durante o período no qual seria aplicável a cobertura parcial temporária. Portanto, é nessa linha que deve ser interpretado esse dispositivo da LGPD. Logo, é fundamental que se ponha em perspectiva que nem toda discriminação é prejudicial e ilícita, como não é, por exemplo, aquela diretamente relacionada a subsidiar a contratação de um seguro" (CONFEDERAÇÃO NACIONAL DAS EMPRESAS DE SEGUROS GERAIS, PREVIDÊNCIA PRIVADA E VIDA, SAÚDE SUPLEMENTAR E CAPITALIZAÇÃO. *Guia de boas práticas do mercado segurador brasileiro sobre a proteção de dados pessoais*. 2019. Disponível em: https://cnseg.org.br/data/files/A6/25/A2/F2/9B22571029E24F473A8AA8A8/GBPMS_ONLINE_ok.pdf. Acesso em: 18 fev. 2025. p. 14.). "Portanto, seleção de riscos para fins de não oferecimento de cobertura em seguro saúde é vedada pelo dispositivo em questão, mas não a análise de risco para fins de precificação (agravo do prêmio) ou para o estabelecimento de cobertura parcial temporária, no caso de identificação de preexistência de alguma doença, o que, como consequência, autoriza o tratamento de dados sensíveis referentes à saúde do beneficiário ou do segurado para essas finalidades" (CONFEDERAÇÃO NACIONAL DAS EMPRESAS DE SEGUROS GERAIS, PREVIDÊNCIA PRIVADA E VIDA, SAÚDE SUPLEMENTAR E CAPITALIZAÇÃO. *Guia de boas práticas do mercado segurador brasileiro sobre a proteção de dados pessoais*. 2019. Disponível em: https://cnseg.org.br/data/files/A6/25/A2/F2/9B22571029E24F473A8AA8A8/GBPMS_ONLINE_ok.pdf. Acesso em: 18 fev. 2025. p. 34).

Essa vedação não parece completamente nova para o setor da Saúde Suplementar, pois na Resolução Normativa 195, de 14 de julho de 2009, a Agência Nacional de Saúde Suplementar (ANS) já coibia tal prática, estabelecendo, em seu Art. 16, que para vínculo de beneficiários aos planos privados de assistência à saúde coletivos por adesão ou empresarial não serão permitidas quaisquer outras exigências que não as necessárias para ingressar na pessoa jurídica contratante. O setor de Saúde Suplementar, o qual apresenta consolidada regulação, dispõe de normas que disciplinam todo o processo de contratação de planos privados, o que mostra a importância de um diálogo consistente entre a LGPD e a legislação setorial.[82]

A ANS determina[83] que para a contratação de planos privados de assistência à saúde o contratante (beneficiário) apresente uma Declaração Pessoal de Saúde, por meio da qual deverá informar sobre as doenças ou lesões de que saiba ser portador ou sofredor e das quais tenha conhecimento no momento da contratação ou adesão contratual, para que a operadora possa verificar a necessidade de aplicação de carência, agravo ou cobertura parcial temporária. Não são permitidas perguntas sobre hábitos de vida, sintomas ou uso de medicamentos.

Faz parte do contrato de seguro o cálculo de risco, notadamente porque tal cálculo poderá pautar o preço da contraprestação a ser quitada pelo segurado. Nesse sentido, a Súmula Normativa 27/2015 da ANS dispõe que é vedada a prática de seleção de riscos pelas operadoras de planos de saúde na contratação de qualquer modalidade de plano privado de assistência à saúde. Portanto, resta vedada a não concretização da proposta de contratação de plano de saúde, em virtude de seleção de risco, em qualquer tipo de contratação. Levando isso em conta, entende-se que o parágrafo 5º, do Art.11, da LGPD não extinguiu a análise de risco, dentro dos parâmetros normativos, para fins de precificação, mas sim proibiu a seleção de risco que possa acarretar a exclusão de segurados ou a não contratação com pessoas que sejam classificadas como de risco alto."[84]

---

82. Em relação ao parágrafo 5º, do art. 11, da LGPD, afirma-se que ele "Não significa uma vedação completa a que as operadoras realizem estudos populacionais, avaliando o comportamento de carteiras para o fim de aplicar uma precificação justa e adequada para cada grupo, coletivamente considerado. Significa, apenas, que as operadoras não realizarão tratamento de dados pessoais para aceitar ou excluir titular de sua carteira (...)." VICENTE, Anamaria de Almeida. Lei Geral Proteção de Dados Pessoais e atividades do setor da saúde. *Consultor Jurídico*, 12 nov. 2019. Disponível em: https://www.conjur.com.br/2019-nov-12/lei-geral-protecao-dados-pessoais-atividades-setor-saude. Acesso em: 18 fev. 2025.

83. Resolução normativa 162, de 17 de outubro de 2007 – Art. 9º Na contratação de planos privados de assistência à saúde, o conteúdo da declaração do beneficiário a respeito de seu estado de saúde e de possíveis DLP, que servirão de base para aplicação da regra contida no art. 11 da Lei 9.656 de 1998, deverão observar o disposto nesta Resolução.

84. "De forma expressa na Lei Geral de Proteção de Dados Pessoais (LGPD), está proibido que as operadoras de saúde se utilizem de uma investigação do histórico do paciente para limitar acesso, contratação, bem como a exclusão de eventuais benefícios em razões da vida pregressa do beneficiário. Pois bem, ocorre que no âmbito da Lei 9.656/1998, que regulamenta os planos de saúde no Brasil, há a autorização legal para que as operadoras fixem um período de exclusão de cobertura em razão de doenças preexistentes. (...) De certo, a indicação de uma DLP no momento da contratação está inserida no dever de transparência

Uma proteção diferenciada aos dados sensíveis – considerando-se sua relação com a tutela da dignidade da pessoa humana – mostra-se obrigatória seja em qual setor que ocorra o tratamento. A partir dessas informações, é possível conhecer com elevada precisão indivíduos, assim como criar cenários de discriminações ilícitas ou abusivas em face do titular do dado. Além disso, como visto, há dados potencialmente sensíveis e tratamentos realizados com fins de se obter ou inferir informações sensíveis sobre a pessoa, que exigem igualmente tutela especial pelo ordenamento.

4. BOAS PRÁTICAS PARA O TRATAMENTO DE DADOS SENSÍVEIS

Quando se trabalha com o tratamento de dados sensíveis, o risco na relação tende a ser mais elevado, diante do maior potencial de lesão ao titular.[85] Diante disso, é importante listar boas práticas para a atuação dos agentes de tratamento e orientações relevantes aos encarregados pela proteção de dados. Nesse sentido, a implementação de programas de compliance[86] robustos que visem à adequação das instituições às normas de proteção de dados e aos valores da agenda ESG (*environmental, social and corporate governance*) mostra-se fundamental para a proteção ampliada dos dados sensíveis. De forma breve, é possível tecer algumas políticas e boas práticas essenciais nesse processo.

---

e boa-fé contratual, pois a omissão de dados essenciais na prestação do serviço poderá desequilibrar a expectativa econômica das partes. (...) Portanto, é dever legal do beneficiário trazer essa informação no momento da contratação; mas acaso este se omita, pode a operadora de saúde atuar para comprovar a prática ilícita do consumidor. Surge então um grande embaraço trazido pela LGPD, pois proíbe as operadoras de saúde de utilizar o histórico do paciente; porém, esse ônus lhe é imposto por outra norma, qual seja, pelo artigo 11 da Lei 9.656/1998. Como então compatibilizar a LGPD (que proíbe a utilização de dados relativos à saúde) com a Lei dos Planos de Saúde (que exige que o plano de saúde comprove a doença preexistente)? (...) A nova lei coloca, nesse sentir, uma vedação clara, direta e objetiva nos objetivos dessa investigação. A pretensão da operadora de saúde somente será legítima se os dados colhidos para a verificação do conhecimento prévio do consumidor ou beneficiário dessa doença preexistente foi realizada unicamente para fins de satisfazer o artigo 11 da Lei 9.656/1998." (PSCHEIDT, Kristian Rodrigo. A relação entre a LGPD e a apuração da boa-fé contratual. *Consultor Jurídico*, 7 dez. 2020. Disponível em: https://www.conjur.com.br/2020-dez-07/pscheidt-relacao-entre-lgpd-boa-fe-contratual. Acesso em: 18 fev. 2025).

85. O presente título tem como fonte principal livro de autoria própria e foi inserido na segunda edição deste livro de comentários à LGPD. As orientações e boas práticas mencionadas já haviam sido listadas em artigo autoral publicado em site do Instituto de Tecnologia e Sociedade do Rio (ITS Rio): TEFFÉ, Chiara Spadaccini de. Como tratar dados pessoais sensíveis? Cinco recomendações que você precisa saber. *ITS Rio*, 2021. Disponível em: https://itsrio.org/pt/artigos/5-recomendacoes-para-tratar-dados-sensiveis-que--voce-precisa-saber/. Acesso em: 18 fev. 2025. Cf. TEFFÉ, Chiara Spadaccini de. *Dados pessoais sensíveis*: qualificação, tratamento e boas práticas. Indaiatuba: Foco, 2022. v. 1. 280p.

86. TEFFÉ, Chiara Spadaccini de. LGPD em programas de compliance: vantagem competitiva e aderência às práticas ESG. *Jota*, 10 jun. 2023. Disponível em: https://www.jota.info/opiniao-e-analise/artigos/lgpd-em--programas-de-compliance-vantagem-competitiva-e-aderencia-as-praticas-esg-10062021 Acesso em: 18 fev. 2025. TEFFÉ, Chiara Spadaccini de. Compliance de dados em tecnologias de segurança e vigilância. In: FRAZÃO, Ana; CUEVA, Ricardo Villas Bôas (Coord.). *Compliance e políticas de proteção de dados*. São Paulo: Thomson Reuters Brasil, 2021, p. 1193-1230.

Todo tratamento de dados sensíveis deverá ser respaldado em uma das oito bases legais dispostas no Art. 11 da LGPD. As opções apresentadas são mais restritas – não englobando, por exemplo, o legítimo interesse e a tutela do crédito – e impõem para a sua aplicação requisitos adicionais de proteção. O consentimento recebe, por sua vez, mais qualificações, devendo ser livre, informado, inequívoco e dado de forma específica e destacada, para finalidades específicas.

O relatório de impacto à proteção de dados pessoais não é obrigatório para o tratamento de dados sensíveis, porém, é visto como boa prática e instrumento relevante em cenários de alto risco, podendo ser requerido pela Autoridade Nacional de Proteção de Dados. Trata-se de documentação do controlador que contém a descrição dos processos de tratamento de dados pessoais que podem gerar riscos às liberdades e aos direitos fundamentais, bem como medidas, salvaguardas e mecanismos de mitigação de risco.

Cabe ressaltar que na hipótese de tratamento de dados sensíveis de hipervulneráveis, titulares de dados que apresentam vulnerabilidade agravada,[87] como crianças, adolescentes, idosos e pessoas com deficiência,[88] as medidas protetivas e preventivas deverão ser aplicadas em maior intensidade, diante das previsões estabelecidas na Constituição Federal e em leis especiais, bem como das dinâmicas de poder e assimetrias informacionais constituídas na sociedade.

Analisar e gerenciar riscos representam fundamentos para os sistemas de compliance, mostrando-se ações estratégicas e que devem estar presentes em todas as tomadas de decisão. Em toda organização será fundamental designar um Comitê de Segurança da Informação; implementar uma Política de Segurança da Informação que estabeleça diretrizes sobre padrões e medidas técnicas internas de segurança; e desenvolver um Plano de Resposta a Incidentes de Privacidade. Aqui, mostra-se relevante aplicar também as normas ISO pertinentes.

Todo processo de tratamento de dados deverá estar em acordo com os princípios do "Privacy by Design" e do "Privacy by Default". A lógica do privacy by design preconiza que a tutela da privacidade deve ser considerada desde a concepção e durante todo o ciclo de vida de quaisquer projetos, sistemas, serviços, produtos ou processos que envolvam o tratamento de dados pessoais, especialmente se eles forem sensíveis. Por consequência, deverão ser desenvolvidas por parte do controlador avaliações prévias de impacto, medidas técnicas e organizacionais adequadas e instrumentos de prestação de contas e transparência. A proteção de dados por padrão significa que você precisa especificar e delimitar os dados pessoais antes do início do tratamento,

---

87. MIRAGEM, Bruno. *Curso de Direito do Consumidor.* 3. ed. São Paulo: Revista dos Tribunais, 2012, p.102.

88. MARQUES, Claudia Lima. O diálogo das fontes como método da nova teoria geral do direito: um tributo a Erik Jayme. In.: MARQUES, Claudia Lima (Coord.) *Diálogo das fontes:* do conflito à coordenação de normas no direito brasileiro novo regime das relações contratuais. São Paulo: Revista dos Tribunais, 2012, p. 17-66; p. 48.

informar as pessoas de maneira adequada acerca da operação e tratar apenas os dados de que precisar para o seu propósito específico.

A LGPD apresenta robusta carta de princípios para a proteção de dados, os quais são de aplicação obrigatória em qualquer relação. Dentro da presente temática, mostra-se especialmente relevante ao jurista se atentar aos princípios da não discriminação, minimização e finalidade. O princípio da não discriminação veda qualquer tratamento para fins discriminatórios ilícitos ou abusivos, buscando assegurar a igualdade material e a liberdade nas relações. A minimização – também chamada de princípio da necessidade – impõe a limitação do tratamento ao mínimo necessário para a realização de suas finalidades, com abrangência dos dados pertinentes, proporcionais e não excessivos em relação às finalidades do tratamento de dados. Por sua vez, o princípio da finalidade destaca que o tratamento deverá ser realizado para propósitos legítimos, específicos, explícitos e informados ao titular, sem possibilidade de tratamento posterior de forma incompatível com essas finalidades.

A lista acima – claramente exemplificativa – traz boas práticas e disposições legais para o tratamento de dados sensíveis. Reflete também orientações de autoridades europeias de proteção de dados, as quais são importantes referências nesse momento. Para se aperfeiçoar no tema, é necessário constante estudo, reciclagem e leituras de bons guias e artigos. Mais do que orientar os fluxos de dados, a LGPD vem mudar a própria cultura de proteção de dados e da privacidade no Brasil.

Mariana de Moraes Palmeira

CAPÍTULO II
Seção II
Do Tratamento de Dados Pessoais Sensíveis

Art. 12. Os dados anonimizados não serão considerados dados pessoais para os fins desta Lei, salvo quando o processo de anonimização ao qual foram submetidos for revertido, utilizando exclusivamente meios próprios, ou quando, com esforços razoáveis, puder ser revertido.

§ 1º A determinação do que seja razoável deve levar em consideração fatores objetivos, tais como custo e tempo necessários para reverter o processo de anonimização, de acordo com as tecnologias disponíveis, e a utilização exclusiva de meios próprios.

§ 2º Poderão ser igualmente considerados como dados pessoais, para os fins desta Lei, aqueles utilizados para formação do perfil comportamental de determinada pessoa natural, se identificada.

§ 3º A autoridade nacional poderá dispor sobre padrões e técnicas utilizados em processos de anonimização e realizar verificações acerca de sua segurança, ouvido o Conselho Nacional de Proteção de Dados Pessoais.

1. INTRODUÇÃO

A Lei Geral de Proteção de Dados Pessoais (LGPD), sancionada em 14 de agosto de 2018, entrou em vigor no dia 18 de setembro de 2020, após uma longa e confusa *vacatio legis*. No entanto, sua vigência plena só ocorre em 1º de agosto de 2021, quando as sanções administrativas estabelecidas no capítulo VIII são passíveis de aplicação. A vigência da LGPD é, portanto, atravessada por três marcos temporais principais, a saber:

(i) 28 de dezembro de 2018: entraram em vigor os artigos 55-A a L, sobre a criação da Autoridade Nacional de Proteção de Dados (ANPD), 58-A e 58-B, sobre o Conselho Nacional de Proteção de Dados Pessoais e da Privacidade (CNPD).

(ii) 18 de setembro de 2020: a maior parte da LGPD entrou em vigor, com exceção dos artigos 52 ao 54, referentes às sanções administrativas.

(iii) 1º de agosto de 2021: a LGPD alcança eficácia plena com a entrada em vigor dos artigos 52 ao 54.

Além dos marcos temporais relacionados à vigência da lei, em 10 de fevereiro de 2022 o direito à proteção de dados pessoais foi inscrito no rol de direitos e garantias fundamentais por meio da Emenda Constitucional (EC) 115/2022. Afirmado no inciso LXXIX do artigo 5° da Constituição Federal com a seguinte redação: é assegurado, nos termos da lei, o direito à proteção dos dados pessoais, inclusive nos meios digitais.

Trata-se de uma lei de alcance horizontal, exclusivo e homogêneo no que tange a proteção de dados pessoais[1], o que ilustra simultaneamente sua abrangência de aplicação e sua relevância temática. No entanto, as discussões que se sucederam à sanção da LGPD trouxeram um certo clima de dúvida em relação a sua efetividade no ordenamento jurídico. Segundo Felipe Palhares[2], esses questionamentos ocorreram por dois motivos principais: o fato de a obrigatoriedade do consentimento expresso como base única para o tratamento de dados pessoais, positivada pelo Marco Civil da Internet[3], não ter sido fiscalizada com afinco; e os impactos gerados nos negócios pelas mudanças demandadas pela adequação à nova lei.

A LGPD não é apenas uma lei de carga normativa. Ela carrega uma série de regras relacionadas à segurança da informação e, com isso, medidas de proteção técnicas e administrativas passam obrigatoriamente a fazer parte do cotidiano dos agentes de tratamento de dados. É nesse sentido que se insere o artigo 12, que trata de dados anonimizados, e ao lado do capítulo VII, que indica as medidas de segurança e boas práticas e contribui para materializar os princípios da segurança e da prevenção (artigo 6°, VII e VIII).

> Art. 6° As atividades de tratamento de dados pessoais deverão observar a boa-fé e os seguintes princípios:
>
> VII – segurança: utilização de medidas técnicas e administrativas aptas a proteger os dados pessoais de acessos não autorizados e de situações acidentais ou ilícitas de destruição, perda, alteração, comunicação ou difusão;
>
> VIII – prevenção: adoção de medidas para prevenir a ocorrência de danos em virtude do tratamento de dados pessoais;

Novos deveres de cuidado em relação ao objeto tutelado pela LGPD, qual seja: dados pessoais, vão se impondo aos modelos de negócios orientados por dados, e popularizados pelo avanço da tecnologia da informação. Três décadas atrás, Pierre Levy apontava para a necessária reflexão sobre as novidades trazidas pela informática e telecomunicações no que dizia respeito às formas de convivência[4].

---

1. LEONARDI, Marcel. Aspectos controvertidos entre a Lei Geral de Proteção de Dados e o Marco Civil da Internet. In: PALHARES, Felipe (Coord.). *Temas atuais de proteção de dados*. São Paulo: Thomson Reuters Brasil, 2020, p. 239.

2. PALHARES, Felipe. As falácias do amanhã: A saga da entrada em vigor da LGPD. In: PALHARES, Felipe (Coord.). *Temas atuais de proteção de dados*. São Paulo: Thomson Reuters Brasil, 2020, p. 529.

3. BRASIL, Lei n° 12.965, de 23 de abril de 2014. Disponível em: http://www.planalto.gov.br/ccivil_03/_ato2011-2014/2014/lei/l12965.htm, Acesso em: 18 fev. 2025.

4. LÉVY, Pierre. *As tecnologias da inteligência*: o futuro do pensamento na era da informática. 2. ed. São Paulo: Editora 34, 2010, p. 4.

Para além da virtualização das relações sociais, nos 20 primeiros anos do século XXI a hiperconectividade[5] aliada ao big data[6] revelou um infinito conjunto de possibilidades de tratamento de dados por meio de aplicações de internet das coisas[7] (IoT).

O combustível que relaciona a internet das coisas às mais diversas técnicas de big data é a grande torrente de dados que corre pela internet, e como explicam Guilherme Magalhães Martins e José Luiz de Moura Faleiros Júnior:

> Em havendo grandes fluxos de dados, grandes preocupações passam a permear a sociedade da informação, não apenas com os riscos de eventual uso discriminatório dos acervos de dados, mas também com o surgimento de potencial dependência em relação a eles e às práticas de coleta massiva e mineração (data mining).
>
> Nesse espírito, o intuito do legislador brasileiro, ao promulgar a Lei Geral de Proteção de Dados Pessoais está adequadamente alinhado ao propósito de assegurar direitos e promover o titular de dados – aqui visto como vulnerável.[8]

É certo que a LGPD foi construída em torno da proteção do titular de dados pessoais, no entanto, a partir de seus fundamentos é possível extrair o necessário exercício de equilíbrio e harmonização entre a privacidade, autodeterminação e livre desenvolvimento da personalidade, com os valores de desenvolvimento econômico, inovação e livre-iniciativa.

> Art. 2º A disciplina da proteção de dados pessoais tem como fundamentos:
>
> I – o respeito à privacidade;
>
> II – a autodeterminação informativa;
>
> III – a liberdade de expressão, de informação, de comunicação e de opinião;
>
> IV – a inviolabilidade da intimidade, da honra e da imagem;
>
> V – o desenvolvimento econômico e tecnológico e a inovação;
>
> VI – a livre-iniciativa, a livre concorrência e a defesa do consumidor; e
>
> VII – os direitos humanos, o livre desenvolvimento da personalidade, a dignidade e o exercício da cidadania pelas pessoas naturais.

---

5. Segundo o dicionário de Oxford hiperconectividade significa o uso amplo e habitual de dispositivos conectados à internet. Disponível em https://www.lexico.com/definition/hyperconnected. Acesso em: 18 fev. 202518 fev. 2025.

6. Segundo o dicionário de Oxford big data significa a possibilidade de grandes conjuntos de dados serem analisados e revelarem padrões e comportamentos humanos. Disponível em https://www.lexico.com/definition/big_data . Acesso em: 18 fev. 2025.

7. De acordo com Eduardo Magrani: "o que todas as definições de IoT têm em comum é que elas se concentram em como computadores, sensores e objetos interagem uns com os outros e processam informações / dados em um contexto de hiperconectividade." MAGRANI, Eduardo. *A internet das coisas*. Rio de Janeiro: FGV Direito Rio, 2018, p. 20.

8. MARTINS, Guilherme Magalhães; JUNIOR FALEIROS, José Luiz de Moura. Compliance digital e responsabilidade civil na Lei Geral de Proteção de Dados. In: MARTINS, Guilherme Magalhães; ROSENVALD, Nelson (Coord.). *Responsabilidade civil e novas tecnologias*. Indaiatuba: Foco, 2020, p. 271.

Para Ana Frazão[9], a LGPD é ao mesmo tempo freio e agente de transformação na extração e utilização desenfreada de dados pessoais, típica dos modelos de negócios orientados por dados.

Uma rápida busca pelo termo *"data-driven"* no site da publicação *Harvard Business Review*[10] mostra mais de 1.300 resultados divididos entre livros, artigos, estudos de caso e material de áudio e vídeo, que abordam temas relacionados à gestão empresarial tendo como pano de fundo a economia orientada por dados. O que reforça a importância depositada neste insumo que já foi comparado a petróleo[11], urânio[12], e à matéria-prima gratuita para gerar riqueza das grandes corporações[13].

O objetivo do presente capítulo é explorar a temática da anonimização dos dados pessoais, o conceito de dado anônimo[14], bem como do processo levado a cabo para se chegar a ele. A importância de firmar tal compreensão está na relação vital entre as leis de proteção de dados, a extensão da noção de dado pessoal, e sua antítese, o dado anonimizado[15].

2. DADOS PESSOAIS E DADOS ANONIMIZADOS: CONCEITOS INICIAIS

A LGPD, em seu artigo 5º, apresenta um glossário com os principais conceitos tratados ao longo da lei. São definições essenciais para a familiarização com a temática de privacidade e proteção de dados. Da mesma forma que se prestam a aumentar a segurança sobre o significado de cada termo, auxiliam na interpretação por parte dos envolvidos nesse ecossistema. Conforme informa Sergio Branco, a mesma técnica

---

9. FRAZÃO, Ana. Objetivos e alcance da Lei Geral de Proteção de Dados. In: TEPEDINO, Gustavo; FRAZÃO, Ana; OLIVA, Milena Donato (Coords.). *Lei geral de proteção de dados pessoais e suas repercussões no Direito Brasileiro*. 2.ed. São Paulo: Thomson Reuters Brasil, 2020.

10. HARVARD BUSINESS REVIEW. *Data-driven*. Disponível em https://hbr.org/search?term=data=-driven&sort-popularity_score#browse-reports-filter Acesso em: 18 fev. 2025.

11. THE ECONOMIST. The world's most valuable resource is no longer oil, but data. 06 maio 2017. Disponível em https://www.economist.com/leaders/2017/05/06/the-worlds-most-valuable-resource-is-no-longer-oil-but-data Acesso em: 18 fev. 2025.

12. MEIRA, Silvio. *Chegou a hora das estratégias de informação*. Disponível em https://silvio.meira.com/silvio/chegou-a-hora-das-estrategias-de-informacao/ Acesso em: 18 fev. 202518 fev. 2025.

13. ZUBOFF, Shoshana. *The age of surveillance capitalism*: the fight for a human future at the new frontier of power. Nova York: Public Affairs, 2019, p. 14. Aponta: "Surveillance capitalism unilaterally claims human experience as free raw material for translation into behavioral data".

14. Note-se que Martins e Faleiros Jr., apontam que não se deve falar em dado anônimo, mas sim em dado anonimizado em função do avanço tecnológico no sentido da reidentificação futura. MARTINS, Guilherme Magalhães; FALEIROS JÚNIOR, José Luiz de Moura. Compliance digital e responsabilidade civil na Lei Geral de Proteção de Dados. In: MARTINS, Guilherme Magalhães; ROSENVALD, Nelson (Coord.). *Responsabilidade civil e novas tecnologias*. Indaiatuba: Foco, 2020, p. 77.

15. BIONI, Bruno Ricardo. Compreendendo o conceito de anonimização e dado anônimo. *Revista do Advogado*, São Paulo, n. 144, nov. 2019, p. 22.

legislativa já havia sido empregada tanto na antiga lei brasileira de direitos autorais (revogada pela Lei de 1998), quanto no Marco Civil da Internet[16].

Os dois primeiros incisos do artigo 5º da LGPD dizem respeito às definições de dado pessoal e dado pessoal sensível. Do conceito de dado pessoal (*informação relacionada a pessoa natural identificada ou identificável* – art. 5º, I) se extraem importantes conclusões. A primeira delas é a circunscrição da lei às pessoas naturais (humanas), excluindo as pessoas jurídicas da sua órbita protetiva. A segunda conclusão é a adoção do conceito amplo ou expansionista de dado pessoal.

A importância de se compreender bem a noção que é conferida ao dado pessoal no bojo de um diploma legal é tamanha, pois define o escopo da própria proteção, como ensina Bruno Bioni:

> O conceito de dados pessoais é um elemento chave. Ele filtra o que deve estar dentro ou fora do escopo de uma lei de proteção de dados pessoais, demarcando o terreno a ser por ela ocupado. Diferenças sutis em torno da sua definição implicam em consequências drásticas para o alcance dessa proteção. Por isso, compreender se um dado pode ser adjetivado como pessoal é, antes de tudo, um exercício de interpretação detido sobre cada palavra utilizada para prescrever a sua conceituação.[17]

A definição de dado pessoal parte da demarcação da abrangência do próprio conceito: se amplo ou se restrito. O conceito amplo engloba não só os dados pessoais identificados, mas também aqueles passíveis de identificação. Dessa forma, a proteção é dilatada para também alcançar dados que têm potencial de distinguir alguém em meio a um grupo.[18] É a opção legislativa encontrada na LGPD, que seguiu o Regulamento Geral sobre a Proteção de Dados (RGPD), como se extrai da leitura do considerando n. 26[19]:

> Os princípios da proteção de dados deverão aplicar-se a qualquer informação relativa a uma pessoa singular identificada ou identificável. Os dados pessoais que tenham sido pseudonimizados, que possam ser atribuídos a uma pessoa singular mediante a utilização de informações

---

16. BRANCO JÚNIOR, Sérgio Vieira. As hipóteses de aplicação da LGPD e as definições legais. In: MULHOLLAND, Caitlin Sampaio (Org.). *A LGPD e o novo marco normativo no Brasil*. Porto Alegre: Arquipélago Editorial, 2020, p. 30.

17. BIONI, Bruno Ricardo. *Xeque-Mate*: o tripé da proteção de dados pessoais no jogo de xadrez das iniciativas legislativas no Brasil. GPoPAI-USP, 2016, p. 14. Disponível em: https://www.academia.edu/28752561/Xeque-Mate_o_trip%C3%A9_de_prote%C3%A7%C3%A3o_de_dados_pessoais_no_xadrez_das_iniciativas_legislativas_no_Brasil Acesso em: 18 fev. 2025.

18. MACHADO, Diego; DONEDA, Danilo. Proteção de dados pessoais e criptografia: tecnologias criptográficas entre anonimização e pseudonimização de dados. *Revista dos Tribunais*, São Paulo, v. 998, Caderno Especial. p. 99-128, dez. 2018.

19. UNIÃO EUROPEIA. *Regulamento 2016/679, de 27 de abril de 2016*. Regulamento Geral Sobre A Proteção de Dados. 2016. Disponível em: https://eur-lex.europa.eu/legal-content/PT/TXT/PDF/?uri=CELEX:32016R0679&from=PT. Acesso em: 21 set. 2021. No mesmo sentido de conceito amplo ver Article 29 Data Protection Working Party. Opinion 4/2007 on the concept of personal data. Bruxelas: [s. n.], 2007. Acesso em: 18 fev. 202518 fev. 2025.

suplementares, deverão ser considerados informações sobre uma pessoa singular identificável. Para determinar se uma pessoa singular é identificável, importa considerar todos os meios suscetíveis de ser razoavelmente utilizados, tais como a seleção, quer pelo responsável pelo tratamento quer por outra pessoa, para identificar direta ou indiretamente a pessoa singular. Para determinar se há uma probabilidade razoável de os meios serem utilizados para identificar a pessoa singular, importa considerar todos os fatores objetivos, como os custos e o tempo necessário para a identificação, tendo em conta a tecnologia disponível à data do tratamento dos dados e a evolução tecnológica. Os princípios da proteção de dados não deverão, pois, aplicar-se às informações anónimas, ou seja, às informações que não digam respeito a uma pessoa singular identificada ou identificável nem a dados pessoais tornados de tal modo anônimos que o seu titular não seja ou já não possa ser identificado. O presente regulamento não diz, por isso, respeito ao tratamento dessas informações anónimas, inclusive para fins estatísticos ou de investigação.

Importa registrar que o Conselho da Europa, na sua Convenção 108 de 1981[20], já havia definido dado pessoal da mesma forma, adotando o conceito estendido:

Artigo 2º Definições Para os fins da presente Convenção: a) «Dados de carácter pessoal» significa qualquer informação relativa a uma pessoa singular identificada ou susceptível de identificação («titular dos dados»);

Ao passo que na concepção restrita de dados pessoais a fronteira de proteção é colocada em torno do dado identificado, excluindo as informações identificáveis. Danilo Doneda e Diego Machado informam que é a linha adotada pelo *Children's On-line Privacy Protection Act* (COPPA) de 1998 e Privacy Act, de 1974[21] No entanto, se por um lado o conceito de dado pessoal ampliado atrai maior proteção da LGPD (e do RGPD), por outro lado, avanços na ciência da computação relatados na doutrina especializada[22] trazem preocupação com as possibilidades de reidentificação de dados anonimizados.

Cabe aqui o registro sobre as discussões que se estabeleceram entre os diversos atores envolvidos no processo de construção da LGPD, quando da consulta pública

---

20. Disponível em: https://www.cnpd.pt/home/legis/internacional/Convencao108.htm Acesso em: 18 fev. 202518 fev. 2025.

21. MACHADO, Diego; DONEDA, Danilo. Proteção de dados pessoais e criptografia: tecnologias criptográficas entre anonimização e pseudonimização de dados. *Revista dos Tribunais*, São Paulo, v. 998, Caderno Especial. p. 99-128, dez. 2018, p. 106

22. BRASHER, Elizabeth A. Addressing the failure of anonymization: guidance from the european union's general data protection regulation. *Columbia Business Law Review*, Nova York, v. 209, n. 1, p. 209-253, 2018; MACHADO, Diego; DONEDA, Danilo. Proteção de dados pessoais e criptografia: tecnologias criptográficas entre anonimização e pseudonimização de dados. *Revista dos Tribunais*, São Paulo, v. 998, Caderno Especial. p. 99-128, dez. 2018, p. 110; MARTINS, Guilherme Magalhães; FALEIROS JÚNIOR, José Luiz de Moura. A anonimização de dados pessoais: consequências jurídicas do processo de reversão, a importância da entropia e sua tutela à luz da Lei Geral de Proteção de Dados. *In:* DE LUCCA, Newton; SIMÃO FILHO, Adalberto; LIMA, Cíntia Rosa Pereira de; MACIEL, Renata Mota (Coord.). *Direito & Internet IV*: sistema de proteção de dados pessoais. São Paulo: Quartier Latin, 2019, p. 61; OHM, Paul. Broken promises of privacy: responding to the surprising failure of anonymization. *UCLA Law Review*, Los Angeles, v. 57, p. 1701-1777, 2010, p. 1701.

aberta pelo Ministério da Justiça[23], entre janeiro e julho de 2015. As definições dos conceitos de dados pessoais, passando pela adoção do entendimento amplo ou restrito, assim como

a decisão de incluir ou excluir dados anônimos do escopo da nova lei são reveladoras em relação às tensões entre as posições tomadas por representantes do setor econômico, e por entidades ligadas à proteção dos direitos dos titulares.

A título de ilustração, reproduzem-se breves extratos com seus respectivos proponentes[24], retirados do relatório intitulado "O que está em jogo no debate sobre dados pessoais no Brasil?" de autoria do InternetLab:

Pergunta: O conceito de dados pessoais deve ser restringido ou alargado?[25]

Respostas:

(A) Deve ser restringido para...

A.1. ... alcançar, apenas, um sujeito identificável em nível individual (associação de empresas de comércio eletrônico);

A.2. ... excluir de sua definição os dados cadastrais (agência de crédito);

A.3. ... valer apenas quando o responsável pelo tratamento tiver interesse em identificar a pessoa em causa (empresas de tecnologias);

A.4. ... que a expressão "identificável" esteja acompanhada de termos como "facilmente", "prontamente" ou "razoavelmente" (empresas de tecnologia, associações de empresas de publicidade e internet); e

A.5. ... excluir números identificativos, dados locacionais ou identificadores eletrônicos (setor bancário, empresas de tecnologia e agência de crédito).

(B) Deve ser alargado para...

B.1. ... abranger a possibilidade de identificação do indivíduo ocorrer de forma direta ou indireta (instituição de ensino e associação em defesa da privacidade);

B.2. ... que os números identificativos, dados locacionais ou identificadores eletrônicos estejam, necessariamente, associados a um determinando período de tempo (sindicato de telecomunicações);

B.3. ... acrescer quaisquer tipos de informações, isoladas ou agregadas, que possam sujeitar um indivíduo a um tratamento total ou parcialmente automatizado (instituição de ensino)

---

23. INTERNETLAB. *O que está em jogo no debate sobre dados pessoais no Brasil?* Relatório final sobre o debate público promovido pelo Ministério da Justiça sobre o anteprojeto de Lei de Proteção de Dados Pessoais. 2016. Disponível em https://www.internetlab.org.br/wpcontent/uploads/2016/05/reporta_apl_dados_pessoais_final.pdf Acesso em: 18 fev. 2025.

24. Para fins desse trabalho, optou-se por não expor os nomes dos proponentes, apenas os respectivos setores de atuação. O relatório completo está disponível em INTERNETLAB. O que está em jogo no debate sobre dados pessoais no Brasil? Relatório final sobre o debate público promovido pelo Ministério da Justiça sobre o anteprojeto de Lei de Proteção de Dados Pessoais. 2016. Disponível em https://www.internetlab.org.br/wpcontent/uploads/2016/05/reporta_apl_dados_pessoais_final.pdf Acesso em: 18 fev. 2025.

25. INTERNETLAB. O que está em jogo no debate sobre dados pessoais no Brasil? Relatório final sobre o debate público promovido pelo Ministério da Justiça sobre o anteprojeto de Lei de Proteção de Dados Pessoais. 2016. Disponível em https://www.internetlab.org.br/wpcontent/uploads/2016/05/reporta_apl_dados_pessoais_final.pdf Acesso em: 18 fev. 2025, p. 49-51.

Segundo o relatório anteriormente citado, a discussão pública sobre a pertinência de os dados anônimos estarem ou não abrangidos pela LGPD foi uma das mais disputadas. Ressalta-se que as posições daqueles que defenderam o conceito restrito de dados pessoais estavam alinhadas à exclusão do dado anônimo da esfera de proteção da LGPD. Em contrapartida, as entidades que defenderam a noção estendida de dado pessoal também eram a favor do ingresso de dado anônimo no escopo da lei[26].

O conceito de dado anonimizado está no artigo 5º, III, da LGPD: *dado relativo a titular que não possa ser identificado, considerando a utilização de meios técnicos razoáveis e disponíveis na ocasião de seu tratamento.* O termo anonimizado (s) aparece quatro vezes na LGPD, a primeira no glossário do artigo 5º, III, com o objetivo de explicar seu significado; a segunda no artigo 12, para evidenciar a não aplicação da LGPD ao dado anonimizado; a terceira no artigo 16, IV, como uma das hipóteses que autoriza a conservação do dado após o término do tratamento; e pela quarta vez no artigo 18, § 7º, como exceção ao direito de portabilidade.

Já a palavra anonimização, que se refere ao processo de tornar o dado anônimo, é mencionada dez vezes ao longo da lei[27]. Inicialmente é trazida no artigo 5º, XI:

---

26. Associação InternetLab de Pesquisa em Direito e Tecnologia. INTERNETLAB. O que está em jogo no debate sobre dados pessoais no Brasil? Relatório final sobre o debate público promovido pelo Ministério da Justiça sobre o anteprojeto de Lei de Proteção de Dados Pessoais. 2016. Disponível em https://www.internetlab.org.br/wpcontent/uploads/2016/05/reporta_apl_dados_pessoais_final.pdf Acesso em: 18 fev. 2025, p. 58.

27. "Art. 7º O tratamento de dados pessoais somente poderá ser realizado nas seguintes hipóteses: [...] IV – para a realização de estudos por órgão de pesquisa, garantida, sempre que possível, a anonimização dos dados pessoais".

    "Art. 11. O tratamento de dados pessoais sensíveis somente poderá ocorrer nas seguintes hipóteses: II – sem fornecimento de consentimento do titular, nas hipóteses em que for indispensável para: [...] c) realização de estudos por órgão de pesquisa, garantida, sempre que possível, a anonimização dos dados pessoais sensíveis;"

    "Art. 12. Os dados anonimizados não serão considerados dados pessoais para os fins desta Lei, salvo quando o processo de anonimização ao qual foram submetidos for revertido, utilizando exclusivamente meios próprios, ou quando, com esforços razoáveis, puder ser revertido.

    § 1º A determinação do que seja razoável deve levar em consideração fatores objetivos, tais como custo e tempo necessários para reverter o processo de anonimização, de acordo com as tecnologias disponíveis, e a utilização exclusiva de meios próprios.

    § 2º Poderão ser igualmente considerados como dados pessoais, para os fins desta Lei, aqueles utilizados para formação do perfil comportamental de determinada pessoa natural, se identificada.

    § 3º A autoridade nacional poderá dispor sobre padrões e técnicas utilizados em processos de anonimização e realizar verificações acerca de sua segurança, ouvido o Conselho Nacional de Proteção de Dados Pessoais."

    "Art. 13. Na realização de estudos em saúde pública, os órgãos de pesquisa poderão ter acesso a bases de dados pessoais, que serão tratados exclusivamente dentro do órgão e estritamente para a finalidade de realização de estudos e pesquisas e mantidos em ambiente controlado e seguro, conforme práticas de segurança previstas em regulamento específico e que incluam, sempre que possível, a anonimização ou pseudonimização dos dados, bem como considerem os devidos padrões éticos relacionados a estudos e pesquisas."

    "Art. 16. O término do tratamento de dados pessoais ocorrerá nas seguintes hipóteses: [...] II – estudo por órgão de pesquisa, garantida, sempre que possível, a anonimização dos dados pessoais".

    "Art. 18. O titular dos dados pessoais tem direito a obter do controlador, em relação aos dados do titular por ele tratados, a qualquer momento e mediante requisição: [...] IV- anonimização, bloqueio ou elimina-

utilização de meios técnicos razoáveis e disponíveis no momento do tratamento, por meio dos quais um dado perde a possibilidade de associação, direta ou indireta, a um indivíduo. Para depois ser suscitada nos artigos 7°, IV, e 11, II, c, que respectivamente elencam as bases legais para tratamento de dados pessoais e dados pessoais sensíveis nas mesmas hipóteses: estudo por órgãos de pesquisa. O processo de anonimização é desejável nessas duas situações (realização de estudos por órgãos de pesquisa), conforme a dicção legal: "sempre que possível".

É no art. 12, que será tratado em tópico próprio, que o legislador evidencia a não incidência da LGPD ao dado anonimizado, estabelecendo os critérios objetivos e subjetivos para a compreensão do que é a anonimização. Já a menção ao termo no artigo 13 se insere no contexto do uso de dados pessoais para a realização de estudos em saúde pública, e também traz o conceito de pseudonimização[28] como alternativa à anonimização para as finalidades específicas do artigo em comento.

O processo de anonimização ainda é mencionado no artigo 16, II, como uma das possibilidades de manutenção dos dados pessoais após o término do tratamento, qual seja: o estudo por órgão de pesquisa com a garantia, sempre que possível, da anonimização[29]. Por fim, e pela última vez na LGPD, o artigo 18, IV, inclui a anonimização, ao lado do bloqueio e eliminação, entre os direitos do titular de dados pessoais na hipótese de tratamento em desconformidade com a lei, ou ainda no caso de dados desnecessários ou em excesso.

3. ARTIGO 12, UMA LOCALIZAÇÃO DISCRETA PARA UM TEMA POTENTE

Como já visto, é no artigo 12 que é afirmada a exclusão dos dados anonimizados do âmbito de aplicação da LGPD. Trata-se de um ponto da maior relevância, pois não apenas demarca os limites de aplicação sobre o objeto principal da lei, qual seja: dados pessoais, como também apresenta a ressalva da reversão do processo de anonimização. Por este motivo, a importância do tema em comento, acredita-se que sua posição no corpo da lei teria andado melhor em seção própria; isto é: em apartado dos dados sensíveis, outro ponto de extrema magnitude na LGPD.

ção de dados desnecessários, excessivos ou tratados em desconformidade com o disposto nesta Lei; [...] § 6° O responsável deverá informar, de maneira imediata, aos agentes de tratamento com os quais tenha realizado uso compartilhado de dados a correção, a eliminação, a anonimização ou o bloqueio dos dados, para que repitam idêntico procedimento, exceto nos casos em que esta comunicação seja comprovadamente impossível ou implique esforço desproporcional. (Redação dada pela Lei 13.853, de 2019)"

28. A pseudonimização é explicada no § 4° do artigo 13 da LGPD da seguinte forma: Para os efeitos deste artigo, a pseudonimização é o tratamento por meio do qual um dado perde a possibilidade de associação, direta ou indireta, a um indivíduo, senão pelo uso de informação adicional mantida separadamente pelo controlador em ambiente controlado e seguro.

29. Importa ressaltar a diferença entre as possibilidades de manutenção dos dados após o término do tratamento do artigo 16, II, e aquela do artigo 16, IV. No primeiro caso a anonimização é desejável, já no segundo é mandatória.

Recomenda a técnica legislativa de agrupamento de dispositivos que as seções, por exemplo, reúnam artigos que versem sobre o mesmo tema[30], da mesma forma que institutos diversos devem ser tratados em separado. Porém, a redação da LGPD acabou por alocar o artigo 12 na seção II, intitulada Do Tratamento de Dados Pessoais Sensíveis, logo após o artigo 11, que apresenta as hipóteses de tratamento dos dados sensíveis. Uma leitura menos atenta pode dar a impressão que dados anonimizados dizem respeito apenas aos dados sensíveis, o que não é verdade.

4. DADOS ANONIMIZADOS: O *CAPUT* DO ARTIGO 12

Prevê o *caput* do artigo 12 da LGPD que "Os dados anonimizados não serão considerados dados pessoais para os fins desta Lei, salvo quando o processo de anonimização ao qual foram submetidos for revertido, utilizando exclusivamente meios próprios, ou quando, com esforços razoáveis, puder ser revertido."

O dado anonimizado é o dado pessoal que passou por um dos seguintes processos que permitem a quebra do vínculo[31] entre a pessoa e a informação relacionada a ela: supressão, generalização, randomização ou pseudonimização[32]. Já a diretriz de n. 05/2014 do extinto Grupo de Trabalho de Proteção de Dados do Artigo 29 (WP 29) condensa as técnicas de anonimização em duas principais: por aleatorização (randomização) e por generalização[33].

É justamente essa dissolução de vínculo que não permite mais a identificação da pessoa que rompe com a tutela da lei anteriormente necessária[34]. No entanto, a possibilidade de reversão da anonimização é real e presente, uma vez que o próprio texto legal faz essa ressalva: "...salvo quando o processo de anonimização ao qual foram submetidos for revertido". Logo, se fez necessário estabelecer um critério capaz de determinar a classificação do dado anonimizado fora do conceito de dado pessoal.

---

30. BRASIL. Presidência da República. Casa Civil. *Manual de redação da Presidência da República*. Casa Civil, Subchefia de Assuntos Jurídicos; coordenação de Gilmar Ferreira Mendes, Nestor José Forster Júnior et al. 3. ed., rev., atual. e ampl. Brasília: Presidência da República, 2018.

31. DONEDA, Danilo. *Da privacidade à proteção de dados pessoais*: fundamentos da Lei Geral de Proteção de Dados. 2. ed. São Paulo: Thomson Reuters Brasil, 2019, p. 140. De acordo com Doneda, o processo de anonimização consiste "na retirada do vínculo da informação com a qual a pessoa se refere".

32. BIONI, Bruno. Op. Cit, p. 22.

33. Artigo 29. Grupo de trabalho para a proteção das pessoas no que diz respeito ao tratamento de dados pessoais. Parecer 05/2014 sobre técnicas de anonimização. Bruxelas: [s.n], 2014, p. 29-42. Disponível em https://ec.europa.eu/justice/article-29/documentation/opinion-recommendation/files/2014/wp216_pt.pdf Acesso em: 18 fev. 2025.

34. MULHOLLAND, Caitlin. O tratamento de dados pessoais sensíveis. In: MULHOLLAND, Caitlin Sampaio (Org.). *A LGPD e o novo marco normativo no Brasil*. Porto Alegre: Arquipélago Editorial, 2020, p. 144.

De acordo com Bruno Bioni, esse critério é o "filtro da razoabilidade", pois, de modo contrário, dados anonimizados seriam sempre considerados dados pessoais, e seu uso estaria permanentemente atrelado aos ditames da LGPD[35]. As variáveis presentes na alocação dos dados anonimizados fora do perímetro legal são: uso exclusivo de meios próprios e esforços razoáveis.

5. OS CRITÉRIOS OBJETIVOS, DINÂMICOS E SUBJETIVOS DO § 1º DO ARTIGO 12

Com o objetivo de dar significado aos "esforços razoáveis" o § 1º do artigo 12 da LGPD, em evidente inspiração no considerando de n. 26 do regulamento europeu, afirma:

> Artigo 12, § 1º A determinação do que seja razoável deve levar em consideração fatores objetivos, tais como custo e tempo necessários para reverter o processo de anonimização, de acordo com as tecnologias disponíveis, e a utilização exclusiva de meios próprios.

> Considerando 26, GPDR: "(...) Para determinar se há uma probabilidade razoável de os meios serem utilizados para identificar a pessoa singular, importa considerar todos os fatores objetivos, como os custos e o tempo necessário para a identificação, tendo em conta a tecnologia disponível à data do tratamento dos dados e a evolução tecnológica. ..."

Custo e tempo são os primeiros fatores objetivos para se determinar a razoabilidade dos processos de reversão da anonimização, que devem ser lidos em combinação com as definições de dado anonimizado e anonimização do artigo 5, III e XI, respectivamente:

> Artigo 5º, III – dado anonimizado: dado relativo a titular que não possa ser identificado, considerando a *utilização de meios técnicos razoáveis e disponíveis na ocasião de seu tratamento*; (grifo nosso)

> Artigo 5º, XI – anonimização: *utilização de meios técnicos razoáveis e disponíveis no momento do tratamento*, por meio dos quais um dado perde a possibilidade de associação, direta ou indireta, a um indivíduo; (grifo nosso)

Em ambas as definições a lei traz a ideia de disponibilidade da técnica no momento do tratamento, o que atrai a noção de interpretação circunstancial. A avaliação que se faz hoje para a inclusão ou não de dados anonimizados no conceito de dado pessoal certamente não é a mesma que se fará em um futuro próximo, tendo em vista a velocidade de evolução da tecnologia. Na verdade, esse futuro onde será possível reverter com facilidade os métodos de anonimização já chegou para alguns.

Ressalta-se que essa discussão sobre falhas nos processos de anonimização não é nova; *vide*, por exemplo, os trabalhos de Arvind Narayanan and Vitaly

---

35. BIONI, Bruno Ricardo. *Proteção de dados pessoais*: a função e os limites do consentimento. Rio de Janeiro: Forense, 2019, p. 24.

Shmatikov (2008 e 2010), Paul Ohm (2010), Elizabeth A Brasher (2018). No entanto, com a recente entrada em vigor das leis de proteção de dados da Europa (RGPD, 2018), Califórnia (CCPA, 2020) e Brasil (LGPD, 2020), este tema voltou a ganhar força[36].

Em 2019, pesquisadores do *Imperial College London* publicaram um estudo na revista *Nature Communications* que trouxe três conclusões importantes para as reflexões acerca da validade da anonimização: (i) facilidade de reidentificação ainda que em conjunto de dados bastante diversificado, (ii) alta acurácia na reidentificação específica de uma pessoa a partir de um conjunto de dados anônimos incompleto, e (iii) as medidas de proteção de dados pessoais e privacidade precisam ir além das técnicas de anonimização[37].

O outro eixo de verificação é subjetivo e diretamente relacionado ao agente de tratamento, pois a lei afirma que deve ser levada em conta a utilização exclusiva de "meios próprios". De acordo com Bruno Bioni, ao se analisar a figura do agente, devem-se considerar tanto os fluxos de dados internos quanto os fluxos externos[38].

Ao abordar os fluxos internos, a referência se dá com o processo de pseudonimização, que prevê a possibilidade de religar o titular ao dado pessoal por meio de um atributo que foi retirado anteriormente e "guardado" em separado do conjunto pseudonimizado. É técnica comum em organizações nas situações nas quais uma área não precisa ter o mesmo nível de acesso a um banco de dados pessoais.

A título de ilustração, rememora-se aqui a primeira sanção aplicada em Portugal após a entrada do RGPD em vigor, que poderia ter sido evitada com medidas de pseudonimização. O Centro Hospitalar Barreiro Montijo foi multado em 400 mil euros, entre outros motivos, pelo livre acesso da totalidade dos médicos e nove funcionários administrativos aos registros de pacientes[39].

O parecer 05/2014 do já citado GT do Artigo 29 (WP 29) alerta que esse método não se confunde com anonimização, mas não deixa de ser uma importante medida

---

36. Vide artigo de Martins e Faleiros Jr., que com base nos trabalhos de Ohm, Arvind Narayanan and Vitaly Shmatikov questionam a confiabilidade dos processos de anonimização, para sugerir a inclusão das práticas da entropia, para além do filtro da razoabilidade. MARTINS, Guilherme Magalhães; FALEIROS JÚNIOR, José Luiz de Moura. A anonimização de dados pessoais: consequências jurídicas do processo de reversão, a importância da entropia e sua tutela à luz da Lei Geral de Proteção de Dados. *In:* DE LUCCA, Newton; SIMÃO FILHO, Adalberto; LIMA, Cíntia Rosa Pereira de; MACIEL, Renata Mota (Coord.). *Direito & Internet IV*: sistema de proteção de dados pessoais. São Paulo: Quartier Latin, 2019.

37. ROCHER, Luc; HENDRICKX, Julien M; MONTJOYE, Yves-Alexandre. Estimating the success of re-identifications incomplete datasets using generative models. *Nature Communications*, Nova York, v/ 10, art. 3069, 2019.

38. BIONI, Bruno Ricardo. *Proteção de dados pessoais*: a função e os limites do consentimento. Rio de Janeiro: Forense, 2019. p. 24-25.

39. Informação completa disponível em https://www.cnpd.pt/home/decisoes/Delib/20_984_2018.pdf. Acesso em: 18 fev. 2025.

de segurança no âmbito da proteção de dados pessoais[40]. O regulamento europeu (GPDR), na seção que trata sobre segurança dos dados (artigo 32, 1, "a"), incluiu a pseudonimização entre as medidas técnicas sugeridas:

> 1. Tendo em conta as técnicas mais avançadas, os custos de aplicação e a natureza, o âmbito, o contexto e as finalidades do tratamento, bem como os riscos, de probabilidade e gravidade variável, para os direitos e liberdades das pessoas singulares, o responsável pelo tratamento e o subcontratante aplicam as medidas técnicas e organizativas adequadas para assegurar um nível de segurança adequado ao risco, incluindo, consoante o que for adequado:
>
> a) A pseudonimização e a cifragem dos dados pessoais;

Importa ressaltar a inclusão da cifragem como medida de segurança no RGPD (artigos 25, 1, e 32, 1, "a"), que Doneda e Machado lembram que não se pode atribuir de antemão caráter de dado anonimizado ao dado cifrado. Ensinam que é preciso analisar o caso concreto e entender se as informações criptografadas ainda estão relacionadas às pessoas: "Ainda que cifrados, prima facie os dados são de caráter pessoal, pseudonimizados, porém; aplicável, então, o estatuto de proteção de dados pessoais, mesmo que de forma modulada"[41].

A outra vertente de análise subjetiva sobre os meios próprios dos agentes de tratamento é externa à organização, e especialmente importante quando os dados são compartilhados com terceiros, situação muito comum na chamada sociedade da informação, na qual o compartilhamento dos dados faz parte muitas vezes da natureza dos negócios.

Exemplo emblemático é o setor de *adtech*, publicidade atravessada pela tecnologia, e em especial o mecanismo de leilão em tempo real (RTB) que sustenta a compra e venda automatizada de mídia[42]. A autoridade de proteção de dados do Reino Unido, ICO, vem estudando esse setor da perspectiva de eventuais violações à privacidade e à proteção de dados pessoais. Em relatório publicado em junho de 2019[43], uma das preocupações reveladas está justamente no volume de dados pessoais compartilhados entre as diversas empresas participantes do sistema de leilões em tempo real.

---

40. Artigo 29. Grupo de trabalho para a proteção das pessoas no que diz respeito ao tratamento de dados pessoais. Parecer 05/2014 sobre técnicas de anonimização. Op. Cit. p. 22.

41. MACHADO, Diego; DONEDA, Danilo. Proteção de dados pessoais e criptografia: tecnologias criptográficas entre anonimização e pseudonimização de dados. *Revista dos Tribunais*, São Paulo, v. 998, Caderno Especial. p. 99-128, dez. 2018, p. 110.

42. Em breve síntese, o processo automatizado de negociação de espaço comercial por meio de plataforma em ambiente digital é chamado de Mídia Programática. Está inserido num conjunto mais amplo de práticas que integram o modelo de negócios chamado *adtech*. Da união entre tecnologia e publicidade surge uma série de ferramentas que analisam e gerenciam um grande volume de dados, a serviço do negócio de campanhas de comunicação, majoritariamente on-line. Ver mais em: PALMEIRA, Mariana M. Mídia programática: não atire no mensageiro. *Jota*, 22 jun. 2020. Disponível em: . Acesso em: 18 fev. 2025.

43. Disponível em: https://ico.org.uk/media/about-the-ico/documents/2615156/adtech-real-time-bidding--report-201906.pdf Acesso em: 18 fev. 2025.

As operações de RTB envolvem múltiplos atores: anunciantes compradores de espaço e "*publishers*", também chamados de veículos, vendedores de espaço. Ambas as partes são assessoradas por prestadores de serviços que coletam, analisam, categorizam e relacionam todo tipo de informação pessoal disponível para auxiliar nas decisões de compra e venda. Estima-se que centenas de empresas estejam envolvidas em um único lance (*bid request*), e, ainda que os dados fossem anonimizados, haveria de se considerar a capacidade de cada um desses mais de cem atores de reverter o processo.

Sendo possível a reversão da anonimização, automaticamente a qualidade de dados anonimizados é substituída por dados pessoais, ainda que presente a característica intermediária da pseudonimização.

Para além da análise objetiva e subjetiva sobre a validade dos processos de anonimização, a LGPD estabeleceu uma hipótese diferente para determinar a inclusão do dado anonimizado dentro do conceito de dado pessoal. Trata-se do *profiling*, técnica consistente em criar perfis de comportamento de pessoas ou de grupos, cada vez mais utilizada na contemporaneidade.

6. PERFIS COMPORTAMENTAIS: A DIMENSÃO DO § 2º DO ARTIGO 12

De acordo com o artigo 12, § 2º, da LGPD, "poderão ser igualmente considerados como dados pessoais, para os fins desta Lei, aqueles utilizados para formação do perfil comportamental de determinada pessoa natural, se identificada".

Perfis comportamentais são formados a partir de informações disponibilizadas pela pessoa, além das que são recolhidas pela pegada digital, típica da era da hiperconexão. À prática de criação do perfil comportamental se dá o nome de *profiling*. Dados pessoais são coletados, cruzados, classificados, formando um detalhado registro sobre hábitos, preferências, e até mesmo intenções individuais. Todo esse processo ocorre muitas vezes à revelia do titular de dados, que desconhece possuir uma identidade fora da sua esfera de controle[44].

No âmbito das relações comerciais, é a atividade de *profiling* que permite, por exemplo, a personalização intensa de produtos e serviços oferecidos em ambiente digital, alcançando também a formação da mensagem criativa que é usada para despertar a atenção do consumidor. Toma-se como exemplo a campanha de uma celebrada data do calendário promocional da China, o Dia do Solteiro, e a estratégia de personalização de uma da rede de varejo, Alibaba.

Por meio de uma sofisticada estrutura baseada em algoritmo e aprendizado de máquina, um bilhão de anúncios foram personalizados em 24 horas, gerando uma

---

44. BONNA, Alexandre Pereira. Dados pessoais, identidade virtual e a projeção da personalidade. In: MARTINS, Guilherme Magalhães; ROSENVALD, Nelson (Coord.). *Responsabilidade civil e novas tecnologias*. Indaiatuba: Foco, 2020, p. 22.

receita 20% superior àquela obtida na mesma data do ano anterior[45]. Neste caso, a formação do perfil comportamental, por mais que se valha de dados anonimizados, consegue entregar aos agentes de tratamento a identificação da pessoa destinatária dos anúncios.

É, portanto, em situações como a descrita anteriormente que o § 2º do artigo 12 da LGPD se aplica: dados pessoais são todos aqueles utilizados para a formação de perfis comportamentais se relacionados a uma pessoa identificada. Pouco importa se os dados são anonimizados ou não.

A questão que se coloca não é o dado em si, mas, sim, o uso que se faz dele, a finalidade. Como aponta Bruno Bioni: "o foco não está no dado, mas no seu uso – para a formação de perfis comportamentais – e sua consequente repercussão na esfera do indivíduo".[46] Trata-se de um mecanismo baseado na paulatina categorização, discriminação e combinação de informações, que vêm das mais diversas fontes[47].

Feitas essas anotações sobre *profiling,* passa-se a examinar brevemente sua abordagem na LGPD e no RGPD. Cabe de início destacar que, apesar do importante avanço legislativo que a Lei Geral de Proteção de Dados representa para a sistematização da proteção dos dados pessoais no Brasil, a atividade de *profiling* foi tratada superficialmente. A ausência de definição de um conceito específico para o termo no bojo do glossário do artigo 5º da lei demanda um esforço interpretativo a partir de critérios objetivos, como aponta Rafael Zanata[48].

Já a gramática do regulamento europeu tratou de definir a atividade de formação de perfis em seu artigo 4º, bem como estabeleceu correlação direta com o artigo 22 (1), que trata de decisões automatizadas:

> Artigo 4 (4) «Definição de perfis», qualquer forma de tratamento automatizado de dados pessoais que consista em utilizar esses dados pessoais para avaliar certos aspetos pessoais de uma pessoa singular, nomeadamente para analisar ou prever aspetos relacionados com o seu desempenho profissional, a sua situação económica, saúde, preferências pessoais, interesses, fiabilidade, comportamento, localização ou deslocações;
>
> Artigo 20 (1): O titular dos dados tem o direito de não ficar sujeito a nenhuma decisão tomada exclusivamente com base no tratamento automatizado, incluindo a definição perfis, que produza efeitos na sua esfera jurídica ou que o afete significativamente de forma similar.

---

45. Ver mais em https://www.thinkwithgoogle.com/intl/pt-br/futuro-do-marketing/novas-tecnologias/sua--empresa-esta-pronta-para-o-futuro-data-driven/ Acesso em: 18 fev. 2025.

46. BIONI, Bruno Ricardo. *Proteção de Dados Pessoais: A Função e os Limites do Consentimento.* Rio de Janeiro: Forense, 2019. E-book. p. 73.

47. MENDES, Laura Schertel. Privacidade, proteção de dados e defesa do consumidor: linhas gerais de um novo direito fundamental. São Paulo: Saraiva, 2014. p. 111.

48. ZANATTA, Rafael. A. F. Perfilização, Discriminação e Direitos: do Código de Defesa do Consumidor à Lei Geral de Proteção de Dados. In: ResearchGate. [S. l.], fev. 2019. Disponível em: https://www.researchgate.net/publication/331287708_Perfilizacao_Discriminacao_e_Direitos_do_Codigo_de_Defesa_do_Consumidor_a_Lei_Geral_de_Protecao_de_Dados_Pessoais. Acesso em: 18 fev. 2025.

Ainda de modo a elidir qualquer dúvida sobre a incidência do RGPD à pratica do *profiling*, o considerando de n. 72 sublinha que "a definição de perfis está sujeita às regras do presente regulamento que regem o tratamento de dados pessoais, como o fundamento jurídico do tratamento (artigo 6º) ou os princípios da proteção de dados (artigo 5º)".

A título de reforço, e a fim de interpretar a definição do artigo 4º do RGPD, a orientação desenvolvida pelo WP 29 sobre perfis e decisões automatizadas adotada em fevereiro de 2018 divide o conceito em três partes, a saber[49]:

(i) Uma forma de tratamento automatizado;

(ii) sobre dados pessoais; e

(iii) objetivo de avaliar atributos pessoais de uma pessoa determinada.

Importa ressaltar que para o enquadramento da atividade como *profiling* não é necessário que o tratamento seja exclusivamente automatizado, podendo concorrer a intervenção humana para sua formação. O fio condutor é a identificação de avaliação sobre características ou padrões de comportamento de uma pessoa determinada, para ações posteriores a serem levadas a cabo pelos agentes interessados.

Além da já citada diretriz do WP 29 sobre processamento automatizado e *profiling*, o Comitê Europeu para a Proteção de Dados (CEPD) colocou em consulta pública, em agosto de 2020, o *guideline* 08/2020, intitulado "*Targeting of social media users*"[50]. A partir do referido documento é possível compreender as preocupações sublinhadas pelo CEPD tendo em vista o risco que a prática do *profiling*, em especial em mercados altamente concentrados como o de mídias sociais, traz para direitos e liberdades individuais dos cidadãos.

Os apontamentos chamam a atenção para a potencial violação de princípios do RGPD, quais sejam: tratamento lícito e transparente, finalidade específica, adequação e segurança[51]. Da mesma forma que indicam a dificuldade de justificar o legítimo interesse como base legal para a práticas de *profiling* e rastreamento para fins de marketing e publicidade.

Há ainda a questão sobre as inferências realizadas a partir de categorias de dados pessoais a princípio não sensíveis, mas que, combinados com outras informações, acabam por revelar dados sensíveis. Nesse sentido Caitlin Mulholland afirma que dados sensíveis devem ser considerados como tais em função "do uso e finalidade

---

49. WORKING PARTY. Guidelines on Automated individual decision-making and Profiling for the purposes of Regulation 2016/679. Disponível em https://ec.europa.eu/newsroom/article29/item-detail.cfm?item_id=612053 Acesso em: 18 fev. 2025.

50. Disponível em: https://edpb.europa.eu/sites/edpb/files/consultation/edpb_guidelines_202008_onthetargetingofsocialmediausers_en.pdf Acesso em: 18 fev. 2025.

51. Ver https://gdpr-info.eu/art-5-gdpr/ Acesso em: 18 fev. 2025.

que é concedido a esse dado por meio de um tratamento que pode gerar uma potencialidade discriminatória abusiva".[52]

Considerados esses sintéticos apontamentos sobre o lugar de destaque e preocupação com que o regulamento europeu trata o tema do *profiling*, cabe voltar à LGPD e reafirmar a inclusão da atividade no escopo protetivo da lei. Como resultado, automaticamente entram na órbita da formação de perfis comportamentais todas as obrigações e deveres trazidos para o tratamento de dados pessoais.

Nesse sentido, recorda-se a lição de Stefano Rodotà ao descrever o que chama de grandes coletâneas de dados ainda que agregados, e dos perigos que representam para a privacidade dos titulares:

> Porém, é fácil objetar que mesmo as coletâneas de dados anônimos podem ser manipuladas de forma gravemente lesiva aos direitos dos indivíduos: tenha-se em mente o uso que pode ser feito dos dados, agregados, que digam respeito a uma minoria racial ou linguística; ou às consequências de uma decisão política ou econômica tomada justamente com base na análise dos dados anônimos.

Diante do exposto, conclui-se que o § 2º do artigo 12 da LGPD tem o condão de inaugurar a discussão sobre uma ainda maior amplitude dada ao conceito (já expansivo) de dados pessoais. A noção de que dados, quando usados para a formação de perfis comportamentais da pessoa identificada podem levar a abusos e prejuízos, é de fundamental importância para o estabelecimento de limites, pela lei, a tais situações. Como ensina Danilo Doneda, "o direito precisa ser aplicado à realidade da arquitetura social para atingir sua plena realização e a realidade é hoje em boa parte condicionada pelo desenvolvimento tecnológico".[53]

7. O PAPEL DA AUTORIDADE NACIONAL DE PROTEÇÃO DE DADOS – ANPD

A demora na constituição da Autoridade Nacional de Proteção de Dados foi, durante a prolongada *vacatio legis* da LGPD, um dos principais argumentos usados para justificar o adiamento da lei[54]. Enfim, em 20 de outubro de 2020 o Senado Federal confirmou a formação da primeira diretoria da ANPD[55].

Desde sua constituição a Autoridade vem trabalhando na regulamentação de diversos temas afetos à aplicação e interpretação da LGPD. Dentre os temas

---

52. MULHOLLAND, Caitlin. O tratamento de dados pessoais sensíveis. In: MULHOLLAND, Caitlin (Org.). *LGPD e o novo marco normativo no Brasil*. Porto Alegre: Arquipélago Editorial, 2020, p. 123.

53. DONEDA, Danilo. *Da privacidade à proteção de dados pessoais*: fundamentos da Lei Geral de Proteção de Dados. 2. ed. São Paulo: Thomson Reuters Brasil, 2019, p. 44.

54. PALHARES, Felipe. As falácias do amanhã: A saga da entrada em vigor da LGPD. In: PALHARES, Felipe (Coord.). *Temas atuais de proteção de dados*. São Paulo: Thomson Reuters Brasil, 2020, p. 539.

55. Ver mais em: https://www12.senado.leg.br/noticias/materias/2020/10/20/senado-confirma-primeira-diretoria-da-autoridade-nacional-de-protecao-de-dados Acesso em: 18 fev. 2025.

que precisam ser regulados pela ANPD está a disposição sobre padrões e técnicas para os processos de anonimização, bem como a realização de verificações acerca de sua segurança, na forma do artigo 12 § 3º, LGPD. Será uma oportunidade para que se promova uma discussão multissetorial acerca dos critérios objetivos e subjetivos que qualificam as medidas de anonimização. Tal diálogo será essencial também para a construção de contornos jurídicos mais firmes em torno da atividade de *profiling*.

Importa destacar que na Agenda Regulatória aprovada para o biênio 2025-2026 consta como prioridade o estabelecimento de padrões e técnicas aplicados aos processos de anonimização e pseudonimização, com o objetivo de oferecer orientações e esclarecimentos sobre o tema, em conformidade com as disposições da LGPD.[56]

Nesse sentido em 2023 a Autoridade publicou três estudos técnicos sobre anonimização de dados na LGPD, que abordam respectivamente a perspectiva computacional,[57] a perspectiva jurídica,[58] e uma análise envolvendo três casos práticos de aplicação de técnicas de anonimização de dados pessoais.[59]

8. CONSIDERAÇÕES FINAIS

Conforme todo o exposto, o artigo 12 da Lei Geral de Proteção de Dados é peça central para que o objetivo protetivo da lei se concretize. A consecução da tutela da liberdade, da privacidade e do livre desenvolvimento da personalidade da pessoa natural está diretamente ligada à definição da abrangência do seu manto protetivo. Restou evidente que o primeiro passo já foi dado quando da adoção do conceito amplo de dados pessoais, para abranger dados identificados e identificáveis.

Agora se faz necessário superar a dicotomia que se coloca entre dado pessoal e dado anonimizado. Sem menosprezar a importância e utilidade que os dados anônimos representam para a economia, bem como para a realização de políticas públicas. Os desafios que se colocam estão na linha da preservação da privacidade e da simultânea manutenção da funcionalidade dos dados anonimizados para os mais diversos fins.

---

56. Ver mais em: https://www.gov.br/anpd/pt-br/acesso-a-informacao/acoes-e-programas/governanca/governanca-estrategica/resolucao-no-23-de-9-12-2024-agenda-regulatoria-2025-2026.pdf. Acesso em 18 fev. 2025.

57. BRASIL. Autoridade Nacional de Proteção de Dados.. *Estudo técnico sobre anonimização de dados na LGPD: uma visão de processo baseado em risco e técnicas computacionais*. Versão 1.0. Brasília, DF: Autoridade Nacional de Proteção de Dados, novembro de 2023.

58. BRASIL. Autoridade Nacional de Proteção de Dados.. *Estudo técnico sobre anonimização de dados na LGPD: Análise jurídica*. Versão 1.0. Brasília, DF: Autoridade Nacional de Proteção de Dados, novembro de 2023.

59. BRASIL. Autoridade Nacional de Proteção de Dados. *Estudo de casos sobre anonimização de dados na LGPD*. Versão 1.0. Brasília, DF: Autoridade Nacional de Proteção de Dados, novembro de 2023.

É importante lembrar que não existe fórmula mágica[60], não haverá uma única técnica ou padrão de segurança que garanta os direitos fundamentais protegidos pela LGPD, e que ao mesmo tempo atenda aos seus fundamentos de livre-iniciativa e desenvolvimento tecnológico e inovação.

---

60. BRITO, Felipe; MACHADO, Javam. Preservação de Privacidade de Dados: Fundamentos, Técnicas e Aplicações. *Jornadas de Atualização em Informática*. Sociedade Brasileira de Computação – SBC, 2017, p. 126.

Mariana de Moraes Palmeira

Art. 13. Na realização de estudos em saúde pública, os órgãos de pesquisa poderão ter acesso a bases de dados pessoais, que serão tratados exclusivamente dentro do órgão e estritamente para a finalidade de realização de estudos e pesquisas e mantidos em ambiente controlado e seguro, conforme práticas de segurança previstas em regulamento específico e que incluam, sempre que possível, a anonimização ou pseudonimização dos dados, bem como considerem os devidos padrões éticos relacionados a estudos e pesquisas.

§ 1º A divulgação dos resultados ou de qualquer excerto do estudo ou da pesquisa de que trata o caput deste artigo em nenhuma hipótese poderá revelar dados pessoais.

§ 2º O órgão de pesquisa será o responsável pela segurança da informação prevista no caput deste artigo, não permitida, em circunstância alguma, a transferência dos dados a terceiro.

§ 3º O acesso aos dados de que trata este artigo será objeto de regulamentação por parte da autoridade nacional e das autoridades da área de saúde e sanitárias, no âmbito de suas competências.

§ 4º Para os efeitos deste artigo, a pseudonimização é o tratamento por meio do qual um dado perde a possibilidade de associação, direta ou indireta, a um indivíduo, senão pelo uso de informação adicional mantida separadamente pelo controlador em ambiente controlado e seguro.

INTRODUÇÃO

As anotações a seguir são destinadas à análise do artigo 13 da Lei Geral de Proteção de Dados Pessoais (LGPD). Localizado no capítulo II, seção II, intitulada "Do Tratamento de Dados Pessoais Sensíveis", o dispositivo refere-se à hipótese de tratamento de dados pessoais no contexto de estudos em saúde pública. Mais especificamente, aborda a possibilidade de acesso a bases de dados pessoais para a realização de pesquisa em saúde pública. Para tanto, alguns requisitos são elencados para que esse tipo de tratamento seja possível.

Primeiro se faz necessário explicar os conceitos mobilizados pelo referido artigo 13, para depois comentar as relações com as normas nacionais previamente existentes e dedicadas ao mesmo tema. Ato contínuo será abordado de maneira breve o tratamento dispensado aos dados para pesquisa em saúde no regulamento europeu (GDPR ou RGPD). Em conclusão, recordam-se sinteticamente as medidas de anonimização e pseudonimização aplicadas às pesquisas em saúde pública.

1. SAÚDE PÚBLICA, ÓRGÃOS DE PESQUISA, BASE DE DADOS, DADOS REFERENTES À SAÚDE, PADRÕES ÉTICOS RELACIONADOS A ESTUDOS E PESQUISA

Para a melhor compreensão do perímetro dentro do qual o artigo 13 está inserido, é preciso elucidar os conceitos trazidos em seu bojo. O primeiro deles é "saúde pública", e para tanto recorre-se à rede de bibliotecas da Fundação Oswaldo Cruz (Fiocruz), de onde se extrai que se está diante de uma expressão que dá margem a usos diversos[1]. Da mesma forma que apresenta termos correlatos, ora usados como sinônimos, ora com significados diferentes. São eles: medicina social, saúde coletiva, sanitarismo e higienismo.

Além dos termos já mencionados, "saúde pública" está usualmente relacionada às seguintes acepções: (i) setor público, (ii) participação do público, (iii) dimensão coletiva dos serviços prestados, (iv) presença de vulneráveis dentre os destinatários dos serviços, e (v) questões de alta ocorrência na população. A definição é dada nos seguintes termos:

> Saúde Pública como um domínio genérico de práticas e conhecimentos organizados institucionalmente em uma dada sociedade dirigidos a um ideal de bem-estar das populações – em termos de ações e medidas que evitem, reduzam e/ou minimizem agravos à saúde, assegurando condições para a manutenção e sustentação da vida humana.[1]

Por fim, dois critérios servem para caracterizar o conceito de "saúde pública": vinculação ao Estado e a coletividade como objeto de intervenção.

A noção de coletividade, central como já visto para os estudos em saúde pública, por si só já impõe o desafio de pensar a tutela dos dados de saúde para além da pessoa singular. Nas palavras de Suellyn Mattos de Aragão e Taysa Schiocchet, em artigo sobre LGPD e o Sistema Único de Saúde (SUS):

> Os dados pessoais na saúde cumprem, sem dúvida, outra função que vai além da proteção da privacidade. O interesse coletivo é intrínseco à compreensão de bem comum e determina os valores e parâmetros que devem orientar o uso e a disponibilização das informações enquanto bem jurídico tutelado, de forma a garantir, preponderantemente, a satisfação de necessidades grupais.[2]

A título de observação, e na lição de Danilo Doneda, o perigo de considerar a informação como bem jurídico está na inadequação de tratá-la dentro da dogmática patrimonialista. A questão é menos de classificação, e mais sobre a ampla tutela garantida pelo ordenamento jurídico[3].

---

1. Disponível em: http://www.fiocruz.br/bibsp/cgi/cgilua.exe/sys/start.htm?sid=107 Acesso em: 18 fev. 2025.

2. ARAGÃO, Suellyn Mattos de; SCHIOCCHET, Taysa. Lei Geral de Proteção de Dados: desafio do Sistema Único de Saúde. *Revista Eletrônica de Comunicação Informação & Inovação em Saúde*, Rio de Janeiro, Icict, v. 14, n. 3, p. 693-708, 2020.

3. DONEDA, Danilo. *Da privacidade à proteção de dados pessoais*: fundamentos da Lei Geral de Proteção de Dados. 2. ed. São Paulo: Thomson Reuters Brasil, 2019, p. 147.

O interesse público assume lugar de destaque em matéria de saúde pública, e, recordando a lição de Di Pietro, é papel do Estado a defesa dos interesses da coletividade. Nesse sentido, o princípio da supremacia do interesse público seria aplicado em harmonia com os demais princípios informadores do direito administrativo[4], e cumpre papel protetivo dos direitos individuais[5].

Em direção crítica à supremacia do interesse público, Gustavo Binenbojm aponta para a superação do mesmo, a favor de um juízo de ponderação capaz de permitir a realização de interesses coletivos e individuais "na maior extensão possível"[6].

O segundo conceito mobilizado pelo referido artigo 13 da LGPD, "órgãos de pesquisa", é definido no artigo 5º, XVIII, da lei como: "Órgão de pesquisa: órgão ou entidade da administração pública direta ou indireta ou pessoa jurídica de direito privado sem fins lucrativos legalmente constituída sob as leis brasileiras, com sede e foro no País, que inclua em sua missão institucional ou em seu objetivo social ou estatutário a pesquisa básica ou aplicada de caráter histórico, científico, tecnológico ou estatístico".

Aqui não se faz distinção entre órgãos públicos ou privados. No entanto, é preciso apontar as nuances caso o tratamento dos dados ocorra por órgão ou entidade da administração pública, direta ou indireta.

A LGPD dedica um capítulo exclusivo ao tratamento de dados pessoais pelo Poder Público, o que demonstra a relevância e as particularidades da matéria[7]. O capítulo IV, intitulado "Do Tratamento De Dados Pessoais Pelo Poder Público", é dividido em duas seções, a primeira traz regras específicas e a segunda trata da dinâmica de responsabilidades do setor público. Dessa forma se fará necessária a leitura combinada do artigo 13 com os artigos do referido capítulo IV (arts. 23 a 32).

Em breve síntese, observam-se as interseções a seguir a serem avaliadas em profundidade diante do caso concreto. O artigo 23 apresenta o escopo dentro do qual a atividade de tratamento deve ocorrer. Estabelece que as pessoas jurídicas de direito público são aquelas do artigo 1º da Lei de Acesso à Informação[8], e circuns-

---

4. Segundo Di Pietro, "o Direito Administrativo é o ramo do direito público que tem por objeto os órgãos, agentes e pessoas jurídicas administrativas que integram a Administração Pública, a atividade jurídica não contenciosa que exerce e os bens de que se utiliza para a consecução de seus fins, de natureza pública." DI PIETRO, Maria Sylvia Zanella. *Direito Administrativo*. 25. ed. São Paulo: Atlas, 2012, p. 48.

5. DI PIETRO, Maria Sylvia Zanella. *Direito Administrativo*. 25. ed. São Paulo: Atlas, 2012, p. 37.

6. BINENBOJM, Gustavo. Da supremacia do interesse público ao dever de proporcionalidade: um novo paradigma para o direito administrativo. *Revista de Direito Administrativo*, Rio de Janeiro, v. 239, p. 1- 32, 2005.

7. MULHOLLAND, Caitlin; MATERA, Vinicius. O tratamento de dados pessoais pelo Poder Público. In: MULHOLLAND, Caitlin (Org.). *A LGPD e o novo marco normativo no Brasil*. Porto Alegre: Arquipélago Editorial, 2020.

8. Lei 12.527/2011 disponível em http://www.planalto.gov.br/ccivil_03/_Ato2011-2014/2011/Lei/L12527. htm Acesso em: 18 fev. 2025.

creve o tratamento dos dados a três hipóteses (i) atendimento da finalidade pública, (ii) interesse público, (iii) execução de competências legais ou cumprimento das atribuições do serviço público.

Os artigos 25[9] e 26[10], *caput*, tratam da interoperabilidade e o compartilhamento dos dados entre pessoas de direito público. Importa notar que a ideia de interoperabilidade[11] está em alinhamento com o modelo conhecido por "Ciência Aberta", que será explorado posteriormente. No entanto, em se tratando de dados de saúde, na segunda parte do artigo 13 lê-se que estes serão tratados exclusivamente dentro do órgão. Essa vedação certamente será alvo de discussão entre os atores envolvidos no ambiente de pesquisa, tanto pública, quanto privada.

A Autoridade Nacional de Proteção de Dados (ANPD) poderá solicitar aos órgãos e entidades do Poder Público informações sobre detalhes do tratamento, e emitir parecer técnico, conforme o artigo 29[12]. Da mesma forma que poderá solicitar aos órgãos do Poder Público a publicação de relatório de impacto à proteção dos dados pessoais, além de sugerir a adoção de medidas de boas práticas[13].

Feitas essas breves observações sobre o conceito de órgãos de pesquisa e as particularidades de órgãos do setor público, passa-se à terceira concepção importante do artigo em comento: base de dados. Importa anotar que a LGPD ora usa a expressão "banco de dados" (arts. 4º, § 4º; 5º, IV, XII e XIII; 52, X), ora "base de dados", como no caso do artigo 13, além do artigo 26, § 1º.

A definição trazida no glossário do artigo 5º, IV, refere-se a banco de dados como o "conjunto estruturado de dados pessoais, estabelecido em um ou em vários locais, em suporte eletrônico ou físico". Em linha com o conceito de "ficheiro", do regulamento europeu: "qualquer conjunto estruturado de dados pessoais, acessível

---

9. "Art. 25. Os dados deverão ser mantidos em formato interoperável e estruturado para o uso compartilhado, com vistas à execução de políticas públicas, à prestação de serviços públicos, à descentralização da atividade pública e à disseminação e ao acesso das informações pelo público em geral".

10. "Art. 26. O uso compartilhado de dados pessoais pelo Poder Público deve atender a finalidades específicas de execução de políticas públicas e atribuição legal pelos órgãos e pelas entidades públicas, respeitados os princípios de proteção de dados pessoais elencados no art. 6º desta Lei".

11. De acordo com a definição adotada pela Escola Nacional de Administração Pública, A interoperabilidade é a capacidade de diversos sistemas e organizações trabalharem em conjunto (interoperar), de modo a garantir que pessoas, organizações e sistemas computacionais interajam para trocar informações de maneira eficaz e eficiente.
    Disponível em https://repositorio.enap.gov.br/bitstream/1/2399/1/M%C3%B3dulo_1_EPING.pdf. Acesso em: 18 fev. 2025.

12. "Art. 29. A autoridade nacional poderá solicitar, a qualquer momento, aos órgãos e às entidades do poder público a realização de operações de tratamento de dados pessoais, informações específicas sobre o âmbito e a natureza dos dados e outros detalhes do tratamento realizado e poderá emitir parecer técnico complementar para garantir o cumprimento desta Lei."

13. "Art. 32. A autoridade nacional poderá solicitar a agentes do Poder Público a publicação de relatórios de impacto à proteção de dados pessoais e sugerir a adoção de padrões e de boas práticas para os tratamentos de dados pessoais pelo Poder Público."

segundo critérios específicos, quer seja centralizado, descentralizado ou repartido de modo funcional ou geográfico"[14].

A ideia central é o conjunto estruturado de dados pessoais, que aplicada da mesma forma à expressão "base de dados".

O quarto ponto a ser trabalhado são os dados referentes à saúde. A LGPD impõe proteção diferenciada aos dados sensíveis, assim definidos no artigo 5, II: "dado pessoal sobre origem racial ou étnica, convicção religiosa, opinião política, filiação a sindicato ou a organização de caráter religioso, filosófico ou político, dado referente à saúde ou à vida sexual, dado genético ou biométrico, quando vinculado a uma pessoa natural."

No contexto dos dados sensíveis de especial interesse para a análise do artigo 13, estão os dados relativos à saúde, à vida sexual, os dados genéticos e os dados biométricos. Exemplos de informações biométricas relacionadas à saúde são: retina, íris e arcada dentária. Bezerra e Beloni definem biometria como:

> o ramo da biologia que estuda e analisa as características físicas e comportamentais dos seres humanos a partir da mensuração estatística dessas informações. A coleta e análise digital de informação biométrica pode ser utilizada tanto para identificar pessoas quanto para prevenir doenças [...]. [15]

Em sentido mais amplo, a Fiocruz determina que a saúde da pessoa é formada por um conjunto de fatores que inclui "condições de habitação, alimentação, educação, renda, meio ambiente, trabalho, transporte, emprego, lazer e do direito à terra, além do acesso aos serviços de saúde".[16] Logo, ainda que a pesquisa seja em saúde pública, o rol de informações pessoais ultrapassa aquelas categorizadas como sensíveis.

Tamanha abrangência está em consonância com o entendimento de parte da doutrina acerca[17] dos dados sensíveis, nas palavras de Caitlin Mulholland:

> [...] o conceito de dados sensíveis deve ser funcionalizado de acordo com o tratamento que é concedido a eles. Significa sustentar que dados sensíveis são qualificados como tais não só por causa de sua natureza intrinsecamente personalíssima, de forma apriorística, mas devido ao

---

14. Artigo 4º, (4), GDPR.

15. BEZERRA, Arthur Coelho; BELONI, Aneli. A vigilância de dados biométricos no novo regime de informação. Trabalho apresentado ao GT7- Estudos Críticos em Ciência da Informação. Disponível em: https://doity.com.br/media/doity/submissoes/artigo-fce1620142592b65cf0591e11e5520b2bb433634-segundo_arquivo.pdf. Acesso em: 18 fev. 2025.

16. Disponível em https://portal.fiocruz.br/politicas-publicas-e-modelos-de-atencao-saude Acesso em: 18 fev. 2025.

17. BIONI, Bruno Ricardo. *Proteção de dados pessoais: a função e os limites do consentimento*. Rio de Janeiro: Forense, 2019. DONEDA, Danilo. *Da privacidade à proteção de dados pessoais*: fundamentos da Lei Geral de Proteção de Dados. 2. ed. São Paulo: Thomson Reuters Brasil, 2019.

uso e finalidade que é concedido a esse dado por meio de um tratamento que pode gerar uma potencialidade discriminatória abusiva.[18]

Primordial notar que a hipótese do artigo 11, II, "c", que inaugura a seção de dados sensíveis na LGPD, não se confunde com a do artigo 13. Na primeira, a aplicação é mais ampla e abarca dados sensíveis sem o consentimento do titular quando for indispensável para pesquisa; e na segunda o uso é exclusivamente para estudos em saúde pública. Como já mencionado, os estudos em saúde pública podem ser conduzidos tanto por órgãos públicos, privados, ou por parcerias público-privadas[19].

Por fim, passa-se à investigação do significado da última parte do *caput* do artigo em tela: "devidos padrões éticos relacionados a estudos e pesquisas". Para tanto, recorre-se à Comissão Nacional de Ética em Pesquisa (CONEP), ligada ao Conselho Nacional de Saúde (CNS), ambos no âmbito do Ministério da Saúde. É atribuição da CONEP, entre outras atividades, coordenar a rede de Comitês de Ética em Pesquisa (CEPs[20]) das instituições de pesquisa do Brasil.

O debate sobre ética na pesquisa em saúde não é novo, porém ganha relevo com o avanço da tecnologia e da ciência trazendo progresso e ao mesmo tempo inquietações acerca da forma como o ser humano (incluindo seus dados) é tratado.

Em 1966 o pesquisador e médico Henry K. Beecher, da Escola de Medicina de Harvard, publicou um importante estudo sobre ética e pesquisa clínica. Ele alertava que, desde a Segunda Guerra Mundial, as pesquisas experimentais com seres humanos não teriam acontecido se os participantes estivessem cientes das implicações envolvidas[21].

A preocupação com a ética nos estudos em saúde coincide com o início do movimento em prol da proteção de dados nas décadas de 1960 e 1970. São desta época as primeiras legislações específicas relacionadas a dados pessoais, como as leis da Suécia (1973), Alemanha Ocidental (1978), Dinamarca (1978), Áustria (1978), França (1978), Noruega (1978), e Luxemburgo (1978)[22].

---

18. MULHOLLAND, Caitlin; MATERA, Vinicius. O tratamento de dados pessoais pelo Poder Público. In: MULHOLLAND, Caitlin (Org.). *A LGPD e o novo marco normativo no Brasil*. Porto Alegre: Arquipélago Editorial, 2020, p. 123.

19. As parcerias público-privadas foram inseridas no ordenamento jurídico brasileiro com a Lei 11.079/2004. Disponível em http://www.planalto.gov.br/ccivil_03/_ato2004-2006/2004/lei/l11079.htm Acesso em: 18 fev. 2025.

20. A definição dos Comitês de Ética em Pesquisa é dada pela Resolução 196/96 do CNS, item II.14 – "colegiados interdisciplinares e independentes, com "munus público", de caráter consultivo, deliberativo e educativo, criados para defender os interesses dos sujeitos da pesquisa em sua integridade e dignidade e para contribuir no desenvolvimento da pesquisa dentro de padrões éticos".

21. BEECHER, Henry K. Ethics and clinical research. *New England Journal of Medicine*, Boston, n. 24, p. 1354-1360, 1966.

22. MENDES, Laura Schertel. *Transparência e privacidade*: violação e proteção da informação pessoal na sociedade de consumo. 2008. 158 f. Dissertação (Mestrado em Direito) Faculdade de Direito da Universidade de Brasília, 2008, p. 32.

Data de 1964 a Declaração de Helsinque, desenvolvida pela Associação Médica Mundial[23], sobre princípios éticos para estabelecer diretrizes para médicos e demais atores implicados em pesquisas clínicas com seres humanos. Para tanto, informa a declaração que os estudos envolvendo pessoas inclui pesquisa com material humano identificável ou com dados identificáveis.

O primeiro princípio elencado pela Declaração de Helsinque está relacionado ao dever do médico, na pesquisa clínica, de proteger a vida, a saúde, a privacidade e a dignidade do ser humano. Da mesma forma que a privacidade também é mencionada no seu 12° princípio:

> O direito do paciente de resguardar sua integridade deve sempre ser respeitado. Toda precaução deve ser tomada para respeitar a privacidade do sujeito, a confidencialidade das informações do sujeito e para minimizar o impacto do estudo na integridade física e mental, bem como na personalidade do paciente.[24]

Interessante observar que em 1964 a privacidade já era um valor incluído no rol de valores trazidos no bojo das recomendações éticas supracitadas. Relembra-se de que o direito à privacidade tem seu marco na doutrina jurídica moderna com o célebre artigo *The right to privacy*[25], de Brandeis e Warren, de 1890.

Nesse sentido Danilo Doneda ensina que a privacidade se manteve como um direito elitizado até a década de 1960. Para então, com a confluência de dois fatores, abraçar a população: (i) surgimento do estado de bem-estar social, que naturalmente demandava mais informações para desenvolver políticas públicas e prestar serviços aos cidadãos; e (ii) o aumento na circulação de dados em função do desenvolvimento da tecnologia[26].

Voltando ao esforço de compreensão acerca do que seriam os "devidos padrões éticos relacionados a estudos e pesquisas", tem-se que a normatização inicial sobre questões éticas em pesquisa de saúde foi dada pela Resolução 196/96, do Conselho Nacional de Saúde (CNS). Posteriormente revogada pela Resolução 466/2012.

O preâmbulo da Resolução 466/2012 aponta para a sua fundamentação baseada nos principais documentos internacionais sobre o tema[27]. Da parte III, intitulada

---

23. Ver mais em https://www.wma.net/ Acesso em: 18 fev. 2025.

24. The World Medical Association. 1964. Ethical Principles for Medical Research Involving Human Subjects. WMA General Assembly, Helsinki, Finland, 1964,
Ver mais em http://abracro.org.br/images/legislacao/Dec_Helsinki_portugues.pdf ou https://www.wma.net/what-we-do/medical-ethics/declaration-of-helsinki/doh-jun1964/ Acesso em: 18 fev. 2025.

25. WARREN, Samuel; BRANDEIS, Louis. The right to privacy. *Harvard Law Review*, Cambridge, v. 4, n. 5, dec. 1890.

26. DONEDA, Danilo. *Da privacidade à proteção de dados pessoais*: fundamentos da Lei Geral de Proteção de Dados. 2. ed. São Paulo: Thomson Reuters Brasil, 2019, p. 33.

27. Resolução 466/2012, CNS, MS. I – Preâmbulo. Considerando os documentos que constituem os pilares do reconhecimento e da afirmação da dignidade, da liberdade e da autonomia do ser humano, como o

"Aspectos éticos da pesquisa envolvendo seres humanos", se depreende quais são as bases éticas fundamentais: (i) consentimento livre e esclarecido, (ii) ponderação entre riscos e benefícios, (iii) danos previsíveis serão evitados, e (iv) relevância social.

Ainda na mesma parte III, a Resolução 466/2012 apresenta 23 exigências concretas para a realização da pesquisa. Dentre eles, de especial interesse para a interpretação à luz do artigo 13 da LGPD, destaca-se que os procedimentos devem assegurar a privacidade e confidencialidade, incluindo a proteção da imagem, bem como a vedação da utilização das informações em prejuízo das pessoas ou comunidades envolvidas.

Para dar efetividade à primeira Resolução do CNS (196/96), um sistema organizatório foi estruturado para instruir, acompanhar e analisar a aplicação das diretrizes e normas regulamentadoras. Esse sistema inclui a Comissão Nacional de Ética em Pesquisa (CONEP) e os Comitês de Ética em Pesquisa (CEPs). Observa-se que toda pesquisa envolvendo seres humanos deverá ser submetida à apreciação de um comitê de ética.

Além das já citadas Resoluções (196/96 e 466/2012), há ainda a Resolução 510/2016, de especial importância para o entendimento dos padrões éticos aplicados ao contexto dos dados pessoais. Seu artigo 1º informa que:

> Esta Resolução dispõe sobre normas destinadas a pesquisas em ciências humanas e sociais, cujos procedimentos metodológicos envolvam utilização de dados diretamente obtidos com os participantes ou de informações identificáveis ou que possam acarretar riscos.

A aprovação da Resolução 510/2016 representou a possibilidade de pesquisas em saúde, que são realizadas a partir da perspectiva das ciências humanas e sociais, estarem amparadas por outros requisitos éticos, que não aqueles estabelecidos com foco nas ciências biomédicas (a exemplo da Resolução 466/2012).

É importante ter em mente que não há oposição entre saúde e ciências humanas e sociais, como explicam Guerreiro e Minayo:

> [...] pois a saúde coletiva se define como um campo de produção de conhecimentos e de práticas, assentado sobre o tripé formado pelas CHS, pela epidemiologia e pelas ciências da administração e gestão. Longe de haver um distanciamento entre CHS e saúde, as primeiras constituem um dos eixos estruturantes do campo que trabalha com gente – enquanto indivíduo e coletividade. Gente não só é passível de adoecimento no corpo, cuja explicação remete às ciências médicas,

---

Código de Nuremberg, de 1947, e a Declaração Universal dos Direitos Humanos, de 1948; Considerando os documentos internacionais recentes, reflexo das grandes descobertas científicas e tecnológicas dos séculos XX e XXI, em especial a Declaração de Helsinque, adotada em 1964 e suas versões de 1975, 1983, 1989, 1996 e 2000; o Pacto Internacional sobre os Direitos Econômicos, Sociais e Culturais, de 1966; o Pacto Internacional sobre os Direitos Civis e Políticos, de 1966; a Declaração Universal sobre o Genoma Humano e os Direitos Humanos, de 1997; a Declaração Internacional sobre os Dados Genéticos Humanos, de 2003; e a Declaração Universal sobre Bioética e Direitos Humanos, de 2004. Disponível em http://conselho.saude.gov.br/resolucoes/2012/Reso466.pdf.

mas é, principalmente, capaz de expressar suas emoções e sua dor, qualificá-la e simbolizar seus sentimentos, comportamentos e ações.[28]

Diante desse entendimento sobre a amplitude que os estudos em saúde podem alcançar, confere-se ainda mais relevância ao artigo 13 da Lei Geral de Proteção de Dados (LGPD).

Para finalizar a exposição sobre "os devidos padrões éticos", recorre-se à análise de Karla Amorim sobre o trabalho desenvolvido pela Comissão Nacional de Ética em Pesquisa em parceria com os mais de 800 Comitês de Ética em Pesquisa no Brasil. A autora aponta que a ética em pesquisa precisa estar presente em todas as etapas do processo, quais sejam: (i) concepção, (ii) avaliação e acompanhamento pelo respectivo comitê (CEP), (iii) desenvolvimento da pesquisa, (iv) pós-estudo, e (v) divulgação dos resultados[29].

Diante de tais fases caberá o alinhamento com a LGPD no que diz respeito a cada atividade de tratamento envolvida na pesquisa, bem como ao caminho que os dados percorrerão ao longo dos estudos. A depender do enfoque, se biomédico ou se humanas e sociais (em saúde), haverá particularidades a serem observadas de acordo com a resolução aplicada (466 ou 510).

2. NORMAS NACIONAIS PREVIAMENTE EXISTENTES SOBRE PESQUISAS EM SAÚDE PÚBLICA

Diante da generalidade e abrangência da LGPD de acordo com seu artigo 1º[30], atingindo de maneira quase que integral as mais diversas atividades, a regulamentação observará imperiosamente as especificidades de cada setor. O segmento de pesquisas e estudos em saúde pública é regulado por normas próprias, como já visto, e passa a ter com a nova lei o desafio de compatibilização.

Em termos práticos, há pontos que incidem sobre a pesquisa em saúde pública que precisarão ser relidos à luz da LGPD. Formas de consentimento, termo de consentimento livre e esclarecido (na dicção das Resoluções 466/2012 e 510/2016, do CNS), assentimento e a participação da criança e adolescente nos estudos, compartilhamento dos dados, possibilidade de divulgação dos participantes, obrigatoriedade das técnicas de segurança são apenas algumas das questões que serão enfrentadas

---

28. GUERREIRO, Iara Coelho Zito; MINAYO, Maria Cecilia. A aprovação da Resolução CNS 510/2016 é um avanço para a ciência brasileira. *Saúde e Sociedade*, São Paulo, v. 28, n. 4, p. 299-310, 2019.

29. AMORIM, Karla Patrícia Cardoso. Ética em pesquisa no sistema CEP-CONEP brasileiro: reflexões necessárias. *Ciência & Saúde Coletiva* [online], [S.l], v. 24, n. 3, p. 1033-1044, 2019. Disponível em: https://doi.org/10.1590/1413-81232018243.35292016. Acesso em: 18 fev. 2025.

30. Art. 1º, LGPD. "Esta Lei dispõe sobre o tratamento de dados pessoais, inclusive nos meios digitais, por pessoa natural ou por pessoa jurídica de direito público ou privado, com o objetivo de proteger os direitos fundamentais de liberdade e de privacidade e o livre desenvolvimento da personalidade da pessoa natural."

pela Autoridade Nacional de Proteção de Dados (ANPD) e pelas autoridades reguladoras do setor.

Analisando o § 3º do artigo 13, observa-se que já existe a previsão de trabalho conjunto, pois fica determinado que o acesso aos dados será objeto de regulamentação por parte da ANPD e das autoridades competentes da área de saúde. No entanto, pontua-se aqui que o esforço é muito maior que regulamentar o acesso. Trata-se de dar coerência às inúmeras interseções existentes entre proteção de dados e pesquisa em saúde pública.

Além do viés de compatibilização com normas preexistentes, é preciso considerar os impactos do movimento global chamado "Ciência Aberta". Em poucas palavras, trata-se de dar visibilidade e transparência à pesquisa, bem como promover a integração entre pesquisadores, órgãos de pesquisa, iniciativa privada e a sociedade. A Ciência Aberta está ligada às ações para o programa Governo Aberto[31] e, das várias instituições envolvidas no Brasil, destaca-se a Fundação Oswaldo Cruz (Fiocruz).

Tendo em vista os desafios que se colocam em face da abertura de dados de pesquisa em saúde, a Fiocruz desenvolveu um estudo dos marcos regulatórios brasileiros com potencial de influenciar a efetiva implantação da política de dados abertos na instituição.

> A abertura dos dados de pesquisa é um processo recente na ciência mundial que pressupõe a produção científica colaborativa e compartilhada. Contudo, como toda mutação paradigmática, traz para os atores envolvidos uma série de desafios e responsabilidades com relação, por exemplo, à proteção jurídica de dados de pesquisa e pessoais, mormente de dados sensíveis, à incidência dos direitos autorais e à proteção da privacidade." [32]

O mapeamento empreendido pela Fiocruz é de valiosa contribuição para a análise do referido artigo 13 da LGPD, pois traz à tona um conjunto de normas que se inserem na temática de proteção de dados pessoais. Nesse sentido, aproveita-se para apresentar um brevíssimo resumo do que pode ser mobilizado para o aprofundamento futuro das questões relacionadas à pesquisa em saúde pública.

As normativas analisadas pelo estudo intitulado *Marcos legais nacionais em face da abertura de dados para pesquisa em saúde: dados pessoais, sensíveis ou sigilosos e propriedade intelectual* foram escolhidas por tocarem nos seguintes temas: (i) tratamento de dados, (ii) restrição e acesso a informações, (iii) direitos autorais e propriedade intelectual, (iv) privacidade e intimidade, e (v) ética em pesquisa.

O marco temporal inicial é a Constituição Federal de 1988, e o marco final, a sanção da Lei Geral de Proteção de Dados (LGPD), em 2018.

---

31. 78 países fazem parte do programa chamado Governo Aberto iniciado em 2011, que se ocupa de onze temas centrais, dentre eles dados abertos para pesquisa em saúde. Ver mais em https://www.opengovpartnership.org/. Acesso em: 18 fev. 2025.

32. GUANAES, Paulo et all. *Marcos legais nacionais em face da abertura de dados para pesquisa em saúde: dados pessoais, sensíveis ou sigilosos e propriedade intelectual*. Rio de Janeiro: Fiocruz, 2018, p. 62.

A lista de atos normativos inclui, além da Constituição Federal, dez leis federais (LGPD dentre elas), quatro decretos, três resoluções, uma portaria, duas propostas normativas (ainda não aprovadas)[33] e o regulamento de proteção de dados da União Europeia[34].

A conclusão dos autores do documento produzido pela Fiocruz é que as normas existentes no Brasil, incluindo a nova lei (LGPD), se mostram insuficientes para regulamentar as atividades e relações institucionais (e governamentais) inseridas no contexto de Ciência Aberta[35]. Tal entendimento reforça o mandatório esforço de coordenação, estabelecimento de coerência entre os dispositivos existentes, além do eventual suprimento de lacuna regulamentadora específica para as questões relacionadas ao uso de dados pessoais em saúde pública.

3. O TRATAMENTO DE DADOS DE SAÚDE NO REGULAMENTO EUROPEU SOBRE A PROTEÇÃO DE DADOS (RGPD OU GDPR)

Como já é notório, a Lei Geral de Proteção de Dados (LGPD) é inspirada no regulamento europeu. No entanto, existem diferenças significativas entre os diplomas, a começar pela própria técnica legislativa: regulamento e lei. O GDPR é composto por 173 *considerandos* e 99 artigos, enquanto que a LGPD possui 65 artigos. É, portanto, natural que o detalhamento de muitas questões na lei nacional dependa de regulamentação posterior.

O regulamento europeu apresenta registros específicos voltados para a pesquisa científica, em consequência do que a pesquisa em saúde está contemplada.

---

33. A primeira proposta é o Projeto de Lei n. 7.082/2017 – (Regula a Pesquisa Clínica com Seres Humanos e institui o Sistema Nacional de Ética em Pesquisa Clínica com Seres Humanos), ainda em tramitação. A segunda é a Minuta de Resolução do Conselho Nacional de Saúde (CNS) de 2016. A minuta foi à consulta pública em 2018, mas não há texto final divulgado. Trata de questões gerais de proteção de dados e de acesso à bases de dados custodiadas pelo SUS.

34. GUANAES, Paulo et al. *Marcos legais nacionais em face da abertura de dados para pesquisa em saúde*: dados pessoais, sensíveis ou sigilosos e propriedade intelectual. Rio de Janeiro: Fiocruz, 2018, p. 3, anexo. Lei n. 8.078/1990 – Código de Defesa do Consumidor, Lei n. 8.112/1990 – Regime Jurídico dos Servidores Públicos Civis da União, Lei n. 8.159/1991 – Lei de Arquivos, Lei n. 9.279/1996 – Propriedade Industrial, Lei n. 9.609/1998 – Programa de Computador, Lei n. 9.610/1998 – Direitos Autorais, Lei n. 10.406/2002, Código Civil, Lei n. 12.527/2011 – Lei de Acesso à Informação, Lei n. 12.965/2014 – Marco Civil da Internet, Lei n. 13.709/2018 – Tratamento de dados pessoais, Decreto n. 3.505/2000 – Política de Segurança da Informação na Administração Pública Federal, Decreto n. 8.638/2016 – Política de Governança Digital na Administração Pública Federal, Decreto n. 8.777/2016 – Política de Dados Abertos do Governo Federal, Decreto n. 8.789/2016 – Compartilhamento de Bases de Dados na Administração Pública Federal, Resolução n. 466/2012 CNS – Regula a Pesquisa com Seres Humanos, Resolução n. 510/2016 CNS –Regula o Uso de Dados Colhidos Diretamente de Pesquisas em Ciências Humanas e Sociais, Portaria n. 58/2016 STI/MPOG – Procedimentos Complementares para o Compartilhamento de Bases de Dados, Projeto de Lei n. 7.082/2017 – Regula a Pesquisa Clínica com Seres Humanos e institui o Sistema Nacional de Ética em Pesquisa Clínica com Seres Humanos, Minuta de Resolução do MS/2016, Proteção e tratamento de dados pessoais em saúde, GDPR.

35. GUANAES, Paulo et al. *Marcos legais nacionais em face da abertura de dados para pesquisa em saúde*: dados pessoais, sensíveis ou sigilosos e propriedade intelectual. Rio de Janeiro: Fiocruz, 2018, p, 29

O *considerando* 33 trata da hipótese na qual o consentimento é exigido para fins de pesquisa científica:

> Muitas vezes não é possível identificar na totalidade a finalidade do tratamento de dados pessoais para efeitos de investigação científica no momento da recolha dos dados. Por conseguinte, os titulares dos dados deverão poder dar o seu consentimento para determinadas áreas de investigação científica, desde que estejam de acordo com padrões éticos reconhecidos para a investigação científica. Os titulares dos dados deverão possibilidade de dar o seu consentimento unicamente para determinados domínios de investigação ou partes de projetos de investigação, na medida permitida pela finalidade pretendida.

Já o considerando 156 aborda as medidas de segurança e proteção dos dados usados em pesquisa. A proteção dos titulares deve ficar resguardada em primeiro plano pelo princípio da minimização dos dados. Na sequência, o considerando 157 afirma a importância dos dados pessoais para os estudos científicos e sociais:

> Combinando informações provenientes dos registos, os investigadores podem obter novos conhecimentos de grande valor relativamente a problemas médicos generalizados, como as doenças cardiovasculares, o cancro e a depressão. Com base nos registos, os resultados da investigação podem ser melhorados, já que assentam numa população mais ampla. [...]

A aplicação do GDPR à pesquisa científica é expressa no considerando 159: "Quando os dados pessoais sejam tratados para fins de investigação científica, o presente regulamento deverá ser também aplicável [...]". Seu alcance engloba os "estudos de interesse público realizados no domínio da saúde pública [...]". As situações relacionadas à divulgação serão alvo de parâmetros específicos.

Por fim, o artigo 89 determina as medidas técnicas e organizativas a serem observadas nos casos de pesquisa científica, dentre as quais se inclui a pseudonimização quando possível.

Pelo exposto é possível perceber a completude do regulamento europeu em relação às lacunas da LGPD. Porém, cabe sempre lembrar, nas palavras de Bruno Bioni e Laura Schertel Mendes, que: "O RGPD é o ponto de chegada de uma longa jornada europeia no campo da proteção de dados pessoais."[36]

Apesar de a proteção de dados já estar presente no ordenamento jurídico brasileiro, ainda que de maneira esparsa, é apenas com a sanção e vigência da LGPD que o quadro institucional começa a se adensar para que o país caminhe na mesma linha evolutiva na qual caminhou a União Europeia.

---

36. BIONI, Bruno Ricardo; MENDES, Laura Schertel. Regulamento Europeu de Proteção de Dados pessoais e a Lei Geral de Proteção de Dados: mapeando convergências na direção de um nível de equivalência. In: FRAZÃO, Ana; TEPEDINO, Gustavo; OLIVA, Milena Donato (Coord.). *Lei Geral de Proteção de Dados Pessoais e suas repercussões no direito brasileiro*. São Paulo: Thomson Reuters Brasil, 2019, p. 797.

4. A RECOMENDAÇÃO DA ANONIMIZAÇÃO E PSEUDONIMIZAÇÃO PARA DADOS EM PESQUISAS DE SAÚDE PÚBLICA

A LGPD dedica a primeira seção do capítulo VII, "Da Segurança e Das Boas Práticas", para estabelecer uma ordem de conduta mínima para agentes de tratamento de dados pessoais.

> Art. 46. Os agentes de tratamento devem adotar medidas de segurança, técnicas e administrativas aptas a proteger os dados pessoais de acessos não autorizados e de situações acidentais ou ilícitas de destruição, perda, alteração, comunicação ou qualquer forma de tratamento inadequado ou ilícito.

A anonimização e pseudonimização são técnicas que se inserem nas medidas elencadas no artigo 46, e têm o condão de concretizar os princípios da LGPD, principalmente segurança e prevenção, conforme artigo 6º, VII e VIII. Apesar de não ser explicitamente mencionadas na seção correspondente, são apontadas como recomendações no que diz respeito aos estudos em saúde pública, no *caput* do artigo 13.

Importa observar que a Autoridade Nacional de Proteção de Dados (ANPD) em estudo técnico sobre tratamento de dados pessoais para fins acadêmicos e para realização de estudos por órgãos de pesquisa sugere a ampliação de campo do artigo 13. Afirma que embora o artigo 13 se refira à pesquisa em saúde pública, suas disposições devem ser aplicadas a outras áreas do conhecimento sempre que possível e de acordo com as particularidades de cada setor.[37] A recomendação se repetiu no Guia Orientativo para tratamento de dados pessoais para fins acadêmicos e para a realização de estudos e pesquisas da ANPD.[38]

A segurança dos dados e a prevenção dos danos em decorrência de violações dos mesmos são merecedoras de tutela diferenciada quando se trata de dados sensíveis[39]. Dentre eles, os dados relacionados à saúde. À luz da necessária ponderação entre a eventual colisão de interesses da pessoa e uso dos dados para fins de pesquisa, é de especial relevância a correta aplicação de tais medidas.

Ademais, considerando o modelo de dados abertos, anteriormente descrito, encampado por governos e instituições públicas de pesquisas em saúde, torna-se imprescindível a adoção de mecanismos que garantam a não identificação dos titulares.

Conforme Brito e Machado: "técnicas de anonimização têm sido utilizadas para a disponibilização de dados sensíveis, buscando um balanceamento perfeito

---

37. BRASIL. Autoridade Nacional de Proteção de Dados. *Estudo técnico*: a LGPD e o tratamento de dados pessoais para fins acadêmicos e para a realização de estudos por órgão de pesquisa. Brasília, DF: Autoridade Nacional de Proteção de Dados, abril de 2022.

38. BRASIL. Autoridade Nacional de Proteção de Dados. *Guia orientativo*: tratamento de dados pessoais para fins acadêmicos e para a realização de estudos e pesquisas. Brasília, DF: Autoridade Nacional de Proteção de Dados, junho de 2023.

39. Como exemplo destaca-se a exigência de consentimento específico e destacado, conforme o artigo 11, I.

entre privacidade e utilidade, que atenda às diversas partes envolvidas no processo de disponibilização de dados"[40].

O conceito de dado anonimizado é descrito no artigo 5º, III, como aquele que impossibilita a identificação do titular, levando em consideração fatores objetivos e subjetivos. Ressalta-se que tais fatores nem sempre são de fácil verificação, trazendo um certo grau de incerteza para a análise[41]. Já a noção de pseudonimização é apresentada no §4º do artigo 13:

§4º Para os efeitos deste artigo, a pseudonimização é o tratamento por meio do qual um dado perde a possibilidade de associação, direta ou indireta, a um indivíduo, senão pelo uso de informação adicional mantida separadamente pelo controlador em ambiente controlado e seguro.

Recorda-se que o dado pseudonimizado é considerado dado pessoal, enquanto que o dado anonimizado não. Tanto a LGPD quanto o GDPR não indicam uma técnica específica relacionada às diversas atividades de tratamento. A opção é feita diante do caso concreto, da natureza das informações envolvidas e do estado da arte da tecnologia.

5. O PAPEL DA AUTORIDADE NACIONAL DE PROTEÇÃO DE DADOS – ANPD

A ANPD em cumprimento a sua competência legal de elaborar estudos sobre proteção de dados e privacidade (Art. 55, J, VII, LGPD) publicou em junho de 2023 a primeira versão do Guia orientativo para tratamento de dados pessoais para fins acadêmicos e para a realização de estudos e pesquisas. Na publicação, a Autoridade dispõe sobre padrões de segurança e requisitos estudos em saúde pública.[42]

6. CONSIDERAÇÕES FINAIS

Como se viu oportunamente, a compreensão do artigo 13, que dispõe sobre o tratamento de dados pessoais para a realização de pesquisas e estudos em saúde pública, depende, em um primeiro momento, da assimilação dos conceitos nele veiculados. Para tanto foram abordadas as noções de saúde pública, órgãos de pesquisa, base de dados, dados referentes à saúde, padrões éticos relacionados a estudos e pesquisa.

---

40. BRITO, Felipe; MACHADO, Javam. Preservação de Privacidade de Dados: Fundamentos, Técnicas e Aplicações. *Jornadas de Atualização em Informática*. Sociedade Brasileira de Computação – SBC, 2017.

41. Neste sentido MARTINS, Guilherme Magalhães; LONGHI, João Victor Rozatti; FALEIROS, José Luiz de Moura Júnior. *Migalhas de Peso*. A pandemia da covid-19, o "profiling" e a Lei Geral de Proteção de Dados. 28 abr. 2020. Disponível em: https://www.migalhas.com.br/depeso/325618/a-pandemia-da-covid-19-o--profiling-e-a-lei-geral-de-protecao-de-dados. Acesso em: 18 fev. 2025.

42. BRASIL. Autoridade Nacional de Proteção de Dados. Guia orientativo: tratamento de dados pessoais para fins acadêmicos e para a realização de estudos e pesquisas. Brasília, DF: Autoridade Nacional de Proteção de Dados, junho de 2023. p. 14 e ss.

De especial relevância, a patente dimensão abrangente que as pesquisas em saúde pública podem alcançar, mostrando a pertinência de estudos mais aprofundados sobre essa temática.

Em seguida, procurou-se apresentar o quadro normativo brasileiro que se relaciona ao universo da proteção de dados e da pesquisa científica. A referência usada foi o trabalho *Marcos legais nacionais em face da abertura de dados para pesquisa em saúde: dados pessoais, sensíveis ou sigilosos e propriedade intelectual, patrocinado pela Fiocruz*.

Com base nesse documento, foi possível enxergar a importância e a expectativa que se coloca na atuação da ANPD, no sentido da concretização do disposto no artigo 55-J, XXIII: *"articular-se com as autoridades reguladoras públicas para exercer suas competências em setores específicos de atividades econômicas e governamentais sujeitas à regulação"*.

O regulamento europeu foi trazido a exposição a título de ilustração e referência sobre como o tratamento dos dados em pesquisas científicas foi mais minuciosamente descrito. Por fim, fez-se uma breve análise da inserção das medidas de segurança, quais sejam: anonimização e pseudonimização, apresentadas no artigo 13, que encerra o capítulo sobre o tratamento de dados sensíveis na LGPD.

Ante o exposto, em especial pelas interseções necessárias para a correta aplicação da lei às circunstâncias particulares envolvidas nos estudos em saúde pública, fica evidente o imperioso aprofundamento no tema relacionado à proteção e dados e o setor de pesquisa em saúde de modo geral. Não apenas limitado à saúde pública, dadas as muitas conexões entre os principais atores desse sistema.

Outro ponto a ser melhor analisado é a eventual necessidade de um regulamento específico que atenda às peculiaridades das atividades de pesquisa científica (em saúde), partindo agora do marco regulatório em proteção de dados no Brasil, que é LGPD.

Roberta Densa

Cecília Dantas

Seção III
Do Tratamento de Dados Pessoais de Crianças e de Adolescentes

Art. 14. O tratamento de dados pessoais de crianças e de adolescentes deverá ser realizado em seu melhor interesse, nos termos deste artigo e da legislação pertinente.

§ 1º O tratamento de dados pessoais de crianças deverá ser realizado com o consentimento específico e em destaque dado por pelo menos um dos pais ou pelo responsável legal.

§ 2º No tratamento de dados de que trata o § 1º deste artigo, os controladores deverão manter pública a informação sobre os tipos de dados coletados, a forma de sua utilização e os procedimentos para o exercício dos direitos a que se refere o art. 18 desta Lei.

§ 3º Poderão ser coletados dados pessoais de crianças sem o consentimento a que se refere o § 1º deste artigo quando a coleta for necessária para contatar os pais ou o responsável legal, utilizados uma única vez e sem armazenamento, ou para sua proteção, e em nenhum caso poderão ser repassados a terceiro sem o consentimento de que trata o § 1º deste artigo.

§ 4º Os controladores não deverão condicionar a participação dos titulares de que trata o § 1º deste artigo em jogos, aplicações de internet ou outras atividades ao fornecimento de informações pessoais além das estritamente necessárias à atividade.

§ 5º O controlador deve realizar todos os esforços razoáveis para verificar que o consentimento a que se refere o § 1º deste artigo foi dado pelo responsável pela criança, consideradas as tecnologias disponíveis.

§ 6º As informações sobre o tratamento de dados referidas neste artigo deverão ser fornecidas de maneira simples, clara e acessível, consideradas as características físico-motoras, perceptivas, sensoriais, intelectuais e mentais do usuário, com uso de recursos audiovisuais quando adequado, de forma a proporcionar a informação necessária aos pais ou ao responsável legal e adequada ao entendimento da criança".

1. ASPECTOS GERAIS

O *caput* do dispositivo impõe ao intérprete que todo o conteúdo da LGPD seja estudado à luz do Estatuto da Criança e do Adolescente quando do tratamento de dados dos seus destinatários.

Nessa toada, a LGPD, reconhecendo a vulnerabilidade de todas as pessoas em relação ao tratamento de suas informações pessoais, foi aprovada com a finalidade de trazer um *dirigismo informacional*, conforme afirma Bruno Bioni[1], e busca corrigir a assimetria e garantir a autonomia do cidadão em relação aos seus dados pessoais.

Impossível não reconhecer a maior vulnerabilidade de crianças e adolescentes nessa seara, dada a ausência de capacidade civil para a compreensão de seu conteúdo e alcance, o que não implica considerar, por essa única razão, serem tais dados reputados sensíveis para os fins da lei.[2] Por essa razão, a Lei 13.709/2018, em consonância com a Constituição Federal, com o Estatuto da Criança e do Adolescente e com o Código Civil, reservou o artigo ora em comento para tratar da proteção da criança e do adolescente.

O dispositivo é amplo e merece atenção especial do intérprete. Este texto pretende compreender o significado e alcance do "princípio do melhor interesse" em relação à proteção de dados pessoais bem como os destinatários da proteção legal, a extensão e forma do consentimento para o tratamento dos dados dos infantes.

Vale notar que o legislador brasileiro tomou como parâmetro regulatório o art. 8º do Regulamento Geral de Proteção de Dados da União Europeia, que assim prevê:

> Artigo 8º
>
> Condições aplicáveis ao consentimento de crianças em relação aos serviços da sociedade da informação
>
> 1. Quando for aplicável o artigo 6º, n. 1, alínea a), no que respeita à oferta direta de serviços da sociedade da informação às crianças, dos dados pessoais de crianças é lícito se elas tiverem pelo menos 16 anos. Caso a criança tenha menos de 16 anos, o tratamento só é lícito se e na

---

1. "Conclui-se que as relações do mercado de consumo demandam um novo tipo de dirigismo – *dirigismo informacional* – que se afasta daquele do século passado – dirigismo contratual. Deve haver uma *releitura ambivalente* do paradigma da autodeterminação informacional – *procedimental e substantiva* – que embora mantenha o papel de protagonismo do consentimento, empresta-lhe um novo roteiro normativo: *a percepção de que o titular dos dados pessoais amarga uma (hiper)vulnerabilidade, o que demanda, respectivamente, o seu empoderamento para emancipá-lo e a sua intervenção para assisti-lo*". BIONI, Bruno Ricardo. *Proteção de dados pessoais:* a função e os limites do consentimento. Rio de Janeiro: Forense, 2019. p. XXVII.

2. Para uma análise contextual do enquadramento dos dados pessoais sensíveis, conferir MULHOLLAND, Caitlin. Dados pessoais sensíveis e a tutela de direitos fundamentais: uma análise à luz da Lei Geral de Proteção de Dados (Lei 13.709/18). *Revista de Direitos e Garantias Fundamentais*, Vitória, v. 19, n. 3, p. 159-180, set./dez. 2018, p. 160-162. Ainda sobre o tema, conferir: FALEIROS JÚNIOR, José Luiz de Moura. A tutela jurídica dos dados pessoais sensíveis à luz da Lei Geral de Proteção de Dados. In: LONGHI, João Victor Rozatti; FALEIROS JÚNIOR, José Luiz de Moura (Coord.). *Estudos essenciais de direito digital*. Uberlândia: LAECC, 2019, p. 207-227.

medida em que o consentimento seja dado ou autorizado pelos titulares das responsabilidades parentais da criança.

Os Estados-Membros podem dispor no seu direito uma idade inferior para os efeitos referidos, desde que essa idade não seja inferior a 13 anos.

2. Nesses casos, o responsável pelo tratamento envida todos os esforços adequados para verificar que o consentimento foi dado ou autorizado pelo titular das responsabilidades parentais da criança, tendo em conta a tecnologia disponível.

3. O disposto no n. 1 não afeta o direito contratual geral dos Estados-Membros, como as disposições que regulam a validade, a formação ou os efeitos de um contrato em relação a uma criança.

A regra europeia deve aqui ser mencionada posto que se nota grande semelhança em relação à lei brasileira, em especial quanto ao consentimento para tratamento de dados. No entanto, há outros dispositivos no direito estrangeiro que podem nos ajudar sobremaneira na interpretação do tema.

A regulação americana é apresentada em três diferentes documentos, que serão brevemente analisados: o COPPA (Children's Online Privacy Protection Act), CIPA (Children's Internet Protection Act: governs the filtering of Internet access and digital citizenship education)[3] e FERPA (Family Educational Rights and Privacy Act).

O CIPA é regulamento que trata da proteção de crianças na internet, em especial versa sobre a filtragem do acesso e uso adequado da rede e dispõe sobre a educação e cidadania digital. É aplicável aos serviços de tecnologia que gerenciam medidas de proteção e aos funcionários distritais, incluindo professores e funcionários de apoio, que são responsáveis por monitorar o uso do distrito pelos alunos recursos de tecnologia e educação dos alunos sobre o comportamento online adequado na rede.

O documento exige que cada distrito use a denominada "medida de proteção de tecnologia" (filtro de Internet) para filtrar todos os dispositivos conectados à Internet e bloquear acesso a representações visuais consideradas obscenas, a pornografia infantil ou prejudiciais a menores.

Os distritos devem também adotar políticas que abordem o monitoramento das atividades on-line, a segurança e proteção de dados de todas as formas de comunicação eletrônica direta; devem também ocupar-se do acesso on-line não autorizado (hacking e outras atividades ilegais), da divulgação não autorizada ou informações de identificação pessoal, bem como educar os alunos sobre o comportamento on-line adequado (cidadania digital)

O FERPA (Family Educational Rights and Privacy Act), que regulamenta a privacidade informativa das crianças e da família, é aplicável às agências ou instituições educacionais públicas e privadas que recebem fundos por meio de programas específicos administrado pela Secretaria de Educação dos Estados Unidos.

---

3. Disponível em: https://www.fcc.gov/consumers/guides/childrens-internet-protection-act. Acesso em: 18 fev. 2025.

Nesse sentido, o documento garante aos pais o acesso aos registros educacionais de seus filhos, a fim de que acompanhem a vida escolar destes e, eventualmente, para que haja correção das informações sempre que necessário. Ademais, a escola deve ter, entre outras obrigações, o consentimento do aluno quando este completa 18 anos para eventual divulgação dos registros educacionais.

O COPPA (Children's Online Privacy Protection Act), inserido no Título de Práticas Comerciais do Federal Trade Commission[4] (FTC) em 1998, traz disposições sobre a coleta de dados pessoais de crianças, bem como outras práticas relacionadas à privacidade do público infantil na internet.

A proteção dos dados das crianças começou a ser discutida naquele país diante das oportunidades que surgiram na mídia ao coletar informações pessoais com intenção de dirigir publicidade a esse público. Diante do fato de a criança não compreender de pronto a intenção da coleta de dados, foi necessário criar mecanismo de proteção a sua privacidade.

2. O MELHOR INTERESSE E A PROTEÇÃO DOS DADOS PESSOAIS

O princípio do melhor interesse é de suma importância para a seara do Direito de Infância e, ao mesmo tempo, é conceito vago e enfrenta inúmeras dificuldades de aplicação no caso concreto.

Grosso modo, pelo princípio do melhor interesse do menor devemos interpretar todo o Estatuto da Criança e do Adolescente, bem como toda a situação que envolva a criança e o adolescente em juízo, de modo a proteger a pessoa do incapaz, preservando a sua autonomia progressiva e garantindo o desenvolvimento saudável[5].

No âmbito internacional, encontramos o art. 3º da Convenção internacional sobre os direitos da criança, de 1989, que assim determina[6]:

"§1. Todas as medidas relativas às crianças, tomadas por instituições de bem-estar social públicas ou privadas, tribunais, autoridades administrativas ou órgãos legislativos, terão como consideração primordial os interesses superiores da criança.

---

4. Disponível em: https://www.ftc.gov. Acesso em: 18 fev. 2025.

5. Trata-se de princípio orientador tanto para o legislador como para o aplicador, determinando a primazia das necessidades da criança e do adolescente como critério de interpretação da lei, deslinde de conflitos, ou mesmo para elaboração de futuras regras. AMIN, Andrea Rodrigues. Dos direitos fundamentais. *In:* MACIEL, Kátia Regina Ferreira Lobo Andrade (Coord.). *Direito da Criança e do Adolescente*: Aspectos Teóricos e Práticos. 7. ed. São Paulo: Saraiva. 2014. p. 69.

6. O artigo 24 da carta dos direitos fundamentais da União Europeia (2000/C 364/01) também prevê o direito à proteção integral e o melhor interesse: "1. Children shall have the right to such protection and care as is necessary for their well-being. They may express their views freely. Such views shall be taken into consideration on matters which concern them in accordance with their age and maturity. 2. In all actions relating to children, whether taken by public authorities or private institutions, the child's best interests must be a primary consideration. 3. Every child shall have the right to maintain on a regular basis a personal relationship and direct contact with both his or her parents, unless that is contrary to his or her interests".

§2. Os Estados Membros se comprometem a assegurar à criança a proteção e os cuidados necessários ao seu bem-estar, tendo em conta os direitos e deveres dos pais, dos tutores ou de outras pessoas legalmente responsáveis por ela e, para este propósito, tomarão todas as medidas legislativas e administrativas apropriadas.

§3. Os Estados Membros assegurarão que as instituições, serviços e instalações responsáveis pelos cuidados ou proteção das crianças conformar-se-ão com os padrões estabelecidos pelas autoridades competentes, particularmente no tocante à segurança e à saúde das crianças, ao número e à competência de seu pessoal, e à existência de supervisão adequadas".

Assim, a partir do século XX, com a Declaração Universal dos Direitos da Criança, é que o utilitarismo foi confrontado com a noção de autonomia e desenvolvimento da criança. *Dessa forma, o melhor interesse não deve ser visto como princípio orientador para o alcance da felicidade, mas para garantir a individualidade, a autonomia progressiva e o desenvolvimento de cada criança*[7].

Na mesma toada, entendemos que o princípio do "melhor interesse da criança" traduz a ideia de que devemos respeitar cada criança na sua essência, buscando o desenvolvimento de forma individual e personalizada[8].

Assim, a LGPD andou bem ao inserir o princípio do melhor interesse no contexto da proteção e tratamento de dados pessoais, atentando sempre para a autonomia progressiva da criança e do adolescente em relação às suas informações pessoais e a necessidade de proteção pelos pais responsáveis.

Por outro lado, a aplicação do princípio pode gerar dúvidas quanto ao efetivo direcionamento a ser oferecido aos dados pessoais. Os dados relativos aos aspectos

---

7. "Social Science has simultaneously gained respect and credibility in the legal determinations surrounding children and families in mid twentieth century family law. A landmark book built on the development of BIC jurisprudence written by a lawyer, a social scientist researcher and a child psychologist, BEYOND THE BEST INTERESTS OF CHILD, sought to question the BIC standard with new promulgations of the psychological parent. Referring more to psychoanalytic book brought social a science and expert testimony powerfully into the judicial impact on judges and lawyers alike, and seemed to build an attitude in the law that completely focused on children, seemingly to the disregard of parents and protection they naturally confer upon children. These authors followed up their work with another similar work, IN THE BEST INTERESTS OF THE CHILD, which also had an impact on family law, and attempted to swing back the pendulum toward a more balanced approach to parents and their children". KOHM, Lynne Marie. Tracing the foundations of the best interests of the child standard in American jurisprudence. *Jornal of Law & Family Studies*, [S.l], v. 10, p. 337-, nov. 2008. p. 17.

8. Guilherme Calmon Nogueira da Gama explica que "há elementos concretos no bojo do Estatuto da Criança e do Adolescente que permitem identificar e qualificar o princípio do melhor interesse da criança não apenas como princípio geral, mas também sob o formato de norma específica em determinados setores envolvendo a criança. Assim, por exemplo, o art. 45, §2º, do ECA prevê, em se tratando de adolescente, a necessidade do seu consentimento, não o dos pais ou representante legal do adotando, para que possa ser concedida sua adoção em favor da pessoa nele interessada, numa demonstração clara e evidente a respeito da importância da vontade do adolescente para fins de melhor preservar os seus interesses no desenvolvimento da sua personalidade. O art. 23, *caput*, do ECA, da mesma forma, prioriza os interesses e valores existenciais em detrimento de valores patrimoniais, ao prever que "a falta ou carência de recursos materiais não constitui motivo suficiente para a perda ou suspensão do pátrio poder", em perfeita compatibilidade com os valores e princípios constitucionais na valorização da pessoa em detrimento do patrimônio". GAMA, Guilherme Calmon Nogueira da. Princípio da paternidade responsável. *Revista de Direito Privado*, São Paulo, v. 18, p. 21-41, abr. 2004.

educacionais e de saúde devem ter o consentimento dos pais para tratamento? Como tratar os dados de crianças em situação de risco? Como tratar dos dados de crianças e adolescentes que estão à espera de adoção?

O tratamento desses dados deve ser direcionado ao melhor interesse da criança, isso porque as informações são de suma importância para a análise da situação de crianças e adolescentes em relação à saúde, educação, aplicação de medidas socio-educativas e medidas de proteção. Tais informações são necessárias, inclusive, para a formação e desenvolvimento de políticas públicas voltadas para essa faixa etária.

O mesmo deve ser dito em relação aos casos de violência, desistência escolar, vacinação e outras informações de cunho pessoal. Esses dados são essenciais para o direcionamento das políticas públicas voltadas para a infância e adolescência[9], tudo em consonância com o art. 7º, incisos III, IV, VII e VIII, da LGPD[10].

Por outro lado, no mercado de consumo, conhecendo o seu público por meio de informações pessoais, os fornecedores poderiam oferecer, com melhor direcionamento, novos produtos e serviços, bem como atuar de forma mais eficiente na publicidade e oferta para o público infantil, o que traz inúmeros questionamentos sobre a intenção do legislador brasileiro a respeito do tema.

3. OS DESTINATÁRIOS DO ART. 14 DA LGPD

O *caput* do art. 14 da Lei 13.709/2018 afirma que o tratamento de dados pessoais de *crianças* e de *adolescentes* deverá ser realizado em seu melhor interesse, nos termos do referido neste artigo e na legislação pertinente.

---

9. Indiscutível a utilização de dados pessoais para a formulação de políticas públicas, sobre o assunto assevera Ricardo Alexandre de Oliveira: "pensemos, por exemplo, nas *smart cities*, termo comumente utilizado para cidades com alto grau de automação e conexão por meio da internet das coisas (IoT) em serviços de interesse público, como trânsito, serviço de saúde ou infraestrutura urbana. Diferentemente do que poderíamos encontrar há algumas décadas atrás, atualmente um agente público pode dispor de informações importantes para a sua gestão na palma de sua mão, incluindo dados pessoais. Tal fato não é negativo, se considerarmos que o acesso à informação por um gestor público possibilitaria, se houvesse interesse político, o aumento de grau de eficiência do Estado". OLIVEIRA, Ricardo Alexandre de. Lei geral de proteção de dados pessoais e seus impactos no ordenamento jurídico, *Revista dos Tribunais*, São Paulo, v. 998. p. 241-261, dez. 2018.

10. Há, ainda, forte preocupação com a proteção de dados sensíveis de crianças e adolescentes. Nesse sentido, Chiara Spadaccini de Teffé traz interessante caso para análise "ocorrido em 2019 em que a Autoridade de Proteção de Dados Sueca multou um município em aproximadamente 20.000 euros por usar tecnologia de reconhecimento facial para monitorar a frequência de alunos em escola. Uma escola no norte da Suécia conduziu um projeto piloto realizando reconhecimento facial para monitorar a frequência dos alunos. O teste foi realizado em uma turma da escola por um período limitado. A Autoridade sueca concluiu que o teste violava disposições do GDPR e aplicou a referida multa. Entendeu que a escola havia tratado dados biométricos ilegalmente e que deveria ter realizado uma avaliação de impacto adequada, além de consulta prévia à Autoridade. A escola baseou o tratamento na base legal do consentimento, mas a Autoridade considerou que esta não era uma base válida, dado o claro desequilíbrio entre o titular dos dados e o responsável pelo tratamento". TEFFÉ, Chiara Spadaccini de. Dados sensíveis de crianças e adolescentes. In: TEIXEIRA, Ana Carolina Brochado; FALEIROS JÚNIOR, José Luiz de Moura; DENSA, Roberta (Coord.). *Infância, adolescência e tecnologia*: o Estatuto da Criança e do Adolescente na sociedade da informação. Indaiatuba: Foco, 2022. p. 319.

A *legislação pertinente* referida pelo dispositivo legal deve ser entendida, essencialmente, como sendo o Estatuto da Criança e do Adolescente e o Código Civil. Isso porque a lei menorista trouxe um rol de direitos fundamentais que devem ser respeitados em relação aos dados pessoais dos destinatários; já o Código Civil trata da teoria das incapacidades e do exercício de poder familiar.

Conforme o Estatuto da Criança e do Adolescente, criança é a pessoa entre 0 (zero) e 12 (doze) anos incompletos, e adolescente, a pessoa entre 12 (doze) anos completos e 18 (dezoito) anos incompletos.

De outra banda, o § 1º do art. 14 da LGPD afirma que o tratamento de dados pessoais de *crianças* deverá ser realizado mediante consentimento específico e em destaque por pelo menos um dos pais ou pelo responsável legal.

Da dicção legal podemos entender que a lei brasileira optou por não exigir o consentimento específico dos pais ou responsável para os *adolescentes* com a finalidade de tratamento dos dados pessoais.

Sendo assim, é possível afirmar que o consentimento do próprio adolescente pode ser considerado suficiente para o tratamento dos seus dados? O dispositivo deve ser analisado à luz da sistemática do Estatuto da Criança e do Adolescente e do Código Civil. Senão vejamos.

A capacidade civil é a aptidão para o exercício da vida civil e é regulada pelo Código Civil. Todo ser humano é dotado de personalidade jurídica e tem aptidão genérica para contrair direitos e obrigações na ordem civil[11]. A personalidade é o valor e a capacidade é projeção do valor dado à personalidade.

A doutrina divide a capacidade civil em *capacidade de fato* e *capacidade de direito*[12]. A *capacidade de direito* é atribuída ao sujeito que nasce com vida: "toda pessoa

---

11. Nesse passo, vale lembrar que personalidade e capacidade não se confundem. "A personalidade, mais do que qualificação formal, é um valor jurídico que se reconhece nos indivíduos e, por extensão, em grupos legalmente constituídos, materializando-se na capacidade jurídica ou de direito. A personalidade não se identifica com a capacidade, como costuma defender a doutrina nacional. Por existir personalidade sem capacidade, como se verifica com o nascituro, que ainda não tem capacidade, e com os falecidos, que já a perderam". AMARAL, Francisco. *Direito Civil:* introdução. 8. ed. Rio de Janeiro: Renovar, 2014. p. 271.

12. "A esta aptidão oriunda da personalidade, para adquirir os direitos na vida civil, dá-se o nome de *capacidade de direito*, e se distingue da *capacidade de fato*, que é a aptidão para utilizá-los e *exercê-los por si mesmos*. A distinção é certa, mas as designações não são totalmente felizes, porque toda capacidade é uma emanação do direito. Se hoje podemos dizer que toda pessoa é dotada de capacidade de direito, é precisamente porque o direito a todos confere, diversamente do que ocorria na Antiguidade. E se aqueles que preenchem condições materiais de idade, de saúde, etc. se dizem portadores de capacidade de fato, é também porque o ordenamento jurídico reconhece a aptidão para o exercício pessoal dos direitos. Na doutrina francesa vigora uma nomenclatura diferente: diz-se que todo indivíduo tem a *capacidade de gozo*, porque tem aptidão para tornar-se titular de direitos civis; em contraposição denomina-se *capacidade de exercício* o poder de usá-los e transmiti-los a outrem. A *capacidade de direito* corresponde a *capacidade de gozo*; a *capacidade de fato* pressupõe a *capacidade de exercício*. Podemos dar à primeira uma designação mais precisa, dizendo-a *capacidade de aquisição*, e à segunda *capacidade de ação*". PEREIRA, Caio Mário da Silva. *Instituições de direito civil*: introdução ao direito civil. 20. ed. Rio de Janeiro: Forense, 2004, v. 1, p. 264.

é capaz de direitos e obrigações na ordem civil" (art. 1º do CC), sendo, portanto, a aptidão geral para ser titular de direitos.

A *capacidade de fato*, por sua vez, é a capacidade de exercer pessoalmente os atos da vida civil. Pessoas naturais podem ser *absolutamente incapazes* e *relativamente incapazes* conforme sua condição pessoal de expressar sua vontade livre e consciente[13].

São absolutamente incapazes de exercer pessoalmente os atos da vida civil os menores de 16 anos, razão pela qual deverão ser representados pelos pais ou representantes legais, sob pena de nulidade dos atos processuais[14]. As pessoas que tenham entre 16 e 18 anos (incompletos) são consideradas relativamente incapazes, devendo ser assistidas pelos pais ou responsáveis, sob pena de anulabilidade do ato jurídico[15].

A distinção se faz justamente por entender que a pessoa menor de 18 (dezoito) anos não tem condição de exprimir a sua *vontade* de forma livre e consciente. A restrição do exercício da capacidade civil se justifica na medida em que o menor ainda não tem consciência de sua condição de vida, de suas escolhas e das consequências das suas escolhas.

---

13. A capacidade de fato ainda se desdobra em *capacidade para atos jurídicos*, consistentes na possibilidade de prática, atos ou negócios jurídicos, em *capacidade processual*, que é a de atuar em juízo, na defesa dos seus interesses, e em *capacidade penal*, possibilidade de ser responsável pela prática de *ilícito penal*. A capacidade para a prática de atos jurídicos ainda se pode considerar subdividida em capacidade negocial, para a prática de negócios jurídicos, e extranegocial, para a prática de atos jurídicos em sentido estrito (V. Capítulo XI, item 1). No âmbito do direito privado, ainda se distingue a capacidade para atos de conservação ou administração, e a capacidade para atos de disposição ou de alienação de direitos. AMARAL, Francisco. *Direito Civil:* introdução. 8. ed. Rio de Janeiro: Renovar, 2014. p. 282.

14. "O legislador desconsidera a vontade do menor de dezesseis anos, por considerá-lo imaturo, com desenvolvimento mental insuficiente para reger seus próprios interesses devido à pouca experiência de vida, podendo, por isso, sofrer prejuízos, quanto ao ato praticado. Como não tem vivência e, provavelmente, nem discernimento para dirigir os seus negócios, deve ser representado pelos pais ou tutores". LOTUFO, Maria Alice Zaratin. Das pessoas naturais. In: LOTUFO, Renan; NANNI, Giovanni Ettore (Coord.). *Teoria geral do direito civil*. São Paulo: Atlas, 2008. p. 226

15. Ao explicar as teorias das capacidades em Direito, Marcos Bernardes de Mello explica que a *capacidade negocial* não pode ser confundida com a *capacidade de praticar ato jurídico stricto sensu*: "ambas podem ser consideradas como espécies de uma capacidade genérica de praticar ato jurídico (lato sensu), mas têm conteúdos próprios, em face de se referirem a categorias distintas de atos jurídicos. Em regra, porém, as normas sobre a capacidade negocial, especialmente sobre incapacidade e suas consequências (validade e invalidade), são aplicáveis à capacidade de atos jurídicos stricto sensu, porque em ambas as espécies se leva em conta a vontade relevante como elemento nuclear do suporte fáctico. Note-se, inclusive, que se defere, em certos casos, plena capacidade negocial ao menor de 21 anos e maior de 16 anos, de modo que, independentemente do assentimento dos titulares do pátrio poder ou do tutor, pode realizar negócio jurídico, como, por exemplo, fazer testamento e aceitar ou renunciar mandato. Da mesma maneira se lhe defere capacidade de praticar ato jurídico stricto sensu, em determinadas hipóteses, como para interpelar, para ser testemunha em testamento; no processo penal, se maior de 18 anos, poderá oferecer queixa e conceder perdão e.g. As capacidades negocial e de ato jurídico *stricto sensu* são as mais importantes, considerando-se a amplitude da área de sua influência. Os atos jurídicos lícitos são as mais significativas espécies de fato jurídico, tanto qualitativa como quantitativamente. A ausência de capacidade (= incapacidade) acarreta, como consequência, a invalidade do negócio jurídico ou ato jurídico stricto sensu". MELLO, Marcos Bernardes de. Achegas para uma teoria das capacidades em direito. *Revista de Direito Privado*, São Paulo, v. 3, p. 9-34, jul. 2000.

A criança e o adolescente não têm, portanto, *autonomia* para tomada de decisões. O vocábulo *autonomia* tem origem grega. Deriva do vocábulo *nomós,* que traduz a ideia de norma, regra, e de *autos,* que corresponde à ideia de "a si próprio". Assim, autonomia indica a possibilidade de se estabelecer normas para si mesmo[16].

Dessa forma, as regras sobre capacidade civil, nulidade ou anulabilidade do negócio jurídico têm por finalidade garantir a *liberdade consciente de escolha* das partes, tendo em vista que o incapaz ou relativamente incapaz não manifesta vontade de forma livre e consciente. Nas relações de consumo, da mesma forma, a criança ou adolescente não tem capacidade civil para contratar produtos e serviços no mercado de consumo, mas os pais poderão adquirir produtos e serviços *destinados* a eles.

É certo que, justamente em razão da sua autonomia progressiva, podemos perceber que crianças e adolescentes estão, a todo o tempo, realizando pequenos negócios, desde a compra de doce até o uso de cartões de crédito e débito, que são emitidos a pedido dos pais para quitação das despesas correntes[17].

Nesse aspecto, Francisco Amaral ressalta que o direito afasta da atividade jurídica os incapazes por falta da idade necessária, enfermidade mental ou outra causa que lhe impeça de manifestar a vontade. No entanto, para o autor "é válida a prática de atos usuais, os 'atos da vida corrente', tais como compra de gêneros alimentícios, publicações como jornais, revistas etc."[18]-[19]

---

16. Sobre a autonomia: "compreender o outro como um igual, ainda que com concepções e comportamentos diferentes, é um dos primeiros passos para admitir a autonomia alheia. Ser autônomo é ter a possibilidade de escolher opções de vida, boas ou ruins, e traçar caminhos para alcançá-las. Compreender e assumir as consequências de suas escolhas significa ter o discernimento necessário para o agir FERREIRA, Ana Luiza Veiga; VIEIRA, Marcelo de Mello. O melhor interesse e a autonomia progressiva de crianças e adolescentes. *Revista de Direito da Infância e da Juventude,* São Paulo, v. 02, p. 233-259, jul. 2013. p. 233.

17. "Por fim, apesar da vontade do absolutamente incapaz ser desprezada, a lei admite que determinados atos lícitos praticados por ele produzam efeitos. É o que a doutrina costuma classificar de ato-fato jurídico. Isso porque o fato para existir necessita, essencialmente, de um ato humano, mas a norma jurídica abstrai desse ato qualquer elemento volitivo como relevante. O ato humano é da substância do fato jurídico, mas não importa para a norma se houve ou não vontade de praticá-lo. Ressalte-se, na verdade, a consequência do ato, ou seja, o fato resultante, sem dar maior significância à vontade de praticá-lo. Portanto, mesmo em se desconsiderando a vontade (totalmente irrelevante em se tratando de ato-fato jurídico), o menor com dez anos pode, validamente, adquirir um lanche na cantina da escola pagando o respectivo preço. Da mesma forma, um garoto com 14 anos de idade pode ser transportado por ônibus pagando o preço da passagem, sem que se avente nulidade absoluta do transporte realizado. São as chamadas relações contratuais de fato. Frise-se que todos os atos em questão são válidos e lícitos". SIMÃO, José Fernando. *Responsabilidade civil do incapaz.* São Paulo: Atlas, 2008. p. 29.

18. AMARAL, Francisco. *Direito Civil:* introdução. 8. ed. Rio de Janeiro: Renovar, 2014. p. 284.

19. É também no mesmo sentido a lição de Venosa: "em nossa sociedade há uma série de atos de pequeno âmbito praticados exclusivamente por menores ou outros incapazes, sem qualquer participação dos pais ou responsáveis, que são perfeitamente tolerados: ninguém argumenta ser nulo, por exemplo, o ato de um menor adquirir guloseima em um estabelecimento comercial; adquirir ingresso para um cinema ou locar filme em tantas lojas que hoje se apresentam. VENOSA, Silvio de Salvo. *Direito civil:* parte geral. 15. ed. São Paulo: Atlas, 2010. p. 507.

De outra banda, também considerando a autonomia progressiva do menor, o art. 180 do Código Civil impede que o relativamente incapaz invoque sua idade para gerar a anulabilidade do ato se dolosamente a ocultou, nos seguintes termos: "o menor, entre dezesseis e dezoito anos, não pode, para eximir-se de uma obrigação, invocar a sua idade se dolosamente a ocultou quando inquirido pela outra parte, ou se, no ato de obrigar-se, declarou-se maior".

Presume aqui o legislador que o adolescente já entendeu o caráter ilícito da conduta de ocultar a idade, fazendo com que a outra parte, de boa-fé, acreditasse na maioridade declarada. Álvaro Villaça Azevedo afirma que a malícia não ratifica, não confirma o negócio jurídico, mas confere a esse a capacidade em face do negócio dolosamente praticado, "pune-se o dolo do menor, sua malícia, pois quem tem capacidade para atuar ilicitamente, tem, do mesmo modo, capacidade para entender o negócio que está praticando"[20]. Quer parecer que, neste caso, é possível invocar a teoria da aparência, fazendo com que o contratante de boa-fé não seja lesado em razão do ato doloso do menor púbere[21].

Resta a dúvida, portanto, se a criança e o adolescente precisariam de representação ou assistência dos pais para a manifestação do consentimento para o tratamento dos dados pessoais. O fato é que a LGPD, contrariando o sistema de capacidades do Código Civil, não exige a representação ou assistência aos adolescentes.

4. O CONSENTIMENTO DOS PAIS

O art. 7º da LGPD determina que o tratamento de dados pessoais somente poderá ser realizado nas seguintes hipóteses: (i) mediante o fornecimento de consentimento pelo titular; (ii) para o cumprimento de obrigação legal ou regulatória pelo controlador; (iii) pela administração pública, para o tratamento e uso compartilhado de dados necessários à execução de políticas públicas previstas em leis e regulamentos ou respaldadas em contratos, convênios ou instrumentos congêneres, observadas as disposições do Capítulo IV desta Lei; (iv) para a realização de estudos por órgão de pesquisa, garantida, sempre que possível, a anonimização dos dados pessoais; (v) quando necessário para a execução de contrato ou de procedimentos preliminares relacionados a contrato do qual seja parte o titular, a pedido do titular dos dados; (vi) para o exercício regular de direitos em processo judicial, administrativo ou arbitral, esse último nos termos da Lei de Arbitragem; (vii) para a proteção da vida

---

20. AZEVEDO, Álvaro Villaça. *Código civil comentado*: negócio jurídico, atos jurídicos lícitos, atos ilícitos. São Paulo: Atlas, 2003. p. 332.

21. "Por outro lado, deve imperar, sempre, o princípio da boa-fé, por parte de quem negocia com o menor, pois este, no mais das vezes, não aparenta ter mais do que 18 anos de idade, ou comporta-se como criança, ou é imberbe, ou inexperiente etc. Diante de qualquer desses aspectos que coloquem em dúvida o outro contratante, deve ele valer-se da documentação necessária, sob pena de ser considerado negligente". AZEVEDO, Álvaro Villaça. *Código civil comentado*: negócio jurídico, atos jurídicos lícitos, atos ilícitos. São Paulo: Atlas, 2003. p. 332.

ou da incolumidade física do titular ou de terceiro; (viii) para a tutela da saúde, em procedimento realizado por profissionais da área da saúde ou por entidades sanitárias; (ix) quando necessário para atender aos interesses legítimos do controlador ou de terceiro, exceto no caso de prevalecerem direitos e liberdades fundamentais do titular que exijam a proteção dos dados pessoais; ou (x) para a proteção do crédito, inclusive quanto ao disposto na legislação pertinente.

Por outro lado, o art. 5º, inciso XII, define consentimento como sendo a "manifestação livre, informada e inequívoca pela qual o titular concorda com o tratamento de seus dados pessoais para uma finalidade determinada".

Demais disso, determina a lei que o consentimento deve ser fornecido por escrito, com cláusula destacada das demais cláusulas, ou por outro meio que demonstre a manifestação de vontade do titular (art. 8º). O ônus da prova de que o consentimento foi obtido em conformidade com a lei é do controlador (art. 8º, § 2º), sendo vedado o tratamento de dados pessoais mediante vício de consentimento (art. 8º, § 3º).

Adverte Bioni que a LGPD adjetivou o consentimento (livre, informado e inequívoco), exigindo dois elementos essenciais para ser considerado válido: o dever-direito de informação de forma clara e transparente e com informações consideradas úteis ao indivíduo, com uma quantidade bastante de elementos suficientes para permitir que o consumidor saiba das qualidades e características do bem de consumo e, ainda, a sua utilização atenta aos riscos que lhe possam sobrevir[22].

O mesmo autor esclarece que a LGPD utiliza adjetivos específicos para o consentimento em determinadas situações: a) quando há envolvimento de terceiros (art. 7º, § 5º); b) por conta da natureza do dado coletado (art. 11, I); c) quando envolve crianças e adolescentes (art. 14º, § 1º); d) na transferência internacional para um país sem o mesmo nível de proteção de dados que o Brasil (art. 33, III).

De fato, quando exigido, o consentimento é o fundamento essencial para a autodeterminação do sujeito em relação aos seus direitos de personalidade. Analisaremos, agora, o consentimento de crianças e adolescentes pela LGPD.

Em primeiro lugar, ressalta-se que, em relação ao tratamento dos dados descritos no art. 7º, incisos II ao X, não há que se falar na necessidade de consentimento dos pais ou do adolescente para a coleta e tratamento. Assim, nas hipóteses de frequência e acompanhamento escolar, é dispensável o consentimento dos responsáveis legais, já que esses dados são coletados e tratados com base na Lei de Diretrizes e Bases da Educação, para o cumprimento de obrigação legal do estabelecimento de ensino.

Da mesma forma, as informações sobre vacinação não dependem do consentimento dos pais, uma vez que, além de comprovar cumprimento de obrigação legal

---

22. BIONI, Bruno Ricardo. *Proteção de dados pessoais*: a função e os limites do consentimento. Rio de Janeiro: Forense, 2019. p. 193.

do posto de saúde (ou clínica), se prestam à formulação de políticas públicas de saúde e cumprimento integral do disposto no art. 14 do ECA.

A coleta de dados com outros objetivos, que não os descritos no art. 7º, incisos II ao X, da LGPD, é que necessita do consentimento dos pais, responsáveis ou do adolescente, nos exatos termos do art. 14, § 1º, que ora se comenta.

Em 22 de maio de 2023, a Autoridade Nacional de Proteção de Dados publicou seu primeiro enunciado (o Enunciado CD/ANPD 1/2023)[23], com os seguintes dizeres: "O tratamento de dados pessoais de crianças e adolescentes poderá ser realizado com base nas hipóteses legais previstas no art. 7º ou no art. 11 da Lei Geral de Proteção de Dados Pessoais (LGPD), desde que observado e prevalecente o seu melhor interesse, a ser avaliado no caso concreto, nos termos do art. 14 da Lei". O verbete é permeado por controvérsias, uma vez que não se esclareceu de forma minudente o contexto em que cada "base legal" pode vir a ser utilizada para o tratamento de dados pessoais de crianças e adolescentes, especialmente quanto ao polêmico legítimo interesse, definido no art. 7º, IX, da lei. Talvez a edição de um Guia Orientativo fosse mais adequada para detalhar o entendimento da ANPD sobre temática tão relevante.

4.1 O fenômeno do (over)sharenting

Ao discutir o consentimento para o tratamento de dados, é preciso trazer à baila a polêmica relativa ao uso de imagens de crianças e adolescentes. De fato, na contramão da luta pela proteção contra a massiva coleta de dados de crianças e adolescentes, surge o fenômeno atual conhecido como *sharenting*. O termo é uma expressão de origem inglesa, que deriva das palavras "*share*" (do verbo "compartilhar" em inglês) e "*parenting*" (verbo em inglês que se refere à função de parentalidade).

Refere-se, portanto, ao compartilhamento de informações de crianças e adolescentes pelos próprios pais, que divulgam fotos, vídeos, entre outros conteúdos, sobre seus filhos em redes sociais. Neste caso, a intromissão do direito à intimidade começa pela ação da própria família.

A prática é mais um exemplo do mau uso e do desconhecimento do mundo on-line pelos adultos, que compartilham de forma excessiva a vida de seus filhos, sem levar em consideração as consequências negativas para crianças e adolescentes.

Neste sentido, muito embora a legislação vigente ainda não apresente soluções para o (over)sharenting, pode-se afirmar a existência de violações aos direitos previstos da Carta Magna e do Estatuto da Criança e do Adolescente e a prática demonstra mais uma vez o despreparo da sociedade em relação ao mundo virtual. Neste caso,

---

23. BRASIL. Autoridade Nacional de Proteção de Dados. *Enunciado CD/ANPD 1, de 22 de maio de 2023*. Brasília 2023. Disponível em: https://www.gov.br/anpd/pt-br/assuntos/noticias/anpd-divulga-enunciado-sobre--o-tratamento-de-dados-pessoais-de-criancas-e-adolescentes/Enunciado1ANPD.pdf. Acesso em: 18 fev. 2025.

os próprios pais são responsáveis pelo fornecimento de dados pessoais de crianças e adolescentes na internet.

O fenômeno do *shareting* demonstra que é preciso que se invista na educação e na informação sobre o uso da internet e das redes sociais, para que exista avanço na proteção de dados do público infantojuvenil. Mais do que um avanço no regramento da *internet*, é preciso que os usuários da internet conheçam as consequências do compartilhamento de informações de seus filhos no mundo online, e que a educação cibernética seja oferecida à todas as camadas da sociedade.

5. CONSENTIMENTO DE CRIANÇAS E ADOLESCENTES

Conforme dissemos, a regra para o tratamento de dados é o consentimento livre, informado e inequívoco, conferido pelo seu titular (art. 7º, I). Por exceção, o consentimento não será necessário nas hipóteses expressas na lei (art. 7º, incisos II a X). Evidentemente, o mesmo dispositivo se aplica aos direitos da criança e do adolescente, razão pela qual nas hipóteses previstas em lei não será necessário o consentimento para o tratamento dos dados.

Mais ainda, o art. 14, § 3º, prevê a possibilidade de coleta de dados pessoais de crianças sem o consentimento quando tal for necessário para contatar os pais ou o responsável legal, utilizados uma única vez e sem armazenamento, ou para sua proteção. Nessas hipóteses, nenhum dado pode ser repassado a terceiros sem o consentimento dos pais ou responsável.

Por outro lado, dispõe o art. 14, § 1º, que "o tratamento de dados pessoais de *crianças* deverá ser realizado com o consentimento específico e em destaque dado por pelo menos um dos pais ou pelo responsável legal" (grifo nosso).

Eis o dispositivo que pode causar polêmica e dificuldade de interpretação. Ora, pela regra do art. 14, § 1º, os *adolescentes* não precisariam dar expressa anuência para coleta e tratamento de seus dados. Com isso, menores impúberes (entre 12 e 16 anos) estariam aptos, conforme a lei, para consentir sem a representação paterna e os relativamente incapazes (entre 16 e 18 anos), da mesma forma, não precisariam de assistência dos pais ou representante legal.

Há entendimentos de que a leitura do dispositivo legal é suficiente para simplesmente dispensar a autoridade parental para a coleta e tratamento de dados. Nesse sentido, já se manifestaram Chiara de Teffé e Gustavo Tepedino:[24]

> "Todavia, ao não mencionar o adolescente (pessoa entre 12 e 18 anos de idade incompletos), o § 1º do art. 14 não deixou claro se o consentimento manifestado diretamente por ele e sem assistência ou representação deveria ser considerado plenamente válido, como hipótese de capa-

---

24. TEPEDINO, Gustavo; TEFFÉ, Chiara Spadaccini de. Consentimento e proteção de dados pessoais na LGPD. In: TEPEDINO, Gustavo; FRAZÃO, Ana; OLIVA, Milena Donato (Coord.). *Lei Geral de Proteção de Dados e suas repercussões no direito brasileiro.* 2. ed. São Paulo: Thomson Reuters Brasil, 2020, p. 287-322.

cidade especial, ou se simplesmente o legislador teria optado por não tratar do tema, por já existir legislação sobre a matéria no Código Civil. Ao que parece, o legislador pretendeu reconhecer a validade do consentimento manifestado pelo adolescente. Tomando como base a realidade da utilização da Internet e das mídias sociais, que tem entre seus usuários legiões de adolescentes, é possível que tenha optado por considerar jurídica hipótese fática dotada de ampla aceitação social.

De outra banda, há sérias críticas a respeito da interpretação da lei quanto ao consentimento de adolescente:

A Lei 13.709/2018 possui duas graves falhas: a) não se refere aos princípios da proteção integral e da prioridade absoluta como marcos normativos iniciais para o tratamento de dados pessoais de crianças e adolescentes; b) não incluiu o adolescente nos parágrafos do art. 14.

Isso não significa, absolutamente, que o tema não se submeta à doutrina da proteção integral. O sistema jurídico da infância e da adolescência está erigido e funcionalizado pelos respectivos princípios jurídicos estruturantes. E o adolescente é protegido por eles. Sempre. Jamais é excluído da proteção integral e prioritária.[25]

De fato, o legislador aparentemente não se equivocou na redação da norma que dispensa a assistência ou representação dos adolescentes, razão pela qual a leitura imediata da lei nos leva ao entendimento de que não se faz necessária a presença dos pais ou responsável quando o titular dos dados for adolescente, podendo o consentimento ser por ele oferecido.

Conferiu, portanto, a lei autonomia maior ao adolescente que o próprio Código Civil e o Estatuto da Criança e do Adolescente, tal qual a legislação europeia e americana. No entanto, é necessário cautela na interpretação do dispositivo.

Na hipótese de a coleta e tratamento de dados advir de um negócio jurídico como, por exemplo, um contrato de prestação de serviços escolares, ainda que destinado aos adolescentes, a coleta do consentimento deve ocorrer junto com a assinatura do contrato. Isso porque as informações são provenientes de um contrato que depende de representação ou assistência dos pais, sob pena de nulidade ou anulabilidade do ato. A coleta de dados, neste caso, é acessória ao contrato principal, devendo ser observados os requisitos do negócio jurídico principal.

Ademais, em qualquer hipótese, o tratamento de dados de crianças e adolescentes deve respeitar o princípio do melhor interesse, bem como a sua progressiva autonomia. Certamente, a casuística ajudará a trazer maiores esclarecimentos ao longo da aplicação da lei, em especial quanto ao consentimento[26].

---

25. AMARAL, Claudio do Prado. Proteção de dados pessoais de crianças e adolescentes. In: LIMA, Cíntia Rosa Pereira de (Coord.). *Comentários à Lei Geral de Proteção de Dados*. São Paulo: Almedina, 2020. p. 181.

26. Ainda sobre o tema, advertem Fernanda Pantaleão Dirscherl José Luiz de Moura Faleiros Jr: "Interpretação literal da LGPD permitiria concluir que, por se tratar de lei especial em relação ao Código Civil, teria conferido maior autonomia aos adolescentes, o que, em tese, englobaria todos os que tenham entre 12 e 18 anos de idade. Porém, não se pode desconsiderar a necessidade de conjugação dos dispositivos da LGPD concernentes aos requisitos (ou "bases legais", a saber, artigos 7º e 11) para o tratamento de dados e quanto ao consentimento (que é uma das "bases legais" definidas na lei) ao repositório de princípios e

Outra advertência trazida pelo art. 14, § 4º, é que o controlador não deve condicionar o consentimento à participação de crianças (e também adolescentes?)[27] em jogos ou outros aplicativos disponíveis na internet, salvo as informações estritamente necessárias à atividade oferecida. A barganha aceita entre pessoas maiores e capazes não pode ser aqui exercida, dada a maior vulnerabilidade do grupo.

6. FORMA DE COLETA E CONTROLE

O art. 14 da LGPD também determina que os controladores deverão manter pública a informação sobre os tipos de dados coletados, bem como a sua forma de utilização e os procedimentos para o exercício do acesso e correção dos dados (art. 14, § 2º).

Sendo assim, deve o controlador esclarecer de forma inequívoca aos pais e responsáveis quais são os dados que estão sendo coletados e de que forma serão utilizados. Não é demais lembrar que a utilização estará sempre sujeita ao melhor interesse da criança e do adolescente.

Outra questão relevante que toca à forma e tratamento dos dados diz respeito à comunicação com o público infantil. Vejamos:

As informações sobre o tratamento de dados referidas neste artigo deverão ser fornecidas de maneira simples, clara e acessível, consideradas as características físico-motoras, perceptivas, sensoriais, intelectuais e mentais do usuário, com uso de recursos audiovisuais quando adequado, de forma a proporcionar a informação necessária aos pais ou ao responsável legal e adequada ao entendimento da criança. (art. 14, § 6º).

---

conceitos do ECA e do Código Civil para que se possa detalhar a forma e a extensão do consentimento para o tratamento de dados de crianças e adolescentes. Não há dúvidas de que a casuística será imprescindível manancial de exemplos a partir dos quais se poderá inferir se a aplicação dos requisitos da LGPD para o tratamento, mesmo que eventual consentimento seja expressado por adolescente, à luz da imprescindível observância do melhor interesse, que se aplica a todas as faixas etárias inferiores a 18 anos. Como consequência, maior responsabilidade se exige de controladores e operadores de dados, que devem realizar suas atividades, desenvolvendo meios elucidativos e explícitos para a legitimação do tratamento de dados, sempre em respeito ao princípio do melhor interesse. Caso contrário, a inobservância de tal princípio – que, repita-se, está elencado no próprio caput do artigo 14 e tem aplicação a crianças e adolescentes – já representará violação à lei e poderá desencadear consequências civis e administrativas." FALEIROS JÚNIOR, José Luiz de Moura; DIRSCHERL, Fernanda Pantaleão. Uma leitura do artigo 14 da LGPD para além do mero controle parental. In: TEIXEIRA, Ana Carolina Brochado; FALEIROS JÚNIOR, José Luiz de Moura; DENSA, Roberta (Coord.). *Infância, adolescência e tecnologia*: o Estatuto da Criança e do Adolescente na sociedade da informação. Indaiatuba: Foco, 2022. p. 357.

27. "Reiterando os princípios da finalidade, necessidade e adequação, nesse parágrafo consta que qualquer tratamento de dados de crianças, especialmente em jogos e pela internet, deve se restringir ao mínimo necessário. Entendemos que essa obrigação também pode se estender ao tratamento de dados de adolescentes, uma vez que se trata de natural extensão dos princípios da finalidade, necessidade e adequação, os quais tem ampla aplicação". LIMA, Caio César Carvalho. Capítulo II – Do tratamento de dados pessoais. In: MALDONADO, Viviane Nóbrega; BLUM, Renato Opice (Coord.). *LGPD: Lei geral de proteção de dados*: manual de implementação. São Paulo: Thomson Reuters Brasil, 2019. p. 210.

Assim, sugere-se que os controladores utilizem as ferramentas do *legal design*, bem como utilizem imperativos como, por exemplo, *fale com a mamãe e com o papai*, ou mesmo cores e animações para advertência de que as crianças devem reportar aos pais para que esses apresentem o consentimento. A regulamentação americana traz interessantes parâmetros para a leitura do dispositivo.

7. DECLARAÇÃO 1/2025 SOBRE O "AGE ASSURANCE" DO COMITÊ EUROPEU PARA PROTEÇÃO DE DADOS

O *European Data Protection Board* (ou Comitê Europeu para a Proteção de Dados – EDPB) é um organismo europeu independente que reúne autoridades nacionais de proteção de dados dos países do Espaço Econômico Europeu e da *European Data Protection Supervisor* (Autoridade Europeia para a Proteção de Dados – EDPS).[28]

A organização não governamental, com sede em Bruxelas, tem como objetivo assegurar que o Regulamento Geral sobre Proteção de Dados e outros regramentos em relação ao tema, sejam aplicados de forma coerente, assegurando a cooperação e o consenso entre os estados europeus.

Nesta toada, publicou a Declaração 1/2025 sobre a chamada *age assurrance*, termo que poderia ser traduzido como *garantia de idade* e que se refere aos métodos utilizados para determinar a idade ou faixa etária de um indivíduo. O relatório menciona três principais categorias de *age assurance*: estimativa de idade, verificação de idade e autodeclaração. O objetivo do documento é promover a garantia da proteção de crianças e adolescentes em meio online nos processos de verificação de idade.

Assim, a estimativa de idade refere-se aos métodos usados para estimar a idade do usuário da web, com base em dados ou características biométricas, usando tecnologias como análise facial ou parâmetros biológicos, sem que exista uma confirmação direta de sua idade. A verificação de idade, por sua vez, é o processo de confirmação de idade através de dados específicos e verificáveis, como o fornecimento de documentos de identidade, que dão uma comprovação exata da pessoa. E por fim, a autodeclaração consiste no processo em que o próprio individuo declara sua idade, normalmente por meio de formulário, sendo menos precisa que os outros processos, uma vez que conta com a honestidade.

Neste contexto, o documento apresenta princípios a serem seguidos por provedores de internet, com a finalidade de incentivar a implementação de métodos de verificação de idade que minimizem riscos para a efetiva proteção de dados pessoais, evitando a identificação, localização ou monitoramento de indivíduos além do necessário, com o pretexto de se determinar sua idade.

---

28. Informação disponível no site do comitê The European Data Protection Board | European Data Protection Board.

Dentre os exemplos, o texto sugere que sites que possuam conteúdo e serviços apropriados para todos os tipos de idade não deveriam processar dados pessoais para verificar a idade de seus usuários, uma vez que este processamento não atenderia aos princípios de necessidade e proporcionalidade em relação ao uso destes dados.

Assim, a Declaração 1/2025 visa aplicar princípios de limitação, finalidade, necessidade e minimização de dados, garantindo que apenas os dados estritamente necessários sejam processados para garantir que conteúdos adultos não sejam entregues às crianças e adolescentes, desde que respeitados os demais direitos deste grupo.

8. *BIG DATA*, INTELIGÊNCIA ARTIFICIAL E OS PERIGOS DOS ALGORITMOS NAS REDES SOCIAIS PARA AS CRIANÇAS E ADOLESCENTES

Big data é a expressão utilizada para se referir a conjunto de dados complexos e variados, obtidos em meio digital, através de diferentes tipos de fontes, de forma crescente e volumosa, sendo certo que os sistemas tradicionais de gerenciamento de dados não conseguirem armazená-los, processá-los ou analisá-los adequadamente.

Esse conjunto de dados é interpretado pela Inteligência Artificial, que através de algoritmos busca padrões e *insights* relevantes para montar o perfil de um usuário na rede mundial de computadores, oferecendo assim um padrão de conteúdos personalizados aos usuários de redes sociais, tudo baseado no comportamento do usuário.

Essa constante coleta de informações sobre o usuário leva ao que se denomina "perfil do usuário", que é uma ferramenta poderosa para as empresas em meio online e pode ser especialmente perigosa em relação ao uso de redes sociais por crianças e adolescentes.

Nesse sentido, embora as redes sociais tenham políticas que não permitem o acesso aos menores de 13 anos,[29] é fato que há um acesso massivo deste público, sem que haja controle adequado em relação ao conteúdo acessado por estas crianças. De acordo com uma pesquisa recente da Tic Kids Online Brasil,[30] de 2015 a 2024, a proporção de usuários de internet saltou de 9% para 44% na faixa etária de 0 a 2 anos; de 26% para 71% na de 3 a 5 anos e de 41% para 82% na de 6 a 8 anos, na comparação entre 2015 e 2024.

Nesse cenário, a falta de monitoramento dos responsáveis pode levar ao consumo de conteúdo inadequado às crianças e adolescentes. Como exemplo, citamos o

---

29. Nos Estados Unidos, seguindo as regras das classificações indicativas, as redes sociais não são indicadas para menores de 13 anos. É importante esclarecer que este limite de idade foi imposto pelo COPPA em relação à coleta de dados pessoais de crianças abaixo desta idade. Assim, não é necessariamente o acesso destas crianças que é proibido (embora seja desencorajado), mas sim a coleta de dados deste público.

30. Dados disponíveis em: Cetic.br – Cetic.br publica dados inéditos sobre o uso de tecnologias digitais por crianças brasileiras de até 8 anos. Acesso em: 16 abr. 2025.

acesso deste público à rede social *Tik Tok* terminou em tragédia em 2021:[31] segundo o jornal "O Globo", uma criança italiana de 10 anos se fechou no banheiro da casa onde morava com a família para participar de um "desafio de *blackout*", *trend* na rede mencionada. Ela colocou um cinto ao redor do pescoço e o apertou com o objetivo de ficar sem respirar o máximo de tempo possível, o que ocasionou a sua morte.

Este não é um caso isolado e algumas tragédias ocorreram por esta e outras *trends* dentro de redes sociais. Tal fato demonstra a periculosidade dos algoritmos das redes sociais quando voltados às crianças e adolescentes, já que estes podem passar a sugerir diversos conteúdos de cunho violento, incentivando atitudes lesivas à saúde mental e física destes jovens.

Neste sentido alerta Luca Felipe Souza Godoi:[32]

> "A personalização do conteúdo exibido para as crianças pode fazer com que elas vejam apenas o que concorda com suas opiniões e crenças, o que pode levar a uma "bolha de filtro" e uma visão distorcida da realidade. Além disso, a publicidade direcionada com base em seus interesses e comportamentos anteriores pode levar a comportamentos de compra impulsiva e exposição a produtos inapropriados, podendo causar vícios e manter crianças e adolescentes engajados por períodos mais longos. Por essa razão, é importante que os pais e responsáveis acompanhem o uso das redes sociais pelas crianças e estabeleçam regras e limites para seu uso".

Devemos lembrar que ainda não há lei vigente no país regulamentando a Inteligência Artificial. Um projeto de lei sobre o assunto foi aprovado pelo Senado em dezembro de 2024 (Projeto de Lei n° 2338, de 2023) e tramita pelo Congresso Nacional, mas manteve de fora da lista de sistemas considerados de alto risco os algoritmos das redes sociais relacionados a crianças e adolescentes, o que demonstra que a legislação brasileira está longe de oferecer uma proteção adequada em redes sociais.

9. PROTEÇÃO DE DADOS ON-LINE NOS ESTADOS UNIDOS

Conforme dissemos, o COPPA criou regras específicas para proteção de crianças com menos de 13 (treze) anos, envolvendo a coleta de dados e práticas que requerem privacidade em websites, aplicativos e outras páginas on-line. Sendo assim, para os fins das regras dispostas no COPPA, *criança é toda pessoa que tenha menos de 13 (treze) anos de idade*. Ainda assim, é expressa a recomendação para que o operador também observe as diretrizes do COPPA quanto à coleta e uso dos dados de adolescentes dos 13 aos 16 anos.

---

31. "Morte de criança italiana em desafio no TikTok reacende debate sobre regulamentação de redes sociais". *Revista Época*. Acesso em: 16 abr. 2025.

32. GODOI, Luca Felipe Souza. Inteligência artificial na gerência de ambientes digitais: o impacto de recomendação de conteúdo lesivo às crianças e adolescentes realizado por algoritmo nas redes sociais, *Revista de Direito e as Novas Tecnologias* | v. 24/2024 | jul.-set. / 2024.

Adam Thierer[33] ressalta que a questão do consentimento não é pacífica naquele país e informa que, nos últimos anos, alguns Estados propuseram expandir o regime da COPPA de várias maneiras. Esses esforços tentaram expandir a estrutura de consentimento dos pais para incluir todos os menores com até 18 anos, ampliando o leque de sites atendidos, aumentando a quantidade de informações que devem ser coletadas para obter o consentimento verificável dos pais, e outras sugestões.

O autor informa que nenhuma dessas reformas foi implementada até o momento. Há uma variedade de preocupações em relação aos sites que os menores podem visitar, além da quantidade de informações a que eles estão expostos na rede. Em uma pesquisa recente, estima-se que até 7,5 milhões de usuários do Facebook têm menos de 13 anos de idade, sendo que dois terços dessas pessoas têm menos de 10 anos de idade. Como a maioria dos outros grandes operadores on-line, o Facebook não permite que usuários menores de 13 anos se inscrevam no serviço. Na prática, porém, são de difícil aplicação tais restrições. Este é um dos fatores mais importantes para formuladores de políticas púbicas e defensores da regulamentação, de quem se espera atuação em prol da expansão do COPPA e das regras de privacidade de crianças e adolescentes na rede.

O objetivo do regulamento é trazer proteção aos dados pessoais de crianças em websites e serviços on-line, exortando sempre o envolvimento dos pais ou representantes nessas atividades, possibilitando a maior proteção dos seus filhos ou representados.

Nesse sentido, ensina Adam Thierer[34]:

"Concerns about children's privacy are an importante part of this debate. The Children's Online Privacy Protection Act of 1998 (COPPA) already mandates certain online-privacy protections for children under the age of 13. The goal of COPPA was to enhace parent's involvement in their children's online activities and better safeguard kids' personal information online."

O COPPA é aplicado aos operadores de dados de websites e serviços on-line *dirigidos para crianças* e, também, para aqueles que são voltados para o público em geral, *mas que coletam informações sobre o público infantil*[35].

---

33. THIERER, Adam. *Kids. Privacy, Free Speech and the Internet*: Finding the right balance. Disponível em http://ssrn.com/abstract=1909261. Acesso em: 18 fev. 2025.

34. THIERER, Adam. *Kids. Privacy, Free Speech and the Internet*: Finding the right balance. Disponível em http://ssrn.com/abstract=1909261. Acesso em: 18 fev. 2025.

35. Foi com fundamento no COPPA que o FTC (Federal Trade Commission) em 2019 impôs multa ao Google no valor de US$ 170 milhões por violações à privacidade de crianças no YouTube (a multa mais alta aplicada pelo órgão até hoje). Conforme o acordo firmado, a Google LLC e a subsidiária YouTube LLC teriam violado as regras do COPPA (Children's Online Privacy Protection Rule) ao coletar informações pessoais de crianças utilizando cookies para rastrear usuários na Internet sem antes identificar e obter o consentimento expresso dos pais ou responsável. Com tais dados, o YouTube, usando os identificadores, praticou a denominada publicidade comportamental direcionada às crianças e adolescentes, sem expresso consentimento dos pais. (Disponível em: https://www.ftc.gov/news-events/press-releases/2019/09/google--youtube-will-pay-record-170-million-alleged-violations. Acesso em: 18 fev. 2025).

Afinal, como é possível determinar que o site ou serviço é direcionado às crianças? A Federal Trade Commission (FTC) considera uma série de fatores para determinar se um site ou serviço é "direcionado a crianças", incluindo o assunto; o conteúdo visual ou de áudio; a idade dos modelos; a linguagem ou outras características; se a publicidade promovendo ou aparecendo no site é direcionada a crianças; as evidências empíricas sobre a composição do público; a audiência pretendida; e se um site usa personagens animados e/ou atividades voltadas para crianças e incentivos[36].

Ademais, é preciso enfatizar que o regulamento não é aplicado às agências governamentais ou entidades sem fins lucrativos, já que os operadores, de acordo com tal regulamentação, são considerados pessoas, sociedades ou corporações que organizam seus negócios com a finalidade de lucro[37].

Por dados pessoais de crianças devemos compreender qualquer informação pessoal coletada pelo operador, incluindo no rol do COPPA o nome, sobrenome, endereço domiciliar ou qualquer outro endereço físico, geolocalização, informações sobre contato on-line, como nome de usuário, e-mail e outros, número de telefone, número de segurança social (*social security number*), número identificador de usuário de serviços on-line ou websites ou de protocolos on-line, fotografias, vídeos ou áudios.

O dispositivo definiu como coleta dessas informações a reunião de qualquer dado pessoal de criança, com qualquer propósito, incluídos: i) requerer ou encorajar a criança a submeter informações pessoais na internet; ii) habilitar o fornecimento

---

36. BAVITZ, Christopher; GUPTA, Ritu; OBERMAN, Irina; RITVO, Dalia. Privacy and Children's Data – An Overview of the Children's Online Privacy Protection Act and the Family Educational Rights and Privacy Act. *Berkman Center Research Publication No. 23*, [S.l], nov. 2013. Disponível em: SSRN: https://ssrn.com/abstract=2354339. Acesso em: 18 fev. 2025.

37. Em tradução livre, assim explicam Oberman, Bavitz e Topelson: Organizações sem fins lucrativos ou agências ou instituições governamentais precisam cumprir COPPA? Um operador, conforme definido pela COPPA não inclui qualquer entidade sem fins lucrativos que estará isento da cobertura da Lei da Comissão de Comércio Federal. A Seção 5 da Lei da Comissão de Comércio Federal (FTC) afirma que a jurisdição de execução da FTC aplica-se apenas a "pessoas, parcerias ou corporações". Uma "corporação" é definida como uma entidade que "está organizada para executar negócio para obtenção de lucro ou de seus membros". Portanto, entidades sem fins lucrativos ou entidades que não são "corporações" e geralmente não são sujeitos à jurisdição da FTC e, portanto, não são obrigados a cumprir o COPPA. De acordo com a FTC, no entanto, entidades sem fins lucrativos que operam sites ou serviços para o lucro de seus membros comerciais podem estar sujeitos a responsabilidade sob COPPA. As escolas geralmente não se qualificam como instituições comerciais que estão sujeitas à jurisdição da FTC. Dito isso, se uma escola se envolver em atividades comerciais (por exemplo, venda de camisetas online), então esse comportamento pode estar sujeito a supervisão pela FTC. Da mesma forma, mesmo que uma escola não esteja sujeita à supervisão da FTC, a computação em nuvem prestadores de serviços que as escolas contratam estarão sujeitos a ela. Para esse fim, sempre que uma escola contrata um serviço de computação em nuvem provedor de serviços, deve garantir que o provedor de serviços está em conformidade com a COPPA. BAVITZ, Christopher; GUPTA, Ritu; OBERMAN, Irina; RITVO, Dalia. Privacy and Children's Data – An Overview of the Children's Online Privacy Protection Act and the Family Educational Rights and Privacy Act. *Berkman Center Research Publication No. 23*, [S.l], nov. 2013. Disponível em: SSRN: https://ssrn.com/abstract=2354339. Acesso em: 18 fev. 2025.

da criança de seus dados pessoais, tornando-os disponíveis, de forma que possa ser identificada; e iii) monitoramento das atividades das crianças on-line.

Da mesma forma, divulgação de dados pessoais se relaciona: i) ao lançamento de informações pessoais identificáveis[38], coletadas por operador[39], oferecidas por criança com menos de 13 anos de idade, com qualquer finalidade, exceto em hipóteses em que o operador provê tais informações com o intuito de suporte ao próprio website ou serviço on-line[40]; ii) à acessibilidade de informações pessoais identificáveis, por meio de postagens em páginas da internet, sejam elas do próprio operador dos dados ou de outros websites e serviços on-line como *"pen pall"*, compras on-line, *"message boards"* e salas de bate-papo.

De acordo com o dispositivo, diversas condições são impostas aos operadores dos dados pessoais infantis, sendo as principais:

- a necessidade de obter consentimento dos pais para a coleta dos dados pessoais da criança[41];
- a elaboração de uma política de privacidade clara e compreensiva;
- além de manter as informações obtidas de crianças em segurança e confidencialidade.

9.1 O consentimento dos pais ou responsáveis no COPPA

O COPPA ressalta diversas vezes, ao longo de sua redação, a necessidade de que os pais ou responsáveis tenham conhecimento de todas as condições do oferecimento dos dados pessoais da criança de forma clara e precisa, e que possam revisá-lo constantemente, sempre que entenderem necessário ou que atualizações sejam feitas.

De acordo com seus dispositivos, o operador deve, em qualquer caso, assegurar aos representantes legais das crianças que todas as informações obtidas serão protegidas, garantindo sua confidencialidade, segurança e integridade de todos os dados por ele obtidos.

Ainda nesse sentido, as informações oferecidas com o consentimento dos pais e responsáveis não podem ser utilizadas como condição para participação em jogos

---

38. Definido pela lei como compartilhamento, venda, aluguel ou transferência de informações pessoais à terceiros.

39. Definido pela lei, de forma geral, como a pessoa física ou jurídica que gerencia website ou serviço online, coletando informações pessoais de seus usuários ou visitantes para diversos fins comerciais.

40. A lei define suporte ao website ou serviço online como aqueles que servem para manter ou analisar a funcionalidade, performance, conformidade e segurança do serviço, autenticidade dos usuários.

41. Nesse sentido, o consentimento dos pais ou responsáveis deve ser assegurado pelo fornecimento pelo operador de aviso sobre a coleta e eventual uso ou divulgação de informações pessoais de seus filhos, devendo obter dos representantes autorização *verificável* para qualquer das ações descritas.

com oferecimento de prêmios, ou qualquer atividade que exija mais elementos pessoais do que aqueles necessários para participar dessas atividades.

As informações podem ser requeridas de diversas formas e em diversos casos. Pode ocorrer de o próprio operador desejar informar aos pais ou responsáveis sobre o uso de sua plataforma pelos seus representados, bem como da possibilidade de requerer dados pessoais dessas crianças.

Para tanto, é possível que requeiram às crianças as informações sobre o contato dos pais ou responsáveis. Diante desse caso, deverá o operador notificar: i) que coletou as informações de contato dos pais ou representantes por meio da criança, e que entraram em contato para informar que seus filhos ou representados fazem uso do website ou serviço on-line do operador; ii) caso venham a necessitar de dados pessoais de seus filhos, que necessitam de sua aprovação para tanto; iii) que os dados de contato dos pais ou representantes coletados pelo operador não poderão ser usados para outro fim descrito; iv) que os pais ou representantes podem recusar a permissão do uso do website ou serviço on-line ou a coleta e uso de dados pessoais da criança, bem como que seus contatos podem ser excluídos, caso manifestem vontade. Na última hipótese, deverá o operador informar a maneira como se fará a exclusão; v) que enviou um *hyperlink* com aviso sobre as práticas utilizadas na coleta dos dados pessoais da criança, inclusive sobre a parte do website ou serviço on-line que ela é requerida.

No mesmo sentido, caso o operador já tenha obtido as informações de contato dos pais ou representantes por meio da criança[42] e pretenda adquirir maiores dados pessoais para o uso do website ou serviços on-line, deverá também requerer o consentimento desses. Caso os pais ou responsáveis não respondam em tempo razoável, deverá o operador deletar suas informações de contato de seus registros.

Por fim, necessário enfatizar que o consentimento dos pais e responsáveis deve ser verificável, além de retratável, o que torna necessário ao operador possibilitar que se dê de forma descomplicada e rápida. Ademais, deve o operador possibilitar que tal consentimento seja parcial, permitindo que os pais ou responsáveis consintam com a coleta e uso dos dados pessoais da criança, proibindo que sejam divulgados a terceiros[43].

---

42. Em ambos os casos, o mero requerimento do contato online dos pais ou responsáveis da criança para assegurar a segurança da criança diante do uso do serviço online ou website do operador, ou ainda para solicitação de novos dados pessoais de seus filhos/representados não exige o consentimento de seus responsáveis. Ainda nesse sentido, também é dispensado seu consentimento caso o uso do contato tenha intenção de prover informação de cunho judicial, de previsão legislativa, para prover informações à agencias públicas ou para fins de investigação no âmbito judicial.

43. Importante notar que, embora a regulação geralmente não se aplique a informações pessoais coletadas de pais sobre seus filhos, como prática recomendada, os operadores devem salvaguardar informações obtidas dos pais da mesma forma que fariam se fossem coletadas diretamente de uma criança. No mínimo, espera-se que os operadores mantenham a confidencialidade das informações coletadas dos pais quando eles fornecem consentimento para a liberação de informações de seus filhos ou quando eles revisam as informações

9.2 Métodos verificáveis de obtenção do consentimento

O COPPA trouxe disposição expressa em relação aos métodos utilizáveis para a verificação dos esforços feitos na obtenção do consentimento dos pais. São eles:

- Os esforços em utilizar todos os métodos necessários na busca da autorização, levando em conta o uso de todas as tecnologias disponíveis na atualidade. Nesse sentido, é preciso que seja possível verificar a autoria dos pais na autorização, sempre que possível;

- 'Existindo métodos verificáveis, deverá o operador oferecer formulário a ser assinado pelos pais e devolvidos por e-mail ou escaneado; pedir que os pais tenham controle de notificação dos pagamentos on-line feitos via internet, quando possível; buscar o contato dos pais por meio de videochamada ou telefonema gratuito, entre outros.

Nota-se que os parâmetros e orientações utilizados pelo COPPA podem perfeitamente nortear a compreensão do dispositivo nacional em comento, especialmente quanto à forma de coleta do consentimento dos pais e dos adolescentes.

---

coletadas de seu filho. BAVITZ, Christopher; GUPTA, Ritu; OBERMAN, Irina; RITVO, Dalia. Privacy and Children's Data – An Overview of the Children's Online Privacy Protection Act and the Family Educational Rights and Privacy Act. Berkman Center Research Publication No. 23, [S.l], nov. 2013. Disponível em: SSRN: https://ssrn.com/abstract=2354339. Acesso em: 18 fev. 2025.

Pietra Daneluzzi Quinelato

Seção IV
Do Término do Tratamento de Dados Pessoais

Art. 15. O término do tratamento de dados pessoais ocorrerá nas seguintes hipóteses:

I – verificação de que a finalidade foi alcançada ou de que os dados deixaram de ser necessários ou pertinentes ao alcance da finalidade específica almejada;

II – fim do período de tratamento;

III – comunicação do titular, inclusive no exercício de seu direito de revogação do consentimento conforme disposto no § 5º do art. 8º desta Lei, resguardado o interesse público; ou

IV – determinação da autoridade nacional, quando houver violação ao disposto nesta Lei.

Vivemos uma economia com caráter informacional, global e interconectado[1], cujas transformações se intensificaram nos últimos vinte anos. Nossos dados pessoais passaram a representar ativos essenciais para o bom funcionamento da sua dinâmica, sendo objeto de diversos tratamentos[2-3]. Esses tratamentos, por sua vez, encontraram limites, como os previstos na Lei Geral de Proteção de Dados Pessoais (LGPD) em cenário nacional. Em especial, destacar-se-ão aqui o término do tratamento e a eliminação dos dados pessoais.

Faz-se necessária, portanto, a definição do ciclo de vida dos dados pessoais, com a previsão quanto ao término do tratamento[4] e consequente eliminação, visto

---

1. CASTELLS, Manuel. *The rise of the network society*. The information age: economy, society, and culture. v. 1. 2. ed. Oxford/West Sussex: Wiley-Blackwell, 2010. p. 77 e ss.

2. O conceito de tratamento de dados consta no artigo 5º, X, da Lei Geral de Proteção de Dados (LGPD) como toda operação realizada com dados pessoais.

3. De acordo com a lei, são exemplificadas operações como as que se referem a coleta, produção, recepção, classificação, utilização, acesso, reprodução, transmissão, distribuição, processamento, arquivamento, armazenamento, eliminação, avaliação ou controle da informação, modificação, comunicação, transferência, difusão ou extração de dados.

4. O Marco Civil da Internet havia previsto em seu artigo 7º, X a exclusão dos dados pessoais como um direito do usuário da internet, ao término da relação entre as partes, ressalvadas as hipóteses de guarda obrigatória de registros. Tal disposição já pretendia permitir que o indivíduo tivesse controle das suas informações. Cf. BITELLI, Marcos Alberto Sant'Anna. A Lei 12.965/2014 – O Marco Civil da Internet. *Revista de Direito das Comunicações*, São Paulo, v. 7, jan./jun. 2014. p. 11.

que tal tratamento não pode ocorrer por prazo infinito. Nesse contexto, o princípio da autodeterminação informativa[5], inserido no artigo 2°, III, da LGPD, teve a sua roupagem incrementada e fortalecida.

Embora a eliminação dos dados pessoais também seja um direito do titular (artigo 18, inciso VI), a LGPD traz de maneira específica em seus artigos 15 e 16 uma seção sobre o término do tratamento, criando um dever geral aos agentes de tratamento, diferentemente do Regulamento Geral sobre a Proteção de Dados da União Europeia (GDPR[6]), que vincula o tema aos direitos dos titulares em seu artigo 17.

Primeiramente, no artigo 15, nossa lei aborda hipóteses em que o término do tratamento de dados deverá ocorrer para, no artigo seguinte, apresentar exceções, possibilitando a conservação de dados pessoais após o referido término.

HIPÓTESES DE TÉRMINO DE TRATAMENTO DOS DADOS PESSOAIS – ARTIGO 15 DA LGPD

O artigo 15 da LGPD apresenta, em seus quatro incisos, hipóteses em que deverá ser estabelecido o término do tratamento. De acordo com Guedes e Meireles, tais hipóteses podem ser organizadas como: (i) esgotamento funcional da utilização dos dados; (ii) término do prazo; (iii) autodeterminação do titular; e (iv) ilegalidade[7]. No mesmo sentido, Frazão observa que "os três primeiros incisos se referem a hipóteses em que o tratamento de dados é lícito, enquanto o inciso IV refere-se à hipótese em que o tratamento de dados é ilícito"[8].

A primeira das hipóteses, presente no inciso I do mencionado artigo, vincula o término do tratamento à verificação de que a finalidade foi alcançada ou de que os dados tratados deixaram de ser necessários ou pertinentes ao alcance da finalidade específica desejada. Tal disposição conversa intimamente com os princípios da finalidade e necessidade, presentes no artigo 6°, I e III, da LGPD, respectivamente.

O princípio da finalidade estabelece que a realização do tratamento de dados pessoais deve ser destinada a propósitos legítimos, específicos, explícitos e informados ao titular, sem que haja algum tratamento posterior incompatível com as finalidades estabelecidas. Já o princípio da necessidade limita referido tratamento

---

5. O princípio da autodeterminação informativa está ligado à faculdade de o particular determinar e controlar a utilização de seus dados. CANOTILHO, José Joaquim Gomes. *Direito Constitucional e Teoria da Constituição*. Coimbra: Almedina, 2003.

6. Por motivos de habitualidade, a sigla GDPR foi adotada ao invés da sigla RGPD, em português.

7. Cf. GUEDES, Gisela Sampaio da Cruz; MEIRELES, Rose Melo Venceslau. Término do tratamento de dados. In: TEPEDINO, Gustavo; FRAZÃO, Ana; OLIVA, Milena Donato (Coord.). *Lei Geral de Proteção de Dados Pessoais e suas repercussões no direito brasileiro*. São Paulo: Revista dos Tribunais, 2019, p. 222.

8. FRAZÃO, Ana. Nova LGPD: o término do tratamento de dados. *Jota*, 10 out 2018. Disponível em: https://www.jota.info/opiniao-e-analise/colunas/constituicao-empresa-e-mercado/nova-lgpd-o-termino-do-tratamento-de-dados-10102018. Acesso em: 18 fev. 2025.

ao mínimo necessário para a realização de suas finalidades, com abrangência dos dados pertinentes, proporcionais e não excessivos em relação aos objetivos do tratamento de dados.

Portanto, no artigo 15, I, da LGPD, os responsáveis pelo tratamento encontram um cenário em que se faz necessária a justificação da sua manutenção, o que está vinculado à sua finalidade. Para tanto, a finalidade não deve ter sido atingida ou os dados tratados devem ser ainda necessários ou pertinentes[9]. Diante disso, a compreensão de tal hipótese pode ser dividida em duas etapas.

A primeira delas se refere à verificação da finalidade alcançada, o que pode envolver certa subjetividade do responsável pelo tratamento, pois é necessária uma avaliação anterior para que essa resposta seja encontrada. Ou seja, a finalidade estabelecida precisa ser capaz de justificar a manutenção do tratamento dos dados pessoais, caso ocorra.

Contudo, o tratamento dos dados pessoais não é estático e está envolvido em um ciclo em que a finalidade pode ter sido alterada em seu percurso. Isso porque em um ciclo pode haver a coleta, o processamento, a análise, um possível compartilhamento, o armazenamento, uma possível reutilização e a eliminação. Assim, não se deve confundir o término do tratamento previsto na hipótese do artigo 15, I, da LGPD, com possibilidades de retenção de dados pessoais, quando estes estão ligados a outras finalidades e continuarão sendo tratados pelos agentes de tratamento. O término refere-se a uma operação de tratamento e ocorrerá quando não houver mais a finalidade que justifique referido tratamento.

Além disso, a retenção de dados devido a uma das finalidades não justifica o seu tratamento para outros fins. Por exemplo, se o controlador trata dados para três finalidades e uma delas se encerra, tal tratamento poderá ocorrer apenas em relação às outras duas. Referida situação encontra respaldo no já mencionado princípio da finalidade, pois não devem ser tratados dados de forma incompatível com finalidades destinadas a propósitos legítimos, específicos, explícitos e informados ao titular[10].

A segunda etapa para a compreensão do artigo 15, I, da LGPD está relacionada com a existência de dados necessários ou pertinentes, o que deve ser avaliado pelo

---

9. Com a inserção da expressão "dados pertinentes", além de "dados necessários", o legislador flexibilizou a abrangência do artigo, pois os dados não precisarão ser apenas imprescindíveis, de forma que a sua utilidade já basta para justificar o tratamento. Nota-se uma diferença com o artigo 10 da LGPD e a base legal do legítimo interesse do controlador, pois esta justificará o tratamento de dados pessoais estritamente necessários para a finalidade pretendida.

10. Essa lógica também pode ser verificada no GDPR, com a limitação do propósito do tratamento em seu artigo 5 (1) (b). De acordo com o *Information Commissioner's Office – ICO*, do Reino Unido, a finalidade deve estar clara desde o princípio. Portanto, quanto melhor descrita a finalidade pelos agentes pelo tratamento, mais fácil a identificação de situações que justifiquem a sua manutenção. INFORMATION COMMISSIONER'S OFFICER. Guide to the General Data Protection Regulation (GDPR). *Principle (b)*: Purpose limitation. Disponível em: https://ico.org.uk/for-organisations/guide-to-data-protection/guide-to-the-general-data--protection-regulation-gdpr/principles/purpose-limitation/. Acesso em: 18 fev. 2025.

controlador[11] e pode ser feito por meio de uma avaliação de risco, da verificação do exercício regular de direitos em processo judicial, administrativo ou arbitral ou, até mesmo, de obrigações legais e regulatórias. Desse modo, o controlador será responsável por definir se os dados tratados são necessários ou pertinentes, cabendo a ele o ônus de justificar a manutenção de um tratamento de dados pelo referido inciso e a respectiva necessidade ou pertinência dos dados[12]. Partindo-se do pressuposto que cada tratamento está ligado a uma finalidade, podemos entender que, nesse caso, o tratamento encerra-se, surgindo um novo tratamento para a finalidade especificada pelo controlador (como o cumprimento de obrigação legal).

O inciso II do artigo 15 da LGPD, por sua vez, prevê que o término do tratamento deverá ocorrer quando houver o fim do período do tratamento. Dessa forma, o controlador deverá se atentar ao prazo de retenção dos dados, o que pode variar de acordo com a finalidade específica[13]. Sublinha-se que, havendo retenção, não se trata de término de tratamento.

Assim, se um conjunto de dados foi coletado para determinada finalidade e esta não mais se sustentar, o término do tratamento deverá ocorrer, a não ser que haja algum motivo que justifique a conservação dos dados, como obrigações legais, das quais destacamos as trabalhistas e previdenciárias ou o exercício regular de direitos em processo judicial, administrativo ou arbitral. Exemplifica-se a situação prevista no artigo 15, II, da LGPD, quando contratos ou políticas de privacidade estabeleceram um prazo de tratamento e esse prazo se finda ou, então, quando foi coletado o consentimento do titular para o tratamento por um prazo determinado.

Sergio Alves Jr. exemplifica tal hipótese dividindo-a em duas categorias. A primeira delas estaria relacionada a um tratamento ocasional ou esporádico, como um curso informal único do qual o titular participa. Já a segunda estaria relacionada com situações em que existem expectativas para o tratamento ser limitado, a exemplo de uma faculdade que armazena certos dados durante os cinco anos da graduação do aluno[14].

---

11. Trata-se de pessoa natural ou jurídica, de direito público ou privado, a quem competem as decisões referentes ao tratamento de dados pessoais, nos termos do artigo 5°, VI da LGPD.

12. Nesse mesmo sentido, encontra-se o artigo 5 (1) (c) do GDPR trazendo o princípio da minimização dos dados, isto é, tais dados pessoais devem ser adequados, relevantes e limitados ao que é necessário em relação aos fins para os quais são processados.

13. Quando se trata de cumprimento de obrigação legal ou regulatória pelo controlador ou exercício regular de direitos em processos judiciais, administrativos ou arbitrais, conforme trazido pela LGPD no seu artigo 7°, II e VI, há uma vasta gama de possibilidades para justificar o tratamento de dados pessoais. Deve ser feito um apanhado das legislações e obrigações às quais o agente de tratamento poderá estar sujeito, como normas específicas do setor. Por outro lado, o GDPR aponta como uma das bases de tratamento o cumprimento de obrigação jurídica a que o responsável pelo tratamento esteja sujeito. Entendemos, assim, que seria a hipótese de uma obrigação existente, mais restritiva do que a nossa lei.

14. ALVES JR., Sergio. Fechando um ciclo: do término de tratamento de dados pessoais (arts. 15 e 16 da LGPD). In: MENDES, Laura Schertel; DONEDA, Danilo; SARLET, Ingo Wolfgang; RODRIGUES JR., Otavio Luiz; BIONI, Bruno Ricardo (Coord.). *Tratado de proteção de dados pessoais*. Rio de Janeiro: Forense, 2021, p. 233.

O inciso III do artigo 15 da LGPD traz consigo a hipótese do término do tratamento quando é feita a comunicação do titular, inclusive no exercício de seu direito de revogação do consentimento conforme disposto no § 5º do artigo 8º[15], resguardado o interesse público. Em outras palavras, pelo dispositivo analisado, o término do tratamento deverá ocorrer com a comunicação do titular, o que está em consonância com a previsão do artigo 9, II, da LGPD, que confere direito de acesso às informações sobre a duração do tratamento[16-17-18].

Frisa-se que a eliminação ocorrerá apenas se realmente se tratar do término do tratamento e não remanescerem outras finalidades e respectivas bases legais que justifiquem a retenção dos dados pelos agentes de tratamento. Ainda em relação à hipótese mencionada, o artigo 15, III, da LGPD dispõe que o término do tratamento de dados ocorrerá "resguardado o interesse público", como questões que envolvem saúde pública, interesse histórico ou estatístico[19]. Assim, havendo possível interesse público nos dados pessoais, o término do tratamento deverá ser ponderado.

A última hipótese de término de tratamento trazida pelo artigo 15, em seu inciso IV, está voltada à determinação da Autoridade Nacional de Proteção de Dados (ANPD), a título de sanção, em casos de violação da LGPD. Nesse caso, remete-se ao artigo 52, VI, isto é, os agentes de tratamento, em razão de infrações cometidas

---

15. No caso de revogação do consentimento, uma corrente doutrinária indica a necessidade de um ato posterior requerendo a exclusão dos dados, não sendo uma consequência direta do pedido de término do tratamento. MALDONADO, Viviane Nóbrega; BLUM, Renato Opice (Coord.). *LGPD*: Lei Geral de Proteção de Dados comentada. São Paulo: Thomson Reuters Brasil, 2019. p. 213.

16. A informação sobre a duração do tratamento não deve ser necessariamente um período determinado, podendo descrever que os dados serão mantidos enquanto imprescindíveis ou pertinentes para o alcance de determinada finalidade. A política de retenção, por sua vez, deve ser continuamente revista e tida como um importante documento interno.

17. Importante destacar que o artigo 18, IV da LGPD prevê como direito do titular a anonimização, bloqueio ou eliminação de dados pessoais desnecessários, excessivos ou tratados em desconformidade com o disposto na Lei.

18. Entendemos que em certos casos não se trata de uma requisição, como a previsão do artigo 18, VI da LGPD, mas de uma comunicação do término do tratamento, que não seria necessária em casos de especial atenção à LGPD.

19. Frazão pontua outra questão em relação à previsão abrangida no referido inciso, no que tange à presença do interesse público em sua redação: "Todavia, o inciso faz menção à necessidade de se resguardar o interesse público, parâmetro que não é mencionado nos demais dispositivos que tratam da revogação de consentimento (arts. 8º, §§ 5º e 6º; 9º, § 2º e 18, IX). Tal circunstância pode gerar dificuldades interpretativas, até porque as hipóteses de tratamento de dados em razão do interesse público não dependem nem mesmo de consentimento, nos termos dos arts. 7º e 11, da LGPD". Em outras palavras, o interesse público da disposição poderia trazer dificuldades na interpretação da lei vez que hipóteses de tratamento voltadas ao interesse público não dependeriam de consentimento. Conclui, em relação ao consentimento, que ainda que se admita alguma restrição por motivos de interesse público, tais motivos deverão ser concretos, específicos, plausíveis e suficientemente importantes para justificar o tratamento de dados mesmo diante da discordância do titular, vez que a revogação do consentimento pode ocorrer a qualquer tempo. FRAZÃO, Ana. Nova LGPD: o término do tratamento de dados. Jota, 10 out 2018. Disponível em: https://www.jota.info/opiniao-e-analise/colunas/constituicao-empresa-e-mercado/nova-lgpd-o-termino-do-tratamento--de-dados-10102018. Acesso em: 18 fev. 2025.

às normas da LGPD, ficarão sujeitos a sanções administrativas, como a eliminação dos dados pessoais a que se refere a infração. Referida sanção já foi regulamentada pela ANPD por meio da Resolução CD/ANPD n. 4 de 23 de fevereiro de 2023, que aprovou o Regulamento de Dosimetria e Aplicação de Sanções Administrativas da autoridade (artigos 3º VI e 23 do referido Regulamento).

Tal sanção pode se mostrar mais prejudicial a alguns modelos de negócios do que altas multas, posto que dados são importantes ativos na Sociedade da Informação e imprescindíveis para a manutenção de muitas atividades[20]. Haveria, aqui, um maior prejuízo às empresas mais ligadas à exploração de dados pessoais, posto que estes podem ser, inclusive, a sua única fonte de renda, levantando um ponto polêmico, vez que a mesma medida teria resultados distintos dependendo da sua destinação. A hipótese do inciso IV do artigo 15 da LGPD, desse modo, apenas reitera poderes já previstos para a ANPD, sendo um dos mais agressivos se considerados certos modelos de negócio.

Contudo, não foi considerado como objeto de sanção após implementação de determinação preliminar, como ocorreu com as sanções de suspensão do funcionamento do banco de dados e do exercício da atividade de tratamento, bem como da proibição parcial ou total do exercício das atividades de tratamento (artigo 3º, §1º do Regulamento de Dosimetria e Aplicação de Sanções Administrativas da ANPD).

Caracterizadas as hipóteses para que haja o término do tratamento de acordo com as disposições do artigo 15 da LGPD, deve ser feita a eliminação dos dados. Como visto, após alcançada a finalidade para a qual os dados estavam destinados ou estes deixaram de ser necessários ou pertinentes ao alcance da finalidade; ou quando houve o fim do período do tratamento; ou quando foi feita uma comunicação do titular nos termos previstos; ou, depois de determinada a eliminação, pela ANPD, por motivos de violação, os dados deverão ser eliminados, a não ser que haja alguma exceção que justifique a sua conservação. É nesse sentido o artigo seguinte, em que foram trazidas quatro possibilidades de conservação dos dados, com prazos que dependerão da situação específica.

---

20. Essa hipótese traz a questão da possibilidade do efetivo funcionamento de uma empresa sem nenhum dado pessoal, vez estes estarão de alguma forma associados às atividades.

Pietra Daneluzzi Quinelato

Art. 16. Os dados pessoais serão eliminados após o término de seu trata-mento, no âmbito e nos limites técnicos das atividades, autorizada a conser-vação para as seguintes finalidades:

I – cumprimento de obrigação legal ou regulatória pelo controlador;

II – estudo por órgão de pesquisa, garantida, sempre que possível, a anoni-mização dos dados pessoais;

III – transferência a terceiro, desde que respeitados os requisitos de trata-mento de dados dispostos nesta Lei; ou

IV – uso exclusivo do controlador, vedado seu acesso por terceiro, e desde que anonimizados os dados.

DA CONSERVAÇÃO DOS DADOS PESSOAIS APÓS O TÉRMINO DO TRATAMENTO – ARTIGO 16 DA LGPD

A primeira hipótese de conservação de dados pessoais, abrangida no inciso I do artigo 16 da LGPD, está relacionada ao cumprimento de obrigação legal ou regulatória pelo controlador, reproduzindo a base legal prevista no artigo 7º, II, do referido diploma. Todavia, a nosso ver, tal hipótese se mostra de certa forma redun-dante, pois, se há obrigação legal ou regulatória, há uma base para o tratamento, de forma que não haveria o seu término. Contudo, acredita-se que o legislador assim previu ao entender que o tratamento está associado à uma finalidade em específico. Desse modo, é possível que um tratamento encerre-se a depender do alcance da fi-nalidade, surgindo um novo tratamento diante da necessidade de cumprimento de obrigação legal ou regulatória. Desse modo, supõe-se que tal situação possa ocorrer caso tenha sido constatado o término de um tratamento, mas os dados permanecem armazenados para outra finalidade, diante da a existência de uma obrigação legal ou regulatória, justificando a sua conservação.

O artigo 16, II, da LGPD traz a hipótese de conservação dos dados em casos de estudo por órgãos de pesquisa, garantindo, desde que possível, a sua anonimização. Esse inciso, no entanto, deve ser acompanhado de duas observações. A primeira delas se volta ao artigo 7º, IV, da LGPD, que dispõe, como base legal para tratamento de dados pessoais, a realização de estudos por órgãos de pesquisa.

Existem, portanto, duas possibilidades para compreender referida disposição legal. A primeira delas se refere ao órgão de pesquisa como um terceiro à relação, o que levanta o questionamento da transferência e compartilhamento desses dados pessoais. Seria o caso, assim, de uma transferência ou compartilhamento para um órgão estranho à relação, sob justificativa de pesquisa? Acredita-se que não. No entanto, em caso positivo, qual o interesse do controlador em relação a isso? Nesse caso, deverá ser levantada a base legal específica para referido uso compartilhado, conforme disposto no artigo 5º, XVI, da LGPD. A outra hipótese versa sobre a autorização para conservação dos dados pessoais por se tratar do próprio órgão de pesquisa, ou seja, os dados já estavam com o referido órgão e com ele permanecerão.

Além disso, outra observação em relação ao artigo 16, II, da LGPD está relacionada à previsão de que a anonimização deve ser garantida desde que possível, o que pode ser entendido como um reforço e um possível incentivo do legislador aos agentes de tratamento, apesar de os dados anônimos não estarem sob a égide da LGPD, de acordo com o disposto em seu artigo 12. Ou seja, quando anonimizados, os dados pessoais não precisam de uma hipótese legal de tratamento ou do cumprimento com as obrigações da LGPD, mas tão somente antes da sua anonimização. Nesse caso, é válido mencionar que a atividade de anonimização pode ser considerada um tratamento em si, sujeitando-se às obrigações legais.

Seguindo ao inciso III do artigo 16 da LGPD, está prevista a conservação dos dados para a transferência a terceiro, desde que respeitados os requisitos de tratamento de dados dispostos no diploma legal. Tal hipótese pode ter sido formulada para que haja a devolução dos dados pelo operador ao controlador, no término do contrato, ou até mesmo para dar viabilidade à portabilidade dos dados, o que dependeria, contudo, do requerimento expresso do titular e de regulamentação específica da ANPD. Surgem, no entanto, alguns percalços conceituais, como o fato de que a própria transferência de dados é um ato de tratamento e ocorreria após o término do tratamento. Além disso, levanta-se a questão da necessidade da eliminação dos dados após realizada a transferência a terceiro[1].

Já o último inciso do artigo 16 dispõe sobre a conservação dos dados para uso exclusivo do controlador desde que estes estejam anonimizados. Novamente, reforça-se que dados anônimos não estão tutelados pela LGPD, sendo, portanto, uma hipótese um tanto quanto óbvia para estar presente no diploma legal. Contudo, compreende-se o legislador, diante da necessidade de justificar o tratamento até que se encontre, como resultado, os dados anonimizados. Levanta-se, assim, a possibilidade de anonimização sem uma hipótese legal quando os dados já estão sob controle do agente de tratamento.

Por fim, a lei abarca como um direito do titular a opção de exigir a eliminação dos seus dados, quando tratados com base em seu consentimento, em casos de violação das disposições legais ou, até mesmo, por determinação da ANPD. Esse direito deve ser harmonizado com as disposições do artigo 16.

---

1. De acordo com Marcel Leonardi, na bateria 2 do Circuito 3L, realizada no dia 08 de outubro de 2020 em meio digital, após a transferência, a eliminação não implica necessariamente na exclusão da base anterior, pois o conceito da transferência é mais relacionado ao fato de que outrem passe a ter acesso aos dados, do que com a eliminação dos dados por aquele que fez a transferência.

DA ELIMINAÇÃO DOS DADOS PESSOAIS COMO CONSEQUÊNCIA DO TÉRMINO DE TRATAMENTO

Não se aplicando nenhuma das hipóteses mencionadas acima, os dados deverão ser eliminados. Frise-se que, nos termos do § 6º do art. 18 da LGPD, o responsável deverá informar aos agentes de tratamento com os quais tenha realizado uso compartilhado de dados para que repitam o procedimento[2], exceto nos casos em que esta comunicação seja comprovadamente impossível ou implique esforço desproporcional. Essa obrigação foi reforçada pela Resolução CD/ANPD n. 4 de 23 de fevereiro de 2023, que aprovou o Regulamento de Dosimetria e Aplicação de Sanções Administrativas da ANPD.

Contudo, o que se espera do dever de eliminar? A LGPD definiu tal conceito no artigo 5, XIV, como a exclusão de dado ou de conjunto de dados armazenados em banco de dados, independentemente do procedimento empregado[3]. Por um lado, essa definição não deixa muita margem para que seja afastada a exclusão absoluta, o que pode ser uma questão complexa para empresas na prática, vez que existem diversas ferramentas que evitam que isso ocorra, como backups, múltiplos acessos, servidores diferentes, armazenamento em nuvem, entre outras. Atualmente, na Sociedade da Informação, os dados são ativos valiosos e, por esse motivo, estão envolvidos em muitos procedimentos de segurança para evitar uma perda para a empresa. Contudo, como um importante contraponto à necessidade de exclusão absoluta, o *caput* do artigo 16 da LGPD dispõe que os dados deverão ser eliminados após o término do tratamento no âmbito e limites técnicos encontrados.

O que seria, no entanto, essa eliminação ou "apagamento" dos dados diante do GDPR[4]? Paul Voigt e Axel von dem Bussche respondem que "a noção de apagar não está definida no regulamento, mas que pode ser resumida como o ato de tornar o dado inutilizável de forma que impeça o controlador, operador ou qualquer outra parte de acessar, ler ou processá-lo – independentemente se isso consistir em destruição física ou tecnicamente"[5]. Frisa-se, assim, o ato de tornar o dado inuti-

---

2. Entra-se em outra discussão sobre a possibilidade de conservação dos dados por outros agentes, como um operador que tem como modelo de negócio a exploração de bases de dados pessoais obtidas a partir de contratos de prestação de serviços com outras empresas, sendo necessária a análise do caso concreto para que se identifique a necessidade de encerramento do tratamento.

3. Para comprovar o descarte dos dados, empresas maiores podem se utilizar de softwares sofisticados que permitem a conferência, enquanto empresas menores podem valer-se de declarações aos titulares.

4. Como a LGPD foi influenciada pelo GDPR, em muitos momentos a sua interpretação [LGPD] pode tomar como apoio o que está definido pelo regulamento., podendo ser um possível caminho para a aplicação da nossa lei. Por tal motivo, foi feita a comparação no presente artigo.

5. No original: The notion 'erasure' is not defined by law. However, it consists of making data unusable in a way that prevents the controller, the processor or any third party from accessing, reading out and processing the data—irrespective of whether it consists of physically destroying or technically deleting the data VOIGT, Paul; VON DEM BUSSCHE, Axel. *The EU General Data Protection Regulation (GDPR)*: A Practical Guide. Cham: Springer, 2017, p. 161.

ART. 16 — COMENTÁRIOS À LEI GERAL DE PROTEÇÃO DE DADOS PESSOAIS (LEI 13.709/2018)

lizável. Referidos autores afirmam, no contexto do GDPR, que uma possibilidade puramente teórica de restaurar os dados, com software especializado, não acarreta o insucesso do apagamento.

Com o tema em discussão há mais tempo do que em nosso país, algumas autoridades submetidas ao GDPR já tiveram a oportunidade de discuti-lo. A autoridade dinamarquesa, por exemplo, foi uma das primeiras a proferir a opinião de que informações pessoais devem ser apagadas de backups se isso for tecnicamente possível e, caso o backup seja reestabelecido, os dados devem ser inutilizados[6].

A *Comission Nacionale de l'Informatique et Libertés – CNIL*, autoridade francesa, em relatório sobre a tecnologia *blockchain* e o uso de dados pessoais, reconheceu casos em que há impossibilidade técnica de eliminá-los, uma vez que tal mecanismo consiste, resumidamente, em uma tecnologia de registro distribuído que tem a descentralização como medida de segurança. Portanto, caberia ao controlador tornar os dados pessoais praticamente inacessíveis para assegurar um resultado prático equivalente à eliminação[7].

Nesse mesmo sentido, o Parlamento Europeu, em estudo sobre *blockchain* e o GDPR, trouxe apontamentos como a imprecisão do termo "eliminar", voltando-se à questão sobre o que tal termo representaria no artigo 17 do regulamento, além de apontar que estão surgindo alternativas para a destruição dos dados, como a não utilização e a anonimização[8].

Assim, acreditamos que a definição de "eliminação de dados" possa se expandir ao encontro do que autoridades sujeitas ao GDPR têm estabelecido, flexibilizando o processo no âmbito e limites técnicos, como dispõe o *caput* do artigo 16. No entanto, em Regulamento de Dosimetria já mencionado da ANPD, a autoridade explica, em seu artigo 23, § 1º, que "a sanção de eliminação dos dados pessoais consiste na exclusão de dado ou de conjunto de dados armazenados em banco de dados, independentemente do procedimento empregado", deixando dúvidas sobre referida flexibilização.

---

6. DATATILSYNET. Exclusão. *Exclusão de dados pessoais*. Disponível em: https://datatilsynet.dk/emner/persondatasikkerhed/sletning/. Acesso em: 18 fev. 2025.

7. Nos termos do relatório, "a CNIL observa que é tecnicamente impossível deferir o pedido de apagamento feito por um titular de dados quando os dados são registrados em um blockchain. No entanto, quando os dados gravados em o blockchain é um compromisso, um hash gerado por uma função keyed-hash ou um texto cifrado obtido através de algoritmos e chaves de "estado da arte", o controlador de dados pode fazer com que os dados se tornem praticamente inacessível e, portanto, aproximar-se dos efeitos do apagamento de dados". Tradução nossa. Disponível em: https://www.cnil.fr/sites/default/files/atoms/files/blockchain_en.pdf . Acesso em: 18 fev. 2025.

8. FINCK, Michèle. Blockchain and the General Data Protection Regulation Can distributed ledgers be squared with European data protection law? *Panel for the Future of Science and Technology*. European Parliamentary Research Service. Brussels. Jul. 2019. Disponível em: https://www.europarl.europa.eu/RegData/etudes/STUD/2019/634445/EPRS_STU(2019)634445_EN.pdf. Acesso em: 18 fev. 2025.

UM POSSÍVEL DIREITO AO ESQUECIMENTO NO ORDENAMENTO NACIONAL EM PARALELO AO GDPR

Uma das discussões que concerne ao tema do término de tratamento de dados pessoais é a comparação da nossa lei em relação ao GDPR e as suas diferenças, vez que este não traz disposições específicas sobre o término, como a LGPD faz em seus artigos 15 e 16. Isso porque o regulamento vincula o apagamento dos dados a um direito do titular, mais precisamente o chamado direito ao apagamento ou ao esquecimento previsto em seu artigo 17 e mencionado nos considerandos 65 e 66[9].

---

9. "Artigo 17. Direito ao apagamento dos dados («direito a ser esquecido»). 1. O titular tem o direito de obter do responsável pelo tratamento o apagamento dos seus dados pessoais, sem demora injustificada, e este tem a obrigação de apagar os dados pessoais, sem demora injustificada, quando se aplique um dos seguintes motivos: a) Os dados pessoais deixaram de ser necessários para a finalidade que motivou a sua recolha ou tratamento; b) O titular retira o consentimento em que se baseia o tratamento dos dados nos termos do artigo 6.º, n. 1, alínea a), ou do artigo 9.º, n. 2, alínea a) e se não existir outro fundamento jurídico para o referido tratamento; c) O titular opõe-se ao tratamento nos termos do artigo 21.º, n. 1, e não existem interesses legítimos prevalecentes que justifiquem o tratamento, ou o titular opõe-se ao tratamento nos termos do artigo 21.º, n. 2; d) Os dados pessoais foram tratados ilicitamente; e) Os dados pessoais têm de ser apagados para o cumprimento de uma obrigação jurídica decorrente do direito da União ou de um Estado-Membro a que o responsável pelo tratamento esteja sujeito; f) Os dados pessoais foram recolhidos no contexto da oferta de serviços da sociedade da informação referida no artigo 8.º, n. 1. 2. Quando o responsável pelo tratamento tiver tornado públicos os dados pessoais e for obrigado a apagá-los nos termos do n. 1, toma as medidas que forem razoáveis, incluindo de caráter técnico, tendo em consideração a tecnologia disponível e os custos da sua aplicação, para informar os responsáveis pelo tratamento efetivo dos dados pessoais de que o titular dos dados lhes solicitou o apagamento das ligações para esses dados pessoais, bem como das cópias ou reproduções dos mesmos. 3. Os ns. 1 e 2 não se aplicam na medida em que o tratamento se revele necessário: a) Ao exercício da liberdade de expressão e de informação; b) Ao cumprimento de uma obrigação legal que exija o tratamento prevista pelo direito da União ou de um Estado-Membro a que o responsável esteja sujeito, ao exercício de funções de interesse público ou ao exercício da autoridade pública de que esteja investido o responsável pelo tratamento; c) Por motivos de interesse público no domínio da saúde pública, nos termos do artigo 9.º, n. 2, alíneas h) e i), bem como do artigo 9.º, n. 3; d) Para fins de arquivo de interesse público, para fins de investigação científica ou histórica ou para fins estatísticos, nos termos do artigo 89.º, n. 1, na medida em que o direito referido no n. 1 seja suscetível de tornar impossível ou prejudicar gravemente a obtenção dos objetivos desse tratamento; ou e) Para efeitos de declaração, exercício ou defesa de um direito num processo judicial."
"Considerando 65. Os titulares dos dados deverão ter direito a que os dados que lhes digam respeito sejam retificados e o «direito a serem esquecidos» quando a conservação desses dados violar o presente regulamento ou o direito da União ou dos Estados-Membros aplicável ao responsável pelo tratamento. Em especial, os titulares de dados deverão ter direito a que os seus dados pessoais sejam apagados e deixem de ser objeto de tratamento se deixarem de ser necessários para a finalidade para a qual foram recolhidos ou tratados, se os titulares dos dados retirarem o seu consentimento ou se opuserem ao tratamento de dados pessoais que lhes digam respeito ou se o tratamento dos seus dados pessoais não respeitar o disposto no presente regulamento. Esse direito assume particular importância quando o titular dos dados tiver dado o seu consentimento quando era criança e não estava totalmente ciente dos riscos inerentes ao tratamento, e mais tarde deseje suprimir esses dados pessoais, especialmente na Internet. O titular dos dados deverá ter a possibilidade de exercer esse direito independentemente do facto de já ser adulto. No entanto, o prolongamento da conservação dos dados pessoais deverá ser efetuado de forma lícita quando tal se revele necessário para o exercício do direito de liberdade de expressão e informação, para o cumprimento de uma obrigação jurídica, para o exercício de funções de interesse público ou o exercício da autoridade pública de que está investido o responsável pelo tratamento, por razões de interesse público no domínio da saúde pública, para fins de arquivo de interesse público, para fins de investigação científica ou histórica ou para fins estatísticos, ou para efeitos de declaração, exercício ou defesa de um direito num processo judicial."

No cenário nacional, o término do tratamento foi analisado nos tópicos anteriores, todavia, esclarece-se que em nenhum momento a LGPD prevê o chamado direito ao esquecimento e, ainda, não há disciplina expressa no ordenamento jurídico nacional que o tutele de forma específica[10]. Contudo, a expressão já foi usada pela doutrina e jurisprudência nos últimos anos, pelo que passamos a algumas considerações, diante dos seguintes questionamentos:

Poderia ser equiparado o término do tratamento de dados trazido na LGPD em seus artigos 15 e 16 com o instituto do direito ao esquecimento presente no artigo 17 do GDPR, já que nossa lei foi influenciada amplamente por aquele? Em caso negativo, qual seria o significado do direito ao esquecimento em nosso país, caso exista?

Em um primeiro momento, faz-se necessário entender a aplicação do instituto no Brasil.

Em fevereiro de 2021, o Supremo Tribunal Federal julgou o caso "Aída Curi" (RE 1.010.606/RJ), que contempla uma trágica história de assassinato retransmitida pela rede televisiva anos depois. Tal julgamento levantou vários debates sobre o tema, vez que, apesar de não negar o direito ao esquecimento, afastou a existência de um direito fundamental autônomo implícito ou explícito no ordenamento jurídico nacional. Como tese de repercussão geral, foi firmado que:

> É incompatível com a Constituição Federal a ideia de um direito ao esquecimento, assim entendido como o poder de obstar, em razão da passagem do tempo, a divulgação de fatos ou dados verídicos e licitamente obtidos e publicados em meios de comunicação social – analógicos ou digitais. Eventuais excessos ou abusos no exercício da liberdade de expressão e de informação devem ser analisados caso a caso, a partir dos parâmetros constitucionais, especialmente os relativos à proteção da honra, da imagem, da privacidade e da personalidade em geral, e as expressas e específicas previsões legais nos âmbitos penal e cível[11].

No entanto, o direito ao esquecimento existiu por um longo período em nosso país, fruto de construções doutrinária e jurisprudencial. Percebe-se que havia uma confusão em relação à sua aplicação, pois o termo é usado de maneira genérica, sem um conceito legalmente definido.

"Considerando 66. Para reforçar o direito a ser esquecido no ambiente por via eletrônica, o âmbito do direito ao apagamento deverá ser alargado através da imposição ao responsável pelo tratamento que tenha tornado públicos os dados pessoais da adoção de medidas razoáveis, incluindo a aplicação de medidas técnicas, para informar os responsáveis que estejam a tratar esses dados pessoais de que os titulares dos dados solicitaram a supressão de quaisquer ligações para esses dados pessoais ou de cópias ou reproduções dos mesmos. Ao fazê-lo, esse responsável pelo tratamento deverá adotar as medidas que se afigurarem razoáveis, tendo em conta a tecnologia disponível e os meios ao seu dispor, incluindo medidas técnicas, para informar do pedido do titular dos dados pessoais os responsáveis que estejam a tratar os dados."

10. Não se desconhece a previsão do direito ao esquecimento no enunciado 531 da VI Jornada de Direito Civil do Conselho da Justiça Federal, representando a opinião de uma parte da doutrina, com a seguinte previsão: "A tutela da dignidade da pessoa humana na sociedade da informação inclui o direito ao esquecimento".

11. STF, RE 1.010.606/RJ, Rel. Min. Dias Toffoli, j. 04-02-2021. Para mais detalhes sobre o julgamento, cf. https://www.conjur.com.br/dl/direito-esquecimento-incompativel.pdf. Acesso em: 18 fev. 2025.

Diante disso, estudiosos alertam para uma possível banalização do termo, pois "o instituto foi sinônimo de proteção de dados pessoais, desindexação, atualização cadastral e de informações, apagamento de dados, apagamento de fichas criminais e esquecimento de condenações criminais para fins de cômputo de condenações e progressões de regime[12]". No ordenamento jurídico nacional, conforme explicam Abadi, Lima e Souza, o direito ao esquecimento apareceu muitas vezes vinculado ao direito à desindexação e à desvinculação. No entanto, esses institutos merecem ser diferenciados:

> O direito à desindexação refere-se mais a uma autodeterminação informacional, o direito de cada um de ter a sua livre vontade respeitada quanto à coleta e ao tratamento dos seus dados por robôs e à sua organização por algoritmos. Já o direito à desvinculação é um desdobramento do direito a uma identidade pessoal, a ser você mesmo (independentemente do que os algoritmos de metabuscadores indiquem), de não ter sua identidade vinculada a características com as quais discorde. Isso, enquanto direito ao esquecimento, é um direito à personalidade autônomo, relacionado ao clássico direito a estar só, o de excluir informações a seu respeito após decurso de prazo e dês que haja justificativa (histórica, antropológica, legal ou científica) para a sua manutenção[13].

Nesse sentido, Moncau alega que "existe uma grande confusão conceitual em torno da ideia de um direito ao esquecimento. A ausência de uma definição clara implicava visões diferentes sobre o seu alcance, escopo, sobre suas virtudes e problemas[14]".

A ausência de critérios sólidos dificultava o entendimento do que seria esse direito ao esquecimento e, de acordo com Oliveira, a doutrina e a jurisprudência nacionais em certas ocasiões causaram "uma avalanche de casos em que o termo é usado de forma deslocada e genérica, como uma bala de prata, sendo que outros direitos poderiam ter sido invocados, tais como direito à honra, imagem, privacidade e ainda outros direitos de personalidade"[15].

Ademais, parte da comunidade acadêmica entendia que o significado do direito ao esquecimento se mostrava intimamente ligado à Constituição Federal, pois se trata "de um direito essencial ao livre desenvolvimento da personalidade humana, que consiste no direito de o sujeito impedir que sua memória pessoal

---

12. OLIVEIRA, Caio César de. A Lei Geral de Proteção de Dados e um "Direito ao Esquecimento" no Brasil. In: MAGRANI, Eduardo; SILVA, Priscila; SOUZA, Carlos Affonso (Coord.). *Caderno Especial:* Lei Geral de Proteção de Dados (LGPD). São Paulo: Thomson Reuters Brasil, 2019, p. 147.

13. ABADI, Maurício Joseph; LIMA, Marcelo Chiavassa de Mello Paula; SOUZA, Mariana Almirão de. Considerações sobre direito ao esquecimento, desindexação e desvinculação de conteúdo na internet. p. 202-220. *Revista Forense*, Rio de Janeiro, v. 428, ano 115. jul./dez. 2018, p. 214.

14. MONCAU, Luiz Fernando Marrey. *Direito ao esquecimento* – entre a liberdade de expressão, a privacidade e a proteção de dados pessoais. São Paulo: Thomson Reuters Brasil, 2020, p. 84 e ss.

15. OLIVEIRA, Caio César de. A Lei Geral de Proteção de Dados e um "Direito ao Esquecimento" no Brasil. In: MAGRANI, Eduardo; SILVA, Priscila; SOUZA, Carlos Affonso (Coord.). *Caderno Especial:* Lei Geral de Proteção de Dados (LGPD). São Paulo: Thomson Reuters Brasil, 2019, p. 135.

seja revirada a todo instante, por força da vontade de terceiros" [16-17-18-19]. Além das bases provenientes do direito à privacidade e da dignidade da pessoa humana, com fundamentos constitucionais, o direito ao esquecimento também estaria atrelado a direitos de personalidade, tutelado pelo Código Civil, em seus artigos 11, 12, 20 e 21[20-21].

Diante de tais considerações, apesar de o julgamento do Supremo Tribunal Federal se posicionar pela inexistência de um direito autônomo, para alguns o direito ao esquecimento continua existindo, sendo protegido tanto pela cláusula geral do direito de personalidade no Código Civil como pela Constituição Federal. As demandas referentes ao tema continuarão, ainda que com outra nomenclatura.

---

16. Um direito ao esquecimento tem sido fundamentado na possibilidade de superação de fatos do passado, em especial, no âmbito de condenações criminais e em hipóteses excepcionalíssimas em que um fato pretérito desprovido de interesse público ou histórico em ocasionar danos no presente. OLIVEIRA, Caio César de. A Lei Geral de Proteção de Dados e um "Direito ao Esquecimento" no Brasil. In: MAGRANI, Eduardo; SILVA, Priscila; SOUZA, Carlos Affonso (Coord.). *Caderno Especial:* Lei Geral de Proteção de Dados (LGPD). São Paulo: Thomson Reuters Brasil, 2019, p. 135.

17. GUEDES, Gisela Sampaio da Cruz; MEIRELES, Rose Melo Venceslau. Término do tratamento de dados. In: TEPEDINO, Gustavo; FRAZÃO, Ana; OLIVA, Milena Donato (Coord.). *Lei Geral de Proteção de Dados Pessoais e suas repercussões no direito brasileiro.* São Paulo: Revista dos Tribunais, 2019, p. 226.

18. FRITZ, Karina Nunes. Direito ao esquecimento está implícito na CF, diz especialista. *Migalhas,* 23 fev. 2021. Disponível em: https://www.migalhas.com.br/quentes/340757/direito-ao-esquecimento-esta-implicito-na-cf-diz-especialista?s=FB. Acesso em: 18 fev. 2025.

19. RODRIGUES JR., Otávio Luiz. Esquecimento de um direito ou o preço da coerência retrospectiva? (Parte 1). *Consultor Jurídico,* 25 fev. 2021. Disponível em: https://www.conjur.com.br/2021-fev-25/direito-comparado-esquecimento-direito-ou-preco-coerencia-retrospectiva-parte. Acesso em: 18 fev. 2025.

20. "Art. 11. Com exceção dos casos previstos em lei, os direitos da personalidade são intransmissíveis e irrenunciáveis, não podendo o seu exercício sofrer limitação voluntária."
    "Art. 12. Pode-se exigir que cesse a ameaça, ou a lesão, a direito da personalidade, e reclamar perdas e danos, sem prejuízo de outras sanções previstas em lei. Parágrafo único. Em se tratando de morto, terá legitimação para requerer a medida prevista neste artigo o cônjuge sobrevivente, ou qualquer parente em linha reta, ou colateral até o quarto grau."
    "Art. 20. Salvo se autorizadas, ou se necessárias à administração da justiça ou à manutenção da ordem pública, a divulgação de escritos, a transmissão da palavra, ou a publicação, a exposição ou a utilização da imagem de uma pessoa poderão ser proibidas, a seu requerimento e sem prejuízo da indenização que couber, se lhe atingirem a honra, a boa fama ou a respeitabilidade, ou se se destinarem a fins comerciais. (Vide ADIN 4815) Parágrafo único. Em se tratando de morto ou de ausente, são partes legítimas para requerer essa proteção o cônjuge, os ascendentes ou os descendentes."
    "Art. 21. A vida privada da pessoa natural é inviolável, e o juiz, a requerimento do interessado, adotará as providências necessárias para impedir ou fazer cessar ato contrário a esta norma." (Vide ADIN 4815)

21. O direito ao esquecimento consiste simplesmente em um direito da pessoa humana de se defender contra uma recordação opressiva de fatos pretéritos, que se mostra apta a minar a construção e reconstrução da sua identidade pessoal, apresentando-a à sociedade sob falsas luzes (*sotto falsa luce*), de modo a fornecer ao público uma projeção do ser humano que não corresponde à realidade (atual). SCHREIBER, Anderson. Direito ao esquecimento e proteção de dados pessoais na Lei 13.709/2019: distinções e potenciais convergências. In: TEPEDINO, Gustavo; FRAZÃO, Ana; OLIVA, Milena Donato. (Coord.). *Lei Geral de Proteção de Dados e suas repercussões no Direito Brasileiro.* São Paulo: Thomson Reuters Brasil, 2019, p. 374.

Vale mencionar que, no âmbito da União Europeia, o direito a ser esquecido ou o direito ao apagamento dos dados previsto no GDPR é um dos temas mais controvertidos e discutidos em relação à proteção de dados, conforme afirmam Paul Voigt e Axel von dem Bussche[22]. Para os autores, conforme previsão legal do GDPR, o direito ao esquecimento deve ocorrer quando (i) os dados pessoais não forem mais necessários para o propósito para o qual foram coletados e processados; (ii) o titular do dado revogar o seu consentimento e não existir outra base legal que justifique o processamento; (iii) o titular do dado se opuser ao tratamento de acordo com o artigo 21 (1) (2) do regulamento; (iv) os dados pessoais foram ilicitamente processados; (v) os dados pessoais precisam ser apagados para cumprimento de obrigação legal da União ou dos Estados Membros a que o responsável pelo tratamento está sujeito; (vi) os dados pessoais foram coletados com base em consentimento de crianças em uma relação de oferta de serviços da Sociedade da Informação.

No entanto, também se aplicam exceções para que os dados não sejam apagados, previstas no mesmo artigo, sendo: (i) exercício da liberdade de expressão e informação; (ii) cumprimento de obrigação legal, para desempenho de uma missão de interesse público ou exercício da autoridade pública da qual esteja investido o responsável pelo tratamento; (iii) motivos de interesse público relacionados à saúde; (iv) arquivo de interesse público, fins de investigação científica ou histórica, fins estatísticos, desde que o apagamento prejudique gravemente ou torne impossível a obtenção dos objetivos do tratamento; (v) efeitos de declaração, exercício ou defesa de um direito em processos judiciais.

A questão central é entender se o instituto, tal como lançado no GDPR, mesmo que com outra nomenclatura, estaria abarcado pela nossa lei e qual a sua ligação com os artigos 15 e 16 [da LGPD], sendo estes pontos ainda controversos.

De acordo com o Professor Guilherme Martins, antes do pronunciamento do Supremo Tribunal Federal sobre o tema, "a Lei Geral de Proteção de Dados, Lei 13.709/18, também faz referência ao direito ao esquecimento nos seus artigos 5º, III e XI, e 18, sob o ponto de vista da anonimização, bloqueio ou eliminação dos dados"[23]. Assim, haveria uma menção implícita ao direito ao esquecimento quando a LGPD dispõe sobre dados anonimizados e anonimização, bem como direitos do titular.

Já Schreiber concluiu que o direito ao esquecimento contido no GDPR não corresponde ao instituto do direito ao esquecimento visto em nosso país, caso exista,

---

22. VOIGT, Paul; VON DEM BUSSCHE, Axel. *The EU General Data Protection Regulation (GDPR)*: A Practical Guide. Cham: Springer, 2017, p. 156.

23. MARTINS, Guilherme Magalhães. O direito ao esquecimento na Internet. *In*: MARTINS, Guilherme Magalhães; LONGHI, João Victor Rozatti (Coord.). *Direito digital*: direito privado e internet. 3. ed. Indaiatuba: Foco, 2020, p. 80.

mas a um direito a eliminação dos dados. Nesse sentido, observa-se que o próprio termo "direito ao esquecimento", no referido regulamento, está entre aspas, sendo o seu nome direito ao apagamento.

> A lei brasileira – tal qual o regulamento europeu, em que pese a nomenclatura empregada nesse último – não trata, de rigor, do direito ao esquecimento, entendido, repita-se, como o direito do indivíduo de se opor à recordação pública e opressiva de fatos que já não mais refletem sua identidade pessoal. O que nossa lei e o regulamento europeu contemplam é o direito à eliminação de dados, que, embora também inspirado na proteção da dignidade da pessoa humana, distancia-se do direito ao esquecimento, quer no tocante ao seu conteúdo, quer no que se refere aos seus fins mais imediatos. Isso não impede, contudo, que o intérprete valore o silêncio do legislador brasileiro sobre a matéria[24].

Sobre o tema, Oliveira afirma que os direitos previstos na LGPD não podem ser confundidos com o direito ao esquecimento de maneira genérica, isto é, ao que o instituto já foi representado ao longo dos anos na doutrina e jurisprudência, mas poderia servir a um de seus fins, como um direito ao esquecimento objetivo.

> A legislação privilegiou o desenvolvimento de direitos como o direito à correção, anonimização, ao bloqueio, à eliminação e revogação do consentimento, os quais não devem ser confundidos com um "direito ao esquecimento" genérico, mas podem servir de instrumentos para atender um direito ao esquecimento objetivo[25].

No ordenamento jurídico nacional encontram-se hipóteses em que o término do tratamento é exigido, independentemente de qualquer requisição do titular, diferentemente do GDPR, que prevê que o titular requererá o apagamento. No entanto, neste cenário, ainda assim não se justificaria a manutenção do tratamento sem hipóteses legais para tanto, visando à conformidade aos princípios e demais disposições do GDPR.

Assim, enquanto uns acreditam que seja possível traçar um paralelo com os artigos 15 e 16 da LGPD como se fosse uma referência implícita ao artigo 17 do GDPR, dando suporte à existência do instituto do direito ao esquecimento mesmo sem mencioná-lo, entendemos que tal direito é uma figura mais ampla, que deve ser analisada casuisticamente, e que os artigos 15 e 16 da LGPD não o abrangem na totalidade, apesar de englobarem em algumas situações o seu objetivo com a eliminação dos dados pessoais. Exemplificando tal raciocínio, tem-se que o término do tratamento não precisará ocorrer necessariamente caso seja aplicado o direito ao esquecimento, que tem seu reflexo voltado à divulgação ao público.

---

24. SCHREIBER, Anderson. Direito ao esquecimento e proteção de dados pessoais na Lei 13.709/2019: distinções e potenciais convergências. In: TEPEDINO, Gustavo; FRAZÃO, Ana; OLIVA, Milena Donato. (Coord.). *Lei Geral de Proteção de Dados e suas repercussões no Direito Brasileiro*. São Paulo: Thomson Reuters, 2019, p. 380.

25. OLIVEIRA, Caio César de. A Lei Geral de Proteção de Dados e um "Direito ao Esquecimento" no Brasil. In: MAGRANI, Eduardo; SILVA, Priscila; SOUZA, Carlos Affonso (Coord.). *Caderno Especial*: Lei Geral de Proteção de Dados (LGPD). São Paulo: Thomson Reuters Brasil, 2019, p. 136-137.

CONSIDERAÇÕES FINAIS

Com a LGPD, algo que não era costume no meio empresarial brasileiro passou a ser necessário: o término do tratamento dos dados pessoais. Em outros momentos, estes dados eram explorados de diversas maneiras e ilimitadamente, migrando de uma finalidade a outra de acordo com o interesse das empresas.

A nossa lei contempla uma seção destinada ao tema, com os artigos 15 e 16, criando um dever legal de término aos agentes de tratamento. São trazidas quatro hipóteses em que tal término deverá ocorrer, sendo o esgotamento funcional da utilização dos dados, o término do prazo, a autodeterminação do titular e a determinação pela ANPD, quando houver violação.

Constatado o término do tratamento, os dados pessoais somente serão conservados se presente uma das quatro possibilidades dispostas no artigo 16, caso contrário, deverão ser eliminados. Tais hipóteses se resumem à necessidade de cumprimento de obrigação legal ou regulatória pelo controlador, cujas críticas em relação a um texto desnecessário já foram feitas; a realização de estudo por órgão de pesquisa garantindo sempre que possível a anonimização, o que afastaria a incidência da LGPD; a transferência a terceiro; o uso exclusivo pelo controlador dos dados anonimizados, o que também não está no escopo da lei.

Diante da breve análise dos dispositivos mencionados, notamos possíveis incongruências em sua formulação, levantando questões trazidas ao longo do artigo, cujas respostas deverão ser encontradas com a prática das empresas ao buscarem a conformidade com a lei e nas diretrizes e determinações da ANPD.

Ademais, trouxemos a diferenciação do tema analisado na LGPD em relação ao GDPR, que traz o apagamento dos dados pessoais como um direito do titular, em seu artigo 17, sem destinar uma seção ao término do tratamento. No regulamento, também está presente o direito ao esquecimento. Contudo, a LGPD e outras leis nacionais não mencionam o instituto e a doutrina se posiciona diferentemente sobre uma possível correspondência, equivalência ou relação. O Supremo Tribunal Federal, por sua vez, firmou a inconstitucionalidade do direito ao esquecimento em relação à Constituição Federal, inexistindo, assim, um direito autônomo.

Acreditamos que os debates sobre o tema não se esgotam com tal decisão. Assim, ainda que persista a existência de um direito ao esquecimento e seja conferido ao instituto outro nome no ordenamento jurídico nacional, acreditamos que não seria equivalente ao término do tratamento, sendo apenas um dos possíveis objetivos a ser alcançado com este e com a consequente eliminação dos dados.

Outra questão ainda em aberto é o significado de eliminação dos dados e o que a ANPD entenderá como a definição do conceito, tendo em vista que o artigo 5º, XIV, da LGPD dispõe que a eliminação e a exclusão de dados armazenados em banco de dados independem do procedimento empregado, fazendo-nos acreditar que existe pouca margem para que não haja a exclusão absoluta, enquanto o *caput* do artigo

16 restringe a eliminação dos dados aos limites técnicos encontrados, como um importante contraponto.

O tema já foi pauta de discussão pelas autoridades sujeitas ao GDPR e deverá ser alvo de debates em nosso país, diante de dificuldades que serão encontradas pelos agentes de tratamento para que haja a exclusão absoluta diante das tecnologias e ferramentas empregadas na prática.

Guilherme Damasio Goulart

CAPÍTULO III
DOS DIREITOS DO TITULAR

Art. 17. Toda pessoa natural tem assegurada a titularidade de seus dados pessoais e garantidos os direitos fundamentais de liberdade, de intimidade e de privacidade, nos termos desta Lei.

ASPECTOS GERAIS DO EXERCÍCIO DOS DIREITOS DO TITULAR

A disciplina de proteção de dados ao redor do mundo, sobretudo nos países europeus, adota um regime baseado na estipulação de direitos básicos para os titulares dos dados pessoais. Ainda sob a égide da Diretiva 95/46/CE, revogada pelo GDPR, ficou conhecido o conjunto de direitos ARCO, um acrônimo para os direitos de: Acesso, Retificação, Cancelamento e Oposição[1]. É possível também realizar um paralelo dessa enunciação de direitos com aquela realizada no Código de Defesa do Consumidor (CDC), que, em seu art. 6º, estabelece um rol dos chamados "direitos básicos" dos consumidores. Outra similaridade pode ser verificada quando se analisa a doutrina consumerista que já reconhecia, no âmbito dos cadastros e bancos de dados de consumidores, alguns direitos básicos do consumidor em tais situações, o que envolvia o direito de acesso, retificação, correção e exclusão de informações[2].

A definição de direitos (subjetivos[3]) coloca os titulares dos dados pessoais em uma posição ativa diante dos agentes de tratamento[4], o que significa que tais direitos

---

1. Cf. CUNHA, Daniel Alves da; HIERRO, Ana; SILVA, Diogo Rodrigues. *Guia do processo de adequação ao Regulamento Geral de Proteção de Dados*: Implementação e Auditoria. Coimbra: Almedina, 2020, p. 36. Também presentes na Convenção n. 108 do Conselho da Europa, art. 9º.

2. De acordo com a lição de MIRAGEM, Bruno. *Curso de Direito do Consumidor*. 6ª ed. São Paulo: Revista dos Tribunais, 2016, p. 353-358. Para uma atualização da doutrina clássica dos arquivos de consumo ver o nosso GOULART, Guilherme Damasio. Por uma visão renovada dos arquivos de consumo. *Revista de Direito do Consumidor*, São Paulo, v. 10, p. 447-482, set./out. 2016.

3. Cf. DANTAS, San Tiago. *Programa de Direito Civil*: Parte Geral. Rio de Janeiro: Rio, 1977, p. 150 "Quando se tem direito subjetivo, pode-se identificá-lo logo por três elementos: em 1º lugar, porque a esse direito corresponde um dever; em 2º, porque esse direito é violável, o que quer dizer que a parte contrária pode violar esse direito, deixando de cumprir o dever; e, em 3º lugar, porque o titular do direito pode ter a iniciativa da coerção. Esse direito é coercível e o titular dele pode coagir a parte contrária a cumprir o seu dever. Se faltam esses três elementos, não se tem direito subjetivo [...]".

4. PONTES DE MIRANDA, Francisco Cavalcanti. *Tratado de Direito Privado*. Rio de Janeiro: Borsoi, 1955, t. V, p. 231: "O direito subjetivo é o que fica do lado ativo, quando a regra jurídica incide".

acabam por limitar a esfera de atuação desses sujeitos[5]. Os direitos do titular, portanto, são oponíveis aos controladores que realizam, em alguma medida, atividades de tratamento de dados pessoais.

Por meio dessa comparação, uma primeira questão poderia ser proposta: o rol dos direitos do titular é aberto ou fechado? Tivemos a oportunidade de desenvolver este tema em outro espaço[6], com a conclusão de que se trata de um rol aberto, exemplificativo, em face da interpretação sistemática dos arts. 17 e 18, levando em consideração a própria proteção da autodeterminação informativa e o livre desenvolvimento da personalidade presentes no início da lei, além dos próprios princípios de proteção de dados[7]. Ao se considerar o rol de direitos do titular meramente exemplificativo, abrem-se novas possibilidades para o reconhecimento de novos direitos que, mesmo que não expressamente previstos na LGPD, podem assim ser evidenciados pela interpretação sistemática da lei. Considerar o rol dos direitos do titular como sendo fechado, em última instância, significa limitar a própria extensão da proteção de dados vista como um direito da personalidade e fundamental[8]. A evolução técnica, a criação de novos serviços e novas interações sociais por meio de aplicativos e softwares abrem novas possibilidades que, em última análise, podem impedir justamente o livre desenvolvimento da personalidade e a autodeterminação informativa, direitos que exigem uma tutela dinâmica da pessoa humana. Um possível exemplo do reconhecimento de novos direitos se dá pela análise do direito à desindexação como um dos direitos do titular, se assim expandirmos a interpretação art. 18, inc. III, quando aborda os direitos de correção de dados. Nesse sentido, seria possível entender a desindexação como um dos direitos do titular implicitamente previstos na LGPD.

Além do mais, a própria relação que os titulares têm com seus dados, a consideração da autodeterminação informativa e o livre desenvolvimento da personalidade fazem com que eles tenham à disposição muito mais do que direitos subjetivos. Trata-se de dar instrumentos ao titular para que ele consiga proteger as chamadas "situações jurídicas subjetivas"[9]. A proteção de dados não deve ser observada apenas

---

5. PONTES DE MIRANDA, Francisco Cavalcanti. *Tratado de Direito Privado*. Rio de Janeiro: Borsoi, 1955, t. V, p. 232.

6. GOULART, Guilherme Damasio. *Direito à desindexação de dados pessoais como tutela de direitos na Internet*. No prelo.

7. GOULART, Guilherme Damasio. *Direito à desindexação de dados pessoais como tutela de direitos na Internet*. No prelo.

8. Lembrando da recente decisão que reconheceu a proteção de dados como direito fundamental, cf. o Referendo na Medida Cautelar na Ação Direito de Inconstitucionalidade n. 6487/DF, na esteira do que já vinha considerando a doutrina mais autorizada. Por todos ver: MENDES, Laura Schertel. *Privacidade, proteção de dados e defesa do consumidor*: linhas gerais de um novo direito fundamental. São Paulo: Saraiva, 2014, *passim*.

9. Cf. MORAES, Maria Celina Bodin de. *Danos à Pessoa Humana*: Uma leitura civil-constitucional dos danos morais. Rio de Janeiro: Renovar, 2003, p. 118: "Por outro lado, tampouco há que se falar apenas em 'direitos' (subjetivos) da personalidade, mesmo se atípicos, porque a personalidade humana não se realiza somente

sob o aspecto obrigacional, de negócio jurídico – há muitas outras "fontes" de situações jurídicas que implicam a proteção, com base nos múltiplos casos de tratamento de dados para além do contrato.

O art. 17, portanto, realiza uma abertura e uma preparação, como apoio de interpretação, para os direitos do titular dispostos nos artigos seguintes. Este artigo repete as disposições dos artigos 1º e 2º da LGPD, quando indica, em primeiro lugar, a tutela da liberdade e a privacidade. Já a intimidade presente aqui aparece também no art. 2º como um dos fundamentos da proteção de dados. É de se notar que é comum a repetição e a reafirmação de direitos em dispositivos legais, servindo como uma medida promocional da proteção de direitos. Por outro lado, note-se que, mesmo que o art. 17 não tenha feito menção a outros direitos relacionados com a proteção de dados (como autodeterminação informativa, livre desenvolvimento da personalidade, tutela da honra e imagem etc.), isso não significa, por óbvio, que se deva abandonar a observância desses direitos quando da análise do exercício dos direitos do titular.

Como ponto de relevo, este capítulo reafirma a tutela dos dados das pessoas naturais (e não das pessoas jurídicas), foco da proteção proporcionada pela LGPD. Nesse sentido, a garantia da titularidade é, sem dúvida, um dos pontos mais importantes para a proteção dos direitos aqui definidos. Embora seja uma questão pouco tratada no âmbito da proteção de dados pessoais (e aparentemente de menor importância), garantir a titularidade implica fazer com que os agentes de tratamento não possam negar a ligação, se existente, entre o dado e o seu titular. O ponto de partida no reconhecimento de direitos para o titular significa repetir a própria definição de dado pessoal, como "informação *relacionada* a pessoa natural identificada ou identificável".

---

através de direitos subjetivos, mas sim através de uma complexidade de situações jurídicas subjetivas, que podem se apresentar, como já referido, sob as mais diversas configurações: como poder jurídico, como direito potestativo, como interesse legítimo, pretensão, autoridade parental, faculdade, ônus, estado – enfim, como qualquer circunstância juridicamente relevante". Mais adiante, p. 120, ainda, a autora arremata: "em todas as relações privadas nas quais venha a ocorrer um conflito entre uma situação jurídica subjetiva existencial e uma situação jurídica patrimonial, a primeira deverá prevalecer, obedecidos, assim, os princípios constitucionais que estabelecem a dignidade da pessoa humana como valor cardeal do sistema".

Daniela Copetti Cravo
Guilherme Damasio Goulart

Art. 18. O titular dos dados pessoais tem direito a obter do controlador, em relação aos dados do titular por ele tratados, a qualquer momento e mediante requisição:

DOS DIREITOS DO TITULAR

O *caput* do art. 18 estabelece as bases para o exercício dos direitos do titular. Ele indica que o titular exercerá tais direitos especificamente em face do controlador (e não perante o operador), a qualquer momento e mediante requisição. Os requisitos desta requisição são estabelecidos no art. 19 da LGPD.

Entende-se que está implícito no termo "mediante requisição" que o controlador deverá estabelecer meios seguros de identificação do titular para, assim, não entregar seus dados para outras pessoas[1]. Esta demanda de identificação faz com que, para o próprio atendimento aos direitos do titular, haja a necessidade de o controlador tratar outros dados pessoais aptos a identificá-lo adequadamente. A depender do tipo de tratamento de dados em questão, pode ser que o agente de tratamento já possua sistemas apropriados para realizar a interação com titulares (como ocorre com as lojas de *e-commerce*, por exemplo, que possuem áreas para atualização cadastral). Em tais situações, alguns controladores implementam *dashboards*, ou áreas específicas para o exercício dos direitos do titular. Isso permite que o titular realize, de forma facilitada e automática, os pedidos envolvendo o exercício dos direitos de maneira geral.

Ressalta-se que o *caput* do art. 18 contém a expressão "a qualquer momento". É possível entender, diante disso, no âmbito de tratamentos de dados pessoais provenientes de relações contratuais e de consumo, que há o dever imposto aos agentes de tratamento de cumprir tais disposições mesmo após o término da relação contratual[2]. Nem sempre o término de uma relação jurídica principal, a qual deu origem ao tratamento de dados pessoais, faz com que tais dados sejam automaticamente

---

1. De acordo com o alerta de BERNARDI, Nicola. *Privacy*: Protezione e trattamento dei dati. Milão: Wolters Kluwer, 2019, p. 228.

2. Cf. também o alerta de MIRAGEM, Bruno. A Lei Geral de Proteção de Dados (Lei 13.709/2018) e o Direito do Consumidor. *Revista dos Tribunais*, São Paulo, v. 1009, nov. 2019, Versão Revista dos Tribunais On-Line, p. 25.

apagados. Pelo contrário, a depender do caso, uma série de determinações legais pode obrigar os agentes a manter os dados; basta pensar nas questões relacionadas ao pagamento de impostos, registros de relações de trabalho, ou até mesmo para registros educacionais etc. Levando em consideração tal fato, os agentes devem se preocupar em manter toda uma organização técnica para fazer cumprir os direitos dos titulares, o que inclui a preparação de sistemas para tal[3].

---

3. Ver aí a relação do art. 46, § 2º, da LGPD, acerca do *privacy by design*.

Guilherme Damasio Goulart

Art. 18. [...]

I – confirmação da existência de tratamento;

II – acesso aos dados;

DA CONFIRMAÇÃO DA EXISTÊNCIA DO TRATAMENTO E DO ACESSO AOS DADOS

A íntima relação entre a pessoa e os dados que a identificam faz com que todo o titular tenha o direito de conhecer os seus dados mantidos pelos agentes de tratamento. Trata-se de uma consequência básica da própria autodeterminação informativa e também da observância dos princípios, sobretudo o da transparência. Assim, nenhum agente de tratamento pode tratar dados pessoais de forma obscura, escondida, de maneira a impedir que o titular tenha conhecimento das operações de tratamento realizadas com seus dados pessoais. Nesse sentido, o titular não precisa justificar seus pedidos, bastando indicar seu interesse em obter tais informações. Quando diz respeito ao direito do consumidor, o direito de acesso aos dados está relacionado com o direito à informação[4], que perpassa todo o CDC.

A confirmação da existência do tratamento figurará, em muitos casos, como um antecedente cronológico para o exercício de outros direitos do titular[5]. Nem sempre o titular dos dados tem ciência acerca da própria existência da atividade de tratamento e, em outros casos, por diversos motivos, pode até mesmo ignorar quais dados seus são tratados. Por isso que a confirmação e também o acesso aos dados podem ser anteriores ou até mesmo preparatórios para o exercício de outros direitos do titular. Como exercer, por exemplo, o direito à correção de dados desatualizados se não se tem ciência da própria existência da atividade de tratamento?

Tal constatação eleva a importância desses dois direitos, visto que quando têm seu exercício negado pelos agentes de tratamento, isso faz com que o titular sequer consiga eventualmente tomar ciência de problemas no tratamento em questão. Ademais, é importante que tais pedidos sejam cuidadosamente cumpridos[6] pelos

---

4. MIRAGEM, Bruno. A Lei Geral de Proteção de Dados (Lei 13.709/2018) e o Direito do Consumidor. *Revista dos Tribunais*, São Paulo, v. 1009, nov. 2019, Versão Revista dos Tribunais On-Line, p. 25.

5. No mesmo sentido, CORDEIRO, A. Barreto Menezes. *Direito da Proteção de Dados*: à luz do RGPD e da lei n. 58/2019. Coimbra: Almedina, 2020, p. 262.

6. O que importa no estrito cumprimento das determinações do art. 9º da LGPD, acerca da indicação das finalidades de tratamento, forma e duração etc.

agentes de tratamento, uma vez que a omissão de atividades ou categorias de dados tratadas importa também na colocação de dificuldades para o exercício de outros direitos pelo titular.

Contudo, há que se diferenciar a confirmação da existência do acesso aos dados. Pode o titular querer apenas conhecer quais atividades de tratamento são realizadas, sem, no entanto, pedir o acesso aos seus dados. Entretanto, diante da dinâmica das relações, é mais frequente – e mais lógico inclusive – que o titular tenha o interesse em obter a confirmação do tratamento e, conjuntamente, solicitar o acesso aos dados.

Acredita-se que será mais frequente a confirmação e solicitação de acesso aos dados em situações em que a hipótese de tratamento é outra que não o consentimento. Como ressalta Bruno Miragem, "não há razão para que confirme aquilo em relação ao que anuiu"[7]. Contudo, não se desconsidera a hipótese de que o titular ignore certos consentimentos, sobretudo nas situações de consentimentos dados em aplicativos ou sistemas em que o titular não lê os termos e políticas de privacidade. Tais casos são bastante frequentes, sobretudo nas situações em que o titular anui com o compartilhamento dos seus dados pessoais com parceiros de negócio do controlador, situação informada nos termos e condições. Pela falta de compreensão na matéria que atinge grande parte dos titulares, pode passar despercebido o fato de que ele anuiu com o compartilhamento de dados, fazendo com que exerça seus direitos contra aquele que recebeu seus dados (e não contra quem enviou).

---

7. MIRAGEM, Bruno. A Lei Geral de Proteção de Dados (Lei 13.709/2018) e o Direito do Consumidor. *Revista dos Tribunais*, São Paulo, v. 1009, nov. 2019, Versão Revista dos Tribunais On-Line, p. 24.

Guilherme Damasio Goulart

Art. 18. [...]

III – correção de dados incompletos, inexatos ou desatualizados;

CORREÇÃO DE DADOS INCOMPLETOS, INEXATOS OU DESATUALIZADOS

O direito de exigir a correção dos dados está intimamente ligado ao princípio da qualidade, tal como previsto no art. 6º, inc. V, da LGPD. Assim, os titulares têm o direito de exigir a imediata correção de seus dados pessoais toda vez que eles não reflitam a realidade. A análise, destaca-se, é objetiva, no sentido de verificar se a informação armazenada está de acordo com a realidade[8]. O direito de correção não envolve o fato de o titular discordar ou se opor a uma determinada avaliação ou criação de perfil, direito que é exercido com base no art. 20 da Lei. Além do mais, é comum que informações eventualmente prejudiciais ao titular sejam armazenadas. Nesse sentido, não seria possível, por meio do direito à correção, buscar a correção de "informação relativa à sua pessoa que embora prejudicial seja correta"[9].

Dessa maneira, o procedimento envolvido na correção dos dados pode variar de acordo com o tipo de atividade dos agentes de tratamento. Isso significa que, caso se trate, por exemplo, de uma instituição financeira, para realizar a correção, o controlador pode exigir documentos que comprovem o erro ou desatualização das informações, por uma questão de segurança. Nesse sentido, é legítimo o pedido de envio de documentos comprobatórios de relação jurídica, documentos de identificação, certidões variadas etc. As consequências da falta de qualidade dos dados também podem variar a depender da atividade na qual o dado é tratado. Pode o titular não ter nenhum prejuízo perceptível, mas, ao se tratar, por exemplo, de um contrato de seguro, pode levar até mesmo "à recusa da proposta de seguro ou à cobrança de um prêmio maior"[10]. Outrossim, o erro ou incorreção no tratamento de certos de dados pode trazer riscos à própria vida do titular, como em casos de erros em exames ou prontuários médicos[11].

---

8. Cf. CORDEIRO, A. Barreto Menezes. _Direito da Proteção de Dados_: à luz do RGPD e da lei n. 58/2019. Coimbra: Almedina, 2020, p. 270, não se incluem aqui, portanto, avaliações subjetivas quanto ao titular, por exemplo, "opiniões ou julgamentos de valor".

9. CORDEIRO, A. Barreto Menezes. _Direito da Proteção de Dados_: à luz do RGPD e da lei n. 58/2019. Coimbra: Almedina, 2020, p. 271.

10. MIRAGEM, Bruno; PETERSEN, Luiza. O contrato de seguro e a Lei Geral de Proteção de Dados. _Revista dos Tribunais_, São Paulo, v. 1018, ago. 2020, versão Revista dos Tribunais On-Line, p. 18.

11. MIRAGEM, Bruno. A Lei Geral de Proteção de Dados (Lei 13.709/2018) e o Direito do Consumidor. _Revista dos Tribunais_, São Paulo, v. 1009, nov. 2019, Versão Revista dos Tribunais On-Line, p. 26.

Igualmente, pode ser necessária a manutenção, por parte do controlador, do dado anteriormente tratado, até para comprovação de relações jurídicas passadas ou questões relacionadas ao estado da pessoa. Assim, a atualização do nome de casado, a passagem do estado civil de solteiro para casado ou de casado para viúvo etc., pode ser útil a depender do contexto do tratamento. É claro que o caso concreto é que deve orientar tais situações. Situações de alteração de nomes de pessoas transexuais devem ser cuidadosamente verificadas (no sentido de manter o nome anterior para registro histórico), sob pena de justamente violar a proteção do direito à identidade pessoal destes titulares[12].

De qualquer forma, há o interesse do controlador em manter a informação antiga e a atualizada, até para que possa demonstrar, tanto para o titular, quanto para a ANPD, se for o caso, que cumpriu adequadamente os pedidos a ele submetidos[13].

---

12. Lembrando que a alteração de nome de pessoas transexuais também pode baseada no direito à identidade pessoal e também no livre desenvolvimento da personalidade, motivo pelo qual elas podem alegar o próprio direito ao esquecimento em tais circunstâncias. Sobre o tema ver MOREIRA, Rodrigo Pereira; ALVES, Rubens Valtecides. Direito ao esquecimento e o livre desenvolvimento da personalidade da pessoa transexual. *Revista de Direito Privado*, São Paulo, v. 64, p. 81-102, out./dez. 2015.

13. BERNARDI, Nicola. *Privacy*: Protezione e trattamento dei dati. Milão: Wolters Kluwer, 2019, p. 231.

Guilherme Damasio Goulart

Art. 18. [...]

IV – anonimização, bloqueio ou eliminação de dados desnecessários, excessivos ou tratados em desconformidade com o disposto nesta Lei;

ANONIMIZAÇÃO, BLOQUEIO OU ELIMINAÇÃO

As medidas de anonimização, bloqueio ou eliminação, no âmbito dos direitos do titular, possuem a função de proteger o titular dos dados pessoais. Nas situações do inc. IV do art. 18, toda vez que o titular perceber que há tratamento de dados "desnecessários, excessivos ou tratados em desconformidade" com a LGPD, ele terá o direito de exigir a aplicação de uma dessas medidas. Com isso, eliminação e anonimização[14] são medidas que visam retirar o dado pessoal da esfera de tratamento dos agentes de tratamento envolvidos.

O bloqueio, por sua vez, é medida de difícil adoção no presente caso. Ele é usado em outras circunstâncias, constituindo, por exemplo, uma das sanções administrativas, de acordo com o art. 52, inc. V, da Lei. Ele é entendido como a "suspensão temporária de qualquer operação de tratamento, mediante guarda do dado pessoal ou do banco de dados", conforme o art. 5º, inc. XIII, da LGPD. Com isso, é difícil imaginar uma situação em que o titular exija o bloqueio dos dados, visto que ele tem à disposição outras medidas mais aptas a proteger seus direitos (eliminação ou anonimização). A experiência demonstra que o titular quase sempre exige a eliminação quando verifica que seus dados estão sendo tratados em desconformidade com a lei.

Uma possível questão que se coloca aqui é se o titular tem autonomia para escolher quais das medidas serão tomadas ou se o agente de tratamento envolvido poderia escolher medida diferente da solicitada. Sabe-se que, por meio da anonimização, retira-se o vínculo entre aquele dado e o titular. Contudo, neste caso, o agente ainda ficaria com outras informações, pelo menos estatísticas, acerca de alguns elementos sobre aquele tratamento. Se se considerar que o pedido do titular se deu, como diz o inc. IV, em face de "dados desnecessários, excessivos ou tratados em desconformidade com o disposto nesta Lei", a melhor medida seria a eliminação de tais dados. A anonimização ainda poderia trazer alguma vantagem para o agente de tratamento, que teria, assim, um potencial ganho fundado em uma atividade de tratamento ilícita. De qualquer forma, em análise preliminar, como se trata do exercício de um direito subjetivo do titular, e a lei não estabelece qualquer controle

---

14. Sobre a anonimização, ver as disposições do art. 12 da LGPD.

acerca da escolha, o artigo deve ser interpretado de forma mais favorável ao titular, o que leva à conclusão de que este tem o poder de escolher quais das medidas serão utilizadas.

Outro tema bastante interessante neste contexto é a situação de eventuais dados pessoais que ainda podem ser armazenados pelo agente de tratamento mesmo nas hipóteses de pedidos de eliminação. Explica-se: a fim de facilitar o exercício dos direitos do titular, os agentes de tratamento geralmente utilizam sistemas para o registro de tais demandas. Em uma situação em que o titular use um desses sistemas, o agente precisará manter um registro desse pedido, até para sua própria proteção e comprovação ulterior de que o pedido foi feito e que ele – o agente de tratamento – o atendeu. Nesse sentido, mesmo diante da solicitação de apagamento, o agente precisará manter o registro do pedido, o que inclui os dados pessoais do titular-solicitante. Trata-se de uma possibilidade a ser amparada pela própria hipótese do legítimo interesse[15]. Recomenda-se, neste caso, que o agente comunique ao titular que, mesmo diante de seu pedido de eliminação dos dados, ainda serão mantidas informações acerca do pedido, com base no legítimo interesse.

As questões relacionadas à eliminação de dados também tangenciam outros direitos correlatos e semelhantes, como o esquecimento e a desindexação[16]. Em outro espaço destacamos justamente os critérios distintivos entre esquecimento, apagamento e desindexação de dados pessoais[17]. Enquanto o apagamento e a desindexação (este último um dos direitos do titular que pode ser derivado do apagamento, mas dele se distingue) possuem uma vocação de ocorrerem muito mais em sistemas digitais, o direito ao esquecimento se verifica com mais frequência em situações relacionadas à imprensa. Assim, o esquecimento nem sempre terá como fundamento a LGPD, visto que a lei não se aplica às atividades exclusivamente jornalísticas, de acordo com o inc. II do art. 4º. De qualquer forma, é possível afirmar que eles "podem ser classificados como direitos subjetivos relacionados à retirada de visibilidade ou acesso à determinada informação, bem como sua exclusão ou proibição de tratamento em

---

15. No âmbito do exercício do direito à desindexação e esquecimento, a ENISA (European Union Agency for Cybersecurity) estabelece alguns critérios nos quais, mesmo diante de tais pedidos, o agente ainda deve manter certas informações que comprovam que ele cumpriu com o pedido do titular, o que é uma necessidade até de ele se proteger de futuras demandas infundadas ou de má-fé. EUROPEAN UNION AGENCY FOR CYBERSECURITY – ENISA. *The right to be forgotten* – between expectations and practice. 2011. Disponível em: https://www.enisa.europa.eu/publications/the-right-to-be-forgotten. Acesso em: 18 fev. 2025.

16. Conforme alerta de LIMA, Cintia Rosa Pereira de; RAMIRO, Lívia Froner Moreno. Direitos do titular dos dados pessoais. In: LIMA, Cíntia Rosa Pereira de (Coord.). *Comentários à lei geral de proteção de dados*: Lei 13.709/2018. São Paulo: Almedina, 2020, p. 261.

17. GOULART, Guilherme Damasio. *Direito à desindexação de dados pessoais como tutela de direitos na Internet.* No prelo. Também LIMA, Cintia Rosa Pereira de; RAMIRO, Lívia Froner Moreno. Direitos do titular dos dados pessoais. In: LIMA, Cíntia Rosa Pereira de (Coord.). *Comentários à lei geral de proteção de dados*: Lei 13.709/2018. São Paulo: Almedina, 2020, p. 266, afirmam que "No Brasil, a jurisprudência ainda confunde bastante o direito ao esquecimento com o direito à desindexação", o que demonstra a necessidade do estudo cuidadoso dos critérios distintivos.

determinados contextos. São direitos com uma perspectiva existencial similar"[18]. Eles são um conjunto de direitos similares; são, no fundo, direitos relacionados ao controle da informação pelo titular. A desindexação, defendemos, é meio de tutela de direitos na Internet e sempre deverá estar fundamentada em um direito anterior que a embase, o que destaca a autonomia entre esses direitos. Será exercida pelo titular contra sistemas que organizam dados pessoais, no momento atual, sendo prevalentemente oposta contra buscadores na Internet. Pode-se pedir a desindexação, por exemplo, com base em um tratamento de dados que viole um dos princípios de LGPD, ou com base na indexação, pelo buscador, de uma notícia falsa. Ainda, a desindexação pode até mesmo estar fundamentada no esquecimento, situação em que o titular pede a desindexação de determinado dado pessoal que aparece em um buscador baseando-se no exercício do direito ao esquecimento. Neste caso, não se retira a informação da fonte original, buscando-se um controle por meio do buscador, que realiza uma atividade de tratamento de dados e, por consequência, submete-se à legislação de proteção de dados[19]. De toda forma, a desindexação vista como tutela de outros direitos visa também à desassociação de um dado pessoal a um fato. Mesmo diante de omissão do legislador brasileiro em apontar a desindexação como um dos direitos do titular, entende-se, diante até do que já se falou sobre o rol de direitos do titular na LGPD, ser considerado um rol aberto, que ela (a desindexação) pode sim ser derivada de uma interpretação sistemática da lei.

---

18. De acordo com as conclusões do referido estudo.

19. Sendo justamente o que aconteceu no famoso caso Costeja: TRIBUNAL DE JUSTIÇA DA UNIÃO EUROPEIA. Grande Secção. Processo n. C-131/12. Google Spain X Agencia Española de Protección de Datos (AEPD) e Mario Costeja González.

Daniela Copetti Cravo

Art. 18. [...]

V – portabilidade dos dados a outro fornecedor de serviço ou produto, mediante requisição expressa, de acordo com a regulamentação da autoridade nacional, observados os segredos comercial e industrial;

1. CONSIDERAÇÕES INICIAIS

A LGPD conferiu ao titular dos dados um catálogo de direitos. Dentre esses direitos, destaca-se a portabilidade de dados pessoais, que teve como fonte de inspiração a novidade[20] trazida no artigo 20 do Regulamento Geral de Proteção de Dados (RGPD)[21].

A portabilidade de dados, entendida como a possibilidade do titular de transferir seus dados entre diferentes controladores ou obter uma cópia para armazenamento e uso, surge como uma ferramenta de empoderamento. Com a portabilidade, os titulares se sentem mais estimulados a usar os seus dados e migrar livremente entre diferentes serviços, inclusive escolhendo aqueles que tenham políticas que mais lhe agradem.

Em adição, a portabilidade também busca promover a concorrência em um mercado caracterizado por monopólios e efeitos de rede, por meio da redução dos *switching costs* (custos de troca) e do efeito *lock-in*[22]. Assim, a portabilidade

---

20. BOZDAG, Engin. Data Portability Under GDPR: Technical Challenges. Disponível em: https://ssrn.com/abstract=3111866. Acesso em: 18 fev. 2025.

21. O direito à portabilidade de dados foi abarcado na Proposta apresentada pelo Parlamento Europeu e pelo Conselho, datada de 25 de janeiro de 2012 e relativa à proteção de dados pessoais singulares no que diz respeito ao tratamento de dados pessoais e à livre circulação desses dados, de 25 de janeiro de 2012. (FIDALGO, Vitor Palmela. O direito à portabilidade de dados pessoais. *Revista de Direito e Tecnologia*, [S.l], v. 1, n. 1., 2019, p. 91). Mas antes de constar na Proposta, a portabilidade de dados já vinha sendo discutida em outras oportunidades e iniciativa, como as seguintes: Em 2007, foi editada a Declaração de Direitos dos Usuários da Web Social, em que constou a portabilidade de dados. Na sequência, foi iniciado o Projeto de Portabilidade de Dados, que teve adesão do Google, Facebook, Microsoft, LinkedIn, entre outras. (Bozdag, Engin. *Data Portability Under GDPR: Technical Challenges*. Disponível em: https://ssrn.com/abstract=3111866. Acesso em: 18 fev. 2025).

22. Além de tais custos, "certo é que a desinformação do usuário-comum e a comodidade da adesão às grandes plataformas da web são fatores que desencadeiam a aglutinação de poder pela coleta indiscriminada de dados". (MARTINS, Guilherme Magalhães; FALEIROS JÚNIOR, José Luiz de Moura. O direito à portabilidade de dados pessoais e sua função na efetiva proteção às relações concorrenciais e de consumo. In: LÓSSIO, Claudio Joel Brito; NASCIMENTO, Luciano; TREMEL, Rosangela. (Org.). *Cibernética jurídica*: estudos sobre direito digital. Campina Grande: EDUEPB, 2020, p. 219).

de dados pessoais não só é desejada, mas também uma necessidade na realidade digital[23].

2. NATUREZA DA PORTABILIDADE DE DADOS PESSOAIS

Houve, no âmbito da União Europeia, uma discussão sobre a verdadeira natureza do direito à portabilidade dos dados, que iniciou antes mesmo da aprovação do Regulamento e quando este era ainda um projeto. Os debates englobavam dúvidas sobre a pertinência e afinidade do instituto com a proteção de dados. Havia vozes no sentido de que a portabilidade era algo estranho e externo à proteção da privacidade[24].

De fato, em uma abordagem preliminar, poder-se-ia pensar que a portabilidade de dados seria um instituto mais próximo do direito do consumidor ou da concorrência. No entanto, o reconhecimento da utilidade desses dados e o seu uso pelos titulares dependem da própria evolução da sociedade, bem como de uma maior conscientização e educação digital dos titulares. As empresas há muito tempo já notaram como os dados são úteis para gerar serviços mais personalizados e atender de forma mais efetiva aos gostos dos consumidores.

Será que os dados também não são um insumo importante para os indivíduos, subsidiando e orientando o desenvolvimento das suas faculdades, realizações e satisfações pessoais? Em sendo reconhecido o valor dos dados como um insumo também para os indivíduos, e não só para as organizações, a portabilidade de dados pode servir como uma ferramenta de gestão e de facilitação na tomada de decisões pessoais. A título de exemplo, esta poderá nos auxiliar a verificar o impacto do nosso padrão de consumo e a adoção de hábitos mais sustentáveis, entre outras possibilidades. Um exemplo seria a transferência de nossas listas de compras a um aplicativo de aconselhamento nutricional ou a utilização dos nossos dados de consumo em transporte e energia para criar um índice de carbono individual[25].

O tema da portabilidade também avança em outras searas, sendo a portabilidade apontada como um instrumento para permitir que seja concedida uma destinação aos dados do falecido (tutela *post mortem* dos direitos da personalidade)[26]. Trata-se

---

23. Cabe destacar que a portabilidade de dados terá um papel essencial na Web 3.0. Essa (*Semantic Web technologies integrated into, or powering, large-scale Web applications*) pode ser entendida como o fenômeno em que os indivíduos deixam de ser usuários e passam a fazer parte das aplicações, sendo produtores e beneficiários do *Big Data*. BOUCHAGIAR, George. Privacy and Web 3.0: Implementing Trust and Learning From Social Networks. *Review of European Studies*, [S.l], v. 10, n. 4, 2018.

24. GOLA, Peter. *Datenschutz-Grundverordnung VO (EU) 2016/67*. Munich: C.H. Beck, 2018.

25. A esse respeito, cita-se a seguinte reportagem: https://www.latribune.fr/opinions/la-portabilite-des-donnees-un-levier-citoyen-pour-la-transition-ecologique-854175.html.

26. COLOMBO, Cristiano; GOULART, Guilherme. Direito póstumo à portabilidade de dados pessoais no ciberespaço à luz do direito brasileiro. *In*: Flores, Alfredo de Jesus Dal Molin. (Org.). *Perspectivas do discurso jurídico*: revolução digital e sociedade globalizada. 1 ed. Rio Grande: Editora da Furg, 2020, v. 1, p. 90-109.

do direito póstumo à portabilidade, que requer, todavia, problematização e reflexão, embora já possa ser encontrado na Itália, que o prevê em sua legislação, estabelecendo certos requisitos[27].

Nesse contexto, a portabilidade dos dados relacionada a dados de saúde e genéticos também é de particular relevância para o planejamento da sucessão.[28] Em vista do exponencial crescimento de diagnósticos e prognósticos para promoção da saúde e desenvolvimento de tratamentos preventivos, uma portabilidade póstuma referente a esses dados pode ser importante.

A portabilidade de dados de saúde, ademais, representa uma vinculação direta entre o corpo físico e o corpo eletrônico. Veja-se que dados de prontuários médicos, organizados e atualizados de forma adequada "são essenciais para que o sujeito desfrute do próprio direito à saúde e, em última instância, do direito à vida"[29]. No âmbito do poder público, a portabilidade pode servir para possibilitar a desburocratização. Além disso, é uma ferramenta que permitirá o uso secundário dos dados de uma forma legítima e de acordo com as expectativas do titular[30-31].

Portanto, a portabilidade de dados precisa ser entendida como uma ferramenta que visa a promover uma redistribuição do poder e dos benefícios de uma realidade movida a dados, gerando valor aos titulares. Trata-se se de uma ferramenta *user-centred*, que possibilita que o titular tenha um papel ativo no ecossistema de dados[32-33].

---

27. NEGRI, Sergio Marcos Carvalho de Ávila; KORKMAZ, Maria Regina Rigolon; FERNANDES, Elora. Portabilidade e proteção de dados pessoais: tensões entre pessoa e mercado. *Civilistica.com – Revista Eletrônica de Direito Civil*, Rio de Janeiro, v. 1, 2021.

28. NEGRI, Sergio Marcos Carvalho de Ávila; KORKMAZ, Maria Regina Rigolon. Autonomia privada, portabilidade de dados e planejamento sucessório. *In*: TEIXEIRA, Daniele Chaves (Coord.). *Arquitetura do planejamento sucessório* – Tomo II. Belo Horizonte: Fórum, 2021, p. 660-674.

29. NEGRI, Sergio Marcos Carvalho de Ávila; KORKMAZ, Maria Regina Rigolon; FERNANDES, Elora. Portabilidade e proteção de dados pessoais: tensões entre pessoa e mercado. *Civilistica.com – Revista Eletrônica de Direito Civil*, Rio de Janeiro, v. 1, 2021.

30. No Brasil, há uma inciativa do governo federal que pode ser vista como uma forma de transferência de dados dos titulares com outras entidades públicas (inclusive de entes estaduais ou municipais). Trata-se da conta gov.br (log-in único), que, a partir da autorização do cidadão, transfere os dados pessoais de identificação ou dados complementares desse para fins de utilização de um serviço público. A respeito, ver: http://faq-login-unico.servicos.gov.br/en/latest/_perguntasdafaq/oqueeautorizacaodeusodedados.html.

31. No âmbito da União Europeia, a Comissão editou uma proposta de Diretiva para promover o reuso de dados governamentais. European Commission. *Proposal for a Directive on the re-use of public sector information*, 2018.

32. ARTICLE 29 DATA PROTECTION WORKING PARTY. *Guidelines on the right to data portability*. Brussels: European Commission, 2016, p. 4.

33. A portabilidade pode ser entendida também como um direito de uma nova geração (Monteleone, Andrea Giulia. Il Diritto Alla Portabilità Dei Dati. Tra Diritti Della Persona e Diritti Del Mercato. *LUISS Law Review*, Roma, n. 2, p. 202-213, 2017, p. 202).

Assim, não há como se deixar de reconhecer que a portabilidade de dados, além dos seus potenciais efeitos ao mercado e ao bem-estar do consumidor, é um direito individual[34] de cada titular dos dados, permitindo uma maior gestão e controle dos seus dados (no sentido de decidir quem irá acessar e manter os dados). Esse direito, ademais, não se limita aos casos de transferência entre fornecedores[35], pelo contrário, ele pode ser exercido pela mera obtenção de uma cópia dos dados pelo titular para uso pessoal.

Também tem se entendido que a portabilidade de dados pode ser a mera transferência dos dados, sem encerramento da relação. Assim, a portabilidade de dados cristaliza o avanço da nova geração de leis de proteção de dados, dando um passo adiante, uma vez que os tradicionais mecanismos de acesso, retificação, cancelamento e oposição já não são mais suficientes para garantir uma proteção adequada[36] e a própria autodeterminação informativa.

Além de caracterizar uma evolução para a proteção de dados pessoais, a portabilidade também tem implicações técnicas em outras esferas. Nesse sentido, a portabilidade pode proporcionar a criação de *datasets* e o acesso aos dados, elemento importante para o desenvolvimento de novas tecnologias e de inteligência artificial[37-38-39].

Ainda, a portabilidade de dados pode ser uma ferramenta importante para promoção de interesses coletivos ou difusos da sociedade. Os cidadãos podem requerer seus dados para torná-los disponíveis no futuro, quando da execução de

---

34. Geradin, Damien; Kuschewsky, Monika. *Competition law and personal data*: preliminary thoughts on a complex issue. Disponível em: https://papers.ssrn.com/sol3/papers.cfm?abstract_id=2216088. Acesso em: 18 fev. 2025.

35. Article 29 Data Protection Working Party. *Guidelines on the right to data portability*. Brussels: European Commission, 2016. p. 3.

36. KESSLER, Daniela Seadi; DRESCH, Rafael de Freitas Valle. Direito à Portabilidade de Dados no Contexto Brasileiro e Europeu. In: CRAVO, Daniela Copetti; KESSLER, Daniela Seadi; DRESCH, Rafael de Freitas Valle. *Portabilidade de Dados na Lei Geral de Proteção de Dados*. Indaiatuba: Foco, 2020, p. 23.

37. O acesso a dados no desenvolvimento e implantação de Inteligência Artificial é fundamental (EUROPEAN COMISSION. DSM cloud stakeholder working groups on cloud switching and cloud security certification. Disponível em: https://ec.europa.eu/digital-single-market/en/dsmcloud-stakeholder-working-groups--cloud-switching-and-cloud-security-certification. Acesso em: 18 fev. 2025).

38. Apesar dos dados serem geralmente "gratuitos", não exclusivos e não-rivais, ainda assim o acesso a esses é difícil. Essa restrição de acesso decorre da infraestrutura de coleta, armazenamento e distribuição. Além das barreiras tecnológicas, também existem as barreiras legais e comportamentais (Lundqvist, Bjorn. Portability in Datasets under Intellectual Property, Competition Law, and Blockchain. *Stockholm University Research Paper N*. 62, 2018).

39. Em especial, faz-se menção à indispensável necessidade de transferência e troca de dados entre negócios e setores para fins de desenvolvimento da Internet das Coisas (Graef, Inge; Husovec, Martin; van den Boom, Jasper. Spill-Overs in Data Governance: The Relationship Between the GDPR's Right to Data Portability and EU Sector-Specific Data Access Regimes, *TILEC Discussion Paper No. DP 2019-005*, 2019, p. 23.).

uma política pública ou de uma missão científica, que podem fazer uma chamada pública de dados[40-41].

Por tais razões, a portabilidade de dados deve ser estimulada e promovida, inclusive até mesmo em outras políticas regulatórias[42], a fim de abarcar outros dados que não só os pessoais[43], até mesmo pela dificuldade de distinção, na prática, entre dados pessoais e não pessoais[44]. No entanto, é preciso clareza e definição de alguns pontos essenciais da portabilidade de dados, nomeadamente para se garantir que haja segurança e respeito a outros valores também importantes em termos de proteção de dados[45].

---

40. VILLANI, Cédric. *For a Meaningful Artificial Intelligence*. Disponível em: https://www.aiforhumanity.fr/pdfs/MissionVillani_Report_ENG-VF.pdf. Acesso em: 18 fev. 2025, p. 30.

41. "(...) Os cidadãos podem decidir recuperar os seus dados de vários serviços, de modo a colocá-los à disposição de uma parte interessada pública ou na investigação científica para o benefício de missões de interesse geral. As possibilidades são numerosas e estimulantes: em termos de saúde, por exemplo, as comunidades de pacientes podem responder a um chamado de um instituto de pesquisa que se compromete a desenvolver inteligência artificial que permitirá melhorar a detecção e o tratamento de certas patologias. Um prefeito pode apelar para seus constituintes pelos dados que eles recuperaram de aplicativos de transporte com o objetivo de otimizar o tráfego em seu município" (tradução livre de: VILLANI, Cédric. *For a Meaningful Artificial Intelligence*. Disponível em: https://www.aiforhumanity.fr/pdfs/MissionVillani_Report_ENG-VF.pdf. Acesso em: 18 fev. 2025, p. 30.).

42. Nesse sentido, citam-se as iniciativas no âmbito do Open Banking. "Sob a noção de Open Banking, bancos de varejo estão cada vez mais com foco no compartilhamento de dados, a fim de aumentar a transparência, a eficiência de empresas estabelecidas, concorrência e inovação no setor bancário e indústria de serviços financeiros".(tradução livre de: Hoffmann, Jörg. Sector-Specific (Data-) Access Regimes of Competitors. Max Planck Institute for Innovation & Competition Research Paper No. 20-08, 2020, p. 40). Nessa senda, o Open Banking pode ser entendido como a transferência de dados financeiros dos consumidores entre diferentes serviços, financeiros ou não, por meio de ferramentas interoperáveis, como as APIs. A intenção é que o acesso aos dados e o livre fluxo desses propiciem melhores serviços aos consumidores, mais inovação e mais competitividade. Segundo Carlos Goettenauer, "duas intervenções regulatórias estão associadas à origem do modelo de open banking", quais sejam, a Diretiva 2015/2366 da União Europeia, conhecida como Second Payment System Directive (PSD2), e a decisão da autoridade concorrencial britânica (Competition & Markets Authority – CMA), de 17 de maio de 2016 (GOETTENAUER, Carlos. Open Banking e o Modelo de Banco em Plataforma: a necessidade de reavaliação da definição jurídica de atividade bancária. *Revista da Procuradoria-Geral do Banco Central*, [S.l.], v. 14, n. 1, p. 16, set. 2020).

43. A exemplo do previsto no artigo 6º do Regulamento Europeu 2018/1807, que prevê o regime para o livre fluxo de dados não pessoais na União Europeia. Assim, na União Europeia, além da portabilidade de dados pessoais prevista no RGPD, também há o estímulo à adoção dessa para dados não pessoais. Para tanto, há o desenvolvimento de um código de conduta para garantir a troca e a mobilidade.

44. Graef, Inge; Gellert, Raphael; Purtova, Nadezhda; Husovec, Martin; Feedback to the Commission's Proposal on a Framework for the Free Flow of Non-Personal Data, 2018.

45. Além de críticas relacionadas à segurança e dificuldade de implementação da portabilidade de dados, especialmente para as pequenas empresas, também há a crítica feita por alguns juristas norte-americanos, como aponta Laura Drechsler, de que a portabilidade de dados reforça a ideia dos dados como uma propriedade. Ao tratar dos dados como um ativo individual, a portabilidade poderia levantar questões complexas sobre propriedade e titularidade (Drechsler, Laura. Practical Challenges to the Right to Data Portability in the Collaborative Economy. Proceedings of the 14th International Conference on Internet, Law & Politics. Universitat Oberta de Catalunya, Barcelona, 21-22 June, 2018, p. 12).

3. A PORTABILIDADE DE DADOS NA LGPD

O direito à portabilidade de dados não estava presente em todos os projetos de lei que versavam sobre a criação de uma lei geral de proteção de dados[46]. Dos projetos em trâmite antes da aprovação final, apenas o PL 5.276/2016 trazia como um direito do titular a portabilidade dos dados[47], no seu artigo 18, inciso V.

Em 2018, ocorreu a apreciação do PL 4.060/2012 pela Câmara dos Deputados, estando em apenso à proposição principal o PL 5.276/2016 e o PL 6.291/2016. Houve a proposta de um substitutivo e de emendas. Esses restaram prejudicados, sendo aprovada ao final a Subemenda substitutiva global, a qual abarcou o direito de portabilidade de dados.

Na sequência, o projeto de lei foi aprovado pelo Senado e encaminhado para sanção presidencial. Em 14 de agosto de 2018, com veto parcial, é sancionada a Lei Ordinária n. 13.709/2018, denominada Lei Geral de Proteção de Dados Pessoais (LGPD), que previu o direito à portabilidade de dados no seu artigo 18, inciso V, da LGPD[48].

Apresentando poucas disposições sobre este direito, a LGPD foi extremamente sintética, limitando-se a afirmar que: (i) a portabilidade será realizada entre um fornecedor a outro, mediante requisição expressa, de acordo com a regulamentação da autoridade nacional, observados os segredos comercial e industrial (inciso V)[49]; (ii) que não se inclui nessa os dados já anonimizados (art. 18, § 7°); (iii) que a autoridade nacional poderá dispor sobre padrões de interoperabilidade para fins de portabilidade (art. 40); e (iv) que o uso compartilhado entre controladores de dados pessoais sensíveis referentes à saúde é vedado, exceto, entre outras exceções,

---

46. Segundo Paula Ponce, no texto da primeira etapa da consulta pública para criação do anteprojeto de lei para a Proteção dos Dados Pessoais, promovida pelo Ministério da Justiça e encerrada em abril de 2011, não havia menção ao direito à portabilidade. Em 2015, quando realizada nova consulta, foi adotado, na versão final do texto do Anteprojeto, o direito à portabilidade de dados. Na sequência, o Anteprojeto foi convertido no PL 5.726/2016, que adotou também o direito à portabilidade de dados pessoais (PONCE, Paula Pedigoni, Direito à portabilidade de dados: entre a proteção de dados e a concorrência. *Revista de Defesa da Concorrência*, [S.l], v. 8, n. 1, p.134-176, jun. 2020, p. 148).

47. BIONI, Bruno Ricardo. Xeque-Mate: o tripé da proteção de dados pessoais no jogo de xadrez das iniciativas legislativas no Brasil. GPoPAI-USP, 2016. Disponível em: https://www.academia.edu/28752561/Xeque-Mate_o_trip%C3%A9_de_prote%C3%A7%C3%A3o_de_dados_pessoais_no_xadrez_das_iniciativas_legislativas_no_Brasil. Acesso em: 18 fev. 2025, p. 57.

48. Com a Lei 13.853/2019, que converteu a Medida Provisória 869/2018, a redação do inciso V, do artigo 18, acabou sofrendo uma pequena modificação, para deslocar a expressão "observados os segredos comercial e industrial" para o final da frase. Entende-se que a modificação foi positiva, já que com a nova redação não haverá dúvidas se a regulamentação será da portabilidade de dados ou apenas da observância do segredo comercial e industrial.

49. Tal disposição dá a entender que essa transferência será direta entre os controladores.

para permitir a portabilidade de dados quando solicitada pelo titular (inciso I do § 4º do art.11)[50].

Além dessas disposições específicas à portabilidade, no exercício desse direito, deverá ser observado o §3º do artigo 18, que prevê a necessidade de requerimento expresso do titular ou de representante legalmente constituído ao agente de tratamento (veja que a lei aqui se refere ao agente de tratamento, que pode ser o controlador ou operador, sendo este aquele que realiza o tratamento de dados pessoais em nome do controlador).

Também tem aplicabilidade à portabilidade de dados o §4º do mesmo artigo, que dispõe que, no caso de impossibilidade de adoção imediata da providência de que trata o § 3º deste artigo, o controlador enviará ao titular resposta em que poderá: (i) comunicar que não é agente de tratamento dos dados e indicar, sempre que possível, o agente; (ii) indicar as razões de fato ou de direito que impedem a adoção imediata da providência. Ainda, o § 5º do referido artigo menciona que o requerimento será atendido sem custos para o titular[51], nos prazos e nos termos previstos em regulamento, o que vale também para a portabilidade.

Por derradeiro, há ainda a incidência dos §§ 1º e 8º do artigo 18, que consigna o direito de petição por parte do titular de dados, perante a Autoridade Nacional ou os organismos de defesa do consumidor (art. 18, §§ 1º e 8º, LGPD).[52] Assim, caso o titular tenha a portabilidade de dados negada ou dificultada pelo controlador, poderá recorrer às autoridades competentes, sem prejuízo do acesso à justiça.

Em última análise, apesar dos dispositivos esparsos acima mencionados, a falta de maiores disposições sobre este direito gera inúmeras dúvidas sobre o conteúdo, extensão e aplicabilidade da portabilidade de dados. Assim, nos próximos tópicos, apresentam-se algumas propostas interpretativas para a portabilidade de dados no Brasil, à luz do direito comparado.

---

50. Apesar dessa menção feita pela LGPD da portabilidade de dados dentro do uso compartilhado de dados sensíveis à saúde, o "uso compartilhado de dados" não se confunde com a portabilidade, uma vez que aquele pode ocorrer mesmo sem o consentimento do titular, caso haja base legal para tanto. VIOLA, Mario; HERINGER, Leonardo. A Portabilidade na Lei Geral de Proteção de Dados. Rio de Janeiro: ITS, 2020. Disponível em: https://itsrio.org/wp-content/uploads/2020/10/A-Portabilidade-na-LGPD.pdf. Acesso em: 18 fev. 2025.

51. Como coloca Ana Frazão: "o direito à portabilidade, para atingir tais propósitos, deve ser fácil, gratuito e assegurado de modo a permitir a usabilidade dos dados com eficiência e segurança". FRAZÃO, Ana. Nova LGPD: direito à portabilidade. *Jota*, 07 nov. 2018. Disponível em: http://www.jota.info/opiniao-e-analise/colunas/constituicao-empresa-e-mercado/nova-lgpd-direito-a-portabilidade-07112018. Acesso em: 18 fev. 2025. Ademais, há a defesa que o titular não precisa apresentar uma justificativa para exercer o seu direito à portabilidade.

52. BERGSTEIN, Laís. Direito à portabilidade na Lei Geral de Proteção de Dados. *Revista dos Tribunais*, São Paulo, v. 1003, maio 2019, p. 2.

4. DEFINIÇÃO DA PORTABILIDADE DE DADOS

A portabilidade de dados é uma tendência global, que abrange várias iniciativas distintas[53]. Como aponta Peter Swire[54], essas iniciativas giram em torno das seguintes perspectivas: (1) portabilidade de dados como um direito individual, previsto em legislações como o RGPD, (2) debate sobre regulação de grandes plataformas[55] e (3) regulações de diferentes setores para transferência de dados.

No que toca à portabilidade de dados pessoais como um direito individual, comparando a LGPD com outras legislações, é possível verificar que não há uma definição comum para a portabilidade de dados. No âmbito europeu, temos o artigo 20 do Regulamento Geral de Proteção de Dados Europeu (RGPD), que deve ser interpretado à luz dos preceitos trazidos no Considerando 68.

Esse artigo dispõe que "o titular dos dados tem o direito de receber os dados pessoais que lhe digam respeito e que tenha fornecido a um responsável pelo tratamento, num formato estruturado, de uso corrente e de leitura automática, e o direito de transmitir esses dados a outro responsável pelo tratamento sem que o responsável a quem os dados pessoais foram fornecidos o possa impedir". Ainda, prevê o mesmo artigo que o titular também tem direito que esses dados sejam transmitidos diretamente entre os responsáveis pelo tratamento, sempre que tecnicamente possível.

Nos Estados Unidos da América, a California Consumer Privacy Act (CCPA) prevê a portabilidade de dados por meio do fornecimento das informações pessoais em formato facilmente utilizável para permitir que o consumidor, caso queira, transfira essas informações para outra entidade sem impedimentos.

Fato é que cada legislação tem definido de forma diversa o direito à portabilidade de dados[56]. Algumas enfocam no direito à transmissão direta dos dados a um novo controlador, outras no direito de receber os dados e armazená-los em

---

53. Peter Swire prefere usar o termo "portabilidade" para a transferência de dados de um indivíduo e a expressão "outras transferências requeridas" para dados de duas ou mais pessoas. E o termo "PORT" como o gênero que abrange essas duas espécies. Swire, Peter. The Portability and Other Required Transfers Impact Assessment: Assessing Competition, Privacy, Cybersecurity, and Other Considerations, 2020. Georgia Tech Scheller College of Business Research Paper No. 3689171. Disponível em: https://ssrn.com/abstract=3689171. Acesso em: 18 fev. 2025, p. 2.

54. Swire, Peter. The Portability and Other Required Transfers Impact Assessment: Assessing Competition, Privacy, Cybersecurity, and Other Considerations, 2020. *Georgia Tech Scheller College of Business Research Paper No. 3689171*. Disponível em: https://ssrn.com/abstract=3689171. Acesso em: 18 fev. 2025.

55. Nesse contexto, a portabilidade de dados também pode ser vista como um remédio antitruste. A respeito, ver: CRAVO, Daniela Copetti. Portabilidade de Dados como um Remédio Antitruste. *Revista do IBRAC*, São Paulo, v. 1, p. 145-164, 2020.

56. Com base no Código Suíço de obrigações, que prevê no seu artigo 400, par.1, a obrigação de devolução de tudo que for recebido durante uma relação contratual, é possível sustentar um direito à portabilidade para os consumidores, segundo Alberini e Bemhamou. Alberini, Adrien; Benhamou, Yaniv. *Data Portability*

algum dispositivo pessoal ou no envio dos dados pelo próprio titular ao novo controlador.

Entende-se que a portabilidade de dados no Brasil deve ter um conceito amplo, podendo ser definida da seguinte forma: a portabilidade de dados pessoais é o direito do titular dos dados (i) de receber do controlador os dados pessoais que lhe digam respeito, num formato eletrônico, para uso e/ou armazenamento; (ii) de transmitir esses dados a outro controlador, no momento presente ou futuro; e (iii) de requerer que os seus dados pessoais sejam transferidos diretamente a outro controlador (receptor), sempre que isso seja tecnicamente possível[57].

Veja-se que as duas primeiras hipóteses – (i) e (ii) – já encontram embasamento legal no Brasil, muito embora dentro do direito de acesso, como pode ser visualizado no §3º do artigo 19 da LGPD. Assim, essas duas formas de exercício podem ser exigidas pelo titular, bem como a hipótese (iii), prevista no próprio inciso da portabilidade de dados (art. 18, inciso V, da LGPD).

Cabe a reflexão, no entanto, se essa divisão da portabilidade (duas primeiras hipóteses dentro do direito de acesso e a terceira no direito à portabilidade) pelo legislador foi acertada, uma vez que parece existir um certo descompasso e desarmonia entre o previsto no inciso V do artigo 18, que não limita a portabilidade ao tratamento embasado no consentimento ou em um contrato, e o disposto no §3º do artigo 19 da LGPD. Justamente para evitar essa fragmentação, entende-se que essas formas de exercício (cópia dos dados e utilização/transferência a outro controlador) deveriam constar dentro da disciplina da portabilidade, como ocorrido no RGPD, no artigo 20 (n.º1 e n.º 2)[58].

Outro ponto importante é que, no caso da transferência direta dos dados a outro controlador (art. 18, inciso V), entende-se que essa forma de exercício não implica, por si só, o encerramento da relação estabelecida entre o titular e o controlador (transmissor), exceto se assim desejar o titular. Há casos em que o titular desejará apenas usar os dados em outro serviço, que às vezes sequer é um concorrente direto do controlador, mas um mero serviço complementar. Cita-se como exemplo o uso

---

and Interoperability: An Issue that Needs to Be Anticipated in Today's It-Driven World. Disponível em: http://dx.doi.org/10.2139/ssrn.3038877. Acesso em: 18 fev. 2025.

57. Defende-se que a expressão "tecnicamente possível" não deve ser interpretada de maneira ampla, uma vez que a transferência direta de dados entre controladores é a forma mais efetiva de portabilidade, em termos de efeitos positivos à sociedade e ao mercado. Graef, Inge; Husovec, Martin; van den Boom, Jasper. Spill-Overs in Data Governance: The Relationship Between the GDPR's Right to Data Portability and EU Sector-Specific Data Access Regimes, *TILEC Discussion Paper No. DP 2019-005*, 2019, p. 23.

58. No âmbito do Regulamento Europeu, o direito de acesso é diferente do direito de portabilidade, já que o primeiro não permite a reutilização do dado. Por tais razões, talvez fosse mais adequado não haver essa confusão entre direito de acesso e de portabilidade como houve na LGPD.

ART. 18 COMENTÁRIOS À LEI GERAL DE PROTEÇÃO DE DADOS PESSOAIS (LEI 13.709/2018)

já corrente de API (*Application Programming Interface*)[59-60] para transferências de dados, como ocorre nos *social logins*.

As APIS são um conjunto de protocolos que definem como componentes de software se comunicam com outros. Ao permitir que uma empresa facilmente acesse dados gerados por outra empresa, é possível se vislumbrar o desenvolvimento de uma interoperabilidade entre diferentes agentes[61].

Além das APIS, é importante o estímulo ao desenvolvimento de *Personal Management Information Systems* (PIMSS), os quais terão um papel crucial se a portabilidade passar a ser amplamente adotada. Os PIMSS permitem a facilitação do complexo sistema de consentimento e oferecem aos usuários um *dashboard* para o monitoramento do uso dos seus dados. Os PIMSS funcionam como um controlador de dados, com trocas diretas entre os controladores externos[62].

Percebe-se, portanto, que haverá casos em que o titular de dados deseja permanecer no serviço, pedindo apenas que os dados sejam "duplicados" e enviados a um outro controlador. Veja que um ponto peculiar do mercado digital é que os consumidores, frequentemente, desejam usar várias plataformas ao mesmo tempo (*multihoming*), que é possível por meio do exercício do direito à portabilidade de dados pessoais[63]. Trata-se da possibilidade de o titular estabelecer um "segundo lar digital"[64-65].

---

59. A EUROPEAN DATA PROTECTION SUPERVISOR também possui o entendimento que deve ser incentivado o desenvolvimento de APIS padronizadas, recomendando tal adoção pela Comissão Europeia. Na sua opinião, a adoção dessas APIs padronizadas facilitaria o acesso a dados por usuários autorizados independentemente da localização desses dados, o que seria um impulso para a portabilidade. EUROPEAN DATA PROTECTION SUPERVISOR. EDPS Opinion on the European Commission's White Paper on Artificial Intelligence – A European approach to excellence and trust. Disponível em: https://edps.europa.eu/sites/edp/files/publication/20-06-19_opinion_ai_white_paper_en.pdf. Acesso em: 18 fev. 2025.

60. No guia da SynchroniCity, que se pauta nos OASC Minimal Interoperability Mechanism principles (MIMs), há ênfase ao uso de APIs para armazenamento e acesso a dados, como um elemento essencial para a possibilidade de reaplicação e portabilidade de modelos de tecnologias nas mais diferentes cidades e comunidades possíveis, e que pode ser uma orientação importante para o desenvolvimento de Smart Cities. Ver: SynchroniCity. SynchroniCity Guidebook. Disponível em: https://synchronicity-iot.eu/wp-content/uploads/2020/01/SynchroniCity-guidebook.pdf. Acesso em: 18 fev. 2025.

61. Borgogno, Oscar; Colangelo, Giuseppe. Data Sharing and Interoperability Through APIs: Insights from European Regulatory Strategy, *Computer Law & Security Review*, Stanford-Vienna European Union Law Working Paper N. 38, 2018.

62. A criação de soluções técnicas para o fomento dos PIMMS é destacada no documento elaborado pelo Helsinki EU Office. HELSINKI EU OFFICE. Data agile economy from reactive to proactive approach for the benefit of the citizens. Disponível em: https://helsinki.eu/wp-content/uploads/2020/05/Data-agileEconomy_From-reactive-to-proactive-approach-for-the-benefit-of-the-citizens.pdf. Acesso em: 18 fev. 2025.

63. ENGELS, Barbara. Data portability among online platforms. *Internet Policy Review: Journal on Internet Regulation*, Berlim, v. 5, n. 2, p. 1-17, jun. 2016.

64. FIDALGO, Vitor Palmela. O direito à portabilidade de dados pessoais. *Revista de Direito e Tecnologia*, [S.l], v. 1, n. 1., 2019, p. 119.

65. Como bem observa Vitor Fidalgo, no âmbito do RGPD, não há nas hipóteses de eliminação dos dados (artigo 17 do RGPD) a portabilidade de dados. FIDALGO, Vitor Palmela. O direito à portabilidade de dados pessoais. *Revista de Direito e Tecnologia*, vol. 1, n. 1., 2019, p. 119.

Observa-se, ademais, que o exercício do direito à portabilidade de dados não implica o encerramento da relação estabelecida entre o titular e o controlador (transmissor), exceto se assim manifestar o titular[66]. Neste último caso, o exercício do direito à portabilidade implicará o término do tratamento dos dados, após a sua transferência, razão pela qual pode ser denominada de "portabilidade de dados estrito senso" ou "portabilidade de dados propriamente dita".

Por fim, o artigo 16 da LGPD permite a conservação dos dados, mesmo após o término do seu tratamento, para fins de transferência (inciso III do mencionado artigo). Ou seja, mesmo após a transferência para fins de portabilidade, poderá haver a conservação dos dados, caso esteja presente alguma das outras hipóteses previstas nos incisos do artigo 16, tais como a necessidade de cumprimento de obrigação legal, ou até mesmo no caso de ser a intenção do titular a continuidade da relação com o controlador. Portanto, nos casos em que o titular deseja apenas transmitir seus dados (na hipótese do uso *multihoming*), a portabilidade não implicará o apagamento ou eliminação dos dados[67].

Todavia, nos casos em que o titular dos dados deseje usar a portabilidade de dados para migrar para outro serviço (portabilidade de dados propriamente dita), encerrando a relação com o controlador remetente, é importante verificar, no caso concreto, se ainda existe base legal para a continuidade do tratamento dos dados pelo controlador remetente (originário). Isso porque, muito embora a portabilidade não conste como uma das hipóteses de término de tratamento no artigo 15[68], se o desejo do titular é o encerramento da atividade perante aquele controlador, pode-se estar diante de uma revogação do consentimento ou do fim da finalidade (incisos I e III).

A esse respeito, o relatório do Centro de Tecnologia e Sociedade da FGV, analisando o então Anteprojeto da LGPD, apontou a necessidade da exclusão dos dados após a portabilidade, quando esses não forem mais necessários, e que isso deveria ter sido abordado expressamente pela lei. Aduz, ademais, com apoio no Relatório do Comitê de Liberdades Civis, Justiça e Assuntos Internos do Parlamento da União Europeia, a necessidade de se relacionar o direito à portabilidade com a necessidade de exclusão de dados caso já não haja mais justificativa para a sua retenção.

---

66. Como regra, não há o encerramento do tratamento dos dados pelo simples exercício da portabilidade, exceto se a intenção do titular for pelo encerramento da relação (portabilidade estrito senso) e a eliminação dos dados ou se estiverem presentes quaisquer das hipóteses de término de tratamento dos dados (artigo 15 da LGPD).

67. KESSLER, Daniela Seadi; DRESCH, Rafael de Freitas Valle. Direito à Portabilidade de Dados no Contexto Brasileiro e Europeu. In: CRAVO, Daniela Copetti; KESSLER, Daniela Seadi; DRESCH, Rafael de Freitas Valle. *Portabilidade de Dados na Lei Geral de Proteção de Dados*. Indaiatuba: Foco, 2020, p. 37.

68. KESSLER, Daniela Seadi; DRESCH, Rafael de Freitas Valle. Direito à Portabilidade de Dados no Contexto Brasileiro e Europeu. In: CRAVO, Daniela Copetti; KESSLER, Daniela Seadi; DRESCH, Rafael de Freitas Valle. *Portabilidade de Dados na Lei Geral de Proteção de Dados*. Indaiatuba: Foco, 2020, p.49.

ART. 18 — COMENTÁRIOS À LEI GERAL DE PROTEÇÃO DE DADOS PESSOAIS (LEI 13.709/2018)

Infelizmente, as reflexões feitas pela FGV não constaram no texto final da LGPD. De qualquer forma, é possível uma interpretação sistemática da lei, a fim de garantir que, naqueles casos em que o titular deseje migrar de serviço e encerrar a relação, haja, pois, a incidência do artigo 15 da LGPD.

5. DIFERENÇA ENTRE O DIREITO À PORTABILIDADE E O DIREITO DE ACESSO

Durante os trâmites do processo legislativo do RGPD, sustentou-se a possibilidade de inserir a portabilidade de dados dentro do direito de acesso. Não foi essa a opção adotada no texto final do Regulamento, que acabou consagrando a portabilidade como um direito autônomo e distinto do direito de acesso[69].

A portabilidade, portanto, pode ser vista como um passo à frente, uma evolução frente ao direito de acesso, já que o formato dos dados não estaria mais limitado ao escolhido pelo controlador, além de possibilitar a reutilização dos dados[70] pelo próprio titular ou por outro controlador. Trata-se de uma novidade do RGPD, já que a antiga Diretiva 95/46/CE não trazia esse direito tão moderno[71].

Outra diferença entre o direito de acesso e de portabilidade no âmbito europeu reside nos limites e aplicabilidade de cada um desses. A portabilidade abrangerá apenas os dados fornecidos pelo titular, e apenas quando o tratamento é automatizado e baseado no consentimento ou na execução de um contrato[72]. Tais restrições e limitações, no entanto, não se aplicam ao direito de acesso no âmbito do RGPD, de forma que o direito de acesso e o direito à portabilidade acabam se complementando[73].

No Brasil, não houve uma clara distinção entre portabilidade e direito de acesso, como aconteceu no âmbito europeu. Alguns aspectos que no RGPD constam dentro do direito da portabilidade foram colocados, na LGPD, dentro do direito de acesso, como pode ser visto no §3º do artigo 19 da LGPD.

Conforme já mencionado anteriormente, cabe a reflexão se essa escolha do legislador brasileiro foi acertada, uma vez que parece existir um certo descompasso e

---

69. FIDALGO, Vitor Palmela. O direito à portabilidade de dados pessoais. *Revista de Direito e Tecnologia*, [S.l], v. 1, n. 1., 2019, p. 91.

70. DUARTE, Diogo Pereira; GUSEINOV, Alexandra. *O direito de portabilidade de dados pessoais*. In: CORDEIRO, Antônio Menezes; OLIVEIRA, Ana Perestrelo; DUARTE, Diogo Pereira Duarte (coord.). *FinTechII*: Novos estudos sobre tecnologia financeira. Coimbra: Almedina, 2019, p. 110.

71. Cabe mencionar, no entanto, que já havia, na Diretiva 95/46/CE, o direito de acesso.

72. GRAEF, Inge, HUSOVEC, Martin Husovec, PURTOVA, Nadezhda. Data portability and data control: lessons for an emerging concept in EU law. *German Law Journal*, [S.l], v. 19, n. 6, p. 1359-1398, 2017, p. 1367.

73. STIFTUNG DATENSCHUTZ. *Practical Implementation of the Right to Data Portability*. Disponível em: https://stiftungdatenschutz.org/fileadmin/Redaktion/Datenportabilitaet/studie-datenportabilitaet.pdf. Acesso em: 18 fev. 2025.

desarmonia entre o previsto no inciso V do artigo 18, que não limita a portabilidade ao tratamento embasado no consentimento ou em um contrato, e o disposto no §3º do artigo 19 da LGPD. Ademais, no âmbito brasileiro, se facultou ao titular a escolha quanto ao meio de fornecimento do direito de acesso, se por meio eletrônico, ou sob forma impressa (art. 19, § 2º, da LGPD).

6. TRATAMENTOS ABARCADOS PELA PORTABILIDADE

Quanto à abrangência do direito, é possível afirmar que este se aplica, nos moldes do artigo 3º, às pessoas naturais em qualquer operação de tratamento realizado por pessoa física ou jurídica, de direito público ou privado, independentemente de sua sede ou país onde estejam localizados os seus dados, desde que (i) a operação seja realizada no território nacional, (ii) a atividade de tratamento tenha por objetivo a oferta ou o fornecimento de bens ou serviços ou tratamento de dados de indivíduos localizados no território nacional, ou (iii) os dados pessoais objeto do tratamento tenham sido coletados no território nacional.

No entanto, não se aplica o direito à portabilidade, já que excluídos do âmbito de aplicação da Lei 13.709/2018 (art. 4º), ao tratamento de dados: (i) realizado por pessoa natural para fins exclusivamente pessoais; (ii) realizado para fins exclusivamente jornalísticos, artísticos, ou acadêmicos; (iii) realizado para fins exclusivos de segurança pública, de defesa nacional, de segurança do Estado ou de atividades de investigação e repressão de infrações penais; ou (iv) provenientes de fora do território nacional, nos termos previstos no inciso IV do artigo 4º da Lei 13.709/2018.

7. DADOS ABARCADOS

Da mesma forma como acontece no RGPD (considerando número 26), não estão abrangidos na portabilidade os dados anônimos, conforme dispõe o § 7º do artigo 18 da Lei 13.709/2018. Todavia, defende-se que, sempre que for possível identificar o titular dos dados por meio do fornecimento de informações adicionais, tais dados devem ser abrangidos pela portabilidade, como se tem sido defendido no âmbito europeu, com apoio no artigo 11 do Regulamento[74]. Assim, os dados pseudomizados estariam abrangidos na portabilidade.

Com relação aos tipos de dados abrangidos (fornecidos, observados e inferidos), há uma ausência de definição específica na LGPD. No âmbito do RGPD, a portabili-

---

74. INTERNATIONAL ASSOCIATION OF PRIVACY PROFESSIONALS. Supporting Data Portability in the Cloud Under the GDPR. Disponível em: http://alicloud-common.oss-ap-southeast-1.aliyuncs.com/Supporting_Data_Portability_in_the_Cloud_Under_the_GDPR.pdf. Acesso em: 18 fev. 2025.

dade de dados restou limitada aos dados fornecidos", o que representa significativa mudança do texto final com relação ao projeto inicial[75-76].

Entende-se que será necessária uma maior reflexão no que toca à ausência de definição específica no inciso V do artigo 18. Ainda resta controverso se tal ausência pode ser considerada como um silêncio eloquente do legislador, a fim de abarcar todos os "dados tratados" (isto é, fornecidos, observados e inferidos)[77], ou se tal definição foi reservada à regulamentação.

Na Singapura[78], a Comissão de Proteção de Dados Pessoais lançou uma consulta pública para fins de definir a implementação da portabilidade de dados. Um dos pontos objeto da consulta foram os tipos de dados abrangidos na portabilidade.

Nessa consulta, a Comissão da Singapura propôs a aplicação do direito aos dados em formato eletrônico que sejam (a) fornecidos pelo indivíduo e (b) gerados pelas atividades do usuário. Após os *feedbacks* recebidos, a Comissão manifestou seu interesse em manter esse escopo, mas pretende emitir uma *white-listed dataset*, que especifique o padrão de dados que deverão estar sujeitos à portabilidade, de modo a garantir uma maior clareza e certeza às organizações.

8. BASES LEGAIS

No âmbito do RGPD, a portabilidade de dados ficou limitada às hipóteses de tratamento realizadas com base no consentimento ou necessárias para a execução de contrato (considerando 68 e artigo 20, n. 1, alínea "a"). Além disso, é necessário que o tratamento tenha sido realizado de forma automatizada, isto é, de forma digital, não se aplicando aos casos de dados tratados de forma física, em papel (artigo 20, n. 1, alínea "b").

---

75. DE HERT, Paul; PAPAKONSTANTINOU, Vagelis; MALGIERI, Gianclaudio; BESLAY, Laurent; SANCHEZ, Ignacio. The right to data portability in the GDPR: towards user-centric interoperability of digital services. *Computer Law & Security Review*, Londres, v. 34, n. 2, p. 193-203, abr. 2018.

76. Entende-se que dentro dos dados fornecidos estão abarcados também os observados. Assim, dados de perfis, não estariam abrangidos na portabilidade de dados prevista no RGPD. No entanto, as empresas poderiam promover esse tipo de portabilidade voluntariamente, como um sinal de conformidade e confiança. VRABEC, Helena. *Unfolding the New-Born Right to Data Portability: Four Gateways to Data Subject Control*. Disponível em: https://ssrn.com/abstract=3176820. Acesso em: 18 fev. 2025.

77. Conforme relata Paula Ponce, tal questão foi debatida no Congresso, quando da apreciação da Medida Provisória nº869/2018. Foi proposta a Emenda de nº 42 para fins de excluir os dados derivados da portabilidade. No entanto, a emenda foi rejeitada pela Comissão Mista, que entendeu que a portabilidade diria respeito apenas aos dados gerados pelo próprio titular e não aqueles gerados ou complementados pelo controlador. PONCE, Paula Pedigoni, Direito à portabilidade de dados: entre a proteção de dados e a concorrência. *Revista de Defesa da Concorrência*, [S.l], v. 8, n. 1, p.134-176, jun. 2020.

78. SINGAPURA. Comissão de Proteção de Dados Pessoais. Response to Feedback on the Public Consultation on Proposed Data Portability and Data Innovation Provisions. Disponível em: https://www.pdpc.gov.sg/Legislation-and-Guidelines/Public-Consultations. Acesso em: 18 fev. 2025.

Na LGPD, o direito à portabilidade de dados não sofreu qualquer delimitação com relação às bases legais (apenas houve tal restrição no direito de acesso, na modalidade prevista no §3º do artigo 19). No entanto, entende-se que uma abrangência muito ampla da portabilidade pode ter efeitos colaterais, justamente pela dificuldade e pelos custos decorrentes do *compliance*[79]. Portanto, levanta-se a reflexão quanto à possibilidade de tal questão vir a ser abarcada na regulamentação a ser feita pela ANPD.

9. ABRANGÊNCIA – ASPECTO SUBJETIVO

Uma leitura rápida e literal do artigo 18, inciso V, da LGPD poderia levar à conclusão de que a portabilidade de dados apenas se aplicaria aos controladores que se enquadrassem no conceito de "fornecedor". E, para definir esse conceito, seria necessário um diálogo com as normas do Código de Defesa do Consumidor (CDC)[80-81].

Nesse ponto, entende-se que a LGPD não adotou a melhor técnica ao utilizar a expressão "fornecedor", no inciso V do artigo 18, até mesmo porque tal conceito cria fragmentação jurídica, indo de encontro ao objetivo de uma lei geral: garantir uniformidade e segurança jurídica. Ademais, o próprio *caput* do artigo 18 estabelece o controlador como o responsável pela promoção dos direitos dos titulares, o que deveria valer também para a portabilidade, já que está topograficamente inserida nesse artigo.

---

79. Uma preocupação recorrente em termos de portabilidade de dados diz respeito aos custos de *compliance*, que pode ser um ônus muito grande para pequenas empresas. Segundo Carolina Banda, as grandes empresas podem estar dispostas desenvolver softwares para responder à portabilidade. Já para as pequenas empresas e startups os esforços são consideráveis, além de poder representar até mesmo uma barreira de entrada no mercado. Banda, Carolina, *Enforcing Data Portability in the Context of EU Competition Law and the GDPR.* MIPLC Master Thesis Series, 2016/17.

80. Com relação à aplicação da portabilidade de dados no poder público, em uma interpretação literal do inciso V, artigo 18, da LGPD, o poder público só estaria obrigado a observar a portabilidade nos casos em que atua como fornecedor, ou seja, em casos em que há a incidência do artigo 3º do CDC. Em geral, com exceção das empresas públicas e sociedades de economia mista que atuem na atividade econômica em sentido estrito, o poder público é considerado fornecedor quando presta serviços públicos que sejam singulares e remunerados por tarifa. Nesse caso, a portabilidade de dados se aplicaria quase que de forma "excepcional" no poder público, já que a maioria das suas atividades não se enquadra nas características acima descritas. Para uma análise mais detalhada, ver: CRAVO, Daniela Copetti. Direitos do Titular dos Dados no Poder Público: Análise da Portabilidade de Dados. *Revista da ESDM*, Porto Alegre, v. 6, p. 51-61, 2020.

81. No âmbito europeu, o RGPD em seu considerando 68 expressamente fala que, por natureza própria, a portabilidade não deverá ser exercida em relação aos responsáveis pelo tratamento que tratem dados pessoais na prossecução das suas atribuições públicas ou para o exercício da autoridade pública. Ou seja, no poder público, sua aplicação será extremamente vestigial, apenas quando atuar com base em um contrato ou no consentimento (o que é a exceção e tem como exemplo a coleta de dados por meio de uma *newsletter*). No entanto, pode a portabilidade de dados ser adotada como uma boa prática pelo setor público para os demais casos. (EUROPEAN COMMISSION. *GDPR Data Portability and Core Vocabularies*, 2018, p. 7.).

Ainda, considerando que a portabilidade de dados é um direito individual, não se limitando à promoção do bem-estar do consumidor e da concorrência, não deveria a LGPD ter feito esse recorte. Como visto anteriormente, a portabilidade de dados tem uma íntima relação com a autodeterminação informativa, razão pela qual deveria se aplicar ao tratamento de dados de forma ampla e não apenas àqueles desenvolvidos dentro de uma relação de consumo. Um exemplo são as relações trabalhistas, onde a portabilidade de dados pode ser importante e útil ao titular dos dados.

10. INTEROPERABILIDADE

Antes de partir para a análise dos textos legais (RGPD e LGPD) a fim de investigar o que eles trazem a respeito da interoperabilidade, é preciso diferenciar os conceitos de "formato interoperável" e de "interoperabilidade". O formato interoperável corresponderia a padrões mínimos que possibilitam a troca de dados e a sua reutilização[82], como é o caso do seguinte conjunto: formato estruturado, comumente usável e lido por máquina[83].

Já um sistema interoperável ou a interoperabilidade diz respeito à capacidade de comunicação, execução de programas ou a transferência de dados entre diversas unidades funcionais, sem que haja a necessidade de conhecimento das características exclusivas de cada unidade[84]. A temática de um sistema interoperável é abrangida pela ISO/IEC 2382–01.

No Brasil, no âmbito do governo federal[85], há várias inciativas para o desenvolvimento da interoperabilidade para fins de implementação das políticas de governo eletrônico. No Guia de Interoperabilidade, bem como no Decreto n.º 10.046/2019[86], consta a interoperabilidade como a capacidade de diversos sistemas e organizações trabalharem conjuntamente.

No âmbito europeu, a Decisão n.º 922/2009/CE, do Parlamento Europeu e do Conselho, define, no seu artigo 2º, alínea "a", a interoperabilidade como a capacidade

---

82. EUROPEAN COMMISSION. *GDPR Data Portability and Core Vocabularies*, 2018.

83. ARTICLE 29 DATA PROTECTION WORKING PARTY. *Guidelines on the right to data portability*. Brussels: European Commission, 2016, p. 17.

84. PUCCINELLI, Oscar Raúl. El derecho a la portabilidad de los datos personales. Orígenes, sentido y alcances. *Pensamiento Constitucional*, v. 22, n. 22, Gale Onefile: Informe Académico, p. 207, 2017.

85. Brasil. Ministério do Planejamento, Orçamento e Gestão. Guia de Interoperabilidade: Manual do Gestor / Ministério do Planejamento, Orçamento e Gestão. – Brasília: MP, 2012.

86. Cabe ponderar que apesar dos objetivos visados pelo Decreto 10.046/2019 de eficiência na gestão de serviços públicos e de combate a fraudes, algumas críticas são tecidas ao Decreto, justamente pela falta de salvaguardas e formas de controle pelo cidadão de como os seus dados estariam sendo tratados e por quais órgãos (MARANHÃO, Juliano; CAMPOS, Ricardo. A divisão informacional de poderes e o cadastro base do cidadão. *Jota*, 18 out. 2019. Disponível em: https://www.jota.info/opiniao-e-analise/artigos/a-divisao--informacional-de-poderes-e-o-cadastro-base-do-cidadao-18102019. Acesso em: 18 fev. 2025).

de organizações díspares e diversas interagirem mediante o intercâmbio de dados entre os respectivos sistemas TIC.

A LGPD, em seu artigo 40 possibilita que a autoridade nacional disponha de padrões de interoperabilidade para fins de portabilidade. Como, até a edição de uma regulação no Brasil, não há a necessidade da interoperabilidade entre os serviços, se aparecerem barreiras técnicas quando da execução de uma portabilidade (nomeadamente no caso da transferência direta dos dados a um novo controlador), o controlador deverá explicar essas barreiras ao indivíduo requerente de maneira inteligível e clara, à luz do § 4º do artigo 18 da Lei.

No entanto, apesar de não ser até o momento obrigatória no Brasil a interoperabilidade para fins de portabilidade, defende-se que na execução desta o controlador deve usar formatos interoperáveis, para fins de possibilitar a reutilização dos dados. Veja que a LGPD não trouxe a exigência quanto ao formato dos dados, mas a partir de uma leitura finalística da norma é possível chegar a essa conclusão, uma vez que sem o uso de um formato interoperável talvez a portabilidade não traga nenhum benefício ao titular, justamente pela dificuldade na reutilização dos dados[87].

Adiciona-se que já há previsão no nosso ordenamento do uso de um formato interoperável dos dados. O Decreto n. 8.771/2016, que regulamenta o Marco Civil da Internet, no artigo 15º, estabelece que os dados deverão ser mantidos em formato interoperável e estruturado, para facilitar o acesso decorrente de decisão judicial ou determinação legal. Ainda, o artigo 25 da LGPD determina que "Os dados deverão ser mantidos em formato interoperável e estruturado para o uso compartilhado, com vistas à execução de políticas públicas, à prestação de serviços públicos, à descentralização da atividade pública e à disseminação e ao acesso das informações pelo público em geral".

Assim, conclui-se que no Brasil não há até o momento a exigência da interoperabilidade para fins de portabilidade, muito embora esta possa vir a ser disposta pela Autoridade Nacional de Proteção de Dados (ANPD)[88], nos termos do artigo 40 da LGPD. Tal conclusão não retira a exigência de observância de um formato interoperável, a fim de que seja, ao menos, estruturado, de uso corrente e de leitura automática.

No contexto europeu, entende-se que, para fins de cumprimento da portabilidade, o responsável pelo tratamento deverá fornecer os dados pessoais em formato

---

87. COLOMBO, Cristiano; GOULART, Guilherme Damasio. Direito póstumo à portabilidade de dados pessoais no ciberespaço à luz do Direito brasileiro. *In*: FLORES, Alfredo de Jesus Dal Molin. (Org.). *Perspectivas do discurso jurídico*: revolução digital e sociedade globalizada. Rio Grande: Editora da Furg, 2020. v. 1, p. 94.

88. Porém a responsabilidade quanto ao fomento da interoperabilidade não precisa ficar apenas com a ANPD, de forma que em setores regulados é possível que o fomento seja promovido também por outras autoridades reguladoras (a exemplo do que já vem ocorrendo no Open Banking). Ademais, o próprio mercado pode tomar o protagonismo no desenvolvimento da interoperabilidade, por meio de boas práticas, à luz do artigo 50 da LGPD.

interoperável, estruturado, de uso corrente e de leitura automática (considerando 68 do RGPD). No entanto, muito embora a interoperabilidade seja um resultado desejado[89], não há a sua exigência[90], como bem dispõe o considerando 68: "O direito do titular dos dados a transmitir ou receber dados pessoais que lhe digam respeito não deverá implicar para os responsáveis pelo tratamento a obrigação de adotar ou manter sistemas de tratamento que sejam tecnicamente compatíveis".

Cabe ressaltar que, na formulação original do RGPD, atribuía-se à Comissão o papel de identificar um formato comum de transferência. No entanto, tal necessidade de definição do formato acabou sendo abandonada, justamente pelas divergências existentes e discussões quanto às implicações concorrenciais da imposição de formato[91].

Apesar de inexistir a obrigatoriedade de interoperabilidade, Paul Hert *et al.*[92] sugerem que esta deveria ser exigida. Conforme os autores, a verdadeira intenção do Regulamento não seria uma mera transferência direta entre um controlador e outro, mas, sim, um desenvolvimento de uma sólida interconexão entre diferentes serviços digitais, fomentando assim um sistema *user-centred*[93].

Esse estímulo à compatibilidade e à interoperabilidade não é novo e pode ser encontrado em precedentes nos Estados Unidos da América, como no caso Lotus Development Corp. v. Borland International[94], citado por Peter Swire e Yianni Lagos [95]. Neste caso, a Corte decidiu que a empresa Lotus não poderia usar sua proteção de *copyright* para impedir a criação de programas de concorrentes que possibilitassem interoperabilidade[96].

Na União Europeia, há previsão bem similar ao precedente norte-americano. Trata-se de Diretiva de 1991 sobre Programas de Computador, a qual traz uma ex-

---

89. ARTICLE 29 DATA PROTECTION WORKING PARTY. *Guidelines on the right to data portability*. Brussels: European Commission, 2016, p. 17.

90. Veja que na hipótese da transferência direta dos dados (artigo 20, n. 2, do RGPD), o próprio texto fala que essa só será exigida quando for tecnicamente possível.

91. Monteleone, Andrea Giulia. Il Diritto Alla Portabilità Dei Dati. Tra Diritti Della Persona e Diritti Del Mercato. *LUISS Law Review*, Roma, n. 2, p. 202-213, 2017, p. 209.

92. DE HERT, Paul; PAPAKONSTANTINOU, Vagelis; MALGIERI, Gianclaudio; BESLAY, Laurent; SANCHEZ, Ignacio. The right to data portability in the GDPR: towards user-centric interoperability of digital services. *Computer Law & Security Review*, Londres, v. 34, n. 2, p. 193-203, abr. 2018.

93. DE HERT, Paul; PAPAKONSTANTINOU, Vagelis; MALGIERI, Gianclaudio; BESLAY, Laurent; SANCHEZ, Ignacio. The right to data portability in the GDPR: towards user-centric interoperability of digital services. *Computer Law & Security Review*, Londres, v. 34, n. 2, p. 193-203, abr. 2018.

94. ESTADOS UNIDOS DA AMÉRICA. Court of Appeals for the First Circuit. *Lotus Development Corp. v. Borland International*. Julgado em 1995.

95. SWIRE, Peter; LAGOS, Yianni. Why the right to data portability likely reduces consumer welfare: antitrust and privacy critique. *Maryland Law Review*, Baltimore, v. 72, n. 335, p. 335-380, maio 2013, p. 340.

96. SWIRE, Peter; LAGOS, Yianni. Why the right to data portability likely reduces consumer welfare: antitrust and privacy critique. *Maryland Law Review*, Baltimore, v. 72, n. 335, p. 335-380, maio 2013, p. 340.

ceção ao *copyright*, permitindo que terceiras empresas observem, estudem e copiem um programa de outra quando isso seja necessário para atingir a interoperabilidade dos programas.

A interoperabilidade pode ser produzida por mercados complementares, que terão estímulo para se desenvolver ou até mesmo surgir de maneira originária. Para tanto, seria possível a concessão de isenções em matéria de direito da propriedade intelectual para fins de promoção de uma melhor experiência em matéria de portabilidade, de forma semelhante com os precedentes norte-americanos e europeus relatados anteriormente.

Em última análise, tem-se entendido que, sem interoperabilidade, é muito provável que a portabilidade não venha a gerar todos os seus potenciais efeitos[97]. Maurizio Borghi pondera que os efeitos pró-competitivos da portabilidade acabam sendo mais pronunciados em mercados com sistemas comuns de processamento de dados do que aqueles em que há uma ausência de padrões interoperáveis[98].

11. PORTABILIDADE E DIREITO DE TERCEIROS

Ainda, é possível que o direito de portabilidade entre em conflito com outros direitos, como o de segredo de empresa ou de proteção de criações intelectuais. Outro problema que pode emergir refere-se ao direito de privacidade de terceiros[99], quando, por exemplo, um indivíduo deseja portar uma foto na qual várias pessoas apareçam.[100]

Nesses casos, é possível invocar o previsto no inciso II do § 4º do artigo 18 da LGPD, diante de uma razão de direito que impeça a adoção da portabilidade. Há também ressalva expressa no inciso V do artigo 18, que determina que a portabilidade observará os segredos comercial e industrial[101].

No âmbito europeu, o artigo 20, n. 4, expressamente prevê que a portabilidade não pode prejudicar os direitos e as liberdades de terceiros. E, na mesma linha, adverte o considerando 68: "Quando um determinado conjunto de dados pessoais

---

97. O recente relatório da OCDE "A Caminho da Era Digital no Brasil". bem destaca a importância do desenvolvimento de padrões de interoperabilidade para fins de portabilidade de dados. OECD. *A Caminho da Era Digital no Brasil*, OECD Publishing, Paris,2020, p. 199.

98. BORGHI, Maurizio. *Data Portability and Regulation of Digital Markets*. CIPPM / Jean Monnet Working Papers, Bournemouth University, 2019, p. 15.

99. Tal questão também é levantada no White Paper publicado pelo Facebook. FACEBOOK. *Charting a Way Forward on Data Portability and Privacy*. Disponível em: https://newsroom.fb.com/news/2019/09/privacy-and-data-portability/. Acesso em: 18 fev. 2025.

100. SWIRE, Peter; LAGOS, Yianni. Why the right to data portability likely reduces consumer welfare: antitrust and privacy critique. *Maryland Law Review*, Baltimore, v. 72, n. 335, p. 335-380, maio 2013, p. 349.

101. A LGPD não define em que medida ou em que grau esse interesse deve ser observado, nem conceitua o que pode ser considerado como segredos comercial e industrial.

disser respeito a mais de um titular, o direito de receber os dados pessoais não deverá prejudicar os direitos e liberdades de outros titulares de dados nos termos do presente regulamento".

Deve-se ressaltar que a aplicação dessas ressalvas, seja com base no artigo 20, n.4, do RGPD, seja no inciso II do § 4º do artigo 18 da LGPD, não deve ocorrer em qualquer caso de possível dano aos direitos dos outros, mas, sim, quando a portabilidade os afete de forma adversa, isto é, de maneira injustificada ou ilegítima. Isso reclama, dessarte, um *case-by-case approach*.[102]

Segundo o Grupo de Trabalho de Proteção de Dados do Artigo 29 (Art. 29 WP)[103], em várias oportunidades os controladores acabarão tratando dados relacionados a diversos titulares. Mas este fato não deve ser usado para negativas à portabilidade, ou mesmo restrições a esta. O que precisa ser observado é que o novo controlador, caso não tenha base legal para tanto, não deve tratar tais dados de terceiros quando esse tratamento puder prejudicar adversamente esses terceiros[104].

Assim, sugere o art. 29 WP[105] que, para evitar efeitos adversos sobre os terceiros envolvidos, o processamento de tais dados pessoais por outro controlador é possível apenas se os dados forem mantidos sob o controle exclusivo do titular solicitante e gerenciados apenas para necessidades puramente pessoais ou domésticas. Ou seja, se não tiver base legal, não poderá o novo controlador usar os dados dos terceiros para suas atividades, como o enriquecimento de perfis ou estatísticas, ou direcionamento de marketing.

Uma outra ferramenta interessante proposta pelo art. 29 WP é que, antes da execução da portabilidade, os titulares possam selecionar quais dados desejam transmitir. Nessa solução, o próprio titular já poderá deixar de fora os dados dos terceiros. Também é possível fomentar a busca pelo consentimento desses terceiros, como uma forma de legitimar a transferência[106].

---

102. DE HERT, Paul; PAPAKONSTANTINOU, Vagelis; MALGIERI, Gianclaudio; BESLAY, Laurent; SANCHEZ, Ignacio. The right to data portability in the GDPR: towards user-centric interoperability of digital services. *Computer Law & Security Review*, Londres, v. 34, n. 2, p. 193-203, abr. 2018.

103. O Grupo de Trabalho de Proteção de Dados do Artigo 29 (Art. 29 WP) foi um órgão consultivo composto pelos seguintes representantes: autoridade de proteção de dados de cada Estado-Membro da UE, Autoridade Europeia para a Proteção de Dados (ou European Data Protection Supervisor – EDPS) e Comissão Europeia. Com o início da aplicação do RGPD, o Art. 29 WP foi substituído pelo European Data Protection Board (EDPB). O EDPB visa a assegurar a aplicação coerente RGPD e acabou adotando e avalizando os pareceres e as guidelines do art. 29 WP (como a guideline sobre portabilidade de dados).

104. ARTICLE 29 DATA PROTECTION WORKING PARTY. *Guidelines on the right to data portability*. Brussels: European Commission, 2016, p. 11-12.

105. ARTICLE 29 DATA PROTECTION WORKING PARTY. *Guidelines on the right to data portability*. Brussels: European Commission, 2016, p. 11-12.

106. ARTICLE 29 DATA PROTECTION WORKING PARTY. *Guidelines on the right to data portability*. Brussels: European Commission, 2016, p. 11-12.

Dentre os direitos de terceiros, também reside a proteção ao segredo de empresa e aos direitos de propriedade intelectual. Tal conclusão também pode ser obtida por meio de uma interpretação analógica do considerando 63 do RGPD. No âmbito brasileiro, o segredo de empresa restou expresso no inciso V do artigo 18 da LGPD e será analisado mais detalhadamente na sequência.

Quanto ao possível conflito entre propriedade intelectual e a portabilidade de dados, Vitor Fidalgo[107] diz que este problema é mais aparente do que real pelos seguintes motivos: com relação aos dados brutos, a execução da portabilidade não representará uma utilização ilícita de um programa de computador ou de uma base de dados. No caso do *software*, a proteção atribuída diz respeito, apenas, à sua expressão, de forma que aparentemente a portabilidade não violaria esse bem tutelado. A respeito da base de dados, esta poderia ser descompilada antes do envio. Por fim, no que toca ao direito do fabricante da base de dados, a portabilidade não apresenta uma violação substancial se for levado em consideração que se transmitirá apenas uma parte do conteúdo da base de dados, que sequer pode ser quantitativamente relevante.

12. SEGREDO DE EMPRESA

No texto da LGPD, podemos encontrar em torno de treze disposições sobre a necessária observância do segredo de empresa[108-109-110-111]. Em que pese a grande preocupação do legislador com a proteção do conhecimento empresarial no âmbito

---

107. FIDALGO, Vitor Palmela. O direito à portabilidade de dados pessoais. *Revista de Direito e Tecnologia*, [S.l], v. 1, n. 1., 2019, p. 125.

108. A esse respeito, citam-se os seguintes dispositivos: Art. 6 °, inciso VI, sobre o princípio da transparência, artigo 9°, inciso II, sobre o direito de acesso, art. 10, § 3°, que trata do relatório de impacto à proteção de dados pessoais, art. 18, inciso V, que traz o direito à portabilidade de dados, art. 19, inciso II, e § 3° (confirmação e acesso a dados pessoais), art. 20, § 1° e 2°, que versa sobre o direito à revisão de decisões automatizadas, art. 38 (relatório de impacto) e art. 48, a respeito da comunicação de incidente de segurança (§ 1°, inciso III). Havia também disposições no artigo 56, que restou vetado.

109. A Medida Provisória (MP) 869/2018 pretendia determinar que a autoridade competente em matéria de proteção de dados fosse responsabilizada caso não zelasse pela preservação do segredo empresarial. Com a apreciação da MP pelo Poder Legislativo, houve a conversão da MP na Lei 13.853/2019, que não ratificou a hipótese da responsabilização, mas determinou no artigo 55-J, inciso II e § 5°, da LGPD, que a autoridade deverá zelar pela preservação do segredo empresarial e dispor sobre as formas de publicidade, respeitado o segredo de empresa (inciso X).

110. As disposições acerca dos segredos comercial e industrial foram trazidas pela EMP9 recebida em Plenário, durante a apreciação do PL 4060/2012 pela Câmara dos Deputados, estando em apenso à proposição principal o PL 5.276/2016 e o PL 6.291/16.

111. Existe uma multiplicidade de vocábulos usados no país para designar os dados confidenciais das empresas que são merecedores de proteção legal (FEKETE, Elisabeth Kasznar. *O regime jurídico do segredo de indústria e comércio no Direito Brasileiro*. Forense: Rio de Janeiro, 2003, p. 17). Tendo em vista que a expressão "segredo de empresa" é um gênero que acaba abarcando as demais espécies, como os segredos comercial e industrial (BARBOSA, Denis Borges. *Tratado de Propriedade Intelectual*. Tomo I. Rio de Janeiro: Lumen Juris, 2013, p. 124), optou-se por utilizar o gênero "segredo de empresa", no presente artigo.

ART. 18 COMENTÁRIOS À LEI GERAL DE PROTEÇÃO DE DADOS PESSOAIS (LEI 13.709/2018)

da proteção dos dados pessoais, este é um dos temas mais negligenciados e pouco explorados no Brasil[112], não havendo uma definição precisa do seu conteúdo, além de estar condicionado à prática de concorrência desleal[113].

Com efeito, as disposições sobre o segredo de empresa previstas na LGPD precisarão ser aplicadas com cautela, seja pela falta de tradição e consenso no tema, seja pela ausência de vetores interpretativos na própria LGPD, que não define o que pode ser considerado como segredo, nem em que medida ou grau esse interesse deve ser observado.

Em especial, é preciso refletir como deverá ser harmonizado o monopólio da informação intangível protegido genericamente por meio do segredo de empresa com o direito concedido aos titulares dos dados pessoais de controle do acesso, uso e tratamento dos seus dados[114].

Independentemente das escolhas que sejam feitas quanto à intensidade que será dada à proteção do segredo de empresa, especialmente quando este estiver em conflito com os direitos do titular dos dados[115], deve-se ponderar que, se a proteção do segredo de empresa é condicionada a um ato de concorrência desleal, a simples obtenção de uma cópia dos dados para uso pessoal ou o direito de acesso pelo titular não poderá ser negado, *prima facie*, com base no segredo de empresa, já que em regra tal exercício não tem o condão de gerar prejuízos competitivos de forma desleal à empresa.

Outro ponto nevrálgico envolvendo o segredo de empresa reside nas inferências, que são obtidas por meio do tratamento do dado cru, realizado em geral com inteligência artificial. Essas inferências apontam os gostos, preferências e posições de determinada pessoa. Também se enquadra como inferências a criação de perfis e de sistemas de *rating*.

Sendo produzidas pelas empresas por meio dos seus investimentos em tecnologias, será que as inferências poderiam ser protegidas pelo segredo de empresa? Responder a essa questão não é tarefa fácil, até mesmo porque seria necessário investigar com profundidade a natureza das inferências, a fim de verificar se elas são consideradas dados pessoais.

---

112. PELA, Juliana Krueger. The Brazilian Regulation of Trade Secrets. A proposal for its review. *Gewerblicher Rechtsschutz und Urheberrecht – Internationaler Teil*, [S.l], v. 6, p. 546-550, 2018.

113. Para uma análise mais detalhada sobre a observância do segredo de empresa no exercício dos direitos dos titulares dos dados, ver: Cravo, Daniela Copetti. A observância do segredo de empresa na portabilidade de dados. In: Cravo, Daniela Copetti; Kessler, Daniela Seadi; Dresch, Rafael de Freitas Valle. *Direito à Portabilidade na Lei Geral de Proteção de Dados*. Indaiatuba: Foco, 2020, p. 55-74.

114. Malgieri, Giancladio, Trade Secrets v Personal Data: A Possible Solution for Balancing Rights. *International Data Privacy Law*, [S.l], v. 6, n. 2, p. 102-116, maio 2016.

115. Deve ser destacado que o direito à portabilidade de dados é o direito que, dentre os outros da LGPD, mais tem implicações à concorrência desleal, matéria que no nosso ordenamento regula o segredo de empresa.

De qualquer forma, é possível ponderar que conhecimentos gerados pela utilização de dados que não sejam mais associados ao dado original, de maneira que o titular não possa mais ser identificado, impossibilitando o *backtrace,* podem ser protegidos pelo segredo de empresa[116]. Ademais, as técnicas e os algoritmos utilizados para obtenção de informações e conhecimentos também podem estar abarcados no segredo de empresa[117-118].

Em última análise, toda vez que o exercício de algum direito do titular dos dados, como é o caso da portabilidade, vulnerar o segredo de empresa, assim entendido como a técnica usada ou o conhecimento anonimizado, e não as inferências em si, o controlador poderá justificar eventual negativa ou limitação dos direitos do titular, desde que assim proceda de forma transparente e expressa, demonstrando especificamente todo o investimento interno feito para proteger o segredo.

Em adição, mostra-se necessária uma atuação da Autoridade Nacional, para fins de sistematizar e regulamentar de forma clara o tema do segredo de empresa, bem como para exercer um controle sobre possíveis negativas ou restrições de direitos previstos na LGPD sob a alegação da proteção do segredo de empresa.

13. RESPONSABILIDADE CIVIL NA PORTABILIDADE DE DADOS

A implementação da portabilidade de dados traz inúmeros desafios, diante do que não há solução simples. Uma das principais preocupações dos controladores é como promover a portabilidade com segurança e sem vulnerar a própria proteção de dados dos titulares[119]. Juntamente com tal preocupação, vem a indagação quanto às eventuais responsabilidades do remetente dos dados e do receptor[120].

---

116. Assunto correlato, diz respeito a certos *"blind spots"* das legislações de proteções de dados.

     Há situações que não haverá a incidência da LGPD por não se tratar mais de dado pessoal, porém ainda assim é possível que o uso de inteligência artificial gere impactos a grupos ou a indivíduos. Nesse sentido, cita-se o contexto do *deep learning* em que os dados são usados em escala massiva para produzir correlações que podem afetar coletividades (VILLANI, Cédric. *For a Meaningful Artificial Intelligence.* Disponível em: https://www.aiforhumanity.fr/pdfs/MissionVillani_Report_ENG-VF.pdf. Acesso em: 18 fev. 2025, p. 121.). Veja que às vezes tais dados não estarão abarcados em certos direitos das leis de proteção de dados pessoais (como o da portabilidade), pois muitas vezes já não dizem respeito a uma pessoa e sim a grupos. Cabe a reflexão quanto à necessidade de avançarmos em termos de proteção coletiva em matéria de dados.

117. WACHTER, Sandra; MITTELSTADT, Brent, A Right to Reasonable Inferences: Re-Thinking Data Protection Law in the Age of Big Data and AI. *Columbia Business Law Review,* Nova York, n. 494, 2019, p. 79.

118. Todavia, há a possibilidade de mitigação da proteção ao algoritmo em prol do titular dos dados. Como exemplo, citam-se os *metamorphic algorithms,* os quais, ao processarem o dado pessoal, acabam se modificando.

119. A questão da segurança foi um dos principais tópicos abordados no recente workshop da FTC (https://www.ftc.gov/news-events/events-calendar/data-go-ftc-workshop-data-portability).

120. Para uma análise mais detalhada do tema, ver: CRAVO, Daniela Copetti.; KESSLER, Daniela Seadi; DRESCH, Rafael de Freitas Valle. Responsabilidade Civil na Portabilidade de Dados. In: MARTINS, Guilherme Magalhães; ROSENVALD, Nelson (Coord.). *Responsabilidade civil e novas tecnologias.* Indaiatuba: Foco, 2020, p. 185-202.

Nessa senda, uma sensibilidade da portabilidade que merece mais atenção diz respeito aos riscos que a portabilidade possa causar, ainda que de forma indireta, à privacidade. A partir do momento em que os dados se tornam completamente portáveis, é muito fácil evadir quaisquer políticas de privacidade existentes naquele fornecedor originário, a quem foi solicitada a portabilidade.

Com efeito, bastaria transferir os dados a uma nova plataforma, que as antigas regras e políticas não precisariam mais ser observadas.[121] Além disso, pode haver fraudes na identificação dos usuários que permitiriam que um infrator portasse os dados entre diferentes plataformas[122], ou mesmo obtivesse uma cópia desses.

Destarte, para podermos usufruir de todos os benefícios da portabilidade, é indispensável e urgente que a responsabilidade e os deveres a serem observados estejam bastante claros[123]. Pois bem, nessa tentativa de definição da responsabilidade civil na portabilidade, deve-se levar em conta, como premissa, a disciplina da responsabilidade prevista nos arts. 42 a 45 da LGPD.

Assim, será preciso, para fins de responsabilidade, a violação de um dever, seja este específico ou geral. No que toca aos deveres relacionados ao exercício da portabilidade, além do dever geral de segurança, é possível identificar deveres específicos em cada etapa da portabilidade, que são as seguintes: 1) solicitação da portabilidade, 2) pré-transferência, 3) transferência e 4) pós-transferência[124].

A primeira fase, a da solicitação da portabilidade, é uma das mais sensíveis, já que será necessário verificar se aquele que solicita a portabilidade é de fato o titular dos dados. E para tanto é importante que não haja a coleta desnecessária de mais dados pessoais. Ainda, é preciso evitar fraudes por pessoas mal-intencionadas.

Uma possibilidade é a utilização da autenticação por dois fatores ou a solicitação de que o requerente digite sua senha. Ainda, pode ser enviado um e-mail ao endereço de cadastro do requerente, a fim de que ele confirme se realmente deseja continuar com aquela requisição (e até mesmo impeça a transferência caso o titular não reconheça aquela requisição[125]).

---

121. YOO, Christopher. When antitrust met Facebook. *George Mason Law Review*, Arlington, v. 19, n. 5, p. 1147-1162, 2012.

122. ENGELS, Barbara. Data portability among online platforms. *Internet Policy Review: Journal on Internet Regulation*, Berlim, v. 5, n. 2, p. 1-17, jun. 2016.

123. REINO UNIDO. *Data Mobility: the data portability growth opportunity for the UK economy*. Disponível em: https://www.ctrl-shift.co.uk/reports/DCMS_Ctrl-Shift_Data_mobility_report_full.pdf Acesso em: 18 fev. 2025.

124. CRAVO, Daniela Copetti.; KESSLER, Daniela Seadi; DRESCH, Rafael de Freitas Valle. Responsabilidade Civil na Portabilidade de Dados. In: MARTINS, Guilherme Magalhães; ROSENVALD, Nelson (Coord.). *Responsabilidade civil e novas tecnologias*. Indaiatuba: Foco, 2020, p. 185-202.

125. FACEBOOK. *Comments to the Federal Trade Commission on Data Portability*. Disponível em: https://about. fb.com/wp-content/uploads/2020/08/Facebook-Comments-to-FTC-on-Data-Portability.pdf Acesso em: 18 fev. 2025.

A partir da experiência no âmbito do RGPD, verificou-se que nem sempre a rapidez na resposta a requerimentos e uma boa verificação da identidade do requerente conseguem ser conciliadas. Nesse sentido, cita-se o caso do pesquisador que conseguiu obter dados de sua noiva, por meio de requerimentos pautados nos direitos previstos no RGPD[126].

Já na fase de pré-transferência, surge a dúvida se o controlador deve verificar a legitimidade do destinatário. Deverá o controlador certificar que o destino cumpre ou tem políticas consistentes de proteção de dados? Deverá avisar o titular sobre os possíveis riscos?

Segundo o Art. 29 WP, o controlador de dados remetente não é responsável pela adequação do controlador de dados receptor com a lei de proteção de dados, uma vez que não participa da escolha do destinatário[127-128]. Uma possível solução, apontada pelo Facebook na Consulta Pública da Singapura, seria a criação de códigos de conduta e certificações[129]. Com a adoção destes, o controlador ficaria mais seguro em realizar a portabilidade com outro controlador que atendesse o código, ou fosse certificado.

Na terceira fase, a da transferência, devem ser adotadas medidas para que os dados sejam transmitidos de forma segura e ao destino correto (medidas de autenticação do destino). Aqui, ganha destaque o uso de formatos adequados, bem como medidas de criptografia de ponta a ponta[130] e novas tecnologias, como o *blockchain*[131].

Mario Viola e Leonardo Heringer lembram que a portabilidade de dados não é baseada no consentimento, mas, sim, no atendimento a uma expressa requisição. Por isso, o controlador remetente atuaria mais como um mero operador da ativida-

---

126. HUDDLESTON, Jennifer. *Comments regarding "Data to Go: An FTC Workshop on Data Portability"*. Disponível em: https://beta.regulations.gov/comment/FTC-2020-0062-0007. Acesso em: 18 fev. 2025.

127. ARTICLE 29 DATA PROTECTION WORKING PARTY. Guidelines on the right to data portability. Brussels: European Commission, 2016.

128. A respeito, a Federação Europeia de Bancos emitiu um comentário no seguinte sentido: "acreditamos que seja necessário enfatizar que o controlador remetente não pode impedir qualquer efeito adverso decorrente de terceiros envolvidos no contexto de portabilidade (EUROPEAN BANKING FEDERATION. Comments to the working party 29 guidelines on the right to data portability. Disponível em: https://www.ebf.eu/wp-content/uploads/2017/04/EBF_025448E-EBF-Comments-to-the-WP-29-Guidelines_Right-of-data--portabi.._.pdf. Acesso em: 18 fev. 2025).

129. SINGAPURA. Comissão de Proteção de Dados Pessoais. Response to Feedback on the Public Consultation on Proposed Data Portability and Data Innovation Provisions. Disponível em: https://www.pdpc.gov.sg/Legislation-and-Guidelines/Public-Consultations. Acesso em: 18 fev. 2025.

130. REINO UNIDO. *Data Mobility: the data portability growth opportunity for the UK economy*. Disponível em: https://www.ctrl-shift.co.uk/reports/DCMS_Ctrl-Shift_Data_mobility_report_full.pdf. Acesso em: 18 fev. 2025.

131. EUROPEAN COMMISSION. *A European strategy for data*. Disponível em: https://ec.europa.eu/info/sites/info/files/communication-european-strategy-data-19feb2020_en.pdf Acesso em: 18 fev. 2025.

de. No entanto, isso não significa que o transmitente não deva ser responsável por conferir segurança à operação[132].

Por fim, na fase de pós-transferência, os controladores remetentes não serão responsáveis pelo tratamento feito no destino, ainda que este seja abusivo[133]. Porém, os remetentes ainda são responsáveis pelos dados mantidos no seu sistema[134].

Ainda, o controlador remetente pode ser responsabilizado no caso do envio de dados corrompidos[135], devendo inclusive certificar se os dados foram corretamente entregues no destino[136]. Na condição de novo controlador, o receptor precisará assegurar uma base legal apropriada para o processamento de dados, seja dos dados do titular requerente, seja dos dados de terceiros[137].

14. NOVIDADES NO TEMA DA PORTABILIDADE DE DADOS

Apesar de todo o seu potencial, o direito à portabilidade de dados ainda é pouco usado e conhecido.[138] Entretanto, notou-se recentemente algumas novidades no tema.

No campo concorrencial, a Autoridade da Concorrência Italiana anunciou, em julho de 2022, que iniciou uma investigação contra o Google por um possível abuso de posição dominante em violação do artigo 102 do Tratado sobre o Funcionamento da União Europeia. Na opinião da Autoridade, o Google, ao dificultar o compartilhamento de dados em sua plataforma com outras (como o aplicativo Weople),

---

132. VIOLA, Mario; HERINGER, Leonardo. A Portabilidade na Lei Geral de Proteção de Dados. Rio de Janeiro: ITS, 2020. Disponível em: https://itsrio.org/wp-content/uploads/2020/10/A-Portabilidade-na-LGPD.pdf Acesso em: 18 fev. 2025, p. 8.

133. VIOLA, Mario; HERINGER, Leonardo. A Portabilidade na Lei Geral de Proteção de Dados. Rio de Janeiro: ITS, 2020. Disponível em: https://itsrio.org/wp-content/uploads/2020/10/A-Portabilidade-na-LGPD.pdf Acesso em: 18 fev. 2025, p. 8.

134. ARTICLE 29 DATA PROTECTION WORKING PARTY. Guidelines on the right to data portability. Brussels: European Commission, 2016, p. 9.

135. SINGAPURA. Comissão de Proteção de Dados Pessoais. *Response to Feedback on the Public Consultation on Proposed Data Portability and Data Innovation Provisions*. Disponível em: https://www.pdpc.gov.sg/ Legislation-and-Guidelines/Public-Consultations. Acesso em: 18 fev. 2025.

136. VIOLA, Mario; HERINGER, Leonardo. A Portabilidade na Lei Geral de Proteção de Dados. Rio de Janeiro: ITS, 2020. Disponível em: https://itsrio.org/wp-content/uploads/2020/10/A-Portabilidade-na-LGPD.pdf Acesso em: 18 fev. 2025, p. 8.

137. Information Commissioner's Office. Right to Data Portability. Disponível em: https://ico.org.uk/for-organisations/guide-to-data-protection/guide-to-the-general-data-protection-regulation-gdpr/individual-rights/ right-to-data-portability/. Acesso em: 18 fev. 2025.

138. Segundo narrado pela IAPP, em uma pesquisa informal, os feedbacks de advogados das 27 jurisdições da União Europeia foram no sentido de pouco desenvolvimento no tema, ou até mesmo a ausência total de qualquer movimento. Ver: REUS, Jurre; BILDERBEEK, Nicole. Data portability in the EU: An obscure data subject right. *International Association of Privacy Professionals*, 2022. Disponível em: https://iapp.org/ news/a/data-portability-in-the-eu-an-obscure-data-subject-right/. Acesso em: 18 fev. 2025.

pode estar restringindo o direito à portabilidade de dados pessoais, estabelecido pelo artigo 20 do RGPD, e os benefícios econômicos que os consumidores podem obter de seus dados. Ao mesmo tempo, o alegado abuso pode prejudicar a concorrência, já que limita a capacidade dos outros agentes de desenvolver serviços inovadores baseados em dados.[139]

Para encerrar a investigação, o Google comprometeu-se a implementar três medidas para facilitar a portabilidade de dados e melhorar a interoperabilidade com outras plataformas. Essas medidas incluem soluções suplementares ao serviço Takeout para a exportação de dados e o desenvolvimento de uma nova solução para portabilidade direta de dados de serviço para serviço. A Autoridade considerou os compromissos adequados para resolver as preocupações de concorrência, permitindo que usuários e operadores terceiros utilizem os novos mecanismos de portabilidade e interoperabilidade de dados[140].

Já no campo da proteção de dados, na Corte de Amsterdã houve dois julgamentos relevantes envolvendo discussões sobre a portabilidade de dados em processos movidos por motoristas de aplicativo em face da Uber e Ola Cabs. Os motoristas solicitaram o recebimento dos seus dados com base no artigo 20 do RGPD, por meio de uma API ou de um arquivo de CSV. A Corte, todavia, entendeu que a exigência, do artigo 20, de um formato "de leitura automática" não obriga que o controlador forneça os dados por meio de uma API ou um arquivo CSV.[141]

Ainda, no âmbito da União Europeia, o DMA (Digital Markets Act – DMA) e o Data Act[142] consolidam a importância da portabilidade de dados como pilar fundamental para a construção de um mercado digital mais justo e competitivo. O DMA, ao combater práticas anticompetitivas de grandes plataformas online (*gatekeepers*), visa garantir que os usuários possam transferir seus dados e migrar para outros serviços simples e eficiente. Já o Data Act introduz uma hipótese de acesso a dados por consumidores e empresas de forma complementar ao direito à portabilidade de dados trazido pelo RGPD.

---

139. ITÁLIA. Autorità Garante della Concorrenza e del Mercato. *A552 – Italian Competition Authority, investigation opened against Google for abuse of dominant position in data portability*. Press Release, 14 jul. 2022. Disponível em: https://en.agcm.it/en/media/press-releases/2022/7/A552. Acesso em: 18 fev. 2025.

140. Ver: https://en.agcm.it/en/media/press-releases/2023/7/A552.

141. REUS, Jurre; BILDERBEEK, Nicole. Data portability in the EU: An obscure data subject right. *International Association of Privacy Professionals*, 2022. Disponível em: https://iapp.org/news/a/data-portability-in-the--eu-an-obscure-data-subject-right/. Acesso em: 18 fev. 2025.

142. Vale lembrar que o *Data Act* complementa a *Data Governance Regulation*. Nesta última, há disposições para facilitar o altruísmo de dados através, por exemplo, da criação de "um formulário europeu comum de consentimento para cedência altruísta de dados, com vista a reduzir os custos associados à obtenção do consentimento e a facilitar a portabilidade dos dados (se os dados a disponibilizar não estiverem na posse do indivíduo)". EUROPEAN COMISSION. *Regulamento 2020/0340 (COD)*. Regulamento do Parlamento Europeu e do Conselho relativo à governação de dados (Regulamento Governação de Dados). Bruxelas, 25 nov. 2020. Disponível em: https://eur-lex.europa.eu/legal-content/PT/TXT/HTML/?uri=CELEX:52020PC0767&from=EN. Acesso em: 18 fev. 2025.

Guilherme Damasio Goulart

Art. 18. [...]

VI – eliminação dos dados pessoais tratados com o consentimento do titular, exceto nas hipóteses previstas no art. 16 desta Lei;

ELIMINAÇÃO DE DADOS TRATADOS COM CONSENTIMENTO

A disposição do inc. VI, conforme sua leitura, permite o pedido de eliminação de dados tratados com o consentimento, com a exceção do definido no art. 16 da LGPD. Este artigo, por sua vez, prevê o dever geral do controlador de já eliminar os dados quando a atividade de tratamento que os envolva tenha terminado.

Aplica-se a este caso a questão já indicada no item anterior acerca da manutenção de dados pessoais referentes ao registro do pedido do titular. Isso significa que, mesmo diante do pedido de eliminação, o controlador precisará manter os registros relativos ao pedido, até para defender-se no futuro e poder comprovar o adequado cumprimento dos direitos do titular.

Guilherme Damasio Goulart

Art. 18. [...]

VII – informação das entidades públicas e privadas com as quais o controlador realizou uso compartilhado de dados;

INFORMAÇÃO DAS ENTIDADES QUE RECEBERAM DADOS COMPARTILHADOS

Esta determinação, na realidade, deveria, em tese, ser ativamente cumprida pelos controladores por meio de suas políticas de privacidade, o que representa a observância do princípio da transparência[143]. Idealmente, o titular não precisaria solicitar tais informações para o controlador, sendo esses dados de informação obrigatória, em um exercício de transparência ativa pelos controladores. Contudo, a realidade das políticas de privacidade, pelo menos até o momento, demonstra que elas são bastante lacônicas quanto às informações sobre outras entidades que recebem dados compartilhados. Não raro, veem-se cláusulas genéricas que indicam disposições como: "compartilhamos seus dados com nossos parceiros de negócio [...]". Essas disposições genéricas, além de não indicar quais os dados compartilhados, também não indicam quais os agentes que receberam os referidos dados, o que representa uma clara violação do princípio da transparência.

De toda forma, há diversas possibilidades de compartilhamento de dados, que ultrapassam o próprio consentimento, bastando observar as hipóteses do art. 7º da LGPD. Assim, alguns dados podem ser compartilhados inclusive com entidades públicas, conforme a disposição do inc. VII. Conforme o que se disse, portanto, caso essa informação já não tenha sido dada nas próprias políticas de privacidade – o que é recomendável -, tem o titular o direito de solicitá-la.

---

143. CORDEIRO, A. Barreto Menezes. *Direito da Proteção de Dados*: à luz do RGPD e da Lei n. 58/2019. Coimbra: Almedina, 2020, p. 263, quando comenta os aspectos de fornecer a informação quando solicitado pelo titular, mas, também, por meio dos chamados "deveres de informação ativos, ou seja, o responsável está obrigado a prestar as informações legalmente consagradas, independentemente de o titular apresentar qualquer pedido de esclarecimento".

Guilherme Damasio Goulart

Art. 18. [...]

VIII – informação sobre a possibilidade de não fornecer consentimento e sobre as consequências da negativa;

INFORMAÇÃO SOBRE A POSSIBILIDADE DE NÃO FORNECER O CONSENTIMENTO

As atividades de tratamento de dados pessoais variam de acordo com a natureza e o tipo dos serviços prestados. Raramente o consentimento será dado de forma isolada, sem nenhuma relação com algum serviço ou atividade principal prestada. Nesse sentido, o consentimento será quase sempre acessório, relacionado a um contrato principal (excetuando-se outras situações em que o tratamento de dados não é proveniente de um contrato, como tratamento de dados pelo poder público)[144]. No exemplo básico, o sujeito faz uma compra na internet (contrato principal é a compra e venda) e seus dados são tratados visando a permitir a entrega do bem, em primeiro lugar, bem como a realização de outras atividades pelo controlador. Nesta última situação, o lojista pode ainda recolher dados pessoais para a realização de publicidade, envio de e-mails etc. Esta situação destaca claramente a relação de necessidade do tratamento de dados pessoais para cada uma das atividades. Isso significa que o titular obrigatoriamente precisará fornecer seu nome, e-mail, CPF, endereço e dados de cartão para realizar a compra. Sem tais dados, o contrato principal não poderá ser concluído. Se o titular não consentir no fornecimento de seus dados, não poderá aderir ao contrato em questão, sendo, portanto, o tratamento de dados uma "condição para o fornecimento de produto ou serviço", de acordo com o art. 9º, §3º, da LGPD. No entanto, é preciso ressaltar que os dados solicitados para a realização de publicidade, neste caso, não são obrigatórios para o contrato em tela. Diante deste exemplo, emerge o direito de ser informado sobre a possibilidade de não fornecer o consentimento.

O exercício deste direito pelo titular exige uma organização anterior realizada pelos agentes de tratamento. O controlador precisará, em suas atividades de ade-

---

144. Tais observações estão mais alinhadas com as atividades de tratamento de dados relacionados com contratos. Sabe-se, contudo, que a atividade de tratamento de dados abrange diversas outras situações, inclusive, relacionadas com os serviços públicos. No âmbito da teoria geral dos contratos, contudo, é conhecida a classificação dos contratos coligados, sendo eles divididos em contratos principais e acessórios. Assim, se se considerar o consentimento aqui com uma natureza contratual, ele poderia ser visto como acessório ao contrato principal. Sobre o tema (contratos coligados) ver: TEPEDINO, Gustavo; KONDER, Carlos Nelson; BANDEIRA, Paula Grego. Fundamentos do Direito Civil: Contratos. Rio de Janeiro: Forense, 2020, p. 83.

quação à lei, realizar inventário para registrar quais dados são necessários para a prestação dos serviços (ou compra de produto) e quais dados não são necessários, situação em que o titular poderá não fornecer o consentimento. Após realizar tais verificações, o controlador deverá informar ao titular deste fato, fornecendo instrumentos técnicos para que ele realize o consentimento granular, ou seja, escolhendo de fato se irá ou não fornecer os dados que não são necessários para a relação jurídica entabulada. Atualmente, pelo menos no Brasil, com a entrada em vigor da LGPD, podem-se ver alguns sites que realizam o controle do consentimento de cookies por meio de um Cookie Wall, no qual o titular consegue efetivamente selecionar quais cookies ele permitirá que sejam instalados em seu navegador, o que representa uma demonstração do exercício do consentimento granular pelo titular.

Guilherme Damasio Goulart

Art. 18. [...]

IX – revogação do consentimento, nos termos do § 5º do art. 8º desta Lei.

REVOGAÇÃO DO CONSENTIMENTO

O consentimento, enquanto ato de declaração de vontade e, como se sabe, diretamente relacionado à autodeterminação informativa, pode ser revogado. No âmbito da teoria geral do Direito Civil, revogar importa na possibilidade de se "retirar voz": "Diz-se revogável o ato jurídico de cujo suporte fático ainda se pode retirar a voz, isto é, a manifestação de vontade"[145]. Assim, a revogação será sempre ato unilateral.

Em algumas situações, o consentimento será acessório a um contrato principal. Nesse sentido, quando se notar essa relação de dependência direta do consentimento com o contrato principal, o término (leia-se, resolução ou resilição) do contrato principal fará com que, automaticamente, o consentimento também seja revogado[146]. É claro que, a depender da situação, o controlador ainda precisará manter certos dados pessoais mesmo após o fim do contrato principal, seja para o cumprimento de obrigações tributárias, trabalhistas, contábeis etc. No entanto, terminado o contrato principal, presume-se terminada a eficácia do consentimento.

Ocorre que o titular também tem o direito de revogar o consentimento. Essa revogação variará de acordo com a dependência do ato com o contrato principal. Se, na prestação de determinado serviço, o tratamento de dados pessoais é condição para o seu fornecimento, a revogação do consentimento implicará a impossibilidade de o titular continuar utilizando o referido serviço. Contudo, nas situações de tratamento de dados não essenciais para a atividade principal, a revogação do consentimento pode ser realizada sem prejuízo à prestação do serviço (ou fornecimento do produto). Claro que esta afirmação está alinhada ao consentimento dado em situações negociais, que, por sua vez, poderão estar classificadas como uma relação de consumo.

A previsão do art. 18, portanto, deve ser lida de acordo com os ditames do §5º do art. 8º. Nesse sentido, é útil que os responsáveis pelo tratamento mantenham

---

145. PONTES DE MIRANDA, Francisco Cavalcanti. *Tratado de Direito Privado*. Atualizado por Vilson Rodrigues Alves. São Paulo: Bookseller, 2008, t. 31, §3575.

146. Lembrando do alerta de DONEDA, Danilo. *Da privacidade à proteção de dados pessoais*: fundamentos da Lei Geral de Proteção de Dados. 2. ed. São Paulo: Thomson Reuters Brasil, 2019, p. 305: "No exercício dessa autodeterminação [em relação à revogação], o sujeito não está constrito a efeitos vinculantes de natureza obrigacional resultantes do seu consentimento – e, consequentemente, não se pode associar tal ato a um inadimplemento de qualquer espécie".

plataformas aptas a cumprir o indicativo da revogação facilitada. Ao mesmo tempo, é recomendável que se permita o controle granular do consentimento. Em sistemas em que se pode consentir com o tratamento de vários dados distintos, sem que a revogação do consentimento para o tratamento de um deles inviabilize o uso do serviço, é útil que se permita esse controle ativo por parte do titular.

Guilherme Damasio Goulart

Art. 18. [...]

§ 1º O titular dos dados pessoais tem o direito de peticionar em relação aos seus dados contra o controlador perante a autoridade nacional.

§ 2º O titular pode opor-se a tratamento realizado com fundamento em uma das hipóteses de dispensa de consentimento, em caso de descumprimento ao disposto nesta Lei.

§ 3º Os direitos previstos neste artigo serão exercidos mediante requerimento expresso do titular ou de representante legalmente constituído, a agente de tratamento.

§ 4º Em caso de impossibilidade de adoção imediata da providência de que trata o § 3º deste artigo, o controlador enviará ao titular resposta em que poderá:

I – comunicar que não é agente de tratamento dos dados e indicar, sempre que possível, o agente; ou

II – indicar as razões de fato ou de direito que impedem a adoção imediata da providência.

§ 5º O requerimento referido no § 3º deste artigo será atendido sem custos para o titular, nos prazos e nos termos previstos em regulamento.

§ 6º O responsável deverá informar, de maneira imediata, aos agentes de tratamento com os quais tenha realizado uso compartilhado de dados a correção, a eliminação, a anonimização ou o bloqueio dos dados, para que repitam idêntico procedimento, exceto nos casos em que esta comunicação seja comprovadamente impossível ou implique esforço desproporcional. (Redação dada pela Lei 13.853, de 2019)

§ 7º A portabilidade dos dados pessoais a que se refere o inciso V do caput deste artigo não inclui dados que já tenham sido anonimizados pelo controlador.

§ 8º O direito a que se refere o § 1º deste artigo também poderá ser exercido perante os organismos de defesa do consumidor.

OUTRAS DISPOSIÇÕES

De maneira geral, os parágrafos do art. 18 impõem aspectos mais procedimentais no exercício dos direitos do titular. O §1º, por exemplo, atesta a possibilidade de petição perante a autoridade nacional. Tal definição não obriga o titular a primeiro peticionar perante a autoridade antes de eventualmente ajuizar uma demanda judicial. Já o §2º implica um direito de oposição nas situações em que o tratamento é feito sem a utilização do consentimento, o que se aplicaria no caso do art. 7º, §4º (a dispensa do consentimento pelos dados tornados públicos pelo próprio titular). Para ter efeito, contudo, há a necessidade de que tenha se descumprido a lei de alguma forma, sobretudo no tratamento de dados tornados públicos com a afetação dos princípios de proteção de dados.

O §3º não possui dificuldades na interpretação, eis que permite, como não poderia deixar de ser, o exercício tanto pelo titular quanto pelo seu representante[147]. Note-se, contudo, que, apesar da necessidade de requerimento expresso, isso não significa, por óbvio, que o respeito aos direitos do titular pelos agentes de tratamento dependa de provocação; pelo contrário, devem sempre ser respeitados de plano[148].

O §4º complementa o §3º do art. 18, ao prever situações em que a resposta ao pedido expresso do titular não puder ser imediatamente fornecida. Em situações de compartilhamento de dados ou em face de tratamento sendo realizados por operadores, é possível que o titular não saiba ao certo contra quem exercer os seus direitos, podendo opô-los, por engano, ao operador e não ao controlador. Contudo, a doutrina já aponta que as eventuais impossibilidades de atendimento dos pedidos devem ser cuidadosamente avaliadas, para que não sirvam de "salvo-conduto autorizador de negativas arbitrárias pelos agentes"[149].

Já o § 5º prevê a organização de procedimentos e prazos pela autoridade nacional, o que, até o momento da elaboração destes comentários, ainda não ocorreu.

O § 6º do artigo 18 versa sobre as situações em que um controlador realiza o "uso compartilhado" de dados pessoais com outros controladores ou operadores[150]. Note-se que, entre as atividades de tratamento que podem ser realizadas entre agentes de tratamento diferentes, o compartilhamento é apenas uma das que podem ser afetadas por situações de atualização ou correção. Nesse sentido, o termo "uso compartilhado" deve ser interpretado de maneira mais ampla possível, abrangendo qualquer situação de compartilhamento, utilização, transmissão, distribuição, processamento, comunicação etc. Tais situações são muito comuns em hipóteses

---

147. Sobre as possibilidades de exercício dos direitos do titular pelos parentes de pessoa falecida, ver o nosso COLOMBO, Cristiano; GOULART, Guilherme Damasio. Direito póstumo à portabilidade de dados pessoais no ciberespaço à luz do Direito brasileiro. In: POLIDO, Fabrício; ANJOS, Lucas; BRANDÃO, Luíza (Org.). *Políticas, Internet e Sociedade*. Belo Horizonte: Iris, 2019.

148. Cf. o alerta de SOUZA, Eduardo Nunes de; SILVA, Rodrigo da Guia. Direitos do titular de dados pessoais na Lei 13.709/2018: uma abordagem sistemática. In: TEPEDINO, Gustavo; FRAZÃO, Ana; OLIVA, Milena Donato (Coord.). *Lei Geral de Proteção de Dados Pessoais* e suas repercussões no Direito Brasileiro. São Paulo: Revista dos Tribunais, 2019, p. 278

149. SOUZA, Eduardo Nunes de; SILVA, Rodrigo da Guia. Direitos do titular de dados pessoais na Lei 13.709/2018: uma abordagem sistemática. In: TEPEDINO, Gustavo; FRAZÃO, Ana; OLIVA, Milena Donato (Coord.). *Lei Geral de Proteção de Dados Pessoais* e suas repercussões no Direito Brasileiro. São Paulo: Revista dos Tribunais, 2019, p. 279.

150. Tal disposição encontra paralelo com o art. 19 do GDPR.

de controladores que prestam serviços de atualização cadastral, cadastro positivo ou negativo, e serviços afins. Nestes casos, as empresas contratam esses serviços justamente para enriquecer suas bases de dados. No caso de um titular realizar o pedido de atualização, correção, anonimização etc., perante a empresa prestadora dos serviços, ela deverá comunicar esta alteração a todos os contratantes de seus serviços, sob pena de os dados desatualizados continuarem a ser utilizados, causando eventual prejuízo aos titulares. Isso significa que os contratos de prestação de serviços envolvidos em situações desse tipo devem prever procedimentos técnicos para tais atualizações e, também, a previsão da colaboração entre os agentes de tratamento envolvidos para fazer cumprir fielmente as determinações do §6º. Por isso que se deve interpretar de forma bastante restrita a parte final do §6º, que excepciona a informação nos casos em que seja impossível ou implique esforço desproporcional. Via de regra, os agentes de tratamento devem prever, nos seus contratos e também nas suas arquiteturas técnicas de integrações de sistemas, os meios de atualização de informações. Nesse sentido, a desídia comprovada do agente de tratamento em não providenciar meios técnicos mínimos e acessíveis ao seu alcance para permitir as atualizações de dados não pode servir de desculpa para o descumprimento do §6º, sob pena de se beneficiarem da própria torpeza.

Por fim, o § 8º do art. 18 reforça a aplicabilidade da proteção ao titular pela via dos mecanismos disponíveis aos consumidores. Evidentemente tal disposição somente será aplicável nas situações em que o tratamento de dados seja acessório a um contrato de consumo. Da mesma maneira, o § 8º não estende, por óbvio, a aplicação de sanções ou realização de atribuições da competência da própria ANPD[151].

---

151. Cf. CUNTO, Raphael; GALIMBERTI, Larissa; LEONARDI, Marcel. Direitos dos titulares de dados pessoais. In: BRANCHER, Paulo Marcos Rodrigues; BEPPU, Ana Claudia (Coord.). *Proteção de Dados Pessoais no Brasil*: Uma nova visão a partir da Lei n. 13.709/2018. Belo Horizonte: Fórum, 2019, p. 98.

Guilherme Damasio Goulart

Art. 19. A confirmação de existência ou o acesso a dados pessoais serão providenciados, mediante requisição do titular:

I – em formato simplificado, imediatamente; ou

II – por meio de declaração clara e completa, que indique a origem dos dados, a inexistência de registro, os critérios utilizados e a finalidade do tratamento, observados os segredos comercial e industrial, fornecida no prazo de até 15 (quinze) dias, contado da data do requerimento do titular.

§ 1º Os dados pessoais serão armazenados em formato que favoreça o exercício do direito de acesso.

§ 2º As informações e os dados poderão ser fornecidos, a critério do titular:

I – por meio eletrônico, seguro e idôneo para esse fim; ou

II – sob forma impressa.

§ 3º Quando o tratamento tiver origem no consentimento do titular ou em contrato, o titular poderá solicitar cópia eletrônica integral de seus dados pessoais, observados os segredos comercial e industrial, nos termos de regulamentação da autoridade nacional, em formato que permita a sua utilização subsequente, inclusive em outras operações de tratamento.

§ 4º A autoridade nacional poderá dispor de forma diferenciada acerca dos prazos previstos nos incisos I e II do caput deste artigo para os setores específicos.

DOS CRITÉRIOS PARA O CUMPRIMENTO PARA A CONFIRMAÇÃO DE EXISTÊNCIA E ACESSO

A lei estabelece, como se vê, alguns critérios objetivos para o cumprimento dos direitos de confirmação da existência e acesso aos dados. O objetivo é estabelecer, de forma clara, inclusive com a fixação de prazos, como o controlador deverá cumprir seus deveres.

Como se indicou anteriormente, muitos controladores já mantêm em seus sites áreas específicas para o exercício dos direitos dos titulares. Alguns exemplos promissores ocorrem nas instituições financeiras e nas redes sociais. Nestas últimas, são bem conhecidas as áreas que permitem ao titular realizar o download de todos os seus dados sociais, bem como todo o conteúdo de suas interações. É claro que o uso de sistemas para automatizar o acesso e download dos dados deve ser realizado observando-se todas as determinações de segurança da LGPD, o que inclui meios seguros o suficiente para a confirmação da identidade.

São duas as formas de entrega dos dados: em formato simplificado (inc. I), o que deve ser feito imediatamente, e em "declaração clara e completa" (inc. II), que deve ser fornecida em até 15 dias (prazo corrido). A primeira questão que emerge é a respeito dos prazos. O fornecimento imediato para o formato simplificado pode ser inaplicável para a grande maioria das empresas, sobretudo as que não prepararem seus sistemas internos para a geração imediata de tais relatórios (ao contrário do que ocorre com o exemplo já indicado das redes sociais). Ao mesmo tempo, o prazo de 15 dias pode também ser pequeno, se se observar a quantidade de informações que deve ser fornecida. Como a lei não aborda os aspectos de comprovação de identidade, não se sabe ao certo se o prazo de 15 dias é o prazo total, inclusive, para os procedimentos de comprovação[1]. De toda forma, deve-se observar a possibilidade de alterações dos prazos por meio de regramentos exarados pela ANPD. Em que pese até o momento não haver qualquer regulação nesse sentido, o que se espera é que a Autoridade defina critérios, muito provavelmente relacionados ao tamanho da empresa, a quantidade de dados tratados bem como a complexidade da atividade. Neste caso, com o estabelecimento de tais critérios, há a possibilidade de fixação de prazos diferenciados.

Ainda, o inc. II estabelece objetivamente quais informações devem ser fornecidas pelo controlador. Destaque-se a indicação da "origem dos dados", o que terá importância, sobretudo, se os dados não forem fornecidos pelo próprio titular. São comuns os casos em que o controlador obtém os dados de outras fontes que não o titular. Nos serviços bancários são várias as fontes consultadas, sobretudo, com base na hipótese de proteção ao crédito. Neste caso, as empresas que se aproveitam de fontes secundárias de obtenção de dados, além de informarem tal fato em suas políticas, deverão ser precisas na indicação, em tais relatórios, de quais dados foram obtidos em quais fontes.

O meio pode ser eletrônico ou sob forma impressa, conforme os inc. I e II do art. 19. Note-se que, no caso do uso do meio eletrônico, ele deve ocorrer de forma segura e idônea. A colocação do termo "seguro", que até seria desnecessária frente ao princípio da segurança presente no art. 6º, inc. VII, reforça a indicação de que o controlador deverá ter seus sistemas preparados para cumprir essa determinação. Isso significa, por óbvio, que os dados não poderão ser disponibilizados em repositórios de acesso descontrolado, sem autenticação, que permitam o acesso por qualquer pessoa ou que possa ser, de maneira inadvertida, indexado pelos buscadores, o que importaria em um incidente de segurança da informação relevante para a LDPG[2].

---

1. Como questiona, SILVA, Natália Balbino. O que esperar do contencioso de dados. In: PALHARES, Felipe (Coord.) *Temas atuais de proteção de dados*. São Paulo: Revista dos Tribunais, 2020, *E-book*, p. 359.

2. Sobre os incidentes de segurança envolvendo vazamento de dados ver o nosso MENKE, Fabiano; GOULART, Guilherme Damasio. Segurança da informação e vazamento de dados. In: MENDES, Laura Schertel; DONEDA, Danilo; SARLET, Ingo Wolfgang; RODRIGUES JR, Otavio Luiz; BIONI, Bruno (Coord.). *Tratado de proteção de dados pessoais*. Rio de Janeiro: Forense, 2021.

Recomenda-se o envio dos dados para e-mails que sejam confirmados como sendo de controle do titular ou por meio de sistemas que permitam a adequada identificação e autenticação dos titulares[3]. É sempre preferível o uso de mais de um fator de autenticação, envolvendo o envio de códigos de autenticação para e-mails ou *smartphones* para assegurar a autenticidade do pedido. Trata-se de um imperativo para a proteção da confidencialidade dos dados pessoais, que se enquadra perfeitamente nas disposições do art. 46 da LGPD.

O §1º do art. 19 possui disposição que se desvia um pouco da aparente real intenção do legislador, pecando por sua imprecisão técnica. A leitura do referido parágrafo se traduz numa tentativa de facilitar a própria compreensão – ou leitura – dos dados pelos titulares, ao exigir o seu armazenamento, pelos agentes de tratamento, "em formato que favoreça o exercício do direito de acesso". Na realidade, o armazenamento de dados pessoais pode ocorrer de inúmeras formas. Têm os agentes de tratamento, diante da evolução da técnica e dos recursos à disposição, a liberdade de escolher a forma de armazenamento que quiserem, desde que consigam atender aos direitos dos titulares. Portanto, não se trata meramente de armazenar os dados de maneira a facilitar o exercício dos direitos, mas, sim, manter sistemas que permitam a exportação de dados em formatos que favoreçam o exercício de tais direitos. O que se quer dizer é que pouco importa a forma de armazenamento, desde que o sistema esteja preparado para "traduzir" os dados armazenados em relatórios e formatos que sejam úteis e legíveis para os titulares dos dados. Talvez teria sido melhor que o legislador tivesse estabelecido disposição no sentido de dizer que os dados devem ser exportados em formatos e padrões abertos, livres e interoperáveis, como fez o Marco Civil da Internet[4]. Tal disposição é de importante observação, visto que o agente de tratamento pode fornecer as informações em formatos que sequer sejam legíveis por outros sistemas (como um PDF sem reconhecimento de texto, por exemplo), o que importaria em uma afetação dos direitos do titular, já que dificultaria sua leitura e pesquisa automatizada.

É necessário ler este artigo em conjunto com o capítulo VII da LGPD, quando fica estabelecida a adoção de medidas técnicas e administrativas de segurança para a proteção de dados. Assim, uma medida mundialmente adotada e recomendada é a criptografia dos dados no armazenamento, inclusive com a adoção de medidas

---

3. Acerca deste tema, já em 2002, Gerson Luiz Carlos Branco afirmava: "Em resumo, o princípio da confiança obriga o fornecedor a garantir condições de identificação das pessoas que participam da relação contratual, assim como obriga a garantir segurança suficiente para que daquela relação resultem benefícios úteis e não danos." BRANCO, Gerson Luiz Carlos. A proteção das expectativas legítimas derivadas das situações de confiança: elementos formadores do princípio da confiança e seus efeitos. *Revista de Direito Privado*, São Paulo, n. 12, out./dez. 2002, p. 202.

4. Quando estabelece as diretrizes de desenvolvimento da Internet no setor público, art. 24, inc. III e V. Nessa mesma linha, ver LIMA, Cintia Rosa Pereira de; RAMIRO, Lívia Froner Moreno. Direitos do titular dos dados pessoais. In: LIMA, Cíntia Rosa Pereira de (Coord.). *Comentários à lei geral de proteção de dados*: Lei nº 13.709/2018. São Paulo: Almedina, 2020, p. 256. Neste estudo, as autoras indicam que a ANPD pode (e provavelmente assim o fará) disciplinar meios e formatos para o atendimento deste direito.

técnicas para que, em um caso de invasão dos sistemas que armazenam tais dados, o criminoso, mesmo tendo acesso aos dados, não consiga decifrá-los. Ora, um sistema que se utiliza de tal medida técnica está a armazenar os dados de maneira que dificilmente poderia ser lida, acessada e entendida pelos titulares. Este exemplo demonstra que o meio de armazenamento é desimportante, diante dos argumentos que se viram.

Nesse sentido, pode muito bem o agente de tratamento envolvido armazenar os dados em um formato desenvolvido pela sua própria equipe técnica. Nestes casos, desde que consiga exportar esses dados para um formato legível, não parece haver nenhum desrespeito à LGPD.

Ainda, a doutrina questiona se haveria a possibilidade de parentes buscarem a confirmação do tratamento e o acesso aos dados, visto que o *caput* do art. 19 prevê a necessidade de requisição do titular[5]. Tivemos a oportunidade de analisar questões relacionadas à possibilidade de exercício de alguns direitos do titular por sucessores ou parentes de pessoas falecidas[6]. Trata-se de tema de extrema relevância, visto que cada vez mais dados pessoais são armazenados em sistemas digitais e, nos casos de falecimento do titular, pode haver grande interesse dos seus parentes na recuperação de tais informações. O referido estudo vai no sentido de reconhecer a possibilidade de certos exercícios, sobretudo no âmbito da portabilidade, evidentemente com alguns limites, não havendo um direito de exercício absoluto dos parentes do falecido em obter qualquer informação pessoal de qualquer sistema, sobretudo em proteção à própria privacidade da pessoa morta. Pela natureza de tais direitos, e pela semelhança da portabilidade com os direitos de confirmação e acesso aos dados, entende-se que as conclusões daquele estudo são plenamente aplicáveis também para esses direitos.

O § 3º, por sua vez, mesmo que não indique expressamente, possui disposição relacionada com o direito à portabilidade. Ressalta-se que o §3º possui uma limitação deste exercício com base em duas hipóteses de tratamento, o consentimento ou dados relacionados a um contrato (art. 7º, inc. V). No entanto, este parágrafo não pode ser interpretado de forma a dar a entender que mesmo diante de outras hipóteses de tratamento o titular não poderia exigir, igualmente, a cópia de seus dados[7].

---

5. Questão proposta por LIMA, Cintia Rosa Pereira de; RAMIRO, Lívia Froner Moreno. Direitos do titular dos dados pessoais. In: LIMA, Cíntia Rosa Pereira de (Coord.). *Comentários à lei geral de proteção de dados*: Lei 13.709/2018. São Paulo: Almedina, 2020, p. 257.

6. COLOMBO, Cristiano; GOULART, Guilherme Damasio. Direito póstumo à portabilidade de dados pessoais no ciberespaço à luz do Direito brasileiro. In: POLIDO, Fabrício; ANJOS, Lucas; BRANDÃO, Luíza (Org.). *Políticas, Internet e Sociedade*. Belo Horizonte: Iris, 2019, p. 55-67.

7. SOUZA, Eduardo Nunes de; SILVA, Rodrigo da Guia. Direitos do titular de dados pessoais na Lei 13.709/2018: uma abordagem sistemática. In: TEPEDINO, Gustavo; FRAZÃO, Ana; OLIVA, Milena Donato (Coord.). *Lei Geral de Proteção de Dados Pessoais* e suas repercussões no Direito Brasileiro. São Paulo: Revista dos Tribunais, 2019, p. 280.

O art. 19 possui também relação com o art. 9º da LGPD, artigo este que especifica as informações que deverão ser fornecidas[8]. Vê-se que essa dispersão de determinações sobre o mesmo tema causa certa confusão no estudo dos institutos abordados. Talvez o legislador tivesse feito melhor se reunisse todas essas disposições no mesmo artigo, permitindo uma organização mais lógica.

---

8. E que encontra paralelo com o art. 15 do GDPR.

Guilherme Damasio Goulart

Art. 20. O titular dos dados tem direito a solicitar a revisão de decisões tomadas unicamente com base em tratamento automatizado de dados pessoais que afetem seus interesses, incluídas as decisões destinadas a definir o seu perfil pessoal, profissional, de consumo e de crédito ou os aspectos de sua personalidade.

§ 1º O controlador deverá fornecer, sempre que solicitadas, informações claras e adequadas a respeito dos critérios e dos procedimentos utilizados para a decisão automatizada, observados os segredos comercial e industrial.

§ 2º Em caso de não oferecimento de informações de que trata o § 1º deste artigo baseado na observância de segredo comercial e industrial, a autoridade nacional poderá realizar auditoria para verificação de aspectos discriminatórios em tratamento automatizado de dados pessoais.

DECISÕES AUTOMATIZADAS E CRIAÇÃO DE PERFIS

A tutela dos direitos do titular diante da tomada de decisões automatizadas é outro ponto de bastante importância na disciplina de proteção de dados pessoais. A ideia é oferecer uma proteção ao titular dos dados pessoais contra não somente ingerências extremas, mas também contra processos automatizados de tratamento de dados que possam, pela impessoalidade e pela escala de tais tratamentos, causar impactos negativos na vida dos sujeitos. No cenário atual de intensa utilização de perfis e decisões automatizadas, o art. 20 da LGPD adquire contornos importantíssimos para a proteção dos titulares dos dados. Muitas atividades cotidianamente utilizadas pelas pessoas tratam dados pessoais, em maior ou menor grau, com a utilização de perfis e decisões automatizadas para alavancar seus negócios. Além do mais, tais operações buscam, segundo a doutrina abalizada, a "habilidade em processar múltiplas demandas, de forma simultânea, bem como o grande número de dados utilizados para enriquecer a tomada de deliberação"[1]. Um dos exemplos mais proeminentes se dá por meio do prevalente *profiling* para a publicidade[2].

---

1. FACCHINI NETO, Eugênio; COLOMBO, Cristiano. Decisões automatizadas em matéria de perfis e riscos algorítmicos: Diálogos entre Brasil e Europa acerca das vítimas do dano estético digital. In: MARTINS, Guilherme Magalhães; ROSENVALD, Nelson. (Coord.). *Responsabilidade civil e novas tecnologias*. Indaiatuba: Foco, 2020, p. 165.

2. Sobre o tema, ver o nosso COLOMBO, Cristiano; GOULART, Guilherme Damasio. Inteligência artificial aplicada a perfis e publicidade comportamental: proteção de dados pessoais e novas posturas em matéria de discriminação abusiva. In: PINTO, Henrique Alves; GUEDES, Jefferson Carús; CÉSAR, Joaquim Portes

Note-se que o art. 20 aborda duas questões: a tomada de decisões automatizadas que afetem os seus interesses (de maneira geral) e as questões relacionadas às decisões automatizadas específicas na definição de perfis (a chamada perfilização ou *profiling*)[3]. É claro que a tomada de decisões automatizadas que levam em consideração dados pessoais em sua grande maioria irá se basear em algum tipo de perfil, mesmo que muito básico (embora esta regra admita exceções). Se se considerar uma situação de concessão de crédito, é bastante comum que a instituição concedente considere um determinado "perfil" para a tomada de decisão. Tais decisões, tomadas com base no perfil, portanto, podem ocorrer de maneira automatizada, por um algoritmo que avalia o perfil e toma a decisão, ou de maneira manual/humana, ou seja, a decisão é tomada por meio da avaliação humana.

No entanto, ainda assim, é necessário estabelecer a diferença entre a tomada de decisões automatizadas e a criação de perfis: a primeira situação consiste na "capacidade de tomar decisões empregando meios tecnológicos sem o envolvimento humano"[4]. Nesse sentido, segundo a doutrina italiana, embora possa haver relação entre essas duas atividades, é possível a realização de decisões automatizadas sem a realização dos perfis[5]. No âmbito da União Europeia, o Grupo de Trabalho do Artigo 29 para a Proteção de Dados define que a criação de perfis possui três elementos assim identificados: "tem de ser uma forma de tratamento automatizada; tem de ser efetuada sobre dados pessoais; e o seu objetivo deve ser avaliar os aspetos pessoais de uma pessoa singular"[6]. Nesse sentido, busca-se, por meio de técnicas estatísticas, obter certas previsões ou preferências das pessoas, com a avaliação de características e padrões de comportamento[7]. Conforme o mesmo Grupo de Trabalho, "O recurso ao termo 'avaliar' sugere que a definição de perfis envolve algum tipo de

---

de Cerqueira (Coord.). *Inteligência Artificial aplicada ao processo de tomada de decisões*. Belo Horizonte: D'Plácido, 2020.

3. Lembrando da disposição do art. 12, § 2º, da LGPD, quando define que os perfis comportamentais são considerados dados pessoais.

4. BERNARDI, Nicola. *Privacy*: Protezione e trattamento dei dati. Milão: Wolters Kluwer, 2019, p. 251.

5. BERNARDI, Nicola. *Privacy*: Protezione e trattamento dei dati. Milão: Wolters Kluwer, 2019, p. 251. No mesmo sentido GRUPO DE TRABALHO DO ARTIGO 29º PARA A PROTEÇÃO DE DADOS. Orientações sobre as decisões individuais automatizadas e a definição de perfis para efeitos do Regulamento (UE) 2016/679. 6 fev. 2018. Disponível em: https://ec.europa.eu/newsroom/article29/item-detail.cfm?item_id=612053. Acesso em: 18 fev. 2025, p. 8: "As decisões automatizadas podem ser realizadas com ou sem definição de perfis; a definição de perfis pode ocorrer sem serem realizadas decisões automatizadas. Contudo, a definição de perfis e as decisões automatizadas não constituem necessariamente atividades levadas a cabo separadamente. Um procedimento iniciado como um simples processo de decisão automatizada poderia tornar-se um procedimento assente numa definição de perfis, dependendo da forma como os dados seriam utilizados".

6. GRUPO DE TRABALHO DO ARTIGO 29º PARA A PROTEÇÃO DE DADOS. Orientações sobre as decisões individuais automatizadas e a definição de perfis para efeitos do Regulamento (UE) 2016/679. 6 fev. 2018. Disponível em: https://ec.europa.eu/newsroom/article29/item-detail.cfm?item_id=612053. Acesso em: 18 fev. 2025, p. 7.

7. GRUPO DE TRABALHO DO ARTIGO 29º PARA A PROTEÇÃO DE DADOS. Orientações sobre as decisões individuais automatizadas e a definição de perfis para efeitos do Regulamento (UE) 2016/679. 6 fev. 2018.

apreciação ou juízo sobre uma pessoa"[8]. A LGPD, por sua vez, estabelece critérios de tratamentos relacionados aos interesses de maneira geral. A indicação do art. 20 de decisões relacionadas ao "seu perfil pessoal, profissional, de consumo e de crédito ou os aspectos de sua personalidade" deve ser vista de maneira exemplificativa, e não como um rol fechado. A mera leitura do dispositivo leva a esta conclusão, o que significa que eventuais perfis que afetem outros aspectos da pessoa humana, ainda assim, estarão cobertos pelas disposições do art. 20.

Como todas as atividades de tratamento, a criação de perfis e o tratamento automatizado de dados pessoais devem observar os princípios de proteção de dados. Embora todos sejam aplicáveis, a tríade finalidade, adequação e necessidade é especialmente importante aqui. O encadeamento desses princípios pode limitar eventuais situações de criação de perfis caso elas tratem dados em excesso ou violem finalidades previamente estabelecidas. Igualmente, o princípio da qualidade deve ser observado, sob pena de criação de perfis em desacordo com as características da pessoa, podendo, com isso, provocar danos à pessoa em causa[9]. Note-se aí a franca relação com o direito de acesso aos dados e de correção, direitos esses que podem prevenir o uso de dados em situações de criação de perfis. Justamente essas correlações podem ser buscadas por meio da realização de um relatório de impacto à proteção de dados pessoais, atividade recomendada nas situações de tratamento automatizado e criação de perfis. É por meio dessa atividade que se consegue identificar os riscos relacionados a tais atividades, permitindo que o controlador possa tomar decisões de diminuir a extensão da coleta e tratamento de dados, realizar avisos e alertas sobre os riscos dessas atividades para o tratamento e, se for o caso, até deixar de realizar essas atividades se constatar que os direitos dos titulares são ameaçados de maneira desproporcionada. Embora a LGPD não indique a obrigatoriedade da realização do relatório de impacto nestes casos, o GDPR ordena sua realização precisamente nos casos de tratamento automatizado e definição de perfis, conforme o n. 3 do seu artigo 35. E é por meio da análise desse artigo que o Grupo de Trabalho do Artigo 29 estabelece que:

Disponível em: https://ec.europa.eu/newsroom/article29/item-detail.cfm?item_id=612053. Acesso em: 18 fev. 2025, p. 8.

8. GRUPO DE TRABALHO DO ARTIGO 29º PARA A PROTEÇÃO DE DADOS. Orientações sobre as decisões individuais automatizadas e a definição de perfis para efeitos do Regulamento (UE) 2016/679. 6 fev. 2018. Disponível em: https://ec.europa.eu/newsroom/article29/item-detail.cfm?item_id=612053. Acesso em: 18 fev. 2025, p. 7.

9. Cf. o GRUPO DE TRABALHO DO ARTIGO 29º PARA A PROTEÇÃO DE DADOS. *Orientações sobre as decisões individuais automatizadas e a definição de perfis para efeitos do Regulamento (UE) 2016/679.* 6 fev. 2018. Disponível em: https://ec.europa.eu/newsroom/article29/item-detail.cfm?item_id=612053. Acesso em: 18 fev. 2025, p. 13: "Se os dados utilizados num processo de decisão automatizada ou de definição de perfis forem inexatos, qualquer decisão ou perfil daí resultante será impreciso. Poderão ser tomadas decisões com base em dados desatualizados ou numa interpretação incorreta de dados externos. As inexatidões poderão dar origem a previsões ou declarações inadequadas sobre, por exemplo, o estado de saúde ou o risco de crédito ou de seguro de uma pessoa".

Se o responsável pelo tratamento equacionar um "modelo" em que tome decisões exclusivamente automatizadas com um grande impacto nas pessoas com base na definição de perfis sobre as mesmas e não puder alicerçar-se no consentimento da pessoa em causa, num contrato com essa pessoa ou numa lei que autorize a definição do perfil, não deverá prosseguir essa iniciativa[10].

Diante do analisado até aqui, é possível sustentar a total adoção desta indicação do referido Grupo também para a LGPD.

As disposições do art. 20 ainda encontram paralelo com o art. 22 do GDPR, quando este define as questões relacionadas às "Decisões individuais automatizadas, incluindo definição de perfis". Porém, o GDPR estabelece o "direito de não ficar sujeito a nenhuma decisão tomada exclusivamente com base no tratamento automatizado, incluindo a definição de perfis [...]"[11], previsão existente desde a Convenção 108 do Conselho da Europa[12] e também no *The Fair Information Principles*, da FTC (FIPPs)[13]. Como se vê, trata-se de disposições um tanto quanto distintas, o que faz com que o GDPR seja mais rigoroso no âmbito das decisões automatizadas. No caso brasileiro há o direito do titular de solicitar a revisão das decisões automatizadas, sem que se proíba sua realização. A redação original do art. 20 previa a revisão da decisão por pessoa natural, disposição que foi retirada pelas alterações trazidas pela Lei 13.853/2018. No GDPR, art. 22, n. 4, há a referência de que tem o titular o direito de "pelo menos, obter intervenção humana por parte do responsável, manifestar o seu ponto de vista e contestar a decisão".

Embora a alteração seja pequena, entende-se que a retirada da revisão por pessoa natural fulminou a eficácia do referido artigo. O que se fará agora se não há a possibilidade de revisão por uma pessoa natural? Imagine-se um caso em que um sujeito teve seu crédito negado por uma instituição financeira, em face de uma situação em que houve uma decisão automatizada pelos sistemas de concessão de crédito da referida instituição. Diante da negativa, o titular dos dados exerce o seu direito de revisão da decisão. Como a alteração legislativa retirou a revisão por pessoa natural, agora, o responsável pelo tratamento poderá rodar novamente seu sistema

---

10. GRUPO DE TRABALHO DO ARTIGO 29º PARA A PROTEÇÃO DE DADOS. *Orientações sobre as decisões individuais automatizadas e a definição de perfis para efeitos do Regulamento (UE) 2016/679*. 6 fev. 2018. Disponível em: https://ec.europa.eu/newsroom/article29/item-detail.cfm?item_id=612053. Acesso em: 18 fev. 2025, p. 33.

11. Além de estabelecer critérios objetivos que indicam quando o tratamento automatizado poderá ser realizado.

12. "Art. 9º: Every individual shall have a right: a) not to be subject to a decision significantly affecting him or her based solely on an automated processing of data without having his or her views taken into consideration."

13. "Art. 7º: The Individual Participation Principle. An individual should have the right: a) to obtain from a data controller, or otherwise, confirmation of whether or not the data controller has data relating to him; b) to have data relating to him communicated to him, within a reasonable time, at a charge, if any, that is not excessive; in a reasonable manner, and in a form that is readily intelligible to him; c) to be given reasons if a request made under subparagraphs (a) and (b) is denied and to be able to challenge such denial; and d) to challenge data relating to him and, if the challenge is successful, to have the data erased, rectified, completed or amended."

com os mesmos dados antes obtidos e, caso nada se altere, o resultado será o mesmo. É justamente por conta dessa situação que seria crucial a revisão por pessoa natural, o que poderia envolver os próprios profissionais desenvolvedores dos algoritmos utilizados, no sentido de conferir se a decisão tomada condiz com o funcionamento do algoritmo. Sem a atuação de um profissional técnico apto a conseguir avaliar a sanidade e assertividade da decisão, a eficácia do dispositivo, como se disse, fica bastante reduzida.

Qual a solução para este problema? Seria lógico permitir a existência de um artigo que, ao prever um direito do titular, impede tecnicamente que o titular o exerça? Dito de outra forma, fazendo uma interpretação sistemática do art. 20, considerando, além dos fundamentos e princípios, os próprios arts. 17 e 18, teria alguma utilidade para o titular um pedido de revisão sem que se realize a confirmação técnica da exatidão do resultado? A resposta é negativa, o que significa dizer que, mesmo com a retirada da revisão da decisão por pessoa natural do art. 20, deve-se entender que continua sendo necessária a sua realização, sob pena de inviabilizar o exercício deste direito pelos titulares e deixar o art. 20 sem qualquer efeito. A leitura do §1º do art. 20 leva a esta mesma opinião. Se o titular solicitar informações sobre os critérios adotados para a tomada de decisão, com base até no princípio da transparência, o agente de tratamento deverá fornecer essas informações, além de uma explicação clara e compreensível para o titular de como se chegou àquela decisão por ele contestada. Isso significa que o responsável pelo tratamento, ao fornecer as "informações claras e adequadas a respeito dos critérios e dos procedimentos utilizados", deverá explicá-las para o titular e, ao mesmo tempo, deverá comprovar que a decisão por ele tomada cumpriu com tais requisitos. Ora, tal determinação leva à constatação de que há a necessidade da participação de pessoa natural neste processo, até para explicar e contextualizar para o titular dos dados a forma com que aquela decisão foi tomada. Ao mesmo tempo, essa explicação "adequada" passa por comprovar para o titular que a decisão foi acertada, o que significa que, se ele não conseguir fazer essa comprovação, deve-se entender que a decisão automatizada não foi acertada. Nessa linha de raciocínio, o que se vê é que ainda há a necessidade da participação de pessoa natural para fazer essas articulações e verificações[14].

Contudo, caso se considere que não há a necessidade de participação de pessoa humana nessa verificação, criar-se-á um incentivo para a judicialização ou submissão do caso à ANPD. O titular solicita a revisão, o controlador realiza novamente o mesmo procedimento obtendo o mesmo resultado e o titular não tem seu direito atendido. Neste caso, na recalcitrância do controlador em realizar a revisão por pessoa natural, o titular recorrerá ao Judiciário (ou à ANPD) para fazer valer o seu

---

14. Em sentido semelhante, afirmando, contudo, que seria ainda recomendável, ver SOUZA, Carlos Affonso; PERRONE, Christian; MAGRANI, Eduardo. O direito à explicação entre a experiência europeia e a sua positivação na LGPD. In: MENDES, Laura Schertel; DONEDA, Danilo; SARLET, Ingo Wolfgang; RODRIGUES JR, Otavio Luiz; BIONI, Bruno (Coord.). *Tratado de Proteção de Dados Pessoais*. Rio de Janeiro: Forense, 2021, p. 267.

direito. Tudo isso pode ser evitado, economizando recursos e tempo para todos os envolvidos, se se realizar a análise da revisão por pessoa natural.

Além do mais, o direito a explicação aqui adquire importância, sobretudo, na aplicação do princípio da não discriminação. O titular a exigir as "informações claras e adequadas a respeito dos critérios e procedimentos", conforme o §1º do art. 20, pode desejar verificar se não está sendo ilicitamente discriminado. Com isso, é crucial que o controlador seja transparente, não escondendo detalhes sobre tais tratamentos, sob pena de não atender adequadamente ao pedido do titular.

O § 2º do art. 20 visa dar um grau de proteção aos segredos comerciais e industriais dos agentes de tratamento. A ideia é que a ANPD realize auditorias, mantendo em sigilo as análises dos algoritmos usados para a tomada de decisão. Com isso, os resultados de tais auditorias preservariam os códigos fontes e detalhes procedimentais eventualmente cobertos por tais sigilos. Merece destaque que os agentes de tratamento envolvidos em tais conflitos, por força do art. 20, podem se proteger contra a divulgação para os titulares dos elementos mais procedimentais de seus algoritmos[15]. Contudo, não podem fazê-lo, alegando esta proteção, contra a ANPD. Isso significa que é injustificável o não cumprimento de fornecimento de detalhes técnicos – inclusive o código fonte – de seus algoritmos para a autoridade nacional. É claro que a ANPD deverá tomar todos os cuidados para a proteção dos detalhes técnicos envolvidos na tomada de decisão, respondendo por meio de indenização no caso de vazamentos ou publicações indevidas. É de se registrar, contudo, que os segredos de negócios envolvidos nas análises atuais, sobretudo naquelas que se utilizam de técnicas de inteligência artificial, representam ativos comerciais de altíssimo valor. Não são, portanto, inverossímeis as preocupações das empresas em fornecer tais detalhes técnicos para os órgãos reguladores estatais, sobretudo se eles não possuírem meios técnicos suficientes para manter a segurança de tais informações. Há um grande custo para a construção de tais algoritmos e seu eventual vazamento poderia representar a perda de um diferencial competitivo pelas empresas[16]. Mas, ao mesmo tempo, não é possível defender, por sua vez, que o segredo de negócio seja utilizado para impedir que as pessoas consigam observar – e até se opor – aos critérios que estão sendo utilizados para a tomada de decisões que irão atingir suas

---

15. Cf. CUNTO, Raphael; GALIMBERTI, Larissa; LEONARDI, Marcel. Direitos dos titulares de dados pessoais. In: BRANCHER, Paulo Marcos Rodrigues; BEPPU, Ana Claudia (Coord.). *Proteção de Dados Pessoais no Brasil*: Uma nova visão a partir da Lei n. 13.709/2018. Belo Horizonte: Fórum, 2019, p. 99, seria possível omitir informações, por exemplo, relacionadas ao "peso individual de um determinado critério em comparação com outros critérios", informando apenas "quais categorias gerais de informações são levadas em consideração, de modo genérico, para a tomada de decisão". De toda a forma, tal determinação deve ser vista com cuidado, sendo provável que a ANPD precise estabelecer os limites de quais informações poderiam ser dadas ou omitidas nestes contextos.

16. Sobre a vantagem competitiva envolvendo algoritmos e big data, ver DONEDA, Danilo; ALMEIDA, Virgílio A. F. What is algorithm governance? *IEEE Internet Computing*, [S.l], p. 60-63, jul./ago. 2016, p. 61.

vidas. A recomendação dada pelo Supervisor Europeu de Proteção de Dados[17] é de que as informações sejam dadas de maneira proativa, sem que as pessoas tenham que investigar, no que também conhecemos aqui por "transparência ativa".

Tais questões devem ser reguladas pela ANPD, com o estabelecimento de limites e procedimentos técnicos atinentes à atividade. O certo é que há um balanceamento entre o direito dos titulares e da própria autoridade nacional em conhecer eventuais práticas discriminatórias e o direito dos agentes de tratamento de protegerem seus ativos mais valiosos e importantes, o que deve ser cuidadosamente verificado pela ANPD[18].

---

17. EUROPEAN DATA PROTECTION SUPERVISOR. Opinion 7/2015. Meeting the challenges of big data: A call for transparency, user control, data protection by design and accountability. 19 nov. 2015. Disponível em: https://edps.europa.eu/sites/edp/files/publication/15-11-19_big_data_en.pdf. Acesso em: 18 fev. 2025, p. 10.

18. Cf. EUROPEAN DATA PROTECTION SUPERVISOR. Opinion 7/2015. Meeting the challenges of big data: A call for transparency, user control, data protection by design and accountability. 19 nov. 2015. Disponível em: https://edps.europa.eu/sites/edp/files/publication/15-11-19_big_data_en.pdf. Acesso em: 18 fev. 2025, p. 10: "Protecting business confidentiality or trade secrets cannot generally overrule the fundamental rights of individuals to privacy and data protection. Instead, reconciling the two requires a careful balancing. Neither is the decision about disclosure a binary one. Rather, the assessment needs to consider which information can be disclosed and also disclosure and assessment procedures. For example, in some cases trusted third parties as assessors can be used instead of disclosing all details to the individual or the public".

Guilherme Damasio Goulart

Art. 21. Os dados pessoais referentes ao exercício regular de direitos pelo titular não podem ser utilizados em seu prejuízo.

A NÃO UTILIZAÇÃO DE DADOS PELO CONTROLADOR DE FORMA A CAUSAR PREJUÍZO AO TITULAR

O artigo 21 traz disposição relacionada com o uso de dados pessoais contra os interesses do próprio titular. Trata-se de um meio de proteção do titular dos dados em face dos agentes de tratamento eventualmente envolvidos na questão controversa. A dinâmica das relações ou situações de tratamento de dados cria situação peculiar: como são os agentes de tratamento que tratam os dados, é bastante comum que o titular precise exercer os direitos de confirmação ou acesso aos seus dados pessoais em face do controlador para poder reunir as evidências que eventualmente possam embasar uma ação judicial futura. Mesmo diante da possibilidade de inversão do ônus probatório[1], o titular pode precisar de informações básicas para embasar uma ação judicial. Neste cenário, caso os dados obtidos pelo titular possam comprometer a fundamentação de seus direitos ou, até mesmo, implicar alguma confissão no processo[2], tais dados não poderão ser utilizados pelo controlador contra o titular. A lei, assim, protege o titular por meio do impedimento do uso de suas informações pelo controlador para prejudicá-lo. Um exemplo dado por Laura Schertel Mendes e Bruno Bioni seria "o caso em que o exercício do direito de acesso pelo titular ao seu histórico de crédito é utilizado em seu prejuízo, reduzindo, por exemplo, o seu *credit score*"[3].

A redação do artigo 21 da LGPD consolida importante salvaguarda dos direitos do titular, ao vedar que o exercício regular de prerrogativas legais, como o direito de acesso, de retificação ou de portabilidade, seja posteriormente manipulado de forma a prejudicar quem o exerce. Essa norma estabelece um limite material ao uso dos dados, vinculando a sua finalidade não apenas aos princípios da boa-fé,

---

1. Que pode ser alegado com fundamento tanto no CDC quanto na LGPD, art. 42, § 2º.

2. BERNARDI, Nicola. *Privacy*: Protezione e trattamento dei dati. Milão: Wolters Kluwer, 2019, p. 229: "L'obbligo di fornire copia dei dati personali non può significare obbligo di confessione stragiudiziale di fatti contra se, utilizzabili in giudizio dal proprio avversario".

3. MENDES, Laura Schertel; BIONI, Bruno Ricardo. O Regulamento Europeu de Proteção de Dados Pessoais e a Lei Geral de Proteção de Dados brasileira: Mapeando convergências na direção de um nível de equivalência. *Revista de Direito do Consumidor*, São Paulo, v. 124, jul./ago. 2019, Versão Revista dos Tribunais On-Line, p. 7.

ART. 21 COMENTÁRIOS À LEI GERAL DE PROTEÇÃO DE DADOS PESSOAIS (LEI 13.709/2018)

da transparência e da finalidade (art. 6º), mas também à vedação de retaliação ou de utilização punitiva contra o titular. Em termos práticos, a disposição reforça o caráter assimétrico da relação entre o titular e o controlador, na medida em que o titular se encontra, frequentemente, em posição de vulnerabilidade informacional frente à organização que detém seus dados.

Nesse sentido, o artigo 21 ganha especial relevo no âmbito das relações de consumo, de trabalho e mesmo em contextos administrativos e governamentais. Imagine-se, por exemplo, um empregado que solicita acesso ao conteúdo de seu prontuário funcional ou à troca de mensagens internas que o envolvam, com vistas a reunir provas para um futuro pedido de equiparação salarial. Caso a empresa venha a utilizar essa iniciativa como justificativa para aplicar-lhe uma sanção disciplinar, realizar uma dispensa ou negativar sua reputação, haverá evidente violação à norma do art. 21. O mesmo raciocínio se aplica a consumidores que solicitam acesso ao seu histórico de compras ou interações com o Serviço de Atendimento ao Consumidor (SAC) com intuito de buscar reparação por vício do produto, sem que tal exercício sirva de base, por exemplo, para classificações internas negativas ou bloqueio de serviços.

Além disso, o comando normativo do art. 21 opera como barreira à formação de perfis ou inferências que resultem na exclusão de oportunidades ou no reforço de assimetrias estruturais, com base em dados extraídos de interações legítimas do titular com o controlador. Esse cuidado se revela particularmente necessário em sistemas automatizados, como os utilizados para avaliação de risco de crédito, concessão de empréstimos, programas de fidelidade ou segmentação de público. Quando o titular exerce seu direito de acesso ou correção e essa movimentação resulta, mesmo que indiretamente, em prejuízo a ele, como o rebaixamento de seu *score* ou a exclusão de benefícios, temos uma distorção do próprio fundamento da LGPD, que é assegurar o livre desenvolvimento da personalidade e a autodeterminação informativa.

Por fim, o artigo 21 também deve ser interpretado em consonância com o princípio da não discriminação (art. 6º, IX), ampliando sua eficácia protetiva. O uso retaliatório de dados obtidos em razão do exercício de um direito essencial cria um efeito inibitório grave, pois desestimula os titulares a recorrerem aos mecanismos que a própria LGPD lhes garante. Isso compromete a efetividade do sistema de proteção de dados como um todo. Portanto, a vedação prevista no art. 21 não é apenas uma regra de conduta, mas um mecanismo estruturante de confiança, que fortalece a relação entre titulares e agentes de tratamento, e assegura que o exercício de direitos fundamentais não possa ser transmutado, perversamente, em instrumento de vulnerabilização do próprio titular.

Guilherme Damasio Goulart

Art. 22. A defesa dos interesses e dos direitos dos titulares de dados poderá ser exercida em juízo, individual ou coletivamente, na forma do disposto na legislação pertinente, acerca dos instrumentos de tutela individual e coletiva.

TUTELA INDIVIDUAL E COLETIVA NA PROTEÇÃO DE DADOS

A possibilidade da tutela dos direitos do titular em juízo, é necessário destacar, ocorre de maneira concorrente, envolvendo tanto a tutela individual quanto a coletiva. O Brasil possui tradição jurídica na tutela coletiva de direitos, por meio da Lei da Ação Civil Pública (Lei 7.347/1985) e também pelo Código de Defesa do Consumidor (Lei 8.078/1990). Nesse sentido, de acordo com a opinião de Zanatta e Souza, a LGPD "também passa a compor a disciplina comum das ações coletivas"[1]. Os mesmos autores ainda destacam a relação[2], dentro da LGPD, com o art. 42, §3°, quando se define que "as ações de reparação por danos coletivos que tenham por objeto a responsabilização nos termos do *caput* deste artigo podem ser exercidas coletivamente em juízo, observado o disposto na legislação pertinente". É precisamente na Lei da Ação Civil Pública, em seu art. 5°, §6°, que são estabelecidos os chamados termos ou compromissos de ajustamento de conduta que podem (e devem) ser plenamente aplicáveis às situações de violações da LGPD.

Note-se que essa possibilidade de tutela coletiva permite proteger não somente os interesses individuais (por meio da tutela individual), mas também os interesses dos grupos[3]. Sabe-se que, no âmbito da privacidade, observando-se a sua diferen-

---

1. ZANATTA, Rafael A. F.; SOUZA, Michel R. O. A tutela coletiva em proteção de dados pessoais: tendências e desafios. In: DE LUCCA, Newton; SIMÃO FILHO, Adalberto; LIMA, Cíntia Rosa Pereira de; MACIEL, Renata Mota (Coord.). *Direito & Internet IV*: sistema de proteção de dados pessoais. São Paulo: Quartier Latin, 2019, p. 382.

2. ZANATTA, Rafael A. F.; SOUZA, Michel R. O. A tutela coletiva em proteção de dados pessoais: tendências e desafios. In: DE LUCCA, Newton; SIMÃO FILHO, Adalberto; LIMA, Cíntia Rosa Pereira de; MACIEL, Renata Mota (Coord.). *Direito & Internet IV*: sistema de proteção de dados pessoais. São Paulo: Quartier Latin, 2019, p. 383.

3. O que seria um grande desafio, na lição de ZANATTA, Rafael A. F.; SOUZA, Michel R. O. A tutela coletiva em proteção de dados pessoais: tendências e desafios. In: DE LUCCA, Newton; SIMÃO FILHO, Adalberto; LIMA, Cíntia Rosa Pereira de; MACIEL, Renata Mota (Coord.). *Direito & Internet IV*: sistema de proteção de dados pessoais. São Paulo: Quartier Latin, 2019, p. 413: "Um dos maiores desafios para a comunidade jurídica brasileira será a aproximação das teorias filosóficas que preconizam as limitações de abordagens individuais para a proteção de dados pessoais, de um lado, com a doutrina especializada em tutela coletiva e acesso à justiça, de outro".

ciação com a proteção de dados, entende-se que ela pode ser reivindicada também por grupos, e não só por indivíduos[4]. Nesse sentido, Marcel Leonardi defende que a privacidade não é apenas aquilo que o indivíduo deseja proteger, mas também "engloba, preponderantemente, aquilo que a sociedade considera apropriado proteger"[5], o que reforça ainda mais a necessidade de uma tutela coletiva de direitos. Em outros casos, certas práticas podem promover uma afetação dos sujeitos não como indivíduos (somente), mas como pertencente a certos grupos[6].

O certo é que se percebe certa vocação da tutela coletiva para as situações relacionadas ao tratamento de dados. De maneira geral, esse meio de proteção de direitos é mais eficiente para fazer com que as empresas modifiquem, de fato, eventuais práticas ilícitas adotadas[7]. Como é bastante frequente que as atividades de tratamento de dados pessoais sejam realizadas em face de uma relação de consumo, atrai-se toda a disciplina consumerista de proteção de direitos ou interesses difusos[8], coletivos e homogêneos, conforme os arts. 81[9] e 91 a 100 do CDC. E no Direito do Consumidor não há dúvidas sobre a eficiência da tutela coletiva para a proteção dos direitos dos consumidores, circunstância que certamente também será aplicável nas demandas envolvendo violações à LGPD. Veja-se, por exemplo, a afirmação de Fábio Torres de Souza, quando diz que: "as ações coletivas podem elidir pequenas e reiteradas

---

4. WESTIN, Alan. *Privacy and freedom*. New York: IG, 2015, p. 5.

5. LEONARDI, Marcel. *Tutela e Privacidade na Internet*. São Paulo: Saraiva, 2011, p. 75.

6. FLORIDI, Luciano. Group Privacy: A defence and an Interpretation. In: TAYLOR, Linnet; FLORIDI, Luciano; SLOOT, Bart van der. *Group Privacy*: New Challenges of Data Technologies. Cham: Springer, 2017, p. 97: "Think of the owners of such and such kind of car, shoppers of such and such kinds of goods, people who like this type of music, or people who go to that sort of restaurant, cat owners, dog owners, people who live in a specific postal code, carriers of a specific gene, people affected by a particular disease, team fans ... Especially big data is more likely to treat types (of customers, users, citizens, demographic population, etc.) rather than tokens (you, Alice, me...), and hence groups rather than individuals". Mais adiante o autor destaca a importância das "*class actions*" americanas para a tutela de direitos desses grupos.

7. LEONARDI, Marcel. *Tutela e Privacidade na Internet*. São Paulo: Saraiva, 2011, p. 232.

8. cf. BESSA, Leonardo Roscoe; NUNES, Ana Luisa Tarter. Instrumentos processuais de tutela individual e coletiva: análise do art. 22 da LGPD. In: MENDES, Laura Schertel; DONEDA, Danilo; SARLET, Ingo Wolfgang; RODRIGUES JR., Otavio Luiz; BIONI, Bruno (Coord.). *Tratado de proteção de dados pessoais*. Rio de Janeiro: Forense, 2021, p. 676: "São inúmeros os exemplos de tutela judicial de interesses difusos na área de proteção de dados pessoais. As condutas das empresas e de órgãos públicos que se traduzem em tratamento irregular de dados pessoais geram, em regra, efeitos contínuos, afetam direitos subjetivos dos titulares dos dados".

9. "Art. 81 do CDC: A defesa dos interesses e direitos dos consumidores e das vítimas poderá ser exercida em juízo individualmente, ou a título coletivo. Parágrafo único. A defesa coletiva será exercida quando se tratar de:
   I – interesses ou direitos difusos, assim entendidos, para efeitos deste código, os transindividuais, de natureza indivisível, de que sejam titulares pessoas indeterminadas e ligadas por circunstâncias de fato;
   II – interesses ou direitos coletivos, assim entendidos, para efeitos deste código, os transindividuais, de natureza indivisível de que seja titular grupo, categoria ou classe de pessoas ligadas entre si ou com a parte contrária por uma relação jurídica base;
   III – interesses ou direitos individuais homogêneos, assim entendidos os decorrentes de origem comum."

condutas, que individualmente não justificariam o ingresso em juízo, mas que geram um dano coletivo de expressivo valor econômico e elevado custo social"[10]. Note-se que esta indicação é adequada àquelas situações em que os agentes de tratamento provocam, por sua atuação, pequenos danos aos titulares, estes quando vistos de maneira isolada, mas que podem adquirir grande monta quando somados. A tutela por meio da proteção de interesses individuais homogêneos, por sua vez, envolve aquelas situações em que "um único fato (origem comum) é gerador de diversas pretensões indenizatórias"[11].

É por isso que a tutela coletiva pode ser desejável para situações de intensas violações, grandes vazamentos ou a realização de práticas que violem os direitos de grandes grupos. Além do mais, situações de violações intensas e sistemáticas de grupos marginalizados, comumente discriminados ou até mesmo hipervulneráveis[12], podem também contar com essa tutela coletiva, sobretudo se se considerar que nestes casos as pessoas afetadas podem sequer ter consciência dos efeitos negativos das práticas ilícitas. Nesse contexto é que a tutela coletiva se relaciona fortemente com o princípio da não discriminação da LGPD. É assim que a tutela coletiva pode ajudar, inclusive, nessas situações de "novos danos", quais sejam, aquelas relacionadas com as novas tecnologias e os tratamentos de dados pessoais. Anderson Schreiber, ao falar sobre os danos coletivos e sua tutela, indica que "também asseguram a plena compreensão da demanda e uma decisão coerente (porque unitária) para todas as vítimas, poupando esforços e custos desnecessários às partes e ao poder público"[13].

No entanto, essa circunstância não é livre de problemas. Não se nega nem se desconhece a utilidade da tutela coletiva. Isso é evidente. Ao mesmo tempo, é evi-

---

10. SOUSA, Fábio Torres. O poder judiciário e os 25 anos do CDC: Construção da efetividade da lei e novas perspectivas. In: MIRAGEM, Bruno; MARQUES, Cláudia Lima; OLIVEIRA, Amanda Flávio (Coord.). *25 Anos do Código de Defesa do Consumidor*: Trajetórias e perspectivas. São Paulo: Revista dos Tribunais, 2016, p. 725.

11. BESSA, Leonardo Roscoe; NUNES, Ana Luisa Tarter. Instrumentos processuais de tutela individual e coletiva: análise do art. 22 da LGPD. In: MENDES, Laura Schertel; DONEDA, Danilo; SARLET, Ingo Wolfgang; RODRIGUES JR., Otavio Luiz; BIONI, Bruno (Coord.). *Tratado de proteção de dados pessoais*. Rio de Janeiro: Forense, 2021, p. 678. Os autores ainda afirmam que "Uma única ação coletiva pode tutelar as três diferentes espécies de direitos metaindividuais. É possível - muitas vezes recomendável - que haja cumulações de pedidos".

12. Lembrando que no âmbito do direito do consumidor, a vulnerabilidade do consumidor é um dos pressupostos da relação de consumo. Contudo, defende-se que certos grupos, em face de suas características - como os idosos, crianças, doentes e analfabetos - possuem vulnerabilidade agravada, ou hipervulnerabilidade. No âmbito das situações jurídicas de tratamento de dados pessoais, defende-se que se agrava ainda mais a vulnerabilidade de tais sujeitos, conforme se defendeu em COLOMBO, Cristiano; GOULART, Guilherme Damásio. Hipervulnerabilidade do consumidor no ciberespaço e o tratamento dos dados pessoais à luz da lei geral de proteção de dados. In: *Congreso Iberoamericano de Investigadores y Docentes de Derecho e Informatica*, Montevidéu, 2019. Disponível em: https://www.academia.edu/39347952/HIPERVULNERABILIDADE_DO_CONSUMIDOR_NO_CIBERESPA%C3%87O Acesso em: 18 fev. 2025.

13. SCHREIBER, Anderson. *Novos paradigmas da responsabilidade civil*: Da erosão dos filtros da reparação à diluição dos danos. 5. ed. São Paulo: Atlas 2013, p. 88.

dente que se aplica ao caso o princípio da inafastabilidade do controle jurisdicional, insculpido no art. 5º, inc. XXXV, da Constituição Federal, o que faz com que talvez até fosse desnecessária a presença do art. 22 da LGPD. Contudo, não se pode ignorar uma concorrência de atuações nessas situações: corre-se o risco de, ao mesmo tempo, a ANPD, o Ministério Público e o próprio titular estarem atuando concomitantemente sobre os mesmos incidentes, em esferas administrativas e judiciais ao mesmo tempo. Se se corre o risco de decisões ou atuações conflitantes entre si - o que já ocorre no âmbito do Direito do Consumidor -, a observância do art. 5º, inc. XXXV[14], permite uma proteção do titular de dados em uma eventual situação futura de inércia da ANPD no exercício de suas atribuições. Essa preocupação é presente neste momento visto que não se sabe ao certo como a autoridade de proteção de dados irá atuar no âmbito do contencioso administrativo.

Não se perca de vista, por fim, que o próprio CPC possui mecanismos para lidar com eventuais demandas repetitivas individuais que poderiam ser abordadas por meio da tutela coletiva, conforme o seu art. 139, inc. X[15]. Além do mais, ainda acerca dos próprios aspectos processuais, a própria LGPD, no §2º do art. 42, ainda prevê a inversão do ônus da prova, à semelhança do que ocorre no CDC. Tal inversão é possível de ser realizada tanto nos processos individuais quanto coletivos[16]. Mesmo assim, em relação à prova, ainda há outras disposições importantes na lei, como a necessidade de comprovar que o consentimento foi fornecido, de acordo com o art. 8º, §2º, o que também constitui uma preocupação no âmbito das análises processuais.

---

14. WATANABE, Kazuo. *Da Cognição no Processo Civil*. 3. ed. São Paulo: Perfil, 2005, p. 29-30: "E tem-se entendido que o texto constitucional, em sua essência, assegura 'uma tutela qualificada contra qualquer forma de denegação da justiça', abrangente tanto das situações processuais como das substanciais".

15. De acordo com o alerta feito por SOUSA, Fábio Torres. O poder judiciário e os 25 anos do CDC: Construção da efetividade da lei e novas perspectivas. In: MIRAGEM, Bruno; MARQUES, Claudia Lima; OLIVEIRA, Amanda Flávio (Coord.). *25 Anos do Código de Defesa do Consumidor*: Trajetórias e perspectivas. São Paulo: Revista dos Tribunais, 2016, p. 725. O teor do referido artigo é. O juiz dirigirá o processo conforme as disposições deste Código, incumbindo-lhe: inc. X: quando se deparar com diversas demandas individuais repetitivas, oficiar o Ministério Público, a Defensoria Pública, na medida do possível, outros legitimados a que se referem o art. 5º da Lei nº 7.347, de 24 de julho de 1985, e o art. 82 da Lei nº 8.078, de 11 de setembro de 1990, para, se for o caso, promover a propositura da ação coletiva respectiva.

16. Cf. BESSA, Leonardo Roscoe; NUNES, Ana Luisa Tarter. Instrumentos processuais de tutela individual e coletiva: análise do art. 22 da LGPD. In: MENDES, Laura Schertel; DONEDA, Danilo; SARLET, Ingo Wolfgang; RODRIGUES JR., Otavio Luiz; BIONI, Bruno (Coord.). *Tratado de proteção de dados pessoais*. Rio de Janeiro: Forense, 2021, p. 667.

Têmis Limberger

CAPÍTULO IV
DO TRATAMENTO DE DADOS PESSOAIS PELO PODER PÚBLICO
Seção I – Das Regras

O capítulo IV visa estatuir as regras referentes ao tratamento de dados pessoais pelo poder público no ordenamento jurídico brasileiro.

Buscando-se a experiência no direito comparado, tem-se que, atualmente, não existe dispositivo específico no Regulamento Geral de Proteção de Dados Europeu 2016/679 a respeito do tratamento dos dados pelo poder público. Esse regulamento é abrangente, no tocante à proteção dos dados pessoais sem especificar o caráter público ou privado. Somente existem algumas expressões, que denotam referência ao poder público, como arquivos de interesse público, por exemplo.

A legislação europeia é fruto de uma evolução[1] que inicia na década de 1970, com lei específica no Land de Hesse, na Alemanha, destacando-se a legislação francesa que previu uma Comissão Nacional para Proteção de Dados (1978) e se torna mais abrangente como o Convênio 108 que teve o caráter de generalidade ao tratar dos princípios da proteção de dados pessoais, que foram incorporados às novas legislações. Em 2018, houve a edição do Convênio 108+, que atualizou as disposições anteriores e permitiu a adesão de outros países não comunitários[2].

Ilustrando-se com o histórico espanhol, a primeira referência normativa foi a Lei Orgânica – LO 5/92, relativa aos dados pessoais, que, em seu art. 18, tratava dos ficheiros públicos; posteriormente, houve a Diretiva Comunitária – DC 95/46, que não continha disposição específica a respeito da titularidade do poder público. O art. 7º da DC 95/46, "e", faz a menção ao interesse público ou inerente exercício do poder público e o "f", à satisfação de interesse legítimo. Algumas outras disposições são encontradas no art. 8.5, que versava sobre o tratamento relativo a infrações, condenações penais ou medidas de segurança. O art. 13 da DC 95/46 mencionava exceções à segurança do Estado, defesa, segurança pública, prevenção e investigação.

Na época, visando compatibilizar a legislação espanhola de proteção de dados à DC de 1995, houve a edição da LO 15/99, que, em seus arts. 20 a 24, manteve a distinção dos Arquivos de titularidade pública, dispondo a respeito da criação,

---

1. LIMBERGER, Têmis. *Direito à intimidade na era da informática: a necessidade de proteção dos dados pessoais*. Porto Alegre: Livraria do Advogado, 2007, p. 86-92.

2. Atualmente, Uruguai é um dos países signatários. Disponível em: https://blog.cuatrocasas.com/propriedad-intelectual/convenio-108-datos/. Acesso em: 18 fev. 2025.

modificação e supressão, comunicação de dados entre Administrações Públicas, Arquivos de Força e Corpos de segurança, restrições aos direitos de acesso, retificação e cancelamento e, ainda, outras exceções aos direitos dos afetados. Na sequência legislativa, havia os arts. 25 a 32, que se ocupavam dos Arquivos de titularidade privada. Tais dispositivos hoje não mais vigoram, eis que foi promulgada a LO 3/2018, que dispõe a respeito da proteção de dados pessoais e garantia dos direitos digitais.

O Regulamento Geral de Proteção de Dados Europeu - RGPD EU 2016/679 - revogou expressamente a DC 95/46 CE e manteve o tratamento dos dados pessoais de forma unívoca, sem distinguir arquivos de titularidade pública ou privada, apontando apenas topicamente no tocante ao interesse público, como se extrai dos arts. 6°.1[3], "e", e 6°.3., "b"[4], por exemplo.

O RGPD inspira a elaboração da LGPD, porém chega ao Brasil sem que se tenha uma cultura de proteção de dados pessoais que foi construída na Europa ao longo de cinco décadas.

No Brasil, o direito fundamental à proteção de dados pessoais[5] ganhou assento constitucional (art. 5°, LXXIX), com a EC 115/22, além de fixar a competência privativa da União para legislar sobre o tema (art. 22, XXX), da CF. Na esteira do art.8°, da Carta dos Direitos Fundamentais da União Europeia[6], que prevê o direito fundamental à proteção de dados pessoais. Devido à relevância do tratamento de dados pelo poder público, a ANPD publicou guia orientativo[7].Neste contexto, veja-se a disciplina do art. 23 da LGPD.

---

3. Art. 6°.1 – O tratamento só é lícito se e na medida em que se verifique pelo menos uma das seguintes situações: (...) e) O tratamento for necessário ao exercício de funções de interesse público ou ao exercício da autoridade pública de que está investido o responsável pelo tratamento;

4. Art. 6°.3 – O fundamento jurídico para o tratamento referido no n. 1, alíneas c) e e), é definido: (...) b) Pelo direito do Estado-Membro ao qual o responsável pelo tratamento está sujeito. A finalidade do tratamento é determinada com esse fundamento jurídico ou, no que respeita ao tratamento referido no n. 1, alínea e), deve ser necessária ao exercício de funções de interesse público ou ao exercício da autoridade pública de que está investido o responsável pelo tratamento. Esse fundamento jurídico pode prever disposições específicas para adaptar a aplicação das regras do presente regulamento, nomeadamente: as condições gerais de licitude do tratamento pelo responsável pelo seu tratamento; os tipos de dados objeto de tratamento; os titulares dos dados em questão; as entidades a que os dados pessoais poderão ser comunicados e para que efeitos; os limites a que as finalidades do tratamento devem obedecer; os prazos de conservação; e as operações e procedimentos de tratamento, incluindo as medidas destinadas a garantir a legalidade e lealdade do tratamento, como as medidas relativas a outras situações específicas de tratamento em conformidade com o capítulo IX. O direito da União ou do Estado-Membro deve responder a um objetivo de interesse público e ser proporcional ao objetivo legítimo prosseguido.

5. SARLET, Ingo Wolfgang. Fundamentos Constitucionais: o direito fundamental à proteção de dados In: MENDES, Laura Schertel; DONEDA, Danilo; SARLET, Ingo Wolfgang; RODRIGUES JR, Otavio Luiz; BIONI, Bruno (Coord.). *Tratado de proteção de dados pessoais*. 2. reimpr. Rio de Janeiro: Forense, 2021. p. 21-60.

6. Carta dos Direitos Fundamentais da União Europeia, de 18.12.2000. O artigo 7°, deste estatuto, prevê o direito à privacidade e o art. 8° a proteção dos dados pessoais, conferindo a autonomia do referido direito.

7. A ANPD publicou Guia Orientativo sobre o Tratamento de Dados Pessoais pelo Poder Público (em 2 fev. 2022). Consultar: BRASIL. Autoridade Nacional de Proteção de Dados. *Guia orientativo. Tratamento de*

Art. 23. O tratamento de dados pessoais pelas pessoas jurídicas de direito público referidas no parágrafo único do art. 1º da Lei 12.527, de 18 de novembro de 2011 (Lei de Acesso à Informação), deverá ser realizado para o atendimento de sua finalidade pública, na persecução do interesse público, com o objetivo de executar as competências legais ou cumprir as atribuições legais do serviço público, desde que:

I – sejam informadas as hipóteses em que, no exercício de suas competências, realizam o tratamento de dados pessoais, fornecendo informações claras e atualizadas sobre a previsão legal, a finalidade, os procedimentos e as práticas utilizadas para a execução dessas atividades, em veículos de fácil acesso, preferencialmente em seus sítios eletrônicos;

II – (Vetado); e

III – seja indicado um encarregado quando realizarem operações de tratamento de dados pessoais, nos termos do art. 39 desta Lei.

III – seja indicado um encarregado quando realizarem operações de tratamento de dados pessoais, nos termos do art. 39 desta Lei; e (Redação dada pela Lei 13.853, de 2019)

IV – (Vetado). (Incluído pela Lei 13.853, de 2019)

§ 1º A autoridade nacional poderá dispor sobre as formas de publicidade das operações de tratamento.

§ 2º O disposto nesta Lei não dispensa as pessoas jurídicas mencionadas no "caput" deste artigo de instituir as autoridades de que trata a Lei 12.527, de 18 de novembro de 2011 (Lei de Acesso à Informação).

§ 3º Os prazos e procedimentos para exercício dos direitos do titular perante o Poder Público observarão o disposto em legislação específica, em especial as disposições constantes da Lei 9.507, de 12 de novembro de 1997 (Lei do Habeas Data), da Lei 9.784, de 29 de janeiro de 1999 (Lei Geral do Processo Administrativo), e da Lei 12.527, de 18 de novembro de 2011 (Lei de Acesso à Informação).

§ 4º Os serviços notariais e de registro exercidos em caráter privado, por delegação do Poder Público, terão o mesmo tratamento dispensado às pessoas jurídicas referidas no "caput" deste artigo, nos termos desta Lei.

§ 5º Os órgãos notariais e de registro devem fornecer acesso aos dados por meio eletrônico para a administração pública, tendo em vista as finalidades de que trata o "caput" deste artigo.

---

dados pessoais pelo poder público. Brasília 2022. Disponível em: https://www.gov.br/anpd/pt-br/documentos-e-publicacoes/guia_tratamento_de_dados_pessoais_pelo_poder_publico___defeso_eleitoral.pdf. Acesso em: 18 fev. 2025

Vide, também, WIMMER, Miriam. O regime jurídico do tratamento de dados pessoais pelo poder público. In: MENDES, Laura Schertel; DONEDA, Danilo; SARLET, Ingo Wolfgang; RODRIGUES JR., Otavio Luiz (Coord.); BIONI, Bruno Ricardo (Org.). *Tratado de Proteção de dados pessoais*. 2. reimpr. Rio de Janeiro: Forense, 2021, pp.271/28.

ART. 23, "CAPUT", LGPD – DA PROPOSTA DE INTERPRETAÇÃO SISTEMÁTICA ENTRE A LGPD E A LAI

Esta conexão entre direito à proteção de dados pessoais e direito a acessar a informação pública é um binômio já conhecido no direito comparado, que vem se incorporar ao direito brasileiro[8], neste capítulo IV, conforme a seguir se exporá.

Vale recordar o postulado de que os direitos fundamentais podem ser submetidos a restrições. O direito à proteção de dados pessoais não constitui uma prerrogativa absoluta, pois deve ser considerado em relação à sua função na sociedade, conforme já decidiu o TJUE[9] e vem estatuído no Considerando 4[10] do RGPD.

À primeira vista pode parecer contraditório, mas é possível indicar o direito prevalente, considerando o caso concreto. É importante buscar-se as lições do direito comparado que já enfrentaram a dicotomia.

A Carta Europeia de direitos fundamentais dispõe no art. 8° sobre o direito à proteção de dados pessoais[11]; no art. 41 a respeito do direito fundamental à boa administração; e no art. 42 sobre o direito de acesso aos documentos, mantendo a convivência entre direitos que se voltam a tutelas distintas.

O RGPD inova ao estabelecer a transparência no art. 5.1, colocando a licitude, a lealdade e a transparência na relação do tratamento, que se deve estatuir com o titular dos dados, sendo que o considerando 39[12], além destes postulados, agrega a equidade.

---

8. LIMBERGER, Têmis. Lei Geral de Proteção de Dados (LGPD) e a Lei de Acesso à informação pública (LAI): um diálogo (im)possível? As influências do direito europeu. *Revista de Direito Administrativo*, Rio de Janeiro, v. 281, n. 1, p. 113-144, jan./abr. 2022.

9. PIÑAR MAÑAS, José Luis et al. *El derecho a protección de datos em la jurisprudencia del Tribunal de Justicia de la Unión Europea*. Madrid: La Ley, 2018, p. 29, caso *Volker und Markus Schecke y Eifert*, TJUE, sentença de 09.11.2010.

10. Considerando 4. O tratamento dos dados pessoais deverá ser concebido para servir as pessoas. O direito à proteção de dados pessoais não é absoluto; deve ser considerado em relação à sua função na sociedade e ser equilibrado com outros direitos fundamentais, em conformidade com o princípio da proporcionalidade. O presente regulamento respeita todos os direitos fundamentais e observa as liberdades e os princípios reconhecidos na Carta, consagrados nos Tratados, nomeadamente o respeito pela vida privada e familiar, pelo domicílio e pelas comunicações, a proteção dos dados pessoais, a liberdade de pensamento, de consciência e de religião, a liberdade de expressão e de informação, a liberdade de empresa, o direito à ação e a um tribunal imparcial, e a diversidade cultural, religiosa e linguística.

11. No Brasil, a PEC 17/2019, busca erigir a proteção de dados pessoais a um novo direito fundamental. Disponível em: https://www.camara.leg.br/proposicoesWeb/fichadetramitacao?idProposicao=2210757 Acesso em: 18 fev. 2025

12. Considerando 39. O tratamento de dados pessoais deverá ser efetuado de forma lícita e equitativa. Deverá ser transparente para as pessoas singulares que os dados pessoais que lhes dizem respeito são recolhidos, utilizados, consultados ou sujeitos a qualquer outro tipo de tratamento e a medida em que os dados pessoais são ou virão a ser tratados. O princípio da transparência exige que as informações ou comunicações relacionadas com o tratamento desses dados pessoais sejam de fácil acesso e compreensão, e formuladas numa linguagem clara e simples. Esse princípio diz respeito, em particular, às informações fornecidas aos

Na Constituição Espanhola – CE, tem-se o art. 105, "b", que estatui o direito a acessar arquivos e registros administrativos, do qual emana a Ley 19/2013, que disciplina a transparência, o acesso à informação pública e o bom governo e, também, o art. 18.4, da CE, que trata da limitação do uso da informática para garantir a intimidade pessoal e familiar e a honra dos cidadãos, bem como o pleno exercício de seus direitos, do qual se tem a LOPD 3/2018.

A síntese do dilema já foi formulada na pergunta[13]: Como pode reconciliar-se a tensão entre transparência e privacidade¿ Deve sacrificar-se o acesso aos documentos no altar da privacidade ¿ ou Deve a privacidade evaporar-se para poder desinfetar os governos com a luz do sol¿

Para deslindar a questão, resulta necessário conciliar o respeito ao direito à proteção dos dados pessoais dos cidadãos com o direito a acessar a informação do setor público, e, para resolver o dilema, são apontados alguns critérios[14]: a) valoração caso a caso da questão de se um dado de caráter pessoal pode publicar-se, fazer-se acessível ou não, e, em caso afirmativo, em que condições e em que suporte (digitalização ou não, difusão em internet ou não etc.), b) princípios da finalidade e legitimidade, c) informação da pessoa em questão e d) direito de oposição da pessoa em questão, utilização das novas tecnologias para contribuir a respeito do direito à intimidade.

Por isso, Piñar Mañas, em uma feliz síntese propugna: acesso à informação e proteção de dados, as chaves de uma relação[15], buscando a estabelecer parâmetro.

---

titulares dos dados sobre a identidade do responsável pelo tratamento dos mesmos e os fins a que o tratamento se destina, bem como às informações que se destinam a assegurar que seja efetuado com equidade e transparência para com as pessoas singulares em causa, bem como a salvaguardar o seu direito a obter a confirmação e a comunicação dos dados pessoais que lhes dizem respeito que estão a ser tratados. As pessoas singulares a quem os dados dizem respeito deverão ser alertadas para os riscos, regras, garantias e direitos associados ao tratamento dos dados pessoais e para os meios de que dispõem para exercer os seus direitos relativamente a esse tratamento. Em especial, as finalidades específicas do tratamento dos dados pessoais deverão ser explícitas e legítimas e ser determinadas aquando da coleta dos dados pessoais. Os dados pessoais deverão ser adequados, pertinentes e limitados ao necessário para os efeitos para os quais são tratados. Para isso, é necessário assegurar que o prazo de conservação dos dados seja limitado ao mínimo. Os dados pessoais apenas deverão ser tratados se a finalidade do tratamento não puder ser atingida de forma razoável por outros meios. A fim de assegurar que os dados pessoais sejam conservados apenas durante o período considerado necessário, o responsável pelo tratamento deverá fixar os prazos para o apagamento ou a revisão periódica. Deverão ser adotadas todas as medidas razoáveis para que os dados pessoais inexatos sejam retificados ou apagados. Os dados pessoais deverão ser tratados de uma forma que garanta a devida segurança e confidencialidade, incluindo para evitar o acesso a dados pessoais e equipamento utilizado para o seu tratamento, ou a utilização dos mesmos, por pessoas não autorizadas.

13. SOLOVE, Daniel J. *The Digital Person*. Technology and Privacy in the Information Age. Nova York: New York University Press, 2004, p. 150.

14. IV Encuentro de Agencias Autonómicas de Protección de Datos, Vitoria, 23 y 24 de octubre de 2007. Disponível em: https://www.avpd.euskadi.eus/s04-20375/es/contenidos/evento/4_encuentro_apds/es_intro/programa.html. Acesso em: 18 fev. 2025

15. PIÑAR MAÑAS, José Luis. Transparencia y protección de datos. Una referencia de la Ley Española 19/2013 de transparencia, acceso a la información y buen gobierno. In: SARLET, Ingo Wolfgang et al (Coord.). *Acesso à informação como direito fundamental e dever estatal*. Porto Alegre: Livraria do Advogado, 2016, p. 77.

Assim, o caráter público de um dado de caráter pessoal, que resulte de uma normativa ou da vontade da própria pessoa a que refere o dado, não priva "ipso facto" e para sempre, dita pessoa da proteção que garante a lei, em virtude dos princípios fundamentais de defesa da identidade humana[16].

Emilio Guichot[17], ao analisar o embate travado entre administração pública e proteção de dados, assevera que a chave para deslindar este complexo sistema propugna estatuir algumas limitações, no sentido de que, pode-se: proibir o acesso a determinados dados, restringir determinados usos, permitir o acesso a um grupo reduzido de pessoas, impor o acesso mediante condições (por exemplo, a necessidade de justificar uma petição) ou permitir unicamente o acesso não informatizado (por exemplo, cópia de um documento).

A Lei (Ley 19/2013) é um título habilitante para poder levar a cabo, sem o consentimento dos afetados, a cessão dos seus dados pessoais a terceiros (solicitantes do acesso). Veja-se o art. 11 da LOPD, que dispõe sobre a cessão dos dados e assevera que não será possível sem o consentimento dos afetados, salvo que uma lei o autorize (e esta é a Lei de Transparência).

A regra geral é a necessidade do consentimento para proceder à cessão dos dados que resultem afetados ante uma petição de acesso aos arquivos e documentos, hoje a situação é contrária: o ponto de partida é que a cessão vem habilitada pela lei[18].

É resgatado inicialmente, neste artigo, o embate entre proteção aos dados e o acesso à informação pública, já que existem técnicas de superação deste conflito. O art. 23 demanda interpretação sistemática[19], visando à concretização do princípio

---

16. Grupo de Trabajo del Artículo 29, em su Dicctamen 3/99, relativo a Información del Sector Público y protección de datos personales, aprobado el 03.05.2003.

17. GUICHOT, Emilio. *Datos personales y administración pública.* Navarra: Thomson & Civitas, 2005, p. 321; GUICHOT, Emilio. Acceso a la información en poder de la Administración y protección de datos personales. *Revista de Administración Pública*, Madrid, n. 173, p. 407-445, maio/ago. 2007, p. 407-445, aonde estabelece diretrizes acerca de como haveria de se interpretar a relação entre o direito de acesso e o direito à proteção de dados, consolidadas no direito europeu, p. 438.

18. PIÑAR MAÑAS, José Luis. Transparencia y protección de datos. Una referencia de la Ley Española 19/2013 de transparencia, acceso a la información y buen gobierno. In: SARLET, Ingo Wolfgang et al (Coord.). *Acesso à informação como direito fundamental e dever estatal.* Porto Alegre: Livraria do Advogado, 2016, p.86. Ley 19/2013, em seu art. 12 dispõe sobre o direito de acesso à informação pública, nos termos do artigo 105 "b", da CE e, posteriormente, o art. 15, da Ley 19/2013, que disciplina (em seus apartados), a proteção dos dados pessoais, especialmente protegidos ou não.

19. CANARIS, Wilhelm Claus. *Pensamento sistemático e conceito de sistema na ciência do direito.* Tradução de A. Menezes Cordeiro. Lisboa: Fundação Calouste Gulbenkian, 1989, p. 22-23. A ideia do sistema jurídico justifica-se a partir de um dos mais elevados valores do Direito, notadamente o princípio da justiça e suas concretizações no princípio da igualdade e a segurança jurídica em suas manifestações como determinação e previsibilidade do direito, como estabilidade e continuidade da legislação e da jurisprudência ou simplesmente como a aplicação do Direito. O papel do conceito de sistema é o de traduzir e realizar a adequação valorativa e a unidade interior da ordem jurídica. Assim, o pensamento sistemático radica na ideia de Direito como o conjunto dos valores mais elevados. Ainda que a adequação e a unidade com frequência possam realizar-se de modo fragmentado. A fragmentação não nega a possibilidade da sistemática, apenas torna claro que são postos certos limites à formação plena.

da igualdade e da segurança jurídica na aplicação do Direito, buscando assegurar a unidade da ordem jurídica. Assim, deve-se buscar promover uma interpretação sistemática da LGPD e da LAI. Desse modo, uma das primeiras questões postas é no sentido de como conjugá-las, uma vez que uma lei determina a proteção dos dados pessoais e outra, a publicidade das informações de caráter público. A primeira impressão pode ser no sentido de contradição, mas esta é apenas aparente. O ordenamento jurídico deve ser interpretado de forma sistemática e harmoniosa.

Porém, vai haver o apontamento de artigos legais que são dissonantes, em determinados aspectos, considerando o tratamento diferenciado das entidades da administração indireta e não pela dicotomia proteção de dados pessoais e acesso à informação pública.

Atualmente, a Administração Pública brasileira tem sua estruturação calcada no Decreto-Lei 200/67, fundada na hierarquia, quando ainda não havia a conexão na rede mundial dos computadores em nosso país. Hodiernamente, ainda não está totalmente em rede, mas a tendência é no sentido de que se opere dita evolução.

A sociedade em rede, pela qual se caracteriza a sociedade do século XXI, é uma estrutura ao redor da rede de comunicação digital[20]. É abolida a centralidade da difusão da informação e cada sujeito comunicante se transforma em emissor e receptor de mensagem, rompendo com a barreira passiva, que até então existia. Esta é a dinâmica da sociedade em que vivemos, onde se retoma a ideia de que informação é poder[21]. A economia informacional é global[22]. Uma economia global é uma realidade diferente de uma economia mundial (que é uma experiência existente no ocidente, desde o século XVI, como sendo uma experiência de acumulação de capital que avança pelo mundo).

Uma "sociedade em rede" é, por sua vez, "uma sociedade cuja estrutura social é construída em torno de redes ativadas por tecnologias de comunicação e de informação processadas digitalmente e baseadas na microeletrônica"[23]. Como a rede digital está mundialmente espalhada, é possível que a sociedade interaja de forma global, ou seja, além das fronteiras territoriais, podendo-se denominar de "sociedade em rede global"[24]. A partir dessa visão horizontalizada de sociedade, podem-se

---

20. CASTELLS, Manuel. *Comunicación y Poder*. Traducción de María Hernández Díaz. Alianza Editorial: Madrid, 2009.

21. NORA, Simon; MINC, Alain. *Informe Nora-Minc – La informatización de la sociedad*. Madrid: [S.n.], 1982, p. 18 (Colección popular).

22. CASTELLS, Manuel. *A Sociedade em Rede*: a era da informação - economia, sociedade e cultura. 4. ed. Lisboa: Fundação Calouste Gulbenkia, 2011, p. 123-124.

23. CASTELLS, Manuel. *O poder da comunicação*. Tradução de Vera Lúcia Mello Joscelyne. Rio de Janeiro: Paz e Terra, 2015, p. 70.

24. CASTELLS, Manuel. *O poder da comunicação*. Tradução de Vera Lúcia Mello Joscelyne. Rio de Janeiro: Paz e Terra, 2015, p. 70.

extrair adequadamente os escritos de Moreira Neto[25], quando cunhou a expressão "da pirâmide à rede". Para o autor, a "rede informacional" impede que os processos sociais fluam de forma hierarquizada, "transmitida sob a forma de pirâmide" típica das sociedades estamentais, em que os detentores de poder ocupavam as altas posições dentro deste cenário piramidal[26]. Na nova configuração social, não existiria mais um centro unitário de poder (o Estado), mas um emaranhado de órgãos e entidades, governamentais ou não, capazes de exercer poder e tomar decisões, em uma perspectiva pluralista, em que existem "plúrimos centros de comando", passando da ideia de "subordinação" para a "colaboração"[27]. É visível, portanto, o poder não mais limitado ao Estado, mas, de certa forma, compartilhado com ele. Com essas premissas estabelecidas, é possível compreender o que seria uma Administração Pública em rede. Uma Administração dialógica, horizontal, que não "dita" as regras, mas que as constrói de forma democrática com a atuação de outros atores.

A LAI tem como objetivo garantir a informação pública em rede, prevista no art. 5º, XXXIII, da CF (acesso à informação pública) e no art. 37, § 3º, II, da CF, que prevê formas de participação do usuário na administração pública e acesso dos usuários a registros e informações sobre atos de governo[28], observados o art. 5º, X, da CF e as hipóteses de sigilo. Há menção, também, ao art. 216, §2º, da CF, que dispõe sobre gestão de documentos públicos referentes ao patrimônio cultural[29].

---

25. MOREIRA NETO, Diogo de Figueiredo. *Quatro paradigmas do direito administrativo pós-moderno*: legitimidade, finalidade, eficiência e resultados. Belo Horizonte: Fórum, 2008, p. 53.

26. MOREIRA NETO, Diogo de Figueiredo. *Quatro paradigmas do direito administrativo pós-moderno*: legitimidade, finalidade, eficiência e resultados. Belo Horizonte: Fórum, 2008, p. 53.

27. MOREIRA NETO, Diogo de Figueiredo. *Quatro paradigmas do direito administrativo pós-moderno*: legitimidade, finalidade, eficiência e resultados. Belo Horizonte: Fórum, 2008, p. 53.

28. CARVALHO FILHO, José dos Santos. *Manual de Direito Administrativo*. 32. ed., São Paulo: Gen Atlas, 2018, p. 103, critica a expressão ato de governo, que está abrigado dentro da noção de ato administrativo. Atos da Administração traduz sentido amplo e indica todo e qualquer ato que se origine dos inúmeros órgãos que compõem o sistema administrativo em qualquer dos poderes. O critério de identificação reside na "origem" da manifestação de vontade como sendo proveniente da Administração Pública. Alguns autores aludem a atos políticos e de governo (nota 5, da p. 103, referindo-se a Celso Antônio Bandeira. *Curso de Direito Administrativo*. 17. ed. São Paulo: Malheiros, 2004, p. 172/3). Carvalho Filho também se insurge a esta posição, porque os atos se fundamentam na Lei e na Constituição, motivo pelo qual considera a expressão "atos de governo ou políticos" passível de crítica.
DI PIETRO, Maria Sylvia Zanella. *Direito Administrativo*. 31. ed. São Paulo: Gen Forense, 2018, p. 79 e 84, mantém-se fiel à divisão doutrinária e estatui que a função política tem uma predominância de prática pelo Chefe do Poder Executivo, embora não seja prerrogativa exclusiva deste. Decorrente da distinção entre Administração Pública e Governo (sentido mais político). Por conseguinte, exemplos destes últimos seriam: a convocação extraordinária do Congresso Nacional, a nomeação das Comissões Parlamentares de Inquérito, a nomeação de relações com Estados estrangeiros, a declaração de guerra e a celebração de paz, a declaração de estado de sítio e de emergência e a intervenção federal.

29. O Sistema Nacional de Cultura – SNC – previsto no art. 216, §2º faz parte do projeto político da diversidade cultural, que ganhou roupagem constitucional por meio da EC 48/2005, que introduziu o §3º ao art. 215, que dispôs sobre o Plano Nacional da Cultura e, posteriormente, a EC 71/2012, que estatuiu o art.216-A, criando o Sistema Nacional de Cultura. A disciplina normativa se encontra na Lei 12.343/2010, que no art. 10 aponta as características do Sistema Nacional de Informações e indicadores Culturais, dentre os quais

Os arts. 5°, XXXIII, e 37, §3°, II, da CF concretizam o princípio da publicidade administrativa, previsto no art. 37, "caput", da CF. A partir do qual a LAI visa assegurar a transparência. Desse modo, o poder público tem de conferir ampla publicidade aos seus atos. A publicidade é a regra e o sigilo, a exceção. Nesse contexto, a transparência, que não vem explícita na CF, pode ser extraída do princípio da publicidade (art. 37, "caput", CF), do princípio democrático insculpido já no art. 1° da CF e do direito à informação (art. 5°, XXXIII, CF[30]). Daí se pode concluir que a publicidade é o gênero (previsão do princípio em sede constitucional) do qual a transparência é espécie (prevista em leis infraconstitucionais).

Visando normatizar estes preceitos, foi promulgada a Lei 12.527/2011[31], Lei de acesso às informações públicas - LAI, em razão da qual foi instituído o Decreto 7.724/2012, que cunhou a denominação transparência ativa (arts. 7° e 8° do Decreto) nas situações em que a administração de ofício transfere informação, e transparência passiva (arts. 9° e 10 do Decreto), quando a informação é solicitada à Administração pelo interessado.

A publicidade encontra um limite estatuído pelo art. 5°, X, CF (o direito à intimidade, à vida privada, à honra, à imagem das pessoas, assegurando-se em caso de violação danos morais ou materiais). De acordo com o postulado de que os direitos se autolimitam no ordenamento jurídico.

Assim, a Constituição Federal menciona privacidade e intimidade, da qual se tem a distinção nem sempre agasalhada pela doutrina[32]. Salienta-se que a LGPD não fez a distinção, em seu art. 2°, I, referindo-se somente à privacidade.

O art. 23 da LGPD evoca o binômio: proteção de dados e transparência, havendo que se buscar uma interpretação sistemática dentro do contexto do ordenamento jurídico brasileiro. Um exemplo que pode ilustrar os limites da lei de acesso à informação e a lei de proteção de dados pessoais é quando se estatui a obrigatoriedade da divulgação dos gastos públicos. Assim, o poder público deve disponibilizar o que gasta com os servidores[33], mas, por vezes, há informações de cunho pessoal, como o

---

se destaca III – processos informatizados de declaração, armazenamento e extração de dados e IV – ampla publicidade e transparência para informações declaradas e sistematizadas, preferencialmente, em meios digitais, atualizados tecnologicamente e disponíveis na rede mundial de computadores. Sendo que os itens 1.2 e 1.2.1 e 1.2.2. estatuem a respeito do Sistema Nacional de Informações e Indicadores Culturais – que trata de informações culturais.   O SNC é importante tem como função integrar os entes da federativos e a sociedade. Apresenta as características do regime de colaboração de modo descentralizado e participativo.

30. LIMBERGER, Têmis. *Cibertransparência*: informação pública em rede – a virtualidade e suas repercussões na realidade. Porto Alegre: Livraria do Advogado, 2016, a respeito da noção de publicidade e transparência.

31. A LAI revogou alguns dispositivos da Lei 8.159/1991, que regula arquivo os arquivos públicos e integralmente a Lei 11.111/2005, que regulamentava a parte final do art. 5°, XXXIII, CF.

32. DONEDA, Danilo. *Da privacidade à proteção de dados pessoais*: fundamentos da Lei Geral de Proteção de Dados. 2. ed. São Paulo: Thomson Reuters Brasil, 2019, p. 325.

33. STF, ARE 652777, TP, Rel. Teori Zavascki, j. 23/04/2015, DJ 01/07/2015.
Veja-se GUICHOT, Emilio. *Datos personales y administración pública*. Navarra: Thomson & Civitas, 2005, p. 308, quando dispõe que os ingressos salariais de uma pessoa, integram o conceito de vida privada contido

desconto de pensão alimentícia, plano médico, prestação imobiliária, por exemplo, que não poderão ser divulgadas.

A LGPD já aponta para os princípios do livre acesso e da transparência no art. 6º, IV e VI, da LGPD. Desse modo, a leitura compatível aponta no sentido de que a publicidade pretendida pela lei de acesso à informação pública encontra seu limite no estatuto legal, que determina a proteção dos dados pessoais.

O direito à informação é de caráter duplo, pois compreende o direito a informar e ser informado, devendo ambos ser permeados pela pauta democrática[34] insculpida na CF. Assim, tanto o cidadão pode produzir informação, quanto recebê-la. E essa difusão de informação é cada vez mais intensa com a comunicação em rede. Se em outros tempos era muito difícil a produção da informação, uma vez que existia a centralidade da comunicação pelos meios tradicionais: jornal, rádio, televisão etc., nos dias de hoje, é possível que cada pessoa seja produtor de comunicação com todas as possibilidades postas nas redes sociais. No dizer de Castells[35], cada cidadão se torna um difusor e um propagador de informação. Se isso é democrático por um lado, uma vez que na rede não se tem a centralidade ou hierarquia, por outro existe a necessidade de responsabilização e limite na produção desta informação. Assim, se por um lado é possível apresentar uma contestação a uma notícia trazida pela imprensa tradicional, por outro é imprescindível que haja responsabilidade na veiculação, pois comunicação lançada na rede é de rápida difusão e pode trazer sérias consequências para outras pessoas. O julgamento ocorre de maneira rápida pelos usuários das redes sociais e não se tem o valoroso princípio constitucional do contraditório e da ampla defesa.

Os direitos à comunicação e à informação estão contidos no art. 20.1. "d", da Constituição Espanhola, quando estatui "o direito a comunicar ou receber livremente a informação veraz por qualquer meio de difusão. (...)". No Brasil, o direito à informação consta do art. 5º, incisos XIV e XXXIII, da CF. O art. 220 da CF vai estatuir a respeito do direito à comunicação.

Da análise da terminologia do direito à informação, tem-se que a origem da palavra vem "do latim – *informare,* "modelar, formar[36]". Daí se pode extrair que o direito à informação traduz o compromisso com a formação cidadã. Deste modo, o maior compromisso quando a veiculação emana do poder público.

---

no art. 8º, da Carta Europeia, em referência à sentença *Amann* c. Suiza de 16/2/2000, *Recueil des arrêtes et décisions* 2000-II, §65, y *Rotaru* c. Rumania de 4/5/2000, *Recueil des arrêtes et décisions* 2000-V, § 43.

34. VILLAVERDE MENÉZES, Ignácio. *Estado democrático e información*: El derecho a ser informado y La Constitución Española de 1978. Junta General del Principado de Asturias: Oviedo, 1994.

35. CASTELLS, Manuel. *Comunicación y Poder*. Traducción de María Hernández Díaz. Alianza Editorial: Madrid, 2009, p.25.

36. MACHADO, José Pedro. *Dicionário Etimológico da Língua Portuguesa*. 3. vol. Lisboa: Livros Horizonte, 2003, p. 295.

O direito à comunicação é compreendido como destinado a dar acesso ao indivíduo na esfera pública[37] e de sistema[38] constitucional integrado à pauta de outros direitos fundamentais. "quando alguém torna essa forma comum, compartilhada, dá-se a comunicação[39]". Daí se pode extrair a imbricação do jurídico e do político, visando contribuir ao debate democrático.

Percebe-se que no direito à comunicação ainda existe a centralidade da divulgação, como na televisão e no rádio, sendo que tal fenômeno se torna mais complexo quando se está na rede, tendo-se uma multiplicidade de emissores da comunicação. Cada sujeito pode se tornar emissor e receptor da comunicação[40]. Isso faz com que haja uma teia complexa pela multiplicidade dos sujeitos comunicantes.

O direito à informação visa a formação cidadã, logo tem um compromisso com a democracia. Desse modo, as denominadas "fake news" subvertem o debate democrático e não podem ser tidas como informativas, pois se considerariam uma contradição nos seus próprios termos.

O acesso à informação pública[41] é a informação sobre a informação completada pela atividade administrativa. Toma postura do direito de acesso aos documentos administrativos como manifestação concreta do direito a receber informação[42].

Uma das consequências que se pode extrair da LAI é no sentido de possibilitar o controle dos atos da administração pública, sendo no aspecto de controle social (realizado pelo cidadão ou sociedade) ou os controles administrativos ou judiciais, entendido como a possibilidade de fiscalização recíproca entre os poderes, instituições e cidadania, atualizando o Princípio da Separação dos Poderes.

Estes mecanismos se sofisticaram com a lei que estatui os dados abertos[43], possibilitando um cruzamento e intensificando a fiscalização dos mesmos, pois é permitido a cada cidadão a criação de sua própria plataforma.

Atualmente, mais de 100 países[44] têm leis de acesso à informação pública, mas não possuem o mesmo conteúdo da legislação brasileira. Tomando como comparativo

---

37. HABERMAS, Jürgen. *Mudança estrutural da esfera pública*. Tradução de Flávio R. Kothe. São Paulo: Unesp, 2014.

38. Sistema no sentido de Luhmann.

39. TABORDA, Máren. Conferência proferida no IV Congresso Mundial de Justiça Constitucional, Auditório do MP/RS, Porto Alegre, FMP, 28 a 30 de agosto de 2019.

40. CASTELLS, Manuel. *Comunicación y Poder*. Traducción de María Hernández Díaz. Alianza Editorial: Madrid, 2009.

41. FERNÁNDEZ RAMOS, Severiano. *El derecho de acceso a los documentos administrativos*. Madrid: Marcial Pons, 1997, p. 357.

42. FERNÁNDEZ RAMOS, Severiano. *El derecho de acceso a los documentos administrativos*. Madrid: Marcial Pons, 1997, p. 350

43. Lei 12.527, de 18 de novembro de 2011, regulamentada pelo Decreto 7.724, de 16 de maio de 2012 (dados abertos).

44. CGU Laboratório de Tecnologia da Informação e Mídias Educacionais. Acesso à informação pública um direito de todos. Disponível em : www.labtime.ufg.br/site Acesso em: 18 fev. 2025

a Lei espanhola 19/2013[45], que dispõe sobre o acesso à informação pública, transparência e bom governo. Essa legislação espanhola que contempla o bom governo inspira-se na Carta Europeia, que prevê o direito à boa administração. Apresenta um conteúdo que é próprio, ocupando-se de conferir eficácia aos princípios citados e à busca de responsabilidade dos agentes públicos, bem como prevê dispositivos a respeito dos gastos públicos. O Brasil tem especificidades próprias, pois conta com leis referentes ao Mandado de Segurança, Lei de Improbidade Administrativa[46], Lei de Responsabilidade das Pessoas Jurídicas etc., que não encontram sucedâneo em outros países. Os programas anuais e plurianuais são previstos na Lei Espanhola e no Brasil são estatuídos na Lei de Responsabilidade Fiscal. E, ainda, a publicidade dos contratos públicos é prevista na Lei de Licitações e Contratos.

Assim, a revolução tecnológica permite e exige uma Administração mais eficaz e eficiente, mais próxima ao cidadão, mais moderna, mais rápida, que permita oferecer aos cidadãos um serviço muito melhor. Porém, ao mesmo tempo, exige uma Administração mais transparente, mais democrática, mais controlada, mais acessível e mais respeitosa com a privacidade[47].

Diante desse contexto, volta-se à questão inicialmente formulada de apontar se é possível promover um diálogo entre a LGPD e a LAI. O STF realizou julgamentos importantes em prol da proteção de dados e da transparência (ADPF 690/DF[48] e ADI 6387[49]). Apesar de parecer que há uma contradição, quando a última pretende a proteção dos dados e a outra a informação, ambas dialogam em uma ação coordenada pelos valores constitucionais (princípio da publicidade, direito à informação e proteção de dados pessoais), deve-se buscar o valor preponderante em cada caso,

---

45. Disponível em: https://www.boe.es/eli/es/l/2013/12/09/19. Acesso em: 18 fev. 2025

46. Na Lei de Improbidade Administrativa brasileira, aonde são imputadas sanções de natureza cível, na maioria dos países ocorrem sanções de natureza penal. Tratou-se de solução legal encontrada para atingir para atingir não somente a seara cível (devolução dos valores, proibição de contratar com o poder público), mas questões atinentes à suspensão dos direitos políticos.

47. PIÑAR MAÑAS, José Luis. *Administración Electrónica y Ciudadanos*. Pamplona: Civitas, 2011, p. 30.
Vide também: HERNÁNDEZ CORCHETE, Juan Antonio. Transparencia en la información al interesado del tratamiento de sus datos personales y en el ejercicio de sus derechos. In: PIÑAR MAÑAS, José Luis (Dir.). *Reglamento General de protección de datos*: hacia un nuevo modelo europeo de privacidad. Madrid: Reus, 2016, p. 225-6.
E complementando: RAMS RAMOS, Leonor. Tratamiento y el acceso del público a los documentos oficiales. In: PIÑAR MAÑAS, José Luis (Dir.). *Reglamento General de protección de datos*: hacia un nuevo modelo europeo de privacidad. Madrid: Reus, 2016, p. 615.

48. BRASIL. Supremo Tribunal Federal. *Partidos contestam atos que restringem publicidade dos dados relativos à Covid-19*. 08/06/2020. Disponível em: https://noticias.stf.jus.br/postsnoticias/partidos-contestam-atos--que-restringiram-publicidade-dos-dados-relativos-a-covid-19/. Acesso em: 18 fev. 2025 (ADPF 690).

49. BRASIL. Supremo Tribunal Federal. *STF suspende compartilhamento de dados de usuários de telefônicas com IBGE*. 11.03.2023 Disponível em: https://noticias.stf.jus.br/postsnoticias/stf-suspende-compartilhamento--de-dados-de-usuarios-de-telefonicas-com-ibge/#:~:text=O%20Plen%C3%A1rio%20do%20Supremo%20Tribunal,a%20pandemia%20do%20novo%20coronav%C3%ADrus. Acesso em: 18 fev. 2025 (ADI 6387).

construindo-se critérios interpretativos, eis a função dos intérpretes e operadores jurídicos.

Assim, os dispositivos normativos protetivos dos dados ou em prol do acesso à informação pública convivem no ordenamento jurídico e há de se buscar o valor prevalente a ser tutelado, conforme o caso, a partir de critérios que serão construídos pelas decisões administrativas e judiciais, a fim de que se estabeleça a segurança jurídica em prol da sociedade e não ocorra o casuísmo das decisões subjetivas.

O tratamento dos dados, em geral, deve ser efetuado para servir às pessoas e, quando se trata do poder público, tal postulado tem de ser observado de forma mais contundente, eis que o serviço público somente se justifica para servir aos cidadãos na coletividade. O direito à proteção de dados há de ser sopesado com outros direitos fundamentais no caso concreto, observando-se os princípios que norteiam o ordenamento jurídico e os direitos fundamentais, em geral, e da proporcionalidade, em particular.

ART. 23, "CAPUT" – DAS PESSOAS JURÍDICAS DE DIREITO PÚBLICO

Este dispositivo legal remete à observância das pessoas jurídicas de direito público referidas no parágrafo único do art. 1º da LAI. Aí a LGPD estabelece um limitador à pessoa jurídica de direito público, que não se encontra na LAI. No inciso I, do art. 23, da LGPD são referidos órgãos da Administração Direta, quando a LAI em seu inciso II trata de pessoas jurídicas de direito público e privado. Em uma interpretação literal as pessoas jurídicas de direito privado estariam excluídas, comprometendo a noção de tratamento de dados a ser efetuado pelo poder público, o que a toda evidência é descabido

Ainda que haja um tratamento distinto, no tocante às pessoas jurídicas de direito público e privado, há de se recordar o art. 3º da LGPD, que trata da aplicabilidade às pessoas jurídicas de direito público ou privado. Daí se pode extrair que, ainda que se trate de pessoa jurídica de direito privado, a observância da lei de proteção de dados é imperativa, apesar da possibilidade de algumas situações de aplicabilidade diferentes.

Destarte, visando assegurar as especificidades da administração pública, que deve sempre agir em busca da realização da finalidade pública, haveria de se estatuir linhas mestras à administração pública com suas especificidades, mas não criar um regime próprio que traga um mosaico de possibilidades interpretativas, a respeito da finalidade do ato, o que pode comprometer a aplicação da lei. Este tratamento diferenciado pode trazer à tona a discussão de que se constituem em prerrogativas ou privilégios[50] em prol da administração pública.

---

50. De acordo com lição de Leonardo Carneiro da Cunha, dentre as condições oferecidas à parte pública, "avultam as *prerrogativas* processuais, identificadas, por alguns, como *privilégios*. Não se trata, a bem

O RGPD manteve o tratamento dos dados pessoais de forma unívoca, sem distinguir arquivos de titularidade pública ou privada, apontando apenas para particularidades, como se extrai dos arts. 6.1."e"[51] e 6.3.,"b"[52] do RGPD. E, ainda, os Considerandos de ns. 50[53], 97[54], 156[55] e 163[56] ocupam-se da finalida-

---

da verdade, de *privilégios*. Estes – os privilégios – consistem em vantagens sem fundamento, criando-se uma discriminação, com situações de desvantagens.49 As "vantagens" processuais conferidas à Fazenda Pública revestem o matiz de *prerrogativas*, pois contêm fundamento razoável, atendendo, efetivamente, ao princípio da igualdade, no sentido aristotélico de tratar os iguais de forma igual e os desiguais de forma desigual. (...) Tudo isso, aliado ao fato de a Fazenda Pública ser promotora do interesse público, justifica a manutenção de prerrogativas processuais, e não privilégios, instituídas em favor das pessoas jurídicas de direito público". CUNHA, Leonardo Caneiro da. *A Fazenda Pública em juízo*. 15. ed., Rio de Janeiro: Forense, 2018, p. 57-59.

51. Já nominado na nota 03.

52. Já nominado na nota 04.

53. Considerando 50. O tratamento de dados pessoais para outros fins que não aqueles para os quais os dados pessoais tenham sido inicialmente coletados apenas deverá ser autorizado se for compatível com as finalidades para as quais os dados pessoais tenham sido inicialmente coletados. Nesse caso, não é necessário um fundamento jurídico distinto do que permitiu a coleta dos dados pessoais. Se o tratamento for necessário para o exercício de funções de interesse público ou o exercício da autoridade pública de que está investido o responsável pelo tratamento, o direito da União ou dos Estados-Membros pode determinar e definir as tarefas e finalidades para as quais o tratamento posterior deverá ser considerado compatível e lícito. As operações de tratamento posterior para fins de arquivo de interesse público, para fins de investigação científica ou histórica ou para fins estatísticos, deverão ser consideradas tratamento lícito compatível. O fundamento jurídico previsto no direito da União ou dos Estados-Membros para o tratamento dos dados pessoais pode igualmente servir de fundamento jurídico para o tratamento posterior. A fim de apurar se a finalidade de uma nova operação de tratamento dos dados é ou não compatível com a finalidade para que os dados pessoais foram inicialmente recolhidos, o responsável pelo seu tratamento, após ter cumprido todos os requisitos para a licitude do tratamento inicial, deverá ter em atenção, entre outros aspetos, a existência de uma ligação entre a primeira finalidade e aquela a que se destina a nova operação de tratamento que se pretende efetuar, o contexto em que os dados pessoais foram recolhidos, em especial as expectativas razoáveis do titular dos dados quanto à sua posterior utilização, baseadas na sua relação com o responsável pelo tratamento; a natureza dos dados pessoais; as consequências que o posterior tratamento dos dados pode ter para o seu titular; e a existência de garantias adequadas tanto no tratamento inicial como nas outras operações de tratamento previstas.

54. Considerando 97. Sempre que o tratamento dos dados for efetuado por uma autoridade pública, com exceção dos tribunais ou de autoridades judiciais independentes no exercício da sua função jurisdicional, sempre que, no setor privado, for efetuado por um responsável pelo tratamento cujas atividades principais consistam em operações de tratamento que exijam o controle regular e sistemático do titular dos dados em grande escala, ou sempre que as atividades principais do responsável pelo tratamento ou do subcontratante consistam em operações de tratamento em grande escala de categorias especiais de dados pessoais e de dados relacionados com condenações penais e infrações, o responsável pelo tratamento destes ou o subcontratante pode ser assistido por um especialista em legislação e prática de proteção dados no controle do cumprimento do presente regulamento a nível interno. No setor privado, as atividades principais do responsável pelo tratamento dizem respeito às suas atividades primárias e não estão relacionadas com o tratamento de dados pessoais como atividade auxiliar. O nível necessário de conhecimentos especializados deverá ser determinado, em particular, em função do tratamento de dados realizado e da proteção exigida para os dados pessoais tratados pelo responsável pelo seu tratamento ou pelo subcontratante. Estes encarregados da proteção de dados, sejam ou não empregados do responsável pelo tratamento, deverão estar em condições de desempenhar as suas funções e atribuições com independência.

de, interesse público, autoridade pública e confidencialidade das autoridades nacionais. [55-56]

Ora, a LAI estatui o tratamento da transparência para entidades da administração direta e indireta, sem fazer distinção entre pessoas jurídicas de direito público ou privado. Assim, esta distinção não foi adequada, pois a transparência e a proteção dos dados pessoais devem ser balizadores da administração pública em qualquer esfera, bem como a busca da finalidade pública, que é inerente ao escopo que deve ser buscado pelos órgãos públicos[57].

Vale para tanto recordar os entes federativos previstos nos arts. 1º e 18, CF - União, Estados-membros, DF e municípios, dotados de autonomia. Também se ocupa da matéria o art. 41 do Código Civil de 2002, quando menciona as pessoas jurídicas de direito público interno, incluindo as autarquias e demais entidades de caráter público, criadas por lei. O dispositivo legal não foi taxativo, deixando ao Poder Público a possibilidade de instituir outras modalidades de entes com personalidade jurídica própria.

A Administração Direta é constituída dos serviços integrados na estrutura administrativa da Presidência da República e dos Ministérios (art. 4º, I, DL 200/67).

Subordinam-se ao regime da LAI os órgãos públicos integrantes da Administração Direta dos Poderes Executivo, Legislativo, os Tribunais de Contas, o Poder Judiciário e do Ministério Público. É importante acrescentar outras carreiras que representam funções essenciais à justiça (Defensoria Pública, Advocacia Pública e Procuradores Públicos).

A LAI, em seu art. 1º, parágrafo único, II, no início do dispositivo legal, remete às pessoas jurídicas: Autarquias, fundações públicas, empresas públicas e socie-

---

55. Considerando 156. O tratamento de dados pessoais para fins de arquivo de interesse público, ou para fins de investigação científica ou histórica ou para fins estatísticos, deverá ficar sujeito à garantia adequada dos direitos e liberdades do titular dos dados nos termos do presente regulamento. Essas garantias deverão assegurar a existência de medidas técnicas e organizativas que assegurem, nomeadamente, o princípio da minimização dos dados. Para leitura integral vide Nota 69.

56. Considerando 163. Deverão ser protegidas as informações confidenciais que a União e as autoridades nacionais de estatística recolham para a produção de estatísticas oficiais europeias e nacionais. Deverão ser desenvolvidas, elaboradas e divulgadas estatísticas europeias de acordo com os princípios estatísticos enunciados no artigo 338.º, n. 2, do TFUE, devendo as estatísticas nacionais cumprir também o disposto no direito do Estado-Membro. O Regulamento (CE) n. 223/2009 do Parlamento Europeu e do Conselho (2) fornece especificações suplementares em matéria de segredo estatístico aplicável às estatísticas europeias.

57. LIMBERGER, Têmis, *Cibertransparência*: informação pública em rede – a virtualidade e suas repercussões na realidade. Porto Alegre: Livraria do Advogado, 2007, p. 54-58. A respeito da divulgação dos vencimentos dos servidores públicos vinculados ao nome, veja-se o julgamento do Agravo 652-777 tema 483 da Repercussão Geral, efetuada pelo STF, aonde se defende que a matrícula atrelada aos vencimentos já seria suficiente. Caso constatada alguma disparidade de valores com relação aos demais colegas da categoria funcional, poderia ser solicitada informação específica. De toda a maneira, apesar do citado julgamento, há que se proteger informações privadas, tais como desconto de pensão alimentícia, plano médico, prestação imobiliária etc.

dades de economia mista, já mencionadas no art. 4º, II, DL 200/67. O conceito de administração indireta[58] foi estatuído no direito brasileiro pelo DL 200/67, a partir da noção de descentralização[59] (art. 4º, II, DL 200/67), todos com personalidade jurídica própria: autarquias, empresas públicas, sociedades de economia mista e fundações públicas.

As autarquias sempre possuem personalidade jurídica de direito público e são criadas por lei (art. 37, XIX, da CF), possuindo patrimônio e receitas próprios - art. 5º, I, DL 200/67).

No atual modelo constitucional, as Universidades públicas gozam de autonomia didático-científica, administrativa e gestão financeira e patrimonial, art. 207, da CF, sendo que muitas vezes são constituídas sob a forma de autarquia. Em outros casos, como no das Agências Reguladoras (art.174 da CF), a constituição se dá sob a forma de autarquias em regime especial.

As empresas públicas (art. 5º, II, DL 200/67) e as sociedades de economia mista (art. 5º, III, DL 200/67) são constituídas sob a forma de pessoas jurídicas de direito privado.

As fundações públicas (art. 5º, IV, DL 200/67) congregam polêmica a respeito de sua natureza jurídica, sendo que a corrente dominante[60] defende que há dois tipos de fundações, de direito público e de direito privado. Por esse entendimento, as fundações de direito público são caracterizadas como verdadeiras autarquias, razão por que são denominadas, por vezes, fundações autárquicas ou autarquias fundacionais, constituindo-se uma espécie do gênero autarquias.

Os consórcios públicos não estão referidos na aludida descentralização administrativa, pois o DL 200/67 contemplava a estrutura vigente, quando da sua publicação.

O consórcio público foi previsto pelo art. 241, CF e disciplinado pela Lei 11.107/2005, podendo ser constituído sob a forma de personalidade de direito pú-

---

58. As entidades compreendidas na Administração indireta vinculam-se ao Ministério em cuja área de competência estiver enquadrada sua atividade principal (art. 4º, parágrafo único, do DL 200/67 com a redação da Lei 7.596/87).

59. A Administração Indireta do Estado é o conjunto de pessoas administrativas que, vinculadas à respectiva Administração Direta, têm o objetivo de desempenhar as atividades administrativas de forma descentralizada.

60. CARVALHO FILHO, José dos Santos. *Manual de Direito Administrativo*. 32. ed., São Paulo: Gen Atlas, 2018, p. 563, citando: Celso Antonio Bandeira de Mello, Maria Silvia Zanella Di Pietro, Diógenes Gasparini, Miguel Reale, Cretella Jr e Oswaldo Bandeira de Mello.

O STF optou por esse entendimento, quando asseverou que "nem toda fundação instituída pelo poder público é fundação de direito privado. As fundações instituídas pelo Poder Público, que assumem a gestão de serviço estatal e se submetem a regime administrativo previsto, nos Estados-membros, por leis estaduais, são fundações de direito público, e, portanto, pessoas jurídicas de direito público. Tais fundações são espécies do gênero autarquia, aplicando-se a elas a vedação a que alude o §2º do artigo 99 da CF" (STF, RE 101.126/RJ, TP, Rel. Min. Moreira Alves, j. 24.10.1984, DJ 01.03.1985 e também: STF, RE 219.900 AgR, T1, Rel. Min. Ellen Gracie, j. 4.6.2004, DJ 16.08.2002).

blico ou privado. Quando tiver personalidade jurídica de direito público, integra a administração indireta de todos os entes da Federação consorciados (art. 6º, § 1º, Lei 11.107/2005). Por isso, concorda-se com Di Pietro[61], quando assevera que a Lei 11.107/2005 criou um novo tipo de entidade que prestará serviço público mediante descentralização. Trata-se dos consórcios públicos, a serem criados por entes federativos para a gestão associada de serviços públicos.

Constituem-se sob a forma de entidades de personalidade jurídica de direito privado: empresas públicas, sociedades de economia mista, sem suscitar, por ora, controvérsias. Adianta-se que o art. 24 da LGPD[62] leva em consideração a natureza jurídica da função administrativa praticada.

E, ainda, as fundações públicas e os consórcios podem revestir a forma de pessoas jurídicas de direito público ou privado, segundo a forma de constituição.

A interpretação sistemática que mais se coaduna é no sentido de que existe um tratamento básico de proteção de dados pessoais que deve ser observado com relação aos princípios constantes na lei, independente de se tratar de pessoa de direito público ou privado, conforme se depreende do artigo 7º, III e § 3º, da LGPD.

A busca de igualdade no tocante ao tratamento de dados das pessoas jurídicas de direito público ou privado não é absoluta, mas relativa. A toda evidência, alguns institutos, como, por exemplo, o consentimento para coleta dos dados ou pedido de cancelamento, deverão de ser mitigados, quando se está diante de uma pessoa de direito público.

A LGPD e a LAI devem ser interpretadas de forma sistemática, tendo em vista a unidade e coerência do ordenamento jurídico. A Agência Espanhola de Proteção de Dados Pessoais apregoa a transparência e a proteção dos dados pessoais de forma conjunta[63]. Haverá situações em que a proteção de dados será prevalente e outras, o acesso à informação pública, verificando-se o interesse prevalente em cada caso, sendo que os critérios interpretativos serão construídos a partir dos casos levados a exame pela autoridade administrativa ou judicial.

ART. 23, "CAPUT" – DAS FINALIDADES BUSCADAS PELO PODER PÚBLICO

Em uma análise de direito comparado, o art. 6º.1 do RGPD menciona o interesse jurídico prevalente e o tratamento de dados pelas Administrações Públicas[64].

---

61. DI PIETRO, Maria Sylvia Zanella. *Direito Administrativo*. 31. ed. São Paulo: Gen Forense, 2018, p. 515.

62. Vide comentários ao art. 24 da LGPD.

63. ESPANHA. Agencia Española de Protección de Datos. *Transparencia y Protección de Datos Personales*. Disponível em: http://www.aepd/es/guias-y-herramientas/guias/transparencia-y-protección-de-datos-personales. Acesso em: 18 fev. 2025.

64. PUENTE ESCOBAR, Agustín. Principios y licitud del tratamiento. In: RALLO LOMBARTE, Artemi (Dir.). *Tratado de Protección de Datos*. Valencia: Tirant lo Blanc, 2019, p. 149-150.

Analisando o preceito, tem-se que o legislador da União Europeia considerou que as Administrações Públicas somente poderão tratar dados em virtude de uma obrigação legal ou como consequência da concorrência de um interesse público, seja porque o tratamento é necessário para tal fim ou por estar vinculado a competências outorgadas às Administrações Públicas pela lei.

Há de se atentar que o princípio da limitação da sua finalidade, previsto no art. 5.1"b" RGPD, estatui que os dados devem ser coletados para fins determinados, explícitos e legítimos. E, ainda, os dados não poderão ser tratados com fins incompatíveis com a finalidade para a qual haja sido justificada sua coleta e posterior tratamento[65].

Neste cenário, o livro "5 Anos de LGPD: Estudos em Homenagem a Danilo Doneda[66] oferece uma abordagem dos temas importantes que versam a respeito da proteção de dados pessoais.

CONSIDERANDO AS FINALIDADES QUE DEVEM SER BUSCADAS PELO PODER PÚBLICO, NA LGPD:

Os órgãos da administração pública somente poderão fazer cessão ou comunicação de dados, a partir da finalidade com a qual foram coletados e guardando os balizadores de atendimento à finalidade pública, persecução do interesse público, com o objetivo de executar as competências legais ou cumprir atribuições do serviço público, previstos no art. 23, "caput", da LGPD.

Independente de acesso de dado ao interessado (LAI) ou quando a Administração Pública deve levar a cabo a comunicação dos dados fundada no cumprimento de uma obrigação legal, que imponha dita cessão no caso em que concorram os requisitos previstos para tal, fundada no legítimo interesse[67].

Assim, o tratamento dos dados pessoais com *fins distintos*[68] daqueles para os quais hajam sido coletados inicialmente somente devem ser permitidos quando

---

65. PUENTE ESCOBAR, Agustín. Principios y licitud del tratamiento. In: RALLO LOMBARTE, Artemi (Dir.). *Tratado de Protección de Datos*. Valencia: Tirant lo Blanc, 2019, p. 151.
    Assim, o Considerando 50 do RGPD, estatui de forma pormenorizada o tratamento com fins distintos, mas sempre guardando compatibilidade com a finalidade inicial.

66. MARQUES, Claudia Lima; MARTINS, Fernando Rodrigues; MARTINS, Guilherme Magalhães; BESSA, Leonardo Roscoe (Coord.). *5 anos de LGPD*: Estudos em Homenagem a Danilo Doneda. São Paulo: Thomson Reuters Brasil, 2023.

67. Complementada pelo artigo 86 do RGPD.
    BIONI, Bruno. *Proteção de dados pessoais*: a função e os limites do consentimento. 2. ed., Rio de Janeiro: Forense, 2020, p. 234, aonde refere a necessidade de estabilizar o interesse legítimo por se tratar de conceito jurídico indeterminado. "Trata-se de um denominador comum entre titulares dos dados diante da necessidade em assegurar *previsibilidade* à aplicação da base legal do legítimo interesse.

68. Considerando 50, PUYOL MONTERO, Javier. Transparencia de la información y derecho de acceso de los interesados en la nueva normativa de protección de datos. In: RALLO LOMBARTE, Artemi (Dir.). *Tratado de Protección de Datos*. Valencia: Tirant lo Blanc, 2019, p. 298.

compatíveis[69] com a finalidade da sua coleta inicial. Nesse sentido, podem-se acrescentar as expectativas razoáveis do titular dos dados[70].

O conceito de *atendimento de finalidade pública*[71] pode ser extraído a partir da (Lei 4.717/65, conhecida como lei da Ação Popular). Uma das primeiras noções de finalidade pública vem ao direito brasileiro por meio da ação popular, que trata do desvio de finalidade (art. 2, "e"). Tal é legatária do direito francês, que tratou do desvio de poder, no âmbito das obrigações civis. Isso se justifica, pois o direito privado é de uma construção muito mais antiga do que o direito público moderno, cujo início é identificado com a Revolução Francesa. Embora, no direito romano já fosse possível extrair esta noção presente na "actio popularis".

As legislações posteriores também se ocuparam da finalidade pública de maneira mais desenvolvida e atualizada no contexto histórico com a denominação probidade administrativa, em virtude do art. 37, § 4º, da CF, propiciaram a Lei 8.429/92 e alterações posteriores (Lei de Improbidade Administrativa), e, também, a Lei 12.846/2013, que visa disciplinar a responsabilidade das Pessoas Jurídicas pela prática de atos danosos contra a Administração Pública, conhecida como Lei anticorrupção.

O fim buscado pela atividade administrativa deve ser sempre o da finalidade pública, aí entendido como a realização das atribuições típicas da administração que visa à concretização dos direitos fundamentais previstos na CF. O interesse da coletividade haverá de ser o norte e não a satisfação dos interesses privados dos gestores públicos ou de suas relações familiares, círculo de amigos ou rede de contatos, visando à satisfação de interesse próprios. Quando não é atendida a finalidade pública, trata-se de evidente desvio de finalidade, comprometendo a higidez do ato administrativo.

O princípio da finalidade da coleta dos dados está presente, no âmbito internacional da normatização protetiva de dados pessoais, desde o Convênio 108/81, aqui deve se agregar a finalidade pública.

Para o entendimento da *persecução do interesse público*, busca-se o conceito de interesse público que chega ao direito brasileiro por meio da doutrina italiana de Renato Alessi[72]. O autor distingue o interesse público primário (o interesse da coletividade) do secundário (o modo pelo qual a administração visualiza o interesse

---

69. HERNÁNDEZ CORCHETE, Juan Antonio. Transparencia en la información al interesado del tratamiento de sus datos personales y en el ejercicio de sus derechos. In: PINÃR MAÑAS, José Luis (Dir.). *Reglamento General de protección de datos*: hacia un nuevo modelo europeo de privacidad. Madrid: Reus, 2016, p. 217.

70. Veja-se novamente o Considerando 50, a respeito das expectativas razoáveis, nota 48.

71. Sobre o desvirtuamento do público em razão da busca da satisfação do interesse privado, veja-se a explicação na sociologia brasileira principalmente nas obras de FAORO, Raimundo. *Os donos do poder*: formação do patronato brasileiro. 15. ed. São Paulo: Globo, 2000, v. 2. A viagem redonda: do patrimonialismo ao estamento, p. 731-747 e HOLANDA, Sérgio Buarque de. *Raízes do Brasil*. São Paulo: Cia das Letras, 2006. Cap. V: O homem cordial, p. 152-222.

72. ALESSI, Renato. *Sistema Instituzzionali del Diritto Italiano*. Milão: A. Giuffrè, 1960, p. 197-8.

público). Na maioria das vezes são coincidentes, mas, por vezes, podem se apartar como na cobrança de impostos por parte da Administração Pública. Por vezes, os contribuintes não desejam a cobrança de novo tributo, ocasião em que sustentam ser a cobrança indevida, e a Administração apregoa que o mesmo é cabível.

Pode, também, ser buscado parâmetro interpretativo no princípio da supremacia do interesse público sobre o interesse privado. Trata-se de princípio implícito na CF, que visa a orientar os operadores jurídicos e a sociedade. Conceitua-se como "princípio geral de Direito inerente a qualquer sociedade. É a própria condição da existência. Assim não se radica em dispositivo específico algum da Constituição, ainda que inúmeros aludam ou impliquem em manifestações concretas dele, como, por exemplo, os princípios da função social da propriedade, da defesa do consumidor ou do meio, ambiente (...)[73]". Assim, extrai-se que o princípio da supremacia do interesse público é um pressuposto lógico do convívio social. Se não houvesse uma pauta voltada ao coletivo, a partir de determinados pressupostos orientados à regulação da comunidade, construídos por meio de regras jurídicas consolidadas, com vetores que apontam a pressupostos éticos, o tecido social se desintegraria.

Frise-se que, ao se enunciar público e privado, não se desconhece a tendência moderna de superar a dicotomia clássica presente no Estado Liberal de público e privado, onde se tem a publicização do privado e a privatização do público[74].

Fernando Garrido Falla[75] já se ocupava da atividade administrativa de direito privado como sendo aquela decorrente da crise que se instaura quando o serviço público não é mais somente aquele prestado pelo Estado, mas também passa a ser desempenhado por empresas privadas. Não existe mais a identificação do serviço público como aquele que é desempenhado exclusivamente pelo Poder Público.

A doutrina alemã cunhou a expressão "A fuga do direito administrativo" em direção ao direito privado[76], que surge após a segunda guerra mundial na Europa, devido à crise fiscal que faz com que o Estado tenha que agir com eficiência, submetendo-se a preceitos do direito privado.

---

73. MELLO, Celso Antônio Bandeira de. *Direito Administrativo*. 20. ed. São Paulo: Malheiros, 2005, p. 85.

74. CANOTILHO, José Joaquim Gomes. Civilização do direito constitucional ou constitucionalização do direito civil? A eficácia dos direitos fundamentais na ordem jurídico-civil. In: GRAU, Eros Roberto; GUERRA FILHO, Willis Santiago (Org). Direito Constitucional: estudos em homenagem a Paulo Bonavides. São Paulo: Malheiros, 2001.

75. GARRIDO FALLA, Fernando. *Tratado de Derecho Administrativo*. Vol. I, 12. ed., Madrid: Tecnos, 1994, p. 124.

76. MIR PUIGPELAT, Oriol. *Globalización, Estado y Derecho*. Las transformaciones recientes del Derecho Administrativo. Madrid: Thomson & Civitas, 2004, p. 158. Citando FLEINER FRITZ, Institutionem des Verwaltungsrechts, 8. ed., 1928, p. 326 (citado por LAGUNA DE PAZ, José Carlos, La renuncia de la Administración pública al Derecho administrativo, en *RAP*, n. 136, enero-abril de 1995, p. 205, nota 10).

O Considerando 156 se ocupa do tratamento dos dados pessoais para fins de interesse público apontando para o princípio da minimização dos dados [77]. Daí se pode propugnar que o poder público brasileiro coleta o mínimo necessário de dados para buscar o interesse público na atividade que realiza.

O *objetivo de executar as competências legais* decorre dos dispositivos constantes dos poderes os quais possuem competências previstas na legislação em sentido amplo, aí entendido também a Constituição. Competência aqui entendida como o círculo estabelecido por lei dentro do qual podem os agentes exercer legitimamente sua atividade. Funda-se na necessidade de divisão do trabalho, ou seja, na utilidade de distribuição da intensa quantidade de tarefas decorrentes de cada uma das funções básicas (legislativa, administrativa ou jurisdicional) entre os vários agentes do Estado.[78]

Cumprir as atribuições legais do serviço público, pode-se compreender como as tarefas necessárias para concretização dos direitos prestacionais, previstos constitucionalmente, que aqui devem ser compreendidos de maneira mais ampla.

Atualmente, é sabida a dificuldade de conceituar juridicamente serviço público[79], pois esta noção acompanha o desenvolvimento do Estado[80]. Assim, a noção francesa, no surgimento do serviço público como sendo aquele desempenhado diretamente pela autoridade pública. No Estado Social (Estado do Bem-Estar), tem-se o

---

77. Considerando 156.O tratamento de dados pessoais para fins de arquivo de interesse público, ou para fins de investigação científica ou histórica ou para fins estatísticos, deverá ficar sujeito à garantia adequada dos direitos e liberdades do titular dos dados nos termos do presente regulamento. Essas garantias deverão assegurar a existência de medidas técnicas e organizativas que assegurem, nomeadamente, o princípio da minimização dos dados. O tratamento posterior de dados pessoais para fins de arquivo de interesse público, ou para fins de investigação científica ou histórica ou para fins estatísticos, deverá ser efetuado quando o responsável pelo tratamento tiver avaliado a possibilidade de tais fins serem alcançados por um tipo de tratamento de dados pessoais que não permita ou tenha deixado de permitir a identificação dos titulares dos dados, na condição de existirem as garantias adequadas (como a pseudonimização dos dados pessoais). Os Estados-Membros deverão prever garantias adequadas para o tratamento dos dados pessoais para fins de arquivo de interesse público, ou fins de investigação científica ou histórica ou para fins estatísticos. Os Estados-Membros deverão ser autorizados a estabelecer, sob condições específicas e mediante garantias adequadas para o titular dos dados, especificações e derrogações dos requisitos de informação e direitos à retificação, ao apagamento dos dados pessoais, a ser esquecido, à limitação do tratamento e à portabilidade dos dados e de oposição aquando do tratamento de dados pessoais para fins de arquivo de interesse público, ou para fins de investigação científica ou histórica ou para fins estatísticos. As condições e garantias em causa podem implicar procedimentos específicos para o exercício desses direitos por parte do titular de dados, se tal for adequado à luz dos fins visados pelo tratamento específico a par de medidas técnicas e organizativas destinadas a reduzir o tratamento de dados pessoais de acordo com os princípios da proporcionalidade e da necessidade. O tratamento de dados para fins científicos deverá igualmente respeitar outra legislação aplicável, tal como a relativa aos ensaios clínicos.

78. CARVALHO FILHO, José dos Santos. *Manual de Direito Administrativo*. São Paulo: Atlas, 2016, p.176-177. *E-book.*

79. CONRADO, Regis da Silva. *Serviços públicos à brasileira*: fundamentos jurídicos, definição e aplicação. São Paulo: Saraiva, 2013, p. 284.

80. COUTO E SILVA, Almiro do. Privatização no Brasil e o novo exercício de funções públicas por particulares. Serviço público 'à brasileira'. *Revista de Direito Administrativo*, Rio de Janeiro, n. 230, p. 45-74, out./dez. 2002.

incremento de prestações levadas a cabo pelo poder público. No contexto atual, assiste-se ao denominado Estado Econômico, com a tendência neoliberalizante, que fez com que muitos serviços prestados pela autoridade pública fossem desempenhados pela iniciativa privada, alargando a noção de serviço público. Nesse sentido, veja-se a evolução da noção de responsabilidade civil extracontratual do Estado, quando menciona pessoa jurídica de direito privado que presta serviço público (art. 37, § 6°, CF) e o surgimento das agências reguladoras, no direito brasileiro (art. 241, CF). Desse modo, "é possível disciplinar dentro do qual o complexo Estado-sociedade nas sociedades industriais, busca imprimir uma ordem corretiva (intervenção) ou impulsiva (fomento) às atividades econômicas, tanto pela atuação dos órgãos do Estado, quanto pela atuação associada dos órgãos da sociedade"[81] ao estatuir os fundamentos econômicos da regulação.

Assim, pode-se concluir que o princípio da finalidade pública deve ser observado pela administração pública, quer se trate de pessoa jurídica de direito público ou privado[82], já que integrante dos quadros públicos. Porém, haverá observância mais contundente ao atendimento de finalidade pública, interesse público e competências legais, quando se tratar de pessoas jurídicas de direito público.

ART. 23, INCISO I, LGPD

A respeito do tratamento dos dados, a administração pública, no exercício de suas competências, deve fornecer informações claras, preferencialmente nos sítios eletrônicos, resgatando a noção da transparência, prevista no art. 6°, VI, da LGPD.

Assim, o cidadão que teve seus dados coletados pela Administração Pública tem o direito de saber a respeito deste tratamento e fluxo de dados, de uma maneira clara e acessível, preferencialmente no sítio eletrônico da própria administração. Este direito do cidadão gera um dever por parte da Administração Pública, no sentido de disponibilizar este fluxo de dados.

A transparência[83] (art. 12 RGPD) faz referência a que toda a informação que se dirija ao interessado há de ser concisa, de fácil acesso e por meio de uma linguagem clara e simples. A própria diretiva estabelece uma obrigação expressa dos responsáveis para tornar efetivos os direitos exercitados por parte dos interessados.

---

81. MOREIRA NETO, Diogo de Figueiredo. *Direito Regulatório*. Rio de Janeiro: Renovar, 2003, p. 71.

82. Vide comentários ao art. 24 da LGPD.

83. PUYOL MONTERO, Javier. Transparencia de la información y derecho de acceso de los interesados em la nueva normativa de protección de datos. In: RALLO LOMBARTE, Artemi (Dir.). *Tratado de Protección de Datos*. Valencia: Tirant lo Blanc, 2019, p. 276. *Vide* também LIMBERGER, Têmis. CIBERTRANSPARÊNCIA: informação pública em rede – a virtualidade e suas repercussões na realidade, Porto Alegre: Livraria do Advogado, 2016, pp. 41/6.

ART. 23, INCISO III, LGPD

Deve a administração pública fazer indicação do encarregado[84]. Pode-se conceituar o encarregado como sendo o canal de comunicação entre o controlador, os titulares dos dados e a ANPD, podendo ser pessoa física ou pessoa jurídica, nos termos do art. 41 da LGPD. Assim, tanto as pessoas jurídicas de direito público quanto as de direito privado têm de possuir um encarregado para fazer a gestão do tratamento de dados.

ART. 23, § 1º, LGPD

A ANPD deverá instituir as formas de publicidade, conforme art. 55-J, X, da LGPD, regulamentado pelo art. 4º, III, "b", Anexo I, Decreto 10.474/2020, que estatui que ao Conselho Diretor incumbe dispor sobre a forma de publicidade das operações realizadas pelas pessoas jurídicas de direito público, ressalvado o segredo industrial e comercial.

A alegação de segredo industrial e comercial não pode prejudicar o princípio constitucional da publicidade e da transparência[85].

ART. 23, § 2º, LGPD

A criação das figuras previstas pela LGPD (controlador, operador e encarregado) não dispensa as pessoas jurídicas mencionadas (administração direta e indireta) de instituir as autoridades de que tratam os arts. 35 e 37 da LAI, quais sejam: a Comissão Mista de Reavaliação de informações e o Gabinete de Segurança Institucional da Presidência da República e o Núcleo de Segurança e Credenciamento.

ART. 23, § 3º, LGPD

Mais uma vez se evoca a interpretação sistemática, quando observa os prazos e procedimentos em legislação específica do *habeas data*, previsto no art. 5º, LXXII,

---

84. PINHEIRO, Patrícia Peck. *Proteção de dados pessoais*: comentários à Lei n. 13.709/18 (LGPD). São Paulo: Saraiva, 2018. (*E-book*), quando discorre sobre o artigo 41 da LGPD, "A imputação da necessidade de um encarregado principal por parte do controlador em face das atividades e ações relativas ao tratamento de dados busca garantir que as informações fiquem centralizadas e que o controlador se certifique de que a aplicação das normas receberá efetiva validação. Esse encarregado deve ser pessoa natural, mas pode ser uma pessoa contratada de equipe própria ou terceirizada".

85. LIMBERGER, Têmis; TRONQUINI, Luiz Felipe Menezes. A transparência na concessão de incentivos tributários e a demonstração da renúncia de receita tributária: realidade, perspectivas e possibilidades. *Revista de Interesse Público*, Belo Horizonte, v. 22, n. 120, p. 02-20, 2020.

da CF e disciplinado pela Lei 9.507/1997, cuja tendência é a maior utilização da garantia processual, em que se exige o esgotamento da via administrativa, antes do ingresso com o processo judicial. E, ainda, menciona a Lei do Processo Administrativo (Lei 9.784/99), extraída a partir do princípio constitucional do contraditório e da ampla defesa (art. 5º, LV, CF) e da já referida conexão da LAI com a LGPD[86].

Posteriormente, há referência que os processos de fiscalização e aplicação de sanções da ANPD deverão ser realizados com o contraditório, a ampla defesa e o direito ao recurso – Art. 55-J, IV, LGPD.

ART. 23, § 4º, LGPD

Os serviços notariais e de registros são abrangidos no conceito de serviço público, exercidos em caráter privado, por delegação do poder público (art. 236, CF). Estão abrigados na denominação de agente público, em sentido lato, sendo criticável a denominação "particulares em colaboração com o poder público"[87]. A noção de agente público é assistemática e tal discussão não é meramente acadêmica[88].

A Lei 8.935/94 regula a atividade dos notários e registradores, sendo que, no art. 3º, é conceituado o ato delegatário, do qual se pode extrair que é um ato administrativo.[89]

---

86. Comentários já realizados no tópico interpretação sistemática LGPD e LAI, destes comentários ao Capítulo IV, da LGPD.

87. A doutrina se refere a particulares em colaboração com o poder público (Di Pietro, p. 683). Prefere-se a denominação Agentes de Colaboração, aos quais se subdividem em três modalidades: vontade própria, compulsão e concordância com a Administração, sendo os que prestam serviço com sua expressa aquiescência, como no caso dos delegatários de serviço público, neste sentido Diógenes Gasparini, 15ªed., 2010, p. 220.

88. MELLO, Celso Antônio Bandeira de. *Direito Administrativo*. 25. ed. São Paulo: Malheiros, 2008, p. 244.

89. Titulares e Interinos ambos estão obrigados a informar receitas e despesas, conforme determinação do Provimento 45/2015 do CNJ. Nesse sentido: "Mandado de segurança. Serventia extrajudicial. Remoção irregular. Exigência de prestação de contas. (...) tanto os titulares quanto os interinos devem prestar contas à Administração. O fato de a prestação de contas dos interinos ser mais detalhada que a dos titulares não significa que estes estão desobrigados de informar as receitas e despesas, conforme determina o Provimento 45/2015 do CNJ" (TJRS, Mandado de Segurança Cível 70082840042, Tribunal Pleno, Relator: Luiz Felipe Brasil Santos, Redator: Vanderlei Teresinha Tremeia Kubiak, j. em: 17/02/2020).

Assim, quando desempenham a atividade em caráter interino subordinam-se ao teto constitucional, uma vez que realizada analogia com o servidor público temporário (STJ, Agravo em Recurso Especial 1.330.025-PE, Min. Og Fernandes, DJE, 18/12/2018).

Os provimentos ns. 18[90], 74[91], 88[92] e 100[93], do CNJ, dispõem a respeito do tratamento dos dados em formato eletrônico, já inserindo os serviços notariais e registrais na administração pública em rede. A propósito da adequação das serventias extrajudiciais para atender aos comandos da LGPD, o Provimento do CNJ 134/2022[94].

Os serviços notariais e registrais possuem o mesmo tratamento dispensado às pessoas jurídicas de direito público, quando deverão atender à finalidade pública, a persecução do interesse público, a execução de competências legais e o cumprimento das atribuições do serviço público, uma vez que trabalham com dados pessoais e dados sensíveis. Daí se extrai a observância das regras do art. 23, "caput", da LGPD.

A determinação é no sentido de que informem as hipóteses de tratamento dos dados pessoais, forneçam informações claras e atualizadas, indiquem a previsão legal, a finalidade, os procedimentos e as práticas utilizadas, preferencialmente em sítios eletrônicos[95].

A interoperabilidade[96] dos serviços prestados pelos notários e registradores é peça fundamental para integração no Poder Público entre o Poder Judiciário, Receita Federal, COAF etc., e permitir a fiscalização das transações efetuadas.

ART. 23, § 5º, LGPD

Os notários e registradores deverão fornecer acesso ao poder público para assegurar as finalidades previstas na lei. Sujeitos, portanto, à LGPD e ao disposto da interoperabilidade (art. 25, LGPD), uma vez que as informações constantes nos registros públicos de pessoas físicas ou de imóveis são de extrema valia. A respeito da publicidade e da proteção de dados na atividade notarial, dos tabeliães e regis-

---

90. Dispõe sobre a instituição e funcionamento da Central Notarial de Serviços Eletrônicos Compartilhados – CENSEC.

91. Dispõe sobre padrões mínimos de tecnologia da informação para a segurança, integridade e disponibilidade de dados para a continuidade da atividade pelos serviços notariais e de registro do Brasil e dá outras providências.

92. Dispõe sobre a política, os procedimentos e os controles a serem adotados pelos notários e registradores visando à prevenção dos crimes de lavagem de dinheiro, previstos na Lei n. 9.613, de 3 de março de 1998, e do financiamento do terrorismo, previsto na Lei n. 13.260, de 16 de março de 2016, e dá outras providências.

93. Dispõe sobre a prática de atos notariais eletrônicos utilizando o sistema e-Notariado, cria a Matrícula Notarial Eletrônica-MNE e dá outras providências.

94. Dispõe sobre as medidas a serem adotadas pelas serventias extrajudiciais para adequação da LGPD.

95. O Provimento 74 do CNJ, dispõe de padrões mínimos de tecnologia da informação para a segurança, integridade e disponibilidade de dados para continuidade da atividade pelos serviços notariais e de registro.

96. Vide comentários do art. 25 da LGPD.

tradores, vale mencionar: que a publicidade[97] há de se ajustar aos princípios da adequação, proporcionalidade e finalidade, quando se depara com a proteção dos dados pessoais, esta é a chave[98] do deslinde do embate entre os direitos.

Vejam-se os casos de exemplificação, nos comentários ao art. 25 da LGPD. Tem-se que a informação isolada é de pouca valia. A riqueza provém do cruzamento da informação. A interoperabilidade dos sistemas é fundamental, pois permite a comunicação e o cotejo dos dados.

---

97. DE LA QUADRA-SALCEDO, Tomás. El servicio público registral entre la privacidad y la publicidad. In: Sosa Wagner, Francisco (Coord.). *El derecho Administrativo en el umbral del Siglo XXI*. Homenaje al profesor Martín Mateo. Valencia: Tirant lo Blanch, 2000, p. 1281-1328, "in" GUICHOT, Emilio. *Datos personales y administración pública*. Navarra: Thomson & Civitas, 2005, p. 365-7.

98. GUICHOT, Emilio. *Datos personales y administración pública*. Navarra: Thomson & Civitas, 2005, p. 364-5.

Têmis Limberger

Art. 24. As empresas públicas e as sociedades de economia mista que atuam em regime de concorrência, sujeitas ao disposto no art. 173 da Constituição Federal, terão o mesmo tratamento dispensado às pessoas jurídicas de direito privado particulares, nos termos desta Lei.

Parágrafo único. As empresas públicas e as sociedades de economia mista, quando estiverem operacionalizando políticas públicas e no âmbito da execução delas, terão o mesmo tratamento dispensado aos órgãos e às entidades do Poder Público, nos termos deste Capítulo.

O artigo 24 estabelece um tratamento diferenciado para as empresas públicas e sociedades de economia mista, onde se vai perquirir a natureza jurídica da função administrativa praticada em regime de concorrência ou execução de políticas públicas.

A EC 19/98 introduziu o §1º ao art. 173 da CF[1], ao dispor que as empresas públicas e sociedades de economia mista, que atuam em regime de concorrência, ficam sujeitas ao tratamento dispensado às pessoas jurídicas de direito privado, sendo, portanto, equiparadas às demais empresas privadas.

Por vezes, há o desempenho da dupla função[2], nos casos de empresa pública, tomando-se como exemplo a CEF, que por vezes atua como banco comercial e por vezes auxilia na concretização das políticas públicas. Há de se ver a finalidade das ações desempenhadas em regime de competição com as empresas privadas ou realizando fins sociais por meio das políticas públicas. Deve-se buscar a finalidade das ações desempenhadas em regime de competição com as empresas privadas ou realizando fins sociais por meio das políticas públicas.

O art. 173, § 1º, da CF não se aplica às empresas públicas e sociedades de economia mista, que prestam serviço público, tal como já decidiu o STF[3]. Daí se extrai que o citado preceito constitucional é aplicável às entidades referidas somente quando atuam em regime de concorrência.

---

1. BRASIL. Lei 13.303, de 30 de junho de 2016. *Dispõe sobre o estatuto jurídico da empresa pública, da sociedade de economia mista e de suas subsidiárias, no âmbito da União, dos Estados, do Distrito Federal e dos Municípios.* Publicado no DOU de 1º.7.2016. Disponível em: http://www.planalto.gov.br/ccivil_03/_ato2015-2018/2016/lei/l13303.htm Acesso em: 18 fev. 2025.

2. QUEVEDO, Marcelo. *Transformações administrativas*: A Caixa Econômica Federal, a execução do Orçamento Geral da União e a efetividade das Política Públicas. Curitiba: Juruá, 2017, p. 109. LIMBERGER, Têmis; QUEVEDO, Marcelo. As transformações administrativas, políticas públicas e a execução do Orçamento Geral da União - A função econômica da Caixa Econômica Federal - CEF. Novos Estudos Jurídicos (Univali), Itajaí, v. 21, p. 1185-1221, 2016.

3. STF, ADI 1.642-3 MG, TP, Rel. Min. Eros Grau, j. 3/4/2008, DJe 19/09/2008.

COMENTÁRIOS À LEI GERAL DE PROTEÇÃO DE DADOS PESSOAIS (LEI 13.709/2018)

Deve-se observar que, por se tratar de empresa estatal ou governamental, o Estado deve ter o controle acionário[4]; portanto, não é qualquer participação, mas há de ser o majoritário. Assim, se o Estado integrar, mas não detiver o controle, não há que se falar em empresa pública ou sociedade de economia mista[5], para fins de regime de concorrência, de que trata o art. 173, § 1º, da CF / EC 19/98.

Já se observa o regime licitatório trazido pela Lei 13.313/2016, estatuto jurídico da empresa pública, da sociedade de economia mista e de suas subsidiárias, no âmbito da União[6], dos Estados, do Distrito Federal e dos municípios. O poder público desempenha atividade econômica em regime de concorrência[7], a semelhança do desempenho com o setor privado, veja-se, exemplificativamente: a situação do Banco do Brasil e da CEF.

Neste sentido, há de se buscar a natureza jurídica do desempenho da função: concretização de políticas públicas ou atividade prestada em regime de concorrência. Porém, ainda quando atuam nesta modalidade, ficam sujeitas ao regramento de proteção de dados pessoais, em virtude do artigo 3º da LGPD.

ART. 24, PARÁGRAFO ÚNICO, LGPD

Quando as empresas públicas e as sociedades de economia mista estiverem operando políticas, sujeitam-se a este capítulo, das regras atinentes ao poder público (cap. IV da LGPD).

As políticas públicas[8], quando executadas, isto é, concretizadas, a partir dos direitos sociais, sob a forma de prestação de serviços públicos, por descentralização da atividade pública, deverão obedecer aos postulados deste capítulo.

---

4. DI PIETRO, Maria Sylvia Zanella. *Direito Administrativo*, 31. ed. São Paulo: Gen Forense, 2018, p. 543.

5. DI PIETRO, Maria Sylvia Zanella. *Direito Administrativo*. 31. ed. São Paulo: Gen Forense, 2018, p. 547.

6. Decreto 8.945/2016, que regulamenta a Lei 13.303/2016, no âmbito da União. *Vide* a Lei 14.133/2021 , de Licitações e Contratos Administrativos, que em seu artigo 1º, § 1º, dispôs que " não são abrangidas por esta Lei as empresas públicas, as sociedades de economia mista e as suas subsidiárias, regidas pela Lei 13.303/2016, ressalvado o disposto no art. 178 desta lei . O referido artigo versa sobre crimes licitatórios. Posteriormente, o artigo 185, Lei 14.133/2021 dá conta da aplicabilidade das disposições penais aos contratos regidos pela Lei 13.303/2016.

7. A respeito da divulgação de informações de empresas públicas e sociedades de economia mista em regime de concorrência, veja-se o art. 5º, §1º, do Decreto 7.724/2012.

8. BUCCI. Maria Paula Dallari. *Políticas públicas*: reflexões sobre o conceito jurídico. São Paulo: Saraiva, 2006, p. 39. Quando estatui: "Política pública é o programa de ação governamental que resulta de um processo ou conjunto de processos juridicamente regulados – processo eleitoral, processo de planejamento, processo de governo, processo orçamentário, processo legislativo, processo judicial – visando coordenar os meios à disposição do Estado e as atividades privadas, para a realização de objetivos socialmente relevantes e politicamente determinados. Como tipo ideal, a política pública deve visar a realização de objetivos definidos, expressando a seleção de prioridades, a reserva de meios necessários à sua consecução e o intervalo de tempo em que se espera o atingimento dos resultados".

A CEF e a instituição de suas políticas habitacionais, de saneamento, de complementação de renda para famílias carentes e instituição de auxílios emergenciais (como na COVID-19), são exemplos, deste dispositivo legal.

Têmis Limberger

Art. 25. Os dados deverão ser mantidos em formato interoperável e estruturado para o uso compartilhado, com vistas à execução de políticas públicas, à prestação de serviços públicos, à descentralização da atividade pública e à disseminação e ao acesso das informações pelo público em geral.

INTEROPERABILIDADE

A respeito da conceituação de interoperabilidade evoca-se o art. 3º da Decisão 2004/387/CE, como sendo a construção de serviços europeus de Administração eletrônica: Estado da situação de integração nos serviços europeus de administração eletrônica e atuação da Administração[1].

A interoperabilidade resulta na possibilidade de comunicação e acesso entre os sistemas. É requisito básico na sociedade e administração em rede, tratando-se de pressuposto necessário, sem o qual não há transversalidade.

A interoperabilidade[2] é a primeira premissa a ser exposta por ser uma das mais delicadas, e problemáticas, dentro da estrutura administrativa brasileira. Segundo o Marco Civil da Internet, Lei 12.965/2014[3], o uso da internet no Brasil tem por objetivo a promoção "da adesão a padrões tecnológicos abertos que permitam a comunicação, a acessibilidade e a interoperabilidade entre aplicações e bases de dados". No art. 24, ao disciplinar a atuação do poder público, uma das diretrizes no desenvolvimento da internet no Brasil é (III) a promoção da interoperabilidade tecnológica dos serviços de governo eletrônico, entre os diferentes Poderes e âmbitos da Federação, como forma de permitir o intercâmbio de informações e a celeridade de procedimentos, bem como (IV) a promoção da interoperabilidade entre sistemas e terminais diversos, inclusive entre os diferentes âmbitos federativos e diversos setores da sociedade. Vislumbra-se, pois, que, mesmo presente na legislação brasileira, a interoperabilidade carece de efetividade. Não existe um programa ou uma política para pôr em prática esse atributo que indiscutivelmente é o "vértice" de uma Administração e(m) rede.

---

1. MARTÍNEZ GUTIÉRREZ, Rubén. *Administración Pública Electrónica*. Pamplona: Civitas, 2009, p. 265. A respeito dos 11 princípios que podem ser perseguidos, cf. p. 267.

2. LIMBERGER, Têmis; SANTANNA, Gustavo da Silva. A (in)eficiência do Processo Judicial Eletrônico na sociedade da informação. *Revista Opinião Jurídica*, Fortaleza, v. 16, p. 130-155, 2018.

3. BRASIL. Lei nº 12.965, de 23 de abril de 2014. *Estabelece princípios, garantias, direitos e deveres para o uso da Internet no Brasil*. Publicado no DOU de 24.4.2014. Disponível em: http://www.planalto.gov.br/ccivil_03/_ato2011-2014/2014/lei/l12965.htm. Acesso em: 18 fev. 2025.

Na União Europeia, esse pressuposto veio explicitado na Decisión 2004/387/CE[4] del Parlamento Europeo y del Consejo, sendo conceituado como "*capacidad de los sistemas de tecnologías de la información y las comunicaciones (TIC), y de los procesos empresariales a los que apoyan, de intercambiar datos y posibilitar la puesta en común de información y conocimientos*". Assevera Gutiérrez[5] que a interoperabilidade tem como objetivo garantir a "conectividade" entre as diversas estruturas administrativas, de modo a possibilitar o fluxo das informações, ou seja, a possibilidade de um programa de informática compartilhar informação com outros programas e sistemas, estabelecendo-se uma comunicação entre eles, refletindo diretamente nos resultados e acabando com as "ilhas" de sistemas [6]. Ilhas essas que acabam beneficiando a corrupção e a desinformação de uma forma geral.

O uso compartilhado de dados pessoais pelo poder público deve ser formalizado, conjugando-se com o que dispõe o art. 37 da LGPD. Porém, relativo ao compartilhamento dos dados entre órgãos e as entidades da administração federal direta, autárquica e fundacional e os demais Poderes da União, com as finalidades especificadas nos incisos do art. 1º do Decreto 10.046/2019, fica dispensada a celebração de convênio, acordo de cooperação técnica ou instrumentos congêneres para a efetivação do compartilhamento de dados entre órgãos e entidades, referidas neste artigo 1º e observado o disposto no art. 3º da Lei 13.709/2018. Entretanto, em se tratando de dados restritos, deve-se observar as determinações do Comitê Central de Governança de Dados, artigo 12 do citado Decreto. Por outro lado, quando se tratarem de compartilhamento de dados específicos, deve-se observar o art. 14 do referido Decreto, com exigências próprias.

Quando não se estiver no âmbito federal, recomenda-se a formalização de que trata o art. 37 da LGPD. Para tanto, sugere-se a instauração de procedimento administrativo, do qual constem os documentos e informações pertinentes, incluindo análise técnica e jurídica e a motivação para realização do compartilhamento e a sua observância à legislação vigente. Importante que o compartilhamento seja estabelecido em ato formal, compreendendo-se, a realização por escrito. Na hipótese de o compartilhamento ser rotineiro, é recomendável da expedição de ato administrativo (portaria etc.) com o objetivo de conferir padronização e rapidez às operações.

Examine-se a hipótese de registro civil de pessoas naturais, onde consta óbito. Tal dado é extremamente importante para cessar o recebimento de benefício previdenciário. Isso é importante para o cruzamento dos dados com o INSS, por exemplo.

---

4. ESPANHA. Decisión 2004/387/CE del Parlamento Europeo Y del Consejo, de 21 de abril de 2004, relativa a la prestación interoperable de servicios paneuropeos de administración electrónica al sector público, las empresas y los ciudadanos (IDABC). Disponível em: https://boe.es/buscar/doc.php?id=DOUE-L-2004-81420. Acesso em: 18 fev. 2025.

5. MARTÍNEZ GUTIÉRREZ, Rubén. *Administración Pública Electrónica*. Pamplona: Civitas, 2009, p. 265.

6. CASADO, Eduardo Gamero. Interoperabilidad y administración pública electrónica: conéctense, por favor. *Revista de Administración Pública*. Madrid, n. 179, p. 291-332, maio/ago. 2009.

E, ainda, em caso de estar sujeito à LAI, as informações constantes nos registros de imóveis são extremamente importantes, a fim de verificar se existem bens imóveis, considerando as dimensões continentais do Brasil. E, ainda, o cruzamento de informações com a Receita Federal, visando verificar a declaração de bens e o valor declarado para se saber se é compatível com o valor de mercado, a partir do que consta no Imposto de Renda.

É importante destacar, além da interoperabilidade, a cooperação, que deve ocorrer entre estabelecimentos públicos e privados; veja-se nos casos de saúde, em que a pandemia colocou em pauta a necessidade de troca de informações entre as redes pública e privada de hospitais[7].

Os padrões de interoperabilidade serão disciplinados pelo art. 4º, III, "c", do Anexo I, do Decreto 10.474/2020. Aí considerados não somente para fins de portabilidade, mas outras possibilidades.

---

7. *Vide* LIMBERGER, Têmis; SANTANNA, Gustavo da Silva. Administração Pública e(m) rede pós-pandemia: novos rumos. *Interesse Público*, Belo Horizonte, v. 24, p. 53-58, 2022.

Têmis Limberger

Art. 26. O uso compartilhado de dados pessoais pelo Poder Público deve atender a finalidades específicas de execução de políticas públicas e atribuição legal pelos órgãos e pelas entidades públicas, respeitados os princípios de proteção de dados pessoais elencados no art. 6º desta Lei.

§ 1º É vedado ao Poder Público transferir a entidades privadas dados pessoais constantes de bases de dados a que tenha acesso, exceto:

I – em casos de execução descentralizada de atividade pública que exija a transferência, exclusivamente para esse fim específico e determinado, observado o disposto na Lei 12.527, de 18 de novembro de 2011 (Lei de Acesso à Informação);

II – (Vetado);

III – nos casos em que os dados forem acessíveis publicamente, observadas as disposições desta Lei.

IV – quando houver previsão legal ou a transferência for respaldada em contratos, convênios ou instrumentos congêneres; ou (Incluído pela Lei 13.853, de 2019)

V – na hipótese de a transferência dos dados objetivar exclusivamente a prevenção de fraudes e irregularidades, ou proteger e resguardar a segurança e a integridade do titular dos dados, desde que vedado o tratamento para outras finalidades. (Incluído pela Lei 13.853, de 2019)

§ 2º Os contratos e convênios de que trata o § 1º deste artigo deverão ser comunicados à autoridade nacional.

ART. 26, "CAPUT", LGPD

O compartilhamento de dados é uma das expressões da interoperabilidade (art. 25, LGPD).

No uso de dados compartilhados, devem ser respeitados os princípios de que trata o art. 6º, da LGPD, agregando-se que podem ser compartilhados quando existir a finalidade pública, a persecução do interesse público com o objetivo de executar competências legais do serviço público.

As políticas públicas executadas pela Caixa, por exemplo,[1] como por ocasião do auxílio emergencial, que movimenta dados de milhões de brasileiros, podem

---

1. LIMBERGER, Têmis; QUEVEDO, Marcelo. *As transformações administrativas, políticas públicas e a execução do Orçamento Geral da União* – A função econômica da Caixa Econômica Federal – CEF. Novos Estudos Jurídicos (Univali), Itajaí, v. 21, p. 1185-1221, 2016..

servir para instituir políticas públicas futuras, mas há que se cuidar para que não haja vazamento dos mesmos, zelando para que o tratamento de dados pessoais seja realizado de forma adequada.

Vale referir o Considerando 50[2], do RGPD, que estatui o tratamento dos dados para outros fins, quando este for necessário para o exercício das funções de interesse público ou o exercício da autoridade pública de que está investido o responsável pelo tratamento.

Nesta hipótese, modifica-se a finalidade inicial, mas há de se ter presente sempre a finalidade pública. O encarregado deve considerar as legítimas expectativas do cidadão, quando teve seu dado inicialmente coletado e o tratamento que ocorrerá *a posteriori*. Tem de ter atenção aos pressupostos de tratamento dos dados.

Por fim, a finalidade específica no uso compartilhado de dados deve ser orientada pelo Princípio da Necessidade, no sentido de que os dados coletados sejam os absolutamente imprescindíveis, em quantidade mínima. Vale mencionar os princípios de Boas Práticas para Ética de Dados do Setor Público, estabelecidas pela Organização para a Cooperação e Desenvolvimento Econômico – OECD[3], voltadas a uma gestão que assegure as boas práticas.

ART. 26, § 1º, LGPD – TRANSFERÊNCIAS A EMPRESAS PRIVADAS – VEDAÇÃO – RESSALVADAS SITUAÇÕES EXCEPCIONAIS

É importante destacar, além da interoperabilidade, a cooperação, que deve ocorrer entre estabelecimentos públicos e privados, quando se concretizam direi-

---

2. Considerando 50. O tratamento de dados pessoais para outros fins que não aqueles para os quais os dados pessoais tenham sido inicialmente coletados apenas deverá ser autorizado se for compatível com as finalidades para as quais os dados pessoais tenham sido inicialmente coletados. Nesse caso, não é necessário um fundamento jurídico distinto do que permitiu a coleta dos dados pessoais. Se o tratamento for necessário para o exercício de funções de interesse público ou o exercício da autoridade pública de que está investido o responsável pelo tratamento, o direito da União ou dos Estados-Membros pode determinar e definir as tarefas e finalidades para as quais o tratamento posterior deverá ser considerado compatível e lícito. As operações de tratamento posterior para fins de arquivo de interesse público, para fins de investigação científica ou histórica ou para fins estatísticos, deverão ser consideradas tratamento lícito compatível. O fundamento jurídico previsto no direito da União ou dos Estados-Membros para o tratamento dos dados pessoais pode igualmente servir de fundamento jurídico para o tratamento posterior. A fim de apurar se a finalidade de uma nova operação de tratamento dos dados é ou não compatível com a finalidade para que os dados pessoais foram inicialmente recolhidos, o responsável pelo seu tratamento, após ter cumprido todos os requisitos para a licitude do tratamento inicial, deverá ter em atenção, entre outros aspetos, a existência de uma ligação entre a primeira finalidade e aquela a que se destina a nova operação de tratamento que se pretende efetuar, o contexto em que os dados pessoais foram recolhidos, em especial as expectativas razoáveis do titular dos dados quanto à sua posterior utilização, baseadas na sua relação com o responsável pelo tratamento; a natureza dos dados pessoais; as consequências que o posterior tratamento dos dados pode ter para o seu titular; e a existência de garantias adequadas tanto no tratamento inicial como nas outras operações de tratamento previstas.

3. ORGANIZAÇÃO PARA A COOPERAÇÃO E DESENVOLVIMENTO ECONÔMICO. *Good Practice Principles for Data Ethics in the Public Sector*, 2020. Disponível em: https://www.oecd.org/digital/digital-government/good-practice-principles-for-data-ethics-in-thepublic-sector.htm. Acesso: 18 fev. 2025, p. 5.

tos sociais. Exemplificativamente, veja-se nos casos de saúde, em que a pandemia[4] colocou em pauta a necessidade de troca de informações entre as redes pública e privada de hospitais, a fim de formular estratégias para o enfrentamento da situação.

Pelo dispositivo legal, os hospitais públicos poderiam receber os dados dos privados, mas o contrário não poderia ocorrer. O mais recomendável é que os dados, sejam eles provenientes do setor público ou do privado, sejam repassados para uma autoridade do Poder Executivo (Ministério, Secretaria do Estado ou Município de Saúde), visando fazer o tratamento das informações como forma de coordenar melhor os rumos a serem tomados pelos gestores.

O Considerando 51[5], do RGPD, estabelece a disciplina relativa aos dados sensíveis, dando especial enfoque aos dados referentes a origem racial ou étnica, estatuindo-se o consentimento expresso, salvo quando o tratamento for efetuado no exercício de atividades legítimas, como associações ou fundações que visem permitir o exercício de liberdades fundamentais.

Aqui é o caso de se cogitar a autodeclaração de raça para fins de ingresso em instituições de ensino (vestibular) ou concurso público, quando se tem as quotas raciais, que visam promover o princípio da igualdade.

Nesses casos, os dados deverão ter uma especial proteção nos sistemas informatizados e não poderão ser repassados, em princípio, sem o consentimento expresso.

Atente-se para o caso de autorizações anteriores ao repasse de dados, sem o que é inviável, por vezes, a entrada na base de dados. Tal prática é bastante frequente e deve haver uma tomada de providências junto às autoridades às quais incumbe a

---

4. *Vide* LIMBERGER, Têmis; SANTANNA, Gustavo da Silva. Administração Pública e(m) rede pós-pandemia: novos rumos. *Interesse Público*, Belo Horizonte, v. 24, p. 53-58, 2022.

5. Considerando 51. Merecem proteção específica os dados pessoais que sejam, pela sua natureza, especialmente sensíveis do ponto de vista dos direitos e liberdades fundamentais, dado que o contexto do tratamento desses dados poderá implicar riscos significativos para os direitos e liberdades fundamentais. Deverão incluir-se neste caso os dados pessoais que revelem a origem racial ou étnica, não implicando o uso do termo «origem racial» no presente regulamento que a União aceite teorias que procuram determinar a existência de diferentes raças humanas. O tratamento de fotografias não deverá ser considerado sistematicamente um tratamento de categorias especiais de dados pessoais, uma vez que são apenas abrangidas pela definição de dados biométricos quando forem processadas por meios técnicos específicos que permitam a identificação inequívoca ou a autenticação de uma pessoa singular. Tais dados pessoais não deverão ser objeto de tratamento, salvo se essa operação for autorizada em casos específicos definidos no presente regulamento, tendo em conta que o direito dos Estados-Membros pode estabelecer disposições de proteção de dados específicas, a fim de adaptar a aplicação das regras do presente regulamento para dar cumprimento a uma obrigação legal, para o exercício de funções de interesse público ou para o exercício da autoridade pública de que está investido o responsável pelo tratamento. Para além dos requisitos específicos para este tipo de tratamento, os princípios gerais e outras disposições do presente regulamento deverão ser aplicáveis, em especial no que se refere às condições para o tratamento lícito. Deverão ser previstas de forma explícita derrogações à proibição geral de tratamento de categorias especiais de dados pessoais, por exemplo, se o titular dos dados der o seu consentimento expresso ou para ter em conta necessidades específicas, designadamente quando o tratamento for efetuado no exercício de atividades legítimas de certas associações ou fundações que tenham por finalidade permitir o exercício das liberdades fundamentais.

fiscalização, pois, geralmente, a oposição do titular dos dados não é suficiente, em razão de formulários de adesão.

Veja-se a propósito o art. 4º, II, *a* e *b*, do Decreto 10.474/2020.

ART. 26, § 1º, INCISO I, LGPD

Em caso de execução descentralizada (DL 200/67) de atividade pública que exija a transferência, exclusivamente para esse fim específico e determinado (princípio da finalidade, onde deve ser especificada a determinação para a finalidade), deve ser observado o disposto na LAI[6].

A finalidade da coleta deverá ser motivada e explícita, pois assim se restringirá a discricionariedade do administrador, em prol da proteção de dados do cidadão.

Podem-se exemplificar as atividades públicas (planos de moradia, saneamento, assistência social) que incumbiriam em ação coordenada aos Ministérios, pertencentes à estrutura Poder Executivo, mas que, por opção do gestor, são realizadas por descentralização administrativa. Atualmente, algumas são implementadas pela Caixa Econômica Federal [7](empresa pública). Aí se tem a descentralização na execução das políticas públicas.

ART. 26, § 1º, INCISO III, LGPD

Nos casos em que forem acessíveis publicamente, observadas as disposições da lei, tem-se as situações de dados disponibilizados publicamente nas hipóteses da LAI e outras que possam surgir, cuja LGPD é de observância obrigatória.

Há de se frisar que, ainda que se trate de dados abertos ou disponibilizados publicamente, deve ser sempre observada a proteção dos dados pessoais. Assim, não seria lícita a atividade de cooptar dados públicos e organizar banco de dados privados como forma de obter lucro pela venda dos mesmos, pois seria subvertida a finalidade com a qual foram tornados públicos.

ART. 26, § 1º, INCISO IV, LGPD

Quando houver previsão legal ou a transferência for respaldada em contratos, convênios ou instrumentos congêneres.

A expressão contratos da Administração é utilizada em sentido amplo para abranger todos os contratos celebrados pela Administração Pública, seja sob o regime

---

6. Veja-se a proposta de interpretação sistemática entre a LGPD e a LAI destes comentários ao cap. IV.

7. AMARAL, Marcelo Quevedo do. *Transformações administrativas*: A Caixa Econômica Federal, a Execução do Orçamento Geral da União e a Efetividade das Políticas Públicas. Rio de Janeiro: Juruá, 2017.

de direito público ou privado. E a denominação contrato administrativo[8] é reservada para designar tão somente os ajustes em que a Administração, nessa qualidade, celebra com pessoas físicas ou jurídicas, públicas ou privadas, para a consecução de fins públicos, segundo o regime de direito público[9].

O convênio não constitui modalidade de contrato, embora seja um dos instrumentos de que o Poder Público se utiliza para associar-se a outras entidades públicas ou privadas[10]. Pode-se conceituar convênio[11] como forma de ajuste entre o Poder Público e entidades públicas ou privadas para realização de objetivos de interesse comum, mediante mútua colaboração.

Por outros instrumentos congêneres, pode-se entender outros acordos de vontade da Administração Pública, ou seja, relações obrigacionais de que participa , que retratam relacionamentos particulares e diferenciados, como por exemplo: consórcios públicos, termos de ajuste de condutas e aditivos contratuais.

Devem ainda ser apontadas outras modalidades de contratos administrativos de concessões de serviços públicos[12], quando a Administração Pública delega a outrem a execução de serviço público, para que o execute em seu próprio nome e por sua conta ou risco, assegurando-lhe remuneração mediante tarifa paga pelo usuário ou outra forma de remuneração decorrente da exploração do serviço.

Devem-se considerar, também, as parcerias público-privadas[13], que se constituem no contrato de concessão, que tem por objeto as seguintes hipóteses: a) a execução de serviço público precedido ou não por obra pública, remunerada mediante tarifa paga pelo usuário e contraprestação pecuniária do parceiro público, ou b) a prestação de serviço de que a Administração Pública seja usuária direta ou indireta, com ou sem execução de obra e fornecimento e instalação de bens, mediante contraprestação do parceiro público.

E, ainda, a concessão de obra pública[14] como sendo o contrato administrativo pelo qual o Poder Público transfere a outrem a execução de uma obra pública, para que execute por sua conta e risco, mediante remuneração paga pelos beneficiários

---

8. DI PIETRO, Maria Sylvia Zanella. *Direito Administrativo*. 31. ed. São Paulo: Gen Forense, 2018, p. 289.

9. Art. 54 e segs., da Lei 8.666/93.

10. DI PIETRO, Maria Sylvia Zanella. *Direito Administrativo*. 31. ed. São Paulo: Gen Forense, 2018, p. 375.

11. Art. 116, "caput", da Lei 8.666/93.

12. Arts. 21, XI e XII, 25, §2º, 175 e 223, CF, Lei 8.987/1995; Lei 9.074/1995 e leis específicas de determinados serviços públicos (telecomunicações, energia elétrica, correios e portos).

13. Idênticas normas aplicáveis à concessão comum, Lei 11.079/2004 e alterações posteriores.

14. BRASIL. Lei 8.987, de 13 de fevereiro de 1995. *Dispõe sobre o regime de concessão e permissão da prestação de serviços públicos previsto no art. 175 da Constituição Federal, e dá outras providências.* Publicado no DOU de 14.2.1995 e republicado em 28.9.1998. Disponível em: http://www.planalto.gov.br/ccivil_03/leis/l8987cons.htm. Acesso em: 18 fev. 2025.

da obra ou obtida em decorrência da explotação dos serviços ou utilidades que a obra proporciona.

Finalmente, atualmente, os contratos de obra pública e de prestação de serviços[15], serviços de publicidade[16], contrato de fornecimento[17] e programa de parcerias de investimentos – PPI[18].

Há de se ressaltar que os contratos e convênios ficam submetidos a comunicação à ANPD, em virtude do §2º do art. 26 da LGPD. A lei restringe o dever de comunicação a estes dois instrumentos (contratos e convênios), mas não haveria razão para fazê-lo, pois os outros instrumentos também envolvem o repasse de dados. É aconselhável que os gestores públicos informem estas outras modalidades à ANPD.

ART. 26, § 1º, INCISO V, LGPD

Na hipótese de a transferência dos dados objetivar exclusivamente a prevenção de fraudes e irregularidades ou proteger e resguardar a segurança e integridade do titular dos dados, vedado o tratamento para outras finalidades.

Aqui a questão da segurança e do combate ao ilícito preponderam, autorizando a transferência de dados. Veda-se a transferência para outras finalidades (o princípio da finalidade novamente se impõe), considerando o objetivo com o qual foi coletado o dado.

Devem ser respeitadas as legítimas expectativas[19] com as quais o dado foi coletado, inicialmente, de seu titular. Daí se pode extrair que isso significa sopesar os direitos do titular de dados diante da cadeia de tratamento dos dados pessoais, assegurando-se a previsibilidade das fundadas expectativas, tendo em vista o contexto fático e o ordenamento jurídico, Nesta hipótese, o princípio da proporcionalidade tem protagonismo essencial.

---

15. Art. 6º, I e II, da Lei 8.666/93.

16. BRASIL. Lei 12.232, de 29 de abril de 2010. *Dispõe sobre as normas gerais para licitação e contratação pela administração pública de serviços de publicidade prestados por intermédio de agências de propaganda e dá outras providências.* Publicado no DOU de 30.4.2010. Disponível em: http://www.planalto.gov.br/ccivil_03/_ato2007-2010/2010/lei/l12232.htm. Acesso em: 18 fev. 2025.

17. Arts. 15 e 16 da Lei 8.666/93.

18. BRASIL. Lei 13.334, de 13 de setembro de 2016. Cria o Programa de Parcerias de Investimentos – PPI; altera a Lei 10.683, de 28 de maio de 2003, e dá outras providências. Publicado no DOU de 13.9.2016 – Edição extra e retificado em 15.9.2016. Disponível em: http://www.planalto.gov.br/ccivil_03/_ato2015-2018/2016/lei/l13334.htm. Acesso em: 18 fev. 2025.

19. BIONI, Bruno Ricardo. *Proteção de dados pessoais:* a função e os limites do consentimento. 2. ed. Rio de Janeiro: Forense, 2020, p. 234.

Têmis Limberger

Art. 27. A comunicação ou o uso compartilhado de dados pessoais de pessoa jurídica de direito público a pessoa de direito privado será informado à autoridade nacional e dependerá de consentimento do titular, exceto:

I – nas hipóteses de dispensa de consentimento previstas nesta Lei;

II – nos casos de uso compartilhado de dados, em que será dada publicidade nos termos do inciso I do "caput" do art. 23 desta Lei; ou

III – nas exceções constantes do § 1º do art. 26 desta Lei.

Parágrafo único. A informação à autoridade nacional de que trata o caput deste artigo será objeto de regulamentação.

Estabelece a comunicação[1] ou o uso compartilhado[2] de dados pessoais de pessoa jurídica de direito público a pessoa jurídica de direito privado, com cientificação à ANPD, a quem incumbirá a fiscalização "a priori", sem prejuízo de outros órgãos e instituições a quem compete também a fiscalização e dependerá de consentimento do titular, exceto:

No inciso I, nas hipóteses de dispensa de consentimento previstas na Lei (art. 7º, III, LGPD), e, também, podem-se agregar os incisos VI, VII e VIII do art.7º.

No inciso II, nos casos de uso compartilhado de dados em que será dada a publicidade, nos termos do art.23, "caput", da LGPD. Assim, a proteção de dados e a transparência com finalidades e informação clara colocam-se como desideratos a serem perseguidos pela Lei[3].

No inciso III, nas exceções previstas no § 1º do art. 26 da LGPD (*vide* comentários anteriores).

No parágrafo único, a informação à ANPD prevista no "caput" deste artigo será objeto de regulamentação. A respeito de dita regulamentação, veja-se o artigo 4º, II, "e", do Decreto 10.474/2020, que remete a este preceito.

---

1. Vide comentários ao art. 23 LGPD, particularmente na referência a TABORDA, Máren. Conferência proferida no IV Congresso Mundial de Justiça Constitucional, Auditório do MP/RS, Porto Alegre, FMP, 28 a 30 de agosto de 2019".

2. Vide comentários ao art. 26, § 1º, da LGPD.

3. Vide comentários às relações entre LGPD e LAI.

Destaca-se que a ANPD foi erigida a autarquia especial [4], em virtude da Lei 14.460, de 25.10.2022, o que implica em autonomia técnica e decisória e gestão administrativa e financeira descentralizada.

---

4. LIMBERGER, Têmis. A proteção de dados do consumidor e a ANPD. In: MARQUES, Claudia Lima; MARTINS, Fernando Rodrigues; MARTINS, Guilherme Magalhães; BESSA, Leonardo Roscoe (Coord.). *5 anos de LGPD*: Estudos em Homenagem a Danilo Doneda. São Paulo: Thomson Reuters Brasil, 2023, p. 333-342.

José Luiz de Moura Faleiros Júnior

Art. 28. (Vetado).

O artigo 28 da LGPD previa, originalmente, que "a comunicação ou o uso compartilhado de dados pessoais entre órgãos e entidades de direito público será objeto de publicidade, nos termos do inciso I do *caput* do art. 23 desta Lei."

O veto presidencial, à época, foi justificado em razão dos empecilhos que a publicidade absoluta poderia causar às pretensões fiscalizatórias do Estado. Constou expressamente da mensagem de veto que publicizar de forma irrestrita a comunicação ou o uso compartilhado de dados pessoais "pode tornar inviável o exercício regular de algumas ações públicas como as de fiscalização, controle e polícia administrativa" entre órgãos e entidades do Poder Público.

O tema não foi revisitado por ocasião da publicação da MP 869/2018, tampouco em sua conversão durante a tramitação legislativa que culminou na Lei 13.853/2019, tendo permanecido o veto original.

José Luiz de Moura Faleiros Júnior

Art. 29. A autoridade nacional poderá solicitar, a qualquer momento, aos órgãos e às entidades do poder público a realização de operações de tratamento de dados pessoais, informações específicas sobre o âmbito e a natureza dos dados e outros detalhes do tratamento realizado e poderá emitir parecer técnico complementar para garantir o cumprimento desta Lei. (Redação dada pela Lei 13.853, de 2019)

O artigo 29 da LGPD traz redação bastante objetiva, mas é importante relembrar que o texto originalmente aprovado pelo Congresso Nacional, em 2018, sofreu alguns acréscimos pontuais pela MP 869/2018 e que acabaram sendo mantidos pela Lei n. 13.853/2019. Eis uma síntese, com os destaques em itálico indicando os acréscimos:

Redação original	MP 869/2018	Lei n. 13.853/2019
Art. 29. A autoridade nacional poderá solicitar, a qualquer momento, às entidades do Poder Público, a realização de operações de tratamento de dados pessoais, informe específico sobre o âmbito e a natureza dos dados e demais detalhes do tratamento realizado e poderá emitir parecer técnico complementar para garantir o cumprimento desta Lei.	Art. 29. A autoridade nacional poderá solicitar, a qualquer momento, *aos órgãos* e às entidades do Poder Público a realização de operações de tratamento de dados pessoais, *informações* específicas sobre o âmbito e a natureza dos dados e *outros* detalhes do tratamento realizado e poderá emitir parecer técnico complementar para garantir o cumprimento desta Lei.	Art. 29. A autoridade nacional poderá solicitar, a qualquer momento, *aos órgãos* e às entidades do Poder Público a realização de operações de tratamento de dados pessoais, *informações* específicas sobre o âmbito e a natureza dos dados e *outros* detalhes do tratamento realizado e poderá emitir parecer técnico complementar para garantir o cumprimento desta Lei.

As mudanças consolidadas na reforma foram as seguintes: acrescentou-se a possibilidade de solicitação aos órgãos, expandindo o antes limitado espectro fiscalizatório da ANPD, que agora também poderá atuar diretamente na coleta de subsídios sobre tratamento realizado pelas estruturas da Administração Pública direta; a substituição do vocábulo 'informe' por 'informações', para que não haja confusão com a figura de nome idêntico descrita no artigo 31 da Lei (elucidada mais adiante); a substituição da palavra 'demais' por 'outros', ao se referir aos detalhes relativos às atividades de tratamento realizadas.

A compreensão do dispositivo ainda pode ser subdividida em alguns eixos temáticos centrais: (i) logo de início, o dispositivo deixa claro que a ANPD poderá solicitar a realização de tratamento pelo Poder Público; (ii) no trecho intermediário do *caput*, explicita a possibilidade de que a ANPD solicite informações sobre o âmbito e sobre a natureza do tratamento realizado e dos dados e outros detalhes aplicados nesse processo de tratamento; (iii) em seu trecho final, sinaliza a possibilidade de que seja emitido parecer técnico complementar.

Esses três aspectos extraídos da estrutura do *caput* do artigo 29 revelavam, uma vez mais, a atividade de orientação da ANPD quanto ao tratamento de dados pessoais realizado pelo Poder Público, que, como já se adiantou, resultava da ausência de atribuições e de ingerência da autoridade, que vigorou até 2022, quando foi solucionada esta limitação pela Medida Provisória n. 1.124, posteriormente convertida na Lei n. 14.460, de 25 de outubro de 2022, sobre servidores públicos que integram os quadros de outros entes, ou sobre esses próprios entes, cada qual dotado de autonomia e de personalidade jurídica própria.[1]

SOLICITAÇÃO DE REALIZAÇÃO DO TRATAMENTO DE DADOS

O primeiro aspecto extraído da dicção do *caput* do artigo 29 da LGPD deixa claro que, em sua atuação subsidiária, a ANPD deverá se manter sempre proativa na fiscalização de eventuais omissões do Poder Público em casos nos quais o tratamento público de dados pessoais deva ser realizado.

Esse múnus é corolário da governança e indica propensão à realização de revisões cíclicas das rotinas administrativas a ponto de identificar 'zonas cinzentas' nas quais eventuais omissões possam indicar inércia estatal e até mesmo gerar riscos.

No Guia Orientativo sobre Tratamento de Dados Pessoais pelo Poder Público, a ANPD oferece diretrizes para a adequação de órgãos e entidades públicas à LGPD, destacando a importância de se observar bases legais específicas, como o consentimento, o legítimo interesse, a execução de políticas públicas e o cumprimento de obrigação legal ou regulatória. O guia também reforça princípios essenciais, como finalidade, adequação, necessidade, transparência e livre acesso aos dados. Além disso, orienta sobre a formalização e registro das operações de compartilhamento de dados, a definição de finalidades claras, a proteção contra acessos não autorizados e a garantia de direitos aos titulares. A ANPD ressalta a necessidade de avaliações contínuas para garantir a conformidade e a segurança no tratamento de dados, reforçando a governança pública como vetor essencial das atividades de tratamento público de dados pessoais.[2]

Ao identificar situações de omissão, o labor da autoridade nacional será o de orientar, como sói fazer em razão de sua natureza orientativa já apontada alhures. Nesses casos, como indica o próprio verbo 'solicitar', não haverá imposição cogente a

---

1. Quanto a obrigação do Estado na prestação de serviço a saúde veja julgados do STF: "Consolidou-se a jurisprudência desta Corte no sentido de que, embora o art. 196 da Constituição de 1988 traga norma de caráter programático, o Município não pode furtar-se do dever de propiciar os meios necessários ao gozo do direito à saúde por todos os cidadãos. Se uma pessoa necessita, para garantir o seu direito à saúde, de tratamento médico adequado, é dever solidário da União, do Estado e do Município providenciá-lo." (STF, AI 550.530-AgR, Rel. Min. Joaquim Barbosa, j. 26-6-2012, Segunda Turma, DJe 16/08/2012).

2. BRASIL. Autoridade Nacional de Proteção de Dados. *Guia Orientativo: Tratamento de Dados Pessoais pelo Poder Público. Versão 2.0.* Brasília, DF: ANPD, 2023. Disponível em: https://www.gov.br/anpd/pt-br/documentos-e-publicacoes. Acesso em: 18 fev. 2025.

ser observada para que se solucione a omissão. Entretanto, eventual inobservância à solicitação poderá acarretar outras consequências, inclusive para o servidor público que se furtar de realizar a atividade de tratamento público de dados que, em última análise, atenda a alguma finalidade pública e ao interesse público.

Nessas situações em que a omissão se perpetue, além de eventual infração ética, que poderá ser apurada em sindicância e, ulteriormente, processo administrativo disciplinar no respectivo âmbito, não se descarta a possibilidade de averiguação de ato ímprobo, a resultar nas sanções descritas pela Lei de Improbidade Administrativa – Lei 8.429/1992 (arts. 5º e 10, *caput*, quanto aos atos omissivos) –, bem como de eventual crime de prevaricação – sendo necessário que se demonstre que houve retardamento ou inércia, para fins criminais, no intuito do servidor de "satisfazer interesse ou sentimento pessoal" (art. 319 do Código Penal) – ou, no caso de condenação civil do ente respectivo, da propositura de ação de regresso para fins de ressarcimento ao Erário Público (art. 37, §6º, da CR/88).[3]

Em temas de saúde pública, esse dispositivo ganha especial relevância, pois, se o Estado produz o evento lesivo que causa dano "ao bem jurídico garantido de terceiro, o princípio da igualdade – inerente ao Estado de Direito – é suficiente para reclamar a restauração do patrimônio jurídico do lesado".[4] Isso porque, conforme já reafirmou o Supremo Tribunal Federal em diversos julgados, "O direito à saúde é prerrogativa constitucional indisponível, garantido mediante a implementação de políticas públicas, impondo ao Estado a obrigação de criar condições objetivas que possibilitem o efetivo acesso a tal serviço."[5]

SOLICITAÇÃO DE INFORMAÇÕES SOBRE O TRATAMENTO REALIZADO

O segundo aspecto importante que se extrai do artigo 29 da LGPD envolve a atuação da ANPD quanto à solicitação de informações sobre eventual tratamento realizado, o que se manifesta como efeito natural do direito de acesso à informação, nesse caso envolvendo a própria autoridade nacional e a competência que a própria lei a ela impõe de "zelar pela proteção dos dados pessoais" (art. 55-J, inc. I).

Ademais, também no rol de competências da ANPD (art. 55-J) está listada a hipótese do inciso XI: "solicitar, a qualquer momento, às entidades do poder público

---

3. FALEIROS JÚNIOR, José Luiz de Moura. O Estado entre dados e danos: uma releitura da teoria do risco administrativo na sociedade da informação. *In:* FALEIROS JÚNIOR, José Luiz de Moura; LONGHI, João Victor Rozatti; GUGLIARA, Rodrigo (Coord.). *Proteção de dados pessoais na sociedade da informação*: entre dados e danos. Indaiatuba: Foco, 2021, p. 32.

4. MELLO, Celso Antônio Bandeira de. *Curso de direito administrativo*. 33. ed. São Paulo. Malheiros, 2016, p. 1046.

5. STF, AI 734.487-AgR, Rel. Min. Ellen Gracie, j. 3-8-2010, Segunda Turma, DJe de 20-8-2010.) Vide: STF, RE 436.996-AgR, Rel. Min. Celso de Mello, j. 22-11-2005, Segunda Turma, DJ de 3-2-2006; STF, RE 271.286-AgR, Rel. Min. Celso de Mello, j. 12-9-2000, Segunda Turma, DJ de 24-11-2000.

que realizem operações de tratamento de dados pessoais informe específico sobre o âmbito, a natureza dos dados e os demais detalhes do tratamento realizado, com a possibilidade de emitir parecer técnico complementar para garantir o cumprimento desta Lei." Pela própria leitura do dispositivo, nota-se grande semelhança com a redação do próprio artigo 29, a revelar o papel essencial da ANPD na atuação proativa, em prol da transparência pública para garantia do controle público das atividades de tratamento de dados.

Trata-se, enfim, de atuação que será mais efetiva a partir da interlocução com os encarregados de dados de cada ente público. Isso porque são justamente os encarregados que assumem as atividades de "receber comunicações da autoridade nacional e adotar providências" (art. 41, §2º, inc. II).

Espera-se que, com a proliferação de uma cultura de prevenção, possam as atividades dos encarregados fomentar verdadeira estrutura cooperativa com a ANPD para o fornecimento de detalhes sobre as atividades de tratamento de dados realizadas pelo Poder Público no âmbito respectivo, contribuindo diretamente para o incremento das atividades fiscalizatórias.

EMISSÃO DE PARECER TÉCNICO COMPLEMENTAR

O parecer técnico complementar descrito no trecho final do *caput* do artigo 29 é outro elemento que compõe o núcleo de atuação fiscalizatória da ANPD. Trata-se, ainda, de competência expressamente estabelecida no art. 55-J, inc. XI, da Lei, e esse parecer – que não tem natureza vinculante – destina-se a explicitar as conclusões da autoridade nacional sobre eventuais omissões (trecho inicial do dispositivo) ou sobre eventual tratamento que tenha sido realizado (trecho intermediário).

Naturalmente, o componente técnico do parecer é o aspecto que chama a atenção nesse contexto, pois é evidente que se trata de documento relacionado à apuração de medidas de segurança, técnicas e administrativas relacionadas ao caso analisado. Não se trata, portanto, de parecer puramente jurídico – embora possa se beneficiar de nuances desse jaez – direcionado ao agente público de tratamento.

Têmis Limberger

Art. 30. A autoridade nacional poderá estabelecer normas complementares para as atividades de comunicação e de uso compartilhado de dados pessoais.

ANPD PODE CRIAR NORMAS COMPLEMENTARES PARA ATIVIDADES DE COMUNICAÇÃO E DE USO COMPARTILHADO DE DADOS PESSOAIS (ART. 55-J, INC. I, DA LGPD)

A ANPD tem como atribuição zelar pelo cumprimento da lei. Com a promulgação, a Autoridade Nacional de Proteção de Dados – ANPD é transformada, definitivamente, em autarquia de natureza especial, mantidas a estrutura organizacional e as competências.

Devido à sua natureza especial, a Autoridade preservará a sua autonomia técnica e decisória em relação à administração pública direta e, assim como as demais autarquias, terá gestão administrativa e financeira descentralizadas, de acordo com a Lei 14.460, de 14.10.2022, tal representa um avanço importante com relação ao modelo interior, em que estava vinculada ao Gabinete da Presidência da República. Veja-se, também, a propósito o art. 4º, VIII, "a", Anexo I, cap. III, seção I, do Decreto 10.474/2020, quando estatui as competências do Conselho Diretor Tal dispositivo estabelece "normas complementares às atividades de comunicação e uso compartilhado de dados pessoais realizadas por pessoas jurídicas de direito público".

Em junho de 2023, a Autoridade Nacional de Proteção de Dados publicou seu Guia Orientativo de Tratamento de Dados Pessoais pelo Poder Público[1], fundamental para a concretização da LGPD na administração pública. O guia orientativo busca estimular e promover práticas adequadas de tratamento de dados pessoais, auxiliando órgãos públicos a adaptarem suas atividades à legislação atual, propondo diretrizes e boas práticas, de modo a assegurar que a administração pública esteja alinhada aos princípios da proteção de dados e da transparência.

A propósito da regulamentação do processo administrativo sancionador em matéria de proteção de dados pessoais, o Conselho Diretor da ANPD estabeleceu

---

1. BRASIL. Autoridade Nacional de Proteção de Dados. *Guia Orientativo para Tratamento de dados pessoais pelo Poder Público*, publicado em jun. 2023. Disponível em: https://www.gov.br/anpd/pt-br/centrais-de--conteudo/materiais-educativos-e-publicacoes/guia-poder-publico-anpd-versao-final.pdf. Acesso em: 25 jan. 2025.

regras a serem observadas, em 29.10.2021. Sendo que após, foi editada a Resolução 4/2023 que trata da dosimetria das sanções administrativas.

Saliente-se que a administração pública, os agentes públicos e todos os que estejam sujeitos à responsabilidade decorrente desta lei, especificamente em razão do que prevê o art. 52, § 3º, LGPD, devem ser considerados amplamente, isto é, se sujeitam aos rigores da norma todos os que prestam serviço público. Há de se fazer uma interpretação sistemática entre o Estatuto do Servidor Público Federal, LIA, LAI e o art. 37, § 6º, da CF.

Para concluir, evoca-se o pensamento de Antonio Enrique Pérez Luño, que discorreu a respeito das novas formas de relacionamento entre cidadão e administração pública, em tempos de novas tecnologias: Cibercidadania[2]: é expressão que traduz uma nova forma de a Administração Pública disponibilizar a informação em rede aos cidadãos, que pode não ser somente a utilização da ferramenta tecnológica, mas uma nova forma de gerenciamento público e das relações democráticas com a sociedade, que daí advenham.

---

2. PÉREZ LUÑO, Antonio-Enrique. *CIberciudadani@ o ciudadani@?* Barcelona: Gedisa, 2004, p. 64.

Pedro Rubim Borges Fortes

Seção II
Da Responsabilidade

Art. 31. Quando houver infração a esta Lei em decorrência do tratamento de dados pessoais por órgãos públicos, a autoridade nacional poderá enviar informe com medidas cabíveis para fazer cessar a violação.

Os artigos 31 e 32 da LGPD dizem respeito ao tratamento dos dados pessoais pelo poder público (Capítulo IV). Em análise separada, o artigo 31 trata da responsabilidade do poder público no tratamento de dados pessoais e o artigo 32 trata dos instrumentos específicos do poder público para a proteção dos dados pessoais. Em conjunto, dispõem sobre a responsabilidade estatal com relação à prevenção e combate das violações a regras e princípios de proteção dos direitos decorrentes do armazenamento, tratamento e circulação de dados pessoais. Nesse sentido, deve ser salientado o compromisso ético do Estado a partir de seu desenvolvimento na era moderna com o objetivo de estabelecimento de um ente político organizado e estabelecido por meio do primado do respeito às leis, à democracia e aos direitos de seus cidadãos.[1]

Ao realizar a passagem da ideia pré-moderna da identidade do Estado com a figura personalíssima do monarca – sintetizada na frase célebre '*L'État, c'est moi*', atribuída ao Rei Louis XIV – para a conceituação do Estado Democrático de Direito como um ente político representativo da sociedade civil organizada e constituído por meio de instituições políticas e jurídicas capazes de conferir proteção aos direitos difusos, coletivos e individuais, o Estado se apresentou também como responsável por violações a direitos cometidos no âmbito do próprio poder público por meio da superação da máxima encontrada nos antigos comentários do direito inglês de que '*The King can do no wrong*'.[2] Atualmente, portanto, no âmbito do Estado Democrático de Direito, a pessoa jurídica de direito público possui responsabilidades típicas no campo do direito constitucional, administrativo, civil e mesmo infrações penais

---

1. KRIELE, Martin. *Introdução à teoria do Estado*: os fundamentos históricos da legitimidade do Estado Constitucional Democrático. Tradução de Urbano Carvelli. Porto Alegre: Sergio Antonio Fabris, 2009; COSTA, Pietro. O Estado de Direito: uma introdução histórica. In: COSTA, Pietro; ZOLO, Danilo (Orgs.). *O Estado de Direito*: história, teoria. Tradução de Carlos Alberto Dastoli. São Paulo: Martins Fontes, 2006; VAN CREVELD, Martin L. *Ascensão e declínio do Estado*. Tradução de Jussara Simões. São Paulo: Martins Fontes, 2004.

2. Cf. BARRY, Herbert. The King Can Do No Wrong. *Virginia Law Review*, Charlottesville, v. 11, n. 5, p. 349-371, 1925.

podem ser objeto de condenações no âmbito dos Tribunais Internacionais de Direitos Humanos por conta de omissões no dever de proteção (*Responsibility to Protect*).[3]

A reflexão teórica sobre os fundamentos éticos do Estado e de suas responsabilidades é essencial para nossa análise jurídica da tecnologia da informação, na medida em que o Estado brasileiro possui responsabilidade pelo desenvolvimento de sua política pública de inteligência artificial. Por ocasião da preparação deste comentário, o Brasil não possuía um plano nacional de inteligência artificial, carecendo de capacidade digital, infraestrutura, inovação e falta de uma política pública específica para o setor, posicionando-se atrás não somente dos Estados Unidos, China e União Europeia, mas também de México, Colômbia e Argentina.[4]

Particularmente, no âmbito da União Europeia, foi produzida recentemente uma série de documentos – o Relatório Branco sobre Inteligência Artificial,[5] as Recomendações de Política e Investimento em uma Inteligência Artificial Confiável[6] e as Diretrizes Éticas para uma Inteligência Artificial Confiável[7] – contendo as diretrizes e orientações programáticas para o desenvolvimento da política pública na região, que poderiam servir de ponto de partida para o debate entre nós, do mesmo modo que o RGPD europeu serviu de inspiração para a promulgação da LGPD.[8]

---

3. MIRANDA, Jorge. A constituição e a responsabilidade civil do estado. *Revista Brasileira de Direito Constitucional*, São Paulo, v. 1, n. 1, p. 97-106, 2003; ARAGÃO, Alexandre Santos de. Os fundamentos da responsabilidade civil do Estado. *Revista de Direito Administrativo*, Rio de Janeiro, v. 236, p. 263-274, 2004; GABARDO, Emerson; HACHEM, Daniel Wunder. Responsabilidade civil do Estado, faute du service e o princípio constitucional da eficiência administrativa. In: GUERRA, Alexandre Dartanhan de Mello; PIRES, Luis Manuel Fonseca; BENACCHIO (Coord.). *Responsabilidade civil do estado*: desafios contemporâneos. São Paulo: Quartier Latin, 2010, p. 239-292; DIAS, José de Aguiar. Responsabilidade civil do Estado. *Revista de Direito Administrativo*, Rio de Janeiro, v. 11, p. 19-33, 1948; DANTAS BISNETO, Cícero; SANTOS, Romualdo Baptista; CAVET, Caroline Amadori. Responsabilidade civil do Estado e pandemia da COVID-19. *Revista IBERC*, Belo Horizonte, v. 3, n. 2, p. 71-92, 2020; KENKEL, Kai Michael. Brazil and R2P: Does taking responsibility mean using force? *Global Responsibility to Protect*, [S.l], v. 4, n. 1, p. 5-32, 2012.

4. LEMOS, Ronaldo. Brasil derrapa em Inteligência artificial. Folha de São Paulo, 04.10.2020, disponível em: https://www1.folha.uol.com.br/colunas/ronaldolemos/2020/10/brasil-derrapa-em-inteligencia-artificial.shtml Acesso em: 18 fev. 2025.

5. The White Paper on Artificial Intelligence: https://ec.europa.eu/info/sites/info/files/commission-white-paper-artificial-intelligence-feb2020_en.pdf Acesso em: 18 fev. 2025.

6. The Policy and Investment Recommendations for a Trustworthy AI: https://ec.europa.eu/digital-single-market/en/news/policy-and-investment-recommendations-trustworthy-artificial-intelligence Acesso em: 18 fev. 2025.

7. Ethics Guidelines for Trustworthy AI: https://ec.europa.eu/digital-single-market/en/news/ethics-guidelines-trustworthy-ai Acesso em: 18 fev. 2025.

8. Tive a oportunidade recentemente de avaliar a política pública portuguesa de inteligência artificial: FORTES, Pedro Rubim Borges. AI Policy in Portugal: Ambitious Yet Laconic About Legal Routes Towards Trustworthy AI. In: LARSSON, Stefan; INGRAM BOGUSZ, Claire; ANDERSSON SCHWARZ, Jonas (Ed.). Human-Centred AI in the EU: Trustworthiness as a Strategic Priority in the European Member States. Estocolmo: European Liberal Forum, 2020.

O fato é que a própria atuação da ANPD brasileira deveria estar inserida no âmbito de uma política pública, que forneceria os subsídios para a sua organização, institucionalização da sua atividade e daria maior legitimidade para a sua atuação orientada aos objetivos estratégicos nacionais, a partir da abordagem da análise jurídica de políticas públicas.[9] Assim, a primeira conclusão necessária é de que a mora do Estado brasileiro na definição de uma política nacional de inteligência artificial significa, por si, o descumprimento de sua responsabilidade para fins de estabelecimento de instituições voltadas para o desenvolvimento da produção tecnológica, de ampliação da confiabilidade da tecnologia de informação e de melhoria da capacidade de infraestrutura digital no Brasil.[10]

Uma segunda conclusão relevante é que o dever ético do Estado no tratamento de dados pessoais transcende os estreitos limites do direito à privacidade digital e abrange o amplo escopo da responsabilidade algorítmica do Estado.[11] É que, no cenário atual de profundo crescimento da importância da tecnologia da informação, em que dados pessoais são vistos como uma importante forma de capital e sua alocação, redistribuição e acumulação têm transformado as relações sociais, econômicas e políticas, o foco de análise jurídica deve ser não apenas na sua opacidade ou transparência, mas principalmente na estrutura da fórmula algorítmica e na normatividade embutida nos seus comandos e instruções formalizados em linguagem computacional.[12]

Não por acaso, a melhor doutrina tem se referido ao surgimento de um novo direito algorítmico na fronteira entre o direito e a tecnologia da informação, que

---

9. BUCCI, Maria Paula Dallari. Método e aplicações da abordagem Direito e Políticas Públicas (DPP). REI – Revista Estudos Institucionais, Rio de Janeiro, v. 5, n. 3, p. 791-832, 2019; RUIZ, Isabela; BUCCI, Maria Paula Dallari. Quadro de problemas de políticas públicas: uma ferramenta para análise jurídico-institucional. REI – Revista Estudos Institucionais, Rio de Janeiro, v. 5, n. 3, p. 1142-1167, 2019; SOUZA, Matheus Silveira de; BUCCI, Maria Paula Dallari. O estado da arte da abordagem direito e políticas públicas em âmbito internacional: primeiras aproximações. REI – Revista Estudos Institucionais, Rio de Janeiro, v. 5, n. 3, p. 833-855, 2019; BUCCI, Maria Paula Dallari. *Fundamentos para uma teoria jurídica das políticas públicas*. São Paulo: Saraiva Educação, 2017.

10. Nesse aspecto em particular, merece destaque o exemplo da China e suas cidades especialmente desenhadas para o desenvolvimento econômico: FORTES, Pedro Rubim Borges. Imagining Bossa Nova: Possibilities and Limits of Charter Cities. *REI – Revista Estudos Institucionais*, Rio de Janeiro, v. 6, n. 2, p. 769-779, 2020; FORTES, Pedro Rubim Borges. Imaginando Bossa Nova: Possibilidades e Limites das Cidades Charter. *REI – Revista Estudos Institucionais*, Rio de Janeiro, v. 6, n. 3, p. 1519-1531, 2020.

11. FORTES, Pedro Rubim Borges. Responsabilidade Algorítmica do Estado: Como as Instituições Devem Proteger Direitos dos Usuários nas Sociedades Digitais? In: MARTINS, Guilherme Magalhães; ROSENVALD, Nelson (Coord.). *Responsabilidade Civil e Novas Tecnologias*. Indaiatuba: Foco, 2020.

12. ZUBOFF, Shoshana. *The age of surveillance capitalism*: The fight for a human future at the new frontier of power. Londres: Profile Books, 2019; GRASSEGGER, Hannes. *Das Kapital bin ich*: meine Daten gehören mir. Zurique: Kein & Aber AG, 2018; TEFFÉ, Chiara Spadaccini; MEDON, Filipe. Responsabilidade civil e regulação de novas tecnologias: questões acerca de inteligência artificial na tomada de decisões empresariais. *REI – Revista Estudos Institucionais*, Rio de Janeiro, v. 6, n. 1, p. 301-333, 2020; MENDES, Laura Schertel; FONSECA, Gabriel C. Soares da. Proteção de dados para além do consentimento: tendências contemporâneas de materialização. *REI – Revista Estudos Institucionais*, Rio de Janeiro, v. 6, n. 2, p. 507-533, 2020.

merece a reflexão dos juristas e dos tecnólogos para a proteção dos direitos dos usuários diante dos potenciais efeitos lesivos a direitos difusos, coletivos e individuais decorrentes de infrações contidas nos algoritmos.[13] Nesse sentido, a atuação da ANPD não pode ficar restrita à proteção da privacidade digital, na medida em que o controle normativo do tratamento de dados é uma missão institucional mais ampla, cujo principal desafio estará na auditoria de algoritmos, na regulação algorítmica e na análise de impacto dos efeitos concretos do tratamento de dados.[14]

Algoritmos estão embutidos em inúmeros processos decisórios automatizados nas sociedades digitais contemporâneas, sendo enorme o número dos conflitos contemporâneos em que julgamentos são formulados a partir da normatividade embutida nas fórmulas matemáticas, códigos computacionais e eventualmente até mesmo aprendizado de máquina.[15] A lógica tecnológica transforma não apenas a normatividade das relações no mercado profissional e no mercado de trabalho, mas também as demandas sociais e pressões políticas para a atuação e intervenção do Estado, incluindo o controle de conteúdo nas plataformas digitais, relatórios sobre probabilidade de reincidência para juízes criminais, precificação de produtos no comércio eletrônico, dentre outros temas de responsabilidade do poder público, que exigem atuação da ANPD.[16]

A experiência dos órgãos de controle com violações concretas a direitos no plano do tratamento de dados tem revelado uma série de práticas abusivas, ilícitas e lesivas que não poderiam ser enquadradas como infrações expressamente previstas

---

13. BARFIELD, Woodrow (Ed.). *The Cambridge Handbook of the Law of Algorithms*. Cambridge University Press, 2020; FORTES, Pedro Rubim Borges. Paths to Digital Justice: Judicial Robots, Algorithmic Decision-Making, and Due Process. *Asian Journal of Law and Society*, [S.l], v. 7, n. 3, p. 453-469, out. 2020; RESTREPO-AMARILES, David. From Computational Indicators to Law into Technologies: The Internet of Things, Data Analytics and Encoding in COVID-19 Contact Tracing Apps. *International Journal of Law in Context (Forthcoming)*, 2020. Disponível em: https://ssrn.com/abstract=3751126 Acesso em: 18 fev. 2025; FORTES, Pedro Rubim Borges; KAMPOURAKIS, Ioannis. Exploring Legal Borderlands: Introducing the Theme. *REI – Revista Estudos Institucionais*, Rio de Janeiro, v. 5, n. 2, p. 639-655, 2019.

14. CASEY, Bryan; FARHANGI, Ashkon; VOGL, Roland. Rethinking Explainable Machines: The GDPR's' Right to Explanation 'Debate and the Rise of Algorithmic Audits in Enterprise. *Berkeley Technology Law Journal*, Berkeley, v. 34, p. 143, 2019; YEUNG, Karen. Algorithmic regulation: a critical interrogation. *Regulation & Governance*, Nova Jersey, v. 12, n. 4, p. 505-523, 2018; HILDEBRANDT, Mireille. Algorithmic regulation and the rule of law. *Philosophical Transactions of the Royal Society A: Mathematical, Physical and Engineering Sciences*, [S.l], v. 376, n. 2128, p. 20170355, 2018; YEUNG, Karen; LODGE, Martin (Ed.). *Algorithmic regulation*. Oxford: Oxford University Press, 2019; BIEKER, Felix et al. A process for data protection impact assessment under the European general data protection regulation. In: *Annual Privacy Forum*. Springer, Cham, 2016. p. 21-37; KAMINSKI, Margot E.; MALGIERI, Gianclaudio. Algorithmic impact assessments under the GDPR: producing multi-layered explanations. *University of Colorado Law Legal Studies Research Paper*, n. 19-28, 2019.

15. LESSIG, Lawrence *Code and Other Laws of Cyberspace*. New York: Basic Books, 1999.

16. FERGUSON, Andrew Guthrie. *The rise of big data policing*: surveillance, race, and the future of law enforcement. New York: NYU, 2017; EUBANKS, Virginia. *Automating inequality*: how high-tech tools profile, police, and punish the poor. New York: St Martin's Press, 2017; NOBLE, Safiya Umoja. *Algorithms of oppression*: how search engines reinforce racism. New York: NYU, 2018.

na LGPD. Por exemplo, não existem regras claras sobre discriminação geográfica, colusão digital e justificativas para decisões automáticas a partir da inteligência artificial.[17] Em contraste com a clareza normativa do RGPD europeu, novos direitos tecnológicos à portabilidade não foram delineados com contornos precisos,[18] inexistindo clareza sobre se o seu conteúdo será mínimo (típico de despedida da empresa) ou abrangente (continuidade com idêntica profundidade) e se os dados serão portáveis individualizados, ativos e estruturados com o valor econômico preservado para o usuário.[19]

Logo, a referência feita, no dispositivo, à existência de uma infração à LGPD, "em decorrência do tratamento de dados pessoais por órgãos públicos" não pode ser interpretada de forma restritiva como sendo uma violação a um direito expressamente previsto na própria LGPD. Toda e qualquer infração no tratamento de dados pessoais por órgãos públicos deveria dar ensejo à atuação do poder público no âmbito do exercício da responsabilidade algorítmica do Estado. Nesse sentido, é importante salientar que a própria LGPD se referiu, em seu artigo 2º, a um elenco amplo de fundamentos para a disciplina da proteção de dados pessoais, que remete o intérprete para um catálogo de direitos constitucionais, econômicos, concorrenciais, consumeristas, humanos, da personalidade e civis.

Além disso, existe a previsão de que a autoridade nacional possui poder normativo por meio da capacidade de estabelecer normas complementares para regulação da comunicação e do uso compartilhado de dados pessoais, nos termos do artigo 30 da LGPD. A interpretação sistemática do dispositivo leva à conclusão de que a atribuição conferida à autoridade nacional decorre de infrações configuradas por atos ilícitos oriundos de violações aos mais variados direitos decorrentes dos tratamentos de dados pessoais.

Ademais, a referência feita no dispositivo de que "a autoridade nacional poderá enviar informe com medidas cabíveis para fazer cessar a violação" deve ser interpretada conforme as responsabilidades do Estado. Logo, a expressão "poderá" não deve ser interpretada como sendo uma mera faculdade eletiva, mas, sim, como um poder-dever, isto é, como uma prerrogativa decorrente de uma obrigação vinculante e não discricionária da autoridade nacional. Além disso, a legislação se refere a um

---

17. EZRACHI, Ariel; STUCKE, Maurice. *Virtual Competition*: The Promise and Perils of the Algorithm-Driven Economy. Cambridge: Harvard University Press, 2016; FORTES, Pedro Rubim Borges, MARTINS, Guilherme Magalhães; OLIVEIRA, Pedro Farias. O consumidor contemporâneo no Show de Truman: a geodiscriminação digital como prática ilícita no direito brasileiro. *Revista de Direito do Consumidor*, São Paulo, v. 129, p. 235-260, jul./ago. 2019; O'NEIL, Cathy. *Weapons of Math Destruction*: How Big Data Increases Inequality and Threatens Democracy. New York: Crown Publishers, 2016.

18. VOIGT, Paul; VON DEM BUSSCHE, Axel. *The EU General Data Protection Regulation (GDPR)*: A Practical Guide. Cham: Springer, 2017, p. 168-184.

19. DE HERT, Paul; PAPAKONSTANTINOU, Vagelis; MALGIERI, Gianclaudio; BESLAY, Laurent; SANCHEZ, Ignacio. The Right to Data Portability in the GDPR: Towards User-Centric Interoperability of Digital Services. *Computer Law & Security Review*, Londres, v. 34, n. 2, p. 193-203, 2018.

"informe", mas as características próprias do ato parecem indicar que possui um caráter análogo ao de uma recomendação administrativa expedida pelo Ministério Público.[20]

É importante avaliar as consequências para a hipótese de descumprimento das medidas cabíveis que foram informadas como sendo necessárias para cessar a violação de direitos por parte do poder público. No âmbito da própria LGPD, existe um repertório de sanções administrativas no rol do artigo 52, mas que pode consistir em uma resposta insuficiente para infrações do poder público, especialmente porque as sanções pecuniárias parecem voltadas para pessoas jurídicas de direito privado, e não para o poder público.[21] Na prática, na hipótese de descumprimento pelo poder público de uma recomendação da autoridade nacional, devem ser encaminhadas cópias ao Ministério Público para fins de eventual análise de ato de improbidade administrativa, de transgressão coletiva ao patrimônio público ou de lesão a direitos individuais homogêneos de cidadãos apta a ensejar uma ação de responsabilidade civil coletiva, nos termos do artigo 42 e seguintes da LGPD. Além disso, a própria ANPD deve estar organizada para a adoção das medidas cabíveis para dar efetivo cumprimento às suas recomendações, seja por conta própria ou por intermédio da União, que também é ente legitimado para a propositura de eventual ação coletiva.

Por outro lado, na hipótese de concordância pelo poder público quanto ao conteúdo de uma recomendação, é possível inclusive a celebração de termo de compromisso de ajustamento de conduta, bem como o compromisso previsto no artigo 55-J, inciso XVII, da LGPD. Aliás, dentre as competências administrativas da ANPD se encontram também outras atribuições relativas à fiscalização e aplicação de sanções em caso de descumprimento de legislação (art. 55-J, inciso IV, da LGPD), solicitação de informações junto ao Poder Público (art. 55-J, inciso XI, da LGPD), comunicação de infrações penais (art. 55-J, inciso XXI, da LGPD), comunicação de descumprimento da lei aos órgãos de controle interno (art. 55-J, inciso XXII, da LGPD) e articulação com autoridades reguladoras públicas para exercício de suas competências junto a setores específicos (art. 55-J, inciso XXII, da LGPD).

Alguns exemplos concretos podem evidenciar a importância da capacitação para o exercício dessa autoridade. Considere, por exemplo, a proteção dos direitos do consumidor em nível nacional a ser realizada no âmbito da União Federal pela Secretária Nacional do Consumidor (SENACON) e pelo Departamento de Proteção

---

20. SARTORI, Régis Rogério Vicente; BIALLE, Letycia. O instituto da Recomendação. *Revista Jurídica do Ministério Público do Paraná*, Curitiba, n. 5, p. 329-371, dez. 2016.

21. Mesmo as sanções pecuniárias possuem limites máximos que não foram pré-estabelecidos conforme a gravidade da lesão ou a dimensão do lucro ilícito, mas sim com base no faturamento, o que pode, dependendo do caso concreto, resultar em uma situação de ilicitude lucrativa. FORTES, Pedro Rubim Borges. O Fenômeno da Ilicitude Lucrativa. *REI – Revista Estudos Institucionais*, Rio de Janeiro, v. 5, n. 1, p. 104-132, 2019; FORTES, Pedro Rubim Borges; OLIVEIRA, Pedro Farias. A insustentável leveza do ser? A quantificação do dano moral coletivo sob a perspectiva do fenômeno da ilicitude lucrativa e o 'caso Dieselgate'. *Revista IBERC*, Belo Horizonte, v. 2, n. 3, 2019.

e Defesa do Consumidor (DPDC) do Ministério da Justiça. Esses órgãos possuem o dever jurídico primário de monitorar os mercados de consumo, investigando as demandas de relevante interesse geral e de âmbito nacional, aplicando as sanções administrativas cabíveis. Em caso de omissão da SENACON e do DPDC de suas responsabilidades com relação à fiscalização do tratamento de dados no comércio eletrônico, atores relevantes do mercado digital podem realizar práticas lesivas aos direitos dos consumidores.

Compete ao Estado a responsabilidade de desenvolver a devida capacidade institucional para monitoramento e controle de práticas abusivas e lesivas ao consumidor, tal como exemplificado pelo estudo de caso de discriminação geográfica no mercado digital durante os Jogos Olímpicos no Rio de Janeiro, em 2016, que constatou a prática da precificação digital (*Geopricing*) e do bloqueio digital de oferta (*Geoblocking*).[22] Atualmente, a metáfora da 'mão invisível do mercado', de Adam Smith, funciona pela perspectiva de uma 'mão algorítmica do mercado', cabendo ao Estado o exercício de sua responsabilidade de regulação e de prevenção de práticas anticompetitivas e nocivas para a concorrência e os consumidores.[23]

Finalmente, existem os riscos e as ameaças associados à 'algocracia',[24] compreendida como sendo a 'governança pelos algoritmos' ou mesmo, em uma hipótese extrema, o 'governo pelos algoritmos'.[25] O caráter especial dos algoritmos exige o controle de seu poder, arquitetura e das instruções embutidas em *algo-normas*,[26] sob pena de estarmos sujeitos a comandos inconstitucionais, ilegais e antidemocráticos definidos pelas fórmulas matemáticas dos programas computacionais – sendo certo que a matemática nem sempre reflete valores, princípios e regras jurídicas em números com a devida precisão.[27] O desenho institucional dos algoritmos deve

---

22. FORTES, Pedro Rubim Borges, MARTINS, Guilherme Magalhães e OLIVEIRA, Pedro Farias, A Case Study of Digital Geodiscrimination: How Algorithms May Discriminate Based on the Geographical Location of Consumers. *Droit et Société*, Paris, n. 107, p. 145-166, 2021.

23. Cf. EZRACHI, Ariel; STUCKE, Maurice. *Virtual Competition*: The Promise and Perils of the Algorithm-Driven Economy. Cambridge: Harvard University Press, 2016.

24. DANAHER, John. The threat of algocracy: Reality, resistance and accommodation. *Philosophy & Technology*, [S.l], v. 29, n. 3, p. 245-268, 2016; DANAHER, John, Freedom in an age of Algocracy. In: VALLOR, Shannon (Ed.). *The Oxford Handbook of Philosophy of Technology*. Oxford: Oxford University Press, 2020.

25. FORTES, Pedro Rubim Borges. Hasta La Vista, Baby: Reflections on the Risks of Algocracy, Killer Robots, and Artificial Superintelligence, *Revista de la Facultad de Derecho de México*, México: UNAM, v. 270, n. 279-1, jan./abr. 2021.

26. HYDÉN, Hakan, Sociology of digital law and artificial intelligence. In: PRIBAN, Jiri (Ed.). *Research Handbook of Sociology of Law*. Cheltenham: Edward Elgar Publishing, 2020.

27. FORTES, Pedro Rubim Borges. How legal indicators influence a justice system and judicial behavior: the Brazilian National Council of Justice and 'justice in numbers'. *The Journal of Legal Pluralism and Unofficial Law*, [S.l], v. 47, n. 1, p. 39-55, 2015.

incorporar responsabilidade, transparência, auditabilidade, incorruptibilidade e previsibilidade, de modo a prevenir violações a direitos.[28]

Os Estados também devem estar atentos aos riscos de um cenário distópico em que algoritmos programados por meio de aprendizado de máquina se tornem superinteligentes e aprendam a dominar e governar os seres humanos.[29] Como os riscos dessa forma de algocracia são gravíssimos, não se pode vislumbrar uma autorregulação da parte dos arquitetos da inteligência artificial,[30] cabendo aos Estados o estabelecimento de um direito algorítmico e de tratados internacionais específicos para a prevenção dos riscos de que a humanidade seja governada por uma superinteligência artificial.[31] Enfim, esses exemplos possibilitam a compreensão da importância de que as organizações se capacitem para atuar de maneira efetiva no estabelecimento de controles institucionais e na definição das regras do jogo para a proteção dos direitos fundamentais, do Estado democrático de direito e da própria democracia diante dos riscos decorrentes de transgressões no tratamento de dados pela tecnologia de informação no âmbito do próprio Estado e do mercado.

---

28. BOSTROM, Nick; YUDKOWSKY, Eliezer. Ethics of Artificial Intelligence. In: RAMSEY, William; FRANKISH, Keith (Ed.). *Cambridge Handbook of Artificial Intelligence*. Cambridge: Cambridge University Press, 2011.

29. BOSTROM, Nick. *Superintelligence*: Paths, Dangers, Strategies. Oxford: Oxford University Press, 2014.

30. FORD, Martin. *Architects of Intelligence*: The truth about AI from the people building it. Birmingham: Packt Publishing, 2018.

31. BOSTROM, Nick. *Superintelligence*: Paths, Dangers, Strategies. Oxford: Oxford University Press, 2014.

Pedro Rubim Borges Fortes

Seção II
Da Responsabilidade

Art. 32. A autoridade nacional poderá solicitar a agentes do Poder Público a publicação de relatórios de impacto à proteção de dados pessoais e sugerir a adoção de padrões e de boas práticas para os tratamentos de dados pessoais pelo Poder Público.

Além da responsabilidade algorítmica geral do Estado, existem instrumentos específicos para a proteção de dados pessoais, tais como a avaliação de impacto sobre a proteção de dados (*"Data Protection Impact Assessment"*), o desenho institucional de padrões de privacidade (*"privacy patterns"*) e a definição de um repertório de melhores práticas (*"best practices"*). Também nesse caso, o ponto de partida para a interpretação do presente dispositivo deve ser a experiência a partir do RGPD europeu, na medida em que tais instrumentos também foram previstos na legislação europeia e receberam tratamento mais detalhado do que no âmbito da LGPD.

É fundamental salientar que esses instrumentos específicos não seguem uma estratégia de empoderamento direto dos usuários dos dados na sociedade digital por conta da verdade inconveniente de que os indivíduos padecem de uma assimetria de poder e de informação, mas, ao invés, pretendem assegurar a proteção jurídica dos usuários de dados por meio de mecanismos de intervenção junto aos agentes do Poder Público que, por sua vez, têm o poder de exigir das grandes corporações o cumprimento de sua responsabilidade.[1] Nesse contexto, inclusive, David Restrepo Amariles, Professor da HEC (Paris), defende com propriedade uma mudança de foco prioritário da defesa individual do usuário lesado para o acompanhamento de políticas de privacidade, na medida em que a produção de documentos relativos à privacidade possui o potencial para superar as assimetrias entre empresa e usuário, além de ser uma estratégia interessante também para a empresa por conta da redução dos riscos de violação de dados e do potencial para assegurar o aumento dos lucros.[2] Pela análise de estudos de caso, foram identificados desafios relacionados à descen-

---

1. RESTREPO-AMARILES, David; TROUSSEL, Aurore Clemént; EL HAMDANI, Rajaa. Compliance Generation for Privacy Documents under GDPR: A Roadmap for Implementing Automation and Machine Learning. *arXiv e-prints*, p. arXiv: 2012.12718, 2020. Disponível em: https://arxiv.org/abs/2012.12718 Acesso em: 18 fev. 2025.

2. RESTREPO-AMARILES, David; TROUSSEL, Aurore Clemént; EL HAMDANI, Rajaa. Compliance Generation for Privacy Documents under GDPR: A Roadmap for Implementing Automation and Machine Learning. *arXiv e-prints*, p. arXiv: 2012.12718, 2020. Disponível em: https://arxiv.org/abs/2012.12718 Acesso em: 18 fev. 2025.

tralização do cumprimento da proteção de dados por meio de uma cadeia composta por múltiplos atores, em que existe sobrecarga regulatória e informacional, sendo que as políticas de privacidade são conduzidas no ambiente *off-line*.[3]

Sua iniciativa pioneira consistiu no desenvolvimento de um instrumento tecnológico inovador, o software Privatech, cujo objetivo principal é se valor de algoritmos com aprendizado de máquina para aprender a reconhecer as práticas relativas ao tratamento de dados e as eventuais violações às políticas de privacidade.[4] Embora ainda seja um projeto-piloto, o exemplo do Privatech serve para evidenciar o potencial dos instrumentos específicos para a proteção de dados pessoais, de modo que o tema não se esgota na disciplina do direito civil e exige também o conhecimento de outro campo relevante do conhecimento jurídico, que é a área do Direito e Políticas Públicas (DPP).[5] Na fronteira entre o direito, a política e a tecnologia,[6] estão emergindo novos instrumentos de regulação algorítmica,[7] sendo que o desenvolvimento de softwares específicos para a aferição de *compliance* no tratamento de dados tem sido chamado de regulação tecnológica e apelidado de *RegTech*.[8]

Com relação especificamente à avaliação de impacto sobre proteção de dados (AIPD), deve ser feita a referência ao Artigo 35 do RGPD. Conforme esse dispositivo, sempre que o tratamento de dados implicar elevado risco aos direitos e liberdades individuais, o responsável deve realizar uma avaliação de impacto das operações de tratamento previstas sobre a proteção dos dados pessoais. A AIPD é particularmente

---

3. RESTREPO-AMARILES, David; TROUSSEL, Aurore Clément; EL HAMDANI, Rajaa. Compliance Generation for Privacy Documents under GDPR: A Roadmap for Implementing Automation and Machine Learning. *arXiv e-prints*, p. arXiv: 2012.12718, 2020. Disponível em: https://arxiv.org/abs/2012.12718 Acesso em: 18 fev. 2025.

4. RESTREPO-AMARILES, David; TROUSSEL, Aurore Clément; EL HAMDANI, Rajaa. Compliance Generation for Privacy Documents under GDPR: A Roadmap for Implementing Automation and Machine Learning. *arXiv e-prints*, p. arXiv: 2012.12718, 2020. Disponível em: https://arxiv.org/abs/2012.12718 Acesso em: 18 fev. 2025.

5. BUCCI, Maria Paula Dallari. Método e aplicações da abordagem Direito e Políticas Públicas (DPP). *REI – Revista Estudos Institucionais*, v. 5, n. 3, p. 791-832, 2019; RUIZ, Isabela; BUCCI, Maria Paula Dallari. Quadro de problemas de políticas públicas: uma ferramenta para análise jurídico-institucional. *REI – Revista Estudos Institucionais*, v. 5, n. 3, p. 1142-1167, 2019; WERNER, Patricia Ulson Pizarro. A abordagem de direito e políticas públicas como ferramenta de aprimoramento das instituições jurídicas: qualidade organizacional, sistematização de dados e fomento das relações interinstitucionais. *REI – Revista Estudos Institucionais*, Rio de Janeiro, v. 5, n. 3, p. 926-941, 2019.

6. FORTES, Pedro Rubim Borges. An explorer of legal borderlands: a review of William Twining's jurist in context, a memoir. *REI – Revista Estudos Institucionais*, Rio de Janeiro, v. 5, n. 2, p. 777-790, 2019; TWINING, William. *General jurisprudence*: understanding law from a global perspective. Cambridge: Cambridge University Press, 2009.

7. YEUNG, Karen. Algorithmic regulation: a critical interrogation. *Regulation & Governance*, Nova Jersey, v. 12, n. 4, p. 505-523, 2018; YEUNG, Karen; LODGE, Martin (Ed.). *Algorithmic regulation*. Oxford: Oxford University Press, 2019; YEUNG, Karen. Algorithmic regulation and intelligent enforcement. *LSE CARR Workshop: 'Regulation Scholarship in Crisis'*, p. 50-62, 2016.

8. RYAN, Paul; CRANE, Martin; BRENNAN, Rob. Design Challenges for GDPR RegTech. *arXiv preprint arXiv:2005.12138*, 2020. Disponível em: https://arxiv.org/abs/2005.12138 Acesso em: 18 fev. 2025.

recomendável quando forem utilizadas novas tecnologias e quando sua realização for justificada pela natureza, âmbito, contexto e finalidades do tratamento de dados pessoais. Quanto ao momento de sua realização, por uma questão de precaução, a AIPD deve ser elaborada antes do início do tratamento. Por outro lado, será suficiente a análise por meio de uma única AIPD, quando um conjunto de operações de tratamento apresentar riscos semelhantes.

No âmbito da União Europeia, a AIPD é obrigatória nos seguintes casos: (a) quando for feita uma avaliação sistemática e completa dos aspectos pessoais relacionados com pessoas individuais, baseada no tratamento automatizado com a definição de perfis como base para decisões que produzem efeitos jurídicos sobre a pessoa ou a afetem significativamente de forma similar; (b) quando forem feitas operações de tratamento em grande escala de categorias especiais de dados (origem racial ou étnica; opiniões políticas, religiosas ou crenças filosóficas; filiação a sindicato; informações genéticas; dados biométricos; dados relativos à saúde; dados relativos à vida sexual ou orientação sexual – que, por conta do Artigo 9 do RGPD, são, em princípio, insuscetíveis de tratamento, exceto se existir consentimento expresso e/ou razões de interesse público) ou de dados pessoais relacionados a condenações penais e infrações; (c) controle sistemático de zonas acessíveis ao público em grande escala (Artigo 35, n. 3, do RGPD).

No caso da legislação brasileira, a seu turno, a LGPD se refere ao dever da autoridade nacional de emitir opiniões técnicas ou recomendações referentes ao tratamento de dados pessoais para fins exclusivos de segurança pública, defesa nacional, segurança do Estado ou atividades de investigação e repressão de infrações penais, hipóteses em que deverá solicitar aos responsáveis relatórios de impacto à proteção de dados pessoais (artigo 4º, inciso III, § 3º, da LGPD).

Por outro lado, nem sempre será necessária uma AIPD. No âmbito da União Europeia, cabe, aliás, à autoridade nacional de controle de dados a elaboração de listas de tipos de operações de tratamentos de dados pessoais que estão sujeitos à realização de AIPD, bem como daquelas operações em que sua realização é dispensável (Artigo 35, n. 4 e n. 5, do RGPD). É interessante notar que a legislação portuguesa ressalva que a autoridade nacional de controle – a Comissão Nacional de Proteção de Dados (CNPD) – divulga uma lista de tipos de tratamento de dados em que a AIPD não é obrigatória, mas que isso não impede os responsáveis pelo tratamento de efetuar uma avaliação prévia de dados por conta própria (artigo 7 da Lei n. 58/2019).

No caso do presente dispositivo, por sua vez, uma interpretação literal da fórmula legislativa – "A autoridade nacional *poderá* solicitar a agentes do Poder Público a publicação de relatórios de impacto à proteção de dados pessoais" – poderia sugerir que a ANPD possui uma faculdade discricionária de solicitar a publicação de relatórios de AIPD, mas a responsabilidade algorítmica do Estado significa que se trata de um poder-dever, com caráter vinculado e não discricionário. Tal caráter é reforçado pela existência de um princípio legal de responsabilização e prestação de contas na LGPD, que significa que o agente deve demonstrar a adoção de medidas eficazes e capazes de comprovar a observância e o cumprimento das normas de proteção de dados pessoais e, inclusive, da eficácia dessas medidas, nos termos do artigo 6º, inciso X, da LGPD. Aliás, dentre os direitos dos titulares dos dados, estão as "responsabilidades dos agentes que realizarão o tratamento" (artigo 9º, inciso VI, da LGPD).

Com relação aos requisitos mínimos indispensáveis da AIPD, encontram-se: (a) uma descrição sistemática das operações de tratamento previstas e a finalidade do tratamento, inclusive os interesses do responsável pelo tratamento; (b) uma avaliação da necessidade e proporcionalidade das operações de tratamento em relação aos objetivos; (c) uma avaliação dos riscos para os direitos e liberdades dos titulares dos dados; (d) as medidas previstas para enfrentamento dos riscos, incluindo as garantias, medidas protetivas e procedimentos destinados a assegurar a proteção dos dados pessoais e a demonstrar a conformidade com o RGPD, tendo em conta os direitos e legítimos interesses dos titulares dos dados e demais pessoas (Artigo 35, n. 7, do RGPD). Trata-se de uma definição mais detalhada do que aquela do Relatório de Impacto à Proteção de Dados Pessoais feita pelo artigo 5º, Inciso XVII, da LGPD brasileira. No caso europeu, aliás, a AIPD deve levar em consideração ainda o cumprimento de códigos de conduta aprovados (Artigo 35, n. 8, do RGPD). Eventualmente, caso seja adequado, o responsável pelo tratamento deve solicitar a opinião dos titulares dos dados ou dos seus representantes sobre o tratamento previsto (Artigo 35, n. 9, do RGPD).

Em termos de origem histórica, o instrumento da análise de impacto se originou no campo do direito ambiental,[9] de onde foi extrapolado para ter aplicação com as mais variadas perspectivas sobre análise de impacto, inclusive regulatório e legislativo.[10] David Flaherty, pioneiro na realização da avaliação de impacto de privacidade, explica que a análise de impacto sobre a privacidade surgiu no Canadá e na Nova Zelândia na década de 90, com o objetivo primário de permitir que uma organização construa ou opere um sistema de informações pessoais para decidir se cumpre as leis de proteção de dados em um determinado período de tempo.[11] Segundo Flaherty, um importante objetivo secundário é atingir as expectativas de

---

9. MUNN, Robert Edward. *Environmental impact assessment*: principles and procedures. 2. ed. Chichester: Wiley, 1979.

10. SALINAS, Natasha Schmitt Caccia. A Intervenção do Congresso Nacional na Autonomia das Agências Reguladoras. *REI – Revista Estudos Institucionais*, Rio de Janeiro, v. 5, n. 2, p. 586-614, 2019; SALINAS, Natasha Schmitt Caccia. *Avaliação Legislativa no Brasil*: um estudo de caso sobre as normas de controle das transferências voluntárias de recursos públicos para entidades do terceiro setor. 2008. 256 f. Dissertação de Mestrado. Universidade de São Paulo, São Paulo, 2008; PORTO, Antônio José Maristrello; GAROUPA, Nuno; GUERRA, Sérgio. Análise de Impacto Regulatório: Dimensões Econômicas de sua Aplicação. *Economic Analysis of Law Review*, [S.l], v. 10, n. 2, p. 173-190, 2019.

11. FLAHERTY, David. Privacy Impact Assessments: An Essential Tool for Data Protection. *Privacy Law and Policy Reporter*, [S.l], v. 45, 2000. Disponível em: http://www5.austlii.edu.au/au/journals/PrivLawPR-pr/2000/45.html Acesso em: 18 fev. 2025.

privacidade do público com respeito às considerações morais e éticas.[12] Para que tais objetivos sejam cumpridos, é preciso descrever como o sistema funciona na prática, com a descrição mais completa possível de todo o fluxo de informação pessoal para que se possa entender o impacto que uma inovação ou modificação pode ter na privacidade pessoal dos empregados ou dos clientes e como se pode fazer para manter práticas informacionais justas.[13]

No Reino Unido, existe a previsão de seis fases para a realização da AIPD: (1) o exame da necessidade da avaliação e do seu escopo, variando conforme a sensitividade dos dados processados e os recursos alocados para o projeto; (2) uma avaliação do fluxo de informação em todas as fases do processamento; (3) identificação dos riscos para a privacidade e de possíveis soluções; (4) a avaliação da responsabilidade pela vigilância dos usuários e pela perda de dados, bem como dos riscos de violar direitos e de perda financeira para a organização; (5) aplicação de estratégias para eliminação e redução de riscos, tais como a minimização dos dados, o treinamento dos empregados para o manejo de dados pessoais e a implementação de medidas técnicas de segurança para proteção dos dados; (6) os resultados devem ser garantidos e implementados no plano de projeto, sendo que consultorias internas e externas devem acompanhar cada fase e incluir também representantes dos usuários de dados cujos direitos possam ser afetados.[14]

Com relação aos riscos a serem identificados e avaliados durante a AIPD, consta do preâmbulo do RGPD europeu que deverão ser considerados riscos como a destruição, perda e alteração acidentais ou ilícitas, bem como a divulgação ou o acesso não autorizados a dados pessoais transmitidos, conservados ou sujeitos a qualquer outro tipo de tratamento, merecendo registro que podem resultar em danos físicos, materiais e imateriais. Como contraponto aos riscos existentes, devemos mencionar os objetivos de proteção a serem perseguidos pelas empresas e que devem ser identificados no estágio de avaliação da AIPD: (a) *Disponibilidade* é a possibilidade de que os dados sejam acessíveis, compreensíveis e processáveis de modo tempestivo pelas entidades; (b) *Integridade* representa a necessidade de confiabilidade na informação; (c) *Confidencialidade* diz respeito à necessidade de segredo, isto é, a não publicização dos dados pessoais privados; (d) *Intransferibilidade* significa que os dados não podem ser transferidos por meio de diferentes domínios e/ou usados para propósitos distintos da intenção original; (e) *Transparência* é o dever de transmitir

---

12. FLAHERTY, David. Privacy Impact Assessments: An Essential Tool for Data Protection. *Privacy Law and Policy Reporter*, [S.l], v. 45, 2000. Disponível em: http://www5.austlii.edu.au/au/journals/PrivLawPR-pr/2000/45.html Acesso em: 18 fev. 2025.

13. FLAHERTY, David. Privacy Impact Assessments: An Essential Tool for Data Protection. *Privacy Law and Policy Reporter*, [S.l], v. 45, 2000. Disponível em: http://www5.austlii.edu.au/au/journals/PrivLawPR-pr/2000/45.html Acesso em: 18 fev. 2025.

14. BIEKER, Felix *et al*. A process for data protection impact assessment under the European general data protection regulation. *Annual Privacy Forum*. Springer, Cham, 2016. p. 21-37.

conhecimento aos usuários dos dados de todas as circunstâncias e fatores relevantes relativos ao processamento de seus dados pessoais; (f) *Intervenção de controle* representa um compromisso com o controle dos dados pessoais, com a possibilidade de intervenção para fins de controle tanto pelo sujeito detentor dos dados, quanto pelo encarregado pelo seu processamento.[15]

No caso da AIPD, aliás, deve ser feita uma análise criteriosa sobre como o tratamento de dados internaliza comandos normativos no sistema de processamento de dados e como a normatividade embutida nos códigos computacionais corresponde às exigências normativas constitucionais e legais, eis que essas *algo-normas* incorporadas à arquitetura do código computacional devem ser pautadas pelas normas jurídicas dos códigos e pelas regras e princípios do direito positivo em geral.[16] Apesar de não expressamente mencionado no presente dispositivo, um instrumento específico essencial para o exercício desse controle normativo em particular é a auditoria de algoritmos,[17] sendo certo que a possibilidade de realizar tais auditorias e de determinar sua realização sobre o tratamento de dados pessoais efetuado, inclusive pelo poder público, é uma das competências da ANPD (artigo 55-J, inciso XVI, da LGPD). Além da auditoria de algoritmos, existe ainda a possibilidade de realização de uma Avaliação de Impacto Algorítmico (AIA), instrumento que pode ser incorporado à AIPD como forma de assegurar a responsabilidade algorítmica por meio de governança sistêmica e da proteção de direitos individuais.[18] Finalmente, também é possível que a AIPD não seja restrita ao paradigma da proteção da privacidade e que considere o impacto social de produtos tecnológicos e eventual discriminação no tratamento de dados.[19]

Existe ainda uma relação direta entre a AIPD e os demais instrumentos de desenho institucional de padrões de privacidade ("*privacy patterns*") e a definição de um repertório de melhores práticas ("*best practices*"), na medida em que um dos

---

15. BIEKER, Felix *et al*. A process for data protection impact assessment under the European general data protection regulation. In: *Annual Privacy Forum*. Springer, Cham, 2016. p. 21-37.

16. FORTES, Pedro Rubim Borges. Hasta La Vista, Baby: Reflections on the Risks of Algocracy, Killer Robots, and Artificial Superintelligence, *Revista de la Facultad de Derecho de México*, México: UNAM, v. 270, n. 279-1, jan./abr. 2021.

17. EZRACHI, Ariel; STUCKE, Maurice. *Virtual Competition*: The Promise and Perils of the Algorithm-Driven Economy. Cambridge: Harvard University Press, 2016; O'NEIL, Cathy. *Weapons of Math Destruction*: How Big Data Increases Inequality and Threatens Democracy. New York: Crown Publishers, 2016.

18. KAMINSKI, Margot E.; MALGIERI, Gianclaudio. Algorithmic impact assessments under the GDPR: producing multi-layered explanations. *University of Colorado Law Legal Studies Research Paper*, n. 19-28, 2019.

19. LOIDEAIN, Nora Ni; ADAMS, Rachel. From Alexa to Siri and the GDPR: the gendering of virtual personal assistants and the role of data protection impact assessments. *Computer Law & Security Review*, Londres, v. 36, n. 105366, 2020.

ART. 32 COMENTÁRIOS À LEI GERAL DE PROTEÇÃO DE DADOS PESSOAIS (LEI 13.709/2018)

objetivos da avaliação é a identificação de padrões e de modelos de sucesso.[20] Nesse sentido, o advento do RGPD transformou a tarefa dos engenheiros de computação, que passaram a ter que desenvolver uma série de estratégias para desenho desses padrões de privacidade.[21] A estratégia de desenho de privacidade pode ser definida como a especificação de um objetivo distinto na arquitetura da privacidade por desenho para atingir um determinado nível na proteção da privacidade.[22]

Dentre as várias estratégias, merecem destaque as seguintes: (a) *Minimização de Dados*, que preconiza a mínima coleção e operacionalização de dados pessoais, por meio da adoção de táticas de *exclusão, seleção, remoção* e *destruição* para minimizar seu uso; (b) *Esconderijo de Dados*, que previne a exposição dos dados pessoais por intermédio da adoção de táticas de *mistura, ofuscamento, dissociação* ou *restrição de acesso ao depósito e ao compartilhamento de dados pessoais*; (c) *Separação de Dados*, que dificulta a correlação entre a informação por meio da adoção de táticas de *distribuição* e de *isolamento* dos dados pessoais; (d) *Abstração de Dados*, que sintetiza a informação de maneira agregada e granulada por meio das táticas de *Sumarização* e de *Agrupamento de dados pessoais*; (e) *Informação de Decisões*, que exige a comunicação de decisões, a notificação dos usuários e o respeito ao princípio da transparência com relação ao processo decisório por meio de táticas de *Suprimento de Informações sobre o Tratamento (Políticas, Processamento e Riscos Potenciais), Notificação de Alerta aos Usuários* e de *Explicação Detalhada de Modo Conciso e Compreensível*; (f) *Controle de Dados*, que proporciona meios abundantes de empoderamento do usuário por meio da adoção de táticas de *consentimento, escolha, atualização* e *retração* dos dados pessoais; (g) *Garantia de Proteção*, que se baseia no compromisso de cumprimento das normas de privacidade por meio das táticas de *criação de mecanismos de proteção, manutenção das melhores práticas de privacidade* e *sustentabilidade das políticas ao reconhecer a privacidade como um bem a ser protegido*; (h) *Demonstração de Segurança*, que se sustenta pela apresentação de evidências robustas do cumprimento das normas de privacidade por meio das táticas de *rastreamento, testagem, auditoria* e *relatórios*.[23]

É importante salientar que o encarregado responsável pelo tratamento de dados pessoais deve estar atento a todas essas estratégias e suas respectivas táticas, competindo, por sua vez, ao Estado o papel de acompanhamento, fiscalização e controle do cumprimento das normas de privacidade, sendo cabível, inclusive, exigir a adoção de uma ou mais dessas estratégias e táticas para fins de fazer cessar

---

20. BIEKER, Felix *et al.* A process for data protection impact assessment under the European general data protection regulation. In: *Annual Privacy Forum*. Springer, Cham, 2016. p. 21-37.

21. COLESKY, Michael; HOEPMAN, Jaap-Henk; HILLEN, Christiaan. A critical analysis of privacy design strategies. In: *2016 IEEE Security and Privacy Workshops (SPW)*. IEEE, 2016. p. 33-40.

22. COLESKY, Michael; HOEPMAN, Jaap-Henk; HILLEN, Christiaan. A critical analysis of privacy design strategies. In: *2016 IEEE Security and Privacy Workshops (SPW)*. IEEE, 2016. p. 33-40.

23. COLESKY, Michael; HOEPMAN, Jaap-Henk; HILLEN, Christiaan. A critical analysis of privacy design strategies. In: *2016 IEEE Security and Privacy Workshops (SPW)*. IEEE, 2016. p. 33-40.

uma violação de direitos ou prevenir riscos de lesão a direitos difusos, coletivos e individuais homogêneos dos usuários.

Ressalte-se, por oportuno, que o RGPD se referiu aos desenhos de padrões de privacidade por meio dos conceitos de "privacidade pelo desenho" (*privacy-by-design*) e de "privacidade pelo padrão" (*privacy-by-default*), conforme estabelecido no Artigo 25 do RGPD. Infelizmente, a tradução oficial da União Europeia para a língua portuguesa se refere ao *privacy-by-default* como sendo "privacidade por defeito", não sendo feliz, na medida em que a ideia contida na expressão em inglês é a de que o padrão original disponibilizado ao usuário seja programado por meio de medidas técnicas que assegurem o uso somente dos dados necessários para a finalidade específica do tratamento (Artigo 25, n. 2, do RGPD).

Trata-se de um insight poderoso da economia comportamental de que, por inércia, a maioria dos consumidores segue os padrões originais e que uma técnica poderosa de *nudge* consiste exatamente em se exigir que o padrão original ('*default*') seja justamente aquele mais benéfico na proteção dos direitos do usuário.[24] Não por acaso, Kurtz, Semmann e Böhmann se referem a 'privacidade pelo padrão' ('*privacy-by-default*') como sendo uma 'privacidade como o padrão original' ('*privacy as the default setting*'), justamente pelo fato de que "a informação pessoal é originalmente protegida sem a necessidade de que o usuário tenha que tomar nenhuma ação".[25]

Com relação à 'privacidade pelo desenho' ('*privacy-by-design*'), a ideia é de que devem ser consideradas as técnicas mais avançadas, custos, natureza, contexto, âmbito, finalidades e riscos potenciais desde o momento da definição dos meios de tratamento dos dados, isto é, da própria arquitetura do sistema em que devem ser incorporadas, internalizadas e embutidas normas adequadas para a proteção da privacidade (Artigo 25, n. 1, do RGPD). A versão oficial do RGPD traduzida para o português se refere a uma privacidade desde a concepção e cita, exemplificativamente, estratégias de minimização de dados e táticas de pseudonimização como medidas técnicas para cumprimento das normas de privacidade e proteção dos direitos dos titulares dos dados acima.

---

24. Sobre o desenvolvimento da economia comportamental, da estratégia de '*nudge*' – traduzido literalmente como 'cutucada' – e de sua aplicação na regulação, inclusive no desenho de serviços digitais, veja THALER, Richard H. *Misbehaving*: The making of behavioral economics. New York: WW Norton, 2015; THALER, Richard H.; SUNSTEIN, Cass R. *Nudge*: Improving decisions about health, wealth, and happiness. Penguin, 2009; SUNSTEIN, Cass R. Nudging: Um Guia (Muito) Resumido. REI – Revista Estudos Institucionais, Rio de Janeiro, v. 3, n. 2, p. 1023-1034/1035-1044, 2017; ALEMANNO, Alberto; SIBONY, Anne-Lise (Ed.). *Nudge and the law*: A European perspective. Londres: Bloomsbury Publishing, 2015; YEUNG, Karen. 'Hypernudge': Big Data as a mode of regulation by design. *Information, Communication & Society*, [S.l], v. 20, n. 1, p. 118-136, 2017.

25. KURTZ, Christian; SEMMANN, Martin; BÖHMANN, Tilo. Privacy by design to comply with GDPR: a review on third-party data processors. Conference: Americas Conference on Information Systems, New Orleans, Louisiana. 2018. Disponível em: https://www.researchgate.net/publication/325415927_Privacy_by_Design_to_Comply_with_GDPR_A_Review_on_Third-Party_Data_Processors Acesso em: 18 fev. 2025.

Kurtz, Semmann e Böhmann se referem a 'privacidade pelo desenho' ('*privacy-by-design*') como sendo uma 'privacidade embutida no desenho' ('*privacy embedded into design*'), pelo fato de que a privacidade é considerada no desenho e na arquitetura dos sistemas de tecnologia da informação, devendo ser embutida holisticamente com atenção ao contexto, integração entre os atores relevantes e ser criativa na redefinição dos desenhos anteriores.[26] Tsormpatzoudi, Berendt e Coudert, por sua vez, ressaltam a importância de que a 'privacidade pelo desenho' seja enfrentada por meio de uma abordagem interdisciplinar, eis que se trata de um conceito da ciência da computação que se tornou uma obrigação jurídica, existindo a necessidade de colaboração entre especialistas em informática e em direito para viabilizar a entrega de produtos e serviços que levem, desde o início, a privacidade em consideração.[27] Contudo, pesquisa empírica indica que engenheiros de computação de ponta se sentem frustrados, impotentes e alienados em sua interação com o universo jurídico, sendo necessária a superação não apenas da questão técnica, mas sobretudo do desafio da atuação interdisciplinar integrada e produtiva entre profissionais da engenharia e do direito.[28]

Merece registro, ainda, o reconhecimento expresso e formal no RGPD europeu do direito à portabilidade dos dados pessoais pelo usuário (Artigo 20, RGPD). Trata-se de um direito relevante, que teve sua origem na defesa da portabilidade do número de telefone e que foi reconhecido de modo inovador e abrangente na União Europeia.[29] Tal direito também é essencialmente assegurado por conta do desenho institucional de padrões de privacidade, de modo que sua própria existência depende das estratégias e práticas adotadas quanto ao tratamento de dados pessoais em um determinado ecossistema regulatório.[30] Explica-se: em determinadas circunstâncias, a portabilidade dos dados pessoais do usuário pressupõe que os dados relativos a um indivíduo possam ser desagregados dos dados pessoais relativos a outros indivíduos,

---

26. KURTZ, Christian; SEMMANN, Martin; BÖHMANN, Tilo. Privacy by design to comply with GDPR: a review on third-party data processors. Conference: Americas Conference on Information Systems, New Orleans, Louisiana. 2018. Disponível em: https://www.researchgate.net/publication/325415927_Privacy_by_Design_to_Comply_with_GDPR_A_Review_on_Third-Party_Data_Processors Acesso em: 18 fev. 2025.

27. TSORMPATZOUDI, Pagona; BERENDT, Bettina; COUDERT, Fanny. Privacy by design: from research and policy to practice–the challenge of multi-disciplinarity. *Annual Privacy Forum*. Springer, Cham, 2015. p. 199-212.

28. BEDNAR, Kathrin; SPIEKERMANN, Sarah; LANGHEINRICH, Marc. Engineering Privacy by Design: Are engineers ready to live up to the challenge? *The Information Society*, [S.l], v. 35, n. 3, p. 122-142, 2019.

29. DE HERT, Paul; PAPAKONSTANTINOU, Vagelis; MALGIERI, Gianclaudio; BESLAY, Laurent; SANCHEZ, Ignacio. The Right to Data Portability in the GDPR: Towards User-Centric Interoperability of Digital Services. *Computer Law & Security Review*, Londres, v. 34, n. 2, p. 193-203, 2018.

30. DE HERT, Paul; PAPAKONSTANTINOU, Vagelis; MALGIERI, Gianclaudio; BESLAY, Laurent; SANCHEZ, Ignacio. The Right to Data Portability in the GDPR: Towards User-Centric Interoperability of Digital Services. *Computer Law & Security Review*, Londres, v. 34, n. 2, p. 193-203, 2018.

de modo a se permitir que sejam transportados de um serviço para outro serviço sem que exista o risco de violação aos direitos de privacidade de terceiros.[31]

No cenário brasileiro, apesar de não existir a previsão expressa de reconhecimento do direito à portabilidade dos dados pessoais na LGPD, a ANPD deveria reconhecê-lo e regulá-lo, na medida em que os dados pessoais fazem parte do patrimônio imaterial dos sujeitos e a defesa da portabilidade é relevante para a preservação do seu valor econômico, inclusive da possibilidade de se viabilizar também, em última instância, a sua transmissão como parte da herança digital. Além de se tratar do desenvolvimento efetivo de uma tecnologia inovadora e fortalecedora de uma proteção da privacidade centrada no usuário, a livre portabilidade dos dados pessoais de uma empresa para outra possui potencial de fomentar a competitividade na prestação de serviços digitais, ampliar a interoperabilidade entre as plataformas digitais e aumentar a controlabilidade dos indivíduos sobre seus próprios dados.[32]

Na União Europeia, são reconhecidas duas dimensões do direito à portabilidade digital do titular dos dados: (a) *Direito de receber* os dados pessoais que lhe digam respeito e que tenha fornecido ao responsável pelo tratamento em formato estruturado, de uso corrente e leitura automática; (b) *Direito de transmitir* esses dados a outro responsável pelo tratamento sem que o responsável possa impedir (Artigo 20, n. 1, do RGPD). Existe, contudo, a ressalva de que o direito de transmissão direta dos dados entre os responsáveis pelo tratamento somente será assegurado, se for tecnicamente possível (Artigo 20, n. 2, do RGPD).

Em última instância, o papel da ANPD é decisivo para assegurar as duas dimensões e que as empresas se preparem tecnicamente para possibilitar a portabilidade e a interoperabilidade. Além disso, é extremamente importante que seja assegurada não apenas a viabilidade da despedida do usuário de uma operadora de dados pessoais, mas também seu empoderamento efetivo para que tenha seu capital informacional preservado e possa não apenas obrigar a operadora anterior a não mais explorar economicamente seus dados, mas também disponibilizá-los conforme seu consentimento para uma nova operadora de serviços digitais.[33] Caberá à ANPD decidir se o direito à portabilidade digital será reconhecido no Brasil e, em caso afirmativo, se o seu conteúdo será mínimo (típico de despedida da empresa) ou abrangente (conti-

---

31. DE HERT, Paul; PAPAKONSTANTINOU, Vagelis; MALGIERI, Gianclaudio; BESLAY, Laurent; SANCHEZ, Ignacio. The Right to Data Portability in the GDPR: Towards User-Centric Interoperability of Digital Services. *Computer Law & Security Review*, Londres, v. 34, n. 2, p. 193-203, 2018.

32. DE HERT, Paul; PAPAKONSTANTINOU, Vagelis; MALGIERI, Gianclaudio; BESLAY, Laurent; SANCHEZ, Ignacio. The Right to Data Portability in the GDPR: Towards User-Centric Interoperability of Digital Services. *Computer Law & Security Review*, Londres, v. 34, n. 2, p. 193-203, 2018.

33. DE HERT, Paul; PAPAKONSTANTINOU, Vagelis; MALGIERI, Gianclaudio; BESLAY, Laurent; SANCHEZ, Ignacio. The Right to Data Portability in the GDPR: Towards User-Centric Interoperability of Digital Services. *Computer Law & Security Review*, Londres, v. 34, n. 2, p. 193-203, 2018.

nuidade com idêntica profundidade) e se os dados serão portáveis individualizados, ativos e estruturados com o valor econômico preservado para o usuário.

Com relação à definição de um repertório de melhores práticas ("*best practices*") e a identificação de modelos de sucesso, é necessário o desenvolvimento de iniciativas para a promoção de diretrizes e de códigos de conduta. Também no âmbito do RGPD europeu existem referências à necessidade de cooperação internacional para promover o intercâmbio e o registro das melhores práticas de proteção de dados pessoais (Artigo 50, n. 4, e 51, n. 2, do RGPD). Por sua vez, a LGPD estabelece a competência da ANPD para promover e elaborar estudos sobre as práticas nacionais e internacionais (artigo 55-J, inciso VII, da LGPD) e para estimular a adoção de padrões para serviços e produtos que facilitem o exercício de controle dos titulares sobre seus dados pessoais (artigo 55-J, inciso VIII, da LGPD).

Na prática, a liderança na elaboração de códigos de conduta tem sido exercida por organismos internacionais como a *Organização Internacional para a Estandardização* (ISO).[34] Particularmente no caso do desenvolvimento de padrões de privacidade e de 'privacidade pelo desenho', a ISO tem desenvolvido uma série de iniciativas relativas não somente à arquitetura da privacidade (ISO 29100 e ISO 29101), mas também à sua gestão, inclusive pelo desenvolvimento de parâmetros para a realização de AIPD (ISO 29134).[35] Diante da dificuldade na seleção das melhores medidas técnicas, a publicação e compartilhamento de padrões de privacidade com soluções comuns aos membros da comunidade tecnológica são uma abordagem importante.[36] A definição de consensos sobre tecnologias apropriadas para domínios específicos

---

34. Sobre a regulação privada por meio de standards no direito global, veja FRYDMAN, Benoît; VAN WAEYENBERGE, Arnaud (Ed.). *Gouverner par les standards et les indicateurs*: De Hume au rankings. Bruxelas: Primento, 2013; FRYDMAN, Benoît. Coregulation: a possible legal model for global governance. In: DE SCHUTTER, Bart; PAS, Johan (Ed.). *About Globalization, Views on The Trajectory of Mondialisation*. Bruxelas: Brussels University Press, 2004, p. 227-242, 2012; BÜTHE, Tim; MATTLI, Walter. *The new global rulers*. Princeton: Princeton University Press, 2011; MATTLI, Walter; BÜTHE, Tim. Setting international standards: technological rationality or primacy of power? *World Politics*, [S.l], p. 1-42, 2003; MATTLI, Walter; BÜTHE, Tim. Global private governance: Lessons from a national model of setting standards in accounting. *Law and Contemporary Problems*, [S.l], v. 68, n. 3/4, p. 225-262, 2005; KRISCH, Nico; KINGSBURY, Benedict. Introduction: global governance and global administrative law in the international legal order. *European Journal of International Law*, [S.l], v. 17, n. 1, p. 1-13, 2006; KINGSBURY, Benedict; CASINI, Lorenzo. Global administrative law dimensions of international organizations law. *International Organizations Law Review*, [S.l], v. 6, n. 2, p. 319-358, 2009; DAVIS, Kevin E.; KINGSBURY, Benedict; MERRY, Sally Engle. Indicators as a technology of global governance. *Law & Society Review*, [S.l], v. 46, n. 1, p. 71-104, 2012; FORTES, Pedro. A Regulação Global para Combate à COVID-19: Riscos de captura, ruptura e adaptação. *Passagens. Revista Internacional de História Política e Cultura Jurídica*, Niterói, v. 12, n. 2, p. 221-242, 2020.

35. NOTARIO, Nicolás *et al*. PRIPARE: integrating privacy best practices into a privacy engineering methodology. In: *2015 IEEE Security and Privacy Workshops*. IEEE, 2015. p. 151-158.

36. NOTARIO, Nicolás *et al*. PRIPARE: integrating privacy best practices into a privacy engineering methodology. In: *2015 IEEE Security and Privacy Workshops*. IEEE, 2015. p. 151-158.

(*smart cities*, sistemas inteligentes de transporte, *smart grids* etc.) também facilita a escolha.[37]

O RGPD estimula a elaboração dos códigos de conduta (Artigo 40 do RGPD), bem como a supervisão do cumprimento de códigos de conduta por organismos independentes que devem ser acreditados pela autoridade nacional de controle (Artigo 41 do RGPD). Nesse sentido, a Comissão Europeia realizou uma chamada pelo estabelecimento de standards europeus de 'privacidade pelo desenho' e o Supervisor Europeu de Proteção de Dados promoveu o conceito de *Melhores Tecnologias Disponíveis* ('*Best Available Technologies*')[38]. Também existe a previsão de procedimentos de certificação, de selos de qualidade e marcas de proteção de dados (Artigo 42 do RGPD), bem como que os organismos de certificação devem ser acreditados pelas autoridades nacionais de controle (Artigo 43 do RGPD).

Considerados em seu conjunto, todos os instrumentos específicos para proteção de dados pessoais configuram a 'caixa de ferramentas' ('*toolbox*') regulatória, possibilitando inclusive a corregulação caso a definição de standards e sua aplicação seja, na prática, compartilhada entre a ANPD e outros atores do espaço regulatório.[39]

---

37. NOTARIO, Nicolás *et al*. PRIPARE: integrating privacy best practices into a privacy engineering methodology. In: *2015 IEEE Security and Privacy Workshops*. IEEE, 2015. p. 151-158.

38. NOTARIO, Nicolás *et al*. PRIPARE: integrating privacy best practices into a privacy engineering methodology. In: *2015 IEEE Security and Privacy Workshops*. IEEE, 2015. p. 151-158.

39. KAMARA, Irene. Co-regulation in EU personal data protection: the case of technical standards and the privacy by design standardization 'mandate'. *European Journal of Law and Technology*, [S.l], v. 8, n. 1, 2017. Sobre a teoria do espaço regulatório, veja, por todos, SCOTT, Colin. Analysing regulatory space: fragmented resources and institutional design. *Public Law*, [S.l], p. 283-305, 2001.

Isabella Z. Frajhof
Bianca Kremer

CAPÍTULO V
DA TRANSFERÊNCIA INTERNACIONAL DE DADOS

Art. 33. A transferência internacional de dados pessoais somente é permitida nos seguintes casos:

I – para países ou organismos internacionais que proporcionem grau de proteção de dados pessoais adequado ao previsto nesta Lei;

II – quando o controlador oferecer e comprovar garantias de cumprimento dos princípios, dos direitos do titular e do regime de proteção de dados previstos nesta Lei, na forma de:

a) cláusulas contratuais específicas para determinada transferência;

b) cláusulas-padrão contratuais;

c) normas corporativas globais;

d) selos, certificados e códigos de conduta regularmente emitidos;

III – quando a transferência for necessária para a cooperação jurídica internacional entre órgãos públicos de inteligência, de investigação e de persecução, de acordo com os instrumentos de direito internacional;

IV – quando a transferência for necessária para a proteção da vida ou da incolumidade física do titular ou de terceiro;

V – quando a autoridade nacional autorizar a transferência;

VI – quando a transferência resultar em compromisso assumido em acordo de cooperação internacional;

VII – quando a transferência for necessária para a execução de política pública ou atribuição legal do serviço público, sendo dada publicidade nos termos do inciso I do caput do art. 23 desta Lei;

VIII – quando o titular tiver fornecido o seu consentimento específico e em destaque para a transferência, com informação prévia sobre o caráter internacional da operação, distinguindo claramente esta de outras finalidades; ou

IX – quando necessário para atender as hipóteses previstas nos incisos II, V e VI do art. 7º desta Lei.

Parágrafo único. Para os fins do inciso I deste artigo, as pessoas jurídicas de direito público referidas no parágrafo único do art. 1º da Lei 12.527, de 18 de novembro de 2011 (Lei de Acesso à Informação), no âmbito de suas competências legais, e responsáveis, no âmbito de suas atividades, poderão requerer à autoridade nacional a avaliação do nível de proteção a dados pessoais conferido por país ou organismo internacional.

INTRODUÇÃO

No contexto atual da sociedade da informação, os grandes avanços tecnológicos das últimas décadas, somados à revolução da comunicação mundial com a popularização da internet, trouxeram como consequência o aumento dos fluxos de dados e a transmissão imediata de informações em escala global. Esse cenário permitiu que os dados fossem elevados à categoria de ativos econômicos imprescindíveis, de modo que se mostrou cada vez mais relevante o estabelecimento de uma conjuntura regulatória robusta em matéria de privacidade e proteção de dados: tanto para transparência na exploração econômica dessas informações, quanto para a proteção dos direitos fundamentais dos titulares em toda a cadeia de tratamento.

A discussão sobre proteção de dados pessoais e os fluxos transfronteiriços das informações tem sido alvo cada vez maior de atenção por parte das instituições e da sociedade civil, à medida que práticas de governança de dados bem definidas perpassam a imperiosa necessidade de se compreender a infraestrutura física da internet, e o modo como funcionam as principais formas de transmissão e obtenção de informações por esse sistema. A internet se apresenta como um conjunto global de redes de computadores interconectadas que não sofre o domínio ou controle absoluto de nenhum governo, organismo internacional ou entidade.[1] A regulamentação da rede, nesse sentido, ocorre dentro de cada país e nos limites de sua soberania[2].

A afirmação da soberania de um Estado, no sentido de sua independência econômica, política, social e cultural, se apoia no poder que o Estado possui de fazer prevalecer sua vontade, de fato, dentro de seus limites jurisdicionais.[3] E qual (não) é a surpresa quando se percebem as dificuldades de se definir de maneira clara e precisa os limites territoriais e as condições de extraterritorialidade em matéria de fluxo informacional. Em uma sociedade global hiperconectada, como dispor sobre a regulação em proteção de dados no ambiente cibernético sem os esforços conjuntos de diferentes sistemas jurídicos nacionais e internacionais? Isso porque, a depender da localização dos atores envolvidos e dos serviços por eles utilizados, haverá resultados e soluções jurídicas distintas.

---

1. LEONARDI, Marcel. *Fundamentos de Direito Digital*. São Paulo: Thomson Reuters Brasil, 2019, p. 10.

2. Nas relações entre os Estados, o princípio da soberania é o conceito principal do qual decorrem inúmeros outros, e dele são extraídos os conceitos de independência nacional, igualdade entre os Estados, autodeterminação dos povos e a não-intervenção, descritas no Art. 4º, incisos I a IV, da Constituição Federal. No entanto, o conceito de soberania não subsiste em sua acepção absoluta, de modo que a densidade jurídica da noção de independência é limitada por diversas circunstâncias de fato, que não permitem aos Estados existirem alheios aos movimentos globais, e também por um movimento de restrição contínuo e gradual da amplitude da soberania. Cf. TIBÚRCIO, Carmen; BARROSO, Luis Roberto. *Direito Constitucional Internacional*. Rio de Janeiro: Renovar, 2003, p. 17-18.

3. DALLARI, Dalmo de Abreu. *Elementos de teoria geral do Estado*. São Paulo: Saraiva, 1972, p. 74.

Quando se fala em provedores de serviço de internet[4], por exemplo, se está diante de um cenário em que diversos intermediários são necessários para que usuários finais tenham acesso à internet e sua multiplicidade de usos: provedores de infraestrutura, de acesso, de hospedagem, de conteúdo etc. A exemplo do provedor de hospedagem[5], trata-se de um serviço de cessão de espaço em disco rígido de acesso remoto, ou seja, permite o armazenamento de dados nos chamados servidores (dispositivos físicos). A hospedagem de *sites* ou *blogs*, serviços de e-mail, mecanismos de busca, armazenamento em nuvem, por exemplo, são serviços usualmente oferecidos por provedores de hospedagem.

As principais e mais conhecidas infraestruturas desses serviços *on-line*, encabeçadas por gigantes da tecnologia como Amazon, Google e Microsoft, se mostram espalhadas ao redor do mundo, majoritariamente em países do norte global.[6] O tema se mostra complexo ao passo que a contratação de provedores em nuvem se mostra uma prática cada vez mais usual (até mesmo para serviços de computação), sem que sua popularidade avance lado a lado às principais discussões em matéria de proteção de dados. Questões que tangenciam tanto o imperialismo de infraestrutura[7] a partir de novos olhares do sul global, quanto a importância de se perceber a complexidade jurídica que envolve a decisão sobre onde hospedar os próprios dados: sejam os próprios dados pessoais para pessoas físicas, sejam dados enquanto ativos econômicos no formato de um banco de dados por uma pessoa jurídica.

A aparente simplicidade na contratação de provedores em nuvem envolve questões relativas à soberania da informação,[8] elementos de estraneidade, regras de conexão e extraterritorialidade na aplicação de legislações relativas à privacidade e

---

4. "O provedor de serviço de internet é a pessoa natural ou jurídica que fornece serviços relacionados ao funcionamento da Internet, ou por meio dela. É muito importante compreender que, embora usualmente oferecidas em conjunto, essas são atividades completamente distintas que podem ser prestadas por uma mesma empresa a um mesmo usuário ou por diversas empresas, separadamente (...) a diferença conceitual existe e é de fundamental importância para a compreensão da responsabilidade de tais empresas, variável conforme a atividade específica exercida". Cf. LEONARDI, Marcel. *Fundamentos de Direito Digital*. São Paulo: Thomson Reuters Brasil, 2019, p. 11.

5. Importante salientar que o provedor de hospedagem pode oferecer dois serviços diferentes: o armazenamento de arquivos em um servidor, e a possibilidade de acesso a tais arquivos nos termos estipulados com o provedor de conteúdo. Este, por sua vez, se difere do provedor de hospedagem à medida que disponibiliza na internet as informações criadas ou desenvolvidas por terceiros (os provedores de informação – o efetivo autor da informação), ou seja, realiza um controle editorial prévio sobre as informações que divulga. Cf. LEONARDI, Marcel. *Fundamentos de Direito Digital*. São Paulo: Thomson Reuters Brasil, 2019, p. 12-13.

6. Sobre a localização de seus Data Centers, a Google informa que a empresa lista oito Data centers nos EUA, um na América do Sul, quatro na Europa, e dois na Ásia. Cf. Google Data Center FAQ. Data Center Knowledge. 17 Mar. 2017. Disponível em: https://www.datacenterknowledge.com/archives/2017/03/16/google-data-center-faq. Acesso em: 18 fev. 2025.

7. O imperialismo de infraestrutura é um debate que questiona a dependência global de infraestrutura técnica provida por grandes empresas gigantes de tecnologia. Cf. VAIDHYANATHAN, Siva. *The googlization of everything*: and why we should worry. Berkeley: University California Press. 2012. 280 p.

8. MOROZOV, Evgeny. *Big tech:* a ascensão dos dados e a morte da política. Trad. Claudio Marcondes. São Paulo: Ed. Ubu, 2018, p. 118.

proteção de dados pessoais. É dentro desse emaranhado da geopolítica e apropriação corporativa de informações pessoais que a tecnologia digital apresenta alguns dos principais desafios jurídicos para a implementação de critérios de segurança e salvaguarda de direitos fundamentais durante as atividades de compartilhamento de informação em nível mundial.

A opacidade nos debates sobre potenciais limites aos fluxos de informação em escala global, somada à intensa exploração desses dados na forma de ativos econômicos, levou muitos países a estabelecer um regramento legal sobre a matéria. No caso do Brasil, a Lei Geral de Proteção de Dados Pessoais (Lei 13.709/2018 – LGPD) inaugurou uma legislação geral e ampla que se debruça especificamente sobre a matéria de proteção de dados. Antes da LGPD, o que existiam eram dispositivos que versavam sobre o assunto, porém inseridos em legislações esparsas: são exemplos o Código de Defesa do Consumidor (CDC), Lei de Acesso à Informação (LAI), Lei do Cadastro Positivo, Marco Civil da Internet (MCI), Decreto do Marco Civil da Internet, entre outros.

A LGPD, portanto, configura uma importante sistematização que trouxe maior segurança jurídica sobre o tema, considerando sua importância e complexidade, com forte inspiração no modelo europeu (*General Data Protection Regulation* – GDPR), que entrou em vigor em 2018 – mesmo ano de aprovação e instituição da Lei Geral de Proteção de Dados. Isso se mostra bastante evidenciado no que diz respeito à temática da transferência internacional de dados, já que nela a LGPD concebeu mecanismos de salvaguarda bastante semelhantes àqueles adotados pelo GDPR[9] no que concerne à fixação de regras para que os dados pessoais coletados em seus territórios possam circular internacionalmente, a partir do cumprimento de requisitos e condições, quais sejam: decisão de adequação (art. 33, I, e art. 34), na sua ausência, instrumentos e compromissos assumidos pelo controlador que viabilizem a transferência internacional (art. 33, II, e art. 35), além de outras hipóteses listadas nos incisos do art. 35. Somente a partir de então, o fluxo transfronteiriço será permitido sem incorrer em violações à lei e consequente culminação em sanções nela elencadas.

O CONCEITO DE TRANSFERÊNCIA INTERNACIONAL DE DADOS

A transferência internacional é conceituada na LGPD como a transferência de dados para um país estrangeiro ou organismo internacional do qual o Brasil seja membro (art. 5º, XV). Esse conceito, por si só, ainda se mostra insuficiente para que se compreenda a extensão de sua aplicação. Para complementar esse conceito, a LGPD dispõe ainda que a transferência internacional é uma das hipóteses de uso compartilhado de dados (art. 5º, XVI). Estabelece, ainda, que a Lei se aplica a qual-

---

9. VIOLA, Mario. *Transferência de dados entre Europa e Brasil*: análise da adequação da legislação brasileira. Parceria ITS Rio e Great for Partership – Britain & Northern Ireland. Rev. SILVA, Priscilla; PERRONE, Christian; CARNEIRO, Giovana. Nov. 2019, p. 3. Disponível em: https://itsrio.org/wp-content/uploads/2019/12/Relatorio_UK_Azul_INTERACTIVE_Justificado.pdf. Acesso em: 18 fev. 2025.

quer operação de tratamento, realizada por pessoa natural ou jurídica de direito público ou privado, independente do país de sua sede ou em que os dados estejam localizados (art. 3º, *caput*), desde que a atividade tenha por objetivo a oferta de bens ou serviços com finalidade econômica; que a operação de tratamento seja realizada em território nacional; e/ou que os dados objeto de tratamento tenham sido coletados no território nacional (art. 3º, I a III).

O Regulamento de Transferência Internacional de Dados e o conteúdo das cláusulas-padrão contratuais ("Regulamento de Transferência Internacional de Dados"), aprovado pela Resolução CD/ANPD 19, de 23 de agosto de 2024, prevê os procedimentos e regras que são aplicáveis às operações de transferência internacional de dados (art. 1º), além de estabelecer o conteúdo das cláusulas-padrão em seu Anexo II. Neste Regulamento, a transferência internacional de dados é caracterizada quando o exportador transferir para o importador dados pessoais (art. 5º), aplicando-se a LGPD, independentemente do meio utilizado para realizar a transferência, do país sede dos agentes de tratamento ou do país onde estejam localizados os dados (art. 7º, § único).

Tão importante quanto conceituar a transferência internacional e vislumbrar suas hipóteses de aplicação é compreender as hipóteses de não aplicação da LGPD no contexto de transferência interacional de dados. O texto legal afirma que a LGPD não se aplica ao tratamento de dados pessoais provenientes de fora do território nacional e que não sejam (i) objeto de comunicação; (ii) uso compartilhado de dados com agentes de tratamento brasileiros; ou (iii) objeto de transferência internacional de dados com outro país que não o de proveniência, desde que o país de proveniência proporcione grau de proteção adequado ao previsto na Lei (art. 4º, IV).

No que a Lei define sua não aplicação ao tratamento de dados que vêm de fora do Brasil, a conjunção aditiva "e" faz a vez de adição à intenção do legislador. Em outras palavras, pode ser compreendido como requisito legal não apenas que os dados em questão sejam provenientes de fora do território nacional para que a LGPD não se aplique. É necessário também que, para tanto, sejam preenchidos os requisitos adicionais (alternativos entre si, i.e., não precisam ser preenchidos cumulativamente, a mera presença de um só deles basta) de não comunicabilidade, não compartilhamento com agentes de tratamento brasileiros, ou que os dados transferidos ou compartilhados não sejam oriundos do país de onde eles estejam efetivamente chegando. Em outras palavras, não basta que os dados não sejam do Brasil para que a LGPD não se aplique. É também um requisito que, em complementação a este fato, sejam preenchidas outras circunstâncias legais adicionais.

Ademais, o referido Regulamento de Transferência Internacional de Dados complementa a LGPD, indicando as situações em que a LGPD não será aplicável no contexto de transferência internacional de dados. Isto ocorre quando houver: (i) trânsito de dados pessoais, sem comunicação ou uso compartilhado de dados com agentes de tratamento localizados no território brasileiro; e (ii) retorno dos dados pessoais objeto de tratamento no território nacional exclusivamente ao país ou organismo internacional de proveniência, desde que (ii.a) estes últimos proporcionem um grau de proteção considerado adequado por decisão da ANPD, (ii.b) a legislação do país ou normas de organismo internacional se apliquem à operação, e (ii.c) caracterizada situação específica e excepcional prevista na decisão de adequação que indique ser possível afastar a incidência da LGPD (art. 8º, § 1º), – o que não implica no afastamento de outras normas cabíveis (art. 8º , § 3º).

Dessa forma, a transferência internacional pode ser conceituada como transferência ou compartilhamento para um país estrangeiro, entre pessoas físicas ou jurídicas de direito público ou privado, incluindo organismos internacionais dos quais o Brasil seja membro, referentes a dados coletados em território nacional e/ou cujo tratamento tenha sido realizado no país.

HIPÓTESES DE APLICAÇÃO DA TRANSFERÊNCIA INTERNACIONAL NOS TERMOS DA LGPD

A LGPD estabelece que somente será permitida a transferência internacional, i.e., transferência ou compartilhamento de dados coletados ou tratados em território nacional para um país estrangeiro, em hipóteses específicas. Ou seja, a Lei institui um rol exaustivo das circunstâncias possíveis, de modo que à circulação internacional de dados no contexto de uma economia globalizada seja assegurado um adequado grau de proteção. Dentre as hipóteses permitidas na Lei, constam:

1	Art. 33, I	Quando a transferência se der para países ou organismos internacionais que proporcionem grau de proteção adequado nos seus termos
2	Art. 33, II	Quando o controlador oferecer e comprovar garantias de cumprimento dos princípios, dos direitos do titular e do regime de proteção de dados previsto na Lei, na forma de *mecanismos específicos de transferência internacional (regidos pelo art. 35 da Lei)*, quais sejam: (i) cláusulas contratuais específicas; (ii) cláusulas-padrão contratuais; (iii) normas corporativas globais; (iv) selos, certificados e códigos de conduta regularmente emitidos.
3	Art. 33, III	Quando a transferência for necessária para a cooperação jurídica internacional entre órgãos públicos de inteligência, de investigação e de persecução, de acordo com os instrumentos de direito internacional.
4	Art. 33, IV	Quando a transferência for necessária para a proteção da vida ou da incolumidade física do titular ou de terceiro
5	Art. 33, V	Quando a Autoridade Nacional autorizar a transferência
6	Art. 33, VI	Quando a transferência resultar em compromisso assumido em acordo de cooperação internacional
7	Art. 33, VII	Quando a transferência for necessária para a execução de política pública ou atribuição legal do serviço público (com publicidade nos termos do art. 23, I)
8	Art. 33, VIII	Com consentimento fornecido pelo titular, específico e em destaque, com informação prévia sobre o caráter internacional da operação
9	Art. 33, IX	Quando necessário para atender o cumprimento de obrigação legal (art. 7º, II); execução de contrato ou procedimentos preliminares a contrato (art. 7º, V); e exercício regular de direitos (art. 7º, VI).

Tais requisitos refletem o compromisso da LGPD em compatibilizar as exigências de transferência internacional no Brasil com os padrões impostos pela legislação europeia, dada sua similaridade em muitos aspectos. O art. 33, I, por exemplo, traz o grau de proteção adequado, de modo que o país para o qual os dados estejam sendo enviados deve cumprir essa exigência, sob pena de impossibilidade da transmissão/compartilhamento da informação. Na União Europeia (UE), por sua vez, esse critério é aplicado como solução padrão que permite a transferência de dados pessoais da UE para países terceiros ou organismos internacionais somente quando houver um sistema de proteção considerado adequado (art. 25, GDPR).[10]

É importante notar que o termo "adequado" possui alto grau de abstração e imprecisão, sem que a legislação tenha apresentado critérios objetivos para uma aferição mais específica sobre a sua aplicabilidade, o que foi feito posteriormente pelo Regulamento de Transferência Internacional de Dados, que listou os critérios que devem ser considerados pela ANPD em sua decisão de adequação. No entanto, não restam dúvidas de que o grau de proteção do país de origem deve se dar em termos minimamente equiparáveis aos da lei brasileira, de modo a priorizar e preservar princípios e direitos dos titulares nos moldes da LGPD, jamais de modo inferior. Uma forma de diminuir potenciais incertezas certamente será a atuação da Autoridade Nacional de Proteção de Dados (ANPD), precisamente exercendo uma de suas competências: deliberar na esfera administrativa e em caráter terminativo sobre a interpretação da LGPD e os casos omissos (art. 55-J, XX), tal como realizado.

Outra hipótese de transferência internacional permitida pela LGPD se dá em matéria de cooperação jurídica internacional: quando necessária para investigação e persecução por órgãos de inteligência internacional (art. 33, III), e quando resultar em compromisso assumido em acordo de cooperação internacional (art. 33, VI). Quanto a esta última hipótese, o emprego pelo legislador da preposição "em" parece ser um equívoco, sendo mais coerente o uso da preposição "de" para atender à finalidade da norma, que permite a transferência internacional de dados quando esta resultar em um compromisso assumido.[11] No mais, a cooperação jurídica internacional é o meio a partir do qual entes estatais se articulam para colaborar com a solução de processos judiciais que correm em outros Estados. São objeto de cooperação, em regra, os atos de comunicação e as diligências de instrução dos processos em curso, i.e., citações, intimações, interrogatórios, perícias, coleta de provas etc.[12]

---

10. Na UE esse critério de adequação existe desde a Diretiva 95/46/CE, relativa à proteção das pessoas singulares no que diz respeito ao tratamento de dados pessoais e à livre circulação de dados. Cf. FRAJHOF, Isabella; SOMBRA, Thiago Luis. A transferência internacional de dados pessoais. *In*: MULHOLLAND, Caitlin. (Org.). *A LGPD e o novo marco normativo no Brasil*. Porto Alegre: Arquipélago Editorial, 2020, p. 268.

11. Informações obtidas no curso "Temas Complexos da LGPD", ministrado pelo Professor Marcel Leonardi, sobre o tema de transferência internacional de dados, no dia 15.10.2020.

12. PORTELA, Paulo Henrique Gonçalves. *Direito Internacional Público e Privado*. 3. ed. rev., atual., ampl. Salvador: Juspodivm, 2011, p. 601-602.

Ademais, o artigo 33 aloca algumas das bases legais autorizativas do tratamento de dados pessoais, previstas no artigo 7º da Lei, como possíveis mecanismos para efetuar a transferência internacional de dados. São elas: a proteção da vida ou da incolumidade física do titular ou de terceiro (art. 33, IV, c/c o art. 7º, VII), consentimento (art. 33, VIII, c/c o art. 7º, I) e cumprimento de obrigação legal ou regulatória pelo controlador, execução de contrato ou de procedimentos preliminares relacionados a contrato do qual seja parte o titular, a pedido do titular dos dados e exercício legal regular de direitos em processo judicial, administrativo ou arbitral (art. 33 c/c o art. 7º, II, V e VI). Nesse sentido, cabe destacar que a transferência internacional que se fundamenta no consentimento do titular de dados implicará o exercício pelo mesmo de uma série de prerrogativas que podem tornar sua implementação complexa para o controlador.[13]

---

13. Neste sentido, ver: FRAJHOF, Isabella Z.; SOMBRA, Thiago Luís. A transferência internacional de dados pessoais. In: MULHOLLAND, Caitlin (Org.). A LGPD e o novo marco normativo no Brasil. Porto Alegre: Arquipélago Editorial, 2020, v. 1, p. 271.

Isabella Z. Frajhof
Bianca Kremer

Art. 34. O nível de proteção de dados do país estrangeiro ou do organismo internacional mencionado no inciso I do *caput* do art. 33 desta Lei será avaliado pela autoridade nacional, que levará em consideração:

I – as normas gerais e setoriais da legislação em vigor no país de destino ou no organismo internacional;

II – a natureza dos dados;

III – a observância dos princípios gerais de proteção de dados pessoais e direitos dos titulares previstos nesta Lei;

IV – a adoção de medidas de segurança previstas em regulamento;

V – a existência de garantias judiciais e institucionais para o respeito aos direitos de proteção de dados pessoais; e

VI – outras circunstâncias específicas relativas à transferência.

Os principais instrumentos de cooperação jurídica internacional são as cartas rogatórias[1], a homologação de sentença estrangeira[2], a extradição[3], o

---

1. Cartas rogatórias (Art. 29, CPC) são solicitações de auxílio feitas pela autoridade judiciária de um Estado (juiz de direito) ao Judiciário de outro país, solicitando sua colaboração para a prática de determinados atos processuais. Curioso frisar que o *WhatsApp* tem sido utilizado como ferramenta de intimação em todo o Judiciário por aprovação do Conselho Nacional de Justiça desde junho de 2017, de modo que até mesmo oitiva de testemunha por meio de chamada de vídeo já foi realizada – quando o procedimento tradicional seria a expedição de uma carta rogatória, cujo trâmite demanda um pedido ao Ministério da Justiça ou das Relações Exteriores. A Lei 11.419/2006 permite desde 2006 que a rogatória seja expedida preferencialmente por meio eletrônico, de modo que as novas tecnologias tendem a ditar novas e mais céleres formas de cooperação internacional. Cf. JUÍZES usam WhatsApp para auxiliar atos processuais em 12 estados. *Notícias CNJ.* 29 jan. 2018. Disponível em: https://www.cnj.jus.br/juizes-usam-whatsapp-para-auxiliar-atos-processuais-em-11-. Acesso em 18 fev. 2025.

2. Homologação de sentença estrangeira é o ato que permite que uma decisão judicial proferida por um Estado possa ser executada no território de outro Estado, viabilizando a eficácia jurídica de um provimento jurisdicional estrangeiro em outro Estado. Também conhecido como "ratificação", "reconhecimento" ou "execução" de sentença estrangeira. A homologação não é automática, e depende de exigências estabelecidas pelo ordenamento jurídico do Estado ao qual é solicitada a homologação. O órgão competente para homologar a sentença estrangeira é o Superior Tribunal de Justiça (STJ), e sua execução é de competência dos juízes federais de primeira instância (Art. 109, X, CF). Cf. PORTELA, Paulo Henrique Gonçalves. *Direito Internacional Público e Privado.* 3. ed. rev., atual., ampl. Salvador: Juspodivm. 2011, p. 617-621.

3. A Extradição é o ato pelo qual um Estado entrega a outro um indivíduo acusado de ter violado as leis penais deste outro ente Estatal, ou porque tenha sido condenado por descumpri-las seja submetido a julgamento ou cumprimento de pena já aplicada, respondendo pelo ilícito que praticou. É importante que haja a existência de tratado de extradição entre o Estado solicitante e o solicitado. Na ausência de tratado, o solicitante pode apresentar uma promessa de reciprocidade, pela qual se compromete a examinar eventual pedido

auxílio direto[4] e a cooperação estabelecida por tratados internacionais[5] sobre temas específicos, como um acordo bilateral de adequação mútua, por exemplo. Sobre este tema, a equivalência do grau de proteção na UE se dá a partir do reconhecimento por parte da Comissão da União Europeia (cujas competências permeiam o poder de tomar iniciativas administrativas e jurídicas, tais como imposição de multas e legislar)[6] de que um outro país, ou organismo internacional, assegura um nível de proteção compatível com o regulamento europeu[7] sobre os dados pessoais. A Comissão da UE deve observar o cumprimento de três critérios para proferir decisão de adequação, quais sejam: (i) o respeito pelos direitos humanos e liberdades fundamentais; (ii) a existência e o efetivo funcionamento de uma ou mais autoridades de controle independentes no país terceiro; (iii) os compromissos internacionais assumidos pelo país terceiro ou organização internacional, bem como sua participação em sistemas multilaterais ou regionais, especialmente em matéria e proteção de dados pessoais.[8]

Por sua vez, o art. 34 elenca seis critérios para avaliação da ANPD em sua decisão de adequação do país estrangeiro ou do organismo internacional: (i) análise das normas gerais e setoriais da legislação em vigor; (ii) natureza dos dados; (iii) observância dos princípios e direitos dos titulares previstos na LGPD; (iv) adoção de

---

de extradição futuro que lhe seja apresentado por ele. Cf. PORTELA, Paulo Henrique Gonçalves. *Direito Internacional Público e Privado*. 3. ed. rev., atual., ampl. Salvador: Juspodivm. 2011, p. 293-296.

4. O auxílio direto permite que autoridades estrangeiras solicitem a realização de diligências no país, assim como ocorre com as cartas rogatórias. A principal diferença entre os institutos é o direito aplicável e a origem da decisão que enseja o pedido. O auxílio direto não se fundamenta em uma decisão prévia: é necessário que a autoridade brasileira competente decida sobre a viabilidade da diligência de acordo com a lei brasileira. Ou seja, é a autoridade nacional, judicial ou não, que determinará a possibilidade do pedido. Cf. DOLINGER, Jacob; TIBÚRCIO, Carmen. *Direito Internacional Privado*. 12. ed. rev. Atual. Ampl., Rio de Janeiro: Forense, 2016, p. 619.

5. Os tratados e convenções são uma importante fonte de Direito Internacional Privado, de modo que as matérias processuais também são objeto deles: uns visando a solução uniforme para questões de competência internacional, outros estabelecendo normas de cooperação jurídica internacional (homologação de sentenças estrangeiras e/ou extradição, e em matéria de diligências como citação, obtenção de provas, etc.). Cf. DOLINGER, Jacob; TIBÚRCIO, Carmen. *Direito Internacional Privado*. 12. ed. rev. Atual. Ampl., Rio de Janeiro: Forense, 2016, p. 55-56.

6. USTARAN, Eduardo. *European Data Protection*: law and practice. Portsmouth: IAPP Publications, 2018, p. 32-33.

7. Considerando 103 do GDPR: "A Comissão pode decidir, com efeitos no conjunto da União, que um país terceiro, um território ou um setor determinado de um país terceiro, ou uma organização internacional, oferece um nível adequado de proteção de dados adequado, garantindo assim a segurança jurídica e a uniformidade ao nível da União relativamente ao país terceiro ou à organização internacional que seja considerado apto a assegurar tal nível de proteção. Nestes casos, podem realizar-se transferências de dados pessoais para esse país ou organização internacional sem que para tal seja necessária mais nenhuma autorização. A Comissão pode igualmente decidir, após enviar ao país terceiro ou organização internacional uma notificação e uma declaração completa dos motivos, revogar essa decisão". Disponível em: htpps://europa.eu/rapid/press-release_IP-19-2749_pt.html. Acesso em 18 fev. 2025.

8. Art. 45, 2, GDPR. Transferências com base numa decisão de adequação. Disponível em: https://www.privacy-regulation.eu/pt/45.htm . Acesso em: 18 fev. 2025.

medidas de segurança previstas em regulamento; (v) existência de garantias judiciais e institucionais que assegurem o respeito aos direitos de proteção de dados pessoais; (vi) outras circunstâncias específicas relativas à transferência.

O Regulamento de Transferência Internacional de Dados, em seu art. 11, é mais específico e detalhado sobre tais critérios, sendo mais assertivo sobre as considerações que devem ser feitas pela ANPD, além de adicionar novos elementos a serem observados pela Autoridade. Os incisos do art. 11 do Regulamento reproduzem quase que em sua maioria os critérios do art. 34, da LGPD, acrescentando alguns termos que reforçam as proteções desejadas. Neste sentido, o inciso I acrescenta que as normas gerais e setoriais em vigor devem causar impactos à proteção de dados; o inciso IV, indica que as medidas de segurança devem ser adequadas "para minimizar os impactos às liberdades civis e aos direitos fundamentais dos titulares de dados".

Em relação ao detalhamento de cada um destes critérios, o art. 11, § 1º, do Regulamento, indica que a avaliação das normas gerais e setoriais deverá se limitar "à legislação diretamente aplicável ou que gere impactos relevantes sobre o tratamento de dados pessoais e sobre os direitos de titulares". A fim de avaliar a capacidade de observância dos princípios e direitos dos titulares, bem como da adoção de medidas de segurança, o art. 11, § 2º, do Regulamento aponta que deverá ser analisado se a "legislação local estabelece aos agentes de tratamento obrigações de implementação de medidas de segurança adequadas, considerando a natureza dos dados e os riscos envolvidos no tratamento, entre outros fatores relevantes". Em relação às garantias judiciais e institucionais, deve ser considerada a existência e o efetivo funcionamento de um órgão regulador independente (art. 11, § 2º, do Regulamento), tal qual exigido pelo GDPR.

Ademais, o art. 12, do Regulamento, acrescenta em seus incisos I e II, respectivamente, mais dois critérios a serem considerados pela ANPD: (i) os "riscos e benefícios proporcionados pela decisão de adequação", especialmente no que se refere à garantia de princípios, direitos e regime de proteção de dados pessoais estabelecidos pela LGPD; e (ii) "os impactos da decisão sobre o fluxo informacional de dados, as relações diplomáticas, o comércio internacional e a cooperação internacional do Brasil com outros países e organismos internacionais". Ou seja, há uma orientação de que também considere, sob uma perspectiva política, os benefícios da decisão de adequação. Neste sentido, o Regulamento orienta que deverá ser priorizada a análise de adequação de países ou organismos internacionais que assegurem ao Brasil tratamento recíproco[9], e que a decisão de adequação potencialize o livre fluxo de dados.

O procedimento para emissão da decisão de adequação pode se iniciar por decisão do Conselho Diretor, ou por determinadas pessoas de direito público, e será instruído pela área técnica competente, que se manifestará sobre o mérito e condicionantes da decisão. Em seguida, a Procuradoria Federal Especializada

---

9. Princípio da reciprocidade.

deverá se manifestar, seguindo para a deliberação final pelo Conselho Diretor (art. 13, incisos I a III). A decisão de adequação, ao final, será proferida por meio de Resolução do Conselho Diretor, e publicada no sítio eletrônico da ANPD (art. 13, § 2º, do Regulamento).

Ainda é cedo para falar sobre um exame de adequação da LGPD aos padrões exigidos pelo GDPR, no sentido de avaliar se a legislação nacional asseguraria um grau de proteção compatível com o regulamento europeu, ou mesmo sobre a suficiência, ou não, de eventual compatibilidade dos ordenamentos para autorizar a livre circulação de dados entre o Brasil e a União Europeia (UE). Certamente a transformação da ANPD em autarquia de natureza especial por meio da Lei 14. 460, de 25 de outubro de 2022, a dotando de autonomia técnica e decisória, com atribuição de patrimônio e sede próprios (art. 55-A, da LGPD), qualifica e aproxima o Brasil de uma eventual adequação perante a UE.

Contudo, não há como desconsiderar a relevância social e os impactos da economia relacionada ao mercado de dados para o desejado aproveitamento da abertura comercial entre Brasil e UE, o qual deverá representar a expressiva quantia de 5,4% do PIB da União Europeia até o ano de 2025[10]. Para tanto, é desejável que os critérios de adequação adotados pelo Brasil também estejam em conformidade com o GDPR.

---

10. VIOLA, Mario. Transferência de dados entre Europa e Brasil: análise da adequação da legislação brasileira. Parceria ITS Rio e Great for Partership – Britain & Northern Ireland. Rev. SILVA, Priscilla; PERRONE, Christian; CARNEIRO, Giovana. Nov. 2019, p. 3. Disponível em: https://itsrio.org/wp-content/uploads/2019/12/Relatorio_UK_Azul_INTERACTIVE_Justificado.pdf. Acesso em: 18 fev. 2025.

Isabella Z. Frajhof
Bianca Kremer

Art. 35. A definição do conteúdo de cláusulas-padrão contratuais, bem como a verificação de cláusulas contratuais específicas para uma determinada transferência, normas corporativas globais ou selos, certificados e códigos de conduta, a que se refere o inciso II do *caput* do art. 33 desta Lei, será realizada pela autoridade nacional.

§ 1º Para a verificação do disposto no *caput* deste artigo, deverão ser considerados os requisitos, as condições e as garantias mínimas para a transferência que observem os direitos, as garantias e os princípios desta Lei.

§ 2º Na análise de cláusulas contratuais, de documentos ou de normas corporativas globais submetidas à aprovação da autoridade nacional, poderão ser requeridas informações suplementares ou realizadas diligências de verificação quanto às operações de tratamento, quando necessário.

§ 3º A autoridade nacional poderá designar organismos de certificação para a realização do previsto no *caput* deste artigo, que permanecerão sob sua fiscalização nos termos definidos em regulamento.

§ 4º Os atos realizados por organismo de certificação poderão ser revistos pela autoridade nacional e, caso em desconformidade com esta Lei, submetidos a revisão ou anulados.

§ 5º As garantias suficientes de observância dos princípios gerais de proteção e dos direitos do titular referidas no caput deste artigo serão também analisadas de acordo com as medidas técnicas e organizacionais adotadas pelo operador, de acordo com o previsto nos §§ 1º e 2º do art. 46 desta Lei.

MECANISMOS DE TRANSFERÊNCIA INTERNACIONAL: AS CLÁUSULAS-PADRÃO CONTRATUAIS, CLÁUSULAS CONTRATUAIS ESPECÍFICAS PARA UMA DETERMINADA TRANSFERÊNCIA, NORMAS CORPORATIVAS GLOBAIS E SELOS, CERTIFICADOS E CÓDIGOS DE CONDUTA

A LGPD introduziu uma verdadeira caixa de ferramentas que legitimam e autorizam a transferência internacional de dados, seguindo o modelo proposto pelo GDPR[1]. As hipóteses que autorizam esta transferência internacional encontram paralelismo com a norma europeia, conforme se depreende da leitura dos artigos 33 e seus incisos. Apesar da variedade de situações que legitimam a transferência

---

1. Capítulo V, artigos 44 ao 50 do GDPR.

internacional de dados na LGPD, apontando a maleabilidade e dinamicidade necessárias ao contexto global e transfronteiriço de fluxo de dados, podemos destacar a relevância que a LGPD traz tanto para a decisão de adequação (art. 33, I, e art. 34), como para instrumentos e compromissos que devem ser assumidos pelo controlador para realizar esta transferência internacional (art. 33, II, e art. 35) e comprovados por ele (em atenção ao princípio da responsabilização e prestação de contas – art. 6º, X). Em ambas as hipóteses será necessária a intervenção da ANPD, seja para reconhecer a adequação de um país estrangeiro para o recebimento de dados pessoais vindos do Brasil, seja para definir e homologar o conteúdo destes outros mecanismos de transferência.[2]

No âmbito europeu, tanto na decisão de adequação, quanto nas outras hipóteses que autorizam a transferência internacional de dados, o que se busca primariamente é que a proteção assegurada pelo GDPR acompanhe os dados pessoais[3], visto que estes são considerados como um direito fundamental da pessoa humana[4], evitando que os titulares de dados fiquem vulneráveis quando suas informações pessoais circulem e sejam tratadas em um país estrangeiro. Esta mesma lógica também é observada na LGPD.

Nesse sentido, o GDPR determina que apenas poderão ser transferidos dados dos países que integram o Espaço Econômico Europeu[5] (EEE, *European Economic Area* – EEA) para países que estejam fora desta zona, se o país receptor assegurar um nível adequado – e não equivalente – de tutela[6] (artigo 45, do GDPR), seguindo o que já previa a antiga Diretiva 95/46/CE em seu artigo 25. No entanto, o GDPR inovou em relação à antiga Diretiva ao prever novas hipóteses que autorizam a transferên-

---

2. "(...) não será do agente de tratamento a atribuição de aferir a idoneidade das garantias ofertadas. Esta competência, para que se preserve a isenção da análise deve ser feita por ente externo, sem interesse direto na operação de transferência" VIOLA, Mario; HERINGER, Leonardo. Um Olhar Internacional: Lei Geral de Proteção de Dados Pessoais (LGPD) e o General Data Protection Regulation (GDPR), Adequação e Transferência Internacional de Dados. In: SOUZA, Carlos Affonso; MAGRANI, Eduardo; SILVA, Priscilla (Coord.). *Caderno Especial*: Lei Geral de Proteção de Dados (PGPD). São Paulo: Revista dos Tribunais, 2019. p. 237.

3. EUROPEAN COMISSION. *Communication from the commission to the European Parliament and the council. Exchanging and Protecting Personal Data in a Globalised World*. Bruxelas, 2017, p. 4. Disponível em: https://eur-lex.europa.eu/legal-content/EN/TXT/?uri=COM%3A2017%3A7%3AFIN. Acesso em: 18 fev. 2025.

4. VIOLA, Mario. *Transferência de dados entre Europa e Brasil*: análise da adequação da legislação brasileira. Parceria ITS Rio e Great for Partership – Britain & Northern Ireland. Rev. SILVA, Priscilla; PERRONE, Christian; CARNEIRO, Giovana. Nov. 2019, p. 3. Disponível em: https://itsrio.org/wp-content/uploads/2019/12/Relatorio_UK_Azul_INTERACTIVE_Justificado.pdf. Acesso em: 18 fev. 2025.

5. Os países do Espaço Econômico Europeu são compostos por aqueles que fazem parte da União Europeia, que são: Alemanha, Áustria, Bélgica, Bulgária, Chipre, Croácia, Dinamarca, Eslováquia, Eslovênia, Espanha, Estônia, Finlândia, França, Grécia, Hungria, Irlanda, Itália, Letônia, Lituânia, Luxemburgo, Malta, Países Baixos, Polônia, Portugal, República Checa, Reino Unido, Romênia e Suécia, e da Associação Europeia de Livre Comércio (EFTA, no original), que são: Noruega, Islândia e Liechtenstein.

6. DONEDA, Danilo. *Da privacidade à proteção de dados pessoais*: fundamentos da Lei Geral de Proteção de Dados. 2. ed. São Paulo: Thomson Reuters Brasil, 2019, p. 252-253.

cia internacional para países terceiros e organizações internacionais na ausência de uma decisão de adequação. De forma geral, as derrogações autorizadas pelo GDPR devem atender a três critérios: apresentação de salvaguardas adequadas, garantia da efetividade aos direitos dos titulares de dados e assegurar meios reparatórios em caso de danos.[7]

Tal como ocorre no GDPR[8], o art. 35 da LGPD, reforçado pelo art. 4°, XII, "a", do Decreto 10.724/2020[9], determina que caberá à ANPD definir o conteúdo das cláusulas-padrão contratuais, podendo designar a organismos de certificação (art. 35, § 3°) a verificação do conteúdo das cláusulas contratuais específicas para uma determinada transferência, normas corporativas globais ou selos, certificados e códigos de conduta. Merece ser destacada, portanto, uma diferença no papel da Autoridade ante estes instrumentos: ela será responsável *ex ante* por propor e fixar o conteúdo das cláusulas-padrão, e agirá *ex post* para verificar e chancelar os demais instrumentos (cláusulas contratuais específicas para uma determinada transferência, normas corporativas globais ou selos, certificados e códigos de conduta). Esta mesma diferenciação já estava prevista no antigo art. 34 do PL 5.276/2016[10], onde o órgão de controle – até então sem designação – seria competente para elaborar as cláusulas-padrão contratuais ou homologar dispositivos contratuais específicos (§1°), enquanto os agentes de tratamento deveriam submeter as normas corporativas globais à aprovação do referido órgão (§1°), sem a necessidade de autorizações específicas.

AS CLÁUSULAS-PADRÃO CONTRATUAIS

As cláusulas-padrão contratuais, no âmbito da União Europeia, são conhecidas como *standard contractual clauses* (SCCs) ou *model clauses*. Estas preveem garantias e salvaguardas assumidas entre controladores, controladores e operadores, e entre

---

7. BRAUTIGAM, Tobias. The Land of Confusion: International Data Transfers between Schrems and the GDPR. In: BRAUTIGAM, Tobias; MIETTINEN, Samuli (Ed.). *Data Protection Privacy and the European Regulation in the Digital Age*, Helsinki: Unigrafia, 2016, p. 149.

8. Como apontam Mário Viola e Leonardo Heringer, esta análise deverá ser procedida pelos Estados-membros, Organismos de Certificação, pelas Autoridade de Controle e a Comissão Europeia (Artigos 40, 41, 42, 43 e 57 do GDPR). VIOLA, Mario; HERINGER, Leonardo. Um Olhar Internacional: Lei Geral de Proteção de Dados Pessoais (LGPD) e o General Data Protection Regulation (GDPR), Adequação e Transferência Internacional de Dados. In: SOUZA, Carlos Affonso; MAGRANI, Eduardo; SILVA, Priscilla (Coord.). *Caderno Especial*: Lei Geral de Proteção de Dados (PGPD). São Paulo: Revista dos Tribunais, 2019. p. 237.

9. Decreto 10.724/2020, Art. 4° "Ao Conselho Diretor, órgão máximo de direção da ANPD, compete: (...) XII – definir: a) o conteúdo de cláusulas padrão e verificar, diretamente ou mediante designação de organismo de certificação, a garantia de cláusulas contratuais específicas, normas corporativas globais ou selos, certificados e códigos de conduta para transferência internacional por controlador de dados pessoais".

10. Ver em: https://www.camara.leg.br/proposicoesWeb/prop_mostrarintegra?codteor=1457459&filename=PL+5276/2016. Acesso em 18 fev. 2025.

operadores, que asseguram a proteção de dados pessoais de cidadãos europeus quando seus dados são transferidos por um agente de tratamento localizado na EEE a um agente de tratamento que esteja localizado fora da EEE. [11] Assim, existem duas figuras: o exportador de dados, que está localizado na EEE, e o importador de dados, que está localizado fora do âmbito da EEE, sendo o primeiro responsável por apresentar as salvaguardas que vinculam ambos às SCCs.

Na perspectiva da Comissão Europeia, a adoção destas cláusulas entre agentes de tratamento permite que elas sejam uma solução "*tailor-made*" para um determinado mercado (como o setor de saúde)[12], sendo uma alternativa mais rápida a empresas de pequeno e médio portes (como *startups*) que desejem transferir dados pessoais a países receptores fora do âmbito da EEE. Ao mesmo tempo que o uso dessas cláusulas é extremamente prático e fácil para viabilizar a transferência, pois já estão redigidas e aprovadas pela Comissão Europeia, é forçoso reconhecer que esta alternativa também gera uma restrição à liberdade de iniciativa de quem as adotar, diante da dificuldade em alterar o seu conteúdo de acordo com suas necessidades negociais[13]-[14]. Além disso, uma vez adotadas as cláusulas-padrão, o GDPR não exige que os agentes de tratamento notifiquem a sua adoção às Autoridades de Controle, salvo se isso for um requisito previsto na legislação local do Estado-membro exportador de dados pessoais.

Ante a ausência da tradição brasileira na tutela da proteção de dados pessoais, e da semelhança entre a legislação brasileira e a europeia sobre o tema, avaliar a experiência da UE em relação à transferência internacional de dados poderá fornecer embasamento para estabelecer de que forma a ANPD poderá regulamentar e definir este conteúdo, no que for pertinente, devendo necessariamente observar as devidas diferenças entre o Brasil e o referido bloco econômico e político.

No âmbito do GDPR, caberá à Comissão Europeia aprovar as cláusulas-padrão e, até o momento, há duas decisões nesse sentido, fixadas nas Decisões n[os]

---

11. FRAJHOF, Isabella Z.; SOMBRA, Thiago Luís. A transferência internacional de dados pessoais. *In*: MULHOLLAND, Caitlin (Org.). *A LGPD e o novo marco normativo no Brasil*. Porto Alegre: Arquipélago Editorial, 2020, p. 282.

12. EUROPEAN COMISSION. *Communication from the commission to the European Parliament and the council. Exchanging and Protecting Personal Data in a Globalised World*. Bruxelas, 2017, p. 10. Disponível em: https://eur-lex.europa.eu/legal-content/EN/TXT/?uri=COM%3A2017%3A7%3AFIN. Acesso em: 18 fev. 2025.

13. MARQUES, Fernanda Mascarenhas. Cláusulas-padrão contratuais como autorizadoras para a Transferência Internacional de Dados: alternativas em caso de ausência de decisão de adequação. *Revista do Advogado*, São Paulo, n. 144, nov. 2019, p. 196.

14. Alterações apenas podem ser realizadas se (i) as novas previsões ou complementações não sejam diretamente ou indiretamente contraditórias às cláusulas-padrão inicialmente aprovadas, ou (ii) não prejudiquem direitos e liberdades dos titulares de dados (art. 46,2, c e d e Considerando 109). EUROPEAN COMISSION. *Communication from the commission to the European Parliament and the council. Exchanging and Protecting Personal Data in a Globalised World*. Bruxelas, 2017, p. 10. Disponível em: https://eur-lex.europa.eu/legal--content/EN/TXT/?uri=COM%3A2017%3A7%3AFIN. Acesso em: 18 fev. 2025.

2001/498/EC[15] e 2004/915/EC[16]. No mais, por meio da Decisão 2010/87/EC, foram estabelecidas as regras de transferência internacional de dados quando esta envolver um controlador e um operador[17]. Conforme organizado por Fernanda Marques,[18] a tabela abaixo sintetiza os tópicos que as decisões da Comissão Europeia elencam como sendo previsões obrigatórias das cláusulas-padrão contratuais:

Controlador-controlador 2001	Controlador-controlador-2004	Controlador-operador 2010
Definição	Definição	Definição
Detalhes da transferência	Obrigações do exportador de dados	Detalhes da transferência
Cláusula do terceiro beneficiário	Obrigações do importador de dados	Cláusula do terceiro beneficiário
Obrigações do exportador de dados	Responsabilidade e direitos de terceiros	Obrigações do exportador de dados
Obrigações do importador de dados	Legislação aplicável	Obrigações do importador de dados
Responsabilidade	Resolução de disputas com titulares de dados ou autoridades	Responsabilidade
Mediação e jurisdição	Resolução	Mediação e jurisdição
Cooperação com as autoridades de controle	Alteração do contrato	Cooperação com as autoridades de controle

---

15. COMISSÃO EUROPEIA, Decisão da Comissão de 15 de Junho de 2001 relativa às cláusulas contratuais--tipo aplicáveis à transferência de dados pessoais para países terceiros, nos termos da Directiva 95/46/CE. [notificada com o número C(2001) 1539] (Texto relevante para efeitos do EEE) (2001/497/CE). Disponível em: https://eur-lex.europa.eu/legal-content/PT/TXT/PDF/?uri=CELEX:32001D0497&from=en. Acesso em: 18 fev. 2025.

16. COMISSÃO EUROPEIA, Decisão da Comissão de 27 de Dezembro de 2004 que altera a Decisão 2001/497/CE no que se refere à introdução de um conjunto alternativo de cláusulas contratuais típicas aplicáveis à transferência de dados pessoais para países terceiros [notificada com o número C(2004) 5271] (Texto relevante para efeitos do EEE) (2004/915/CE). Disponível em: https://eur-lex.europa.eu/legal-content/PT/TXT/PDF/?uri=CELEX:32004D0915&from=EN. Acesso em: 18 fev. 2025.

17. A decisão do Tribunal de Justiça da União Europeia (TJUE) no caso Schrems II, em julho de 2020, no entanto, criou exigências adicionais às transferências internacionais de dados que se valem de mecanismos de transferência alternativos à decisão de adequação, exigindo que os agentes de tratamento que sejam exportadores de dados pessoais forneçam, quando necessário, garantias adicionais às previstas por cláusulas-padrão, quando o país receptor dos dados não garantir uma proteção adequada em relação àquela prevista pelo GDPR. Ainda, o TJUE reforçou que, caso estas medidas adicionais não possam ser adotadas, o controlador ou o operador que estejam estabelecidos na UE, ou a Autoridade de Controle respectiva, são obrigados a suspender ou proibir a transferência internacional de dados. A decisão encontra-se disponível em: http://curia.europa.eu/juris/document/document.jsf?text=&docid=228677&pageIndex=0&doclang=en. Acesso em: 18 fev. 2025.

18. MARQUES, Fernanda Mascarenhas. Cláusulas-padrão contratuais como autorizadoras para a Transferência Internacional de Dados: alternativas em caso de ausência de decisão de adequação. *Revista do Advogado*, São Paulo, n. 144, nov. 2019, p. 198.

Cláusula de rescisão	Descrição da transferência	Direito aplicável
Direito aplicável		Alteração do contrato
Alteração do contrato		Subcontratação ulterior
		Obrigações depois de terminados os serviços de tratamento de dados pessoais

Assim como ocorre na decisão de adequação, o conteúdo das cláusulas-padrão tem por objetivo estender os efeitos do GDPR para além da jurisdição e competência da União Europeia, "imputando obrigações e responsabilidades aos agentes de tratamento de forma independente da localização do tratamento dos dados pessoais"[19].

Seguindo a tradição da UE, o Regulamento de Transferência Internacional de Dados atendeu a este mesmo dirigismo contratual, ao prever cláusulas mandatórias que devem ser utilizadas em sua integralidade, sem alteração de texto, sob pena de ter a transferência internacional de dados invalidada (art. 16, *caput,* do Regulamento). Em seu Anexo II, o Referido Regulamento apresenta o conteúdo das cláusulas-padrão que podem ser utilizadas para um contrato específico de transferência internacional de dados, ou um contrato com objeto mais amplo (art. 16, § 1º, inciso I e II, do Regulamento, respectivamente). De acordo com esta normativa, outros instrumentos firmados entre os agentes de tratamento no contexto de transferência internacional de dados não poderão excluir, modificar ou contrariar, direta ou indiretamente, o conteúdo das cláusulas-padrão adotadas pelas partes (art. 16, § 2º, do Regulamento).

Uma boa prática que a ANPD adotou, tal qual realizada pela Comissão Europeia, diz respeito à sistemática na definição do conteúdo das cláusulas-padrão, que criou um conjunto de deveres diferentes para as transferências internacionais de dados que ocorrerem entre controlador-controlador e controlador-operador – e que em breve deverão ser criadas previsões referentes à relação entre operador-operador – a fim de tutelar de maneira mais adequada e própria as garantias e direitos dos titulares de dados, com a especificidade que rege cada tipo de poder e atividade exercida pelo agente de tratamento.

Nesta linha, os seguintes tópicos estão previstos nas cláusulas-padrão: (1) identificação das partes, (2) objeto, (3) transferências posteriores, (4) responsabilidade das partes, (5) finalidade, (6) definições, (7) legislação aplicável e fiscalização da ANPD, (8) interpretação, (9) possibilidade de adesão de terceiros, (10) obrigações gerais das partes, (11) dados pessoais sensíveis, (12) dados pessoais de crianças e adolescentes, (13) uso legal dos dados, (14) transparência, (15) direitos do titular, (16) comunicação de incidente de segurança, (17) responsabilidade e ressarcimento

---

19. MARQUES, Fernanda Mascarenhas. Cláusulas-padrão contratuais como autorizadoras para a Transferência Internacional de Dados: alternativas em caso de ausência de decisão de adequação. *Revista do Advogado,* São Paulo, n. 144, nov. 2019, pp. 199.

de dados, (18) salvaguardas para transferência posterior, (19) notificação de solicitação de acesso, (20) término do tratamento e eliminação dos dados, (21) segurança no tratamento dos dados, (22) legislação do país destinatário dos dados, (23) descumprimento das cláusulas pelo importador, (24) eleição e foro de jurisdição, e detalhamento das medidas de segurança.

Em relação à adoção das cláusulas-padrão, o Regulamento destaca as medidas de transparência que devem ser adotadas pelo controlador em relação à transferência internacional de dados. Isso envolve compartilhar com o titular, quando solicitado, a íntegra das cláusulas utilizadas para realizar a transferência internacional, observados os segredos comercial e industrial (art. 17, do Regulamento), e disponibilizar, em seu sítio eletrônico, algumas informações sobre o tratamento, dos agentes e direitos, conforme indicado no art. 17, § 2º, incisos I a VI.

Por fim, o Regulamento inovou, em relação a outros ordenamentos, ao permitir que a ANPD possa reconhecer a equivalência de cláusulas-padrão de outros países ou organismos internacionais em relação às cláusulas previstas no Anexo II do Regulamento (art. 18). A consequência deste reconhecimento é que as cláusulas-padrão estrangeiras também serão consideradas como um mecanismo válido para a realização de transferência internacional de dados tal qual as cláusulas-padrão contratuais previstas no art. 33, inciso II, alínea b, observadas as condicionantes estabelecidas pelo Conselho Diretor (art. 20, § único, do Regulamento).

O procedimento para o reconhecimento de cláusulas equivalentes pode ser instaurado de ofício pelo Conselho Diretor ou a pedidos dos interessados. Em seguida, a área técnica competente analisará o mérito e as condicionantes, e, posteriormente, a Procuradoria Federal deverá se manifestar, e o Conselho Diretor proferirá a sua decisão por meio de deliberação (art. 18, § 1º, incisos I a III). O Conselho Diretor poderá realizar consulta pública durante o procedimento, e entidades públicas podem apresentar contribuições sobre o tema, se forem certificadas (art. 18 § 2º e § 3º, do Regulamento). O art. 18, § 4º, elenca os documentos e informações que deverão ser acompanhados, e o art. 19, do Regulamento, indica os critérios de decisão: compatibilidade com a LGPD, proteção equivalente ao da cláusulas-padrão, e impactos em áreas como fluxo internacional de dados e relações diplomáticas. Por fim as cláusulas são aprovadas por Resolução do Conselho Diretor e publicadas no sítio eletrônico da ANPD, tornando-se válidas para transferências internacionais de dados, desde que cumpram as condições estabelecidas (art. 20, do Regulamento).

Importante mencionar a invalidação do *EU-US Privacy Shield* e a relativização das cláusulas-padrão como hipótese para a transferência internacional pelo Tribunal de Justiça da União Europeia (TJUE),[20] no caso conhecido como *Schrems II*. O

---

20. SWINHOE, Dan. EU Courts invalidates Privacy Shield data transfer agrément. *CSO US*. 16 jul. 2020. Disponível em: https://www.csoonline.com/article/3567061/eu-court-invalidates-privacy-shield-data--transfer-agreement.html Acesso em: 18 fev. 2025.

Privacy Shield foi criado em 2015 para substituir o *International Safe Harbor Privacy Principles*, derrubado após uma contestação legal do ativista da privacidade Max Schrems, ao argumento de que não oferecia proteções suficientes aos dados dos cidadãos da UE das leis de vigilância dos EUA.

Pesquisas demonstram que cerca de cinco mil empresas nos EUA assinaram o contrato *Privacy* Shield, e aproximadamente 60% das empresas que transferem dados da UE o utilizavam.[21] Isso pode significar para o Brasil uma necessidade em buscar uma decisão de adequação para permitir ampliar os meios legítimos de transferência internacional de dados. A robustez da ANPD pode diminuir a barreira de entrada para que o setor privado e a indústria nacional atuem em escala global,[22] além de favorecer que a transferência internacional de dados para o Brasil se valha de outros instrumentos que não apenas as cláusulas-padrão.

CLÁUSULAS CONTRATUAIS ESPECÍFICAS PARA DETERMINADA TRANSFERÊNCIA

O legislador diferencia as cláusulas-padrão das cláusulas contratuais específicas para determinada transferência internacional (tal como ocorre no GDPR, onde esta última encontra-se prevista no art. 46, 3, a)[23]. Estas cláusulas específicas são situações de transferência internacional de dados de caráter esporádico e não repetitivo, destinadas a uma única transferência em um certo contexto. Assim, o conteúdo desta cláusula contratual específica deverá ser submetido à aprovação da ANPD, que deverá verificar e certificar se as mesmas estão aptas a "oferecer e comprovar garantias de cumprimento dos princípios, dos direitos do titular e do regime de proteção de dados" da LGPD.

O Regulamento de Transferência Internacional de Dados indica que o uso de cláusulas contratuais específicas, e não de cláusulas-padrão, apenas se justifica por circunstâncias excepcionais de fato e de direito, que devem ser comprovadas pelo controlador (art. 22, § 1°, do Regulamento). Ou seja, o seu uso deve ser

---

21. FENNESSY, Caitlin. The Advocate general's Schrems II' opinion: What it says and means. 19 dez.2019. *IAPP*. Disponível em: https://iapp.org/news/a/the-advocate-generals-schrems-ii-opinion-what-it-says-and-means/ Acesso em: 18 fev. 2025.

22. OBSERVATÓRIO da Privacidade e da Proteção de Dados. Por que a transferência internacional de dados tem que ser segura? *Data Privacy BR*. 5 out. 2020. Disponível em: https://observatorioprivacidade.com.br/2020/10/05/por-que-a-transferencia-internacional-de-dados-tem-que-ser-segura/ Acesso em: 18 fev. 2025.

23. A Autoridade de Controle do Reino Unido, Information Commissioner's Officer (ICO), comenta sobre esta hipótese, indicando que: "You can make a restricted transfer if you and the receiver have entered into a bespoke contract governing a specific restricted transfer which has been individually authorised by the supervisory authority of the country from which the personal data is being exported". Disponível em: https://ico.org.uk/for-organisations/guide-to-data-protection/guide-to-the-general-data-protection-regulation-gdpr/international-transfers/#:~:text=Standard%20data%20protection%20clauses%20adopted,as%20'model%20clauses').. Acesso em: 18 fev. 2025.

uma exceção e justificado. A cláusula contratual específica deve conter previsão que determina a mandatória observância da LGPD e fiscalização da ANPD (art. 22, § 2º, do Regulamento). Nestes casos, o controlador deverá adotar, sempre que possível, a redação das cláusulas-padrão, e indicar quais foram as cláusulas específicas que foram adotadas, com a respectiva justificativa (art. 23, do Regulamento).

A aprovação pela ANPD da cláusula específica deverá considerar: (i) se elas são compatíveis com a LGPD e o Regulamento, além de assegurarem um nível de proteção equivalente ao das cláusulas-padrão (art. 22, § 1º, inciso I, do Regulamento); (ii) os riscos e benefícios da aprovação, à luz da sistemática da LGPD e o impacto do fluxo internacional de dados e a relação diplomática e política do Brasil com países e organismos internacionais (art. 22, § 1º, inciso II, do Regulamento), e (iii) priorizar a aprovação de cláusulas específicas que possam ser utilizadas por outros agentes de tratamento em circunstâncias similares (art. 22, § 2º, do Regulamento). Neste último caso, a ANPD poderá publicar o seu conteúdo na íntegra, preservados os segredos comercial e industrial (art. 31, § único, do Regulamento). Eventuais alterações devem ser aprovadas novamente pela ANPD, observando-se o mesmo procedimento previsto no art. 29 e seguintes, do Regulamento, ou o Conselho Diretor poderá determinar a adoção de procedimento simplificado (art. 33 e § único, do Regulamento).

NORMAS CORPORATIVAS GLOBAIS

As normas corporativas globais, conhecidas no âmbito europeu como *binding corporate rules* (BCR), ou como Códigos de Conduta, são conceituadas como "normas internas adotadas por um grupo multinacional de empresas que realizam tratamento de dados pessoais dentro de um mesmo grupo corporativo que possui entidades localizadas em países que não garantem um nível adequado de proteção"[24]. No âmbito europeu, essas normas são aplicáveis tanto a um grupo empresarial quanto a um grupo de empresas envolvidas numa atividade econômica conjunta (i.e. *joint ventures*), conforme art. 47 do GDPR.[25] A adoção das BCRs, portanto, facilita o fluxo de dados internamente entre empresas que compõem o mesmo grupo econômico, mas que encontram-se em países diferentes, pois,

---

24. Tradução livre de: "BCRs are internal rules adopted by a multinational group of companies to carry out data transfers within the same corporate group to entities located in countries which do not provide an adequate level of protection". EUROPEAN COMISSION. *Communication from the commission to the European Parliament and the council. Exchanging and Protecting Personal Data in a Globalised World.* Bruxelas, 2017, p. 4. Disponível em: https://eur-lex.europa.eu/legal-content/EN/TXT/?uri=COM%3A2017%3A7%3AFIN. Acesso em: 18 fev. 2025.

25. Embora este modelo já fosse utilizado na vigência da Diretiva 96/46/EC, o GDPR formalizou e sistematizou estas normas.

uma vez aprovadas, não há mais a necessidade de autorizações específicas para as transferências dentro do grupo.[26]

A título de exemplo do que se deve esperar do conteúdo destas normas corporativas globais, o antigo Grupo de Trabalho do Artigo 29 (GTA29), substituído pelo Comitê Europeu para a Proteção de Dados (CEPD) (em inglês, *European Data Protection Board* – EDPB), elaborou alguns pareceres sobre o tema, que foram atualizados à luz do GDPR[27]-[28], e que indicam quais são os princípios e elementos que devem se fazer presentes nestas normas corporativas globais. Assim, destacam-se algumas destas previsões: (i) o titular de dados deve ter o direito de apresentar uma demanda perante uma Autoridade de Controle ou um tribunal, no local de sua escolha; (ii) deve haver transparência em relação ao tratamento, observância aos princípios previstos no GDPR e a fixação da responsabilidade dos agentes de tratamento; (iii) delimitação do escopo do tratamento (dados utilizados, finalidades, pessoas afetadas etc.) e informação de contato das empresas que compõem o grupo econômico ou a multinacional; (iv) compromissos com os princípios gerais de proteção de dados e outras obrigações elencadas no art. 47(2), "d"; (v) *accountability* das empresas envolvidas; (vi) dever de informar às Autoridades de Controle quando alterações legislativas aprovadas em países fora do âmbito da UE sejam capazes de ter efeitos adversos ao conteúdo das BCRs; (viii) possibilidade de o titular exercer seus direitos em face de um operador; e (ix) obrigatoriedade de que o contrato entre o controlador e o operador contenha previsões relativas ao art. 28 do GDPR (que regula eventuais subcontratantes).

O Regulamento de Transferência Internacional de Dados estabeleceu o conteúdo e o procedimento de aprovação das normas corporativas globais. De acordo com seu art. 25, estas "são destinadas às transferências internacionais de dados entre organizações do mesmo grupo ou conglomerado de empresas, possuindo caráter vinculante em relação aos membros do grupo que as subscreverem". Elas deverão integrar e estar vinculadas ao programa de governança em privacidade, atendendo às condições mínimas previstas pelo art. 50, § 2º, da LGPD (art. 26, do Regulamento).

---

26. INSTITUTO DE REFERÊNCIA EM INTERNET E SOCIEDADE (IRIS). *Policy Paper: Transferência Internacional de Dados no PL 5276/16*. IRIS: Belo Horizonte, 2017, p. 26. Disponível em: http://irisbh.com.br/wp-content/uploads/2017/05/Transfer%C3%AAncia-Internacional-de-Dados-POR.pdf. Acesso em: 18 fev. 2025.

27. ARTICLE 29 DATA PROTECTION WORKING PARTY. *Working Document setting up a table with the elements and principles to be found in Processor Binding Corporate Rules* (WP 257). Revista e adotada em 06 de fev. de 2018. Disponível em: https://ec.europa.eu/newsroom/article29/item-detail.cfm?item_id=614110. Acesso em: 18 fev. 2025.

28. ARTICLE 29 DATA PROTECTION WORKING PARTY. *Working Document Setting Forth a Co-Operation Procedure for the approval of "Binding Corporate Rules" for controllers and processors under the GDPR (WP 263)*. Adotada em 06 de abr. de 2018. Disponível em: https://ico.org.uk/media/for-organisations/documents/2259555/wp263-rev01-co-operation-procedure.pdf. Acesso em: 18 fev. 2025.

Este mecanismo apenas pode ser utilizado para organizações ou países que estejam abarcados por estas normas.

O conteúdo que as normas globais se assemelham às indicações feitas pelo GTA29. São elas: (i) descrição das transferências internacionais de dados, incluindo categorias, finalidades, base legal e tipos de titulares; (ii) países para os quais os dados podem ser transferidos; (iii) detalhamento da estrutura do grupo ou conglomerado, contendo lista de entidades, seus papéis no tratamento e contatos; (iv) obrigatoriedade das normas corporativas globais para todas as entidades e funcionários do grupo; (v) delimitação e identificação da entidade responsável pelo tratamento de dados; (vi) indicação de direitos aplicáveis e meios acessíveis para exercê-los; (vii) regras para revisão periódica das normas e aprovação prévia da ANPD; (viii) comunicação à ANPD em caso de mudanças nas garantias, especialmente quando leis de outro país impactarem o cumprimento das normas, bem como quando um membro estiver submetido à lei estrangeira que impeça o cumprimento das normas, salvo proibição expressa (art. 27, incisos I ao VIII e § 1 °, do Regulamento).

Assim como o GDPR regula o procedimento para aprovação das BCRs (arts. 47, 1, 63, 64 e 65), a ANPD definiu no referido Regulamento como se dará o procedimento de aprovação e verificação das normas corporativas globais, que é o mesmo da aprovação das cláusulas específicas (art. 29 e seguintes, do Regulamento). A condução deste procedimento deve manter a celeridade necessária, a fim de evitar a morosidade na sua efetivação.[29] Considerando que a incorporação destas normas internas pode envolver empresas sediadas em outros países, poderá haver a necessidade de cooperação e comunicação com Autoridades de Controle internacionais.

SELOS, CERTIFICADOS E CÓDIGOS DE CONDUTA

Outro mecanismo que a LGPD prevê como autorizativo para a transferência internacional de dados é a apresentação pelo controlador exportador de dados de uma certificação, selo ou um código de conduta, que tenham sido regularmente emitidos, e sejam aptos a atestar a sua adequação com a lei, especialmente para realizar transferências internacionais de dados. De forma geral, estes instrumentos são formas de demonstrar a *accountability* dos agentes de tratamento em relação à legislação, sendo, portanto, verdadeiras ferramentas de *compliance* da LGPD. É importante destacar que a "certificação não prova o *compliance* por si só mas auxilia na

---

29. Esta é uma crítica feita no âmbito da UE, conforme apontado por BRAUTIGAM, Tobias. The Land of Confusion: International Data Transfers between Schrems and the GDPR. In: BRAUTIGAM, Tobias; MIETTINEN, Samuli (Ed.). *Data Protection Privacy and the European Regulation in the Digital Age*, Helsinki: Unigrafia, 2016, p. 156.

formação de um elemento que pode ser usado para demonstrá-lo"[30]. Nesse sentido, o Considerando 100 do GDPR faz referência ao uso de selos e marcas de proteção de dados como meios de "reforçar a transparência e o cumprimento do presente regulamento", com o objetivo de permitir "aos titulares avaliar rapidamente o nível de proteção de dados proporcionado pelos produtos e serviços em causa". Enquanto um certificado demonstra a conformidade, um selo, que é representado por um símbolo ou uma logo, atesta a conformidade em relação a requisitos normativos e regulatórios, *standards* ou questões técnicas, após a realização de um procedimento carreado de maneira independente.[31]

Em relação aos códigos de conduta, estes podem ser próprios ou setoriais, sendo um "dos meios pelos quais a LGPD e o GDPR apontam para a consecução do princípio da responsabilização. O objetivo é trazer a aplicação efetiva da lei para o cotidiano das atividades de tratamento de dados, e consequentemente facilitar a prova de conformidade com a legislação".[32] Portanto, os códigos de conduta seriam mais uma ferramenta criada pela LGPD, tal como ocorre no GDPR, para que agentes de tratamento comprovem sua adequação à lei, de forma "prática, transparente e potencialmente de baixo custo, que leva em consideração as nuances de um determinado setor e/ou suas atividades de processamento",[33] podendo beneficiar, principalmente, as micro e pequenas empresas em seu *compliance*.

A LGPD, ao contrário do GDPR, não traz previsões específicas sobre o conteúdo mínimo que estes códigos deverão cumprir[34], tampouco sobre o procedimento a ser adotado pela ANPD para aprovar estes documentos, temas estes que deverão ser regulados pelo Conselho Diretor da ANPD (art. 35, LGPD c/c o art. 4º, XII, "a", do Decreto 10.474/2020). A LGPD apenas traz orientações gerais do que programas

---

30. Tradução livre de: "certification does not prove compliance in and of itself but rather forms an element that can be used to demonstrate compliance". EUROPEAN DATA PROTECTION BOARD. *Guidelines 1/2018 on certification and identifying certification criteria in accordance with Articles 42 and 43 of the Regulation.* Versão 3.0, adotada em 04 de junho de 2019, p. 7. Disponível em: https://edpb.europa.eu/sites/edpb/files/files/file1/edpb_guidelines_201801_v3.0_certificationcriteria_annex2_en.pdf. Acesso em: 18 fev. 2025.

31. EUROPEAN DATA PROTECTION BOARD. *Guidelines 1/2018 on certification and identifying certification criteria in accordance with Articles 42 and 43 of the Regulation.* Versão 3.0, adotada em 04 de junho de 2019, p. 7. Disponível em: https://edpb.europa.eu/sites/edpb/files/files/file1/edpb_guidelines_201801_v3.0_certificationcriteria_annex2_en.pdf. Acesso em: 18 fev. 2025.

32. PALMEIRA, Mariana de Moraes. A segurança e as boas práticas no tratamento de dados pessoais. *In*: MULHOLLAND, Caitlin. (Org.). *A LGPD e o novo marco normativo no Brasil.* Porto Alegre: Arquipélago Editorial, 2020, p. 337.

33. Tradução livre de: "practical, transparent and potentially cost effective manner that takes on board the nuances for a particular sector and/or their processing activities" (EUROPEAN DATA PROTECTION BOARD. *Guidelines 1/2019 on Codes of Conduct and Monitoring Bodies under Regulation 2016/679.* Adotada em fevereiro de 2019, p. 7. Disponível em: https://edpb.europa.eu/our-work-tools/our-documents/guidelines/guidelines-12019-codes-conduct-and-monitoring-bodies-under_en. Acesso em: 18 fev. 2025).

34. Tal qual prevê as alíneas do art. 40, 2, do GDPR: transparência no tratamento de dados, exercício dos direitos dos titulares, as técnicas de segurança que deverão ser aplicadas, as informações publicizadas ao público etc.

de boas práticas e de governança deverão apresentar[35] (art. 50, *caput*), e determina que o conteúdo destes programas seja publicado e atualizado periodicamente pelos agentes de tratamento, em atenção ao princípio da transparência (art. 6, VI), sendo que tal conteúdo poderá ser reconhecido e divulgado pela ANPD (50, § 3º).[36]

No mais, é importante que o procedimento a ser realizado pela ANPD ou por Organismos de Certificação para a emissão de selos e certificados contenha critérios específicos que avaliem a capacidade de o controlador apresentar e garantir salvaguardas necessárias para o contexto da transferência internacional de dados, assim como os códigos de conduta devem estabelecer previsões específicas nesse mesmo sentido.

VERIFICAÇÃO DO CONTEÚDO DOS MECANISMOS PREVISTOS PELO ART. 35, *CAPUT*

O § 1º do art. 35 da LGPD dá direções genéricas sobre os critérios que a ANPD deverá considerar em sua análise do conteúdo das cláusulas contratuais específicas para uma determinada transferência, normas corporativas globais ou selos, certificados e códigos de conduta destinados à transferência internacional de dados. De acordo com a norma, a mesma deverá avaliar "os requisitos, condições e garantias mínimas em relação aos direitos, às garantias e aos princípios da lei". Em relação aos critérios de aprovação de cláusulas contratuais específicas e normas corporativas globais, estes foram detalhados pelo Regulamento de Transferência Internacional de Dados, conforme visto nos itens anteriores, se omitindo quanto aos demais mecanismos. O fundamental é que as salvaguardas apresentadas pelo controlador não criem óbices ao titular de dados para o exercício pleno e eficaz de seus direitos e suas garantias previstas na LGPD.

INFORMAÇÕES SUPLEMENTARES

O legislador previu que, quando a ANPD for avaliar a aprovação das cláusulas contratuais específicas, documentos ou normas corporativas globais, poderão ser requeridas informações suplementares ou até mesmo ser realizadas diligências de verificação das operações de tratamento, quando assim entender necessário[37]. Como aponta o Instituto de Referência em Internet e Sociedade (IRIS), o pedido para que

---

35. PALMEIRA, Mariana de Moraes. A segurança e as boas práticas no tratamento de dados pessoais. In: MULHOLLAND, Caitlin. (Org.). *A LGPD e o novo marco normativo no Brasil*. Porto Alegre: Arquipélago Editorial, 2020, p. 338.

36. PALMEIRA, Mariana de Moraes. A segurança e as boas práticas no tratamento de dados pessoais. In: MULHOLLAND, Caitlin. (Org.). *A LGPD e o novo marco normativo no Brasil*. Porto Alegre: Arquipélago Editorial, 2020, p. 339.

37. Previsão que se repete no Regulamento de Transferência Internacional de Dados, em seu art. 30, § 1º

seja apresentada eventual documentação deve levar em consideração o necessário equilíbrio entre a transparência devida pelo controlador em relação às medidas de segurança adotadas a fim de demonstrar sua *accountability* e o seu direito de manter confidenciais documentos sensíveis da organização, a exemplo do previsto pelo art. 10, § 4º, da Lei nº 12.965/2014 (Marco Civil da Internet).[38]

ORGANISMOS DE CERTIFICAÇÃO

A ANPD poderá designar organismos de certificação para definir o conteúdo de cláusulas-padrão contratuais, e verificar cláusulas contratuais específicas, normas corporativas globais ou selos, certificados e códigos de conduta para a realização da transferência internacional de dados. Conforme indicado no art. 4º, XIII, do Decreto 10.474/2020, caberá ao Conselho Diretor da ANPD "designar e fiscalizar organismos de certificação para a verificação da permissão para a transferência de dados internacional".

A LGPD delegou a organismos de certificação a competência de definir, assim como de verificar, o conteúdo destes mecanismos de transferência internacional de dados. Contudo, é importante ressaltar que devem ser elaboradas orientações próprias e específicas para certificações que tratem de mecanismos utilizados para a transferência internacional de dados, tal como indicado pelo CEPD.[39] Em que pese o fato de a lei brasileira ter apenas reconhecido expressamente a atuação das certificadoras para o contexto das transferências internacionais, é certo que certificações são recomendadas de forma ampla como instrumento apto a demonstrar a aderência dos agentes de tratamento à LGPD.[40]

No âmbito da UE, como indicado pelo CEPD, as Autoridades de Controle têm a liberdade de (i) criar o seu próprio procedimento de certificação e emitir elas mesmas as certificações, (ii) emitir certificações a partir do seu próprio procedimento, mas delegar parcial ou integralmente o processo de certificação a terceiros, (iii) criar o procedimento de certificação e delegar a organismos certificadores a aplicação deste procedimento para emitir certificações, ou (iv) deixar para que o próprio mercado crie os procedimentos e conteúdos necessários para realizar o mecanismo de certificação. Ou seja, a Autoridade de cada país na UE deverá escolher uma dessas

---

38. INSTITUTO DE REFERÊNCIA EM INTERNET E SOCIEDADE (IRIS). *Policy Paper: Transferência Internacional de Dados no PL 5276/16*. IRIS: Belo Horizonte, 2017, p. 26. Disponível em: http://irisbh.com.br/wp-content/uploads/2017/05/Transfer%C3%AAncia-Internacional-de-Dados-POR.pdf. Acesso em: 18 fev. 2025.

39. EUROPEAN DATA PROTECTION BOARD. *Guidelines 1/2018 on certification and identifying certification criteria in accordance with Articles 42 and 43 of the Regulation*. Versão 3.0, adotada em 04 de junho de 2019, p. 7. Disponível em: https://edpb.europa.eu/sites/edpb/files/files/file1/edpb_guidelines_201801_v3.0_certificationcriteria_annex2_en.pdf. Acesso em: 18 fev. 2025.

40. Como ocorre no GDPR, onde a certificação de práticas técnica e organizacionais são elementos adequados para demonstrar a aderência à norma (artigos 24, 1,3, 25, e 32, 1, 3).

opções[41]. Entretanto, quando a Autoridade não estiver envolvida na elaboração dos mecanismos e critérios de certificação, estes deverão ser submetidos à apreciação e aprovação da Autoridade competente (artigos 42, 5, e 43, 2, b) ou pelo próprio CEPD (artigos 42, 5, e 70, 1, o) quando envolver a emissão do Selo de Proteção de Dados Europeu. Tendo isso em vista, a ANPD não estabeleceu sem seu Regulamento sobre o tema qual modelo será definido e regulado no Brasil, sendo certo que, em qualquer um desses modelos, a Autoridade deverá exercer um juízo de valor sobre o procedimento adotado pelas certificadoras, além de manter um papel fiscalizatório sobre a sua atuação.

Assim como designado pelo GDPR, a LGPD prevê que a ANPD poderá rever os atos praticados pelos organismos de certificação e, caso haja descumprimento da lei, os mesmos poderão ser anulados (art. 35, § 4º, da LGPD c/c o art. 4º, XIV, do Decreto 10.474/2020). É importante que neste caso haja transparência em relação às motivações que ocasionaram o pedido de revisão ou anulação destes atos, para que possam ser exercidos os direitos ao contraditório e à ampla defesa.

AS MEDIDAS TÉCNICAS E ORGANIZACIONAIS ADOTADAS PELO OPERADOR

O art. 33, II, prevê que apenas o controlador deverá comprovar as "garantias de cumprimento dos princípios, dos direitos do titular e do regime de proteção de dados previstos" quando da apresentação de instrumentos e compromissos para a realização da transferência internacional de dados, sem fazer qualquer menção à figura do operador. No entanto, aquele dispositivo deve ser lido em conjunto com o § 5º do art. 35, que aponta que tais garantias também devem ser analisadas "de acordo com as medidas técnicas e organizacionais adotadas pelo operador, de acordo com o previsto nos §§ 1º e 2º do art. 46 desta Lei". Essa leitura conjunta está em sintonia com o disposto no art. 46, do GDPR, que afirma que ambos os agentes de tratamento devem apresentar garantias suficientes para estarem autorizados a realizar a transferência internacional de dados que esteja fundamentada em um dos mecanismos alternativos de transferência.

Quanto às medidas técnicas e organizacionais adotadas pelo operador (§§ 1º e 2º do art. 46), a LGPD indica que caberá à ANPD regular os padrões técnicos mínimos que devem ser observados, e aponta que tais medidas devem considerar (i) a natureza das informações (em especial quando envolver dados sensíveis), (ii) as características específicas do tratamento, (iii) o estado atual da tecnologia, e (iv) os princípios do art. 6º (art. 46, § 1º). Tais padrões técnicos mínimos devem ser observados desde a concepção do serviço ou do produto até a sua execução (art. 46, §

---

41. EUROPEAN DATA PROTECTION BOARD. *Guidelines 1/2018 on certification and identifying certification criteria in accordance with Articles 42 and 43 of the Regulation.* Versão 3.0, adotada em 04 de junho de 2019, p. 9. Disponível em: https://edpb.europa.eu/sites/edpb/files/files/file1/edpb_guidelines_201801_v3.0_certificationcriteria_annex2_en.pdf. Acesso em: 18 fev. 2025.

2º), consubstanciando o conceito de *privacy by design*, ou privacidade por *design*[42]. Assim, embora o controlador seja o responsável por oferecer e comprovar perante a Autoridade a referida documentação, o juízo de valor a ser realizado pela ANPD também englobará – como não poderia deixar de ser – a governança e as boas práticas de dados do operador envolvido no tratamento de dados.

---

42. O conceito de *privacy by design* foi desenvolvido na década de 90 por Ann Cavoukian, que "prega a necessidade de que empresas tomem providências técnicas e organizacionais para garantirem a privacidade e a proteção dos dados pessoais desde os estágios iniciais de desenvolvimento do produto". PALMEIRA, Mariana de Moraes. A segurança e as boas práticas no tratamento de dados pessoais. *In:* MULHOLLAND, Caitlin. (Org.). *A LGPD e o novo marco normativo no Brasil*. Porto Alegre: Arquipélago Editorial, 2020, p. 327.

Isabella Z. Frajhof
Bianca Kremer

Art. 36. As alterações nas garantias apresentadas como suficientes de observância dos princípios gerais de proteção e dos direitos do titular referidas no inciso II do art. 33 desta Lei deverão ser comunicadas à autoridade nacional.

ALTERAÇÕES NAS GARANTIAS APRESENTADAS

O referido artigo indica que, caso ocorram alterações nas garantias apresentadas pelo controlador para realizar a transferência de dados internacionais, a ANPD deverá ser comunicada[1]. Assim, "embora a lei seja omissa quanto a este ponto, acreditamos que, seguindo a sistemática e lógica deste capítulo, o controlador deverá obter, novamente, a chancela da entidade em relação às modificações efetuadas"[2], tal como determina o art. 33, do Regulamento, em relação às cláusulas contratuais específicas e às normas corporativas globais.

---

1. Por exemplo, como indicado pelo GTA29, no âmbito das BCRs, quando ocorrerem alterações legislativas aprovadas em países fora da UE que tornam sem efeito as normas internas submetidas para aprovação da Autoridade de Controle.

2. FRAJHOF, Isabella; SOMBRA, Thiago Luis. A transferência internacional de dados pessoais. *In*: MULHOLLAND, Caitlin. (Org.). *A LGPD e o novo marco normativo no Brasil*. Porto Alegre: Arquipélago Editorial, 2020, p. 281.

Roger Vieira Feichas

CAPÍTULO VI
DOS AGENTES DE TRATAMENTO DE DADOS PESSOAIS
Seção I
Do Controlador e do Operador

Art. 37. O controlador e o operador devem manter registro das operações de tratamento de dados pessoais que realizarem, especialmente quando baseado no legítimo interesse.

1. DOS AGENTES DE TRATAMENTO

O dado pessoal, como porta de acesso à esfera privada da pessoa, sempre foi um ativo valioso. O tema, pois, não é novo. A questão distintiva, do tempo atual para o passado, é que vivemos uma nova e acelerada era da gestão das Tecnologias de Informação e Comunicação, pela qual quase todo tipo de serviço e produção segue uma guinada da via física para a virtual. Se amplificarmos as projeções de mudanças, agora apressadas e concretizadas em parte pelo momento pandêmico, percebemos a disrupção do físico para o móvel, do mecânico para o autônomo, da hierarquia para a rede, do centralizado para o distribuído, da indústria para o serviço etc. E, nesse contexto, o "combustível" para viabilizar a digitalização da vida é o dado, cujo crescimento da geração, captura e armazenamento se dá em escala exponencial.

As empresas e governos, diante de tal situação, deixam de tomar decisões pautadas em diagnósticos para utilizarem evidências baseadas em dados estruturados, colhidos estrategicamente de várias formas, inclusive via *big data*[1], o que se convenciona chamar de sistema *data-driven*.

E, nesse contexto, infere-se que as empresas de base tecnológica de diversos seguimentos (*big techs*[2], sob novos modelos de negócios) tornaram-se as de maior valor de mercado, por ser o dado o maior ativo intangível do momento[3]. Mais impactante, ainda, é saber que tais empresas são, na grande maioria, "despatrimonializadas", no sentido físico, bastando ver a gestão de mobilidade urbana controlada por empresas

---

1. CANALTECH. *O que é Big Data?* Disponível em: https://canaltech.com.br/big-data/o-que-e-big-data/. Acesso em: 20 set. 2021.

2. SIMPLY. Big Techs: o que são e seu impacto no mercado financeiro. Disponível em: https://blog.simply.com.br/big-techs-o-que-sao-e-seu-impacto-no-mercado-financeiro/. Acesso em: 20 set. 2021.

3. BBC NEWS. Empresas como Google, Amazon e Facebook estão ficando grandes demais? Disponível em: https://www.bbc.com/portuguese/geral-40205922. Acesso em: 20 set. 2021.

419

que gerenciam sistemas de economia compartilhada, sem sequer possuírem veículos próprios. Percebe-se, pois, que os dados são importantes para qualquer negócio – e que negligenciá-los é perigoso!

Ocorre que o seu uso não está despido de proteção, já que eles, os dados, são elementos condutores de escolhas que incluem, excluem e, de modo geral, influenciam positiva e negativamente a vida de todos.[4] Na União Europeia, adveio a *General Data Protection Regulation* (ou Regulamento Geral sobre a Proteção de Dados), que visa proteger a privacidade dos cidadãos diante das empresas e dos governos que se utilizam de dados.

No Brasil, embora já tivéssemos algumas normas setoriais de proteção de dados, a exemplo do Código de Defesa do Consumidor, do Marco Civil da Internet, da Lei do *Habeas Data*, da Lei do Cadastro Positivo e de outras, foi promulgada a Lei 13.709/2018, cognominada de Lei Geral de Proteção de Dados Pessoais – LGPD, como norma geral (e central) sobre a temática. Enfim, o país foi inserido no rol daqueles que oferecem ao indivíduo (titular de dados) maior controle, transparência, inclusive em termos de anonimização e portabilidade sobre as informações pessoais armazenadas em bancos de dados.

Pode-se dizer que o Brasil criou uma norma ainda mais ampla por abranger tanto os dados coletados no ambiente *on-line* como no *off-line*, e que, em momento algum, busca evitar o fluxo de dados, mas discipliná-lo, de forma a gerar segurança e proteção, podendo ser entendida como um verdadeiro "código de trânsito dos dados". E, de modo cogente, para gerar aplicação da lei, obrigações foram definidas para duas figuras criadas pela LGDP: os agentes de tratamento de dados pessoais, cujas espécies são o controlador e o operador. Rememorando os conceitos da lei, vejamos:

> Art. 5º Para os fins desta Lei, considera-se:
>
> VI – controlador: pessoa natural ou jurídica, de direito público ou privado, a quem competem as decisões referentes ao tratamento de dados pessoais;
>
> VII – operador: pessoa natural ou jurídica, de direito público ou privado, que realiza o tratamento de dados pessoais em nome do controlador;
>
> IX – agentes de tratamento: o controlador e o operador.

Aproveitando a feição didática da norma, denota-se que a semelhança primeva recai sobre a similaridade quanto a quem pode ocupar tais funções, mas, por um exemplo prático e didático trazido pela doutrina, a diferença de ambos se torna mais clara:

---

4. Na síntese de René Dotti, "Mais graves e traiçoeiros que as formas clássicas de invasão, os atuais mecanismos de intromissão podem ser dirigidos por controle remoto e sem conhecimento da pessoa que é atingida. A informação e os dados podem ser extraídos sem que a lesão cause uma deformidade aparente ou determine um confronto entre o agressor e a vítima". DOTTI, René Ariel. Tutela jurídica da privacidade. In: *Estudos jurídicos em homenagem aos Professor Washington de Barros Monteiro*. São Paulo: Saraiva, 1982, p. 336.

A empresa X, fabricante de artigos esportivos, deseja ter um site para venda de seus produtos diretamente aos consumidores, mas, como o comércio virtual não é sua atividade principal, deseja delegar algumas atividades do negócio a prestadores de serviço. Assim, contrata uma plataforma virtual completa com a empresa A, a gestão e meio de pagamento com a empresa B, a gestão da logística com a empresa C e a gestão do marketing e propaganda com a empresa D.

Ao receber um pedido, os dados pessoais do usuário primeiro são capturados pela plataforma (empresa A), depois segue para o meio de pagamento (empresa B) ao mesmo tempo em que é incorporada ao banco de dados da empresa Y. Após, os dados pessoais seguem para a empresa D, com a determinação de que realize a entrega do produto, ao mesmo tempo em que são encaminhados à empresa E, para inclusão no mailing e demais atividades de divulgação.

Todas as empresas do arranjo mencionadas terão acesso aos dados pessoais do usuário do site, mas apenas a empresa X se encaixa na figura do controlador. As demais seguem as orientações da empresa X para concretizar os pedidos e entregar o produto, não decidindo, por si, o que será feito dos dados recebidos, nem o que será feito posteriormente com eles. Assim, as empresas A, B, C e D são operadoras.

Em suma, o controlador toma as decisões do tratamento, os operadores seguem as orientações do controlador, cumprindo uma função específica no processo de tratamento[5].

As atribuições, pois, são manifestamente distintas e calcadas em hierarquia, devendo ser analisadas *in casu*, já que, segundo Ana Luiza Leal e Luã Maia de Mello,

[...] a qualificação de determinada pessoa como controlador ou operador fica sujeita, portanto, à atividade que lhe compete no âmbito de operação de tratamento de dados. Assim, não só uma mesma pessoa pode ser controladora e operadora em atividades de tratamento de dados distintos, bem como na mesma operação. E de forma conclusiva acentuam que "o que importa é verificar se a atividade exercida é de demandar (controlador) ou executar (operador) a operação de tratamento de dados pessoais[6].

Na Europa, quando entrou em efeito o RGPD, logo surgiram alguns questionamentos interpretativos sobre os agentes de tratamento. Várias indagações levaram à publicação, pelo Comitê Europeu para a Proteção de Dados (EDPB), da *Guideline n. 07/2020*[7], que traz o detalhamento dos conceitos de controladores (*controllers*) e operadores (*processors*) na Europa, sendo bastante esclarecedor sobre quem pode assumir tais atividades.

Tal diferenciação, muito além de doutrinária, eclode efeitos práticos que, se não forem compreendidos em sua completude, podem levar a uma implementação equivocada da LGPD.

---

5. COTS, Márcio; OLIVEIRA, Ricardo. *Lei Geral de Proteção de Dados Pessoais comentada*. 2. ed. São Paulo: Thomson Reuters Brasil, 2019, p. 165.

6. LEAL, Ana Luiza e MELLO, Luã Maia de. Capítulo VI. Agentes de tratamento de dados pessoais. In: FEIGELSON, Bruno; BECKER, Daniel; CAMARINHA, Sylvia M. F. (Coord.). *Comentários à Lei Geral de Proteção de Dados*. São Paulo: Thomson Reuters Brasil, 2020, p. 135.

7. EUROPEAN DATA PROTECTION BOARD. *Guidelines 07/2020 on the concepts of controller and processor in the GDPR*, 07 set. 2020. Disponível em: https://edpb.europa.eu/our-work-tools/public-consultations--art-704/2020/guidelines-072020-concepts-controller-and-processor_pt. Acesso em: 20 set. 2021.

E neste contexto, nada obstante poder haver divergência, importante gizar que, dentro de uma organização, pode-se, sim, designar uma pessoa específica para ser responsável pela execução das operações de processamento. Contudo, ainda que uma pessoa física específica seja nomeada para garantir o cumprimento das regras de proteção de dados, ela não será nem controlador nem operador, mas sempre agirá em nome (como *longa manus*) da organização da qual compõe o quadro, que, ao fim, é a responsável final em caso de violação das regras na sua qualidade de controlador.

Essa questão é de suma importância, sobretudo pela responsabilidade dos agentes de tratamento imputada pela lei, que prevê que os diferentes agentes de tratamento – o controlador e o operador – podem ser solidariamente responsabilizados por incidentes de segurança da informação e/ou pelo uso indevido e não autorizado dos dados, ou pela não conformidade com a lei.

Cabe ao operador fornecer garantias contratuais de que foram implementadas as medidas técnicas e organizacionais adequadas, de modo que o processamento cumpra os requisitos legais e de segurança da informação, para manter os dados pessoais protegidos, por exemplo, de acesso não autorizado, vazamento, destruição ou perda acidental. Daí o porquê de o operador ter conceituação própria, diversa da do controlador, jamais podendo ser assim classificado um empregado ou preposto de uma organização (ou mesmo o sócio).

No Brasil, somente em 28 de maio de 2021, a Autoridade Nacional de Proteção de Dados emitiu pronunciamento mais detalhado sobre os limites conceituais dessa figura (o operador de dados), textualmente prevendo, em seu item 58, que:

> 58. Nesse cenário, empregados, administradores, sócios, servidores e outras pessoas naturais que integram a pessoa jurídica e cujos atos expressam a atuação desta não devem ser considerados operadores, tendo em vista que *o operador será sempre uma pessoa distinta do controlador, isto é, que não atua como profissional subordinado a este ou como membro de seus órgãos*. (grifos conforme o original)[8]
>
> A mesma autoridade deixa claro no item 5 do referido documento, um ponto interessante, no sentido de que os agentes de tratamento devem ser definidos a partir de seu caráter institucional, seja no âmbito da pessoa jurídica ou física (natural).

Para suportar tais responsabilidades, os empregados (ou prepostos) do controlador não dispõem de meios necessários para impor as condições ideais de trabalho que garantam a implementação das medidas técnicas e organizacionais adequadas. Nem autonomia financeira e orçamentária para executar tais medidas. Ainda, é preciso lembrar que possuem uma relação de hierarquia funcional que não lhes permite ter liberdade para implementar um programa de conformidade na organização. Atuam em nome e no interesse de outrem, sendo, por isso, subordinados que agem como

---

8. BRASIL. Autoridade Nacional de Proteção de Dados. *Guia Orientativo para Definições dos Agentes de Tratamento de Dados Pessoais e do Encarregado*. Brasília, 28 maio 2021. Disponível em: https://www.gov.br/anpd/pt-br/assuntos/noticias/2021-05-27-guia-agentes-de-tratamento_final.pdf. Acesso em: 20 set. 2021.

longa manus. Assim, não podem recair sobre eles, pessoalmente, as responsabilidades impostas pela lei ao operador – porque é impossível para eles controlar esses requisitos –, o que é completamente diferente do caso de um terceiro prestador de serviços, terceirizado, "pejotizado". Neste outro cenário, pela natural distinção das partes ligadas por vínculo meramente contratual, o enquadramento nos conceitos de controlador e operador será mais factível, inclusive para fins de responsabilização.

Isso também exigiria, por parte do controlador, a necessidade de contratação de seguro, por exemplo, para seus funcionários ou prepostos que assumissem quaisquer atividades laborais relacionadas ao tratamento dos dados pessoais na organização, uma vez que teriam de responder pessoalmente por eventual responsabilização.

E, como exemplo de tal raciocínio, tem-se o escorreito fluxo estatuído pelo Tribunal de Justiça do Estado de Santa Catarina, que, ao estabelecer a sua Política de Privacidade e Proteção de Dados Pessoais para navegação no site do PJSC, assim definiu:

> "2.3 Operador: é a pessoa natural ou jurídica, de direito público ou privado, que realiza o tratamento de dados pessoais em nome e por ordem do controlador.
>
> No PJSC, operador é a pessoa natural ou jurídica, de direito público ou privado, externa ao quadro funcional do Poder Judiciário do Estado de Santa Catarina, que realiza o tratamento de dados pessoais em nome e por ordem do controlador TJSC.[9]"

Percebe-se que, entre controlador e operador, interferem, de forma significativa, todas as consequências que possam incidir em caso de incidente. Até mesmo, como dito, na responsabilidade que concerne ao ressarcimento de danos, inclusive na seara da improbidade administrativa (art. 52, §3º, da LGPD), já que a não sujeição às orientações lícitas do controlador, pelo operador, pode equiparar este, em caráter excepcional, ao primeiro para fins de ser acionado solidariamente (art. 42, §1º, II, da LGPD), o que nos faz presumir, inclusive, que a presença do operador não é indispensável ao tratamento de dados. A jurisprudência brasileira tem enfatizado que os operadores podem ser responsabilizados em casos de negligência ao cumprir orientações do controlador, assim como a ausência de contratos claros pode levar à aplicação de sanções administrativas e civis. Na prática europeia, o RGPD prevê penalidades similares, com autoridades como a Comissão Belga aplicando multas em casos de conflitos de interesse na cumulação de funções por encarregados.

Nada obstante a aparente dispensabilidade do operador, é inegável que sua integração se faz imperiosa, tendo em vista a complexidade interdisciplinar e intersetorial que permeia o tema, de forma que seja possível disciplinar, com maior acuidade, em conjunto, também os aspectos preventivos dos artigos 46 a 49 e os

---

9. SANTA CATARINA. Tribunal de Justiça do Estado de Santa Catarina. *Política de Privacidade e Proteção de Dados Pessoais para navegação no site do PJSC*. Disponível em: https://www.tjsc.jus.br/web/ouvidoria/lei-geral-de-protecao-de-dados-pessoais/politica-de-privacidade-e-protecao-de-dados-pessoais. Acessado em: 20 set. 2021.

aspectos corretivos do artigo 48, além de gizarem um programa de governança em privacidade, focado, igualmente, em boas práticas (artigos 50 e 51 da LGPD), já que não basta internalizar (*aculturar*) a norma, mas externalizá-la (*praticar*) também.

Em recente guia orientativo da ANDP atualizando o anterior, sobre agentes de tratamento, assim se dispõe sob o operador sob suas particularidades e compliance frente ao controlador:[10]

"[...]o operador só poderá tratar os dados para a finalidade previamente estabelecida pelo controlador. Isso demonstra a principal diferença entre o controlador e operador, qual seja, o poder de decisão: o operador só pode agir no limite das finalidades determinadas pelo controlador.

54. Cabe destacar, ainda, algumas das obrigações do operador: (i) seguir as instruções do controlador; (ii) firmar contratos que estabeleçam, dentre outros assuntos, o regime de atividades e responsabilidades com o controlador; (iii) dar ciência ao controlador em caso de contrato com suboperador.

55. O conceito e o escopo de atuação do operador indicam, também, a importância das definições contratuais para a relação entre controlador e operador. Ainda que a LGPD não determine expressamente que o controlador e o operador devam firmar um contrato sobre o tratamento de dados, tal ajuste se mostra como uma boa prática de tratamento de dados, uma vez que as cláusulas contratuais impõem limites à atuação do operador, fixam parâmetros objetivos para a alocação de responsabilidades entre as partes e reduzem os riscos e as incertezas decorrentes da operação.

56. Os pontos que podem ser definidos contratualmente são o objeto, a duração, a natureza e a finalidade do tratamento dos dados, os tipos de dados pessoais envolvidos e os direitos e obrigações e responsabilidades relacionados ao cumprimento da LGPD.

57. Por fim, dentro do escopo de atuação do operador, importa dizer que ele pode definir elementos não essenciais do tratamento, como medidas técnicas.

Ainda neste contexto, trouxe a ANDP a orientação sobre a possibilidade da figura do suboperador que seria aquele contratado pelo operador para auxiliá-lo a realizar o tratamento de dados pessoais em nome do controlador, não ostentando aquele qualquer relação com controlador. A cautela, no entanto, é a do operador, ao contratar o suboperador, obter autorização formal do controlador, para garantir que o primeiro esteja executando o tratamento de dados em cumprimento as orientações deste último.

Extrai-se do referido guia o presente exemplo:

---

10. BRASIL. Autoridade Nacional de Proteção de Dados. *Guia Orientativo para Definições dos Agentes de Tratamento de Dados Pessoais e do Encarregado*. Brasília, 28 maio 2021. Disponível em: https://www.gov.br/anpd/pt-br/documentos-e-publicacoes/Segunda_Versao_do_Guia_de_Agentes_de_Tratamento_retificada.pdf. Acesso em: 07 mar. 2023.

Exemplo 11 – Subcontratação de serviço de armazenamento em nuvem A empresa ALPHA deseja contratar uma pesquisa de mercado para alavancar suas vendas. Para isso, contrata a empresa de pesquisas BRAVO, que envia os resultados para a empresa ALPHA. Com a autorização da empresa ALPHA, a empresa BRAVO contrata os serviços de armazenamento em nuvem da empresa CHARLIE. A empresa ALPHA pode ser considerada controladora pois verifica-se que foram cumpridos os seguintes requisitos: i) a empresa A teve poder decisório em relação ao tratamento de dados; ii) os elementos essenciais do tratamento foram definidos pela empresa A: finalidade, titulares (por exemplo mulheres da faixa etária de 20 a 30 anos, residentes em Brasília/DF), tipos de dados (por exemplo nome, idade, endereço, preferência alimentar) etc. Ainda que possa decidir quanto às técnicas a ser empregadas no processo de tratamento de dados para gerar os resultados da pesquisa, a empresa de pesquisas BRAVO realiza os tratamentos de dados de acordo com a finalidade e as instruções determinadas pela empresa ALPHA, atuando, portanto, como operadora. A empresa CHARLIE atua conforme diretrizes da empresa BRAVO e seria, portanto, suboperadora. É recomendável que BRAVO obtenha autorização formal de ALPHA para a subcontratação de CHARLIE.

De maneira semelhante, o RGPD também não traz uma definição para o suboperador, limitando-se a definir o conceito de Operador ("Processor" em inglês/" Subcontratante" em português de Portugal) como consta no art. 4º do RGPD.

Apenas para registro, destaque-se que a LGPD não veda a cumulação das funções de controlador e operador, bem como a de encarregado, assim como o RGPD, mas há, e de forma a surpreender o viés do texto legal, sanção da Autoridade Belga em desfavor de empresa de telefonia no sentido do manifesto conflito de interesses na cumulação da função de encarregado e *head* de *compliance*[11]. O que sintetizou a autoridade belga na aplicação da sanção foi que a cumulação de funções estaria gerando conflito de interesses, situação esta ainda incerta perante a LGDP e do que se pode entender em situações similares, no Brasil, quando da atuação e interpretação da ANPD.

2. DO REGISTRO DAS OPERAÇÕES

Para tornar a aplicação da lei concreta e eficaz, o referido dispositivo já atribui aos agentes de tratamento a realização da prestação de contas (*accountability*), descrita no princípio do artigo 6º, inciso X, consistente na manutenção do registro das operações de tratamento de dados que realizarem.

---

11. CHAVES, Luis Fernando Prado. O DPO ou encarregado de dados pode acumular funções dentro de uma empresa? *O Consumerista*, maio de 2021. Disponível em: https://www.oconsumerista.com.br/2020/05/dpo-acumular-cargos-empresa/. Acessado em: 21 set. 2021.

Ele é formado a partir das atividades de mapeamento de dados (*data mapping*) e/ou descobrimento dos dados (*data discovery*) e serve como uma ferramenta para ajudar a organização a caminhar em direção ao *compliance* com a LGPD.

Destaque-se que tal registro, seja eletrônico ou não, recai sobre qualquer tipo de tratamento de dados, independente da base legal, sobrelevando-se o legítimo interesse, já que este não possui, conforme a doutrina de Tarcísio Teixeira e Ruth Maria Guerreiro da Fonseca Armelin, requisito objetivo, "o que converge para a necessidade do registro, inclusive para cumprimento do determinado no art. 10, da Lei n. 13.709/18"[12].

Trata-se de uma verdadeira salvaguarda dos agentes de tratamento, já que a obrigação é solidária e de ambos diante de uma eventual fiscalização por parte da ANPD (art. 55-J, IV e XVI), posto que tal documento pode evidenciar o histórico do cumprimento da lei (qual tipo de tratamento de dado, respectivo titular, agentes de tratamento e o encarregado envolvido), além das vulnerabilidades e prioridades do tratamento de dados levado a cabo.

Em síntese, o que se busca por ele é o controle e a transparência do cumprimento dos propósitos do tratamento de dados (prestação de contas), na exata medida em que deve ser feito para alcançar uma finalidade (art. 6°, I, da LGDP), sob pena de responsabilização. Não basta cumprir a lei, mas registrar que ela foi cumprida, sobretudo porque, para atingir uma finalidade, será necessária mais de uma atividade.

Ana Luiza Leal e Luã Maia de Mello sintetizam que

(...) diversos princípios da LGDP são verificados nessa atividade de registro das operações, tais como o princípio da finalidade (a operação deve ter um proposito legitimo), da adequação (o tratamento deve ser compatível com a finalidade, ou seja, sem extrapolar seu propósito), da necessidade (deve-se operar o mínimo necessário para atingir a finalidade), da transparência (garantir informações claras aos titulares dos dados pessoais), da segurança (busca garantir que as melhores medidas técnicas e administrativas serão utilizadas para proteger os dados pessoais) e o da responsabilização (os agentes de tratamento podem ser responsabilizados individualmente pela violação da LGDP).

E de forma esclarecedora acentuam que "a previsão da criação de um 'inventário' dos dados não é, em si, nova no Brasil. O Decreto de regulamentação do Marco Civil da Internet já obrigava os provedores de conexão e aplicação a manterem certos registros das suas bases de dados[13].

Conquanto salutar, espera-se que todo aquele que realize o tratamento de dados (art. 5°, X) e esteja sujeito à lei possa ter mecanismos de *accountability* eficazes, porquanto a LGPD abrange tudo o que é feito com o dado, ao contrário do referido decreto que regulamentou o MCI (citado no excerto transcrito), que foca na segurança da

---

12. TEIXEIRA, Tarcísio; ARMELIN, Ruth Maria Guerreiro da Fonseca. *Lei geral de proteção de dados*: comentada artigo por artigo. Salvador: Juspodivm, 2020, p. 108.

13. TEIXEIRA, Tarcísio; ARMELIN, Ruth Maria Guerreiro da Fonseca. *Lei geral de proteção de dados*: comentada artigo por artigo. Salvador: Juspodivm, 2020, p. 135-136.

informação para evidenciar melhor controle sobre a atividade desenvolvida: data, horário, identificação da pessoa natural que realizou o processo, meios tecnológicos utilizados, entre outras informações para se garantir a integridade.

Ademais, nas hipóteses em que o titular dos dados invocar a aplicação do art. 18, II, o registro das operações de forma estruturada também se mostrará útil, na medida em que facilitará a identificação do uso de um determinado dado pessoal e a viabilização do acesso a ele (art. 9º), que, por sinal, está sujeito ao prazo do art. 19, II, todos da LGPD.

Segundo Patrícia Peck Pinheiro, "os artigos 24 (1) e 30 do GDPR apontam que, além da necessidade da documentação dos processos, a revisão e a atualização dos procedimentos adotados devem ser observadas de acordo com as necessidades que se apresentem"[14]. Extrai-se do art. 30 da legislação estrangeira que, para a composição do registro de informações, deve-se gizar a "finalidade do tratamento, descrição das categorias dos dados e dos titulares, fluxos dos dados para fora da organização, medidas de segurança, informações de identificação e contato do controlador" e, por fim, os períodos para a exclusão das diferentes categorias de dados.

Baseadas no RGPD, há inúmeras autoridades nacionais de proteção de dados já aplicando sanções aos agentes de tratamento por descumprimento de leis de proteção de dados sob as mais diversas ocorrências, pelo que se antevê do rastreador de aplicação da referida norma: https://www.enforcementtracker.com/#.

Entretanto, no contexto nacional, a LGPD não indica de maneira direta quais são as informações que o registro de operações de tratamento de dados deve conter.

Tiago Neves Furtado acentua que

> temos os seguintes dados pessoais a serem contemplados no registro: (i) as informações indicadas no art. 9º, incisos I a V, que têm como objeto o conteúdo mínimo que deve ser disponibilizado ao titular de dados pessoais, quando este apresentar requerimento pedindo acesso aos seus dados; (ii) as informações indicadas no art. 48, §1ª, inciso I e II, indicadas no contexto de informar a ANPD em casos de incidentes; (iii) informações acerca de eventual transferência internacional de dados, de modo a atender o Capítulo V da LGPD; (iv) a própria descrição da operação e do responsável por realizar o registro, para fins de *accountability* (art. 6º, X) da LGPD[15].

Portanto, percebe-se que, à luz da LGPD, os agentes de tratamento devem registrar a finalidade de tratamento sob o aspecto real, legal e claramente identificável, não se admitindo interesses ilegais e/ou especulativos, permitindo que a ANPD tenha um direcionamento claro ao analisar a utilidade dos registros.

---

14. PINHEIRO, Patrícia Peck. *Proteção de dados pessoais*: comentários à Lei n. 13.709/2018 (LGPD). São Paulo: Saraiva, 2018, p. 97.

15. FURTADO, Tiago Neves. Registro das operações de tratamento de dados pessoais – data mapping – data discovery: porque é importante e como executá-lo. In: BLUM, Renato Opice; VAINZOF, Rony; MORAES, Henrique Fabretti (Coord.). *Data Protection Officer (encarregado)*. São Paulo: Thomson Reuters Brasil, 2020, p. 97.

Espera-se da ANPD regulação precisa de tal obrigação para fins de segurança jurídica, evitando judicializações desenfreadas, assim como gerar efetividade regulatória. De outro lado, que os agentes façam uso do conceito do *privacy by design* (art. 52, §1º, XIII, da LGDP) desde a concepção do tratamento, minimizando potenciais danos e adequação/cumprimento a partir do nascedouro da atividade.

Roger Vieira Feichas

Art. 38. A autoridade nacional poderá determinar ao controlador que elabore relatório de impacto à proteção de dados pessoais, inclusive de dados sensíveis, referente a suas operações de tratamento de dados, nos termos de regulamento, observados os segredos comercial e industrial.

Parágrafo único. Observado o disposto no caput deste artigo, o relatório deverá conter, no mínimo, a descrição dos tipos de dados coletados, a metodologia utilizada para a coleta e para a garantia da segurança das informações e a análise do controlador com relação a medidas, salvaguardas e mecanismos de mitigação de risco adotados.

O Relatório de Impacto à Proteção dos Dados Pessoais – RIPD representa documento fundamental para mostrar quais dados pessoais são coletados, usados, compartilhados e, enfim, tratados, e quais medidas são adotadas para a mitigação dos riscos que possam afetar as liberdades civis e os direitos fundamentais dos titulares desses dados[1].

A LGPD, além de definir o RIPD no inciso XVII do art. 5º, faz menção à sua obrigatoriedade nas hipóteses contidas nos artigos 10, § 3º, 32 e 38. Interessante que, na proposição do legítimo interesse, a lei resguardou o segredo comercial e industrial, protegendo, neste ponto, a empresa, sob pena de inviabilizá-la no âmbito concorrencial, *ex vi* do art. 2º, V, ante a indesejada possibilidade de se compartilhar informações sigilosas sobre suas atividades.

Outrossim, sinalizando o *enforcement* da ANPD, que ostenta, segundo Tarcísio Teixeira e Ruth Maria Guerreiro da Fonseca Armelin, "a competência para avaliar em quais casos será necessária a realização do relatório de impacto à proteção de dados"[2], depreende-se que tal documento poderá ser solicitado sempre que o tratamento representar alto risco à garantia dos princípios da lei (art. 55-J, XIII).

Exatamente os tipos de operações sujeitas ou não à obrigatoriedade de realização do RIPD, fora do espectro da lei, tal como é possível no art. 35 (4) e (5) do RGPD, é que ficarão a cargo da ANPD (tendo em vista sua atribuição para determinar, admi-

---

1. A título de exemplo de relatório de impacto à proteção de dados, confira: BRASIL. Secretaria de Governo Digital. *Template preenchido* – Relatório de Impacto à Proteção de Dados Pessoais (RIPD). Brasília, DF: Governo Federal, 2024. Disponível em: https://www.gov.br/governodigital/pt-br/privacidade-e-seguranca/templates-e-ferramentas/estudo_template_preenchido_ripd.pdf. Acesso em: 18 fev. 2025.

2. TEIXEIRA, Tarcísio; ARMELIN, Ruth Maria Guerreiro da Fonseca. *Lei geral de proteção de dados*: comentada artigo por artigo. Salvador: Juspodivm, 2020, p. 109.

nistrativamente, a realização). E não é só quem deve se submeter a tal regramento, mas também quem deverá disciplinar os requisitos que o relatório deve apresentar.

Registre-se que o RIPD é elaborado ou atualizado sempre que existir a possibilidade de ocorrer impacto numa escala mais grave sobre a privacidade dos dados pessoais resultantes de, por exemplo:

• Uma tecnologia, serviço ou outra nova iniciativa, em que dados pessoais (sensíveis ou não) sejam ou devam ser tratados;

• Rastreamento da localização dos indivíduos ou qualquer outra ação de tratamento que vise à formação de perfil comportamental de pessoa natural, se identificada (LGPD, art. 12, § 2º);

• Monitoramento sistemático de local publicamente acessível em larga escala;

• Tratamento de dado pessoal sobre "origem racial ou étnica, convicção religiosa, opinião política, filiação a sindicato ou a organização de caráter religioso, filosófico ou político, dado referente à saúde ou à vida sexual, dado genético ou biométrico, quando vinculado a uma pessoa natural" (LGPD, art. 5º, II);

• Processamento de dados pessoais usados para tomar decisões automatizadas que possam ter efeitos legais, incluídas as decisões destinadas a definir o seu perfil pessoal, profissional, de consumo e de crédito ou os aspectos de sua personalidade (LGPD, art. 20);

• Tratamento de dados pessoais de crianças e adolescentes (LGPD, art. 14);

• Tratamento de dados que possa resultar em algum tipo de dano patrimonial, moral, individual ou coletivo aos seus titulares, se houver incidente de segurança (LGPD, art. 42) etc.

O RIPD, previsto na LGPD, tal como o DPIA no RGPD/GDPR, diante dos exemplos postos, deve considerar não apenas os riscos de conformidade, mas perigos mais amplos para os direitos e liberdades dos indivíduos, incluindo o potencial para qualquer desvantagem social ou econômica significativa. O foco está no potencial de dano – aos indivíduos ou à sociedade em geral –, seja físico, material ou imaterial, mormente por se tratar de um processo contínuo sujeito a revisão regular.

O nível de risco deve considerar a probabilidade e a gravidade de qualquer impacto nos indivíduos, sendo impossível que todos os riscos sejam erradicados, mas deve permitir-se documentá-los e avaliar se os remanescentes são justificados ou não.

E, antes de qualquer crítica, é inegável que o RIPD eficaz também pode trazer benefícios financeiros e de reputação mais amplos, ajudando a demonstrar responsabilidade e a construir confiança e engajamento com os indivíduos.

No que tange ao responsável pela elaboração, conquanto controlador e operador sejam agentes de tratamento, a legislação atribuiu ao primeiro a elaboração do relatório.

Importante destacar, igualmente, neste ponto introdutório, conforme Ana Luiza Leal e Luã Maia de Mello, que "o registro das operações de tratamento de dados, previsto no art. 37, da LGPD, visa a constituir um documento a ser fiscalizado pela ANPD, enquanto o relatório de impacto do art. 38 servirá para fomentar o desenvolvimento da proteção de dados, considerando que os relatórios de impacto serão utilizados pelos agentes de tratamento e pela ANPD, principalmente no contexto dos debates e pesquisas sobre o tema"[3].

No entanto, ao menos no tocante ao legítimo interesse e diante de tal base subjetiva, além dos casos a serem estipulados como obrigatório pela ANPD, acrescemos a importância de se ter um *status* fiscalizatório imediato, enquanto nos demais casos, um efeito secundário, mormente para avaliar, no seu contexto, conduta que permita, caso necessário, mitigar sanção em caso de incidente de segurança.

Fora das hipóteses legais e determinadas administrativamente, o controlador, caso entenda que suas operações não tragam risco de violação a preceitos de proteção de dados, deverá justificar e documentar os motivos que o levaram a não realizar o RIPD.

Outrossim, como veremos, nada obstante a previsão legal do parágrafo único ora comentado, somado ao art. 5º, XVII, ambos indicam apenas diretrizes exemplificativas acerca do que ele deve conter.

Segundo Márcio Cots e Ricardo Oliveira, "o relatório deve conter, no mínimo (ou seja, o rol não é exaustivo, mas exemplificativo): (i) a descrição dos tipos de dados coletados; (ii) a metodologia utilizada para a coleta; (iii) a metodologia utilizada para a garantia da segurança das informações; e (iv) a análise do controlador com relação a medidas, salvaguardas e mecanismos de mitigação de risco adotados"[4].

De forma diferente, o RGPD europeu, nos seus artigos 24, 25 e 42, exorta que a proteção de dados deve ser realizada, via certificações, desde a concepção do tratamento, seguindo a lógica *by design* como indicadora do cumprimento das obrigações impostas no regulamento.

Em relação ao conteúdo do DPIA, o art. 35(7) do RGPD especifica quais itens mínimos devem constar do relatório, quais sejam:

i) Descrição sistemática das operações de tratamento de dados intentadas e dos propósitos para o respectivo tratamento, incluindo, caso aplicável, o legítimo interesse declarado pelo controlador;

---

3. LEAL, Ana Luiza e MELLO, Luã Maia de. Capítulo VI. Agentes de tratamento de dados pessoais. In: FEIGELSON, Bruno; BECKER, Daniel; CAMARINHA, Sylvia M. F. (Coord.). *Comentários à Lei Geral de Proteção de Dados*. São Paulo: Thomson Reuters Brasil, 2020, p. 138.

4. FURTADO, Tiago Neves. Registro das operações de tratamento de dados pessoais – data mapping – data discovery: porque é importante e como executá-lo. In: BLUM, Renato Opice; VAINZOF, Rony; MORAES, Henrique Fabretti (Coord.). *Data Protection Officer (encarregado)*. São Paulo: Thomson Reuters Brasil, 2020, p. 167.

ii) Estudo sobre a necessidade e a proporcionalidade das operações de tratamento em relação aos propósitos indicados;

iii) Estudo dos riscos aos direitos e liberdade dos titulares de dados;

iv) As medidas que serão adotadas para abordar esses riscos, incluindo salvaguardas, mecanismos e medidas de segurança para garantir a proteção de dados pessoais e para comprovar a conformidade com o RGPD, levando em consideração os direitos e legítimos interesses dos titulares de dados e de outras pessoas envolvidas.

Destaque-se que tal obrigação também recai sobre o Poder Público, inclusive nas hipóteses que envolver compartilhamento de dados sujeitos ao Decreto n. 10.046/2019 e requisitos instituídos na decisão da ADI 6649 e ADPF 695 pelo Supremo Tribunal Federal. Em verdade, ressalta-se que o RIPD deve ser visto não apenas como uma obrigação legal, mas como uma ferramenta estratégica para garantir a conformidade regulatória e construir confiança com os titulares de dados.

E, consequente a isso, tanto a doutrina de Felipe Palhares[5] como a de Tarcísio Teixeira e Ruth Maria Guerreiro da Fonseca Armelin[6] sinalizam que a autoridade nacional deve, posto que válido e relevante, replicar padrões similares aos recomendados para realização da DPIA, sem se olvidar da constante revisão e adequação à realidade concreta e ao microssistema de proteção de dados instaurado a partir da edição da LGPD.

---

5. PALHARES, Felipe. O Relatório de Impacto à Proteção de Dados Pessoais In: BLUM, Renato Opice; MALDONADO, Viviane Nóbrega (Coord.). *LGPD*: Lei Geral de Proteção de Dados comentada. São Paulo: Thomson Reuters Brasil, 2019. p. 283.

6. TEIXEIRA, Tarcísio; ARMELIN, Ruth Maria Guerreiro da Fonseca. *Lei geral de proteção de dados*: comentada artigo por artigo. Salvador: Juspodivm, 2020. p. 109.

Mariella Pittari

Art. 39. O operador deverá realizar o tratamento segundo as instruções fornecidas pelo controlador, que verificará a observância das próprias instruções e das normas sobre a matéria.

1. NOÇÕES GERAIS

Muito antes que a proteção de dados pessoais se tornasse tema central do debate jurídico, tempo no qual a privacidade se constituía em direito de índole civilista, Stefano Rodotà indicava preocupação diante dos elaboradores eletrônicos e da nova era que se iniciava[1]. Quando o debate passou a tomar forma nas discussões perante a Organização para Cooperação e Desenvolvimento Econômico (OCDE), na década de 1980[2], passou-se a perceber que organizar um volume inesgotável de dados com objetivos comerciais ultrapassaria a mera dimensão do direito *"to be let alone"*[3], pois a dimensão da privacidade individualista não bastava para compor a dinâmica em curso. A despeito de vozes no discurso jurídico propugnando a privacidade enquanto debate frívolo, o tempo mostrou que o contingente populacional mais atingido pela invasão em sua privacidade é composto pelos economicamente desfavorecidos. Quanto maior a capacidade econômica de um indivíduo, menos suscetível ele se encontra de ter padrões algorítmicos traçados por sistemas que cerceiam escolhas e o privam do gozo de bens e serviços, a exemplo do acesso ao crédito.

Diversamente do Estado Administrativo burocrático, no qual o Estado conservava em seu poder informações pessoais dos cidadãos no intuito de melhor vigiá-los, a nova era que se inaugura dispersa informações essenciais à vida do indivíduo na sociedade digital em poder de um número indeterminado de controladores/operadores, forjando uma identidade que pode ou não corresponder àquela real, mas que determinará de todo modo como a identidade real irá interagir com o mundo.

Logo, a premissa para o estudo do presente artigo consiste em compreender quais são os atores que participam do tratamento de dados pessoais na LGPD. Pois, como etapa inerente à criação de uma nova indústria, está a criação de novos processos e fases na cadeia de produção de um bem, ainda que se esteja a falar de um

---

1. RODOTÀ, Stefano. *Elaboratori elettronici e controllo sociale*. Bologna: Il Mulino, 1973, p. 28-29.

2. BENNETT, Colin J. *Regulating privacy*: Data protection and public policy in Europe and the United States. Ithaca: Cornell University Press, 1992, p. 14 e ss.

3. WARREN, Samuel; BRANDEIS, Louis. The right to privacy. *Harvard Law Review*, Cambridge, v. 4, n. 5, dec. 1890, p. 193-220.

bem não material. Tal como o processo de emergência das fábricas de automóveis, em que o mesmo conglomerado operava desde a extração da borracha até a venda do produto[4], a nova indústria de dados também acresce, à medida que avança, um personagem diverso na dinâmica. O elaborador eletrônico, enquanto utilizador de tecnologia rudimentar que remete ao nascimento do processamento de dados, passa a figurar na narrativa do tratamento de dados como importante ponto de partida da jornada digital, na qual, a cada dia, mais áreas do conhecimento se imiscuem na fusão de uma realidade virtual com a real.

Em virtude de a discussão do projeto de lei nacional ter acompanhado toda a evolução do assunto antes da adoção do texto de lei, constata-se que a LGPD foi promulgada com a consolidação de muitos dos avanços provenientes de outras jurisdições, sem, contudo, deixar de padecer da mesma dificuldade em apropriar-se de um ambiente pautado pela técnica do código algorítmico[5].

2. DINÂMICA LEGISLATIVA

O art. 5º, VII, da LGPD conceitua o operador como "pessoa natural ou jurídica, de direito público ou privado, que realiza o tratamento de dados pessoais em nome do controlador". O operador, ao lado do controlador (art. 5º, VI), é um "agente de tratamento" (art. 5º, IX). A LGPD guarda profundas similitudes com o Regulamento Europeu sobre a Proteção de Dados Pessoais (679/2016)[6], seguindo o caráter preponderantemente técnico da norma inspiradora, a exigir um desdobramento analítico de cada termo contido na lei, pois o conceito esgota, em si, um conteúdo imprescindível à boa compreensão dos mecanismos e propósitos de sua existência. Portanto, para o entendimento de qual atividade desempenha o operador, pressupõe-se saber em que consiste a atividade de tratamento e quais seriam as instruções fornecidas pelo controlador. Assim, invocando o inciso VI do art. 5º, conceitua-se o controlador como a "pessoa natural ou jurídica, de direito público ou privado, a quem competem as decisões referentes ao tratamento de dados pessoais"; enquanto, no inciso X, temos o tratamento como "toda operação realizada com dados pessoais, como as que se referem a coleta, produção, recepção, classificação, utilização, acesso, reprodução, transmissão, distribuição, processamento, arquivamento, armazenamento, eliminação, avaliação ou controle da informação, modificação, comunicação, transferência, difusão ou extração".

---

4. Cf. GRANDIN, Greg. *Fordlandia*: the rise and fall of Henry Ford's forgotten jungle city. Nova York: Macmillan, 2009.

5. LESSIG, Lawrence. *Code, And other laws of cyberspace*. New York: Basic Books, 2009, p. 5.

6. STANZIONE, Maria Gabriella. Il Regolamento Europeo sulla Privacy: origini e ambito di applicazione. *Europa e Diritto Privato*, [S.l], n. 4, p. 1249-1264, 2016. A autora oferece uma ampla digressão histórica até a emergência do regulamento Europeu, pontuando casos paradigmas do sistema europeu de proteção dos dados pessoais, tais quais Digital Rights Ireland Ltd., Google Spain SL (conhecida também como sentença Costeja González), e Schrems.

Dessa forma, na singela descrição de qual atividade realiza o operador, desdobra-se uma miríade de situações que exigem digressão mais aprofundada em conceitos de cunho não apenas jurídico, mas sobretudo técnico, como o que seriam dados pessoais[7], e humanos, como o que define uma pessoa ou uma identidade. A LGPD não surge sem propósito e sem contexto. É um instrumento legislativo vocacionado a pautar uma sociedade na qual as transações baseiam-se em um volume virtual incalculável, sem precedentes na história.

O volume, a velocidade e a variedade constituem os paradigmas para a descrição do fenômeno do *Big Data*[8], propiciando que a colheita do fluxo de dados aleatórios conflua na agregação de tais dados para a análise de padrões[9]. Apesar de a atividade humana parecer, isoladamente, única, e de cada vida comportar um caráter inédito, quando aglutinadas em um aglomerado de informações, tais atividades e identidades permitem a revelação de padrões que se repetem, reduzindo o indivíduo a uma condição de previsibilidade que o amesquinha. Bem por isso, passou-se a defender uma privacidade por *design*[10], a permitir que a regra seja preservar o titular dos dados pessoais de ingerências que o exponham à predação mercadológica, enquanto os

---

7. A metafísica acaba por ceder espaço à preocupações consentâneas com os novos rumos pelo qual se orientam os *players* do ambiente cibernético. Dados não pessoais, mas de grande utilidade às empresas, passam por um processo de mudança da categoria dos direitos não patrimoniais à um direito intelectual de propriedade. Neste sentido conferir KERBER, Wolfgang. A new (intellectual) property right for non-personal data? An economic analysis. An Economic Analysis. *Gewerblicher Rechtsschutz und Urheberrecht, Internationaler Teil* (GRUR Int), [S.l], n. 11 p. 989-999, out 2016.

8. MONTEROSSI, Michael W. Estrazione e (ri) utilizzo di informazioni digitali all'interno della rete Internet. Il fenomeno del c.d. web scraping. Il Diritto Dell'Unione Europea, [S.l], v. 36, n. 2, p. 327-369, out. 2020. Tema que guarda pertinência ao *data mining* e ao Big Data é o Web Scraping, através do qual bots e softwares coletam dados pessoais que transitam livres na rede. Vale a leitura também do caso julgado pela Corte de Justiça da União Europeia, ainda decidido sob a diretiva 96/9, no qual decidiu que dados flutuantes na rede sem cunho de dado pessoal não recebem a proteção jurídica da disciplina de proteção dos dados pessoaos. Remeta-se à decisão CORTE DI GIUSTIZIA DELL'UNIONE EUROPEA. *Ryanair v. PR Aviation BV*, 15 gennaio 2015, C-30/14, disponível em http://curia.europa.eu/juris/document/document.jsf?doci-d=161388&doclang=IT. Acesso em: 18 fev. 2025. Vale mencionar ainda que com a emergência da internet das coisas em volume sem precedentes, o assunto ganha ainda maior importância para a continuação do diálogo legislativo.

9. D'ACQUISTO, Giuseppe; NALDI, Maurizio. *Big Data e Privacy by Design*: Anonimizzazione e Pseudonimizzazione Sicurezza. Collana direta da Franco Pizzetti: I diritti nella 'rete' della Rete. Turim: Giappichelli 2017, p. 5-10, v. p. 41: "Anonimizzare un dato personale significa, lo si è detto, trattare un dato in modo da introdurre un'incertezza nell'attribuzione di quel dato a una persona. Lo strumento analitico per dosare questo grado di incertezza è il calcolo delle probabilità." Através de teoremas da probabilidade, os autores propõem técnicas tais quais a criação de rumores, generalizações para tornar possível atribuir tal incerteza. Enquanto anonimizar implica em atribuir incerteza à atribuição do dado à pessoa, pseudonimizar, por sua vez, significa "distanciar" a pessoa do titular dos seus próprios dados, sem, contudo, romper o liame que une pessoa e dados, servindo para tal desiderato sobretudo a criptografia.

10. CAVOUKIAN, Ann. Privacy by design [leading edge]. *IEEE Technology and Society Magazine*, [S.l], v. 31, n. 4, p. 18-19, 2012. A concepção da privacidade por design é de proporcionar um ambiente virtual no qual a prevenção seja a norma, não o dano ou reação, prevenindo eventos invasivos da privacidade antes que estes aconteçam.

sistemas permanecem alimentando o *Big Data* com informações que deveriam ser, preferencialmente, anonimizadas e pseudonimizadas[11].

O corpo físico, que, ao agir, é regido pelo CC/02, cede espaço a um corpo eletrônico[12], a uma identidade cibernética que opera nas redes e oferece não uma identidade de si, senão pistas de uma presença que não se revela. São essas marcas de uma passagem no ambiente regido pelos *bits*[13] que proporcionam uma aglutinação distorcida do ser real, a exigir um filtro legal para evitar abusos por parte daqueles que podem usar os dados para alcançar fins não desejados e não previstos, seja no contrato, termo de adesão ou ato unilateral que é fonte da interação.

No artigo 4º do RGPD, item (8), corresponde ao operador da lei nacional o "processador" ou *"responsabile del trattamento"* (segundo a expressão adotada na Itália), a depender da tradução oficial que se adote na comparação entre os institutos do Brasil e de alhures. Um aspecto de relevância é a natureza de contínuo "progresso" do sistema legal de proteção de dados. A demora na edição da LGPD brasileira favoreceu a incorporação de novidades apenas advindas da legislação europeia. Também perante o Regulamento Europeu, diversamente do controlador, o operador é uma figura eventual.[14] Tal como está presente na legislação europeia, como regra, o consentimento do titular constitui condição legitimadora a autorizar o tratamento dos dados pessoais (art. 7º, I, da LGDP).

A presença de diversas figuras jurídicas para tratar os dados justifica-se diante da constante tensão entre a figura do "titular dos dados" (interessado ou *data subject*) e os agentes (controlador e operador), que, por sua vez, tratam e utilizam tais dados para perseguir os próprios propósitos comerciais ou institucionais. O paradigma dominial que pautaria a relação entre o titular e seus dados esbarra no conteúdo a

---

11. IGO, Sarah E. *A History of Privacy in Modern America*. Cambridge: Harvard University Press. 2018, p. 368: "Anonymity and inaccessibility, arguably less rich and humane concepts than 'privacy', have taken center stage in American debates about a knowing society in the early decades of the twenty-first century. But is anonymity – or obscurity or ambiguity or blurriness – the same as privacy? It is worth asking whether autonomy in a digital age is or should be equivalent to whatever is left after the data miners are through. This minimalist understanding of what has often been judged a fundamental human value and social good tells us something of the chastened aspiration of today's known citizens." A autora ressalta que privacidade possui uma dimensão que vai muito além do anonimato e da inacessibilidade, porquanto menos humanos e mais ambíguos e dúbios.

12. RODOTÀ, Stefano. *Il mondo nella rete*: quali i diritti, quali i vincoli. Roma/Bari: Laterza, 2014, p. 29: "Divenute entità disincarnate, le persone hanno sempre più bisogno di una tutela del loro «corpo elettronico»."

13. GUIZZO, Erico Marui. *The essential message*: Claude Shannon and the making of information theory. DSpace@MIT, Diss. Massachusetts Institute of Technology, 2003. Disponível em: http://hdl.handle.net/1721.1/39429 Acesso em: 18 fev. 2025. O Nascimento da teoria da informação é intrinsecamente ligada ao pesquisador Claude Shannon, que cunhou a expressão bits como unidade básica de informação (*basic unit of communication*).

14. RICCIO, Giovanni Maria. Data Protection Officer e altre figure. In: SICA, Salvatore; D'ANTONIO, Virgilio; RICCIO, Giovanni Maria (a cura di). *La Nuova Disciplina Europea della Privacy*. Padova: Cedam, Wolters Kluwer, 2016, p. 34-78.

ser conferido à ideia de reserva, adstrita ao conteúdo do consentimento informado, distante, portanto, do controle de caráter dominial de tais dados.

A tentativa da LGPD orienta-se exatamente na linha de propiciar ao titular dos dados o exercício de tal controle diante da constatação de que, diversamente dos arquivos físicos que circulavam com maior lentidão, os dados pessoais no ambiente cibernético alcançam proporções globais em uma fração ínfima de tempo. A "promiscuidade" com a qual os dados do titular podem ser compartilhados determina a preocupação legislativa em estabelecer certos parâmetros que já não mais se assemelham aos de conteúdo civilista da privacidade.[15] Então, o consenso advindo para fins de tratamento dos dados pessoais distingue-se do consenso meramente negocial.[16]

Os vários transplantes jurídicos de termos técnicos para a literatura jurídica, o que para alguns constitui verdadeira "colonização linguística", fez com que a LGPD tenha adotado, na sua conceituação, sujeitos cujas descrição e atuação não possuíam precedentes, tendo sido ignorada qualquer remissão a leis anteriores presentes no país com relação a controle de dados e informações, a exemplo do que ocorre com o *habeas data*[17]. No Brasil os termos *"data controller"* e *"data processor"* receberam respectivamente, na correspondência nacional, os termos "controlador" e "operador". Enquanto o controlador determina a finalidade e os meios de tratamento dos dados pessoais, o operador executa as instruções conforme predeterminado.

As instruções fornecidas ao operador pelo controlador necessitam guardar pertinência ao consentimento prestado pelo titular dos dados, quando seja esta a base legal para o tratamento, ou, havendo outra base legal, suas peculiaridades também devem ser observadas no momento do repasse das instruções.

A dimensão digital do consentimento impõe que este seja oferecido pelo titular de forma livre e informado. Porém, há de ser observado que o consentimento carece

---

15. BRUTTI, Nicola. Le Figure Soggetive delineate dal GDPR: La novità del Data Protection Officer. In: TOSI, Emilio (a cura di). *Privacy Digitale*: riservatezza e protezione dei dati personali tra GDPR e nuovo Codice Privacy. Milão: Giuffrè, 2019, p. 115-156.

16. Na sentença 17.278, de 02 de julho de 2018, a Primeira Seção Cível em Direito Civil, a Corte de Cassação Italiana decidiu que o consentimento informado não poderia tratar-se de que comporta qualquer conteúdo, fazendo interessante alusão ao consentimento prestado em casos médicos, no qual o paciente não apenas apõe seu consentimento, mas é devidamente advertido dos riscos, intercorrências e possibilidades não concebidas pelo paciente senão através da leitura e assimilação da informação contida no documento. Neste sentido: "Può dunque dirsi che il consenso in questione debba essere ricondotto alla nozione di «consenso informato», nozione ampiamente impiegata in taluni settori – basti menzionare il campo delle prestazioni sanitarie – in cui è particolarmente avvertita l'esigenza di tutelare la pienezza del consenso, in vista dell'esplicazione del diritto di autodeterminazione dell'interessato, attraverso la previsione di obblighi di informazione contemplati in favore della parte ritenuta più debole." Disponível em http://www.italgiure.giustizia.it/xway/application/nif/clean/hc.dll?verbo=attach&db=snciv&id=./20180702/snciv@s10@a2018@n17278@tS.clean.pdf Acesso em: 18 fev. 2025.

17. Conferir a redação da lei 9.507/97 na qual não se faz qualquer remissão ao responsável pela informação, fazendo emergir sobretudo uma preocupação com a atuação do Poder Público na condução que um estado de índole marcadamente burocrática. FRADE, Celina. Defining Brazilian legal terminology/concepts in English: a relevance-based approach. Informatica e Diritto, Nápoles, v. 23, n. 1, p. 225-249, 2014.

do conteúdo de vontade, então presente no consentimento contratual e obrigacional da disciplina civilista. Processo já iniciado com a vontade manifestada em relações consumeristas assimétricas, o consenso do qual trata a lei é um consenso instantâneo, muitas vezes precedido da ausência de atenta leitura aos termos de uso e política de serviços disponibilizados pelos controladores. Pois, fosse exigido o consentimento tal qual prevê a manifestação de vontade do Código Civil, facilmente deparar-se-ia com um consentimento viciado. Contudo, a lei desde logo busca mitigar os efeitos de um consentimento viciado, expressando parâmetros mínimos acerca dos quais deve-se orientar o controlador ao requerer o consentimento.

Em seu 'Guia Orientativo sobre agentes de tratamento e encarregados', de 28 de maio de 2021, a Autoridade Nacional de Proteção de Dados trouxe maior clareza acerca dos conceitos de controlador e operador.[18] Quanto a estes, restou definido que não atuam em seu próprio interesse, mas no interesse daquele que representam. Não se enquadram no conceito jurídico de 'operador', por isso, os empregados, tampouco os sócios (quotistas ou acionistas). Desse modo, eventual repercussão, para fins de responsabilização civil, deverá ser observada quanto à natureza do vínculo daquele que executa o tratamento para que se analise a aplicabilidade da solidariedade prevista no artigo 42, § 1º, da LGPD.

---

18. BRASIL. Autoridade Nacional de Proteção de Dados. *Guia Orientativo para Definições dos Agentes de Tratamento de Dados Pessoais e do Encarregado*. Brasília, 28 mai. 2021. Disponível em: https://www.gov.br/anpd/pt-br/assuntos/noticias/2021-05-27-guia-agentes-de-tratamento_final.pdf Acesso em: 18 fev. 2025.

Mariella Pittari

Art. 40. A autoridade nacional poderá dispor sobre padrões de interoperabilidade para fins de portabilidade, livre acesso aos dados e segurança, assim como sobre o tempo de guarda dos registros, tendo em vista especialmente a necessidade e a transparência.

1. PRINCÍPIOS ORIENTADORES

"Segredos são mentiras
Compartilhar é cuidar
Privacidade é furto."[1]

Mae Holland dedica-se a uma empresa cujo objetivo é reunir todas as identidades e senhas de um indivíduo sob a insígnia TrueYou[2], inclusive permitindo o direito de voto por meio da rede social criada pela empresa. Além disso, a empresa empenha-se em instalar minúsculas câmeras de transmissão instantânea e ininterrupta em todo o globo terrestre, além de exigir que políticos utilizem a câmera para filmar todas as suas atividades.

No universo imaginário – apenas descrito – a privacidade não condiz com a ideia de completar o círculo de absoluto controle social sobre todas as pessoas. O tema do controle social por meio do acesso aos novos recursos tecnológicos é revisitado com olhares que alteram a perspectiva, mas sem mudar o problema. Antes que uma companhia fosse capaz de agregar informações acerca de uma pessoa, era o Estado que assumia a imagem de devassador das inclinações mais íntimas de seus cidadãos[3]. O direito à privacidade passou por uma ressignificação, para contemplar o direito à autodeterminação informativa[4], enquanto componente essencial da cidadania digital

---

1. EGGERS, Dave. *The Circle*. Nova York: Knopf/Doubleday, 2013, p. 305.

2. Verdadeiro você.

3. WARREN, Samuel; BRANDEIS, Louis. The right to privacy. *Harvard Law Review*, Cambridge, v. 4, n. 5, dec. 1890. "*The right to be let alone*" (o direito de ser deixado sozinho) configura uma construção jurídica que reverbera em casos mais recentes como Google Spain e o direito de ser esquecido. Os autores partem da construção de tal qual o direito à vida a exigir uma continua construção jurídica a impedir o homicídio e a lesão, a proteção dos direitos atingiu a dimensão espiritual do ser humano, permitindo que também tal aspecto passe a ser um bem jurídico tutelado, como já o são os direitos de vizinhança (*nuisance*) e tantos outros.

4. VIVARELLI, Angela. *Il Consenso al trattamento dei dati personali nell'era digitale*: Sfide tecnologiche e soluzioni giuridiche. Il Foro Napoletano, Quaderni, 33. Napoli: Edizioni Scientifiche Italiane, 2019, p.18 e ss.

e da liberdade de construção da própria identidade. Temores de que o Estado possa conhecer seu cidadão[5], sem que igual direito seja concedido em reciprocidade[6], agora são transferidos também a pessoas jurídicas de direito privado, até então não sujeitas aos mesmos *standards* constitucionais.

Porém, a despeito da exacerbação do momento presente, em um cenário de total ingerência na vida privada da pessoa, decerto o legislador elegeu como guias dois princípios que, em seu núcleo, apresentam uma constante tensão. Enquanto a necessidade, na definição que lhe confere o art. 6º, III, requer "limitação do tratamento ao mínimo necessário para a realização de suas finalidades, com abrangência dos dados pertinentes, proporcionais e não excessivos em relação às finalidades do tratamento de dados", a transparência pressupõe "garantia, aos titulares, de informações claras, precisas e facilmente acessíveis sobre a realização do tratamento e os respectivos agentes de tratamento, observados os segredos comercial e industrial" (inciso VI do art. 6º da LGPD). Tal tensão remete ao que Zuboff denomina *behavioral surplus*[7], pois dados que poderiam ser imediatamente descartados passam a fazer parte de um material precioso para corporações por possuírem um valor econômico que ultrapassa um aprendizado de preferências do usuário, para ingressar na *psique* do sujeito que é objeto da análise.

Nos considerandos que acompanham o Regulamento Europeu (679/2016), o item 40 exige, como critério de licitude do tratamento, para além do consentimento ou outra base legítima a substituí-lo, a necessidade para execução do contrato do qual o sujeito é parte[8]. Há de ser relembrado, ainda, que o princípio da necessidade também já constava expressamente na redação original do Código de Privacidade italiano[9], cuja previsão exige que os sistemas informativos e programas informáti-

---

5. Cf. ORWELL, George. *Nineteen Eighty-four*. Londres: Penguin/Martin Secker & Warburg, 2008.

6. Cf. KAFKA, Franz. *The Trial*. Definitive ed. New York: Schocken Classics, 1988.

7. Informações que a primeira vista podem parecer irrelevante, mas são atualmente registradas como *behavioral surplus*. São dados tais como quanto tempo o usuário passa digitando um tema, a quantidade de erros ortográficos que comete, se usa dispositivos móveis com pouca bateria. Na esteira do art. 5º, inciso I da LGDP, tais dados que parecem descartáveis em verdade compõem o conceito de dados pessoais, pois é um "dado relacionado à pessoa identificada ou identificável." Um estudo aprofundado e inaugurador sobre o tema capitalismo de vigilância criado a partir da experiência humana privada pode ser encontrado em ZUBOFF, Shoshana. *The Age of Surveillance Capitalism*: The Fight for a Human Future at the New Frontier of Power. PublicAffairs: New York, 2019, p. 102-103.

8. UNIÃO EUROPEIA. *Regulamento n.º 2016/679, de 27 de abril de 2016*. Regulamento Geral Sobre A Proteção de Dados. 2016. Disponível em: https://eur-lex.europa.eu/legal-content/PT/TXT/PDF/?uri=CELEX:32016R0679&from=PT. Acesso em: 18 fev. 2025.

9. "Art. 3. (Principio di necessita' nel trattamento dei dati) 1. I sistemi informativi e i programmi informatici sono configurati riducendo al minimo l'utilizzazione di dati personali e di dati identificativi, in modo da escluderne il trattamento quando le finalita' perseguite nei singoli casi possono essere realizzate mediante, rispettivamente, dati anonimi od opportune modalita' che permettano di identificare l'interessato solo in caso di necessita'. Dlgs 196/2003 – Codice in materia di protezione dei dati personali". Disponível em: https://www.camera.it/parlam/leggi/deleghe/Testi/03196dl.htm. Acesso em: 18 fev. 2025.

cos sejam configurados reduzindo ao mínimo a utilização dos dados pessoais e dos dados identificativos[10].

Portanto, a LGPD brasileira bem orientou-se ao elencar o princípio da necessidade tal como contido na previsão do artigo 6º, III. O princípio da transparência, por sua vez, pressupõe que informações referentes ao titular dos dados sejam concisas, de fácil compreensão[11].

No que diz respeito à transparência[12], emerge uma preocupação atrelada à dignidade humana como orientadora dos limites de tal abertura, propugnando-se a *minimização de dados* enquanto contrapartida do desiderato por transparência. Para melhor clarificar o paradoxo, constata-se, no âmbito de jurisdições que seguem uma normativa que precede à brasileira, que *accountability* e transparência podem alcançar, em última análise, invasão desmedida do titular dos dados tratados, afetando reputações sem que o mesmo possua equivalente capacidade de ingerência na matéria.

Assim, depreende-se do artigo ora sob estudo que a transparência diz respeito ao conhecimento que o titular deve obter em relação aos dados coletados para aferir reputação. Exemplificando, depara-se com o caso de modelos de negócios dependentes de dados pessoais – mais conhecidos como plataformas de economia de compartilhamento (*sharing economy*), nas quais a viabilidade do negócio depende de uma incursão exagerada no modelo de compartilhamento de consumo. Tais plataformas oferecem incentivos para que os usuários, sejam prestadores ou consumidores de serviços, forneçam um volume de informações além do que já está previsto nas trocas efetuadas na plataforma.

Portanto, para que o modelo seja "viável", extraem-se do usuário opiniões (*ratings*), imagens, percursos, comentários, fazendo com que a operação lucrativa não se encerre na troca de bens ou serviços, mas no contínuo coletar e avaliar o titular dos dados. A figura do *prosumer*, no sentido de um consumidor engajado em criar e consumir conteúdo, assume um caráter ativo, no sentido de participar das trocas, disponibilizando algo extremamente valioso: a sua própria identidade.[13]

---

10. BUCCHERI, Salvatore Massimo. Privacy e Web. In: MAGLIO, Marco; POLINI, Mirian; TILLI, Nicola (a cura di). *Manuale di Diritto alla Protezione dei Dati Personali*: La Privacy Dopo il Regolamento EU 2016/679. Milão: Maggiole Editore, 2017, p. 730: "Quando le finalità per cui i dati sono sottoposti a trattamento possono essere conseguite anche attraverso il trattamento di dati non associabili a un soggetto identificato, allora il titolare non sarà legittimato a elaborare dati eccedenti, tra cui sicuramente vanno fatti rientrare quelli relativi all'identificazione dell'interessato". A importância da ressalva se deve ao fato de os dados não pessoais escaparem ao escopo do Código de Privacidade Italiano.

11. No regulamento Europeu, dedica-se todo o artigo 12 a dar concretude ao princípio da transparência através de comandos específicos de como o princípio da transparência será atendido.

12. PIZZETTI, Franco. La Protezione dei dati personali e la sfida dell'Intelligenza Artificiale. In: PIZZETTI, Franco (Org.). *Intelligenza Artificiale, Protezione dei Dati Personali e Regolazione*. Turim: G. Giappichelli, 2018. p. 20-23

13. BROWN, Ian; MARSDEN, Christopher T. *Regulating code*: Good governance and better regulation in the information age. Cambridge: The MIT Press, 2013, p. 126.

Nessa linha, a transparência assume um proeminente papel perante o titular dos dados e a autoridade nacional, permitindo uma maior compreensão do trânsito de tais informações e reputações como valor em si. O risco de que o indivíduo seja excluído da oferta de serviços e bens com a escusa de uma má reputação é mitigado por meio de balizas a serem estabelecidas pela autoridade nacional, a exemplo da orientação no sentido da minimização de dados (*data minimization*), fazendo com que informações outras não pertinentes à execução do negócio façam parte do mesmo consentimento prestado como condição para uso do serviço. Incumbe às autoridades, no tema da LGPD, sobretudo à autoridade nacional, mitigar os efeitos dos custos marginais tendentes a zero no armazenamento de informações, criando um ecossistema digital sustentável, visando coibir a perda de liame entre o titular e a gestão dos seus dados.[14] Tal intuito alinha-se ao primado da ética digital (*digital ethics*), pelo qual os órgãos da União Europeia que monitoram o cumprimento do Regulamento Europeu, em sua dimensão valorativa, propugnam como pauta de orientação diante de uma produção normativa plural e sobretudo dependente de múltiplos *stakeholders* amalgamados entre o público e o privado em uma zona de indistinção. Superando-se a dicotomia entre a inviabilidade de legislar sobre tratamento de dados e um otimismo desprovido de evidência de que a agentes privados, promovendo *compliance*, são capazes de respeitar parâmetros mínimos de ética digital, ergue-se um edifício legislativo pautado na dimensão ética no tratamento de dados pessoais.

Contudo, tal dinâmica legislativa apresenta nuances próprias em relação às precedentes por ser indubitável a imprescindível presença dos agentes privados em tornar concreto o conteúdo legislativo, passando a autoridade nacional ou outros agentes públicos imbuídos do propósito em ver atendido o comando legislativo a depender de uma ação contundente por parte dos sujeitos que efetuam a coleta e o tratamento dos dados.

Pense-se apenas em ordens judiciais ou comandos provenientes da autoridade nacional na dependência da "colaboração" dos grandes *players* da *Big Tech* em atender aos comandos cujo descumprimento conduz a pouca ou nenhuma exequibilidade, senão a de índole financeira. Recentemente, um grande conglomerado de conteúdo adulto viu-se envolvido na controvérsia de retirar da sua plataforma vídeos que violavam previsões legislativas no combate à pedofilia e crimes de gênero, situação na qual, sem um extenso departamento interno de controle de conteúdo, o comando público dificilmente seria exequível[15].

---

14. Na opinião 04/2015 do *European Data Protection Supervisor* exalta-se a preocupação com a dignidade humana, resinificando os seres humanos para além da perspectiva mercadológica enquanto geradores de vantagens econômicas. Para acesso à integralidade do parecer conferir a opinião 04/2015 em: https://edps.europa.eu/sites/edp/files/publication/15-09-11_data_ethics_en.pdf. Acesso em: 18 fev. 2025.

15. Disponível em https://www.nytimes.com/2020/12/04/opinion/sunday/pornhub-rape-trafficking.html. Acesso em: 18 fev. 2025.

É dessa linha de compreensão que se desdobram os aspectos da "portabilidade, [do] livre acesso aos dados e segurança, assim como sobre o tempo de guarda dos registros", de que trata o presente artigo 40.

2. ASPECTOS TÉCNICOS DO DISPOSITIVO

Na dicção do art. 5º, inciso XIX, a autoridade nacional consiste no "órgão da administração pública responsável por zelar, implementar e fiscalizar o cumprimento desta Lei em todo o território nacional." Para conferir concretude estrutural à previsão legal da LGPD, o Decreto nº 10.074/2020 alocou a Autoridade Nacional de Proteção de Dados enquanto órgão da Presidência da República.

Na ausência de uma disciplina mais coesa acerca do que constitui o direito à portabilidade, na busca por oferecer parâmetros consistentes em como substancializar o direito à portabilidade, pertinente se mostra a comparação sobre em que consiste o direito à portabilidade perante o regulamento Europeu, oferecendo-se as seguintes linhas de orientação constantes do art. 20 do RGPD[16]. O interessado, que no Brasil assume a posição de titular, na definição legal, possui o direito de receber, em formato estruturado, de uso comum e legível, em dispositivo automático, os dados pessoais que lhe dizem respeito, fornecidos pelo controlador/operador, possuindo, ainda, o direito de transmitir tais dados para outro controlador, sem maiores obstáculos por parte do controlador, sempre baseando-se na noção de consenso. Assim, o titular dos dados deve recebê-los não em linguagem computacional, criptografada e, portanto, incompreensível aos leigos, mas de maneira que possa conhecer tais informações, ante o princípio da transparência, regente da LGPD.

O amálgama do direito à privacidade, de cunho personalíssimo, e o direito à propriedade intelectual, em seu caráter patrimonial, exigem que o consenso não tenha o condão de exaurir a titularidade dos dados pessoais disponibilizados ao controlador/operador de tais dados. O consenso sincrônico permite que o titular dos dados esteja apto a decidir o destino que será dado aos mesmos. É um poder de

---

16. GDPR Article 20: "Right to data portability: 1. The data subject shall have the right to receive the personal data concerning him or her, which he or she has provided to a controller, in a structured, commonly used and machine-readable format and have the right to transmit those data to another controller without hindrance from the controller to which the personal data have been provided, where: (a) the processing is based on consent pursuant to point (a) of Article 6(1) or point (a) of Article 9(2) or on a contract pursuant to point (b) of Article 6(1); and (b) the processing is carried out by automated means. 2. In exercising his or her right to data portability pursuant to paragraph 1, the data subject shall have the right to have the personal data transmitted directly from one controller to another, where technically feasible. 3. The exercise of the right referred to in paragraph 1 of this Article shall be without prejudice to Article 17. That right shall not apply to processing necessary for the performance of a task carried out in the public interest or in the exercise of official authority vested in the controller. 4. The right referred to in paragraph 1 shall not adversely affect the rights and freedoms of others." UNIÃO EUROPEIA. *Regulamento n.º 2016/679, de 27 de abril de 2016.* Regulamento Geral Sobre A Proteção de Dados. 2016. Disponível em: https://eur-lex.europa.eu/legal-content/PT/TXT/PDF/?uri=CELEX:32016R0679&from=PT. Acesso em: 18 fev. 2025.

disposição[17], tal qual o atributo da propriedade. Para alcançar o que a lei denomina de "padrão de interoperabilidade", protocolos denominados *Application Programming Interfaces*" (APIs)[18] definirão a modalidade por meio da qual plataformas e softwares interagirão para a consolidação de faculdades conferidas pela Autoridade Nacional de Proteção de Dados para proporcionar adequados níveis de interação a diversos controladores e operadores de dados pessoais.

Por sua vez, o aspecto da interoperabilidade diz respeito ao formato dos dados em poder do controlador/operador. Em síntese, os esforços devem confluir no sentido de propiciar uma linguagem padrão, *standard*, como solução que favoreça o caráter intercambiável, reutilizável e operativo dos dados pessoais, evitando, assim, o efeito *lock-in*[19]. Se acaso fosse possível codificar os dados pessoais de modo tal a torná-los incompreensíveis e intransmissíveis, o efeito resultante seria a impossibilidade de comunicar e transferir esses dados em cadeias sucessivas, transformando o titular de dados pessoais em "prisioneiro" de um determinado controlador.

---

17. O *Califórnia Consumer Privacy Act* de 2018 adotou uma direção distinta do regulamento europeu, ao prever que o consumidor possui o direito de *opt-out* quando for advertido que a empresa negocia os dados pessoais do consumidor com partes terceiras. Tal previsão possui extrema relevância, especialmente diante da ambiguidade do consentimento acerca das finalidades de tratamento de dados. Apesar da previsão LGPD que o consentimento pressupõe uma manifestação para atendimento de finalidade determinada, o texto confere margem à interpretações. O art. 8º da LGPD inclusive fulmina de nulidade a concessão de autorizações genéricas, assim prevendo: "§ 4º O consentimento deverá referir-se a finalidades determinadas, e as autorizações genéricas para o tratamento de dados pessoais serão nulas". Porém a celeuma persiste, pois em ambientes virtuais todo o processo é condensado numa caixa de "aceito", sujeitando o titular dos dados a escolha entre manter a integridades dos dados pessoais e não utilizar o serviço que lhe é oferecido ou simplesmente fazer uso do ambiente virtual e buscar ressarcir os danos que advierem da violação da lei por parte do controlador/operador. Conferir TITLE 1.81.5. California Consumer Privacy Act of 2018 [1798.100 – 1798.199]. Disponível em http://leginfo.legislature.ca.gov/faces/codes_displayText.xhtml?division=3.&part=4.&lawCode=CIV&title=1.81.5. Acesso em: 18 fev. 2025.

18. Acerca do significado de API, que na tradução literal são aplicações de interfaces de programa, no caso perante o sistema Europeu conferir BORGOGNO, Oscar. Regimi di condivisione dei dati ed interoperabilità: il ruolo e la disciplina delle API. *Diritto dell'Informazione e dell'Informatica*, [S.l], p. 689-710, 2019. "In tale contesto, le Application Programming Interfaces (APIs), ovvero insiemi di protocolli capaci di definire le modalità mediante cui diversi software comunicano e interagiscono, si stanno affermando come uno strumento tecnico essenziale al libero scorrimento di flussi informativi tra operatori ed istituzioni pubbliche. Permettendo forme di accesso sicure ed automatizzate ai dati detenuti da un'impresa terza, le API si stanno rivelando essenziali per instaurare adeguati livelli di interazione tra soggetti diversi, facilitando lo scambio di flussi di dati. Nonostante il chiaro potenziale pro-competitivo insito nelle API, non si registra, tuttavia, un consenso unanime tra gli operatori privati circa l'adozione e la definizione standardizzata o meno di tali strumenti. Per tale ragione, le istituzioni dell'Unione Europea sono intervenute a più riprese per incoraggiare imprese ed operatori nel Mercato Interno ad adottare API aperte, omogenee e ben documentate in modo sistematico."

19. BIANCHI, Lorella. Il Diritto alla Portabilità dei Dati. In: PANETTA, Rocco (a cura di). Circolazione e Protezione dei Dati Personali. Tra Libertà e Regole del Mercato. Commentario al Regolamento EU n. 2016/679 (GDPR) e al novellato d.lgs. n. 196/2003 (Codice Privacy). Prefazione di Augusta Ianinni. Introduzione di Guido Alpa. Scritti in memoria di Stefano Rodotà. Milão: Giuffrè, 2019, 223-260. Acerca do efeito lock in conferir p. 235: "Se in effetti, in caso di trasmissione dei dati a un altro titolare, fosse rimesso in via esclusiva al mittente stabilire il formato da utilizzare, la conseguenza sarebbe un lock in nascosto, in quanto il donor avrebbe gioco facile nel predisporre modalità di trasmissione di fatto non fruibili; allo stesso modo, anche una cattiva interpretazione dell'espressione <<di uso comune>> lascerebbe i monopoli impregiudicati."

João Victor Rozatti Longhi

Seção II
Do Encarregado pelo Tratamento de Dados Pessoais

Art. 41. O controlador deverá indicar encarregado pelo tratamento de dados pessoais.

§ 1º A identidade e as informações de contato do encarregado deverão ser divulgadas publicamente, de forma clara e objetiva, preferencialmente no sítio eletrônico do controlador.

§ 2º As atividades do encarregado consistem em:

I – aceitar reclamações e comunicações dos titulares, prestar esclarecimentos e adotar providências;

II – receber comunicações da autoridade nacional e adotar providências;

III – orientar os funcionários e os contratados da entidade a respeito das práticas a serem tomadas em relação à proteção de dados pessoais; e

IV – executar as demais atribuições determinadas pelo controlador ou estabelecidas em normas complementares.

§ 3º A autoridade nacional poderá estabelecer normas complementares sobre a definição e as atribuições do encarregado, inclusive hipóteses de dispensa da necessidade de sua indicação, conforme a natureza e o porte da entidade ou o volume de operações de tratamento de dados.

§ 4º (Vetado). (Incluído pela Lei 13.853, de 2019)

O encarregado de dados é uma das principais figuras do sistema brasileiro de proteção de dados pessoais. A própria lei o define como "pessoa indicada pelo controlador e operador para atuar como canal de comunicação entre o controlador, os titulares dos dados e a Autoridade Nacional de Proteção de Dados" (art. 5º, VIII, LGPD).

Conforme leciona Patrícia Peck Pinheiro, busca-se, com a determinação do art. 41, "garantir que as informações fiquem centralizadas e que o controlador se certifique de que a aplicação das normas receberá efetiva validação. Esse encarregado deve ser pessoa natural, mas pode ser uma pessoa contratada de equipe própria ou terceirizada."[1] Ainda sobre o tema, Renata Capriolli Zocatelli Queiroz anota que

---

1. PINHEIRO, Patrícia Peck. *Proteção de dados pessoais*: comentários à Lei n. 13.709/18 (LGPD). São Paulo: Saraiva, 2018, p. 99.

"ao utilizar o termo pessoa, o legislador possibilita que a função seja exercida por pessoa natural ou pessoa jurídica"[2].

O § 1º do artigo 41 da LGPD estabelece, com clareza normativa, a obrigação de publicidade das informações relativas ao encarregado pelo tratamento de dados pessoais, exigência que se reveste de essencialidade à concretização do princípio da transparência, previsto no artigo 6º, VI, da mesma Lei. A disposição impõe que a identidade e os meios de contato do encarregado sejam divulgados de modo claro, acessível e desprovido de ambiguidade, preferencialmente por intermédio do sítio eletrônico institucional do controlador. Essa visibilidade objetiva facilitar o exercício dos direitos dos titulares, promovendo um canal de interlocução direto, eficaz e confiável entre o indivíduo e o agente de tratamento. A falta de divulgação ou a adoção de meios obscuros pode ser interpretada como omissão culposa na estruturação da governança de dados, sujeitando o controlador às sanções administrativas previstas na LGPD.

No § 2º do mesmo artigo, delineiam-se, de forma exemplificativa, as atribuições materiais do encarregado, evidenciando seu papel como figura transversal no arcabouço institucional da proteção de dados. A primeira atribuição consiste na aceitação de reclamações e comunicações dos titulares, bem como na prestação de esclarecimentos e adoção das providências pertinentes. Tal incumbência transforma o encarregado em verdadeiro ponto de escuta ativa e resolutiva, incumbido de receber demandas individuais, esclarecer dúvidas quanto aos direitos previstos na LGPD e promover medidas corretivas ou preventivas, sempre com a finalidade de assegurar a tutela plena dos dados pessoais.

O segundo inciso do § 2º atribui ao encarregado a função de receber comunicações oriundas da Autoridade Nacional de Proteção de Dados (ANPD) e adotar as providências cabíveis. Trata-se de uma atribuição que transcende a mera intermediação passiva e exige do encarregado aptidão técnica e organizacional para traduzir os comandos administrativos e regulatórios emanados da ANPD em ações concretas no plano interno da organização. A atuação eficiente nessa seara revela não apenas conformidade formal, mas uma postura colaborativa e proativa do agente de tratamento com a governança pública da privacidade e da proteção de dados no Brasil.

Por fim, os incisos III e IV consolidam o caráter pedagógico e organizacional do encarregado, impondo-lhe o dever de orientar os colaboradores e contratados quanto às melhores práticas de proteção de dados, bem como de cumprir outras atribuições definidas pelo controlador ou por normas complementares. A atividade de orientação interna do encarregado é essencial para assegurar o alinhamento entre as operações cotidianas e os princípios da LGPD, promovendo uma cultura organizacional de respeito à privacidade. Ademais, a cláusula aberta do inciso IV permite

---

2. QUEIROZ, Renata Capriolli Zocatelli. *Encarregado de proteção de dados pessoais – DPO*: regulamentação e responsabilidade civil. São Paulo: Quartier Latin, 2022, p. 77.

a evolução funcional do cargo, ajustando-se às exigências normativas futuras ou às especificidades de cada estrutura institucional, sem descaracterizar a centralidade do encarregado como eixo estruturante da conformidade regulatória e da responsabilização dos agentes de tratamento.

Em uma leitura menos detida, a figura do encarregado, no Brasil, se assemelha ao que é conhecido no Regulamento Geral sobre a Proteção de Dados da União Europeia (RGPD) – paradigma da legislação brasileira – por *Data Protection Officer*, ou apenas DPO.

Destaca-se no regulamento europeu, em primeiro lugar, o artigo 27º, que determina, em linhas gerais, que é necessário ao responsável pelo tratamento ou ao subcontratante que seja designado, por escrito, um representante seu na União Europeia quando o controlador ou representante não estiverem estabelecidos dentro da União.

Por seu turno, os artigos 37 a 39 do RGPD tratam propriamente da figura do encarregado de dados (DPO), cuja leitura revela se tratar de "mais um serviço do que da atividade de uma única pessoa."[3]

Nos termos do art. 37 do RGPD, enumeram-se as hipóteses em que é obrigatória a designação do encarregado da proteção de dados. Desde 25 de maio de 2018, a nomeação de DPO (*Data Protection Officer*) é obrigatória para empresas e entidades que são enumeradas no dispositivo legal. Nesse sentido, ao analisar o dispositivo, Cíntia Rosa Pereira de Lima sintetiza que é obrigatória sua designação quando: a) o tratamento for efetuado por uma autoridade ou um organismo público, excetuando os tribunais no exercício da sua função jurisdicional; b) as atividades principais do responsável pelo tratamento ou do subcontratante consistirem em operações de tratamento que, devido à sua natureza, âmbito e/ou finalidade, exijam um controle regular e sistemático dos titulares dos dados em grande escala; ou c) as atividades principais do responsável pelo tratamento ou do subcontratante consistirem em operações de tratamento em grande escala.[4]

Ademais, o mesmo dispositivo abre margem à possibilidade de que grupos empresariais ou várias entidades ou órgãos públicos indiquem, coletivamente, um único encarregado, ao mesmo passo que "o encarregado da proteção de dados pode ser um elemento do pessoal da entidade responsável pelo tratamento ou do subcontratante, ou exercer as suas funções com base num contrato de prestação de serviços (art. 37º, 6)", sendo o elo entre as autoridades de controle.

---

3. PINHEIRO, Patrícia Peck. *Proteção de dados pessoais*: comentários à Lei n. 13.709/18 (LGPD). São Paulo: Saraiva, 2018, p. 99.

4. LIMA, Cintia Rosa Pereira de; RAMIRO, Lívia Froner Moreno. Direitos do titular dos dados pessoais. In: LIMA, Cíntia Rosa Pereira de (Coord.). *Comentários à lei geral de proteção de dados*: Lei 13.709/2018. São Paulo: Almedina, 2020, p. 269.

O art. 39° do RGPD, por sua vez, detalha as funções do encarregado da proteção de dados[5]: a) informar e aconselhar o responsável pelo tratamento ou o subcontratante, bem como os trabalhadores que tratem os dados, a respeito das suas obrigações nos termos do regulamento e de outras disposições de proteção de dados da União ou dos Estados-Membros; b) controlar a conformidade com o regulamento, com outras disposições de proteção de dados da União ou dos Estados-Membros e com as políticas do responsável pelo tratamento ou do subcontratante relativas à proteção de dados pessoais, incluindo a repartição de responsabilidades, a sensibilização e formação do pessoal implicado nas operações de tratamento de dados, e as auditorias correspondentes; c) prestar aconselhamento, quando tal lhe for solicitado, no que respeita à avaliação de impacto sobre a proteção de dados e controlar a sua realização, nos termos do artigo 35°; d) cooperar com a autoridade de controle; e) ser o ponto de contato para a autoridade de controle sobre questões relacionadas com o tratamento, incluindo a consulta prévia a que se refere o artigo 36°, e consultar, sendo caso disso, esta autoridade sobre qualquer outro assunto.

A amplitude das atribuições previstas no artigo 39° do Regulamento Geral sobre a Proteção de Dados (RGPD) evidencia que o encarregado de proteção de dados, ou *Data Protection Officer* (DPO), não desempenha apenas uma função consultiva ou simbólica, mas exerce papel técnico-estratégico na governança da proteção de dados dentro das organizações. Sua atuação exige independência funcional e acesso direto aos níveis mais elevados de decisão da entidade, assegurando que as práticas de conformidade com o RGPD não se reduzam a formalidades burocráticas, mas se incorporem ao processo decisório institucional. Além disso, ao ser incumbido de controlar a conformidade e fomentar a cultura de privacidade por meio de treinamentos e auditorias, o DPO atua como vetor de *accountability*, contribuindo para a minimização de riscos jurídicos e reputacionais. Sua função de intermediação com a autoridade de controle, inclusive para efeitos de consulta prévia, reforça ainda mais seu papel como elo de confiança entre os agentes de tratamento e o sistema europeu de proteção de dados, sendo, portanto, figura central para a implementação de uma política de privacidade eficaz, legítima e transparente.

Finalmente, destaca-se que o item 2 do mesmo dispositivo, em suma, leva em consideração que "no desempenho das suas funções, o encarregado da proteção de dados tem em devida consideração os riscos associados às operações de tratamento, tendo em conta a natureza, o âmbito, o contexto e as finalidades do tratamento".

---

5. Segundo Renata Capriolli Zocatelli Queiroz: "Cabe ao encarregado receber as reclamações e as comunicações dos titulares e a eles prestar esclarecimentos, adotando providências, conforme o art. 41, §2°, I. (...) Se esse profissional é o canal de comunicação da empresa com o titular, além dos conhecimentos técnicos e práticos relacionados à lei e ao negócio da empresa, é aconselhável ter um perfil conciliador. Essa característica contribui para o exercício da função, em especial, nos momentos de enfrentamento de reclamações dos titulares, podendo, inclusive, ser definitivo para evitar rescisão contratual e/ou ajuizamento de demanda judicial". QUEIROZ, Renata Capriolli Zocatelli. *Encarregado de proteção de dados pessoais – DPO*: regulamentação e responsabilidade civil. São Paulo: Quartier Latin, 2022, p. 79.

A regra de proporcionalidade entre o risco assumido pelo encarregado e os elementos de sua atividade se assemelha à regra do art. 41, § 2º, da LGPD brasileira, dirigindo o comando inclusive à Autoridade Nacional de Proteção de Dados, que reproduz o dispositivo ao asseverar que incumbe ao órgão "estabelecer normas complementares sobre a definição e as atribuições do encarregado pelo tratamento de dados pessoais, inclusive nas hipóteses de dispensa da necessidade de sua indicação, conforme a natureza e o porte da entidade ou o volume de operações de tratamento de dados" (art. 4º, VIII, alínea "b", do Decreto Federal 10.474/2020).

O artigo 38º do Regulamento Europeu trata da posição do encarregado da proteção de dados. Determina-se, inicialmente, que o responsável pelo tratamento e o subcontratante devem assegurar que o encarregado da proteção de dados seja envolvido, de forma adequada e em tempo útil, em todas as questões relacionadas com a proteção de dados pessoais, assumindo as seguintes atribuições:

(1) Apoiar o encarregado da proteção de dados no exercício das funções, fornecendo-lhe os recursos necessários ao desempenho dessas funções e à manutenção dos seus conhecimentos, bem como dar-lhe acesso aos dados pessoais e às operações de tratamento;

(2) Assegurar que da proteção de dados não recebe instruções relativamente ao exercício das suas funções, sendo vedado que o encarregado seja destituído ou penalizado pelo fato de exercer as suas funções, reportando-se diretamente à direção ou ao mais alto nível do responsável ou subcontratante;

(3) e, finalmente, devem assegurar que essas funções e atribuições não resultam num conflito de interesses.

Ademais, o mesmo dispositivo determina que a posição do encarregado é a de propiciar às pessoas titulares dos dados meios para contatá-lo sobre todas as questões relacionadas com o tratamento dos seus dados pessoais e com o exercício dos direitos que lhe são conferidos pelo RGPD (item 4), além do que está vinculado à obrigação de sigilo ou de confidencialidade no exercício das suas funções (5), podendo exercer outras funções e atribuições.

Finalmente, salienta-se, *passim*, que se menciona o encarregado no RGPD em várias situações, tais como a obrigatoriedade de se prover o contato do encarregado sempre que dados pessoais não forem recolhidos junto ao titular (Art. 14º, 1. b) e a faculdade, quando forem recolhidos junto ao titular (Art. 13º, 1. b). Igualmente, que o artigo 33 do RGPD esmiúça o procedimento de notificação à Autoridade Nacional pela violação de dados pessoais, devendo sempre conter meio de contato ao encarregado (Art. 33º, 3. b)[6] ou quando se

---

6. Artigo 33º. Notificação de uma violação de dados pessoais à autoridade de controlo. 1. Em caso de violação de dados pessoais, o responsável pelo tratamento notifica desse facto a autoridade de controlo competente nos termos do artigo 55º, sem demora injustificada e, sempre que possível, até 72 horas após ter tido conhecimento da mesma, a menos que a violação dos dados pessoais não seja suscetível de resultar num

determina que o responsável pelo tratamento automatizado de dados solicite parecer do encarregado de dados acerca dos riscos envolvidos para a produção de relatório (art. 35º, 2.), situação semelhante à Consulta Prévia à Autoridade sobre os riscos das operações mencionadas ao art. 35, da qual deverão constar os dados do encarregado (Art. 36, 3. d),[7] dentre outras situações como as regras vinculantes às empresas do art. 47º.

Conforme salientado, a figura do encarregado brasileiro poderia ser análoga à do *DPO* europeu. Entretanto, Cíntia Rosa Pereira de Lima é taxativa ao asseverar que o encarregado, conforme designado na Lei Geral de Proteção de Dados Pessoais brasileira, não é o DPO do RGPD, especialmente pela inegável complexidade de regras que hoje constam do Regulamento europeu a respeito do encarregado, situação diferente da brasileira. Narra a autora, entretanto, que o que poderá vir a acontecer é que a Autoridade Nacional brasileira venha a transformar o encarregado de dados na figura do *DPO* nos termos e critérios do art. 41, §3º, LGPD.[8]

A lei brasileira é incipiente e, até o presente momento, o que se pode concluir, com segurança, é que não há grande detalhamento das funções do encarregado de dados no Brasil se comparado com a Europa. A LGPD é de fato mais suscinta quanto aos deveres e atividades do encarregado no art. 41, que, essencialmente, trata da transparência quanto à identidade e informações de contato do encarregado, determinando ao controlador que as divulgue publicamente, de forma clara e objetiva, preferencialmente em seu sítio eletrônico (§1º), ao mesmo passo que enumera não exaustivamente as atividades do encarregado, que, em síntese, são: receber petições de titulares de dados pessoais, prestando-lhe as devidas informações e adotando providências; receber comunicações da ANPD e adotar providências; promover a orientação de colaboradores a respeito das práticas em relação à proteção de dados pessoais; e executar as demais atribuições determinadas pelo controlador ou estabelecidas em normas complementares, as quais se espera sejam especialmente detalhadas pela autoridade nacional.

---

risco para os direitos e liberdades das pessoas singulares. Se a notificação à autoridade de controlo não for transmitida no prazo de 72 horas, é acompanhada dos motivos do atraso. [...] 3. A notificação referida no nº 1 deve, pelo menos: [...] b) Comunicar o nome e os contactos do encarregado da proteção de dados ou de outro ponto de contacto onde possam ser obtidas mais informações.

7. Artigo 36º. Consulta prévia. 1. O responsável pelo tratamento consulta a autoridade de controlo antes de proceder ao tratamento quando a avaliação de impacto sobre a proteção de dados nos termos do artigo 35.º indicar que o tratamento resultaria num elevado risco na ausência das medidas tomadas pelo responsável pelo tratamento para atenuar o risco. [...]. 3. Quando consultar a autoridade de controlo nos termos do n. 1, o responsável pelo tratamento comunica-lhe os seguintes elementos: [...] d) Se for aplicável, os contactos do encarregado da proteção de dados.

8. LIMA, Cíntia Rosa Pereira de. Agentes de tratamento de dados pessoais (controlador, operador e encarregado pelo tratamento de dados pessoais). In: LIMA, Cíntia Rosa Pereira de (Coord.). *Comentários à lei geral de proteção de dados*: Lei 13.709/2018. São Paulo: Almedina, 2020, p. 293.

Certo é que a figura do encarregado de dados veio para ser obrigatória para agentes e controladores privados e oriundos do Poder Público.[9] A exigência de sua indicação consta, aliás, do artigo 23, inciso III, da LGPD[10] e, segundo a doutrina, discussões também foram inauguradas quanto a figuras peculiares que interagem com o Estado, a exemplo de Organizações Sociais, Organizações da Sociedade Civil de Interesse Público e o Terceiro Setor:

> Desse modo, a importante figura do encarregado de proteção de dados pessoais passará a existir em mais entes da estrutura administrativa, desempenhando papel crucial na interlocução, também, com contratados, conveniados e parceiros, o que atinge diretamente o Sistema S, as OSs e OSCIPs, que, dada a natureza privada que ostentam, despertam a seguinte dúvida: precisam também essas figuras, desde já, indicar seus respectivos encarregados de dados?[11]

Não obstante, o manejo de dados é um tema que tem sempre maior apelo junto ao setor privado, especialmente pela multiplicidade do modelo de negócios envolvendo este recente ativo empresarial, isso porque o poder público tradicionalmente gravita sob princípios próprios no concernente ao manejo de dados.

Dada a relação maior com a autonomia privada, o que se tem no âmbito particular é a sugestão do recurso a práticas de *compliance* de dados, com destaque ao vetor ético da boa-fé, o qual, em suma, denota a mitigação dos riscos quando há uma cultura institucional, havendo questionamentos acerca da criação dos chamados *Compliance Officers* que eventualmente exerçam a função de encarregado ao mesmo passo que zelem pelo adequado cumprimento das regras da LGPD dentro das instituições.[12]

Por seu turno, no setor público o que se tem até o presente momento é uma relativa produção normativa infralegal de instituições públicas indicando como DPOs servidores ou membros das instituições respectivas e enumerando atribuições que procuram espelhar a LGPD sem que haja, no presente momento, maior detalhamento normativo à míngua de maiores diretrizes da ANPD. O que se pode

---

9. ALVES, Fabrício da Mota. Estruturação do cargo de DPO em entes públicos. *In:* BLUM, Renato Opice; VAINZOF, Rony; MORAES, Henrique Fabretti (Coord.). *Data Protection Officer (encarregado):* teoria e prática de acordo com a LGPD e o GDPR. São Paulo: Thomson Reuters Brasil, 2020, p. 528. Anota: "(...) diferentemente do que ocorre quando o agente de tratamento é pessoa jurídica de direito privado ou, ainda, pessoa natural, a LGPD estabelece um conjunto de condições – em particular, a indicação do encarregado – para o tratamento de dados pessoais pela União, Estados, Distrito Federal e Municípios, inclusive as entidades que compõem a administração pública indireta, de todos os Poderes republicanos."

10. Ver os comentários ao referido dispositivo.

11. EHRHARDT JÚNIOR, Marcos; FALEIROS JÚNIOR, José Luiz de Moura. Reflexões sobre os impactos da Lei Geral de Proteção de Dados Pessoais para o Sistema S, Organizações Sociais e OSCIPs: compartilhamento de dados, governança e a exigência do encarregado. In: PIRONTI, Rodrigo (Coord.). *Lei Geral de Proteção de Dados no setor público.* Belo Horizonte: Fórum, 2021, p. 328.

12. Na Bélgica, uma multa foi aplicada a uma empresa que indicou seu próprio *Compliance Officer* como DPO, cf. CHAVES, Luís Fernando Prado. Bélgica: Empresa é multada por ter nomeado head de compliance, auditoria e riscos como DPO. *Migalhas de Peso*, 04 jun. 2020. Disponível em: https://s.migalhas.com.br/S/BC9333. Acesso em: 18 fev. 2025.

ao menos destacar é que é obrigatória a indicação, pelo Poder Público, do encarregado de dados quando houver tratamento de dados, nos termos do art. 39 da Lei (a do citado art. 23, III, da LGPD), lembrando sempre que os relatórios de impacto à proteção de dados deverão ser solicitados pela ANPD aos que se encontram na exceção à proteção legal (art. 4º, inciso III, c/c o §3º, LGPD).

De outro lado, o Guia Orientativo sobre Segurança da Informação para Agentes de Tratamento de Pequeno Porte, publicado pela ANPD em outubro de 2021, indica que, para esse segmento específico de agentes econômicos, a exigência do encarregado pode ser flexibilizada. De fato, conforme disposto na Resolução CD/ANPD nº 2/2022, agentes de tratamento de pequeno porte estão dispensados da obrigação de nomear um DPO formalmente, embora devam disponibilizar um canal de comunicação com os titulares[13]. Essa flexibilização leva em consideração as limitações operacionais e financeiras desses agentes, ao passo que ainda preserva a finalidade essencial do artigo 41: assegurar transparência e acessibilidade no relacionamento com os titulares.

Ainda assim, mesmo com a dispensa formal, o Guia recomenda que os agentes de tratamento de pequeno porte avaliem, conforme sua estrutura e atividade, a adoção voluntária da figura do encarregado ou a designação informal de pessoa responsável pelas atividades ligadas à proteção de dados. Essa recomendação se dá porque a existência de um ponto focal qualificado para orientar práticas internas, responder a titulares e cooperar com a ANPD fortalece a governança de dados da organização, reduz riscos e transmite confiança ao público. Além disso, a existência de um profissional ou setor dedicado pode facilitar a adoção de medidas preventivas e o correto manejo de incidentes de segurança.

Por fim, é importante destacar que, mesmo quando não nomeado formalmente, o exercício das funções previstas nos incisos do artigo 41, § 2º da LGPD – como aceitar reclamações, prestar esclarecimentos, adotar providências, orientar funcionários e executar boas práticas – não desaparece. A omissão nesse sentido poderá ser interpretada como falha de governança informacional, especialmente se resultar em tratamento inadequado de dados pessoais. Nesse cenário, a adoção de medidas mínimas de conformidade, como treinamentos, elaboração de políticas internas e definição de responsáveis operacionais, revela-se não apenas prudente, mas estratégica para agentes de tratamento de pequeno porte que desejem se proteger de sanções e reforçar sua imagem institucional.

De se destacar, acerca do tema, a aprovação, por ocasião da IX Jornada de Direito Civil, em 2022, do Enunciado 680: "A Lei Geral de Proteção de Dados Pessoais

---

13. BRASIL. Autoridade Nacional de Proteção de Dados. *Resolução CD/ANPD 2, de 27 de janeiro de 2022*. Aprova o Regulamento de aplicação da Lei 13.709, de 14 de agosto de 2018, Lei Geral de Proteção de Dados Pessoais (LGPD), para agentes de tratamento de pequeno porte. Brasília, 28 de janeiro de 2022. Disponível em: https://www.in.gov.br/en/web/dou/-/resolucao-cd/anpd-n-2-de-27-de-janeiro-de-2022-376562019. Acesso em: 18 fev. 2025.

não exclui a possibilidade de nomeação pelo controlador de pessoa jurídica, ente despersonalizado, ou de mais de uma pessoa natural para o exercício da função de encarregado pelo tratamento de dados pessoais".[14]

Assim, resta a esperança de que aos poucos a multiplicidade das figuras dos encarregados contribua para o fortalecimento da cultura de proteção dos dados pessoais no Brasil.

---

14. Com efeito, eis a justificativa apresentada no momento da apresentação da proposta de enunciado: "Dispõe a LGPD, em seu art. 41: "O controlador deverá indicar encarregado pelo tratamento de dados pessoais." Com efeito, o Encarregado pelo Tratamento de Dados Pessoais é definido no art. 5º, VIII, da LGPD: "VIII – encarregado: pessoa indicada pelo controlador e operador para atuar como canal de comunicação entre o controlador, os titulares dos dados e a Autoridade Nacional de Proteção de Dados (ANPD);" Apesar do conceito legal, não há vedação expressa a outros arranjos institucionais, tanto na administração pública quando em organizações privadas, de que o encarregado de dados seja um órgão interno da instituição ou que haja mais de um encarregado de dados, especialmente em instituições de grande porte, onde uma pessoa não terá condições para o exercício do cargo. Assim, como exemplos, o Tribunal de Justiça de São Paulo que, em atenção ao disposto no art. 23, inciso I, da Lei 13.709/2018, institui a Portaria 9.912/2020, que normatiza o órgão Encarregado pelo Tratamento de Dados Pessoais do Poder Judiciário do Estado de São Paulo, designando magistrados e servidores para integrarem o órgão Encarregado, assim como o Gabinete e o Comitê de Apoio (Portaria 9.913/2020). Igualmente, a Prefeitura do Município de Porto Alegre, que institui o Comitê Gestor de Proteção de Dados (CGPD), colegiado que deverá estabelecer na administração municipal as diretrizes e procedimentos de conformidade à LGPD (Decreto n. 20.777). Entretanto, a suposta lacuna da lei dá azo a interpretações mais restritivas, razão pela qual se propõe este enunciado". Disponível em: https://www.cjf.jus.br/cjf/corregedoria-da-justica-federal/centro-de-estudos-judiciarios-1/publicacoes-1/jornadas-cej/enunciados-aprovados-2022-vf.pdf. Acesso em: 18 fev. 2025.

Marcos Ehrhardt Júnior

SEÇÃO III
DA RESPONSABILIDADE E DO RESSARCIMENTO DE DANOS

Art. 42. O controlador ou o operador que, em razão do exercício de atividade de tratamento de dados pessoais, causar a outrem dano patrimonial, moral, individual ou coletivo, em violação à legislação de proteção de dados pessoais, é obrigado a repará-lo.

§ 1º A fim de assegurar a efetiva indenização ao titular dos dados:

I – o operador responde solidariamente pelos danos causados pelo tratamento quando descumprir as obrigações da legislação de proteção de dados ou quando não tiver seguido as instruções lícitas do controlador, hipótese em que o operador equipara-se ao controlador, salvo nos casos de exclusão previstos no art. 43 desta Lei;

II – os controladores que estiverem diretamente envolvidos no tratamento do qual decorreram danos ao titular dos dados respondem solidariamente, salvo nos casos de exclusão previstos no art. 43 desta Lei.

§ 2º O juiz, no processo civil, poderá inverter o ônus da prova a favor do titular dos dados quando, a seu juízo, for verossímil a alegação, houver hipossuficiência para fins de produção de prova ou quando a produção de prova pelo titular resultar-lhe excessivamente onerosa.

§ 3º As ações de reparação por danos coletivos que tenham por objeto a responsabilização nos termos do *caput* deste artigo podem ser exercidas coletivamente em juízo, observado o disposto na legislação pertinente.

§ 4º Aquele que reparar o dano ao titular tem direito de regresso contra os demais responsáveis, na medida de sua participação no evento danoso.

CLÁUSULA GERAL DE IMPUTAÇÃO DE RESPONSABILIDADE CIVIL AOS AGENTES DE TRATAMENTO DE DADOS NA LGPD

O disposto no *caput* do art. 42 enseja verdadeira cláusula geral de imputação de responsabilidade civil aos agentes de tratamento (controlador e operador), sem, contudo, fazer referência expressa ao modelo de responsabilidade civil adotado pela LGPD; especificamente no que se refere à (des)necessidade de a vítima demonstrar a ocorrência de conduta (ação ou omissão) voluntária (dolo ou culpa) do ofensor, apta à configuração de ato ilícito. Evidente que o elemento *conduta* precisa ser considerado juntamente com os demais pressupostos do dever de indenizar, a saber (i) *nexo causal* (relação de causa e consequência demonstrada no caso concreto) e

(ii) *dano*, quer seja de natureza extrapatrimonial ou patrimonial, para se assegurar uma justa reparação à vítima. Ainda persiste na doutrina pátria controverso debate acerca da necessidade de se fundamentar na culpa *lato sensu* a responsabilidade dos agentes de tratamento, conforme será apresentado nos comentários aos próximos artigos. Como anotam Carlos Nelson Konder e Marco Antônio e Almeida Lima, "ao contrário de boa parte dos artigos sobre responsabilidade civil presentes no nosso ordenamento, da leitura do art. 42 da LGPD não se verifica nenhum tipo de indicação expressa por parte do legislador sobre se a responsabilidade deve ser subjetiva, nem mesmo objetiva"[1].

A existência de uma seção específica para a disciplina da responsabilidade civil e ressarcimento de danos no âmbito da LGPD não pode causar a tentação de interpretar tais dispositivos dissociados da perspectiva constitucional sobre a reparação integral dos prejuízos sofridos pela vítima, tampouco desconsiderar o necessário diálogo com outras fontes normativas, em especial o sistema de proteção ao consumidor, por força no disposto no art. 45, que será objeto de comentários específicos.

REPARAÇÃO INTEGRAL DO DANO E FUNÇÕES DA RESPONSABILIDADE CIVIL PELO TRATAMENTO DE DADOS PESSOAIS

O § 1º do art. 42, ao destacar a *efetiva indenização do dano*, acha-se consentâneo com a clássica função reparatória da responsabilidade civil, que consagra a obrigação de indenizar qualquer dano injustamente causado com vistas à recomposição do equilíbrio desfeito ou alterado pelo dano[2]. Atualmente, sustenta-se que a atenção da responsabilidade civil deve voltar-se à plena proteção da vítima e à total compensação do dano sofrido, atendendo à determinação constitucional de tutela prioritária à dignidade da pessoa humana[3]. A partir da dicção dos incisos V e X do art. 5º da CF/88, busca-se preencher de significado o princípio da reparação integral em sede de direito de danos, que deve ser conjugado a partir da perspectiva de múltiplas funções para a responsabilidade civil contemporânea, combinando dimensões repressivas (compensatória e/ou punitiva) e proativas (preventiva) para o enfrentamento da crescente complexidade dos casos concretos, em especial daqueles que envolvem o emprego de novas tecnologias[4].

---

1. KONDER, Carlos Nelson; LIMA, Marco Antônio de Almeida. Responsabilidade civil dos advogados no tratamento de dados à luz da Lei 13.709/2018. In: EHRHARDT JÚNIOR, Marcos; CATALAN, Marcos; MALHEIROS, Pablo (Coord.). *Direito Civil e Tecnologia*. Belo Horizonte: Fórum, 2020. p. 419.

2. BRAGA NETTO, Felipe. *Novo manual de Responsabilidade Civil*. Salvador: Juspodivm, 2019, p. 78.

3. KONDER, Carlos Nelson. A redução equitativa da indenização em virtude do grau de culpa: apontamentos acerca do parágrafo único do art. 944 do Código Civil. In *Revista Trimestral de Direito Civil – RTDC*, Rio de Janeiro, v. 30, abr./jun. 2007, p. 33-4.

4. Ainda sobre o tema, Maria Celina Bodin de Morais sugere que a LGPD inaugurará um novo modelo de responsabilidade civil: "(...) vê-se que o legislador, embora tenha flertado com o regime subjetivo, elaborou um novo sistema, de prevenção, e que se baseia justamente no risco da atividade. Tampouco optou pelo

A QUESTÃO DA LEGITIMIDADE NAS AÇÕES REPARATÓRIAS

Em relação aos sujeitos que podem ser responsabilizados por danos decorrentes das operações de tratamento de dados pessoais, é preciso ressaltar a ausência de referência à figura do *encarregado*[5] no âmbito de incidência do art. 42. Apenas o *controlador* (pessoa natural ou jurídica, de direito público ou privado, a quem competem as decisões referentes ao tratamento de dados pessoais, *ex vi*, inciso VI do art. 5º da LGPD) e o *operador* (pessoa natural ou jurídica, de direito público ou privado, que realiza o tratamento de dados pessoais em nome do controlador, *ex vi*, inciso VII do art. 5º da LGPD) podem ser enquadrados no conceito de agentes de tratamento (inciso IX do art. 5º da LGPD), razão pela qual se aplica subsidiariamente o Código Civil para disciplinar eventuais danos diretamente causados pelo encarregado.

É preciso destacar que a LGPD não limita o polo passivo das demandas reparatórias ao titular de dados pessoais, sendo possível identificar situações nas quais terceiros podem ser prejudicados, como no exemplo proposto por Carlos Nelson Konder e Marco Antônio de Almeida Lima[6], em que dados sensíveis (informações sobre perfil genético) de alguém são tornados públicos indevidamente, provocando

---

regime da responsabilidade objetiva, que seria talvez mais adequado à matéria dos dados pessoais, porque buscou ir além na prevenção, ao aventurar-se em um sistema que tenta, acima de tudo, evitar que danos sejam causados". (LGPD: um novo regime de responsabilização civil dito proativo. *civilistica.com*, v. 8, n. 3, p. 1-6, 15 dez. 2019). Contudo a questão segue controvertida na prática jurisprudencial nos tribunais superiores, merecendo destaque duas decisões do STJ que tratam sobre a possibilidade de reparação por danos decorrentes de operações de tratamento de dados. No primeiro caso, julgado pela Segunda Turma em 2023, entendeu-se que "o vazamento de dados pessoais, a despeito de se tratar de falha indesejável no tratamento de dados de pessoa natural por pessoa jurídica, não tem o condão, por si só, de gerar dano moral indenizável. Ou seja, o dano moral não é presumido, sendo necessário que o titular dos dados comprove eventual dano decorrente da exposição dessas informações". (AREsp n. 2.130.619/SP, relator Ministro Francisco Falcão, Segunda Turma, julgado em 7/3/2023, DJe de 10/3/2023.). Em dezembro de 2024, desta vez no âmbito da Terceira Turma, discutiu-se se o vazamento de dados pessoais não sensíveis do titular, decorrente de atividade alegadamente ilícita, é passível de imputar ao agente de tratamento de dados as obrigações previstas no art. 19, II, da LGPD, ou se o fato de tal vazamento ter decorrido de atividade ilícita seria uma excludente de responsabilidade, prevista no art. 43, III, da LGPD. Na oportunidade, entendeu-se que "o tratamento de dados pessoais se configurou como irregular quando deixou de fornecer a segurança que o titular dele poderia esperar ("expectativa de legítima proteção"), consideradas as circunstâncias relevantes, entre as quais as técnicas de tratamento de dados pessoais disponíveis à época em que foi realizado (art. 44, III, da LGPD)" (REsp n. 2.147.374/SP, relator Ministro Ricardo Villas Bôas Cueva, Terceira Turma, julgado em 3/12/2024, DJe de 6/12/2024).

5. Nos termos do inciso VIII do art. 5º da LGPD, encarregado é a "pessoa indicada pelo controlador e operador para atuar como canal de comunicação entre o controlador, os titulares dos dados e a Autoridade Nacional de Proteção de Dados (ANPD)". Recomenda-se consulta ao Guia ANPD · Atuação do encarregado pelo tratamento de dados pessoais disponível on-line no endereço: https://www.gov.br/anpd/pt-br/centrais-de--conteudo/materiais-educativos-e-publicacoes/guia_da_atuacao_do_encarregado_anpd.pdf/view. Acesso em 18 fev. 2025.

6. KONDER, Carlos Nelson; LIMA, Marco Antônio de Almeida. Responsabilidade civil dos advogados no tratamento de dados à luz da Lei 13.709/2018. In: EHRHARDT JÚNIOR, Marcos; CATALAN, Marcos; MALHEIROS, Pablo (Coord.). *Direito Civil e Tecnologia*. Belo Horizonte: Fórum, 2020. p. 420.

danos a quem tem grau de parentesco próximo, já que ambas as pessoas comparti-lham partes comuns de seu DNA.

DA SOLIDARIEDADE ENTRE OS AUTORES DO DANO

O referido dispositivo consagra mais uma hipótese de solidariedade obrigacional no ordenamento jurídico brasileiro, que ocorre quando na mesma obrigação concorre mais de um credor, ou mais de um devedor, cada um com direito, ou obrigado, à dívida toda (art. 264, CC/02). Por isso não importará renúncia da solidariedade a propositura de ação pelo credor contra um ou alguns dos devedores, consoante preconiza o parágrafo único do art. 275 do CC/02[7].

As hipóteses descritas no § 1º do art. 42 da LGPD asseguram ao titular dos dados, credor de uma indenização, o direito a exigir e receber de um ou de alguns dos devedores (controlador e operador, ou mais de um controlador, por exemplo), parcial ou totalmente, a dívida comum. Anote-se ainda que, se o pagamento tiver sido parcial, todos os demais devedores continuam obrigados solidariamente pelo resto, *ex vi* do disposto no art. 265 do CC/02.

O reconhecimento da solidariedade depende da prova do descumprimento de obrigações legais da LGPD[8] ou da não observância de instruções lícitas do controla-dor, sendo possível ao agente de tratamento a quem se pretenda imputar solidariedade a prova da ocorrência de uma das hipóteses excludentes do art. 43.

DA INVERSÃO DO ÔNUS DA PROVA

O disposto no § 2º do art. 42 encontra semelhanças com o que estabelece o in-ciso VIII do art. 6º do Código de Defesa do Consumidor[9], reafirmando que a medida processual que facilita a defesa do titular dos dados em juízo, que excepciona a regra

---

7. Além dos comentários acima, aplica-se também o disposto nos arts. 276 a 285 do CC/02.

8. Recentemente o Superior Tribunal de Justiça apreciou o caso no qual teve que decidir se (I) o gestor de banco de dados para formação de histórico de crédito pode disponibilizar informações cadastrais (dados pessoais não sensíveis) dos cadastrados a terceiros consulentes, sem a sua comunicação e prévio consen-timento; e (II) essa prática configura dano moral ao cadastrado. Durante o julgamento ficou estabelecido que (a) A disponibilização indevida de dados pessoais pelos bancos de dados para terceiros caracteriza dano moral presumido (in re ipsa) ao cadastrado titular dos dados, diante, sobretudo, da forte sensação de insegurança por ele experimentada e (b) O gestor de banco de dados que disponibiliza para terceiros consulentes o acesso aos dados do cadastrado que somente poderiam ser compartilhados entre bancos de dados – como as informações cadastrais – deve responder objetivamente pelos danos morais causados ao cadastrado, em observância aos arts. 16 da Lei nº 12.414/2011 e 42 e 43, II, da LGPD. (REsp n. 2.115.461/SP, relatora Ministra Nancy Andrighi, Terceira Turma, julgado em 8/10/2024, DJe de 14/10/2024).

9. Eis a redação do dispositivo, que consagra como direito básico do consumidor "a facilitação da defesa de seus direitos, inclusive com a inversão do ônus da prova, a seu favor, no processo civil, quando, a critério do juiz, for verossímil a alegação ou quando for ele hipossuficiente, segundo as regras ordinárias de expe-riências".

geral do inciso I do art. 373 do CPC/15, a depender das peculiaridades da causa, relacionadas à impossibilidade ou à excessiva dificuldade de cumprir o encargo (o ônus da prova incumbe ao autor, quanto ao fato constitutivo de seu direito). Desse modo, faculta-se ao magistrado, em decisão fundamentada, quando (i) for verossímil a alegação, (ii) houver hipossuficiência para fins de produção de prova ou (iii) quando a produção de prova pelo titular resultar-lhe excessivamente onerosa, atribuir o ônus da prova de modo diverso, caso em que deverá dar à parte a oportunidade de se desincumbir do ônus que lhe foi atribuído, em respeito ao devido processo legal.

Importante anotar que o disposto no art. 373 do CPC/15, em seu § 3º, admite que a distribuição diversa do ônus probatório ocorra por convenção das partes, que pode ser celebrada antes ou durante o processo, salvo quando o acordo sobre o procedimento recair sobre direito indisponível ou tornar excessivamente difícil a uma parte o exercício do direito.

DANO MORAL COLETIVO

A LGPD "não parece limitar, sob nenhum aspecto, os danos indenizáveis, garantindo a ampla reparação da vítima, independentemente do dano que vier a sofrer por tratamento irregular de seus dados"[10] ou por falhas na segurança (art. 44). Deve-se elogiar a postura do legislador, que, ao adotar um rol meramente exemplificativo para a responsabilização dos agentes de tratamento, permite proteger os interesses da vítima (titular dos dados) contra situações atualmente identificáveis de prejuízo e contra aquelas que ainda serão descobertas a partir do avanço das inovações tecnológicas. Em tempos de um verdadeiro capitalismo de vigilância, que institui um modelo econômico baseado no uso massivo de dados pessoais para o monitoramento de preferências pessoais e a predição de comportamento, o tratamento da responsabilidade civil na LGPD transcende interesses individuais, para prever a possibilidade do manejo de ações de reparação por danos coletivos.

Apesar do debate doutrinário acerca da autonomia de tal categoria de dano, parece haver consenso que seu caráter difuso afasta a possibilidade de que eventual indenização seja dirigida a uma vítima específica, devendo ser direcionada a um fundo de índole transindividual, admitindo-se uma dimensão punitiva em sua fixação para dissuadir comportamentos semelhantes[11], observado o disposto na legislação pertinente, como, por exemplo, a Lei n.º 7347/85, que disciplina a ação civil pública para a responsabilização por danos morais e patrimoniais causados aos consumidores, à dignidade de grupos raciais, étnicos ou religiosos e, ainda, a qualquer outro interesse difuso ou coletivo.

---

10. KONDER, Carlos Nelson; LIMA, Marco Antônio de Almeida. Responsabilidade civil dos advogados no tratamento de dados à luz da Lei 13.709/2018. In: EHRHARDT JÚNIOR, Marcos; CATALAN, Marcos; MALHEIROS, Pablo (Coord.). *Direito Civil e Tecnologia*. Belo Horizonte: Fórum, 2020. p. 420.

11. BRAGA NETTO, Felipe. *Novo manual de Responsabilidade Civil*. Salvador: Juspodivm, 2019, p. 231.

Importante ressaltar a estreita relação entre o disposto no § 3º do art. 42 da LGPD com os trabalhos que buscam seu diálogo com disposições do Marco Civil da Internet no que se refere ao combate ao discurso de ódio nas mídias digitais e os danos gerados pela violação às identidades culturais[12], que estabelecem um diálogo de fontes normativas mediante inclusão da Lei da Ação Civil Pública, o §5º do art. 84 do CDC e a Convenção Interamericana de Direitos Humanos (§5º de seu art. 13).

Com bem anota Eduardo Bussata "o direito à proteção de dados pessoais teve origem na privacidade, no sentido de um direito a não ser importunado, passando pela autodeterminação informativa, consistente no empoderamento do titular sobre as informações que lhe digam respeito". Atualmente o principal foco da pesquisa sobre o tema consiste em investigar "se (e em que medida) a proteção de dados vai além da privacidade e da autodeterminação informativa", razão pela qual para o citado autor a resposta que se deve considerar é que a proteção de dados pessoais é fundada na dignidade da pessoa humana e na cláusula geral de proteção da personalidade, de forma a abranger todos os direitos de personalidade e os direitos fundamentais, bem como os direitos e interesses coletivos".[13]

DIREITO DE REGRESSO

Mantendo-se idêntico tratamento conferido ao tema pelo Código Civil, em matéria de responsabilidade pelo fato de outrem, o § 4º do art. 42 reafirma o entendimento acerca da possibilidade de reaver o que foi pago do real causador do dano[14]. Afinal, quem, não tendo cometido dano, é responsabilizado por conduta alheia e acaba ressarcindo a vítima tem direito de regresso contra os demais responsáveis, na medida de sua participação no evento danoso, uma vez que "a responsabilidade indireta é desenhada de modo a beneficiar a vítima, expandindo suas possibilidades de ressarcimento, mas não tem por intuito desonerar o autor do dano do seu próprio dever indenizatório"[15]

Importante atentar quanto ao prazo prescricional para o exercício de tal pretensão e a limitação constante no art. 934 do CC/02, que, por interpretação sistemática,

---

12. PEDROSA, Laurício Alves Carvalho. O discurso de ódio nas mídias digitais e os danos gerados pela violação às identidade culturais. In: EHRHARDT JR., Marcos (Coord.). *Vulnerabilidade e novas tecnologias*. Indaiatuba: Foco, 2023, p. 75-95.

13. BUSATTA, Eduardo Luiz; LIMBERGER, Têmis. A essência do direito fundamental à proteção de dados pessoais. In: EHRHARDT JÚNIOR, Marcos; CATALAN, Marcos (coord.). *Dados pessoais e a proteção dos direitos da personalidade na era da inteligência artificial*. Belo Horizonte: Fórum, 2025, p. 40.

14. FARIAS, Cristiano Chaves de; BRAGA NETTO, Felipe; ROSENVALD, Nelson. *Novo Tratado de Responsabilidade Civil*. 2. ed. São Paulo: Saraiva, 2017. p. 618.

15. SCHREIBER, Anderson; TARTUCE, Flávio; SIMÃO, Fernando; MELO, Marco Aurélio Bezerra de; DELGADO, Mário Luiz. *Código Civil Comentado*. 2. ed. Rio de Janeiro: Forense, 2020, p. 648.

impede o responsável indireto de reaver a indenização paga por conta de ato praticado por descendente incapaz (responsável direito pelo dano).

DADOS PESSOAIS E PRESCRIÇÃO: DISTINÇÕES NECESSÁRIAS

Como bem anotam Maurício Requião e Gustavo Prazeres, a proteção aos direitos da personalidade, por se tratar de direito potestativo, enquadra-se na classificação das ações imprescritíveis. Por tal razão, na hipótese de violação de dados pessoais, o seu titular pode, a qualquer tempo, ingressar com o remédio jurídico que entender pertinente, para fazer cessar a lesão ou ameaça de lesão a seus direitos existenciais; o que não deve ser confundido com a possibilidade do reconhecimento de prescrição quanto aos efeitos patrimoniais decorrentes de operações de tratamento ilícito de dados pessoais, que se enquadram como direito a uma prestação. Cabe aqui destacar o exemplo apresentado pelos citados autores: "se um sujeito, a partir de um tratamento indevido de seus dados, faz jus a uma indenização por perdas e danos, à pretensão decorrente de tal violação se aplicaria o prazo prescricional devido"[16].

---

16. REQUIÃO, Maurício; PRAZERES, Gustavo Cunha. Natureza jurídica dos dados pessoais: entre as projeções existenciais e os direitos patrimoniais. In: EHRHARDT JÚNIOR, Marcos; CATALAN, Marcos (coord.). Dados pessoais e a proteção dos direitos da personalidade na era da inteligência artificial. Belo Horizonte: Fórum, 2025, p. 62-3.

Rafael de Freitas Valle Dresch
Gustavo da Silva Melo

Art. 43. Os agentes de tratamento só não serão responsabilizados quando provarem:

I – que não realizaram o tratamento de dados pessoais que lhes é atribuído;

II – que, embora tenham realizado o tratamento de dados pessoais que lhes é atribuído, não houve violação à legislação de proteção de dados; ou

III – que o dano é decorrente de culpa exclusiva do titular dos dados ou de terceiro.

EXCLUDENTES DE RESPONSABILIZAÇÃO CIVIL

O artigo 43 da Lei Geral de Proteção de Dados prevê as hipóteses em que não haverá a responsabilização civil dos agentes de tratamento. O inciso I estabelece a excludente pela prova da não realização do tratamento e, por conseguinte, se vincula ao dever de registro das operações de tratamento, nos termos do artigo 37 desta Lei.[1] Assim, prescinde da inversão do ônus da prova, pois o agente de tratamento deverá provar o cumprimento do dever de registro, que explicitará ou não a hipótese descrita para o fim de se afastar eventual responsabilização.[2] Caso o tratamento de dados que gerou o dano tenha sido realizado por terceiros, inexiste nexo causal apto a imputar a responsabilidade aos agentes.[3]

O inciso II, de outra banda, designa um "exercício regular de direito", como ocorre no artigo 188, inciso I, do Código Civil. Deve ser lido em conjunto com os parâmetros estabelecidos por essa lei, como o dever de registro, nos termos do artigo 37, o dever geral de segurança, previsto no artigo 46, e as boas práticas descritas no artigo 50.

---

1. Art. 37. O controlador e o operador devem manter registro das operações de tratamento de dados pessoais que realizarem, especialmente quando baseado no legítimo interesse.

2. DRESCH, Rafael de Freitas Valle; FALEIROS JÚNIOR, José Luiz de Moura. Reflexões sobre a responsabilidade civil na Lei Geral de Proteção de Dados (Lei nº 13.709/2018). In: ROSENVALD, Nelson; DRESCH, Rafael de Freitas Valle; WESENDONCK, Tula (Coord.). *Responsabilidade civil*: novos riscos. Indaiatuba: Foco, 2019, p. 81; DRESCH, Rafael de Freitas Valle; FALEIROS JÚNIOR, José Luiz de Moura. Special strict civil liability in Brazil's General Data Protection Law. *Brazilian Journal of Law, Technology and Innovation*, Belo Horizonte, v. 2, n. 2, p. 98-128, jul./dez. 2024.

3. SCHREIBER, Anderson. Responsabilidade civil na Lei Geral de Proteção de Dados Pessoais. In: BIONI, Bruno *et al.* (Org.). *Tratado de Proteção de Dados Pessoais*. São Paulo: Editora Forense, 2021, p. 330.

Diante da inocorrência de ato ilícito – a inexistência de violação à legislação de proteção de dados –, em respeito ao dever geral de segurança, não há responsabilização dos agentes de tratamento. Com efeito, no caso de uma decisão automatizada, por exemplo, baseada em critérios transparentes e sem nenhum viés, ou falha na segurança, negar um empréstimo a alguém não levaria a nenhuma responsabilização dos agentes de tratamento, pois não ocorreu violação à legislação de proteção de dados.[4]

O inciso III incorpora o fato da vítima (titular de dados) e o fato de terceiros como excludentes de responsabilização – excludentes, aliás, clássicas da responsabilidade civil. Nesse contexto, quanto ao fato exclusivo da vítima, entende-se que é o evento que se identifica como causa necessária de um dano sofrido por ela, e cuja realização só possa ser a ela imputável.[5]

Destacam-se situações em que, mesmo com a diligência dos agentes para garantir a maior segurança possível no tratamento de dados, o titular dos dados, na sua pessoa, incorra no dano – como, por exemplo, ao disponibilizar seus dados, mesmo não sendo hipossuficiente, a sites que não são confiáveis. Aliás, ocorre fato exclusivo do usuário quando este, sem o devido cuidado, e havendo o cumprimento do dever de segurança daquele que prestou o serviço, contribui para o dano.[6]

Quanto ao fato de terceiro, pode ser concluído que existe interrupção do nexo causal, na medida em que não é o tratamento pelo agente a causa necessária à produção de danos.[7] Aqui, poder-se-ia, por exemplo, aventar a responsabilidade do encarregado em caso de fato exclusivo deste. Contudo, não pode ser entendido o encarregado como um terceiro, pois atua em nome e como representante do controlador. Causa estranheza, nesse aspecto, que a responsabilização desta figura central para o controle de eventos danosos esteja omissa no artigo 42 dessa lei, que versa apenas sobre a responsabilidade civil do controlador e do operador.

Igualmente, questiona-se se uma invasão cibernética a um sistema que armazena dados pessoais poderia ser imputada como fato de terceiro. Tendo em vista que o sistema de responsabilidade da Lei Geral de Proteção de Dados é centrado num dever geral de segurança[8], entende-se que, se o controlador ou o operador demons-

---

4. CAPANEMA, Walter Aranha. A responsabilidade civil na Lei Geral de Proteção de Dados. *Cadernos Jurídicos*, São Paulo, ano 21, n° 53, p. 163-170, jan./mar. 2020, p. 167.

5. MIRAGEM, Bruno Nubens Barbosa. *Direito civil*: responsabilidade civil. São Paulo: Saraiva, 2015, p. 241.

6. TJRS, 12ª. Câmara Cível, Apelação Cível n. 70083485789, Rel. Des. Ana Lúcia Carvalho Pinto Vieira Rebout, j. 10/06/2020.

7. ROSENVALD, Nelson; FARIAS, Cristiano Chaves de; BRAGA NETTO, Felipe Peixoto. *Curso de direito civil*: responsabilidade civil. Salvador: Juspodivm, 2017, v. 3, p. 431.

8. DRESCH, Rafael de Freitas Valle; FALEIROS JÚNIOR, José Luiz de Moura. Reflexões sobre a responsabilidade civil na Lei Geral de Proteção de Dados (Lei 13.709/2018). *In*: ROSENVALD, Nelson; DRESCH, Rafael de Freitas Valle; WESENDONCK, Tula (Coord.). *Responsabilidade civil*: novos riscos. Indaiatuba: Foco, 2019, p. 82.

trarem que, à época do ataque, trataram os dados com a melhor técnica de segurança da época disponível, como as devidas certificações e exigências estabelecidas pela Autoridade Nacional de Proteção de Dados, bem como respeitando os prazos dispostos na Resolução CD/ANPD nº 15, de 24 de abril de 2024, que dispõe sobre a comunicação de incidente de segurança, pode haver a incidência da excludente de ilicitude pela ocorrência de fato de terceiro.

Nesse mesmo sentido, o Tribunal de Justiça de São Paulo possui o entendimento de que, em caso envolvendo ataque *hacker* que culminou no vazamento de dados[9], havendo a comprovação de que foram adotadas as melhores medidas de segurança à época do fato, aplica-se a excludente de fato de terceiro prevista no inciso III do artigo 43 da LGPD.[10] Igualmente, existindo a conformidade ao dever geral de segurança na época do vazamento dos dados, ou seja, não havendo nenhuma violação à legislação de proteção de dados, nos termos do inciso II do artigo 43 da LGPD (inclusive havendo a comunicação à ANPD e aos titulares afetados sobre o incidente de segurança), entende-se que há o rompimento do nexo de causalidade, afastando a responsabilidade do controlador e do operador.[11]

Recentemente, o STJ, citando o artigo 43, consolidou entendimento de que, em caso envolvendo vazamento de dados após ataque hacker, o agente de tratamento deverá ser responsabilizado por não adotar medidas de segurança técnicas e administrativas aptas a proteger os dados pessoais do titular de acessos não autorizados, e de situações acidentais ou ilícitas de destruição, perda, alteração, comunicação ou qualquer forma de tratamento inadequado ou ilícito. Além disso, a decisão afastou a culpa exclusiva de terceiro no evento, tendo em vista a inexistência de provas de tal fato.[12]

Aliás, o entendimento de uma responsabilidade centrada num dever de segurança não é novidade no ordenamento jurídico brasileiro: no Código de Defesa do Consumidor, a responsabilidade pelo fato do produto e fato do serviço é fundada no defeito, em que há a possibilidade de o fornecedor afastar a sua responsabilidade quando comprovar que não faltou com a segurança e informações devidas acessíveis por meio da melhor técnica existente.[13] Este é, também, o entendimento do

---

9. A esse respeito, cabe destacar que o STJ firmou recente entendimento no sentido de que o vazamento de dados, por si só, não enseja dano moral, devendo o titular de dados comprovar eventual dano decorrente das informações expostas. Para mais informações, ver: STJ, Recurso Especial 2.130.619/SP, Segunda Turma, Min. Rel. Francisco Falcão, j. 07.03.2023.

10. TJSP. 34ª Câmara de Direito Privado, Apelação Cível 1000407-06.2021.8.26.0405; Rel. Des. Soares Levada. j. 16/08/2021.

11. TJSP. 36ª Câmara de Direito Privado, Apelação Cível 1025180-52.2020.8.26.0405; Rel. Des. Arantes Theodoro . j. 26/08/2021.

12. STJ, REsp. 2.147.374, T3, Rel. Min. Ricardo Villas Bôas Cueva, j. 03/12/2024, DJe 06/12/2024.

13. DRESCH, Rafael de Freitas Valle. *Fundamentos da responsabilidade civil pelo fato do produto e do serviço:* um debate jurídico-filosófico entre o formalismo e o funcionalismo no Direito Privado. Porto Alegre: Livraria do Advogado Editora, 2009, p. 126.

Superior Tribunal de Justiça.[14] Inclusive, as excludentes de responsabilidade civil do fabricante, construtor, produtor ou importador, disciplinadas no artigo 12, § 3º, incisos I, II e III, do Código de Defesa do Consumidor,[15] são bastante similares às excludentes consagradas no artigo 43, da Lei Geral de Proteção de Dados.

Nesse mesmo sentido, a jurisprudência dos Tribunais brasileiros entende que, demonstrado o cumprimento do dever de segurança na colocação do produto pelo fornecedor, pode-se alegar o fato de terceiro.[16] Assim, e conforme também visto nos julgados do TJSP trazidos acima, é possível aplicar esse entendimento também ao inciso III do artigo 43 da Lei Geral de Proteção de Dados.

Nesse compasso, as excludentes de responsabilidade confirmam a existência de um tipo especial de responsabilidade civil objetiva dos agentes de tratamento pelos danos causados aos titulares de dados pessoais. A responsabilidade depende da existência de um ilícito, como, expressamente, estabelece o artigo 42 da LGPD, mas esse ilícito é constatado objetivamente, pelo não cumprimento dos deveres específicos previstos da legislação de proteção de dados ou pela inobservância ao dever geral de segurança estabelecido nos artigos 44 e 46.

---

14. STJ, REsp. 1.095.271/RS, T4, Rel. Min. Felipe Salomão, j. 07/02/2013, DJe 05/03/2013.

15. Art. 12. O fabricante, o produtor, o construtor, nacional ou estrangeiro, e o importador respondem, independentemente da existência de culpa, pela reparação dos danos causados aos consumidores por defeitos decorrentes de projeto, fabricação, construção, montagem, fórmulas, manipulação, apresentação ou acondicionamento de seus produtos, bem como por informações insuficientes ou inadequadas sobre sua utilização e riscos.
   [...]
   § 3º O fabricante, o construtor, o produtor ou importador só não será responsabilizado quando provar:
   I – que não colocou o produto no mercado;
   II – que, embora haja colocado o produto no mercado, o defeito inexiste;
   III – a culpa exclusiva do consumidor ou de terceiro.

16. TJPR, 9ª Câmara Cível, Apelação Cível n. 1727103-5, Rel. Des. Domingos José Perfetto, j. 30/11/2017, DJ 23/01/2018.

Rafael A. F. Zanatta

Art. 44. O tratamento de dados pessoais será irregular quando deixar de observar a legislação ou quando não fornecer a segurança que o titular dele pode esperar, consideradas as circunstâncias relevantes, entre as quais:

I – o modo pelo qual é realizado;

II – o resultado e os riscos que razoavelmente dele se esperam;

III – as técnicas de tratamento de dados pessoais disponíveis à época em que foi realizado.

Parágrafo único. Responde pelos danos decorrentes da violação da segurança dos dados o controlador ou o operador que, ao deixar de adotar as medidas de segurança previstas no art. 46 desta Lei, der causa ao dano.

INTRODUÇÃO

O capítulo sobre responsabilidade civil na Lei Geral de Proteção de Dados Pessoais (Lei 13.709/2018) é repleto de omissões, confusões conceituais e polêmicas de natureza interpretativa. Não é sem razão que a interpretação dogmática[1] deste capítulo tem chamado atenção de uma ampla gama de doutrinadores contemporâneos no Brasil.[2]

---

1. Por interpretação dogmática, refiro-me ao conceito de dogmática jurídica e sua função pragmática na hermenêutica jurídica, no sentido de interpretação que se dá em um espectro de possibilidades. Nesse sentido, como há muito argumentou Tércio Sampaio Ferraz Junior, o jurista não faz mera interpretação do mesmo que uma pessoa que busca entender a mensagem de alguém numa conversa. A interpretação dogmática orienta-se à decidibilidade de conflitos e pressupõe o fornecimento de razões para agir de um certo modo e não de outro, sendo que as razões se destinam a uma tomada de posição diante de diferentes possibilidades de ação nem sempre congruentes. Essa interpretação jurídica busca alcançar um sentido válido para a comunicação normativa que manifesta uma relação de autoridade. Questões dogmáticas são diferentes de zetéticas, pois têm uma função diretiva explícita e são finitas, ao passo que questões zetéticas (o que é justiça?) abrem espaço para uma questão sobre a própria questão, em função especulativa. A interpretação dogmática orienta-se por questões dogmáticas e apoia-se nessa dimensão de uma melhor orientação sobre normas que incidem sobre conflitos futuros. Ver FERRAZ JUNIOR, Tercio Sampaio. *Introdução ao Estudo do Direito*. São Paulo: Atlas, 2004.

2. Ver, apenas a título de exemplo, BIONI, Bruno; DIAS, Daniel. Responsabilidade civil na proteção de dados pessoais: construindo pontes entre a Lei Geral de Proteção de Dados Pessoais e o Código de Defesa do Consumidor. *Revista Civilística*, v. 9, n. 3, p. 1-23, 2020. CORDEIRO, António Barreto Menezes. Repercussões do RGPD sobre a responsabilidade civil. In: TEPEDINO, Gustavo; FRAZÃO, Ana; OLIVA, Milena Donato (Coord.). *Lei geral de proteção de dados pessoais e suas repercussões no direito brasileiro*. São Paulo: Thomson Reuters Brasil, 2019. GUEDES, Gisela Sampaio da Cruz. Regime de responsabilidade adotado pela lei de proteção de dados brasileira. *Caderno especial LGPD*, São Paulo: Revista dos Tribunais, p. 167-

Atualmente, há um amplo dissenso sobre a responsabilidade civil,[3] em especial sobre a tese de existência de um regime *específico*, indo além das dicotomias clássicas entre *responsabilidade objetiva* e *responsabilidade subjetiva*. Fala-se, na doutrina contemporânea de direito civil aplicada à proteção de dados pessoais, de um regime de "responsabilidade civil subjetiva com alto grau de objetividade"[4] ou uma "teoria proativa da responsabilidade civil"[5], na qual não haverá obrigação de indenizar quando o agente de tratamento de dados demonstrar que "observou o *standard* esperado e, se o incidente ocorreu, não foi em razão de sua conduta culposa"[6]. São teses que iniciam novos debates e que estão longe de atingir consenso definitivo.

O artigo 44 da LGPD, aqui analisado, insere-se no capítulo VI da legislação ("Dos agentes de tratamento de dados pessoais"), na Seção III ("Da Responsabilidade e do Ressarcimento de Danos"), e é marcado por tais polêmicas e por uma orientação preventiva do sistema jurídico, pensada como tal desde suas origens, como na obra *Elaboratorici Elettronici e Controlle Sociale*, de Stefano Rodotà, trabalho pioneiro

---

182, nov. 2019. BODIN DE MORAES, Maria Celina. LGPD: um novo regime de responsabilização civil dito "proativo". *Civilistica.com*, Rio de Janeiro, Editorial, ano 8, n. 3, 2019. Disponível em: http://civilistica. com/lgpd-um-novo-regime/. Acesso: 20 set. 2021. MULHOLLAND, Caitlin Sampaio. Palestra no Webinar IBERC #2 – A Responsabilidade Civil na Lei Geral de Proteção de Dados. *Instituto Brasileiro de Estudos em Responsabilidade Civil – IBERC*, 19 set. 2019. TEPEDINO, Gustavo; SILVA, Rodrigo da Guia. Desafios da inteligência artificial em matéria de responsabilidade civil. *Revista Brasileira de Direito Civil – RBDCivil*, Belo Horizonte, v. 21, jul./set. 2019, p. 61-86.

3. É possível encontrar visões distintas em um mesmo livro, como é o caso da coletânea sobre os 30 anos do Código de Defesa do Consumidor, editado por Bruno Miragem, Claudia Lima Marques e Lucia Ancona Lopez. Guilherme Martins sustenta que "a LGPD, em seu artigo 42, *caput*, adota um regime de responsabilidade civil objetiva dos controladores ou operadores que, em razão do exercício ou atividade de tratamento de dados pessoais, causarem a outrem dano patrimonial, moral, individual ou coletivo, em violação à legislação de proteção de dados pessoais". MARTINS, Guilherme Magalhães. A Lei Geral de Proteção de Dados Pessoais (Lei 13.709/2018) e a Proteção dos Consumidores. In: MIRAGEM, Bruno; MARQUES, Claudia Lima; MAGALHÃES, Lucia Ancona (Coord.) *Direito do Consumidor*: 30 anos do CDC. Da consolidação como direito fundamental aos atuais desafios da sociedade. Rio de Janeiro: Forense, 2021, p. 431. No mesmo livro, Bruno Bioni e Daniel Dias sustentam que "o regime de responsabilidade civil adotado pela LGPD é mesmo subjetivo". BIONI, Bruno; DIAS, Daniel. Responsabilidade civil na LGPD: construção do regime por meio de interações com o CDC. In: MIRAGEM, Bruno; MARQUES, Claudia Lima; MAGALHÃES, Lucia Ancona (Coord.). *Direito do Consumidor*: 30 anos do CDC. Da consolidação como direito fundamental aos atuais desafios da sociedade. Rio de Janeiro: Forense, 2021, p. 503.

4. BIONI, Bruno; DIAS, Daniel. Responsabilidade civil na LGPD: construção do regime por meio de interações com o CDC. In: MIRAGEM, Bruno; MARQUES, Claudia Lima; MAGALHÃES, Lucia Ancona (Coord.). *Direito do Consumidor*: 30 anos do CDC. Da consolidação como direito fundamental aos atuais desafios da sociedade. Rio de Janeiro: Forense, 2021, p. 513.

5. BODIN DE MORAES, Maria Celina. LGPD: um novo regime de responsabilização civil dito "proativo". *Civilistica.com*, Rio de Janeiro, Editorial, ano 8, n. 3, 2019. Disponível em: http://civilistica.com/lgpd-um--novo-regime. Acesso em: 18 fev. 2025.

6. BODIN DE MORAES, Maria Celina; QUEIROZ, João Quinelato de. Autodeterminação informativa e responsabilização proativa: novos instrumentos de tutela da pessoa humana na LGPD. In: *Proteção de dados pessoais:* privacidade versus avanço tecnológico. Rio de Janeiro: Fundação Konrad Adenauer, outubro 2019.

sobre proteção de dados pessoais publicado em 1973 na Itália.[7] Cumpre destacar que, desde o início de surgimento do campo da *Datenschutz* na década de 1970, já existia a preocupação de uma tutela jurídica preventiva, sem, com isso, negar ou diminuir a tradicional função reparatória do instituto, indispensável à recomposição dos danos provocados por violação de direitos.

A ambição da LGPD é influenciar no comportamento das organizações intensivas em dados. Como sustenta Maria Celina Bodin de Moraes, esse trecho da legislação precisa ser lido em conjunto com o inciso X do art. 6º da Lei, que prevê o princípio da *responsabilização e prestação de contas*, que exige um dever de conduta no sentido de adoção de medidas eficazes e capazes de comprovar a observância e o cumprimento das normas de proteção de dados pessoais. Exige também uma observância da "eficácia dessas medidas". Para a professora Bodin de Morais, "o legislador pretendeu aqui não apenas determinar o ressarcimento dos danos eventualmente causados, mas também e, principalmente, buscou prevenir e evitar a ocorrência desses danos"[8].

Esse ponto, ligado à orientação preventiva, parece estar bem resolvido na doutrina. A tensão fundamental, no entanto, reside em determinar os elementos característicos do modelo de ressarcimento *após ocorrência do dano*. A seguir, explico por que autores divergem sobre a interpretação do regime de responsabilidade e forneço elementos para uma reflexão sobre a relação entre expectativas dos cidadãos e o tratamento irregular de dados pessoais. Questiono, também, se é possível construir categorias dogmáticas mais claras sobre *atividades de alto risco*, que poderiam atrair uma aplicação da responsabilidade objetiva pela regra do art. 927, parágrafo único, do Código Civil, habilitando um regime dicotômico de interpretação do art. 44, II, da LGPD.

Longe de oferecer qualquer tipo de teoria acabada – pois este é, sem dúvidas, um debate contínuo na doutrina que se dedica à interpretação da LGPD[9] –, realizo tais comentários com o intuito de expandir o importante diálogo em curso sobre a interpretação do artigo 44 da LGPD. As simplificações aqui realizadas, especialmente com relação à construção dos *modelos teóricos de interpretação*, devem ser lidas como esforço analítico com finalidades heurísticas, sem a pretensão de representação total da realidade e das ideias jurídicas em disputa.[10]

---

7. RODOTÀ, Stefano. *Elaboratori elettronici e controllo sociale*. Bologna: Il Mulino, 1973, p. 85-89.

8. BODIN DE MORAES, Maria Celina. LGPD: um novo regime de responsabilização civil dito "proativo". *Civilistica.com*, Rio de Janeiro, Editorial, ano 8, n. 3, 2019. Disponível em: http://civilistica.com/lgpd-um--novo-regime/. Acesso em: 18 fev. 2025.

9. Evidência dessa efervescência é a quantidade de mesas e debates realizados pelo Instituto Brasileiro de Responsabilidade Civil (Iberc) sobre a temática da responsabilidade civil. Ver https://www.youtube.com/channel/UC-cF5b-CHovjRtIRdNLjOSQ.

10. Esse esforço é claramente inspirado em Max Weber, porém também encontra raízes no método empregado por Mauro Cappelletti.

Ao final, partindo de uma releitura dos trabalhos sobre "responsabilidade civil preventiva", questiono se noções mais claras sobre atividades de risco e sobre natureza do ilícito[11] no regime de proteção de dados pessoais podem inspirar uma reorientação do direito da responsabilidade civil, "fazendo-o incidir também para a proteção da integralidade dos direitos"[12], no sentido de prevenção contra a sua violação e possível produção de danos.

1. MODELOS TEÓRICOS DE INTERPRETAÇÃO: DIFERENCIANDO TESES A PARTIR DOS DISSENSOS

Em termos esquemáticos, com fins de simplificação de uma realidade muito mais complexa, pode-se dizer que os intérpretes da LGPD[13] dividem-se hoje em três modelos teóricos distintos sobre o significado do art. 44 em conjunto com todo o capítulo sobre responsabilidade e ressarcimento de danos da LGPD. Explico, a seguir, as características básicas desses modelos teóricos, construídos de forma simplificada para saturação de seus elementos de diferenciação. O propósito de diferenciá-los é ter um ganho analítico sobre divergências de interpretação e premissas teóricas distintas, que funcionam como suporte muitas vezes invisível para essas interpretações. Os três modelos teóricos aqui descritos permitem uma compreensão um pouco mais clara sobre a natureza dos dissensos com relação ao regime de responsabilidade civil na LGPD e, mais especificamente, as possibilidades de interpretação do art. 44 da LGPD. Ao mesmo tempo, eles não pretendem oferecer uma explicação definitiva sobre "escolas de pensamento" e tampouco categorizar um autor X ou Y dentro de uma visão teórica rígida. As citações servem como ilustração de modelos teóricos com contornos mais ou menos claros e que permitem ver como um mesmo artigo pode ser lido de forma distinta.[14]

---

11. Minha orientação sobre o que é o ilícito é influenciada pelas aulas de San Tiago Dantas e sua clara exposição sobre o ilícito enquanto transgressão do direito, o que não se confunde com dano ou com culpabilidade. DANTAS, San Tiago. *Programa de Direito Civil*: aulas proferidas na Faculdade Nacional de Direito. Parte Geral. Rio de Janeiro: Editora Rio, 1979, p. 345.

12. VENTURI, Thais Goveia Pascoaloto, *Responsabilidade Civil Preventiva*. São Paulo: Malheiros, 2014, p. 28.

13. A revisão de literatura que ampara essa análise foi conduzida entre o ano de 2020 e o primeiro semestre de 2021, em preparação para aulas sobre Responsabilidade Civil na Lei Geral de Proteção de Dados Pessoais que ministrei na Data Privacy Brasil. Essa revisão de literatura foi facilitada, também, pelo diálogo com membros do Instituto Brasileiro de Responsabilidade Civil. Não possuo a pretensão de uma revisão completa de literatura e tampouco uma descrição precisa de "escolas de pensamento". O objetivo de abstração para a ideia de "modelos teóricos" é no sentido de identificar as formas lógicas de construção do pensamento dogmático com fins de decidibilidade de conflitos e aplicação de regras para fins de reparação.

14. Esse tipo de recurso é bastante tradicional na teoria do direito para fins de explicação. Veja-se, como exemplo, o texto clássico de Lon Fuller *The Case of the Speluncean Explorers* de 1949. Evidentemente, o ensaio de Fuller apresenta uma sofisticação muito maior ao apresentar um quebra-cabeça de filosofia e teoria do direito. O caso clássico de Fuller estimulou uma reflexão sobre modelos teóricos positivas e naturalistas, expondo modos de pensar que eram profundamente distintos diante do mesmo caso. A discussão sobre violação do direito no caso dos exploradores de caverna mostrou as distinções entre modos de interpre-

1.1 O modelo civilista centrado em culpa

O primeiro modelo teórico, que chamarei de *modelo civilista centrado em culpa*, defende uma teoria subjetiva da responsabilidade civil. Por meio dele, entende-se que deve haver *prova de culpa do agente* de tratamento na ocasião do dano na omissão de adoção de medidas de segurança para o tratamento adequado de dados.

É central para esse modelo o conceito de "ato ilícito", construído pela doutrina dos pandectistas do século XIX na Alemanha e que se tornou decisivo na construção do Código Civil Alemão.[15] Isso, pois o ato ilícito é um ato do homem de transgressão a um dever jurídico imposto por lei, na definição sintética de San Tiago Dantas.[16] Se é ato do homem, é ato consciente, ligado a sua vontade. Daí a centralidade dada pela doutrina ao *elemento subjetivo*, isto é, a identificação do nexo existente entre *o ato* e *o agente*, entre *ação* e *aquele que pratica*. Essa transgressão pode se dar de forma *dolosa*, quando o agente "dirige sua vontade para os resultados do ato", ou de forma *culposa*, quando a pessoa natural ou jurídica "não dirige a sua vontade para os resultados do ato, mas, sim, para um outro alvo qualquer e, dada a negligência, a imprudência ou a imperícia com que se conduz, o ato se torna lesivo ao patrimônio ou à pessoa de outrem"[17].

Na esteira do que defendia Silvio de Salvo Venosa, este modelo prega pela ideia de que "na ausência de lei expressa, a responsabilidade pelo ato ilícito será subjetiva, pois esta é a regra geral no direito brasileiro"[18]. Neste modelo, o Judiciário pode concluir pela responsabilidade objetiva em casos específicos, mas deve levar em conta a "atividade normalmente desenvolvida", relativizando cenário onde o ato de risco é eventual ou esporádico. Esse modelo teórico assume que a LGPD deve ser vista como integrante de um regime mais geral de direito privado, no qual a responsabilidade civil é subjetiva como *regra geral* e objetiva em *casos específicos*.

---

tação e teorias de sustentação ao pensamento positivista, naturalista e contextual. Um outro exercício de especulação sobre modelos teóricos é o belo ensaio de Guido Calabresi. Ver CALABRESI, Guido. An introduction to legal thought: four approaches to law and to the allocation of body parts. *Stanford Law Review*, Stanford, v. 55, n. 6, p. 2113-2151, 2003. Para o texto de Fuller, ver FULLER, Lon L. *O caso dos exploradores de cavernas*. Tradução e notas de Claudio Blanc. São Paulo: Geração Editorial, 2018.

15. DANTAS BISNETO, Cícero. Reparação por danos morais pela violação à LGPD e ao RGPD: uma abordagem de direito comparado, *Civilistica.com*, Rio de Janeiro, a. 9, n. 3, 2020, p. 4-7.

16. "O ilícito civil é a transgressão de um dever jurídico. Não há definição mais satisfatória para o ilícito civil. (...) Desde o momento em que aquele sobre quem pesava um dever jurídico o transgride, cometeu um ilícito, ilícito civil, pois o ilícito penal só ocorre se o dever jurídico for imposto pela lei penal". DANTAS, San Tiago. *Programa de Direito Civil*: aulas proferidas na Faculdade Nacional de Direito. Parte Geral. Rio de Janeiro: Editora Rio, 1979, p. 345.

17. DANTAS, San Tiago. *Programa de Direito Civil*: aulas proferidas na Faculdade Nacional de Direito. Parte Geral. Rio de Janeiro: Editora Rio, 1979, p. 353.

18. VENOSA, Silvio de Salvo. A responsabilidade objetiva no novo Código Civil, *Migalhas de Peso*, 08 de janeiro, 2003. Disponível em: https://www.migalhas.com.br/depeso/916/a-responsabilidade-objetiva-no-novo-co-digo-civil. Acesso em: 18 fev. 2025.

De forma esquemática, o modelo civilista baseado em culpa funda-se na distinção feita por Francisco Pontes de Miranda sobre ilicitude e culpa.[19] A contrariedade a direito (ir contra conteúdo de regra jurídica) não é elemento da culpa. O ilícito seria a contrariedade a direito *mais culpa*, formando aquilo que é chamado de ilicitude subjetiva: "quando a imputação seja balizada pela culpa *lato sensu*, mostrando-se necessária a aferição da negligência ou imprudência, ou mesmo o dolo"[20].

No modelo baseado em culpa, a responsabilização pelos "danos decorrentes da violação da segurança dos dados" deve ser vista pelo prisma de *deixar de fazer algo que era esperado* no sentido de imprudência (ação que foi feita de forma precipitada e sem cautela), negligência (deixar de fazer algo que sabidamente deveria ter feito, dando causa ao resultado danoso) ou imperícia (não saber praticar o ato). O *deixar de fazer algo* é qualificado juridicamente, ao contrário de uma interpretação abrangente sobre o que pode constituir o elemento culposo da conduta do agente.

Supondo a aplicação desse modelo teórico, a consequência é que se deve *avaliar a culpa* do controlador ou operador que deixa de cumprir com a legislação, em especial o art. 46 da LGPD, deixando de "adotar medidas de segurança, técnicas e administrativas aptas a proteger os dados pessoais de acessos não autorizados e de situações acidentais ou ilícitas de destruição, perda, alteração, comunicação ou qualquer forma de tratamento inadequado ou ilícito". Essa culpa é presumida,[21] similar a uma "responsabilidade de risco com a possibilidade de exculpação"[22]. Na esteira dessa ilicitude subjetiva, o simples incidente de segurança não seria passível de destravar o dever de reparação estruturado pelo direito. Seria necessário avaliar a conduta lesiva do agente de uma perspectiva de culpa e de nexo causal, no sentido de demonstração de relação de causalidade entre antijuridicidade da ação e o mal causado.[23]

---

19. PONTES DE MIRANDA, Francisco Cavalcanti. *Direito das obrigações*: fatos ilícitos absolutos. Coleção Tratado de Direito Privado: parte especial. Atualização de Rui Stoco. São Paulo: Revista dos Tribunais, 2012.

20. DANTAS BISNETO, Cícero. Reparação por danos morais pela violação à LGPD e ao RGPD: uma abordagem de direito comparado, *Civilistica.com*, Rio de Janeiro, a. 9, n. 3, 2020, p. 7. Note-se que esse raciocínio assume a ilicitude subjetiva, o que também se revela no trabalho de Sérgio Cavalieri Filho, que entende que a licitude tem um duplo aspecto: um aspecto objetivo, que leva em conta conduta contrária a norma (e que nega os valores da ordem jurídica); e um aspecto subjetivo, de uma conduta decorrente da vontade do agente, tornando o comportamento objetivamente ilícito como culposo. CAVALIERI FILHO, Sérgio. *Programa de Responsabilidade Civil*. 9. ed. São Paulo: Atlas, 2010, p. 8-10.

21. Hana Mesquisa, da PUC-RJ, chamou minha atenção para um conceito mais objetivo de culpa que envolve a ideia de desconformidade a um determinado padrão de conduta considerado socialmente aceito e até mesmo exigível em certas circunstâncias. Seria um sistema intermediário de presunção de culpa que existe no direito português e italiano nos quais não há clausula geral de risco, o qual não fui capaz de analisar neste texto e desculpo pela omissão.

22. DANTAS BISNETO, Cícero. Reparação por danos morais pela violação à LGPD e ao RGPD: uma abordagem de direito comparado, *Civilistica.com*, Rio de Janeiro, a. 9, n. 3, 2020, p. 4-7.

23. O nexo causal é um dos institutos mais estudados no direito civil. O direito francês do século XX, por exemplo, se ocupou da identificação dos elementos pelos quais é possível determinar que o dano foi causado pela culpa do sujeito (um "vínculo de causalidade suficientemente caracterizado" na expressão de Geneviève

1.2 O modelo consumerista centrado em defeito

O segundo modelo teórico, que chamarei de *modelo consumerista centrado em defeito*, defende que a lógica do direito do consumidor é integralmente aplicável ao regime da proteção de dados pessoais, tendo a LGPD uma clara inspiração consumerista e nas regras de responsabilidade pelo fato do serviço, a partir da ressignificação do conceito de "segurança" não mais como *satefy* (segurança física e proteção à vida) mas como *security* (segurança informacional e proteção ao "corpo eletrônico"[24]). Esse modelo teórico assume que "o corpo eletrônico da pessoa, enquanto conjunto de dados pessoais que compõe a sua existência eletrônica, deve ser protegido tanto quanto o próprio corpo físico, sob pena de impedir a autodeterminação informática como vetor de liberdade substancial"[25]. Esse modelo teórico investe em uma releitura dos institutos do Código de Defesa do Consumidor, em acoplamento com os desenvolvimentos teóricos da proteção de dados pessoais sobre corpo e segurança.[26]

O modelo consumerista analisa a LGPD a partir de alguns pontos de partida. Primeiro, a fortíssima conexão da legislação de proteção de dados pessoais com o Código de Defesa do Consumidor. Essa conexão se dá tanto de forma explícita na legislação, como no reconhecimento da defesa do consumidor como fundamento da disciplina da proteção de dados pessoais (art. 2°, VI), como na ideia de "diálogo das fontes", prevista na legislação no momento em que se afirma que "os direitos e princípios expressos nesta Lei não excluem outros previstos no ordenamento jurídico pátrio relacionados à matéria" (art. 64). Essa tese sobre diálogo das fontes propõe a coexistência harmônica e integridade sistêmica entre a LGPD e o Código de Defesa do Consumidor.[27]

Viney). Uma explicação maior é dada por Caio Mario da Silva Pereira: "A relação de causalidade consiste na determinação de 'elementos objetivos, externos, consistentes na atividade ou inatividade do sujeito, atentatórios do direito alheio'. É uma *quaestio facti*, ou uma *imputatio facti*. A imputabilidade diz 'respeito a um elemento subjetivo, interno', que se resumiria na *imputatio iuris*. Por serem conceitos distintos, pode haver imputabilidade sem a ocorrência de nexo causal, como no exemplo por ele lembrado [Serpa Lopes], de um indivíduo que fornece a outro um copo de veneno, mas a vítima, antes de lhe sofrer os efeitos, morre de um colapso cardíaco. Em se tratamento de elemento causal, cumpre ao lesado, no curso da ação de indenização, prova-lo cumpridamente. Se a causalidade resta incerta, diz Carbonnier, em razão de uma impossibilidade de prova, o juiz deve rejeitar a ação de perdas e danos". PEREIRA, Caio Mario da Silva. *Responsabilidade Civil*. 4. ed. Rio de Janeiro: Forense, 1993, p. 76.

24. RODOTÀ, Stefano. Transformações do corpo. *Revista Trimestral de Direito Civil*, Rio de Janeiro, v. 19, n. 5, p. 91, 2004; ASSIS, Giovana Lonque de; LOPES, Fernanda Velo. A PEC 17/2019 como meio de proteção ao livre desenvolvimento do "Corpo Elettronico", *Brazilian Journal of Development*, [S.l], v. 6, n. 12, p. 189-200, 2020.

25. BASAN, Arthur Pinheiro Basan FALEIROS JÚNIOR, José Luiz de Moura. A tutela do corpo eletrônico como direito básico do consumidor. *Revista dos Tribunais*, São Paulo, v.1021, p. 133-168, nov. 2020, p. 147.

26. Para uma referência exemplar, no contexto dos EUA, ver o ensaio de Froomkin e Colangelo sobre "privacidade como segurança", com consequências enormes para o direito regulatório focado em defesa do consumidor: FROOMKIN, Michael; COLANGELO, Zak. Privacy as Safety. *Washington Law Review*, Seattle, v. 95, p. 141-201, 2020.

27. FERRAÇO, André Augusto Giuriatto. A autodeterminação informativa do consumidor a partir da proteção de dados no âmbito internacional. *Revista de Direito do Consumidor*, São Paulo, p. 167-191, 2020.

Segundo, é central para esse modelo teórico a análise do modo como o regime de responsabilidade civil objetiva do Código de Defesa do Consumidor impacta o regime jurídico instituído pela LGPD, em especial a linguagem do art. 45, que diz que "as hipóteses de violação do direito do titular no âmbito das relações de consumo permanecem sujeitas às regras de responsabilidade previstas na legislação pertinente".[28] Mais do que isso, no modelo consumerista centrado em defeito, busca-se uma aproximação da sistemática do art. 44 da LGPD com as previsões legais sobre defeito instituídas no CDC, em especial a similitude entre a lógica protetiva dos textos, como se denota da comparação do art. 44 da LGPD com o art. 14 do CDC.[29]

Para o modelo teórico consumerista centrado em defeito, é central uma ressignificação do conceito de "segurança", aplicando a lógica protetiva do Código de Defesa do Consumidor e a Teoria da Qualidade,[30] que serviu de estruturação a uma ampla ressignificação dos fundamentos da responsabilidade civil em elementos não contratuais,[31] pautados em uma lógica de ordem pública, solidariedade e comprometimento com um

28. Os seguidores desse modelo teórico tendem a argumentar que o art. 45 não é uma exceção ou uma regra à parte do modelo de responsabilidade civil da proteção de dados pessoais, mas um artigo conclusivo com efeitos irradiadores para o capítulo da responsabilidade civil, fornecendo uma integridade sistêmica de interpretação e de aproximação com as regras do direito do consumidor.

29. CDC, Art. 14: "O fornecedor de serviços responde, independentemente da existência de culpa, pela reparação dos danos causados aos consumidores por defeitos relativos à prestação dos serviços, bem como por informações insuficientes ou inadequadas sobre sua fruição e riscos. § 1º O serviço é defeituoso quando não fornece a segurança que o consumidor dele pode esperar, levando-se em consideração as circunstâncias relevantes, entre as quais: I – o modo de seu fornecimento; II – o resultado e os riscos que razoavelmente dele se esperam; III – a época em que foi fornecido. § 2º O serviço não é considerado defeituoso pela adoção de novas técnicas. § 3º O fornecedor de serviços só não será responsabilizado quando provar: I – que, tendo prestado o serviço, o defeito inexiste; II – a culpa exclusiva do consumidor ou de terceiro. § 4º. A responsabilidade pessoal dos profissionais liberais será apurada mediante a verificação de culpa".

30. "O direito de proteção, fruto do princípio de confiança e segurança, é conhecido atualmente, nos dizeres de Antonio Herman Benjamin, como Teoria da Qualidade, que impõe ao fornecedor o dever de assegurar qualidade-adequação e qualidade-segurança em todos os produtos disponibilizados no mercado de consumo". MINISTÉRIO DA JUSTIÇA. Secretaria de Direito Econômico. Nota Técnica 107 2009/CGAJ/DPDC/SDR, 2009.

31. Partindo de Thierry Bourgoignie, Antonio Herman Benjamin defendeu que o instituto dos vícios redibitórios não era capaz de recepcionar as modalidades de vícios de qualidade. A substituição da noção de vícios redibitórios (defeitos ocultos em coisas que foram recebidas por via de um contrato bilateral comutativo ou em doações onerosas, tornando a coisa transacionada imprópria ao uso ou diminuindo o valor, no sentido do art. 441 do Código Civil) poderia ocorrer pela noção de vício funcional, ou seja, de qualquer desconformidade que impeça ou limite a função para a qual o bem é destinado. É a partir dessa noção mais ampla, ancorada em uma teoria da qualidade, que o Código de Defesa do Consumidor desenvolveu institutos jurídicos específicos. Para Benjamin, outro ponto notório no sistema dos vícios redibitórios seria o desconhecimento da questão econômica afeta à ideia de reparação do consumidor no sentido de internalização dos custos sociais da produção: "não é o consumidor, individualmente considerado (nem, tampouco, só o vendedor-direto), que deve suportar os custos sociais da produção em massa. São prejuízos que necessitam de uma repartição entre *todos* os outros sujeitos do mercado. E só os fornecedores, particularmente o fabricante, têm condições de pulverizá-los, indenizando o consumidor-vítima e incorporando no produto ou serviço o valor pago. A proteção do consumidor, nessa área da qualidade, não é uma questão de boa ou má-fé. É antes uma exigência de equidade". BENJAMIN, Antonio Herman de Vasconcellos. Teoria da Qualidade. In: BENJAMIN, Antonio Herman; MARQUES, Claudia Lima; BESSA, Leonardo Roscoe. *Manual de Direito do Consumidor*. 4. ed. rev., atual. São Paulo: Revista dos Tribunais, 2012, p. 139.

padrão mínimo de qualidade dentro de um mercado regulado democraticamente.[32] Nesse modelo teórico, que encontra forte amparo nas obras de Thierry Bourgoigne e Jean Calais-Auloy, a teoria dos vícios redibitórios é revisitada em outras bases, sob o prisma da produção, comercialização e produção em massa, gerando uma unidade teórica com relação ao fundamento da responsabilidade civil do fornecedor em relação ao consumidor. A questão deixa de ser "responsabilidade contratual vs responsabilidade extracontratual" e passa a ser a estruturação de um sistema de dever de qualidade, ostensivamente orientado ao favorecimento do consumidor.[33]

De que modo essa noção de defeito, construída no direito do consumidor a partir da teoria da qualidade, pode ser adaptada à interpretação da LGPD, em uma lógica de diálogo das fontes e uma interpretação integrativa? Rafael Dresch, no ensaio "A especial responsabilidade civil na Lei Geral de Proteção de Dados", de 2020, sustenta que o ilícito geral na LGPD pode ser compreendido pela falta ao dever de segurança em termos similares aos da disciplina jurídica do Código de Defesa do Consumidor (CDC) para a responsabilidade civil pelo fato do serviço. Diz Dresch que "no direito do consumidor o dever geral de segurança está fundado no elemento defeito, pois o produto ou serviço é considerado defeituoso e, assim, ensejador da responsabilidade civil do fornecedor, quando não oferece a segurança que legitimamente se pode esperar"[34]. Sustenta Dresch que, mantendo a coerência sistemática, "o tratamento irregular previsto no art. 44 da LGPD ocorre quando da quebra de legítimas expectativas quanto à segurança dos processos de tratamento de dados"[35], podendo-se falar, assim, "de um defeito no tratamento

---

32. "O CDC impõe uma teoria da qualidade: os produtos e serviços colocados no mercado pelos fornecedores deverão ter uma 'qualidade segurança' (art. 8 a 17) e uma "qualidade-adequação" (arts. 18 a 25), quebrando assim a *summa* divisa entre a responsabilidade extracontratual e contratual, pois, ao impor deveres próprios e a solidariedade entre fornecedores, contratantes ou não, e em relação a todos os consumidores (art. 2°, parágrafo único, art. 17 e art. 29), estabeleceu novo paradigma de responsabilidade objetiva por fato do produto e do serviço (arts. 12 a 17), falha na qualidade-segurança, dano à incolumidade física e psíquica do consumidor, e na responsabilidade objetiva por vício (aparente ou oculto) do produto e do serviço (arts. 18 a 25). Assim, da aceitação de uma teoria da qualidade nasceria, no sistema do CDC, um dever anexo para o fornecedor, uma verdadeira garantia implícita de segurança razoável e de adequação conforme a confiança despertada, inclusive incluindo a falha informacional como defeito ou vício do produto ou do serviço. O art. 8 é a base da responsabilidade para riscos à saúde e segurança de produtos". MARQUES, Claudia Lima. *Comentários ao Código de Defesa do Consumidor.* São Paulo: Revista dos Tribunais, 2003, p. 200.

33. BENJAMIN, Antonio Herman de Vasconcellos. Teoria da Qualidade. In: BENJAMIN, Antonio Herman; MARQUES, Claudia Lima; BESSA, Leonardo Roscoe. *Manual de Direito do Consumidor.* 4. ed. rev., atual. São Paulo: Revista dos Tribunais, 2012, p. 141.

34. DRESCH, Rafael de Freitas Valle. A especial responsabilidade civil na Lei Geral de Proteção de Dados, Migalhas de Responsabilidade Civil, 02 de julho de 2020. Disponível em: https://www.migalhas.com.br/coluna/migalhas-de-responsabilidade-civil/330019/a-especial-responsabilidade-civil-na-lei-geral-de-protecao-de-dados Acesso em: 18 fev. 2025.

35. DRESCH, Rafael de Freitas Valle; FALEIROS JÚNIOR, José Luiz de Moura. Reflexões sobre a responsabilidade civil na Lei Geral de Proteção de Dados (Lei 13.709/2018). *In:* ROSENVALD, Nelson; DRESCH, Rafael de Freitas Valle; WESENDONCK, Tula (Coord.). *Responsabilidade civil:* novos riscos. Indaiatuba: Foco, 2019.

de dados pessoais ou, caso se queira manter a nomenclatura da própria LGPD, de um tratamento irregular"[36].

Nessa lógica, o regime de responsabilidade civil centrado no ilícito geral de um tratamento irregular define uma *responsabilidade objetiva especial*.[37] Ela depende, porém, de *standards* de conduta como critério para avaliar objetivamente se o tratamento forneceu a segurança esperada ou foi defeituoso pela falta ao dever de segurança. A formulação desses *standards* pode gerar um cenário no qual os agentes de tratamento podem demonstrar que forneceram a segurança esperada pelo consumidor e titular dos dados, afastando a noção de defeito e a responsabilidade civil nos termos do artigo 14, § 3º, I, do CDC.[38]

1.3 O modelo dual de ilícitos e de erosão dos filtros

O terceiro modelo teórico, que chamarei de *modelo dual de ilícitos e de erosão dos filtros*, defende a existência de duas (ou mais) naturezas distintas de ilícitos na LGPD, buscando elementos normativos que restringiriam ou alargariam a discussão de culpabilidade para fins de responsabilização.[39] Parte, também, da ideia de que há múltiplos modelos de responsabilidade civil[40] e que o enfoque de análise pode se voltar aos elementos com alto potencial de erosão dos filtros para que os agentes de tratamento sejam responsabilizados.[41]

O modelo dual de ilícitos e de erosão dos filtros prevê uma espécie de dicotomia implícita na LGPD.[42] De um lado, uma natureza de ilicitude relacionada à violação

---

36. DRESCH, Rafael de Freitas Valle; FALEIROS JÚNIOR, José Luiz de Moura. Reflexões sobre a responsabilidade civil na Lei Geral de Proteção de Dados (Lei nº 13.709/2018). *In*: ROSENVALD, Nelson; DRESCH, Rafael de Freitas Valle; WESENDONCK, Tula (Coord.). *Responsabilidade civil*: novos riscos. Indaiatuba: Foco, 2019.

37. DRESCH, Rafael de Freitas Valle; FALEIROS JÚNIOR, José Luiz de Moura. Reflexões sobre a responsabilidade civil na Lei Geral de Proteção de Dados (Lei nº 13.709/2018). *In*: ROSENVALD, Nelson; DRESCH, Rafael de Freitas Valle; WESENDONCK, Tula (Coord.). *Responsabilidade civil*: novos riscos. Indaiatuba: Foco, 2019, p. 65-90.

38. MARTINS, Patrícia Helena; TOMÉ, Bruna; PEGAS, Carolina Vargas. Relações de consumo e as excludentes de responsabilidade civil na LGPD, *Consultor Jurídico*, 01 jun. 2021. Disponível em: https://www.conjur.com.br/2021-jun-01/opiniao-excludentes-responsabilidade-civil-lgpd. Acesso em: 18 fev. 2025.

39. BIONI, Bruno; DIAS, Daniel. Responsabilidade civil na LGPD: construção do regime por meio de interações com o CDC. In: MIRAGEM, Bruno; MARQUES, Claudia Lima; MAGALHÃES, Lucia Ancona (Coord.). *Direito do Consumidor*: 30 anos do CDC. Da consolidação como direito fundamental aos atuais desafios da sociedade. Rio de Janeiro: Forense, 2021, p. 497.

40. Esse ponto tem sido feito reiteradamente por Daniel Dias em suas participações em debates sobre responsabilidade civil na LGPD. O argumento é que a dicotomia entre responsabilidade subjetiva e responsabilidade objetiva deixa de captar as complexidades e diversificações de modelos de responsabilidade em campos distintos, como no próprio direito do consumidor ou no direito civil. A ideia é um combate ao fetiche da rotulagem, em defesa de um trabalho de dogmática jurídica de identificação da realidade concreta de aplicação das regras e os elementos normativos irradiados do texto da lei.

41. A referência à erosão dos filtros da responsabilidade é, evidentemente, à obra de Anderson Schreiber. SCHREIBER, Anderson. *Novos paradigmas da responsabilidade civil*: da erosão dos filtros à diluição dos danos. 2. ed. São Paulo: Atlas, 2009.

42. Como será explicado, alguns autores entendem existir três modelos distintos de regime jurídico de dever de indenizar.

da legislação de dados pessoais, como, por exemplo, o tratamento de dados pessoais sensíveis sem uma base legal adequada ou com problemas de vícios de consentimento. De outro lado, ilícitos relacionados à segurança dos dados pessoais, que envolveria uma complexidade adicional, ao prever critérios como "medidas aptas" e "segurança que dele pode se esperar".

Esse modelo teórico parte de uma crítica à técnica legislativa do art. 44,[43] argumentando existir uma desconformidade de conteúdo. Essa desconformidade seria uma fusão entre tratamento irregular e responsabilidade por violação da segurança, ou uma tentativa de construção da noção de tratamento irregular como conceito autônomo. Para os defensores do modelo dual, há uma natureza específica de ilícito ao se tratar de deixar de adotar medidas de segurança aptas a proteger os dados pessoais – um conceito demasiadamente amplo a aberto (o que seriam medidas aptas?) –, que deveria coincidir com o não fornecimento que o titular pode esperar, em uma espécie de leitura integrativa entre o art. 44 e art. 46 da LGPD.[44] Nesse raciocínio, o critério determinante para imputação de responsabilidade seria o da irregularidade do tratamento, que, por sua vez, deveria ser interpretado com base nas legítimas expectativas de segurança do titular.

O modelo dual de ilícitos e erosão dos filtros prevê diferenças substanciais entre a gravidade de um tratamento irregular de dados sem base legal adequada e a noção de risco exacerbado em qualquer atividade de tratamento de dados que possa envolver um incidente de segurança. Esse modelo teórico sustenta "uma análise casuística para se desdobrar um juízo de valor sobre o modo pelo qual deve ser realizado um tratamento de dados e os riscos que dele razoavelmente se esperam"[45].

Na prática, a investigação sobre riscos variados e sua relação com aplicação de medidas de segurança envolvem uma análise casuística que se aproxima da verificação da culpa, que deve ser feita em juízo. No entanto, a avaliação das técnicas de tratamento de dados presume alguns dos pressupostos de responsabilidade. A partir do art. 43 da LGPD, infere-se que há presunção da autoria do tratamento e da existência da irregularidade, o que coloca o titular dos dados em posição mais confortável, não obstante sua tarefa de demonstrar a existência de um tratamento de dados, o dano sofrido e o nexo causal entre o tratamento de dados realizado e o

---

43. Há muitas críticas possíveis à redação do art. 44. O Código de Defesa do Consumidor apresenta desenho bem mais consistente. Inicialmente, estabelece o conceito de serviço defeituoso e, posteriormente, define as excludentes de responsabilidade. A LGPD define as excludentes de responsabilidade no art. 43 e, posteriormente, elabora um conceito genético de tratamento irregular.

44. BIONI, Bruno; DIAS, Daniel. Responsabilidade civil na LGPD: construção do regime por meio de interações com o CDC. In: MIRAGEM, Bruno; MARQUES, Claudia Lima; MAGALHÃES, Lucia Ancona (Coord.). *Direito do Consumidor*: 30 anos do CDC. Da consolidação como direito fundamental aos atuais desafios da sociedade. Rio de Janeiro: Forense, 2021, p. 507-508.

45. BIONI, Bruno; DIAS, Daniel. Responsabilidade civil na LGPD: construção do regime por meio de interações com o CDC. In: MIRAGEM, Bruno; MARQUES, Claudia Lima; MAGALHÃES, Lucia Ancona (Coord.). *Direito do Consumidor*: 30 anos do CDC. Da consolidação como direito fundamental aos atuais desafios da sociedade. Rio de Janeiro: Forense, 2021, p. 509.

dano. Esse modelo teórico assume a erosão de alguns filtros da responsabilidade em favor do titular dos dados, diminuindo as barreiras para deflagração do dever de indenizar, como a presunção automática-legal da culpa do lesante, a inversão do ônus da prova e a discussão sobre alto nível de diligência quanto ao estado da arte e da técnica utilizada.

A argumentação desse modelo dual aproxima-se também da reflexão de Anderson Schreiber sobre a coexistência de um regime de responsabilidade objetiva com um regime de responsabilidade subjetiva, porém em fundamentos distintos. Diferentemente da análise realizada por Bioni e Dias, Schreiber argumenta que a hipótese de tratamento irregular de dados pessoais por fornecimento de segurança *inferior* àquela esperada pelo titular, considerados os elementos dos incisos do art. 44, seria uma previsão de responsabilidade objetiva em razão da aproximação com a lógica do CDC, ao passo que (i) o tratamento irregular de dados pessoais por inobservância da legislação e (ii) a não adoção de medidas específicas de segurança previstas no art. 46 da LGPD seriam regras de responsabilidade subjetiva.[46]

Em síntese, esse modelo teórico advoga pela erosão dos filtros de responsabilidade, a natureza dual (ou mesmo *plural*) dos ilícitos (tratamento irregular por violação da LGPD e tratamento irregular por descumprimento dos deveres de conduta de segurança da informação), com um grau maior de proteção aos controladores no caso de descumprimentos relacionados à segurança da informação.

2. RETOMANDO UM PONTO BÁSICO: AS EXPECTATIVAS DOS CIDADÃOS E A TEORIA DA INTEGRIDADE CONTEXTUAL

O artigo 44 encontra-se após o artigo que trata das excludentes de responsabilidade (art. 43) e do artigo da cláusula geral de responsabilização, que define que "o controlador ou o operador que, em razão do exercício de atividade de tratamento de dados pessoais, causar a outrem dano patrimonial, moral, individual ou coletivo, em violação à legislação de proteção de dados pessoais, é obrigado a repará-lo".

Ele acrescenta uma camada de complexidade adicional ao estabelecer critérios para identificação de um *tratamento irregular* diante de contextos relacionais, onde se impõe uma análise sobre riscos esperados, modo de tratamento de dados pessoais e "estado da arte" em termos de técnicas para evitar incidentes de segurança. Trata-se de artigo que extrapola a noção de norma prescritiva em caráter fixo (*e.g.* "proibido andar acima de 80 quilômetros por hora"). A irregularidade não é pré-determinada (*e.g.* "comete infração à segurança da informação controlador que não adotar a norma ISO/IEC 27001"). Ela é avaliada em um contexto específico e em relação dinâmica que leva em consideração um conjunto de práticas, fluxos e expectativas.

---

46. SCHREIBER, Anderson. Responsabilidade civil da Lei Geral de Proteção de Dados Pessoais. In: MENDES, Laura Schertel; DONEDA, Danilo; SARLET, Ingo Wolfgang; RODRIGUES JR., Otavio Luiz; BIONI, Bruno (Coord.). *Tratado de proteção de dados pessoais*. Rio de Janeiro: Forense, 2021, p. 319-338.

Esse tipo de técnica não é radicalmente inovador em privacidade e proteção de dados pessoais. Na realidade, seu amparo filosófico mais profundo encontra-se em obras como *Privacy in Context*, de Helen Nissenbaum, que dedica uma longa análise sobre *expectativas legítimas* em um cenário de integridade contextual e fluxo adequado de informações.[47] Conecta-se, também, com a discussão contemporânea sobre a *expectativa* (aquilo que se pode esperar) como um "construto social multidimensional"[48], que não pode ser reduzido a uma expectativa ideal unidirecional. Em outras palavras, a *segurança esperada do titular* não é construída de forma atomística e isolada. Ela deve ser considerada em sua *relação social*, mediada por elementos sociotécnicos, como as técnicas razoáveis de mitigação de riscos, e o modo (negligente ou abusivo) pelo qual um tratamento de dados pessoais pode ocorrer, partindo de uma moldura de fluxo apropriado de informação.[49]

O art. 44 diz que o tratamento de dados pessoais será irregular "quando deixar de observar a legislação ou quando não fornecer a segurança que o titular dele pode esperar, consideradas as circunstâncias relevantes, entre as quais (...) o resultado e os riscos que razoavelmente dele se esperam". No campo do direito consumerista clássico, os exemplos sobre riscos são mais claros, como no exemplo de utilização de arma de brinquedo com pólvora (fazendo com que uma criança se machuque diante da negligência da fabricante), tintas tóxicas em canetas esferográficas ou xampus que possam lesar os olhos.[50]

Uma boa construção dogmática sobre "resultados e riscos" depende de uma boa elaboração sobre situações das quais se pode facilmente inferir que os riscos e resultados podem ser esperados. A meu ver, isso se conecta com critérios que auxiliam a pensar em "atividades de risco" na interpretação do art. 44, II, da LGPD. É indissociável de uma análise sobre *segurança esperada pelo titular* a compreensão da natureza do tratamento de dados e, também, a posição de poder ocupada pelo

---

47. NISSENBAUM, Helen. *Privacy in context*: Technology, policy, and the integrity of social life. Stanford: Stanford University Press, 2009.

48. RAO, Ashwini; PFEFFER, Juergen. Types of Privacy Expectations. *Frontiers in Big Data*, [S.l], v. 3, 2020. Disponível em: https://www.frontiersin.org/articles/10.3389/fdata.2020.00007/full. Acesso em: 18 fev. 2025.

49. Nissenbaum desenvolve sua tese central de que "o direito à privacidade não é nem um direito ao segredo e tampouco um direito ao controle, mas um direito a um *fluxo apropriado* das informações pessoais". Para tanto, é proposto um modelo analítico que identifica e analisa (i) os *contextos sociais* e (ii) as *normas informacionais* relativas aos contextos. Essas normas, que prescrevem o fluxo de informações em um determinado contexto, são "a função dos tipos de informação em questão; os respectivos papéis do sujeito, do remetente (que pode ser o sujeito), e do recipiente dessa informação; e os princípios pelos quais as informações é enviada ou transmitida do remetente para o recipiente". NISSENBAUM, Helen. *Privacy in context*: technology, policy, and the integrity of social life. Stanford: Stanford University Press, 2010, p. 127.

50. Alguns exemplos constam em SANSEVERINO, Paulo de Tarso Vieira. *Responsabilidade civil no código do consumidor e a defesa do fornecedor*. São Paulo: Editora Saraiva, 2000. A referência dos casos foi utilizada no excelente estudo monográfico de Luca Gianotti, intitulado "A Responsabilidade Civil dos Agentes de Tratamento de Dados e o Fato de Serviço Consumerista", vencedor do décimo sexto concurso de monografia "Levy & Salomão Advogados" em 2019 (versão com autor).

agente controlador, em uma compreensão relacional que opere concretamente, ao invés de uma regra generalista e abstrata aplicável a todos os casos, sem variações interpretativas.[51] Essa dimensão concreta necessita avaliar (i) as condições materiais do controlador de agir e (ii) a natureza do tratamento de dados em sentido de potencial violação a direitos fundamentais e direitos da personalidade.

3. EM DEFESA DA RETOMADA DA DISCUSSÃO SOBRE ATIVIDADES DE RISCO NA INTERPRETAÇÃO DO ARTIGO 44 DA LGPD

Uma vez vistos os três modelos teóricos que amparam grande parte[52] da discussão sobre o regime de responsabilidade civil na doutrina[53] – o modelo civilista centrado em culpa, o modelo consumerista centrado em defeito e o modelo dual

---

51. Como notado por Gianotti em sua monografia, "adota-se um conceito normativo (a segurança esperada pelo titular dos dados ou pelo consumidor) para estabelecer uma gama de deveres específicos e hipóteses de responsabilização (...) o juiz deverá afastar (ou reduzir) a responsabilidade do agente caso as técnicas de tratamento disponíveis não evitariam o dano; apesar de, à época do julgamento, existirem opções que afastariam ou reduziriam a lesão. O critério também funciona para agravar a posição do agente: caso as medidas adotadas sejam muito precárias, a violação do dever de segurança é facilmente construída". GIANOTTI, Luca. *A Responsabilidade Civil dos Agentes de Tratamento de Dados e o Fato de Serviço Consumerista*, Monografia vencedora do concurso "Levy & Salomão Advogados", São Paulo, 2019.

52. Como ressaltado na introdução, não há pretensão de completude nessa construção de modelos. Não se analisou, por exemplo, o argumento de como as normas do art. 50 da LGPD ("boas práticas e governança") criam um conjunto de incentivos e normas de conduta que servem de contrabalanceamento às hipóteses de ilícito por descumprimento da LGPD, criando um jogo mais sofisticado de análise de conduta dos agentes não somente com relação ao agir em desconformidade com as regras da LGPD (*e.g.* utilizar incorretamente a base legal de legítimo interesse para tratamento de dados pessoais), mas levando em consideração, também, um conjunto de condutas por parte do controlador, como (i) nomeação de um encarregado, (ii) constituição de um programa de conformidade à LGPD documentado dentro da organização, (iii) criação de políticas e procedimentos em casos de incidentes de segurança, (iv) documentação das atividades de tratamento de dados pessoais de alto risco, (v) estabelecimento de rotinas e procedimentos de segurança da informação, etc. Exemplo desse argumento é o do Fernando Tasso, do Tribunal de Justiça de São Paulo: "Outro argumento eloquente a indicar a escolha de regra da responsabilidade subjetiva consiste no fato de que a Lei é pródiga na imposição de uma série de deveres de ação e de abstenção aos agentes de tratamento. Esses deveres estão presentes em todos os segmentos da lei e vão desde a observância cumulativa e incondicional de todos os princípios de proteção de dados (...) À evidência, tais regras não consistem em meras recomendações tendentes a evitar incidentes de segurança. Antes, o legislador estabeleceu um *standard* de conduta e cobra o cumprimento desses deveres. O tratamento regular de dados consiste em uma obrigação de resultado e não de meio. Assim sendo, caso o sistema de responsabilidade civil fosse da modalidade objetiva, a prescrição exaustiva e detalhada dos deveres seria algo inócuo, sobretudo porque redundaria na conclusão de que nada adiantaria o cumprimento dos deveres se, qualquer que fosse o incidente, a responsabilidade pela reparação estivesse configurada, o que é um contrassenso". TASSO, Fernando. A responsabilidade civil na Lei Geral de Proteção de Dados e sua interface com o Código Civil e o Código de Defesa do Consumidor, *Cadernos Jurídicos da Escola Paulista de Magistratura*, São Paulo, ano 21, n. 53, jan./mar. 2020, p. 108-109.

53. Seria possível, e até mesmo desejável, elaborar um quarto modelo teórico, ainda no campo civilista, porém estruturado nas noções de atividades de risco e direitos fundamentais. Por questões de escopo e fins de saturação, optei por não construir esse quarto modelo. Sou grato a Danilo Doneda por pontuar que o elemento risco é o vetor principal a ser levado em conta. O artigo não presta atenção suficiente à guinada "da culpa ao risco" e a riqueza da literatura jurídica brasileira.

de ilícitos e de erosão dos filtros –, defendo, nesta última parte, uma retomada do debate sobre "atividades de risco" para uma correta interpretação do regime jurídico do art. 44 da LGPD.

De partida, sustento que o modelo civilista centrado em culpa é inadequado diante dos valores que inspiraram a estruturação da LGPD, que assumem como ponto de partida as relações desiguais de poder, as assimetrias informacionais e as dimensões comunitárias e sociais dos danos causados por organizações públicas ou privadas que realizam tratamento de dados. Qualquer reflexão sobre responsabilidade civil hoje precisa levar em conta, nos dizeres de Eugênio Fachini Neto, *fatores econômicos* (multiplicação dos riscos e acidentes, massificação da sociedade, surgimento de desastres ambientais e informacionais em escala inédita), *fatores pessoais* (valorização da segurança pessoal, indissociável da segurança informacional e não limitada à concepção pré-digitalização de segurança física) e *fatores intelectuais* (declínio do individualismo, socialização da responsabilidade, absorção da ideia de que é mais estratégico atribuir responsabilidade a quem está em melhores condições de suportar os danos do que impor a quem agiu com culpa).[54] Como sustentam Nelson Rosenvald e Guilherme Martins, conceitos e categorias tradicionais da responsabilidade civil "não foram idealizados para um ambiente aberto, caracterizado pela participação de múltiplos sujeitos"[55], sendo necessário pensar em uma "coletivização e responsabilização da responsabilidade civil, sob pena de se negligenciar os valores fundamentais eleitos pela Constituição da República".

Além desses fatores mais amplos relacionados ao modo como pensamos a responsabilidade civil, o debate sobre proteção de dados pessoais precisa partir de duas premissas. A primeira é que o tratamento de dados potencialmente acarreta danos sociais potenciais em termos de discriminação, limitações de exercícios de direitos e diminuições de capacidades de agir. Nesses casos de utilização ilegítima de dados, a responsabilidade civil deve ser objetiva, como defendido por Stefano Rodotà em 1973 em sua pioneira obra sobre proteção de dados pessoais.[56]

A segunda premissa é que o tratamento de dados pessoais, quando de alto risco, envolve uma ameaça a direitos fundamentais. Ao passo que muitos autores defendem que todas as atividades de tratamento de dados implicam atividade de alto risco,[57] dada a conexão com os direitos da personalidade e a gramática dos

---

54. FACCHINI NETO, Eugenio. Prefácio. In: LUTZKY, Daniela Courtes. *A reparação de danos imateriais como direito fundamental*. Porto Alegre: Livraria do Advogado, 2012.

55. ROSENVALD, Nelson; MARTINS, Guilherme. Apresentação. In: ROSENVALD, Nelson; MARTINS, Guilherme Magalhães (Coord.). *Responsabilidade civil e novas tecnologias*. Indaiatuba: Foco, 2020, p. X.

56. RODOTÀ, Stefano. *Elaboratori elettronici e controllo sociale*. Bologna: Il Mulino, 1973, p. 85-89.

57. Paulo Vitor Tambosi, em trabalho orientado por Rafael Peteffi da Silva na Universidade Federal de Santa Catarina, realizou uma reconstrução brilhante do debate sobre responsabilidade civil na LGPD. TAMBOSI, Paulo. *Responsabilidade civil pelo tratamento de dados pessoais conforma a Lei Geral de Proteção de Dados:*

direitos fundamentais,[58] proponho que uma análise seja feita a partir de alguns critérios, diferenciando cenários onde o tratamento de dados não é prioritariamente sensível e onde há baixas expectativas de segurança em razão do (i) baixo impacto esperado, (ii) do porte econômico da organização e a (iii) probabilidade baixa de ser alvo de processos discriminatórios, abusivos ou lesivos *versus* cenários onde o tratamento envolve dados sensíveis e há situações diametralmente opostas (alto impacto esperado, porte econômico relevante e alta probabilidade de processos discriminatórios). Trata-se de uma leitura integrada do art. 44, II ("o resultado e os riscos que razoavelmente dele se esperam") com o próprio art. 44, I ("o modo pelo qual é realizado" [o tratamento de dados]) com a teoria do risco adotada pelo art. 927, parágrafo único, do Código Civil brasileiro.

Tome-se como exemplo a invasão ao sistema de segurança da informação do Superior Tribunal de Justiça, que paralisou o uso de sistemas da Corte no primeiro semestre de 2021 e que envolveu a possibilidade de *ransomware* em suas bases. Foi um incidente que, até onde se sabe, não envolveu exposição de dados sensíveis ou, no caso de envolvimento, não foi o elemento central do incidente. Apesar de ser uma organização com grande porte econômico, considerando ser o órgão de cúpula do Judiciário em questões não constitucionais, houve baixo impacto e pouca probabilidade de ser alvo de processos discriminatórios, abusivos ou lesivos. Os maiores impactos às pessoas foram as paralizações do sistema, a suspensão de prazos processuais e a impossibilidade de fazer pesquisa de jurisprudência. Aplicando-se esse teste triplo (*avaliação sobre a natureza dos dados envolvidos, avaliação sobre expectativa de segurança esperada e avaliação sobre risco criado pela atividade econômica*), pode-se concluir que não há um alto risco criado pela atividade de tratamento de dados pessoais, considerando a probabilidade ainda remota de impactos discriminatórios ou efeitos adversos abusivos.

Compare-se este exemplo com um incidente de segurança causado por uma clínica médica que disponibiliza indevidamente informações sobre uma pessoa ser portadora de vírus do HIV. Suponha que a clínica médica estruture uma plataforma digitalizada de consulta aos dados de exames laboratoriais de forma

---

subjetiva ou objetiva? Trabalho de Conclusão de Curso, Universidade Federal de Santa Catarina, Graduação em Direito, Florianópolis, 2021.

58. Diz Caitlin Mulholland: "a Lei Geral de Proteção de Dados, em seu artigo 42, adota a teoria que impõe a obrigação de indenizar independentemente da análise da culpa dos agentes de tratamento de dados, isto é, a responsabilidade civil é objetiva. Fundamenta esta conclusão o fato de que a atividade desenvolvida pelo agente de tratamento é evidentemente uma atividade que impõe riscos aos direitos dos titulares de dados. Estes riscos, por sua vez, são intrínsecos, inerentes à própria atividade. Significa dizer que os danos resultantes da atividade habitualmente empenhada pelo agente de tratamento de dados, uma vez concretizados, são quantitativamente elevados – pois atingem um número indeterminado de pessoas – e qualitativamente graves – pois violam direitos que possuem natureza personalíssima, reconhecidos pela doutrina como direitos que merecem a estatura jurídica de direitos fundamentais". MULHOLLAND, Caitlin. Responsabilidade civil por danos causados pela violação de dados sensíveis e a Lei Geral de Proteção de Dados Pessoais. In: MARTINS, Guilherme Magalhães; ROSENVALD, Nelson (Coord.). *Responsabilidade civil e novas tecnologias.* Indaiatuba: Foco, 2020.

precária, permitindo que a mera inserção do CPF e sequência alfanumérica gerada automaticamente (combinação do sobrenome da pessoa e os três primeiros dígitos do CPF, como, por exemplo, "zanatta065") seja capaz de apresentar informações completas sobre nome, endereço, data de realização do exame e status de condição de portador do vírus do HIV.[59] Nesse caso, a natureza dos dados é indiscutivelmente sensível ("dado pessoal sobre origem racial ou étnica, convicção religiosa, opinião política, filiação a sindicato ou a organização de caráter religioso, filosófico ou político, *dado referente à saúde ou à vida sexual*, dado genético ou biométrico, quando vinculado a uma pessoa natural").[60] Além disso, espera-se que uma clínica médica utilize boas práticas de login, senha e transmissão criptografada de informação em sua plataforma. A expectativa de segurança é proporcionalmente *mais alta* em razão da natureza dos impactos que se podem acarretar a disseminação de informações de saúde, notoriamente relacionadas a casos de discriminação em ambientes sociais (*e.g.* discriminação entre vizinhos) e repercussões trabalhistas e de impacto ao empreendedorismo,[61] não obstante as vedações legais a tais práticas discriminatórias.

Essa alta expectativa de segurança, analisada contextualmente a partir desses critérios, somada a uma análise sobre a natureza da atividade exercida (*e.g.* operar economicamente no mercado de exames laboratoriais sobre doenças com alto grau

---

59. Caso semelhante ocorreu em caso julgado na 5ª Câmara de Direito Público do Tribunal de Justiça de São Paulo, envolvendo a Prefeitura Municipal de Bauru. A Prefeitura alegou que os dados sensíveis expostos em plataforma digital de saúde não foram acessados por terceiros de forma indistinta, pois alguém detinha as informações pessoais da autora da ação, que dava acesso ao site. A Prefeitura argumentou que não haveria dano moral presumido, pois a municipalidade não poderia controlar e ser responsável pelos atos praticados por terceiros. Argumentou também que o caso não deveria ser analisado sob enfoque da teoria objetiva, ainda que sob o prisma da teoria do risco administrativo e que o caso concreto demandaria "apuração sob o critério subjetivo e nesta seara não restou demonstrada qualquer culpa do Município". O Tribunal de Justiça de São Paulo obviamente não acatou tal argumentação e reconheceu que, nos termos do parágrafo 6º do artigo 37 da Constituição Federal, a responsabilidade civil do Estado é apurada de maneira objetiva, independentemente de culpa ou dolo dos agentes que causaram dano ("As pessoas jurídicas de direito público e as de direito privado prestadoras de serviços públicos responderão pelos danos que seus agentes, nessa qualidade, causarem a terceiros, assegurado o direito de regresso contra o responsável nos casos de dolo ou culpa"). Segundo acórdão, a responsabilidade do risco administrativo visa colocar o cidadão em situação de menor fragilidade frente à administração pública, evitando-se abusos intoleráveis no Estado Democrático de Direito. TJSP, Apelação Cível n. 10166844-03.2020.8.26.0068, Rel. Heloísa Mimessi, 05 de julho de 2021.

60. Caitlin Mulholland identifica, no princípio da não discriminação, a "justificativa basilar" para a tutela rigorosa dos dados sensíveis: "A vedação ao tratamento discriminatório e abusivo é o ponto essencial para identificar os limites ao uso de dados sensíveis". MULHOLLAND, Caitlin. Responsabilidade civil por danos causados pela violação de dados sensíveis e a Lei Geral de Proteção de Dados Pessoais. In: MARTINS, Guilherme Magalhães; ROSENVALD, Nelson (Coord.). *Responsabilidade civil e novas tecnologias*. Indaiatuba: Foco, 2020, p. 205.

61. Há casos onde a divulgação de informação de uma pessoa ser portadora do vírus HIV trouxe "constrangimento, sobretudo no ambiente de trabalho, considerando desempenhar atividade de manicure, com diminuição de clientela". TJSP, Apelação Cível 1019015-01.2017.8.26.0404, Rel. Nilton Santos Oliveira, 3ª Câmara de Direito Privado, Julgado em 06 de maio de 2019.

de estigmatização[62], tratando dados pessoais sensíveis) deve implicar – na alternativa dogmática aqui proposta – um regime de responsabilidade civil objetiva, inviabilizando qualquer argumento que seja centrado em culpa como critério de análise jurídica, independentemente da aplicação do art. 45 da LGPD.

CONCLUSÃO

Qual a vantagem desse tipo de proposta dogmática para interpretação do art. 44 da LGPD, dentro da sistemática de responsabilidade civil instaurada pela legislação? Em síntese, não se trataria somente de observar o *standard* esperado num modelo de responsabilização proativa.[63] Tampouco seria o caso de considerar que o ilícito de tratamento irregular demandaria uma análise casuística sobre conduta lesiva do agente, considerando a natureza distinta desse ilícito em comparação com outros na LGPD.[64] Ao aplicar esse teste triplo na interpretação de ilícitos do art. 44 da LGPD (*avaliação sobre a natureza dos dados envolvidos, avaliação sobre expectativa de segurança esperada e avaliação sobre risco criado pela atividade econômica*), podem-se separar casos distintos, mantendo a proposta de responsabilidade civil subjetiva para casos onde os dados são triviais, a expectativa de segurança é de baixa intensidade e as atividades não são, por natureza, atreladas ao art. 927 do Código Civil. Isso para os casos onde não há relação de consumo, por aplicação óbvia do regime do Código de Defesa do Consumidor.[65]

Ao mesmo tempo, de acordo com o teste proposto, atividades econômicas intrinsecamente associadas a uma noção de alto risco, em razão da natureza da operação dos dados pessoais envolvidos (*e.g.* empresa de registro e armazenamento de dados pessoais biométricos que presta serviços a grandes farmácias no Brasil), ligadas também às expectativas de segurança dos titulares dos dados, considerando o contexto de produção desses dados pessoais e a probabilidade de impactos discri-

---

62. É abundante a literatura sobre estigmatização entre portadores de HIV. Ver, como exemplos, NAUGHTON, Jessie D.; VANABLE, Peter A. HIV stigmatization among healthcare providers: review of the evidence and implications for HIV care. *Stigma, discrimination and living with HIV/AIDS*, [S.l], p. 97-114, 2013. CALIARI, Juliano de Souza et al. Factors related to the perceived stigmatization of people living with HIV. *Revista da Escola de Enfermagem da USP*, São Paulo, v. 51, 2017. LIEBER, Eli et al. HIV/STD stigmatization fears as health-seeking barriers in China. *AIDS and Behavior*, [S.l], v. 10, n. 5, p. 463-471, 2006.

63. BODIN DE MORAES, Maria Celina; QUEIROZ, João Quinelato de. Autodeterminação informativa e responsabilização proativa: novos instrumentos de tutela da pessoa humana na LGPD. In: *Proteção de dados pessoais:* privacidade versus avanço tecnológico. Rio de Janeiro: Fundação Konrad Adenauer, outubro 2019.

64. BIONI, Bruno; DIAS, Daniel. Responsabilidade civil na LGPD: construção do regime por meio de interações com o CDC. In: MIRAGEM, Bruno; MARQUES, Claudia Lima; MAGALHÃES, Lucia Ancona (Coord.). *Direito do Consumidor*: 30 anos do CDC. Da consolidação como direito fundamental aos atuais desafios da sociedade. Rio de Janeiro: Forense, 2021, p. 497-501.

65. TASSO, Fernando. A responsabilidade civil na Lei Geral de Proteção de Dados e sua interface com o Código Civil e o Código de Defesa do Consumidor, *Cadernos Jurídiocs da Escola Paulista de Magistratura*, São Paulo, ano 21, n. 53, jan./mar. 2020, p. 109-113.

minatórios ou efeitos adversos abusivos, trazem, para si, a aplicação da responsabilidade civil objetiva. A aplicabilidade da substância da regra da cláusula geral de risco da atividade afasta a aplicabilidade das excludentes previstas no art. 43 da LGPD, uma compreensão com muitas consequências com relação ao dever de indenizar.[66] Diferentemente do modelo proposto por Caitlin Mulholland, o risco intrínseco não seria sempre presumido em incidentes de segurança,[67] mas seria ponderado a partir de um teste objetivo que não se confunde com avaliação de culpa.

Longe de ser a única forma de aplicar o art. 44 da LGPD, esta é apenas uma entre muitas formas de ler o dispositivo. Algumas foram descritas pelos modelos teóricos apresentados neste artigo, que se sustentam em premissas jurídicas distintas. Outras ainda poderão ser criadas e desenvolvidas nos próximos anos, até serem efetivamente testadas e consagradas nos Tribunais de Justiça.

---

66. Esse ponto é bem observado por Alexandre Pereira Bonna: "Quanto à excludente de culpa de terceiro, é imprescindível que no momento de o juiz analisa-la tenha em mente que a cláusula geral do risco da atividade (art. 927, parágrafo único) tem como uma de suas funções a de afastar determinadas excludentes por considerar que as mesmas estão dentro do círculo de riscos inerentes à atividade. Nessa linha, trovoadas e ventanias não afastam o dever de indenizar de companhias aéreas, nem assalto em agência bancária rompem o nexo causal entre o dano e a atividade do banco. Por esse motivo, deve-se ter prudência diante da prática do *profiling* no sentido de avaliar que embora o vazamento ou manipulação de danos tenha sido feita por terceiro com quem o consumidor não possui relação contratual, é possível que a atuação desse terceiro (outros sites, aplicativos e plataformas digitais parceiras) esteja atrelada à atividade do fornecedor do serviço perante o consumidor. Por exemplo, é possível que o site Mercado Livre tenha todos os dados de uma pessoa X, porém, ao permitir que a empresa Y faça uma auditoria em seu banco de dados, esta se aproveita para vende-los ou manipula-los de alguma forma. Aqui estará configurado o dever de indenizar mesmo que abstratamente exista culpa de terceiro, à luz do risco da atividade, tal como um restaurante P terá obrigação de indenizar o cliente Z que passou mal por conta de a carne adquirida ter vindo estragada do fornecedor B". BONNA, Alexandre Pereira. Dados pessoais, identidade virtual e a projeção da personalidade. In: MARTINS, Guilherme Magalhães; ROSENVALD, Nelson (Coord.). *Responsabilidade civil e novas tecnologias*. Indaiatuba: Foco, 2020, p. 75-76.

67. Referindo-se ao art. 44 da LGPD, diz Mulholland: "Parece que o legislador quis identificar nessa hipótese situações danosas que decorrem especificamente de incidentes de segurança que são, por sua vez, acontecimentos que se relacionam ao risco inerente ao desenvolvimento da atividade de tratamento de dados, como vazamentos não intencionais e invasão de sistemas e bases de dados por terceiros não autorizados. Neste sentido, esses riscos devem ser necessariamente situados como intrínsecos à atividade de tratamento de dados e, portanto, considerados, em última análise, como hipótese de fortuito interno, incapazes de afastar a obrigação dos agentes de tratamento de indenizar os danos causados pelos incidentes". MULHOLLAND, Caitlin. Responsabilidade civil por danos causados pela violação de dados sensíveis e a Lei Geral de Proteção de Dados Pessoais. In: MARTINS, Guilherme Magalhães; ROSENVALD, Nelson (Coord.). *Responsabilidade civil e novas tecnologias*. Indaiatuba: Foco, 2020, p. 223.

Guilherme Magalhães Martins

Art. 45. As hipóteses de violação do direito do titular no âmbito das relações de consumo permanecem sujeitas às regras de responsabilidade previstas na legislação pertinente.

1. RESPONSABILIDADE CIVIL NAS RELAÇÕES DE CONSUMO E A LGPD

A responsabilidade civil se revela como um dos mais difíceis ramos do Direito Civil, não podendo ser desconsiderado que o crescimento qualitativo e quantitativo dos chamados "novos danos", trazidos pela idade da técnica, não pode ser desvinculado da necessidade de proteção do sujeito-vítima, razão de ser de todas as intervenções legislativas na matéria.[1]

O foco da responsabilidade civil volta-se da culpa para o dano, em virtude da insuficiência de um sistema de responsabilidade civil baseado na reprovabilidade da conduta do autor do fato.

Os dados pessoais, aponta Frank Pasquale, têm sido usados por governos e grandes *players* econômicos para a criação daquilo que denomina *one-way mirror,* possibilitando que tais agentes saibam tudo dos cidadãos, enquanto estes nada sabem acerca dos primeiros. Tudo isso acontece por meio de um monitoramento e vigília constantes sobre cada passo da vida das pessoas, levando a um capitalismo de vigilância e a uma sociedade de vigilância. [2]

Ganhou dimensões políticas o escândalo da *Cambridge Analytica.* Baseado em uma cláusula do *Facebook,* a empresa britânica foi acusada de pagar pequenas quantias para alguns milhares de usuários preencherem um formulário em um aplicativo, tendo acesso a seus dados e, inclusive, de todos os seus *amigos* na rede social, totalizando mais de 87 milhões de internautas. Com suas preferências, que foram indevidamente utilizadas, por intermédio de uma autorização colhida por meio tortuoso, supostamente foram influenciadas decisões políticas no Brexit e na eleição presidencial norte-americana de 2016.

Independentemente da comprovação da efetiva influência do escândalo *Cambridge Analytica* nas eleições norte-americanas, os efeitos documentados no mercado de dados pessoais podem ter significativas consequências num futuro próximo,

---

1. RODOTÀ, Stefano. *Il problema della responsabilità civile*. Milano: Giuffrè, 1966. p. 16-17.

2. PASQUALE, Frank. *The Black Box Society*: the secret algorithms that control money and information. Cambridge: Harvard University Press, 2015. p. 9.

havendo a necessidade de regulação e transparência sobre a propaganda política, bem como medidas de proteção. A assimetria entre as partes pode dar lugar a todo tipo de manipulação.[3]

O capitalismo de vigilância unilateralmente demanda a experiência humana como material bruto a ser traduzido em dados comportamentais. Alguns desses dados são aplicados para melhorar produtos ou serviços, o restante é declarado um excedente comportamental, alimentado por meio de avançados processos de manufatura denominados inteligência artificial, fabricados por intermédio de processos de predição de comportamentos que antecipam o que o usuário irá fazer agora, logo e mais tarde. Finalmente, esses produtos baseados na predição são objeto de negócios em um espaço que a autora Shoshana Zuboff denomina *mercados de futuros comportamentais*.[4]

É conhecido o caso de uma grande empresa varejista norte-americana que, mediante o uso do Big Data, passou a inferir a probabilidade de gravidez de suas consumidoras, inclusive o estágio em que se encontra, por meio da verificação dos produtos habitualmente adquiridos. Assim, utilizou-se a informação para direcionar produtos de acordo com sua fase de gravidez. Este exemplo permite identificar o modo como se utilizam os dados pessoais no mercado de consumo, determinando um padrão que ensejará uma repetição no futuro, com publicidade direcionada.[5]

No entanto, o uso dessas informações pode ser nocivo. Por exemplo, se tais informações forem passadas para os laboratórios para aumentarem o preço de determinado medicamento; ou, em razão do histórico da navegação do usuário, tais informações forem passadas para a seguradora calcular o risco. Para o Direito Digital, a prática denominada *profiling* (ou "perfilização", como se convencionou denominar em português)[6] possui grande importância, pois reflete uma faceta

---

3. FRAZÃO, Ana. Objetivos e alcance da Lei Geral de Proteção de Dados. In: TEPEDINO, Gustavo; FRAZÃO, Ana; OLIVA, Milena Donato (Coord.). *Lei geral de proteção de dados pessoais e suas repercussões no Direito Brasileiro*. 2. ed. São Paulo: Thomson Reuters Brasil, 2020. p.108-109.

4. ZUBOFF, Shoshana. *The Age of Surveillance Capitalism*: The Fight for a Human Future at the New Frontier of Power. Nova York: PublicAffairs, 2018, pos. 188 (*e-book*).

5. MIRAGEM, Bruno. A Lei Geral de Proteção de Dados (Lei 13.709/2018) e o direito do consumidor. In: MARTINS, Guilherme Magalhães; ROSENVALD, Nelson (Coord.). *Responsabilidade civil e novas tecnologias*. Indaiatuba: Foco, 2020. p.57.

6. A tradução do termo é colhida das Ciências Criminais, como explica Tálita Heusi: "O perfilamento criminal (*criminal profiling*, em inglês), também tem sido denominado de: perfilagem criminal, perfilamento comportamental, perfilhamento de cena de crime, perfilamento da personalidade criminosa, perfilamento do ofensor, perfilamento psicológico, análise investigativa criminal e psicologia investigativa. Por conta da variedade de métodos e do nível de educação dos profissionais que trabalham nessa área, existe uma grande falta de uniformidade em relação às aplicações e definições desses termos. Consequentemente, os termos são usados inconsistentemente e indistintamente". HEUSI, Tálita Rodrigues. Perfil criminal como prova pericial no Brasil. *Brazilian Journal of Forensic Sciences, Medical Law and Bioethics*, Itajaí, v. 5, n. 3, p. 237, 2016. Sobre o tema, conferir, ainda, ZANATTA, Rafael A. F. Perfilização, Discriminação e Direitos: do Código de Defesa do Consumidor à Lei Geral de Proteção de Dados. *ResearchGate*. fev. 2019. Disponível em: https://bit.ly/3hQe5wM. Acesso em: 15 jun. 2023.

da utilização dos algoritmos que, empregados nos processos de tratamento de grandes acervos de dados (*Big Data*), propiciam o delineamento do "perfil comportamental" do indivíduo, que passa a ser analisado e objetificado a partir dessas projeções.

Na Lei Geral de Proteção de Dados, dispositivo bastante tímido, inserido em um único parágrafo do artigo que cuida da anonimização de dados (artigo 12, § 2°), conceitua a referida prática: "Poderão ser igualmente considerados como dados pessoais, para os fins desta Lei, aqueles utilizados para formação do perfil comportamental de determinada pessoa natural, se identificada".[7]

O objetivo de determinadas redes sociais, como o Facebook, anota Marta Peirano, é converter cada pessoa viva em uma célula de sua base de dados, para poder enchê-la de informação. Sua política é acumular a maior quantidade possível dessa informação para vendê-la ao melhor licitante. Somos o produto. Mas a atitude de seus milhões de usuários tem sido aceitá-lo. Não há banalidade do mal, a não ser, nas palavras da autora, a banalidade da comodidade do mal.[8]

A *dataveillance* (vigilância de dados) pode interferir na autonomia das pessoas – ou seja, na sua capacidade de autodeterminação individual- mediante a criação de perfis e a utilização de técnicas de filtragem, de artimanhas de induzimento ou sugestionamento que se valem até mesmo de desinformação. Isso pode influenciar e modificar o comportamento, levando as pessoas a fazer escolhas que não fariam normalmente, de modo a colocar em risco a própria democracia. Conhecer as fragilidades de uma pessoa pode ser utilizado de diversas formas, em especial para induzi-la a fazer algo que normalmente não faria.[9]

A jurisprudência já se debruçou sobre o tema, tendo o Superior Tribunal de Justiça, em decisão paradigmática, no julgamento do Recurso Especial 1.457.199-RS[10], verificado os riscos do *score* de crédito praticado pelas instituições financeiras, levando à delimitação de perfis sem qualquer filtro ético, nas mãos do controlador e operador do tratamento de dados, gerando situações extremamente deletérias ao corpo eletrônico.[11]

---

7. Acerca do tema, confira-se MARTINS, Guilherme Magalhães; LONGHI, João Victor Rozatti; FALEIROS, José Luiz de Moura Júnior. *Migalhas de Peso*. A pandemia da covid-19, o "profiling" e a Lei Geral de Proteção de Dados. 28 abr. 2020. Disponível em: https://www.migalhas.com.br/depeso/325618/a-pandemia-da-covid-19-o-profiling-e-a-lei-geral-de-protecao-de-dados. Acesso em: 15 jun. 2023.

8. PEIRANO, Marta. *El enemigo conoce el sistema*: manipulación de datos, personas y influencias después de la Economia de la atención. Barcelona: Penguin Random House, 2019. p. 16 (*e-book*).

9. BUSATTA, Eduardo. *Dados pessoais e reparação civil*. Rio de Janeiro: Forense, 2024. p. 119-120.

10. STJ, REsp 1.457.199-RS, Rel. Min. Paulo de Tarso Sanseverino, j. 12.11.2014

11. MARTINS, Guilherme Magalhães. Responsabilidade civil, acidente de consumo e a proteção do titular de dados na Internet. In: FALEIROS JÚNIOR, José Luiz de Moura; LONGHI, João Victor Rozatti; GUGLIARA, Rodrigo (Coord.). *Proteção de dados pessoais na sociedade da informação*; entre dados e danos. Indaiatuba: Foco, 2021. p. 83.

O artigo 45 da Lei 13.709/2018 remete à legislação especial, no caso o Código de Defesa do Consumidor, sempre que presentes os seus pressupostos de aplicação, a partir dos conceitos de consumidor (artigos 2º, *caput* e parágrafo único, 17 e 29, Lei 8.078/1990) e fornecedor (artigo 3º, Lei 8.078/1990). A defesa do consumidor aparece como princípio da disciplina da proteção de dados pessoais no artigo 2º, VI, da Lei 13.709/2018, lado a lado com a livre iniciativa e a livre concorrência. Esta última norma reforça a harmonização dos interesses dos participantes das relações de consumo e compatibilização da proteção do consumidor com a necessidade de desenvolvimento econômico e tecnológico, de modo a viabilizar os princípios nos quais se funda a ordem econômica (artigo 170 da Constituição da República), sempre com base na boa-fé e equilíbrio nas relações entre consumidores e fornecedores.

A responsabilidade civil, no âmbito das relações de consumo, é objetiva, por expressa menção legal, conforme os artigos 12 e 14 do Código de Defesa do Consumidor, a partir da adoção da teoria do risco criado. Conforme o artigo 12 da Lei 8.078/1990, "o fabricante, o produtor, o construtor, nacional ou estrangeiro, e o importador respondem, independentemente da existência de culpa, pela reparação dos danos causados aos consumidores por defeitos decorrentes de seus projetos", posição essa também assumida no artigo 14, relativo à prestação de serviços. Basta ao consumidor, portanto, a prova do dano e do nexo causal, tendo sido aquela norma fortemente inspirada na Diretiva 85/374/CEE.[12]

Além de aludir à segurança legitimamente esperada, que o consumidor pode esperar, no artigo 14, § 1º, o Código de Defesa do Consumidor dá relevância à potencialidade de produtos e serviços que possam ser nocivos à saúde e segurança dos consumidores, exigindo informação clara e adequada, além de proibir a colocação no mercado de tais produtos e serviços quando o fornecedor sabe ou deveria saber de tais circunstâncias (arts. 8º, 9º e 10, Lei 8.078/1990).[13]

A diferença mais importante entre os regimes da LGPD e do CDC está na amplitude das hipóteses de responsabilidade solidária. Enquanto na LGPD o reco-

---

12. MARTINS, Guilherme Magalhães. *Responsabilidade civil por acidente de consumo na Internet*. 3.ed. São Paulo: Revista dos Tribunais, 2020. p. 129. Em importante precedente coletivo, relacionado à biometria na Linha 4 do Metrô de São Paulo, o Tribunal de Justiça de São Paulo considerou a responsabilidade objetiva (TJ-SP, ACP 1090663-42.2018.8.26.0100, 37ª Vara Cível – Foro Central Cível, j.07.05.2021). A ementa é a seguinte: "Proibição da coleta e tratamento de imagens e dados biométricos tomados, sem prévio consentimento, de usuários das linhas de metrô da Linha 4. A ré confessa que há detecção da imagem dos usuários, usada para fins estatísticos, mediante o uso de algoritmos computacionais. CDC, publicidade enganosa e abusiva – métodos comerciais coercitivos ou desleais – art. 6º, III e IV. Art. 31, CDC, informações corretas, claras, precisas, ostensivas. Danos morais coletivos arbitrados em R$ 100.000,00".

13. CHINELLATO, Silmara Juny de Abreu. Da responsabilidade civil no Código de 2002. Aspectos fundamentais. Tendências do direito contemporâneo. In: TEPEDINO, Gustavo; FACHIN, Luiz Edson (Coord.). *O Direito e o Tempo*: embates jurídicos e utopias contemporâneas. Estudos em homenagem ao professor Ricardo Pereira Lira. Rio de Janeiro: Renovar, 2008. p. 959-960.

ART. 45 — COMENTÁRIOS À LEI GERAL DE PROTEÇÃO DE DADOS PESSOAIS (LEI 13.709/2018)

nhecimento da responsabilidade solidária se submete ao artigo 42, § 1°[14], a responsabilidade nas relações de consumo, em regra, é solidária (Lei 8.078/90, artigo 7°, parágrafo único, combinado com o artigo 25, §§ 1° e 2°), facilitando a reparação do dano sofrido pelo consumidor.[15]

Convém não olvidar que se a proteção de dados como um direito fundamental, em virtude da norma do artigo 5°, LXXIX, da Constituição da República, inserido pela Emenda Constitucional 115/2022, em cujos termos "é assegurado, nos termos da lei, o direito à proteção dos dados pessoais, inclusive nos meios digitais". Mesmo anteriormente à Emenda Constitucional 115/2022, nos dias 06 e 07 de maio de 2020, o Supremo Tribunal Federal proferiu decisão histórica ao reconhecer um direito fundamental autônomo à proteção dos dados pessoais, referendando a medida cautelar nas Ações Diretas de Inconstitucionalidade 6.387, 6.388, 6389, 6.393 e 6.390, suspendendo a aplicação da Medida Provisória 954/2018.

Por dez votos a um, o julgamento do Plenário do Supremo Tribunal Federal confirmou decisão monocrática da Ministra Rosa Weber, que deferiu a medida cautelar requerida pelo Conselho Federal da Ordem dos Advogados do Brasil, para suspender o inteiro teor da Medida Provisória 954, de 17 de abril de 2020, de cuja súmula se lê:

> dispõe sobre o compartilhamento de dados por empresas de telecomunicações prestadoras de Serviço Telefônico Fixo Consultado e de Serviço Móvel Pessoal com a Fundação Instituto Brasileiro de Geografia e Estatística, para fins de suporte à produção estatística oficial durante a situação de emergência da saúde pública de importância internacional decorrente do coronavírus (COVID-19), de que trata a Lei 13.979, de 06 de fevereiro de 2020.

A mencionada decisão, que consolidou o dado pessoal como merecedor de tutela constitucional, reconheceu que não há dados pessoais neutros ou insignificantes no atual contexto, tendo em vista a formação de perfis informacionais de grande valia para o mercado e para o Estado, inexistindo, portanto, dados insignificantes, consoante o voto da Ministra Cármen Lúcia.[16]

---

14. Lei 13.709/2018," art. 42 (...) § 1° A fim de assegurar a efetiva indenização ao titular dos dados: I – o operador responde solidariamente pelos danos causados pelo tratamento quando descumprir as obrigações da legislação de proteção de dados ou quando não tiver seguido as instruções lícitas do controlador, hipótese em que o operador equipara-se ao controlador, salvo nos casos de exclusão previstos no art. 43 desta Lei; II – os controladores que estiverem diretamente envolvidos no tratamento do qual decorreram danos ao titular dos dados respondem solidariamente, salvo nos casos de exclusão previstos no art. 43 desta Lei"

15. SCHREIBER, Anderson. Responsabilidade civil da Lei Geral de Proteção de Dados Pessoais. In: MENDES, Laura Schertel; DONEDA, Danilo; SARLET, Ingo Wolfgang; RODRIGUES JR., Otavio Luiz; BIONI, Bruno (Coord.). *Tratado de proteção de dados pessoais*. Rio de Janeiro: Forense, 2021. p. 335.

16. MENDES, Laura Schertel. Decisão histórica do STF reconhece direito fundamental à proteção de dados pessoais. *Jota*, 10 maio 2020. Disponível em: https://www.jota.info/opini ao-e-analise/artigos/decisao-historica-do-stf-reconhece-direito-fundamental-a-protecao-de-dados-pessoais-1005 2020. Acesso em: 15 jun. 2023.

Mas não se trata de regimes excludentes, devendo haver um diálogo de fontes entre a Lei Geral de Proteção de Dados (mais específica) e o Código de Defesa do Consumidor (lei geral), em relação à tutela dos direitos do consumidor-titular.

As normas da LGPD sobre a responsabilidade civil dos agentes de tratamento de dados pessoais são justificadas por alguns princípios em especial: segurança (art. 6º, VII), prevenção (art. 6º, VIII) e responsabilização e prestação de contas (art. 6º, X), sendo o debate complementado pelo artigo 46 e seguintes, que versam sobre a segurança de dados, governança e sanções administrativas adequadas em caso de incidentes. [17]

Deve ser mencionado ainda o princípio da transparência (art. 6º, VI), que garante a clareza, precisão e acessibilidade a informações de como os dados pessoais são tratados, assim como sobre aqueles que tratam tais dados[18], encontrando-se intimamente ligado à informação, direito básico do consumidor, consoante o artigo 6º, III, da Lei 8.078/1990.

Como já decidiu o Superior Tribunal de Justiça, em importante precedente(REsp 2133261/SP, 3ª turma, D.J. 10.10.2024, rel. Min. Nancy Andrighi), "a inobservância dos deveres associados ao tratamento (que inclui a coleta, o armazenamento e a transferência a terceiros) dos dados do titular- dentre os quais se inclui o dever de informar – faz nascer para este a pretensão de indenização pelos danos causados e a de fazer cessar, imediatamente, a ofensa aos direitos da personalidade(...) a disponibilização indevida de dados pessoais pelos bancos de dados para terceiros caracteriza dano moral presumido (*in re ipsa*) ao cadastrado titular dos dados, diante, sobretudo, da forte sensação de segurança por ele experimentada. O gestor de banco de dados que disponibiliza para terceiros consulentes o acesso aos dados do cadastrado que somente poderiam ser compartilhados entre banco de dados – com as informações cadastrais – deve responder objetivamente.

2. A RESPONSABILIDADE OBJETIVA NA LGPD COMO REGRA GERAL

Caminhando além, numa interpretação sistemática do artigo 45 com o artigo 42[19], deve ser afirmada como regra geral na Lei Geral de Proteção de Dados a respon-

---

17. MULHOLLAND, Caitlin. A LGPD e o fundamento da responsabilidade civil dos agentes de tratamento de dados pessoais: culpa ou risco? *Migalhas de Responsabilidade Civil*, 30 jun. 2020. Disponível em: https://www.migalhas.com.br/coluna/migalhas-de-responsabilidade-civil/329909/a-lgpd-e-o-fundamento-da--responsabilidade-civil-dos-agentes-de-tratamento-de-dados-pessoais--culpa-ou-risco. Acesso em: 15 jun. 2023.

18. CHINELLATO, Silmara Juny de Abreu; MORATO, Antonio Carlos. Direitos básicos de proteção de dados pessoais, o princípio da transparência e a proteção dos direitos intelectuais. In: MENDES, Laura Schertel; DONEDA, Danilo; SARLET, Ingo Wolfgang; RODRIGUES JR., Otavio Luiz; BIONI, Bruno Ricardo (Coord.). *Tratado de proteção de dados pessoais*. Rio de Janeiro: Forense, 2020, p. 641-642.

19. Consoante prevê o Artigo 42 da Lei 13.709/2018, "O controlador ou o operador que, em razão do exercício de atividade de tratamento de dados pessoais, causar a outrem dano patrimonial, moral, individual ou coletivo, e violação à legislação de proteção de dados pessoais, é obrigado a repará-lo".

sabilidade objetiva dos agentes de tratamento, ou seja, o controlador e o operador, tendo em vista o risco da atividade. Tal conclusão decorre do artigo 927, parágrafo único, do Código Civil, que estabelece que haverá obrigação de indenizar o dano, independentemente de culpa, nos casos especificados em lei, ou, como é a hipótese da proteção de dados pessoais, quando a atividade normalmente desenvolvida pelo autor do dano implicar, por sua natureza, risco para os direitos de outrem. Tal norma se aplica aos danos ocorridos em qualquer fase do processamento de dados pessoais.[20]

O principal e mais importante efeito do princípio da solidariedade social (artigo 3º, I, da Constituição da República) na matéria é a imputação objetiva da responsabilidade civil, ampliando o campo de reparação, de modo a facilitar a vida da vítima, melhor diluindo os riscos por todo o tecido social.[21] A valorização da pessoa humana leva os cidadãos a exigir sempre mais do Estado-providência, de modo que a culpa, nas palavras de Patrice Jourdain, "como fundamento único da responsabilidade civil, se torna então uma veste demasiado apertada para indenizar todas as vítimas".[22]

Insuficiente, ao contrário do que defende parte da doutrina, a aplicação de uma culpa normativa, em face do histórico declínio da culpa, projetando-se a indenização de danos como o objetivo principal da responsabilidade civil, lado a lado com a evolução do risco, na doutrina e jurisprudência[23], abrangendo, nos limites daquele dispositivo, a atividade individual.

Por mais que a culpa tenha evoluído da concepção moral ou psicológica à concepção normativa, as dificuldades na sua comprovação mais se assemelham, para as vítimas, a um edifício cheio de portas e janelas trancadas, em face dos cada vez mais frequentes vazamentos de dados, ou, em linguagem mais técnica, incidentes de segurança.[24]

---

20. CHINELLATO, Silmara Juny de Abreu; MORATO, Antonio Carlos. Direitos básicos de proteção de dados pessoais, o princípio da transparência e a proteção dos direitos intelectuais. In: MENDES, Laura Schertel; DONEDA, Danilo; SARLET, Ingo Wolfgang; RODRIGUES JR., Otavio Luiz; BIONI, Bruno Ricardo (Coord.). *Tratado de proteção de dados pessoais*. Rio de Janeiro: Forense, 2020. p. 655.

21. DE CUPIS, Adriano. *El daño*. Teoría general de la responsabilidad civil. 2. ed. Tradução de Angel Martínez Sarrión. Barcelona: Bosch, 1975. p. 191.

22. JOURDAIN, Patrice. *Les príncipes de la responsabilité civile*. 6. ed. Paris: Dalloz, 2003. p. 10-11.

23. VINEY, Geneviève. *Droit Civil*. Introduction à la responsabilité. 2. ed. Paris: LGDJ, 1995. p. 80-83. Para Alvino Lima, "dentro do critério da responsabilidade fundada na culpa não era possível resolver um sem--número de casos, que a civilização moderna criava ou evitara; imprescindível se tornara, para a solução do problema da responsabilidade extracontratual, afastar-se do elemento moral, da pesquisa psicológica, do íntimo do agente, ou da possibilidade de previsão ou de diligência, para colocar a questão sob um aspecto até não encarado devidamente, isto é, sob o ponto de vista exclusivo da reparação do dano. O fim por atingir é exterior, objetivo, de simples reparação, e não interior e subjetivo, como na imposição de pena. Os problemas da responsabilidade são tão-somente os problemas de reparação de perdas. O dano e a reparação não devem ser aferidos pela medida da culpabilidade, mas devem emergir do fato causador da lesão a um bem jurídico, a fim de se manterem incólumes os interesses em jogo, cujo desequilíbrio é manifesto, se ficarmos dentro dos estreitos limites de uma responsabilidade subjetiva". LIMA, Alvino. *Culpa e risco*. 2. ed. São Paulo: Revista dos Tribunais, 1998. p. 115-116.

24. Fundamental lembrar os termos do Enunciado 38, aprovado na I Jornada de Direito Civil do Conselho da Justiça Federal: "A responsabilidade fundada no risco da atividade, como prevista na segunda parte

Gera insegurança e soa um retrocesso, nos dias de hoje, afirmar que a Lei Geral de Proteção de Dados pode implicar responsabilidade geral subjetiva, em virtude da parte final do artigo 42, que alude ao dano causado "em violação à legislação de proteção de danos pessoais", expressão essa que não pode ser vista restritivamente em sua interpretação literal, mas, sim, de forma mais ampla, dentro de um sistema, em consonância com a mencionada regra do artigo 927, parágrafo único, do Código Civil, prestigiando a superação do modelo individualista liberal.

A responsabilidade se transfere do indivíduo ao grupo, pelo viés dos organismos sociais[25]; o regime subjetivo, pela sua dificuldade probatória, criou injustiças no passado, fazendo com que todos os danos recaíssem sobre os ombros da vítima. O argumento econômico, por si só, no sentido de que adoção do regime objetivo ampliaria o número de demandas ressarcitórias, inibindo o desenvolvimento, retirando a atratividade no desenvolvimento de novas tecnologias de tratamento de dados no Brasil, não convence, pois a história demonstrou que a objetivação da responsabilidade em nada obstou a evolução tecnológica.[26]

Os danos decorrentes dos incidentes de segurança que se relacionam ao risco inerente ao desenvolvimento de atividade de tratamento de dados, como vazamentos não intencionais e invasão de sistemas e bases de dados por terceiros não autorizados, devem ser situados como riscos intrínsecos à atividade de tratamento de dados, e considerados como fortuito interno, não podendo ser afastada a obrigação de indenizar dos agentes de tratamento em virtude de tais fatos.[27]

Em diversas oportunidades, a Lei 13.709/2018 alude à expressão "risco". Tal ocorre no artigo 5º, XVII, que define o relatório de impacto à proteção de dados pessoais, em função dos *riscos às liberdades civis e aos direitos fundamentais*; o mesmo pode ser dito em relação ao artigo 48, § 1º, IV, que remete ao incidente de segurança, que possa acarretar *risco* ou dano relevante aos titulares, caso em que a comunicação à Autoridade Nacional e ao titular deverá envolver *os riscos relacionados ao incidente*. Outra referência ao risco pode ser encontrada no artigo 44, II, da Lei 13.709/2018, que estabelece que o tratamento de dados pessoais será irregular quando não fornecer

---

do parágrafo único do artigo 927 do novo Código Civil, configura-se quando a atividade normalmente desenvolvida pelo autor do dano causar a pessoa determinada um ônus maior do que aos demais membros da coletividade".

25. MARTINS, Guilherme Magalhães. Risco, solidariedade e responsabilidade civil. In: MARTINS, Guilherme Magalhães (Coord.). *Temas de responsabilidade civil*. Rio de Janeiro: Lumen Juris, 2012. p. X.

26. BODIN DE MORAES, Maria Celina. LGPD: um novo regime de responsabilização civil dito "proativo". *Civilistica.com*, Rio de Janeiro, Editorial, ano 8, n. 3, 2019. Disponível em: http://civilistica.com/lgpd-um--novo-regime/. Acesso: 20 set. 2021. p. 4.

27. MULHOLLAND, Caitlin. A LGPD e o fundamento da responsabilidade civil dos agentes de tratamento de dados pessoais: culpa ou risco? *Migalhas de Responsabilidade Civil*, 30 jun. 2020. Disponível em: https://www.migalhas.com.br/coluna/migalhas-de-responsabilidade-civil/329909/a-lgpd-e-o-fundamento-da--responsabilidade-civil-dos-agentes-de-tratamento-de-dados-pessoais--culpa-ou-risco. Acesso em: 15 jun. 2023.

a segurança que o titular dele pode esperar, observadas as circunstâncias relevantes, dentre as quais o resultado e o risco que razoavelmente dele se esperam. Este dispositivo parece exprimir uma concepção adaptada de defeito (arts. 12, § 1º, e 14, § 1º, Lei 8.078/1990), numa visão sistêmica com as normas consumeristas.

A LGPD prevê ainda, expressamente, a competência dos órgãos de defesa do consumidor para atuar, mediante requerimento do titular dos dados, no caso de infração dos seus direitos pelo controlador (artigo 18, § 8º), bem como o dever de articulação entre a Autoridade Nacional de Proteção de Dados e outros órgãos titulares de competência afeta à proteção de dados, como é o caso dos órgãos de defesa do consumidor (artigo 55-K, parágrafo único). Outra norma a ser levada em conta é o artigo 64 da LGPD, que prevê expressamente que "os direitos e princípios expressos nesta Lei não excluem outros previstos no ordenamento jurídico pátrio relacionados à matéria ou nos tratados internacionais em que a República Federativa do Brasil seja parte".

Desponta, em tais normas, o princípio da precaução, voltado à eliminação prévia (anterior à produção do dano) dos riscos da lesão, por meio de normas específicas, impondo restrições aos agentes econômicos de maior potencial lesivo, que deverão ser proativos, a partir do conceito de prestação de contas (art. 6º, X, LGPD), lado a lado com uma fiscalização eficiente pelo poder público. Deve ser considerada sobretudo a natureza grave e irreversível de tais danos, que produzirão efeitos a longo prazo.[28]

---

28. VINEY, Geneviève; JOURDAIN, Patrice. *Traité de droit civil*. Les effets de la responsabilité. 2. ed. Paris: LGDJ, 2001. p. 21.

Pedro Modenesi

CAPÍTULO VII
DA SEGURANÇA E DAS BOAS PRÁTICAS
Seção I
Da Segurança e do Sigilo de Dados

Art. 46. Os agentes de tratamento devem adotar medidas de segurança, técnicas e administrativas aptas a proteger os dados pessoais de acessos não autorizados e de situações acidentais ou ilícitas de destruição, perda, alteração, comunicação ou qualquer forma de tratamento inadequado ou ilícito.

§ 1º A autoridade nacional poderá dispor sobre padrões técnicos mínimos para tornar aplicável o disposto no *caput* deste artigo, considerados a natureza das informações tratadas, as características específicas do tratamento e o estado atual da tecnologia, especialmente no caso de dados pessoais sensíveis, assim como os princípios previstos no *caput* do art. 6º desta Lei.

§ 2º As medidas de que trata o *caput* deste artigo deverão ser observadas desde a fase de concepção do produto ou do serviço até a sua execução.

1. PREMISSAS BÁSICAS

Nesta parte do livro, inicia-se o exame do Capítulo VII da Lei Geral de Proteção de Dados Pessoais (LGPD), que versa sobre segurança e boas práticas. Mais especificamente, será apreciada sua Seção I, que se dedica à segurança da informação e ao sigilo de dados pessoais. Os títulos dos capítulos e das seções das leis são o ponto de partida do processo hermenêutico legal, pois indicam os bens jurídicos protegidos. Relevante também é o primeiro artigo do texto legal, que explicita o objeto da lei e seu respectivo âmbito de aplicação.[1] Dessa forma, os presentes comentários serão focados nas medidas de segurança e de sigilo aptas a proteger "os direitos fundamentais de liberdade e de privacidade e o livre desenvolvimento da personalidade da *pessoa natural*" (grifou-se).[2]

Percebe-se claramente que o desígnio do instrumento legislativo, sob análise, é a promoção da cidadania e da dignidade da *pessoa humana* mediante a proteção de dados pessoais, que são definidos como a "informação relacionada a pessoa natural identificada ou identificável".[3]

---

1. Cf. art. 7º, Lei Complementar n. 95/1998.

2. Art. 1º, LGPD.

3. Art. 1º, II e III, CRFB; e art. 5º, I, LGPD.

A base axiológica constitucional da LGPD compõe-se pelos direitos fundamentais da privacidade, do sigilo das comunicações, do acesso à informação e do *habeas data*, todos previstos no art. 5º da Constituição da República (CRFB).[4]

No plano internacional, a privacidade é reconhecida como direito humano, desde 1948, na Declaração Universal de Direitos Humanos (art. XII), no Pacto Internacional sobre Direitos Civis e Políticos (art. 17), bem como na Convenção Americana sobre Direitos Humanos (art. 11, 2). Mais recentemente, no ano 2000, a Carta dos Direitos Fundamentais da União Europeia previu, ao lado da privacidade (art. 7º), o *direito fundamental à proteção de dados*, que "devem ser objecto de um tratamento leal, para fins específicos e com o consentimento da pessoa interessada ou com outro fundamento legítimo previsto por lei" (art. 8º) – o que bem ilustra a trajetória evolutiva do conceito de privacidade, que ensejou, na atual sociedade da informação, o direito autônomo à proteção de dados que não se baseia, como o anterior conceito, na rígida dicotomia entre as esferas pública e privada.

Particularmente no âmbito europeu, já em 1995, a Diretiva 95/46/CE dispunha sobre a proteção das pessoas naturais quanto ao tratamento de dados pessoais, a qual foi, em 2016, revogada pelo Regulamento (UE) 2016/679 (Regulamento Geral sobre a Proteção de Dados – RGPD), que tutela "os direitos e as liberdades fundamentais das pessoas singulares, nomeadamente o seu direito à proteção dos dados pessoais".[5]

A destacada importância da Seção I do Capítulo VII da LGPD é evidente, pois segurança e sigilo são indispensáveis para uma efetiva proteção de dados. A indissociável relação entre os conceitos é reconhecida pelo RGPD, que define violação de dados pessoais como "uma *violação da segurança* que provoque, de modo acidental ou ilícito, a destruição, a perda, a alteração, a divulgação ou o acesso, não autorizados, a dados pessoais (...)" (grifou-se).[6]

É manifesto que segurança da informação é tema essencial na *sociedade da informação*, cujas relações pessoais, econômicas, jurídicas e políticas baseiam-se, pelo menos em alguma medida, na comunicação, transferência e armazenamento de dados e informações.

2. DEVER DE SEGURANÇA: BOA-FÉ OBJETIVA APLICADA

Diante da relevância da segurança da informação, o *caput* do artigo 46 impõe aos agentes de tratamento, isto é, controladores e operadores, o dever de adoção de medidas de segurança, técnicas e administrativas capazes de preservar os dados pessoais de incidentes de segurança.

---

4. Respectivamente: incisos X, XII, XIV e LXXII do art. 5º.

5. Art. 1º, 2, RGPD.

6. Art. 4º, 12, RGPD.

Além da fundamentação constitucional previamente referida, esse dispositivo legal, particularmente, tem fulcro no *caput* do art. 5º da CRFB, que garante, aos brasileiros e estrangeiros no país, a inviolabilidade do direito à segurança.

A partir de interpretação sistemática, *incidente de segurança* (art. 48, LGPD) pode ser compreendido como a conjuntura de ausência, falha, inobservância ou infração de medidas protetivas, técnicas e/ou administrativas de responsabilidade dos agentes de tratamento que possa ocasionar ameaça ou lesão a direitos e liberdades dos titulares. Decorre, portanto, de ações ou omissões, culposas ou dolosas, de caso fortuito ou força maior, capazes de causar destruição, perda, alteração, comunicação, difusão ou acesso, não autorizados, a dados pessoais, bem como qualquer forma de tratamento inadequado, abusivo ou ilícito. As situações descritas no art. 46 compõem um rol meramente exemplificativo que guarda muita semelhança com a previsão do art. 4º, 12 do RGPD.

O caráter cogente do *dever de segurança* previsto no art. 46 advém do emprego do mandamento "devem adotar medidas de segurança", o que não abre possibilidade para um juízo de conveniência e oportunidade do agente de tratamento, que, caso realize alguma operação com dados pessoais (art. 5º, X, LGPD) – hipótese da ampla maioria de agentes públicos e privados, seja qual for a área de atuação –, terá necessariamente que implementar um tratamento de dados que seja seguro para os seus titulares.

Essa obrigação legal é amparada pelo parágrafo único do art. 44, que determina a responsabilidade civil pelos danos decorrentes da inobservância das "medidas de segurança previstas no art. 46", conforme expressa remissão.

Ademais, o atendimento da legítima expectativa de segurança do titular serve como parâmetro de aferição da regularidade da operação com dados pessoais. Nessa linha, a LGPD elenca a violação do dever de segurança como uma das hipóteses de *tratamento irregular de dados*, de acordo com o *caput* do art. 44.

Constata-se a acentuada relevância do princípio da boa-fé objetiva no âmbito da proteção de dados pessoais, pois, além de previsto no art. 6º da LGPD como princípio capital das atividades de tratamento, um de seus deveres anexos (o de segurança) é positivado pela lei como diretriz para o alcance de uma relação confiável entre controlador, operador e titular dos dados.

Uma das virtudes da boa-fé objetiva, já verificada também no âmbito da contratação eletrônica de consumo, é a possibilidade de sua aplicação contextual, ou seja, quanto maiores os riscos inerentes ao tratamento de dados pessoais, mais intensas e específicas deverão ser as medidas de segurança, técnicas e administrativas destinadas à proteção das informações.[7]

---

7. Sobre a aplicação da boa-fé objetiva aos contratos eletrônicos de consumo, confira-se: MODENESI, Pedro. Contratos eletrônicos de consumo: aspectos doutrinário, legislativo e jurisprudencial. In: MARTINS,

À vista do exposto, percebe-se que é pertinente a relação entre o descumprimento de medidas de segurança e a responsabilidade pela reparação de danos patrimoniais e morais ocasionados.

Entretanto, a recíproca nem sempre será verdadeira, isto é, a implementação de medidas de segurança pelo agente não exclui, por si só, sua responsabilidade por danos eventualmente causados ao titular dos dados.

Note-se que, em um incidente de segurança causado por alguém que intervenha dolosamente em uma das etapas de tratamento de dados, não é possível, *a priori*, afirmar que a adoção de medidas de segurança pelo controlador ou operador exclui sua responsabilidade e induz necessariamente à configuração de culpa ou fato de terceiro.[8]

Uma resposta adequada somente é possível a partir do exame das circunstâncias concretas e das especificidades dos sujeitos envolvidos.

A título exemplificativo, cite-se um incidente de confidencialidade ou sigilo em que há a burla de um sistema de segurança informático por *crackers* e o *acesso não autorizado* a informações bancárias de um correntista que são utilizadas para subtrair valores de sua conta. Em situações análogas, o Superior Tribunal de Justiça (STJ) tem aplicado em sua jurisprudência a teoria do risco do empreendimento, que considera o prejuízo do correntista uma decorrência de caso fortuito interno, o que não elimina o nexo de causalidade e mantém a responsabilidade da instituição financeira pelos danos produzidos. Nesse sentido, a Súmula 479 do STJ dispõe que: "As instituições financeiras respondem objetivamente pelos danos gerados por fortuito interno relativo a fraudes e delitos praticados por terceiros no âmbito de operações bancárias".[9]

A importância da temática em análise já foi reconhecida pelo Banco Central do Brasil (BACEN), que, em 2018, editou a Resolução n. 4.658 sobre política de segurança cibernética e outros assuntos relacionados ao tratamento de dados.

De acordo com a Resolução do BACEN, as instituições financeiras devem implementar política de segurança cibernética que tenha como escopo a proteção

---

Guilherme Magalhães; LONGHI, João Victor Rozatti (Coord.). *Direito digital*: direito privado e Internet. 3. ed. Indaiatuba: Foco, 2020, especialmente p. 490-492.

8. Entendimento diferente é sustentado por: BRUNO, Marcos Gomes da Silva. Capítulo VI: dos agentes de tratamento de dados pessoais. In: MALDONADO, Viviane Nóbrega; OPICE BLUM, Renato (Coord.). *LGPD*: Lei Geral de Proteção de Dados comentada. 2. ed. São Paulo: Thomson Reuters Brasil, 2019, p. 329-330.

9. Os aspectos penais e processuais penais dos crimes praticados no ciberespaço são abordados na Convenção sobre o Cibercrime, celebrada em 23 de novembro de 2001, também conhecida como Convenção de Budapeste, que tem o objetivo de facilitar a cooperação internacional para o combate ao crime cibernético. O Brasil é Estado Parte dessa Convenção que foi promulgada internamente, em 2023, pelo Decreto Presidencial n. 11.491. A respeito, veja-se: MINISTÉRIO PÚBLICO FEDERAL. *Nota técnica do grupo de apoio sobre criminalidade cibernética sobre a convenção do cibercrime (Convenção de Budapeste)*. Disponível em: http://www.mpf.mp.br/atuacao-tematica/ccr2/coordenacao/comissoes-e-grupos-de-trabalho/combate-crimes-cirberneticos/notas-tecnicas/nota_tecnica_convencao_budapeste.pdf. Acesso em: 18 fev. 2025.

da confidencialidade, da integridade e da disponibilidade dos dados e dos sistemas de informação utilizados.[10] Com esse propósito, devem ser adotadas *medidas de segurança* para reduzir a vulnerabilidade a incidentes, dentre elas: a autenticação, a criptografia, a rastreabilidade, as cópias de segurança (backup), a proteção contra softwares maliciosos, e a prevenção e a detecção de acessos intrusivos e de vazamento de informações.[11]

Nessa matéria, o Decreto n. 8.771, de 2016, que regulamenta a Lei n. 12.965 (Marco Civil da Internet), indica padrões de segurança e sigilo aplicáveis ao tratamento de dados e às comunicações privadas, destacando as seguintes diretrizes:

I – o estabelecimento de *controle estrito sobre o acesso aos dados* mediante a definição de responsabilidades das pessoas que terão possibilidade de acesso e de privilégios de acesso exclusivo para determinados usuários;

II – a previsão de *mecanismos de autenticação* de acesso aos registros, usando, por exemplo, sistemas de autenticação dupla para assegurar a individualização do responsável pelo tratamento dos registros;

III – a criação de inventário detalhado dos acessos aos registros de conexão e de acesso a aplicações, contendo o momento, a duração, a identidade do funcionário ou do responsável pelo acesso designado pela empresa e o arquivo acessado, inclusive para cumprimento do disposto no art. 11, § 3°, da Lei 12.965, de 2014; e

IV – o uso de soluções de gestão dos registros por meio de *técnicas que garantam a inviolabilidade dos dados, como encriptação* ou medidas de proteção equivalentes. (Grifou-se).[12]

Apropriada é a atribuição conferida ao Comitê Gestor da Internet no Brasil (CGIbr), conforme o parágrafo 1° do art. 13 do Decreto n. 8.771/16, para promover estudos e recomendar normas e padrões técnicos e operacionais para a preservação da segurança e sigilo de dados e comunicações pessoais. Nessa previsão, reconhece-se a velocidade da criação e transformação das tecnologias na sociedade digital, a exigir uma constante revisão e atualização do conteúdo técnico dos instrumentos normativos, o que é mais adequadamente efetuado por um agente multissetorial como o CGIbr, que é composto por especialistas da comunidade científica e tecnológica, do terceiro setor, e das áreas empresarial e pública.[13]

A fim de proporcionar transparência, responsabilização (*accountability*) e prestação de contas (art. 6°, VI e X, LGPD), o art. 16 do Decreto n. 8.771/16, especificamente quanto aos provedores de aplicação e os de conexão, prescreve que as informações sobre os padrões de segurança adotados devem ser divulgadas de forma clara e acessível a qualquer interessado, preferencialmente na Internet, o que confere

---

10. Art. 2° da Resolução n. 4658/2018 do BACEN.

11. Art. 3° da Resolução n. 4658/2018 do BACEN.

12. Art. 13, Decreto n. 8.771/2016.

13. Art. 2°, Decreto n. 4.829/2003.

autodeterminação informativa ao facilitar o controle pelos titulares de seus dados pessoais – em consonância com os arts. 2º, II, e 51, LGPD.[14]

No campo técnico, há a norma ABNT NBR ISO/IEC 27002, que tem o caráter de "código de prática" e prevê técnicas de segurança para a gestão da informação, a qual foi complementada, em 2019, pela norma ISO/IEC 27701, que define métodos e condições para a implementação de um sistema de gerenciamento de informações e privacidade.

Destarte, há algumas normas regulamentares aptas tanto a auxiliar, desde já, os agentes de tratamento no cumprimento do comando legal explicitado na Seção I do Capítulo VII da LGPD, quanto a orientar, futuramente, a autoridade nacional de proteção de dados (ANPD) no desempenho de sua competência para editar padrões técnicos mínimos hábeis a salvaguardar os dados pessoais de incidentes de segurança, considerando-se "a natureza das informações tratadas, as características específicas do tratamento e o estado atual da tecnologia" – nos termos do § 1º do art. 46 conjugado com o art. 55-J, XIII, LGPD.

3. *PRIVACY BY DESIGN*: A TECNOLOGIA A FAVOR DA PROTEÇÃO DE DADOS PESSOAIS

O artigo 46, § 2º, da LGPD, ao prever o dever de implementação de medidas de segurança, técnicas e administrativas destinadas à tutela de dados pessoais desde a idealização, criação e desenvolvimento de produtos e serviços até a sua efetiva execução, é amplamente considerado o dispositivo legal que positivou a *privacy by design* no ordenamento jurídico nacional.[15]

Sem embargo, a diretriz de *privacidade desde a concepção* também encontra fundamento em outros dispositivos da LGPD, conforme será visto adiante a partir da análise de seu conceito e princípios originariamente desenvolvidos, desde a década de 1990, por Ann Cavoukian, que foi *comissária de informação e privacidade* da província de Ontário, no Canadá.

O conceito de *privacy by design* baseia-se no reconhecimento de que a privacidade, no paradigma da sociedade digital em que despontam as *tecnologias da informação e das comunicações* (TICs), não pode ser satisfatoriamente tutelada

---

14. A respeito de autodeterminação informacional, veja-se: FERRAZ JÚNIOR, Tércio Sampaio. Comunicação de dados e proteção ao sigilo. In: DONEDA, Danilo; MENDES, Laura Schertel; CUEVA, Ricardo Villas Bôas (Coord.). *Lei geral de proteção de dados (Lei n. 13.709/2018)*: a caminho da efetividade: contribuições para a implementação da LGPD. São Paulo: Thomson Reuters Brasil, 2020, p. 176.

15. Nesse sentido há diversos autores, entre eles: JIMENE, Camila do Vale. Capítulo VII: da segurança e das boas práticas. *In*: MALDONADO, Viviane Nóbrega; OPICE BLUM, Renato (Coord.). *LGPD*: Lei Geral de Proteção de Dados comentada. 2. ed. São Paulo: Thomson Reuters Brasil, 2019, p. 342; e SOUZA, Carlos Affonso Pereira de. Segurança e sigilo dos dados pessoais: primeiras impressões à luz da Lei 13.709/2018. In: FRAZÃO, Ana; TEPEDINO, Gustavo; OLIVA, Milena Donato (Coord.). *Lei Geral de Proteção de Dados e suas repercussões no direito brasileiro*. 2. ed. São Paulo: Thomson Reuters Brasil, 2020, p. 424.

apenas pelas estruturas regulatórias tradicionais, como o Direito e seu sistema judicial.[16] Cavoukian assevera: "Privacy by Design advances the view that the future of privacy cannot be assured solely by compliance with regulatory frameworks; rather, privacy assurance must ideally become an organization's default mode of operation".[17]

Trata-se, assim, de uma diretriz destinada aos responsáveis, dos setores público e privado, pelo tratamento de dados que visa garantir a privacidade e o controle das informações pelo seu titular por meio de medidas técnicas e organizacionais aplicáveis tanto no momento de definição dos métodos de tratamento quanto na sua própria execução. Mais especificamente, propõe-se que o mecanismo regulador e protetor da privacidade seja incorporado à arquitetura ou ao design dos dispositivos tecnológicos, isto é, à sua própria estrutura lógica (software), física (hardware) ou organizacional.

Sua essência foi muito bem apresentada por Koops, Hoepman e Leenes, que a sintetizaram nos seguintes termos: "The idea of privacy by design has been widely embraced in European policy and in proposed legislation, stressing the need that information systems be designed in such a way that *privacy and data protection rules are automatically enforced* and that default settings restrict data processing to a necessary minimum" (grifou-se).[18]

O Comité Europeu para a Proteção de Dados (CEPD) adotou para consulta pública, em 13 de novembro de 2019, as "Diretrizes 4/2019 sobre o artigo 25 [do RGPD] proteção de dados desde a concepção e por padrão", nas quais assevera que, em um mundo cada vez mais digital, a adoção das diretrizes de *data protection by design and by default* desempenha um papel crucial na promoção da privacidade e proteção de dados na sociedade.[19]

A importância e a necessidade da *privacidade desde a concepção e por padrão (by default)* também já é reconhecida por uma das *tech giants*[20], a Google. De acordo com

---

16. Joao Longhi observa que "um dos maiores riscos contemporâneos trazidos pela popularização das TICs diz respeito a tutela da privacidade do usuário". Cf. LONGHI, Joao Victor Rozatti. Marco Civil da Internet no Brasil: breves considerações sobre seus fundamentos, princípios e análise crítica do regime de responsabilidade civil dos provedores. *In*: MARTINS, Guilherme Magalhaes; LONGHI, João Victor Rozatti (Coord.). *Direito digital*: direito privado e internet. 3. ed. Indaiatuba: Foco, 2020, p. 118.

17. CAVOUKIAN, Ann. Privacy by design: the 7 foundational principles. Publicação de *Information and Privacy Commissioner of Ontario*. Publicado em agosto de 2009. Revisado em janeiro de 2011. Disponível em: https://www.ipc.on.ca/wp-content/uploads/Resources/7foundationalprinciples.pdf. Acesso em: 18 fev. 2025.

18. KOOPS, Bert-Jaap; HOEPMAN, Jaap-Henk; LEENES, Ronald. Open-source intelligence and privacy by design. *Computer Law & Security Review*, Londres, v. 29, p. 676-688, 2013, p. 678.

19. EUROPEAN DATA PROTECTION BOARD. *Guidelines 4/2019 on article 25 data protection by design and by default*. Disponível em: https://edpb.europa.eu/sites/edpb/files/consultation/edpb_guidelines_201904_dataprotection_by_design_and_by_default.pdf. Acesso em: 18 fev. 2025, p. 25.

20. Também conhecidas como *big techs*, são as maiores e mais poderosas empresas do setor de tecnologia da informação, dentre elas Amazon, Apple, Google, Facebook e Microsoft.

afirmação de seu atual CEO, Sundar Pichai, em entrevista ao *The New York Times*: "a privacidade não deve ser um produto de luxo".[21]

As tecnologias que adotam a *privacy by design* em sua concepção ou execução são conhecidas como *privacy enhancing technologies* (PETs). Em termos práticos, são os recursos tecnológicos que salvaguardam a privacidade por meio da minimização ou eliminação da coleta de dados pessoais identificáveis.[22]

Cavoukian delineia sete princípios fundamentais para a consecução dos objetivos da *privacy by design*, que ajudam a compreender seu conceito e seus propósitos.

O primeiro é o *princípio da prevenção ou da proatividade*, que prescreve medidas preventivas, e não corretivas ou reativas. É a consagração da máxima "é melhor prevenir do que remediar", que particularmente no âmbito da privacidade tem especial relevância, pois muitas vezes as violações causam danos irreparáveis ou não suscetíveis de reparação *in natura*. A possibilidade de permanência, por tempo indefinido, das informações expostas na Rede,[23] bem como o livre acesso a elas torna extremamente difícil a obtenção de tutela específica ou de tutela pelo resultado prático equivalente. Sendo essas últimas impossíveis, a obrigação será convertida em perdas e danos, de acordo com o art. 499 do Código de Processo Civil – o que, infelizmente, é provável que ocorra na maior parte dos casos de violações de dados pessoais na Internet, ou seja, a resposta jurídica estatal será por meio de compensações meramente patrimoniais.

Especificamente quanto ao *direito ao esquecimento* na Internet, Guilherme Martins enfatiza a importância do "direito de não ser vítima de danos" e afirma que:

> [A] principal consequência do exercício do direito ao esquecimento, tendo em vista o *princípio da precaução*, deve ser a imposição de obrigações de fazer e não fazer, consagrando o "direito de não ser vítima de danos", tendo em vista, após a ponderação dos interesses envolvidos, a retirada do material ofensivo. A reparação de danos somente ocorrerá excepcionalmente, caso se trate de ofensa consumada a situação jurídica existencial, não passível de remédio por meio de execução específica (grifou-se).[24]

---

21. "For us, that means privacy cannot be a luxury good offered only to people who can afford to buy premium products and services. Privacy must be equally available to everyone in the world". THE NEW YORK TIMES. *Google's Sundar Pichai: privacy should not be a luxury good.* Disponível em: https://www.nytimes.com/2019/05/07/opinion/google-sundar-pichai-privacy.html. Acesso em: 18 fev. 2025.

22. Uma abordagem de *privacy by design* com viés prático é feita por: VIEIRA, Elba Lúcia de Carvalho. A proteção de dados desde a concepção (by design) e por padrão (by default). In: MALDONADO, Viviane Nóbrega (coord.). *LGPD: Lei Geral de Proteção de Dados Pessoais: manual de implementação.* São Paulo: Thomson Reuters Brasil, 2019.

23. O termo Rede, grafado com letra maiúscula, é utilizado neste trabalho como sinônimo de Internet.

24. MARTINS, Guilherme Magalhães. O direito ao esquecimento na Internet. In: MARTINS, Guilherme Magalhães; LONGHI, João Victor Rozatti (Coord.). *Direito digital: direito privado e internet.* 3. ed. Indaiatuba: Foco, 2020, p. 87.

A lógica do preceito, ora em exame, também é observada no Direito Ambiental, em que também há o princípio da prevenção, pois, semelhantemente, a peculiaridade do bem jurídico protegido torna os danos comumente irreparáveis ou não passíveis de reparação *in natura*.

A relevância dessa diretriz foi reconhecida pelo legislador nacional, que definiu, na LGPD, o princípio da prevenção como a "adoção de medidas para prevenir a ocorrência de danos em virtude do tratamento de dados pessoais" (art. 6º, VIII), já tendo sido asseverado que "este deve ser o espírito da referida norma: o estímulo constante à prevenção de riscos, à eliminação ou mitigação de danos e a propagação de uma cultura de boas práticas e de conformidades".[25]

As palavras de Cavoukian explicam com clareza o escopo da abordagem proposta:

> The Privacy by Design [PbD] approach is characterized by proactive rather than reactive measures. It anticipates and prevents privacy invasive events before they happen. PbD does not wait for privacy risks to materialize, nor does it offer remedies for resolving privacy infractions once they have occurred – it aims to prevent them from occurring. In short, Privacy by Design comes before-the-fact, not after.[26]

A *privacy by design* dá concretude a dois atributos fundamentais do *código digital*,[27] definido como a arquitetura tecnológica que regula o ciberespaço e se expressa por meio de linguagem de programação computacional e algoritmos incorporados a dispositivos tecnológicos e plataformas digitais.[28] Primeiro, possibilita a execução prévia da tutela da privacidade, impedindo a ocorrência de violações. Em segundo lugar, concretiza a autoexecutoriedade da proteção de dados, pois o próprio mecanismo tecnológico efetua a salvaguarda das informações independentemente de intermediários ou da intervenção direta de outras estruturas reguladoras. Nesse aspecto, realiza-se o chamado *technological enforcement* – autônomo frente ao *law*

---

25. MARTINS, Guilherme Magalhães; FALEIROS JÚNIOR, José Luiz de Moura. Compliance digital e responsabilidade civil na Lei Geral de Proteção de Dados. *In*: MARTINS, Guilherme Magalhães; ROSENVALD, Nelson (Coord.). *Responsabilidade civil e novas tecnologias*. Indaiatuba: Foco, 2020, p. 291.

26. CAVOUKIAN, Ann. Privacy by design: the 7 foundational principles. Implementation and mapping of fair information practices, p. 2. Publicação de *Information and Privacy Commissioner of Ontario*. Publicado em maio de 2010. Revisado em janeiro de 2011. Disponível em: https://iapp.org/media/pdf/resource_center/pbd_implement_7found_principles.pdf. Acesso em: 18 fev. 2025.

27. Uma abordagem mais específica sobre o tema e suas impactantes repercussões práticas na sociedade da informação é feita em: MODENESI, Pedro. *Privacy by design* e código digital: a tecnologia a favor de direitos e valores fundamentais. *In*: FALEIROS JÚNIOR, José Luiz de Moura; LONGHI, João Victor Rozatti; GUGLIARA, Rodrigo (Coord.). *Proteção de dados pessoais na sociedade da informação*: entre dados e danos. Indaiatuba: Foco, 2021.

28. No espaço digital, a arquitetura é denominada *code of cyberspace* ou apenas *code* e representa o "conjunto da infraestrutura física (hardware) e lógica (software)" que compõe o ciberespaço e regula as condutas nele praticadas; conforme: LESSIG, Lawrence. *Code Version 2.0*. 2. ed. New York: Basic Books, 2006, p. 5 e 121; e LEONARDI, Marcel. *Tutela e privacidade na Internet*. São Paulo: Saraiva, 2011, p. 148.

enforcement –, que atualmente já é verificado em contratos inteligentes (*smart contracts*) e em transações financeiras de ativos digitais e criptomoedas, como o Bitcoin e o Ether, via *blockchain*. Em suma, a proteção de dados pessoais será preventiva e autoexecutável pelo próprio sistema tecnológico.

O segundo princípio, nominado *privacy by default*, determina que a configuração padrão de produtos e serviços deve preservar a privacidade do usuário. Os dispositivos e as plataformas digitais devem ser ofertados ao público com todos os recursos de proteção de dados ativos, a fim de que sejam coletadas apenas informações essenciais ao funcionamento do produto ou à prestação do serviço, o que promoverá a *minimização de dados* (*data minimisation*), em obediência ao princípio da necessidade (art. 6º, III, LGPD). A configuração em seu nível mais alto de privacidade será a regra dos produtos e serviços e caberá ao titular dos dados decidir se quer compartilhá-los com o fornecedor e, assim, desativar uma ou mais das salvaguardas. Essa é uma maneira de garantir-se na prática, com elevado grau de certeza e confiança, que o consentimento do titular sobre o tratamento de seus dados pessoais foi manifestado de forma efetiva, voluntária, livre e informada, além de contribuir para uma maior autodeterminação informativa (art. 5º, XII, e art. 2º, II, LGPD).[29]

Essa orientação é fundamental, pois grande parte dos usuários não tem conhecimentos técnicos, mesmo básicos, para acessar e reconfigurar os sistemas dos aparatos tecnológicos. E mais que isso: "A maioria dos usuários busca justamente comodidade, e não se preocupa em descobrir como alterar as configurações padrão".[30] Cavoukian é assertiva a esse respeito e bem exemplifica a proposição em análise:

> We can all be certain of one thing – the default rules! Privacy by Design seeks to deliver the maximum degree of privacy by ensuring that personal data are automatically protected in any given IT [information technology] system or business practice. If an individual does nothing, their privacy still remains intact. No action is required on the part of the individual to protect their privacy – it is built into the system, by default.[31]

A terceira diretriz é referida como *princípio da incorporação da privacidade ao design* e visa tornar a promoção da privacidade um componente constitutivo da base funcional do dispositivo tecnológico ou do modelo de negócios. Afirma-se que

---

29. Um estudo específico sobre consentimento e suas peculiaridades relativas a crianças e adolescentes é apresentado por: TEPEDINO, Gustavo; TEFFÉ, Chiara Spadaccini de. Consentimento e proteção de dados pessoais na LGPD. *In*: FRAZÃO, Ana; TEPEDINO, Gustavo; OLIVA, Milena Donato (Coord.). *Lei Geral de Proteção de Dados e suas repercussões no direito brasileiro*. 2. ed. São Paulo: Thomson Reuters Brasil, 2020, especialmente p. 306-315.

30. OLIVEIRA, Samanta. LGPD: as diferenças entre o privacy by design e o privacy by default. *Consumidor Moderno*. Disponível em: https://www.consumidormoderno.com.br/2019/05/27/lgpd-diferencas-privacy--design-privacy-default/. Acesso em: 18 fev. 2025.

31. CAVOUKIAN, Ann. Privacy by design: the 7 foundational principles. Implementation and mapping of fair information practices, p. 2. Publicação de *Information and Privacy Commissioner of Ontario*. Publicado em maio de 2010. Revisado em janeiro de 2011. Disponível em: https://iapp.org/media/pdf/resource_center/pbd_implement_7found_principles.pdf. Acesso em: 18 fev. 2025.

sua implementação pode exigir criatividade de gestores e técnicos para reinventar opções já disponíveis, porém inadmissíveis em razão da baixa proteção conferida aos dados pessoais. Cavoukian ainda sustenta que a adoção dessa proposição não deve repercutir negativamente sobre a funcionalidade do artefato tecnológico, confira-se: "Privacy by Design is embedded into the design and architecture of IT [information technology] systems and business practices. It is not bolted on as an add-on, after the fact. The result is that privacy becomes an essential component of the core functionality being delivered. Privacy is integral to the system, without diminishing functionality".[32]

A quarta linha de ação constitui o *princípio da funcionalidade total*, que objetiva conjugar todos os interesses legítimos porventura incidentes no caso concreto, como, por exemplo, permitir a transmissão de mensagem entre emissor e receptor com a manutenção da confidencialidade do conteúdo informativo em relação a terceiros. Busca-se evitar o falso argumento de que a implementação de privacidade é incompatível com outros interesses legítimos como a segurança, sustentando-se ser possível ter as duas, veja-se: "Privacy by Design avoids the pretence of false dichotomies, such as privacy vs. security, demonstrating that it is possible, and far more desirable, to have both".[33]

A quinta proposição, designada *princípio da segurança de ponta a ponta*, que visa proteger o dado por todo seu ciclo de vida, desde a coleta até a sua eliminação, tem especial relevância neste capítulo, pois – além de conformar o princípio do art. 6º, VII, LGPD – reflete a importância dos dispositivos legais sob comento, particularmente o art. 47, analisado a seguir. As medidas de segurança são essenciais durante todo o processo de tratamento de dados, pois, logicamente, não basta haver proteção apenas em algumas etapas do processo. Ressalta-se a necessidade de adoção de efetivas medidas de segurança para haver privacidade: "Privacy must be continuously protected across the entire domain and throughout the life-cycle of the data in question. There should be no gaps in either protection or accountability. The 'Security' principle has special relevance here because, at its essence, *without strong security, there can be no privacy*" (grifou-se).[34]

---

32. CAVOUKIAN, Ann. Privacy by design: the 7 foundational principles. Implementation and mapping of fair information practices, p. 3. Publicação de *Information and Privacy Commissioner of Ontario*. Publicado em maio de 2010. Revisado em janeiro de 2011. Disponível em: https://iapp.org/media/pdf/resource_center/pbd_implement_7found_principles.pdf. Acesso em: 18 fev. 2025.

33. CAVOUKIAN, Ann. Privacy by design: the 7 foundational principles. Implementation and mapping of fair information practices, p. 3. Publicação de *Information and Privacy Commissioner of Ontario*. Publicado em maio de 2010. Revisado em janeiro de 2011. Disponível em: https://iapp.org/media/pdf/resource_center/pbd_implement_7found_principles.pdf. Acesso em: 18 fev. 2025.

34. CAVOUKIAN, Ann. Privacy by design: the 7 foundational principles. Implementation and mapping of fair information practices, p. 4. Publicação de *Information and Privacy Commissioner of Ontario*. Publicado em maio de 2010. Revisado em janeiro de 2011. Disponível em: https://iapp.org/media/pdf/resource_center/pbd_implement_7found_principles.pdf. Acesso em: 18 fev. 2025.

O sexto princípio busca proporcionar *transparência e visibilidade* mediante o oferecimento, a usuários e fornecedores, de informações claras, precisas e facilmente acessíveis sobre a realização do tratamento e seus respectivos agentes, resguardados os segredos comercial e industrial (art. 6º, VI, LGPD). Quer-se evitar a opacidade, tão frequente no processo de tratamento de dados, que inviabiliza a verificação da conformidade da atuação de controladores e operadores com os objetivos declarados, as boas práticas e as normas de proteção aplicáveis. Somente assim é possível proporcionar confiança e estabelecer responsabilização na linha do que dispõe o art. 6º, X, LGPD. Nos termos de Cavoukian: "Privacy by Design seeks to assure all stakeholders that whatever the business practice or technology involved, it is in fact, operating according to the stated promises and objectives, subject to independent verification".[35]

A sétima diretiva configura o *princípio do respeito ao usuário* e visa incentivar a disseminação de tecnologias cujos designs e interfaces sejam *amigáveis*, fáceis de usar e, assim, proporcionem maior operabilidade aos usuários. Os artefatos e sistemas tecnológicos devem ser criados e desenvolvidos levando-se em conta as necessidades e os interesses dos titulares dos dados. Assim, os usuários conseguem desempenhar um papel mais ativo no gerenciamento de suas informações, o que proporcionará maior autodeterminação informativa, que é um dos fundamentos da LGPD (art. 2º, II). Destaca-se, ainda, que essa orientação pode ser eficaz para prevenir abusos e violações de privacidade: "Empowering data subjects to play an active role in the management of their own data may be the single most effective check against abuses and misuses of privacy and personal data".[36]

As diretrizes de *privacy by design* e *privacy by default*, também denominadas *data protection by design* e *data protection by default*, foram expressamente acolhidas pelo Regulamento Geral sobre a Proteção de Dados da União Europeia, ao prever, no considerando 78, que o responsável pelo tratamento deverá adotar medidas técnicas e organizacionais que promovam a minimização e a pseudonimização de dados, a transparência, a autodeterminação informativa e a segurança.[37] Vejam-se os termos

---

35. CAVOUKIAN, Ann. Privacy by design: the 7 foundational principles. Implementation and mapping of fair information practices, p. 4. Publicação de *Information and Privacy Commissioner of Ontario*. Publicado em maio de 2010. Revisado em janeiro de 2011. Disponível em: https://iapp.org/media/pdf/resource_center/pbd_implement_7found_principles.pdf. Acesso em: 18 fev. 2025.

36. CAVOUKIAN, Ann. Privacy by design: the 7 foundational principles. Implementation and mapping of fair information practices, p. 5. Publicação de *Information and Privacy Commissioner of Ontario*. Publicado em maio de 2010. Revisado em janeiro de 2011. Disponível em: https://iapp.org/media/pdf/resource_center/pbd_implement_7found_principles.pdf. Acesso em: 18 fev. 2025.

37. Mencione-se que, no plano europeu já em 1995, a Diretiva 95/46/CE, revogada pelo RGPD, fazia referência ao conceito de *privacy by design* em seu *considerando 46* ao dispor que: "a protecção dos direitos e liberdades das pessoas em causa relativamente ao tratamento de dados pessoais exige que sejam tomadas medidas técnicas e organizacionais adequadas tanto aquando da concepção do sistema de tratamento como da realização do próprio tratamento, a fim de manter em especial a segurança e impedir assim qualquer tratamento não autorizado".

do Regulamento: "In order to be able to demonstrate compliance with this Regulation, the controller should adopt internal policies and implement measures which meet in particular the principles of *data protection by design and data protection by default*" (grifou-se).[38]

Ademais, o artigo 25 do RGPD dedicou-se à indicação de parâmetros de aplicação da *data protection by design*, ressaltando os princípios da minimização e da finalidade específica e, também, a técnica da pseudonimização. A obrigação dos agentes de tratamento de dados foi explicitada nos seguintes termos: "(...) o responsável pelo tratamento aplica, tanto no momento de definição dos meios de tratamento como no momento do próprio tratamento, as medidas técnicas e organizativas adequadas, como a pseudonimização, destinadas a aplicar com eficácia os princípios da proteção de dados, tais como a minimização (...)". Em relação a *privacy by default* determinou-se que: "O responsável pelo tratamento aplica medidas técnicas e organizativas para assegurar que, por defeito [*by default*], só sejam tratados os dados pessoais que forem necessários para cada finalidade específica do tratamento".

No Brasil, registre-se que, antes da edição da LGPD, já se afirmava que o Marco Civil da Internet (Lei n. 12.965/14), no que concerne à proteção de dados pessoais, orienta-se de acordo com alguns preceitos de *privacy by design* como, por exemplo, os princípios da transparência e da finalidade, que exigem "informações claras e completas sobre coleta, uso, armazenamento, tratamento e proteção de seus dados pessoais, que somente poderão ser utilizados para finalidades que: a) justifiquem sua coleta; b) não sejam vedadas pela legislação; e c) estejam especificadas nos contratos de prestação de serviços ou em termos de uso de aplicações de internet" – de acordo com seu art. 7º, VIII.[39] Rony Vainzof e Carla Segala Alves enfatizam que:

> A Privacy as the Default Setting, por exemplo, remete à exigência de obtenção de consentimento constante no Marco Civil, pois, ao estabelecer como configuração padrão a maior privacidade possível ao usuário, exige que a coleta de informações, como por meio de cookies, dependa de interação do usuário com o sistema e, portanto, de seu consentimento expresso.[40]

---

38. O trecho citado foi melhor traduzido para a língua inglesa do que para o português de Portugal, razão por que se optou pelo inglês.

39. No âmbito do Marco Civil da Internet, especificamente sobre privacidade, neutralidade de rede e liberdade de expressão, que constituem um tripé axiológico que norteia o desenvolvimento da Internet no Brasil, confira-se: LONGHI, João Victor Rozatti. Marco Civil da Internet no Brasil: breves considerações sobre seus fundamentos, princípios e análise crítica do regime de responsabilidade civil dos provedores. In: MARTINS, Guilherme Magalhães; LONGHI, João Victor Rozatti (coords.). *Direito digital*: direito privado e internet. 3. ed. Indaiatuba: Foco, 2020, p. 116.

40. ALVES, Carla Segala; VAINZOF, Rony. Privacy by design e proteção de dados pessoais. *Jota*, 6 out. 2016. Disponível em: https://www.jota.info/opiniao-e-analise/artigos/direito-digital-privacy-design-e-protecao--de-dados-pessoais-06072016. Acesso em: 18 fev. 2025.

O direito do usuário ao "consentimento expresso sobre coleta, uso, armazenamento e tratamento de dados pessoais, que deverá ocorrer de forma destacada das demais cláusulas contratuais" é previsto no art. 7º, IX, do Marco Civil da Internet.

Conforme foi dito no início deste tópico, em que pese o art. 46, § 2º, ser amplamente reconhecido como o dispositivo legal que positivou a *privacy by design* na ordem jurídica brasileira, outras disposições da LGPD também confirmam seu acolhimento ao preverem seus princípios, técnicas e objetivos – na linha da evolução normativa europeia e de outros países do mundo.

Alguns princípios de *privacy by design* foram especificamente descritos no art. 6º da LGPD. O fundamental *princípio da prevenção ou da proatividade*, que determina que a tutela da privacidade seja prévia à sua violação – mediante a adoção de medidas preventivas e, não, corretivas –, está definido no inciso VIII do citado artigo.

No inciso I, consta o *princípio da finalidade* (*specific purpose*), que impõe que o tratamento de dados atenda a propósitos legítimos, específicos, explícitos e informados ao titular, vedado o tratamento posterior que se desvie dessas finalidades.

Em seguida, no inciso III, inseriu-se o *princípio da necessidade* (*data minimization*), que fixa a limitação do tratamento aos dados estritamente pertinentes e necessários ao alcance do propósito da operação.

Já no inciso VI, consta o *princípio da transparência e visibilidade*, que visa oferecer informações claras e precisas sobre o tratamento de dados e seus agentes e, consequentemente, possibilitar a fiscalização das normas protetivas e, eventualmente, promover a responsabilização (*accountability*) pelas violações, no sentido apontado pelo inciso X.

No inciso VII, é previsto o *princípio da segurança*, que, como ressaltado, é essencial à privacidade e ao sigilo de dados, devendo ser observado durante todo o ciclo de tratamento, desde a coleta até a sua deleção.

Já a técnica de pseudonimização (*pseudonymization*) foi explicitada no § 4º do art. 13 da LGPD como o método pelo qual o dado perde a possibilidade de associação ao titular, salvo mediante o uso de informação adicional mantida separadamente pelo controlador em ambiente seguro e protegido.

Ademais, um objetivo essencial da *privacy by design* – derivado do *princípio do respeito ao usuário* – é a *autodeterminação informativa*, que foi reconhecida pela LGPD como um dos fundamentos da disciplina de proteção de dados pessoais, conforme o art. 2º, II.

Além da positivação no âmbito legislativo, o Poder Executivo federal previu a adoção da *privacy by design* como uma das estratégias de fortalecimento de governança cibernética. Por meio do Decreto presidencial n. 10.222, de 5 de fevereiro de 2020, aprovou-se a *Estratégia Nacional de Segurança Cibernética – E-Ciber*, que consiste na orientação do Governo federal à sociedade brasileira sobre as principais ações nacionais e internacionais, por ele pretendidas, na área de segurança cibernética.

Dentre as estratégias traçadas para o setor público e para a iniciativa privada, no âmbito de suas competências, previu-se a adoção, pela indústria, de padrões internacionais no desenvolvimento de novos produtos que incorporem a diretriz de "*privacy/security by design and default*" –, de acordo com os termos do item 2.3.1 do referido ato normativo.

É patente o reconhecimento, pelo Decreto presidencial n. 10.222, de 2020, da *privacy by design and default* como um fundamental instrumento de proteção dos usuários de tecnologias digitais no âmbito do paradigma da indústria 4.0. Confira-se sua própria redação:

> Nesse contexto, ressalta-se a importância de as empresas, que produzem ou comercializam serviços no campo da segurança cibernética, adotarem padrões nacionais e internacionais no desenvolvimento de novas soluções, desde a sua concepção, o que é internacionalmente conhecido pelos termos *privacy by design and default* e security by design and default. Para tanto, destaca-se o papel do Estado em garantir às empresas a flexibilidade para continuar a criar mecanismos de aperfeiçoamento, com *o uso de tecnologia de ponta para garantir a segurança de seus produtos, serviços e soluções e, assim, proteger seus usuários* (grifou-se).

Diante da evolução e do acolhimento da diretriz de *privacidade desde a concepção e por padrão*, verificados nos domínios acadêmico, legislativo e da administração pública, nacionais e estrangeiros, a sua implementação pela indústria da tecnologia tornou-se mandatória e já se faz notar empiricamente, como se pode inferir da afirmação de Daniel Arbix, diretor jurídico da Google Brasil, que declara que a empresa já vem implementando medidas de *privacy by design*: "A criação de princípios para o uso de inteligência artificial pelo Google é um exemplo da aplicação prática do princípio de *Privacy by Design and Default*".[41] Essa é a faceta positiva da tecnologia digital, no âmbito da privacidade e da proteção de dados, que deve ser adotada por agentes do mercado, amparada pelo Direito e exigida pela sociedade.

---

41. ARBIX, Daniel. A importância da privacidade por design e por default (privacy by design and by default). In: DONEDA, Danilo; MENDES, Laura Schertel; CUEVA, Ricardo Villas Bôas (coords.). *Lei geral de proteção de dados (Lei n. 13.709/2018)*: a caminho da efetividade: contribuições para a implementação da LGPD. São Paulo: Thomson Reuters Brasil, 2020, p. 57.

Pedro Modenesi

Art. 47. Os agentes de tratamento ou qualquer outra pessoa que intervenha em uma das fases do tratamento obriga-se a garantir a segurança da informação prevista nesta Lei em relação aos dados pessoais, mesmo após o seu término.

1. O DEVER DE SEGURANÇA DA INFORMAÇÃO NO ÂMBITO DA PROTEÇÃO DE DADOS PESSOAIS

O artigo 47 da LGPD estabelece o *dever de segurança da informação*, que tem amplo campo de incidência e obriga controlador, operador e qualquer outra pessoa física ou jurídica de direito público ou privado que atue ou de alguma forma participe de uma das etapas de operação com dados pessoais, mesmo após o seu término, nas hipóteses em que os dados não forem eliminados em razão de alguma circunstância autorizadora de conservação prevista no art. 16 da LGPD.

O primeiro ponto de destaque é a distinção entre *segurança da informação* e *proteção de dados pessoais*. Em que pese a segurança da informação seja essencial e indispensável à proteção de dados pessoais, elas não se confundem e cada uma compõe um microssistema próprio, que, apesar de complementares, são regidos por preceitos e propósitos particulares, o que, em determinados casos, pode até gerar antagonismo entre eles.[1]

Veja-se o Decreto n. 9.637, de 2018, que institui a Política Nacional de Segurança da Informação (PNSI) e assevera que a segurança da informação abrange "I – a segurança cibernética; II – a defesa cibernética; III – a segurança física e a proteção de *dados organizacionais*; e IV – as ações destinadas a assegurar a disponibilidade, a integridade, a confidencialidade e a autenticidade da informação" (grifou-se).[2] Note-se a menção à "proteção de *dados organizacionais*", o que já assinala uma capital diferença frente o paradigma da LGPD, que objetiva proteger os dados *pessoais*, ou seja, aqueles necessariamente relacionados a uma pessoa natural.

---

1. As disparidades e as interseções entre segurança da informação e proteção de dados são bem delineadas em: WIMMER, Miriam. Interfaces entre proteção de dados pessoais e segurança da informação: um debate sobre a relação entre Direito e tecnologia. *In:* DONEDA, Danilo; MENDES, Laura Schertel; CUEVA, Ricardo Villas Bôas (Coord.). *Lei geral de proteção de dados (Lei n. 13.709/2018):* a caminho da efetividade: contribuições para a implementação da LGPD. São Paulo: Thomson Reuters Brasil, 2020.

2. Art. 2º, Decreto n. 9.637.

A segurança da informação orienta-se por alguns princípios peculiares como, por exemplo, a soberania nacional, a preservação do acervo histórico nacional, e a cooperação entre os órgãos de investigação e demais entidades públicas no processo de credenciamento de pessoas para acesso às informações sigilosas (cf. art. 3º, I, VI, XIV, do Decreto n. 9.637/18). Partindo de substratos específicos, a segurança da informação visa concretizar alguns objetivos igualmente próprios como a segurança do Estado e da sociedade, além da segurança individual, e a preservação da memória cultural brasileira (art. 4º, I e VII, Decreto n. 9.637/18).

Nessa vertente, a segurança da informação apresenta uma perspectiva mais técnica, pautada precipuamente por considerações de ordem política, econômica e social. Com enfoque negocial e viés econômico, tem-se a norma ABNT NBR ISO/IEC 27002, que possui o caráter de "código de prática" e prevê técnicas de segurança para a gestão da informação. De acordo com esta normativa, "[s]egurança da informação é a proteção da informação de vários tipos de ameaças para garantir a continuidade do negócio, minimizar o risco ao negócio, maximizar o retorno sobre os investimentos e as oportunidades de negócio". Nesse contexto, são delineadas como pilares centrais da segurança da informação: a confidencialidade, a disponibilidade e a integridade dos dados.[3] O que não necessariamente garante uma abordagem jurídica voltada à proteção de dados pessoais.

A propósito, mencione-se o livro *Writing Secure Code*, de Howard e LeBlanc,[4] considerado uma referência entre criadores e desenvolvedores de softwares, o qual ensina estratégias e técnicas de desenvolvimento de *códigos digitais* seguros que promovam, primariamente, os interesses corporativos de organizações empresariais como a Microsoft e, apenas secundariamente, tutelem os interesses e direitos individuais de seus usuários como a autodeterminação informativa e a privacidade. Nessa direção, a respeito da segurança da informação, chega-se a afirmar que: "Considerando que na era da Sociedade da Informação, esta passa a ter valor financeiro, é imprescindível a adoção de metodologia adequada para protegê-la. O foco da disciplina, portanto, é voltado à proteção de informação estratégica relevante para os negócios e, não necessariamente, para a proteção de dados pessoais".[5]

Em razão dessas diferenças de âmbito de incidência, princípios e objetivos, a LGPD, ao referir-se ao tema, relaciona e vincula a segurança da informação à proteção de dados pessoais, conforme o texto do art. 47, que estabelece o desígnio de "garantir a segurança da informação prevista nesta Lei *em relação aos dados pessoais*" (grifou-se). Dessa delimitação de escopo, decorre que o dever de segurança da informação, no

---

3. ABNT. NBR ISO/IEC 27002:2005. *Tecnologia da informação* – Técnicas de segurança – Código de prática para a gestão da segurança da informação, p. x e p. 1.

4. HOWARD, Michael; LEBLANC, David. *Writing Secure Code*. 2. ed. Redmond: Microsoft Press, 2003.

5. JIMENE, Camila do Vale. Capítulo VII: da segurança e das boas práticas. *In*: MALDONADO, Viviane Nóbrega; OPICE BLUM, Renato (Coord.). *LGPD*: Lei Geral de Proteção de Dados comentada. 2. ed. São Paulo: Thomson Reuters Brasil, 2019, p. 343.

âmbito da LGPD, não abrange dados organizacionais de pessoas jurídicas de direito público ou privado, como, por exemplo, os referentes a planos de ação empresarial ou de políticas públicas, segredos comercial ou industrial, balanços financeiros, demonstrações contábeis, patentes ou softwares – os quais, caso contenham dados pessoais, apenas estes serão submetidos ao regime protetivo da LGPD.[6]

É imperativo ressaltar que a promoção da personalidade humana, mediante a garantia de autodeterminação informativa, é o escopo essencial da *proteção de dados pessoais*, pois não são os dados ou a informação, em si, que se buscam tutelar, mas, sim, a pessoa humana, que é o âmago da sociedade contemporânea da informação.[7]

Nesse sentido, o Tribunal Constitucional alemão, mediante decisão proferida em 2008, reconheceu o direito fundamental à garantia de confidencialidade e integridade de sistemas de tecnologia da informação, o que reforça a indispensabilidade da segurança da informação para a efetivação dos direitos da personalidade.[8]

Outro ponto merecedor de realce é a eficácia pós-obrigacional (*post pactum finitum*) do dever de segurança que necessita ser observado mesmo depois do término do tratamento, ou seja, após o cumprimento da obrigação principal, à luz do princípio da boa-fé objetiva. Nesse sentido, Guilherme Martins e Faleiros Júnior reconhecem a "consagração do imperativo de proteção e segurança do tratamento de dados com efeitos ultrativos, isto é, mesmo na etapa pós-contratual ou, ainda que não haja contratação em sentido estrito, após o esgotamento da finalidade precípua para a qual se deu a coleta".[9]

A parte final do art. 47 deve ser interpretada conjuntamente com os arts. 15 e 16 da LGPD, que dispõem sobre o término do tratamento de dados. No art. 15, são explicitadas as hipóteses de término de tratamento como o atingimento da finalida-

---

6. Essas informações de cunho não pessoal encontram guarida em legislação própria como a Lei de Software (Lei n. 9.609/98), a Lei de Direitos Autorais (Lei n. 9.610/98) e a Lei de Propriedade Industrial (Lei n. 9.279/96). Cf. VAINZOF, Rony. Capítulo I: disposições preliminares. *In*: MALDONADO, Viviane Nóbrega; OPICE BLUM, Renato (Coord.). *LGPD*: Lei Geral de Proteção de Dados comentada. 2. ed. São Paulo: Thomson Reuters Brasil, 2019, p. 19-20 e p. 89-90.

7. MODENESI, Pedro. *Privacy by design* e código digital: a tecnologia a favor de direitos e valores fundamentais. *In*: FALEIROS JÚNIOR, José Luiz de Moura; LONGHI, João Victor Rozatti; GUGLIARA, Rodrigo (Coord.). *Proteção de dados pessoais na sociedade da informação*: entre dados e danos. Indaiatuba: Foco, 2021, p. 74. DONEDA, Danilo. Um código para a proteção de dados pessoais na Itália. *Revista Trimestral de Direito Civil*, Rio de Janeiro, ano 4, n. 16, out./dez. 2003, p. 118.

8. Bundesverfassungsericht – BverfG. Decisão do Primeiro Senado de 27 de fevereiro de 2008 – 1 BvR 370/07 – Rn. (1-333) referenciada por WIMMER, Miriam. Interfaces entre proteção de dados pessoais e segurança da informação: um debate sobre a relação entre Direito e tecnologia. *In*: DONEDA, Danilo; MENDES, Laura Schertel; CUEVA, Ricardo Villas Bôas (Coord.). *Lei geral de proteção de dados (Lei n. 13.709/2018)*: a caminho da efetividade: contribuições para a implementação da LGPD. São Paulo: Thomson Reuters Brasil, 2020, p. 141-142.

9. MARTINS, Guilherme Magalhães; FALEIROS JÚNIOR, José Luiz de Moura. Segurança, boas práticas, governança e *compliance*. *In*: LIMA, Cíntia Rosa Pereira de (Coord.). *Comentários à lei geral de proteção de dados*: lei n. 13.709/2018, com alteração da lei n. 13.853/2019. São Paulo: Almedina, 2020, p. 354.

de da operação ou a desnecessidade dos dados para tal mister, o fim do período de tratamento, a revogação pelo titular de seu consentimento, ou a determinação da ANPD. Verificada uma dessas hipóteses, os dados pessoais devem ser eliminados.

Entretanto, o art. 16 elenca circunstâncias autorizadoras de conservação dos dados para as seguintes finalidades: "I – cumprimento de obrigação legal ou regulatória pelo controlador; II – estudo por órgão de pesquisa, garantida, sempre que possível, a anonimização dos dados pessoais; III – transferência a terceiro, desde que respeitados os requisitos de tratamento de dados dispostos nesta Lei; ou IV – uso exclusivo do controlador, vedado seu acesso por terceiro, e desde que anonimizados os dados". Logo, terminado o tratamento, porém constatada uma das circunstâncias antecedentes, o agente ou qualquer outra pessoa física ou jurídica, de natureza pública ou privada, que tenha contato com as informações pessoais decorrentes da operação concluída, está obrigado a garantir sua segurança e seu sigilo.

Pedro Modenesi

Art. 48. O controlador deverá comunicar à autoridade nacional e ao titular a ocorrência de incidente de segurança que possa acarretar risco ou dano relevante aos titulares.

§ 1º A comunicação será feita em prazo razoável, conforme definido pela autoridade nacional, e deverá mencionar, no mínimo:

I – a descrição da natureza dos dados pessoais afetados;

II – as informações sobre os titulares envolvidos;

III – a indicação das medidas técnicas e de segurança utilizadas para a proteção dos dados, observados os segredos comercial e industrial;

IV – os riscos relacionados ao incidente;

V – os motivos da demora, no caso de a comunicação não ter sido imediata; e

VI – as medidas que foram ou que serão adotadas para reverter ou mitigar os efeitos do prejuízo.

§ 2º A autoridade nacional verificará a gravidade do incidente e poderá, caso necessário para a salvaguarda dos direitos dos titulares, determinar ao controlador a adoção de providências, tais como:

I – ampla divulgação do fato em meios de comunicação; e

II – medidas para reverter ou mitigar os efeitos do incidente.

§ 3º No juízo de gravidade do incidente, será avaliada eventual comprovação de que foram adotadas medidas técnicas adequadas que tornem os dados pessoais afetados ininteligíveis, no âmbito e nos limites técnicos de seus serviços, para terceiros não autorizados a acessá-los.

1. INCIDENTE DE SEGURANÇA: DEFINIÇÃO E CONSEQUÊNCIAS

O art. 48 prevê o dever de comunicação, a cargo do controlador, na hipótese de incidente de segurança relacionado a dados pessoais, cujos fundamentos são os princípios da boa-fé objetiva, da transparência, da segurança, da prevenção, da responsabilização e da prestação de contas – previstos no art. 6º, *caput*, VI, VII, VIII e X –, os quais deverão guiar a interpretação dos dispositivos ora em análise.

Em abril de 2024, o Conselho Diretor da Autoridade Nacional de Proteção de Dados (ANPD) aprovou o Regulamento de Comunicação de Incidente de Segurança por meio da Resolução CD/ANPD n. 15 – no exercício de sua competência para editar regulamentos e procedimentos sobre proteção de dados (art. 55-J, XIII da LGPD). Nesse ato normativo, conceitua-se incidente de segurança como "qualquer evento adverso confirmado, relacionado à violação das propriedades de confidencialidade, integridade, disponibilidade e autenticidade da segurança de dados pessoais".[1]

Uma definição técnica de incidente de segurança é fornecida pelo Centro de Estudos, Resposta e Tratamento de Incidentes de Segurança no Brasil (CERT.br), igualmente adotada pelo Glossário de Segurança da Informação, aprovado pela Portaria n. 93, de 2019, nos seguintes termos: "qualquer evento adverso, confirmado ou sob suspeita, relacionado à segurança dos sistemas de computação ou das redes de computadores".[2]

No âmbito da LGPD, incidente de segurança pode ser compreendido como a conjuntura de ausência, falha, inobservância ou infração de medidas protetivas, técnicas e/ou administrativas de responsabilidade dos agentes de tratamento que possa ocasionar ameaça ou lesão a direitos e liberdades dos titulares. Decorre, portanto, de ações ou omissões, culposas ou dolosas, de caso fortuito ou força maior capazes de causar destruição, perda, alteração, comunicação, difusão ou acesso, não autorizados, a dados pessoais, bem como qualquer forma de tratamento inadequado, abusivo ou ilícito.[3]

As consequências adversas às pessoas humanas provenientes de incidente de segurança são múltiplas, incluindo danos patrimoniais e extrapatrimoniais. A título exemplificativo, podem ser citados danos à integridade psicofísica, à liberdade, à igualdade, à privacidade, ofensas à honra e à reputação, discriminação, roubo de identidade, fraude, prejuízos financeiros, perda de controle e de autonomia sobre informações particulares e, em casos mais graves, até mesmo danos transindividuais com repercussões sociais.[4]

Incidente de segurança é gênero do qual a violação de dados pessoais é a espécie que interessa à LGPD. Por isso, ao se referir ao gênero, o art. 48 especifica que o

---

1. Cf. art. 3º, XII, da Resolução CD/ANPD n. 15, de 2024.

2. A norma ABNT NBR ISO/IEC 27002 também oferece um conceito técnico ao dispor que: "um incidente de segurança da informação é indicado por um simples ou por uma série de eventos de segurança da informação indesejados ou inesperados, que tenham uma grande probabilidade de comprometer as operações do negócio e ameaçar a segurança da informação". ABNT. NBR ISO/IEC 27002:2005. *Tecnologia da informação* – Técnicas de segurança – Código de prática para a gestão da segurança da informação, p. 2.

3. O RGPD define, em seu art. 4º, 12, violação de dados pessoais como "uma violação da segurança que provoque, de modo acidental ou ilícito, a destruição, a perda, a alteração, a divulgação ou o acesso, não autorizados, a dados pessoais transmitidos, conservados ou sujeitos a qualquer outro tipo de tratamento".

4. Sobre danos à pessoa humana é referência fundamental: BODIN DE MORAES, Maria Celina. *Danos à pessoa humana*: uma leitura civil-constitucional dos danos morais. Rio de Janeiro: Renovar, 2003.

   A respeito das possíveis consequências de uma violação de dados pessoais, confiram-se: Considerando 75 do RGPD; e

   ARTICLE 29 DATA PROTECTION WORKING PARTY. *Guidelines on personal data breach notification under Regulation 2016/679*. Disponível em: https://ec.europa.eu/newsroom/article29/item-detail.cfm?item_id=612052. Acesso em: 18 fev. 2025, p. 9-10.

ART. 48 — COMENTÁRIOS À LEI GERAL DE PROTEÇÃO DE DADOS PESSOAIS (LEI 13.709/2018)

dever de comunicação circunscreve-se aos incidentes que possam causar "risco ou dano relevante aos titulares".[5]

No domínio europeu, o *Grupo de Trabalho de Proteção de Dados*, instituído pelo artigo 29 da Diretiva 95/46/CE (revogada pelo RGPD), composto pelas autoridades de proteção de dados dos Estados-Membros da União Europeia, elaborou algumas orientações sobre aspectos relevantes do RGPD, as quais foram endossadas pelo Comité Europeu para a Proteção de Dados, organismo este que sucedeu ao *Grupo de Trabalho do Artigo 29* (GT29).[6]

Dentre essas orientações, destacam-se as *Diretrizes sobre notificação de violação de dados pessoais nos termos do Regulamento 2016/679*, que classificam as violações de dados em três tipos, de acordo com os princípios básicos da segurança da informação. Vejam-se:

> "Violação de confidencialidade" – em que há uma divulgação não autorizada ou acidental de, ou acesso a, dados pessoais. "Violação de integridade" – em que há uma alteração não autorizada ou acidental de dados pessoais. "Violação de disponibilidade" – em que há uma perda acidental ou não autorizada de acesso ou destruição de dados pessoais.[7]

Na prática, as categorias de violações não são estanques, podendo uma situação, a depender das circunstâncias, envolver a confidencialidade, a disponibilidade e a integridade de dados pessoais ao mesmo tempo, bem como qualquer conjugação entre estas. A combinação de violações pode ocorrer, por exemplo, em um ataque a um banco de dados por *ransomware*, que é um software malicioso que criptografa os dados armazenados e impede o seu acesso até que um resgate seja pago. Nesse caso, haverá violação temporária de disponibilidade, caso os dados possam ser recuperados por meio de backup. Ocorrerá ainda violação de confidencialidade caso, durante a intrusão da rede, dados pessoais tenham sido acessados pelo invasor, o que representa risco para os direitos e liberdades dos titulares.[8]

A identificação do incidente de segurança gerador do dever de informar é feita mediante a avaliação dos riscos eventualmente decorrentes do evento adverso. Devem-se considerar a gravidade das lesões potenciais aos direitos dos indivíduos e a probabilidade de ocorrerem.

---

5. Lembre-se: titular é a "pessoa natural a quem se referem os dados pessoais que são objeto de tratamento", cf. art. 5º, V, LGPD.

6. EUROPEAN DATA PROTECTION BOARD. Endorsement 1/2018. Disponível em: https://edpb.europa. eu/sites/edpb/files/files/news/endorsement_of_wp29_documents_en_0.pdf. Acesso em: 18 fev. 2025.

7. ARTICLE 29 DATA PROTECTION WORKING PARTY. *Guidelines on personal data breach notification under Regulation 2016/679*. Disponível em: https://ec.europa.eu/newsroom/article29/item-detail.cfm?item_id=612052. Acesso em: 18 fev. 2025, p. 7.

8. ARTICLE 29 DATA PROTECTION WORKING PARTY. *Guidelines on personal data breach notification under Regulation 2016/679*. Disponível em: https://ec.europa.eu/newsroom/article29/item-detail.cfm?item_id=612052. Acesso em: 18 fev. 2025, p. 8-9.

Logo, não é qualquer acontecimento adverso que impõe ao controlador a obrigação de comunicação à autoridade nacional e ao titular dos dados pessoais, mas, sim, o *incidente de segurança qualificado*, isto é, aquele cujas probabilidade e gravidade dos riscos para os direitos e liberdades das pessoas naturais sejam aferíveis objetivamente a partir de considerações sobre a natureza, o âmbito, o contexto e as finalidades do tratamento, bem como sobre as características dos dados e de seus titulares.[9]

Nesse sentido, o art. 5º da Resolução CD/ANPD n. 15, de 2024 passou a dispor que o "incidente de segurança pode acarretar risco ou dano relevante aos titulares quando puder afetar significativamente interesses e direitos fundamentais dos titulares e, cumulativamente, envolver, pelo menos, um dos seguintes critérios: I – dados pessoais sensíveis; II – dados de crianças, de adolescentes ou de idosos; III - dados financeiros; IV – dados de autenticação em sistemas; V – dados protegidos por sigilo legal, judicial ou profissional; ou VI – dados em larga escala".[10]

A fim de realizar uma avaliação objetiva dos riscos, propõe-se sejam identificados e ponderados os seguintes parâmetros: (i) o tipo de violação, conforme sejam atingidas a confidencialidade, a disponibilidade e/ou a integridade dos dados; (ii) a natureza, a sensibilidade e a quantidade de dados comprometidos, pois, em geral, quanto mais sensíveis os dados, maior será o risco de danos às pessoas afetadas, da mesma forma que a violação de uma maior quantidade de dados relacionados a indivíduos implica maior perigo de prejuízo aos titulares; (iii) a facilidade de identificação dos titulares a partir dos dados violados ou por meio da combinação destes com outras informações, o que revela a importância da criptografia e da pseudonimização, as quais podem reduzir a probabilidade de compreensão e utilização indevida dos dados; (iv) as características especiais dos indivíduos afetados, como, por exemplo, crianças ou outros sujeitos vulneráveis, que podem ser mais suscetíveis aos perigos do dano; (v) a gravidade das consequências do incidente, pois estas podem ser especialmente intensas, em particular quando a violação puder resultar em danos à saúde, à reputação, sofrimento psicológico, humilhação, roubo de identidade ou fraudes; (vi) a natureza, o âmbito, o contexto e as finalidades do tratamento de dados, bem como as características especiais do controlador, os quais, por exemplo, irão implicar maior risco na hipótese de processamento de dados pessoais sensíveis por uma organização hospitalar nacional comparativamente a uma empresa jornalística

---

9. Considerando 76 do RGPD.

10. O § 1º do art. 5º da Resolução CD/ANPD n. 15 esclarece que: "O incidente de segurança que possa afetar significativamente interesses e direitos fundamentais será caracterizado, dentre outras situações, naquelas em que a atividade de tratamento puder impedir o exercício de direitos ou a utilização de um serviço, assim como ocasionar danos materiais ou morais aos titulares, tais como discriminação, violação à integridade física, ao direito à imagem e à reputação, fraudes financeiras ou roubo de identidade". O § 2º acrescenta que: "Considera-se incidente com dados em larga escala aquele que abranger número significativo de titulares, considerando, ainda, o volume de dados envolvidos, bem como a duração, a frequência e a extensão geográfica de localização dos titulares".

local que opera uma lista de mala direta; (vii) o número de indivíduos afetados, pois, em regra, quanto maior o número de vítimas, maior será o impacto da violação.[11]

Portanto, não é por meio de um juízo subjetivo dos fatos que o controlador deve averiguar a ocorrência de um *incidente de segurança qualificado*, mas, sim, mediante a análise de circunstâncias objetivas do caso concreto. A avaliação deve considerar a combinação entre a gravidade dos danos potenciais aos titulares e a probabilidade de se concretizarem. Há uma relação de proporcionalidade direta entre o risco e os graus de probabilidade e gravidade dos danos. Logo, o risco será proporcionalmente maior quando as consequências da violação puderem ser mais graves e/ou a probabilidade de ocorrerem for mais alta.

Eventualmente, diante de um caso concreto em que o controlador esteja em dúvida sobre a consumação do incidente de segurança, deve-se, mediante conduta cautelosa e preventiva, comunicar à autoridade nacional e ao titular as circunstâncias da ocorrência apurada, o que desvela uma renovada aplicação, no âmbito dos direitos civis, do brocardo *in dubio pro societate*, pois proteger dados pessoais e pessoas humanas é, ao fim e ao cabo, proteger toda a sociedade.[12] Essa orientação interpretativa induz a criação de uma máxima adequada à sociedade da informação: *in dubio pro titular dos dados*, que, inclusive, já vem sendo reconhecida como um princípio apto a compensar as assimetrias de poder e de conhecimento entre titular e agentes de tratamento.[13]

Na União Europeia, já foram verificadas discrepâncias na implementação do dever de notificação de violações de dados às autoridades de controle (art. 33, RGPD). De maio de 2018 até novembro de 2019, na maioria dos Estados-Membros

---

11. Nessa direção: ARTICLE 29 DATA PROTECTION WORKING PARTY. *Guidelines on personal data breach notification under Regulation 2016/679*, p. 23-26. Disponível em: https://ec.europa.eu/newsroom/article29/item-detail.cfm?item_id=612052. Acesso em: 18 fev. 2025.

12. Esse entendimento foi expressamente adotado pelo GT29: "If in doubt, the controller should err on the side of caution and notify". Cf. ARTICLE 29 DATA PROTECTION WORKING PARTY. *Guidelines on personal data breach notification under Regulation 2016/679*, p. 26. Disponível em: https://ec.europa.eu/newsroom/article29/item-detail.cfm?item_id=612052. Acesso em: 18 fev. 2025.

13. Nesse sentido: "debería establecer expresamente el principio "in dubio pro titular del dato" como fórmula interpretativa que permita resolver aquellos casos en los cuales existan dudas sobre el alcance de un concepto o una excepción. De esta manera, se compensa la generalidad de los términos con una directiva clara – en favor del titular del dato – a los órganos aplicadores de la ley". FERREYRA, Eduardo. Análisis inicial del proyecto de ley de protección de datos personales de Argentina. *Asociación por los Derechos Civiles (ADC)*, 2018, p. 2-3. Disponível em: https://adc.org.ar/wp-content/uploads/2019/06/044-analisis--inicial-del-proyecto-de-ley-de-proteccion-de-datos-personales-vol-1.pdf. Acesso em: 18 fev. 2025.

    Saliente-se que a vulnerabilidade do titular de dados já é firmemente reconhecida pela doutrina. A propósito, veja-se: "Não há dúvidas de que o tratamento desenfreado e massivo dos dados pessoais torna o usuário parte vulnerável de qualquer relação jurídica, visto que, na esmagadora maioria das vezes, esse não terá sequer o conhecimento de que seus dados estão sendo coletados, muito menos de que estão sendo tratados e compartilhados com terceiros para os mais variados fins – e isto acaba se tornando 'normal'". Cf. MARTINS, Guilherme Magalhães; FALEIROS JÚNIOR, José Luiz de Moura. *Compliance* digital e responsabilidade civil na Lei Geral de Proteção de Dados. *In*: MARTINS, Guilherme Magalhães; ROSENVALD, Nelson (Coord.). *Responsabilidade civil e novas tecnologias*. Indaiatuba: Foco, 2020, p. 272.

o número total de notificações de violação de dados foi inferior a 2.000 e, em sete Estados, variou de 2.000 a 10.000. Todavia, no mesmo período, na Holanda e na Alemanha as autoridades de proteção registraram, respectivamente, 37.400 e 45.600 notificações.[14] Isso pode indicar divergências interpretativas a respeito dos comandos legais, o que se quer evitar a partir da elaboração de diretrizes e orientações voltadas para a aplicação consistente das normas de proteção de dados pessoais.

2. A COMUNICAÇÃO DE INCIDENTE DE SEGURANÇA

Quanto aos sujeitos da obrigação de comunicação de incidente de segurança, o art. 48 elege o controlador como o responsável pela emissão da notificação, que, a depender da estrutura do agente de tratamento, poderá ser efetuada, na prática, pelo encarregado, que é a "pessoa indicada pelo controlador e operador para atuar como canal de comunicação entre o controlador, os titulares dos dados e a Autoridade Nacional de Proteção de Dados (ANPD)" (art. 5º, VIII, LGPD).[15]

Todavia, a lei foi silente em relação ao operador, que, neste caso – a partir de uma interpretação sistemática da LGPD, calcada nos princípios da boa-fé objetiva, da transparência, da segurança, da prevenção, da responsabilização e da prestação de contas –, ao tomar ciência do incidente de segurança, deverá informá-lo imediatamente ao controlador, em harmonia com a orientação adotada pelo RGPD em seu art. 33, 2.[16]

Já os sujeitos destinatários da comunicação são, de acordo com o art. 48, tanto a autoridade nacional quanto o titular dos dados afetados. A lei brasileira seguiu orientação diversa daquela adotada pelo RGPG, que separa, no art. 33, a obrigação de notificação de violação de dados à autoridade de controle e, no art. 34, a obrigação de comunicação ao titular. Na norma europeia, o critério de distinção das obrigações é o nível de risco para os direitos e liberdades dos indivíduos, de modo que, havendo risco para estes, a autoridade de proteção deverá ser notificada. Todavia, somente haverá a obrigação de comunicação aos titulares dos dados, caso haja *risco elevado* para seus direitos e liberdades.

---

14. EUROPEAN COMMISSION. *Commission staff working document.* Accompanying the document: Communication from the commission to the European parliament and the council. Data protection as a pillar of citizens' empowerment and the EU's approach to the digital transition – two years of application of the General Data Protection Regulation, p. 11. Disponível em: https://ec.europa.eu/info/sites/info/files/1_en_swd_part1_v6.pdf. Acesso em: 18 fev. 2025.

15. Nesse sentido dispôs o § 5º do art. 6º da Resolução CD/ANPD n. 15: "A comunicação de incidente de segurança deverá ser realizada pelo controlador, por meio do encarregado, acompanhada de documento comprobatório de vínculo contratual, empregatício ou funcional, ou por meio de representante constituído, acompanhada de instrumento com poderes de representação junto à ANPD".

16. Os princípios mencionados estão previstos no art. 6º, *caput*, VI, VII, VIII e X, LGPD.

Na linha da normativa europeia, a Resolução CD/ANPD n. 15, de 2024, previu de forma autônoma e distinta as obrigações de comunicação de incidente de segurança à ANPD, nos arts. 6º a 8º, e ao titular dos dados no art. 9º. A despeito de, em certas circunstâncias, poder implicar um ônus considerável ao controlador, a obrigação de comunicação aos titulares dos dados violados poderá ser uma forma de se viabilizar o cumprimento do dever de mitigar o próprio prejuízo (*duty to mitigate the loss*), pois, ao ser direta e imediatamente informado do incidente e de seus riscos, o titular poderá, ou melhor, deverá adotar medidas de segurança e de proteção aos seus direitos. Além disso, a comunicação aos titulares dos dados afetados pode ser uma forma célere e altamente eficaz de prevenir os danos e conter suas consequências gravosas.

O § 1º do art. 48 da LGPD dispõe que a comunicação deve ser realizada em "prazo razoável, conforme definido pela autoridade nacional". A Resolução CD/ANPD n. 15, de 2024, definiu o prazo de três dias úteis para o cumprimento do dever de comunicação do controlador tanto à ANDP como ao titular dos dados.[17] O controlador poderá, fundamentadamente, complementar as informações no prazo de vinte dias úteis, a contar da data da comunicação, que deverá ser realizada por meio de formulário eletrônico disponibilizado no site da ANPD.[18] Saliente-se que o prazo para a comunicação será contado em dobro para os agentes de pequeno porte, nos termos da Resolução CD/ANPD n. 2, de 2022.[19]

Nada obstante, em atenção aos princípios da prevenção e da boa-fé objetiva, a comunicação à ANPD e aos titulares deverá ocorrer imediatamente após a confirmação do incidente de segurança. O imediatismo da notificação é corroborado pelo inciso V do § 1º, que exige a justificação dos "motivos da demora, no caso de a comunicação não ter sido imediata".

Outro parâmetro é apresentado pelo RGPD, que determina ao controlador que a notificação à autoridade de controle seja realizada "sem demora injustificada e, sempre que possível, até 72 horas após ter tido conhecimento da mesma".[20]

O § 1º do dispositivo sob exame estabelece também o conteúdo mínimo da notificação que é especificado no § 2º do art. 6º e nos incisos do art. 9º, da Resolução CD/ANPD n. 15, de 2024. São exigidas pela lei informações sobre: (i) a natureza dos dados pessoais violados, os titulares afetados e os riscos relacionados ao incidente; (ii) as medidas técnicas e de segurança para a proteção dos dados que já foram ou deverão ser adotadas para evitar, mitigar ou reverter os prejuízos dos titulares; e (iii) as razões do atraso da comunicação, caso esta não tenha sido imediata.

---

17. Arts. 6º e 9º, da Resolução CD/ANPD n. 15, de 2024.

18. Art. 6º, §§ 3º e 4º, da Resolução CD/ANPD n. 15, de 2024.

19. Art. 6º, § 8º e art. 9º, § 6º, da Resolução CD/ANPD n. 15, de 2024.

20. Cf. art. 33, RGPD.

Uma informação essencial que deverá constar na notificação à ANPD e aos titulares, a qual, porém, não foi prevista no rol do § 1º do art. 48, refere-se aos canais de contato do encarregado ou de outros responsáveis pelo atendimento e fornecimento de demais esclarecimentos a respeito do incidente.[21] A exigência dessa informação foi prevista no art. 9º, VII, da Resolução CD/ANPD n. 15, de 2024.

A norma do § 1º do art. 48 não faz distinção entre a comunicação à autoridade nacional e aquela que deve ser dirigida aos titulares. Contudo, devem ser elaborados dois documentos de notificação distintos, cada um com informações e enfoques próprios. Nesse intuito, a Resolução CD/ANPD n. 15, de 2024 previu regras próprias para a comunicação de incidente à ANPD nos arts. 6º a 8º, e ao titular dos dados no art. 9º. A notificação à ANPD será examinada por profissionais e especialistas em proteção de dados, sendo adequado que o documento adote uma abordagem mais técnica e pormenorizada.

Por outro lado, os titulares de dados, em regra, são pessoas leigas e sem conhecimentos técnicos sobre a situação em causa. Desse modo, a comunicação a eles dirigida, necessariamente, deve ser efetuada de maneira mais simples, clara, objetiva, acessível e adequada ao seu entendimento, devendo priorizar a indicação da natureza da violação – se de confidencialidade, disponibilidade ou integridade – e a recomendação de medidas aptas a atenuar os riscos e prevenir, conter ou reparar os danos.[22] À vista da profunda interconectividade e da facilidade de transmissão de informações experimentadas na sociedade contemporânea, a celeridade na comunicação do incidente de segurança à ANPD e aos titulares é essencial para garantir a segurança e o sigilo dos dados pessoais violados. Por conseguinte, caso não seja possível fornecer rapidamente todas as informações do incidente mediante um único informe, é admissível que a comunicação seja feita por etapas, sem demora injustificada entre elas.[23]

O § 2º do art. 48 prevê que a autoridade nacional, ao tomar conhecimento do incidente de segurança, deverá avaliar sua gravidade e, caso considere necessário para a tutela dos direitos do titular, poderá determinar ao controlador a implementação de medidas preventivas e/ou reparadoras de danos. O dispositivo legal indica exemplificativamente a "ampla divulgação do fato em meios de comunicação", que poderá servir para dar ciência aos titulares dos dados afetados, que, porventura, não tenham sido contatados diretamente pelo controlador. Prevê-se ainda a possibilidade de a ANPD determinar medidas específicas destinadas à contenção dos efeitos adversos do incidente. No exercício de sua precípua competência para zelar pela

---

21. Nesse sentido: art. 33, 3, alínea b, RGPD.

22. Cf. art. 9º, § 1º, I, da Resolução CD/ANPD n. 15, de 2024.

23. A notificação por fases é prevista pelo RGPD no art. 33, 4. E nessa linha foi prevista a complementação de informações pelo controlador no prazo de vinte dias úteis após a data da comunicação, conforme o art. 6º, § 3º, da Resolução CD/ANPD n. 15, de 2024.

proteção dos dados pessoais (art. 55-J, I, LGPD), a autoridade nacional tem discricionariedade técnica para, em adição às providências já adotadas pelo controlador, prescrever outras medidas técnicas e administrativas de segurança adequadas às circunstâncias concretas.

Consoante o § 3º do art. 48, em hipóteses de violação de confidencialidade, como os reiterados e graves vazamentos de dados pessoais na Internet, a autoridade nacional, na avaliação da gravidade do incidente, considerará a adoção de boas práticas, pelo controlador, especificamente quanto a medidas técnicas que tornem os dados violados incompreensíveis para terceiros não autorizados a acessá-los. Na área digital, um recurso tecnológico amplamente utilizado é a criptografia, que consiste em uma técnica de cifragem e decifragem de informações e mensagens, apta a garantir o sigilo de dados e a privacidade de seus titulares. Desde 2016, o Decreto n. 8.771, que regulamenta o Marco Civil da Internet (Lei n. 12.965/14), prevê a encriptação como uma diretriz de segurança a ser observada pelos provedores de conexão e de aplicações no tratamento de dados pessoais e em comunicações privadas.[24] Mais recentemente, o Decreto n. 9.637/18, que instituiu a Política Nacional de Segurança da Informação, dispôs que o planejamento e a execução de programas e projetos relativos à segurança da informação, a cargo da administração pública federal, devem ser orientados para "a utilização de recursos criptográficos adequados aos graus de sigilo exigidos no tratamento das informações".[25]

O emprego de pseudonimização no tratamento de dados pessoais, pelo controlador, também pode contribuir para a redução da gravidade de eventuais incidentes de segurança, pois assegura considerável grau de confidencialidade ao impossibilitar que o dado pseudonimizado identifique o seu titular, salvo mediante a agregação de informação adicional resguardada em ambiente de acesso restrito.[26]

Em síntese, é importante salientar que a comprovação de efetiva adoção de medidas de segurança, técnicas e administrativas aptas a conter ou mitigar os danos decorrentes de incidente de segurança é, de acordo com o art. 52, § 1º, VIII, da LGPD, um dos parâmetros de cominação das sanções administrativas aplicáveis pela ANPD aos agentes de tratamento nas hipóteses de infração às normas previstas na Lei. Logo, uma diligente observância do regramento estabelecido na Seção I – Da Segurança e do Sigilo de Dados, ora em exame, pode, além de evitar a ocorrência de incidentes de segurança, funcionar como espécie de causa atenuante de sanção administrativa eventualmente aplicável ao agente de tratamento. Em contrapartida, a inobservância das normas sob comento, além de aumentar os riscos de violação de dados, poderá configurar uma circunstância agravante do juízo sancionatório da autoridade nacional em razão de infração à LGPD.

---

24. Cf. art. 13, IV, Decreto n. 8.771/16.

25. Art. 17, IV e § 1º, I, Decreto n. 9.637/18.

26. Art. 13, § 4º, LGPD.

Pedro Modenesi

Art. 49. Os sistemas utilizados para o tratamento de dados pessoais devem ser estruturados de forma a atender aos requisitos de segurança, aos padrões de boas práticas e de governança e aos princípios gerais previstos nesta Lei e às demais normas regulamentares

1. SEGURANÇA, BOAS PRÁTICAS E GOVERNANÇA DE DADOS: O *COMPLIANCE* DIGITAL

No dispositivo em tela, afirma-se que os "sistemas utilizados para o tratamento de dados pessoais", ou seja, o conjunto de métodos, procedimentos, mecanismos e dispositivos – tecnológicos e organizacionais – aplicáveis às operações informacionais, como, por exemplo, a coleta, armazenamento, processamento e transmissão, devem ser estruturalmente orientados (*by design*) ao cumprimento de normas de segurança, princípios da LGPD (art. 6º) e regras de boas práticas, de governança e regulamentares.

O art. 49, ao introduzir os "padrões de boas práticas e de governança" como elementos de conformidade ao sistema de proteção de dados pessoais, é a *porta de entrada* para a elaboração e desenvolvimento de códigos de conduta aplicáveis a agentes de tratamento, públicos e privados, e titulares de dados, o que vem sendo designado *compliance* digital.[1]

Essa orientação é influenciada pela normativa europeia que prevê, no art. 40 do RGPD, os códigos de conduta como instrumentos destinados a contribuir para uma efetiva e correta aplicação do regulamento europeu, a partir da consideração de características e particularidades dos diferentes setores de tratamento de dados e das necessidades específicas de micro, pequenas e médias empresas. O Comité

---

1. São assertivos a esse respeito Guilherme Martins e Faleiros Júnior: "Se os artigos precedentes serviram de 'chanfro' à sinalização do *compliance* digital como via inexorável da adesão corporativa a parâmetros éticos para o tratamento de dados pessoais, o artigo 49 é a chancela final da parametrização dos aspectos conducentes a este novo paradigma: de forma categórica, o legislador indicou como 'dever' a estruturação de sistemas utilizados para o tratamento de dados em consonância aos: (i) requisitos de segurança; (ii) padrões de boas práticas e de governança; (iii) princípios previstos na LGPD; (iv) outras normas regulamentares aplicáveis". MARTINS, Guilherme Magalhães; FALEIROS JÚNIOR, José Luiz de Moura. Segurança, boas práticas, governança e *compliance. In*: LIMA, Cíntia Rosa Pereira de (Coord.). *Comentários à lei geral de proteção de dados*: lei n. 13.709/2018, com alteração da lei n. 13.853/2019. São Paulo: Almedina, 2020, p. 357. Os autores apresentam ainda um estudo específico sobre *compliance* digital em: MARTINS, Guilherme Magalhães; FALEIROS JÚNIOR, José Luiz de Moura. *Compliance* digital e responsabilidade civil na Lei Geral de Proteção de Dados. *In*: MARTINS, Guilherme Magalhães; ROSENVALD, Nelson (Coord.). *Responsabilidade civil e novas tecnologias*. Indaiatuba: Foco, 2020, especialmente p. 274-280.

Europeu para a Proteção de Dados contribui para uma firme compreensão do instituto ao dispor que:

> [O]s códigos de conduta constituem instrumentos de responsabilização voluntários que estabelecem regras específicas em matéria de proteção de dados para categorias de responsáveis pelo tratamento de dados e de subcontratantes. Podem ser um instrumento de responsabilização útil e eficaz, e apresentam uma descrição circunstanciada do que é o conjunto de comportamentos mais adequado, lícito e ético de um setor.[2]

Exemplificativamente tem-se o "Código de prática para a gestão da segurança da informação", consubstanciado na norma ABNT NBR ISO/IEC 27002, que prevê técnicas e diretrizes de segurança para a gestão da informação, a qual foi complementada, em 2019, pela norma ISO/IEC 27701, que define métodos e condições para a implementação de um sistema de gerenciamento de informações e privacidade. Essas normativas são consideradas as "melhores técnicas mundialmente reconhecidas sobre o assunto".[3]

A título didático, cite-se que são estabelecidas diretrizes e regras de conduta aplicáveis às instituições financeiras na Resolução n. 4.658, de 2018, do BACEN, que dispõe sobre "a política de segurança cibernética e sobre os requisitos para a contratação de serviços de processamento e armazenamento de dados e de computação em nuvem" a serem observados por referidas entidades.[4] Dispõe o art. 12 que as instituições financeiras,

> previamente à contratação de serviços relevantes de processamento e armazenamento de dados e de computação em nuvem, devem adotar procedimentos que contemplem: I – a adoção de práticas de governança corporativa e de gestão proporcionais à relevância do serviço a ser contratado e aos riscos a que estejam expostas.

No setor público, mencione-se também o Decreto n. 10.046, de 9 de outubro de 2019, que versa sobre a governança de dados no âmbito da administração pú-

---

2. COMITÉ EUROPEU PARA A PROTEÇÃO DE DADOS. *Diretrizes 1/2019 relativas aos Códigos de Conduta e aos Organismos de Supervisão ao abrigo do Regulamento (UE) 2016/679*, p. 7. Disponível em: https://edpb.europa.eu/sites/edpb/files/files/file1/edpb_guidelines_201901_v2.0_codesofconduct_pt.pdf. Acesso em: 18 fev. 2025.

3. JIMENE, Camila do Vale. Capítulo VII: da segurança e das boas práticas. *In*: MALDONADO, Viviane Nóbrega; OPICE BLUM, Renato (Coord.). *LGPD*: Lei Geral de Proteção de Dados comentada. 2. ed. São Paulo: Thomson Reuters Brasil, 2019, p. 354.

4. Registre-se que Carlos Affonso apresenta interessante relação entre "Política de Segurança de Informação (PSI)" e código de conduta. Veja-se: "No campo da segurança administrativa dos dados pessoais, é recomendado que o agente de tratamento desenvolva uma Política de Segurança de Informação (PSI). Trata-se de documento que apresenta as diretrizes para garantir a segurança das informações, prescrevendo ações, proibições, boas práticas e até mesmo sanções. Em outras palavras, a PSI funciona como um *código de conduta* a ser seguido pelos funcionários e busca impedir o acesso daquelas informações por parte de terceiros não autorizados" (grifou-se). SOUZA, Carlos Affonso Pereira de. Segurança e sigilo dos dados pessoais: primeiras impressões à luz da Lei 13.709/2018. *In*: FRAZÃO, Ana; TEPEDINO, Gustavo; OLIVA, Milena Donato (Coord.). *Lei Geral de Proteção de Dados e suas repercussões no direito brasileiro*. 2. ed. São Paulo: Thomson Reuters Brasil, 2020, p. 430-431.

blica federal e estabelece normas e diretrizes para o compartilhamento de dados entre os órgãos e as entidades da administração pública federal e os demais Poderes da União. Dentre as diretrizes dispostas no art. 3º, destacam-se as seguintes: (i) o compartilhamento de dados sujeitos a sigilo implica a assunção, pelo recebedor de dados, dos deveres de sigilo e auditabilidade impostos ao custodiante dos dados; (ii) nas hipóteses em que se configure tratamento de dados pessoais, serão observados o direito à preservação da intimidade e da privacidade da pessoa natural, a proteção dos dados e as normas e os procedimentos previstos em lei; e (iii) o tratamento de dados pessoais por cada órgão será realizado de acordo com o art. 23 da LGPD, devendo-se atender a finalidade e interesse públicos.

Sobre o Decreto n. 10.046/2019, o Supremo Tribunal Federal, no julgamento conjunto da ADI 6649 e da ADPF 695, interpretou os limites constitucionais do compartilhamento de dados pessoais entre entes da administração pública federal. O voto do ministro relator Gilmar Mendes, que prevaleceu no Plenário, consagrou o entendimento de que esse compartilhamento é juridicamente admissível[5], desde que condicionado a critérios rigorosos de necessidade, finalidade específica e proporcionalidade. Assim, apenas dados estritamente indispensáveis ao atendimento de finalidades públicas legitimamente justificadas poderão ser acessados entre órgãos públicos, devendo o tratamento observar de forma plena os dispositivos da Lei Geral de Proteção de Dados Pessoais (LGPD), especialmente no que tange à segurança da informação, à transparência e à limitação do acesso.

Ademais, a Corte Suprema firmou entendimento no sentido de que o controle sobre o acesso e o uso de dados pessoais deve ser estrito, com registros eletrônicos obrigatórios, mecanismos de responsabilização administrativa, civil e disciplinar dos agentes públicos e previsão de reestruturação do Comitê Central de Governança de Dados, a fim de que este atue com maior efetividade na fiscalização e na imposição de salvaguardas. Em relação ao tratamento de dados em atividades de inteligência, o Tribunal reiterou a necessidade de observância à legislação específica e ao precedente firmado na ADI 6529, reafirmando a vedação a práticas estatais de vigilância indiscriminada. A deliberação do STF, portanto, reforça a centralidade da autodeterminação informativa na esfera pública e exige a compatibilização entre o interesse público e os direitos fundamentais dos titulares. A menção, feita no texto do art. 49, ao atendimento de "requisitos de segurança" é uma referência ao conteúdo dos arts. 46 a 48, razão por que se faz remissão aos comentários anteriormente desenvolvidos, nos quais foram analisadas as medidas de segurança e sigilo de dados, especialmente a diretriz de *privacy by design*, cuja relevância é realçada pela LGPD.

Neste ponto, o que merece ser salientado é que os programas de governança possibilitam que diferentes "requisitos de segurança" sejam previstos e explicita-

---

5. BRASIL. Supremo Tribunal Federal. *STF valida compartilhamento de dados mediante requisitos.* Brasília, DF, 15 set. 2022. Disponível em: https://portal.stf.jus.br/noticias/verNoticiaDetalhe.asp?idConteudo=494227&ori=1. Acesso em: 18 fev. 2025.

dos de forma apropriada às circunstâncias específicas de determinadas atividades de tratamento de dados e de seus titulares, o que pode propiciar maior confiança e tutela às pessoas naturais e também maior índice de conformidade dos agentes de tratamento ao arcabouço legal, resultando em maior segurança jurídica.

Princípios relevantes da LGPD, como a prevenção e a responsabilização, figuram no escopo dos códigos de conduta e programas de governança, pois, ao traduzirem os comandos legislativos genéricos e abstratos em recomendações práticas, dotadas de maior especificidade e concretude, visam difundir a cultura de proteção de dados pessoais, na medida em que conferem aos participantes do tratamento maior compreensão de seus direitos, obrigações e responsabilidades.

Além dos benefícios práticos decorrentes da implementação de *compliance* digital já citados, a própria legislação previu a atribuição de efeitos jurídicos favoráveis aos seus aderentes. No art. 52, § 1º, IX, a adoção de política de boas práticas e governança é elencada como um parâmetro de cominação das sanções administrativas aplicáveis pela ANPD aos agentes de tratamento nas hipóteses de infração às normas previstas na lei, configurando uma espécie de circunstância atenuante do juízo sancionatório administrativo da autoridade nacional.[6]

Em suma, os programas de governança e *compliance* possibilitam uma forma de autorregulação, ou melhor, de corregulação, em que se conjuga *hard law* com *soft law*, legislação com códigos de prática. Logo, podem fomentar um maior diálogo entre os órgãos públicos de controle e os agentes de tratamento e, por conseguinte, proporcionar uma abordagem coletiva e colaborativa que melhor atenda aos interesses de todos os sujeitos da cadeia de tratamento de dados pessoais.

---

6. Preceito semelhante é previsto no art. 83, 2, alínea j do RGPD. PALMEIRA, Mariana de Moraes. A segurança e as boas práticas no tratamento de dados pessoais. In: MULHOLLAND, Caitlin. (org.). A LGPD e o novo marco normativo no Brasil. Porto Alegre: Arquipélago Editorial, 2020.

Kelvin Peroli
José Luiz de Moura Faleiros Júnior

CAPÍTULO VII
DA SEGURANÇA E DAS BOAS PRÁTICAS
Seção II
Das Boas Práticas e da Governança

Art. 50. Os controladores e operadores, no âmbito de suas competências, pelo tratamento de dados pessoais, individualmente ou por meio de associações, poderão formular regras de boas práticas e de governança que estabeleçam as condições de organização, o regime de funcionamento, os procedimentos, incluindo reclamações e petições de titulares, as normas de segurança, os padrões técnicos, as obrigações específicas para os diversos envolvidos no tratamento, as ações educativas, os mecanismos internos de supervisão e de mitigação de riscos e outros aspectos relacionados ao tratamento de dados pessoais.

§ 1º Ao estabelecer regras de boas práticas, o controlador e o operador levarão em consideração, em relação ao tratamento e aos dados, a natureza, o escopo, a finalidade e a probabilidade e a gravidade dos riscos e dos benefícios decorrentes de tratamento de dados do titular.

§ 2º Na aplicação dos princípios indicados nos incisos VII e VIII do caput do art. 6º desta Lei, o controlador, observados a estrutura, a escala e o volume de suas operações, bem como a sensibilidade dos dados tratados e a probabilidade e a gravidade dos danos para os titulares dos dados, poderá:

I – implementar programa de governança em privacidade que, no mínimo:

a) demonstre o comprometimento do controlador em adotar processos e políticas internas que assegurem o cumprimento, de forma abrangente, de normas e boas práticas relativas à proteção de dados pessoais;

b) seja aplicável a todo o conjunto de dados pessoais que estejam sob seu controle, independentemente do modo como se realizou sua coleta;

c) seja adaptado à estrutura, à escala e ao volume de suas operações, bem como à sensibilidade dos dados tratados;

d) estabeleça políticas e salvaguardas adequadas com base em processo de avaliação sistemática de impactos e riscos à privacidade;

e) tenha o objetivo de estabelecer relação de confiança com o titular, por meio de atuação transparente e que assegure mecanismos de participação do titular;

f) esteja integrado a sua estrutura geral de governança e estabeleça e aplique mecanismos de supervisão internos e externos;

g) conte com planos de resposta a incidentes e remediação; e

h) seja atualizado constantemente com base em informações obtidas a partir de monitoramento contínuo e avaliações periódicas;

II – demonstrar a efetividade de seu programa de governança em privacidade quando apropriado e, em especial, a pedido da autoridade nacional ou de outra entidade responsável por promover o cumprimento de boas práticas ou códigos de conduta, os quais, de forma independente, promovam o cumprimento desta Lei.

§ 3º As regras de boas práticas e de governança deverão ser publicadas e atualizadas periodicamente e poderão ser reconhecidas e divulgadas pela autoridade nacional.

DAS REGRAS DE BOAS PRÁTICAS E GOVERNANÇA: O *CAPUT* DO ART. 50

As boas práticas e a governança de dados são ferramentas cuja imprescindibilidade foi fortalecida pela sensibilização internacional, assente nos princípios democráticos, pela salvaguarda dos dados pessoais e da privacidade, no contexto posterior às revelações de Edward Snowden, em 2013, do programa de acesso aos dados de comunicação dos usuários de provedores de serviços de Internet e de telecomunicações (dentre os quais, as *Big Techs* do Vale do Silício, como *Apple*, *Google* e *Microsoft*)[1] pelos governos da *Five Eyes Alliance* (EUA, Reino Unido, Canadá, Austrália e Nova Zelândia)[2], notadamente pela Agência Nacional de Segurança dos EUA (NSA – *National Security Agency*).

No âmbito desse panorama histórico de revelações de uma vigilância global, as medidas para as boas práticas e para a governança em proteção de dados pessoais e em privacidade foram pormenorizadas no RGPD da União Europeia (em contraposição à Diretiva 46/95/CE, que regulava a matéria, precedentemente) e inseridas pelo legislador brasileiro na LGPD, especialmente nos arts. 50 e 51 da Lei.

O *caput* de seu art. 50 estabelece que os agentes de tratamento (os controladores e os operadores) e as associações que os representem possuem a *faculdade* (aferida pela utilização do verbo 'poder', no plural, 'poderão' na redação do dispositivo) de formular regras de *boas práticas* e de *governança* (governança em privacidade e

---

1. GREENWALD, Glenn. NSA paid millions to cover Prism compliance costs for tech companies. *The Guardian*, 23 ago. 2021. Disponível em: https://www.theguardian.com/world/2013/aug/23/nsa-prism-costs-tech-companies-paid. Acesso em: 18 fev. 2025.

2. GEIST, Michael. *Law, Privacy and Surveillance in Canada in the Post-Snowden Era*. Ottawa: University of Ottawa Press, 2015, p. 225.

proteção dos dados pessoais) para as atividades de tratamento, que estabeleçam, exemplificativamente:

(i) as condições para o estabelecimento da *governança* e da realização das *boas práticas*;

(ii) o regime de funcionamento;

(iii) as regras e os modelos dos procedimentos relacionados aos dados dos titulares (como as reclamações e as petições dos titulares de dados);

(iv) as normas de segurança e os padrões técnicos;

(v) os mecanismos internos de supervisão e de mitigação de riscos;

(vi) as obrigações específicas para os sujeitos envolvidos no tratamento; e

(vii) as ações educativas realizadas pelos agentes de tratamento ou associações, *v.g.*, a fim de elucidar o papel e as responsabilidades dos agentes de tratamento envolvidos com a salvaguarda dos princípios protetivos e dos direitos dos titulares e também a fim de divulgar a necessidade do consentimento informado, expondo-o como imperioso à licitude de diversas atividades de tratamento.

DAS BOAS PRÁTICAS

O §1° do art. 50 da LGPD expõe os indicadores que devem ser objeto de consideração para a implementação das regras de boas práticas: a *natureza*, a *abrangência* e a *finalidade* do tratamento, bem como a *probabilidade e a gravidade dos riscos e dos benefícios* decorrentes da atividade de tratamento dos dados do titular.

A *natureza* é a essência do tratamento de dados realizado: como os dados são tratados (durante todo o ciclo de tratamento), qual é a fonte da coleta de dados (como o dado é coletado, *v.g.*, se na Internet, em *click* ou *browse wraps*[3], ou papelizado), quais são os agentes com os quais há o compartilhamento dos dados e quais são as medidas de segurança adotadas e tecnologias utilizadas no gerenciamento do tratamento.

---

3. *Click-wrap* são contratos de adesão eletrônicos, cuja anuência é pelo *click* do usuário, enquanto *browse-wrap* são os termos e condições de uso, os quais são consentidos por comportamento concludente (apenas pela permanência do usuário na aplicação do provedor, como na página do provedor de conteúdo). Quanto aos termos e condições de uso, para que haja uma correta coleta do consentimento, recomenda-se que: (i) o usuário deva ter ciência efetiva da existência dos termos e condições de uso; (ii) que deva ter a real oportunidade de averiguá-lo; (iii) que deva ser avisado de maneira adequada que determinadas condutas representam a anuência aos termos e condições (comportamento concludente); e (iv) que deva realizar a conduta (comportamento) especificada nos termos. Confira, a esse respeito: LIMA, Cíntia Rosa Pereira de. *Validade e obrigatoriedade dos contratos de adesão eletrônicos (shrink-wrap e click-wrap) e dos termos e condições de uso (browse-wrap):* um estudo comparado entre Brasil e Canadá. 2009, 673f. Tese (Doutorado em Direito) – Faculdade de Direito, Universidade de São Paulo. São Paulo, 2009.

A *abrangência* ou *escopo* diz respeito à amplitude do tratamento: quais categorias de dados pessoais são coletados (se há, *v.g.*, dados pessoais sensíveis, para os quais pode ser necessário consentimento específico[4]), qual é a frequência com a qual os dados são tratados, o período de retenção e armazenamento dos dados e o território no qual ocorre o tratamento (e a quais legislações deverá o tratamento estar em conformidade).

A *finalidade* é o motivo pelo qual há o tratamento de dados, que deve estar alinhado a uma das finalidades estabelecidas na LGPD (*v.g.*, para a execução de um contrato ou de procedimentos preliminares relacionados a um contrato, para a tutela da saúde e para a execução de políticas públicas[5]).

Quanto à *probabilidade de incidência e a gravidade dos riscos e benefícios*, a Lei delimita as *práticas* que são necessárias ao gerenciamento de riscos (que podem estar inseridas em um plano de governança). Entende-se também o predispor da transparência dos agentes de tratamento aos titulares, com relação ao nível de segurança de sua atividade, baseado em suas técnicas de gerenciamento de risco, além de expor os possíveis benefícios da atividade, o que remete ao direito do titular de dados de ser informado sobre a possibilidade de não fornecer o consentimento e das consequências que adviriam de sua negativa (inc. VIII, art. 18, da LGPD).

Assim, a título exemplificativo, podem ser reputadas *boas práticas*, considerando a *natureza*, o *escopo*, a *finalidade*, os *riscos* e os *benefícios* das atividades de tratamento:

(i) o mapeamento de como os dados são tratados, em todo o seu ciclo de vida, inclusive em relação à frequência do tratamento e o período de armazenamento dos dados;

(ii) o mapeamento das fontes e das espécies de dados tratados;

(iii) a delimitação dos agentes com os quais há o compartilhamento;

(iv) a especificação das medidas de segurança e gerenciamento de riscos, bem como da probabilidade de incidência; e

(v) a *transparência*, entendida como o dever em se descrever ao titular dos dados o tratamento quanto aos seus *riscos* e *benefícios*, quanto à sua *natureza*, *abrangência*, *finalidade*, dentre outras características do tratamento que fizerem-se necessárias ao *full disclosure*, um dos princípios da governança, como se verá adiante.

---

4. Finalidades que estão descritas no art. 11 da LGPD.

5. Sob os fundamentos do art. 7°, inc. II (quanto à execução de um contrato ou de procedimentos preliminares a um contrato), do art. 11, inc. I, alínea "f" (quanto à tutela da saúde) e do art. 7°, inc. III e art. 11, inc. II, alínea "b" da LGPD (em relação à coleta, pela administração pública, para a realização de políticas públicas).

DA GOVERNANÇA E DO *COMPLIANCE* PARA A PROTEÇÃO DE DADOS PESSOAIS E PRIVACIDADE

O §2° do art. 50 da LGPD dispõe sobre a *faculdade* do controlador em estabelecer um programa de governança em privacidade (ou, de forma mais condizente com a matéria, em proteção de dados pessoais e privacidade), observados a *estrutura*, a *escala* e o *volume* de suas operações, a *sensibilidade* dos dados (se há categorias de dados sensíveis tratados) e a gravidade dos *danos* para os titulares de dados, sob os fundamentos dos incs. VII, VIII e X do art. 6° da Lei, que tratam da observância, nas atividades de tratamento, dos princípios da *segurança* e da *prevenção*, além da *responsabilidade* e *prestação de contas* (entendidas, respectivamente, como *liability* e *accountability*[6]).

Em relação à fiscalização que advirá da ANPD, a implementação de um programa de governança é recomendável para facilitar a realização de Relatórios de Impacto à Proteção de Dados (RIPD), que poderão ser solicitados pela ANPD, cujo conteúdo deve dispor, no mínimo, sobre a descrição das categorias de dados tratados, sobre como o dado é coletado e como é garantida a segurança das informações, bem como da análise do controlador sobre as medidas, salvaguardas e mecanismos de mitigação de riscos que são adotados (*caput* e parágrafo único do art. 38 da LGPD).

Vale ressaltar que o Relatório de Impacto à Proteção de Dados poderá ser requerido a qualquer momento (art. 38), e não somente aos agentes de tratamento do setor privado, mas também para o tratamento de dados pessoais realizado para fins de segurança pública, de segurança do Estado, de defesa nacional, quando da realização de atividades de investigação e repressão de infrações penais e, de modo geral, quando houver infração da LGPD em razão de tratamento de dados pessoais realizado por órgãos públicos (arts. 31 e 32). Vale, também, para as empresas estatais.[7]

Assim, é um instrumento útil a demonstrar a efetividade do programa de governança, quando requerido pela ANPD, conforme dispõe o inc. II do artigo em comento, que pode ser obtida pela presença dos seguintes elementos:

(...) (i) o nexo estrutural (*structural nexus*), entendido como o desenvolvimento de políticas e procedimentos na própria empresa capazes de promover a cultura de conformidade, em seu âmago; (ii) o fluxo de informações (*information flow*) da empresa necessita ser eficiente, no sentido de que o *compliance* deve ser implantado no fluxo de informações do alto comando até os empregados do chão de fábrica, para garantir que a comunicação entre todos, de todos níveis hierárquicos, seja rápida e eficaz; (iii) monitoramento e vigilância (*monitoring and suveillance*), sendo também função do *compliance* o monitoramento do comportamento dos empregados, a fim de garantir a

---

6. Cf. ROSENVALD, Nelson. A polissemia da responsabilidade civil na LGPD. *Migalhas de Proteção de Dados*, 06 nov. 2020. Disponível em: https://s.migalhas.com.br/S/928B53 Acesso em 18 fev. 2025.

7. FRAZÃO, Ana. O abuso do poder de controle na Lei das Estatais. In: NORONHA, João Otávio de; FRAZÃO, Ana; MESQUITA, Daniel Augusto (Coord.). *Estatuto jurídico das estatais*: análise da Lei 13.303/2016. Belo Horizonte: Fórum, 2017, p. 1-3.

sua adesão às políticas e procedimentos da empresa, o que gera, consequentemente, a vigilância, que deve ser minimizada e utilizada apenas para os fins corporativos; (iv) o *enforcement* das políticas, procedimentos e normas de direito, que devem ser direcionados tanto para as atividades que oferecem maior risco de não conformidade, quanto para as que menos risco oferecem, o que pressupõe, em verdade, a análise e o gerenciamento de riscos efetivos pela empresa.[8]

Em 2001, a falência da *Enron*, uma das maiores empresas dos EUA (que atuava principalmente no setor de energia), foi um prelúdio para a aprovação do *Sarbanes-Oxley Act* (SOx)[9], em 2002, que dispôs de regras para a *accountability* das organizações[10], como a necessidade da criação de um órgão de auditoria interna para a supervisão dos *relatórios e demonstrações contábeis e financeiras*[11]. A SOx é um dos marcos para a disseminação da governança corporativa, em sua acepção hodierna, contribuindo com a importância da *transparência*, em benefício, neste caso, dos *shareholders*[12].

As demonstrações, segundo o *Sarbanes-Oxley Act*, devem ser realizadas de acordo com as avaliações de *controle interno* da organização.[13] Em seu turno, *controle interno* é entendido como qualquer processo conduzido pela diretoria ou outro órgão da organização com a intenção de obter níveis adequados de organização.

8. LIMA, Cíntia Rosa Pereira de; PEROLI, Kelvin. *Direito digital*: compliance, regulação e governança. São Paulo: Quartier Latin, 2019, p. 8.

9. À respeito, confira: ROCKNESS, Howard; ROCKNESS, Joanne. Legislated Ethics: from Enron to Sarbanes-Oxley, the impact on Corporate America. *Journal of Business Ethics*, Cham, n. 57, p. 31-54, 2005.

10. MARCHETTI, Anne M. *Beyond Sarbanes-Oxley compliance*: effective enterprise risk management. Nova Jersey: John Wiley & Sons, 2005, p. 1-3.

11. Como dispôs a *Section* 02 do Sarbanes-Oxley Act. ESTADOS UNIDOS DA AMÉRICA. Sarbanes-Oxley Act of 2002. *Public Law 107-204*. Approved on July 30th, 2002, as amended through Public Law 112-106, enacted on April 5th, 2012. Disponível em: https://www.govinfo.gov/content/pkg/COMPS-1883/pdf/COMPS-1883.pdf. Acesso em: 18 fev. 2025.

12. Há diferentes modelos de governança corporativa: (i) o modelo anglo-saxão usualmente possui como objetivo principal a geração de lucro para os *shareholders*, sendo o capital da empresa relativamente pulverizado em muitos acionistas; (ii) o modelo nipo-germânico é baseado no equilíbrio de interesses dos *stakeholders* (de todos os grupos envolvidos no funcionamento da empresa), sendo o capital relativamente concentrado; e, muito comum, (iii) o modelo baseado na empresa familiar. Confira: BERGAMINI JÚNIOR, Sebastião. Controles internos como um instrumento de Governança Corporativa. *Revista do BNDES*, Rio de Janeiro, v. 12, n. 24, p. 149-188, dez. 2005; RIBEIRO, Renato Ventura. *Dever de diligência dos administradores de sociedades*. São Paulo: Quartier Latin, 2006, p. 227. Conferir, ainda, HOPT, Klaus. Comparative corporate governance: The state of the art and international regulation. *ECGI Working Paper Series in Law*, Working Paper n. 170, jan. 2011. Disponível em: https://ssrn.com/abstract=1713750. Acesso em: 18 fev. 2025; ABREU, Jorge Manuel Coutinho de. *Governação das sociedades comerciais*. Coimbra: Almedina, 2010, p. 7-34; GELTER, Martin. Comparative corporate governance: old and new. *ECGI Working Paper Series in Law*, Working Paper n. 321, jul. 2016. Disponível em: https://ssrn.com/abstract=2756038. Acesso em: 16 jun. 2021.

13. Importante destaque deve ser conferido às *boards* nas estruturas de governança corporativa: "The board of directors operates within a system of corporate governance. Governance systems can be roughly grouped according to whether the operation of the company by the board is determined by market forces (outsider control), or by mechanisms within the corporation and by its networks (insider control)." HOPT, Klaus; LEYENS, Patrick C. The structure of the Board of Directors: boards and governance strategies in the US, the UK and Germany. *ECGI Working Paper Series in Law*, Working Paper n. 567, mar. 2021. Disponível em: https://ssrn.com/abstract=3804717. Acesso em: 18 fev. 2025.

De acordo com os princípios de controle interno do *Committee of Sponsoring Organizations of the Treadway Commission* (COSO), deve se pautar pelo controle do ambiente da organização, pelo gerenciamento de riscos, pelo controle das atividades da organização, por um alto nível de informação e comunicação e pelo monitoramento das atividades[14].

Assim, a Governança Corporativa (GC), em sua interpretação de acordo com o *Sarbanes-Oxley Act*, é delineada por quatro fundamentos: (i) a transparência (*full disclosure*); (ii) a integridade (*fairness*); (iii) a prestação de contas (*accountability*); e (iv) a conformidade às regulações (*compliance*). Esses fundamentos também estão presentes na definição trazida, no Brasil, pelo *Código das Melhores Práticas de Governança Corporativa*, como princípios da Governança Corporativa. Em síntese, a definição de regramentos próprios não advém de uma observação ontológica (ser), mas de uma expectativa deontológica (dever-ser) da interação entre inovação e regulação em um ecossistema no qual o risco é inerente às atividades exploradas.[15]

Quando o acionista delega ao administrador o poder de gestão da empresa, entendimentos distintos sobre os melhores procedimentos a serem adotados no zelo quanto ao desenvolvimento corporativo podem conduzir a distorções. É exatamente isso que a governança corporativa procura superar, explicitando e até mesmo definindo regras cuja observância representa a conformidade (*compliance*) dos membros da corporação.[16]

A transparência é a divulgação das informações relevantes às partes interessadas, como já aludido. A integridade (ou equidade – *equity*) é o tratamento equânime da organização em relação a essas partes interessadas (*stakeholders*). A prestação de contas (*accountability*), para além da responsabilização pelos atos praticados, impõe, ainda sob a ótica do SOX, as boas práticas financeiras, contábeis e de privacidade, bem como da realização de auditoria interna.

---

14. Critérios desenvolvidos pelo COSO (*Committee of Sponsoring Organizations of the Treadway Commission*), organização sem fins lucrativos dos EUA, de iniciativa do setor privado, cujo objetivo é o de recomendar e emitir padrões técnicos de auditoria. COMMITTEE OF SPONSORING ORGANIZATIONS OF THE TREADWAY COMMISSION. *COSO Internal Control* – Integrated Framework Principles. Committee of Sponsoring Organizations of the Treadway Commission, 2013. Disponível em: https://www.coso.org/Documents/COSO-ICIF-11x17-Cube-Graphic.pdf . Acesso em: 18 fev. 2025.

15. GELLERT, Raphaël. Understanding data protection as risk regulation. *Journal of Internet Law*, Alphen aan den Rijn, v. 18, n. 1, p. 3-15, maio 2015, p. 6-7.

16. Sobre a governança corporativa, Mariana Pargendler destaca seu valor e a proeminência do debate em torno de sua propagação: "Given the prominence of the corporate governance agenda in the academic and public spheres – and its resilience despite variations in the specific issues of the day—further appraisals of its normative implications are badly needed. There are two competing normative justifications for the obsession with corporate governance: whereas the first view is based on the relationship between corporate governance and shareholder value, the second conception assumes a direct effect of corporate governance practices on non-shareholder constituencies and social welfare more generally." PARGENDLER, Mariana. The corporate governance obsession. *The Journal of Corporation Law*, Iowa City, v. 42, n. 2, p. 359-402, 2016, p. 395.

O *compliance*, por sua vez, é a conformidade com as regulações, políticas e procedimentos, significando não somente a conformidade com as regulações dos Estados nos quais atua, mas também com as políticas, práticas e procedimentos da própria organização (como o estatuto social, o regimento interno, o código de ética e a política de proteção de dados e privacidade). Nesse sentido, pode ser entendido como alude o brocardo latino *"nemo potest veire contra factum proprium"*: ninguém pode comportar-se de modo contrário aos seus própios atos.

Com o avanço da Tecnologia da Informação (IT) e da utilização de *Big Data*, as organizações não mais puderam apenas armazenar os seus dados: modelos de governança (*governance*) e de gerenciamento (*management*) também avançaram sobre os dados tratados. É a partir do *Sarbanes-Oxley Act* que a utilização de *softwares* para *Governance, Risk and Compliance* (GRC) se espraia[17] como solução técnica para a implementação de programas de *governança corporativa* para as grandes organizações.

A Governança de Dados (GD), nesse sentido, se refere ao conhecer de quais decisões devem ser tomadas para garantir um efetivo gerenciamento e uma efetiva utilização da TI, bem como para estabelecer os sujeitos tomadores de decisões (*decision-makers*) e delimitar suas responsabilidades. O gerenciamento de dados corresponde às decisões efetivamente implementadas[18].

Segundo Carlos Barbieri:

> Extraída do contexto maior da governança corporativa e tangenciando pontos da Governança de TI, a de dados foca em princípios de organização e controle sobre esses insumos essenciais para a produção de informação e conhecimento das empresas. O controle mais estrito e formal de dados não é um desafio surgido nos dias de hoje. Os dados, dentre os insumos corporativos, são aqueles que mais apresentam características de fluidez, perpassam diversos processos e sofrem mais transmutações, pois são trabalhados em diversos pontos do seu ciclo de vida, dando origem a outros, além de nem sempre possuírem uma fonte e um destino claramente formalizados.[19]

Nesse contexto, desenvolve-se a Governança de Dados (GD): uma governança aplicada ao gerenciamento da arquitetura, do desenvolvimento, da qualidade e da segurança de dados, bem como do gerenciamento de operações de bancos de dados,

---

17. PAPAZAFEIROPOULOU, Anastasia; SPANAKI, Konstantina. Understanding governance, risk and compliance information systems (GRC IS): The experts view. *Information Systems Frontiers*, jun. 2015, p. 01. Disponível em: https://www.researchgate.net/publication/286945691_Understanding_governance_risk_and_compliance_information_systems_GRC_IS_The_experts_view. Acesso em: 18 fev. 2025.

18. KHATRI, Vijay; BROWN, Carol. Designing data governance. *Communications of the ACM*, Nova York, v. 53, n. 1, 2010. Disponível em: https://dl.acm.org/doi/abs/10.1145/1629175.1629210. Acesso em: 18 fev. 2025.

19. BARBIERI, Carlos. *Governança de dados*. Rio de Janeiro: Alta Books, 2019, p. 35.

de dados mestres e de referência[20], de metadados[21] e da gestão de *Data Warehousing* (DW) e *Business Intellligence* (BI)[22], de acordo com o *framework* de boas práticas de governança e gerenciamento de dados do *Data Management Body of Knowledge* (DMBOK)[23].

Na década de 1990, no entanto, a implementação de *controles internos* para a utilização dos dados pessoais, quando do tratamento de dados pelos setores público e privado, já havia sido alvo de atenção da União Europeia (à época, Comunidade Europeia), pela Diretiva 95/46/CE, que estabeleceu, pelo art. 27, um dever para os Estados-membros e para a Comissão da UE de *promover* a elaboração de *códigos de conduta* (elaborados pelos responsáveis pelo tratamento ou por associações representativas), para a correta execução das disposições implementadas em cada país, nos termos da Diretiva[24].

Com a divulgação do esquema de vigilância global (perpetrado pela *Five Eyes Alliance*) e a demanda por regulações que impusessem salvaguardas mais efetivas à proteção de dados pessoais e privacidade no espaço digital, a União Europeia aprovou o Regulamento Geral de Proteção de Dados, em 2016, com novas ferramentas para a implementação da efetividade da proteção nas organizações: além dos códigos de conduta (dispostos pelo art. 40 do RGPD), há a faculdade em se estabelecer modelos de certificação (também por selos e marcas) que demonstrem a *conformidade* da

---

20. *Dados mestres* são os dados considerados fundamentais para a organização: envolvem, *v.g.*, os dados de clientes, colaboradores, contas e locais. *Dados de referência* são os que são utilizados para classificar outros dados (como o código de um estado ou de um pedido). BARBIERI, Carlos. Uma visão sintética e comentada do Data Management Body of Knowledge (DMBOK). *Research Gate*, jan. 2013, p. 24. Disponível em: 10.13140/RG.2.1.1561.2561 Acesso em: 18 fev. 2025.

21. *Metadados* são os dados que fazem referência a outros dados. MORI, Alexandre; CARVALHO, Cedric Luiz. *Metadados no contexto da Web semântica*. Instituto de Informática, Universidade Federal de Goiás, 2004, p. 1-3. Disponível em: http://ww2.inf.ufg.br/sites/default/files/uploads/relatorios-tecnicos/RT-INF_002-04.pdf. Acesso em: 18 fev. 2025.

22. O gerenciamento de *Data Warehousing* (DW) e *Business Inteligence* (BI) é o planejamento, implementação e controle de processos para prover dados que sejam úteis como suporte para as decisões dos colaboradores envolvidos na produção de relatórios, consultas e análises. BARBIERI, Carlos. Uma visão sintética e comentada do Data Management Body of Knowledge (DMBOK). *Research Gate*, jan. 2013, p. 29. Disponível em: 10.13140/RG.2.1.1561.2561. Acesso em: 18 fev. 2025.

23. DAMA INTERNATIONAL. *DAMA-DMBOK*: Data Management Body of Knowledge. 2. ed. Bradley Beach/NJ, EUA: Technics Publications, 2017, p. 35.

24. Confira, *ipsis litteris*, os itens 1 e 2 do art. 27 da Diretiva 95/46/CE: "1. Os Estados-membros e a Comissão promoverão a elaboração de códigos de conduta destinados a contribuir, em função das características dos diferentes setores, para a boa execução das disposições nacionais tomadas pelos Estados-membros nos termos da presente diretiva. 2. Os Estados-membros estabelecerão que as associações profissionais e as outras organizações representativas de outras categorias de responsáveis pelo tratamento que tenham elaborado projetos de códigos nacionais ou que tencionem alterar ou prorrogar códigos nacionais existentes, podem submetê-los à apreciação das autoridades nacionais. Os Estados-membros estabelecerão que essas autoridades se certificarão, nomeadamente, de conformidade dos projetos que lhe são apresentados com as disposições nacionais tomadas nos termos de presente diretiva. Se o considerarem oportuno, as autoridades solicitarão a opinião das pessoas em causa ou dos seus representantes."

organização com o RGPD, devendo os Estados-membros, as autoridades garantes, o Comitê e a Comissão da UE incentivar a criação dos procedimentos de certificação, como estabelece o art. 42.

Pela análise do RGPD, o procedimento de certificação objetiva averiguar o *compliance* das organizações com o Regulamento. Nesse contexto, os *códigos de conduta* (supervisionados pelas autoridades garantes e por órgãos autorizados, nos termos do art. 41) objetivam traçar a estrutura de *controle interno*, utilizando-se de *boas práticas* e do *compliance* com os procedimentos da própria organização.

Utilizando-se de *governança em privacidade* (e proteção de dados pessoais[25]), *boas práticas* e *códigos de conduta*, a LGPD objetiva os mesmos fins, no Brasil: o *compliance* dos agentes de tratamento com o sistema de proteção de dados (que não se limita a LGPD, tendo como outro expoente, *v.g.*, o Marco Civil da Internet – MCI[26]) e com o *controle interno* implementado pelos próprios agentes de tratamento, em suas organizações, por meio, *v.g.*, de um programa de *governança* (em proteção de dados e privacidade) e da utilização de *boas práticas* e *códigos de conduta*, cujo cumprimento será fiscalizado pela ANPD (ou, também, por organizações que promovam o cumprimento das *boas práticas* e *códigos de conduta*, como estabelece o artigo em comento – art. 50, inc. II, da LGPD)[27].

A fiscalização pode ser realizada, inclusive, por meio de órgãos de certificação, em alguns casos: quando de cláusulas contratuais específicas, normas corporativas globais, selos, certificados e códigos de conduta para a transferência internacional de dados pessoais, realizados pelos controladores, como dispõe o art. 4º, inc. XII, alínea "a", do Decreto n. 10.474, de 26 de agosto de 2020.

Ainda sobre o tema, o § 3º do art. 50 da LGPD estabelece que as regras de *boas práticas* e *governança* devem ser publicadas e atualizadas periodicamente (notadamente, em razão dos avanços tecnológicos e da necessária atualização das medidas de gerenciamento e de segurança dos dados) e que podem ser reconhecidas e divulgadas pela ANPD, como também regulamentou o inc. XV, art. 4º, do Decreto n. 10.474/2020.

---

25. Os autores entendem que, uma vez que a proteção de dados pessoais certamente é conceito já distinto do conceito de privacidade (tendo em vista que a acepção da proteção dos dados pessoais reveste-se de um caráter dinâmico, enquanto a de privacidade tende a possuir um caráter mais estável – o do foro íntimo), o complemento atribuído pelo Legislador para a *governança* poderia ter refletido melhor o objeto da Lei (de Proteção de Dados).

26. Já pelo art. 3º do Marco Civil da Internet (MCI), a proteção de dados pessoais é um dos princípios para o uso da Internet no Brasil.

27. FALEIROS JÚNIOR, José Luiz de Moura; SILVA, Michael César. Governança de dados e devida diligência: algumas notas sobre responsabilidade civil e prevenção na Lei Geral de Proteção de Dados Pessoais. In: EHRHARDT JÚNIOR, Marcos; CATALAN, Marcos; MALHEIROS, Pablo (Coord.). *Direito civil e tecnologia*: Tomo II. Belo Horizonte: Fórum, 2021, t. 2, p. 171-188.

A governança em proteção de dados e privacidade não deve estar estruturalmente dissociada das demais políticas de *controle interno* das organizações: em verdade, pode constituir um dos programas de governança (como dispõe o art. 50, inc. I, alínea "f"), comunicável, portanto, com as demais áreas de *controle interno*, a fim de que o fluxo de informações, dentro das organizações, seja célere e eficiente.

A ANPD também deve estimular padrões técnicos que facilitem o controle dos dados pessoais por seus titulares (fundados, *v.g.*, na transparência e na acessibilidade das informações), como determina o art. 51 da LGPD.

Quanto ao conteúdo requerido pela LGPD ao programa de *governança*, o inc. I do art. 50 dispõe de um conjunto mínimo a ser observado, que deve:

(a) demonstrar o comprometimento do controlador em adotar um *controle interno* que assegure o *compliance* com as normas e com as boas práticas (como as referidas, precedentemente) em relação à proteção de dados pessoais (*v.g.*, o registro das atividades de tratamento[28]);

(b) ser aplicável para todo o conjunto de dados pessoais que esteja sob seu controle;

(c) ser adaptado à *abrangência* de suas operações, no sentido já abordado;

(d) estabelecer *políticas* (que visem a mitigar riscos) e *salvaguardas* adequadas com base em processos de avaliação de impacto e de risco à proteção de dados e à privacidade (*v.g.*, por meio de políticas de gerenciamento de riscos, que podem se utilizar de *parâmetros escalares* para representar os níveis de probabilidade do risco e de impacto ou dano);[29]

(e) objetivar uma relação de confiança com o titular, por meio da *transparência* e da utilização de padrões técnicos que assegurem e facilitem a *acessibilidade aos dados*;

(f) estar *integrado* a uma estrutura geral de governança e estabeleça e aplique mecanismos de supervisão internos (*controle interno*) e externos (*auditorias*);

(g) haver planos de resposta a incidentes e remédios ao reparo;

---

28. Modelos para a atividade de registro poderão ser divulgados pela ANPD. A *Commission Nationale de l'Informatique et des Libertés* (CNIL), autoridade francesa de proteção de dados pessoais, elaborou um modelo geral em conformidade ao RGPD da União Europeia. Confira (em inglês): FRANÇA. Commission Nationale Informatique & Libertés – CNIL. *Record of processing activities*. CNIL, 19 de Agosto de 2019. Disponível em: https://www.cnil.fr/sites/default/files/atoms/files/record-processing-activities.ods. Acesso em: 18 fev. 2025.

29. De modo exemplificativo: a representação do nível de probabilidade do risco e do nível de impacto do risco (representados numericamente), cujo produto é utilizado para medir o grau de risco (como baixo, moderado e alto).
Confira: BRASIL. Comitê Central de Governança de Dados. *Guia de Boas Práticas* – Lei Geral de Proteção de Dados (LGPD). Guia de Boas Práticas para Implementação na Administração Pública Federal. Brasília, Comitê Central de Governança de Dados, abril de 2020. Disponível em: https://www.gov.br/governodigital/pt-br/governanca-de-dados/guia-lgpd.pdf. Acesso em: 18 fev. 2025.

(h) estar atualizado constantemente com base em informações obtidas a partir de monitoramento contínuo e avaliações periódicas, nos termos da Lei.

Vale como nota, neste apontamento dos requisitos mínimos ao programa de governança em proteção de dados e privacidade, o rememorar de um dos ensinamentos de Stefano Rodotà, que é o das "*sunset rules*": a necessidade da utilização, quando o objeto do direito é a tecnologia, de princípios e conceitos amplos, para que as tecnologias do amanhã não obscureçam a eficácia das regulações atuais[30], motivo este pelo qual o conteúdo axiológico das boas práticas e da governança não pode ser instituído em Lei, devendo sempre ser atualizado, para o acompanhar das mudanças tecnológicas e de contexto (como mencionado pelo supracitado art. 50, inc. I, alínea "h").

Aspecto imprescindível do conteúdo é o de gerenciamento do projeto, que deverá estar em conformidade com a LGPD. O *design*, nesse sentido, é uma forma de poder: uma forma de poder dos desenvolvedores e programadores sobre os usuários[31] – pela metáfora de Michel Foucault do sistema panóptico de Jeremy Bentham, é o grau de opacidade da torre de vigilância, o que decide se os prisioneiros saberão ou não se estão a ser observados. O papel da governança é o de reduzir a opacidade – fomentando a transparência (*full disclosure*). O *design*, como estrutura, deve estar, desde o princípio, imbuído das *boas práticas*, que o devem revestir com a proteção de dados pessoais e privacidade, para o mitigar do espectro da vigilância.

A utilização dos algoritmos (como pela IA) para o desenvolver dos programas e para o estruturar dos dados tratados deve, no âmbito da governança requerida pela LGPD, estar sempre sob o amparo da proteção de dados e da privacidade, desde a sua programação e por padrão, ou seja, amparar os princípios de *Privacy by Design e Privacy by Default*, necessários aos fins de cumprimento de um efetivo *controle interno* (art. 50, inc. I, alínea "a").

De forma completa, como especificou Ann Cavoukian, *Former Information e Privacy Commissioner* de Ontário, Canadá, sete princípios fundamentais para a construção de uma salvaguarda da privacidade (e dos dados pessoais), desde a concepção dos projetos:

(i) *"Proactive not reactive, preventive not remedial"* – deve-se antever os riscos para preveni-los;

(ii) *"Privacy as the default setting"* – privacidade incorporada como padrão;

(iii) *"Privacy embedded by design"* – privacidade incorporada ao *design*;

---

30. RODOTÀ, Stefano. Privacy e costruzione della sfera privata. Ipotesi e prospettive. *Politica del Diritto*, Bologna: Il Mulino, ano XXI, n. 1, pp. 544-545, 1991.

31. De acordo com Woodrow Hartzog, ipsis litteris: "Design is power because people react to design in predictable ways. This means that with the right knowledge, design can impose some form of order on chaos." HARTZOG, Woodrow. *Privacy's Blueprint*. The Battle to Control the Design of New Technologies. Cambridge: Harvard University Press, 2018, p. 34.

(iv) *"Full functionality – positive-sum, not zero-sum"* – funcionalidade completa do produto ou serviço com a configuração de privacidade padrão, ou seja, não se deve dispor integralmente as funcionalidades apenas para aqueles que alterarem a política de privacidade;

(v) *"End-to-end security – full lifecycle protection"* – proteção durante todo o ciclo de vida;

(vi) *"Visibility and transparency – keep it open"* – visibilidade e transparência;

(vii) *"Respect for user privacy – keep it user-centric"* – respeito pela privacidade do titular[32].

DAS OUTRAS DISPOSIÇÕES PARA A GOVERNANÇA DE DADOS PELOS PODERES JUDICIÁRIO E EXECUTIVO

A governança em privacidade e proteção de dados, que deve ser integrada à estrutura geral de governança da organização (como aduz o art. 50, inc. I, alínea "f"), já foi, no âmbito do Poder Judiciário, objeto da Resolução n. 332, de 21 de agosto de 2020, do Conselho Nacional de Justiça (CNJ), que dispôs, além dela, sobre a ética e a transparência na produção e no uso da Inteligência Artificial (IA) no Poder Judiciário, isso porque estabeleceu a necessidade da observância da LGPD, da Governança de Dados (GD) e do segredo de justiça para qualquer modelo de IA que venha a ser utilizado, em sua estrutura, como elucida o art. 9º.

A fim de promover o *compliance* com a LGPD e com as regras internas, o CNJ também instituiu o Comitê Consultivo de Dados Abertos e Proteção de Dados, no âmbito do Poder Judiciário, pela Resolução n. 334, de 21 de setembro de 2020, cujo objetivo é o de auxiliá-lo no desenvolvimento e na implementação de política de dados abertos compatível com a proteção de dados pessoais, possuindo, como competência: (i) a de avaliar e propor padrões de interoperabilidade e disponibilização de dados de processos judiciais por aplicativos de acesso massivo; (ii) avaliar e definir parâmetros de padronização da cobrança pelo acesso aos dados do Poder Judiciário; (iii) propor medidas para a observância da LGPD, quando da execução da política de dados abertos, como a proteção dos elementos identificadores de pessoas naturais (*Personally Identifiable Information* – PII); e (iv) realizar estudos e propostas para o aperfeiçoamento dos critérios de gerenciamento de dados (como dos *metadados*)[33].

Sendo certo que a LGPD incide sobre as operações de tratamento de dados realizadas pelo Poder Público (artigos 23 a 32), a União editou normativa especificamente

---

32. CAVOUKIAN, Ann. Privacy by design: the 7 foundational principles. Publicação de *Information and Privacy Commissioner of Ontario*. Publicado em agosto de 2009. Revisado em janeiro de 2011. Disponível em: https://www.ipc.on.ca/wp-content/uploads/Resources/7foundationalprinciples.pdf. Acesso em: 18 fev. 2025.

33. De acordo com o art. 2º da Resolução n. 334/2020.

voltada à regência de sua política de governança para o compartilhamento de dados, que passa a se apresentar em sintonia exata com os propósitos de *compliance* digital.

Trata-se do Decreto 10.046, de 07 de outubro de 2019, que assim prevê, em seu artigo 3º:

> Art. 3º. O compartilhamento de dados pelos órgãos e entidades de que trata o art. 1º observará as seguintes diretrizes:
>
> I – a informação do Estado será compartilhada da forma mais ampla possível, observadas as restrições legais, os requisitos de segurança da informação e comunicações e o disposto na Lei 13.709, de 14 de agosto de 2018 – Lei Geral de Proteção de Dados Pessoais;
>
> II – o compartilhamento de dados sujeitos a sigilo implica a assunção, pelo recebedor de dados, dos deveres de sigilo e auditabilidade impostos ao custodiante dos dados;
>
> III – os mecanismos de compartilhamento, interoperabilidade e auditabilidade devem ser desenvolvidos de forma a atender às necessidades de negócio dos órgãos e entidades de que trata o art. 1º, para facilitar a execução de políticas públicas orientadas por dados;
>
> IV – os órgãos e entidades de que trata o art. 1º colaborarão para a redução dos custos de acesso a dados no âmbito da administração pública, inclusive, mediante o reaproveitamento de recursos de infraestrutura por múltiplos órgãos e entidades;
>
> V – nas hipóteses em que se configure tratamento de dados pessoais, serão observados o direito à preservação da intimidade e da privacidade da pessoa natural, a proteção dos dados e as normas e os procedimentos previstos na legislação; e
>
> VI – a coleta, o tratamento e o compartilhamento de dados por cada órgão serão realizados nos termos do disposto no art. 23 da Lei 13.709, de 2018.

Importante mencionar que o Decreto 10.046/2019 foi alvo de uma Ação Direta de Inconstitucionalidade proposta pelo Conselho Federal da Ordem dos Advogados do Brasil (OAB). Trata-se da ADI 6649[34], na qual se alegou que o decreto estaria a criar relevante aparato de vigilantismo estatal. A decisão proferida pelo Supremo Tribunal Federal (STF) acolheu a ADI e reconheceu que o compartilhamento amplo de dados pessoais entre os órgãos públicos conflita com os direitos constitucionais à proteção de dados e à privacidade. O Tribunal destacou a necessidade de promover uma leitura do regulamento administrativo alinhada com o regime constitucional de tutela da privacidade e ressaltou a importância de respeitar o direito à privacidade, conforme estabelecido na Constituição e na Lei Geral de Proteção de Dados Pessoais.[35]

O compartilhamento de dados entre órgãos e entidades da Administração Pública federal já estava previsto, em caráter programático, no artigo 27 da LGPD,

---

34. BRASIL. Supremo Tribunal Federal. *ADI 6649* – Ação direta de inconstitucionalidade. Requerente: Conselho Federal da Ordem dos Advogados do Brasil – CFOAB. Intimado: Presidente da República Relator: Min. Gilmar Mendes. Brasília, DF, 15 de maio de 2022. Disponível em https://portal.stf.jus.br/processos/detalhe.asp?incidente=6079238. Acesso em: 18 fev. 2025.

35. BRASIL. Supremo Tribunal Federal. *Julgamento de ações sobre compartilhamento de dados continua nesta quinta-feira (15)*. Disponível em: https://portal.stf.jus.br/noticias/verNoticiaDetalhe.asp?idConteudo=494130&ori=1. Acesso em: 18 fev. 2025.

que traz três exceções em seus incisos.[36] O objetivo precípuo, sem dúvida alguma, é a delimitação de políticas institucionais adequadas aos propósitos elencados pelo legislador no que concerne à proteção de dados pessoais.

O artigo 2º, inciso XV, do decreto conceitua como 'governança de dados' o "exercício de autoridade e controle que permite o gerenciamento de dados sob as perspectivas do compartilhamento, da arquitetura, da segurança, da qualidade, da operação e de outros aspectos tecnológicos". No cotejo do compartilhamento, por sua vez, o artigo 4º define três níveis essenciais: (i) amplo; (ii) restrito; (iii) específico.[37]

Sendo certo que o *Big Data* público já é uma realidade, o controle de dados exercido pelo Poder Público passa a ostentar nova dimensão com a possibilidade de compartilhamento interorgânico. Nesse aspecto, a criação do 'Cadastro Base do Cidadão' (artigo 16 e seguintes), por exemplo, revela a possibilidade de cognição ampla sobre aspectos relacionados a todas as esferas da vida do usuário. A integração a partir do fornecimento de informações pelos Cartórios de Registro Civil, bem como o cruzamento de dados extraídos de bases como a da Receita Federal do Brasil e do Instituto Nacional do Seguro Social propiciam a consolidação de verdadeira 'vigilância de dados' estatal.[38] Fato é que o projeto de regulamentação

36. "Art. 27. A comunicação ou o uso compartilhado de dados pessoais de pessoa jurídica de direito público a pessoa de direito privado será informado à autoridade nacional e dependerá de consentimento do titular, exceto: I – nas hipóteses de dispensa de consentimento previstas nesta Lei; II – nos casos de uso compartilhado de dados, em que será dada publicidade nos termos do inciso I do caput do art. 23 desta Lei; ou III – nas exceções constantes do § 1º do art. 26 desta Lei."

37. "Art. 4º O compartilhamento de dados entre os órgãos e as entidades de que trata o art. 1º é categorizado em três níveis, de acordo com sua confidencialidade: I – compartilhamento amplo, quando se tratar de dados públicos que não estão sujeitos a nenhuma restrição de acesso, cuja divulgação deve ser pública e garantida a qualquer interessado, na forma da legislação; II – compartilhamento restrito, quando se tratar de dados protegidos por sigilo, nos termos da legislação, com concessão de acesso a todos os órgãos e entidades de que trata o art. 1º para a execução de políticas públicas, cujo mecanismo de compartilhamento e regras sejam simplificados e estabelecidos pelo Comitê Central de Governança de Dados; e III – compartilhamento específico, quando se tratar de dados protegidos por sigilo, nos termos da legislação, com concessão de acesso a órgãos e entidades específicos, nas hipóteses e para os fins previstos em lei, cujo compartilhamento e regras sejam definidos pelo gestor de dados. § 1º A categorização do nível de compartilhamento será feita pelo gestor de dados, com base na legislação. § 2º A categorização do nível de compartilhamento será detalhada de forma a tornar clara a situação de cada item de informação. § 3º A categorização do nível de compartilhamento como restrito ou específico será publicada pelo respectivo gestor de dados no prazo de noventa dias, contado da data de publicação das regras de compartilhamento de que trata o art. 31. § 4º A categorização do nível de compartilhamento como restrito e específico especificará o conjunto de bases de dados por ele administrado com restrições de acesso e as respectivas motivações. § 5º A categorização do nível de compartilhamento, na hipótese de ainda não ter sido feita, será realizada pelo gestor de dados quando responder a solicitação de permissão de acesso ao dado. § 6º A categorização do nível de compartilhamento será revista a cada cinco anos, contados da data de publicação deste Decreto ou sempre que identificadas alterações nas diretrizes que ensejaram a sua categorização. § 7º Os órgãos e entidades de que trata o art. 1º priorizarão a categoria de compartilhamento de dados de maior abertura, em compatibilidade com as diretrizes de acesso à informação previstas na legislação."

38. *Cf.* CLARKE, Roger A. Information technology and dataveillance. *Communications of the ACM*, Nova York, v. 31, n. 5, p. 498-512, maio 1988.

de uma política de governança de dados específica para o Poder Público, a ser fiscalizada por um Comitê também definido pelo decreto (artigos 21 e seguintes), se alinha à premência de que sejam iniciadas as atividades da Agência Nacional de Proteção de Dados – ANPD, que, embora formalmente criada, ainda não está em operação.[39]

Além disso, dois dias depois, foi editado o Decreto 10.047, que dispõe sobre a governança do Cadastro Nacional de Informações Sociais – CNIS[40] e institui o programa Observatório de Previdência e Informações. Com maior foco em dados relacionados à Previdência, o escopo deste segundo decreto se alinha aos propósitos da governança estabelecida, em linhas mais amplas, no primeiro.

No âmbito do Poder Executivo, especificamente, da administração pública federal, o Decreto n. 10.046, de 08 de outubro de 2019, dispôs sobre a governança no compartilhamento de dados e instituiu o *Cadastro Base do Cidadão* e o *Comitê Central de Governança de Dados*, que possui competência, *v.g.*, para deliberar sobre as possibilidades de compartilhamento de dados permitidas, a depender de sua

---

39. Sobre a ANPD, confira-se: LIMA, Cíntia Rosa Pereira de. *Autoridade Nacional de Proteção de Dados e a efetividade da Lei Geral de Proteção de Dados*: de acordo com a Lei Geral de Proteção de Dados (Lei 13.709/2018 e as alterações da Lei 13.853/2019), o Marco Civil da Internet (Lei 12.965/2014) e as sugestões de alteração do CDC (PL 3.514/2015). São Paulo: Almedina, 2020.

40. O CNIS passa a ser composto e operacionalizado por 51 sistemas e bases de dados distintos, listados no Anexo único do decreto, a saber: 1. Cadastro Nacional da Pessoa Jurídica – CNPJ; 2. Cadastro Nacional de Imóveis Rurais – Cnir; 3. Cadastro Nacional de Obras – CNO; 4. Cadastro de Atividade Econômica da Pessoa Física – CAEPF; 5. Cadastro de Imóveis Rurais – Cafir; 6. Cadastro de Pessoas Físicas – CPF; 7. Sistema Nacional de Cadastro Rural – SNCR; 8. Sistema Integrado de Administração de Recursos Humanos – Siape; 9. Fundo de Garantia do Tempo de Serviço – FGTS; 10. Sistema Integrado de Administração Financeira do Governo Federal – Siafi; 11. Registro Nacional de Veículos Automotores – Renavam; 12. Registro Nacional de Carteira de Habilitação – Renach; 13. Programa Nacional de Acesso ao Ensino Técnico e Emprego – Pronatec; 14. Programa Universidade para Todos – ProUni; 15. Sistema de Seleção Unificada – Sisu; 16. Monitoramento da frequência escolar do Programa Bolsa Família – Presença; 17. Financiamento Estudantil – Fies; 18. Programa Nacional de Fortalecimento da Agricultura Familiar – Pronaf; 19. Base de dados do sistema GTA; 20. Sistema de Informações de Projetos de Reforma Agrária – Sipra; 21. Cadastro Nacional de Estabelecimentos de Saúde – Cnes; 22. Prontuário Eletrônico do Paciente – PEP; 23. Programa de Volta para Casa – PVC; 24. Sistema de Acompanhamento da Gestante – SisPreNatal; 25. Sistema de Informações do Programa Nacional de Imunizações – SIPNI; 26. Sistema de Informações sobre Mortalidade – SIM; 27. Sistema de Cadastro de usuários do SUS – Cadsus; 28. Sistema de Informação sobre Nascidos Vivos – Sinasc; 29. Folha de Pagamento do Programa Bolsa Família; 30. Cadastro Único – CadÚnico; 31. Sistema de Registro Nacional Migratório – Sismigra; 32. Sistema de Informação do câncer do colo do útero – Siscolo; 33. Sistema de Informação do câncer de mama – Sismama; 34. Sistema Nacional de Passaportes – Sinpa; 35. Sistema Nacional de Informações de Segurança Pública – Sinesp; 36. Registro Administrativo de Nascimento e Óbito de Indígenas – Rani; 37. Sistema ProVB – Programa de Vendas em Balcão; 38. Sistema de Cadastro Nacional de Produtores Rurais, Público do PAA, Cooperativas, Associações e demais Agências – Sican; 39. Observatório da Despesa Pública; 40. Sistema de Gerenciamento de Embarcações da Marinha do Brasil – Sisgemb; 41. Sistema da Declaração de Aptidão ao Pronaf – Sistemas DAP; 42. Cadastro da Agricultura Familiar – CAF; 43. Cadastro Ambiental Rural – CAR; 44. Sistema de Cadastramento Unificado de Fornecedores – Sicaf; 45. Cadastro Nacional de Empresas – CNE; 46. Folha de Pagamento do Seguro-Desemprego; 47. Folha de Pagamento do Programa Garantia Safra; 48. Base de Beneficiários do Plano Safra; 49. Folha de Pagamento do Bolsa Estiagem; 50. Auxílio econômico a produtores independentes de cana-de-açúcar; 51. Sistema Aguia.

categorização (como um compartilhamento amplo, restrito ou específico[41] – inc. I, art. 21, do Decreto n. 10.046/2019), bem como sobre a compatibilidade entre as políticas de segurança da informação e as comunicações efetuadas pelos órgãos da administração pública federal (inc. III, art. 21).

Em 23 de março de 2020, o Comitê divulgou um guia de *boas práticas* a ser implementadas na administração pública federal[42], a contextualizar, inicialmente, os direitos dos titulares de dados, para expor, em um segundo momento, as formas de realização do tratamento e as boas práticas em segurança da informação (como o respeito aos princípios de *Privacy by Design* e *Privacy by Default* e diretrizes de gestão de risco), além de divulgar um modelo para o Relatório de Impacto à Proteção de Dados Pessoais (RIPD)[43], que poderá ser requerido ao Poder Público pela ANPD, nas situações descritas pelos arts. 31, 32 e 38 da LGPD, como já mencionado.

GOVERNANÇA DE DADOS E O TERCEIRO SETOR

Para agentes de tratamento privados, a lei não trouxe igual exigência, tendo o legislador facultado a adoção da governança. Essa conclusão pode ser extraída da própria leitura do artigo 50, *caput*, da LGPD, em que o emprego do verbo *poder* ("poderão") denota a falta de cogência normativa quanto à vastidão de requisitos apresentados nos §§ 1º e 2º com vistas à exigência de que tais programas sejam efetivos.

Naturalmente, não se deve confundir o *compliance* empresarial, dotado de nuances e características próprias com impactos até mesmo para a responsabilidade civil[44],

---

41. Como dispõe o art. 4º do Decreto n. 10.046/2019:

    "Art. 4º O compartilhamento de dados entre os órgãos e as entidades de que trata o art. 1º é categorizado em três níveis, de acordo com sua confidencialidade:

    I – compartilhamento amplo, quando se tratar de dados públicos que não estão sujeitos a nenhuma restrição de acesso, cuja divulgação deve ser pública e garantida a qualquer interessado, na forma da legislação;

    II – compartilhamento restrito, quando se tratar de dados protegidos por sigilo, nos termos da legislação, com concessão de acesso a todos os órgãos e entidades de que trata o art. 1º para a execução de políticas públicas, cujo mecanismo de compartilhamento e regras sejam simplificados e estabelecidos pelo Comitê Central de Governança de Dados; e

    III – compartilhamento específico, quando se tratar de dados protegidos por sigilo, nos termos da legislação, com concessão de acesso a órgãos e entidades específicos, nas hipóteses e para os fins previstos em lei, cujo compartilhamento e regras sejam definidos pelo gestor de dados."

42. BRASIL. Comitê Central de Governança de Dados. *Guia de Boas Práticas – Lei Geral de Proteção de Dados (LGPD). Guia de Boas Práticas para Implementação na Administração Pública Federal.* Brasília, Comitê Central de Governança de Dados, abril de 2020. Disponível em: https://www.gov.br/governodigital/pt-br/governanca-de-dados/guia-lgpd.pdf . Acesso em: 18 fev. 2025.

43. O modelo encontra-se disponível entre as páginas 57 e 58 do *Guia de Boas Práticas*, como um anexo.

44. MARTINS, Guilherme Magalhães; FALEIROS JÚNIOR, José Luiz de Moura. Compliance digital e responsabilidade civil na Lei Geral de Proteção de Dados. *In*: MARTINS, Guilherme Magalhães; ROSENVALD, Nelson (Coord.). *Responsabilidade civil e novas tecnologias.* Indaiatuba: Foco, 2020, p. 292.

com o *compliance* público, que gera impactos diretos nas relações público-privadas.[45] E, para o Poder Público, a tendência parece inescapável, uma vez que muitos Estados e Municípios também estão adotando a tendência da União e implementando programas de integridade (ainda que amplos e não específicos sobre dados).[46]

Apesar disso, lança-se uma indagação importante: havendo efetiva estrutura de governança de dados que vincule a atuação do Estado à observância estrita e efetiva dos parâmetros de integridade, impondo-lhe, também no exercício de sua devida diligência (*due diligence*) exigir o mesmo daqueles com os quais contrata, estariam esses participantes privados vinculados, senão à instituição de programas próprios e complexos, ao menos à adesão aos rigores exigidos para a conformidade com os programas de integridade do Poder Público?

A resposta, naturalmente, parece sinalizar positivamente. Isso porque, tanto no contexto do tratamento de dados "particular" (regido pelos critérios dos artigos 7º e 11 da LGPD), quando no tratamento "público" (regido pelos artigos 23 e seguintes da LGPD), entidades do "Sistema S", OS's e OSCIPs estarão levando a efeito, para o cumprimento de suas finalidades institucionais, processos de tratamento de dados que geram ou acirram riscos, não importando de onde são provenientes. E, sendo o compartilhamento de dados viável (e até mesmo necessário) para a consecução de algumas atividades públicas – como se viu – não pode o Poder Público admitir a exposição de suas bases de dados a parceiros privados que não demonstrem possuir estruturas suficientes de atuação íntegra quanto à governança de dados.

Naturalmente, todas essas questões podem surgir a partir de cláusulas contratuais estabelecidas por meio de documentos e de uma abordagem cooperativa, viabilizando o crescimento conjunto por meio do aprimoramento contínuo do programa de integridade e conformidade, que se aplica tanto ao setor público quanto ao privado. Isso já é comum em contratações realizadas por empresas estatais e, apesar de representar um aumento nos custos de implementação, é importante destacar a natureza não lucrativa das atividades desempenhadas por essas entidades, o que invalida qualquer argumentação contra a proposta com base em aspectos econômicos.

Em relação ao terceiro aspecto, chegou-se às seguintes conclusões: a) é crucial que a ANPD inicie suas operações o mais rápido possível e cumpra seu papel regulatório em nível infralegal; b) em relação à figura do encarregado, as possibilidades mencionadas de "dispensa da necessidade de sua indicação" não foram estabelecidas e, de fato, devido à complexa formação que certamente será exigida

---

45. CASTRO, Rodrigo Pironti Aguirre de. A *due diligence* de integridade e o grau de risco de integridade como fatores limitadores do relacionamento público-privado: questões polêmicas em uma análise objetiva. In: ZENKNER, Marcelo; CASTRO, Rodrigo Pironti Aguirre de (Coord.). *Compliance no setor público*. Belo Horizonte: Fórum, 2020, p. 367-374.

46. Analisando diversas iniciativas estaduais, conferir: ZENKNER, Marcelo. Sistemas públicos de integridade: evolução e modernização da Administração Pública brasileira. ZENKNER, Marcelo; CASTRO, Rodrigo Pironti Aguirre de (Coord.). *Compliance no setor público*. Belo Horizonte: Fórum, 2020, p. 185-200.

desses profissionais, sua indicação não pode ser um mero requisito formal, sendo necessários processos adequados de recrutamento, contratação, implementação de rotinas operacionais, fiscalização e interação direta com o Poder Público; c) uma solução intermediária baseada em critérios razoáveis para o "Sistema S", Organizações Sociais (OS) e Organizações Sociais de Interesse Público (OSCIPs), quando não for viável contratar um profissional para desempenhar essas funções, seja por motivos econômicos ou pela falta de profissionais qualificados no mercado, pode ser dispensar sua contratação e atribuir obrigações consultivas e de fiscalização ao encarregado público, que já estará envolvido na relação público-privada, agindo em nome do órgão ou entidade que representa.[47]

O COMITÊ DE GOVERNANÇA DIGITAL DA AUTORIDADE NACIONAL DE PROTEÇÃO DE DADOS

A Resolução CD/ANPD nº 3, de 25 de janeiro de 2023, institui o Comitê de Governança Digital da Autoridade Nacional de Proteção de Dados (CGD/ANPD) e estabelece suas competências, composição e funcionamento.[48]

De acordo com a Resolução, o CGD/ANPD é um órgão de caráter permanente cuja finalidade é deliberar sobre assuntos relacionados à implementação de ações de governo digital e ao uso de recursos de tecnologia da informação e comunicação no âmbito da Autoridade Nacional de Proteção de Dados (ANPD).

As principais competências do CGD/ANPD incluem:

- Zelar pelo alinhamento das iniciativas de Tecnologia da Informação (TI) à estratégia institucional da ANPD;

- Deliberar, estabelecer e acompanhar os objetivos, metas, planos, projetos e ações de TI, além de definir e priorizar iniciativas e investimentos em TI;

- Estabelecer diretrizes, normas e práticas relacionadas à Tecnologia da Informação no âmbito da ANPD;

- Aprovar estratégias, instrumentos de planejamento de TI, como o Plano Diretor de Tecnologia da Informação e Comunicação (PDTIC), o Plano de Transformação Digital e o Plano de Dados Abertos da ANPD;

---

47. EHRHARDT JÚNIOR, Marcos; FALEIROS JÚNIOR, José Luiz de Moura. Reflexões sobre os impactos da Lei Geral de Proteção de Dados Pessoais para o Sistema S, Organizações Sociais e OSCIPs: compartilhamento de dados, governança e a exigência do encarregado. *In*: PIRONTI, Rodrigo (Coord.). *Lei Geral de Proteção de Dados no setor público*. Belo Horizonte: Fórum, 2021, p. 307-336.

48. BRASIL. Autoridade Nacional de Proteção de Dados. *Resolução CD/ANPD nº 3, de 25 de janeiro de 2023*. Institui o Comitê de Governança Digital da Autoridade Nacional de Proteção de Dados. Brasília, 26 de janeiro de 2023. Disponível em: https://www.in.gov.br/en/web/dou/-/resolucao-cd/anpd-n-3-de-25-de-janeiro-de-2023-460124477. Acesso em: 18 fev. 2025.

- Monitorar e prestar contas sobre a execução dos Planos de TI, incluindo o Plano de Transformação Digital e o Plano de Dados Abertos da ANPD;

- Acompanhar o desempenho das ações de TI e Governança Digital, avaliar o cumprimento das diretrizes e o alcance dos objetivos e metas definidos no Plano Diretor de Tecnologia da Informação e Comunicação, e promover a transparência ativa;

- Dispor sobre o Regimento Interno do Comitê.

O CGD/ANPD é composto pelo encarregado de dados pessoais da ANPD e pelos titulares de diversas unidades organizacionais, incluindo a Secretaria-Geral (que preside o Comitê), a Coordenação-Geral de Administração, a Coordenação-Geral de Fiscalização, a Coordenação-Geral de Normatização, a Coordenação-Geral de Tecnologia e Pesquisa, a Coordenação-Geral de Relações Institucionais e Internacionais, e a Coordenação-Geral de Tecnologia da Informação.

A Resolução também estabelece regras quanto ao funcionamento do CGD/ANPD, como a realização de reuniões ordinárias trimestrais e extraordinárias quando convocadas pelo Presidente do Comitê, a presença física ou por videoconferência do Presidente ou seu suplente nas reuniões, o quórum de reunião e de aprovação, entre outros detalhes.

Além disso, o CGD/ANPD poderá propor a criação de comissões ou grupos de trabalho para auxiliar tecnicamente em suas atividades, e a participação no Comitê, comissões e grupos de trabalho é considerada uma prestação de serviço público relevante e não remunerada. A Resolução CD/ANPD nº 3 entrou em vigor na data de sua publicação, conferindo ao CGD/ANPD um papel importante na governança digital e no uso de tecnologia da informação e comunicação dentro da ANPD, visando à implementação de ações alinhadas à estratégia institucional e ao planejamento de TI da autoridade.

Kelvin Peroli
José Luiz de Moura Faleiros Júnior

Art. 51. A autoridade nacional estimulará a adoção de padrões técnicos que facilitem o controle pelos titulares dos seus dados pessoais.

Finalizando o capítulo relacionado à segurança e às boas práticas, tem-se, no artigo 51 da LGPD, a previsão de que caberá à autoridade nacional a adoção de padrões para a facilitação técnica do controle de dados pelos titulares. De fato, não são poucas as passagens nas quais o legislador deixou em aberto e para fins de regulamentação infralegal temas de natureza técnica e/ou procedimental.

No caso específico dos padrões técnicos, o artigo 51 traz importante previsão no que diz respeito à garantia e à facilitação do exercício dos direitos do titular que a lei define (art. 18). Trata-se de facilitação voltada a reduzir as particularidades de sistemas e programas diferentes que possam ser implementados por controladores e operadores para a interlocução com os titulares de dados, o que remete à utilização de técnicas de segurança da informação que atendam a um padrão mínimo de exigência, à implantação de canais de comunicação, reclamação e acionamento dos agentes de tratamento para o exercício de direitos e para a formulação de recurso contra decisões automatizadas (art. 20), para a cognição dos fluxos envolvidos nas atividades de tratamento etc.

O artigo 51 da LGPD, ao incumbir à Autoridade Nacional de Proteção de Dados a edição de normas técnicas destinadas à facilitação do exercício de direitos pelos titulares, também revela um reconhecimento do descompasso existente entre o ordenamento jurídico e os aspectos técnicos que permeiam o ecossistema digital. A inexistência de padrões interoperáveis entre os sistemas de controladores distintos não apenas dificulta a efetividade dos direitos consagrados na Lei, mas também compromete a isonomia no acesso à proteção de dados pessoais. Por isso, a regulação prevista no artigo 51 deve ser entendida como vetor de harmonização técnica e procedimental, voltado à democratização dos mecanismos de tutela da autodeterminação informativa.

Sabe-se que a própria LGPD estabeleceu um vasto rol de direitos aos titulares de dados (*vide* art. 18), restando a dúvida acerca dos limites e funções da titularidade (e do exercício do controle) sobre os dados. Nesse sentido, relevante a lição de Fabiano Menke:

> Assim, o direito da proteção de dados não regula a propriedade, mas sim consiste num ordenamento sobre a informação e a comunicação a eles relacionada, determinando quem, em qual relação, e em que situação, está autorizado a lidar com os modelos de uma determinada pessoa

de uma determinada maneira. O autor chama a atenção para o fato de que a autodeterminação informativa não pode ser compreendida como garantidora de um domínio absoluto da pessoa sobre os dados a ela relacionados, como se fossem "seus" dados numa relação de exclusão de todos os demais membros da sociedade.[1]

O fundamento da autodeterminação informativa, elencado no artigo 2º, inciso II, da LGPD, visa garantir ao titular dos dados o livre desenvolvimento de sua personalidade, sendo dever do Estado propiciar, por meio de direitos positivos, a tutela favorável ao usuário comum, que é presumivelmente leigo.[2] Então, o controle sobre os dados se torna relativo e, segundo Helen Nissenbaum, invariavelmente contextual:

> Temos um direito à privacidade, mas não se trata de um direito de controlar informações pessoais, ou de um direito de limitar o acesso a estas informações. Em vez disso, é o direito de viver em um mundo no qual nossas expectativas sobre o fluxo de informações pessoais são, na maioria das vezes, atendidas; expectativas que são moldadas não apenas pela força do hábito e pelas convenções, mas devido a uma confiança geral no apoio mútuo que esses fluxos concedem aos princípios-chave de organização da vida social, incluindo os princípios morais e políticos. Esse é o direito que chamei de integridade contextual, alcançada através do equilíbrio harmonioso de regras sociais, ou normas, com valores, fins e propósitos locais e gerais. Isso nunca é uma harmonia estática, no entanto, porque, com o tempo, as condições mudam e os contextos e normas evoluem junto com eles.[3]

Os apontamentos colhidos da doutrina denotam uma disparidade entre o escopo do artigo 51, que vislumbra o controle de dados (levando o leitor a entendê-lo como 'propriedade'), quando, em compreensão mais razoável, parece ser necessário ponderar, contextualmente, o efetivo atendimento de expectativas relacionadas à aplicação de tais dados nos processos de tratamento. Se preenchidas as diretrizes legais, não haverá violação; caso contrário, deve-se exigir a materialização dos direitos específicos do titular, numerados no artigo 18 da Lei, como o acesso (inciso II), a correção (inciso III) e a eliminação (inciso VI), apenas para citar alguns.

A atuação normativa da ANPD nesse campo não se esgota em aspectos estruturais de sistemas, mas se estende à padronização de interfaces de comunicação e de resposta entre controlador e titular, assegurando clareza, simplicidade e acessibilidade, sobretudo para os agentes vulneráveis, como crianças, adolescentes, pessoas com deficiência e populações digitalmente marginalizadas. Assim, a normatização

---

1. MENKE, Fabiano. A proteção de dados e o direito fundamental à garantia da confidencialidade e da integridade dos sistemas técnico-informacionais no direito alemão. *Revista Jurídica Luso-Brasileira*, Lisboa, ano 5, n. 1, p. 781-809, 2019, p. 791.

2. Nesse sentido: "Mais do que garantir, artificialmente, diversos qualificadores para o consentimento, deve-se buscar, sobretudo, outras ferramentas regulatórias para equalizar a referência assimétrica do mercado informacional, redesenhando a sua dinâmica de poder. Esse é o maior desafio para se propiciar ao cidadão um melhor controle de seus dados – uma verdadeira autonomia para, com a pressão de ser prolixo, autodeterminar as informações pessoais." BIONI, Bruno Ricardo. *Proteção de dados pessoais*: a função e os limites do consentimento. Rio de Janeiro: Forense, 2019, p. 168.

3. NISSENBAUM, Helen. *Privacy in context*: technology, policy, and the integrity of social life. Stanford: Stanford University Press, 2010, p. 231, tradução livre.

infralegal deve comportar não apenas requisitos mínimos de segurança e rastreabilidade das requisições, mas também modelos didáticos, preferencialmente com uso de linguagem cidadã, como parte integrante do direito à informação clara e adequada (art. 6º, VIII da LGPD).

A tensão entre o exercício do controle informacional e a viabilidade operacional dos fluxos de tratamento exige, portanto, a adoção de uma hermenêutica responsiva, que não apenas evite leituras absolutistas do direito à autodeterminação informativa, mas também assegure um grau suficiente de *accountability* aos agentes de tratamento. O artigo 51, nesse prisma, pode ser interpretado como *locus* normativo de concretização do princípio da responsabilidade e prestação de contas (art. 6º, X), na medida em que transfere à ANPD a função de parametrizar tecnicamente os deveres correlatos ao exercício dos direitos dos titulares, de forma a equilibrar segurança jurídica e eficiência administrativa.

Essa interpretação sistêmica é ainda mais importante quando se observa que o exercício de determinados direitos, como a oposição ao tratamento (art. 18, § 2º) ou a revogação do consentimento (art. 8º, § 5º), pode interferir diretamente na continuidade de serviços essenciais ou em obrigações legais do controlador. Daí decorre a necessidade de que os padrões técnicos fixados pela ANPD estabeleçam critérios claros de resposta, inclusive com previsão de hipóteses de recusa justificada, com base em fundamentos normativos e documentados. Tal regulamentação protegerá tanto os titulares quanto os agentes econômicos, afastando alegações de arbitrariedade ou de omissão.

Essa compatibilização se revela salutar, sob pena de a consagração de um direito absoluto ao controle de dados representar empecilho ao próprio funcionamento das plataformas, ou seja, no contexto da delimitação das funções e dos limites do consentimento – elemento nuclear para a coleta e para o tratamento dos dados – deve-se proceder a um esforço exegético de compatibilidade vertical entre a finalidade apontada (artigo 6º, I), sua adequação (artigo 6º, II) ao tratamento realizado, sua necessidade efetiva (artigo 6º, III) e os demais princípios descritos no artigo 6º e noutros dispositivos aplicáveis a essa aferição. Ainda, deve-se garantir total transparência (art. 6º, VI) quanto às bases legais invocadas para cada atividade de tratamento e também quanto às técnicas de segurança implementadas, que podem ser diferentes, a depender do contexto setorial em que se realiza o tratamento.

Ademais, é imprescindível que esses padrões não apenas favoreçam a portabilidade e o acesso, mas que integrem o fluxo contínuo de governança de dados pessoais, mediante registros auditáveis, protocolos seguros de autenticação e garantias contra a manipulação indevida das requisições. A experiência comparada, especialmente no contexto europeu, revela que a efetividade do controle pelo titular está diretamente ligada à previsibilidade normativa das interações entre os sistemas, à minimização de atritos e à criação de uma infraestrutura pública de confiança, aspectos que a ANPD deverá considerar ao exercer a competência atribuída pelo artigo 51.

Conclui-se que, embora não se possa ver o controle de dados como um 'direito de propriedade', a adoção de padrões técnicos que facilitem o acesso do titular, enquanto política pública propalada pela ANPD, dependerá dessa conjugação de fatores que, estando presente, será propícia, profícua e condizente aos propósitos indicados no texto legal.

Portanto, o papel regulamentar da ANPD previsto no artigo 51 não se confunde com a criação de novos direitos materiais, mas com a instrumentalização técnico--procedimental daqueles já reconhecidos pela LGPD. Em última análise, a adoção de padrões técnicos comuns não é mero exercício de padronização tecnológica, mas componente estrutural da proteção de dados no Brasil, cuja função é assegurar que o titular não seja compelido a enfrentar desigualdades sistêmicas na defesa de seus direitos em razão de barreiras operacionais. A autoridade reguladora, por conseguinte, assume o protagonismo não apenas na tutela jurídica da privacidade, mas também na consolidação de uma infraestrutura normativa e técnica que seja inclusiva, proporcional e socialmente efetiva.

Eduardo Tomasevicius Filho

CAPÍTULO VIII
DA FISCALIZAÇÃO
Seção I
Das Sanções Administrativas

Art. 52. Os agentes de tratamento de dados, em razão das infrações cometidas às normas previstas nesta Lei, ficam sujeitos às seguintes sanções administrativas aplicáveis pela autoridade nacional:

I – advertência, com indicação de prazo para adoção de medidas corretivas;

II – multa simples, de até 2% (dois por cento) do faturamento da pessoa jurídica de direito privado, grupo ou conglomerado no Brasil no seu último exercício, excluídos os tributos, limitada, no total, a R$ 50.000.000,00 (cinquenta milhões de reais) por infração;

III – multa diária, observado o limite total a que se refere o inciso II;

IV – publicização da infração após devidamente apurada e confirmada a sua ocorrência;

V – bloqueio dos dados pessoais a que se refere a infração até a sua regularização;

VI – eliminação dos dados pessoais a que se refere a infração;

VII – (Vetado);

VIII – (Vetado);

IX – (Vetado).

X – suspensão parcial do funcionamento do banco de dados a que se refere a infração pelo período máximo de 6 (seis) meses, prorrogável por igual período, até a regularização da atividade de tratamento pelo controlador; (Incluído pela Lei 13.853, de 2019)

XI – suspensão do exercício da atividade de tratamento dos dados pessoais a que se refere a infração pelo período máximo de 6 (seis) meses, prorrogável por igual período; (Incluído pela Lei 13.853, de 2019)

XII – proibição parcial ou total do exercício de atividades relacionadas a tratamento de dados. (Incluído pela Lei 13.853, de 2019)

§ 1º As sanções serão aplicadas após procedimento administrativo que possibilite a oportunidade da ampla defesa, de forma gradativa, isolada ou cumulativa, de acordo com as peculiaridades do caso concreto e considerados os seguintes parâmetros e critérios:

I – a gravidade e a natureza das infrações e dos direitos pessoais afetados;

II – a boa-fé do infrator;

III – a vantagem auferida ou pretendida pelo infrator;

IV – a condição econômica do infrator;

V – a reincidência;

VI – o grau do dano;

VII – a cooperação do infrator;

VIII – a adoção reiterada e demonstrada de mecanismos e procedimentos internos capazes de minimizar o dano, voltados ao tratamento seguro e adequado de dados, em consonância com o disposto no inciso II do § 2º do art. 48 desta Lei;

IX – a adoção de política de boas práticas e governança;

X – a pronta adoção de medidas corretivas; e

XI – a proporcionalidade entre a gravidade da falta e a intensidade da sanção.

§ 2º O disposto neste artigo não substitui a aplicação de sanções administrativas, civis ou penais definidas na Lei 8.078, de 11 de setembro de 1990, e em legislação específica. (Redação dada pela Lei 13.853, de 2019)

§ 3º O disposto nos incisos I, IV, V, VI, X, XI e XII do caput deste artigo poderá ser aplicado às entidades e aos órgãos públicos, sem prejuízo do disposto na Lei 8.112, de 11 de dezembro de 1990, na Lei 8.429, de 2 de junho de 1992, e na Lei 12.527, de 18 de novembro de 2011. (Redação dada pela Lei 13.853, de 2019)

§ 4º No cálculo do valor da multa de que trata o inciso II do caput deste artigo, a autoridade nacional poderá considerar o faturamento total da empresa ou grupo de empresas, quando não dispuser do valor do faturamento no ramo de atividade empresarial em que ocorreu a infração, definido pela autoridade nacional, ou quando o valor for apresentado de forma incompleta ou não for demonstrado de forma inequívoca e idônea.

§ 5º O produto da arrecadação das multas aplicadas pela ANPD, inscritas ou não em dívida ativa, será destinado ao Fundo de Defesa de Direitos Difusos de que tratam o art. 13 da Lei 7.347, de 24 de julho de 1985, e a Lei 9.008, de 21 de março de 1995. (Incluído pela Lei 13.853, de 2019)

§ 6º As sanções previstas nos incisos X, XI e XII do caput deste artigo serão aplicadas: (Incluído pela Lei 13.853, de 2019)

I – somente após já ter sido imposta ao menos 1 (uma) das sanções de que tratam os incisos II, III, IV, V e VI do caput deste artigo para o mesmo caso concreto; e (Incluído pela Lei 13.853, de 2019)

II – em caso de controladores submetidos a outros órgãos e entidades com competências sancionatórias, ouvidos esses órgãos. (Incluído pela Lei 13.853, de 2019)

§ 7º Os vazamentos individuais ou os acessos não autorizados de que trata o caput do art. 46 desta Lei poderão ser objeto de conciliação direta entre controlador e titular e, caso não haja acordo, o controlador estará sujeito à aplicação das penalidades de que trata este artigo. (Incluído pela Lei 13.853, de 2019)

INTRODUÇÃO

O artigo 52 é norma fundamental para a efetividade da LGPD. Na prática, enquanto não entrou em vigor este artigo, a maioria dos agentes de tratamento de dados não se importou com a adequação de sua atividade à LGPD, preferindo, infelizmente, aguardar o início da aplicação deste artigo pela ANPD para darem início a esse processo[1], o que indica, no limite, que o problema existente não era a disciplina do tratamento de dados pessoais, a qual já existia, indiretamente, no art. 5º, X, da Constituição Federal, e posteriormente complementada de forma direta pelo art. 5º, LXXIX, assim como pelo que já existia no capítulo sobre direitos da personalidade no Código Civil, e no Marco Civil da Internet, bem como pela aplicação do Código de Defesa do Consumidor em caso de danos causados pelos prestadores de serviços, mas, sim, a falta de sanções eficientes para a repressão de atos ilícitos em matéria de tratamento de dados pessoais. É, pois, o que se espera ver corrigido com o artigo 52 da LGPD. Seu objeto é a regulação do direito administrativo sancionador em matéria de tratamento de dados pessoais. Ao contrário dos artigos 42 a 46 da LGPD, por meio dos quais o Estado-juiz atua na defesa individual, coletiva ou difusa pelos danos decorrentes da violação dos direitos estatuídos e garantidos neste diploma legal, a atuação do Estado-administração na proteção de dados pessoais pelo artigo 52 tem por objetivo zelar pelo cumprimento das regras previstas na LGPD mediante fiscalização decorrente do poder de polícia[2] exercido pela Autoridade Nacional de Proteção de Dados – ANPD, sem estabelecer, propriamente, a regulação do mercado. Somadas ainda às atividades de orientação e implementação da LGPD mediante elaboração de comunicados e regulamentações, a prevenção de danos por meio de fiscalização pela ANPD enseja a aplicação de sanções administrativas aos agentes de tratamento de dados pessoais que descumprem as regras estatuídas na LGPD.

Em princípio, as regras sobre responsabilidade civil poderiam ser as únicas destinadas à proteção do titular de dados pessoais. Porém, sanções administrativas são mais eficazes em termos de indução ao cumprimento da lei, porque permitem a superação de limitações de natureza jus-institucional, entre as quais a vedação aos *"punitive damages"*, posto que, no Brasil, o valor da condenação judicial se limita

---

1. TOMASEVICIUS FILHO, Eduardo. Finalmente entrou em vigor a LGPD! *Revista Consultor Jurídico*, São Paulo, 3 de agosto de 2021. Disponível em: https://www.conjur.com.br/2021-ago-03/tomasevicius-filho--finalmente-entrou-vigor-lgpd. Acesso em: 18 fev. 2025.

2. Exerce-se o poder de polícia em matéria de vigilância sanitária (Lei 6.437, de 1977, arts. 2º; e Lei 9.782, de 1999), direito do consumidor (Lei 8078, de 1990, arts. 56); direito da concorrência (Lei 12.529, de 2011, arts. 37); sistema bancário (Lei 13.506, de 2017, art. 5º); no mercado de capitais (Lei 6.385, de 1876, art. 11), meio ambiente (Lei 9.605, de 1998, arts. 6º e 72); licitações e contratos administrativos (Lei 8.666, de 1993, arts. 86 a 88); anticorrupção (Lei 12.846, de 2013, art. 6º); telecomunicações (Lei 9.472, de 1996, art. 173); saúde suplementar (Lei 9.656, de 1998, arts. 19, § 6º; 25; 29, § 1º, II e § 4º; 29-A, § 3º, 35-D; e Lei 9.961, de 2000, art. 4º); transporte Aéreo (CBA, art. 289); transportes terrestres e aquaviários (Lei 10.233, de 2001, art. 78-A a 78-K), águas (Lei 9.433, de 1997, art. 50) e seguros privados (Decreto-lei 70, de 1966, art. 108; Decreto 90.459, de 1967, art. 90).

à extensão do dano (CC, art. 944), podendo ser inferior, quando houver desproporção entre a conduta e o dano (CC, art. 944, parágrafo único), com o intuito de evitar-se enriquecimento sem causa da vítima, vedado pelo art. 884 do Código Civil. Embora, na prática, existem situações de aplicação de *"punitive damages"* no Brasil na forma de dano moral *"in re ipsa"*, esta situação não foi reconhecida pelo Superior Tribunal de Justiça em matéria de danos decorrentes da atividade de tratamento de dados pessoais, ao decidir-se que o "vazamento de dados pessoais, a despeito de se tratar de falha indesejável no tratamento de dados de pessoa natural por pessoa jurídica, não tem o condão, por si só, de gerar dano moral indenizável. Ou seja, o dano moral não é presumido, sendo necessário que o titular dos dados comprove eventual dano decorrente da exposição dessas informações".[3] Observando o infrator que o valor das condenações por violações recorrentes à lei costuma ser inferior ao valor equivalente às vantagens que advêm de sua violação, a limitação do art. 944 do Código Civil gera incentivos ao desrespeito à LGPD, por meio da lógica econômica por meio do denominado inadimplemento eficiente da obrigação. Com a imposição de sanções administrativas, permite-se a neutralização desses efeitos, mediante fixação de multas em valores elevados, que efetivamente representam desestímulo sem importar em enriquecimento sem causa, pois o produto da arrecadação das sanções administrativas é destinado a um fundo de defesa dos direitos, ou, até mesmo, a suspensão ou interrupção da atividade danosa, quando possível do ponto de vista técnico.

1. HIPÓTESES DE INFRAÇÕES ÀS NORMAS PREVISTAS NA LGPD

Estão sujeitos às sanções do artigo 52 os agentes de tratamento de dados que infringirem as normas estatuídas pela LGPD. Sendo o seu objetivo principal a proteção da pessoa humana no tratamento de dados, é imprescindível a observância do dever geral de segurança. Os titulares de dados pessoais têm a expectativa de que os agentes de tratamento estão tomando os devidos cuidados na realização dessa atividade, de modo a impedir que terceiros tenham acesso indevido a esses dados, tanto por uma tentativa de invasão de sistema informático, quanto pela disponibilização de um arquivo em um site na Internet. Quando este dever é violado pela falta de zelo e cuidado por parte do agente de tratamento de dados, lesam-se os direitos fundamentais da pessoa, sendo o primeiro deles o direito à privacidade, que consiste no poder jurídico de impedir que terceiros não tenham acesso a dados pessoais, assim como na forma de autodeterminação informativa, que consiste no poder do titular de decidir quais informações a seu respeito serão conhecidas por terceiros, ainda que nenhum dano decorra desse fato. O direito à privacidade assegura a tranquilidade de que tais informações não serão usadas para prejudicá-la, garantindo-se, ademais, o direito de exigir que terceiros se abs-

---

3. STJ, Agravo em Recurso Especial n.º 2.130.619/SP. Rel. Min. Francisco Falcão, j. 07/03/2023.

tenham de acessá-los, usá-los, divulgá-los, transferi-los e compartilhá-los sem sua autorização. Com o acesso indevido a dados pessoais pela violação do dever geral de segurança ou do direito à privacidade, outros direitos fundamentais podem ser lesados, como a honra, que é no juízo de valor construído pela comunidade acerca de determinada pessoa. Podem igualmente ser violados o direito à imagem da pessoa, assim como o direito à voz, respectivamente, pelo acesso a fotos, vídeos e arquivos de áudio. Ainda que esses dados pessoais sejam absolutamente verdadeiros, como o registro de doenças e de preferências pessoais, arquivos de fotografias, vídeos ou áudio, as consequências desses atos podem gerar estigma e perseguições de ordem política, prejudicando o exercício da cidadania.

Assim, violações aos direitos da pessoa em razão de tratamento de dados pessoais ensejam a imposição de sanções administrativas nos termos deste artigo 52, como no caso de coleta de dados sem finalidade específica, de forma ilícita ou irregular, desnecessária ou inadequada; o tratamento não autorizado de dados ou realizado sem o consentimento livre e esclarecido do titular dos dados por meio de uma política de privacidade em desacordo com o previsto na LGPD; a imposição de concessão de consentimentos genéricos pelo titular dos dados pessoais; a concordância com cláusulas de exclusão de responsabilidade em caso de infração ao dever de segurança do agente de tratamento de dados, ou omissão de informações acerca dos direitos do titular de dados. Incluem-se nessa situação o desatendimento do titular de dados quanto ao pedido de informações sobre o tratamento realizado, a não correção dos dados, o compartilhamento não autorizado e a não eliminação após o término do tratamento; o tratamento ilegítimo de dados em desacordo com a boa-fé ou mediante abuso no exercício da liberdade de tratamento de dados pessoais dos titulares; a ocorrência de irregularidades no tratamento de dados realizado pela Administração Pública, e o tratamento de dados de crianças e adolescentes, e na transferência internacional de dados.

Do ponto de vista da economia, um dos fundamentos do livre mercado é a livre circulação de informações. Sendo necessárias aos consumidores as informações para a tomada de decisões sobre a aquisição de produtos e serviços, os agentes econômicos precisam de informações sobre as necessidades e preferências dos consumidores para melhor atendê-los, a LGPD permite o tratamento de dados pessoais para o atendimento dessa necessidade de competição no mercado. Porém, configura-se infração à LGPD o tratamento de dados pessoais que visa à eliminação de concorrentes em desacordo com a Lei 12.529, de 2011, prejudicando a livre iniciativa da pessoa empreendedora e os direitos dos consumidores protegidos pelo Código de Defesa do Consumidor.

2. TIPOLOGIA DAS SANÇÕES ADMINISTRATIVAS

As sanções administrativas previstas nos incisos do art. 52 estão hierarquizadas de forma gradativa, em consonância com o art. 52, § 1º, da LGPD.

A advertência, prevista no art. 52, *caput*, I, é a declaração formal de reprovabilidade da conduta do agente de tratamento de dados, no sentido de que não volte a repeti-la, fixando-se prazo para adoção de medidas corretivas, a qual é condizente com uma das atribuições da ANPD, entre as quais a educação e orientação dos agentes de tratamento de dados.[4]

A multa consiste na imposição de pena pecuniária fixada em moeda nacional, por ser vedada a sua fixação em salários-mínimos.[5] O art. 52, *caput*, II, prevê a multa simples, fixada em até 2% do faturamento da pessoa jurídica de direito privado, grupo ou conglomerado no Brasil no seu último exercício, excluídos os tributos (líquidos), limitada a R$ 50.000.000,00 (cinquenta milhões de reais) por infração.[6] O art. 52, *caput*, III, prevê a multa diária (*astreinte*), cujo valor máximo deve observar o disposto no inciso II. Assim, caberá à ANPD definir qual das multas é a mais eficaz para fazer assegurar a eficácia da lei: em uma única vez ou por meio de multas diárias, regulamentadas conforme disposto no art. 53 e especificação quanto ao seu cabimento por força do art. 54. Deve ser observado o disposto no art. 52, § 4º, de acordo com o qual a ANPD "(...) poderá considerar o faturamento total da empresa ou grupo de empresas, quando não dispuser do valor do faturamento no ramo de atividade empresarial em que ocorreu a infração, definido pela autoridade nacional, ou quando o valor for apresentado de forma incompleta ou não for demonstrado de forma inequívoca e idônea".

A publicização da infração, prevista no art. 52, *caput*, IV, ocorrerá após ter sido devidamente apurada e confirmada a sua ocorrência, pelo esgotamento dos recursos nas esferas administrativa e judicial, conforme o caso. Esta pode ser interpretada como a obrigatoriedade da publicação no Diário Oficial, que ocorrerá por força do princípio da publicidade dos atos da administração pública, nos termos do art. 37, *caput*, da Constituição Federal, sendo este mais um efeito da aplicação da sanção administrativa do que propriamente uma sanção em si mesma. Não há clareza de como a publicização da sanção administrativa por infração à LGPD pode implicar limitação de direitos, como no caso de inidoneidade para licitar ou contratar com a Administração Pública, nos termos do art. 87, IV, da Lei 8.666, de 1993. Com efeito, por força do disposto no art. 5º, II, da Constituição Federal, não há como exigir ato similar ao disposto no art. 78, II, do Código de Defesa do Consumidor, de acordo com o qual se prevê "II – a publicação em órgãos de comunicação de grande circulação

---

4. Cf. a título de exemplo, o disposto no art. 55-J, XVIII, da LGPD.

5. STF. ADIn 1.425/PE. Relator: Min. Marco Aurélio, j. 1/10/1997, DJe: 26/3/1999.

6. Neste caso, o legislador inspirou-se no artigo 83º, 2, do GDPR ("A violação das disposições a seguir enumeradas está sujeita, em conformidade com o n. 2, a coimas até 10 000 000 EUR ou, no caso de uma empresa, até 2 % do seu volume de negócios anual a nível mundial correspondente ao exercício financeiro anterior, consoante o montante que for mais elevado"), pois a multa simples era de EUR 10 milhões, sendo que a cotação do Euro em agosto de 2018 era de aproximadamente R$ 4,50, e o valor das multas no Brasil costumam ser fixadas nas leis entre 0,1% a 20% do faturamento, não em 2%.

ou audiência, a expensas do condenado, de notícia sobre os fatos e a condenação", o que resultaria em maior eficácia para essa sanção administrativa. No máximo, embora discutível, poder-se-ia aplicar por analogia o disposto no art. 60 do Código de Defesa do Consumidor, que estabelece a previsão de contrapropaganda, para a hipótese de a infração à LGPD decorrer de propaganda enganosa ou abusiva.

As demais multas previstas nos incisos V, VI, X, XI e XII do art. 52, *caput*, são de difícil aplicação pela ANPD por limitações técnicas e econômicas. A maioria dos dados pessoais está em suportes virtuais em formato digital, o que permite a sua replicação de forma simples e rápida quando o banco de dados estiver armazenado em "backup" ou em nuvem. É inócua a previsão de bloqueio de acesso aos dados pessoais até sua regularização, conforme disposto no art. 52, *caput*, V, pois não há como impedir que continuem sendo acessados, caso já tenham sido replicados. Torna-se ineficaz a penalidade de eliminação de dados pessoais, prevista no art. 52, *caput*, VI, pelos mesmos motivos. Ainda que o agente de tratamento de dados queira realizar a eliminação para o cumprimento da sanção administrativa, não há como garantir que outro agente de tratamento, como, por exemplo, o operador, agindo em desacordo com a boa-fé, já tenha realizado a replicação dos dados pessoais e faça o vazamento dessas informações. Como se pode deduzir a partir da realidade tecnológica, tais medidas apenas seriam possíveis em bancos de dados físicos, como os arquivos em fichas de papel existentes até o final da década de 1990, quando se passou a adotar a informática nas atividades econômicas de forma generalizada, ou em gigantescos bancos de dados, cuja replicação seja muito difícil de acontecer, como no caso de um banco de dados da Administração Pública. Apenas nestes casos excepcionais seria viável a tomada de medidas que resultassem o afastamento do agente do local onde se encontra o banco de dados, ou a sua destruição física.

As sanções de suspensão parcial do funcionamento do banco de dados a que se refere a infração pelo período máximo de 6 (seis) meses, prorrogável por igual período, até a regularização da atividade de tratamento pelo controlador, prevista no art. 52, *caput*, X; a de suspensão do exercício da atividade de tratamento dos dados pessoais a que se refere a infração pelo período máximo de 6 (seis) meses, prorrogável por igual período, conforme disposto no art. 52, *caput*, e proibição parcial ou total do exercício de atividades relacionadas a tratamento de dados, nos termos do art. 52, *caput*, XI, correspondiam aos incisos VII, VIII e IX do art. 52, *caput*, da LGPD. Foram vetados no ato de promulgação da LGPD sob a alegação de que

> As sanções administrativas de suspensão ou proibição do funcionamento/exercício da atividade relacionada ao tratamento de dados podem gerar insegurança aos responsáveis por essas informações, bem como impossibilitar a utilização e tratamento de bancos de dados essenciais a diversas atividades, a exemplo das aproveitadas pelas instituições financeiras, dentre outras, podendo acarretar prejuízo à estabilidade do sistema financeiro nacional.

Apesar de reinseridas essas sanções administrativas, não há como impedir que tratamentos ilícitos e irregulares de dados continuem a ser realizados por meio de interposta pessoa, nem há como se proibir a entrada no mercado por negação de au-

ART. 52 — COMENTÁRIOS À LEI GERAL DE PROTEÇÃO DE DADOS PESSOAIS (LEI 13.709/2018)

torização ou habilitação para o exercício da atividade econômica por meio de licença, exceto quando são realizadas em mercado regulado, em que não há como realizar essa atividade sem o conhecimento do órgão regulador. De acordo com o art. 52, § 6º, II, estas sanções administrativas dos incisos X, XI e XII do art. 52, caput, somente podem ser aplicadas "II – em caso de controladores submetidos a outros órgãos e entidades com competências sancionatórias, ouvidos esses órgãos". No caso, é a hipótese aplicável a agentes de tratamento de dados com atividade regulada por órgãos, como o Banco Central do Brasil, Comissão de Valores Mobiliários, Superintendência de Seguros Privados, Agência Nacional de Telecomunicações e Agência Nacional de Saúde Suplementar, em que a suspensão ou proibição da atuação do agente de tratamento de dados causará interferência no funcionamento do mercado, conforme explicitado nas razões de veto aos incisos VII, VIII e IX do art. 52, caput, da LGPD, em sua redação original. Porém, é capaz de impedir a continuidade da atividade do agente de tratamento de dados em mercado não regulado. Por fim, ainda existe a possiblidade de questionamento judicial da penalidade prevista no inciso XII, ante a proibição constitucional de penas perpétuas (CF, art. 5º, XLVII, "c").

3. A APLICAÇÃO DAS SANÇÕES ADMINISTRATIVAS

A aplicação de sanções administrativas está sujeita ao disposto no art. 5º, LV, da Constituição Federal,[7] de acordo com o qual "aos litigantes, em processo judicial ou administrativo, e aos acusados em geral são assegurados o contraditório e ampla defesa, com os meios e recursos a ela inerentes". Melhor teria sido que a redação desse art. 52, § 1º, *caput*, tivesse sido elaborada nos seguintes termos: "As sanções serão aplicadas de acordo de forma gradativa com as peculiaridades do caso concreto e considerados os seguintes parâmetros e critérios: (...)", pois a aplicação desse artigo obrigatoriamente leva em consideração o art. 5º, LV, da Constituição Federal, e permitiria a compreensão da norma com mais clareza.

Os critérios de fixação das sanções administrativas na LGPD são importantes em termos de adequação da sanção – advertência, multa simples, multa diária, publicização da decisão, bloqueio ou eliminação dos dados, suspensão e proibição de realização de tratamento de dados pessoais. Em linhas gerais, seguem o que já está disposto em legislações similares, assim como no GDPR.[8] Para fins de análise, não se seguirá a ordem fixada pelo legislador, agrupando-os de acordo com sua similitude.

---

7. Disposição similar está no GDPR, artigo 83º, 8.

8. Observa-se que o legislador mesclou critérios existentes em leis brasileiras e no GDPR. O critério do inciso I (a gravidade e a natureza das infrações e dos direitos pessoais afetados) está, por exemplo, no Código de Defesa do Consumidor e na Lei 12.529, de 2011, e no GDPR. Os critérios dos incisos III (a vantagem auferida ou pretendida pelo infrator) e do inciso IV (a condição econômica do infrator) estão previstos nas quatro legislações anteriores mencionadas. O critério do inciso V (reincidência) também está nas quatro legislações e no GDPR, embora, no caso do Código de Defesa do Consumidor, infere-se da redação do art. 59 desta lei. Já os critérios do inciso II (a boa-fé do infrator) e inciso IV (grau do dano) estavam previstos,

A primeira categoria é aquela relativa aos aspectos objetivos da infração, tendo como objeto central o dano. Nesta se inserem o art. 52, § 1º, I, (natureza e gravidade da infração) e o art. 52, § 1º, VI, (grau do dano).[9] A natureza da infração consiste no tipo de infração cometida, verificando-se, por exemplo, a ocorrência de tratamento de dados sem consentimento do titular, vazamento de dados, ou descumprimento de dever estatuído pela LGPD, como a ausência de encarregado de proteção de dados ou recusa ao atendimento de pedido de informações sobre existência de tratamento de dados. A gravidade da infração corresponde à existência de elementos agravantes ou atenuantes na infração cometida, ou prática de infrações leve, média e grave, definidas no Regulamento de Dosimetria e Aplicação de Sanções Administrativas, estatuído pela Resolução CD/ANPD 4/2023. O grau do dano corresponde à sua extensão, seja individual, coletivo ou difuso. Em se tratando de dano individual, embora de grande repercussão individual, vale destacar o disposto no art. 52, § 7º, incluído pela Lei 13.853, de 2019, de acordo com o qual" Os vazamentos individuais ou os acessos não autorizados de que trata o caput do art. 46 desta Lei poderão ser objeto de conciliação direta entre controlador e titular e, caso não haja acordo, o controlador estará sujeito à aplicação das penalidades de que trata este artigo".

A segunda categoria corresponde aos aspectos econômicos envolvidos na infração, tais como a vantagem auferida ou pretendida, prevista no art. 52, § 1º, III, de modo a neutralizar o enriquecimento sem causa do infrator ou indenizar a sociedade pelos prejuízos sofridos por meio do Fundo de Defesa dos Direitos Difusos, e a condição econômica do infrator, prevista no art. 52, § 1º, IV, para que a sanção administrativa seja capaz de induzir o comportamento esperado dos agentes de tratamento de dados.

A terceira categoria corresponde ao aspecto subjetivo, que se refere à intenção do agente de tratamento de dados na prática da infração, nos termos do art. 52, § 1º, V (reincidência).[10] A persistência na causação de danos aos titulares de dados pessoais pode ser indicação de que sanções administrativas anteriormente aplicadas foram insuficientes para coibir a infração à LGPD, de modo que a sanção subsequente deverá ser mais severa ou, em caso de multa, em valor mais elevado. Nesse caso, deve-se observar o disposto no art. 52, § 6º, caput e inciso I, inserido pela Lei 13.853, de 2019, de acordo com os quais as sanções previstas no art. 52, incisos X, XI e XII do caput, serão aplicadas somente "após já ter sido imposta ao menos 1

---

respectivamente, nos incisos II e V do art. 45 da Lei 12.529. Ainda sobre a boa-fé, vale observar que o GDPR usou a expressão "O caráter intencional ou negligente da infração". O inciso VII (a cooperação do infrator) está no GDPR, bem como no inciso VII da Lei 13.506/2017 (este último com redação mais precisa).

9. Vale mencionar o GDPR, que, nesse aspecto, está mais bem redigido que seus homólogos no direito brasileiro, ao prever como critérios no artigo 83º, 2, "a", "A natureza, a gravidade e a duração da infração tendo em conta a natureza, o âmbito ou o objetivo do tratamento de dados em causa, bem como o número de titulares de dados afetados e o nível de danos por eles sofridos".

10. Cf. GDPR, artigo 83º, 2, "e", que estabelece a reincidência por meio do critério de "Quaisquer infrações pertinentes anteriormente cometidas pelo responsável pelo tratamento ou pelo subcontratante".

(uma) das sanções de que tratam os incisos II, III, IV, V e VI do *caput* deste artigo para o mesmo caso concreto".

Relacionada ao aspecto subjetivo, mas que merece análise especial, tem-se a quarta categoria, descrita como categoria autônoma pelo seu destaque na LGPD, e que corresponde à boa-fé,[11] prevista no art. 52, § 1º, IV.[12] Com o recurso a esse princípio jurídico, importa saber de que boa-fé se trata: a boa-fé em termos de conduta, conhecida como boa-fé "objetiva", com a aferição de quais condutas praticadas pelo agente de tratamento de dados, eram ou não corretas; ou a boa-fé "subjetiva", decorrente do desconhecimento da ilicitude do tratamento de dados que fez ou dos danos que causou aos titulares. Nesse sentido, são possíveis duas interpretações. Caso se interprete que o critério da boa-fé seja o da boa-fé "objetiva", parte-se, pois, do disposto no art. 6º, *caput*, da LGPD, devendo-se observar o cumprimento ou infração de três deveres: a) dever de coerência de comportamento; b) dever de informação; c) dever de cooperação. O dever de coerência de comportamento esperada pelos agentes está no tratamento dentro da finalidade esperada, abstendo-se de atos emulativos que violam o direito à privacidade ou que resultem em monitoramento, discriminação e preconceito. Quanto ao dever de informação, são exemplos a insuficiência ou deficiência das políticas de privacidade ou a forma pela qual se faz o tratamento de dados pessoais. Em termos de dever de cooperação, tem-se a transparência no tratamento de dados, mediante fornecimento de informações sobre a existência de tratamento de dados e o modo pelo qual é feito, além dos cuidados a serem tomados no compartilhamento de dados e prevenção de vazamentos de dados pessoais, além do dever de mitigar os danos causados aos titulares de dados. Tais condutas contrárias à boa-fé, em especial, em termos de dever de cooperação, também estão previstas no art. 52, § 1º, VII (cooperação do infrator),[13] no art. 52, § 1º, VIII (a adoção reiterada e demonstrada de mecanismos e procedimentos internos capazes de minimizar o dano, voltados ao tratamento seguro e adequado de dados, em consonância com o disposto no inciso II do § 2º do art. 48 desta Lei),[14] no art. 52, § 1º, IX (a adoção de política de boas práticas e governança)[15] e no art. 52, § 1º, X (a pronta adoção de medidas corretivas). Por outro lado, caso seja adotado como critério a boa-fé "subjetiva", deve-se aferir o desconhecimento da conduta pelo agente de tratamento de dados, o que ensejaria, por exemplo, a aplicação da sanção de advertência, para que corrija o erro no tratamento de dados. Vale desta-

---

11. Cf. TOMASEVICIUS FILHO, Eduardo. *O princípio da boa-fé no direito civil*. São Paulo: Almedina, 2020.

12. O GDPR não usa o termo "boa-fé"; a expressão mais próxima seria o artigo 83º 2, "b", em que se estabelece "O caráter intencional ou negligente da infração".

13. Cf. GDPR, artigo 83º, 2, "f": "O grau de cooperação com a autoridade de controlo, a fim de sanar a infração e atenuar os seus eventuais efeitos negativos;".

14. Cf. GDPR, artigo 83º, 2, "c": "A iniciativa tomada pelo responsável pelo tratamento ou pelo subcontratante para atenuar os danos sofridos pelos titulares;"

15. Cf. GDPR, artigo 83º, 2, "j": "O cumprimento de códigos de conduta aprovados nos termos do artigo 40º ou de procedimento de certificação aprovados nos termos do artigo 42º;

car que, para que haja boa-fé subjetiva, não basta apenas a ignorância de violação ao direito alheio: deve-se provar que não sabia nem tinha como saber da ilicitude de sua conduta. Do contrário, essa alegação é contrária à boa-fé ou, em outras palavras, uma alegação imbuída de má-fé.

Por fim, a quinta categoria corresponde a do art. 52, § 1º, XI (a proporcionalidade entre a gravidade da falta e a intensidade da sanção), a qual é bem-vinda, pois se impede que, no afã de combater infrações à LGPD, estabeleçam-se sanções excessivamente severas, que inviabilizem o exercício da atividade econômica, o que é vedado pelo art. 2º, VI, da LGPD, devendo-se conciliar a proteção dos direitos fundamentais da pessoa humana com a satisfação de seus interesses pelo mercado, por meio do exercício da livre iniciativa e, em consequência, implique violação da função social da empresa. Com efeito, estes critérios foram agrupados na Resolução CD/ANPD 4, de 2023, entre agravantes e atenuantes, conforme se interpreta a partir da leitura dos artigos 12 e 13 desta norma.

As sanções administrativas são de natureza objetiva, independentemente da existência de culpa do agente.[16] Sendo a finalidade das sanções administrativas o zelo pela observância da lei, pouco importa se o agente teve ou não a intenção de infringir a lei ou se agiu com negligência, imperícia ou imprudência, pois o objetivo não está na reparação dos danos, mas, sim, na proteção da sociedade como um todo. Basta observar que, em legislações similares em que se prevê a responsabilidade administrativa, como o art. 36 da Lei 12.529, de 2011, e o art. 2º da Lei 12.846, de 2013 ("Lei anticorrupção"), estatuiu-se, de forma expressa, a responsabilidade objetiva, independentemente de culpa do agente. Em outras legislações não há esse tipo de disposição, como no caso do Código de Defesa do Consumidor. O Superior Tribunal de Justiça, no julgamento do Recurso Especial 1.784.264/SP,[17] teve que enfrentar essa questão, fixando-se entendimento de que se trata de responsabilidade objetiva. Dessa forma, a interpretação sistemática desse art. 52, § 1º, é a de que é objetiva a responsabilidade dos agentes de tratamento de dados, em caso de infração à LGPD.

4. RELAÇÕES COM OUTROS ÓRGÃOS

Antes da promulgação da LGPD, o principal arcabouço normativo-institucional em matéria de proteção de dados pessoais no Brasil foi a Lei 8.078/1990 ("Código de Defesa do Consumidor"). Parte considerável dos agentes de tratamento de dados pode ser qualificada como fornecedor, o que permite a atuação do Ministério Público por meio de ações civis públicas e pela aplicação das sanções administrativas previstas no art. 56 deste Código pela Secretaria Nacional do Consumidor – SENACON

---

16. Na jurisprudência antiga do Supremo Tribunal Federal, afirmou-se que a responsabilidade administrativa era subjetiva, embora o Código Civil de 1916 (arts. 921 e 927) já estabelecesse à época que na cláusula penal se incorre de pleno direito nem o credor precisa alegar prejuízo.

17. STJ. REsp 1.784.264/SP. T2. Rel.: Min. Herman Benjamin, j. 25/6/2018; Dje 20/08/2018.

ou por qualquer entidade ou órgão da administração pública, federal, estadual ou municipal, destinado à defesa dos interesses e direitos do consumidor, nos termos do art. 5º do Decreto 2.181, de 20 de março de 1997, como no caso da Fundação Procon. Por isso, não poderia o legislador abandonar desnecessariamente essa rede de proteção dos consumidores, mediante estabelecimento de competência exclusiva da ANPD em matéria de tratamento de dados pessoais. O legislador estabeleceu no art. 18, § 8º da LGPD a competência dos órgãos (definidos como "organismos") de defesa do consumidor para recebimento de reclamações pelo descumprimento do direito previsto no art. 18, caput, da LGPD.

Na redação original do artigo 52, § 2º da LGPD, não se dispunha expressamente sobre as sanções previstas no Código de Defesa do Consumidor, limitando-se a prever a possibilidade de sanções administrativas, civis ou criminais definidas em legislação específica. Por meio da Lei 13.853, de 2019, passou-se a dispor expressamente sobre as sanções previstas no Código de Defesa do Consumidor e em legislação específica, o que afasta qualquer dúvida sobre a possibilidade da aplicação delas em caso de infração aos direitos dos titulares de dados pessoais. Para evitar "bis in idem", deve ser observado o disposto no art. 55-K da LGPD, de acordo com o qual a ANPD terá competência exclusiva para a aplicação de sanções administrativas previstas na LGPD, mas deverá articular-se com órgãos e entidades com competências afetas ao tema de proteção de dados pessoais para fins de aplicação de sanções aos agentes de tratamento de dados pessoais, atuando como órgão central de interpretação da LGPD e do estabelecimento de normas e diretrizes para a sua implementação.[18]

5. APLICAÇÃO DE SANÇÕES ADMINISTRATIVAS AO PODER PÚBLICO

O Estado tem uma grande quantidade de dados pessoais dos cidadãos decorrente de sua própria atuação. Por isso, estão no âmbito de aplicação da LGPD as atividades de tratamento de dados pessoais realizadas por "I - os órgãos públicos integrantes da administração direta dos Poderes Executivo, Legislativo, incluindo as Cortes de Contas, e Judiciário e do Ministério Público" e "II - as autarquias, as fundações públicas, as empresas públicas, as sociedades de economia mista e demais entidades controladas direta ou indiretamente pela União, Estados, Distrito Federal e Municípios", definidas no parágrafo único da Lei 12.527, de 2011 ("Lei de Acesso à Informação"). Estes órgãos públicos, autarquias e demais pessoas jurídicas de direito público, incluindo os serviços notariais e de registro exercidos em caráter privado, por delegação do Poder Público por força do artigo 23, § 4º, da LGPD, estão sujeitos a sanções administrativas aplicadas pela ANPD, quando, nos termos do artigo 23, caput e incisos I e III, § 1º, deixarem de informar, com clareza, em ve-

---

18. BRASIL. Autoridade Nacional de Proteção de Dados. *Publicações da ANPD*. Brasília, 28 de maio de 2021, atualizado em 24 de maio de 2023. Disponível em: https://www.gov.br/anpd/pt-br/documentos-e-publicacoes. Acesso em: 18 fev. 2025.

ículos de fácil acesso, preferencialmente em seus sítios eletrônicos, as hipóteses em que realizam tratamento de dados pessoais, a previsão legal ou de regulamento da ANPD, bem como a finalidade, procedimentos e práticas, para permitir ao cidadão ter conhecimento desse tipo de controle a que está sendo submetido, em razão da obrigatoriedade da observância do tratamento ser limitada à finalidade pública, interesse público, execução de competências legais ou cumprimento de atribuições legais. Também são infrações à LGPD a falta de indicação de encarregado de proteção de dados, conforme disposto no artigo 23, § 2º, e a ocorrência de irregularidades na transferência de dados a entidades privadas, nos termos do artigo 26, § 1º, caput; o compartilhamento de dados ou uso de dados compartilhados em desacordo com o disposto no artigo 27, ou do regulamento da ANPD previsto no art. 30; o desatendimento de exigências previstas na LGPD para a ANPD, como o dever de informação sobre o uso compartilhado ou compartilhamento de dados pessoais a pessoa jurídica de direito privado, nos termos do artigo 27, parágrafo único; a não prestação de informações específicas sobre o âmbito e a natureza dos dados e outros detalhes do tratamento realizado, nos termos do artigo 29, e a não elaboração de relatório de impacto de dados pessoais, nos termos do artigo 32 da LGPD. Ademais, pode ocorrer tratamento ilegal ou irregular de dados, conforme o caso, no cumprimento do artigo 23, § 5º, de acordo como o qual se impõe aos órgãos notariais e de registro o acesso aos dados por meio eletrônico para a administração pública, tendo em vista as finalidades de que trata o *caput* deste artigo 23 da LGPD.

Porém, quanto à aplicação de sanções administrativas, o artigo 52, § 3º exclui a possibilidade de aplicação de multa simples ou multa diária ao Poder Público.[19] A sanção de advertência (artigo 52, caput, I) é complementada pelo disposto no artigo 31 da LGPD, que impõe o envio de informe da ANPD ao órgão público com medidas cabíveis para fazer cessar a violação, somado ao art. 127, I, da Lei 8.112, de 1990. A publicização da infração é obrigatória nos termos do art. 5º, XXXIII e art. 37, *caput*, da Constituição Federal. As sanções de bloqueio dos dados pessoais até sua regularização (artigo 52, *caput*, V), a eliminação de dados pessoais (artigo 52, *caput*, VI), a suspensão parcial do banco de dados pelo período máximo de seis meses, prorrogáveis por igual período (artigo 52, *caput*, X), suspensão do exercício da atividade de tratamento de dados pelo período máximo de seis meses, prorrogáveis por igual período (artigo 52, caput, *inciso* XI) e proibição parcial ou total do exercício de atividades relacionadas a tratamento de dados (artigo 52, *caput*, inciso XII), embora tecnicamente viáveis, somente podem ser realizadas apenas em casos específicos, devido ao interesse público

---

19. O GDPR, em seu artigo 83º, 7, estabelece a possibilidade de se e em que medida as multas podem ser aplicadas às autoridades e organismos públicos estabelecidos em seu território. Por isso, vale destacar o caso da multa de EUR 75 mil aplicada ao Ministério do Desenvolvimento Econômico (MISE) pela Autoridade de Proteção de Dados italiana por não ter indicado DPO e por infração decorrente da publicação de currículos de cinco mil funcionários. (Cf. BORGES, Gabriel Oliveira de Aguiar. O caso do Ministério do Desenvolvimento Econômico da Itália. *In:* TOMASEVICIUS FILHO, Eduardo; FALEIROS JUNIOR, José Luiz de Moura; DALESE, Pedro (Coord.). *GDPR - Regulamento Geral sobre a Proteção de Dados da União Europeia.* Análise de casos sobre a aplicação das sanções administrativas. Indaiatuba: Foco, 2023. p. 49-59).

na preservação das informações coletadas, armazenadas e registradas, bem como na continuidade da prestação do serviço público. É o caso, por exemplo, dos serviços notariais e de registro, nos quais não se podem destruir as informações nele contidos, nem impedir que se continue a ter acesso lícito a essas mesmas informações por meio de certidões e traslados. Deve-se novamente observar o disposto no artigo 52, § 6º, II, da LGPD, em que a ANPD deve ouvir previamente os órgãos com competências sancionatórias, como no caso das corregedorias do Poder Judiciário. Em termos pessoais, é possível aplicar a sanção de suspensão do exercício da atividade de tratamento de dados pelo servidor, ou proibindo-o, parcial ou totalmente, de realizar essa atividade, cumulando-se tal sanção com as penas de suspensão, demissão, destituição de cargo em comissão ou de função comissionada, nos termos dos incisos II a VI do art. 127 da Lei 8.112, de 1990 ("Regime dos Servidores Públicos Civis da União, das autarquias, e das fundações públicas federais"). Ademais, nos termos da Lei 8.429, de 1991 ("Lei de Improbidade Administrativa"), por exemplo, por ter recebido vantagens ilícitas ao ter praticado tratamento irregular de dados pessoais. Portanto, considerando que os primeiros processos sancionatórios instaurados pela ANPD são contra agentes de tratamento de dados que fazem parte da administração direta e indireta,[20] a exclusão da possibilidade de aplicação de multa pelo artigo 52, § 3º da LGPD, resultará na discussão acerca da eficácia das sanções administrativas, porque estas se limitarão à advertência (muito branda), e às sanções mais severas, que nem sempre serão adequadas para a finalidade.

6. DESTINAÇÃO DO VALOR DAS MULTAS

Por meio do art. 52, § 5º, da LGPD, incluído pela Lei 13.853, de 2019, afastou-se qualquer dúvida sobre o destino do produto da arrecadação das multas aplicadas pela ANPD, inscritas ou não em dívida ativa, ao Fundo de Defesa de Direitos Difusos de que tratam o art. 13 da Lei 7.347, de 24 de julho de 1985, e a Lei 9.008, de 21 de março de 1995. Sem essa previsão, seria necessária a discussão sobre a natureza jurídica dos danos causados aos titulares de dados pessoais, que é, com efeito, de direito difuso, pelo fato de que se reverte ao Fundo de Defesa dos Direitos Difusos o produto das condenações decorrentes da atuação do Ministério Público na defesa dos titulares de dados pessoais por meio de ação civil pública. Uma vez superada essa questão, caberia ainda a discussão se tal destinação seria acobertada pelo art. 1º, § 2º, VII, da Lei 9.008, de 1995, cuja redação é "de outras receitas que vierem a ser destinadas ao Fundo", o que não parece ser evidente que se trata de destinação do produto de aplicação das sanções administrativas decorrentes de infrações à LGPD. Com a redação atual, não há incertezas sobre a destinação do produto dessas multas.

---

20. BRASIL. Autoridade Nacional de Proteção de Dados. *ANPD divulga lista de processos sancionatórios*. Brasília, 23 de março de 2023. Disponível em: https://www.gov.br/anpd/pt-br/assuntos/noticias/anpd-divulga-lista-de-processos-sancionatorios. Acesso em: 18 fev. 2025.

Eduardo Tomasevicius Filho

Art. 53. A autoridade nacional definirá, por meio de regulamento próprio sobre sanções administrativas a infrações a esta Lei, que deverá ser objeto de consulta pública, as metodologias que orientarão o cálculo do valor-base das sanções de multa.

§ 1º As metodologias a que se refere o *caput* deste artigo devem ser previamente publicadas, para ciência dos agentes de tratamento, e devem apresentar objetivamente as formas e dosimetrias para o cálculo do valor-base das sanções de multa, que deverão conter fundamentação detalhada de todos os seus elementos, demonstrando a observância dos critérios previstos nesta Lei.

§ 2º O regulamento de sanções e metodologias correspondentes deve estabelecer as circunstâncias e as condições para a adoção de multa simples ou diária.

O artigo 53 relaciona-se diretamente com o artigo 52, incisos II e III, e poderia ter sido incorporado a este artigo. Sendo a aplicação de sanções administrativas uma atividade vinculada do Poder Público, essa regra foi concebida e incorporada ao texto da LGPD com o intuito de dar segurança jurídica e respeito às garantias constitucionais do devido processo legal (CF, art. 5º, LIV), do contraditório e da ampla defesa (CF, art. 5º, LV). Medidas similares, ainda que não previstas em lei, como no caso da LGPD, já vinham sendo feitas por órgãos do Estado, como em caso de infrações às normas ambientais,[1] telecomunicações,[2] seguros,[3] direito do consu-

---

1. Em nível federal, cf. BRASIL. Decreto 6.514, de 22 de julho de 2008. *Dispõe sobre as infrações e sanções administrativas ao meio ambiente, estabelece o processo administrativo federal para apuração destas infrações, e dá outras providências.* Disponível em: http://www.planalto.gov.br/ccivil_03/_ato2007-2010/2008/decreto/d6514.htm. Acesso em: 18 fev. 2025.

2. BRASIL. Agência Nacional de Telecomunicações – ANATEL. Resolução 589, de 7 de maio de 2012. *Aprova o Regulamento de Aplicação das Sanções Administrativas.* Disponível em: https://www.anatel.gov.br/legislacao/resolucoes/34-2012/191-resolucao-589#art41. Acesso em: 18 fev. 2025.

3. BRASIL. Ministério da Fazenda. Conselho Nacional de Seguros Privados. Resolução CNSP 393, de 2020. *Dispõe sobre sanções administrativas no âmbito das atividades de seguro, cosseguro, resseguro, retrocessão, capitalização, previdência complementar aberta, de intermediação e auditoria independente; disciplina o inquérito administrativo, o termo de compromisso de ajustamento de conduta e o processo administrativo sancionador no âmbito da Superintendência de Seguros Privados – Susep das entidades autorreguladoras do mercado de corretagem e dá outras providências.* Disponível em: https://www2.susep.gov.br/safe/scripts/bnweb/bnmapi. exe?router=upload/9844. Acesso em: 18 fev. 2025.

midor[4] e direito da concorrência,[5] e que têm passado por atualizações recentes ou em vias de efetivação. O artigo 53 da LGPD manteve este entendimento existente no direito brasileiro e previu a elaboração de regulamento no âmbito da atividade de tratamento de dados pessoais. Considerando a necessidade de conferir legitimidade relativa ao procedimento adotado pelas agências administrativas, cujos membros não são escolhidos em eleições diretas pelo voto popular, as medidas de contraponto consistem na previsão de participação popular nestes órgãos por meio de consultas públicas e audiências públicas. Por conta da especificidade da matéria, desconhecida da quase totalidade da população, esta abertura desperta a atenção apenas das pessoas realmente interessadas, em geral, especialistas no tema a ser regulamentado, ou de representantes de agentes de tratamento de dados no Brasil. Em conformidade com o disposto no artigo 53, *caput*, da LGPD, a Autoridade Nacional de Proteção de Dados – ANPD publicou minuta de regulamento para consulta pública entre os dias 15 de agosto e 15 de setembro de 2022,[6] recebendo 2.504 contribuições, assim como realizou audiência pública, tendo recebido vinte e quatro contribuições.[7] Com base nesses subsídios, a ANPD publicou a Resolução CD/ANPD 4, de 24 de fevereiro de 2023, pela qual se aprovou o Regulamento sobre a Dosimetria e Aplicação das Sanções Administrativas. Evidentemente, não cabe aqui a apresentação de uma análise aprofundada desta resolução, uma vez que poderia ser, no limite, objeto de comentários na forma de um livro, tal como este que o leitor em mãos. Por isso, limitar-nos-emos a apontar as características gerais da Resolução CD/ANPD 4, para que se tenha uma ideia geral de sua estrutura e conteúdo.

O Regulamento de Dosimetria e Aplicação de Sanções Administrativas é, com efeito, o anexo da Resolução CD/ANPD 4, sendo acompanhado de dois apêndices. Dividido em três capítulos, o primeiro deles traz disposições gerais (arts. 1º e 2º), por meio do qual se anuncia o objetivo da norma e as definições adotadas para fins de sua aplicação. O terceiro capítulo traz disposições finais (art. 28), referindo-se à aplicação do regulamento aos processos em curso. No Capítulo II encontra-se a disciplina pormenorizada relativa à aplicação das sanções administrativas. Quanto

---

4. BRASIL. Secretaria Nacional do Consumidor. Portaria 7, de 5 de maio de 2016. *Disciplina a aplicação de sanções administrativas no âmbito da SENACON/UM.* Disponível em: https://www.defesadoconsumidor. gov.br/images/manuais/PORTARIA_N7-2016.pdf. Acesso em: 18 fev. 2025.

5. BRASIL. Conselho Administrativo de Defesa Econômica. Guia. *Dosimetria de multas de cartel. Versão preliminar.* 2020. Disponível em: https://sei.cade.gov.br/sei/modulos/pesquisa/md_pesq_documento_con-sulta_externa.php?DZ2uWeaYicbuRZEFhBt-n3BfPLlu9u7akQAh8mpB9yPG_2gAhtQ8dnUey9IRSC3a-maHsRg4s7GSz_LELWaZX5G7x31uYg6yZbntvg_2LOtq7VZv0FNaRr_ewiEOln3F8. Acesso em: 18 fev. 2025.

6. BRASIL. Plataforma Participa+Brasil. *Regulamento de Dosimetria e Aplicação de Sanções Administrativas.* Brasília, 16 de agosto de 2022. Disponível em: https://www.gov.br/participamaisbrasil/regulamento-de--dosimetria-e-aplicacao-de-sancoes-administrativas. Acesso em: 18 fev. 2025.

7. BRASIL. Autoridade Nacional de Proteção de Dados. *ANPD publica lista de processos sancionatórios.* Brasília, 23 de março de 2023. Disponível em: https://www.gov.br/anpd/pt-br/assuntos/noticias/anpd-divulga-lis-ta-de-processos-sancionatorios. Disponível em: 18 fev. 2025.

aos aspectos gerais que merecem atenção, merecem destaque o art. 5º, de acordo com o qual as sanções administrativas serão aplicadas de forma gradativa, isolada ou cumulativamente, de acordo com as peculiaridades do caso concreto, o que indica a adoção de papel social educativo da ANPD em matéria de tratamento de dados pessoais. Ademais, estabeleceu-se a possibilidade da aplicação do princípio da proporcionalidade entre o dano e a sanção administrativa, nos termos do art. 27, *caput* e parágrafo único, conforme estabelecido no artigo 52, § 1º, XI, da LGPD.

De acordo com o art. 8º da Resolução CD 4/2023, as infrações foram classificadas em leve, média e grave, seguindo, de certa forma, esta ideia de que a atuação da ANPD deve ser predominantemente educativa, cabendo a aplicação de punições em último caso. Talvez se tenha adotado uma postura excessivamente comedida na definição das sanções administrativas, pois somente se aplicarão sanções de multa, por exemplo, em casos graves, o que parece não ser o idealizado pelo legislador, pelo fato de terem sido estabelecidas diversas sanções administrativas severas para casos graves.

A sanção de advertência (art. 9º) é aplicada para as infrações leve e média, quando não houver reincidência específica, ou houver necessidade de imposição de medidas corretivas, cabendo as demais sanções administrativas para os casos graves. Em outras palavras, a tendência é a predominância da sanção de advertência, o que pode vir a frustrar a expectativa que se tinha com a aplicação do artigo 52 da LGPD.

Por sua vez, a sanção de multa simples é a mais complexa, porque o artigo 53, §§ 1º e 2º estabelece a necessidade de metodologia para o cálculo do valor a ser fixado como valor-base de forma detalhada, levando em consideração os critérios previstos na LGPD, que são, no caso, aqueles do artigo 52, § 1º, reproduzidos no art. 7º do Regulamento, e cuja metodologia está especificada e detalhada no Apêndice I. Adotou-se um processo aparentemente trifásico, mas que se revela quadrifásico por ser feito em quatro etapas para o cálculo da multa a ser aplicada ao infrator. A fase 1 consiste na fixação do valor-base da multa, que, nos termos do art. 11, I, II e III do Regulamento, leva em conta a classificação da infração, o faturamento do infrator no último exercício disponível anterior à aplicação da sanção, excluídos os tributos de que trata o inciso III do § 1º do art. 12 do Decreto-lei 1.598/1977, relativo ao ramo de atividade empresarial em que ocorreu a infração, e o grau do dano. Esta fase 1 divide-se em duas etapas – sendo este o motivo que faz o procedimento ser quadrifásico. A primeira destas etapas consiste no cálculo da alíquota a ser usada para a fixação do valor-base da multa, que está classificada em função da gravidade da infração (leve, média ou grave) e do grau de dano causado (0 a 3). Neste particular, caso se entenda pela inexistência de danos, ou, se houver, considerá-los de impactos significantes, ter-se-á a alíquota-zero, tornando inaplicável a multa. Esta primeira fase talvez pudesse ser menos complexa e mais direta, em especial, no cálculo da alíquota. De qualquer modo, uma vez obtida a alíquota, passa-se para a etapa 2, em que se calculará o valor-base, que consiste na diferença entre o valor do faturamento e da tributação, multiplicado pela alíquota anteriormente calculada na fase 1. Por meio do art. 11, §§ 1º a 4º do Regulamento, disciplinam-se os critérios para fixação do valor do faturamento do infrator para fins de cálculo do valor-base. Caso o infrator seja pessoa jurídica, ainda resta proceder ao ajuste do valor-base, ao aplicar no cálculo a diferença entre valores máximo e mínimo divididos por 3, multiplicados novamente pelo grau de dano e somado ao valor mínimo. A fase 2, que corresponde à etapa 3 do cálculo do valor da multa, consiste na definição do valor da multa, levando em consideração o valor-base, multiplicado pela diferença entre agravantes e atenuantes. Levaram-se em consideração como circunstâncias agravantes os seguintes parâmetros e critérios previstos no artigo 52, § 1º da LGPD e art. 7º do Regulamento: a gravidade e a natureza das infrações e dos direitos pessoais afetados; a vantagem auferida ou pretendida pelo infrator; a condição econômica do infrator; a reincidência; e o grau do dano. Em sentido contrário, levaram-se em conta como como circunstâncias atenuantes a boa-fé do infrator; a cooperação do infrator; a adoção reiterada e demonstrada de mecanismos e procedimentos internos capazes de minimizar o dano, voltados ao tratamento seguro e adequado de dados, em consonância com o disposto no inciso II do § 2º do artigo 48 da LGPD; a adoção de política de boas práticas e governança; e a pronta adoção de medidas corretivas. Estes critérios, que precisam ser observados em razão do disposto no artigo 53, § 2º da LGPD, foram transplantados na forma de percentuais. No caso, o art. 12 do Regulamento previu, em especial, a reincidência do infrator, a qual é classificada em reincidência genérica e reincidência específica, conforme o caso, variando cada situação agravante entre 5% a 30% do valor-base da multa; por sua vez, as circunstâncias atenuantes levam em consideração o momento da cessação da infração em relação à instauração do procedimento preparatório da ANPD; a adoção de boas práticas; a adoção de medidas de reversão ou mitigação dos efeitos; e a cooperação e a boa-fé do infrator, variando o percentual das circunstâncias atenuantes entre 5% e 75% do valor da infração. Por fim, a fase 3, correspondente à etapa 4 do Apêndice I, tem por objetivo a adequação dos limites mínimo e máximo da multa, conforme disposto no artigo 52, § 1º, XI, da LGPD, assim como do art. 27 do Regulamento. O Apêndice II traz tabela de valores mínimos e máximos, respeitando-se a limitação de 2% do faturamento, bem como o teto de R$ 50.000.000,00 (cinquenta milhões de reais), conforme disposto no artigo 52 da LGPD.[8]

Em relação à publicização da infração, que não se confunde com a sua publicação no Diário Oficial da União e deve ser custeada pelo infrator, talvez tivesse sido mais adequada a explicitação dos casos em que seria mais adequada esta sanção específica, em detrimento das demais sanções, uma vez que os critérios estabelecidos no art. 20 do Regulamento são os de "relevância" e o "interesse público" da matéria, uma vez que há justamente "relevância" ou "interesse público" envolvido em qualquer das situações que ensejam a aplicação de uma sanção administrativa. Ademais, ao contrá-

---

8. A multa diária está prevista no art. 16 do Regulamento, mas será objeto de análise nos comentários ao artigo 54 da LGPD.

rio do que se tem no art. 78, II, do Código de Defesa do Consumidor, de acordo com o qual se estatui "II – a publicação em órgãos de comunicação de grande circulação ou audiência, a expensas do condenado, de notícia sobre os fatos e a condenação", a LGPD é silente sobre isso. Nesse sentido, o artigo 20, § 3º da Resolução CD/ANPD 4, no afã de suprir a lacuna da LGPD, pode estar violando o art. 5º, II, da Constituição Federal. Possível solução hermenêutica, embora discutível, seria a aplicação, por analogia, do disposto no art. 60 do Código de Defesa do Consumidor, que estabelece a previsão de contrapropaganda, para a hipótese de a infração à LGPD decorrer de propaganda enganosa ou abusiva.

As sanções de bloqueio de dados pessoais e de eliminação de dados pessoais estão previstas nos arts. 22 e 23 do Regulamento. Em relação ao bloqueio, não se previu prazos mínimo e máximo, deixando-se a critério da ANPD a fixação do período de vigência da sanção. Existem outros dois aspectos que merecem atenção. O primeiro deles é a extensão da sanção administrativa a terceiros com os quais o infrator tenha realizado a atividade de compartilhamento de dados pessoais. Embora a ANPD tenha reservado para si a prerrogativa de avaliação dos impactos da medida, nos casos em que seja comprovadamente impossível ou desproporcional a sua aplicação, talvez fosse mais prudente a previsão de intimação dos demais agentes de tratamento de dados para uma aplicação mais eficaz da sanção. O segundo problema refere-se a eventuais dificuldades de fiscalização do cumprimento da medida pela ANPD, por conta do dever do infrator de comunicar a regularização de sua conduta para que seja autorizado o desbloqueio de dados pessoais, a despeito da regulamentação do processo de fiscalização pela ANPD, nos termos da Resolução CD/ANPD 1, de 2021. Quanto às sanções de suspensão parcial do funcionamento de banco de dados e suspensão do exercício de atividade de tratamento de dados pessoais, estabeleceu-se no Regulamento o prazo máximo de 6 (seis) meses, prorrogável por igual período, devendo-se levar em conta o interesse público, o impacto aos direitos dos titulares de dados pessoais, a classificação da infração e a complexidade para regularização da atividade de tratamento de dados pelo infrator. Para estas quatro sanções administrativas, talvez fosse relevante a indicação dos critérios a serem adotados para a aplicação direta destas, como, por exemplo, se estas sanções se aplicam em caso de ineficácia das sanções de multa simples e multa diária.

A sanção de proibição parcial ou total do exercício de atividades relacionadas a tratamento de dados pessoais, que é a mais severa, é aplicada em casos de reincidência em infração punida com suspensão parcial do funcionamento do banco de dados ou suspensão do exercício da atividade de tratamento dos dados pessoais; ocorrência de tratamento de dados pessoais com fins ilícitos, ou sem amparo em hipótese legal; ou quando o infrator perder ou não atender as condições técnicas e operacionais para manter o adequado tratamento de dados pessoais. Sendo esta a sanção mais rigorosa, que importa no exercício de uma atividade econômica, talvez tivesse sido relevante o detalhamento do procedimento a ser adotado, sobretudo em relação à hipótese de sua aplicação nos casos de tratamento de dados pessoais com fins ilícitos ou sem amparo em hipótese legal, o que, em tese, poderia acontecer nas situações de aplicação da sanção de advertência ou de multa simples. Além disso, por conta da gravidade da situação, talvez fosse prudente ter-se estabelecido que a aplicação desta sanção deveria cumular a ocorrência dos três incisos do art. 26 do Regulamento, à semelhança do que se adotou no art. 8º, na fixação dos critérios de infrações leve, média e grave.

Eduardo Tomasevicius Filho

Art. 54. O valor da sanção de multa diária aplicável às infrações a esta Lei deve observar a gravidade da falta e a extensão do dano ou prejuízo causado e ser fundamentado pela autoridade nacional.

Parágrafo único. A intimação da sanção de multa diária deverá conter, no mínimo, a descrição da obrigação imposta, o prazo razoável e estipulado pelo órgão para o seu cumprimento e o valor da multa diária a ser aplicada pelo seu descumprimento.

O artigo 54 poderia também ser colocado com um parágrafo do artigo 52, devido à sua íntima relação com a previsão de multas como sanção administrativa, ou, ainda, como parte do artigo 53 da LGPD. Tem por objeto a regulação do valor da sanção de multa diária, prevista no artigo 52, III. No caso, ao estabelecer que o valor da sanção de multa diária aplicável às infrações a esta Lei deve observar a gravidade da falta e a extensão do dano ou prejuízo causado.

Com efeito, a ANPD estabeleceu em que casos aplicará a muta diária. A primeira situação, prevista no *caput* do art. 16 do Regulamento de Dosimetria e Aplicação de Sanções Administrativas, estatuído pela Resolução CD/ANPD 4/2023, é aquela em que a multa servirá de astreinte para assegurar o cumprimento de sanção não pecuniária. A segunda situação, prevista no art. 16, § 3º do mesmo Regulamento, refere-se a situações em que não se atendeu, no prazo assinalado, à notificação expedida por conta de cometimento de irregularidades, tal como previsto no que concerne ao que se verificou em atividades não sancionatórias, entre as quais aquelas previstas na Resolução CD/ANPD 1/2021 como atividades de orientação e preventiva, assim como a advertência, prevista no art. 52, I, da LGPD. Também se prevê no mesmo art. 16, § 3º do Regulamento CD/ANPD 4/2023 a aplicação de multa diária em se verificando obstrução à atividade de fiscalização, bem como em caso de infração permanente não cessada até a decisão da ANPD sobre a questão. O cálculo da multa diária deve observar o disposto para a multa simples, levando-se em conta o limite total por infração, incluindo o valor máximo de R$ 50.000.000,00 (cinquenta milhões de reais) em termos acumulados, além dos critérios de classificação da infração (leve, média e grave) e o grau de dano (0 a 3).

A exigência de fundamentação da decisão administrativa de aplicação das sanções administrativas decorre do devido processo legal, bem como da garantia da ampla defesa, para que o agente de tratamento de dados tenha conhecimento da dosimetria e possa recorrer por razões de legalidade e de mérito. A LGPD apenas impõe requisitos mínimos para a formalização dessa sanção em termos de validade, que são a descrição da obrigação imposta, o valor da multa e a fixação de prazo razoável. De qualquer modo, convém à ANPD observar os requisitos de validade do ato administrativo, fixados na Lei 4.717, de 1965: competência, forma, objeto, finalidade e motivo, indicando a observância dos critérios fixados no Regulamento de Dosimetria e Aplicação de Sanções Administrativas, previsto no artigo 53 da LGPD para evitar recursos desnecessários pela impossibilidade de cumprimento dessa sanção administrativa ou sua anulação pelo Poder Judiciário.

Cíntia Rosa Pereira de Lima

CAPÍTULO IX
DA AUTORIDADE NACIONAL DE PROTEÇÃO DE DADOS (ANPD)
E DO CONSELHO NACIONAL DE PROTEÇÃO DE DADOS PESSOAIS
E DA PRIVACIDADE
Seção I
Da Autoridade Nacional de Proteção de Dados (ANPD)

Art. 55. (Vetado).

Art. 55-A. Fica criada a Autoridade Naciona-l de Proteção de Dados (ANPD), autarquia de natureza especial, dotada de autonomia técnica e decisória, com patrimônio próprio e com sede e foro no Distrito Federal. (Redação dada pela Lei 14.460, de 2022).

NATUREZA JURÍDICA DA ANPD

Desde a longa tramitação na Câmara dos Deputados dos projetos de lei sobre proteção de dados pessoais, debateu-se sobre a criação ou não de um órgão específico para regular a matéria no Brasil. Em se criando o órgão, a preocupação marcante era em torno da sua natureza jurídica: órgão público ou órgão vinculado à administração pública federal indireta nos moldes de uma agência reguladora.

Desde o Anteprojeto de Lei brasileiro sobre proteção de dados de 2015 (2ª versão)[1], atribuiu-se uma série de funções ao que chamava de "órgão competente", porém não definia qual seria este órgão, o que deveria ser feito por ato do Poder Executivo haja vista o disposto no art. 61, § 1º, inc. II, "e", c/c o art. 37, inc. XIX, da CF/88, segundo os quais a criação, estruturação e atribuições dos Ministérios e órgãos da administração pública é de competência privativa da Presidência da República[2]. Neste anteprojeto de lei, foi prevista a criação do Conselho Nacional de Proteção de Dados Pessoais e da Privacidade (arts. 53 a 55), responsável pelo fornecimento de "subsídios para a elaboração da Política Nacional de Proteção de Dados Pessoais e

---

1. LIMA, Cíntia Rosa Pereira de. *A imprescindibilidade de uma entidade de garantia para a efetiva proteção dos dados pessoais no cenário futuro do Brasil*. 2015. 487f. Tese (Livre Docência em Direito Civil) – Faculdade de Direito de Ribeirão Preto, Universidade de São Paulo, Ribeirão Preto, 2015. p. 472.

2. DE LUCCA, Newton; LIMA, Cíntia Rosa Pereira de. Autoridade Nacional de Proteção de Dados (ANPD) e Conselho Nacional de Proteção de Dados Pessoais e da Privacidade. *In:* LIMA, Cíntia Rosa Pereira de (Coord.) *Comentários à Lei Geral de Proteção de Dados*. São Paulo: Almedina, 2020. p. 376.

da Privacidade" (art. 55, inc. I), órgão que foi mantido no Projeto de Lei n. 5.276-A, de iniciativa do Executivo Federal.

Além do Conselho Nacional de Proteção de Dados Pessoais e da Privacidade, o Projeto de Lei n. 5.276-A previu a criação da Autoridade Nacional de Proteção de Dados Pessoais, que na redação original era um órgão da administração pública federal indireta, submetido a regime autárquico especial e vinculado ao Ministério da Justiça, conforme redação dada pelo Projeto de Lei n. 53, que tramitou no Senado Federal.

No entanto, todos os artigos que faziam referência à ANPD foram vetados pelo então Presidente Michel Temer ao sancionar a Lei n. 13.709, de 14 de agosto de 2018. Nas razões do veto, ficou consignado que: "Os dispositivos incorrem em inconstitucionalidade do processo legislativo, por afronta ao artigo 61, § 1º, II, 'e', cumulado com o artigo 37, XIX da Constituição." Isso porque o Projeto de Lei n. 5.276-A, de iniciativa do Poder Executivo, foi apensado ao Projeto de Lei n. 4.060, de iniciativa do Deputado Milton Monti (iniciativa do Poder Legislativo), pois esta última tinha o mesmo objetivo, qual seja, regular a proteção de dados no Brasil.

Posteriormente, esses artigos foram reinseridos pela Medida Provisória n. 869, de 27 de dezembro de 2018, porém com uma roupagem diferente, ou seja, a ANPD passou a ter a natureza jurídica de órgão público, da administração pública federal direta vinculada à Presidência da República. A Medida Provisória foi convertida na Lei n. 13.853, em 08 de julho de 2019, criando a Autoridade Nacional de Proteção de Dados (ANPD), sem aumento de despesas e como órgão da administração pública federal direta como acima descrito.

Quanto à ressalva "sem aumento de despesa", tal se mostra impraticável, pois qualquer criação de órgão, seja da administração pública direta ou indireta, implica aumento de gastos, seja para equipar o órgão com instrumentos necessários à sua atuação (mesas, cadeiras, computadores, etc.), seja para os gastos com a remuneração das pessoas que irão trabalhar no órgão.[3] Portanto, tal ressalva só parece fazer sentido como resposta ao "temor" em se aumentar os gastos públicos. Todavia, os gastos com a ANPD devem ser encarados como importantes investimentos no Brasil, para que possa competir no contexto do capitalismo informacional. Nesse sentido, é fundamental se assegurar o pleno funcionamento da ANPD para que o Brasil obtenha o reconhecimento da adequação do sistema de proteção de dados e, assim, poder receber dados de pessoas que residem em países que têm um sólido sistema de proteção de dados.

---

3. PFEIFFER, Roberto Augusto Castellanos. A saga da Autoridade Nacional de Proteção de Dados: do veto à Lei n. 13.853/2019. In: DE LUCCA, Newton; SIMÃO FILHO, Adalberto; LIMA, Cíntia Rosa Pereira de; MACIEL, Renata Mota (Coord.). Direito & Internet IV: sistema de proteção de dados pessoais. São Paulo: Quartier Latin, 2019. p. 447-469; p. 456.

A TRANSITORIEDADE DA NATUREZA JURÍDICA DA ANPD

A natureza jurídica da ANPD é transitória, pois a própria lei ressalva a possibilidade de ser transformada pelo Poder Executivo em entidade da administração pública federal indireta, submetida a regime autárquico especial e vinculada à Presidência da República, o que pode acontecer em até 2 (dois) anos da data em vigor da estrutura regimental da ANPD. A estrutura regimental da ANPD foi criada pelo Decreto n. 10.474, de 26 de agosto de 2020, que entrou em vigor na data de publicação da nomeação do Diretor-Presidente da ANPD no Diário Oficial da União (art. 6º do Decreto 10.474/2020). A nomeação do Diretor-Presidente, Dr. Waldemar Gonçalves Ortunho Júnior, foi publicada no DOU de 06 de novembro de 2020, com mandato de 06 (seis) anos. Assim, até 06 de novembro de 2022, seria necessário que se rediscutisse a conveniência de transformar a ANPD em uma autarquia de natureza especial, assegurando a independência do órgão como preconiza a Convenção de Estrasburgo n. 108, em sua alteração em 2001.

Isto ocorreu, contudo, meses antes do prazo limite, por ocasião da publicação da Medida Provisória 1.124, em 13 de junho de 2022, posteriormente convertida na Lei nº 14.460, de 25 de outubro de 2022.

A ANPD COM NATUREZA DE AUTARQUIA ESPECIAL

A Medida Provisória 1.124, de 13/6/2022, promoveu importantes alterações na LGPD, modificando os artigos 55-A e 55-C, e acrescentando o artigo 55-M. Em síntese, foram adotadas as seguintes providências: (i) transformação da Autoridade Nacional de Proteção de Dados (ANPD) em uma autarquia de natureza especial; (ii) estabelecimento de medidas necessárias para viabilizar o funcionamento da nova entidade da Administração Indireta, a partir de providências de organização necessárias para que a ANPD funcione adequadamente como autarquia.[4] Na Exposição de Motivos 031/2022 ME, que acompanha a MPV, é apresentada a fundamentação para a urgência e relevância da edição da medida. Nesse documento, alega-se que, após a entrada em vigor das funções fiscalizatórias da ANPD em agosto de 2021, foi identificada a necessidade de alterar o nível de autonomia da entidade. A exposição de motivos também afirma que as mudanças na ANPD trarão maior confiabilidade à proteção de dados, buscando alinhar a regulação do tema a outros regimes regulatórios e à experiência internacional.

A Mensagem 295, de 13/6/2022, acompanhada da Exposição de Motivos 00141/2022 ME CC, foi enviada juntamente com a MP 1.124/2022 para deliberação do Congresso Nacional em regime de urgência, a partir de 11.08.2022, o que significa

---

4. PAPP, Marco Borges; OLIVEIRA, Cristina Godoy Bernardo de. A MP 1124 como amálgama para a adequação do Brasil aos parâmetros da OCDE e do GDPR. *Migalhas de Proteção de Dados*, 7 out. 2022. Disponível em: https://s.migalhas.com.br/S/4A83BD. Acesso em: 18 fev. 2025.

que houve aceleração no processo de análise e votação, que se concluiu em 25 de outubro de 2022, com a promulgação da Lei 14.460.

Enfim, a ANPD foi transformada em autarquia de natureza especial, além de regular a transformação de cargos em comissão para a sua estruturação. Também foram feitas alterações nos já citados artigos 55-A e 55-C e acrescentado o artigo 55-M à LGPD para consolidação da autonomia patrimonial da ANPD, em sintonia com as disposições da Lei nº 13.844/2019 (Lei de Organização Básica dos Órgãos da Presidência da República e dos Ministérios).

Como se sabe, a criação de autarquias federais requer lei específica, de iniciativa do Presidente da República, ou ato do Executivo autorizado previamente por uma lei específica. Entende-se que a lei específica pode ser derivada de uma medida provisória, desde que atendidos os requisitos para a sua edição, como relevância e urgência. A MP 1.124/2022, com força de lei, iniciou os efeitos e a transição da transformação da ANPD, mas de forma provisória, como indicado pelo seu nome. No entanto, com a conversão da MP em lei antes do prazo previsto para essa transformação, conforme a redação original do art. 55-A, § 1º, da LGPD, foi respeitado o limite temporal legal.

A Lei 14.460/2022 estabelece que a estrutura regimental existente desde a criação da ANPD como órgão da Presidência da República será mantida até a data de início da nova estrutura regimental. Além disso, o artigo 5º dessa lei estabelece a necessidade de um ato conjunto do Ministro de Estado Chefe da Secretaria-Geral da Presidência da República e do Diretor-Presidente da ANPD para definir o período de transição e encerrar o apoio administrativo da Presidência da República à ANPD.

A Lei nº 14.460/2022 inclui a ANPD na estrutura básica da Secretaria-Geral da Presidência da República até 31 de dezembro de 2026, por meio de uma modificação no artigo 60 da Lei nº 13.844/2019. A lei também revoga o inciso VI do artigo 2º e o artigo 12 da Lei nº 13.844/2019.

É importante destacar que a ANPD passou a ser uma autarquia de regime especial, que a difere de uma agência reguladora. A autarquia de natureza especial possui características e atribuições próprias, além de maior autonomia administrativa, técnica e financeira. Por outro lado, a agência reguladora é uma autarquia especial criada especificamente para regular e fiscalizar setores específicos, como atividades de concessionárias e permissionárias de serviços públicos.

Dessa forma, a Lei 14.460/2022 não indica em qual tipo de autarquia especial a ANPD se enquadra. A ANPD não regula e fiscaliza apenas um setor específico, mas todas as pessoas físicas e jurídicas, públicas ou privadas, que realizam operações de tratamento de dados pessoais. Portanto, a ANPD não se enquadra na definição de agência reguladora e não foi incluída no rol das agências reguladoras pela MP 1.124/2022 e pela Lei 14.460/2022.

Cíntia Rosa Pereira de Lima

Art. 55-B. É assegurada autonomia técnica e decisória à ANPD . (Revogado pela Lei nº 14.460, de 2022)

A NECESSÁRIA INDEPENDÊNCIA DA ANPD

A Convenção de Estrasburgo n. 108, de 28 de janeiro de 1981, foi alterada em 2001, por meio de um protocolo, para enfatizar que a proteção dos dados pessoais depende de fiscalização, regulamentação e imposição de sanções por um órgão independente, ou seja, as denominadas *Supervisory Authorities* ou *Data Protection Authorities (DPAs)*. Neste documento, ficou evidente que esses órgãos devem gozar de independência para que possam desempenhar suas funções de maneira eficiente e imparcial.[5]

Estes órgãos foram criados na União Europeia pela Diretiva 95/46/CE, no art. 28, que determinava que cada Estado Membro deve ter um ou mais órgãos responsáveis por monitorar a aplicação da lei de proteção de dados. Dentre as competências desses órgãos estavam a missão de investigar, intervir nos processos sobre a matéria emitindo opiniões legais, publicar relatórios periódicos sobre suas atividades, dentre outras. Um ponto de destaque foi a independência destes órgãos.[6]

A Diretiva 95/46/CE foi revogada pelo Regulamento (UE) 2016/679, do Parlamento Europeu e do Conselho da União Europeia, de 26 de abril de 2016 (*General Data Protection Regulation – GDPR*)[7], em vigência desde 25 de maio de 2018, de modo a impor a necessária adequação do direito de cada Estado da União Europeia

---

5. LIMA, Cíntia Rosa Pereira de. *Autoridade Nacional de Proteção de Dados e a efetividade da Lei Geral de Proteção de Dados*: de acordo com a Lei Geral de Proteção de Dados (Lei 13.709/2018 e as alterações da Lei 13.853/2019), o Marco Civil da Internet (Lei 12.965/2014) e as sugestões de alteração do CDC (PL 3.514/2015). São Paulo: Almedina, 2020. p. 125.

6. UNIÃO EUROPEIA. Directive 95/46/EC of the European Parliament and of the Council of 24 October 1995 on the protection of individuals with regard to the processing of personal data and on the free movement of such data Official Journal L 281, 23/11/1995 P. 0031 – 0050. Disponível em: https://eur-lex.europa.eu/legal-content/EN/TXT/HTML/?uri=CELEX:31995L0046&from=pt. Acesso em: 18 fev. 2025. "Article 28 – Supervisory authority. 1. Each Member State shall provide that one or more public authorities are responsible for monitoring the application within its territory of the provisions adopted by the Member States pursuant to this Directive. *These authorities shall act with complete independence in exercising the functions entrusted to them.*" (grifo nosso).

7. UNIÃO EUROPEIA. Regulation (EU) 2016/679 of the European Parliament and of the Council of 27 April 2016 on the protection of natural persons with regard to the processing of personal data and on the free movement of such data, and repealing Directive 95/46/EC (General Data Protection Regulation). Disponível em: https://eur-lex.europa.eu/legal-content/EN/TXT/HTML/?uri=CELEX:32016R0679&from=EN. Acesso em: 18 fev. 2025.

com seus parâmetros mais rígidos, além do enfrentamento de novas tecnologias, tais como *privacy by default e privacy by design* etc. De maneira mais enfática, o Capítulo VI tem como título *"Independent Supervisory Authorities"*, sendo que a seção 1 deste capítulo é toda dedicada à independência desses órgãos, que devem ser adotados pelos Estados Membros. Nesse sentido, vale a pena destacar o art. 52 do GDPR, *in verbis:*

> Article 52 – Independence
>
> 1. Each supervisory authority shall act with *complete independence in performing* its tasks and exercising its powers in accordance with this Regulation.
>
> 2. The member or members of each supervisory authority shall, in the performance of their tasks and exercise of their powers in accordance with this Regulation, *remain free from external influence*, whether direct or indirect, and shall neither seek nor take instructions from anybody.
>
> 3. Member or members of each supervisory authority shall *refrain from any action incompatible with their duties* and shall not, during their term of office, engage in any incompatible occupation, whether gainful or not.
>
> 4. Each Member State shall ensure that each supervisory *authority is provided with the human, technical and financial resources, premises and infrastructure necessary for the effective performance* of its tasks and exercise of its powers, including those to be carried out in the context of mutual assistance, cooperation and participation in the Board.
>
> 5. Each Member State shall ensure that each supervisory authority chooses and has its own staff which *shall be subject to the exclusive direction of the member or members of the supervisory authority concerned*.
>
> 6. Each Member State shall ensure that each supervisory authority is subject to *financial control* which does not affect its independence and that it has separate, public annual budgets, which may be part of the overall state or national budget. (destaques nossos)

Nesse sentido, o modelo deste órgão em outros países realça: – a completa independência em sua atuação; – livre de quaisquer influências externas ao órgão; – os integrantes da ANPD não devem agir de maneira incompatível com suas missões; – o Estado deve prover estrutura física, técnica, recursos humanos e financeiros necessários para que o órgão possa desempenhar suas funções; – os funcionários da *DPA* devem atuar observando a direção dos integrantes do órgão; – o Estado deve garantir que o eventual controle financeiro não afete a independência deste órgão, destacando uma verba no orçamento público anual.

Portanto, o art. 55-B da LGPD menciona apenas a autonomia técnica e decisória da ANPD, no entanto isso não pode afetar a atuação independente deste órgão, cuja competência se estende não só aos entes privados, mas também aos entes públicos enquanto agentes de tratamento de dados pessoais (Capítulo IV – Do Tratamento de Dados Pessoais pelo Poder Público, arts. 23 a 30 da LGPD).

Conforme sustentamos,[8] o ideal seria que a ANPD fosse criada nos moldes de uma agência reguladora, porém sem estar vinculada a nenhum Ministério, ou seja,

---

8. LIMA, Cíntia Rosa Pereira de. *A imprescindibilidade de uma entidade de garantia para a efetiva proteção dos dados pessoais no cenário futuro do Brasil*. 2015. 487f. Tese (Livre Docência em Direito Civil) – Faculdade de Direito de Ribeirão Preto, Universidade de São Paulo, Ribeirão Preto, 2015. pp. 375-376.

o cenário ideal para assegurar a plena independência do órgão, afastando qualquer possibilidade de ingerência na medida em que este órgão tem a missão de fiscalizar, regular e aplicar sanções ao Poder Público, além dos entes privados. No entanto, isso implica repensar a regulação no ordenamento jurídico brasileiro.

Não obstante, é de se registrar a imprescindibilidade de que a ANPD atue com plena independência[9], consolidando sua autonomia técnica e decisória, inclusive como reforçado no art. 1º do Anexo I do Decreto 10.474/2020. Assim, convém reiterar que a Lei 14.460/2022 não especifica a categoria de autarquia especial à qual a ANPD pertence. A ANPD não tem a função de regular e fiscalizar apenas um setor específico, mas sim todas as pessoas físicas e jurídicas, tanto públicas quanto privadas, que realizam atividades de manipulação de dados pessoais. Portanto, a ANPD não se enquadra na definição de agência reguladora e não foi incluída no grupo de agências reguladoras pela MP 1.124/2022 e pela Lei 14.460/2022.

Nesses termos, ainda que o orçamento destinado à ANPD venha do orçamento público anual, o Estado não poderá lançar de artimanhas para mitigar a atuação independente deste órgão, cuja missão é assegurar a efetividade de um direito e garantia fundamental, que é a proteção de dados pessoais.

A IMPORTÂNCIA DA INDEPENDÊNCIA DA ANPD NA CIRCULAÇÃO TRANSFRONTEIRIÇA DE DADOS PESSOAIS

Importante destacar que, na América Latina, os países que obtiveram o reconhecimento da adequação de seu sistema de proteção de dados pessoais em face do sistema europeu demonstraram que os respectivos órgãos de proteção de dados gozam de autonomia.

Isso ficou claro nas decisões da Comissão Europeia, ao reconhecer o nível de adequação da Argentina:[10]

> (14) A lei argentina abrange todos os princípios básicos necessários para assegurar um nível adequado de proteção das pessoas singulares, embora também preveja exceções e limitações de modo a salvaguardar interesses públicos importantes. A aplicação destas normas é garantida por uma reparação judicial rápida específica para a proteção de dados pessoais, conhecida como *habeas data*, juntamente com as reparações judiciais gerais. *A lei prevê a criação de um organismo de controlo responsável pela proteção de dados encarregado de realizar todas as ações necessárias para dar cumprimento aos objetivos e às disposições da lei e dotado das competências de*

---

9. DONEDA, Danilo. Rumo à Autoridade Nacional de Proteção de Dados. *In:* DE LUCCA, Newton; SIMÃO FILHO, Adalberto; LIMA, Cíntia Rosa Pereira de; MACIEL, Renata Mota (Coord.). *Direito & Internet IV*: sistema de proteção de dados pessoais. São Paulo: Quartier Latin, 2019. pp. 471-482; p. 477.

10. UNIÃO EUROPEIA. 2003/490/CE: Decisão da Comissão, de 30 de Junho de 2003, nos termos da Diretiva 95/46/CE do Parlamento Europeu e do Conselho relativa à adequação do nível de proteção de dados pessoais na Argentina (Texto relevante para efeitos do EEE). Jornal Oficial L 168 de 05/07/2003 p. 0019 – 0022. Disponível em: https://eur-lex.europa.eu/legal-content/ES/TXT/?uri=CELEX%3A32003D0490. Acesso em: 18 fev. 2025.

investigação e de intervenção. Nos termos do regulamento, a "Direção Nacional de Proteção de Dados Pessoais" foi criada como organismo de controlo. A lei argentina prevê sanções dissuasivas eficazes de natureza tanto administrativa como penal. Por outro lado, as disposições da lei argentina no que respeita à responsabilidade civil (contratual e extracontratual) aplicam-se no caso de tratamento ilícito prejudicial para as pessoas em causa.

(15) O Estado argentino apresentou explicações e deu garantias sobre o modo como a legislação argentina deve ser interpretada e garantiu que as regras de proteção de dados na Argentina são aplicadas de acordo com essa interpretação. A presente decisão baseia-se nessas explicações e garantias e, consequentemente, depende delas. [...] (grifo nosso)

Outro exemplo, o Uruguai também obteve o juízo de adequação de seu sistema de proteção de dados pela Comissão Europeia[11], destacando-se, entre outros aspectos, que o país tem um órgão independente para fiscalizar o cumprimento da lei, *in verbis*:

(6) As normas de proteção dos dados pessoais da República Oriental do Uruguai baseiam-se em grande medida nas normas da Diretiva 95/46/CE e encontram-se estabelecidas na Lei n. 18.331 de proteção dos dados pessoais e ação de habeas data (Ley n. 18.331 de protección de datos personales y acción de habeas data), de 11 de agosto de 2008, que é aplicável tanto às pessoas singulares como às pessoas coletivas.

(7) A referida lei é regulamentada pelo Decreto n. 414/009, de 31 de agosto de 2009, aprovado no intuito de clarificar diversos elementos da lei e regular a organização, os poderes e o funcionamento da autoridade nacional de proteção de dados. O preâmbulo deste decreto indica que, quanto a esta questão, a ordem jurídica nacional deve ser adaptada ao regime jurídico comparável mais comumente aceite, sobretudo o estabelecido pelos países europeus através da Diretiva 95/46/CE. [...]

(10) A aplicação das normas de proteção de dados é garantida pela existência de vias de recurso administrativas e judiciais, em especial pela ação de habeas data, que permite à pessoa a quem se referem os dados intentar uma ação judicial contra o responsável pelo tratamento dos dados, a fim de exercer o direito de acesso, retificação e supressão, e por *um controlo independente efetuado pela Unidade Reguladora e de Controlo de Dados Pessoais (Unidad Reguladora y de Control de Datos Personales – URCDP), que tem poderes de investigação, intervenção e sanção, seguindo o disposto no artigo 28° da Diretiva 95/46/CE, e que atua de forma totalmente independente.* Além disso, qualquer parte interessada pode recorrer aos tribunais para pedir uma indenização por danos sofridos em consequência do tratamento ilícito dos seus dados pessoais. (grifo nosso)

Portanto, caberá ao Brasil demonstrar a independência da ANPD para fins de obtenção do juízo de adequação do sistema de proteção de dados nacional para que, assim, empresas e órgãos públicos possam receber de maneira menos burocrática dados pessoais de europeus, item fundamental para a atuação destes no cenário internacional quanto à circulação transfronteiriça de dados pessoais.

---

11. DECISÃO DE EXECUÇÃO DA COMISSÃO, de 21 de agosto de 2012, nos termos da Diretiva 95/46/CE do Parlamento Europeu e do Conselho relativa à adequação do nível de proteção de dados pessoais pela República Oriental do Uruguai no que se refere ao tratamento automatizado de dados [notificada com o número C(2012) 5704]. (Texto relevante para efeitos do EEE) (2012/484/UE). Disponível em: https://eur-lex.europa.eu/legal-content/PT/TXT/HTML/?uri=CELEX:32012D0484&from=PT. Acesso em: 18 fev. 2025.

A AUTONOMIA TÉCNICA E DECISÓRIA DA ANPD

Tanto a LGPD quanto o Decreto 10.474/2020 realçam a autonomia técnica e decisória da ANPD, que é um órgão técnico, exigindo que seus integrantes tenham profundo conhecimento sobre proteção de dados. Portanto, a ANPD é a autarquia de natureza especial competente para regular a proteção de dados no Brasil.

Cíntia Rosa Pereira de Lima

Art. 55-C. A ANPD é composta de:

I – Conselho Diretor, órgão máximo de direção; (Incluído pela Lei 13.853, de 2019)

II – Conselho Nacional de Proteção de Dados Pessoais e da Privacidade; (Incluído pela Lei 13.853, de 2019)

III – Corregedoria; (Incluído pela Lei 13.853, de 2019)

IV – Ouvidoria; (Incluído pela Lei 13.853, de 2019)

V – (revogado); (Redação dada pela Lei 14.460, de 2022)

V-A – Procuradoria; e (Incluído pela Lei 14.460, de 2022)

VI – unidades administrativas e unidades especializadas necessárias à aplicação do disposto nesta Lei. (Incluído pela Lei 13.853, de 2019)

A COMPOSIÇÃO DA ANPD

A LGPD trouxe uma composição básica para a atuação da ANPD, sendo que o Conselho Diretor é o órgão máximo de direção, como será detalhado a seguir. O Conselho Nacional de Proteção de Dados Pessoais e da Privacidade (CNPDP) é o órgão consultivo da ANPD, cuja composição é multissetorial, como será analisado no próximo capítulo. Além desses, fazem parte da ANPD a Corregedoria, a Ouvidoria, a Procuradoria e as unidades administrativas e especializadas que se fizerem necessárias.

O Decreto 10.474/2020 detalhou esses órgãos ao prever a estrutura organizacional da ANPD no art. 3º do Anexo I, atualmente modificada pelo Decreto 11.202/2022, qual seja:

Art. 3º. A ANPD é constituída pelos seguintes órgãos:

I – Conselho Diretor;

II – órgão consultivo: Conselho Nacional de Proteção de Dados Pessoais e da Privacidade;

III – órgãos de assistência direta e imediata ao Conselho Diretor:

a) Secretaria-Geral;

b) Coordenação-Geral de Administração ; (Revogado pelo Decreto 11.202, de 2022)

c) Coordenação-Geral de Relações Institucionais e Internacionais; e (Redação dada pelo Decreto 10.975, de 2022)

d) Coordenação-Geral de Tecnologia da Informação ; (Revogado pelo Decreto 11.202, de 2022)

IV – órgãos seccionais:

a) Corregedoria;

b) Ouvidoria;

c) Procuradoria-Federal Especializada; (Redação dada pelo Decreto nº 11.202, de 2022)

d) Coordenação-Geral de Administração; e (Incluído pelo Decreto nº 11.202, de 2022)

e) Coordenação Geral de Tecnologia da Informação; e (Incluído pelo Decreto nº 11.202, de 2022)

V – órgãos específicos singulares:

a) Coordenação-Geral de Normatização;

b) Coordenação-Geral de Fiscalização; e

c) Coordenação-Geral de Tecnologia e Pesquisa.

§ 1º. O Conselho Diretor é o órgão máximo de decisão da ANPD.

§ 2º. Cabe ao Diretor-Presidente a gestão e a representação institucional da ANPD.

Portanto, o Conselho Diretor conta com a assistência direta e imediata de uma Secretaria-Geral, Coordenação-Geral de Administração e Coordenação-Geral de Relações Institucionais e Internacionais, cujas competências estão previstas na seção V (arts. 18 a 20 do Anexo I do Decreto 10.474/2020).

Segundo o art. 18 do Anexo I do Decreto 10.474, compete à Secretaria-Geral: I – fornecer o suporte administrativo para o funcionamento do Conselho Diretor e do Conselho Nacional de Proteção de Dados Pessoais e da Privacidade; II – organizar as pautas, acompanhar e elaborar as atas das reuniões do Conselho Diretor e do Conselho Nacional de Proteção de Dados Pessoais e da Privacidade; III – coordenar as atividades de organização e modernização administrativa; IV – supervisionar a elaboração de relatórios de gestão e de atividades; V – supervisionar as ações relativas à gestão da informação e à promoção da transparência; VI – supervisionar a elaboração e a consolidação dos planos e dos programas anuais e plurianuais, em articulação com o Conselho Diretor; VII – supervisionar a celebração de convênios, acordos ou ajustes congêneres com órgãos e entidades, públicos e privados; e VIII - coordenar, executar, controlar, orientar e supervisionar, na função de órgão seccional, as atividades relacionadas com o Sistema de Organização e Inovação Institucional do Governo Federal - Siorg.

Por fim, o art. 20 do Anexo I do Decreto 10.474 detalha as atribuições da Coordenação-Geral de Relações Institucionais e Internacionais, quais sejam: I – apoiar o Conselho Diretor nas ações de cooperação com autoridades de proteção de dados pessoais estrangeiras, internacionais ou transnacionais; II – subsidiar a autorização da transferência internacional de dados pessoais; e III – avaliar o nível de proteção a dados pessoais conferido: a) por País ou organismo internacional a partir de solicitação de pessoa jurídica de direito público; e b) por País ou organismo internacional de países ou organismos internacionais que proporcionem grau de proteção de dados pessoais adequado ao previsto na Lei 13.709, de 2018.

Já os órgãos seccionais da ANPD estão previstos na Seção VI do Anexo I do Decreto 10.474 (arts. 21 a 23, este último alterado pelo Decreto n. 11.202/2022). A Corregedoria é um órgão seccional do Sistema de Correição do Poder Executivo Federal, a quem compete: I – planejar, dirigir, orientar, supervisionar, avaliar e controlar as atividades de correição, no âmbito da ANPD; II – instaurar ou requisitar a instauração de procedimentos disciplinares, de ofício ou a partir de representações e de denúncias, e decidir acerca das propostas de arquivamento de denúncias e representações; III – encaminhar ao Ministro Chefe da Casa Civil da Presidência da República proposta de instauração de processo administrativo disciplinar contra membros do Conselho Diretor; e IV – exercer as competências previstas no art. 5º do Decreto 5.480, de 30 de junho de 2005, a vinculação da ANPD (art. 21 do Anexo I do Decreto 10.474).

A Ouvidoria é uma unidade setorial do Sistema de Ouvidoria do Poder Executivo Federal, cuja missão, nos termos do art. 22 do Anexo I do Decreto 10.474, é: I – receber, examinar e encaminhar denúncias, reclamações, elogios e sugestões referentes a procedimentos e ações de agentes e órgãos, no âmbito da ANPD; II – coordenar, orientar, executar e controlar as atividades do Serviço de Informação ao Cidadão, no âmbito da ANPD; III – propor ações e sugerir prioridades nas atividades de ouvidoria da ANPD; IV – informar ao órgão central do Sistema de Ouvidoria do Poder Executivo Federal sobre o acompanhamento e a avaliação dos programas e dos projetos de atividades de ouvidoria, no âmbito da ANPD; V – organizar e divulgar informações sobre atividades de ouvidoria e procedimentos operacionais; VI – produzir e analisar dados e informações sobre as atividades de ouvidoria, para subsidiar recomendações e propostas de medidas para aprimorar a prestação de serviços públicos e para corrigir falhas; VII – processar as informações obtidas por meio das manifestações recebidas e das pesquisas de satisfação realizadas com a fim de avaliar os serviços públicos prestados, em especial quanto ao cumprimento dos compromissos e aos padrões de qualidade de atendimento da Carta de Serviços ao Usuário, de que trata o art. 7º da Lei 13.460, de 26 de junho de 2017; e VIII – executar as atividades de ouvidoria previstas no art. 13 da Lei 13.460, de 2017.

Por fim, a Procuradoria Federal Especializada da ANPD, órgão de execução da Procuradoria-Geral Federal, a quem compete, segundo o art. 23 do Anexo I do Decreto 10.474, com a redação dada pelo Decreto 11.202: I – representar judicial e extrajudicialmente a ANPD, observadas as normas estabelecidas pela Procuradoria-Geral Federal; II – orientar a execução da representação judicial da ANPD, quando sob a responsabilidade dos demais órgãos de execução da Procuradoria-Geral Federal; III – exercer as atividades de consultoria e assessoramento jurídicos no âmbito da ANPD, e aplicar, no que couber, o disposto no art. 11 da Lei Complementar nº 73, de 10 de fevereiro de 1993; IV – auxiliar os órgãos de execução da Procuradoria-Geral Federal na apuração da liquidez e certeza de créditos, de qualquer natureza, inerentes às atividades da ANPD, para inscrição em dívida ativa e respectiva cobrança; V – zelar pela observância da Constituição, das leis e dos atos editados pelos Poderes Públicos, sob a orientação normativa da Advocacia-Geral da União e da Procuradoria-Geral Federal; e VI – encaminhar à Advocacia-Geral da União ou à Procuradoria-Geral Federal, conforme o caso, pedido de apuração de falta funcional praticada por seus respectivos membros. O parágrafo único ainda prevê que o Procurador-Chefe da Procuradoria Federal Especializada será indicado pelo Advogado-Geral da União, na forma do disposto no § 3º do art. 12 da Lei nº 10.480, de 2 de julho de 2002.

Cíntia Rosa Pereira de Lima

Art. 55-D. O Conselho Diretor da ANPD será composto de 5 (cinco) diretores, incluído o Diretor-Presidente. (Incluído pela Lei 13.853, de 2019)

§ 1º Os membros do Conselho Diretor da ANPD serão escolhidos pelo Presidente da República e por ele nomeados, após aprovação pelo Senado Federal, nos termos da alínea 'f' do inciso III do art. 52 da Constituição Federal, e ocuparão cargo em comissão do Grupo-Direção e Assessoramento Superiores – DAS, no mínimo, de nível 5.

§ 2º Os membros do Conselho Diretor serão escolhidos dentre brasileiros que tenham reputação ilibada, nível superior de educação e elevado conceito no campo de especialidade dos cargos para os quais serão nomeados.

§ 3º O mandato dos membros do Conselho Diretor será de 4 (quatro) anos.

§ 4º Os mandatos dos primeiros membros do Conselho Diretor nomeados serão de 2 (dois), de 3 (três), de 4 (quatro), de 5 (cinco) e de 6 (seis) anos, conforme estabelecido no ato de nomeação.

§ 5º Na hipótese de vacância do cargo no curso do mandato de membro do Conselho Diretor, o prazo remanescente será completado pelo sucessor.

A COMPOSIÇÃO DO CONSELHO DIRETOR

A opção da lei foi instituir a nomeação por ato complexo, para que se possa assegurar autonomia funcional dos diretores no exercício de suas funções. Isso não impede a perda do cargo, que pode dar-se por renúncia, condenação judicial transitada em julgado ou pena de demissão decorrente de processo administrativo disciplinar (art. 55-E da LGPD), como se verá adiante.[12]

Esta medida confere maior segurança aos Diretores Conselheiros da ANPD quanto à estabilidade no cargo, pois, no julgamento da ADI n. 1949/RS, o Plenário do Supremo Tribunal Federal fixou o entendimento de que a demissão de diretores de agência reguladora, quando nomeados por ato complexo, no curso dos respectivos mandatos não pode ser feita de forma imotivada, exigindo-se processo administrativo que culmine com tal sanção administrativa.[13]

---

12. DE LUCCA, Newton; LIMA, Cíntia Rosa Pereira de. Autoridade Nacional de Proteção de Dados (ANPD) e Conselho Nacional de Proteção de Dados Pessoais e da Privacidade. *In:* LIMA, Cíntia Rosa Pereira de (Coord.) *Comentários à Lei Geral de Proteção de Dados.* São Paulo: Almedina, 2020. p. 381.

13. STF, ADI 1.949, TP, Rel. Min. Dias Toffoli, j. 17/09/2014, Dje 13/11/2014. Disponível em: http://redir.stf. jus.br/paginadorpub/paginador.jsp?docTP=TP&docID=7237463. Acesso em: 18 fev. 2025.

EMENTA Ação direta de inconstitucionalidade. Agência Estadual de Regulação dos Serviços Públicos Delegados do Rio Grande do Sul (AGERGS). Necessidade de prévia aprovação pela Assembleia Legislativa da indicação dos conselheiros. Constitucionalidade. Demissão por atuação exclusiva do Poder Legislativo. Ofensa à separação dos poderes. Vácuo normativo. Necessidade de fixação das hipóteses de perda de mandato. Ação julgada parcialmente procedente. 1. O art. 7° da Lei estadual 10.931/97, quer em sua redação originária, quer naquela decorrente de alteração promovida pela Lei estadual 11.292/98, determina que a nomeação e a posse dos dirigentes da autarquia reguladora somente ocorra após a aprovação da indicação pela Assembleia Legislativa do Estado do Rio Grande do Sul. A Constituição Federal permite que a legislação condicione a nomeação de determinados titulares de cargos públicos à prévia aprovação do Senado Federal, a teor do art. 52, III. A lei gaúcha, nessa parte, é, portanto, constitucional, uma vez que observa a simetria constitucional. Precedentes. 2. São inconstitucionais as disposições que amarram a destituição dos dirigentes da agência reguladora estadual somente à decisão da Assembleia Legislativa. O voluntarismo do legislador infraconstitucional não está apto a criar ou ampliar os campos de intersecção entre os poderes estatais constituídos sem autorização constitucional, como no caso em que se extirpa a possibilidade de qualquer participação do governador do estado na destituição do dirigente da agência reguladora, transferindo-se, de maneira ilegítima, a totalidade da atribuição ao Poder Legislativo local. Violação do princípio da separação dos poderes. 3. Ressalte-se, ademais, que conquanto seja necessária a participação do chefe do Executivo, a exoneração dos conselheiros das agências reguladoras também não pode ficar a critério discricionário desse Poder. Tal fato poderia subverter a própria natureza da autarquia especial, destinada à regulação e à fiscalização dos serviços públicos prestados no âmbito do ente político, tendo a lei lhe conferido certo grau de autonomia. 4. A natureza da investidura a termo no cargo de dirigente de agência reguladora, bem como a incompatibilidade da demissão ad nutum com esse regime, haja vista que o art. 7° da legislação gaúcha prevê o mandato de quatro anos para o conselheiro da agência, exigem a fixação de balizas precisas quanto às hipóteses de demissibilidade dos dirigentes dessas entidades. Em razão do vácuo normativo resultante da inconstitucionalidade do art. 8° da Lei estadual 10.931/97 e tendo em vista que o diploma legal não prevê qualquer outro procedimento ou garantia contra a exoneração imotivada dos conselheiros da Agência Estadual de Regulação dos Serviços Públicos Delegados do Rio Grande do Sul (AGERGS), deve a Corte estabelecer, enquanto perdurar a omissão normativa, as hipóteses específicas de demissibilidade dos dirigentes dessa entidade. 5. A teor da norma geral, aplicável às agências federais, prevista no art. 9° da Lei Federal 9.986/2000, uma vez que os dirigentes das agências reguladoras exercem mandato fixo, podem-se destacar como hipóteses gerais de perda do mandato: (i) a renúncia; (ii) a condenação judicial transitada em julgado e (iii) o procedimento administrativo disciplinar, sem prejuízo de outras hipóteses legais, as quais devem sempre observar a necessidade de motivação e de processo formal, não havendo espaço para discricionariedade pelo chefe do Executivo. 6. Ação julgada parcialmente procedente para declarar a inconstitucionalidade do art. 8° da Lei estadual 10.931/97, em sua redação originária e naquela decorrente de alteração promovida pela Lei estadual 11.292/98, fixando-se ainda, em razão da lacuna normativa na legislação estadual, que os membros do Conselho Superior da Agência Estadual de Regulação dos Serviços Públicos Delegados do Rio Grande do Sul (AGERGS) somente poderão ser destituídos, no curso de seus mandatos, em virtude de renúncia, de condenação judicial transitada em julgado, ou de processo administrativo disciplinar, sem prejuízo da superveniência de outras hipóteses legais, desde que observada a necessidade de motivação e de processo formal, não havendo espaço para discricionariedade pelo chefe do Executivo.

Esta escolha deve recair em brasileiros que tenham reputação ilibada, nível superior de educação e elevado conceito no campo de especialidade em proteção de dados pessoais.

MANDATO DOS MEMBROS DO CONSELHO DIRETOR

O mandato dos Diretores Conselheiros da ANPD é de 04 (quatro) anos, o que foi reforçado pelo Decreto n. 10.474/2020, na Seção II do Anexo I, que previu a possibilidade de prorrogação uma vez por igual período (art. 6º do Anexo I do Decreto n. 10.474/2020). O parágrafo único deste dispositivo impõe o exercício do cargo pelos Diretores Conselheiros com dedicação exclusiva, não se admitindo a acumulação, ressalvadas as permissões constitucionais.

Para evitar que a ANPD fique acéfala, tanto a LGPD quanto o Decreto n. 10.474/2020 preveem que os primeiros membros do Conselho Diretor serão nomeados para mandatos de dois, três, quatro, cinco e seis anos. Portanto, o atual Diretor-Presidente da ANPD, Dr. Waldemar Gonçalves Ortunho Júnior, foi nomeado para um mandato de 06 (seis) anos; Dr. Arthur Pereira Sabbat, nomeado para o cargo de Diretor Conselheiro da ANPD, com mandato de 5 anos; Dr. Joacil Basílio Real, nomeado para o cargo de Diretor Conselheiro da ANPD, com mandato de 4 anos; Dra. Nairane Farias Rabelo Leitão, nomeada para o cargo de Diretora Conselheira da ANPD, com mandato de 3 anos; e Dra. Miriam Wimmer, nomeada para o cargo de Diretora Conselheira da ANPD, com mandato de 2 anos, tendo sido reconduzida ao cargo, após aprovação, pelo Senado Federal, em 23 de novembro de 2022.

A eficácia do § 4º do art. 55-D da LGPD exauriu-se com esta primeira nomeação, de maneira que os próximos nomeados devem ter mandato de 04 (quatro) anos, nos termos do § 3º do art. 55-D da LGPD.

COMPETÊNCIA DO CONSELHO DIRETOR

A competência do Conselho Diretor da ANPD veio detalhada pelo Decreto n. 10.474/2020, a saber:

Art. 4º. Ao Conselho Diretor, órgão máximo de direção da ANPD, compete:

I – solicitar:

a) ao controlador de que trata a Lei 13.709, de 2018, o relatório de impacto à proteção de dados pessoais, quando o tratamento tiver como fundamento seu interesse legítimo, observados os segredos comercial e industrial;

b) aos órgãos e às entidades do Poder Público que realizam operações de tratamento de dados pessoais, as informações específicas sobre o âmbito e a natureza dos dados e outros detalhes do tratamento realizado;

c) a agentes públicos, a publicação de relatórios de impacto à proteção de dados pessoais e sugerir a adoção de padrões e de boas práticas para os tratamentos de dados pessoais pelo Poder Público; e

d) informações suplementares e realizar diligências de verificação quanto às operações de tratamento, no contexto da aprovação de transferências internacionais de dados;

II – regulamentar:

a) a comunicação ou o uso compartilhado de dados pessoais sensíveis entre controladores com o objetivo de obter vantagem econômica, permitida a sua vedação, ouvidos os órgãos públicos setoriais competentes;

b) observadas as competências das autoridades da área de saúde e sanitárias, o acesso a base de dados pessoais por órgãos de pesquisa quando realizarem estudos em saúde pública, assegurados o tratamento das informações em ambiente controlado e seguro, os padrões éticos relacionados a estudos e pesquisas e, sempre que possível, a anonimização ou a pseudonimização dos dados;

c) a portabilidade de dados pessoais entre fornecedores de serviços ou produtos, resguardadas as competências dos órgãos reguladores que possuem definição sobre tais procedimentos em suas áreas de atuação;

d) o formato de apresentação dos dados encaminhados, mediante solicitação, aos titulares, de forma que permita sua utilização subsequente; e

e) a comunicação ou o uso compartilhado de dados pessoais de pessoa jurídica de direito público a pessoa jurídica de direito privado, observado o disposto no parágrafo único do art. 27 da Lei 13.709, de 2018;

III – dispor sobre

a) os padrões e as técnicas utilizados em processos de anonimização e verificar a sua segurança, ouvido o Conselho Nacional de Proteção de Dados Pessoais e da Privacidade;

b) as formas de publicidade das operações de tratamento de dados realizadas por pessoas jurídicas de direito público;

c) os padrões de interoperabilidade para fins de portabilidade, o livre acesso aos dados, a segurança dos dados e o tempo de guarda dos registros, consideradas a necessidade e a transparência; e

d) os padrões mínimos para a adoção de medidas de segurança, técnicas e administrativas de proteção de dados pessoais contra acessos não autorizados e situações acidentais ou ilícitas de destruição, perda, alteração, comunicação ou qualquer forma de tratamento inadequado ou ilícito, ressalvadas as competências de que trata o art. 10, caput, incisos IV e V, da Lei 13.844, de 18 de junho de 2019;

IV – determinar:

a) o término do tratamento de dados pessoais quando houver violação às disposições da Lei 13.709, de 2018; e

b) a realização de auditoria para verificação de aspectos discriminatórios em tratamento automatizado de dados pessoais, na hipótese de não atendimento ao disposto no § 1º do art. 20 da Lei 13.709, de 2018;

V – determinar ao controlador de dados pessoais:

a) a elaboração do relatório de impacto à proteção de dados pessoais referente a suas operações de tratamento de dados, incluídos os dados sensíveis, observados os segredos comercial e industrial; e

b) a adoção de providências para a salvaguarda dos direitos dos titulares, a partir da verificação da gravidade de incidentes de segurança;

VI – encaminhar:

a) as petições de titulares de dados pessoais apresentados à ANPD contra o controlador, para avaliação da unidade competente; e

b) informe com medidas cabíveis para fazer cessar violações às disposições da Lei 13.709, de 2018, por órgãos públicos;

VII – estabelecer prazos para o atendimento às requisições de que tratam os incisos I e II do caput do art. 19 da Lei 13.709, de 2018, para setores específicos, mediante avaliação fundamentada, observado o disposto no § 4º do art. 19 da referida Lei; e

VIII – estabelecer normas complementares:

a) para as atividades de comunicação e de uso compartilhado de dados pessoais realizadas por pessoas jurídicas de direito público; e

b) sobre a definição e as atribuições do encarregado pelo tratamento de dados pessoais de que trata a Lei 13.709, de 2018, inclusive nas hipóteses de dispensa da necessidade de sua indicação, conforme a natureza e o porte da entidade ou o volume de operações de tratamento de dados;

IX – emitir parecer técnico complementar para garantir o cumprimento da Lei por órgãos e entidades públicos;

X – autorizar a transferência internacional de dados pessoais, mediante fundamentação;

XI – avaliar:

a) os requerimentos encaminhados à ANPD sobre o nível de proteção de dados pessoais conferido por outro País ou por organismo internacional; e

b) o nível de proteção de dados de país estrangeiro ou de organismos internacionais que proporcionem grau de proteção de dados pessoais e sua adequação às disposições da Lei 13.709, de 2018;

XII – definir:

a) o conteúdo de cláusulas padrão e verificar, diretamente ou mediante designação de organismo de certificação, a garantia de cláusulas contratuais específicas, normas corporativas globais ou selos, certificados e códigos de conduta para transferência internacional por controlador de dados pessoais;

b) o prazo para a comunicação pelo controlador de dados pessoais à ANPD e ao titular dos dados sobre a ocorrência de incidente de segurança que possa acarretar risco ou *dano ao titular;* e

c) as metodologias que orientarão o cálculo do valor-base das sanções de multa previstas na Lei 13.709, de 2018, e publicá-las para ciência dos agentes de tratamento;

XIII – designar e fiscalizar organismos de certificação para a verificação da permissão para a transferência de dados internacional;

XIV– rever atos realizados por organismos de certificação e, na hipótese de descumprimento das disposições da Lei 13.709, de 2018, anular os referidos atos;

XV – reconhecer e divulgar regras de boas práticas e de governança estabelecidas por controladores e operadores relacionadas ao tratamento de dados pessoais;

XVI – incentivar a adoção de padrões técnicos que facilitem o controle dos dados pessoais por seus titulares;

XVII – elaborar a proposta sobre sanções administrativas e infrações de que trata a Lei 13.709, de 2018, observadas a gradação e a proporcionalidade das sanções, de acordo com a infração cometida, e submeter a proposta a consulta pública;

XVIII – aplicar as sanções administrativas previstas no art. 52 da Lei 13.709, de 2018; e

XIX – consultar os órgãos e entidades públicos responsáveis pela regulação de setores específicos da atividade econômica e governamental previamente à aplicação das sanções previstas no art. 52 da Lei 13.709, de 2018.

Além dessas, o Regimento Interno da ANPD, instituído pela Portaria n. 01, de 08 de março de 2021 (art. 5º), estabelece:

Art. 5º São competências do Conselho Diretor, sem prejuízo de outras previstas na Lei 13.709, de 2018, no Decreto 10.474, de 26 de agosto de 2020, e na legislação aplicável:

I – editar regulamentos e procedimentos sobre proteção de dados pessoais e privacidade, bem como sobre relatórios de impacto à proteção de dados pessoais para os casos em que o tratamento representar alto risco à garantia dos princípios gerais de proteção de dados pessoais previstos na Lei 13.709, de 2018;

II – dispor sobre:

a) os padrões e as técnicas utilizados em processos de anonimização e verificar a sua segurança, ouvido o Conselho Nacional de Proteção de Dados Pessoais e da Privacidade;

b) as formas de publicidade das operações de tratamento de dados realizadas por pessoas jurídicas de direito público;

c) os padrões de interoperabilidade para fins de portabilidade, o livre acesso aos dados, a segurança dos dados e o tempo de guarda dos registros, consideradas a necessidade e a transparência; e

d) os padrões mínimos para a adoção de medidas de segurança, técnicas e administrativas de proteção de dados pessoais contra acessos não autorizados e situações acidentais ou ilícitas de destruição, perda, alteração, comunicação ou qualquer forma de tratamento inadequado ou ilícito, ressalvadas as competências de que trata o art. 10, caput, incisos IV e V, da Lei 13.844, de 18 de junho de 2019;

III – deliberar sobre:

a) os requerimentos encaminhados à ANPD sobre o nível de proteção de dados pessoais conferido por outro País ou por organismo internacional; e

b) a adequação do nível de proteção de dados de país estrangeiro ou organismo internacional ao disposto na Lei n. 13.709, de 2018.

IV – definir o conteúdo de cláusulas-padrão contratuais, bem como verificar cláusulas contratuais específicas para uma determinada transferência, normas corporativas globais ou selos, certificados e códigos de conduta, a que se refere o inciso II do *caput* do art. 33 da Lei 13.709, de 2018;

V – designar ou revogar a designação de organismos de certificação para a verificação da permissão para a transferência de dados internacional;

VI – rever atos realizados por organismos de certificação designados pela ANPD e, na hipótese de descumprimento das disposições da Lei 13.709, de 2018, propor sua revisão ou anulação conforme regulamento;

VII – reconhecer regras de boas práticas e de governança relacionadas ao tratamento de dados pessoais;

VIII – reexaminar as sanções administrativas previstas no art. 52 da Lei 13.709, de 2018, aplicadas pela Coordenação-Geral de Fiscalização, conforme ato normativo;

IX – deliberar, na esfera administrativa, em caráter terminativo, sobre a Lei 13.709, de 2018, as suas competências e os casos omissos, sem prejuízo da competência da Advocacia-Geral da União estabelecida pela Lei Complementar 73, de 10 de fevereiro de 1993;

X – aprovar os relatórios de gestão anuais acerca das atividades da ANPD;

XI – aprovar, avaliar e monitorar o planejamento estratégico, a agenda regulatória, bem como instituir o programa de integridade da ANPD;

XII – aprovar o Regimento Interno da ANPD; e

XIII – celebrar, a qualquer momento, compromisso com agentes de tratamento para eliminar irregularidade, incerteza jurídica ou situação contenciosa no âmbito de processos administrativos, de acordo com o previsto no Decreto-Lei 4.657, de 4 de setembro de 1942.

Parágrafo único: O Conselho Diretor poderá atribuir aos órgãos internos da ANPD outras atividades afins, no âmbito de suas respectivas competências.

Percebe-se a complexidade da atuação dos Diretores Conselheiros da ANPD, que tem previsão legal de ter um gerente de projetos (§ 1º do art. 3 do Regimento

Interno da ANPD). Além disso, o Regimento Interno determina que as deliberações do Conselho Diretor serão tomadas em Reuniões Deliberativas ou Circuitos Deliberativos por maioria simples, estando presente a maioria absoluta de seus membros (observados os arts. 26 a 40 do Regimento Interno da ANPD).

Ainda segundo o Regimento Interno da ANPD, os Diretores manifestam seu entendimento por meio de despacho decisório e voto, não sendo permitida a abstenção em nenhuma matéria, ressalvados apenas os casos de licença, ausência justificada, impedimento e suspeição (art. 4º). Os votos serão motivados, contendo um resumo em forma de ementa e fundamentação clara e congruente, admitindo-se a concordância com fundamentos de decisões, pareceres anteriores, os quais integrarão o voto (§ 3º do art. 4º do Regimento Interno da ANPD).

COMPETÊNCIA DO DIRETOR-PRESIDENTE DA ANPD

O Diretor-Presidente da ANPD tem a função de gestão e representação institucional da ANPD (consoante o § 1º do art. 6º do Regimento Interno da ANPD). O Regimento Interno da ANPD dispõe, ainda, sobre as atribuições do Diretor-Presidente da ANPD (art. 6º), quais sejam: I – apresentar anualmente ao Conselho Diretor relatório circunstanciado dos trabalhos da ANPD; II – ordenar as despesas referentes à ANPD; III – convocar as reuniões e determinar a organização das pautas; IV – submeter a proposta orçamentária da ANPD à aprovação do Conselho Diretor; V – firmar os compromissos e os acordos aprovados pelo Conselho Diretor; VI – firmar contratos e convênios com órgãos ou entidades nacionais e internacionais; VII – exercer o poder disciplinar, nos termos da legislação aplicável; VIII – exercer o comando hierárquico sobre o pessoal e o serviço, com as competências administrativas correspondentes; e IX – autorizar os afastamentos do País.

O primeiro acordo que o Diretor-Presidente da ANPD celebrou foi o Acordo de Cooperação Técnica com a SENACON, no dia 22/03/2021,[14] acordo esse que tem por objetivo principal identificar as demandas dos consumidores realizadas por meio das plataformas já consolidadas e administradas pela SENACON a fim de monitorar as reclamações que tenham ligação direta com os dados pessoais dos consumidores. A partir desse acordo, a SENACON criou o Núcleo de Proteção de Dados para, tendo como base o levantamento das principais reclamações dos consumidores sobre proteção de dados pessoais, traçar medidas estratégicas para a prevenção desses danos e ferramentas eficazes para a reparação dos consumidores enquanto titulares de dados pessoais. Vale destacar que essa iniciativa é de suma importância para remediar os desafios a serem suplantados pela ANPD nessa fase inicial e com poucos recursos como destacado acima.

---

14. Disponível em: https://www.gov.br/anpd/pt-br/acesso-a-informacao/arquivos/acordo_anpd_senacon_assinado.pdf. Acesso em: 18 fev. 2025.

COMPETÊNCIA DOS DIRETORES CONSELHEIROS DA ANPD

Além dessas funções, o Anexo I do Decreto 10.474/2020 (art. 25) também menciona as competências do Diretor-Presidente da ANPD, no entanto, o art. 6º do Regimento Interno da ANPD é mais completo.

COMPETÊNCIA DOS DIRETORES CONSELHEIROS DA ANPD

Os demais Diretores Conselheiros da ANPD têm funções definidas no art. 7º do Regimento Interno da ANPD (semelhantes ao previsto no art. 26 do Anexo I do Decreto n. 10.474/2020), a saber: I – votar nos processos e nas questões submetidas ao Conselho Diretor; II – proferir despachos e lavrar as decisões e os votos nos processos em que forem relatores; III – requisitar informações e documentos de pessoas, órgãos, autoridades e entidades públicas ou privadas relacionados ao exercício de suas atribuições, que serão mantidos sob sigilo legal, quando necessário, e determinar as diligências que se fizerem necessárias; IV – adotar medidas preventivas e fixar o valor da multa diária pelo seu descumprimento, no âmbito de processos de sua relatoria; V – solicitar a realização de diligências e a produção das provas que entenderem pertinentes nos autos do processo administrativo, na forma da Lei 13.709, de 2018; VI – requerer a emissão de parecer jurídico nos processos em que forem relatores, quando necessário e em despacho fundamentado; VII – submeter termo de compromisso de cessação e acordos à aprovação do Conselho Diretor; e VIII – formular ao Conselho Diretor propostas sobre quaisquer matérias de competência da ANPD, bem como sobre a elaboração de estudos e o envio de informações por autoridades e agentes públicos da ANPD.

Cíntia Rosa Pereira de Lima

Art. 55-E. Os membros do Conselho Diretor somente perderão seus cargos em virtude de renúncia, condenação judicial transitada em julgado ou pena de demissão decorrente de processo administrativo disciplinar. (Incluído pela Lei 13.853, de 2019)

§ 1º Nos termos do caput deste artigo, cabe ao Ministro de Estado Chefe da Casa Civil da Presidência da República instaurar o processo administrativo disciplinar, que será conduzido por comissão especial constituída por servidores públicos federais estáveis.

§ 2º Compete ao Presidente da República determinar o afastamento preventivo, somente quando assim recomendado pela comissão especial de que trata o § 1º deste artigo, e proferir o julgamento.

HIPÓTESES DE PERDA DO CARGO PELOS DIRETORES CONSELHEIROS

A fim de assegurar independência funcional aos Diretores Conselheiros da ANPD, que são nomeados por ato complexo como destacado *supra,* os Diretores Conselheiros não podem ser demitidos *ad nutum* ou de maneira imotivada. Assim, estes somente perderão o cargo por livre vontade por meio de renúncia; ou de forma compulsória por condenação judicial transitada em julgado ou quando for aplicada a pena de demissão em processo administrativo disciplinar.

PROCESSO ADMINISTRATIVO DISCIPLINAR

A pena de demissão somente pode ser aplicada mediante processo administrativo disciplinar (PAD), instaurado pelo Ministro de Estado Chefe da Casa Civil da Presidência da República, devendo nomear uma comissão especial composta por servidores públicos federais estáveis. Estes servidores conduzirão o processo administrativo observado o disposto na Lei n. 8.112, de 11 de dezembro de 1990, que regula o processo administrativo no âmbito da Administração Pública Federal, instituindo a penalidade disciplinar de demissão no art. 127, inc. III.

Entende-se por processo disciplinar o instrumento destinado a apurar responsabilidade de servidor por infração praticada no exercício de suas atribuições, ou que tenha relação com as atribuições do cargo em que se encontre investido (art. 148 da Lei n. 8.112/1990). As fases deste processo são: 1ª) Instauração: no caso de competência do Ministro de Estado Chefe da Casa Civil da Presidência da República; 2ª) Inquérito Administrativo: que compreende a instrução, defesa e relatório; e 3ª) julgamento (art. 151 da Lei n. 8.112/1990).

As hipóteses de aplicação da pena de demissão estão previstas no art. 132 da Lei n. 8.112/1990, a saber:

I – crime contra a administração pública;

II – abandono de cargo;

III – inassiduidade habitual;

IV – improbidade administrativa;

V – incontinência pública e conduta escandalosa, na repartição;

VI – insubordinação grave em serviço;

VII – ofensa física, em serviço, a servidor ou a particular, salvo em legítima defesa própria ou de outrem;

VIII – aplicação irregular de dinheiros públicos;

IX – revelação de segredo do qual se apropriou em razão do cargo;

X – lesão aos cofres públicos e dilapidação do patrimônio nacional;

XI – corrupção;

XII – acumulação ilegal de cargos, empregos ou funções públicas;

XIII – transgressão dos incisos IX a XVI do art. 117 (valer-se do cargo para lograr proveito pessoal ou de outrem, em detrimento da dignidade da função pública; participar de gerência ou administração de sociedade privada, personificada ou não personificada, exercer o comércio, exceto na qualidade de acionista, cotista ou comanditário; atuar, como procurador ou intermediário, junto a repartições públicas, salvo quando se tratar de benefícios previdenciários ou assistenciais de parentes até o segundo grau, e de cônjuge ou companheiro; receber propina, comissão, presente ou vantagem de qualquer espécie, em razão de suas atribuições; aceitar comissão, emprego ou pensão de estado estrangeiro; praticar usura sob qualquer de suas formas; proceder de forma desidiosa; utilizar pessoal ou recursos materiais da repartição em serviços ou atividades particulares).

Sendo importante notar que as condutas referentes à improbidade administrativa, aplicação irregular de dinheiros públicos, lesão aos cofres públicos e dilapidação do patrimônio nacional e corrupção acarretam a indisponibilidade dos bens, nos termos do art. 136 da Lei n. 8.112/1990.

A instauração da sindicância ou do processo administrativo disciplinar é obrigatória quando a autoridade tiver ciência de irregularidades no serviço público, nos termos do art. 143 da Lei n. 8.112/1990.

PROCESSO ADMINISTRATIVO DISCIPLINAR

Tanto o § 2º do art. 55-E da LGPD quanto o art. 147 da Lei n. 8.112/1990 preveem o afastamento preventivo, que se trata de medida cautelar para evitar que o servidor exerça alguma influência na apuração da irregularidade. O afastamento do cargo pode ocorrer pelo prazo de até 60 (sessenta) dias, sem prejuízo da remuneração. Tal medida deve ser aplicada pelo Presidente da República apenas quando a Comissão Especial Processante assim sugerir.

Cíntia Rosa Pereira de Lima

Art. 55-F. Aplica-se aos membros do Conselho Diretor, após o exercício do cargo, o disposto no art. 6º da Lei 12.813, de 16 de maio de 2013. (Incluído pela Lei 13.853, de 2019)

Parágrafo único. A infração ao disposto no caput deste artigo caracteriza ato de improbidade administrativa.

CONFLITO DE INTERESSES E IMPROBIDADE ADMINISTRATIVA

As ações a seguir listadas, se praticadas após o exercício do cargo como Conselheiro Diretor da ANPD, configuram conflito de interesses, nos termos do art. 6º da Lei n. 12.813, de 16 de maio de 2013, que dispõe sobre o conflito de interesses no exercício de cargo ou emprego do Poder Executivo federal e impedimentos posteriores ao exercício do cargo ou emprego:

I – a qualquer tempo, divulgar ou fazer uso de informação privilegiada obtida em razão das atividades exercidas; e

II – no período de 6 (seis) meses, contado da data da dispensa, exoneração, destituição, demissão ou aposentadoria, salvo quando expressamente autorizado, conforme o caso, pela Comissão de Ética Pública ou pela Controladoria-Geral da União:

a) prestar, direta ou indiretamente, qualquer tipo de serviço a pessoa física ou jurídica com quem tenha estabelecido relacionamento relevante em razão do exercício do cargo ou emprego;

b) aceitar cargo de administrador ou conselheiro ou estabelecer vínculo profissional com pessoa física ou jurídica que desempenhe atividade relacionada à área de competência do cargo ou emprego ocupado;

c) celebrar com órgãos ou entidades do Poder Executivo federal contratos de serviço, consultoria, assessoramento ou atividades similares, vinculados, ainda que indiretamente, ao órgão ou entidade em que tenha ocupado o cargo ou emprego; ou

d) intervir, direta ou indiretamente, em favor de interesse privado perante órgão ou entidade em que haja ocupado cargo ou emprego ou com o qual tenha estabelecido relacionamento relevante em razão do exercício do cargo ou emprego.

Caso seja constatada uma dessas circunstâncias, o Conselheiro Diretor da ANPD que deixou o cargo responderá por improbidade administrativa.

Cíntia Rosa Pereira de Lima

Art. 55-G. Ato do Presidente da República disporá sobre a estrutura regimental da ANPD. (Incluído pela Lei 13.853, de 2019)

§ 1º Até a data de entrada em vigor de sua estrutura regimental, a ANPD receberá o apoio técnico e administrativo da Casa Civil da Presidência da República para o exercício de suas atividades.

§ 2º O Conselho Diretor disporá sobre o regimento interno da ANPD.

ESTRUTURA REGIMENTAL E REGIMENTO INTERNO DA ANPD

O Decreto 10.474, de 26 de agosto de 2020, aprovou a Estrutura Regimental e o Quadro Demonstrativo dos Cargos em Comissão e das Funções de Confiança da ANPD. O Anexo I detalha os órgãos internos da ANPD (art. 3º, com alterações promovidas pelo Decreto n. 11.202/2022), a saber:

I – Conselho Diretor;

II – órgão consultivo: Conselho Nacional de Proteção de Dados Pessoais e da Privacidade;

III – órgãos de assistência direta e imediata ao Conselho Diretor:

a) Secretaria-Geral;

b) Coordenação-Geral de Administração ; (Revogado pelo Decreto nº 11.202, de 2022)

c) Coordenação-Geral de Relações Institucionais e Internacionais; e (Redação dada pelo Decreto nº 10.975, de 2022)

d) Coordenação-Geral de Tecnologia da Informação ; (Revogado pelo Decreto nº 11.202, de 2022)

IV – órgãos seccionais:

a) Corregedoria;

b) Ouvidoria;

c) Procuradoria-Federal Especializada; (Redação dada pelo Decreto 11.202, de 2022)

d) Coordenação-Geral de Administração; e (Incluído pelo Decreto 11.202, de 2022)

e) Coordenação Geral de Tecnologia da Informação; e (Incluído pelo Decreto 11.202, de 2022)

V – órgãos específicos singulares:

a) Coordenação-Geral de Normatização;

b) Coordenação-Geral de Fiscalização; e

c) Coordenação-Geral de Tecnologia e Pesquisa.

O Decreto 10.474/2020 estabelece a competência de cada órgão da ANPD. E, no Anexo II, trata da remuneração de cada servidor.

O Conselho Diretor da ANPD, por meio da Portaria n. 1, de 08 de março de 2021, aprovou o Regimento Interno da ANPD, confirmando tal estrutura regimental, bem como detalhando a forma de atuação da ANPD como já comentado anteriormente.

Cíntia Rosa Pereira de Lima

Art. 55-H. Os cargos em comissão e as funções de confiança da ANPD serão remanejados de outros órgãos e entidades do Poder Executivo federal. (Incluído pela Lei 13.853, de 2019)

CARGOS EM COMISSÃO E AS FUNÇÕES DE CONFIANÇA

Este dispositivo pretende oferecer uma resposta ao temor de que a ANPD pudesse representar um "gargalo" aos cofres públicos ao se criar novos cargos. Nesse sentido, optou-se pelo remanejamento dos cargos em comissão e as funções de confiança da ANPD de outros órgãos e entidades do Poder Executivo federal.

Cíntia Rosa Pereira de Lima

Art. 55-I. Os ocupantes dos cargos em comissão e das funções de confiança da ANPD serão indicados pelo Conselho Diretor e nomeados ou designados pelo Diretor-Presidente. (Incluído pela Lei 13.853, de 2019)

INDICAÇÃO DOS OCUPANTES DOS CARGOS EM COMISSÃO E DAS FUNÇÕES DE CONFIANÇA

Os ocupantes dos cargos em comissão e das funções de confiança são indicados pelos Conselheiros Diretores da ANPD, cuja nomeação ou designação é feita pelo Diretor-Presidente da ANPD. Cabe à Coordenação-Geral de Administração da ANPD administrar a estrutura organizacional e de cargos comissionados, nos termos do inc. III do art. 11 do Regimento Interno da ANPD.

Cíntia Rosa Pereira de Lima

Art. 55-J. Compete à ANPD: (Incluído pela Lei 13.853, de 2019)

I – zelar pela proteção dos dados pessoais, nos termos da legislação;

II – zelar pela observância dos segredos comercial e industrial, observada a proteção de dados pessoais e do sigilo das informações quando protegido por lei ou quando a quebra do sigilo violar os fundamentos do art. 2° desta Lei;

III – elaborar diretrizes para a Política Nacional de Proteção de Dados Pessoais e da Privacidade;

IV – fiscalizar e aplicar sanções em caso de tratamento de dados realizado em descumprimento à legislação, mediante processo administrativo que assegure o contraditório, a ampla defesa e o direito de recurso;

V – apreciar petições de titular contra controlador após comprovada pelo titular a apresentação de reclamação ao controlador não solucionada no prazo estabelecido em regulamentação;

VI – promover na população o conhecimento das normas e das políticas públicas sobre proteção de dados pessoais e das medidas de segurança;

VII – promover e elaborar estudos sobre as práticas nacionais e internacionais de proteção de dados pessoais e privacidade;

VIII – estimular a adoção de padrões para serviços e produtos que facilitem o exercício de controle dos titulares sobre seus dados pessoais, os quais deverão levar em consideração as especificidades das atividades e o porte dos responsáveis;

IX – promover ações de cooperação com autoridades de proteção de dados pessoais de outros países, de natureza internacional ou transnacional;

X – dispor sobre as formas de publicidade das operações de tratamento de dados pessoais, respeitados os segredos comercial e industrial;

XI – solicitar, a qualquer momento, às entidades do poder público que realizem operações de tratamento de dados pessoais informe específico sobre o âmbito, a natureza dos dados e os demais detalhes do tratamento realizado, com a possibilidade de emitir parecer técnico complementar para garantir o cumprimento desta Lei;

XII – elaborar relatórios de gestão anuais acerca de suas atividades;

XIII – editar regulamentos e procedimentos sobre proteção de dados pessoais e privacidade, bem como sobre relatórios de impacto à proteção de dados pessoais para os casos em que o tratamento representar alto risco à garantia dos princípios gerais de proteção de dados pessoais previstos nesta Lei;

XIV – ouvir os agentes de tratamento e a sociedade em matérias de interesse relevante e prestar contas sobre suas atividades e planejamento;

XV – arrecadar e aplicar suas receitas e publicar, no relatório de gestão a que se refere o inciso XII do caput deste artigo, o detalhamento de suas receitas e despesas;

XVI – realizar auditorias, ou determinar sua realização, no âmbito da atividade de fiscalização de que trata o inciso IV e com a devida observância do disposto no inciso II do caput deste artigo, sobre o tratamento de dados pessoais efetuado pelos agentes de tratamento, incluído o poder público;

XVII – celebrar, a qualquer momento, compromisso com agentes de tratamento para eliminar irregularidade, incerteza jurídica ou situação contenciosa no âmbito de processos administrativos, de acordo com o previsto no Decreto-Lei 4.657, de 4 de setembro de 1942;

XVIII – editar normas, orientações e procedimentos simplificados e diferenciados, inclusive quanto aos prazos, para que microempresas e empresas de pequeno porte, bem como iniciativas empresariais de caráter incremental ou disruptivo que se autodeclarem startups ou empresas de inovação, possam adequar-se a esta Lei;

XIX – garantir que o tratamento de dados de idosos seja efetuado de maneira simples, clara, acessível e adequada ao seu entendimento, nos termos desta Lei e da Lei 10.741, de 1º de outubro de 2003 (Estatuto do Idoso);

XX – deliberar, na esfera administrativa, em caráter terminativo, sobre a interpretação desta Lei, as suas competências e os casos omissos;

XXI – comunicar às autoridades competentes as infrações penais das quais tiver conhecimento;

XXII – comunicar aos órgãos de controle interno o descumprimento do disposto nesta Lei por órgãos e entidades da administração pública federal;

XXIII – articular-se com as autoridades reguladoras públicas para exercer suas competências em setores específicos de atividades econômicas e governamentais sujeitas à regulação; e

XXIV – implementar mecanismos simplificados, inclusive por meio eletrônico, para o registro de reclamações sobre o tratamento de dados pessoais em desconformidade com esta Lei.

§ 1º Ao impor condicionantes administrativas ao tratamento de dados pessoais por agente de tratamento privado, sejam eles limites, encargos ou sujeições, a ANPD deve observar a exigência de mínima intervenção, assegurados os fundamentos, os princípios e os direitos dos titulares previstos no art. 170 da Constituição Federal e nesta Lei.

§ 2º Os regulamentos e as normas editados pela ANPD devem ser precedidos de consulta e audiência públicas, bem como de análises de impacto regulatório.

§ 3º A ANPD e os órgãos e entidades públicos responsáveis pela regulação de setores específicos da atividade econômica e governamental devem coordenar suas atividades, nas correspondentes esferas de atuação, com vistas a assegurar o cumprimento de suas atribuições com a maior eficiência e promover o adequado funcionamento dos setores regulados, conforme legislação específica, e o tratamento de dados pessoais, na forma desta Lei.

§ 4º A ANPD manterá fórum permanente de comunicação, inclusive por meio de cooperação técnica, com órgãos e entidades da administração pública responsáveis pela regulação de setores específicos da atividade econômica e governamental, a fim de facilitar as competências regulatória, fiscalizatória e punitiva da ANPD.

§ 5º No exercício das competências de que trata o caput deste artigo, a autoridade competente deverá zelar pela preservação do segredo empresarial e do sigilo das informações, nos termos da lei. (Incluído pela Lei 13.853, de 2019)

§ 6º As reclamações colhidas conforme o disposto no inciso V do caput deste artigo poderão ser analisadas de forma agregada, e as eventuais providências delas decorrentes poderão ser adotadas de forma padronizada.

Não basta ter uma lei de proteção de dados pessoais se não forem estabelecidos mecanismos para o seu *enforcement*. Nesse sentido, a atuação da ANPD é fundamental para, além da concretude da LGPD, construir seus conceitos indeterminados e revisitá-los à medida que a tecnologia evolui e os modelos de negócios também.[15]

Portanto, o art. 55-J da LGPD traz um rol das competências da ANPD, que, por questões didáticas, organizamos em 5 (cinco) grupos, a saber: 1) Atribuições Preventivas; 2) Atribuições Fiscalizatórias; 3) Atribuições Sancionatórias; 4) Atribuições Regulatórias; e 5) Atribuições de Gestão.[16]

ATRIBUIÇÕES PREVENTIVAS DA ANPD

A atuação *ex ante* da ANPD é crucial para a efetiva proteção dos dados pessoais, pois, uma vez constatado um vazamento de dados, por exemplo, dificilmente se consegue retornar ao *status quo*. Essa característica está em destaque na Minuta

---

15. Cf. LIMA, Cíntia Rosa Pereira de. *Autoridade Nacional de Proteção de Dados e a efetividade da Lei Geral de Proteção de Dados*: de acordo com a Lei Geral de Proteção de Dados (Lei 13.709/2018 e as alterações da Lei 13.853/2019), o Marco Civil da Internet (Lei 12.965/2014) e as sugestões de alteração do CDC (PL 3.514/2015). São Paulo: Almedina, 2020.

16. LIMA, Cíntia Rosa Pereira de. Capítulo 30 – As funções da autoridade nacional de proteção de dados e as sanções previstas na LGPD. *In:* FRANCOSKI, Denise de Souza Luiz; TASSO, Fernando Antonio (Coord.). *A Lei Geral de Proteção de Dados Pessoais*: Aspectos Práticos e Teóricos Relevantes no Setor Público e Privado. São Paulo: Revista dos Tribunais, 2021. pp. 763-780.

de Resolução de Fiscalização, submetida a consulta pública pela ANPD desde maio de 2021,[17] cujo art. 14 (objeto da atuação responsiva) traz definições importantes:

§ 1º A *atividade de monitoramento* destina-se ao levantamento de informações relevantes que tornem a ANPD sensível ao ambiente regulado e às demandas dos titulares de dados, dos agentes de tratamento e dos demais interessados na proteção de dados pessoais, subsidiando o exercício de suas competências regulatória, fiscalizatória ou sancionadora.

§ 2º A *atividade de orientação* caracteriza-se pela atuação baseada na economicidade e na utilização de métodos e ferramentas que almejam a promover a orientação, conscientização e educação dos agentes de tratamento e titulares de dados pessoais.

§ 3º A *atividade preventiva* consiste em uma atuação baseada, preferencialmente, na construção conjunta e dialogada de soluções e medidas que visem reconduzir o agente de tratamento à plena conformidade, bem como evitar ou remediar situações que possam acarretar risco ou dano aos titulares de dados pessoais e a outros agentes de tratamento.

Dentre as competências preventivas da ANPD estão: elaborar diretrizes para a Política Nacional de Proteção de Dados Pessoais e da Privacidade (inc. III), promover conhecimento na população das normas e políticas públicas sobre proteção de dados pessoais e das medidas de segurança (inc. VI), promover e elaborar estudos sobre as práticas nacionais e internacionais sobre proteção de dados e privacidade (inc. VII), ouvir os agentes de tratamento de dados (inc. XIV), comunicar às autoridades competentes as infrações à lei (inc. XXI), comunicar aos órgãos de controle interno o descumprimento da lei (inc. XXII).

Um objetivo importante desta atuação preventiva da ANPD é consolidar a cultura de proteção de dados no país, inclusive este é um ponto de destaque no Planejamento Estratégico 2021 – 2023 da ANPD.[18]

Esta atuação pode ser caracterizada por ser meramente exemplificativa, até em virtude da redação dos incisos acima elencados, que são abstratos e têm um conteúdo finalístico. Portanto, a ANPD poderá estabelecer instrumentos variados para desincumbir tais tarefas, como tem feito atualmente com as publicações de guias e orientações sobre proteção de dados.

ATRIBUIÇÕES FISCALIZATÓRIAS DA ANPD

Assim como a atuação preventiva, as atribuições fiscalizatórias da ANPD são desempenhadas *ex ante*; porém, consideramos as atribuições fiscalizatórias como aquelas que impõem um monitoramento constante por parte da ANPD a fim de as-

---

17. Disponível em: https://www.gov.br/anpd/pt-br/assuntos/noticias/anpd-abre-consulta-publica-sobre-norma-de-fiscalizacao/2021.05.29___Minuta_de_Resolucao_de_fiscalizacao_para_consultapblica.pdf. Acesso em: 18 fev. 2025.

18. Disponível em: https://www.gov.br/anpd/pt-br/documentos-e-publicacoes/planejamento-estrategico/planejamento-estrategico-2021-2023.pdf. Acesso em: 18 fev. 2025

segurar o cumprimento da LGPD, atuando de maneira responsiva como salientado *supra*.

Nesse sentido, as atribuições fiscalizatórias da ANPD são: zelar pela proteção dos dados pessoais (inc. I), zelar pela observância dos segredos comercial e industrial (inc. II), fiscalizar (inc. IV), solicitar do poder público informações sobre as respectivas atividades de tratamento de dados (inc. XI), realizar auditorias ou determinar sua realização (inc. XVI).

Outro ponto em comum com a atuação preventiva é que tais atribuições são exemplificativas, pois os instrumentos de auditoria e as ações de fiscalização podem ser estabelecidas pela ANPD por meio da Coordenação-Geral de Fiscalização, a quem compete, segundo o art. 17 do Regimento Interno da ANPD:

> I – fiscalizar e aplicar as sanções previstas no artigo 52 da Lei 13.709, de 2018, mediante processo administrativo que assegure o contraditório, a ampla defesa e o direito de recurso;
>
> II – proferir decisão em primeira instância nos processos administrativos sancionadores da ANPD;
>
> III – promover ações de fiscalização sobre as ações de tratamento de dados pessoais efetuadas pelos agentes de tratamento, incluído o Poder Público;
>
> IV – realizar auditorias, ou determinar sua realização, no âmbito das ações de fiscalização, assim como para a verificação de aspectos discriminatórios em tratamento automatizado de dados pessoais, na hipótese de não atendimento ao disposto no § 1º do art. 20 da Lei 13.709, de 2018;
>
> V – propor a adoção de medidas preventivas e a fixação do valor da multa diária pelo seu descumprimento;
>
> VI – solicitar manifestação dos órgãos e entidades públicos responsáveis pela regulação de setores específicos da atividade econômica e governamental na hipótese do artigo 52, §6º, da Lei 13.709, de 2018, observado o prazo de prescrição aplicável e a celeridade e a eficiência do processo sancionador;
>
> VII – receber as notificações de ocorrência de incidente de segurança que possa acarretar risco ou dano relevante aos titulares e dar o tratamento necessário;
>
> VIII – solicitar, a qualquer momento, aos órgãos e às entidades do Poder Público que realizam operações de tratamento de dados pessoais, as informações específicas sobre o âmbito e a natureza dos dados e outros detalhes do tratamento realizado, com a possibilidade de emitir parecer técnico complementar para garantir o cumprimento da LGPD;
>
> IX – requisitar aos agentes de tratamento de dados a apresentação de Relatório de Impacto à Proteção de Dados Pessoais;
>
> X – realizar, com o auxílio da Coordenação-Geral de Tecnologia e Pesquisa, verificações acerca da segurança de padrões e técnicas utilizados em processos de anonimização;
>
> XI – realizar diligências e produzir provas pertinentes nos autos do processo administrativo, na forma da Lei 13.709, de 2018;
>
> XII – fiscalizar organismos de certificação para a verificação da permissão para a transferência de dados internacional;
>
> XIII – rever atos realizados por organismos de certificação e, na hipótese de descumprimento das disposições da Lei 13.709, de 2018, propor sua anulação;
>
> XIV – requisitar aos agentes de tratamento de dados informações suplementares e realizar diligências de verificação quanto às operações de tratamento, no contexto da aprovação de transferências internacionais de dados;

XV – propor a celebração, a qualquer momento, de compromisso com agentes de tratamento para eliminar irregularidade, incerteza jurídica ou situação contenciosa no âmbito de processos administrativos, de acordo com o previsto no Decreto-Lei 4.657, de 4 de setembro de 1942;

XVI – comunicar às autoridades competentes as infrações penais das quais tiver conhecimento;

XVII – comunicar aos órgãos de controle interno o descumprimento do disposto na Lei 13.709, de 2018, por órgãos e entidades da administração pública federal;

XVIII – promover a articulação da ANPD com outros órgãos e entidades com competências sancionatórias e normativas afetas ao tema de proteção de dados pessoais, com vistas à efetiva execução das atividades de fiscalização e de sancionamento, observado o inciso II do § 6º, do art. 52 da Lei 13.709, de 2018;

XIX – fornecer subsídios à Coordenação-Geral de Normatização para a definição das metodologias que orientarão o cálculo do valor-base das sanções de multa previstas na Lei 13.709, de 2018, assim como para a elaboração de outras normas e instrumentos relacionados às atividades de fiscalização e de sancionamento;

XX – zelar para que o tratamento de dados de idosos seja efetuado de maneira simples, clara, acessível e adequada ao seu entendimento, nos termos da Lei 13.709, de 2018, e da Lei 10.741, de 1º de outubro de 2003 (Estatuto do Idoso);

XXI – zelar pela observância dos segredos comercial e industrial, observada a proteção dos dados pessoais e do sigilo das informações quando protegido por lei ou quando a quebra do sigilo violar os fundamentos do art. 2º, da Lei 13.709, de 2018;

XXII – determinar ao controlador de dados pessoais a adoção de providências para a salvaguarda dos direitos dos titulares, a partir da verificação da gravidade de incidentes de segurança, sem prejuízo da aplicação de correspondente sanção;

XXIII – propor informe com medidas cabíveis para fazer cessar violações às disposições da Lei 13.709, de 2018, por órgãos públicos;

XXIV – solicitar a agentes públicos a publicação de relatórios de impacto à proteção de dados pessoais e sugerir a adoção de padrões e de boas práticas para os tratamentos de dados pessoais pelo Poder Público;

XXV – promover ações educativas em alinhamento com a Coordenação-Geral de Normatização; e

XXVI – receber e apreciar petições de titulares de dados pessoais apresentados à ANPD contra o controlador, conforme estabelecido em regulamento.

Nota-se uma aproximação muito intensa entre as atribuições fiscalizatória e sancionatória, mas a análise de cada qual merece ser feita separadamente. Primeiro porque nem todo o processo de fiscalização culminará com a aplicação de sanções previstas na LGPD; segundo porque a atuação sancionatória é taxativa, ou seja, a ANPD não pode aplicar sanções outras que não as previstas em lei.

A ANPD realizou consulta pública e audiência pública para iniciar o debate sobre as normas de fiscalização após a minuta disponibilizada em maio de 2021.[19] Neste documento, fica clara a atuação responsiva da ANPD, que adotará procedimentos

---

19. Disponível em: https://www.gov.br/anpd/pt-br/assuntos/noticias/anpd-abre-consulta-publica-sobre-norma-de-fiscalizacao/2021.05.29___Minuta_de_Resolucao_de_fiscalizacao_para_consultapblica.pdf. Acesso em: 18 fev. 2025.

de monitoramento, orientação e atuação preventiva na sua atividade de fiscalização, podendo culminar no início do procedimento repressivo (art. 17).

Importante salientar que a atuação fiscalizatória da ANPD pode se dar, nos termos do art. 15 desta Minuta: I – de ofício, movida por representações ou denúncias; II – em decorrência de programas periódicos de fiscalização da ANPD; III – de forma coordenada com órgãos e entidades públicos responsáveis pela regulação de setores específicos da atividade econômica e governamental; ou IV – em cooperação com autoridades de proteção de dados pessoais de outros países, de natureza internacional ou transnacional.

ATRIBUIÇÃO SANCIONATÓRIA DA ANPD

Intimamente relacionada com a atividade fiscalizatória, pois se podem constatar irregularidades e descumprimento da LGPD, ensejando a instauração do processo administrativo reparador. Nesse sentido, a Minuta de Resolução de Fiscalização[20] entende por *atividade repressiva* da ANDP (§ 4º do art. 14) a "atuação coercitiva da ANPD, voltada à interrupção de situações de dano ou risco, à reparação dos danos, à recondução à plena conformidade e à punição dos responsáveis mediante a aplicação das sanções previstas no artigo 52 da Lei 13.709, de 2018, por meio de processo administrativo sancionador."

Nesse sentido, consistem em atribuições sancionatórias da ANPD: aplicar sanções nas hipóteses de descumprimento da lei, mediante processo administrativo, sendo assegurado o contraditório, a ampla defesa e o direito de recurso (inc. IV), apreciar pedidos dos titulares contra os controladores (inc. V), celebrar compromisso com agentes de tratamento para eliminar irregularidades (inc. XVII) e implementar mecanismos simplificados para o registro de reclamações sobre o tratamento de dados pessoais (inc. XXIV).

O Processo Administrativo Sancionador destina-se à apuração de infrações à LGPD, podendo ser instaurado de ofício pela ANPD, em decorrência do processo de monitoramento (fiscalização); ou a requerimento cuja admissibilidade tenha sido analisada pela Coordenação-Geral de Fiscalização (art. 42 da Minuta de Resolução de Fiscalização).

As fases deste processo são: 1ª) instauração; 2ª) instrução; 3ª) decisão; e 4ª) recurso.

Instaurado o processo administrativo sancionador, a ANPD analisará os documentos, podendo arquivar o procedimento, realizar diligências ou lavrar o auto de infração. O arquivamento deve ser por despacho motivado, que será notificado ao

---

20. Disponível em: https://www.gov.br/anpd/pt-br/assuntos/noticias/anpd-abre-consulta-publica-sobre-norma-de-fiscalizacao/2021.05.29___Minuta_de_Resolucao_de_fiscalizacao_para_consultapblica.pdf. Acesso em: 18 fev. 2025.

requerente, que terá o prazo de 10 (dez) dias para recorrer. O arquivamento pode ocorrer caso constatado o arrependimento do autuado, mediante a comprovada suspensão da conduta que ensejou a investigação e a consequente reparação dos fatos, quando cabível, o que pode ser feito até a intimação da decisão da primeira instância.

A ANPD pode, ainda, realizar um termo de ajustamento de conduta, podendo o autuado apresentar à Coordenação-Geral de Fiscalização tal proposta, que será submetida ao Conselho Diretor para deliberação, conforme as regras do Regimento Interno da ANPD.

A 2ª fase (instrução) começa com a expedição de intimação ao agente de tratamento para apresentar sua defesa no prazo máximo de 10 (dez) dias, o que deverá ser feito nos termos do art. 56 da Minuta de Resolução de Fiscalização, indicando as provas que pretende produzir. Após a instrução, o autuado tem direito a alegações finais, seguindo a fase de relatório de saneamento.

A 3ª fase (decisão) é de competência da Coordenação-Geral de Fiscalização, que profere decisão de primeira instância, cujo resumo é publicado no Diário Oficial da União, podendo recorrer desta decisão em 10 (dez) dias contados da intimação, nos termos do art. 61 da Minuta de Resolução de Fiscalização.

A 4ª fase (recurso) inicia-se com a intimação do interessado para cumprir a decisão proferida pela Coordenação-Geral de Fiscalização, cabendo recurso desta decisão ao Conselho Diretor, nos termos do art. 64 da Minuta de Resolução de Fiscalização.

Portanto, vê-se nesta proposta a preocupação de assegurar o contraditório e a ampla defesa como determinado pela LGPD.

ATRIBUIÇÕES REGULATÓRIAS DA ANPD

Cabe à ANPD regular diversos aspectos da LGPD. São funções regulatórias da ANPD: estimular a adoção de padrões para serviços e produtos que privilegiem a autodeterminação informacional (inc. VIII), promover ações de cooperação com autoridades de proteção de dados de outros países (inc. IX), dispor sobre as formas de publicidade das operações de tratamento de dados pessoais (inc. X), editar regulamentos e procedimentos sobre proteção de dados pessoais (inc. XIII), editar normas, orientações e procedimentos (inc. XVIII), deliberar administrativamente sobre a interpretação da LGPD (inc. XX), articular-se com autoridades reguladoras (inc. XXIII).

A característica desta atuação é a intervenção mínima (§ 1º do art. 55-J da LGPD), precedida de consulta e audiência públicas, bem como de análises de impacto regulatório (§ 2º do art. 55-J da LGPD), coordenação com outros órgãos e entidades públicos responsáveis pela regulação de setores específicos (§ 3º do art.

55-J da LGPD). Tais medidas foram observadas na Portaria n. 16, de 08 de julho de 2021, que aprova o processo de regulamentação no âmbito da ANPD.[21]

Importante realçar que a LGPD (§ 4º do art. 55-J) determinou que a ANPD mantenha fórum permanente de comunicação, inclusive por meio de cooperação técnica, com órgãos e entidades da administração pública responsáveis pela regulação de setores específicos, o que vem acontecendo, a título de exemplo, com os seguintes acordos: de cooperação técnica entre ANPD e Senacon;[22] de cooperação técnica entre ANPD e CADE[23]; e de cooperação entre ANPD e NIC.br.[24]

ATRIBUIÇÕES DE GESTÃO

Por fim, a ANPD exerce funções de gestão, tais como elaborar relatórios de gestão sobre suas atividades (inc. XII) e arrecadar e aplicar suas receitas (inc. XV). Destaca-se que o produto da arrecadação das multas aplicadas pela ANPD será destinado ao Fundo de Defesa de Direitos Difusos (§ 5º do art. 52 da LGPD, com a redação dada pela Lei n. 13.853, de 8 de julho de 2019), evitando-se, assim, uma possível indústria da multa. Por outro lado, elas fazem parte das receitas da ANPD, nos termos do art. 55-L da LGPD, com a redação dada pela Lei n. 13.853, de 08 de julho de 2019.

---

21. Disponível em: https://www.in.gov.br/en/web/dou/-/portaria-n-16-de-8-de-julho-de-2021-330970241. Acesso em: 18 fev. 2025.

22. Disponível em: https://www.gov.br/anpd/pt-br/acesso-a-informacao/arquivos/acordo_anpd_senacon_assinado.pdf. Acesso em: 18 fev. 2025.

23. Disponível em: https://www.gov.br/anpd/pt-br/assuntos/noticias/act-tarjado-compactado.pdf. Acesso em: 18 fev. 2025.

24. Disponível em: https://www.gov.br/anpd/pt-br/assuntos/noticias/act-nicbr-publico.pdf. Acesso em: 18 fev. 2025.

Cíntia Rosa Pereira de Lima

Art. 55-K. A aplicação das sanções previstas nesta Lei compete exclusivamente à ANPD, e suas competências prevalecerão, no que se refere à proteção de dados pessoais, sobre as competências correlatas de outras entidades ou órgãos da administração pública. (Incluído pela Lei 13.853, de 2019)

Parágrafo único. A ANPD articulará sua atuação com outros órgãos e entidades com competências sancionatórias e normativas afetas ao tema de proteção de dados pessoais e será o órgão central de interpretação desta Lei e do estabelecimento de normas e diretrizes para a sua implementação.

COMPETÊNCIA PRIVATIVA DA ANPD

A competência para aplicar as sanções previstas no art. 52 da LGPD é privativa da ANPD. Em outras palavras, na hipótese de violação da LGPD, compete exclusivamente à ANPD a apuração das infrações e a aplicação, se for o caso, da sanção.

Primeira observação que deve ser feita é que a aplicação da sanção administrativa independe das consequências penais e civis da prática do mesmo ato. Por exemplo, um vazamento de dados por violação de dispositivo informático pode ensejar as consequências previstas para o crime de invasão de dispositivo informático, previsto no art. 154-A do Código Penal (incluído pela Lei n. 12.737/2012, com a redação dada pela Lei n. 14.155/2021)[25]. Paralelamente, o titular de dados pode ingressar com uma ação de reparação pelos danos materiais e morais sofridos em decorrência do vazamento de dados, nos termos do art. 42 da LGPD, que deve ser promovida no juízo cível competente.

Tais possibilidades não afastam a competência privativa da ANPD para apreciar o mesmo vazamento de dados na via administrativa, que pode culminar na aplicação das sanções previstas no art. 52 da LGPD. Observa-se, contudo, que a Minuta de Resolução de Fiscalização (art. 49) prevê a possibilidade de arquivamento do feito caso o autuado comprove que suspendeu a conduta investigada e promoveu a reparação dos danos dela decorrentes, quando for caso.

No entanto, o art. 55-K da LGPD deve ser interpretado em consonância com o seu parágrafo único, ou seja, na esfera administrativa a ANPD deve se articular com

---

25. "Art. 154-A. Invadir dispositivo informático de uso alheio, conectado ou não à rede de computadores, com o fim de obter, adulterar ou destruir dados ou informações sem autorização expressa ou tácita do usuário do dispositivo ou de instalar vulnerabilidades para obter vantagem ilícita: Pena – reclusão, de 1 (um) a 4 (quatro) anos, e multa."

outros órgãos e entidades públicos com competências sancionatórias e normativas afetas ao tema proteção de dados pessoais. Por exemplo, uma violação à neutralidade da rede atrai a competência da ANATEL, nos termos do art. 17 do Decreto n. 8.771, de 11 de maio de 2016, que regulamenta o Marco Civil da Internet (Lei n. 12.965/2014),[26] além da Secretaria Nacional do Consumidor (art. 18 do Decreto n. 8.771/2016),[27] e ao CADE caberá a análise das infrações à ordem econômica (art. 19 do Decreto n. 8.771/2016).[28] Semelhantemente, a violação à neutralidade da rede pode resultar de violação à LGPD, atraindo também a competência da ANPD. Nesse sentido, deve-se entender que todos estes órgãos devem se articular para aplicar a sanção administrativa de maneira conjunta a evitar o *bis in idem*.

---

26. "Art. 17. A Anatel atuará na regulação, na fiscalização e na apuração de infrações, nos termos da Lei 9.472, de 16 de julho de 1997.

27. "Art. 18. A Secretaria Nacional do Consumidor atuará na fiscalização e na apuração de infrações, nos termos da Lei 8.078, de 11 de setembro de 1990."

28. "Art. 19. A apuração de infrações à ordem econômica ficará a cargo do Sistema Brasileiro de Defesa da Concorrência, nos termos da Lei 12.529, de 30 de novembro de 2011."

Cíntia Rosa Pereira de Lima

Art. 55-L. Constituem receitas da ANPD: (Incluído pela Lei 13.853, de 2019)

I – as dotações, consignadas no orçamento geral da União, os créditos especiais, os créditos adicionais, as transferências e os repasses que lhe forem conferidos;

II – as doações, os legados, as subvenções e outros recursos que lhe forem destinados;

III – os valores apurados na venda ou aluguel de bens móveis e imóveis de sua propriedade;

IV – os valores apurados em aplicações no mercado financeiro das receitas previstas neste artigo;

V – (Vetado);

VI – os recursos provenientes de acordos, convênios ou contratos celebrados com entidades, organismos ou empresas, públicos ou privados, nacionais ou internacionais;

VII – o produto da venda de publicações, material técnico, dados e informações, inclusive para fins de licitação pública.

A fim de desempenhar todas estas tarefas, a ANPD deve se equipar, seja em sentido material (com sua sede, mobiliário, equipamentos de informática – *hardwares* e *softwares)*, seja em sentido humano, contratando profissionais qualificados e em número adequado e suficiente para tantas atribuições que a LGPD prevê. Atualmente, a ANPD enfrenta inúmeros desafios, tendo em vista sua fase de implementação em tempos de crises econômica e política, agravadas pela crise sanitária desencadeada pela pandemia do novo coronavírus. Nesse sentido, alertamos em conjunto com o professor Newton De Lucca[29] em outra oportunidade:

> Destaca-se o próprio obstáculo tecnológico que, em razão da velocidade com que avança a tecnologia, a ANPD deverá contar com uma excelente equipe multidisciplinar para desempenhar suas funções. Além de pessoal, requer-se investimento em sistema de informação e computadores de última geração, devendo ser renovados periodicamente para garantir a eficiência do órgão. Por isso, as fontes de receita da ANPD, previstas no art. 55-L, não nos parecem suficientes para que o órgão seja sempre moderno e possa estar em constante aperfeiçoamento.

---

29. DE LUCCA, Newton; LIMA, Cíntia Rosa Pereira de. Autoridade Nacional de Proteção de Dados (ANPD) e Conselho Nacional de Proteção de Dados Pessoais e da Privacidade. *In:* LIMA, Cíntia Rosa Pereira de (Org.) *Comentários à Lei Geral de Proteção de Dados.* São Paulo: Almedina, 2020. p. 373-398.

Cumpre salientar que não é possível a cobrança da taxa do exercício do poder de polícia, que deveria ser paga pelas empresas que são fiscalizadas, proporcionalmente ao faturamento destas, diante do veto do inc. V do art. 55-L da LGPD pela Lei n. 13.853/2019. Assim sendo, a ANPD deverá exercer, de maneira criativa, as possibilidades de fontes de receitas permitidas em lei, quais sejam: "I – as dotações, consignadas no orçamento geral da União, os créditos especiais, os créditos adicionais, as transferências e os repasses que lhe forem conferidos; II – as doações, os legados, as subvenções e outros recursos que lhe forem destinados; III – os valores apurados na venda ou aluguel de bens móveis e imóveis de sua propriedade; IV – os valores apurados em aplicações no mercado financeiro das receitas previstas neste artigo; V – (Vetado); VI – os recursos provenientes de acordos, convênios ou contratos celebrados com entidades, organismos ou empresas, públicos ou privados, nacionais ou internacionais; VII – o produto da venda de publicações, material técnico, dados e informações, inclusive para fins de licitação pública."

Por tudo que foi exposto, a atuação da ANPD deve ser vista como a pedra angular de todo o sistema protetivo de dados pessoais, sendo o órgão catalisador para o *enforcement* da LGPD. Sua atuação deverá ser responsiva, privilegiando suas funções pedagógicas a fim de se consolidar a cultura de proteção de dados no país, conscientizando os titulares de dados sobre seus direitos e a disponibilização de dados pessoais de forma responsável. Além disso, orientando os agentes de tratamento de dados de como devem atuar de forma adequada à LGPD. A última *ratio* é a atuação sancionatória. Tanto é assim que a Minuta de Resolução de Fiscalização comentada neste capítulo confere a possibilidade de arrependimento comprovado, que pode dar ensejo ao arquivamento da instauração do processo administrativo sancionatório da ANPD.

Cíntia Rosa Pereira de Lima

Art. 55-M. Constituem o patrimônio da ANPD os bens e os direitos: (Incluído pela Lei 14.460, de 2022)

I – que lhe forem transferidos pelos órgãos da Presidência da República; e

II – que venha a adquirir ou a incorporar.

O artigo 55-M foi inserido na LGPD pela Medida Provisória 1.124/2022, sendo mantido por ocasião de sua conversão na Lei n. 14.460/2022. A previsão está alinhada à mudança de natureza jurídica da ANPD, que passou a ser autarquia de natureza especial, pois, como a ANPD passará a ter personalidade jurídica, também deverá ter patrimônio próprio para consecução de suas atividades (art. 55-A, com a nota redação atribuída pela Lei 14.460/2022).

A autonomia patrimonial das entidades da administração indireta é estabelecida por meio de sua personalidade jurídica própria. Essas entidades são criadas por lei e possuem patrimônio próprio, separado do patrimônio do ente da administração direta ou de outras entidades. Em suma, a autonomia patrimonial significa que as entidades da administração indireta têm capacidade de adquirir, administrar e alienar bens e direitos em seu próprio nome, bem como assumir obrigações e responsabilidades. Isso permite que elas exerçam atividades econômicas, celebrem contratos, realizem investimentos e gerenciem seus recursos financeiros de forma autônoma. Essa autonomia patrimonial também implica que as dívidas e obrigações contraídas pelas entidades da administração indireta sejam de responsabilidade delas próprias, não sendo atribuídas ao ente ou a outras entidades. Da mesma forma, os bens e direitos pertencentes a essas entidades não podem ser utilizados para pagamento de dívidas alheias.

No entanto, vale ressaltar que, apesar da autonomia patrimonial, as entidades da administração indireta estão sujeitas a um controle e supervisão por parte do Estado, que exerce poder de tutela sobre elas. Essa supervisão visa garantir que essas entidades atuem de acordo com os objetivos estabelecidos em lei, cumpram suas finalidades institucionais e observem os princípios e normas aplicáveis à administração pública.

José Luiz de Moura Faleiros Júnior

Art. 56. (Vetado).

O artigo 56 da LGPD previa, originalmente, o seguinte:

Art. 56. A ANPD terá as seguintes atribuições:

I – zelar pela proteção dos dados pessoais, nos termos da legislação;

II – zelar pela observância dos segredos comercial e industrial em ponderação com a proteção de dados pessoais e do sigilo das informações quando protegido por lei ou quando a quebra do sigilo violar os fundamentos do art. 2º desta Lei;

III – elaborar diretrizes para Política Nacional de Proteção de Dados Pessoais e da Privacidade;

IV – fiscalizar e aplicar sanções em caso de tratamento de dados realizado em descumprimento à legislação, mediante processo administrativo que assegure o contraditório, a ampla defesa e o direito de recurso;

V – atender petições de titular contra controlador;

VI – promover na população o conhecimento das normas e das políticas públicas sobre proteção de dados pessoais e das medidas de segurança;

VII – promover estudos sobre as práticas nacionais e internacionais de proteção de dados pessoais e privacidade;

VIII – estimular a adoção de padrões para serviços e produtos que facilitem o exercício de controle dos titulares sobre seus dados pessoais, que deverão levar em consideração as especificidades das atividades e o porte dos responsáveis;

IX – promover ações de cooperação com autoridades de proteção de dados pessoais de outros países, de natureza internacional ou transnacional;

X – dispor sobre as formas de publicidade das operações de tratamento de dados pessoais, observado o respeito aos segredos comercial e industrial;

XI – solicitar, a qualquer momento, às entidades do Poder Público que realizem operações de tratamento de dados pessoais, informe específico sobre o âmbito e a natureza dos dados e os demais detalhes do tratamento realizado, podendo emitir parecer técnico complementar para garantir o cumprimento desta Lei;

XII – elaborar relatórios de gestão anuais acerca de suas atividades;

XIII – editar regulamentos e procedimentos sobre proteção de dados pessoais e privacidade, assim como sobre relatórios de impacto à proteção de dados pessoais para os casos em que o tratamento representar alto risco para a garantia dos princípios gerais de proteção de dados pessoais previstos nesta Lei;

XIV – ouvir os agentes de tratamento e a sociedade em matérias de interesse relevante, assim como prestar contas sobre suas atividades e planejamento;

XV – arrecadar e aplicar suas receitas e publicar, no relatório de gestão a que se refere o inciso XII do caput deste artigo, o detalhamento de suas receitas e despesas; e

XVI – realizar ou determinar a realização de auditorias, no âmbito da atividade de fiscalização, sobre o tratamento de dados pessoais efetuado pelos agentes de tratamento, incluindo o Poder Público.

§ 1º Ao impor condicionamentos administrativos ao tratamento de dados pessoais por agente de tratamento privado, sejam eles limites, encargos ou sujeições, a ANPD deve observar a exigência de mínima intervenção, assegurados os fundamentos, os princípios e os direitos dos titulares previstos no art. 170 da Constituição Federal e nesta Lei.

§ 2º Os regulamentos e normas editados pela ANPD devem necessariamente ser precedidos de consulta e audiência públicas, bem como de análises de impacto regulatório.

As razões de seu veto foram as mesmas apontadas para os demais dispositivos que, na redação original da lei, tratavam da ANPD: "Os dispositivos incorrem em inconstitucionalidade do processo legislativo, por afronta ao artigo 61, § 1º, II, 'e', cumulado com o artigo 37, XIX, da Constituição."

Falava-se em atribuições no dispositivo vetado. Agora, com diferenças, o tema foi reestruturado no já comentado artigo 55-J, que trata das competências da ANPD, com redação vigente definida pela Lei 13.853/2019.

José Luiz de Moura Faleiros Júnior

Art. 57. (Vetado).

O artigo 57 da LGPD previa, originalmente, o seguinte:

Art. 57. Constituem receitas da ANPD:

I – o produto da execução da sua dívida ativa;

II – as dotações consignadas no orçamento geral da União, os créditos especiais, os créditos adicionais, as transferências e os repasses que lhe forem conferidos;

III – as doações, os legados, as subvenções e outros recursos que lhe forem destinados;

IV – os valores apurados na venda ou aluguel de bens móveis e imóveis de sua propriedade;

V – os valores apurados em aplicações no mercado financeiro das receitas previstas neste artigo;

VI – o produto da cobrança de emolumentos por serviços prestados;

VII – os recursos provenientes de acordos, convênios ou contratos celebrados com entidades, organismos ou empresas, públicos ou privados, nacionais ou internacionais;

VIII – o produto da venda de publicações, material técnico, dados e informações, inclusive para fins de licitação pública.

As razões de seu veto foram as mesmas apontadas para os demais dispositivos que, na redação original da lei, tratavam da ANPD: "Os dispositivos incorrem em inconstitucionalidade do processo legislativo, por afronta ao artigo 61, § 1º, II, 'e', cumulado com o artigo 37, XIX, da Constituição."

O tema das receitas da ANPD foi reestruturado, com diferenças, no já comentado artigo 55-L, cuja redação vigente foi definida pela Lei 13.853/2019.

José Luiz de Moura Faleiros Júnior

Art. 58. (Vetado).

Art. 58-A. O Conselho Nacional de Proteção de Dados Pessoais e da Privacidade será composto de 23 (vinte e três) representantes, titulares e suplentes, dos seguintes órgãos: (Incluído pela Lei 13.853, de 2019)

I – 5 (cinco) do Poder Executivo federal; (Incluído pela Lei 13.853, de 2019)

II – 1 (um) do Senado Federal; (Incluído pela Lei 13.853, de 2019)

III – 1 (um) da Câmara dos Deputados; (Incluído pela Lei 13.853, de 2019)

IV – 1 (um) do Conselho Nacional de Justiça; (Incluído pela Lei 13.853, de 2019)

V – 1 (um) do Conselho Nacional do Ministério Público; (Incluído pela Lei 13.853, de 2019)

VI – 1 (um) do Comitê Gestor da Internet no Brasil; (Incluído pela Lei 13.853, de 2019)

VII – 3 (três) de entidades da sociedade civil com atuação relacionada a proteção de dados pessoais; (Incluído pela Lei 13.853, de 2019)

VIII – 3 (três) de instituições científicas, tecnológicas e de inovação; (Incluído pela Lei 13.853, de 2019)

IX – 3 (três) de confederações sindicais representativas das categorias econômicas do setor produtivo; (Incluído pela Lei 13.853, de 2019)

X – 2 (dois) de entidades representativas do setor empresarial relacionado à área de tratamento de dados pessoais; e (Incluído pela Lei 13.853, de 2019)

XI – 2 (dois) de entidades representativas do setor laboral. (Incluído pela Lei 13.853, de 2019)

§ 1º Os representantes serão designados por ato do Presidente da República, permitida a delegação. (Incluído pela Lei 13.853, de 2019)

§ 2º Os representantes de que tratam os incisos I, II, III, IV, V e VI do caput deste artigo e seus suplentes serão indicados pelos titulares dos respectivos órgãos e entidades da administração pública. (Incluído pela Lei 13.853, de 2019)

§ 3º Os representantes de que tratam os incisos VII, VIII, IX, X e XI do *caput* deste artigo e seus suplentes: (Incluído pela Lei 13.853, de 2019)

I – serão indicados na forma de regulamento; (Incluído pela Lei 13.853, de 2019)

II – não poderão ser membros do Comitê Gestor da Internet no Brasil; (Incluído pela Lei 13.853, de 2019)

III – terão mandato de 2 (dois) anos, permitida 1 (uma) recondução. (Incluído pela Lei 13.853, de 2019)

§ 4º A participação no Conselho Nacional de Proteção de Dados Pessoais e da Privacidade será considerada prestação de serviço público relevante, não remunerada. (Incluído pela Lei 13.853, de 2019).

O Conselho Nacional de Proteção de Dados Pessoais e da Privacidade – CNPD é órgão que compõe a estrutura organizacional da Autoridade Nacional de Proteção de Dados, por expressa previsão do artigo 55-C, inciso II, da LGPD, com reiteração no artigo 3º, inciso II, do Decreto 10.474/2020.

O artigo 58-A, que é fruto da conversão da Medida Provisória 869/2018 na Lei 13.853/2019, substituiu o vetado artigo 58 da LGPD, que trazia divisão diversa quanto à composição dos membros do CNPD:

Composição de membros do CNPD	
Artigo 58 (vetado)	Artigo 58-A
I – seis do Poder Executivo federal;	I – 5 (cinco) do Poder Executivo federal;
II – um do Senado Federal;	II – 1 (um) do Senado Federal;
III – um da Câmara dos Deputados;	III – 1 (um) da Câmara dos Deputados;
IV – um do Conselho Nacional de Justiça;	IV – 1 (um) do Conselho Nacional de Justiça;
V – um do Conselho Nacional do Ministério Público;	V – 1 (um) do Conselho Nacional do Ministério Público;
VI – um do Comitê Gestor da Internet no Brasil;	VI – 1 (um) do Comitê Gestor da Internet no Brasil;
VII – quatro de entidades da sociedade civil com atuação comprovada em proteção de dados pessoais;	VII – 3 (três) de entidades da sociedade civil com atuação relacionada a proteção de dados pessoais;
VIII – quatro de instituições científicas, tecnológicas e de inovação;	VIII – 3 (três) de instituições científicas, tecnológicas e de inovação;
–	IX – 3 (três) de confederações sindicais representativas das categorias econômicas do setor produtivo;
IX – quatro de entidades representativas do setor empresarial relacionado à área de tratamento de dados pessoais.	X – 2 (dois) de entidades representativas do setor empresarial relacionado à área de tratamento de dados pessoais;
–	XI – 2 (dois) de entidades representativas do setor laboral.

A quantidade total de membros não mudou. São 23 (vinte e três) Conselheiros titulares, além dos respectivos suplentes. O que mudou foi a distribuição das vagas, além da criação de vagas para setores que haviam sido omitidos na redação original do artigo 58, a saber: confederações sindicais representativas das categorias econômicas do setor produtivo (art. 58-A, IX); entidades representativas do setor laboral (art. 58-A, XI).

Convém destacar, ainda, que a distribuição das 5 (cinco) vagas do Poder Executivo federal (art. 58-A, inc. I) foi melhor estabelecida pelo artigo 15 do Decreto

10.474/2020, da seguinte forma: (i) um da Casa Civil da Presidência da República, que presidirá o Conselho (inciso I); (ii) um do Ministério da Justiça e Segurança Pública (inciso II); (iii) um do Ministério da Economia (inciso III); (iv) um do Ministério da Ciência, Tecnologia e Inovações (inciso IV); (v) um do Gabinete de Segurança Institucional da Presidência da República (inciso V).

As nomeações foram feitas por Decreto da Casa Civil da Presidência da República, publicado no Diário Oficial da União em 10 de agosto de 2021 (edição 150, seção 2, página 1). Os seguintes membros foram escolhidos:

I – Representantes do Poder Executivo Federal:

a) Casa Civil da Presidência da República:

Jonathas Assunção Salvador Nery de Castro, titular, que o presidirá, e Renato David Clark de Aquino, suplente;

b) Ministério da Justiça e Segurança Pública:

Rodrigo Lange, titular, e Leonardo Garcia Greco, suplente;

c) Ministério da Economia:

Marcelo de Lima e Souza, titular, e Marta Juvina De Medeiros, suplente;

d) Ministério da Ciência, Tecnologia e Inovações:

Marcos Cesar de Oliveira Pinto, titular, e Fernando Antonio Rodrigues Dias, suplente; e

e) Gabinete de segurança Institucional da Presidência da República:

Adriano de Souza Azevedo, titular, e José Placidio Matias dos Santos, suplente; e

II – Representantes de Outros Poderes, Órgãos Ou Instituições Públicas:

a) Senado Federal:

Fabricio Da Mota Alves, titular, e Gustavo Afonso Saboia Vieira, suplente;

b) Câmara dos Deputados:

Danilo Cesar Maganhoto Doneda, titular, e Fernando Antonio Santiago Junior, suplente;

c) Conselho Nacional de Justiça:

Henrique de Almeida Avila, titular, e Valter Shuenquener de Araujo, suplente;

d) Conselho Nacional do Ministério Público:

Marcelo Weitzel Rabello de Souza, titular, e Silvio Roberto Oliveira de Amorim Junior, suplente; e

e) Comitê Gestor da Internet no Brasil:

Marcio Nobre Migon, titular, e Hartmut Richard Glaser, suplente.

I – Representantes de Organizações da Sociedade Civil com atuação comprovada em Proteção de Dados Pessoais:

Rodrigo Badaró Almeida de Castro, titular, e Fabro Boaz Steibel, suplente;

Bruno Ricardo Bioni, titular, e Maria Lumena Balaben Sampaio, suplente; e

Michele Nogueira Lima, titular, e Davis Souza Alves, suplente;

II – Representantes de Instituições Científicas, Tecnológicas e de Inovação:

Laura Schertel Ferreira Mendes, titular, e Ana Carla Bliacheriene, suplente;

Fabiano Menke, titular, e Leonardo Netto Parentoni, suplente; e

Cláudio Simão de Lucena Neto, titular, e Caitlin Sampaio Mulholland, suplente;

III – Representantes de Confederações Sindicais Representativas das Categorias Econômicas do Setor Produtivo:

Natasha Torres Gil Nunes, titular, e Francisco Soares Campelo Filho, suplente;

Cássio Augusto Muniz Borges, titular, e Marcos Vinícius Barros Ottoni, suplente; e

Flávio Boson Gambogi, titular, e Taís Carvalho Serralva, suplente;

IV – Representantes de Entidades Representativas do Setor Empresarial relacionado à área de tratamento de Dados Pessoais:

Ana Paula Martins Bialer, titular, e Vitor Morais de Andrade, suplente; e

Annette Martinelli de Mattos pereira, titular, e Fábio Augusto Andrade, suplente; e

V – Representantes de Entidades Representativas do Setor Laboral:

Patrícia Peck Garrido Pinheiro, titular, e Cláudio Eduardo Lobato Abreu Rocha, suplente; e

Débora Sirotheau Siqueira Rodrigues, titular, e Emerson Rocha, suplente.

Esta composição do CNPD realizou sua última reunião em dezembro de 2022 e, com o início do ano de 2023, as atividades do Conselho permaneceram paralisadas devido à demora na definição de uma nova composição.

A recomposição do colegiado ocorreu após amplo processo seletivo conduzido pela ANPD em 2023, com publicação de editais, recepção de candidaturas e formação de listas tríplices. A morosidade do processo, que se estendeu por mais de um ano, foi alvo de advertência pública por parte de 18 organizações da sociedade civil em maio de 2023, que alertaram para o esvaziamento institucional do CNPD e para os riscos de regressão democrática na governança da proteção de dados pessoais. A inércia estatal em dar andamento à nomeação comprometeu, inclusive, a capacidade de o órgão participar ativamente na construção da Agenda Regulatória da ANPD para o biênio 2023-2024.

As novas nomeações foram feitas por Decreto da Casa Civil da Presidência da República, publicado no Diário Oficial da União em 25 de junho de 2024 (edição 121, seção 2, página 3). Os seguintes membros foram escolhidos:

I – Representantes do Poder Executivo Federal:

a) Ministério da Justiça e Segurança Pública:

Lilian Manoela Monteiro Cintra de Melo, titular, que o presidirá, na vaga anteriormente ocupada por Rodrigo Lange; e Victor Epitacio Cravo Teixeira, suplente, na vaga anteriormente ocupada por Leonardo Garcia Greco;

b) Casa Civil da Presidência da República:

Pedro Helena Pontual Machado, titular, na vaga anteriormente ocupada por Jonathas Assunção Salvador Nery de Castro; e Rodrigo Rodrigues da Fonseca, suplente, na vaga anteriormente ocupada por Stefani Juliana Vogel;

c) Ministério da Gestão e da Inovação em Serviços Públicos:

Leonardo Rodrigo Ferreira, titular; e Julierme Rodrigues Da Silva, suplente;

d) Ministério da Saúde:

Ana Estela Haddad, titular; e Adriana Macedo Marques, suplente; e

e) Secretaria de Comunicação Social da Presidência da República:

João Caldeira Brant Monteiro de Castro, titular; e Samara Mariana de Castro, suplente; e

II – Representantes de Outros Poderes, Órgãos ou Instituições Públicas:

a) Senado Federal:

Fábio Veras de Souza, titular, na vaga anteriormente ocupada por Fabrício da Mota Alves;

b) Câmara dos Deputados:

Fernando Antonio Santiago Junior, titular, na vaga anteriormente ocupada por Danilo César Maganhoto Doneda; e Gisela Carvalho de Freitas, suplente, na vaga anteriormente ocupada por Fernando Antonio Santiago Junior;

c) Conselho Nacional de Justiça:

Gabriel DA Silveira Matos, suplente, na vaga anteriormente ocupada por Ricardo Fioreze;

d) Conselho Nacional do Ministério Público:

Fernando da Silva Comin, suplente, na vaga anteriormente ocupada por Daniel Carnio Costa; e

e) Comitê Gestor da Internet no Brasil:

Renata Vicentini Mielli, titular, na vaga anteriormente ocupada por José Gustavo Sampaio Gontijo.

III – Representantes de Organizações da Sociedade Civil com Atuação Comprovada em Proteção de Dados Pessoais:

Ricardo Alexandre de Oliveira, suplente de Bruno Ricardo Bioni;

Isabella Vieira Machado Henriques, titular, e Rodrigo Borges Valadão, suplente; e

Raquel Lima Saraiva, titular, e Rodrigo Badaró Almeida de Castro, suplente;

II – Representantes de Instituições Científicas, Tecnológicas e de Inovação:

Gabrielle Bezerra Sales Sarlet, titular, e Ana Paula Moraes Canto de Lima, suplente;

Rodrigo Pironti Aguirre de Castro, suplente de Cláudio Simão de Lucena Neto; e

Tiago Lopes de Aguiar, titular, e Têmis Limberger, suplente;

IV – Representantes de Confederações Sindicais Representativas das Categorias Econômicas do Setor Produtivo:

Fernando Bueno Fernandes, suplente de Cassio Augusto Muniz Borges;

Myreilla Aloia Triumpho Pereira da Cruz, titular; e

João Frederico Chagas Maranhão, titular, e Natasha Torres Gil Nunes, suplente;

V – Representantes de Entidades Representativas do Setor Empresarial Relacionado à Área de Tratamento de Dados Pessoais:

Rony Vainzof, titular, e Ana Paula Martins Bialer, suplente; e

Vitor Morais de Andrade, titular, e Annette Martinelli de Mattos Pereira, suplente; e

VI – Representantes de Entidades Representativas do Setor Laboral:

Alexandre Zago Boava, titular; e

João Marcos Pereira Vidal, suplente de Débora Sirotheau Siqueira Rodrigues.

As designações, nos dois casos, foram feitas pelo Presidente da República, mas a lei admite a delegação do ato (art. 58-A, § 1º, *in fine*). Quanto às indicações, todos os nomes relacionados à representação de que tratam os incisos I, II, III, IV, V e VI do *caput* foram seleções dos titulares dos órgãos e entidades respectivos (§2º); por sua vez, os nomes dos representantes mencionados nos incisos VII, VIII, IX, X e XI do *caput* precisaram atender a requisitos específicos, estabelecidos em regulamento (§3º), que é o artigo 15, §§ 4º e 5º, do Decreto 10.474/2020. Segundo prevê o regulamento, tais membros foram livremente indicados, durante prazo de 30 dias, para formação de lista tríplice de titulares e suplentes.

A atuação dos Conselheiros é considerada prestação de serviço público relevante, não remunerada (art. 58-A, § 4º).

Do ponto de vista funcional, o CNPD deve atuar, entre outras atribuições, na proposição de diretrizes para a política nacional de proteção de dados, na elaboração de estudos e relatórios, no fomento ao debate público sobre privacidade e na análise de propostas normativas emanadas da própria ANPD. Sua atuação será crucial para temas sensíveis da próxima agenda regulatória, como a definição de regras sobre dados sensíveis, responsabilização por decisões automatizadas, avaliação de impacto à proteção de dados e o fomento à cultura de governança em entidades de pequeno porte.

Além disso, a reinstalação do CNPD ocorre em momento de especial importância no cenário internacional, em que o Brasil busca consolidar sua posição como país adequado aos olhos da União Europeia para fins de transferência internacional de dados pessoais, nos moldes do artigo 45 do RGPD. A existência de um conselho multissetorial ativo e funcional reforça o modelo brasileiro de proteção de dados como robusto e alinhado às exigências internacionais de *accountability* e participação social, o que poderá contribuir significativamente para o reconhecimento da equivalência regulatória pelo bloco europeu.

Não menos importante, a nova composição deverá enfrentar temas espinhosos como o uso de dados por plataformas digitais, as tecnologias de vigilância estatal, os desafios da inteligência artificial e a proteção de dados de grupos vulnerabilizados. A abordagem dessas questões exigirá uma atuação técnica, independente e comprometida com os fundamentos da LGPD, especialmente no que se refere à autodeterminação informativa, à finalidade legítima do tratamento e a não discriminação. Nesse sentido, o CNPD poderá desempenhar papel fundamental na mediação entre inovação tecnológica, desenvolvimento econômico e salvaguarda de direitos fundamentais.

José Luiz de Moura Faleiros Júnior

Art. 59. (Vetado).

O artigo 59 da LGPD foi vetado por ocasião de sua promulgação. Sua redação era muito parecida com a do atual artigo 58-B, que estabelece as competências do Conselho Nacional de Proteção de Dados Pessoais e da Privacidade.

Havia uma única diferença, entretanto, que é importante registrar: o inciso IV do artigo 59, que acabou vetado, previa a seguinte competência: "realizar estudos e debates sobre a proteção de dados pessoais e da privacidade". O atual inciso IV do artigo 58-B, por outo lado, prevê a competência do CNPD para "elaborar estudos e realizar debates e audiências públicas sobre a proteção de dados pessoais e da privacidade".

Nas razões de veto, nenhuma particularidade foi indicada além daquela apontada para vetar todos os artigos do capítulo (arts. 55 a 59): "Os dispositivos incorrem em inconstitucionalidade do processo legislativo, por afronta ao artigo 61, § 1º, II, 'e', cumulado com o artigo 37, XIX, da Constituição." Em síntese, as mesmas razões valeram para o veto de todos os artigos, entretanto, como se lê da comparação entre os incisos IV do antigo artigo 59 e do atual artigo 58-B, o CNPD acabou angariando uma competência adicional: a realização de audiências públicas sobre a proteção de dados pessoais e privacidade.

Não se nega que construções argumentativas poderiam ser concebidas quanto à contemplação das audiências públicas no conceito mais abstrato de 'debates'.[1] Porém, também é certo que, na acepção jurídica, seu escopo é mais específico e se aproxima do viés consensual que marca a Administração Pública no século XXI.

Sobre as audiências públicas, Diogo de Figueiredo Moreira Neto ainda destaca:

A *audiência pública* admite as duas modalidades quanto à vinculação da Administração a seus resultados, mas *caberá à lei* definir entre uma ou outra ou optar por uma solução compósita. Com efeito, o legislador, tal como se prevê constitucionalmente, salvo cláusula impeditiva expressa, poderá deixar de legislar especificamente sobre quaisquer das matérias de sua competência, optando alternativamente por delas *dispor* como melhor lhe pareça (art. 48, *caput),* o que inclui,

---

1. Sabe-se que a palavra 'audiência' tem sua origem no termo '*audire*', do Latim, que significa 'ouvir', 'dialogar'. Sobre as audiências públicas, já registramos que "são, essencialmente, processos de participação abertos à população para que se faça consulta formal sobre assunto de interesse dos cidadãos e para que, participando ativamente da condução dos assuntos públicos, se possa compartilhar da administração local com os agentes públicos." FALEIROS JÚNIOR, José Luiz de Moura. *Administração Pública Digital*: proposições para o aperfeiçoamento do regime jurídico administrativo na sociedade da informação. Indaiatuba: Foco, 2020, p. 187.

em geral e a toda evidência, fazê-lo visando à realização de quaisquer modalidades decisórias substitutivas como o são as referendárias, as de consulta pública ou as de deslegalização.[2]

Sem dúvidas, a adição da expressão no inciso IV do artigo 58-B, em complemento ao que já continha o vetado inciso IV do artigo 59, merece elogios. Caberá ao CNPD interagir ativamente com a sociedade, fomentando debates e realizando audiências públicas para a coleta de subsídios que norteiem sua atuação.

---

2. MOREIRA NETO, Diogo de Figueiredo. Novos institutos consensuais da ação administrativa. *Revista de Direito Administrativo*, Rio de Janeiro, v. 231, n. 1, p. 123-156, jan./mar. 2003, p. 149.

Alexandre Pereira Bonna

CAPÍTULO X
DISPOSIÇÕES FINAIS E TRANSITÓRIAS

Art. 60. A Lei 12.965, de 23 de abril de 2014 (Marco Civil da Internet) , passa a vigorar com as seguintes alterações:

"Art. 7º (...)

(...)

X – exclusão definitiva dos dados pessoais que tiver fornecido a determinada aplicação de internet, a seu requerimento, ao término da relação entre as partes, ressalvadas as hipóteses de guarda obrigatória de registros previstas nesta Lei e na que dispõe sobre a proteção de dados pessoais;

(...)"

"Art. 16. (...)

(...).

II – de dados pessoais que sejam excessivos em relação à finalidade para a qual foi dado consentimento pelo seu titular, exceto nas hipóteses previstas na Lei que dispõe sobre a proteção de dados pessoais."

Inaugurando as disposições finais e transitórias, o art. 60 se situa na confluência entre a LGPD (Lei Geral de Proteção de Dados – Lei n. 13.709/2018) e o MCI (Marco Civil da Internet – Lei n. 12.965/2014), de modo que, para uma compreensão adequada, faz-se necessária uma digressão acerca das diferenças e semelhanças entre os dois diplomas legais. De tal modo, o MCI visou de forma abrangente demonstrar que as interações de pessoas por meio da internet não representam uma "terra sem lei", estabelecendo princípios, direitos e deveres para o uso da internet, como a pluralidade, livre concorrência, defesa do consumidor, desenvolvimento da personalidade, a função social, a proteção da privacidade, direito de informação e consentimento sobre a coleta, armazenamento e tratamento de dados pessoais. Contudo, embora o MCI disponha que a proteção de dados pessoais é um princípio (art. 3º, III) e que é direito básico do usuário o não fornecimento de dados pessoais sem o seu consentimento livre, expresso e informado ou nas hipóteses previstas em lei (art. 7º, VII e VIII), a referida lei, além de ser muito mais abrangente do que a questão da proteção de dados pessoais, não possuía um regramento mais refinado sobre fiscalização, sanção, reparação de danos e pressupostos para um manuseio lícito de dados de terceiros.

Nessa toada, entra em cena a LGPD, que em seus 65 artigos se dedica exclusivamente às diversas nuances envolvendo dados pessoais no Brasil, e, detalhe, não trata apenas de situações onde a coleta, armazenamento e tratamento ocorrem no âmbito da internet. Tanto é verdade que no art. 1º da LGPD é frisado que "esta Lei dispõe sobre o tratamento de dados pessoais, inclusive nos meios digitais". Ou seja, inclusive, mas não somente, pois, caso um hospital/seguradora/banco/estacionamento/escola/faculdade colete seus dados (CPF, RG, endereço, telefone, etc.) por meio de fichas físicas, deve cumprir integralmente a LGPD, mesmo tal coleta não tendo ocorrido por meio digital. Ademais, a LGPD se assemelha a um verdadeiro microssistema legislativo sobre dados pessoais, pois dispõe de normas de direito material, administrativo, empresarial e direito processual, e, como se não bastasse, cria um órgão da administração pública, a Autoridade Nacional de Proteção de Dados – ANPD. Em suma, o MCI é muito mais abrangente que proteção de dados pessoais, mas prevê o direito de forma sucinta, ao passo que a LGPD troca em miúdos a proteção de dados pessoais, mas não se aplica apenas à internet. Nesse sentido:

> Existirão relações na Internet que não tratarão de dados pessoais, porque não estarão aptas a identificar um usuário especificamente e que, portanto, estarão apenas sob a tutela do Marco Civil da Internet; da mesma forma que existirão tratamentos de dados pessoais off-line, como aquele arquivo antigo que o departamento de Recursos Humanos ainda mantém ou aquela folha de cadastro esquecida na impressora, às quais apenas se aplicarão a Lei Geral de Proteção de Dados. Contudo, existirá também (e mais comumente), um espectro enorme de relações na Internet em que se pode identificar concreta ou potencialmente uma pessoa natural. É nessa intersecção que o artigo 60 da LGPD atua com suas duas alterações[1].

Como grande parte das coletas e tratamentos de dados pessoais ocorre no meio digital, a LGPD considerou de bom tom acrescer dois incisos ao MCI, os quais serão analisados a seguir. O primeiro deles está localizado no art. 7º do MCI, que prevê direitos e garantias dos usuários, o qual, antes do acréscimo do inciso X feito pela LGPD, tratava adequadamente do direito ao consentimento livre, expresso e informado, mas não do direito de exclusão dos dados pessoais. Nessa linha, o inciso X do art. 7º do MCI, acrescido pelo art. 60 da LGPD, traz expressamente o direito de, após o término da relação jurídica e mediante requerimento do titular dos dados, salvo nas hipóteses de guarda obrigatória prevista na legislação, pleitear exclusão definitiva dos dados pessoais que tiver fornecido a determinada aplicação de internet. Nas situações a seguir a lei obriga ou possibilita a guarda de dados pessoais, mesmo contra a vontade do titular, de modo que, caso o titular requeira a exclusão, os dados poderão permanecer armazenados e/ou tratados:

a) dados necessários para que órgãos de pesquisa realizem estudos em saúde pública (art. 13);

b) ao tratamento de dados de crianças e adolescentes no tocante aos tipos de dados e às formas de utilização (art. 14, § 2º);

---

1. BORELLI, Alessandra; LÓPEZ, Núria. Capítulo X: Disposições finais e transitórias. In: MALDONADO, Viviane Nóbrega (Coord.). *LGPD Lei Geral de Proteção de Dados*. 2. ed. São Paulo: Thomson Reuters Brasil, 2019. p. 419.

c) a necessidade de cumprir obrigação legal ou ordem regulatória (art. 16, I), como no caso de registros de acesso a aplicações de internet pelo provedor e armazenamento do prontuário médico; a possibilidade de guardar para uso exclusivo do controlador, vedado acesso por terceiro e desde que anonimizados os dados (art. 16, IV);

d) o direito que será conferido pela Autoridade Nacional de Proteção de Dados, a qual, a teor do que dispõe o art. 40, poderá dispor sobre tempo de guarda dos registros, de modo a promover transparência; para implementação de políticas públicas (art. 7º, III);

e) quando necessário para cumprir o contrato com o próprio titular (art. 7º, V);

f) para tratamento no exercício regular de direitos em processo judicial, administrativo ou arbitral (art. 7º, VI);

g) tratamento para a proteção da vida ou da incolumidade física do titular ou de terceiros (art. 7º, VII);

h) para a tutela da saúde (art. 7º, VIII);

i) tratamento para atender aos interesses legítimos do controlador ou de terceiros: desde que não se sobreponham aos direitos e liberdades fundamentais dos titulares dos dados (art. 7º, IX);

j) tratamento para proteção de crédito, como no caso do cumprimento da Lei do Cadastro Positivo (art. 7º, X);

k) por fim, até mesmo de dados sensíveis, para garantia da prevenção à fraude e da segurança do titular, nos processos de identificação e autenticação de cadastro em sistemas eletrônicos, resguardados os direitos mencionados no art. 9º desta Lei e exceto no caso de prevalecerem direitos e liberdades fundamentais do titular que exijam a proteção dos dados pessoais (art. 11, inciso II, alínea "g").

Desta feita, a regra geral é que os dados pessoais coletados com o consentimento do usuário serão mantidos mesmo após o término do vínculo contratual, haja vista que o dispositivo sinaliza que a exclusão dos dados pessoais será feita "a requerimento". Ou seja, no silêncio do titular dos dados, os mesmos serão mantidos armazenados. Sobre este ponto, cabe uma breve analogia, relacionada ao direito ao esquecimento. Como se sabe, regra geral todos os sites, fotos e notícias sobre uma pessoa permanecerão na rede mundial de computadores, mas, caso tais acontecimentos não sejam mais condizentes com o "eu" atual, pode ser pleiteada, a requerimento, a exclusão dos respectivos fatos descontextualizados, em prestígio à honra, à imagem, à privacidade e ao livre desenvolvimento da personalidade. Similarmente, o mesmo se dá quanto aos dados pessoais coletados em uma determinada aplicação na internet (aplicativos, redes sociais etc.), direito este que não necessita de qualquer motivação ou justificativa, embora existam muitas, como o temor pelo compartilhamento e vazamento, o receio de uso por hackers, o medo de compras e dívidas por estelionatários e a preservação de recebimento de uma avalanche de e-mails, mensagens e telefonemas sobre os produtos, serviços e promoções, dentre outras. Sobre a desnecessidade de motivação:

Isso posto, é importante dizer que a Lei não exige o uso indevido dos dados para que seja possível o direito de exclusão. Assim, a exclusão solicitada pelo titular não pode ser negada ou desconsiderada sob o argumento fático de que o tratamento deferido aos dados armazenados é devido e/

ou lícito. O direito à exclusão de dados constitui verdadeiro direito potestativo e, portanto, sem qualquer condição para seu exercício[2]

De forma mais aprofundada, o referido direito de exclusão dos dados pessoais mediante requerimento possui fundamento na chamada dimensão positiva do direito à privacidade, que envolve a autodeterminação informativa (art. 2, II), que exige "tanto do legislador como dos agentes de tratamentos de dados em geral, uma atuação na proteção das garantias atinentes à circulação de dados pessoais" e não apenas "mera abstenção de terceiros e de não invasão dos espaços privados"[3]. Significa, portanto, o direito de controle dos dados pessoais, o qual não existe adequadamente sem o direito de exclusão, do contrário durante ou após a relação contratual o titular dos dados estaria à mercê do manuseio à sua revelia, motivo pelo qual o direito ao consentimento livre, expresso e informado não é suficiente para uma tutela adequada. Nessa linha, o Enunciado 531 da VI Jornada de Direito Civil, promovida pelo Conselho da Justiça Federal (CJF): "a tutela da dignidade da pessoa humana na sociedade da informação inclui o direito ao esquecimento", assim como o RExt n. 1010606/RJ, por meio do qual o STF definirá os contornos do direito ao esquecimento no Brasil.

Cumpre asseverar que não haverá direito de exclusão quando os dados do titular estiverem anonimizados, que é uma técnica por meio da qual se perde "a possibilidade de associação, direta ou indireta, a um indivíduo" (art. 5º, XI), e tais dados perdem a qualidade de dados pessoais e a consequente proteção da LGPD, "salvo quando o processo de anonimização ao qual foram submetidos for revertido ou puder ser revertido". Caso o titular dos dados faça uso da faculdade prevista no art. 18, IV, qual seja, a de requerer do controlador a anonimização, perde o direito à exclusão. Portanto, diante de um pedido de exclusão de dados, o operador/controlador pode indicar que não seria mais possível identificar ou associar os dados ao titular, "uma vez que já estariam submetidos a técnicas irreversíveis de anonimização". Dito de outro modo, os operadores e controladores estariam autorizados a ignorar a requisição do titular sob o pretexto de que os dados seriam, dali em diante, anonimizados"[4].

No tocante ao acréscimo feito pela LGPD no art. 16, II, do MCI, é importante destacar que, por consequência lógica do direito ao consentimento previsto em ambas as leis, a coleta e o tratamento feitos sem o consentimento prévio, informado

---

2. BARROS, Rafael Souza Paiva de; FERREIRA, Anne Glória Lima. Capítulo X: Disposições finais e transitórias. In: FEIGELSON, Bruno; SIQUEIRA, Antônio Henrique Albani. *Comentários à Lei Geral de Proteção de Dados* [livro eletrônico]: Lei 13.709/2018. 1 ed. São Paulo: Thomson Reuters Brasil, 2019. p. 215-216.

3. BODIN DE MORAES, Maria Celina; QUEIROZ, João Quinelato de. Autodeterminação informativa e responsabilização proativa: novos instrumentos de tutela da pessoa humana na LGPD. In: *Proteção de dados pessoais:* privacidade versus avanço tecnológico. Rio de Janeiro: Fundação Konrad Adenauer, outubro 2019. p. 118.

4. BARROS, Rafael Souza Paiva de; FERREIRA, Anne Glória Lima. Capítulo X: Disposições finais e transitórias. In: FEIGELSON, Bruno; SIQUEIRA, Antônio Henrique Albani. *Comentários à Lei Geral de Proteção de Dados* [livro eletrônico]: Lei 13.709/2018. São Paulo: Thomson Reuters Brasil, 2019. p. 215/218.

e expresso, é frontalmente ilegal, porém há situações limítrofes que dizem respeito ao uso dos dados em finalidade excessiva à que foi autorizada, as quais apenas com uma análise aprofundada sobre os princípios da finalidade, boa-fé e abuso do direito seria possível identifica-lás como ilegais. Para reforçar a ilicitude, a LGPD acresceu o inciso II ao art. 16 do MCI, no sentido de ser vedada a guarda de dados pessoais que sejam excessivos à finalidade para a qual foi dado consentimento, salvo nas hipóteses em que a lei autoriza a guarda e tratamento de dados mesmo sem o consentimento do titular, que já foram detalhadas acima. Ou seja, tanto o direito de exclusão quanto o direito de reprimir o uso dos dados fora da finalidade consentida não atingirão as situações em que a lei blinda a coleta e/ou armazenamento e/ou o tratamento dos dados pessoais dos titulares.

O princípio da finalidade (art. 6º, I, LGPD) sinaliza que, no momento de realizar o tratamento de dados pessoais, devem ser observados os propósitos explícitos informados ao titular, tendo em vista que, no momento de este consentir, deverá fazê-lo concordando com o tratamento para uma finalidade determinada e previamente informada (art. 5º, XII, LGPD). Assim, "depreende-se que a coleta de dados pessoais deverá ter um propósito específico, previamente definido e informado ao titular, sendo vedada a utilização dos mesmos dados pessoais posteriormente à sua coleta para outra finalidade"[5]. Nessa linha, se a finalidade informada e consentida foi para melhorar serviço, os dados só poderão sofrer tratamento para essa finalidade; se a finalidade foi para promover publicidade com mais eficiência ou viabilizar a realização da obrigação (exemplo da localização para o Uber), idem. Qualquer utilização fora do que foi explicitado e acordado, além de violar o princípio da finalidade, afronta a boa-fé (art. 422 do CC/2002), por se tratar de um comportamento contraditório com as legítimas expectativas criadas, desembocando ao fim e ao cabo como um ato ilícito, seja por violação expressa da boa-fé ou finalidade, seja por transbordar a finalidade para a qual o direito foi criado e se encaixando no abuso do direito (art. 187 do CC/2002).

O Regulamento Geral sobre Proteção de Dados da União Europeia n. 2016/679, na mesma linha do direito de exclusão, dispõe sobre o direito ao apagamento de dados (direito a ser esquecido): "o titular tem o direito de obter do responsável pelo tratamento o apagamento dos seus dados pessoais" (art. 17º), aludindo também expressamente que é ilegal a guarda de dados quando "os dados pessoais deixaram de ser necessários para a finalidade que motivou a sua recolha ou tratamento" (art. 17º, a). E, similarmente à LGPD, o referido regulamento também permite a guarda obrigatória quando isso for necessário para o exercício da liberdade de informação e

---

5. BODIN DE MORAES, Maria Celina; QUEIROZ, João Quinelato de. Autodeterminação informativa e responsabilização proativa: novos instrumentos de tutela da pessoa humana na LGDP. In: *Proteção de dados pessoais:* privacidade versus avanço tecnológico. Rio de Janeiro: Fundação Konrad Adenauer, outubro 2019. p. 120.

expressão, ao cumprimento de obrigação legal, saúde pública, investigação científica e histórica, dentre outros (art. 17, 3).

O direito de exclusão também foi consagrado no "*California Consumer Privacy Act of 2018*": "a consumer shall have the right to request that a business delete any personal information about the consumer which the business has collected from the consumer" (1798.130); "a business that receives a verifiable consumer request from a consumer to delete the consumer's personal information pursuant to subdivision (a) of this section shall delete the consumer's personal information from its records and direct any service providers to delete the consumer's personal information from their records[6] (1798.105). Na mesma linha, a ilicitude de guardar dados pessoais para além das finalidades consentidas também é patente na legislação da Califórnia: "Business purpose" means the use of personal information for the business's or a service provider's operational purposes, or other notified purposes, provided that the use of personal information shall be reasonably necessary and proportionate to achieve the operational purpose for which the personal information was collected or processed or for another operational purpose that is compatible with the context in which the personal information was collected"[7] (1798.140, 2, d).

Na mesma senda, a "*Ley General de Protección de Datos Personales*", do México, consagra o direito de "cancelación", similar ao direito de exclusão: "artículo 46. El titular tendrá derecho a solicitar la cancelación de sus datos personales de los archivos, registros, expedientes y sistemas del responsable, a fin de que los mismos ya no estén en su posesión y dejen de ser tratados por este último". Por fim, o respectivo diploma normativo mexicano também consagra a proibição de guardar os dados em razão de finalidade diversa para a qual foi dado o consentimento: "artículo 18. Todo tratamiento de datos personales que efectúe el responsable deberá estar justificado por finalidades concretas, lícitas, explícitas y legítimas, relacionadas con las atribuciones que la normatividad aplicable les confiera". E, caminhando na mesma linha da LGPD, também permite a guarda de dados mesmo sem consentimento: "artículo 6. (...) El derecho a la protección de los datos personales solamente se limitará por razones de seguridad nacional, en términos de la ley en la materia, disposiciones de orden pública, seguridad y salud públicas o para proteger los derechos de terceros".

---

6. "O consumidor terá o direito de solicitar que uma empresa apague quaisquer informações pessoais sobre o consumidor que a empresa tenha coletado" (tradução livre).

"Uma empresa que coleta informações pessoais sobre os consumidores deve divulgar, de acordo com a Seção 1798.130, os direitos do consumidor de solicitar a exclusão das informações de suas informações pessoais" (tradução livre).

7. "Finalidade comercial significa o uso de informações pessoais para finalidades operacionais da empresa ou de um provedor de serviços, ou outras finalidades notificadas, desde que o uso de informações pessoais seja razoavelmente necessário e proporcional para atingir a finalidade operacional para a qual as informações pessoais foram coletadas ou processadas ou para outra finalidade operacional que seja compatível com o contexto em que as informações pessoais foram coletadas" (tradução livre).

Alexandre Pereira Bonna

Art. 61. A empresa estrangeira será notificada e intimada de todos os atos processuais previstos nesta Lei, independentemente de procuração ou de disposição contratual ou estatutária, na pessoa do agente ou representante ou pessoa responsável por sua filial, agência, sucursal, estabelecimento ou escritório instalado no Brasil.

Imagine-se um consumidor no Brasil que acessa um site de produtos chineses com preços acessíveis e atrativos e decide realizar compras, sendo exigida a coleta de dados pessoais, como o cartão de crédito, RG, CPF, telefone, e-mail etc. Semanas depois os produtos chegam até a casa do consumidor, porém o usuário se incomoda com centenas de e-mails e ligações da China e decida pedir a exclusão dos dados pessoais considerando o término da relação contratual, a qual é negada pela empresa estrangeira por e-mail, expressa ou tacitamente pela inércia. Nesse momento, a Autoridade Nacional de Proteção de Dados decide notificar a mesma para fins de cumprir a LGPD ou sofrer sanções, porém o único endereço no Brasil é de um escritório de contabilidade, que atua com poderes exclusivos para fins tributários, não tendo permissão para receber quaisquer notificações. É nesse tipo de imbróglio que o art. 61 se situa.

Sabe-se que processo é meio pelo qual o Judiciário ou a administração pública, a partir de um conjunto de atos concatenados, poderá impor decisão que afete a esfera de direitos das partes do mesmo, e, por conta dessa potencialidade, a Constituição Federal de 1988 (art. 5, LV) garante aos litigantes, em processo judicial ou administrativo, o contraditório e ampla defesa. Isto é, as partes de um processo têm direito de serem cientificadas da existência do processo (contraditório-informação), direito de utilizar meios para impugnar fatos e direitos (contraditório-reação), assim como direito de que suas razões e provas sejam apreciadas pela autoridade julgadora (contraditório-influência), formando a tripla dimensão do direito do contraditório[1]. Porém, para todo esse percurso ser viabilizado faz-se necessária, preambularmente, a notificação/intimação (processo administrativo) ou a citação (processo judicial) da parte, motivo pelo qual o art. 239 do CPC assevera que, para a validade do processo, é indispensável a citação do réu, vício esse que pode ser arguido em qualquer tempo (art. 525, § 1º, I).

---

1. Para se aprofundar nesse tripé: BONNA, Alexandre Pereira. Cooperação no Processo Civil – a paridade do juiz e o reforço das posições jurídicas das partes a partir de uma nova concepção de democracia e contraditório. *Revista Brasileira de Direito Processual*, Belo Horizonte, n. 85, jan./mar. 2014.

Da mesma forma, a Lei 9.784/99, que regula o processo administrativo no âmbito federal, dispõe que a administração pública observará o contraditório e ampla defesa (art. 2º), assim como providenciará a intimação do interessado (art. 26), sob pena de nulidade do processo administrativo, como vêm decidindo reiteradamente o Superior Tribunal de Justiça – STJ: "em respeito ao princípio da ampla defesa é necessária a intimação do contribuinte para responder ao processo administrativo"[2] e os Tribunais Regionais Federais: "A falta de notificação do contribuinte no procedimento fiscal instaurado para o lançamento de tributo causa a nulidade do processo administrativo que resulta em sua inscrição em Dívida Ativa, por ofensa aos princípios da ampla defesa e do contraditório"[3]. A prova de que a ordem jurídica pátria considera fundamental o "status ativo" do sujeito no processo, como meio de demonstrar seu inconformismo e sua versão dos fatos e direito, se concretiza no reconhecimento de tal mandamento inclusive nas relações privadas (associados, condôminos, sócios, clubes), como decidido pelo Supremo Tribunal Federal – STF no julgamento do RE 201819[4].

O art. 55-J, IV, prevê que a Autoridade Nacional de Proteção de Dados – ANPD deverá fiscalizar e aplicar sanções em caso de tratamento de dados realizado em descumprimento à legislação, mediante processo administrativo que assegure o contraditório, a ampla defesa e o direito de recurso. Ademais, em razão da inafastabilidade do Judiciário (art. 5º, XXV, CF/88), nada impede que uma pessoa física ou jurídica assim como entidades legitimadas para a tutela coletiva pleiteiem obrigação de fazer, não fazer ou reparação de danos em razão de violações da LGPD. Destarte, o art. 61, que se aplica no âmbito do processo administrativo da lei, está em total harmonia com o Código de Processo Civil (Lei n. 13.105/2015) e, em ambos os casos, trata-se de uma medida que facilita a aplicação da lei para empresas estrangeiras, já que em todo caso (administrativo ou judicial), para a validade do processo, é essencial a citação/intimação/notificação da pessoa física ou jurídica que poderá sofrer as sanções.

Desta feita, muitas empresas estrangeiras têm sede no exterior, sem qualquer estrutura física no Brasil, a não ser por meio de seus parceiros (escritórios, representantes e, quando muito, filial, estabelecimento ou agência), como é o caso do aplicativo "Poker Stars", que possui um pequeno escritório em São Paulo para intermediar negócios no Brasil. Mesmo diante dessas dificuldades, se a coleta ou tratamento de dados foi feito no Brasil, a empresa estrangeira é obrigada a respeitar integralmente a LGPD, como dispõe o art. 3º da LGPD, pois consideram-se coletados no território nacional os dados pessoais cujo titular nele se encontre no momento da coleta[5]. De

---

2. STJ AResp 254219/MG. Rel. Ministro Benedito Gonçalves, DJ 07/12/2012.

3. TRF1. AI 0031982-42.2015.4.01.0000. Rel. Des. Federal Maria do Carmo Cardoso, em 22/05/2017.

4. STF. RExt 201819. Rel. Ministra Ellen Gracie, DJ 27/10/2006.

5. KLEE, Antônia Espíndola Longoni; PEREIRA NETO, Alexandre Nogueira. A Lei Geral de Proteção de Dados (LGPD): uma visão panorâmica. In: *Proteção de dados pessoais: privacidade versus avanço tecnológico.* Rio de Janeiro: Fundação Konrad Adenauer, 2019. p. 17

modo a facilitar a notificação, a LGPD permite que a comunicação dos atos processuais previstos na lei, especialmente para aplicação de sanções, seja feita perante qualquer pessoa que se apresente como agente ou representante da empresa estrangeira no Brasil, mesmo que tais poderes não constem expressamente em procuração ou contrato social. Caso tal dispositivo não existisse, surgiria a possibilidade de as agências, representantes e filias argumentarem que são pessoas jurídicas e CNPJ(s) distintos, arguindo ilegitimidade, como explicado abaixo:

> Entendemos ser bastante conveniente, pois não é incomum que empresas estrangeiras, sócias de empresas brasileiras de igual nome, muitas vezes se defendem em processos administrativos e judiciais afirmando que não se trata da mesma pessoa jurídica, ainda que estejam ambas sob o mesmo controle e direção[6].

Similarmente, o CPC/2015, além de fincar que compete à autoridade judiciária brasileira julgar ações em que no Brasil tiver de ser cumprida a obrigação ou que o fundamento seja fato ocorrido ou praticado no Brasil (art. 21, II e III), o parágrafo 2º do art. 248 prevê que a citação será válida com a entrega do mandado "a pessoa com poderes de gerência geral ou de administração ou, ainda, a funcionário responsável pelo recebimento de correspondências". Como se não bastasse, o art. 75 reza que "serão representados em juízo, ativa e passivamente: X – a pessoa jurídica estrangeira, pelo gerente, representante ou administrador de sua filial, agência ou sucursal aberta ou instalada no Brasil".

Em ambos os diplomas normativos (LGPD e CPC/2015) percebe-se o pano de fundo da teoria da aparência e do princípio da boa-fé. A teoria da aparência "está aparelhada para proteger os terceiros agindo em favor daqueles que, de maneira invencível, creem naquilo que se exterioriza"[7], ou seja, em razão de práticas anteriores e expectativas legitimamente criadas, tal agente ou representante ou filial se apresenta no Brasil como a empresa estrangeira, e, mesmo que não existe procuração ou poderes em contrato social, a teoria da aparência sinaliza para a viabilidade de manter aquilo que se exterioriza. Ademais, a boa-fé exerce papel importante, na medida em que veda o comportamento contraditório e não permite que uma filial, representante ou agente no Brasil tenha plenas liberdades de atuar em nome da empresa estrangeira para diversos assuntos, mas não para receber notificações/intimações/citações envolvendo o cumprimento da LGPD.

Contudo, na hipótese de a empresa estrangeira não possuir qualquer escritório, representante, filial ou agente no Brasil atuando em seu nome, surgem duas opções válidas para fins de citação judicial: a) citação por carta rogatória, se o país onde a empresa estrangeira tem sede aceitar cooperar internacionalmente com a justiça brasileira (art. 237, II, CPC/2015); b) citação por edital, quando o país onde a empresa

---

6. COTS, Márcio; OLIVEIRA, Ricardo. *Lei Geral de Proteção de Dados Pessoais Comentada*. 2. ed. São Paulo: Thomson Reuters Brasil, 2019. p. 230.

7. KÜMPEL, Vitor Frederico. *A teoria da aparência jurídica*. São Paulo: Método, 2007. p. 65.

estrangeira tem sede se recusar em cumprir a carta rogatória, já que, nos termos do art. 256, § 1º, do CPC/2015, "considera-se inacessível, para efeito de citação por edital, o país que recusar o cumprimento de carta rogatória", criando uma hipótese de presunção de que a parte está em local incerto e não sabido.

Em suma, a LGPD finca a sua eficácia extraterritorial e o fato de "muitas páginas e anunciantes, responsáveis por depositar cookies, estarem situados fora do país não afeta a jurisdição da lei brasileira"[8]. Isso importa dizer que a LGPD tem um escopo territorial amplíssimo, capaz de atingir empresas independentemente do país em que se encontrem, bastando que elas tratem dados, ofereçam ou forneçam bens ou serviços, ou coletem dados no Brasil[9].

Por fim, o referido dispositivo serve como alerta para todas as empresas estrangeiras que têm atuação no Brasil, no sentido de, nas suas relações comerciais, estabelecer não apenas os bônus e lucros com seus diversos parceiros, mas também ter mais exigência e confiança com estes, pois eles servirão de apoio no Brasil para o recebimento de notificações/intimações/citações. A empresa estrangeira deve ter em mente que se tiver representantes descompromissados com o integral cumprimento da LGPD, poderá gerar a longo prazo uma enxurrada de multas, reparações de danos etc. Cumpre destacar que, a teor dos artigos da LGPD e do CPC sobre a temática, o representante ou agente no Brasil não estará sendo réu ou denunciado no processo, mas tão somente é considerado uma ponte legítima para fins de qualificar a comunicação processual como válida, pelo menos em princípio, haja vista que o CDC, em seu art. 18, prevê uma responsabilidade solidária entre todos que participem da cadeia de consumo por vícios do serviço ou produto.

---

8. OLIVEIRA, Jordan Vinícius de; SILVA, Lorena Abbas. Cookies de navegador e história da internet: desafios à lei brasileira de proteção de dados pessoais. *Revista de Estudos Jurídicos UNESP*, Franca, a. 22, n.36, 2018. p. 329.

9. BORELLI, Alessandra; LÓPEZ, Núria. Capítulo X: Disposições finais e transitórias. In: MALDONADO, Viviane Nóbrega (Coord.). *LGPD – Lei Geral de Proteção de Dados*. 2. ed. São Paulo: Thomson Reuters Brasil, 2019. p. 422.

Alexandre Pereira Bonna

Art. 62. A autoridade nacional e o Instituto Nacional de Estudos e Pesquisas Educacionais Anísio Teixeira (Inep), no âmbito de suas competências, editarão regulamentos específicos para o acesso a dados tratados pela União para o cumprimento do disposto no § 2º do art. 9º da Lei 9.394, de 20 de dezembro de 1996 (Lei de Diretrizes e Bases da Educação Nacional) , e aos referentes ao Sistema Nacional de Avaliação da Educação Superior (Sinaes), de que trata a Lei 10.861, de 14 de abril de 2004.

Quanto ao dispositivo da LGPD em comento, informa-se que ele estava presente na redação original da LGPD, porém foi revogado pelo art. 3º da Medida Provisória n. 869/2018: "Art. 3º Ficam revogados os seguintes dispositivos da Lei 13.709, de 2018 : I – o § 4º do art. 4º; II – os § 1º e § 2º do art. 7º; e III – o art. 62", sob o argumento de que a possibilidade de o Instituto Nacional de Estudos e Pesquisas Educacionais Anísio Teixeira – INEP e a Autoridade Nacional de Proteção de Dados – ANPD regularem acesso a dados tratados pela União fere o princípio da finalidade, adequação, necessidade e não discriminação, sendo imprópria uma proteção especial para esses dados[1]. Porém, o Congresso Nacional, ao deliberar sobre a conversão da MP 869/2018 em lei – poder conferido pelo § 3º do art. 62 da CF/88 –, criou a Lei 13.853/2019, a qual removeu a revogação do art. 62. Assim, "a revogação pretendida pela Medida Provisória não foi convertida em lei, é dizer, a LGPD, ao final, manteve a previsão expressa de cooperação entre a Autoridade Nacional e as autoridades setoriais de educação[2].

Nessa senda, para compreender o art. 62 é fundamental discorrer sobre a natureza jurídica e competências da ANPD e do INEP. A ANPD é um órgão da administração pública vinculado à Presidência da República com autonomia técnica e decisória (art. 55-B) e natureza jurídica transitória, porque poderá ser transformada pelo Poder Executivo em autarquia federal vinculada à Presidência da República (art. 55-A, § 1º). A estrutura regimental da ANPD foi estabelecida pelo Decreto n. 10.474/2020, assim como a nomeação para os principais cargos foi publicada no Diário Oficial da União do dia 15 de outubro de 2020: cargos de Diretor do Conselho Diretor e Diretor-Presidente do Conselho Diretor. De forma genérica, a função primordial

---

1. Disponível em: https://www.camara.leg.br/proposicoesWeb/prop_mostrarintegra?codteor=1745014&filename=PAR+1+MPV86918+%3D%3E+MPV+869/2018+LIDPT. Acesso em: 18 fev. 2025.

2. BORELLI, Alessandra; LÓPEZ, Nuria. Capítulo X: Disposições finais e transitórias. In: MALDONADO, Viviane Nóbrega (Coord.). *LGPD – Lei Geral de Proteção de Dados*. 2. ed. São Paulo: Thomson Reuters Brasil, 2019. p. 423-425.

da ANPD é zelar pela efetividade da LGPD, de modo a construir um patamar ideal de proteção de dados no Brasil. Para cumprir esse mister, deverá fiscalizar, aplicar sanções administrativas, promover estudos sobre práticas nacionais e internacionais, elaborar diretrizes e editar regulamentos e procedimentos sobre proteção de dados pessoais (art. 2º, XIII, do Decreto n. 10.474/2020 e art. 55-J, XIII, da LGPD).

De outro lado, o INEP é uma autarquia federal atrelada ao Ministério da Educação, competindo-lhe instruir a elaboração de políticas públicas no campo da educação. Para tanto, gerencia acordos de cooperação técnica; busca bases de dados para estudos e pesquisas em matéria de educação; realiza interlocução com o Ministério da Educação; planeja, coordena, orienta e controla a execução de políticas públicas; desenvolve estudos relacionados a temas educacionais; planeja, orienta e avalia os levantamentos estatísticos sobre educação básica e superior; coordena a produção, tratamento e disseminação de indicadores educacionais e pesquisas estatísticas; define e propõe parâmetros de realização das avaliações da educação básica, dentre outros[3]. Tendo em vista a sua menção na LGPD, o INEP já iniciou uma maratona de capacitação de seus servidores, de modo a debater os desafios para a implementação da nova lei[4].

Feitas as considerações sobre natureza jurídica e competência de ambas as entidades, faz-se importante compreender qual a relação da ANPD e INEP com a LGPD. Pois bem. A Lei de Diretrizes Básicas da Educação Nacional (Lei n. 9.394/1996) reza em seu art. 9º que a União deverá coletar, analisar e disseminar informações sobre a educação, estabelecer prioridades para a melhoria do ensino, autorizar e avaliar cursos de ensino superior, mas, no parágrafo 2º do mesmo dispositivo, assegura que "a União terá acesso a todos os dados e informações necessários de todos os estabelecimentos e órgãos educacionais". Além do mais, a Lei n. 10.861/2004 institui o Sistema Nacional da Educação Superior – SINAES, o qual, para cumprir seus objetivos de melhorar a qualidade do ensino superior, deverá invariavelmente ter acesso a dados pessoais relacionados à produção acadêmica; bolsas de pesquisa; monitoria; carreiras do corpo docente e técnico; condições de trabalho; participação da comunidade universitária nos processos decisórios; políticas de atendimento ao estudante (informações descritas no art. 3º da Lei n. 10.861/2004).

Nesse contexto, mesmo que a LGPD não garantisse o acesso aos dados pessoais, pelo próprio espírito das leis mencionadas, a ANPD deveria permitir o amplo acesso de modo a viabilizar políticas públicas que contribuem para o bem comum da sociedade brasileira. Assim, como é algo inevitável, resta à ANPD e INEP editar regulamentos que detalhem como será feita a coleta, armazenamento, tratamento e compartilhamento de dados da União. Em suma, a ANPD e o INEP possuem poder

---

3. Disponível em: http://portal.inep.gov.br/sobre-o-inep/institucional/competencias. Acesso em: 18 fev. 2025.

4. Disponível em: http://portal.inep.gov.br/artigo/-/asset_publisher/B4AQV9zFY7Bv/content/inep-inicia-capacitacao-sobre-a-lei-geral-de-protecao-de-dados-pessoais/21206. Acesso em: 18 fev. 2025.

normativo ou regulamentar, o qual representa a aptidão para a administração pública elaborar atos complementares à lei, buscando viabilizar sua execução, poder este que não pode afrontar ou alterar a lei, haja vista o caráter secundário do poder regulamentar/normativo da Administração Pública e a correlata necessidade de se manter dentro da moldura da lei que a embasa: "Doutrinariamente, pelo menos, o regulamento assemelha-se à lei em seu caráter geral, impessoal e permanente; mas dela se distingue não só por ser diferente o órgão que o estabelece, como por ser uma norma jurídica secundária e de categoria inferior à da lei"[5].

Nesse viés, a LGPD é primária, porque se origina diretamente do Poder Legislativo dentro das regras de competência previstas na CF/88, ao passo que os regulamentos, portarias e resoluções da ANPD e do INEP são secundários "porque tem como fonte os atos derivados do poder legiferante, caracterizado como ato administrativo e, frequentemente, revestido de denominações diversas (decretos, resoluções, portarias etc.)"[6]. Por essas razões, o poder regulamentar, não só da ANPD e INEP, mas também da Receita Federal, do CONAMA, das Agências Reguladoras etc., "envolve o exercício de uma função normativa subordinada – no sentido de que significa a produção de normas em atendimento a uma norma prévia e certa. Ou seja, é obediente a uma previsão normativa anterior"[7].

Embora se assemelhem a leis em sentido estrito, haja vista a generalidade e abstração, os regulamentos se diferenciam daquelas na medida em que não são elaborados pelo Poder Legislativo, além do que estão presos à moldura legal que viabilizou seu poder. Em outras palavras, a ANPD e o INEP possuem poder normativo normalmente exercido por meio de resoluções ou portarias e, por essa razão, surge um imbróglio sobre o modo de combater eventual legalidade/inconstitucionalidade decorrente dessa tarefa regulamentar, em relação ao qual devem ser analisadas duas situações diferentes: a) o regulamento da ANPD ou do INEP viola a LGPD; b) o regulamento da ANPD ou do INEP viola a CF/88, conforme ilustração abaixo:

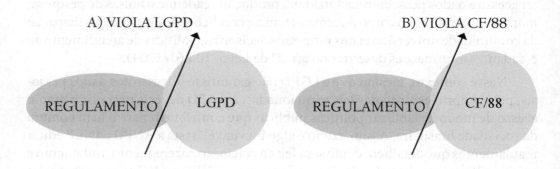

---

5. SILVA, José Afonso da. *Comentário Contextual à Constituição*. 3. ed. São Paulo: Malheiros. p. 484.

6. CARVALHO FILHO, José dos Santos. *Manual de direito administrativo*. 16. ed. São Paulo: Lumen Júris, 2006. p. 46.

7. CUÉLLAR, Leila. *As agências reguladoras e seu poder normativo*. São Paulo: Dialética, 2001. p. 42.

Sobre a temática, o STF é pacífico (ADIN 1.388; ADIN 1.670) no sentido de que não cabe Ação Direta de Inconstitucionalidade contra atos normativos de natureza secundária, que apenas potencializam e viabilizam o cumprimento de uma lei em sentido estrito e, portanto, não são autônomos. Nessa lógica e similarmente à ANPD e o INEP, o Conselho Nacional do Meio Ambiente – CONAMA é um órgão deliberativo criado pela Lei n. 6.938/1981, o qual edita resoluções instituindo normas e critérios para o licenciamento de atividades efetiva ou potencialmente poluidoras. Portanto, o STF decidiu que cabe apenas o confronto da lei em sentido estrito contra a constituição, sendo incabível a ação direta de inconstitucionalidade quando destinada a examinar atos normativos de natureza secundária que não regulem diretamente dispositivos constitucionais, mas, sim, normas legais[8]. Em outras palavras, se o ato normativo da ANPD ou INEP violar a LGPD, não cabe ADIN, porém, se violar a própria Constituição, seria possível o ajuizamento de ADPF, conforme destacou o Ministro Gilmar Mendes: "nas atuais circunstâncias, não vislumbro, porém, condições de reapresentar o tema ao Tribunal. É possível até que, tendo em vista a cláusula de subsidiariedade contida no art. 4º, § 1º, da Lei no 9.882, de 1999, a questão venha a se colocar oportuna em sede de Argüição de Descumprimento de Preceito Fundamental"[9].

Em suma, não cabe ADIN para confrontar o ato do órgão contra a lei que conferiu tais atribuições, porque isso está no campo infraconstitucional e do controle difuso[10]. O Tribunal admite a aferição de constitucionalidade do regulamento apenas na hipótese de manifesta ausência de fundamento legal para expedição do ato[11]. Há um contraponto a tal entendimento, que suscita que nesses casos há uma violação indireta da CF/88, na medida em que um ato regulamentar que extrapola a lei que estabeleceu os limites de seus poderes afronta a separação dos poderes e que, embora em um sentido imediato e direto a violação seja do regulamento em face da lei, é possível vislumbrar tangencialmente a ofensa à Constituição. Mas, "independentemente da aceitação da tese sobre a inconstitucionalidade indireta, deve-se reconhecer a orientação de que o confronto lei-regulamento configura questão legal, que não pode ser tratada no controle abstrato de normas"[12].

Contudo, o STF sempre analisará se a resolução do órgão do governo (Conama, Receita Federal, ANPD, INEP, Sistema Nacional de Proteção do Consumidor ETC.) está em harmonia com os valores e propósitos da Constituição, como se constata nos questionamentos feitos no STF em razão de atos do CONAMA: "o ato administra-

---

8. STF. ADI 2.714/DF. Rel. Min. Maurício Corrêa, DJ 3.03.2003, DJ 27.02.2004.

9. STF. ADI 2.714/DF. Voto-vista do Min. Gilmar Mendes, DJ 27.02.2004

10. STF. ADI 2.714/DF. Voto do Rel. Min. Maurício Corrêa, DJ 27.02.2004; STJ. Recurso Especial 1.266. Relator: Ministro Carlos Madeira, RTJ n. 124; STJ. Recurso Especial 1.492. Rel.: Min. Octavio Gallotti, RTJ n. 127.

11. STJ. Recurso Especial 1.133. Rel.: Min. Aldir Passarinho, RTJ n. 113.

12. STF. ADI 2.714/DF. Voto-vista do Min. Gilmar Mendes, DJ 27.02.2004.

tivo impugnado encontra-se em consonância com o conteúdo do *caput* do art. 225 do Estatuto da República [...] apenas conferem efetividade à legislação ambiental vigente. Conforme destacado, os dispositivos impugnados, além de não violarem, de forma direta, normas constitucionais, cumprem com o propósito decorrente de sua própria natureza normativa secundária (infralegal), a saber: a densificação, o cumprimento, ou, simplesmente, a efetivação dos comandos da legislação ambiental vigente"[13].

---

13. STF. Parecer da AGU na ADI 3.074/DF. p. 313-314.

Alexandre Pereira Bonna

Art. 63. A autoridade nacional estabelecerá normas sobre a adequação progressiva de bancos de dados constituídos até a data de entrada em vigor desta Lei, consideradas a complexidade das operações de tratamento e a natureza dos dados.

Preambularmente, reitera-se o comentário do artigo anterior no tocante ao poder regulamentar/normativo da ANPD, a qual edita normas secundárias para aprimorar, incrementar e viabilizar a norma primária (lei em sentido estrito, LGPD), haja vista que no art. 63 o dispositivo inicia dizendo "A autoridade nacional estabelecerá normas". Este é o primeiro ponto. Ademais, é fundamental entender que normas são essas e qual a sua importância, discorrendo sobre o início de vigência da LGPD, o conceito de bancos de dados, a complexidade das operações de tratamento de dados e as razões para uma adequação progressiva.

No primeiro semestre de 2020 verificou-se um desespero de muitas empresas que buscavam se adequar às disposições legais da LGPD, com medo e receio de sofrerem sanções elevadíssimas, que podem chegar até a R$ 50.000.000,00 (cinquenta milhões de reais) por infração. O primeiro motivo dessa efervescência foi o início de vigência da LGPD, que, em relação à ANPD e ao Conselho Nacional de Proteção de Dados Pessoais e da Privacidade – CNPDPP, entrou em vigor no dia 28 de dezembro de 2018 (art. 65, I); quanto às sanções criadas pela LGPD por descumprimentos se suas determinações, entrou em vigor no dia 1º de agosto de 2021 (art. 65, I-A); e, com relação a todo o corpo normativo legal de proteção de dados, entrou em vigor no dia 16 de agosto de 2020, 24 meses após a data de publicação, conforme art. 65, II.

Outrossim, o início de vigência acima apresentado sinalizou às pessoas físicas e jurídicas que possuem dados pessoais de terceiros em bancos de dados que elas precisariam estar em harmonia com toda a LGPD até o dia 26 de agosto de 2020, porque, embora as sanções da LGPD só sejam aplicáveis a partir de agosto de 2021, nada impede que sejam aplicadas as sanções previstas no Código de Defesa do Consumidor[1] e no Marco Civil da Internet[2] no âmbito administrativo, que dispõe

---

1. "Art. 56, do CDC: As infrações das normas de defesa do consumidor ficam sujeitas, conforme o caso, às seguintes sanções administrativas, sem prejuízo das de natureza civil, penal e das definidas em normas específicas: I – multa; (...) IV – cassação do registro do produto junto ao órgão competente; (...); VI – suspensão de fornecimento de produtos ou serviço; VII – suspensão temporária de atividade; VIII – revogação de concessão ou permissão de uso; IX – cassação de licença do estabelecimento ou de atividade; X – interdição, total ou parcial, de estabelecimento, de obra ou de atividade; (...)".

2. "Art. 12, do MCI: Sem prejuízo das demais sanções cíveis, criminais ou administrativas, as infrações às normas previstas nos arts. 10 e 11 ficam sujeitas, conforme o caso, às seguintes sanções, aplicadas de forma isolada ou cumulativa:

expressamente sobre multa por violações de dados pessoais; ou que o Ministério Público e Associações requeiram dano moral coletivo[3] e obrigações de fazer cumuladas com pedido de *astreintes* no âmbito judicial[4], o que deixou parte das pessoas físicas e jurídicas que manuseiam dados pessoais aflitas e inseguras:

> Verifique-se que, se um determinado banco de dados não estiver regular na entrada em vigor da LGPD, e se não houver regras de adequação, o mesmo estará comprometido e poderá haver sanções pelo tratamento ilegal de dados pessoais. Em outras palavras, o prazo para entrada em vigor da lei, independentemente da norma a ser expedida pela autoridade nacional, deve ser utilizado para a adequação dos bancos de dados antigos, sob pena de eles se tornarem completamente irregulares[5].

O cenário de desânimo atingiu o cume quando aqueles que deveriam se adequar à LGPD constataram dezenas de obrigações extremamente complexas, difíceis e novas, que rompem o paradigma de proteção de dados no Brasil, elevando-o a um patamar de países europeus de vanguarda no tema e operando uma mudança sociocultural: "a cultura da superexposição dá lugar para a cultura do controle das informações pelos seus titulares"[6]. Dentre os direitos de maior envergadura e de difícil implementação estão: a) direito ao consentimento livre, expresso e informado, que não se resume aos padrões de "termos de uso" ou "políticas", nem ao "Li e aceito", pois a linguagem truncada, extensa e de pouca clareza inviabiliza o exercício da autonomia por meio do titular dos dados pessoais na prática[7]; b) direito de retificação de registros desatualizados, incompletos ou inexatos; c) direito de exclusão e

---

I – advertência, com indicação de prazo para adoção de medidas corretivas;

II – multa de até 10% (dez por cento) do faturamento do grupo econômico no Brasil no seu último exercício, excluídos os tributos, considerados a condição econômica do infrator e o princípio da proporcionalidade entre a gravidade da falta e a intensidade da sanção;

III – suspensão temporária das atividades que envolvam os atos previstos no art. 11; ou

IV – proibição de exercício das atividades que envolvam os atos previstos no art. 11."

3. "O dano moral coletivo corresponde à lesão injusta e intolerável a interesses ou direitos titularizados pela coletividade (considerada em seu todo ou em qualquer de suas expressões – grupos, classes ou categorias de pessoas), os quais possuem natureza extrapatrimonial, refletindo valores e bens fundamentais para a sociedade" (MEDEIROS JÚNIOR, LEONARDO. *Processo estrutural consequencialista.* Rio de Janeiro: Lumen Juris, 2018. p. 137).

4. "Art. 537, do CPC: A multa independe de requerimento da parte e poderá ser aplicada na fase de conhecimento, em tutela provisória ou na sentença, ou na fase de execução, desde que seja suficiente e compatível com a obrigação e que se determine prazo razoável para cumprimento do preceito."

5. COTS, Márcio; OLIVEIRA, Ricardo. *Lei Geral de Proteção de Dados Pessoais Comentada.* 2. ed. São Paulo: Thomson Reuters Brasil, 2019. p. 231.

6. LIMA, Cintia Rosa Pereira de; DE LUCCA, Newton. Polêmicas em torno da vigência da Lei Geral de Proteção de Dados. Migalhas. 11 de outubro de 2020. Disponível em: https://www.migalhas.com.br/coluna/migalhas-de-protecao-de-dados/331758/polemicas-em-torno-da-vigencia-da-lei-geral-de-protecao-de-dados Acesso em: 18 fev. 2025.

7. BRANDÃO, Luíza Couto Chaves. o Marco civil da internet e a Proteção de dados: diálogos com a LGPD. In: *Proteção de dados pessoais:* privacidade versus avanço tecnológico. Rio de Janeiro: Fundação Konrad Adenauer, outubro 2019. p. 40

revogação do consentimento; d) direito de portabilidade de dados fornecidos a um controlador para transmissão a outro fornecedor de produtos ou serviços; e) nuances específicas sobre dados de crianças e adolescentes e dados sensíveis; f) direito de explicação e esclarecimentos.

Esse tipo de complexidade não é singular da LGPD. Há outros fenômenos jurídicos e normativos que tornaram necessário definir um planejamento para cumprimento de obrigações de forma paulatina, como por exemplo no Pacto de Direitos Econômicos Sociais e Culturais, adotado pela XXI Sessão da Assembleia-Geral das Nações Unidas, em 19 de dezembro de 1966, que em seu artigo 2º dispõe que os Estados deverão utilizar o máximo de seus recursos disponíveis para assegurar "progressivamente o pleno exercício dos direitos reconhecidos no presente Pacto", como a educação, saúde, moradia, emprego, renda, lazer etc. Similarmente, o art. 23 da Lei de Introdução às normas do Direito Brasileiro (Decreto-lei n. 4.657/1942), acrescido pela Lei n. 13.655/2018, prevê que "a decisão administrativa, controladora ou judicial que estabelecer interpretação ou orientação nova sobre norma de conteúdo indeterminado, impondo novo dever ou novo condicionamento de direito, deverá prever regime de transição quando indispensável para que o novo dever ou condicionamento de direito seja cumprido de modo proporcional". Por fim, há o chamado processo estrutural (*structural injunction*), que surgiu em 1954 no caso *Brown vs. Board of Education* com a necessidade de fixar deveres progressivos para a mudança do sistema educacional americano. O processo estrutural visa realizar o cumprimento de decisões judiciais complexas que não se amoldam aos prazos e medidas rígidas da lei processual e necessitam de uma maior flexibilidade e maleabilidade na fase de execução, como destaca Leonardo Medeiros Júnior:

> (...) litígio complexo e multipolar, característica marcante dos litígios que buscam a concretização dos direitos fundamentais sociais pelo Poder Judiciário; (...) buscam implantar medidas que envolvem uma atuação judicial proativa, em regra atrelada à atuação dos outros Poderes do Estado, responsáveis pela elaboração e concretização das políticas públicas[8].

Por conseguinte, não poderia ser diferente em relação aos bancos de dados que coletaram, armazenaram ou trataram dados pessoais antes da vigência da LGPD, tendo em vista o enorme volume de adaptações e investimentos em tecnologia. Em razão da falta das normas progressivas pela ANPD, gerou-se um contexto de insegurança: "tal cenário de ausência de regulamentação corrobora-se ao fato de que apenas 15% das empresas já estão em conformidade com as previsões da LGPD"[9]. Assim, de modo a ser compreensivo com o enorme desafio, a LGPD reza que a ANPD deve elaborar normas para adequação progressiva da nova lei, ou seja, deverá

---

8. MEDEIROS JÚNIOR, Leonardo. *Processo estrutural consequencialista*. Rio de Janeiro: Lumen Juris, 2018. p. 84.

9. LYRA, Ellen; GUEIROS, Pedro. Capítulo X: Disposições finais e transitórias. In: FEIGELSON, Bruno (Coord.). *Comentários à Lei Geral de Proteção de Dados* – Lei 13.709/2018. São Paulo: Thomson Reuters Revista dos Tribunais, 2020. posição 4.758.

estabelecer fases, etapas, prazos, envolvendo as obrigações mais simples até as mais complexas, visto que a harmonia com um novo horizonte de proteção de dados não se faz em um "piscar de olhos" e, mais importante que punir e sancionar, é viabilizar o prestígio e realização da proteção de dados no Brasil. Portanto, existe um regime jurídico diferenciado para os bancos de dados já constituídos antes da entrada em vigor da LGPD:

> Com vistas à prévia experiência europeia e a *vacatio* de seu Regulamento Geral sobre a Proteção de Dados (GDPR), que a despeito de seus dois anos desencadeou uma corrida pela obtenção do consentimento em bases de dados não ativas em 25 de maio de 2018, bem como à evidente dificuldade prática em se adequar um volume imenso de dados pessoais tratados ao longo de décadas, a LGPD previu um regime diferenciado para os "bancos de dados constituídos" até a sua entrada em vigor. Determinou em seu artigo 63 que a Autoridade Nacional estabelecerá normas sobre a adequação progressiva desses bancos de dados, indicando que eles terão um prazo diferenciado para o cumprimento.[10]

Por fim, a não adequação de bancos de dados já existentes pode acarretar na eliminação ou anonimização dos dados, perdendo, assim, qualquer sentido preexistente no que tange ao armazenamento de tais dados. Nesse sentido, a exemplo da norma europeia, é necessário observar que, mesmo meses após a entrada em vigor da mesma, cerca de 80% das empresas ainda não tinham se adequado à legislação e 27% ainda não tinham sequer iniciado o processo de adaptação[11]. Os autores Rafael Souza Paiva de Barros e Anne Glória Lima Ferreira[12] defendem que a não adequação dos bancos de dados preexistentes à lei até 20 de agosto de 2020 pode levar à eliminação ou anonimização dos dados. Porém, se a ANPD ainda não regulou a fase de transição e as etapas correlatas para progressiva adaptação, este autor discorda desse posicionamento, pelos motivos a seguir expostos.

No momento em que a LGPD foi feita, houve uma clara fixação de um regime especial para os bancos de dados preexistentes à vigência da lei e, atrelado a esse regime especial, foi fincada a necessidade de normatividade da ANPD, dispondo sobre etapas e fases de implementação progressiva. Em outras palavras, o material legislativo criou uma legítima expectativa nas diversas pessoas físicas e jurídicas que possuem bancos de dados (fichas, cadastros, cookies, armazenamentos em softwares e dados de clientes etc.) – como escolas, hospitais, escritórios de advocacia e contabilidade, consultórios médicos e de dentistas, aplicativos, sites, editoras etc.

---

10. BORELLI, Alessandra; LÓPEZ, Nuria. Capítulo X: Disposições finais e transitórias. In: MALDONADO, Viviane Nóbrega (Coord.). *LGPD Lei Geral de Proteção de Dados*. 2. ed. São Paulo: Thomson Reuters Brasil, 2019. p. 425.

11. BARROS, Rafael Souza Paiva de; FERREIRA, Anne Glória Lima. Capítulo X: Disposições finais e transitórias. In: FEIGELSON, Bruno; SIQUEIRA, Antônio Henrique Albani. *Comentários à Lei Geral de Proteção de Dados* [livro eletrônico]: Lei 13.709/2018. 1 ed. São Paulo: Thomson Reuters Brasil, 2019. p. 218-219.

12. BARROS, Rafael Souza Paiva de; FERREIRA, Anne Glória Lima. Capítulo X: Disposições finais e transitórias. In: FEIGELSON, Bruno; SIQUEIRA, Antônio Henrique Albani. *Comentários à Lei Geral de Proteção de Dados* [livro eletrônico]: Lei 13.709/2018. 1 ed. São Paulo: Thomson Reuters Brasil, 2019.

– de que teriam um lapso temporal flexível e maleável a ser apresentado pela ANPD. Por essas razões, enquanto não existir a norma que regulamente o mandamento de "adequação progressiva", não deve possuir eficácia o conjunto normativo que determine a perda ou anonimização dos dados, pois do contrário seria uma clara violação da lei (que prevê o regime especial) assim como da boa-fé no tocante à vedação de comportamento contraditório. Parafraseando o poeta Augusto dos Anjos: "a mão que afaga é a mesma que apedreja".

De outro lado, a ausência de norma secundária por parte da ANPD não pode ser utilizada como subterfúgio para uma completa inércia em matéria de proteção de dados, uma vez que o direito de controle de dados pessoais é consagrado mesmo antes da LGPD, como no MCI e na tutela da privacidade do CC/2002 e da CF/88, motivo pelo qual dezenas de ações e inquéritos já tramitam para obrigar as empresas a protegerem dados pessoais e arcarem com perdas e danos: a) Ministério Público investiga exposição de dados no Cadastro Positivo, a qual cria classificações dos consumidores com base nas suas operações de crédito[13]; b) Ministério Público propôs Ação Civil Pública para que a empresa de telefonia "Vivo" apresente relatório de impacto à proteção de dados pessoais, haja vista a necessidade de esclarecimentos sobre as finalidades exatas para as quais os dados coletados pela empresa são utilizados, incluindo o uso dos dados pessoais e de localização de consumidores[14]; c) Ministério Público instaurou Inquérito Civil Público para apurar responsabilidades pelo suposto vazamento de dados pessoais dos clientes do Banco Pan[15]; d) Ministério Público abre inquérito para apurar vazamento de dados no Facebook[16]; e) Ministério Público abre inquérito para investigar FIESP em caso de vazamento de dados pessoais[17]; f) Ministério Público Federal ajuíza ação contra Google por violar normas de proteção de dados[18]; g) Netshoes terá de pagar R$ 500 mil por vazamento de dados de milhões de clientes[19]; h) Ministério Público abre inquérito

---

13. Disponível em: https://teletime.com.br/13/01/2020/mpdft-apura-vazamento-de-dados-no-cadastro-positivo/. Acesso em: 18 fev. 2025.

14. Disponível em: http://www.azevedosette.com.br/noticias/pt/mpdft-propoe-acao-civil-publica-para-que--empresa-de-telefonia-apresente-relatorio-de-impacto-a-protecao-de-dados-pessoais/5407. Acesso em: 18 fev. 2025.

15. Disponível em: https://www.convergenciadigital.com.br/cgi/cgilua.exe/sys/start.htm?UserActiveTemplate=site&UserActiveTemplate=mobile%252Csite&infoid=51609&sid=18. Acesso em: 18 fev. 2025.

16. Disponível em: https://forbes.com.br/last/2018/10/mp-abre-inquerito-para-apurar-vazamento-de-dados--no-facebook/. Acesso em: 18 fev. 2025.

17. Disponível em: https://olhardigital.com.br/fique_seguro/noticia/mp-abre-inquerito-para-investigar-fiesp-em-caso-de-vazamento-de-dados-pessoais/80111. Acesso em: 18 fev. 2025.

18. Disponível em: http://pgt.prp.usp.br/mpf-pi-ajuiza-acao-contra-google-por-violar-normas-de-protecao--de-dados/. Acesso em: 18 fev. 2025.

19. Disponível em: https://www.jota.info/paywall?redirect_to=//www.jota.info/tributos-e-empresas/mercado/netshoes-vazamento-dados-clientes-05022019. Acesso em: 18 fev. 2025.

após reportagem da "The Hack"[20]; i) Ministério Público investiga uso de dados pessoais de crianças pelo Youtube[21]; j) MP investiga 3 empresas por vendas de dados de reconhecimento facial[22]; m) Entidades combatem câmeras em metrô que leem emoções dos passageiros para facilitar posterior publicidade, classificando-os como "adulto feliz", "jovem triste", "mulher com raiva"[23]; l) Ministério Público ajuíza ação em virtude da prática do *profiling*, pleiteando que o Google seja condenado em obrigação de fazer, consistente em obter dos usuários do Gmail, em todo o território nacional, consentimento prévio, expresso e destacado[24].

Sobre a criação de uma tolerância para adaptação progressiva, o Regulamento Geral sobre Proteção de Dados da União Europeia n. 2016/679 criou o Comitê Europeu para a Proteção de Dados, organismo da União Europeia que visa à aplicação coerente do regulamento e, nesse mister, deve emitir diretrizes, recomendações e melhores práticas, a fim de incentivar a aplicação coerente do regulamento (art. 70, 1, e). Na mesma toada, a "Ley General de Protección de Dados Personales" do México cria um Sistema Nacional com o dever de "establecer e implementar criterios y lineamientos en la materia, de conformidad con lo señalado en la presente Ley" (art. 10).

---

20. Disponível em: https://thehack.com.br/ministerio-publico-abre-inquerito-apos-reportagem-da-the-hack. Acesso em: 18 fev. 2025.

21. Disponível em: https://link.estadao.com.br/noticias/empresas,mp-investiga-uso-de-dados-pessoais-de--criancas-pelo-youtube,70002406221. Acesso em: 18 fev. 2025.

22. Disponível em: https://canaltech.com.br/seguranca/mp-investiga-3-empresas-por-vendas-de-dados-de--reconhecimento-facial-120542/. Acesso em: 18 fev. 2025.

23. Disponível em: https://theintercept.com/2018/08/31/metro-cameras-acao-civil/. Acesso em: 18 fev. 2025.

24. Disponível em: http://www.mpf.mp.br/pi/sala-de-imprensa/docs/acp-google. Acesso em: 18 fev. 2025.

Alexandre Pereira Bonna

Art. 64. Os direitos e princípios expressos nesta Lei não excluem outros previstos no ordenamento jurídico pátrio relacionados à matéria ou nos tratados internacionais em que a República Federativa do Brasil seja parte.

Primeiramente, cumpre destacar que o ordenamento jurídico brasileiro é formado pelas leis, Constituição Federal e tratados internacionais – de direitos humanos ou não – que o Brasil tenha ratificado, o que significa dizer que o ser humano também é um sujeito de direito internacional em matéria de direitos humanos. Cabe lembrar que os tratados sobre direitos humanos que forem aprovados, "em cada Casa do Congresso Nacional, em dois turnos, por três quintos dos votos dos respectivos membros, serão equivalentes às emendas constitucionais" (art. 5º, § 3º), fazendo parte do chamado bloco de constitucionalidade. Logo, se a própria CF/88 define, em seu artigo 5º, § 2º, que os direitos e garantias expressos na Constituição não excluem outros decorrentes dos tratados internacionais em que a República Federativa do Brasil seja parte, não poderia uma lei no plano infraconstitucional dispor de forma diferente.

E, considerando que a proteção dos dados pessoais advém dos direitos à privacidade e liberdade – como referenciado nos arts. 1º, 2º e 17º -, os quais são reconhecidos como direitos humanos em diversos tratados, é provável que no futuro sejam elaborados diplomas internacionais no contexto do sistema internacional de direitos humanos, capitaneado pela Organização das Nações Unidas – ONU, assim como dos sistemas regionais de direitos humanos, como o europeu, o africano e o americano, este último tendo o Brasil como parte e gerido pela Organização dos Estados Americanos – OEA. Se isso vier a ocorrer e existirem disposições diversas ou que colidam com a LGPD, será aplicado o Tratado Internacional, seja por conta do caráter complementar que a LGPD dá guarida, seja pela própria superioridade hierárquica: emenda constitucional, se aprovada no quórum do art. 5º, § 3º; supralegal, se de direitos humanos e não observar o procedimento do art. 5º, § 3º, conforme decisão do STF abaixo:

> Os tratados de direitos humanos, para ingressarem no ordenamento jurídico na qualidade de emendas constitucionais, terão que ser aprovados em quórum especial nas duas Casas do Congresso Nacional. Não se pode negar o caráter especial dos tratados de direitos humanos. Por conseguinte, parece mais consistente a interpretação que atribui a característica de supralegalidade aos tratados e convenções de direitos humanos. Em outros termos, os tratados sobre direitos humanos não poderiam afrontar a supremacia da Constituição, mas teriam lugar especial, reservado no ordenamento jurídico. Equipará-los à legislação ordinária seria subestimar o seu valor especial no contexto do sistema de proteção dos direitos da pessoa humana (...)[1]

---

1. STF. Voto do Ministro Gilmar Mendes no Rext n. 466.343/SP. rel. Ministro Cezar Peluso, DJ 05/06/2009.

Além da possibilidade de incidência das normas internacionais, o art. 64 da LGPD também viabiliza que outras leis se apliquem às relações jurídicas que envolvem dados pessoais, algo que já é uma realidade em muitas leis brasileiras, que acabam frisando que, no que couber, outros diplomas normativos poderão ser aplicados, como por exemplo: a) o art. 92 da Lei n. 9.099/95 (Lei dos Juizados Especiais) possibilita que o CPC e o CPP se apliquem subsidiariamente ao procedimento dos juizados especiais; b) o art. 121 da Lei n. 13.146/2015 (Lei de Inclusão) prevê que "os direitos, os prazos e as obrigações previstos nesta Lei não excluem os já estabelecidos em outras legislações"; c) o art. 19 da Lei n. 7.347/1985 (Lei da Ação Civil Pública) reza que "aplica-se à ação civil pública, prevista nesta Lei, o Código de Processo Civil, naquilo em que não contrarie suas disposições"; dentre outros. Desse modo:

A LGPD deverá ser interpretada e aplicada à luz dos princípios garantidos pela Constituição da República de 1988, tais como a dignidade da pessoa humana, a privacidade, o sigilo de dados e a proteção do consumidor, de maneira a dialogar com as demais fontes normativas do ordenamento jurídico brasileiro[2].

Ressalta-se que, embora a regra seja a de que lei especial prevalece sobre lei geral, devendo a lei geral fazer deferência à especial e aplicando-se apenas de forma subsidiária de modo a realizar a integração do Direito, sabe-se que uma lei especial nunca é perfeitamente completa, sendo de fundamental importância elucidar o chamado diálogo das fontes, que serve como instrumento teórico para o jurista buscar uma interpretação sistêmica e harmônica de diversos diplomas legais em razão de similitudes principiológicas, como explica Cláudia Lima Marques:

Aplicação simultânea, coerente e coordenada das plúrimas fontes legislativas, leis especiais (como o CDC, a lei de seguro-saúde) e gerais (como o CC/2002), com campos de aplicação convergentes (...). Procura uma eficiência não hierárquica, mas funcional do sistema plural e complexo de nosso direito contemporâneo, a evitar a 'antinomia', a 'incompatibilidade' ou a 'não coerência'. 'Diálogo' porque há influências recíprocas, 'diálogo' porque há aplicação conjunta das duas normas ao mesmo tempo e ao mesmo caso, seja complementarmente, seja subsidiariamente[3].

Desta feita, partindo do pressuposto que a LGPD se dedica ao elemento nuclear da proteção de dados no Brasil, sem prejuízo de outras leis – como o Direito do Consumidor, o Direito Eleitoral, o Direito da Concorrência, o Direito Civil, o Marco

---

2. KLEE, Antônia Espíndola Longoni; PEREIRA NETO, Alexandre Nogueira. A Lei Geral de Proteção de Dados (LGPD): uma visão panorâmica. In: *Proteção de dados pessoais:* privacidade versus avanço tecnológico. Rio de Janeiro: Fundação Konrad Adenauer, 2019. p. 13.

3. MARQUES, Claudia Lima. *Manual de direito do consumidor.* 2. ed. São Paulo: Revista dos Tribunais, 2009. p. 89.

Civil da Internet, a Lei do *habeas data*, as leis de cadastro positivo e negativo etc. -, é fundamental o "diálogo entre essas diversas fontes, a fim de se assegurar a unidade do sistema, bem como o reconhecimento de que a LGPD oferece eixo valorativo que facilitará a interpretação e a aplicação das demais legislações na problemática dos dados"[4]. Destarte, a presente pesquisa irá trazer os principais exemplos de outras leis que complementam a LGPD ou que se aplicam subsidiariamente à mesma, trazendo aspectos não tratados pela referida lei especial.

A complementariedade, ou seja, disposição de outra lei que vai no mesmo sentido da LGPD, pode ser constatada no art. 6º, II e III, do CDC, que estabelece como direito básico do consumidor a informação adequada e clara sobre os diferentes produtos e serviços e a liberdade de escolha, sendo complementar ao disposto nos seguintes dispositivos da LGPD: art. 2º, II e III; art. 5º, XII, e art. 9º, *caput*, incisos IV e V, da LGPD, os quais reafirmam o direito ao consentimento informado a uma finalidade específica, assim como o direito a informações claras sobre o tratamento de seus dados. Outro ponto complementar do CDC é o art. 54, § 4º, que dispõe que "as cláusulas que implicarem limitação de direito do consumidor deverão ser redigidas com destaque, permitindo sua imediata e fácil compreensão", semelhante ao art. 9º, § 3º, da LGPD: "quando o tratamento de dados pessoais for condição para o fornecimento de produto ou de serviço ou para o exercício de direito, o titular será informado com destaque sobre esse fato". Ademais, tem-se os arts. 7º, 10 e 11 do MCI, os quais protegem a privacidade e asseguram reparação de danos pela sua violação, assim como fincam a necessidade de consentimento livre, expresso e informado do titular dos dados, indo ao encontro de todo o espírito da LGPD. Por fim, estão em harmonia com a LGPD os direitos à privacidade e liberdade enquanto direitos da personalidade no CC/2002 e direitos fundamentais na CF/88; a possibilidade de inversão do ônus da prova em razão da maior facilidade de a outra parte provar o contrário no CPC/2015, art. 373, § 1º, similarmente ao que dispõe o art. 42, § 2º, da LGPD; o direito de obter informações perante bancos de dados públicos previsto na Lei do *Habeas Data* (Lei n. 9.507/1997) ou privados previstos na Lei do Cadastro Positivo (lei n. 12.414/2011) e no CDC (art. 43), dentre outros.

Como exemplos de subsidiariedade, ou seja, outras leis que se aplicam na questão da proteção de dados em aspectos não tratados pela LGPD, tem-se os que se seguem: a) o CC/2002, na parte de nulidade (art. 166 e art. 167) ou anulabilidade (art. 171); b) o CC/2002 em relação à quantificação do dano, levando-se em conta a magnitude do dano (art. 944) e o grau de culpa da vítima (art. 945); c) a CLT em relação à quantificação do dano (art. 223-G), ao preconizar a análise da natureza do bem jurídico tutelado, os reflexos pessoais e sociais, as condições em que ocorreu

---

4. FRAZÃO, Ana. Fundamentos da proteção dos dados pessoais. Noções introdutórias para a compreensão da importância da Lei Geral de Proteção de Dados. In: TEPEDINO, Gustavo; FRAZÃO, Ana; OLIVA, Milena Donato (Coords.). *Lei geral de proteção de dados pessoais e suas repercussões no direito brasileiro*. São Paulo: Revista dos Tribunais, 2019. p. 116.

a ofensa, a intensidade do sofrimento ou da humilhação, o grau de publicidade da ofensa, dentre outros; d) o CC/2002 (arts. 189 a 211) e o CDC (arts. 26 e 27) em relação aos prazos prescricionais e decadenciais de reparação de danos e pretensões de anulação de negócios jurídicos; e) o CPC (art. 133) e o CDC (art. 28) no tocante ao incidente de desconsideração da personalidade jurídica, com o fim de alcançar bens dos sócios por dívidas da sociedade; f) a Lei da Ação Civil Pública e o CDC no tocante aos legitimados para a tutela coletiva e o referido procedimento judicial; dentre outros.

Por fim, ainda no tocante à complementariedade, surge um imbróglio sobre a responsabilidade das pessoas físicas ou jurídicas que tratam dados pessoais, se subjetiva ou objetiva. Pelo teor do que dispõem os arts. 42 a 45 da LGPD, o controlador ou operador deve reparar dano material ou moral, individual ou coletivo, por violações da lei, e, no caso do operador, a responsabilidade civil seria subjetiva, pois a LGPD faz referência a expressões como "não tiver seguido as instruções". Contudo, considerando que a LGPD, no art. 45, especifica que as hipóteses de violações do direito do titular no âmbito das relações de consumo permanecem sujeitas às regras de responsabilidade previstas na legislação pertinente", o regime de responsabilidade civil do controlador ou operador de dados pessoais no âmbito das relações de consumo será objetivo quando violada qualquer disposição da própria LGPD ou de quaisquer garantias de proteção de dados pessoais nas relações de consumo contidas nos arts. 43 a 44 do CDC. Em outras palavras, estando o intérprete diante da violação dos princípios e garantias do titular de dados pessoais no âmbito de relações de consumo, aplicar-se-á o regime de responsabilidade civil objetiva contido no art. 14 do CDC, com fulcro no art. 45 da LGPD[5].

Na mesma linha, o Regulamento Geral sobre Proteção de Dados da União Europeia n. 2016/679 prevê que "o presente regulamento respeita todos os direitos fundamentais e observa as liberdade e os princípios reconhecidos na Carta, consagrados nos Tratados" (tópico 4 dos considerandos), assim como a "Ley General de Protección de Datos Personales" do México estipula que "la aplicación e interpretación de la presente Ley se realizará conforme a lo dispuesto en la Constitución Política de los Estados Unidos Mexicanos, los Tratados Internacionales de los que el Estado mexicano sea parte, así como las resoluciones y sentencias vinculantes que emitan los órganos nacionales e internacionales especializados" (art. 8º). Por fim, o "California Consumer Privacy Act of 2018" reza: "wherever possible, law relating to consumers' personal information should be construed to *harmonize with the* provisions of this title, but in the event of a conflict between other laws and the

---

5. BODIN DE MORAES, Maria Celina; QUEIROZ, João Quinelato de. Autodeterminação informativa e responsabilização proativa: novos instrumentos de tutela da pessoa humana na LGPD. In: *Proteção de dados pessoais*: privacidade versus avanço tecnológico. Rio de Janeiro: Fundação Konrad Adenauer, outubro 2019. p. 131.

provisions of this title, the provisions of the law that afford the greatest protection for the right of privacy for consumers shall control"[6] (1798.175).

---

6. "Sempre que possível, a legislação relativa às informações pessoais dos consumidores deve ser interpretada de forma a harmonizar-se com as disposições deste regulamento, mas no caso de conflito entre outras leis e as disposições deste regulamento, as disposições da lei que oferecer a maior proteção para o direito à privacidade dos consumidores deve ter prioridade" (tradução livre).

Alexandre Pereira Bonna

Art. 65. Esta Lei entra em vigor: (Redação dada pela Lei 13.853, de 2019)

I – dia 28 de dezembro de 2018, quanto aos arts. 55-A, 55-B, 55-C, 55-D, 55-E, 55-F, 55-G, 55-H, 55-I, 55-J, 55-K, 55-L, 58-A e 58-B; e (Incluído pela Lei 13.853, de 2019)

I-A – dia 1º de agosto de 2021, quanto aos arts. 52, 53 e 54; (Incluído pela Lei 14.010, de 2020)

II – 24 (vinte e quatro) meses após a data de sua publicação, quanto aos demais artigos. (Incluído pela Lei 13.853, de 2019)

II – em 3 de maio de 2021, quanto aos demais artigos. (Redação dada pela Medida Provisória 959, de 2020) (Convertida na Lei 14.058, de 2020)

II – 24 (vinte e quatro) meses após a data de sua publicação, quanto aos demais artigos. (Incluído pela Lei 13.853, de 2019)

Inicialmente, é essencial discorrer sobre a diferença entre validade e vigência de uma lei. Enquanto a validade diz respeito à observância de aspectos formais (iniciativa, tramitação nas casas legislativas, procedimento de promulgação e publicação, quórum de votação, competência) ou materiais (não violar valores e propósitos da CF/88), a vigência diz respeito à possibilidade de a lei produzir efeitos, ser obrigatória e coercitiva. Portanto, o integral cumprimento do itinerário legislativo que culmina com a promulgação e a publicação da lei na Imprensa Oficial, dando conhecimento a todos de que ela existe, não significa que a mesma já está produzindo seus efeitos. Isso porque, embora ela já tenha validade e exista, a sua força obrigatória perante a sociedade se dará, como regra geral, "quarenta e cinco dias depois de oficialmente publicada" [...] "salvo disposição contrária" (art. 1º da Lei de Introdução às Normas do Direito Brasileiro – Decreto-lei n. 4.657/1942). Nesse desiderato, "percebe-se, com facilidade, que uma determinada norma jurídica pode ser válida, mesmo ainda não possuindo vigência, isto é, pode ter sido elaborada adequadamente e em harmonia com a *Lex Legum*, mas ainda não vincular o comportamento geral e abstrato das pessoas"[1].

Portanto, a sistemática das leis, como a LGPD, é diferente dos atos normativos administrativos (decretos, resoluções, portarias, instruções normativas, regimentos, regulamentos etc.) os quais entram em vigor na data de sua publicação no órgão oficial de imprensa (art. 5º do Decreto n. 572/1890), pois as leis, se outro prazo diferente

---

1. FARIAS, Cristiano Chaves de; ROSENVALD, Nelson. *Curso de Direito Civil 1*: parte geral e LINDB. 13 ed. São Paulo: Atlas, 2015. p. 97.

não for fixado, entram em vigor após 45 dias da publicação. Contudo, em razão de muitas leis operarem mudanças radicais e significativas na sociedade – como o CPC, o CC/2002 e a própria LGPD –, o legislador corriqueiramente faz uso da técnica da "*vacatio legis*", fixando um momento futuro como o marco inicial da vigência da lei e sua correlata obrigatoriedade, com o objetivo de promover "a facilitação da sua divulgação e a adoção de providências tendentes ao seu cumprimento efetivo. Quanto maior a repercussão da lei, maior deverá ser o período de *vacatio legis*"[2].

Por conseguinte, apenas leis de menor repercussão social entrarão em vigor na data de sua publicação, pois do contrário "a vigência da lei será indicada de forma expressa e de modo a contemplar prazo razoável para que dela se tenha amplo conhecimento" (art. 8º da Lei Complementar n. 95/98). Acrescenta o § 1º da referida Lei Complementar que "a contagem do prazo para entrada em vigor das leis que estabeleçam período de vacância far-se-á com a inclusão da data da publicação e do último dia do prazo, entrando em vigor no dia subsequente à sua consumação integral". Porém, nos casos dos incisos I e I-A do art. 65 da LGPD, não há quaisquer dificuldades, haja vista que o inciso I alude ao dia 28 de dezembro de 2018, ao passo que o inciso I-A faz referência ao dia 1º de agosto de 2021. Apenas o inciso II do art. 65 da LGPD traz um período que necessita de contabilização, no caso, 24 meses a contar da publicação:

> A nosso ver, se o legislador quisesse que o prazo fosse contato em dias, teria descrito a *vacatio legis* dessa forma, o que não o fez. Sendo assim, a contagem que entendemos adequada inclui a data da republicação (15/08/2018) e a data do último dia (16/02/2020 no original ou 16/08/2020, segundo a MP 869/2018), pois a contagem mês-a-mês deve se dar de acordo com o artigo 2º da Lei 810/1949. Dessa forma, a LGPD entrará em vigor no dia 16/08/2020[3].

Feitas essas observações preliminares, é preciso compreender que a vigência da LGPD possui três grandes blocos: a) conjunto de normas sobre a criação da ANPD e do Conselho Nacional de Proteção de Dados Pessoais e da Privacidade – CNPDPP e suas respectivas estruturas e competências; b) conjunto de normas sobre as sanções por violações da LGPD; c) todas as outras normas, que tratam dos inúmeros direitos e deveres relativos a dados pessoais no Brasil. Para clarificar, segue o quadro abaixo:

BLOCO NORMATIVO	55-A até 58-B	52, 53 e 54	DEMAIS ARTIGOS
OBJETO	CRIAÇÃO DA ANPD E DO CNPDPP	SANÇÕES	DEMAIS
VIGÊNCIA	28/12/2018	01/08/2021	16/08/2020

---

2. FARIAS, Cristiano Chaves de; ROSENVALD, Nelson. *Curso de Direito Civil 1*: parte geral e LINDB. 13 ed. São Paulo: Atlas, 2015. p. 97.

3. COTS, Márcio; OLIVEIRA, Ricardo. *Lei Geral de Proteção de Dados Pessoais Comentada*. 2. ed. São Paulo: Thomson Reuters Brasil, 2019. p. 237.

ART. 65 — COMENTÁRIOS À LEI GERAL DE PROTEÇÃO DE DADOS PESSOAIS (LEI 13.709/2018)

Nesse contexto, indaga-se qual a razão para os três diferentes marcos temporais de vigência? Quanto ao prazo de criação da ANPD e do CNPDPP (28/12/2018), justifica-se a força prematura (aproximadamente 4 meses depois da publicação da LGPD), porque tais órgãos serão responsáveis por regulamentações, fiscalizações e punições, devendo a sua estruturação e organização ser feitas o quanto antes. A propósito, foi publicado em 27/08/2020 o Decreto n. 10.474/2020, o qual: a) remaneja de 16 cargos em comissão e 20 funções comissionadas do Poder Executivo (FCPE) da Secretaria de Gestão (SEGES) para a ANPD; b) organiza a ANPD como órgão da Presidência, de acordo com a LGPD; c) estabelece competências da ANPD, de acordo com a LGPD; e d) fixa os órgãos da ANPD com as respectivas competências, de acordo com a LGPD. Sem que a necessidade de criação da ANPD tivesse obrigatoriedade, essa estruturação não seria possível.

Outro prazo diz respeito à obrigatoriedade de cumprir os direitos e deveres criados pela LGPD (com início dia 16/08/2020), com período aproximado de 1 ano e 8 meses, prazo mais que razoável para as pessoas físicas e jurídicas que lidam com dados de terceiros estudarem e se adequarem física, tecnológica e qualitativamente, contudo, sujeitas às responsabilidades e sanções do MCI por violação do direito ao consentimento prévio, expresso e informado (advertência, multa de até 10% do faturamento, suspensão e proibição de atividades)[4] e CC/2002 (obrigação de fazer ou não fazer, assim como reparação de danos por violação da privacidade enquanto direito da personalidade)[5], considerando que as sanções específicas criadas pela LGPD só terão eficácia a partir do dia 01/08/2021. Similarmente, o Regulamento Geral sobre Proteção de Dados da União Europeia n. 2016/679 foi assinado em 27 de abril de 2016, mas, nos termos do art. 99, só se tornou aplicável a partir do dia 25 de maio de 2018.

---

4. "Art. 12. Sem prejuízo das demais sanções cíveis, criminais ou administrativas, as infrações às normas previstas nos arts. 10 e 11 ficam sujeitas, conforme o caso, às seguintes sanções, aplicadas de forma isolada ou cumulativa:

    I – advertência, com indicação de prazo para adoção de medidas corretivas;

    II – multa de até 10% (dez por cento) do faturamento do grupo econômico no Brasil no seu último exercício, excluídos os tributos, considerados a condição econômica do infrator e o princípio da proporcionalidade entre a gravidade da falta e a intensidade da sanção;

    III – suspensão temporária das atividades que envolvam os atos previstos no art. 11; ou

    IV – proibição de exercício das atividades que envolvam os atos previstos no art. 11."

5. "Art. 12. Pode-se exigir que cesse a ameaça, ou a lesão, a direito da personalidade, e reclamar perdas e danos, sem prejuízo de outras sanções previstas em lei."

    "Art. 21. A vida privada da pessoa natural é inviolável, e o juiz, a requerimento do interessado, adotará as providências necessárias para impedir ou fazer cessar ato contrário a esta norma."

    "Art. 927. Aquele que, por ato ilícito (arts. 186 e 187), causar dano a outrem, fica obrigado a repará-lo."

AUTORIDADE NACIONAL DE PROTEÇÃO DE DADOS: NATUREZA JURÍDICA, CONSEQUÊNCIAS PRÁTICAS E ASPECTOS ORGANIZACIONAIS SEGUNDO A LGPD E O DECRETO Nº 10.474/2020[1]

José Sérgio da Silva Cristóvam
Tatiana Meinhart Hahn

> **Sumário:** 1. Introdução; 2. Prospecções à atividade regulatória no tratamento de dados pessoais no Brasil; 3. ANPD: alteração da natureza jurídica e consequências práticas; 4. Sobre a estrutura organizacional e funções regulatórias da ANPD; 5. Considerações finais.

1. INTRODUÇÃO

O direito à proteção de dados pessoais e a tutela da vida privada, tradicionais temas do direito constitucional e civil, reivindicam espaço também no direito administrativo contemporâneo. Os direitos da personalidade são protagonistas no vulcão civilizatório descrito por Ulrich Beck, uma Sociedade da informação exposta às questões do "manejo" tecnológico, científico e político (administração, descoberta, integração, prevenção) sobre os riscos desses avanços.[2] De modo que a promessa normativa de segurança contra esses riscos pelo Estado precisa ser continuamente construída por meio de (re)organizações de poder e das responsabilidades quanto ao curso do desenvolvimento técnico-econômico.[3]

---

1. Este capítulo foi elaborado e publicado na 1ª edição desta obra, antes da promulgação da Lei nº 14.460, de 25 de outubro de 2022, que alterou a natureza jurídica da Autoridade Nacional de Proteção de Dados, e foi mantido na nova edição para fins de contextualização e elucidação da evolução normativa sobre o tema.

2. BECK, Ulrich. *Sociedade de risco*: rumo a uma outra modernidade. Tradução de Sebastião Nascimento. 2. ed. São Paulo: Editora 34, 2011. p. 24.

3. BECK, Ulrich. *Sociedade de risco*: rumo a uma outra modernidade. Tradução de Sebastião Nascimento. 2. ed. São Paulo: Editora 34, 2011. p. 28.

No Brasil, a entrada em vigor da maior parte dos dispositivos da Lei Geral de Proteção de Dados Pessoais (LGPD) em 18 de setembro de 2020,[4] apresenta desafios à matéria regulatória e uma grande expectativa quanto aos contornos futuros da formação e das atividades da Autoridade Nacional de Proteção de Dados (ANPD) no controle do uso de dados pessoais pelo setor privado e pelo setor público.

Ao Estado incumbe a construção legislativa sobre quais são os usos de dados pessoais que deturpam a proteção da privacidade e a intimidade do indivíduo, bem como o controle das atividades para a sua efetivação. Desta forma, o direito administrativo, destinado ao estudo do agir público subordinado à concretização dos direitos sociais e à busca da confirmação dos direitos e liberdades individuais,[5] tem na proteção de dados pessoais um tema desafiador, porque coloca a ação estatal como vigia e como vigiado constantes.

Nesse sentido, além da evidente configuração como agente de tratamento, a ação estatal deve concretizar as atribuições inerentes à atividade regulatória na proteção de dados pessoais, na edição de regulamentos, no controle e na repressão a infrações, mas principalmente na condução de uma política nacional de implementação desse direito.

Em que pese a LGPD já fixe paradigmas no tratamento dos dados pessoais e da tutela da privacidade aplicáveis tanto à realidade digital quanto à analógica, em muito delegou à ANPD a responsabilidade sobre os rumos dessa tutela jurídica entre os diferentes setores da economia e do setor público. Por isso, o recorte deste ensaio parte da problemática quanto às competências da ANPD na implementação da cultura de privacidade informacional no Brasil, na condução dos agentes privados

---

4. A Lei nº 13.709 foi publicada em 15/08/2018. Em sua redação original, o art. 65, sem distinção quanto aos dispositivos, previa a vigência em 18 (dezoito meses). Contudo, em 27/12, foi editada a Medida Provisória (MP) nº 869, mais tarde convertida na Lei nº 13.853, de 08/07/2019, com a cisão do art. 65 em dois incisos. Assim, pela redação do art. 65 alterada pela MP 869, o inciso I previu que os arts. 55-A ao 55-L, o 58-A e o 58-B entrariam em vigor no dia 28/12/2018, com previsões gerais para a ANPD, como será explicado no ponto 2 do texto. Já o inciso II do art. 65 determinou que a entrada em vigor dos demais dispositivos da LGPD se daria em 24 meses da publicação, ou seja, em 16/08/2020. Com o período da pandemia do coronavírus (Covid-19), o governo federal editou a MP nº 959, de 29/04/2020, e alterou (novamente) a redação do art. 65, inciso II, para postergar a vigência para 03/05/2021. Na sequência, em 10/06/2020, foi publicada a Lei nº 14.010, que, entre outras matérias, alterou mais uma vez o art. 65 para incluir o inciso I-A e postergar a vigência dos art. 52, 53 e 54, quanto às sanções, para 01/08/2021. A celeuma em torno da vigência perdurou até 17/09/2020, quando a MP nº 959/2020 foi convertida na Lei 14.058/2020, sem referir em seus dispositivos do art. 65. A par do tenso período por qual passou a comunidade jurídica frente ao caos normativo sobre a vigência da LGPD, bem como do tratamento da LGPD meio a legislações sem qualquer relação temática e das discussões (ainda em curso na doutrina) em torno da vigência, tem-se o dia 18/09/2020, publicação no Diário Oficial da União (DOU) da Lei nº 14.058, como ponto de partida da LGPD. Sintetizando a vigência na LGPD nesse momento: o art. 65, os art. 55-A a art. 55-L, art. 58-A e art. 58-B entraram em vigor em 28/12/2018; os art. 52 a 54 estão com vigência prevista para 01/08/2021; os demais dispositivos estão em vigor desde 18/09/2020.

5. TÁCITO, Caio. Transformações do direito administrativo. *Revista de Direito Administrativo*, Rio de Janeiro, v. 242, pp. 151-158, 2005. p. 151.

e na supervisão do um mercado consumidor voraz de dados e do detentor histórico e nato de informações, o Estado.

Nessa senda, o estudo propõe um levantamento funcional dessas atribuições far-se-á por meio da análise dos dispositivos do recente Decreto nº 10.474, de 26 de agosto de 2020, o qual estruturou a ANPD e como esses dispositivos se comunicam com conceitos doutrinários sobre regulação e proteção de dados.

Dividir-se-á, portanto, o estudo em três partes: 1. A primeira terá como escopo reflexões e projeções acerca atividade regulatória no tratamento de dados pessoais no Brasil a partir de alguns modelos regulatórios e de tendências teóricas na matéria; 2. A segunda analisará a alteração da natureza jurídica da ANPD e discutirá as consequências práticas no ordenamento jurídico nacional; 3. A terceira trará considerações quanto à estrutura organizacional e às funções regulatórias da ANPD, a partir das competências previstas na LGPD e no regulamento da autoridade (Decreto nº 10.474/2020).

2. PROSPECÇÕES À ATIVIDADE REGULATÓRIA NO TRATAMENTO[6] DE DADOS PESSOAIS NO BRASIL

A Sociedade é perturbada[7] por sucessivas por crises sociais e políticas e por ciclos econômicos. Apesar da sua parcial adaptabilidade a alterações tecnológicas, ela apresenta ritmo diverso no desenvolvimento de instrumentos de controle e vigilância, bem como de políticas regulatórias eficazes e transparentes[8] que compatibilizem o bom funcionamento dos mercados e suas interconectividades entre os setores privados, públicos e os direitos fundamentais do cidadão.

---

6. No texto adota-se o termo "tratamento de dados pessoais" enquanto expressão legal que maior concentrou atividades vinculadas ao uso de dados na LGPD. Assim, engloba-se toda operação realizada com dados pessoais, como as que se referem a coleta, produção, recepção, classificação, utilização, acesso, reprodução, transmissão, distribuição, processamento, arquivamento, armazenamento, eliminação, avaliação ou controle da informação, modificação, comunicação, transferência, difusão ou extração, na forma do art. 5º, inciso X, bem como, por interpretação, as operações conceituadas no mesmo diploma como a anonimização, o bloqueio, a eliminação, a transferência internacional de dados, o uso compartilhado de dados, afinal, todos esses realizam, inevitavelmente, alguma operação ou etapa do tratamento em si.

7. Humberto Maturana explica que Gregory Bateson foi o primeiro a analisar as perturbações mentais na perspectiva de sistema, na qual o sujeito "perturbado" é um componente de uma dinâmica de atividade social, tendo buscado uma explicação para o fenômeno do conhecimento humano a partir da perspectiva cibernética e que faz, segundo Muturana, Bateson o fundador do estudo no campo da cibernética e das relações de sistemas. MATURANA, Humberto R.; VARELA, Francisco. *A árvore do conhecimento*. Tradução de Jonas Pereira dos Santos. Campinas: Editora Psy, 1995. p 12.

8. Sobre a autonomia do princípio da transparência no tratamento de dados pessoais pela Administração Pública, ver: CRISTÓVAM, José Sérgio da Silva; HAHN, Tatiana Meinhart. A transparência no tratamento de dados pessoais pela Administração Pública: o lapidário e o diamante bruto. In: CRISTÓVAM, José Sérgio da Silva; GONZÁLEZ SANMIGUEL, Nancy Nelly; SOUSA, Thanderson Pereira de (Coord.). *Direito administrativo contemporâneo*: diálogos Brasil e México. Florianópolis: Habitus, 2020. pp. 14-35.

Diferente de outras áreas econômicas e prestacionais, o estudo da atividade regulatória no tratamento de dados pessoais, seja no âmbito público seja no privado apresenta, desde sua concepção, uma problemática triangular quanto à caracterização do objeto de controle estatal: regula-se o ativo "dados" enquanto recurso preditivo de formulação de políticas públicas,[9] de matriz econômica[10] e de inserção comercial ou; regula-se a proteção de um direito fundamental[11] ou regulam-se os contornos da relação entre os dois objetos anteriores? Trata-se de uma escolha de política regulatória.

Sobre o tema, Marcos Jurema Villela Souto[12] explica que o surgimento do Estado-regulador decorreu de uma mudança na concepção do conceito de atividade administrativa decorrente do princípio da subsidiariedade[13] e de uma ideia de crise do chamado Estado do bem-estar.

É esse debate acerca das atribuições do Estado na condução de uma política regulatória que lidará com tendências conflitantes da globalização e da identidade,[14] seja por estarem imbuídos em uma economia digital ou (principalmente) por estarem à margem dela. Desse modo, o tratamento de dados pessoais enquanto um ativo, econômico ou público, demanda reflexão de quais aspectos políticos devem ser barrados, notadamente porque é o Poder Público (em seus poderes e esferas de controle) o condutor da política regulatória e (reforça-se) o destinatário dessa mesma política.

Veja-se que, em um panorama mais amplo, há uma divisão constitucional entre as competências públicas e privadas[15] na exploração da atividade econômica, o que

---

9. Cf. BENNETT, Colin; RAAB, Charles. *The governance of privacy:* policy instruments in global perspective. Cambridge: MIT, 2006.

10. A depender de qual for o objeto da proteção de dados pessoais haverá implicações no modelo regulatório. Assim, por exemplo, como explica Thiago Sombra, a se considerar que esse deva ser pautado na economia da informação em rede, há a descentralização das ações individuais, e cada ator exerce um papel relevante e é capaz não apenas de consumir, mas também ser um centro de produção. In: SOMBRA, Thiago Luís Santos. *Fundamentos da regulação da privacidade e proteção de dados pessoais.* São Paulo: Thomson Reuters Brasil, 2019. p. 60.

11. Há na doutrina aprofundada discussão quanto à natureza jurídica do direito de proteção de dados pessoais. Contudo, por não ser objeto central deste estudo, adota-se a corrente doutrinária que classifica a proteção de dados pessoais como direito fundamental, independentemente do resultado do Projeto de Emenda Constitucional (PEC) nº 17/2019 que pretende, entre outros pontos como se abordará no ponto 2, incluir a proteção de dados pessoais, físicos e digitais, entre os direitos e garantias fundamentais do cidadão. Sobre o tema recomenda-se: SARLET, Ingo Wolfgang. O direito fundamental à proteção de dados. In: MENDES, Laura Schertel; DONEDA, Danilo; SARLET, Ingo Wolfgang; RODRIGUES JR., Otavio Luiz; BIONI, Bruno Ricardo (Coord.). *Tratado de Proteção de Dados Pessoais.* Rio de Janeiro: Forense, 2020. p. 21-60.

12. SOUTO, Marcos Jurema Villela. *Direito administrativo regulatório.* Rio de Janeiro: Lumen Juris, 2005. p. 34.

13. Para uma análise crítica acerca noção de subsidiariedade, ver: GABARDO, Emerson. *Interesse público e subsidiariedade:* o Estado e a sociedade civil para além do bem e do mal. Belo Horizonte: Fórum, 2009.

14. CASTELLS, Manuel. *O poder da identidade.* Tradução de Klauss Brandini Gerhardt. 9. ed. São Paulo: Paz e Terra, 2018. Edição do Kindle.

15. O modelo constitucional trazido nos artigos 173, 174 e 175 da Constituição apresenta uma distinção entre esferas de competência estatal e da atividade econômica, na qual a primeira está atrelada a um compromisso

consequentemente exige a estruturação do Estado no desempenho de toda e qualquer atribuição regulatória de interesse geral (coletivo). Segundo Fabrício Motta e Marcela de Oliveira Santos, não sendo o tratamento de dados pessoais serviço público, nem tendente ao monopólio, essa atribuição está dirigida à proteção, à efetivação de direitos fundamentais e à redução da assimetria informacional existente entre os titulares dos dados, o mercado e o governo. E assim pontuam:

> Trata-se de mediar a atuação de agentes governamentais e privados (possam ou não ser considerados agentes econômicos) diante da proteção dos dados pessoais, com o intuito de estabelecer medidas proporcionalmente cabíveis para proteger o conteúdo essencial dos direitos fundamentais e, ao mesmo tempo, disciplinar de forma adequada os possíveis usos voltados à promoção do desenvolvimento econômico.[16]

Nesse feixe amplo de medidas regulatórias possíveis à proteção do conteúdo essencial dos direitos fundamentais que a captura da sua dimensão objetiva[17] incorpora-se aos deveres do Poder Público, independentemente de qualquer provocação subjetiva. Assim, seguindo o raciocínio de Daniel Wunder Hachem, na dimensão objetiva não existe pedido do titular do direito fundamental em face da Administração, pois sua natureza impõe obrigações quanto: (i) à criação das condições necessárias à fruição do direito; (ii) à interpretação do ordenamento jurídico com base no seu conteúdo valorativo inerente; e (iii) à proteção dos titulares desses direitos contra si mesmos.[18] E mais, conforme indica o autor, na dimensão objetiva do direito fundamental algumas competências se tornam vinculadas e retiram a discricionariedade da Administração quanto ao exercício ou não dessa competência. Esse viés é crucial ao entendimento da PEC nº 17/2019, ponto do próximo tópico, quanto à movimentação em prol da criação de uma autoridade reguladora de proteção dos dados pessoais no país.

Ora, tanto o direito econômico quanto o direito administrativo contemporâneo buscam respostas sobre qual modelo regulatório seria satisfatório em cada ordenamento jurídico, mas parece incontestável a inexistência de uma fórmula algorítmica

---

constitucional de atendimento ao interesse público geral (coletivo) e que atrai para si o desempenho de ações que o mercado, por si só, não poderia concretizar sem instrumentos regulatórios.

16. MOTTA, Fabricio; SANTOS, Marcela de Oliveira. Regulação do tratamento de dados pessoais no Brasil – o estado da arte. In: DAL POZZO, Augusto Neves; MARTINS, Ricardo Marcondes (Coord.). *LGPD e administração pública*: uma análise ampla dos impactos. São Paulo: Thomson-Reuters Brasil, 2020. p. 87.

17. Suscintamente, a proteção dos direitos fundamentais, conforme José Joaquim Gomes Canotilho, apresenta duas dimensões: a subjetiva, em que se observam os direitos em relação ao indivíduo, e a objetiva analisada segundo seu significado à coletividade e ao interesse público. CANOTILHO, José Joaquim Gomes. *Direito constitucional e teoria da constituição*. 7. ed. Coimbra: Almedina, 2003. pp. 1256 e 1257.

18. Ainda que a proteção de dados não esteja propriamente inclusa na categoria objeto do texto (direitos fundamentais sociais), as conclusões são aplicáveis ao presente estudo. HACHEM, Daniel Wunder. A discricionariedade administrativa entre as dimensões objetiva e subjetiva dos direitos fundamentais sociais. *Revista Brasileira de Direitos Fundamentais & Justiça*, Belo Horizonte, v. 10, n. 35, pp. 313-343, 2016. p. 338.

que acalme todos os integrantes desse processo construtivo de controle sobre as ações presentes e sobre os riscos futuros da proteção de dados.

No Brasil, diante da atual configuração da entidade de controle de dados, tais peculiaridades e a concentração de múltiplos papéis colocou em foco a Administração Pública direta que carrega o ente regulador, a ANPD. Contudo, a par das implicações jurídicas e práticas dessa escolha normativa a ser abordada no próximo ponto, o cerne da regulação das atividades de tratamento de dados pessoais não deixa de residir no estabelecimento de fundamentos e na busca do máximo desempenho dessa função, o que se inicia pela identificação de quais sistemas sociais serão afetados pela polícia regulatória e respectivo acoplamento com outros setores regulados.

Nesse sentido é que Alexandre Santos de Aragão defende o entendimento de que é indissociável à atividade regulatória a observação do sistema social regulado para que nele surtam os efeitos fixados em lei:

> Na busca da realização dos fins últimos da lei, o Direito (e, sobretudo, o seu aplicador), para ser eficaz, deve buscar compreender os códigos do sistema social regulado, buscando, mediante a permeabilização das fronteiras dos sistemas jurídico e econômico, o acoplamento de suas respectivas lógicas, a fim de que as finalidades legais não sejam realizadas apenas no "Diário Oficial", mas também na realidade prática do setor regulado.[19]

Nessa mesma linha, quando analisa a atividade regulatória sobre a inteligência artificial, Juarez Freitas sustenta que nada mais justo que atribuir à regulação da matéria a tarefa de categórica proteção do genuinamente humano, de incentivar a empatia, a cooperação digital. Essa soma redefine a matriz do Estado em sua missão de *well-being creation*, o qual não funciona mais como um agente de crescimento econômico com um fim em si.[20]

É esse contexto voraz do mundo digital que justifica a urgente tutela da privacidade dos dados, que demanda rapidez e flexibilidade normativa para responder aos avanços da economia digital sob pena de invalidar a confiança da população e do próprio setor econômico.

Sendo assim, dentre alguns fundamentos para regulação da privacidade e da proteção de dados, pontua-se as seguintes correntes: i) a regulação da proteção de dados a partir do contexto do *cyberspace regulation*[21] voltado à interação social que

---

19. ARAGÃO, Alexandre Santos de. A consensualidade no direito administrativo: acordos regulatórios e contratos administrativos. *Revista de Informação Legislativa*, Brasília, ano 42, n. 167, pp. 293-309, jul./set. 2005. pp. 296-297. Disponível em: https://www2.senado.leg.br/bdsf/bitstream/handle/id/850/R167-18.pdf?sequence=4. Acesso em: 18 fev. 2025.

20. FREITAS, Juarez; FREITAS, Thomas Bellini. *Direito e inteligência artificial*: em defesa do humano. Belo Horizonte: Fórum, 2020. pp. 57-58.

21. LESSIG, Lawrence. The constitution of code: limitations on choice-based critiques of cyberspace regulation. *CommLaw Conspectus*: Journal of Communications Law and Technology Policy, v. 5, n. 2, pp. 181-192, 1997. Disponível em: https://scholarship.law.edu/cgi/viewcontent.cgi?article=1119&context=commlaw. Acesso em: 18 fev. 2025.

ocorre no ambiente e cenário virtuais, bem como às discussões em torno da rejeição da regulação estatal (ciberlibertário *versus* ciberpaternalistas) e da autorregulação;[22] ii) a regulação pela *Lex Informatica*, a qual defende que as regras padrão são tão essenciais para os participantes da Sociedade da Informação quanto era a *Lex Mercatoria* aos comerciantes há centenas de anos, trazendo o pensamento para um novo modelo de governança do ciberespaço a partir da tomada de decisões na política regulatória pela soma dos atores estatais, técnicos e normas sociais,[23] aproximando do modelo de corregulação e; iii) a regulação por *Lex Privacy* centrada no pluralismo jurídico da privacidade e que combina a visão da corregulação e de *accountability* como meios de promover a complementação normativa das hipóteses de tratamento e do consentimento.[24]

No direito comparado, a par das diferenças quanto à organização de Estado e de governo entre Brasil e França, o modelo regulatório francês merece análise, seja porque nascido em um Estado historicamente reconhecido pela proteção dos direitos e liberdades individuais, seja por contar com mais de quatro décadas de experiência regulatória (1978). Assim, a *Commission Nationale de l'Informatique et des Libertés* (CNIL), a autoridade nacional de controle, independente e autônoma das demais atividades do Estado francês, conta com uma política regulatória que associa regulação, supervisão e *compliance*,[25] no que denomina *la régulation par la donné*, com avaliações práticas para amplificar a capacidade do regulador de agir, especialmente em uma lógica de supervisionar e informar as escolhas dos usuários e melhor orientar o mercado por meio de ferramentas de *crowdsourcing*.[26]

Em verdade, a referência europeia em matéria legislativa e regulatória de proteção de dados pessoais tem seu percurso histórico mais forte iniciado na Alemanha que, em 1970, editou a Lei do Land de Hesse, lei nacional de proteção de dados com trabalho percursor a partir do seu primeiro comissário de dados, Spiros Simitis. Essa lei foi sucedida de diversas construções normativas (não menos relevantes) em quase toda Europa a culminar na inclusão do direito à proteção de dados pessoais no rol dos direitos fundamentais com o art. 8º da Carta de

---

22. SOMBRA, Thiago Luís Santos. *Fundamentos da regulação da privacidade e proteção de dados pessoais*. São Paulo: Thomson Reuters Brasil, 2019. pp. 37-49.

23. REIDENBERG, Joel R. Lex informatica: the formulation of information policy rules through technology. *Texas Law Review*, Austin, v. 76, n. 3, pp. 553-584, 1998. Disponível em: http://zoomsea.com/lawcourse/internetprivacy/resources/assets/lex_informatica.pdf. Acesso em: 18 fev. 2025.

24. SOMBRA, Thiago Luís Santos. *Fundamentos da regulação da privacidade e proteção de dados pessoais*. São Paulo: Thomson Reuters, 2019. p. 218.

25. Sobre o tema, ver: CRISTÓVAM, José Sérgio da Silva; BERGAMINI, José Carlos Loitey. Governança corporativa na lei das estatais: aspectos destacados sobre transparência, gestão de riscos e compliance. *Revista de Direito Administrativo*, Rio de Janeiro, v. 278, n. 2, pp. 179-210, 2019.

26. Sobre o modelo regulatório francês adota-se o documento oficial da CNIL. Disponível em: https://www.cnil.fr/sites/default/files/atoms/files/note-aai-regulation-par-la-data-juil2019.pdf. Acesso em: 18 fev. 2025.

Direitos Fundamentais Europeia. Tal dispositivo é taxativo no sentido de que o cumprimento desse direito deveria estar "sujeito à fiscalização por parte de uma autoridade independente".[27]

A independência da atividade de controle, há muito defendida por Spiros Simitis, é essencial a uma base sólida de regulação, a qual depende de ao menos quatro pilares essenciais:

First, the unique nature of the personal data processing must be recognized. Second, requests for personal information must specify the purpose for which the data will be used, thereby excluding all attempts at multifunctional processing. Third, data protection regulations must be reviewed and updated constantly to reflect changes in technology. Finally, there must be an independent authority to enforce data regulations.[28]

No âmbito global, em termos de construção de uma nova política regulatória, como é o caso do Brasil, a recomendação da Organização para a Cooperação e Desenvolvimento Econômico (OCDE)[29] aos Estados é a assunção de: a) um compromisso no mais alto nível político com uma política explícita de qualidade regulatória para o governo como um todo;[30] b) respeito aos princípios de um governo aberto,[31] transparência e participação no processo regulatório para garantir que a regulação sirva ao interesse público e para que seja informado das necessidades legítimas dos interessados e das partes afetadas pela regulação; c) formas de Avaliação do Impacto Regulatório (AIR)[32] desde os estágios iniciais do processo de políticas para a formula-

---

27. Disponível em: https://www.europarl.europa.eu/charter/pdf/text_pt.pdf. Acesso em: 18 fev. 2025.

28. SIMITIS, Spiros. Reviewing Privacy in an information society. *University of Pennsylvania Law Review*, Filadélfia, v. 135, n. 3, p. 707, p. 737-738, 1987. Disponível em: https://scholarship.law.upenn.edu/cgi/viewcontent.cgi?article=3952&context=penn_law_review. Acesso em: 18 fev. 2025.

29. Embora o Brasil já tenha formalizado sua solicitação ainda não fazemos parte da OCDE, o que não impediu o país, desde os anos 2.000, de manter uma relação internacional com a Organização por meio da participação de instâncias e adesão de instrumentos normativos com vistas à uma maior inserção global na economia.

30. Na OCDE, a Divisão de Política Regulatória faz parte da Diretoria de Governança Pública e Desenvolvimento Territorial, bem como conta com Conselho sobre Política Regulatória e Governança. Por recomendação deste último, o Comitê de Política Regulatória (criado em 2009) desenvolveu uma recomendação (nota nº 11) para auxiliar os membros e não membros na construção e fortalecimento da capacidade para a qualidade e reforma regulatória. Sobre o panorama da Política Regulatória e o trabalho desenvolvido pela OCDE com países na matéria consultar o OECD Regulatory Policy Outlook 2015. Disponível em: https://doi.org/10.1787/9789264238770-en. Acesso em: 18 fev. 2025.

31. Sobre o tema do governo aberto no Brasil, ver: CRISTÓVAM, José Sérgio da Silva; HAHN, Tatiana Meinhart. Administração Pública orientada por dados: governo aberto e infraestrutura nacional de dados abertos. *Revista de Direito Administrativo e Gestão Pública*, [S.l], v. 6, n. 1, pp. 1-24, jan./jun. 2020. Disponível em: https://www.indexlaw.org/index.php/rdagp/article/view/6388/pdf. Acesso em: 18 fev. 2025.

32. OECD, Regulatory Impact Assessment, OECD Best Practice Principles for Regulatory Policy, OECD Publishing, Paris, 2020. Disponível em: https://doi.org/10.1787/7a9638cb-en. Acesso em: 18 fev. 2025.

ção de novas propostas de regulação; d) mecanismos para supervisionar ativamente os procedimentos da política regulatória e sua implementação.[33]

Interessante observar que a Administração Pública Federal, de forma apenas exemplificativa, já conta com instrumentos legislativos que associam a supervisão e o exercício uma política regulatória ao princípio da boa administração pública, como o Decreto nº 6.062/2007 com o Programa de Fortalecimento da Capacidade Institucional para Gestão em Regulação (Pro-Reg). No entanto, tal tendência veio mais intensa nas redações do art. 6º, da Lei 13.848/2018 (Lei das Agências Reguladoras) e dos art. 4º[34] e 5º da Lei nº 13.874/2019 (Declaração de Direitos de Liberdade Econômica) no sentido de que é dever da Administração Pública, no exercício de regulamentação, evitar o abuso do poder regulatório, bem como que a adoção de propostas de alteração de atos normativos de interesse geral dos agentes econômicos, consumidores ou usuários dos serviços prestados serão precedidas da realização de Avalição de Impacto Regulatório (AIR),[35] instrumento devidamente regulamentado no Decreto nº 10.411, de 30 de junho de 2020.[36]

Esse decreto, além de traçar critérios e metodologias à AIR, apresenta conteúdo obrigacional aplicável não apenas às entidades reguladoras (integrantes da adminis-

---

33. Conforme documento oficial da OCDE, elaborado em 2012, com a Recomendação do conselho sobre política regulatória e governança. Disponível em: https://www.oecd.org/gov/regulatory-policy/Recommendation%20PR%20with%20cover.pdf. Acesso em: 18 fev. 2025.

34. Pela direta conexão com a matéria de proteção e dados e dos agentes econômicos envolvidos no tratamento, transcreve-se o dispositivo. Art. 4º É dever da administração pública e das demais entidades que se vinculam a esta Lei, no exercício de regulamentação de norma pública pertencente à legislação sobre a qual esta Lei versa, exceto se em estrito cumprimento a previsão explícita em lei, evitar o abuso do poder regulatório de maneira a, indevidamente: I - criar reserva de mercado ao favorecer, na regulação, grupo econômico, ou profissional, em prejuízo dos demais concorrentes; II - redigir enunciados que impeçam a entrada de novos competidores nacionais ou estrangeiros no mercado; III - exigir especificação técnica que não seja necessária para atingir o fim desejado; IV - redigir enunciados que impeçam ou retardem a inovação e a adoção de novas tecnologias, processos ou modelos de negócios, ressalvadas as situações consideradas em regulamento como de alto risco; V - aumentar os custos de transação sem demonstração de benefícios; VI - criar demanda artificial ou compulsória de produto, serviço ou atividade profissional, inclusive de uso de cartórios, registros ou cadastros; VII - introduzir limites à livre formação de sociedades empresariais ou de atividades econômicas; VIII - restringir o uso e o exercício da publicidade e propaganda sobre um setor econômico, ressalvadas as hipóteses expressamente vedadas em lei federal; e IX - exigir, sob o pretexto de inscrição tributária, requerimento de outra natureza de maneira a mitigar os efeitos do inciso I do caput do art. 3º desta Lei.

35. O decreto define no art. 2º, inciso I, a AIR como procedimento, a partir da definição de problema regulatório, de avaliação prévia à edição dos atos normativos de que trata este decreto, o qual conterá informações e dados sobre os seus prováveis efeitos, para verificar a razoabilidade do impacto e subsidiar a tomada de decisão, bem como os documentos que lhe são auxiliares, os quais sejam a avaliação de resultado regulatório (ARR), o levantamento dos custos regulatórios e relatório de AIR. Sobre o tema, ver: CRISTÓVAM, José Sérgio da Silva; GONDIM, Liliane Sonsol; SOUSA, Thanderson Pereira de. Análise de impacto regulatório (AIR) e participação social no Brasil. *Revista Justiça do Direito*, Passo Fundo, v. 34, n. 2, pp. 351-370, ago. 2020.

36. Desse texto também resultou a edição do guia sobre a AIR e avaliação de políticas públicas lançado pela Casa Civil da Presidência da República. Disponível em: https://www.gov.br/casacivil/pt-br/centrais-de-conteudo/downloads/diretrizes-gerais-e-guia-orientativo_final_27-09-2018.pdf/view. Acesso em: 18 fev. 2025.

tração indireta), mas também a toda Administração Pública ao estabelecer no art. 1º, §§1º e 2º que o seu texto é destinado aos órgãos e às entidades da administração pública federal direta, autárquica e fundacional, quando da proposição de atos normativos de interesse geral de agentes econômicos ou de usuários dos serviços prestados, no âmbito de suas competências, inclusive às propostas de atos normativos formuladas por colegiados por meio do órgão ou da entidade encarregado de lhe prestar apoio administrativo.

Trazendo esses elementos à atividade regulatória na LGPD, é inquestionável que a lei visa proteger os direitos fundamentais de liberdade e de privacidade e o livre desenvolvimento da personalidade da pessoa natural (art. 1º). Todavia, tal resguardo não pode representar obstáculos ao desenvolvimento econômico e tecnológico, ao aporte à inovação, à livre iniciativa, à livre concorrência e à liberdade de informação,[37] enquanto fundamentos de igual valor da própria disciplina de proteção de dados (art. 2º).

Avançando nas considerações sobre a atividade regulatória na proteção de dados pessoais, alerta-se que a interpretação dos dispositivos da LGPD para elaboração dos atos regulamentares deve adotar o termo "privacidade" com as suas respectivas camadas:[38] intimidade, privacidade propriamente dita e vida privada, sobre os quais não há um exercício de um direito real pelo seu titular (não há um proprietário de dados), antes própria do direito da personalidade da pessoa natural (há uma titularidade dos dados). Sobre as camadas acima referidas, segue a explicação de Danilo Doneda:

> A opção do legislador possui justificativa no desenvolvimento legislativo, histórico e doutrinário mais recente. Nela ecoa, por exemplo, a doutrina de Hubmann, constantemente referida, que utiliza um esquema de esferas concêntricas para representar os diferentes graus de manifestação do sentimento de privacidade: a esfera da intimidade ou do segredo (*Intimsphäre*, que para outros autores seria *Geheimnisphäre*); a esfera privada (*Privatsphäre*) e, em torno delas, a esfera pessoal, que abrangeria a vida pública (*Öffentlichkentsbereich*). Tal teoria, que hoje chega a ser referida pela própria doutrina alemã como teoria da "pessoa como uma cebola passiva".[39]

Embora não se desconheça que a teoria das camadas foi desenvolvida e, posteriormente, acabou não aplicada na decisão marco do Tribunal Constitucional

---

37. No âmbito do tratamento de dados pessoais no Poder Público, o direito de acesso à informação (integrante do direito à liberdade de informação) traz consigo a aplicação conjunta da Lei nº 12.527/2011 (Lei de acesso à informação, LAI) cujos procedimentos são de observância indicada no art. 23 da LGPD. Assim, não se pode confundir esse fundamento listado entre outros no art. 2º, inciso III, como a liberdade de expressão, comunicação e opinião, cuja aplicação se encontra no artigo 4º e que excluir tais pontos da LGPD, os quais sejam quando o tratamento de dados pessoais for realizado por pessoa natural para fins exclusivamente particulares e não econômicos (art. 4º, inciso I) e para fins exclusivos jornalístico e artísticos (art. 4º, inciso II, a) ou acadêmicos (arts. 4º, inciso II, a combinado com arts. 7º e 11).

38. O termo "camadas" aqui empregado não traz conexão teórica com a expressão "camadas" que será utilizada na segunda parte do texto quanto à regulação.

39. DONEDA, Danilo. *Da privacidade à proteção de dados pessoais*: fundamentos da Lei Geral de Proteção de Dados. 2. ed. rev. e atual. São Paulo: Thomson Reuters Brasil, 2019. p. 103.

Alemão sobre a Lei Alemã do Censo de 1982,[40] sublinha-se esse argumento de que a LGPD ao tratar da privacidade e da intimidade não delimitou o espaço desses direitos fundamentais e ainda diferenciou ao conferir uma rigidez maior ao tratamento de dados pessoais sensíveis,[41] enquanto mais vinculados à intimidade.[42] Tais distinções parecem claras ao legislador ao enumerar esses termos no art. 17[43] e na denominação discriminada tanto da Política Nacional de Proteção de Dados Pessoais e da Privacidade (art. 55-J, III) quanto do Conselho Nacional de Proteção de Dados Pessoais e da Privacidade (art. 58-A).

Na semântica, isso fica mais claro na observação de Byung-Chul Han[44] de que, originalmente, o termo "pessoa" (latim *persona*) significa máscara, dando uma imagem ao que está por dentro e da demanda de preservação de um espaço interior, de privacidade. Desse modo, na esfera pessoal identifica-se a ocorrência de fatos preservados apenas na psique do sujeito (em seu íntimo), outros que integram o seu espaço privado de restrito conhecimento exterior e outros que são comunicados a terceiros, mas que ainda assim carregam, porquanto direito humano fundamental, a tutela estatal de sua privacidade.

Percebe-se que é nessa compreensão do que integra o conceito de dado pessoal e de privacidade, sobre a ir(relevância) dos dados que questionamentos sobre a autorregulação (em que as próprias partes fixam os contornos do tratamento em contrato) em dados da pessoa jurídica privada se formam. Isso porque tendo a LGPD tutelado os dados enquanto uma afirmação do personalismo,[45] da pessoa natural, deixou a outras leis a preocupação com o tema da pessoa jurídica.

Nessa senda, no caso dos dados das pessoas jurídicas de direito público caberá a cada ente dispor quanto ao grau de sigiloso (ultrassecreta, secreta ou reservada)

---

40. Em matéria proteção de dados e principalmente no que tange ao tratamento realizado pela Administração Pública, em 1983, a sentença do Tribunal Constitucional Alemão entendeu que a Lei Alemã do Censo de 1982 não era compatível com o ordenamento constitucional vigente por não atender ao princípio da autodeterminação informativa e da finalidade no tratamento de dados. Também se fixou o argumento de que não há dados pessoais irrelevantes, o que somente se pode avaliar a depender de qual será a finalidade empregada no tratamento. Sobre o tema, ver: DONEDA, Danilo. *Da privacidade à proteção de dados pessoais*: fundamentos da Lei Geral de Proteção de Dados. 2. ed. rev. e atual. São Paulo: Thomson Reuters Brasil, 2019. p. 167.

41. Está em curso na Câmara dos Deputados o Projeto de Lei 5141/20 que prevê a exclusão do tratamento de dados pessoais e sensíveis por organizações religiosas, sob argumento de que se equivaleriam ao tratamento jornalístico e artístico previstos no art. 4º da LGPD.

42. CARDOSO, Raphael de Matos. O desembarque da privacidade e da intimidade na LGPD. In: POZZO, Augusto Neves Dal; MARTINS, Ricardo Marcondes (Coord.). *LGPD e administração pública*: uma análise ampla dos impactos. São Paulo: Thomson Reuters Brasil, 2020. p. 224.

43. Art. 17. Toda pessoa natural tem assegurada a titularidade de seus dados pessoais e garantidos os direitos fundamentais de liberdade, de intimidade e de privacidade, nos termos desta Lei.

44. HAN, Byung-Chul. *Sociedade da transparência*. Tradução de Enio Paulo Giachini. Petrópolis: Vozes, 2017. Edição do Kindle. p. 45.

45. DONEDA, Danilo. *Da privacidade à proteção de dados pessoais*: fundamentos da Lei Geral de Proteção de Dados. 2. ed. rev. e atual. São Paulo: Thomson Reuters Brasil, 2019. p. 169.

COMENTÁRIOS À LEI GERAL DE PROTEÇÃO DE DADOS PESSOAIS (LEI 13.709/2018)

aplicável com base nas regras da LAI. Enquanto no caso de dados de pessoas jurídicas de direito privado aplicam-se a LAI e a Lei nº 9.507/1997 (*habeas data*), nos termos do art. 39 da LAI. Já no caso específico do compartilhamento de dados entre os órgãos e as entidades da Administração Pública federal, aplica-se o Decreto nº 10.046/2019, normativa que classifica grande parte dos dados da pessoa jurídica como dados cadastrais,[46] na mesma linha do Tribunal de Contas da União (TCU),[47] apenas distinguindo os dados já protegidos por sigilo fiscal nos artigos 28 e 29 do mesmo decreto.

3. ANPD: ALTERAÇÃO DA NATUREZA JURÍDICA E CONSEQUÊNCIAS PRÁTICAS

A proteção de dados pessoais associa-se as duas agências reguladoras diretamente referidas pela ordem constitucional (a ANATEL e a ANP), a uma por natureza e a outra por teoria, seja porque é por meio da comunicação que um dado pessoal sai da esfera de controle exclusivo do seu titular, seja pela conhecida analogia do matemático Clive Humby dos dados ao petróleo bruto, valoráveis apenas e quando processados.[48]

Esse contexto de desenvolvimento exponencial do tema de proteção de dados pessoais, por certo não integrava as preocupações políticas governamentais quando da edição do Decreto-Lei nº 200, em 25 de fevereiro de 1967, a dispor sobre a organização da Administração Pública federal. Entretanto, como todo ato normativo, deixa sua perturbação no ordenamento jurídico e, mesmo mais de algumas décadas depois, acabou por interferir na estrutura da ANPD com cirurgias estruturais antes do primeiro respiro. Vale dizer: persiste a antiga política governamental (mais do que administrativista) embasada na prática burocrática de que a autoridade central executiva tem o controle irrestrito quanto à natureza jurídica da atividade reguladora.

---

46. Art. 2º Para fins deste Decreto, considera-se: (...) III - dados cadastrais - informações identificadoras perante os cadastros de órgãos públicos, tais como: a) os atributos biográficos; b) o número de inscrição no Cadastro de Pessoas Físicas - CPF; c) o número de inscrição no Cadastro Nacional de Pessoas Jurídicas - CNPJ; d) o Número de Identificação Social - NIS; e) o número de inscrição no Programa de Integração Social - PIS; f) o número de inscrição no Programa de Formação do Patrimônio do Servidor Público - Pasep; g) o número do Título de Eleitor; h) a razão social, o nome fantasia e a data de constituição da pessoa jurídica, o tipo societário, a composição societária atual e histórica e a Classificação Nacional de Atividades Econômicas - CNAE; e i) outros dados públicos relativos à pessoa jurídica ou à empresa individual.

47. Conforme Portaria nº 242/2013, TCU.

48. Humby teve a si atribuída a afirmação de que "*data is the new oil, it´s valuable, but if unrefined it cannot really be used*". A frase demonstra que não há utilidade em dados que não sofram um processo de tratamento e que é esse processo que os tornam um bem de consumo. A frase tornou-se popular em 2006 quando Clive Humby e sua esposa Edwina Dunn auxiliaram um sistema de Clubcard para a Tesco, um cartão de fidelidade de uma rede britânica de supermercados Tesco. Sobre o tema recomenda-se: HUMBY, Clive; HUNT, Terry. *Scoring points*: how Tesco continues to win consumer loyalty. 2. ed. London: Kogan Page Limited, 2007. E-book.

A primeira cirurgia foi logo na espinha dorsal da ANPD quando teve encerrada sua criação como autarquia[49] especial (natureza jurídica própria das agências reguladoras),[50] vinculada ao Ministério da Justiça, ao serem vetados[51] os artigos 55 a 59 da LGPD. Entendeu-se que a lei nesse ponto padecia de vício formal quanto à iniciativa legislativa, a qual estaria na esfera da iniciativa privativa do Presidente da República, conforme o art. 61, § 1º, inciso II, alínea 'e', observado o disposto no art. 84, VI, da Constituição.

O posicionamento da ANPD dentro da Administração Pública federal direta alterou sua natureza jurídica, razão pela qual é a partir desta que serão analisadas algumas das suas principais implicações teóricas e práticas.

Ocorre que ao redefinir a natureza jurídica da ANPD alteraram-se as consequências jurídicas que lhe seriam inerentes como, principalmente, a possibilidade de manter sua autonomia decisória, de prover sua autossustentabilidade financeira, uma vez que, enquanto agência reguladora, teria dentre suas receitas o produto da execução da sua dívida ativa e o produto da cobrança de emolumentos por serviços prestados.

A autonomia financeira é força motriz ao livre exercício de suas funções administrativas decisória, sancionadora e normativa, desvinculadas de seu criador e sem dele depender para o desempenho de suas escolhas regulatórias, afinal estaria dotada de sua própria personalidade jurídica de direito público. Aliás, é justamente tal característica, omissa do conceito de autarquia do art. 5º, do Decreto-Lei nº 200/1967, que confere, segundo Celso Antônio Bandeira de Mello, a uma pessoa jurídica de direito público a possibilidade de titularizar interesses públicos, com ausência de subordinação hierárquica, com sua constituição jurídica, *ipso facto*, para receber a

---

49. Conforme o Decreto-Lei nº 200/1967, a Administração indireta compreende, entre suas categorias de entidades dotadas de personalidade jurídica própria, as autarquias. Segundo o art. 5º, inciso I do mesmo decreto-lei, considera-se autarquia o serviço autônomo, criado por lei, com personalidade jurídica, patrimônio e receita próprios, para executar atividades típicas da Administração Pública, que requeiram, para seu melhor funcionamento, gestão administrativa e financeira descentralizada.

50. MELLO, Celso Antônio Bandeira de. *Curso de direito administrativo*. 28. ed. São Paulo: Malheiros, 2011. p. 169.

51. O veto a diversos dispositivos da redação original da LGPD foi publicado por meio da Mensagem nº 451, de 14/08/2018, emitida pelo então Presidente da República Michel Temer, tendo quanto aos art. 55 a 59 assim justificado: "As sanções administrativas de suspensão ou proibição do funcionamento/ exercício da atividade relacionada ao tratamento de dados podem gerar insegurança aos responsáveis por essas informações, bem como impossibilitar a utilização e tratamento de bancos de dados essenciais a diversas atividades, a exemplo das aproveitadas pelas instituições financeiras, dentre outras, podendo acarretar prejuízo à estabilidade do sistema financeiro nacional. Ouvidos, ainda, os Ministérios da Justiça, da Fazenda, da Transparência e Controladoria-Geral da União, do Planejamento, Desenvolvimento e Gestão, da Segurança Pública, da Ciência, Tecnologia, Inovações e Comunicações e o Banco Central do Brasil, manifestaram-se pelo veto aos seguintes dispositivos". (...) Por fim, a mensagem acrescentou "os dispositivos incorrem em inconstitucionalidade do processo legislativo, por afronta ao artigo 61, § 1º, II, 'e', cumulado com o artigo 37, XIX da Constituição". Vide: Exposição de motivos da MP nº 869, disponível em: http://www.planalto. gov.br/ccivil_03/_ato2015-2018/2018/Exm/Exm-MP-869-18.pdf. Acesso em: 18 fev. 2025.

qualificação ao desempenho de atividades públicas, com centros subjetivados de direitos e obrigações distintos do Estado a justificar, inclusive, uma responsabilidade apenas subsidiária em relação a ela.[52]

Ademais, desde a edição da Lei nº 13.848/2019, a natureza jurídica especial conferida a essas agências tem como garantia expressa a ausência de tutela ou subordinação hierárquica, além da autonomia funcional, decisória, administrativa[53] e financeira e da investidura a termo de seus dirigentes e estabilidade durante os mandatos (art. 3º). Em contrapartida, impõe o dever de promoção de práticas de gestão de riscos, de controle interno, de elaboração e divulgação de programa de integridade, medidas que visam promover a adoção de medidas e ações institucionais destinadas à prevenção, à detecção, à punição e à remediação de fraudes e atos de corrupção dentre dessas autoridades (art. 3º, §3º). De fato, é uma perda (ou não) à ANPD que dependerá de sua própria ação regulamentadora para criar tais previsões ausentes na LGPD.

A se pensar na hipótese de, enquanto permitida à academia, após o veto dos art. 55 a 59 (afinal, estava a se proteger imperativo formal constitucional), o Chefe do Executivo poderia encaminhar projeto de lei com os mesmos dispositivos (eis que estes não apresentavam, a priori, inconstitucionalidade material e nem desconformidade legal). Esse projeto seria aprovado pelo Legislativo, pois dele mesmo eivado o intuito inicial de criar uma agência reguladora que assumisse, já a tardar, a formação da política de proteção de dados pessoais no Brasil.

Fato é que a natureza jurídica da ANPD, a par da inegável questão constitucional, teve sua configuração jurídica alterada pelo veto aos artigos 55 a 59 da redação original da LGPD, o que acarretou consequências negativas tantos aos titulares dos dados pessoais, quanto à própria fixação administrativa da ANPD como autoridade com força institucional e jurídica suficientes ao extenso rol (não exaustivo) de competências, objeto da última parte desse texto.

A redação original do art. 55 da LGPD previa a ANPD como integrante da Administração Pública federal indireta, submetida a regime autárquico especial e vinculada ao Ministério da Justiça,[54] tendo assegurado pelos então §§3º e 5º a respectiva

---

52. MELLO, Celso Antônio Bandeira de. *Curso de direito administrativo*. 28.ed. São Paulo: Malheiros, 2011. p. 160-161.

53. Segundo o §2º do art. 3º da mesma lei, a autonomia administrativa da agência reguladora é caracterizada pelas seguintes competências: I - solicitar diretamente ao Ministério da Economia: a) autorização para a realização de concursos públicos; b) provimento dos cargos autorizados em lei para seu quadro de pessoal, observada a disponibilidade orçamentária; c) alterações no respectivo quadro de pessoal, fundamentadas em estudos de dimensionamento, bem como alterações nos planos de carreira de seus servidores; II - conceder diárias e passagens em deslocamentos nacionais e internacionais e autorizar afastamentos do País a servidores da agência; III - celebrar contratos administrativos e prorrogar contratos em vigor relativos a atividades de custeio, independentemente do valor.

54. Exposição de motivos da MP nº 869, disponível em: http://www.planalto.gov.br/ccivil_03/_ato2015-2018/2018/Exm/Exm-MP-869-18.pdf. Acesso: 14 nov. 2020.

independência administrativa, a ausência de subordinação hierárquica, mandato fixo e estabilidade de seus dirigentes e autonomia financeira, além de um Conselho Diretor composto por 3 (três) conselheiros com decisão colegiada por sua maioria.

Já o texto vigente, regulamentado pelo Decreto nº 10.074/2020, criou a ANPD como órgão da Administração Pública federal direta, integrante da Presidência da República (art. 55-A), com natureza jurídica transitória (art. 55-A, §1º) e que poderá ser transformada pelo Poder Executivo em entidade da Administração Pública federal indireta, submetida a regime autárquico especial (como o texto original assim o sugeriu) e vinculada à Presidência da República. A reforma legislativa, também, buscou remediar a alteração da natureza jurídica ao determinar que, mesmo enquanto órgão estruturalmente situado na administração direta federal, teria assegurada sua autonomia técnica e decisória (art. 55-B).

Pois bem. Após o veto, foi editada a MP nº 869/2018, convertida na Lei 13.853/2019, deixando uma Autoridade de proteção de dados flutuante e desacreditada no ordenamento jurídico mesmo frente à previsão legal de uma autonomia, tendo em vista que não se mostrava executável sua autonomia frente às dependências organizacionais, econômicas e financeiras, sua localização estrutural e, consequentemente, à suscetível interferência política. Para além da descrença quanto à autonomia, criou-se uma insegurança jurídica ao se diferir no tempo a fixação da natureza jurídica, sob o fundamento de impossibilidade financeira para a estruturação da ANPD como uma agência.[55]

Todavia, pouco se destacou nas críticas doutrinárias e políticas, ao menos expressamente, que a transitoriedade da ANPD não diz respeito apenas à sua natureza jurídica (se autarquia, se órgão presidencial), mas também quanto a sua própria existência. Nota-se que essa transitoriedade é situação que confere livre disposição do Chefe do Executivo quanto à criação, mas também quanto à extinção de pastas e subpastas sob sua gestão. Além disso, o emprego de um verbo facultativo, hipotético e futuro representado na expressão "poderá" delega à "sorte" uma avaliação de conveniência e oportunidade, quase como uma fase experimental da própria Autoridade.

Sob o ponto de vista da interpretação legal, por óbvio que essa interpretação quanto aos termos "transitória" e "poderá" poderia ser embargada diante da redação explicativa do §2º do art. 55-A, segundo o qual a avaliação quanto à transformação deverá ocorrer em até 2 (dois) anos da data da entrada em vigor da estrutura regimental da ANPD.

Contudo, sob o ponto de vista do direito administrativo e constitucional, o termo "deverá" vincula-se apenas à decisão propriamente dita (se órgão, se agência reguladora) do Chefe do Executivo Federal, a qual está condicionada (por mais

---

55. Exposição de motivos da MP nº 869, disponível em: http://www.planalto.gov.br/ccivil_03/_ato2015-2018/2018/Exm/Exm-MP-869-18.pdf. Acesso em: 18 fev. 2025.

óbvio e preocupante que isso possa parecer ser) a não extinção do órgão dentro da pasta presidencial até essa data. Fato: se a criação se deu sem aumento de despesa, sem personalidade jurídica e, consequentemente, sem competências tributárias em prol de sua autonomia, com o remanejo de servidores de outros órgãos públicos federais, a sua extinção apenas se resolveria, em tese, pelo retorno do *status quo*. De qualquer forma, as linhas rasuradas no desenho ANPD no texto da LGPD persistem em outros pontos.

Ora, ao mesmo tempo em que se cria um órgão dentro da Presidência, com regime jurídico diverso das autarquias especiais, parece conflitar com a redação do art. 55-E no que tange aos membros do Conselho Diretor, escolhidos e nomeados pelo Presidente da República, após aprovação pelo Senado Federal (art. 55-D, §1º), no sentido de que somente perderão seus cargos em virtude de renúncia, condenação judicial transitada em julgado ou pena de demissão decorrente de processo administrativo disciplinar. Vale dizer: os "diretores" estão ali previstos como se dirigentes de agência reguladora fossem, mas localizados dentro da Administração Pública federal direta, internamente subordinados ao Presidente e (talvez só em tese, talvez na prática) ao poder hierárquico próprio.

Por certo não se desconhece que, do ponto de vista histórico, órgãos da Administração Pública direta já exerceram funções regulatórias em sentido amplo. Por exemplo, na alteração da alíquota do IOF com vistas à intervenção na compra e venda de moeda estrangeira, na regulação do nível de depósito compulsório das instituições financeiras para aumentar ou reduzir a quantidade de moeda em circulação, na regulação sobre a quantidade, qualidade e regras de financiamento à educação superior com o objetivo de ampliar a oferta ou o acesso a esse serviço, na regulação para produção e comercialização de produtos de origem animal e de bebidas e produtos de origem vegetal,[56] exemplos que retiram a importância da autonomia das agências reguladoras e que, em verdade, ratificam a vinculação impositiva dos destinatários do art. 1º do Decreto nº 10.411/2020 (AIR).

Aliás, enquanto órgão que é, a ANPD não possui personalidade jurídica própria, consequentemente, em eventuais demandas judiciais deverá figurar nos polos processuais[57] em seu lugar a União,[58] o que justifica o art. 23 do Decreto nº 10.474/2020 ter fixado a Assessoria Jurídica da ANPD como um órgão setorial da Advocacia-Geral

---

56. Exemplos constantes no documento sobre diretrizes gerais para elaboração de AIR editado pelo governo federal em 2018. Disponível em: https://www.gov.br/casacivil/pt-br/centrais-de-conteudo/downloads/diretrizes-gerais-e-guia-orientativo_final_27-09-2018.pdf/view. Acesso em: 18 fev. 2025. p. 23.

57. A exceção da legitimidade passiva no caso do mando de segurança, conforme previsão do art. 1º, §1º, da Lei nº 12.016/2009.

58. Sobre a competência processual, observa-se que eventuais demandas serão julgadas na Justiça Federal, por força do art. 109, inciso I da Constituição. Além disso, observa-se que o art. 1º, do Regulamento da ANPD, ampliou o texto da LGPD, ao fixar que ANPD tem sede e foro no Distrito Federal, a atrair também a aplicação dos §§ 1º e 2º do mesmo art. 109.

da União (AGU),[59] a ser exercido pelo órgão da Procuradoria-Geral da União (PGU), com funções estratégicas tais como fixar a interpretação da Constituição, das leis, dos tratados e dos demais atos normativos, a ser uniformemente seguida na área de atuação da ANPD, atuar na elaboração de propostas de atos normativos e realizar a revisão final da técnica legislativa por meio de parecer conclusivo sobre a constitucionalidade, a legalidade e a compatibilidade das propostas de atos normativos a serem editados pela ANPD, além do assessoramento jurídico no controle interno da legalidade administrativa.

E mais: considerando a questão da judicialização e a não configuração da ANPD como agência reguladora (art. 29 e 30, da Lei nº 13.848/2019), "reluz", de forma paradoxal, a ausência na LGPD de dispositivos de incentivo à aplicação de métodos extrajudiciais ou de resolução pacifica de conflitos entre os atores envolvidos na proteção de dados, o que sinaliza o potencial adversarial contencioso, mesmo que por interpretação com outras normas, seja defensável a aplicação de métodos como a medição, a conciliação ou a arbitragem na matéria.

Fechado esse primeiro contexto quanto à natureza jurídica da ANPD, cabe trazer o contexto político constitucional ocorrido.

Após o veto presidencial e das alterações da ANPD iniciadas pela MP nº 869 (27/12/2018), teve início[60] no Senado Federal (SF), em março de 2019, a tramitação da antes referida PEC nº 17/2019,[61] cujo objeto inicial era a alteração de dois artigos na Constituição.[62] Na sequência, em julho de 2019, foi publicada a Lei nº 18.853, com a criação da ANPD, para a qual veio a resposta do SF, em agosto de 2019, do texto substitutivo ao texto original da PEC ampliando a reforma. Desta forma, o texto atual da PEC tem quatro frentes: a) acrescer o inciso XXIX à proteção de dados pessoais no art. 5º e não apenas alterar o inciso XII; b) manter o acréscimo do inciso XXX no art. 22 para competência privativa legislativa da União; c) acrescer no art. 21 o inciso XXVI para fixar na União a competência para organizar e fiscalizar a proteção e o tratamento de dados pessoais, nos termos da lei; e d) esta lei disporá

---

59. A Advocacia-Geral da União é, segundo o art. 131 da Constituição, a instituição que, diretamente ou através de órgão vinculado, representa a União, judicial e extrajudicialmente, cabendo-lhe, nos termos da lei complementar que dispuser sobre sua organização e funcionamento, as atividades de consultoria e assessoramento jurídico do Poder Executivo. Ela compreende órgãos de direção superior e órgãos de execução, nos termos da LC nº 73/1993. A representação da Administração Direta compete à Procuradoria-Geral da União (PGU) e da administração indireta à Procuradoria-Geral Federal (PGF) desde a sua criação pela Lei nº 10.480/2002.

60. Por início considera-se a leitura da matéria na sessão no SF de nº 20, em 12/03/2019.

61. Para acompanhamento legislativo recomenda-se: https://www25.senado.leg.br/web/atividade/materias/-/materia/135594. Acesso em: 18 fev. 2025.

62. A proposta inicial previa apenas duas modificações no texto constitucional. A primeira para alterar a redação do art. 5º, inciso XII, com a inclusão da inviolabilidade do direito à proteção de dados pessoais e para criar o inciso XXX no art. 22 conferindo à União a competência privativa da União em matéria de proteção e tratamento de dados pessoais.

sobre a criação de um órgão regulador e de outros aspectos institucionais, com interpretação fixa a esse inciso pelo art. 4º da PEC, no sentido de que para os efeitos do inciso XXVI do art. 21, o órgão regulador será entidade independente, integrante da Administração Pública federal indireta, submetida a regime autárquico especial. Está na PEC resgatado o intuito legislativo de 14 de agosto de 2018, mas agora com força de um projeto de emenda constitucional.

Essa movimentação entre o Executivo e o Legislativo no direcionamento da natureza jurídica da ANPD, ainda que se argumente natural no regime democrático, demonstra a ausência de uma visão pública nacional em termos de política regulatória na matéria, o que potencializa e reflete no tratamento fragmentado do direito à proteção de dados observada em iniciativas legislativas estaduais e municipais, com impacto negativo na confiabilidade do mercado brasileiro no cenário internacional e na insegurança jurídica aos entes privados que se veem, muitas vezes, submetidos a instrumentos privados por adesão (autorregulação).

Em especial nesse ponto, no que concerne à competência normativa da ANPD e às iniciativas legislativas em leis estaduais e municipais, Ricardo Marcondes Martins argumenta não ser competência privativa da União (logo não caber à ANPD) legislar sobre o acesso administrativo a dados privados, de modo que cada ente federativo poderia legislar sobre o seu próprio acesso a dados privados, enquanto exercício de função administrativa e de competência comum dos entes federados (art. 23, da Constituição de 1988).[63]

Por outro lado, essa opção não parece coadunar com o sistema de proteção de dados por 4 (quatro) óticas. Primeiro, sob o ponto de vista prático, o cidadão estaria submetido a, no mínimo, três regimes jurídicos de tratamento de dados (municipal, estadual e federal, a exceção nesse número do distrital), o que lhe ampliaria a situação de descontrole quanto aos métodos de tratamento, à situação assimétrica de tratamento fundada no interesse público de cada gestor, além de obstaculizar a uniformização de jurisprudência na matéria. Segundo, sob a ótica da segurança da informação, tornaria o controle ainda mais difícil, submetido a diversas camadas de controladores com diferentes critérios de *compliance*, aumentando, também, os riscos de vazamento de bancos de dados. Terceiro, do ponto de vista da interoperabilidade e da aplicação de políticas de dados abertos, com o acréscimo da discricionariedade de cada ente público quanto ao tratamento de dados pessoais e sua respectiva anonimização para fins avaliação de eficiência pública e de controle da legalidade, seria igualmente um retrocesso aos avanços (já insuficientes) e ao próprio direito de acesso público a informações.

E, finalmente, sob a ótica jurídica, a LGPD foi expressa no parágrafo único do art. 1º quando determinou que as normas gerais contidas na lei são de interesse

---

63. MARTINS, Ricardo Marcondes. Lei geral de proteção de dados pessoais e direito administrativo: questões polêmicas. In: DAL POZZO, Augusto Neves; MARTINS, Ricardo Marcondes (Coord.). *LGPD e administração pública*: uma análise ampla dos impactos. São Paulo: Thomson-Reuters Brasil, 2020. p. 28.

nacional e aplicáveis em todas esferas federativas, sob o resguardo constitucional do art. 22 e do princípio da predominância do interesse geral que confere à União a edição de normas sobre matérias de interesse geral ou nacional,[64] já ratificados pela jurisprudência do Supremo Tribunal Federal (STF), de modo a não ser aplicável por isso a sistemática do art. 23 da Constituição, à disciplina de proteção de dados pessoais.[65] De qualquer sorte, cabe frisar que subsistem as competências conferidas aos entes federados pelos art. 45, da Lei nº 12.527/2011 (LAI) e do art. 11,[66] da Lei nº 13.444/2017, cujas permissões normativas já conferem amplas ramificações normativas em matéria de dados, da informação e do compartilhamento público de dados.[67]

Ora, observa-se que tal compartilhamento de competências legislativas, inclusive da função sancionadora, ampliaria de sobremodo o poder dos entes federativos e comprimiria a dimensão objetiva do direito de proteção de dados, a ponto de o cidadão, por exemplo, ver-se completamente protegido sob o regime estadual de proteção de dados e largamente desassistido em seu próprio Município; ou de um empregado público municipal ter acesso a dados seus pessoais que estão em tratamento pela União e não saber quais são os dados pessoais que o próprio empregador forneceu ao Município. Isso porque em sendo firmada a competência legislativa municipal e estadual, restaria afastada a aplicação da LGPD e talvez da própria LAI, diante do prevê o art. 9º combinado com o art. 45 que já permite normativa pelos entes federados. Apesar de hipotéticos e bastante ordinários, os exemplos demonstram o potencial lesivo e de insegurança jurídica que a ausência de uma figura central na regulação e no controle dessa matéria pode causar em um país de diversidades amplas como o Brasil.

---

64. O STF, em diversos julgados, fixou a interpretação de que a Constituição pressupõe de forma absoluta para algumas matérias o princípio da predominância do interesse e, por isso, estabeleceu, a priori, diversas competências para cada um dos entes federativos: União, Estados-Membros, Distrito Federal e Municípios. De modo que, a partir dessas opções, poderá ora acentuar maior centralização de poder, principalmente na própria União (art. 22), ora permitir uma maior descentralização nos Estados-Membros e nos Municípios (arts. 24 e 30, inciso I). Nesse sentido, a título de exemplo, cita-se a jurisprudência produzida nas ações direta de inconstitucionalidade (ADIs) n. 5696, 5792, 5799, 5774, 2077, 5572.

65. Cabe lembrar que outras competências conexas à LGPD não serão excluídas se estiverem dentro da competência comum e que a ANPD deverá atuar de forma articulada com as autoridades reguladoras e setores governamentais sujeitas à regulação, conforme prevê o art. 55-J, inciso XXIII, LGPD.

66. Art. 11. O poder público deverá oferecer mecanismos que possibilitem o cruzamento de informações constantes de bases de dados oficiais, a partir do número de inscrição no CPF do solicitante, de modo que a verificação do cumprimento de requisitos de elegibilidade para a concessão e a manutenção de benefícios sociais possa ser feita pelo órgão concedente.

67. Não por outra razão que o Decreto nº 10.046/2019 dispõe apenas sobre a governança no compartilhamento de dados no âmbito da administração pública federal e institui o Cadastro Base do Cidadão e o Comitê Central de Governança de Dados também em âmbito federal, sem que signifique exclusão normativa da ANPD diante do que prevê o art. 30, da LGPD.

COMENTÁRIOS À LEI GERAL DE PROTEÇÃO DE DADOS PESSOAIS (LEI 13.709/2018)

Pois bem. Ainda outros pontos reforçam os questionamentos quanto à imparcialidade da ANPD e sua natureza jurídica atual.[68] Um deles é se os diretores da ANPD poderiam ou não ser reconduzidos em seus mandatos, uma vez que (apesar de algumas críticas) a Lei nº 13.848 vedou[69] a recondução de membros da Diretoria em agência reguladoras, situação que não foi tratada na LGPD e nem no regulamento, talvez, na expectativa do próximo biênio.

Nesse caso, não sendo a ANPD agência reguladora (até o momento) e na ausência de previsão normativa na LGPD sobre isso, não parece aplicável tal vedação aos diretores atuais. Na prática, considerando que a nomeação dos diretores ocorreu em 06 de novembro de 2020,[70] data de entrada em vigor também do Decreto nº 10.074/2020,[71] o mandato mais curto encerrará em 2 (dois) anos contados dessa data, que também é o prazo final para a Presidência da República deliberar sobre a natureza jurídica da ANPD, considerada a confiança na hipótese de permanência da Autoridade. Logo, caso a conversão em agência reguladora não se concretize em dois anos, parece haver viabilidade jurídica na recondução dos diretores nomeados em novembro de 2020.

No que tange à formação do Conselho Diretor e os respectivos mandatos, a LGPD buscou simetria no processo de indicação do Diretor-Presidente próprio em agências reguladoras com indicação pelo Presidente da República e nomeação após aprovação pelo Senado Federal (alínea 'f' do inciso III do art. 52 da Constituição de 1988), bem como na determinação do art. 55-F de aplicação do art. 6º, da Lei nº 12.813/2013, que dispõe sobre o conflito de interesses no exercício de cargo do Poder Executivo federal e impedimentos posteriores. Por outro lado, observa-se um mandato de 4 (quatro) anos,[72] período inferior ao

---

68. Como explica Alexandre Santos de Aragão, a vedação de recondução dos mandatos nas Agências Reguladoras é tema ainda muito polêmico, "pois se, por um lado, se pode perder a experiência e a possibilidade de recondução de diretores muito competentes, por outro, com a recondução, pode-se dar uma chance à adulação. Em outras palavras, pode-se criar um cenário em que o dirigente, a fim de ser reconduzido, tente agradar de todas as maneiras a quem pode nomeá-la de novo. Entre os prós e contras, entendemos que a vedação de recondução possui mais vantagens, especialmente em face dos grandes poderes conferidos aos diretores das agências e da sua necessária imparcialidade". ARAGÃO, Alexandre Santos de. Considerações iniciais sobre a lei geral das agências reguladoras. *Revista de Direito da Administração Pública*, Rio de Janeiro, v. 1, n. 1, pp. 7-23, 2020. p. 21 e 22.

69. Há apenas uma exceção prevista no art. 5º, § 7º, da Lei nº 9.986/2000, que dispõe sobre a gestão de recursos humanos das Agências Reguladoras, alterada igualmente pela Lei nº 13.848/2020, ao prever que no caso de vacância no cargo de Presidente, Diretor-Presidente, Diretor-Geral, Diretor ou Conselheiro no curso do mandato, este será completado por sucessor investido na forma prevista no caput e exercido pelo prazo remanescente, admitida a recondução se tal prazo for igual ou inferior a 2 (dois) anos.

70. Publicação no DOU disponível em: https://www.in.gov.br/en/web/dou/-/decretos-de-5-de-novembro--de-2020-286734594. Acesso em: 18 fev. 2025.

71. Conforme redação do art. 6º, do Decreto: art. 6º Este Decreto entra em vigor na data de publicação da nomeação do Diretor-Presidente da ANPD no Diário Oficial da União.

72. A exceção dos mandatos dos primeiros membros do Conselho Diretor nomeados serão de 2 (dois), de 3 (três), de 4 (quatro), de 5 (cinco) e de 6 (seis) anos, conforme estabelecido no ato de nomeação e segundo estabelece o art. 55-D, §4º, da LGPD.

das agências reguladoras (em regra de cinco anos), a menos que haja renúncia ao cargo ou perda em virtude de condenação judicial transitada em julgado ou pena de demissão decorrente de processo administrativo disciplinar, cabendo neste último caso ao Ministro de Estado Chefe da Casa Civil da Presidência da República (enquanto integrante da administração direta) instaurar o processo administrativo disciplinar (art. 55-E).

4. SOBRE A ESTRUTURA ORGANIZACIONAL E FUNÇÕES REGULATÓRIAS DA ANPD

Trazidos alguns aspectos basilares quanto às atividades regulatórias e à natureza jurídica da ANPD, apresentam-se alguns dos pontos mais relevantes a partir de uma abordagem conjunta das competências previstas no art. 2º (transcrição do art. 55-J, da LGPD) e dos órgãos que as desempenharão, previstos no art. 3º, do Decreto nº 10.474/2020 (fruto do art. 55-G, da LGPD.

Nos termos do art. 55-C, da LGPD, a Autoridade é composta por um Conselho Diretor (CD), órgão máximo de direção com 5 (cinco) diretores,[73] pelo Conselho Nacional de Proteção de Dados Pessoais e da Privacidade (CNPDP), pela Corregedoria, pela Ouvidoria, um órgão de assessoramento jurídico próprio e por unidades administrativas e unidades especializadas. Ou seja, a LGPD destacou 4 (quatro) frentes de atuação, ordenadas conforme importância e funções centrais: diretoria, consultoria, corregedoria e ouvidoria, descritos em letras maiúsculas, entre os incisos I a IV do mesmo dispositivo.

Contudo, na redação de competências da ANDP pelo regulamento da Presidência (Dec. nº 10.474), há um visível encolhimento estrutural em dois, a se destacar nesse texto apenas um, por ser a peça chave na atividade regulatória e na própria proteção de dados, o qual seja, a Ouvidoria. Tal função, enquanto executora do princípio da transparência[74] e do direito de acesso à informação, é termômetro da atividade reguladora e depende de autonomia assim como a própria ANPD. Vejamos, primeiramente, as figuras 1 e 2 abaixo que demonstram esse movimento da Ouvidoria:

---

73. Art. 12. O Conselho Diretor é composto por cinco membros indicados pelo Ministro de Estado Chefe da Casa Civil da Presidência da República e nomeados pelo Presidente da República, após aprovação pelo Senado Federal, nos termos do disposto na alínea "f" do inciso III do caput do art. 52 da Constituição.

74. Sobre o tema, ver: CRISTÓVAM, José Sérgio da Silva; HAHN, Tatiana Meinhart. A transparência no tratamento de dados pessoais pela Administração Pública: o lapidário e o diamante bruto. In: CRISTÓVAM, José Sérgio da Silva; GONZÁLEZ SANMIGUEL, Nancy Nelly; SOUSA, Thanderson Pereira de (Coord.). *Direito administrativo contemporâneo*: diálogos Brasil e México. Florianópolis: Habitus, 2020. pp. 14-35.

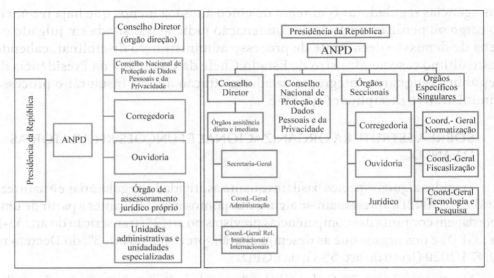

Figura 1: ANPD na LGPD Figura 2: ANPD no Decreto nº 10.474/2020

(elaborada pelos autores) (elaborada pelos autores)

Segundo o art. 22, à Ouvidoria compete, principalmente, receber, examinar e encaminhar denúncias, reclamações, elogios e sugestões referentes a procedimentos e ações de agentes e órgãos, no âmbito da ANPD, além de coordenar, orientar, executar e controlar as atividades do Serviço de Informação ao Cidadão. Compete, ainda, produzir e analisar dados e informações sobre as atividades de ouvidoria, as quais subsidiarão recomendações e propostas de medidas para aprimorar a prestação de serviços públicos e para corrigir falhas. Veja-se que a mera descrição das competências por si sós demonstram a extrema importância da figura do Ouvidor, por ser instrumento de controle da legalidade e de eficiência, de *compliace*, de *accountability*, mas que, a medir por sua posição interna e de subdivisão dentro de um órgão que já é seccional e que é responsável por outras duas funções (controladoria e assessoria jurídica).

Portanto, embora o art. 28 do Regulamento denomine o Ouvidor como um dirigente[75] e tente dar um passo em direção à esperada autonomia, ao não ser expresso quanto à ausência de subordinação hierárquica e a não cumulação com outra função,[76] a norma amarra sua atuação em uma rede burocrática. Ademais, faz com

---

75. Como também o faz Corregedor, ao Chefe da Assessoria Jurídica e ao Secretário-Geral da ANPD. Vejamos a redação: art. 28. Ao Corregedor, ao Ouvidor, ao Chefe da Assessoria Jurídica e ao Secretário-Geral da ANPD incumbe planejar, dirigir, coordenar, supervisionar, orientar, acompanhar, controlar e avaliar a execução das atividades das unidades que integram suas áreas.

76. Nos termos do art. 22 e 24, da Lei nº 13.848/2019, em cada agência reguladora, um ouvidor, que atuará sem subordinação hierárquica e exercerá suas atribuições sem acumulação com outras funções e deve contar com estrutura administrativa própria e compatível com suas atribuições.

que a inclusão em um órgão seccional envolva a Ouvidoria em uma membrana hierárquica associada a outras duas funções internas, que mesmo que sejam afins, precisam de espaço para sua atuação estratégica dentro da ANPD.

Também se pode dizer que a movimentação da Ouvidoria remete a um trabalho verticalizado, quando deveria ser coordenado e circular com um fluxo livre e imparcial de diálogo para aplicação do art. 55-C da LGPD, regra de aproximação teórica da atual ANPD a outros setores que já exercem funções próximas à proteção de dados pessoais.

Daí porque parece pouco factível a execução das importantes regras dos arts. 7º e 13 da Lei nº 13.460/2017,[77] na forma prevista no art. 22, incisos VII e VIII do Regulamento, o que compromete e procrastina a função e a evolução da ANPD como um todo.

Da mesma forma, poder-se-ia defender que a posição da Corregedoria, enquanto controlador do regulador, deveria constar como órgão não seccional. No entanto, aqui se retoma a influência do burocrático Decreto-Lei nº 200/1967 e sua a influência quando previu no art. 30 que a função de auditoria seria classificada como um dos sistemas de atividade auxiliar da Administração, ou seja, foi concebida sob o ponto de vista de controle de pessoal e não de controle regulamentar ou de funções de direção.

Esse mesmo art. 30, em 2005, trouxe a edição do Decreto nº 5.480/2005 que dispõe sobre o Sistema de Correição do Executivo Federal destinado ao desempenho de atividade de prevenção e apuração de irregularidades e que, por sua vez, tem sua presença na Controladoria da ANPD ao determinar que esta deverá exercer as competências previstas no art. 5º do referido decreto. Em outras palavras, esse caminho normativo para estabelecer que a Controladoria avaliará e decidirá acerca das propostas de arquivamento de denúncias e representações, de forma interna e vinculada ao Ministro Chefe da Casa Civil da Presidência da República, uma vez que este será quem receberá eventual encaminhamento da Corregedoria.

Já o CNPDP, órgão consultivo da ANPD, tem como função propor diretrizes estratégicas e fornecer subsídios para a elaboração da Política Nacional de Proteção de Dados Pessoais e da Privacidade, além de elaborar relatórios anuais de avaliação da execução das ações dessa Política Nacional, de sugerir ações regulatórias, elaborar estudos, realizar debates e audiências públicas. E, principalmente, terá o essencial papel de disseminar a cultura de proteção de dados no Brasil. Daí porque o Conselho deverá ser composto por 23 (vinte e três membros), os quais exercem suas participações de forma não remunerada (art. 15, §8º), de membros vocacionados em prol de uma visão inclusiva e democrática nas funções da ANPD.

---

77. Dispõe sobre participação, proteção e defesa dos direitos do usuário dos serviços públicos da administração pública.

Contudo, ratificou-se no órgão consultivo a mesma concentração de poderes na administração central, ao determinar que os membros e seus respectivos suplentes sejam designados pelo Presidente da República (art. 15, §2º) e que o representante da Casa Civil presida o Conselho com o voto de qualidade em caso de empate nas votações do colegiado.[78] Também terá o Presidente do Conselho o poder de escolha quanto ao convite limitado apenas a outros órgãos administrativos federais (art. 15, I, art. 16, §4º e art. 15,§9º). Lembra-se ainda que, além conferir ao Ministro de Estado Chefe da Casa Civil a submissão das indicações[79] dos membros de que tratam os incisos I a X, que incluem além de pastas administrativas e do legislativo, os membros Conselho Nacional de Justiça, Conselho Nacional do Ministério Público e Comitê Gestor da Internet no Brasil. Os demais membros (incisos XI e XV) serão escolhidos por indicações das entidades, formados em lista tríplice pelo Conselho Diretor e novamente encaminhado ao mesmo Ministro (art. 15, §§6º e 7º).

A periodicidade das reuniões do Conselho igualmente preocupa pela demonstrada complexidade das atribuições do Conselho. Estão previstas apenas 3 (três) reuniões ordinárias ao ano (art. 16), frequência incompatível: i) ao volume de temas pendentes de discussão; ii) à análise quanto à fixação de prioridades em regulamentação, iii) ao campo de competências destinadas ao Conselho, iv) ao números de integrantes e aproveitamento máximo dos setores que lá estão representados; v) tendência à necessária redução do tempo destinado à realização de instrumentos de participação da coletividade, como as audiências públicas.

Por fim, como uma forma de otimizar a consulta aos dispositivos do Regulamento e de uma visão positiva sobre os destinos da ANPD, apresenta-se dois quadros sintéticos com a distribuição de competências previstas no Decreto nº 10.474/2020 aplicáveis na implementação do art. 2º.

Quadro 1: Artigos aplicáveis por órgãos no Decreto nº 10.474/2020.

Órgãos previstos no art. 3º	Conselho Diretor (CD) Órgão Máximo	Conselho Nacional de Proteção de Dados Pessoais e da Privacidade Órgão consultivo
Distribuição de competências dos artigos aplicáveis por órgão na implementação do art. 2º	Art. 3º, §§1º e 2º Art. 4º a 13 Art. 25 e 26 Art. 30 e 31	Art. 18 a 20

Fonte: elaboração pelos autores.

---

78. O que inclusive se aplica a competência de edição do regimento interno do Conselho para detalhar as normas complementares necessárias à aplicação do regulamento e que exigem maioria absoluta na forma do art. 17, Dec. 10.474/2020.

79. Segundo o art. 15, § 6º, após o recebimento das indicações, o Conselho Diretor formará lista tríplice de titulares e suplentes, representantes de cada uma das entidades a que se refere o § 5º, para cada vaga de que tratam os incisos XI ao XV do caput, a qual será encaminhada ao Ministro de Estado Chefe da Casa Civil para nomeação pelo Presidente da República.

Quadro 2: Artigos aplicáveis por órgãos no Decreto nº 10.474/2020.

Órgãos previstos no art. 3º	Órgãos de assistência direta e imediata ao CD	Órgãos seccionais	Órgãos Específicos Singulares
Distribuição de competências dos artigos aplicáveis por órgão na implementação do art. 2º	Art. 14 a 17 Art. 27	Art. 21 a 23 Art. 28	Art. 24

Fonte: elaboração pelos autores.

Frente a esse contexto organizacional administrativo da ANPD, resta a análise de poucas competências do art. 2º, cuja abordagem deveria ser comemorativa e protagonista, mas que por serem próprias da política regulatória dependem de como toda essa organização irá ocorrer daqui para frente.

5. CONSIDERAÇÕES FINAIS

Por meio desse estudo procurou-se contrapor alguns aspectos e prospecções da atividade regulatória em matéria de proteção de dados pessoais à realidade brasileira e as discussões práticas em torno da natureza jurídica da ANPD.

Sem que se possa encerrar ou esgotar as reflexões e questionamentos dessa temática, nota-se que as repercussões quanto à natureza jurídica da ANPD e da construção de confiança na Autoridade tal como formada e enquanto ente regulador, sancionador e integrante órgão integrante da Presidência da República, reside não em qualquer senso defensor de um modelo único regulador, mas antes no avanço da Sociedade já mais imbuída em um senso de concretização dos direitos fundamentais, da necessidade de uma efetiva cultura de proteção de dados no Brasil e de uma maior consciência de todo respectivo percurso histórico.

Contudo, mesmo diante do dilema de equalização dos fundamentos da disciplina de proteção de dados pessoais previstos no art. 3º da LGPD e da Constituição, tem-se, segundo assevera Juarez Fretas, como inquestionável que a regulação não poderá ser excessiva e nem debilitante, mas deverá pautar-se pelo desenvolvimento sustentável e sempre acompanhada da continua prestação de contas.[80]

Da mesma forma, não apenas a proteção de dados pessoais, mas o exercício da própria democracia, nessa era de tecnologias e de redes de informação, depende de uma arquitetura regulatória sólida, enquanto um instrumento público voltado à promoção da dimensão objetiva dos direitos fundamentais e do bem-estar social.

Aos operadores jurídicos incumbe, por sua vez, intensificar a análise a partir da prática, com críticas construtivas e dentro da realidade brasileira até que seja defi-

---

80. FREITAS, Juarez; FREITAS, Thomas Bellini. *Direito e inteligência artificial*: em defesa do humano. Belo Horizonte: Fórum, 2020. pp. 116-119.

nida a situação da ANPD, segundo de espera em 2022. Até lá, há intenso período de trabalho na proteção de dados pela Autoridade que está vindo com tantos desafios e que deve manter em mira que a LGPD não alcançará seus propósitos sem uma autoridade central de proteção de dados autônoma, transparente e eficaz.

AUTORIDADE NACIONAL DE PROTEÇÃO DE DADOS: DISCRICIONARIEDADE E A GOVERNANÇA REGULATÓRIA

José Sérgio da Silva Cristóvam
Tatiana Meinhart Hahn

Sumário: 1. Introdução; 2. Discricionariedade e o princípio da segurança jurídica regulatória na proteção de dados pessoais na LGPD; 3. A governança regulatória como eixo de implementação da LGPD; 4. Considerações finais.

1. INTRODUÇÃO

Da primeira para a segunda edição desta obra, a Autoridade Nacional de Proteção de Dados (ANPD) deu passos importantes e consolidou sua presença no ambiente regulatório nacional como uma autarquia de natureza especial. A partir dessa nova fase, renovaram-se os compromissos, os desafios e as críticas e com essa tríade a oportunidade de desenvolver ações regulatórias que correspondam à dupla missão institucional da ANPD, como autarquia reguladora e como autoridade garantidora de um direito fundamental recém ingresso na Constituição Federal.

Ao tempo da primeira edição, a ANPD iniciara sua estruturação, razão pela qual no estudo foram analisadas a divisão interna e as atribuições do então órgão presidencial. Foram examinadas prospecções da atividade regulatória no tratamento de dados pessoais no Brasil e questionamentos frente à ausência definição final quanto à natureza jurídica que a Autoridade assumiria ao término do prazo do hoje revogado artigo 55-A, §2°, da Lei Geral de Proteção de Dados Pessoais (LGPD).

Contextualmente, nos últimos anos, a função regulatória recebeu especial atenção no Brasil. Dentre os pontos mais relevantes está a edição da Lei n° 13.655, de 25 de abril de 2018, que disciplinou a segurança jurídica e a eficiência na criação e aplicação do Direito Púbico, regulamentado pelo Decreto n° 9.830, de 10 de junho de 2019. Na sequência, a centralização em uma lei sobre a gestão, a organização, o processo decisório e o controle social das agências reguladora, com a publicação da Lei n° 13.848, de 25 de junho de 2019. A inserção de um novo ente regulador no ambiente jurídico regulatório com a publicação da Lei n° 13.709, de 14 de agosto de 2018, com à subsequente definição como da ANPD como autarquia em regime especial com a nova redação do artigo 55-A, pela Lei nº 14.460, de 25 de outubro de 2022. E por fim, com vigência final até 9 de junho de 2024, o Decreto nº 11.243, de 21 de outubro de 2022, que dispõe sobre as medidas a serem adotadas para a promoção de boas práticas regulatórias no âmbito do Poder Executivo federal.[1]

Com o notório avanço acadêmico quanto aos principais institutos da LGPD após seus primeiros cinco anos de existência e a partir da fixação da ANPD como autarquia de natureza especial, é necessário avançar no estudo da atividade reguladora propriamente dita. Em meio às relevantes discussões quanto à aplicação ou não da Lei das Agências Reguladoras à Autoridade, à atual alocação no Ministério da Justiça,[2] aos aspectos do processo sancionatório e da dosimetria, aos desafios da desproporcionalidade entre os recursos humanos disponíveis e a extensão das atividades da ANPD, pouco tem sido debatido diretamente sobre as competências regulatórias discricionárias da ANPD previstas na LGPD e qual o papel da governança regulatória na matéria de proteção de dados pessoais no Brasil.

A discricionariedade e a governança regulatória perseguem um ponto em comum: a finalidade para a qual uma lei foi criada pelo legislador. No caso da primeira, considerando que os institutos no âmbito do direito público, mais precisamente no direito administrativo, são comumente desenvolvidos em torno da ideia de poder (exercício, distribuição e compartilhamento do respectivo exercício de poder), torna-se necessária a avaliação quanto ao exercício das competências discricionárias do regulador, em que o legislador deixa à critério da ANPD a regulamentação da lei. Nesse sentido, antes que haja um espaço à escolha administrativa regulatória, há a ordem de verificação prévia quanto a qual é a ação ou a função que, de fato, irá propiciar o atendimento teleológico da previsão legal que lhe atribuiu tal análise desde o princípio.[3] Assim, se verificará a competência regulatória discricionária sob o filtro do princípio da segurança jurídica.

Se aplicarmos o entendimento de que os princípios são normas imediatamente finalísticas, com a qualidade frontal de realizar um fim juridicamente relevante e que a lei (mais precisamente o sistema legal) é o fundamento jurídico de toda e qualquer

---

1. O Decreto nº 11.243 visa atender ao Anexo II ao Protocolo ao Acordo de Comércio e Cooperação Econômica entre o Governo da República Federativa do Brasil e o Governo dos Estados Unidos da América Relacionado a Regras Comerciais e de Transparência, promulgado pelo Decreto nº 11.092, de 8 de junho de 2022, e altera o Decreto nº 10.139, de 28 de novembro de 2019, e o Decreto nº 10.411, de 30 de junho de 2020, nos termos do seu artigo 1º.

2. Em 1º de janeiro de 2023, a partir da edição da Medida Provisória nº 1.154, de 1º de janeiro, com a organização básica dos órgãos da Presidência da República e dos Ministérios, e do Decreto nº 11.348 que estabeleceu a nova estrutura organizacional do Ministério da Justiça, a ANPD foi incluída como autarquia vinculada à pasta. Após, por meio da Portaria Conjunta MJSP/ANPD nº 5, de 09 de fevereiro de 2023, publicada no dia 13 de fevereiro, foi tratada a colaboração temporária em atividades administrativas a serem prestadas pelo Ministério da Justiça e Segurança Pública (MJSP) à ANPD.

3. MELLO, Celso Antônio Bandeira de. *Discricionariedade e controle jurisdicional*. São Paulo: Malheiros, 2017, p. 15 e 16.

ação administrativa,[4] fica claro o protagonismo do princípio da segurança jurídica no ordenamento jurídico e como a compreensão e a regulamentação sobre as normas são indispensáveis aos operadores jurídicos, tal como o é a lei pelo princípio da legalidade.

No caso da governança, essa conceitualmente considerada como aquela que reconhece a existência de poder interna e externamente à autoridade formal e às instituições do governo,[5] enfatiza que a função regulatória deve assumir como indispensável à sua efetividade a participação concreta do maior número possível de atingidos pelas decisões regulatórias. É sob a visão da governança regulatória (campo específico da governança pública)[6] que serão desenvolvidos os conceitos de capacidade e de resultados regulatórios.

O recorte metodológico apresentado tem o intuito de suscitar questões em torno da atividade regulatória em matéria de proteção de dados pessoais que envolva algumas das normativas mais recentes da ANPD, bem como trazer ao debate reflexões iniciais sobre as competências discricionárias previstas na LGPD e como isso repercute tanto na implementação da própria lei quanto na efetivação do inciso LXXIX no artigo 5º, da Constituição Federal de 1988.

Para tanto, se dividirá a pesquisa em duas partes. A primeira terá como escopo o estudo das competências regulatórias discricionárias em sentido amplo e projeção do princípio da segurança jurídica na proteção de dados pessoais na LGPD, com o estudo de duas Portarias da ANPD. A segunda desenvolverá como a aplicação da governança regulatória pode aprimorar a capacidade regulatória da ANPD e como isso pode ser apurado pela avaliação de resultado regulatório. Como método de abordagem o hipotético-dedutivo com utilização de técnica de pesquisa indireta por meio de fontes bibliográfica-doutrinárias e documentos oficiais.

2. DISCRICIONARIEDADE REGULATÓRIA E O PRINCÍPIO DA SEGURANÇA JURÍDICA NA PROTEÇÃO DE DADOS PESSOAIS NA LGPD

Após a vigência integral dos dispositivos da Lei nº 13.709, de 2018, e a inclusão da proteção de dados pessoais como direito fundamental no inciso[7] LXXIX no

---

4. MELLO, Celso Antônio Bandeira de. *Curso de direito administrativo*. 28. ed. São Paulo: Malheiros, 2011, p. 76

5. Para o presente estudo, os autores adotam as acepções e princípios constantes na obra CALAME, Pierre; TALMANT, André. *A questão do estado no coração do futuro*. Rio de Janeiro: Vozes, 2001. p. 19-26.

6. Não integra o escopo desse estudo a governança pública pelo seu eixo de controle interno voltado à integridade e éticas públicas. Sobre esse ponto, observa-se que a ANPD instituiu o Comitê de Governança pela Portaria nº 15, de 2 de julho de 2021. Tal matéria igualmente não se confunde com a Resolução CD/ANPD nº 3, de 25 de janeiro de 2023, que institui o Comitê de Governança Digital da ANPD, com efeitos internos relacionada à tecnologia da informação no âmbito administrativo e finalístico da Autoridade.

7. Em 2022, o reforço constitucional ocorreu com a promulgação da Emenda Constitucional (EC) nº 115, de dez de fevereiro. A proteção de dados pessoais foi incluída no rol de direito e garantias fundamentais

artigo 5º, afloraram ainda mais as reflexões quanto ao grau de implementação da lei, quanto aos instrumentos regulatórias de efetivação de um direito fundamental jovem em um ordenamento jurídico, tal como ocorreu é no Brasil.

A lei apresenta aos envolvidos no tratamento de dados pessoais quais as permissões e proibições, prescreve quais são as condutas que deturpam a proteção da privacidade e da intimidade do indivíduo, bem como quais são os outros direitos fundamentais (artigo 1º, da LGPD) e fundamentos (artigo 2º) atingidos em caso de desconformidade legal.

O direito administrativo, enquanto área jurídica destinada ao estudo do agir público, subordinada à concretização dos direitos sociais e à busca da confirmação dos direitos e liberdades individuais,[8] tem na proteção de dados pessoais um tema desafiador, uma vez que confere ao agir estatal uma posição tríplice: por um lado a de regulamentação, controle, sancionamento, por outro a de criação, promoção e difusão de uma cultura de proteção de dados pessoais (política nacional) no país e, por fim, uma terceira face, como agente de tratamento dos dados pessoais em suas próprias atividades.

Em que pese a LGPD fixe grande parte dos conceitos ao tratamento dos dados pessoais e à tutela da privacidade aplicáveis tanto à realidade digital quanto à analógica, há camada regulatória significativa entregue à ANPD, a qual tem a responsabilidade sobre os rumos dessa tutela jurídica entre os diferentes setores da economia e do setor público. Assim, além das competências previstas no artigo 55-J, a LGPD prevê competências regulatórias em dispositivos esparsos tais como o artigo 10, § 3º, 12, § 3º, 19, § 4º, 20, § 2º, 23, § 1º, artigo 30, artigo 50, § 3º, além de outras dez previsões

Cada um desses dispositivos apenas exemplificados acima, descreve uma competência regulatória discricionária, aqui considerada como gênero da qual resultam subdivisões, ou seja, algumas são competências regulatórias discricionárias regulamentares, outras são fiscalizatórias, outras confirmadoras da racionalidade responsiva de atuação da ANPD. Fato é que todas estão permeadas pela discricionariedade.

E mais, a essa discricionariedade recebeu uma especificidade na LGPD. O legislador também conferiu à ANPD a competência deliberar, em caráter terminativo, sobre a interpretação da Lei, o que inclui a interpretação sobre os dispositivos que estabelecem as próprias competências, nos termos do inciso X, artigo 55-J.

Se a ação regulatória fosse hipoteticamente vista aplicada a uma linha horizontal de marcos cronológicos progressivos, em que a Constituição promulgada fosse o ponto de partida, os atos normativos subsequentes, do legislador ao regulador,

---

no inciso LXXIX no artigo 5º e centralizada na União Federal as respectivas competências executivas e legislativas na matéria nos artigos 21, inciso XXVI e artigo 22, inciso XXX, respectivamente.

8. TACITO, Caio. Transformações do direito administrativo. *Revista de Direito Administrativo*, Rio de Janeiro, v. 242, 2005, p. 151.

ficam atrelados à mesma linha de adequação finalística. Daí porque, nos dispositivos legais com abertura à discricionariedade do regulador, seja com ações descritas pelo verbo "poder", em que se indica a existência de um "poder de escolha" quanto ao momento de exercício, quanto ao conteúdo, quanto aos critérios, isto é, com margem de liberdade no exercício da competência administrativa (interna ou externa), não cabe ao administrador (gestor, regulador) alterar à finalidade de nascimento dessa competência.

Quando o legislador intencionalmente dispõe que a Administração poderá praticar ou não praticar determinado ato, a liberdade do administrador não pode ser outra que não uma liberdade apenas relativa. Deverá ser apreciada a aplicação no caso concreto, após mensurada a finalidade legislativa dessa discricionariedade. Essa ponderação é o que torna clara a resposta quanto a ser um "poderá" quanto ao exercício da competência discricionária ou se, em verdade, se trata de um "poderá" que atrai a discricionariedade para o momento, para a questão temporal, mas não quanto ao exercício em si dessa competência. Nas palavras de Celso Antônio Bandeira de Mello, é justamente isso que ocorre quando "a lei diz pode, ao invés de deve",[9] cabendo ao regulador captar essa "virada de chave" no exercício de suas competências.

Não se pode desconsiderar, por outro lado, que as competências discricionárias permitem a aproximação com o ambiente regulatório, com os sujeitos e interesses envolvidos, trazendo a mobilidade e a flexibilidade dialógicas, principalmente em áreas complexas e mutantes como a proteção de dados. No entanto, essas características não excluem a segurança jurídica e a leitura dessas competências de forma integrativa e sistêmica. O ponto, então, é como oferecer segurança jurídica a esse contexto, seja a partir de instrumentos integrativos de participação,[10] seja na certeza de que as decisões administrativas terão os fundamentos fáticos e seus correspondentes normativos que lhe subsidiaram.

Humberto Ávila observa que a segurança jurídica possui duas perspectivas aplicadas ao tempo. Pode-se avaliar o conceito de segurança jurídica vista ao passado (o que o ordenamento jurídico assegura, isto é, a imutabilidade, a confiabilidade), ou ao futuro (o que devo esperar do ordenamento jurídico, isto é, a previsibilidade, a calculabilidade).[11] Nesse contexto, não há princípio jurídico mais conexo à previsibilidade do que o princípio da segurança jurídica. Humberto Ávila explica

---

9. MELLO, Celso Antônio Bandeira de. *Discricionariedade e controle judicial*. 2. ed., 12 tir.. São Paulo: Malheiros, 2017, p. 17.

10. O estudo adota a visão de segurança jurídica de Humberto Ávila em duas de suas obras. A primeira especificamente sobre o tema, "A teoria da segurança jurídica", e a segunda titulada "Constituição, liberdade e interpretação". Nesta última, o autor explica ser a segurança jurídica condição essencial ao Estado de Direito que o direito seja conhecido, compreendido, estável, não contraditório, prospectivo e efetivo. ÁVILA, Humberto. *Constituição, liberdade e interpretação*. São Paulo: Malheiros, 2019. p. 16-17.

11. ÁVILA, Humberto. *A teoria da segurança jurídica*. São Paulo: Malheiros, 2021. p. 142-143.

ser a segurança jurídica condição essencial ao Estado de Direito que o direito seja conhecido, compreendido, estável, não contraditório, prospectivo e efetivo. É assim que, ao trabalhar a teoria da segurança jurídica, o autor identifica a calculabilidade quanto ao conteúdo do Direito e como isso integra a dimensão estática da segurança jurídica.[12]

Exemplifica-se. Duas Portarias da ANPD preveem instrumentos decisórios e normativos da Autoridade e que descrevem o exercício de algumas de suas competências regulatórias discricionárias. O Regimento Interno, a Portaria nº 1, de 8 de março de 2021, no qual estão previstas as regras aplicáveis ao processo administrativo e as formas de manifestação da Autoridade.[13] Dentre essas, a edição de enunciados tem significativo grau de discricionariedade regulatória, porque permite que a autarquia, por iniciativa de qualquer de suas unidades internas submetida ao Conselho Diretor,[14] expresse decisão quanto à interpretação da legislação de proteção de dados pessoais (ou seja, não limitada à LGPD) e fixe entendimento sobre matérias de sua competência.[15] Ou seja, trata-se de decisão técnica, atividade-fim da autarquia.[16]

Nesse sentido, a Portaria ANPD nº 16, de 8 de julho de 2021, que aprovou o processo de regulamentação no âmbito da Autoridade, estabelece no artigo 8º, § 3º, que a proposta de Agenda Regulatória será acompanhada da indicação dos demais temas pendentes de regulamentação previstos na LGPD, a partir de critérios de prioridade e relevância. Fixou-se, assim, que a Coordenação-Geral de Normatização (CGN) realizará o acompanhamento dos temas de modo a ampliar a capacidade de planejamento e a eficiência da atuação da ANPD, podendo sugerir ao Conselho

---

12. ÁVILA, Humberto. *A teoria da segurança jurídica*. São Paulo: Malheiros, 2021, p. 19 e 309.

13. Art. 51. A ANPD manifestar-se-á por meio dos seguintes instrumentos, dentre outros: I – Resolução: expressa decisão quanto ao provimento normativo de competência da ANPD; II – Enunciado: expressa decisão quanto à interpretação da legislação de proteção de dados pessoais e fixa entendimento sobre matérias de competência da ANPD, com efeito vinculativo à Autoridade; III – Despacho Decisório: expressa decisão sobre matérias não abrangidas pelos demais instrumentos deliberativos previstos neste artigo; IV – Ata de Deliberação: registra as deliberações tomadas pelo Conselho Diretor, a partir dos votos de seus Diretores, em Reuniões e Circuitos Deliberativos; V – Consulta Pública: expressa decisão que submete proposta de ato normativo, documento ou assunto a críticas e sugestões do público em geral; VI – Portaria: é o ato administrativo que dispõe sobre matéria relativa à gestão administrativa e ao funcionamento das unidades da ANPD. Parágrafo único. A Resolução, o Enunciado, a Ata de Deliberação e a Consulta Pública de minuta de ato normativo são instrumentos deliberativos de competência exclusiva do Conselho Diretor.

14. O enunciado, assim como a Resolução, a Ata de Deliberação e a Consulta Pública de minuta de ato normativo, são instrumentos deliberativos de competência exclusiva do Conselho Diretor, nos termos do artigo 51, parágrafo único, do Regimento Interno.

15. Nos termos do artigo 51, inciso II, do Regimento Interno. O procedimento de aprovação está previsto entre no artigo 50 e nos artigos 67 a 71, do Regimento.

16. A aplicação do artigo 50, parágrafo único, do Regimento Interno, que prevê o envio à Procuradoria Federal Especializada da ANPD deverá se ater ao prisma jurídico sem adentrar na conveniência e oportunidade, nos termos do artigo 131 da Constituição Federal, do artigo 10, § 1º, da Lei nº 10.480, de 2 de julho de 2002, e artigo 11, da Lei Complementar nº 73, de 10 de fevereiro de 1993.

Diretor a adoção de medidas para melhoria da qualidade regulatória e à promoção da segurança jurídica enquanto não editados os regulamentos correspondentes.

Por conseguinte, é possível a edição de enunciado, enquanto uma regulamentação não seja editada, sendo o único critério temporal entre ambos a Agenda Regulatória. Entretanto, as Portarias não vinculam a edição do enunciado à inclusão do tema à agenda regulatória e tampouco que a edição desse seja uma competência regulatória discricionária, justamente porque a ANPD tem o respaldo legal do inciso XX do artigo 55-J, da LGPD, como acima discutido.

Quando o operador jurídico, o titular, os regulados buscam respostas que a Lei confere ao agente regulador definir justamente para que este estar próximo e poder criar mecanismos de permeabilidade do fato social, cria-se uma justa expectativa quanto ao teor dessas definições. Contudo, somente é possível antever hipóteses jurídicas com mais clareza quando há critérios ao processo de criação e a participação efetiva.

O conceito de participação efetiva pode ser bastante controverso, pois abriga tanto fatores qualitativos, quanto quantitativos. Assim, não sendo esse o objeto de investigação, lê-se como aquela que conte com a participação do maior número possível de atingidos e interessados pela norma cujas contribuições sejam devidamente analisadas[17] por quem foram destinadas, desde que dentro dos critérios legais de envio quanto ao meio, à forma e à tempestividade. Porém como medir a participação efetiva se a própria análise possuir conteúdo discricionário? Nos termos do artigo 62, § 6º, do Regimento Interno, a ANPD não está obrigada a comentar ou considerar individualmente as informações e manifestações recebidas, podendo agrupá-las por conexão ou "eliminar as repetitivas e as de conteúdo não conexo ou ainda aquelas consideradas irrelevantes à matéria? A resposta é pela motivação.

A motivação funciona como um elo entre a discricionariedade e a segurança jurídica regulatória, o que não afasta outros instrumentos tais como controle e auditorias internos, órgãos de defesa, garantias constitucionais de acesso à informação. Mesmo assim, será por meio da motivação que se apurarão os fundamentos de fato e de direito do agir administrativo. Daí porque uma das principais legislações especiais aplicável, notadamente no que tange às decisões administrativas, é a Lei de Introdução às normas do Direito brasileiro, a partir do artigo 20, parágrafo único, bem como o regulamento, o Decreto nº 9.830, de 10 de junho de 2019, com eixos voltados à motivação e à segurança jurídica.[18]

---

17. A análise está descrita no Regimento Interno, com seguinte teor: Art. 62. (...) § 3º As críticas e as sugestões encaminhadas e devidamente justificadas serão apreciadas quando da elaboração da proposta final de ato normativo. (...).

18. Remete-se o leitor à consulta dos artigos 2º, 3º, 6º e 7º, do Decreto nº 9.830, de 2019, bem como à aplicação do artigo 50, da Lei nº 9.784, de 29 de janeiro de 1999, que regulamenta o processo administrativo no âmbito da Administração Pública Federal.

Aliás, embora a ANPD não esteja entre as agências reguladoras indicadas no artigo 2º, da Lei nº 13.848, de 25 de junho de 2019, que dispõe sobre a gestão, a organização, o processo decisório e o controle social das agências, entende-se a lei como compatível e de referência por não contrariar a LGPD e nem as regulamentações específicas da autarquia. Nesse sentido, igualmente se aplica o artigo 5º, da Lei, o qual prevê que as agências reguladoras deverão expor os "pressupostos de fato e de direito que determinarem suas decisões, inclusive a respeito da edição ou não de atos normativos."

Celso Antônio Bandeira de Mello afirma que o princípio da legalidade, inscrito no *caput* do artigo 37, e implícito no artigo 1º, inciso II, da Constituição Federal, se expressa por meio do princípio da motivação e impõe à Administração o dever de expor as razões de fato e de direito pelas quais uma determinada decisão ou providência administrativa foi tomada. É a motivação que permite verificar a presença ou não da legalidade de um ato, enquanto uma medida de exposição das intenções, ações e escolhas administrativas. Por meio da motivação que se analisa a finalidade do exercício de determinada atribuição legal, as razões que embasaram o comportamento do gestor/regulador. O administrativista explica ser dever do administrador, assim como é também do regulador, apontar o fato e o respectivo direito aplicável, de forma prévia ou contemporânea à expedição do ato, com a descrição clara e detalhada. Caso a motivação não seja suficiente, lógica e expressa, o ato administrativo será considerado inválido ou ilegítimo.[19]

Seguindo a linha argumentativa do doutrinador administrativista em obra destinada exclusivamente à investigação da discricionariedade, o autor enfatiza que a discricionariedade no comando da norma é o "dever de adotar a melhor solução":

> Mas caberia perguntar: quando a lei regula uma dada situação em termos dos quais resulta discricionariedade, terá ela aberto mão do propósito e da imposição de que seja adotado o comportamento plenamente adequado à satisfação de sua finalidade? Muito pelo contrário. A discrição, como se espera a breve trecho comprovar, é a mais completa prova de que a lei sempre impõe o comportamento ótimo. Procurar-se-á demonstrar que quando a lei regula discricionariamente uma dada situação, ela o faz deste modo exatamente porque não aceita do administrador outra conduta que não seja aquela capaz de satisfazer a finalidade legal. (...) Se o comando da norma sempre propõe isto e se uma norma é uma imposição, o administrador está, então, *nos casos de discricionariedade, perante o dever jurídico de praticar, não qualquer ato dentre os comportados pela regra, mas, única e exclusivamente aquele que atenda com absoluta perfeição à finalidade da lei.*[20] (sem grifo no original)

Percebe-se que por meio da motivação, da exposição das razões de fato e de direito, há a validação do de que o poder-dever contido na ordem de competência

---

19. MELLO, Celso Antônio Bandeira de. *Curso de direito administrativo*. 28. ed. São Paulo: Malheiros, 2011, p. 112-113.

20. MELLO, Celso Antônio Bandeira de. *Discricionariedade e controle judicial*. 2. ed., 12 tir.. São Paulo: Malheiros, 2017. p. 32-33.

foi atendido, que os comandos legais foram desempenhados segundo a finalidade para as quais foram criadas, dando seguimento ao comando constitucional originário do direito fundamental, como é o caso da ANPD, principalmente desde a EC nº 115, de 2022.

Nesse raciocínio, Diogo de Figueiredo Moreira Neto afirma que a "discricionariedade é uma técnica" e o "mérito é o resultado", o que define justamente qual é o espaço a ser oferecido ao mérito (motivação), ou seja, é um elemento central da decisão administrativa na qual se analisará se o teor é adequado e suficiente tal como estabelecido na norma e em sua finalidade.[21]

Verifica-se, assim, que a Autoridade Nacional, enquanto autoridade de garantia e agente regulador, não exercer competências discricionárias de forma genérica, antes se trata de discricionariedades qualificadas pela finalidade de atendimento aos objetivos do artigo 1º, aos fundamentos do artigo 2º, da LGPD, e à leitura de efetivação do direito fundamental à proteção de dados pessoais.

Por fim, cumpre referir que a necessidade de um ambiente regulatório flexível em proteção de dados pessoais, ainda que justifique esse ciclo de discricionariedade (competência discricionária e competência de interpretar as suas próprias competências) e de leitura dos dispositivos da LGPD centralizado na ANPD, não deve agregar elementos de validação e de legitimidade, tal como é o princípio da segurança jurídica por instrumentos como a participação efetiva e a motivação, e como da governança regulatória, objeto do próximo tópico.

3. A GOVERNANÇA REGULATÓRIA COMO EIXO DE IMPLEMENTAÇÃO DA LGPD

O século XXI tem demonstrado que uma ação estatal no pós dano não é suficiente e adequada ao resguardo de certos direitos fundamentais. Para alguns deles, é preciso buscar ao máximo que o dano não ocorra e regular de modo que o agente regulado não extrapole os limites legais sob a chancela de que pode arcar com as responsabilidades patrimoniais decorrentes e outras sanções previstas em lei.

Se a lógica sancionadora não oferece tutela eficiente ao titular do direito fundamental, se o próprio titular desse direito igualmente demonstra (em maioria) desconhecer (ainda que pela indiferença) a importância de resguardo dos seus próprios dados, há um desafio assimétrico ao Estado na efetivação desse direito e na implementação da lei que o resguarda. Afinal, como o Estado (legislador, regulador, gestor) irá equacionar a política regulatória entre todos os envolvidos na proteção de dados pessoais?

---

21. MOREIRA NETO, Diogo de Figueiredo. *Legitimidade e discricionariedade*: novas reflexões sobre os limites e controle da discricionariedade. 2. ed. Rio de Janeiro, 1998. p. 47.

No âmbito privado, a força institucional dos organismos profissionais com funções administrativas, tais como as câmeras, as associações de comércio, as organizações sociais no âmbito trabalhista, edificaram o corporativismo e um sistema de autoadministração em grande parte da Europa.[22] A lei, a visão estatocêntrica, foram cedendo, pouco a pouco, a centralidade no Direito, na política, trazendo paradigmas privados ao Estado.

O Estado incorporou matrizes próprias do setor privado em diversas frentes tais como gestão pública, formas de intervenção estatal, descentralização de funções administrativas, mas principalmente no modo de se relacionar com a sociedade e na compreensão da importância de construir uma relação de confiança e de valor público à função estatal em sentido amplo. Segundo o *new public management* (NPM), movimento arquitetado no Reino Unido na década de 1980, era necessário modernizar a toda a organização administrativa a partir de uma visão gerencial de funcionamento, com o escopo de eliminar excessos e de reduzir as linhas estruturais, na ideia de gestão e desempenho baseados na preferência dos cidadãos.[23]

A partir dessas construções, o Estado igualmente captou a ideia de governança do setor privado, termo oriundo da "governança corporativa", em que a organização patrimonial era gerida por terceiros, com deveres de prestação de contas, de participação e de transparência aplicados dentro das noções de relacionamento e de maior eficiência empresariais. Percebeu-se que o Estado deveria ter para si um modelo de governança aplicado à esfera pública: a governança pública.

No Brasil, o Decreto nº 9.203, de 22 de novembro de 2017, dispôs sobre a política de governança da administração pública federal direta, autárquica e fundacional, no qual o legislador trouxe um conceito autêntico[24] de governança pública no artigo 2º, inciso II, como um "conjunto de mecanismos de liderança, estratégia e controle postos em prática para avaliar, direcionar e monitorar a gestão, com vistas à condução de políticas públicas e à prestação de serviços de interesse da sociedade". O Decreto também fixa: i) seis princípios da governança pública, entre os quais está a melhoria regulatória e ii) estabelece 11 diretrizes, sendo duas dirigidas à aplicação da qualidade regulatória e aplicação de boas práticas regulatórias, respectivamente nos artigos 3º, inciso IV e 4º, incisos VIII e IX.

O Decreto exterioriza uma visão de governança pública também observada no índice de governança dos países (*Worldwide Governance Indicators* – WGI) utilizado

---

22. MOREIRA, Vital. *Auto-regulação profissional e administração pública*. Coimbra: Almedina, 1997. p. 13-15.

23. CRISTÓVAM, José Sérgio da Silva; HAHN, Tatiana Meinhart. Administração Pública orientada por dados: Governo aberto e infraestrutura nacional de dados abertos. *Revista de Direito Administrativo e Gestão Pública*, v. 6, n. 1, p. 1-24, 2020. Disponível em: https://indexlaw.org/index.php/rdagp/article/view/6388. Acesso em: 18 fev. 2025.

24. O Decreto igualmente apresenta o conceito de valor público, no artigo 2º, inciso II, como aquele voltado à apresentação de resultados gerados, preservados ou entregues pelas atividades de uma organização úteis às demandas de interesse público, o que corrobora a aplicação da linha do *new public management* no Brasil.

pelo Banco Mundial desde 1999. O índice mede as instituições por seis critérios principais e considera a forma como a autoridade de um país é exercida, como o poder é controlado e alternado, a capacidade do governo em formular e aplicar políticas públicas e a forma das interações socioeconômicas.[25]

A sistemática objetiva construir uma implementação compartilhada da regulamentação, como se identifica desde a realização de consultas e audiências públicas, na articulação com autoridades reguladoras públicos, por ações de cooperação com autoridades na matéria, na formação múltipla do órgão consultivo, em mecanismos de autorregulação regulada, pendente de regulamentação, na qual o regulado faz a leitura das regras gerais à sua realidade, submete à apreciação da Autoridade com redução das assimetrias informacionais, até a tomada de subsídios simplificada.[26]

Percebe-se que as ações de governança regulatória, se iniciam muito antes da fiscalização do cumprimento da norma e não se atrelam à sanção estatal, na medida em que identifica outros mecanismos como liderança, estratégia e controle (artigo 5°, do Decreto n° 9.203, de 2017) como um conjunto de ações associadas ao exercício (prospectado, projetado e em constate reavaliação) da competência regulamentar, seja ela vinculada ou discricionária.

Na visão de que o punir não representa cumprimento da missão regulatória, mas sim a falha dela em algum ponto de sua execução, a concentração de esforços não está na reprimenda, mas no estudo de mecanismos de governança regulatória, no aprimoramento da capacidade e de avaliação de resultados regulatórios. Também, deve-se desenvolver um arsenal de construção cultural e informacional acerca de dados pessoais e seus riscos, como uma etapa cíclica fundamental de atendimento aos interesses envolvidos, mormente a médio e longo prazos. Pode-se trabalhar, por exemplo, com projetos entre as pastas e camadas administrativas, cada qual com seu nicho de aplicação, a expandir a divulgação de conteúdo entre as diferentes áreas temáticas. Não se pode esquecer: a proteção de dados envolve todas as camadas e setores e quanto maior o número de envolvidos em projetos devidamente elaborados e conduzidos, quanto melhor.

Isso se deve, pois o direito fundamental à proteção de dados pessoais é regulado por um sistema nacional e como tal depende, além da governança regulatória, de uma política pública estruturada, balanceada e em constante (re)avaliação. Enquanto um bem jurídico multifacetário e ameaçado diante da profusão das TICs, compreende a tutela jurídica constitucional e legal contra o tratamento ilegal de qualquer informa-

---

25. Trata-se de um projeto aplicado para mais de 200 países e territórios desde período de 1996 e em aplicação pelo Banco Mundial desde 1999. O WGI utiliza seis dimensões de governança para aplicação de cálculo do índice, os quais sejam: voz e responsabilidade, estabilidade política e ausência de violência (terrorismo), eficácia governamental, qualidade regulatória, Estado de Direito e controle da corrupção, conforme disponível em: https://info.worldbank.org/governance/wgi/. Acesso em: 18 fev. 2025.

26. Segundo o artigo 58, do Regimento Interno, a ANPD, por meio de suas unidades organizacionais, poderá realizar procedimentos simplificados de tomada de subsídios.

ção relacionada a uma pessoa natural identificada ou identificável, na forma do artigo 5º, da LGPD, e visa proteger os direitos fundamentais de liberdade, de privacidade e o livre desenvolvimento da personalidade da pessoa natural.[27] Desse modo, o dado pessoal, além de ser uma extensão da personalidade e da representação da pessoa humana, tornou-se uma ferramenta investigativa e de planejamento público e privado, matéria-prima de plataformas digitais, referência decisória e mercadológica, moeda de troca, isto é, um ativo na economia.

Nesse ponto ocorre uma situação própria das relações jurídicas regulatórias que envolvem novas tecnologias. O destinatário da norma ocupa posição informacional ampla de suas atividades, com especificidades técnicas que não são conhecidas *prima facie* pelo Estado. É o regulado quem consegue identificar em que pontos de sua atividade haverá limitações decorrentes da proteção legal ao direito fundamental. Esse conhecimento fático e técnico acerca das situações abrangidas pela norma se multiplica por cada regulado, cada qual com sua especificidade, o que torna inviável uma regulamentação a cada setor.

A especificidade, a multiplicidade e a complexidade das relações fáticas e jurídicas tornam impossível ao Estado regulamentar pontos técnicos de cada sujeito da norma, o que abriu espaço a caminhos regulatórios diversos que pudessem mitigar a assimetria informacional entre o destinatário da norma e o Estado, com objetivo de fornecer substratos fáticos à regulamentação e a transcrição da regra abstrata em comandos concretos de cumprimento.

Se por um lado o legislador entendeu pela concentração da competência normativa e administrativa na União Federal, com a centralidade em uma lei nacional com regras gerais, o que transmite ao cidadão a segurança de uniformidade na regulatória na proteção de dados no país, de outro o legislador reconheceu a importância de valorizar a organização de iniciativas regulatórias privadas em nichos que concentram informação que são caras à atividade fiscalizatória e que condensam conhecimentos e expertise de um determinado setor necessários à regulamentação de dispositivos da lei.

A governança tem um espectro amplíssimo de aplicação e é por meio dela que se identifica como transformar a teoria em soluções de ações efetivas. Ela trata de participação dos cidadãos, desenvolvimento de processos informacionais, análise de interesses, condutas empresariais responsáveis,[28] comunicação interinstitucional, fortalecimento de órgãos internos de controle.

---

27. Conforme previsão do artigo 1º, da LGPD.

28. A *responsible business conduct* (RBC) é temática que integra a área de governança corporativa que tem como um dos principais fundamentos a responsabilidade social do setor privado quanto aos impactos que suas atividades geram no mundo e na necessidade de um compromisso desse setor com o desenvolvimento sustentável para além do eixo ambiental. A RBC tem como escopo fixar diretrizes para um padrão internacional de atuação do setor privado em áreas específicas selecionadas pela OECD diversas da proteção de dados. A RBC visa áreas macroeconômicas como trabalho infantil, meio ambiental, agricultora, mineração,

Hugo Consciência Silvestre explica que a governança foi o termo dado pela literatura especializada na análise da postura governativa inglesa na década de 1990. Em maio de 1997, o governo britânico constatou que os modelos de mercado e de justiça social até então adotados não resolviam as questões no campo do serviço público, momento em que se permitiu a participação ativa de cidadãos na gestão, ao que se denominou o uso de uma terceira via. Assim, a governança seria uma alternativa de gestão, em que a responsabilidade na tomada de decisão (não apenas a tomada de decisão) deveria ocorrer por parte de vários atores sociais.[29]

Há ainda quem argumente que o processo de especialização e fragmentação do Estado desencadeou setores de planejamento e de regulação, e neste último um processo de gestão e governança estatal de setores produtivos relevantes, por meio de normas e parâmetros de comportamento, incentivos e punições, com a finalidade de alinhar os interesses privados ao interesse público. Não por menos, a atividade reguladora está intrinsicamente vinculada à governança, aos seus diversos conceitos e aplicações, criando *experts* setoriais e de visão empírica.[30]

Na primeira parte da obra *"The problem-solving capacity of the modern state: governance challenges and administrative capacities"*, Martin Lodge, Kai Wegrich e outros autores, analisam a governança por quatro capacidades administrativas (*administrative capacities*), indicadas nessa ordem: a) capacidade de entrega (*delivery capacity*), relacionada aos resultados efetivos, direta ou indiretamente, o que se relaciona à ARR; b) capacidade de coordenação (*coordination capacity*), enquanto a habilidade de o Estado interrelacionar interna e externamente; c) capacidade regulatória (*regulatory capacity*) e; d) capacidade analítica (*analytical capacity*), vinculada à forma de verificação, de planejamento e desempenho das funções.

Interessante referir que a discricionariedade é ponto de preocupação ao desenvolvimento das capacidades administrativas e, portanto, da governança. Ao final da primeira parte, os autores reúnem essas quatro capacidades (*management capacity and performance*) e, entre outros pontos aplicáveis na administração pública europeia e de forma prévia aos estudos de áreas na segunda parte da obra, discutem o quanto questões transversais (*cross-cutting issues*) não recebem atenção além do esforço

---

compras públicas, digitalização. Ou seja, a conduta responsável aplica-se à conduta do agente de tratamento na formulação de regras que visam o cumprimento da LGPD, ou seja, não é apenas empresarial, pois envolve o setor público, e não está exclusivamente dedicada à proteção e dados pessoais. Menciona-se, ainda, que a OECD não tem documento que trate sobre a RDC aplicada à proteção de dados pessoais ou leis de privacidade até a presente data. *In*: ORGANISATION FOR ECONOMIC COOPERATION AND DEVELOPMENT (OECD). *Digitalisation and responsible business conduct*: stocktaking of policies and initiatives. Paris: OECD Publishing, 2020. Disponível em: https://mneguidelines.oecd.org/Digitalisation--and-responsible-business-conduct.pdf. Acesso em: 18 fev. 2025.

29. SILVESTRE, Hugo Consciência. *A (nova) governança pública*. Brasília: ENAP, 2019. p. 46.

30. CUNHA, Bruno Queiroz; GOMIDE, Alexandre de Ávila; KARAM, Ricardo Antônio de Souza. Governança e Capacidade Regulatória: notas de pesquisa. *Boletim de análise político-institucional*, [S.l], n. 10, jul.-dec., 2016, p. 47-53.

meramente simbólico[31] sem conseguir avançar em pontos como o *cross-cutting controversies* (controvérsias transversais). Ou seja, a realização meramente proforma de mecanismos de participação desestabiliza o resultado regulatório. Desse modo, há um debate sobre qual seria o nível adequado de discussões a que certas decisões deveriam ser tomadas ou quanta discricionariedade poderia ser conferida às decisões estatais, tendo em vista que os debates de governança justamente consideram a (in) capacidade de abordagem dos problemas nos ambientes regulatórios e construção de uma relação de boa governança.[32]

Demonstra-se, assim, que a percepção acerca das capacidades administrativas se relaciona diretamente com os elementos trazidos sobre governança regulatória: a entrega como compromisso com o resultado; a coordenação como forma de agregar participação; a regulação propriamente dita voltada ao melhor exercício das competências, principalmente das discricionárias, fonte de incertezas jurídicas e, por fim, a análise como medida de avaliação, formulação com base em evidências e autocorreção.

Ainda no que concerne à capacidade regulatória, cumpre registrar que esta entende a habilidade ou aptidão de resolução de problemas, a qual permite identificar o quanto o agir administrativo tem maior ou menor efetividade em suas ações e políticas públicas, riscos de fragmentação, influências e riscos de integridade. Trata-se de uma forma de avaliar a gestão da autoridade em suas ações regulatórias, e o quão eficiente e qualitativas (qualidade) se demonstram ser dentro do ambiente regulatório. Vale dizer: é nesse ponto em que a governança regulatória demonstra como aprimorar a capacidade regulatória e como fazer essa verificação de qualidade.

Consequentemente, a qualidade regulatória, enquanto eixo interno à capacidade regulatória, identifica a previsibilidade ou não das condutas regulatórias, realiza o controle das competências discricionárias e os compromissos trazidos pelo legislador ao regulador. É conceito que visa uma concepção de regulação a partir da segurança jurídica aos setores privado e público e que quantifica a capacidade do governo em fornecer políticas e normas sólidas ao desenvolvimento dos setores envolvidos ao objeto da lei.[33] Além disso, uma regulação tem potencial qualitativo na proporção de sua responsividade em meio a situações de crise no ambiente regulado, momento em que é preciso uma ação administrativa regulatória que demonstre celeridade, confiabilidade e objetividade.

---

31. LODGE, Martin et al. *The problem-solving capacity of the modern state*: governance challenges and administrative capacities. New York: Oxford University Press, 2014. p. 41.

32. LODGE, Martin et al. *The problem-solving capacity of the modern state*: governance challenges and administrative capacities. New York: Oxford University Press, 2014, p. 114-115.

33. RIBAS, Lidia Maria; GODOY, Zaida de Andrade Lopes. Governança regulatória: cooperação e parcerias para o desenvolvimento sustentável. *In*: POMPEU, Gina Vidal Marcílio; PINTO, Felipe Chiarello de Souza; CLARK, Giovani (Coord.). *Direito e Economia*. Florianópolis: FUNJAB 2013, p. 220-248. p. 234. Disponível em: http://www.publicadireito.com.br/publicacao/uninove/livro.php?gt=82. Acesso em: 18 fev. 2025.

Com base nessas construções acerca do conceito de governança regulatória, de capacidade regulatória[34] e de qualidade regulatória, cabe somá-los a agenda de avaliação de resultados regulatórios (ARR), a qual foi recentemente aprovada pela ANPD pela Resolução CD/ANPD nº 5, de 13 de março de 2023.

A avaliação da qualidade regulatória, como medida do quão capaz é ou não o regulador em suas atribuições e enquanto uma das habilidades que integra a governança, se aplica, por moldes próximos, ao que o ordenamento jurídico brasileiro denominou a avaliação de resultado regulatório (ARR). Na Resolução CD/ANPD nº 3, de 2023, A ANPD indicou para o primeiro ciclo de avaliação o regulamento do processo de fiscalização e do processo administrativo sancionador e o regulamento de dosimetria e aplicação de sanções administrativas, com data de conclusão em dezembro de 2026, o que não impede que sejam incluídos antes desse prazo novos regulamentos.

A ARR está prevista no Decreto nº 10.411, de 30 de junho de 2020, que regulamenta a análise de impacto regulatório (AIR), prevista no artigo 5º da Lei nº 13.874, de 20 de setembro de 2019, e o artigo 6º da Lei nº 13.848, de 25 de junho de 2019. Segundo o artigo 2º, inciso III, do Decreto, a ARR é a verificação dos efeitos decorrentes da edição de ato normativo, considerados tanto o alcance dos objetivos originalmente pretendidos quanto outros impactos observados no mercado e na sociedade em decorrência de sua aplicação. Vale dizer: é por meio da ARR que se apura em números, os resultados, após um período determinado, da qualidade regulatória ou não de um ato regulamentar.

Ademais, a ARR, realizada com coleta e análise rigorosas das informações, oferecerá bases mais consistentes para promover alterações na regulamentação por meio de evidências, bem como indicará as debilidades, setores com maiores custos nos processos de segurança e boas práticas no tratamento de dados, lacunas na coordenação intergovernamental, de modo a promover no próximo ciclo regulatório a melhoria da qualidade regulatória.

Em janeiro de 2023, a ANPD divulgou[35] que a Resolução CD/ANPD nº 2, de 27 de janeiro de 2022, sobre normas e procedimentos simplificados para agentes de tratamento de pequeno porte que considera não apenas seu porte econômico, mas também o risco associado às atividades de tratamento de dados pessoais, foi avaliada como padrão Ouro pelo Programa Selo de Qualidade Regulatória implementada

---

34. O estudo citado na nota nº 26 trabalha diferentes conceitos e autores sobre o conceito de capacidade regulatória. A presente pesquisa, por uma limitação metodológica e de tamanho do artigo, trabalhará com os fundamentos defendidos na obra *The problem-solving capacity of the modern state: governance challenges and administrative capacities*", editado e com autoria de Martin Lodge e Kai Wegrich, citado no texto.

35. BRASIL. Autoridade Nacional de Proteção de Dados. *ANPD é reconhecida como padrão ouro no programa selo de qualidade regulatória*. Brasília, 12 jan. 2023. Disponível em: https://www.gov.br/anpd/pt-br/assuntos/noticias/anpd-e-reconhecida-como-padrao-ouro-no-programa-selo-de-qualidade-regulatoria. Acesso em: 18 fev. 2025.

pela Portaria da Secretaria de Acompanhamento Econômico (SEAE) do Ministério da Economia (atual Ministério da Fazenda) nº 6.554, de 22 de julho de 2022. Dos dez pontos possíveis, a Resolução recebeu 8, com desconto

O foco desse programa é proporcionar reconhecimento e visibilidade aos reguladores federais pelo desempenho na adoção de melhores práticas internacionais, incentivar o engajamento dos reguladores federais, estimular a participação social na cultura regulatória, bem como atender às recomendações da Organização para a Cooperação e Desenvolvimento (OEDE) constantes no relatório *Peer Review* sobre a Reforma Regulatória no Brasil publicada em 2022.[36]

Não há dúvidas que o campo de debate acerca da governança regulatória é cada vez mais desafiador e rico e que esses pontos não esgotam o tema. A regulação em matéria de proteção de dados no Brasil torna essa realidade mais intensa, diante da jovialidade da lei nacional, da estrutura reduzida e em construção da ANPD e do contexto brasileiro inicial de formação (descoberta) de uma cultura de proteção de dados. No entanto, isso igualmente demonstra o espaço para a aplicação e desenvolvimento dos conceitos aqui ventilados e alerta o quanto a ausência de uma governança regulatória operante e bem direcionada reverte em maior insegurança jurídica e na inversão da lógica responsiva da LGPD.

4. CONSIDERAÇÕES FINAIS

O estudo em torno das competências discricionárias e a função da governança regulatória na ANPD é um debate inevitável à implementação da LGPD e à equação de efetivação do direito fundamental à proteção de dados pessoais. A avaliação da capacidade regulatória, a apuração em torno da participação efetiva, a motivação das decisões administrativas e a priorização teológica no exercício das competências discricionárias são apenas alguns pontos de reflexão nesse contexto.

Harmonizar o resguardo à proteção dos dados pessoais com o desenvolvimento econômico, científico e tecnológico é uma meta difícil e de longo prazo. Todavia, tem-se a convicção de que depende da criação de um ambiente regulatório participativo, com respectiva assunção de responsabilidades de todos os envolvidos, e ao mesmo tempo de uma direção e supervisão responsivas pela Autoridade Nacional.

Da mesma forma, não apenas a proteção de dados pessoais, mas o exercício da própria democracia, nessa era de tecnologias e de redes de informação, depende de uma arquitetura regulatória sólida, enquanto um instrumento público voltado à promoção da dimensão objetiva dos direitos fundamentais e do bem-estar social.

---

36. ORGANISATION FOR ECONOMIC COOPERATION AND DEVELOPMENT (OECD). *Regulatory Reform in Brazil*. Paris: OECD Publishing, 2022. https://www.oecd-ilibrary.org/governance/reforma-regulatoria--no-brasil_f7455d72-pt. Acesso em: 18 fev. 2025.

Reprisa-se aqui trecho da conclusão da primeira edição da presente obra: "aos operadores jurídicos incumbe, por sua vez, intensificar a análise a partir da prática, com críticas construtivas e dentro da realidade brasileira".[37] De fato, persiste a ideia de um intenso período de trabalho na proteção de dados, de desafios, de superações em prol de propósitos.

---

37. CRISTÓVAM, José Sérgio da Silva; HAHN, Tatiana Meinhart. Autoridade Nacional de Proteção de dados: natureza jurídica, consequências práticas, aspectos organizacionais e o Decreto 10.474/2020. In: MARTINS, Guilherme Magalhães; LONGHI, João Victor Rozatti; FALEIROS JÚNIOR, José Luiz de Moura (Coord.). *Comentários à Lei Geral de Proteção de Dados Pessoais* (Lei nº 13.709/2018). Indaiatuba: Editora Foco, 2022, p. 577-601. p. 601.

APÊNDICE I

DECRETO Nº 10.474, DE 26 DE AGOSTO DE 2020

Aprova a Estrutura Regimental e o Quadro Demonstrativo dos Cargos em Comissão e das Funções de Confiança da Autoridade Nacional de Proteção de Dados e remaneja e transforma cargos em comissão e funções de confiança.

O Presidente da República, no uso da atribuição que lhe confere o art. 84, *caput*, inciso VI, alínea "a" da Constituição,

Decreta:

Art. 1º Ficam aprovados a Estrutura Regimental e o Quadro Demonstrativo dos Cargos em Comissão e das Funções de Confiança da Autoridade Nacional de Proteção de Dados – ANPD, na forma dos Anexos I e II.

Art. 2º Ficam remanejados, na forma do Anexo III, os seguintes cargos em comissão do Grupo-Direção e Assessoramento Superiores – DAS e as seguintes Funções Comissionadas do Poder Executivo – FCPE, da Secretaria de Gestão da Secretaria Especial de Desburocratização, Gestão e Governo Digital do Ministério da Economia para a ANPD:

I – um DAS 101.6;

II – quatro DAS 101.5;

III – seis DAS 101.4;

IV – cinco DAS 103.4;

V – quatro FCPE 101.4;

VI – dez FCPE 101.3; e

VII – seis FCPE 102.3.

Art. 3º Ficam transformados, na forma do Anexo IV, nos termos do disposto no art. 8º da Lei nº 13.346, de 10 de outubro de 2016, os seguintes cargos em comissão do Grupo-DAS: vinte e seis DAS-2 e setenta DAS-1 em um DAS-6, quatro DAS-5, quinze DAS-4 e nove DAS-3.

Art. 4º Ficam substituídas, na forma do Anexo V, as seguintes FCPE:

I – quatro FCPE 101.4;

II – dez FCPE 101.3; e

III – seis FCPE 102.3.

Parágrafo único. Ficam extintos vinte cargos em comissão do Grupo-DAS, conforme demonstrado no Anexo V.

Art. 5º Aplica-se o disposto nos art. 13 ao art. 19 do Decreto nº 9.739, de 28 de março de 2019, quanto ao regimento interno, ao registro de dados no Sistema de Organização e Inovação Institucional do Governo Federal – Siorg, à permuta entre DAS e FCPE e à alocação de cargos em comissão e funções de confiança na Estrutura Regimental da ANPD.

Parágrafo único. Em caso de edição de regimento interno, a proposta será aprovada por maioria absoluta do Conselho Diretor da ANPD.

Art. 6º Este Decreto entra em vigor na data de publicação da nomeação do Diretor-Presidente da ANPD no Diário Oficial da União.

Brasília, 26 de agosto de 2020; 199º da Independência e 132º da República.

Jair Messias Bolsonaro

Paulo Guedes

Walter Souza Braga Netto

Este texto não substitui o publicado no DOU de 27.8.2020.

ANEXO I
ESTRUTURA REGIMENTAL DA AUTORIDADE NACIONAL DE PROTEÇÃO DE DADOS
CAPÍTULO I
DA NATUREZA, DA FINALIDADE E DAS COMPETÊNCIAS

Art. 1º A Autoridade Nacional de Proteção de Dados - ANPD, autarquia de natureza especial vinculada ao Ministério da Justiça e Segurança Pública, dotada de autonomia técnica e decisória, com patrimônio próprio, jurisdição no território nacional e sede e foro em Brasília, Distrito Federal, tem o objetivo de garantir o direito fundamental à proteção dos dados pessoais, os direitos fundamentais de liberdade e de privacidade e o livre desenvolvimento da personalidade da pessoa natural, orientada pelo disposto na Lei nº 13.709, de 14 de agosto de 2018. (Redação dada pelo Decreto nº 11.758, de 2023)

Art. 2º Compete à ANPD:

I – zelar pela proteção dos dados pessoais, nos termos da legislação;

II – zelar pela observância dos segredos comercial e industrial, observada a proteção de dados pessoais e do sigilo das informações, quando protegido por lei ou quando a quebra do sigilo violar os fundamentos do art. 2º da Lei nº 13.709, de 2018;

III – elaborar diretrizes para a Política Nacional de Proteção de Dados Pessoais e da Privacidade;

IV – fiscalizar e aplicar sanções na hipótese de tratamento de dados realizado em descumprimento à legislação, mediante processo administrativo que assegure o contraditório, a ampla defesa e o direito de recurso;

V – apreciar petições de titular contra controlador após a comprovação pelo titular da apresentação de reclamação ao controlador não solucionada no prazo estabelecido em regulamentação;

VI – promover na população o conhecimento das normas e das políticas públicas sobre proteção de dados pessoais e das medidas de segurança;

VII – promover e elaborar estudos sobre as práticas nacionais e internacionais de proteção de dados pessoais e privacidade;

VIII – estimular a adoção de padrões para serviços e produtos que facilitem o exercício de controle dos titulares sobre seus dados pessoais, os quais deverão levar em consideração as especificidades das atividades e o porte dos responsáveis;

IX – promover ações de cooperação com autoridades de proteção de dados pessoais de outros países, de natureza internacional ou transnacional;

X – dispor sobre as formas de publicidade das operações de tratamento de dados pessoais, respeitados os segredos comercial e industrial;

XI – solicitar, a qualquer momento, aos órgãos e às entidades do Poder Público que realizam operações de tratamento de dados pessoais, informe específico sobre o âmbito, a natureza dos dados e os demais detalhes do tratamento realizado, com a possibilidade de emitir parecer técnico complementar para garantir o cumprimento da Lei nº 13.709, de 2018;

XII – elaborar relatórios de gestão anuais acerca de suas atividades;

XIII – editar regulamentos e procedimentos sobre proteção de dados pessoais e privacidade e sobre relatórios de impacto à proteção de dados pessoais para os casos em que o tratamento representar alto risco à garantia dos princípios gerais de proteção de dados pessoais previstos na Lei nº 13.709, de 2018;

XIV – consultar os agentes de tratamento e a sociedade em matérias de interesse relevante e prestar contas sobre suas atividades e seu planejamento;

XV – arrecadar e aplicar suas receitas e publicar, nos relatórios de gestão a que se refere o inciso XII, o detalhamento de suas receitas e despesas;

XVI – realizar auditorias ou determinar sua realização, no âmbito da atividade de fiscalização de que trata o inciso IV e com observância ao disposto no inciso II, sobre o tratamento de dados pessoais efetuado pelos agentes de tratamento, incluído o Poder Público;

XVII – celebrar, a qualquer momento, compromisso com agentes de tratamento para eliminar irregularidade, incerteza jurídica ou situação contenciosa, no âmbito de processos administrativos, de acordo com o previsto no Decreto-Lei nº 4.657, de 4 de setembro de 1942;

XVIII – editar normas, orientações e procedimentos simplificados e diferenciados, inclusive quanto aos prazos, para que microempresas, empresas de pequeno porte e iniciativas empresariais de caráter incremental ou disruptivo que se autodeclarem *startups* ou empresas de inovação possam adequar-se ao disposto na Lei nº 13.709, de 2018;

XIX – garantir que o tratamento de dados de idosos seja efetuado de maneira simples, clara, acessível e adequada ao seu entendimento, nos termos da Lei nº 13.709, de 2018, e da Lei nº 10.741, de 1º de outubro de 2003 – Estatuto do Idoso;

XX – deliberar, na esfera administrativa, em caráter terminativo, sobre a Lei nº 13.709, de 2018, as suas competências e os casos omissos, sem prejuízo da competência da Advocacia-Geral da União estabelecida pela Lei Complementar nº 73, de 10 de fevereiro de 1993;

XXI – comunicar às autoridades competentes as infrações penais das quais tiver conhecimento;

XXII – comunicar aos órgãos de controle interno o descumprimento do disposto na Lei nº 13.709, de 2018, por órgãos e entidades da administração pública federal;

XXIII – articular-se com as autoridades reguladoras públicas para exercer suas competências em setores específicos de atividades econômicas e governamentais sujeitas à regulação; e

XXIV – implementar mecanismos simplificados, inclusive por meio eletrônico, para o registro de reclamações sobre o tratamento de dados pessoais em desconformidade com a Lei nº 13.709, de 2018.

§ 1º Na imposição de condicionantes administrativas ao tratamento de dados pessoais por agente de tratamento privado, sejam eles limites, encargos ou sujeições, a ANPD deve observar a exigência de mínima intervenção, assegurados os fundamentos, os princípios e os direitos dos titulares previstos no art. 170 da Constituição e na Lei nº 13.709, de 2018.

§ 2º Os regulamentos e as normas editados pela ANPD devem ser precedidos de consulta e audiência públicas e de Análise de Impacto Regulatório.

§ 3º A ANPD e os órgãos e entidades públicos responsáveis pela regulação de setores específicos da atividade econômica e governamental devem coordenar suas atividades, nas respectivas esferas de atuação, com vistas a assegurar o cumprimento de suas atribuições com a maior eficiência e promover o adequado funcionamento dos setores regulados, conforme legislação específica, e o tratamento de dados pessoais, na forma da Lei nº 13.709, de 2018.

§ 4º A ANPD manterá fórum permanente de comunicação, inclusive por meio de cooperação técnica, com órgãos e entidades da administração pública responsáveis pela regulação de setores específicos da atividade econômica

DECRETO Nº 10.474, DE 26 DE AGOSTO DE 2020 **ART. 3º**

e governamental, a fim de facilitar as competências regulatória, fiscalizatória e punitiva da ANPD.

§ 5º A ANPD, no exercício das competências de que trata o *caput*, deverá zelar pela preservação do segredo empresarial e do sigilo das informações, nos termos da lei.

§ 6º As reclamações recebidas conforme o disposto no inciso V do *caput* poderão ser analisadas de forma agregada e as eventuais providências delas decorrentes poderão ser adotadas de forma padronizada.

§ 7º A aplicação das sanções previstas na Lei nº 13.709, de 2018, compete exclusivamente à ANPD e suas competências prevalecerão, no que se refere à proteção de dados pessoais, sobre as competências correlatas de outras entidades ou órgãos da administração pública.

§ 8º A ANPD articulará sua atuação com outros órgãos e entidades com competências sancionatórias e normativas afetas ao tema de proteção de dados pessoais e será o órgão central de interpretação da Lei nº 13.709, de 2018, e do estabelecimento de normas e diretrizes para a sua implementação.

CAPÍTULO II
DA ESTRUTURA ORGANIZACIONAL

Art. 3º A ANPD é constituída pelos seguintes órgãos:

I – Conselho Diretor;

II – órgão consultivo: Conselho Nacional de Proteção de Dados Pessoais e da Privacidade;

III – órgãos de assistência direta e imediata ao Conselho Diretor:

a) Secretaria-Geral;

b) (Revogado pelo Decreto nº 11.202, de 2022)

c) Coordenação-Geral de Relações Institucionais e Internacionais; e (Redação dada pelo Decreto nº 10.975, de 2022)

d) (Revogado pelo Decreto nº 11.202, de 2022)

IV – órgãos seccionais: (Redação dada pelo Decreto nº 11.202, de 2022)

a) Corregedoria;

b) Ouvidoria; (Redação dada pelo Decreto nº 11.202, de 2022)

c) Procuradoria-Federal Especializada; (Redação dada pelo Decreto nº 11.202, de 2022)

d) Coordenação-Geral de Administração; e (Incluído pelo Decreto nº 11.202, de 2022)

e) Coordenação Geral de Tecnologia da Informação; e (Incluído pelo Decreto nº 11.202, de 2022)

V – órgãos específicos singulares:

a) Coordenação-Geral de Normatização;

701

b) Coordenação-Geral de Fiscalização; e

c) Coordenação-Geral de Tecnologia e Pesquisa.

§ 1º. O Conselho Diretor é o órgão máximo de decisão da ANPD.

§ 2º. Cabe ao Diretor-Presidente a gestão e a representação institucional da ANPD.

CAPÍTULO III
DOS ÓRGÃOS DA AUTORIDADE NACIONAL DE PROTEÇÃO DE DADOS
Seção I
Das competências do Conselho Diretor

Art. 4º Ao Conselho Diretor, órgão máximo de direção da ANPD, compete:

I – solicitar:

a) ao controlador de que trata a Lei nº 13.709, de 2018, o relatório de impacto à proteção de dados pessoais, quando o tratamento tiver como fundamento seu interesse legítimo, observados os segredos comercial e industrial;

b) aos órgãos e às entidades do Poder Público que realizam operações de tratamento de dados pessoais, as informações específicas sobre o âmbito e a natureza dos dados e outros detalhes do tratamento realizado;

c) a agentes públicos, a publicação de relatórios de impacto à proteção de dados pessoais e sugerir a adoção de padrões e de boas práticas para os tratamentos de dados pessoais pelo Poder Público; e

d) informações suplementares e realizar diligências de verificação quanto às operações de tratamento, no contexto da aprovação de transferências internacionais de dados;

II – regulamentar:

a) a comunicação ou o uso compartilhado de dados pessoais sensíveis entre controladores com o objetivo de obter vantagem econômica, permitida a sua vedação, ouvidos os órgãos públicos setoriais competentes;

b) observadas as competências das autoridades da área de saúde e sanitárias, o acesso a base de dados pessoais por órgãos de pesquisa quando realizarem estudos em saúde pública, assegurados o tratamento das informações em ambiente controlado e seguro, os padrões éticos relacionados a estudos e pesquisas e, sempre que possível, a anonimização ou a pseudonimização dos dados;

c) a portabilidade de dados pessoais entre fornecedores de serviços ou produtos, resguardadas as competências dos órgãos reguladores que possuem definição sobre tais procedimentos em suas áreas de atuação;

d) o formato de apresentação dos dados encaminhados, mediante solicitação, aos titulares, de forma que permita sua utilização subsequente; e

e) a comunicação ou o uso compartilhado de dados pessoais de pessoa jurídica de direito público a pessoa jurídica de direito privado, observado o disposto no parágrafo único do art. 27 da Lei nº 13.709, de 2018;

III – dispor sobre:

a) os padrões e as técnicas utilizados em processos de anonimização e verificar a sua segurança, ouvido o Conselho Nacional de Proteção de Dados Pessoais e da Privacidade;

b) as formas de publicidade das operações de tratamento de dados realizadas por pessoas jurídicas de direito público;

c) os padrões de interoperabilidade para fins de portabilidade, o livre acesso aos dados, a segurança dos dados e o tempo de guarda dos registros, consideradas a necessidade e a transparência; e

d) os padrões mínimos para a adoção de medidas de segurança, técnicas e administrativas de proteção de dados pessoais contra acessos não autorizados e situações acidentais ou ilícitas de destruição, perda, alteração, comunicação ou qualquer forma de tratamento inadequado ou ilícito, ressalvadas as competências de que trata o art. 10, *caput*, incisos IV e V, da Lei nº 13.844, de 18 de junho de 2019;

IV – determinar:

a) o término do tratamento de dados pessoais quando houver violação às disposições da Lei nº 13.709, de 2018; e

b) a realização de auditoria para verificação de aspectos discriminatórios em tratamento automatizado de dados pessoais, na hipótese de não atendimento ao disposto no § 1º do art. 20 da Lei nº 13.709, de 2018;

V – determinar ao controlador de dados pessoais:

a) a elaboração do relatório de impacto à proteção de dados pessoais referente a suas operações de tratamento de dados, incluídos os dados sensíveis, observados os segredos comercial e industrial; e

b) a adoção de providências para a salvaguarda dos direitos dos titulares, a partir da verificação da gravidade de incidentes de segurança;

VI – encaminhar:

a) as petições de titulares de dados pessoais apresentadas à ANPD contra o controlador, para avaliação da unidade competente; e

b) informe com medidas cabíveis para fazer cessar violações às disposições da Lei nº 13.709, de 2018, por órgãos públicos;

VII – estabelecer prazos para o atendimento às requisições de que tratam os incisos I e II do caput do art. 19 da Lei nº 13.709, de 2018, para setores específicos, mediante avaliação fundamentada, observado o disposto no § 4º do art. 19 da referida Lei; e

VIII – estabelecer normas complementares:

a) para as atividades de comunicação e de uso compartilhado de dados pessoais realizadas por pessoas jurídicas de direito público; e

b) sobre a definição e as atribuições do encarregado pelo tratamento de dados pessoais de que trata a Lei nº 13.709, de 2018, inclusive nas hipóteses de dispensa da necessidade de sua indicação, conforme a natureza e o porte da entidade ou o volume de operações de tratamento de dados;

IX – emitir parecer técnico complementar para garantir o cumprimento da Lei por órgãos e entidades públicos;

X – autorizar a transferência internacional de dados pessoais, mediante fundamentação;

XI – avaliar:

a) os requerimentos encaminhados à ANPD sobre o nível de proteção de dados pessoais conferido por outro País ou por organismo internacional; e

b) o nível de proteção de dados de país estrangeiro ou de organismos internacionais que proporcionem grau de proteção de dados pessoais e sua adequação às disposições da Lei nº 13.709, de 2018;

XII – definir:

a) o conteúdo de cláusulas padrão e verificar, diretamente ou mediante designação de organismo de certificação, a garantia de cláusulas contratuais específicas, normas corporativas globais ou selos, certificados e códigos de conduta para transferência internacional por controlador de dados pessoais;

b) o prazo para a comunicação pelo controlador de dados pessoais à ANPD e ao titular dos dados sobre a ocorrência de incidente de segurança que possa acarretar risco ou dano ao titular; e

c) as metodologias que orientarão o cálculo do valor-base das sanções de multa previstas na Lei nº 13.709, de 2018, e publicá-las para ciência dos agentes de tratamento;

XIII – designar e fiscalizar organismos de certificação para a verificação da permissão para a transferência de dados internacional;

XIV – rever atos realizados por organismos de certificação e, na hipótese de descumprimento das disposições da Lei nº 13.709, de 2018, anular os referidos atos;

XV – reconhecer e divulgar regras de boas práticas e de governança estabelecidas por controladores e operadores relacionadas ao tratamento de dados pessoais;

XVI – incentivar a adoção de padrões técnicos que facilitem o controle dos dados pessoais por seus titulares;

XVII – elaborar a proposta sobre sanções administrativas e infrações de que trata a Lei nº 13.709, de 2018, observadas a gradação e a proporcionalidade das sanções, de acordo com a infração cometida, e submeter a proposta a consulta pública;

XVIII – aplicar as sanções administrativas previstas no art. 52 da Lei nº 13.709, de 2018; e

XIX – consultar os órgãos e entidades públicos responsáveis pela regulação de setores específicos da atividade econômica e governamental previamente à aplicação das sanções previstas no art. 52 da Lei nº 13.709, de 2018.

Art. 5º Os órgãos e as entidades da administração pública federal, direta, autárquica e fundacional prestarão toda a assistência e colaboração solicitada pela ANPD, inclusive por meio da elaboração de pareceres técnicos sobre as matérias de sua competência, sob pena de responsabilidade.

Seção II
Do mandato dos membros do Conselho Diretor

Art. 6º O mandato dos membros do Conselho Diretor é de quatro anos, prorrogável uma vez, por igual período.

Parágrafo único. Os cargos dos membros do Conselho Diretor são de dedicação exclusiva, não admitida a acumulação, exceto as constitucionalmente permitidas.

Art. 7º Os mandatos dos primeiros membros do Conselho Diretor nomeados serão de dois, três, quatro, cinco e seis anos, conforme estabelecido no ato de nomeação.

Art. 8º Na hipótese de vacância do cargo no curso do mandato, haverá nova nomeação, para o período remanescente do mandato do substituído.

Parágrafo único. Na hipótese de renúncia, falecimento, impedimento, falta ou perda de mandato do Diretor-Presidente, assumirá o diretor mais antigo no cargo ou o mais idoso, nessa ordem, até que haja nova nomeação, sem prejuízo de suas atribuições.

Art. 9º Na hipótese de redução da composição do Conselho Diretor a quantidade inferior a três Diretores, os prazos previstos e a tramitação de processos ficarão automaticamente suspensos até a recomposição do quórum mínimo.

Art. 10. A perda de mandato dos membros do Conselho Diretor poderá ocorrer somente em decorrência de renúncia, condenação judicial transitada em julgado ou pena de demissão decorrente de processo administrativo disciplinar

§ 1º Para os fins do disposto no *caput*, cabe ao Ministro de Estado da Justiça e Segurança Pública instaurar processo administrativo disciplinar, que será conduzido por comissão especial constituída por servidores públicos federais estáveis. (Redação dada pelo Decreto nº 11.758, de 2023)

§ 2º Na hipótese de que trata este artigo, cabe ao Presidente da República determinar o afastamento preventivo do Diretor, caso necessário, e proferir o julgamento.

Art. 11. Aos membros do Conselho Diretor é vedado:

I – receber honorários ou percentagens;

II – exercer profissão liberal, exceto as constitucionalmente permitidas;

III – participar, na forma de controlador, diretor, administrador, gerente, preposto ou mandatário, de sociedade civil, comercial ou empresas;

IV – emitir parecer sobre matéria de sua especialização, ainda que em tese, ou atuar como consultor de empresa;

V – manifestar, por qualquer meio de comunicação, opinião sobre processo pendente de julgamento ou juízo depreciativo sobre despachos, votos ou sentenças de órgãos judiciais, ressalvada a crítica nos autos, em obras técnicas ou no exercício do magistério; e

VI – exercer atividade político-partidária.

§ 1º Após exoneração do cargo de Diretor, é vedado aos membros do Conselho Diretor representar qualquer pessoa, física ou jurídica, ou interesse perante a ANPD, pelo período de cento e oitenta dias, contado da data em que deixada exoneração, ressalvada a defesa de direito próprio.

§ 2º É vedado ao membro do Conselho Diretor utilizar informações privilegiadas obtidas em decorrência do exercício do cargo.

§ 3º É vedado aos membros do Conselho Diretor ter interesse significativo, direto ou indireto, a ser disciplinado por resolução da ANPD, em empresa que trate de dados pessoais.

Seção III
Da composição e das reuniões do Conselho Diretor

Art. 12. O Conselho Diretor é composto por cinco membros indicados pelo Ministro de Estado da Justiça e Segurança Pública e nomeados pelo Presidente da República, após aprovação pelo Senado Federal, nos termos do disposto na alínea "f" do inciso III do *caput* do art. 52 da Constituição. (Redação dada pelo Decreto nº 11.758, de 2023)

Art. 13. O Conselho Diretor se reunirá em caráter ordinário, no mínimo, mensalmente, e em caráter extraordinário sempre que convocado pelo Diretor-Presidente.

§ 1º O calendário anual das reuniões ordinárias será aprovado e publicado pelo Conselho Diretor.

§ 2º A pauta das reuniões deliberativas será disponibilizada publicamente com a antecedência mínima definida pelo Regimento Interno da ANPD.

§ 3º O quórum da reunião do Conselho Diretor é de maioria absoluta e o de aprovação é de maioria simples.

§ 4º Além do voto ordinário, o Diretor-Presidente terá o voto de qualidade em caso de empate.

§ 5º Não haverá deliberação sobre questão que não esteja incluída na pauta, exceto na hipótese de urgência, mediante motivação.

Seção IV
Do órgão consultivo

Art. 14. Ao Conselho Nacional de Proteção de Dados Pessoais e da Privacidade compete:

I – propor diretrizes estratégicas e fornecer subsídios para a elaboração da Política Nacional de Proteção de Dados Pessoais e da Privacidade e para a atuação da ANPD;

II – elaborar relatórios anuais de avaliação da execução das ações da Política Nacional de Proteção de Dados Pessoais e da Privacidade;

III – sugerir ações a serem realizadas pela ANPD;

IV – elaborar estudos e realizar debates e audiências públicas sobre a proteção de dados pessoais e da privacidade; e

V – disseminar o conhecimento sobre a proteção de dados pessoais e da privacidade à população em geral.

Art. 15. O Conselho Nacional de Proteção de Dados Pessoais e da Privacidade será composto por representantes dos seguintes órgãos:

I – um do Ministério da Justiça e Segurança Pública, que o presidirá; (Redação dada pelo Decreto nº 11.758, de 2023)

II – um da Casa Civil da Presidência da República; (Redação dada pelo Decreto nº 11.758, de 2023)

III – um do Ministério da Gestão e da Inovação em Serviços Públicos; (Redação dada pelo Decreto nº 11.758, de 2023)

IV – um do Ministério da Saúde; (Redação dada pelo Decreto nº 11.758, de 2023)

V – um da Secretaria de Comunicação Social; (Redação dada pelo Decreto nº 11.758, de 2023)

VI – um do Senado Federal;

VII – um da Câmara dos Deputados;

VIII – um do Conselho Nacional de Justiça;

IX – um do Conselho Nacional do Ministério Público;

X – um do Comitê Gestor da Internet no Brasil;

XI – três de organizações da sociedade civil com atuação comprovada em proteção de dados pessoais;

XII – três de instituições científicas, tecnológicas e de inovação;

XIII – três de confederações sindicais representativas das categorias econômicas do setor produtivo;

XIV – dois de entidades representativas do setor empresarial relacionado à área de tratamento de dados pessoais; e

XV – dois de entidades representativas do setor laboral.

§ 1º Cada membro do colegiado terá um suplente, que o substituirá em suas ausências e impedimentos.

§ 2º Os membros do Conselho Nacional de Proteção de Dados Pessoais e da Privacidade e respectivos suplentes serão designados pelo Presidente da República.

§ 3º As indicações dos membros do Conselho Nacional de Proteção de Dados Pessoais e da Privacidade de que tratam os incisos I a X do *caput* serão submetidas pelos titulares dos órgãos que representam ao Ministro de Estado da Justiça e Segurança Pública. (Redação dada pelo Decreto nº 11.758, de 2023)

§ 4º Os membros de que tratam os incisos XI a XV do *caput* e respectivos suplentes:

I – deverão ter qualificação compatível com as matérias afetas ao Conselho Nacional de Proteção de Dados Pessoais e da Privacidade;

II – terão mandato de dois anos, permitida uma recondução, por igual período; e

III – não poderão ser membros do Comitê Gestor da Internet no Brasil.

§ 5º As entidades de que tratam os incisos XI a XV do *caput* poderão indicar, livremente, representantes ao Ministério da Justiça e Segurança Pública, no prazo de trinta dias, contado da data de publicação do edital de convocação no Diário Oficial da União, com a indicação de um nome para a respectiva vaga, que estará acompanhado: (Redação dada pelo Decreto nº 11.758, de 2023)

I – de demonstração das características da entidade;

II – da qualificação do indicado; e

III – da comprovação de seu vínculo com a entidade.

§ 6º O Ministério da Justiça e Segurança Pública ouvirá o Conselho Diretor da ANPD sobre as indicações recebidas e, em seguida, formará lista tríplice de titulares e suplentes, representantes de cada uma das entidades a que se refere o § 5º, para cada vaga de que tratam os incisos XI a XV do *caput*, que será encaminhada pelo Ministro de Estado da Justiça e Segurança Pública para nomeação pelo Presidente da República. (Redação dada pelo Decreto nº 11.758, de 2023)

§ 7º Na ausência das indicações de que tratam os § 5º e § 6º, o Presidente da República escolherá livremente os membros do Conselho Nacional de Proteção de Dados Pessoais e da Privacidade e respectivos suplentes, mediante indicação do Ministro de Estado da Justiça e Segurança Pública, observados os requisitos estabelecidos no § 4º. (Redação dada pelo Decreto nº 11.758, de 2023)

§ 8º A participação no Conselho Nacional de Proteção de Dados Pessoais e da Privacidade será considerada prestação de serviço público relevante, não remunerada.

§ 9º O Presidente do Conselho Nacional de Proteção de Dados Pessoais e da Privacidade poderá convidar representantes de outros órgãos e entidades da administração pública federal para participar de suas reuniões, sem direito a voto. (Redação dada pelo Decreto nº 11.758, de 2023)

Art. 16. O Conselho Nacional de Proteção de Dados Pessoais e da Privacidade se reunirá em caráter ordinário três vezes ao ano e em caráter extraordinário sempre que convocado por seu Presidente.

§ 1º O quórum de reunião do Conselho Nacional de Proteção de Dados Pessoais e da Privacidade é de dezesseis membros e quórum de aprovação é de maioria simples.

§ 2º A pauta das reuniões será divulgada com antecedência de, no mínimo, uma semana.

§ 3º As reuniões do Conselho Nacional de Proteção de Dados Pessoais e da Privacidade serão realizadas, preferencialmente, por meio de videoconferência.

§ 4º Além do voto ordinário, o Presidente do Conselho Nacional de Proteção de Dados Pessoais e da Privacidade terá o voto de qualidade em caso de empate.

Art. 17. O Conselho Nacional de Proteção de Dados Pessoais e da Privacidade poderá editar regimento interno para detalhar as normas complementares necessárias à aplicação deste Decreto.

Parágrafo único. O regimento interno de que trata o *caput* será aprovado pela maioria absoluta dos membros.

Seção V
Dos órgãos de assistência direta e imediata ao Conselho Diretor

Art. 18. À Secretaria-Geral compete:

I – fornecer o suporte administrativo para o funcionamento do Conselho Diretor e do Conselho Nacional de Proteção de Dados Pessoais e da Privacidade;

II – organizar as pautas, acompanhar e elaborar as atas das reuniões do Conselho Diretor e do Conselho Nacional de Proteção de Dados Pessoais e da Privacidade;

III – coordenar as atividades de organização e modernização administrativa;

IV – supervisionar a elaboração de relatórios de gestão e de atividades;

V – supervisionar as ações relativas à gestão da informação e à promoção da transparência;

VI – supervisionar a elaboração e a consolidação dos planos e dos programas anuais e plurianuais, em articulação com o Conselho Diretor; e

VII – supervisionar a celebração de convênios, acordos ou ajustes congêneres com órgãos e entidades, públicos e privados; e (Redação dada pelo Decreto nº 11.202, de 2022)

VIII – coordenar, executar, controlar, orientar e supervisionar, na função de órgão seccional, as atividades relacionadas com o Sistema de Organização e Inovação Institucional do Governo Federal – Siorg. (Incluído pelo Decreto nº 11.202, de 2022)

Art. 19. (Revogado pelo Decreto nº 11.202, de 2022)

Art. 20. À Coordenação-Geral de Relações Institucionais e Internacionais compete:

I – apoiar o Conselho Diretor nas ações de cooperação com autoridades de proteção de dados pessoais estrangeiras, internacionais ou transnacionais;

II – subsidiar a autorização da transferência internacional de dados pessoais; e

III – avaliar o nível de proteção a dados pessoais conferido:

a) por País ou organismo internacional a partir de solicitação de pessoa jurídica de direito público; e

b) por País ou organismo internacional de países ou organismos internacionais que proporcionem grau de proteção de dados pessoais adequado ao previsto na Lei nº 13.709, de 2018.

Seção VI
Dos órgãos seccionais

Art. 21. À Corregedoria, órgão seccional do Sistema de Correição do Poder Executivo Federal, compete:

I – planejar, dirigir, orientar, supervisionar, avaliar e controlar as atividades de correição, no âmbito da ANPD;

II – instaurar ou requisitar a instauração de procedimentos disciplinares, de ofício ou a partir de representações e de denúncias, e decidir acerca das propostas de arquivamento de denúncias e representações;

III – encaminhar ao Ministro de Estado da Justiça e Segurança Pública proposta de instauração de processo administrativo disciplinar contra membros do Conselho Diretor; e (Redação dada pelo Decreto nº 11.758, de 2023)

IV – exercer as competências previstas no art. 5º do Decreto nº 5.480, de 30 de junho de 2005.

Art. 22. À Ouvidoria, unidade setorial do Sistema de Ouvidoria do Poder Executivo Federal, compete:

I – receber, examinar e encaminhar denúncias, reclamações, elogios e sugestões referentes a procedimentos e ações de agentes e órgãos, no âmbito da ANPD;

II – coordenar, orientar, executar e controlar as atividades do Serviço de Informação ao Cidadão, no âmbito da ANPD;

III – propor ações e sugerir prioridades nas atividades de ouvidoria da ANPD;

IV – informar ao órgão central do Sistema de Ouvidoria do Poder Executivo Federal sobre o acompanhamento e a avaliação dos programas e dos projetos de atividades de ouvidoria, no âmbito da ANPD;

V – organizar e divulgar informações sobre atividades de ouvidoria e procedimentos operacionais;

VI – produzir e analisar dados e informações sobre as atividades de ouvidoria, para subsidiar recomendações e propostas de medidas para aprimorar a prestação de serviços públicos e para corrigir falhas;

VII – processar as informações obtidas por meio das manifestações recebidas e das pesquisas de satisfação realizadas com a fim de avaliar os serviços públicos prestados, em especial quanto ao cumprimento dos compromissos e aos padrões de qualidade de atendimento da Carta de Serviços ao Usuário, de que trata o art. 7º da Lei nº 13.460, de 26 de junho de 2017; e

VIII – executar as atividades de ouvidoria previstas no art. 13 da Lei nº 13.460, de 2017.

Art. 23. À Procuradoria Federal Especializada, órgão de execução da Procuradoria-Geral Federal, compete: (Redação dada pelo Decreto nº 11.202, de 2022)

I – representar judicial e extrajudicialmente a ANPD, observadas as normas estabelecidas pela Procuradoria-Geral Federal; (Redação dada pelo Decreto nº 11.202, de 2022)

II – orientar a execução da representação judicial da ANPD, quando sob a responsabilidade dos demais órgãos de execução da Procuradoria-Geral Federal; (Redação dada pelo Decreto nº 11.202, de 2022)

III – exercer as atividades de consultoria e assessoramento jurídicos no âmbito da ANPD, e aplicar, no que couber, o disposto no art. 11 da Lei Complementar nº 73, de 10 de fevereiro de 1993; (Redação dada pelo Decreto nº 11.202, de 2022)

IV – auxiliar os órgãos de execução da Procuradoria-Geral Federal na apuração da liquidez e certeza de créditos, de qualquer natureza, inerentes às atividades da ANPD, para inscrição em dívida ativa e respectiva cobrança;(Redação dada pelo Decreto nº 11.202, de 2022)

V – zelar pela observância da Constituição, das leis e dos atos editados pelos Poderes Públicos, sob a orientação normativa da Advocacia-Geral da União e da Procuradoria-Geral Federal; e (Redação dada pelo Decreto nº 11.202, de 2022)

VI – encaminhar à Advocacia-Geral da União ou à Procuradoria-Geral Federal, conforme o caso, pedido de apuração de falta funcional praticada por seus respectivos membros. (Redação dada pelo Decreto nº 11.202, de 2022)

Parágrafo único. O Procurador-Chefe da Procuradoria Federal Especializada será indicado pelo Advogado-Geral da União, na forma do disposto no § 3º do art. 12 da Lei nº 10.480, de 2 de julho de 2002. (Incluído pelo Decreto nº 11.202, de 2022)

Art. 23-A. À Coordenação-Geral de Administração compete: (Incluído pelo Decreto nº 11.202, de 2022)

I – coordenar, executar, controlar, orientar e supervisionar, na função de órgão seccional, as atividades relacionadas aos Sistemas de: (Incluído pelo Decreto nº 11.202, de 2022)

a) Administração Financeira Federal; (Incluído pelo Decreto nº 11.202, de 2022)

b) Contabilidade Federal; (Incluído pelo Decreto nº 11.202, de 2022)

c) Gestão de Documentos de Arquivo – Siga; (Incluído pelo Decreto nº 11.202, de 2022)

d) Pessoal Civil da Administração Federal – Sipec; (Incluído pelo Decreto nº 11.202, de 2022)

e) Serviços Gerais – Sisg; e (Incluído pelo Decreto nº 11.202, de 2022)

f) Planejamento e de Orçamento Federal; (Incluído pelo Decreto nº 11.202, de 2022)

II – exercer as atividades de execução orçamentária e financeira; (Incluído pelo Decreto nº 11.202, de 2022)

III – articular-se com os órgãos centrais dos sistemas federais, referidos no inciso I, e informar e orientar os órgãos da ANPD quanto ao cumprimento das normas administrativas estabelecidas; (Incluído pelo Decreto nº 11.202, de 2022)

IV – promover e coordenar a elaboração e a consolidação de planos e programas das atividades de sua área de competência, e submetê-los à decisão superior; (Incluído pelo Decreto nº 11.202, de 2022)

V – acompanhar e promover a avaliação de projetos e atividades em sua área de atuação; e (Incluído pelo Decreto nº 11.202, de 2022)

VI – desenvolver atividades relativas à prestação de contas e tomadas de contas especiais da ANPD. (Incluído pelo Decreto nº 11.202, de 2022)

Art. 23-B. À Coordenação-Geral de Tecnologia da Informação compete: (Incluído pelo Decreto nº 11.202, de 2022)

I – exercer as funções de órgão seccional do Sistema de Administração dos Recursos de Tecnologia da Informação – Sisp; (Incluído pelo Decreto nº 11.202, de 2022)

II – articular-se com o órgão central do Sisp e informar e orientar os órgãos do ANPD quanto ao cumprimento das normas administrativas estabelecidas; (Incluído pelo Decreto nº 11.202, de 2022)

III – propor diretrizes e implementar a política de tecnologia da informação no âmbito da ANPD; (Incluído pelo Decreto nº 11.202, de 2022)

DECRETO Nº 10.474, DE 26 DE AGOSTO DE 2020 ART. 26

IV – coordenar, supervisionar, orientar, acompanhar e avaliar a elaboração e a execução dos planos, dos programas, dos projetos e das contratações de tecnologia da informação da ANPD; (Incluído pelo Decreto nº 11.202, de 2022)

V – orientar e supervisionar o processo de alocação de recursos, de aquisição de *hardware* e *software* e de contratação de prestação de serviços especializados em tecnologia da informação, segurança da informação e comunicações; e (Incluído pelo Decreto nº 11.202, de 2022)

VI – assessorar a direção da ANPD e o Comitê de Governança Digital em questões relacionadas à tecnologia da informação. (Incluído pelo Decreto nº 11.202, de 2022)

Seção VII
Dos órgãos específicos singulares

Art. 24. À Coordenação-Geral de Normatização, à Coordenação-Geral de Fiscalização e à Coordenação-Geral de Tecnologia e Pesquisa compete propor e analisar matérias relacionadas ao disposto na Lei nº 13.709, de 2018. (Redação dada pelo Decreto nº 11.202, de 2022)

CAPÍTULO IV
DAS ATRIBUIÇÕES DOS DIRIGENTES

Seção I
Do Diretor-Presidente do Conselho Diretor

Art. 25. Ao Diretor-Presidente do Conselho Diretor incumbe:

I – apresentar anualmente ao Conselho Diretor relatório circunstanciado dos trabalhos da ANPD;

II – ordenar as despesas referentes à ANPD;

III – convocar as reuniões e determinar a organização das pautas;

IV – submeter a proposta orçamentária da ANPD à aprovação do Conselho Diretor;

V – firmar os compromissos e os acordos aprovados pelo Conselho Diretor; e

VI – firmar contratos e convênios com órgãos ou entidades nacionais.

Seção II
Dos diretores do Conselho Diretor

Art. 26. Compete aos Diretores do Conselho Diretor:

I – votar nos processos e nas questões submetidas ao Conselho Diretor;

II – proferir despachos e lavrar as decisões nos processos em que forem relatores;

III – requisitar informações e documentos de pessoas, órgãos, autoridades e entidades públicas ou privadas relacionados ao exercício de suas atribuições, que serão mantidos sob sigilo legal, quando necessário, e determinar as diligências que se fizerem necessárias;

IV – adotar medidas preventivas e fixar o valor da multa diária pelo seu descumprimento;

V – solicitar a realização de diligências e a produção das provas que entenderem pertinentes nos autos do processo administrativo, na forma da Lei nº 13.709, de 2018;

VI – requerer a emissão de parecer jurídico nos processos em que forem relatores, quando necessário e em despacho fundamentado; e

VII – submeter termo de compromisso de cessação e acordos à aprovação do Conselho Diretor.

Seção III
Do Presidente do Conselho Nacional de Proteção de Dados Pessoais e da Privacidade

Art. 27. Ao Presidente do Conselho Nacional de Proteção de Dados Pessoais e da Privacidade incumbe convocar, coordenar e dirigir as reuniões do Conselho.

Seção IV
Dos demais dirigentes

Art. 28. Ao Chefe de Gabinete, ao Secretário-Geral, ao Corregedor, ao Ouvidor, ao Procurador-Chefe, aos Coordenadores-Gerais e demais dirigentes incumbe planejar, dirigir, coordenar, supervisionar, orientar, acompanhar, controlar e avaliar a execução das atividades de suas respectivas unidades. (Redação dada pelo Decreto nº 11.202, de 2022)

CAPÍTULO V
DISPOSIÇÕES GERAIS

Art. 29. Os regulamentos e as normas editados pela ANPD serão precedidos de consulta e audiência públicas e de Análise de Impacto Regulatório.

Art. 30. As normas referentes à regulação e a sua aplicabilidade serão aprovadas no âmbito do Conselho Diretor.

Art. 31. É facultado à ANPD adotar processo de delegação interna de decisão, sendo assegurado ao Conselho Diretor o direito de reexame das decisões delegadas.

Art. 32. A ANPD poderá estabelecer, em resolução, outros meios de participação de interessados em suas decisões, diretamente ou por meio de organizações e associações legalmente reconhecidas.

Art. 33. A ANPD deliberará sobre as matérias submetidas a sua apreciação nos prazos estabelecidos na legislação e, na hipótese de omissão, nos prazos estabelecidos em resolução.

Art. 34. As audiências concedidas às partes, aos seus representantes ou advogados e ao público em geral serão registradas e divulgadas no sítio eletrônico da ANPD, com indicação da data, do local, do horário, do assunto e dos participantes.

§ 1º As autoridades que concederem as audiências determinarão o tempo, o modo e os participantes, assim como demais requisitos previstos na legislação.

§ 2º Na hipótese de risco de prejuízo às partes ou de interesse público, poderá ser conferido tratamento de acesso restrito às audiências concedidas.

Art. 34-A. A ANPD poderá requisitar pessoal civil e militar até 31 de dezembro de 2026, nos termos do disposto no art. 56 da Lei nº 14.600, de 19 de junho de 2023. (Incluído pelo Decreto nº 11.758, de 2023)

Art. 35. As requisições e as cessões de pessoal civil para ter exercício na ANPD serão feitas por ato do Diretor-Presidente, após aprovação do Conselho Diretor. (Redação dada pelo Decreto nº 11.758, de 2023)

Parágrafo único. As requisições de que trata o *caput* são irrecusáveis, por tempo indeterminado e serão prontamente atendidas, exceto nos casos previstos em lei.

Art. 36. Aos servidores e aos empregados públicos de qualquer órgão ou entidade da administração pública federal colocados à disposição da ANPD serão assegurados todos os direitos e as vantagens a que façam jus no órgão ou na entidade de origem, incluída a promoção

§ 1º O servidor ou o empregado público requisitado contribuirá para a instituição de previdência a que for filiado, sem interrupção da contagem de tempo de serviço no órgão ou na entidade de origem.

§ 2º O período em que o servidor ou o empregado público permanecer à disposição da ANPD será considerado, para todos os efeitos da vida funcional, como de efetivo exercício no cargo ou no emprego que ocupe no órgão ou na entidade de origem, inclusive para incorporação de vantagens. (Redação dada pelo Decreto nº 11.758, de 2023)

Art. 37. As requisições de militares das Forças Armadas e os pedidos de cessão de membros das Polícias Militares e dos Corpos de Bombeiros Militares para a ANPD serão feitos diretamente ao Ministério da Defesa ou aos Governos dos Estados ou do Distrito Federal, conforme o caso. (Redação dada pelo Decreto nº 11.758, de 2023)

§ 1º Os militares à disposição da ANPD ficam vinculados às respectivas Forças para fins disciplinares, de remuneração e de alterações. (Redação dada pelo Decreto nº 11.758, de 2023)

§ 2º As requisições de que trata o *caput* são irrecusáveis e serão prontamente atendidas, exceto nas hipóteses previstas em lei.

Art. 38. O desempenho de função na ANPD constitui, para o pessoal civil, serviço relevante e título de merecimento, para todos os efeitos da vida funcional, e, para o militar, serviço relevante e atividade de natureza militar. (Redação dada pelo Decreto nº 11.758, de 2023)

ANEXO II

(Redação dada pelo Decreto nº 11.202, de 2022)

"a) QUADRO DEMONSTRATIVO DOS CARGOS EM COMISSÃO E DAS FUNÇÕES DE CONFIANÇA DA AUTORIDADE NACIONAL DE PROTEÇÃO DE DADOS – ANPD:

UNIDADE	CARGO/FUNÇÃO/Nº	DENOMINAÇÃO CARGO/FUNÇÃO	CCE/FCE
CONSELHO DIRETOR	1	Diretor Presidente	CCE 1.18
	4	Diretor	CCE 1.15
	5	Gerente de Projeto	CCE 3.13
	1	Assessor	FCE 2.13
GABINETE	1	Chefe de Gabinete	CCE 1.13
SECRETARIA-GERAL	1	Secretário-Geral	FCE 1.13
	3	Assessor Técnico	FCE 2.10
COORDENAÇÃO-GERAL DE RELAÇÕES INSTITUCIONAIS E INTERNACIONAIS	1	Coordenador-Geral	FCE 1.13
Coordenação	2	Coordenador	FCE 1.10
CORREGEDORIA	1	Corregedor	FCE 1.13
Coordenação	1	Coordenador	FCE 1.10
OUVIDORIA	1	Ouvidor	FCE 1.13
Coordenação	1	Coordenador	FCE 1.10
Serviço	1	Chefe	FCE 1.05
PROCURADORIA FEDERAL ESPECIALIZADA	1	Procurador-Chefe	CCE 1.13
Coordenação	1	Coordenador	FCE 1.10
Setor	1	Chefe	CCE 1.02
COORDENAÇÃO-GERAL DE ADMINISTRAÇÃO	1	Coordenador-Geral	FCE 1.13
Coordenação	1	Coordenador	FCE 1.11
Divisão	2	Chefe	CCE 1.08
Divisão	1	Chefe	FCE 1.08

DECRETO Nº 10.474, DE 26 DE AGOSTO DE 2020 ART. 38

UNIDADE	CARGO/FUNÇÃO/Nº	DENOMINAÇÃO CARGO/FUNÇÃO	CCE/FCE
Serviço	1	Chefe	CCE 1.05
Serviço	5	Chefe	FCE 1.05
COORDENAÇÃO-GERAL DE TECNO-LOGIA DA INFORMAÇÃO	1	Coordenador-Geral	FCE 1.13
Coordenação	1	Coordenador	FCE 1.10
Divisão	1	Chefe	FCE 1.07
COORDENAÇÃO-GERAL DE NOR-MATIZAÇÃO	1	Coordenador-Geral	CCE 1.13
Coordenação	2	Coordenador	FCE 1.10
	1	Assistente Técnico	CCE 2.05
COORDENAÇÃO-GERAL DE FISCA-LIZAÇÃO	1	Coordenador-Geral	FCE 1.13
Coordenação	2	Coordenador	FCE 1.10
Divisão	1	Chefe	FCE 1.07
COORDENAÇÃO-GERAL DE TECNO-LOGIA E PESQUISA	1	Coordenador-Geral	FCE 1.13
Coordenação	1	Coordenador	FCE 1.10
Divisão	1	Chefe	FCE 1.07

b) QUADRO RESUMO DOS CARGOS EM COMISSÃO E DAS FUNÇÕES DE CONFIANÇA DA ANPD:

CÓDIGO	CCE-UNITÁRIO	SITUAÇÃO ATUAL		SITUAÇÃO NOVA	
		QTD.	VALOR TOTAL	QTD.	VALOR TOTAL
CCE 1.18	6,41	-	-	1	6,41
SUBTOTAL 1		-	-	1	6,41
CCE 1.17	6,27	1	6,27	-	-
CCE 1.15	5,04	4	20,16	4	20,16
CCE 1.13	3,84	3	11,52	3	11,52
CCE 1.08	1,60	2	3,20	2	3,20
CCE 1.05	1,00	1	1,00	1	1,00
CCE 1.02	0,21	2	0,42	1	0,21
CCE 2.05	1,00	1	1,00	1	1,00
CCE 3.13	3,84	5	19,20	5	19,20

CÓDIGO	CCE-UNITÁRIO	SITUAÇÃO ATUAL		SITUAÇÃO NOVA	
		QTD.	VALOR TOTAL	QTD.	VALOR TOTAL
SUBTOTAL 2		19	62,77	17	56,29
FCE 1.13	2,30	8	18,40	8	18,40
FCE 1.11	1,48	1	1,48	1	1,48
FCE 1.10	1,27	11	13,97	11	13,97
FCE 1.08	0,96	1	0,96	1	0,96
FCE 1.07	0,83	3	2,49	3	2,49
FCE 1.05	0,60	6	3,60	6	3,60
FCE 2.13	2,30	1	2,30	1	2,30
FCE 2.10	1,27	3	3,81	3	3,81
SUBTOTAL 3		34	47,01	34	47,01
TOTAL		53	109,78	52	109,71

ANEXO III

REMANEJAMENTO DE CARGOS EM COMISSÃO DO GRUPO DIREÇÃO E ASSESSORAMENTO SUPERIORES – DAS E FUNÇÕES COMISSIONADAS DO PODER EXECUTIVO – FCPE

CÓDIGO	DAS-UNITÁRIO	DA SEGES/ME PARA ANPD	
		QTD.	VALOR TOTAL
DAS 101.6	6,27	1	6,27
DAS 101.5	5,04	4	20,16
DAS 101.4	3,84	6	23,04
DAS 103.4	3,84	5	19,20
SUBTOTAL 1		16	68,67
FCPE 101.4	2,30	4	9,20
FCPE 101.3	1,26	10	12,60
FCPE 102.3	1,26	6	7,56
SUBTOTAL 2		20	29,36
TOTAL		36	98,03

DECRETO Nº 10.474, DE 26 DE AGOSTO DE 2020 · ART. 38

ANEXO IV

DEMONSTRATIVO DOS CARGOS EM COMISSÃO DO GRUPO-DIREÇÃO E
ASSESSORAMENTO SUPERIORES
– DAS TRANSFORMADOS NOS TERMOS DO ART. 8º DA LEI Nº 13.346,
DE 10 DE OUTUBRO DE 2016

CÓDIGO	DAS-UNITÁRIO	SITUAÇÃO ATUAL (a)		SITUAÇÃO NOVA (b)		DIFERENÇA (c = b - a)	
		QTD.	VALOR TOTAL	QTD.	VALOR TOTAL	QTD.	VALOR TOTAL
DAS-6	6,27	-	-	1	6,27	1	6,27
DAS-5	5,04	-	-	4	20,16	4	20,16
DAS-4	3,84	-	-	15	57,60	15	57,60
DAS-3	2,10	-	-	9	18,90	9	18,90
DAS-2	1,27	26	33,02	-	-	-26	-33,02
DAS-1	1,00	70	70,00	-	-	-70	-70,00
TOTAL		96	103,02	29	102,93	-67	-0,09

ANEXO V

SUBSTITUIÇÃO DE FUNÇÕES COMISSIONADAS DO PODER EXECUTIVO –
FCPE E DEMONSTRATIVO DOS CARGOS EM COMISSÃO DO GRUPO
DIREÇÃO E ASSESSORAMENTO SUPERIORES – DAS EXTINTOS NO
PODER EXECUTIVO FEDERAL EM CUMPRIMENTO À LEI Nº 13.346,
DE 10 DE OUTUBRO DE 2016

a) FCPE SUBSTITUÍDAS:

CÓDIGO	DAS-UNITÁRIO	QTD.	VALOR TOTAL
FCPE 101.4	2,30	4	9,20
FCPE 101.3	1,26	10	12,60
FCPE 102.3	1,26	6	7,56
TOTAL		20	29,36

b) DEMONSTRATIVO DE CARGOS EM COMISSÃO EXTINTOS:

CÓDIGO	DAS-UNITÁRIO	QTD.	VALOR TOTAL
DAS-4	3,84	4	15,36
DAS-3	2,10	16	33,60
TOTAL		20	48,96

APÊNDICE II

LEI Nº 14.460, DE 25 DE OUTUBRO DE 2022

Conversão da Medida Provisória 1.124, de 2022.

Transforma a Autoridade Nacional de Proteção de Dados (ANPD) em autarquia de natureza especial e transforma cargos comissionados; altera as Leis 13.709, de 14 de agosto de 2018 (Lei Geral de Proteção de Dados Pessoais), e 13.844, de 18 de junho de 2019; e revoga dispositivos da Lei 13.853, de 8 de julho de 2019.

Faço saber que o Presidente da República adotou a Medida Provisória nº 1.124, de 2022, que o Congresso Nacional aprovou, e eu, Rodrigo Pacheco, Presidente da Mesa do Congresso Nacional, para os efeitos do disposto no art. 62 da Constituição Federal, com a redação dada pela Emenda Constitucional nº 32, combinado com o art. 12 da Resolução nº 1, de 2002-CN, promulgo a seguinte Lei:

Art. 1º Fica a Autoridade Nacional de Proteção de Dados (ANPD) transformada em autarquia de natureza especial, mantidas a estrutura organizacional e as competências e observados os demais dispositivos da Lei nº 13.709, de 14 de agosto de 2018.

Art. 2º Fica criado 1 (um) Cargo Comissionado Executivo nível 18 (CCE-18) de Diretor-Presidente da ANPD.

Parágrafo único. O cargo de que trata o caput deste artigo fica criado sem aumento de despesa, mediante a transformação de 1 (um) CCE-17 e de 1 (um) CCE-2 alocados na estrutura da ANPD.

Art. 3º A transformação dos cargos comissionados na forma prevista no art. 2º desta Lei somente produzirá efeito a partir da entrada em vigor do decreto de alteração da estrutura regimental da ANPD.

Art. 4º A estrutura regimental da ANPD como órgão integrante da Presidência da República continuará vigente e aplicável até a data de entrada em vigor da estrutura regimental da ANPD como autarquia de natureza especial.

Art. 5º Ato conjunto do Ministro de Estado Chefe da Secretaria-Geral da Presidência da República e do Diretor-Presidente da ANPD estabelecerá o período de transição para o encerramento da prestação de apoio administrativo pela Secretaria Especial de Administração da Secretaria-Geral da Presidência da República à ANPD.

Art. 6º Serão alocados na ANPD servidores ingressantes da carreira de Especialista em Políticas Públicas e Gestão Governamental, observado o disposto na Lei nº 7.834, de 6 de outubro de 1989.

Art. 7º A Lei nº 13.709, de 14 de agosto de 2018 (Lei Geral de Proteção de Dados Pessoais), passa a vigorar com as seguintes alterações:

"Art. 55-A. Fica criada a Autoridade Nacional de Proteção de Dados (ANPD), autarquia de natureza especial, dotada de autonomia técnica e decisória, com patrimônio próprio e com sede e foro no Distrito Federal.

§ 1º (Revogado).

§ 2º (Revogado).

§ 3º (Revogado)."

"Art. 55-C. .(...)

(...)

V – (revogado);

V-A – Procuradoria; e

(...)"

"Art. 55-M. Constituem o patrimônio da ANPD os bens e os direitos:

I – que lhe forem transferidos pelos órgãos da Presidência da República; e

II – que venha a adquirir ou a incorporar."

Art. 8º O *caput* do art. 60 da Lei nº 13.844, de 18 de junho de 2019, passa a vigorar acrescido do seguinte inciso VI:

"Art. 60. (...)

(...)

VI – a Autoridade Nacional de Proteção de Dados (ANPD), até 31 de dezembro de 2026.

(...)"

Art. 9º Ficam revogados:

I – os §§ 1º, 2º e 3º do art. 55-A, o art. 55-B e o inciso V do caput do art. 55-C da Lei nº 13.709, de 14 de agosto de 2018 (Lei Geral de Proteção de Dados Pessoais);

II – o art. 2º da Lei nº 13.853, de 8 de julho de 2019, na parte em que altera os seguintes dispositivos da Lei nº 13.709, de 14 de agosto de 2018 (Lei Geral de Proteção de Dados Pessoais):

a) o art. 55-A; e

b) o inciso V do caput do art. 55-C; e

III – o seguinte dispositivo e Seção da Lei nº 13.844, de 18 de junho de 2019:

a) inciso VI do caput do art. 2º; e

b) Seção VII do Capítulo I.

Art. 10. Esta Lei entra em vigor na data de sua publicação.

Congresso Nacional, em 25 de outubro de 2022; 201º da Independência e 134º da República.

Senador Rodrigo Pacheco

Presidente da Mesa do Congresso Nacional

REFERÊNCIAS

ABADI, Maurício Joseph; LIMA, Marcelo Chiavassa de Mello Paula; SOUZA, Mariana Almirão de. Considerações sobre direito ao esquecimento, desindexação e desvinculação de conteúdo na internet. p. 202-220. *Revista Forense*, Rio de Janeiro, v. 428, ano 115. jul./dez. 2018.

ABREU, Jorge Manuel Coutinho de. *Governação das sociedades comerciais*. Coimbra: Almedina, 2010.

AFTERGOOD, Steven. Privacy and the imperative of open government. *In*: ROTENBERG, Marc; SCOTT, Jeramie; HORWITZ, Julia (Ed.). *Privacy in the modern age*: the search for solutions. Nova York: The New Press, 2015.

AFUAH, Allan. Are network effects really all about size? The role of structure and conduct. *Strategic Management Journal*, [S.l], v. 34, p. 257-273, 2013.

AGENCIA VASCA DE PROTECCIÓN DE DATOS. IV Encuentro de Agencias Autonómicas de Protección de Datos, Vitoria, 23 y 24 de octubre de 2007. Disponível em: https://www.avpd.euskadi.eus/s04-20375/es/contenidos/evento/4_encuentro_apds/es_intro/presentacion.html. Acesso em: 18 fev. 2025.

AITH, Fernando; DALLARI, Analluza Bolivar (Coord.). *LGPD na saúde digital*. São Paulo: Revista dos Tribunais, Thomson Reuters Brasil, 2022.

ALBERINI, Adrien; BENHAMOU, Yaniv. *Data Portability and Interoperability: An Issue that Needs to Be Anticipated in Today's It-Driven World*. Disponível em: http://dx.doi.org/10.2139/ssrn.3038877 Acesso em: 18 fev. 2025.

ALEMANNO, Alberto; SIBONY, Anne-Lise (Ed.). *Nudge and the law*: A European perspective. Londres: Bloomsbury Publishing, 2015.

ALESSI, Renato. *Sistema Instituzzionali del Diritto Italiano*. Milão: A. Giuffrè, 1960.

ALSTYNE, Marshall Van. *A platform strategy*: creating new forms of value in the digital age. Capgemini Consulting, 2016.

ALVES, Carla Segala; VAINZOF, Rony. Privacy by design e proteção de dados pessoais. *Jota*, 6 out. 2016. Disponível em: https://www.jota.info/opiniao-e-analise/artigos/direito-digital-privacy-design-e-protecao-de-dados-pessoais-06072016. Acesso em: 18 fev. 2025.

ALVES, Fabrício da Mota. Avaliação de impacto sobre a proteção de dados. In: BLUM, Renato Opice; MALDONADO, Viviane Nóbrega (Coord.). *Comentários ao GDPR*: regulamento geral de proteção de dados da União Europeia. São Paulo: Thomson Reuters Brasil, 2018.

ALVES, Fabrício da Mota. Estruturação do cargo de DPO em entes públicos. *In*: BLUM, Renato Opice; VAINZOF, Rony; MORAES, Henrique Fabretti (Coord.). *Data Protection Officer (encarregado)*: teoria e prática de acordo com a LGPD e o GDPR. São Paulo: Thomson Reuters Brasil, 2020.

ALVES JR., Sergio. Fechando um ciclo: do término de tratamento de dados pessoais (arts. 15 e 16 da LGPD). In: MENDES, Laura Schertel; DONEDA, Danilo; SARLET, Ingo Wolfgang; RODRIGUES JR., Otavio Luiz; BIONI, Bruno Ricardo (Coord.). *Tratado de proteção de dados pessoais*. Rio de Janeiro: Forense, 2021.

AMARAL, Claudio do Prado. Proteção de dados pessoais de crianças e adolescentes. In: LIMA, Cíntia Rosa Pereira de (Coord.). *Comentários à Lei Geral de Proteção de Dados*. São Paulo: Almedina, 2020.

AMARAL, Francisco. *Direito Civil*: introdução. 8. ed. Rio de Janeiro: Renovar, 2014.

AMARAL, Marcelo Quevedo do. *Transformações administrativas*: A Caixa Econômica Federal, a Execução do Orçamento Geral da União e a Efetividade das Políticas Públicas. Rio de Janeiro: Juruá, 2017.

AMORIM, Karla Patrícia Cardoso. Ética em pesquisa no sistema CEP-CONEP brasileiro: reflexões necessárias. *Ciência & Saúde Coletiva* [online], [S.l], v. 24, n. 3, p. 1033-1044, 2019. Disponível em: https://doi.org/10.1590/1413-81232018243.35292016. Acesso em: 18 fev. 2025.

AMIN, Andrea Rodrigues. Dos direitos fundamentais. *In*: MACIEL, Kátia Regina Ferreira Lobo Andrade (Coord.). *Direito da Criança e do Adolescente*: Aspectos Teóricos e Práticos. 7. ed. São Paulo: Saraiva. 2014.

ANDRADE, Gustavo Piva de. O GDPR e a proteção dos dados sensíveis. *Migalhas*. 24 maio 2018. Disponível em: https://www.migalhas.com.br/depeso/280651/o-gdpr-e-a-protecao-dos-dados-sensiveis. Acesso em: 18 fev. 2025.

ARBIX, Daniel. A importância da privacidade por design e por default (privacy by design and by default). In: DONEDA, Danilo; MENDES, Laura Schertel; CUEVA, Ricardo Villas Bôas (coords.). *Lei geral de proteção de dados (Lei n. 13.709/2018)*: a caminho da efetividade: contribuições para a implementação da LGPD. São Paulo: Thomson Reuters Brasil, 2020.

ARAGÃO, Alexandre Santos de. A consensualidade no direito administrativo: acordos regulatórios e contratos administrativos. *Revista de Informação Legislativa*, Brasília, ano 42, n. 167, pp. 293-309, jul./set. 2005. Disponível em: https://www2.senado.leg.br/bdsf/bitstream/handle/id/850/R167-18.pdf?sequence=4. Acesso em: 18 fev. 2025.

ARAGÃO, Alexandre Santos de. Considerações iniciais sobre a lei geral das agências reguladoras. *Revista de Direito da Administração Pública*, Rio de Janeiro, v. 1, n. 1, pp. 7-23, 2020.

ARAGÃO, Alexandre Santos de. Os fundamentos da responsabilidade civil do Estado. *Revista de Direito Administrativo*, Rio de Janeiro, v. 236, p. 263-274, 2004.

ARAGÃO, Suellyn Mattos de; SCHIOCCHET, Taysa. Lei Geral de Proteção de Dados: desafio do Sistema Único de Saúde. *Revista Eletrônica de Comunicação Informação & Inovação em Saúde*. Rio de Janeiro, Icict, v. 14, n. 3, p. 693-708, 2020. http://www.fiocruz.br/bibsp/cgi/cgilua.exe/sys/start.htm?sid=107. Acesso em: 18 fev. 2025.

ARTICLE 29 DATA PROTECTION WORKING PARTY. *Guidelines on personal data breach notification under Regulation 2016/679*. Disponível em: https://ec.europa.eu/newsroom/article29/item-detail.cfm?item_id=612052. Acesso em: 18 fev. 2025.

ARTICLE 29 DATA PROTECTION WORKING PARTY. Opinion 06/2014 on the notion of legitimate interests of the data controller under Article 7 of Directive 95/46/EC. Disponível em: https://ec.europa.eu/justice/article-29/press-material/public-consultation/notion-legitimate-interests/files/20141126_overview_relating_to_consultation_on_opinion_legitimate_interest_.pdf. Acesso em: 18 fev. 2025.

ARTICLE 29 DATA PROTECTION WORKING PARTY. *Working Document setting up a table with the elements and principles to be found in Processor Binding Corporate Rules* (WP 257). Revista e adotada em 06 de fev. de 2018. Disponível em: https://ec.europa.eu/newsroom/article29/item-detail.cfm?item_id=614110. Acesso em: 18 fev. 2025.

ARTICLE 29 DATA PROTECTION WORKING PARTY. *Working Document Setting Forth a Co-Operation Procedure for the approval of "Binding Corporate Rules" for controllers and processors under the GDPR (WP 263)*. Adotada em 06 de abr. de 2018. Disponível em: https://ico.org.uk/media/for-organisations/documents/2259555/wp263-rev01-co-operation-procedure.pdf. Acesso em: 18 fev. 2025.

ASCENSÃO, José de Oliveira. *Estudos sobre direito da internet e da sociedade da informação*. Coimbra: Almedina, 2001.

REFERÊNCIAS

ASSIS, Giovana Lonque de; LOPES, Fernanda Velo. A PEC 17/2019 como meio de proteção ao livre desenvolvimento do "Corpo Elettronico", *Brazilian Journal of Development*, [S.l], v. 6, n. 12, p. 189-200, 2020.

ÁVILA, Humberto. *A teoria da segurança jurídica*. São Paulo: Malheiros, 2021.

ÁVILA, Humberto. *Constituição, liberdade e interpretação*. São Paulo: Malheiros, 2019.

AZEVEDO, Álvaro Villaça. *Código Civil comentado*: negócio jurídico, atos jurídicos lícitos, atos ilícitos. São Paulo: Atlas, 2003.

AZEVEDO, Antônio Junqueira de. *Negócio jurídico*: existência, validade e eficácia. 4. ed. 7. tir. São Paulo: Saraiva: 2010.

BACKES, Vanessa. Em ofício, UFSM pede dados sobre a presença de israelenses no campus. *G1*. [s.l.]. 3 jun. 2015. Disponível em: http://g1.globo.com/rs/rio-grande-do-sul/noticia/2015/06/em-oficio-ufsm-pede-dados-sobre-presenca-de-israelenses-no-campus.html. Acesso em: 18 fev. 2025.

BALFOUR, Brian. *Achieving the network effect: solving the chicken or the egg*. Disponível em: https://brianbalfour.com/essays/the-network-effect-marketplaces. Acesso em: 18 fev. 2025.

BALKIN, Jack M. The fiduciary model of privacy. *Harvard Law Review*, Cambridge, v. 123, n. 1, 2020.

BANDA, Carolina, *Enforcing Data Portability in the Context of EU Competition Law and the GDPR*. MIPLC Master Thesis Series, 2016/17.

BARBIERI, Carlos. *Governança de dados*. Rio de Janeiro: Alta Books, 2019.

BARBIERI, Carlos. Uma visão sintética e comentada do Data Management Body of Knowledge (DMBOK). *Research Gate*, jan. 2013. Disponível em: 10.13140/RG.2.1.1561.2561 Acesso em: 18 fev. 2025.

BARBOSA, Carla; LOPES, Dulce. RGPD: compartilhamento e tratamento de dados sensíveis na União Europeia – o caso particular da saúde. In: DALLARI, Analluza Bolivar; MONACO, Gustavo Ferraz de Campos (Coord.). *LGPD na saúde*. São Paulo: Thomson Reuters Brasil, 2021.

BARBOSA, Denis Borges. *Tratado de Propriedade Intelectual*. Tomo I. Rio de Janeiro: Lumen Juris, 2013.

BARFIELD, Woodrow (Ed.). *The Cambridge Handbook of the Law of Algorithms*. Cambridge University Press, 2020.

BARRETO, Maurício Lima; ALMEIDA, Bethania de Araujo; DONEDA, Danilo. Uso e Proteção de Dados Pessoais na Pesquisa Científica. *RDU*, Porto Alegre, v. 16, n. 90, 2019, 179-194, nov./dez. 2019.

BARROS, Rafael Souza Paiva de; FERREIRA, Anne Glória Lima. Capítulo X: Disposições finais e transitórias. In: FEIGELSON, Bruno; SIQUEIRA, Antônio Henrique Albani (Coord.). *Comentários à Lei Geral de Proteção de Dados* [livro eletrônico]: Lei 13.709/2018. São Paulo: Thomson Reuters Brasil, 2019.

BARRY, Herbert. The King Can Do No Wrong. *Virginia Law Review*, Charlottesville, v. 11, n. 5, p. 349-371, 1925.

BASAN, Arthur Pinheiro. Habeas Mente: garantia fundamental de não ser molestado pelas publicidades virtuais de consumo. *Revista de Direito do Consumidor*, São Paulo. v. 131, set./out. 2020.

BASAN, Arthur Pinheiro; ENGELMANN, Wilson; REICH, José Antônio. A Lei Geral de Proteção de Dados Pessoais e a tutela dos direitos fundamentais nas relações privadas. *Interesse Público* [Recurso Eletrônico]. Belo Horizonte, v.22, n.121, maio/jun. 2020.

BASAN, Arthur Pinheiro Basan FALEIROS JÚNIOR, José Luiz de Moura. A tutela do corpo eletrônico como direito básico do consumidor. *Revista dos Tribunais*, São Paulo, v.1021, p. 133-168, nov. 2020.

BAVITZ, Christopher; GUPTA, Ritu; OBERMAN, Irina; RITVO, Dalia. Privacy and Children's Data – An Overview of the Children's Online Privacy Protection Act and the Family Educational Rights and Privacy Act. *Berkman Center Research Publication No. 23*, [S.l], nov. 2013. Disponível em: SSRN: https://ssrn.com/abstract=2354339. Acesso em: 18 fev. 2025.

BBC NEWS. Empresas como Google, Amazon e Facebook estão ficando grandes demais? Disponível em: https://www.bbc.com/portuguese/geral-40205922. Acesso em: 18 fev. 2025.

BECK, Ulrich. *Sociedade de risco*: rumo a uma outra modernidade. Tradução de Sebastião Nascimento. São Paulo: Editora 34, 2010.

BEDNAR, Kathrin; SPIEKERMANN, Sarah; LANGHEINRICH, Marc. Engineering Privacy by Design: Are engineers ready to live up to the challenge? *The Information Society*, [S.l], v. 35, n. 3, p. 122-142, 2019.

BEECHER, Henry K. Ethics and clinical research. *New England Journal of Medicine*, Boston, n. 24, p. 1354-1360, 1966.

BENJAMIN, Antonio Herman de Vasconcellos. Teoria da Qualidade. In: BENJAMIN, Antonio Herman; MARQUES, Claudia Lima; BESSA, Leonardo Roscoe. *Manual de Direito do Consumidor*. 4. ed. rev., atual. São Paulo: Revista dos Tribunais, 2012.

BENNETT, Colin J. *Regulating privacy*: Data protection and public policy in Europe and the United States. Ithaca: Cornell University Press, 1992.

BENNETT, Colin; RAAB, Charles. *The governance of privacy*: policy instruments in global perspective. Cambridge: MIT, 2006.

BERGAMINI JÚNIOR, Sebastião. Controles internos como um instrumento de Governança Corporativa. *Revista do BNDES*, Rio de Janeiro, v. 12, n. 24, p. 149-188, dez. 2005.

BERNARDI, Nicola. *Privacy*: Protezione e trattamento dei dati. Milão: Wolters Kluwer, 2019.

BERGSTEIN, Laís. Direito à portabilidade na Lei Geral de Proteção de Dados. *Revista dos Tribunais*, São Paulo, v. 1003, maio 2019.

BESSA, Leonardo Roscoe; NUNES, Ana Luisa Tarter. Instrumentos processuais de tutela individual e coletiva: análise do art. 22 da LGPD. In: MENDES, Laura Schertel; DONEDA, Danilo; SARLET, Ingo Wolfgang; RODRIGUES JR., Otavio Luiz; BIONI, Bruno (Coord.). *Tratado de proteção de dados pessoais*. Rio de Janeiro: Forense, 2021.

BEZERRA, Arthur Coelho; BELONI, Aneli. *A vigilância de dados biométricos no novo regime de informação*. Trabalho apresentado ao GT7- Estudos Críticos em Ciência da Informação. Instituto Brasileiro de Ciência em Informação e Tecnologia – IBCIT. 2020. Disponível em: https://doity.com.br/media/doity/submissoes/artigo-fce1620142592b65cf0591e11e5520b2bb433634-segundo_arquivo.pdf. Acesso em 18 fev. 2025.

BIANCHI, Lorella. Il Diritto alla Portabilità dei Dati. In: PANETTA, Rocco (a cura di). *Circolazione e Protezione dei Dati Personali*. Tra Libertà e Regole del Mercato. Commentario al Regolamento EU n. 2016/679 (GDPR) e al novellato d.lgs. n. 196/2003 (Codice Privacy). Prefazione di Augusta Ianinni. Introduzione di Guido Alpa. Scritti in memoria di Stefano Rodotà. Milão: Giuffrè, 2019.

BIEKER, Felix *et al*. A process for data protection impact assessment under the European general data protection regulation. In: *Annual Privacy Forum*. Springer, Cham, 2016.

BINENBOJM, Gustavo. Da supremacia do interesse público ao dever de proporcionalidade: um novo paradigma para o direito administrativo. *Revista de Direito Administrativo*, Rio de Janeiro, v. 239, p. 1-32, 2005.

BINENBOJM, Gustavo. *Uma teoria do direito administrativo*: direitos fundamentais, democracia e constitucionalização. 3. ed., Rio de Janeiro: Renovar, 2014.

REFERÊNCIAS

BIONI, Bruno Ricardo. Compreendendo o conceito de anonimização e dado anônimo. *Revista do Advogado*, São Paulo, n. 144, nov. 2019.

BIONI, Bruno Ricardo. Compreendendo o conceito de anonimização e dado anonimizado. Direito Digital e proteção de dados pessoais. *Cadernos Jurídicos*, São Paulo: Escola Paulista da Magistratura, ano 21, n. 53, jan./mar. 2020.

BIONI, Bruno Ricardo. O dever de informar e a teoria do diálogo das fontes para a aplicação da autodeterminação informacional como sistematização para a proteção dos dados pessoais dos consumidores: convergências e divergências a partir da análise da ação coletiva promovida contra o Facebook e o aplicativo "Lulu". *Revista de Direito do Consumidor*, São Paulo, v. 94, p. 283-324, jul./ago. 2014.

BIONI, Bruno Ricardo. *Proteção de dados pessoais*: a função e os limites do consentimento. Rio de Janeiro: Forense, 2019.

BIONI, Bruno Ricardo. *Proteção de dados pessoais*: a função e os limites do consentimento. 2. ed. Rio de Janeiro: Forense, 2020.

BIONI, Bruno Ricardo. *Xeque-Mate*: o tripé da proteção de dados pessoais no jogo de xadrez das iniciativas legislativas no Brasil. GPoPAI-USP, 2016. Disponível em: https://www.academia.edu/28752561/Xeque-Mate_o_trip%C3%A9_de_prote%C3%A7%C3%A3o_de_dados_pessoais_no_xadrez_das_iniciativas_legislativas_no_Brasil. Acesso em: 18 fev. 2025.

BIONI, Bruno; DIAS, Daniel. Responsabilidade civil na proteção de dados pessoais: construindo pontes entre a Lei Geral de Proteção de Dados Pessoais e o Código de Defesa do Consumidor. *Civilistica.com*, Rio de Janeiro, v. 9, n. 3, p. 1-23, 2020.

BIONI, Bruno; DIAS, Daniel. Responsabilidade civil na LGPD: construção do regime por meio de interações com o CDC. In: MIRAGEM, Bruno; MARQUES, Claudia Lima; MAGALHÃES, Lucia Ancona (Coord.). *Direito do Consumidor*: 30 anos do CDC. Da consolidação como direito fundamental aos atuais desafios da sociedade. Rio de Janeiro: Forense, 2021.

BIONI, Bruno; KITAYAMA, Marina; RIELLI, Mariana. *O Legítimo Interesse na LGPD*: quadro geral e exemplos de aplicação. São Paulo: Associação Data Privacy Brasil de Pesquisa, 2021.

BIONI, Bruno Ricardo; LUCIANO, Maria. O consentimento como processo: em busca do consentimento válido. In: MENDES, Laura Schertel; DONEDA, Danilo; SARLET, Ingo Wolfgang; RODRIGUES JR., Otavio Luiz; BIONI, Bruno Ricardo (Coord.). *Tratado de proteção de dados pessoais*. Rio de Janeiro: Forense, 2021.

BIONI, Bruno Ricardo; MENDES, Laura Schertel. Regulamento Europeu de Proteção de Dados pessoais e a Lei Geral de Proteção de Dados: mapeando convergências na direção de um nível de equivalência. In: TEPEDINO, Gustavo; FRAZÃO, Ana; OLIVA, Milena Donato (Coord.). *Lei Geral de Proteção de Dados Pessoais e suas repercussões no direito brasileiro*. São Paulo: Thomson Reuters Brasil, 2019.

BITELLI, Marcos Alberto Sant'Anna. A Lei 12.965/2014 – O Marco Civil da Internet. *Revista de Direito das Comunicações*, São Paulo, v. 7, jan./jun. 2014.

BOARDMAN, Ruth; MOLE, Ariane; MALDOFF, Gabe. *The article 29 working party issues final guidelines on the right to data portability*. Disponível em: http://www.twobirds.com/en/news/articles/2017/global/article-29-working-party-issues-final-guidelines-on-the-right-to-data-portability Acesso em: 20 set 2021.

BODIN DE MORAES, Maria Celina. *Danos à pessoa humana*: uma leitura civil-constitucional dos danos morais. Rio de Janeiro: Renovar, 2003.

BODIN DE MORAES, Maria Celina. LGPD: um novo regime de responsabilização civil dito "proativo". *Civilistica.com*, Rio de Janeiro, Editorial, ano 8, n. 3, 2019. Disponível em: http://civilistica.com/lgpd-um-novo-regime/. Acesso: 18 fev. 2025.

COMENTÁRIOS À LEI GERAL DE PROTEÇÃO DE DADOS PESSOAIS (LEI 13.709/2018)

BODIN DE MORAES, Maria Celina; QUEIROZ, João Quinelato de. Autodeterminação informativa e responsabilização proativa: novos instrumentos de tutela da pessoa humana na LGPD. In: *Proteção de dados pessoais*: privacidade versus avanço tecnológico. Rio de Janeiro: Fundação Konrad Adenauer, outubro 2019.

BONNA, Alexandre Pereira. Cooperação no Processo Civil – a paridade do juiz e o reforço das posições jurídicas das partes a partir de uma nova concepção de democracia e contraditório. *Revista Brasileira de Direito Processual*, Belo Horizonte, n. 85, jan./mar. 2014.

BONNA, Alexandre Pereira. Dados pessoais, identidade virtual e a projeção da personalidade. In: MARTINS, Guilherme Magalhães; ROSENVALD, Nelson (Coord.). *Responsabilidade civil e novas tecnologias*. Indaiatuba: Foco, 2020.

BORELLI, Alessandra; LÓPEZ, Nuria. Capítulo X: Disposições finais e transitórias. In: MALDONADO, Viviane Nóbrega (Coord.). *LGPD – Lei Geral de Proteção de Dados*. 2. ed. São Paulo: Thomson Reuters Brasil, 2019.

BORGES, Gabriel Oliveira de Aguiar. O caso do Ministério do Desenvolvimento Econômico da Itália. *In:* TOMASEVICIUS FILHO, Eduardo; FALEIROS JUNIOR, José Luiz de Moura; DALESE, Pedro (Coord.). *GDPR – Regulamento Geral sobre a Proteção de Dados da União Europeia*. Análise de casos sobre a aplicação das sanções administrativas. Indaiatuba: Foco, 2023.

BORGHI, Maurizio. *Data Portability and Regulation of Digital Markets*. CIPPM / Jean Monnet Working Papers, Bournemouth University, 2019.

BORGOGNO, Oscar. Regimi di condivisione dei dati ed interoperabilità: il ruolo e la disciplina delle API. *Diritto dell'Informazione e dell'Informatica*, [S.l], p. 689-710, 2019.

BORGOGNO, Oscar; COLANGELO, Giuseppe. Data Sharing and Interoperability Through APIs: Insights from European Regulatory Strategy, *Computer Law & Security Review*, Stanford-Vienna European Union Law Working Paper No. 38, 2018.

BOSTROM, Nick. *Superintelligence*: Paths, Dangers, Strategies. Oxford: Oxford University Press, 2014.

BOSTROM, Nick; YUDKOWSKY, Eliezer. Ethics of Artificial Intelligence. In: RAMSEY, William; FRANKISH, Keith (Ed.). *Cambridge Handbook of Artificial Intelligence*. Cambridge: Cambridge University Press, 2011.

BOUCHAGIAR, George. Privacy and Web 3.0: Implementing Trust and Learning From Social Networks. *Review of European Studies*, [S.l], v. 10, n. 4, 2018.

BOZDAG, Engin. *Data Portability Under GDPR: Technical Challenges*. Disponível em: https://ssrn.com/abstract=3111866. Acesso em: 18 fev. 2025.

BRAGA NETTO, Felipe. *Novo manual de Responsabilidade Civil*. Salvador: Juspodivm, 2019.

BRANCO, Gerson Luiz Carlos. A proteção das expectativas legítimas derivadas das situações de confiança: elementos formadores do princípio da confiança e seus efeitos. *Revista de Direito Privado*, São Paulo, n. 12, out./dez. 2002.

BRANCO, Sergio; TEFFÉ, Chiara Spadaccini de; FERNANDES, Elora Raad; LATERÇA, Priscila (Org.). *Privacidade e proteção de dados de crianças e adolescentes*. Rio de Janeiro: Obliq, 2021.

BRANCO JÚNIOR, Sérgio Vieira. As hipóteses de aplicação da LGPD e as definições legais. In: MULHOLLAND, Caitlin Sampaio (Org.). *A LGPD e o novo marco normativo no Brasil*. Porto Alegre: Arquipélago Editorial, 2020.

BRANDÃO, Luíza Couto Chaves. o Marco civil da internet e a proteção de dados: diálogos com a LGPD. In: *Proteção de dados pessoais*: privacidade versus avanço tecnológico. Rio de Janeiro: Fundação Konrad Adenauer, outubro 2019.

REFERÊNCIAS

BRASHER, Elizabeth A. Addressing the failure of anonymization: guidance from the european union's general data protection regulation. *Columbia Business Law Review*, Nova York, v. 209, n. 1, p. 209-253, 2018.

BRASIL. Agência Nacional de Telecomunicações – ANATEL. Resolução 589, de 7 de maio de 2012. *Aprova o Regulamento de Aplicação das Sanções Administrativas*. Disponível em: https://www.anatel.gov.br/legislacao/resolucoes/34-2012/191-resolucao-589#art41. Acesso em: 18 fev. 2025.

BRASIL. Autoridade Nacional de Proteção de Dados. *ANPD publica lista de processos sancionatórios*. Brasília, 23 de março de 2023. Disponível em: https://www.gov.br/anpd/pt-br/assuntos/noticias/anpd-divulga-lista-de-processos-sancionatorios. Disponível em: 18 fev. 2025.

BRASIL. Autoridade Nacional de Proteção de Dados. *Publicações da ANPD*. Brasília, 28 de maio de 2021, atualizado em 24 de maio de 2023. Disponível em: https://www.gov.br/anpd/pt-br/documentos-e-publicacoes. Acesso em: 18 fev. 2025.

BRASIL. Autoridade Nacional de Proteção de Dados. *Texto para Discussão 1/2022*. Estudo Técnico. A LGPD e o tratamento de dados pessoais para fins acadêmicos e para a realização de estudos por órgão de pesquisa. 2022. Disponível em: https://www.gov.br/anpd/pt-br/documentos-e-publicacoes/sei_00261-000810_2022_17.pdf. Acesso em: 18 fev. 2025.

BRASIL. Autoridade Nacional de Proteção de Dados. *Enunciado CD/ANPD 1, de 22 de maio de 2023*. Brasília 2023. Disponível em: https://www.gov.br/anpd/pt-br/assuntos/noticias/anpd-divulga-enunciado-sobre-o-tratamento-de-dados-pessoais-de-criancas-e-adolescentes/Enunciado1ANPD.pdf. Acesso em: 18 fev. 2025.

BRASIL. Autoridade Nacional de Proteção de Dados. *Estudo de casos sobre anonimização de dados na LGPD*. Versão 1.0. Brasília, DF: Autoridade Nacional de Proteção de Dados, novembro de 2023. Disponível em: https://www.gov.br/anpd/pt-br/centrais-de-conteudo/documentos-tecnicos-orientativos/estudo_de_casos_sobre_anonimizacao_de_dados_na_lgpd_.pdf Acesso em: 18 fev. 2025.

BRASIL. Autoridade Nacional de Proteção de Dados. *Estudo técnico: a LGPD e o tratamento de dados pessoais para fins acadêmicos e para a realização de estudos por órgão de pesquisa*. Brasília, DF: Autoridade Nacional de Proteção de Dados, abril de 2022. Disponível em: https://www.gov.br/anpd/pt-br/centrais-de-conteudo/sei_00261-000810_2022_17.pdf Acesso em: 18 fev. 2025.

BRASIL. Autoridade Nacional de Proteção de Dados. *Guia orientativo. Cookies e proteção de dados pessoais*. Brasília 2022. Disponível em: https://www.gov.br/anpd/pt-br/documentos-e-publicacoes/guia-orientativo-cookies-e-protecao-de-dados-pessoais.pdf. Acesso em: 18 fev. 2025.

BRASIL. Autoridade Nacional de Proteção de Dados. *Guia Orientativo para Definições dos Agentes de Tratamento de Dados Pessoais e do Encarregado*. Brasília, 28 maio 2021. Disponível em: https://www.gov.br/anpd/pt-br/assuntos/noticias/2021-05-27-guia-agentes-de-tratamento_final.pdf . Acesso em: 18 fev. 2025.

BRASIL. Autoridade Nacional de Proteção de Dados. *Guia orientativo. Tratamento de dados pessoais pelo poder público*. Brasília 2022. Disponível em: https://www.gov.br/anpd/pt-br/documentos-e-publicacoes/guia_tratamento_de_dados_pessoais_pelo_poder_publico___defeso_eleitoral.pdf. Acesso em: 18 fev. 2025.

BRASIL. Autoridade Nacional de Proteção de Dados. *Guia Orientativo: Tratamento de Dados Pessoais pelo Poder Público. Versão 2.0*. Brasília, DF: ANPD, 2023. Disponível em: https://www.gov.br/anpd/pt-br/documentos-e-publicacoes. Acesso em: 18 fev. 2025.

BRASIL. Autoridade Nacional de Proteção de Dados. *Guia orientativo: tratamento de dados pessoais para fins acadêmicos e para a realização de estudos e pesquisas*. Brasília, DF: Autoridade Nacional de Proteção de Dados, junho de 2023. Disponível em: https://www.gov.br/anpd/pt-br/centrais-de-conteudo/materiais-educativos-e-publicacoes/web-guia-anpd-tratamento-de-dados-para-fins-academicos.pdf Acesso em: 18 fev. 2025.

COMENTÁRIOS À LEI GERAL DE PROTEÇÃO DE DADOS PESSOAIS (LEI 13.709/2018)

BRASIL. Autoridade Nacional de Proteção de Dados (ANPD). *Nota Técnica 02/2021/CGTP/ANPD. Atualização da Política de Privacidade do WhatsApp. Processo/documento 00261.000012/2021-04.* Brasília, março de 2021. Disponível em: https://www.gov.br/anpd/pt-br/assuntos/noticias/inclusao-de-arquivos-para-link-nas-noticias/NOTATECNICADACGTP.pdf. Acesso em: 18 fev. 2025.

BRASIL. Autoridade Nacional de Proteção de Dados. *Resolução CD/ANPD nº 1, de 28 de outubro de 2021.* Aprova o Regulamento do Processo de Fiscalização e do Processo Administrativo Sancionador no âmbito da Autoridade Nacional de Proteção de Dados. Brasília, 28 de outubro de 2021. Disponível em: https://www.gov.br/anpd/pt-br/documentos-e-publicacoes/regulamentacoes-da-anpd/resolucao-cd-anpd-no1-2021. Acesso em: 18 fev. 2025.

BRASIL. Autoridade Nacional de Proteção de Dados. *Resolução CD/ANPD nº 2, de 27 de janeiro de 2022.* Aprova o Regulamento de aplicação da Lei 13.709, de 14 de agosto de 2018, Lei Geral de Proteção de Dados Pessoais (LGPD), para agentes de tratamento de pequeno porte. Brasília, 28 de janeiro de 2022. Disponível em: https://www.in.gov.br/en/web/dou/-/resolucao-cd/anpd-n-2-de-27-de-janeiro-de-2022-376562019. Acesso em: 18 fev. 2025.

BRASIL. Autoridade Nacional de Proteção de Dados. *Resolução CD/ANPD nº 3, de 25 de janeiro de 2023.* Institui o Comitê de Governança Digital da Autoridade Nacional de Proteção de Dados. Brasília, 26 de janeiro de 2023. Disponível em: https://www.in.gov.br/en/web/dou/-/resolucao-cd/anpd-n-3-de-25-de-janeiro-de-2023-460124477. Acesso em: 18 fev. 2025.

BRASIL. Autoridade Nacional de Proteção de Dados. *Resolução CD/ANPD nº 4, de 24 de fevereiro de 2023.* Aprova o Regulamento de Dosimetria e Aplicação de Sanções Administrativas. Brasília, 27 de fevereiro de 2023. Disponível em: https://www.gov.br/anpd/pt-br/assuntos/noticias/anpd-publica-regulamento-de-dosimetria/Resolucaon4CDANPD24.02.2023.pdf. Acesso em: 18 fev. 2025.

BRASIL. Autoridade Nacional de Proteção de Dados. *Resolução CD/ANPD nº 15, de 24 de abril de 2024.* Aprova o Regulamento de Comunicação de Incidente de Segurança. Diário Oficial da União: seção 1, Brasília, DF, 26 abr. 2024. Disponível em: https://www.in.gov.br/en/web/dou/-/resolucao-cd/anpd-n-15-de-24-de-abril-de-2024-556243024. Acesso em: 17 abr. 2025.BRASIL. Autoridade Nacional de Proteção de Dados. *Resolução CD/ANPD nº 23, de 9 de dezembro de 2024.* Aprova a Agenda Regulatória para o biênio 2025-2026. Diário Oficial da União: seção 1, Brasília, DF, p. 115-116, 11 dez. 2024. Disponível em: https://www.gov.br/anpd/pt-br/centrais-de-conteudo/materiais-educativos-e-publicacoes/sei_anpd-0160131-resolucao-ar-25_26.pdf. Acesso em: 18 fev. 2025.

BRASIL. Autoridade Nacional de Proteção de Dados (ANPD); Tribunal Superior Eleitoral (TSE). *Guia Orientativo – Aplicação da Lei Geral de Proteção de Dados Pessoais (LGPD) por agentes de tratamento no contexto eleitoral.* Brasília, 2021. Disponível em: https://www.gov.br/anpd/pt-br/assuntos/noticias/guia_lgpd_final.pdf. Acesso em: 18 fev. 2025.

BRASIL. Autoridade Nacional de Proteção de Dados. *ANPD é reconhecida como padrão ouro no programa selo de qualidade regulatória.* Brasília, 12 jan. 2023. Disponível em: https://www.gov.br/anpd/pt-br/assuntos/noticias/anpd-e-reconhecida-como-padrao-ouro-no-programa-selo-de-qualidade-regulatoria. Acesso em: 18 fev. 2025.

BRASIL. Comitê Central de Governança de Dados. *Guia de Boas Práticas* – Lei Geral de Proteção de Dados (LGPD). Guia de Boas Práticas para Implementação na Administração Pública Federal. Brasília, Comitê Central de Governança de Dados, abril de 2020. Disponível em: https://www.gov.br/governodigital/pt-br/governanca-de-dados/guia-lgpd.pdf . Acesso em: 18 fev. 2025.

BRASIL. Câmara dos Deputados. Lei de Acesso à Informação: um direito do cidadão. (Eduardo Tramarim). Disponível em: https://www.camara.leg.br/radio/programas/378496-lei-de-acesso-a-informacao-um-direito-do-cidadao/. Acesso em: 18 fev. 2025.

BRASIL. Conselho Administrativo de Defesa Econômica. Guia. *Dosimetria de multas de cartel. Versão preliminar.* 2020. Disponível em: https://sei.cade.gov.br/sei/modulos/pesquisa/md_pesq_documento_consulta_externa.php?DZ2uWeaYicbuRZEFhBt-n3BfPLlu9u7akQAh8mpB9yPG_2

REFERÊNCIAS

gAhtQ8dnUey9IRSC3amaHsRg4s7GSz_LELWaZX5G7x31uYg6yZbntvg_2LOtq7VZv0FNaRr_ewiEOln3F8 Acesso em: 18 fev. 2025.

BRASIL. Decreto 6.514, de 22 de julho de 2008. *Dispõe sobre as infrações e sanções administrativas ao meio ambiente, estabelece o processo administrativo federal para apuração destas infrações, e dá outras providências.* Disponível em: http://www.planalto.gov.br/ccivil_03/_ato2007-2010/2008/decreto/d6514.htm Acesso em: 18 fev. 2025.

BRASIL. Lei 8.987, de 13 de fevereiro de 1995. *Dispõe sobre o regime de concessão e permissão da prestação de serviços públicos previsto no art. 175 da Constituição Federal, e dá outras providências.* Publicado no DOU de 14.2.1995 e republicado em 28.9.1998. Disponível em: http://www.planalto.gov.br/ccivil_03/leis/l8987cons.htm. Acesso em: 18 fev. 2025.

BRASIL. Lei 12.232, de 29 de abril de 2010. *Dispõe sobre as normas gerais para licitação e contratação pela administração pública de serviços de publicidade prestados por intermédio de agências de propaganda e dá outras providências.* Publicado no DOU de 30.4.2010. Disponível em: http://www.planalto.gov.br/ccivil_03/_ato2007-2010/2010/lei/l12232.htm. Acesso em: 18 fev. 2025.

BRASIL. Lei 12.527, de 18 de novembro de 2011. *Regula o acesso a informações previsto no inciso XXXIII do art. 5º, no inciso II do § 3º do art. 37 e no § 2º do art. 216 da Constituição Federal; altera a Lei 8.112, de 11 de dezembro de 1990; revoga a Lei 11.111, de 5 de maio de 2005, e dispositivos da Lei 8.159, de 8 de janeiro de 1991; e dá outras providências.* Publicado no DOU de 18.11.2011 – Edição extra. Disponível em: http://www.planalto.gov.br/ccivil_03/_ato2011-2014/2011/lei/l12527.htm. Acesso em: 18 fev. 2025.

BRASIL. Lei 12.965, de 23 de abril de 2014. *Estabelece princípios, garantias, direitos e deveres para o uso da Internet no Brasil.* Publicado no DOU de 24.4.2014. Disponível em: http://www.planalto.gov.br/ccivil_03/_ato2011-2014/2014/lei/l12965.htm. Acesso em: 18 fev. 2025.

BRASIL. Lei 13.303, de 30 de junho de 2016. *Dispõe sobre o estatuto jurídico da empresa pública, da sociedade de economia mista e de suas subsidiárias, no âmbito da União, dos Estados, do Distrito Federal e dos Municípios.* Publicado no DOU de 1º.7.2016. Disponível em: http://www.planalto.gov.br/ccivil_03/_ato2015-2018/2016/lei/l13303.htm. Acesso em: 18 fev. 2025.

BRASIL. Lei 13.334, de 13 de setembro de 2016. *Cria o Programa de Parcerias de Investimentos – PPI; altera a Lei 10.683, de 28 de maio de 2003, e dá outras providências.* Publicado no DOU de 13.9.2016 – Edição extra e retificado em 15.9.2016. Disponível em: http://www.planalto.gov.br/ccivil_03/_ato2015-2018/2016/lei/l13334.htm. Acesso em: 18 fev. 2025.

BRASIL. Lei 13.709, de 14 de agosto de 2018. *Lei Geral de Proteção de Dados Pessoais – LGPD.* Publicado no DOU de 15.8.2018. Disponível em: http://www.planalto.gov.br/ccivil_03/_Ato2015-2018/2018/Lei/L13709.htm. Acesso em: 18 fev. 2025.

BRASIL. Lei 13.853, de 8 de julho de 2019. *Altera a Lei 13.709, de 14 de agosto de 2018, para dispor sobre a proteção de dados pessoais e para criar a Autoridade Nacional de Proteção de Dados; e dá outras providências.* Publicado no DOU de 15.8.2018. Disponível em: http://www.planalto.gov.br/ccivil_03/_ato2019-2022/2019/lei/l13853.htm. Acesso em: 18 fev. 2025.

BRASIL. Lei Complementar 182, de 1º de junho de 2021. *Institui o marco legal das startups e do empreendedorismo inovador; e altera a Lei 6.404, de 15 de dezembro de 1976, e a Lei Complementar 123, de 14 de dezembro de 2006.* Publicada no DOU de 02.6.2021. Disponível em: https://www.planalto.gov.br/ccivil_03/leis/lcp/lcp182.htm. Acesso em: 18 fev. 2025.

BRASIL. Medida Provisória 869, de 27 de dezembro de 2018. *Altera a Lei 13.709, de 14 de agosto de 2018, para dispor sobre a proteção de dados pessoais e para criar a Autoridade Nacional de Proteção de Dados, e dá outras providências.* Publicado no DOU de 28.12.2018. Disponível em: http://www.planalto.gov.br/ccivil_03/_ato2015-2018/2018/Mpv/mpv869.htm. Acesso em: 18 fev. 2025.

BRASIL. Ministério da Fazenda. Conselho Nacional de Seguros Privados. Resolução CNSP n. 393, de 2020. *Dispõe sobre sanções administrativas no âmbito das atividades de seguro, cosseguro, resseguro, retrocessão, capitalização, previdência complementar aberta, de intermediação e auditoria independente; disciplina o inquérito administrativo, o termo de compromisso de ajustamento de conduta e o processo administrativo sancionador no âmbito da Superintendência de Seguros Privados – Susep das entidades autorreguladoras do mercado de corretagem e dá outras providências.* Disponível em: https://www2. susep.gov.br/safe/scripts/bnweb/bnmapi.exe?router=upload/9844. Acesso em: 18 fev. 2025.

BRASIL. Ministério da Justiça. Nota Conjunta 8/Senacon-Cade. *Análise sobre interface entre política de defesa do consumidor e defesa da concorrência.* Disponível em: http://www.justica.gov.br/seus-direitos/consumidor/notas-tecnicas/nota-tecnica-conjunta-no-08-senacon-e-cade.pdf. Acesso em: 18 fev. 2025.

BRASIL. Ministério do Planejamento, Orçamento e Gestão. *Guia de Interoperabilidade: Manual do Gestor / Ministério do Planejamento, Orçamento e Gestão.* – Brasília: MP, 2012.

BRASIL. Plataforma Participa+Brasil. *Regulamento de Dosimetria e Aplicação de Sanções Administrativas.* Brasília, 16 de agosto de 2022. Disponível em: https://www.gov.br/participamaisbrasil/regulamento-de-dosimetria-e-aplicacao-de-sancoes-administrativas. Acesso em: 18 fev. 2025.

BRASIL. Presidência da República. Casa Civil. *Manual de redação da Presidência da República.* Casa Civil, Subchefia de Assuntos Jurídicos; coordenação de Gilmar Ferreira Mendes, Nestor José Forster Júnior et al. 3. ed., rev., atual. e ampl. Brasília: Presidência da República, 2018.

BRASIL. Secretaria de Governo Digital. *Template preenchido – Relatório de Impacto à Proteção de Dados Pessoais (RIPD).* Brasília, DF: Governo Federal, 2024. Disponível em: https://www.gov. br/governodigital/pt-br/privacidade-e-seguranca/templates-e-ferramentas/estudo_template_ preenchido_ripd.pdf. Acesso em: 18 fev. 2025.

BRASIL. Secretaria Nacional do Consumidor. Portaria 7, de 5 de maio de 2016. *Disciplina a aplicação de sanções administrativas no âmbito da SENACON/UM.* Disponível em: https://www. defesadoconsumidor.gov.br/images/manuais/PORTARIA_N7-2016.pdf. Acesso em: 18 fev. 2025.

BRASIL. Supremo Tribunal Federal. *STF valida compartilhamento de dados mediante requisitos.* Brasília, DF, 15 set. 2022. Disponível em: https://portal.stf.jus.br/noticias/verNoticiaDetalhe. asp?idConteudo=494227&ori=1. Acesso em: 18 fev. 2025.

BRASIL. Supremo Tribunal Federal. *ADI 6387* – Ação direta de inconstitucionalidade. Requerente: Conselho Federal da Ordem dos Advogados do Brasil – CFOAB. Intimado: Presidente da República Relator: Min. Rosa Weber. Brasília, DF, 7 de maio de 2020. Disponível em http://portal.stf.jus.br/ processos/detalhe.asp?incidente=5895165. Acesso em: 18 fev. 2025.

BRASIL. Supremo Tribunal Federal. *ADI 6649* – Ação direta de inconstitucionalidade. Requerente: Conselho Federal da Ordem dos Advogados do Brasil – CFOAB. Intimado: Presidente da República Relator: Min. Gilmar Mendes. Brasília, DF, 15 de maio de 2022. Disponível em https://portal.stf. jus.br/processos/detalhe.asp?incidente=6079238. Acesso em: 18 fev. 2025.

BRASIL. Supremo Tribunal Federal. *Julgamento de ações sobre compartilhamento de dados continua nesta quinta-feira (15).* Disponível em: https://portal.stf.jus.br/noticias/verNoticiaDetalhe. asp?idConteudo=494130&ori=1 Acesso em: 18 fev. 2025.

BRASIL. Supremo Tribunal Federal. *Partidos contestam atos que restringem publicidade dos dados relativos à Covid-19.* 08/06/2020. Disponível em: http://stf.jus.br/portal/cms/verNoticiaDetalhe. asp?idConteudo=445045 Acesso em: 18 fev. 2025.

BRASIL. Supremo Tribunal Federal. *STF suspende compartilhamento de dados de usuários de telefônicas com IBGE.* 07/05/2020. Disponível em: http://www.stf.jus.br/portal/cms/verNoticiaDetalhe. asp?idConteudo=442902&caixaBusca=N. Acesso em: 18 fev. 2025.

REFERÊNCIAS

BRAUTIGAM, Tobias. The Land of Confusion: International Data Transfers between Schrems and the GDPR. In: BRAUTIGAM, Tobias; MIETTINEN, Samuli (Ed.). *Data Protection Privacy and the European Regulation in the Digital Age,* Helsinki: Unigrafia, 2016.

BRITO, Felipe; MACHADO, Javam. Preservação de Privacidade de Dados: Fundamentos, Técnicas e Aplicações. *Jornadas de Atualização em Informática.* Sociedade Brasileira de Computação – SBC, 2017.

BROWN, Ian; MARSDEN, Christopher T. *Regulating code:* Good governance and better regulation in the information age. Cambridge: The MIT Press, 2013.

BRUNO, Marcos Gomes da Silva. Capítulo VI: dos agentes de tratamento de dados pessoais. In: MALDONADO, Viviane Nóbrega; OPICE BLUM, Renato (Coord.). *LGPD*: Lei Geral de Proteção de Dados comentada. 2. ed. São Paulo: Thomson Reuters Brasil, 2019.

BRUTTI, Nicola. Le Figure Soggetive delineate dal GDPR: La novità del Data Protection Officer. In: TOSI, Emilio (a cura di). *Privacy Digitale*: riservatezza e protezione dei dati personali tra GDPR e nuovo Codice Privacy. Milão: Giuffrè, 2019.

BUCAR, Daniel, VIOLA, Mario. Tratamento de dados pessoais por legítimo interesse do controlador: primeiras questões e apontamentos. In: TEPEDINO, Gustavo; FRAZÃO, Ana; OLIVA, Milena Donato (Coord.). *Lei Geral de Proteção de Dados Pessoais e suas repercussões no direito brasileiro.* São Paulo: Thomson Reuters Brasil, 2019.

BUCCHERI, Salvatore Massimo. Privacy e Web. In: MAGLIO, Marco; POLINI, Mirian; TILLI, Nicola (a cura di). *Manuale di Diritto alla Protezione dei Dati Personali*: La Privacy Dopo il Regolamento EU 2016/679. Milão: Maggiole Editore, 2017.

BUCCI, Maria Paula Dallari. *Fundamentos para uma teoria jurídica das políticas públicas.* São Paulo: Saraiva Educação, 2017.

BUCCI, Maria Paula Dallari. Método e aplicações da abordagem Direito e Políticas Públicas (DPP). *REI – Revista Estudos Institucionais*, Rio de Janeiro, v. 5, n. 3, p. 791-832, 2019.

BUCCI. Maria Paula Dallari. *Políticas públicas*: reflexões sobre o conceito jurídico. São Paulo: Saraiva, 2006.

BUCHAIN, Luiz Carlos. A lei geral de proteção de dados: noções gerais. *Revista dos Tribunais,* São Paulo, v. 1010, p. 209/229, dez. 2019.

BUSATTA, Eduardo. *Dados pessoais e reparação civil.* Rio de Janeiro: Forense, 2024.

BUSATTA, Eduardo Luiz; LIMBERGER, Têmis. A essência do direito fundamental à proteção de dados pessoais. In: EHRHARDT JÚNIOR, Marcos; CATALAN, Marcos (coord.). *Dados pessoais e a proteção dos direitos da personalidade na era da inteligência artificial.* Belo Horizonte: Fórum, 2025.

BÜTHE, Tim; MATTLI, Walter. *The new global rulers.* Princeton: Princeton University Press, 2011.

CAIXA ECONÔMICA FEDERAL. Transparência. Disponível em: https://www.caixa.gov.br/acesso-a-informacao/Paginas/default.aspx. Acesso em: 18 fev. 2025.

CALABRESI, Guido. An introduction to legal thought: four approaches to law and to the allocation of body parts. *Stanford Law Review*, Stanford, v. 55, n. 6, p. 2113-2151, 2003.

CALAME, Pierre; TALMANT, André. *A questão do estado no coração do futuro.* Rio de Janeiro: Vozes, 2001.

CALDAS, Gabriela. O direito à explicação no Regulamento Geral sobre a Proteção de Dados. *Anuário da Proteção de Dados.* Lisboa, pp. 37-53, 2019. Disponível em: http://cedis.fd.unl.pt/wp-content/uploads/2019/06/ANUARIO-2019-Eletronico_compressed.pdf. Acesso em: 18 fev. 2025.

CALIARI, Juliano de Souza et al. Factors related to the perceived stigmatization of people living with HIV. *Revista da Escola de Enfermagem da USP*, São Paulo, v. 51, 2017.

COMENTÁRIOS À LEI GERAL DE PROTEÇÃO DE DADOS PESSOAIS (LEI 13.709/2018)

CAMPOS, Diogo Leite de. *Pessoa humana e direito*. Coimbra: Almedina, 2009.

CANALTECH. *O que é Big Data?* Disponível em: https://canaltech.com.br/big-data/o-que-e-big-data/. Acesso em: 18 fev. 2025.

CANARIS, Wilhelm Claus. *Pensamento sistemático e conceito de sistema na ciência do direito.* Tradução de A. Menezes Cordeiro. Lisboa: Fundação Calouste Gulbenkian, 1989.

CANOTILHO, José Joaquim Gomes. Civilização do direito constitucional ou constitucionalização do direito civil? A eficácia dos direitos fundamentais na ordem jurídico-civil. In: GRAU, Eros Roberto; GUERRA FILHO, Willis Santiago (Org). *Direito Constitucional*: estudos em homenagem a Paulo Bonavides. São Paulo: Malheiros, 2001.

CANOTILHO, José Joaquim Gomes. *Direito constitucional e teoria da Constituição.* 7. ed. Coimbra: Almedina, 2003.

CAPANEMA, Walter Aranha. A responsabilidade civil na Lei Geral de Proteção de Dados. *Cadernos Jurídicos*, São Paulo, ano 21, n. 53, p. 163-170, jan./mar. 2020.

CARDOSO, Raphael de Matos. O desembarque da privacidade e da intimidade na LGPD. In: DAL POZZO, Augusto Neves; MARTINS, Ricardo Marcondes (Coord.). *LGPD e administração pública*: uma análise ampla dos impactos. São Paulo: Thomson Reuters Brasil, 2020.

CARVALHO, Fernanda Potiguara. *Desafios da anonimização*: um framework dos requisitos e boas práticas para compliance à LGPD. São Paulo: Thomson Reuters Brasil, 2022.

CARVALHO FILHO, José dos Santos. *Manual de direito administrativo.* 16. ed. São Paulo: Lumen Juris, 2006.

CARVALHO FILHO, José dos Santos. *Manual de Direito Administrativo.* 32. ed. São Paulo: Gen Atlas, 2018.

CARVALHO FILHO, José dos Santos. *Manual de Direito Administrativo.* São Paulo: Atlas, 2016. *E-book.*

CASADO, Eduardo Gamero. Interoperabilidad y administración pública electrónica: conéctense, por favor. *Revista de Administración Pública*. Madrid, n. 179, pp. 291/332, maio/ago.2009.

CASEY, Bryan; FARHANGI, Ashkon; VOGL, Roland. Rethinking Explainable Machines: The GDPR's' Right to Explanation 'Debate and the Rise of Algorithmic Audits in Enterprise. *Berkeley Technology Law Journal*, Berkeley, v. 34, p. 143, 2019.

CASTELLS, Manuel. *O poder da comunicação.* Tradução de Vera Lúcia Mello Joscelyne. Rio de Janeiro: Paz e Terra, 2015.

CASTELLS, Manuel. *O poder da identidade.* Tradução de Klauss Brandini Gerhardt. 9. ed. São Paulo: Paz e Terra, 2018. Edição do Kindle.

CASTELLS, Manuel. *A Sociedade em Rede*: a era da informação – economia, sociedade e cultura. 4. ed. Lisboa: Fundação Calouste Gulbekian, 2011.

CASTELLS, Manuel. *Comunicación y Poder*. Traducción de María Hernández Díaz. Alianza Editorial: Madrid, 2009.

CASTELLS, Manuel. *The rise of the network society.* The information age: economy, society, and culture. v. 1. 2. ed. Oxford/West Sussex: Wiley-Blackwell, 2010.

CASTRO, Leandro Nunes de; FERRARI, Daniel Gomes. *Introdução à mineração de dados*: conceitos básicos, algoritmos e aplicações. São Paulo: Saraiva, 2016.

CASTRO, Rodrigo Pironti Aguirre de. A *due diligence* de integridade e o grau de risco de integridade como fatores limitadores do relacionamento público-privado: questões polêmicas em uma análise objetiva. In: ZENKNER, Marcelo; CASTRO, Rodrigo Pironti Aguirre de (Coord.). *Compliance no setor público.* Belo Horizonte: Fórum, 2020.

734

REFERÊNCIAS

CAVALIERI FILHO, Sérgio. *Programa de Responsabilidade Civil*. 9. ed. São Paulo: Atlas, 2010.

CAVOUKIAN, Ann. Privacy by design: the 7 foundational principles. Publicação de *Information and Privacy Commissioner of Ontario*. Publicado em agosto de 2009. Revisado em janeiro de 2011. Disponível em: https://www.ipc.on.ca/wp-content/uploads/Resources/7foundationalprinciples.pdf. Acesso em: 18 fev. 2025.

CAVOUKIAN, Ann. Privacy by design [leading edge]. *IEEE Technology and Society Magazine*, [S.l], v. 31, n. 4, p. 18-19, 2012.

CEROY, Frederico Meinberg. Os Dados Pessoais Sensíveis no Ordenamento Jurídico Brasileiro. *Brasil, País Digital*. 21 nov. 2017. Disponível em: https://brasilpaisdigital.com.br/os-dados-pessoais-sensiveis-no-ordenamento-juridico-brasileiro. Acesso em: 18 fev. 2025.

CHAVES, Luís Fernando Prado. Bélgica: Empresa é multada por ter nomeado head de compliance, auditoria e riscos como DPO. *Migalhas de Peso*, 04 jun. 2020. Disponível em: https://s.migalhas.com.br/S/BC9333 Acesso em: 18 fev. 2025.

CHAVES, Luís Fernando Prado. O DPO ou encarregado de dados pode acumular funções dentro de uma empresa? *O Consumerista*, maio de 2021. Disponível em: https://www.oconsumerista.com.br/2020/05/dpo-acumular-cargos-empresa/. Acesso em: 18 fev. 2025.

CHEN, Pei-yu; HITT, Lorin. *Information technology and switching costs*. Disponível em: http://citeseerx.ist.psu.edu/viewdoc/download?doi=10.1.1.458.1995&rep=rep1&type=pdf. Acesso em: 18 fev. 2025.

CHINELLATO, Silmara Juny de Abreu. Da responsabilidade civil no Código de 2002. Aspectos fundamentais. Tendências do direito contemporâneo. In: TEPEDINO, Gustavo; FACHIN, Luiz Edson (Coord.). *O Direito e o Tempo*: embates jurídicos e utopias contemporâneas. Estudos em homenagem ao professor Ricardo Pereira Lira. Rio de Janeiro: Renovar, 2008.

CHINELLATO, Silmara Juny de Abreu; MORATO, Antonio Carlos. Direitos básicos de proteção de dados pessoais, o princípio da transparência e a proteção dos direitos intelectuais. In: MENDES, Laura Schertel; DONEDA, Danilo; SARLET, Ingo Wolfgang; RODRIGUES JR., Otavio Luiz; BIONI, Bruno Ricardo (Coord.). *Tratado de proteção de dados pessoais*. Rio de Janeiro: Forense, 2020.

CINQUENTA anos de jurisprudência do Tribunal Constitucional alemão. Berlin: Fundação Konrad-Adenauer, c2005. Disponível em: http://mpf.mp.br/atuacao-tematica/sci/jurisprudencias-e-pareceres/jurisprudencias/docs-jurisprudencias/50_anos_dejurisprudencia_do_tribunal_constitucional_federal_alemao.pdf. Acesso em: 18 fev. 2025.

CLARKE, Roger A. Information technology and dataveillance. *Communications of the ACM*, Nova York, v. 31, n. 5, p. 498-512, maio 1988.

COELHO, Alexandre Zavaglia; BATISTA, Cynara de Souza. Deisgn de serviços jurídicos. In: FALEIROS JÚNIOR, José Luiz de Moura; CALAZA, Tales (Coord.). *Legal design*: teoria e prática. Indaiatuba: Foco, 2021.

COLESKY, Michael; HOEPMAN, Jaap-Henk; HILLEN, Christiaan. A critical analysis of privacy design strategies. In: *2016 IEEE Security and Privacy Workshops (SPW)*. IEEE, 2016.

COLIN, Tapper. New European Directions in Data Protection. *Journal of Law and Information Science*, [S.l], v. 3, no. 1, 1992.

COLOMBO, Cristiano; ENGELMANN, Wilson. Inteligência artificial em favor da saúde: proteção de dados pessoais e critérios de tratamento em tempos de pandemia. In: PINTO, Henrique Alves; GUEDES, Jefferson Carús; CÉSAR, Joaquim Portes de Cerqueira. (Orgs.). *Inteligência artificial aplicada ao processo de tomada de decisões*. Belo Horizonte: D'Plácido, 2020, v. 1.

COLOMBO, Cristiano; FACCHINI NETO, Eugênio. Violação dos direitos de personalidade no meio ambiente digital: a influência da jurisprudência europeia na fixação da jurisdição/competência dos tribunais brasileiros. *Civilistica.com*, Rio de Janeiro, v. 8, n. 1, 2019. Disponível em: http://civilistica.com/violacao-dos-direitos-de-personalidade/. Data de acesso: 18 fev. 2025.

COLOMBO, Cristiano; FACCHINI NETO, Eugênio. Ciberespaço e conteúdo ofensivo gerado por terceiros: a proteção dos direitos de personalidade e a responsabilização civil dos provedores de aplicação, à luz da jurisprudência do Superior Tribunal de Justiça. *Revista Brasileira de Políticas Públicas*, Brasília, v. 7, n. 3, 2017, p. 216-237. Disponível em: https://www.publicacoesacademicas.uniceub.br/RBPP/article/view/4910. Data de acesso: 18 fev. 2025.

COLOMBO, Cristiano; GOULART, Guilherme Damasio. Direito póstumo à portabilidade de dados pessoais no ciberespaço à luz do Direito brasileiro. In: POLIDO, Fabrício; ANJOS, Lucas; BRANDÃO, Luíza (Org.). *Políticas, Internet e Sociedade*. Belo Horizonte: Iris, 2019.

COLOMBO, Cristiano; GOULART, Guilherme Damasio. Direito póstumo à portabilidade de dados pessoais no ciberespaço à luz do Direito brasileiro. *In*: FLORES, Alfredo de Jesus Dal Molin. (Org.). *Perspectivas do discurso jurídico*: revolução digital e sociedade globalizada. Rio Grande: Editora da Furg, 2020. v. 1.

COLOMBO, Cristiano; GOULART, Guilherme Damásio. Hipervulnerabilidade do consumidor no ciberespaço e o tratamento dos dados pessoais à luz da lei geral de proteção de dados. In: *Congreso Iberoamericano de Investigadores y Docentes de Derecho e Informatica*, Montevidéu, 2019.

COLOMBO, Cristiano; GOULART, Guilherme Damasio. Inteligência artificial aplicada a perfis e publicidade comportamental: proteção de dados pessoais e novas posturas em matéria de discriminação abusiva. In: PINTO, Henrique Alves; GUEDES, Jefferson Carús; CÉSAR, Joaquim Portes de Cerqueira (Coord.). *Inteligência Artificial aplicada ao processo de tomada de decisões*. Belo Horizonte: D'Plácido, 2020.

COMISSÃO EUROPEIA, Decisão da Comissão de 15 de Junho de 2001 relativa às cláusulas contratuais-tipo aplicáveis à transferência de dados pessoais para países terceiros, nos termos da Directiva 95/46/CE. [notificada com o número C(2001) 1539] (Texto relevante para efeitos do EEE) (2001/497/CE). Disponível em: https://eur-lex.europa.eu/legal-content/PT/TXT/PDF/?uri=CELEX:32001D0497&from=en. Acesso em: 18 fev. 2025.

COMISSÃO EUROPEIA, Decisão da Comissão de 27 de Dezembro de 2004 que altera a Decisão 2001/497/CE no que se refere à introdução de um conjunto alternativo de cláusulas contratuais típicas aplicáveis à transferência de dados pessoais para países terceiros [notificada com o número C(2004) 5271] (Texto relevante para efeitos do EEE) (2004/915/CE). Disponível em: https://eur-lex.europa.eu/legal-content/PT/TXT/PDF/?uri=CELEX:32004D0915&from=EN. Acesso em: 18 fev. 2025.

COMITÉ EUROPEU PARA A PROTEÇÃO DE DADOS. *Diretrizes 1/2019 relativas aos Códigos de Conduta e aos Organismos de Supervisão ao abrigo do Regulamento (UE) 2016/679*, p. 7. Disponível em: https://edpb.europa.eu/sites/edpb/files/files/file1/edpb_guidelines_201901_v2.0_codesofconduct_pt.pdf. Acesso em: 18 fev. 2025.

COMMITTEE OF SPONSORING ORGANIZATIONS OF THE TREADWAY COMMISSION. *COSO Internal Control* – Integrated Framework Principles. Committee of Sponsoring Organizations of the Treadway Commission, 2013. Disponível em: https://www.coso.org/Documents/COSO-ICIF-11x17-Cube-Graphic.pdf . Acesso em: 18 fev. 2025.

COMPAGNUCCI, Marcelo Corrales; HAAPIO, Helena; FENWICK, Mark. The many layers and dimensions of contract design. In: COMPAGNUCCI, Marcelo Corrales; HAAPIO, Helena; FENWICK, Mark (Ed.). *Research Handbook on Contract Design*. Cheltenham: Edward Elgar, 2022.

CONFEDERAÇÃO NACIONAL DE SAÚDE. *Código de Boas Práticas: Proteção de Dados para Prestadores Privados de Serviços em Saúde*. Disponível em: http://cnsaude.org.br/baixe-aqui-o-codigo-de-boas-praticas-protecao-de-dados-para-prestadores-privados-de-saude/ Acesso em: 18 fev. 2025.

REFERÊNCIAS

CONFEDERAÇÃO NACIONAL DAS EMPRESAS DE SEGUROS GERAIS, PREVIDÊNCIA PRIVADA E VIDA, SAÚDE SUPLEMENTAR E CAPITALIZAÇÃO. *Guia de boas práticas do mercado segurador brasileiro sobre a proteção de dados pessoais*. 2019. Disponível em: https://cnseg.org.br/data/files/A6/25/A2/F2/9B22571029E24F473A8AA8A8/GBPMS_ONLINE_ok.pdf. Acesso em: 18 fev. 2025.

CONI JUNIOR, Vicente Vasconcelos; PAMPLONA FILHO, Rodolfo. Direitos fundamentais e a era digital. *Revista dos Tribunais*, São Paulo, v. 979, p. 245-276, maio 2017.

CONRADO, Regis da Silva. *Serviços públicos à brasileira*: fundamentos jurídicos, definição e aplicação. São Paulo: Saraiva, 2013.

CONWAY, Carol Elizabeth. Concorrência: a Lei 12.529/2011 e os e-mercados. In: CARVALHO, Vinicius, Marques. *A Lei 12.529/2011 e a nova política de defesa da concorrência*. São Paulo: Singular, 2015.

COPPEL, Philip. Information rights. 5. ed. Oxford: Hart Publishing, 2020.

CORDEIRO, A. Barreto Menezes. *Direito da Proteção de Dados*: à luz do RGPD e da lei n. 58/2019. Coimbra: Almedina, 2020.

CORDEIRO, António Barreto Menezes. Repercussões do RGPD sobre a responsabilidade civil. In: TEPEDINO, Gustavo; FRAZÃO, Ana; OLIVA, Milena Donato (Coord.). *Lei geral de proteção de dados pessoais e suas repercussões no direito brasileiro*. São Paulo: Thomson Reuters Brasil, 2019.

CORTE DI GIUSTIZIA DELL'UNIONE EUROPEA. *Ryanair v. PR Aviation BV*, 15 gennaio 2015, C-30/14, disponível em http://curia.europa.eu/juris/document/document.jsf?docid=161388&doclang=IT. Acesso em 18 fev. 2025.

COSTA, Pietro. O Estado de Direito: uma introdução histórica. In: COSTA, Pietro; ZOLO, Danilo (Orgs.). *O Estado de Direito*: história, teoria. Tradução de Carlos Alberto Dastoli. São Paulo: Martins Fontes, 2006.

COSTA, Ramon. Personalidade Hackeada: considerações sobre proteção de dados pessoais sensíveis, vigilância digital e discriminação. In: TEFFÉ, Chiara Spadaccini de; BRANCO, Sérgio (Coords.). *Proteção de dados e tecnologia*: estudos da pós-graduação em Direito Digital. Rio de Janeiro: Instituto de Tecnologia e Sociedade do Rio de Janeiro; ITS/Obliq, 2022.

COTS, Márcio; OLIVEIRA, Ricardo. *Lei Geral de Proteção de Dados Pessoais comentada*. São Paulo: Thomson Reuters Brasil, 2018.

COTS, Márcio; OLIVEIRA, Ricardo. *Lei Geral de Proteção de Dados Pessoais comentada*. 2. ed. São Paulo: Thomson Reuters Brasil, 2019.

COUTO E SILVA, Almiro do. Os indivíduos e o Estado na realização das tarefas públicas. *Revista da Procuradoria Geral do Estado do Rio Grande do Sul*, Porto Alegre, Cadernos de Direito Público, n. 57, p. 179-206, dez. 2003.

COUTO E SILVA, Almiro do. Privatização no Brasil e o novo exercício de funções públicas por particulares. Serviço público 'à brasileira'. *Revista de Direito Administrativo*, Rio de Janeiro, n. 230, pp. 45/74, out./dez. 2002.

CRAVO, Daniela Copetti. A observância do segredo de empresa na portabilidade de dados. In: CRAVO, Daniela Copetti; KESSLER, Daniela Seadi; DRESCH, Rafael de Freitas Valle. *Direito à Portabilidade na Lei Geral de Proteção de Dados*. Indaiatuba: Foco, 2020.

CRAVO, Daniela Copetti. Direitos do Titular dos Dados no Poder Público: Análise da Portabilidade de Dados. *Revista da ESDM*, Porto Alegre, v. 6, p. 51-61, 2020.

CRAVO, Daniela Copetti. Portabilidade de Dados como um Remédio Antitruste. *Revista do IBRAC*, São Paulo, v. 1, p. 145-164, 2020.

CRAVO, Daniela Copetti.; KESSLER, Daniela Seadi; DRESCH, Rafael de Freitas Valle. Responsabilidade Civil na Portabilidade de Dados. In: MARTINS, Guilherme Magalhães; ROSENVALD, Nelson (Coord.). *Responsabilidade civil e novas tecnologias*. Indaiatuba: Foco, 2020.

CRISTÓVAM, José Sérgio da Silva; BERGAMINI, José Carlos Loitey. Governança corporativa na Lei das Estatais: aspectos destacados sobre transparência, gestão de riscos e compliance. *Revista de Direito Administrativo*, Rio de Janeiro, v. 278, n. 2, pp. 179-210, 2019.

CRISTÓVAM, José Sérgio da Silva; GONDIM, Liliane Sonsol; SOUSA, Thanderson Pereira de. Análise de Impacto Regulatório (AIR) e participação social no Brasil. *Revista Justiça do Direito*, Passo Fundo, v. 34, n. 2, pp. 351-370, ago. 2020.

CRISTÓVAM, José Sérgio da Silva; HAHN, Tatiana Meinhart. A transparência no tratamento de dados pessoais pela Administração Pública: o lapidário e o diamante bruto. In: CRISTÓVAM, José Sérgio da Silva; GONZÁLEZ SANMIGUEL, Nancy Nelly; SOUSA, Thanderson Pereira de (Coord.). *Direito administrativo contemporâneo*: diálogos Brasil e México. Florianópolis: Habitus, 2020.

CRISTÓVAM, José Sérgio da Silva; HAHN, Tatiana Meinhart. Administração pública orientada por dados: governo aberto e infraestrutura nacional de dados abertos. *Revista de Direito Administrativo e Gestão Pública*, [S.l] v. 6, n. 1, pp. 1-24, jan./jun. 2020. Disponível em: https://www.indexlaw.org/index.php/rdagp/article/view/6388/pdf. Acesso em: 18 fev. 2025.

CRISTÓVAM, José Sérgio da Silva; HAHN, Tatiana Meinhart. Autoridade Nacional de Proteção de dados: natureza jurídica, consequências práticas, aspectos organizacionais e o Decreto 10.474/2020. *In*: MARTINS, Guilherme Magalhães; LONGHI, João Victor Rozatti; FALEIROS JÚNIOR, José Luiz de Moura (Coord.). *Comentários à Lei Geral de Proteção de Dados Pessoais*. Indaiatuba: Editora Foco, 2022, p. 577-601.

CSERES, Kati J. The impact of consumer protection on competition and competition law the case of deregulated markets. *Amsterdam Center for Law & Economics Working Paper*, n. 05, 2006.

CUATROCASAS. Propriedad Intelectual. Disponível em: https://blog.cuatrocasas.com/propriedad-intelectual/convenio-108-datos/ Acesso em: 18 fev. 2025.

CUÉLLAR, Leila. *As agências reguladoras e seu poder normativo*. São Paulo: Dialética, 2001.

CUNHA, Bruno Queiroz; GOMIDE, Alexandre de Ávila; KARAM, Ricardo Antônio de Souza. Governança e Capacidade Regulatória: notas de pesquisa. *Boletim de análise político-institucional*, [S.l], n. 10, jul.-dec., 2016.

CUNHA, Daniel Alves da; HIERRO, Ana; SILVA, Diogo Rodrigues. *Guia do processo de adequação ao Regulamento Geral de Proteção de Dados*: Implementação e Auditoria. Coimbra: Almedina, 2020.

CUNHA, Leonardo Caneiro da. *A Fazenda Pública em juízo*. 15. ed. Rio de Janeiro: Forense, 2018.

CUNTO, Raphael; GALIMBERTI, Larissa; LEONARDI, Marcel. Direitos dos titulares de dados pessoais. In: BRANCHER, Paulo Marcos Rodrigues; BEPPU, Ana Claudia (Coord.). *Proteção de Dados Pessoais no Brasil*: Uma nova visão a partir da Lei n. 13.709/2018. Belo Horizonte: Fórum, 2019.

D'ACQUISTO, Giuseppe; NALDI, Maurizio. *Big Data e Privacy by Design*: Anonimizzazione e Pseudonimizzazione Sicurezza. Collana direta da Franco Pizzetti: I diritti nella 'rete' della Rete. Turim: Giappichelli 2017.

DALLARI, Analluza Bolivar; MONACO; Gustavo Ferraz de Campos (Coord.). *LGPD na saúde*. São Paulo: Revista dos Tribunais, 2021.

DALLARI, Dalmo de Abreu. *Elementos de teoria geral do Estado*. São Paulo: Saraiva, 1972.

DAMA INTERNATIONAL. *DAMA-DMBOK*: Data Management Body of Knowledge. 2 ed. Bradley Beach/NJ, EUA: Technics Publications, 2017.

REFERÊNCIAS

DANAHER, John, Freedom in an age of Algocracy. In: VALLOR, Shannon (Ed.). *The Oxford Handbook of Philosophy of Technology*. Oxford: Oxford University Press, 2020.

DANAHER, John. The threat of algocracy: Reality, resistance and accommodation. *Philosophy & Technology*, [S.l], v. 29, n. 3, p. 245-268, 2016.

DANTAS, San Tiago. *Programa de Direito Civil*: Parte Geral. Rio de Janeiro: Rio, 1977.

DANTAS, San Tiago. *Programa de Direito Civil*: aulas proferidas na Faculdade Nacional de Direito. Parte Geral. Rio de Janeiro: Editora Rio, 1979.

DANTAS BISNETO, Cícero. Reparação por danos morais pela violação à LGPD e ao RGPD: uma abordagem de direito comparado, *Civilistica.com*, Rio de Janeiro, a. 9, n. 3, 2020.

DANTAS BISNETO, Cícero; SANTOS, Romualdo Baptista; CAVET, Caroline Amadori. Responsabilidade civil do Estado e pandemia da COVID-19. *Revista IBERC*, Belo Horizonte, v. 3, n. 2, p. 71-92, 2020.

DATATILSYNET. Exclusão. *Exclusão de dados pessoais*. Disponível em: https://datatilsynet.dk/emner/persondatasikkerhed/sletning/. Acesso em: 18 fev. 2025.

DAVIS, Kevin E.; KINGSBURY, Benedict; MERRY, Sally Engle. Indicators as a technology of global governance. *Law & Society Review*, [S.l], v. 46, n. 1, p. 71-104, 2012.

DE CUPIS, Adriano. *El daño*. Teoría general de la responsabilidad civil. 2. Ed. Tradução de Angel Martínez Sarrión. Barcelona: Bosch, 1975.

DE HERT, Paul; PAPAKONSTANTINOU, Vagelis; MALGIERI, Gianclaudio; BESLAY, Laurent; SANCHEZ, Ignacio. The Right to Data Portability in the GDPR: Towards User-Centric Interoperability of Digital Services. *Computer Law & Security Review*, Londres, v. 34, n. 2, p. 193-203, 2018.

DE LA QUADRA-SALCEDO, Tomás. El servicio público registral entre la privacidad y la publicidad. In: Sosa Wagner, Francisco (Coord.). *El derecho Administrativo en el umbral del Siglo XXI*. Homenaje al profesor Martín Mateo. Valencia: Tirant lo Blanch, 2000

DE LUCCA, Newton. *Aspectos jurídicos da contratação informática e telemática*. São Paulo: Saraiva, 2003.

DE LUCCA, Newton; LIMA, Cíntia Rosa Pereira de. Autoridade Nacional de Proteção de Dados (ANPD) e Conselho Nacional de Proteção de Dados Pessoais e da Privacidade. *In*: LIMA, Cíntia Rosa Pereira de (Coord.) *Comentários à Lei Geral de Proteção de Dados*. São Paulo: Almedina, 2020.

DECISÃO DE EXECUÇÃO DA COMISSÃO, de 21 de agosto de 2012, nos termos da Diretiva 95/46/CE do Parlamento Europeu e do Conselho relativa à adequação do nível de proteção de dados pessoais pela República Oriental do Uruguai no que se refere ao tratamento automatizado de dados [notificada com o número C(2012) 5704]. (Texto relevante para efeitos do EEE) (2012/484/Ver). Disponível em: https://eur-lex.europa.eu/legal-content/PT/TXT/HTML/?uri=CELEX:32012D0484&from=PT. Acesso em: 18 fev. 2025.

DI MAJO, Adolfo. Clausole generali e diritto delle obbligazioni. Rivista Critica de Diritto Privato, [S.l], ano II, n. 3, p. 539-571, set. 1984.

DI PIETRO, Maria Sylvia Zanella. *Direito Administrativo*. 25. ed. São Paulo: Atlas, 2012.

DI PIETRO, Maria Sylvia Zanella. *Direito Administrativo*. 31. ed. São Paulo: Gen Forense, 2018.

DIAS, José de Aguiar. Responsabilidade civil do Estado. *Revista de Direito Administrativo*, Rio de Janeiro, v. 11, p. 19-33, 1948.

DILL, Amanda Lemos. A delimitação dogmática do legítimo interesse para tratamento de dados pessoais: as bases para a futura concreção. In: MENKE, Fabiano; DRESCH, Rafael de Freitas Valle (Coord.). *Lei Geral de Proteção de Dados*. Aspectos relevantes. Indaiatuba: Foco, 2021.

DIUK, Carlos. *The formation of love*. Facebook data science. [S. l.], 14 fev. 2014. Disponível em: https://www.facebook.com/notes/facebook-data-science/the-formation-of-love/10152064609253859 Acesso em: 18 fev. 2025.

DOLINGER, Jacob; TIBÚRCIO, Carmen. *Direito Internacional Privado*. 12. edverev. Atual. Ampl., Rio de Janeiro: Forense, 2016.

DONEDA, Danilo. *A proteção de dados pessoais nas relações de consumo*: para além da informação creditícia. Escola Nacional de Defesa do Consumidor. Brasília: SDE/DPDC, 2010.

DONEDA, Danilo. *Da privacidade à proteção de dados pessoais*: fundamentos da Lei Geral de Proteção de Dados. 2. ed. São Paulo: Thomson Reuters Brasil, 2019.

DONEDA, Danilo. O direito fundamental à proteção de dados pessoais. *In*: MARTINS, Guilherme Magalhães; LONGHI, João Victor Rozatti (Coord.). *Direito digital*: direito privado e Internet. 3. ed. Indaiatuba: Foco, 2020.

DONEDA, Danilo. Rumo à Autoridade Nacional de Proteção de Dados. *In*: DE LUCCA, Newton; SIMÃO FILHO, Adalberto; LIMA, Cíntia Rosa Pereira de; MACIEL, Renata Mota (Coord.). *Direito & Internet IV*: sistema de proteção de dados pessoais. São Paulo: Quartier Latin, 2019.

DONEDA, Danilo. Um código para a proteção de dados pessoais na Itália. *Revista Trimestral de Direito Civil*, Rio de Janeiro, ano 4, n. 16, out./dez. 2003.

DONEDA, Danilo; ALMEIDA, Virgílio A. F. What is algorithm governance? *IEEE Internet Computing*, [S.l], p. 60-63, jul./ago. 2016

DONEDA, Danilo; MONTEIRO, Marília. Acesso à informação e privacidade no caso da Universidade Federal de Santa Maria. *Jota*. 2 jul. 2015. Disponível em: https://www.jota.info/opiniao-e-analise/artigos/acesso-a-informacao-e-privacidade-no-caso-da-universidade-federal-de-santa-maria-02072015. Acesso em: 18 fev. 2025.

DOTTI, René Ariel. Tutela jurídica da privacidade. In: *Estudos jurídicos em homenagem aos Professor Washington de Barros Monteiro*. São Paulo: Saraiva, 1982.

DRECHSLER, Laura, Practical Challenges to the Right to Data Portability in the Collaborative Economy. *Proceedings of t*[he] *14th International Conference on Internet, Law & Politics*. Universitat Oberta de Catalunya, Barcelona, 21-22 June, 2018, p. 12.

DRESCH, Rafael de Freitas Valle. *Fundamentos da responsabilidade civil pelo fato do produto e do serviço*: um debate jurídico-filosófico entre o formalismo e o funcionalismo no Direito Privado. Porto Alegre: Livraria do Advogado Editora, 2009.

DRESCH, Rafael de Freitas Valle. A especial responsabilidade civil na Lei Geral de Proteção de Dados. *Migalhas de Responsabilidade Civil*, 02 de julho de 2020. Disponível em: https://www.migalhas.com.br/coluna/migalhas-de-responsabilidade-civil/330019/a-especial-responsabilidade-civil-na-lei-geral-de-protecao-de-dados. Acesso em: 18 fev. 2025.

DRESCH, Rafael de Freitas Valle; FALEIROS JÚNIOR, José Luiz de Moura. Special strict civil liability in Brazil's General Data Protection Law. *Brazilian Journal of Law, Technology and Innovation*, Belo Horizonte, v. 2, n. 2, p. 98-128, jul./dez. 2024.

DRESCH, Rafael de Freitas Valle; FALEIROS JÚNIOR, José Luiz de Moura. Reflexões sobre a responsabilidade civil na Lei Geral de Proteção de Dados (Lei 13.709/2018). *In*: ROSENVALD, Nelson; DRESCH, Rafael de Freitas Valle; WESENDONCK, Tula (Coord.). *Responsabilidade civil*: novos riscos. Indaiatuba: Foco, 2019.

DUARTE, Diogo Pereira; GUSEINOV, Alexandra. *O direito de portabilidade de dados pessoais*. In: CORDEIRO, Antônio Menezes; OLIVEIRA, Ana Perestrelo; DUARTE, Diogo Pereira Duarte (Coord.). *FinTechII*: Novos estudos sobre tecnologia financeira. Coimbra: Almedina, 2019.

REFERÊNCIAS

DUHIGG, Charles. How companies learn your secrets. *The New York Times*. 26 fev. 2012. Disponível em: https://www.nytimes.com/2012/02/19/magazine/shopping-habits.html?pagewanted=1&_r=1&hp Acesso em: 18 fev. 2025.

DZHAIN, Nikita. *Impact of switching costs and network effects on adoption of mobile platforms*. Dissertação (Mestrado em Sistemas da Informação). Aalto University School of Business, Helsinque, Finlândia, 2014.

EGGERS, Dave. *The Circle*. Nova York: Knopf/Doubleday, 2013.

EHRHARDT JÚNIOR, Marcos; FALEIROS JÚNIOR, José Luiz de Moura. Reflexões sobre os impactos da Lei Geral de Proteção de Dados Pessoais para o Sistema S, Organizações Sociais e OSCIPs: compartilhamento de dados, governança e a exigência do encarregado. *In*: PIRONTI, Rodrigo (Coord.). *Lei Geral de Proteção de Dados no setor público*. Belo Horizonte: Fórum, 2021.

ELY, John Hart. *Democracy and distrust*: a theory of judicial review. Cambridge: Harvard University Press, 1980.

ENGELS, Barbara. Data portability among online platforms. *Internet Policy Review: Journal on Internet Regulation*, Berlim, v. 5, n. 2, p. 1-17, jun. 2016.

ESPANHA. Agencia Española de Protección de Datos. *Transparencia y Protección de Datos Personales*. Disponível em: http://www.aepd/es/guias-y-herramientas/guias/transparencia-y-protección-de-datos-personales. Acesso em: 18 fev. 2025.

ESPANHA. Lei 19, 10 de dezembro de 2013. Lei de Acesso à Informação espanhola. Disponível em: https://www.boe.es/eli/es/l/2013/12/09/19. Acesso em: 18 fev. 2025.

ESPANHA. Decisión 2004/387/CE del Parlamento Europeo Y del Consejo, de 21 de abril de 2004, relativa a la prestación interoperable de servicios paneuropeos de administración electrónica al sector público, las empresas y los ciudadanos (IDABC). Disponível em: https://boe.es/buscar/doc.php?id=DOUE-L-2004-81420. Acesso em: 18 fev. 2025.

ESTADOS UNIDOS DA AMÉRICA. Califórnia. California Consumer Privacy Act of 2018 [1798.100 – 1798.199]. Disponível em http://leginfo.legislature.ca.gov/faces/codes_displayText.xhtml?division=3.&part=4.&lawCode=CIV&title=1.81.5. Acesso em: 18 fev. 2025.

ESTADOS UNIDOS DA AMÉRICA. Sarbanes-Oxley Act of 2002. *Public Law 107-204*. Approved on July 30th, 2002, as amended through Public Law 112-106, enacted on April 5th, 2012. Disponível em: https://www.govinfo.gov/content/pkg/COMPS-1883/pdf/COMPS-1883.pdf Acesso em: 18 fev. 2025.

EUBANKS, Virginia. *Automating inequality*: how high-tech tools profile, police, and punish the poor. New York: St Martin's Press, 2017.

EURICH, Markus; BURTSCHER, Michael. *The business-to-consumer lock-in effect*. Cambridge: University of Cambridge, 2014.

EUROPA. *Convenção Europeia dos Direitos do Homem*. Disponível em: https://www.echr.coe.int/Documents/Convention_POR.pdf. Acesso em: 18 fev. 2025.

EUROPA. Council of Europe. *Convention for the Protection of Individuals with Regard to Automatic Processing of Personal Data*. 1981. Disponível em: https://rm.coe.int/CoERMPublicCommonSearchServices/DisplayDCTMContent?documentId=0900001680078b37. Acesso em: 18 fev. 2025.

EUROPEAN BANKING FEDERATION. Comments to the working party 29 guidelines on the right to data portability. Disponível em: https://www.ebf.eu/wp-content/uploads/2017/04/EBF_025448E-EBF-Comments-to-the-WP-29-Guidelines_Right-of-data-portabi.._.pdf Acesso em: 18 fev. 2025.

EUROPEAN COMMISSION. *A European strategy for data*. Disponível em: https://ec.europa.eu/info/sites/info/files/communication-european-strategy-data-19feb2020_en.pdf Acesso em: 18 fev. 2025.

COMENTÁRIOS À LEI GERAL DE PROTEÇÃO DE DADOS PESSOAIS (LEI 13.709/2018)

EUROPEAN COMMISSION. *Commission staff working document*. Accompanying the document: Communication from the commission to the European parliament and the council. Data protection as a pillar of citizens' empowerment and the EU's approach to the digital transition – two years of application of the General Data Protection Regulation, p. 11. Disponível em: https://ec.europa.eu/info/sites/info/files/1_en_swd_part1_v6.pdf. Acesso em: 18 fev. 2025.

EUROPEAN COMISSION. *Communication from the commission to the European Parliament and the council. Exchanging and Protecting Personal Data in a Globalised World*. Bruxelas, 2017. Disponível em: https://eur-lex.europa.eu/legal-content/EN/TXT/?uri=COM%3A2017%3A7%3AFIN. Acesso em: 18 fev. 2025.

EUROPEAN COMISSION. DSM cloud stakeholder working groups on cloud switching and cloud security certification. Disponível em: https://ec.europa.eu/digital-single-market/en/dsmcloud-stakeholder-working-groups-cloud-switching-and-cloud-security-certification. Acesso em: 18 fev. 2025.

EUROPEAN COMISSION. *Regulamento 2020/0340 (COD)*. Regulamento do Parlamento Europeu e do Conselho relativo à governação de dados (Regulamento Governação de Dados). Bruxelas, 25 nov. 2020. Disponível em: https://eur-lex.europa.eu/legal-content/PT/TXT/HTML/?uri=CELEX:52020PC0767&from=EN. Acesso em: 18 fev. 2025.

EUROPEAN COMISSION. *Regulation 2020/0374(COD)*. Regulation of the European Parliament and of the Council on contestable and fair markets in the digital sector (Digital Markets Act). Brussels, 15 dez. 2020. Disponível em: https://eur-lex.europa.eu/legal-content/en/TXT/?qid=1608116887159&uri=COM%3A2020%3A842%3AFIN. Acesso em: 18 fev. 2025.

EUROPEAN COMISSION. *Regulamento 2020/0340 (COD)*. Regulamento do Parlamento Europeu e do Conselho relativo à governação de dados (Regulamento Governação de Dados). Bruxelas, 25 nov. 2020. Disponível em: https://eur-lex.europa.eu/legal-content/PT/TXT/HTML/?uri=CELEX:52020PC0767&from=EN Acesso em: 18 fev. 2025.

EUROPEAN DATA PROTECTION BOARD. *Diretrizes 05/2020 relativas ao consentimento na aceção do Regulamento 2016/679*. Versão 1.1. Adotada em 4 de maio de 2020. p.08. Disponível em: https://edpb.europa.eu/our-work-tools/our-documents/guidelines/guidelines-052020-consent-under-regulation-2016679_en Acesso em: 18 fev. 2025.

EUROPEAN DATA PROTECTION BOARD. *Endorsement 1/2018*. Disponível em: https://edpb.europa.eu/sites/edpb/files/files/news/endorsement_of_wp29_documents_en_0.pdf. Acesso em: 18 fev. 2025.

EUROPEAN COMMISSION. *GDPR Data Portability and Core Vocabularies*, 2018. Disponível em: https://joinup.ec.europa.eu/sites/default/files/document/2018-11/ISA2%20Study_GDPR%20Data%20Portability%20and%20Core%20Vocabularies_November%202018_1.pdf. Acesso em: 18 fev. 2025.

EUROPEAN COMMISSION. *Proposal for a Directive on the re-use of public sector information*, 2018. Disponível em: https://digital-strategy.ec.europa.eu/en/policies/psi-open-data. Acesso em: 18 fev. 2025.

EUROPEAN DATA PROTECTION BOARD. *Guidelines 01/2018 on certification and identifying certification criteria in accordance with Articles 42 and 43 of the Regulation*. Versão 3.0, adotada em 04 de junho de 2019. Disponível em: https://edpb.europa.eu/sites/edpb/files/files/file1/edpb_guidelines_201801_v3.0_certificationcriteria_annex2_en.pdf. Acesso em: 18 fev. 2025.

EUROPEAN DATA PROTECTION BOARD. *Guidelines 1/2019 on Codes of Conduct and Monitoring Bodies under Regulation 2016/679*. Adotada em fevereiro de 2019. Disponível em: https://edpb.europa.eu/our-work-tools/our-documents/guidelines/guidelines-12019-codes-conduct-and-monitoring-bodies-under_en. Acesso em: 18 fev. 2025.

EUROPEAN DATA PROTECTION BOARD. *Guidelines 04/2019 on article 25 data protection by design and by default*. Disponível em: https://edpb.europa.eu/sites/edpb/files/consultation/edpb_guidelines_201904_dataprotection_by_design_and_by_default.pdf. Acesso em: 18 fev. 2025.

REFERÊNCIAS

EUROPEAN DATA PROTECTION BOARD. *Guidelines 07/2020 on the concepts of controller and processor in the GDPR*, 07 set. 2020. Disponível em: https://edpb.europa.eu/our-work-tools/public-consultations-art-704/2020/guidelines-072020-concepts-controller-and-processor_pt. Acesso em: 18 fev. 2025.

EUROPEAN DATA PROTECTION SUPERVISOR. EDPS Opinion on the European Commission's White Paper on Artificial Intelligence – A European approach to excellence and trust. Disponível em: https://edps.europa.eu/sites/edp/files/publication/20-06-19_opinion_ai_white_paper_en.pdf Acesso em: 18 fev. 2025.

EUROPEAN DATA PROTECTION SUPERVISOR. *Opinion 7/2015*. Meeting the challenges of big data: A call for transparency, user control, data protection by design and accountability. 19 Nov. 2015. Disponível em: https://edps.europa.eu/sites/edp/files/publication/15-11-19_big_data_en.pdf. Acesso em: 18 fev. 2025.

EUROPEAN DATA PROTECTION SUPERVISOR. *Privacy and competitiveness in the age of big data*: the interplay between data protection, competition law and consumer protection in the digital economy. Disponível em: https://edps.europa.eu/sites/edp/files/publication/14-03-26_competitition_law_big_data_en.pdf Acesso em: 18 fev. 2025.

EUROPEAN UNION. *Directive (Eu) 2016/680 of The European Parliament and of The Council of 27 April 2016*. Disponível em https://eur-lex.europa.eu/legal-content/PT/TXT/?uri=CELEX%3A32016L0680 Acesso em: 18 fev. 2025.

EUROPEAN UNION. *General Data Protection Regulation (GDPR)*. [S. l.], 2018 Disponível em: https://gdpr-info.eu/art-4-gdpr/. Acesso em: 18 fev. 2025.

EUROPEAN UNION AGENCY FOR CYBERSECURITY – ENISA. *The right to be forgotten* – between expectations and practice. 2011. Disponível em: https://www.enisa.europa.eu/publications/the-right-to-be-forgotten. Acesso em: 18 fev. 2025.

EZRACHI, Ariel; STUCKE, Maurice. *Virtual Competition*: The Promise and Perils of the Algorithm-Driven Economy. Cambridge: Harvard University Press, 2016.

FACCHINI NETO, Eugenio. Prefácio. In: LUTZKY, Daniela Courtes. *A reparação de danos imateriais como direito fundamental*. Porto Alegre: Livraria do Advogado, 2012.

FACCHINI NETO, Eugênio; COLOMBO, Cristiano. Decisões automatizadas em matéria de perfis e riscos algorítmicos: Diálogos entre Brasil e Europa acerca das vítimas do dano estético digital. In: MARTINS, Guilherme Magalhães; ROSENVALD, Nelson. (Coord.). *Responsabilidade civil e novas tecnologias*. Indaiatuba: Foco, 2020.

FACEBOOK. Charting a Way Forward on Data Portability and Privacy. Disponível em: https://newsroom.fb.com/news/2019/09/privacy-and-data-portability/. Acesso em: 18 fev. 2025.

FACEBOOK. *Comments to the Federal Trade Commission on Data Portability*. Disponível em: https://about.fb.com/wp-content/uploads/2020/08/Facebook-Comments-to-FTC-on-Data-Portability.pdf. Acesso em: 18 fev. 2025.

FALEIROS JÚNIOR, José Luiz de Moura. A LGPD e o consentimento por mandato (procuração). *Migalhas de Proteção de Dados*, 21 jan. 2022. Disponível em: https://s.migalhas.com.br/S/9EB7C1 Acesso em: 18 fev. 2025.

FALEIROS JÚNIOR, José Luiz de Moura. *Administração Pública Digital*: proposições para o aperfeiçoamento do regime jurídico administrativo na sociedade da informação. Indaiatuba: Foco, 2020.

FALEIROS JÚNIOR, José Luiz de Moura. *Administração Pública Digital*: proposições para o aperfeiçoamento do regime jurídico administrativo na sociedade da informação. 2. ed. Indaiatuba: Foco, 2024.

FALEIROS JÚNIOR, José Luiz de Moura. A tutela jurídica dos dados pessoais sensíveis à luz da Lei Geral de Proteção de Dados. In: LONGHI, João Victor Rozatti; FALEIROS JÚNIOR, José Luiz de Moura (Coord.). *Estudos essenciais de direito digital*. Uberlândia: LAECC, 2019.

FALEIROS JÚNIOR, José Luiz de Moura. Algumas reflexões sobre o conceito de uso compartilhado de dados. *Migalhas de Proteção de Dados*, 4 out. 2024. Disponível em: https://s.migalhas.com.br/S/3E5582 Acesso em: 18 fev. 2025. FALEIROS JÚNIOR, José Luiz de Moura. O Estado entre dados e danos: uma releitura da teoria do risco administrativo na sociedade da informação. *In*: FALEIROS JÚNIOR, José Luiz de Moura; LONGHI, João Victor Rozatti; GUGLIARA, Rodrigo (Coord.). *Proteção de dados pessoais na sociedade da informação*: entre dados e danos. Indaiatuba: Foco, 2021.

FALEIROS JÚNIOR, José Luiz de Moura. Reflexões sobre as bases legais para o tratamento de dados pessoais relativos à saúde na Lei Geral de Proteção de Dados Pessoais. *Revista de Direito Médico e da Saúde*, Brasília, n. 24, p. 11-26, set. 2021.

FALEIROS JÚNIOR, José Luiz de Moura; DIRSCHERL, Fernanda Pantaleão. Uma leitura do artigo 14 da LGPD para além do mero controle parental. In: TEIXEIRA, Ana Carolina Brochado; FALEIROS JÚNIOR, José Luiz de Moura; DENSA, Roberta (Coord.). *Infância, adolescência e tecnologia*: o Estatuto da Criança e do Adolescente na sociedade da informação. Indaiatuba: Foco, 2022.

FALEIROS JÚNIOR, José Luiz de Moura; SILVA, Michael César. Governança de dados e devida diligência: algumas notas sobre responsabilidade civil e prevenção na Lei Geral de Proteção de Dados Pessoais. In: EHRHARDT JÚNIOR, Marcos; CATALAN, Marcos; MALHEIROS, Pablo (Coord.). *Direito civil e tecnologia*: Tomo II. Belo Horizonte: Fórum, 2021, t. 2.

FAMER, Vitória. MPF investiga antissemitismo em universidade federal. *Estadão*. 9 jun. 2015. Disponível em: https://brasil.estadao.com.br/noticias/geral,mpf-investiga-antissemitismo-em-universidade-federal-gaucha,1702478. Acesso em: 18 fev. 2025.

FAORO, Raimundo. *Os donos do poder*: formação do patronato brasileiro. 15. ed. São Paulo: Globo, 2000, v. 2.

FARIAS, Cristiano Chaves de; ROSENVALD, Nelson. *Curso de Direito Civil 1*: parte geral e LINDB. 13. ed. São Paulo: Atlas, 2015.

FARIAS, Cristiano Chaves de; BRAGA NETTO, Felipe Peixoto; ROSENVALD, Nelson. *Novo Tratado de Responsabilidade Civil*. 2. ed. São Paulo: Saraiva, 2017.

FARIAS, Cristiano Chaves de; BRAGA NETTO, Felipe Peixoto; ROSENVALD, Nelson. *Novo tratado de responsabilidade civil*. 4. ed. São Paulo: Saraiva Educação, 2019.

FARRELL, Joseph; KLEMPERER, Paul. Coordination and lock-in: competition with switching costs and network effects. In: ARMSTRONG, Mark; PORTER, Robert. *Handbook of Industrial Organization*. North-Holland: Elsevier, 2007. v. 3.

FEKETE, Elisabeth Kasznar. *O regime jurídico do segredo de indústria e comércio no Direito Brasileiro*. Forense: Rio de Janeiro, 2003.

FENNESSY, Caitlin. The Advocate general's Schrems II' opinion: What it says and means. 19 dez.2019. *IAPP*. Disponível em: https://iapp.org/news/a/the-advocate-generals-schrems-ii-opinion-what-it-says-and-means/ Acesso em 18 fev. 2025.

FERGUSON, Andrew Guthrie. *The rise of big data policing*: surveillance, race, and the future of law enforcement. New York: NYU, 2017.

FERNANDES, António José. *Direitos humanos e cidadania europeia*. Coimbra: Almedina, 2004.

FERNÁNDEZ RAMOS, Severiano. *El derecho de acceso a los documentos administrativos*. Madrid: Marcial Pons, 1997.

REFERÊNCIAS

FERRAÇO, André Augusto Giuriatto. A autodeterminação informativa do consumidor a partir da proteção de dados no âmbito internacional. *Revista de Direito do Consumidor*, São Paulo, p. 167-191, 2020.

FERRAZ JÚNIOR, Tercio Sampaio. Comunicação de dados e proteção ao sigilo. In: DONEDA, Danilo; MENDES, Laura Schertel; CUEVA, Ricardo Villas Bôas (Coord.). *Lei geral de proteção de dados (Lei n. 13.709/2018)*: a caminho da efetividade: contribuições para a implementação da LGPD. São Paulo: Thomson Reuters Brasil, 2020.

FERRAZ JÚNIOR, Tercio Sampaio. *Introdução ao Estudo do Direito*. São Paulo: Atlas, 2004.

FERREIRA, Afonso José. *Profiling* e algoritmos autónomos: um verdadeiro direito de não sujeição. *Anuário da Proteção de Dados*. Lisboa, pp. 35-43, 2018. Disponível em: http://cedis.fd.unl.pt/wp-content/uploads/2018/04/ANUARIO-2018-Eletronico.pdf. Acesso em: 18 fev. 2025.

FERREIRA, Ana Luiza Veiga; VIEIRA, Marcelo de Mello. O melhor interesse e a autonomia progressiva de crianças e adolescentes. *Revista de Direito da Infância e da Juventude*, São Paulo, v. 02, p. 233-259, jul. 2013.

FERREIRA, Maria Conceição Martins. Princípios constitucionais informadores da República Federativa do Brasil e da ordem econômica (soberania, livre iniciativa e valor social do trabalho). *Revista de Direito Constitucional e Internacional*, São Paulo, v. 25, p. 134-168, out./dez. 1998.

FERREIRA FILHO, Manoel Gonçalves. *Direitos humanos fundamentais*. São Paulo: Saraiva, 2016.

FERREYRA, Eduardo. Análisis inicial del proyecto de ley de protección de datos personales de Argentina. *Asociación por los Derechos Civiles (ADC)*, 2018, p. 2-3. Disponível em: https://adc.org.ar/wp-content/uploads/2019/06/044-analisis-inicial-del-proyecto-de-ley-de-proteccion-de-datos-personales-vol-1.pdf. Acesso em: 18 fev. 2025.

FICO, Bernardo de Souza Dantas; NOBREGA, Henrique Meng. A Lei Geral de Proteção de Dados Brasileira para Pessoas LGBTQIA+: Identidade de gênero e orientação sexual como dados pessoais sensíveis, *Revista Direito e Práxis*, Rio de Janeiro, v. 13, n. 2, 2022.

FIDALGO, Vitor Palmela. O direito à portabilidade de dados pessoais. *Revista de Direito e Tecnologia*, [S.l], v. 1, n. 1., 2019.

FINCK, Michèle. Blockchain and the General Data Protection Regulation Can distributed ledgers be squared with European data protection law? *Panel for the Future of Science and Technology*. European Parliamentary Research Service. Brussels. Jul. 2019. Disponível em: https://www.europarl.europa.eu/RegData/etudes/STUD/2019/634445/EPRS_STU(2019)634445_EN.pdf. Acesso em: 18 fev. 2025.

FINOCCHIARO, Giusella. *Privacy e protezione dei dati personali*. Turim: Zanichelli, 2012,

FLAHERTY, David. Privacy Impact Assessments: An Essential Tool for Data Protection. *Privacy Law and Policy Reporter*, [S.l], v. 45, 2000. Disponível em: http://www5.austlii.edu.au/au/journals/PrivLawPRpr/2000/45.html. Acesso em: 18 fev. 2025.

FLORIDI, Luciano. Group Privacy: A defence and an Interpretation. In: TAYLOR, Linnet; FLORIDI, Luciano; SLOOT, Bart van der. *Group Privacy*: New Challenges of Data Technologies. Cham: Springer, 2017.

FLORIDI, Luciano. *The 4th revolution*: how the infosphere is reshaping human reality. Oxford: Oxford University Press, 2014.

FLUMIGNAN, Silvano José Gomes; FLUMIGNAN, Wévertton Gabriel Gomes. Princípios que Regem o Tratamento de Dados no Brasil. In: LIMA, Cíntia Rosa Pereira de (Coord.). *Comentários à lei geral de proteção de dados*: Lei 13.709/2018. São Paulo: Almedina, 2020.

COMENTÁRIOS À LEI GERAL DE PROTEÇÃO DE DADOS PESSOAIS (LEI 13.709/2018)

FONSECA, Gabriel C. Soares da. Proteção de dados para além do consentimento: tendências contemporâneas de materialização. *REI – Revista Estudos Institucionais*, Rio de Janeiro, v. 6, n. 2, p. 507-533, 2020.

FONTE, Felipe de Melo. *Políticas públicas e direitos fundamentais*. 2. ed. São Paulo: Saraiva, 2015.

FORD, Martin. *Architects of Intelligence*: The truth about AI from the people building it. Birmingham: Packt Publishing, 2018.

FORTES, Pedro. A Regulação Global para Combate à COVID-19: Riscos de captura, ruptura e adaptação. *Passagens. Revista Internacional de História Política e Cultura Jurídica*, Niterói, v. 12, n. 2, p. 221-242, 2020.

FORTES, Pedro Rubim Borges. AI Policy in Portugal: Ambitious Yet Laconic About Legal Routes Towards Trustworthy AI. In: LARSSON, Stefan; INGRAM BOGUSZ, Claire; ANDERSSON SCHWARZ, Jonas (Ed.). *Human-Centred AI in the EU*: Trustworthiness as a Strategic Priority in the European Member States. Estocolmo: European Liberal Forum, 2020.

FORTES, Pedro Rubim Borges. An explorer of legal borderlands: a review of William Twining's jurist in context, a memoir. *REI – Revista Estudos Institucionais*, Rio de Janeiro, v. 5, n. 2, p. 777-790, 2019.

FORTES, Pedro Rubim Borges. Hasta La Vista, Baby: Reflections on the Risks of Algocracy, Killer Robots, and Artificial Superintelligence, *Revista de la Facultad de Derecho de México*, México: UNAM, v. 270, n. 279-1, jan./abr. 2021.

FORTES, Pedro Rubim Borges. How legal indicators influence a justice system and judicial behavior: the Brazilian National Council of Justice and 'justice in numbers'. *The Journal of Legal Pluralism and Unofficial Law*, [S.l], v. 47, n. 1, p. 39-55, 2015.

FORTES, Pedro Rubim Borges. Imagining Bossa Nova: Possibilities and Limits of Charter Cities. *REI – Revista Estudos Institucionais*, Rio de Janeiro, v. 6, n. 2, p. 769-779, 2020.

FORTES, Pedro Rubim Borges. Imaginando Bossa Nova: Possibilidades e Limites das Cidades Charter. *REI – Revista Estudos Institucionais*, Rio de Janeiro, v. 6, n. 3, p. 1519-1531, 2020.

FORTES, Pedro Rubim Borges. O Fenômeno da Ilicitude Lucrativa. *REI – Revista Estudos Institucionais*, Rio de Janeiro, v. 5, n. 1, p. 104-132, 2019.

FORTES, Pedro Rubim Borges. Paths to Digital Justice: Judicial Robots, Algorithmic Decision-Making, and Due Process. *Asian Journal of Law and Society*, [S.l], v. 7, n. 3, p. 453-469, out. 2020.

FORTES, Pedro Rubim Borges. Responsabilidade Algorítmica do Estado: Como as Instituições Devem Proteger Direitos dos Usuários nas Sociedades Digitais? In: MARTINS, Guilherme Magalhães; ROSENVALD, Nelson (Coord.). *Responsabilidade Civil e Novas Tecnologias*. Indaiatuba: Foco, 2020

FORTES, Pedro Rubim Borges; KAMPOURAKIS, Ioannis. Exploring Legal Borderlands: Introducing the Theme. *REI – Revista Estudos Institucionais*, Rio de Janeiro, v. 5, n. 2, p. 639-655, 2019.

FORTES, Pedro Rubim Borges, MARTINS, Guilherme Magalhães; OLIVEIRA, Pedro Farias. O consumidor contemporâneo no Show de Truman: a geodiscriminação digital como prática ilícita no direito brasileiro. *Revista de Direito do Consumidor*, São Paulo, v. 129, p. 235-260, jul./ago. 2019.

FORTES, Pedro Rubim Borges, MARTINS, Guilherme Magalhães e OLIVEIRA, Pedro Farias, A Case Study of Digital Geodiscrimination: How Algorithms May Discriminate Based on the Geographical Location of Consumers. *Droit et Société*, Paris, n. 107, p. 145-166, 2021.

FORTES, Pedro Rubim Borges; OLIVEIRA, Pedro Farias. A insustentável leveza do ser? A quantificação do dano moral coletivo sob a perspectiva do fenômeno da ilicitude lucrativa e o 'caso Dieselgate'. *Revista IBERC*, Belo Horizonte, v. 2, n. 3, 2019.

REFERÊNCIAS

FRADE, Celina. Defining Brazilian legal terminology/concepts in English: a relevance-based approach. *Informatica e Diritto*, Nápoles, v. 23, n. 1, p. 225-249, 2014.

FRAJHOF, Isabella Z.; MANGETH, Ana Lara. As bases legais para o tratamento de dados pessoais. In: MULHOLLAND, Caitlin (Org.). *A LGPD e o novo marco normativo no Brasil*. Porto Alegre: Arquipélago Editorial, 2020.

FRAJHOF, Isabella; SOMBRA, Thiago Luis. A transferência internacional de dados pessoais. *In*: MULHOLLAND, Caitlin. (Org.). *A LGPD e o novo marco normativo no Brasil*. Porto Alegre: Arquipélago Editorial, 2020.

FRANÇA. Commission Nationale Informatique et Libertés – CNIL. *Record of processing activities*. CNIL, 19 de Agosto de 2019. Disponível em: https://www.cnil.fr/sites/default/files/atoms/files/record-processing-activities.ods . Acesso em: 18 fev. 2025.

FRANZONI, Massimo. Il riscarcimento del danno per lesione dei diritti della personalità su internet. In: NIVARRA, Luca; RICCIUTO, Vincenzo (Orgs.). *Internet e il diritto dei privati*: persona e proprietà intelletuale nelle reti telematiche. Turim: Giappichelli, 2002.

FRAZÃO, Ana. Fundamentos da proteção dos dados pessoais. Noções introdutórias para a compreensão da importância da Lei Geral de Proteção de Dados. In: TEPEDINO, Gustavo; FRAZÃO, Ana; OLIVA, Milena Donato (Coord.). *Lei geral de proteção de dados pessoais e suas repercussões no direito brasileiro*. São Paulo: Thomson Reuters Brasil, 2019.

FRAZÃO, Ana. Nova LGPD: ainda sobre o direito à portabilidade. *Jota*, 14 nov. 2018. Disponível em: http://www.jota.info/opiniao-e-analise/colunas/constituicao-empresa-e-mercado/nova-lgpd-ainda-sobre-o-direito-a-portabilidade-14112018. Acesso em: 18 fev. 2025.

FRAZÃO, Ana. Nova LGPD: direito à portabilidade. *Jota*, 07 nov. 2018. Disponível em: http://www.jota.info/opiniao-e-analise/colunas/constituicao-empresa-e-mercado/nova-lgpd-direito-a-portabilidade-07112018. Acesso em: 18 fev. 2025.

FRAZÃO, Ana. Nova LGPD: o término do tratamento de dados. *Jota*, 10 out 2018. Disponível em: https://www.jota.info/opiniao-e-analise/colunas/constituicao-empresa-e-mercado/nova-lgpd-o-termino-do-tratamento-de-dados-10102018. Acesso em: 18 fev. 2025.

FRAZÃO, Ana. Nova LGPD: o tratamento dos dados pessoais sensíveis. *Jota*, 26 set. 2018. Disponível em: https://www.jota.info/opiniao-e-analise/colunas/constituicao-empresa-e-mercado/nova-lgpd-o-tratamento-dos-dados-pessoais-sensiveis-26092018. Acesso em: 18 fev. 2025.

FRAZÃO, Ana. O abuso do poder de controle na Lei das Estatais. In: NORONHA, João Otávio de; FRAZÃO, Ana; MESQUITA, Daniel Augusto (Coord.). *Estatuto jurídico das estatais*: análise da Lei 13.303/2016. Belo Horizonte: Fórum, 2017.

FRAZÃO, Ana. O direito à explicação e à oposição diante de decisões totalmente automatizadas. *Jota*. Publicado em: 05 dez. 2018. Disponível em: https://www.jota.info/paywall?redirect_to=//www.jota.info/opiniao-e-analise/colunas/constituicao-empresa-e-mercado/o-direito-a-explicacao-e-a-oposicao-diante-de-decisoes-totalmente-automatizadas-05122018. Acesso em: 18 fev. 2025.

FRAZÃO, Ana. Objetivos e alcance da Lei Geral de Proteção de Dados. In: TEPEDINO, Gustavo; FRAZÃO, Ana; OLIVA, Milena Donato (Coord.). *Lei geral de proteção de dados pessoais e suas repercussões no Direito Brasileiro*. 2. ed. São Paulo: Thomson Reuters Brasil, 2020.

FREITAS, Juarez; FREITAS, Thomas Bellini. *Direito e inteligência artificial*: em defesa do humano. Belo Horizonte: Fórum, 2020.

FRITZ, Karina Nunes. Direito ao esquecimento está implícito na CF, diz especialista. *Migalhas*, 23 fev. 2021. Disponível em: https://www.migalhas.com.br/quentes/340757/direito-ao-esquecimento-esta-implicito-na-cf-diz-especialista?s=FB. Acesso em: 18 fev. 2025.

FROOMKIN, Michael; COLANGELO, Zak. Privacy as Safety. *Washington Law Review*, Seattle, v. 95, p. 141-201, 2020.

FRYDMAN, Benoît. Coregulation: a possible legal model for global governance. In: DE SCHUTTER, Bart; PAS, Johan (Ed.). *About Globalization, Views on The Trajectory of Mondialisation*. Bruxelas: Brussels University Press, 2004.

FRYDMAN, Benoît; VAN WAEYENBERGE, Arnaud (Ed.). *Gouverner par les standards et les indicateurs*: De Hume au rankings. Bruxelas: Primento, 2013.

FUCHS, Christian. *Internet and society*: social theory in the information age. Londres: Routledge, 2008.

FULLER, Lon L. *O caso dos exploradores de cavernas*. Tradução e notas de Claudio Blanc. São Paulo: Geração Editorial, 2018.

FURTADO, Tiago Neves. Registro das operações de tratamento de dados pessoais – data mapping – data discovery: porque é importante e como executá-lo. In: BLUM, Renato Opice; VAINZOF, Rony; MORAES, Henrique Fabretti (Coord.). *Data Protection Officer (encarregado)*. São Paulo: Thomson Reuters Brasil, 2020.

GABARDO, Emerson. *Interesse público e subsidiariedade*: o Estado e a sociedade civil para além do bem e do mal. Belo Horizonte: Fórum, 2009.

GABARDO, Emerson; HACHEM, Daniel Wunder. Responsabilidade civil do Estado, faute du service e o princípio constitucional da eficiência administrativa. In: GUERRA, Alexandre Dartanhan de Mello; PIRES, Luis Manuel Fonseca; BENACCHIO (Coord.). *Responsabilidade civil do estado*: desafios contemporâneos. São Paulo: Quartier Latin, 2010.

GAMA, Guilherme Calmon Nogueira da. Princípio da paternidade responsável. *Revista de Direito Privado*, São Paulo, v. 18, p. 21-41, abr. 2004.

GARCIA, Gustavo Filipe Barbosa. O futuro dos direitos humanos fundamentais. *Revista de Direito Constitucional e Internacional*, São Paulo, v. 56, p. 105-112, jul./set. 2006.

GARRIDO FALLA, Fernando. *Tratado de Derecho Administrativo*. 12. ed. Madrid: Tecnos, 1994, v. 1.

GEIST, Michael. *Law, Privacy and Surveillance in Canada in the Post-Snowden Era*. Ottawa: University of Ottawa Press, 2015.

GELLERT, Raphaël. Understanding data protection as risk regulation. *Journal of Internet Law*, Alphen aan den Rijn, v. 18, n. 1, p. 3-15, maio 2015.

GELTER, Martin. Comparative corporate governance: old and new. *ECGI Working Paper Series in Law*, Working Paper n. 321, jul. 2016. Disponível em: https://ssrn.com/abstract=2756038. Acesso em: 18 fev. 2025.

GERADIN, Damien; KUSCHEWSKY, Monika. *Competition law and personal data*: preliminary thoughts on a complex issue. Disponível em: https://papers.ssrn.com/sol3/papers.cfm?abstract_id=2216088. Acesso em: 18 fev. 2025.

GIANOTTI, Luca. *A Responsabilidade Civil dos Agentes de Tratamento de Dados e o Fato de Serviço Consumerista*, Monografia vencedora do concurso "Levy & Salomão Advogados", São Paulo, 2019.

GIOVA, Giuliano. Educação e cidadania digital: nascer, morrer e renascer no mundo digital, onde deixaram o manual? *In*: ABRUSIO, Juliana (Coord.). *Educação digital*. São Paulo: Revista dos Tribunais, 2015.

GLEICK, James. *The information*: a history, a theory, a flood. New York: Pantheon Books, 2011.

REFERÊNCIAS

GOETTENAUER, Carlos. Open Banking e o Modelo de Banco em Plataforma: a necessidade de reavaliação da definição jurídica de atividade bancária. *Revista da Procuradoria-Geral do Banco Central*, [S.l.], v. 14, n. 1, p. 13-27, set. 2020.

GOLA, Peter. *Datenschutz-Grundverordnung VO (EU) 2016/67*. Munich: C.H. Beck, 2018.

GOMES, Rodrigo Dias de Pinho. *Legítimos interesses na LGPD*: trajetória, consolidação e critérios de aplicação. Indaiatuba: Foco, 2024.

GONÇALVES, Antonio Baptista. Intimidade, vida privada, honra e imagem ante as redes sociais e a relação com a internet: limites constitucionais e processuais. *Revista de Direito Privado*, São Paulo, v. 48, p. 299-340, out./dez. 2011.

GONÇALVES, Eduardo; LOPES, André. Reconhecimento facial no Carnaval busca foragidos da Justiça: polícias de seis capitais do país instalam câmeras inteligentes para caçar foras da lei em meio à multidão na folia. *Veja*, 21 fev. 2020. Disponível em https://veja.abril.com.br/brasil/reconhecimento-facial-no-carnaval-busca-foragidos-da-justica/. Acesso em: 18 fev. 2025.

GONÇALVES, Vitória Mattos; MARQUES, Verônica do Nascimento. Proteção de dados pessoais: o compartilhamento de dados entre Poder Público e setor privado. In: LIMA, Cíntia Rosa Pereira de (Coord.). *ANPD e LGPD*: desafios e perspectivas. São Paulo: Almedina, 2021.

GONZALEZ, Lélia. *Por um feminismo afro-latino-americano*. Rio de Janeiro: Zahar, 2020.

GOULART, Guilherme Damasio. *Direito à desindexação de dados pessoais como tutela de direitos na Internet*. No prelo.

GOULART, Guilherme Damasio. O impacto das novas tecnologias nos Direitos Humanos e Fundamentais: o acesso à Internet e Liberdade de expressão. *Revista Direitos Emergentes na Sociedade Global*, Santa Maria, v. 1, p. 145-168, jan./jul. 2012.

GOULART, Guilherme Damasio. Por uma visão renovada dos arquivos de consumo. *Revista de Direito do Consumidor*, São Paulo, v. 10, p. 447-482, set./out. 2016.

GRAEF, Inge. *Data portability at the crossroads of data Protection and competition policy*. Roma: Autorità Garante della Concorrenza e del Mercato e Osservatorio di Proprietà Intellettuale Concorrenza e Comunicazioni, 2016.

GRAEF, Inge; GELLERT, Raphaël; PURTOVA, Nadezhda; HUSOVEC, Martin; *Feedback to the Commission's Proposal on a Framework for the Free Flow of Non-Personal Data*, 2018.

GRAEF, Inge, HUSOVEC, Martin, PURTOVA, Nadezhda. Data portability and data control: lessons for an emerging concept in EU law. *German Law Journal*, [S.l], v. 19, n. 6, p. 1359-1398, 2017.

GRAEF, Inge; HUSOVEC, Martin; VAN DEN BOOM, Jasper. Spill-Overs in Data Governance: The Relationship Between the GDPR's Right to Data Portability and EU Sector-Specific Data Access Regimes, *TILEC Discussion Paper No. DP 2019-005*, 2019.

GRANDIN, Greg. *Fordlandia*: the rise and fall of Henry Ford's forgotten jungle city. Nova York: Macmillan, 2009.

GRASSEGGER, Hannes. *Das Kapital bin ich*: meine Daten gehören mir. Zurique: Kein & Aber AG, 2018.

GREENWALD, Glenn. NSA paid millions to cover Prism compliance costs for tech companies. *The Guardian*, 23 ago. 2021. Disponível em: https://www.theguardian.com/world/2013/aug/23/nsa-prism-costs-tech-companies-paid. Acesso em: 18 fev. 2025.

GRUPO DE TRABALHO DO ARTIGO 29º PARA A PROTEÇÃO DE DADOS. Orientações sobre as decisões individuais automatizadas e a definição de perfis para efeitos do Regulamento (UE) 2016/679. 6 fev. 2018. Disponível em: https://ec.europa.eu/newsroom/article29/item-detail.cfm?item_id=612053. Acesso em: 18 fev. 2025.

GUANAES, Paulo et al. *Marcos legais nacionais em face da abertura de dados para pesquisa em saúde*: dados pessoais, sensíveis ou sigilosos e propriedade intelectual. Rio de Janeiro: Fiocruz, 2018.

GUEDES, Gisela Sampaio da Cruz. Regime de responsabilidade adotado pela lei de proteção de dados brasileira. *Caderno especial LGPD*, São Paulo: Revista dos Tribunais, p. 167-182, nov. 2019.

GUEDES, Gisela Sampaio da Cruz; MEIRELES, Rose Melo Venceslau. Término do tratamento de dados. In: TEPEDINO, Gustavo; FRAZÃO, Ana; OLIVA, Milena Donato (Coord.). *Lei Geral de Proteção de Dados Pessoais e suas repercussões no direito brasileiro*. São Paulo: Revista dos Tribunais, 2019.

GUERREIRO, Iara Coelho Zito; MINAYO, Maria Cecilia. A aprovação da Resolução CNS 510/2016 é um avanço para a ciência brasileira. *Saúde e Sociedade*, São Paulo, v. 28, n. 4, p. 299-310, 2019.

GUICHOT, Emilio. *Datos personales y administración pública*. Navarra: Thomson & Civitas, 2005.

GUICHOT, Emilio. Acceso a la información en poder de la Administración y protección de datos personales. *Revista de Administración Pública*, Madrid, n. 173, pp. 407/445, maio/ago. 2007.

GUIZZO, Erico Marui. *The essential message*: Claude Shannon and the making of information theory. DSpace@MIT, Diss. Massachusetts Institute of Technology, 2003. Disponível em: http://hdl.handle.net/1721.1/39429 Acesso em: 18 fev. 2025.

HABERMAS, Jürgen. *Mudança estrutural da esfera pública*. Tradução de Flávio R. Kothe. São Paulo: Unesp, 2014.

HACHEM, Daniel Wunder. A discricionariedade administrativa entre as dimensões objetiva e subjetiva dos direitos fundamentais sociais. *Revista Brasileira de Direitos Fundamentais & Justiça*, Belo Horizonte, v. 10, n. 35, pp. 313-343, 2016.

HAGAN, Margaret. Prototyping for policy. In: CAMPAGNUCCI, Marcelo Corrales; HAAPIO, Helena; HAGAN, Margaret; DOHERTY, Michael (Ed.). *Legal design*: integrating business, design and legal thinking with technology. Cheltenham: Edward Elgar, 2021.

HAIKAL, Beatriz; BECKER, Daniel; GUEIROS, Pedro. Termos de uso e política de privacidade: design e visual law como promotores do princípio da transparência. In: FALEIROS JÚNIOR, José Luiz de Moura; CALAZA, Tales (Coord.). *Legal design*: teoria e prática. Indaiatuba: Foco, 2021.

HAN, Byung-Chul. *Sociedade da transparência*. Tradução de Enio Paulo Giachini. Petrópolis: Vozes, 2017. Edição do Kindle.

HARVARD BUSINESS REVIEW. *Data-driven*. Disponível em: https://hbr.org/search?term=data-driven&sort=popularity_score#browse-reports-filter. Acesso em: 18 fev. 2025.

HARTZOG, Woodrow. *Privacy's Blueprint*. The Battle to Control the Design of New Technologies. Cambridge: Harvard University Press, 2018.

HEIMES, Rita. How opt-in consent really works. *IAPP*, 22 fev. 2019. Disponível em: https://iapp.org/news/a/yes-how-opt-in-consent-really-works/. Acesso em: 18 fev. 2025.

HELSINKI EU OFFICE. Data agile economy from reactive to proactive approach for the benefit of the citizens. Disponível em: https://helsinki.eu/wp-content/uploads/2020/05/Data-agileEconomy_From-reactive-to-proactive-approach-for-the-benefit-of-the-citizens.pdf. Acesso em: 18 fev. 2025.

HENDERSON, Harry. *Privacy in the information age*. New York: Library in a book, 2006.

HERNÁNDEZ CORCHETE, Juan Antonio. Transparencia en la información al interesado del tratamiento de sus datos personales y en el ejercicio de sus derechos. In: PIÑAR MAÑAS, José Luis (Dir.). *Reglamento General de protección de datos*: hacia un nuevo modelo europeo de privacidad. Madrid: Reus, 2016.

REFERÊNCIAS

HEUSI, Tálita Rodrigues. Perfil criminal como prova pericial no Brasil. *Brazilian Journal of Forensic Sciences, Medical Law and Bioethics*, Itajaí, v. 5, n. 3, p. 237, 2016.

HILDEBRANDT, Mireille. Algorithmic regulation and the rule of law. *Philosophical Transactions of the Royal Society A: Mathematical, Physical and Engineering Sciences*, [S.l], v. 376, n. 2128, p. 20170355, 2018.

HINTZE, Mike Hintze. Science and Privacy: Data Protection Laws and Their Impact on Research. *Washington Journal of Law, Technology & Arts*, Washington, D.C., v. 14. n. 2, 2019.

HOFFMANN, Jörg. Sector-Specific (Data-)Access Regimes of Competitors. *Max Planck Institute for Innovation & Competition Research Paper* No. 20-08, 2020.

HOLANDA, Sérgio Buarque de. *Raízes do Brasil*. São Paulo: Cia das Letras, 2006.

HOPT, Klaus. Comparative corporate governance: The state of the art and international regulation. *ECGI Working Paper Series in Law*, Working Paper n. 170, jan. 2011. Disponível em: https://ssrn.com/abstract=1713750. Acesso em: 18 fev. 2025.

HOPT, Klaus; LEYENS, Patrick C. The structure of the Board of Directors: boards and governance strategies in the US, the UK and Germany. *ECGI Working Paper Series in Law*, Working Paper n. 567, mar. 2021. Disponível em: https://ssrn.com/abstract=3804717. Acesso em: 18 fev. 2025.

HOWARD, Michael; LEBLANC, David. *Writing Secure Code*. 2. ed. Redmond: Microsoft Press, 2003.

HUDDLESTON, Jennifer. *Comments regarding "Data to Go: An FTC Workshop on Data Portability"*. Disponível em: https://beta.regulations.gov/comment/FTC-2020-0062-0007. Acesso em: 18 fev. 2025.

HUMBY, Clive; HUNT, Terry. *Scoring points*: how Tesco continues to win consumer loyalty. 2. ed. London: Kogan Page Limited, 2007. E-book.

HYDÉN, Hakan, Sociology of digital law and artificial intelligence. In: PRIBAN, Jiri (Ed.). *Research Handbook of Sociology of Law*. Cheltenham: Edward Elgar Publishing, 2020.

IGO, Sarah E. *A History of Privacy in Modern America*. Cambridge: Harvard University Press. 2018.

INFORMATION COMMISSIONER'S OFFICER. Guide to the General Data Protection Regulation (GDPR). *Principle (b)*: Purpose limitation. Disponível em: https://ico.org.uk/for-organisations/guide-to-data-protection/guide-to-the-general-data-protection-regulation-gdpr/principles/purpose-limitation/. Acesso em: 18 fev. 2025.

INFORMATION COMMISSIONER'S OFFICER. Guide to the General Data Protection Regulation (GDPR). *Lawful basis for processing*. Disponível: https://ico.org.uk/for-organisations/guide-to-data-protection/guide-to-the-general-data-protection-regulation-gdpr/lawful-basis-for-processing/ Acesso em: 18 fev. 2025.

INFORMATION COMMISSIONER'S OFFICE. *Right to Data Portability*. Disponível em: https://ico.org.uk/for-organisations/guide-to-data-protection/guide-to-the-general-data-protection-regulation-gdpr/individual-rights/right-to-data-portability/. Acesso em: 18 fev. 2025.

INSTITUTO DE REFERÊNCIA EM INTERNET E SOCIEDADE (IRIS). *Policy Paper: Transferência Internacional de Dados no PL 5276/16*. IRIS: Belo Horizonte, 2017. Disponível em: http://irisbh.com.br/wp-content/uploads/2017/05/Transfer%C3%AAncia-Internacional-de-Dados-POR.pdf. Acesso em: 18 fev. 2025.

INTERNATIONAL ASSOCIATION OF PRIVACY PROFESSIONALS. *Supporting Data Portability in the Cloud Under the GDPR*. Disponível em: http://alicloud-common.oss-ap-southeast-1.aliyuncs.com/Supporting_Data_Portability_in_the_Cloud_Under_the_GDPR.pdf Acesso em: 18 fev. 2025.

COMENTÁRIOS À LEI GERAL DE PROTEÇÃO DE DADOS PESSOAIS (LEI 13.709/2018)

INTERNETLAB. *O que está em jogo no debate sobre dados pessoais no Brasil?* Relatório final sobre o debate público promovido pelo Ministério da Justiça sobre o anteprojeto de Lei de Proteção de Dados Pessoais. 2016. Disponível em https://www.internetlab.org.br/wpcontent/uploads/2016/05/reporta_apl_dados_pessoais_final.pdf. Acesso em: 18 fev. 2025.

IRTI, Natalino. *Norma e luoghi*: problemi di geo-diritto. Bari: Laterza, 2006.

ITÁLIA. Autorità Garante della Concorrenza e del Mercato. *A552 – Italian Competition Authority, investigation opened against Google for abuse of dominant position in data portability*. Press Release, 14 jul. 2022. Disponível em: https://en.agcm.it/en/media/press-releases/2022/7/A552. Acesso em: 18 fev. 2025.

JESUS, Inês O. Andrade de. O direito à proteção de dados pessoais e o regime jurídico das transferências internacionais de dados: a proteção viaja com as informações que nos dizem respeito? *Anuário da Proteção de Dados*, Lisboa, pp. 71-90, 2018. Disponível em: http://cedis.fd.unl.pt/wp-content/uploads/2018/04/ANUARIO-2018-Eletronico.pdf. Acesso em: 18 fev. 2025.

JIMENE, Camila do Vale. Capítulo VII: da segurança e das boas práticas. *In*: MALDONADO, Viviane Nóbrega; OPICE BLUM, Renato (Coord.). *LGPD*: Lei Geral de Proteção de Dados comentada. 2. ed. São Paulo: Thomson Reuters Brasil, 2019.

JIMENE, Camilla do Vale. Reflexões sobre privacy by design e privacy by default: da idealização à positivação. In: BLUM, Renato Opice; MALDONADO, Viviane Nóbrega (Coord.). *Comentários ao GDPR*: regulamento geral de proteção de dados da União Europeia. São Paulo: Thomson Reuters Brasil, 2018.

JOELSONS, Marcela. Autodeterminação informativa em direito comparado: análise dos contextos históricos e decisões paradigmas das cortes constitucionais alemã e brasileira. *Revista de Direito Constitucional e Internacional*, São Paulo, v. 199, p. 233-272, maio/jun. 2020.

JOURDAIN, Patrice. *Les príncipes de la responsabilité civile*. 6. ed. Paris: Dalloz, 2003.

JUÍZES usam WhatsApp para auxiliar atos processuais em 12 estados. *Notícias CNJ*. 29 jan. 2018. Disponível em: https://www.cnj.jus.br/juizes-usam-whatsapp-para-auxiliar-atos-processuais-em-11-estados-2/ . Acesso em 18 fev. 2025.

KAFKA, Franz. *The Trial*. Definitive ed. New York: Schocken Classics, 1988.

KAISER, Brittany. *Manipulados*: como a Cambridge Analytica e o Facebook invadiram a privacidade de milhões e botaram a democracia em xeque. Tradução de Bruno Fiuza e Roberta Karr. Rio de Janeiro: HarperCollins Brasil, 2019.

KAMARA, Irene. Co-regulation in EU personal data protection: the case of technical standards and the privacy by design standardization 'mandate'. *European Journal of Law and Technology*, [S.l], v. 8, n. 1, 2017.

KAMINSKI, Margot E.; MALGIERI, Gianclaudio. Algorithmic impact assessments under the GDPR: producing multi-layered explanations. *University of Colorado Law Legal Studies Research Paper*, n. 19-28, 2019.

KENKEL, Kai Michael. Brazil and R2P: Does taking responsibility mean using force? *Global Responsibility to Protect*, [S.l], v. 4, n. 1, p. 5-32, 2012.

KERBER, Wolfgang. A new (intellectual) property right for non-personal data? An economic analysis. An Economic Analysis. *Gewerblicher Rechtsschutz und Urheberrecht, Internationaler Teil* (GRUR Int), [S.l], n. 11 p. 989-999, out 2016.

KESSLER, Daniela Seadi; DRESCH, Rafael de Freitas Valle. Direito à Portabilidade de Dados no Contexto Brasileiro e Europeu. In: CRAVO, Daniela Copetti; KESSLER, Daniela Seadi; DRESCH, Rafael de Freitas Valle. *Portabilidade de Dados na Lei Geral de Proteção de Dados*. Indaiatuba: Foco, 2020.

REFERÊNCIAS

KHATRI, Vijay; BROWN, Carol. Designing data governance. *Communications of the ACM*, Nova York, v. 53, n. 1, 2010. Disponível em: https://dl.acm.org/doi/abs/10.1145/1629175.1629210 Acesso em: 18 fev. 2025.

KINGSBURY, Benedict; CASINI, Lorenzo. Global administrative law dimensions of international organizations law. *International Organizations Law Review*, [S.l], v. 6, n. 2, p. 319-358, 2009.

KIPKER, Dennis-Kenji. WALKUSZ, Michael. Implementation guidelines on EU GDPR and Chinese Cybersecurity Law. *Law & Reference Compliance Guide Series*, Wolters Kluwer, 2020. Disponível em: https://www.academia.edu/44557883/Implementation_Guidelines_on_EU_GDPR_and_Chinese_Cybersecurity_Law_2020_Wolters_Kluwer_China_Law_and_Reference_Compliance_Guide_Series Acesso em: 18 fev. 2025.

KLEE, Antônia Espíndola Longoni; PEREIRA NETO, Alexandre Nogueira. A Lei Geral de Proteção de Dados (LGPD): uma visão panorâmica. In. *Proteção de dados pessoais*: privacidade versus avanço tecnológico. Rio de Janeiro: Fundação Konrad Adenauer, 2019.

KOHM, Lynne Marie. Tracing the foundations of the best interests of the child standard in American jurisprudence. *Jornal of Law & Family Studies*, [S.l], v. 10, p. 337-, nov. 2008.

KONDER, Carlos Nelson. A redução equitativa da indenização em virtude do grau de culpa: apontamentos acerca do parágrafo único do art. 944 do Código Civil. In *Revista Trimestral de Direito Civil – RTDC*, Rio de Janeiro, v. 30, abr./jun. 2007.

KONDER, Carlos Nelson. O tratamento de dados sensíveis à luz da Lei 13.709/2018. In: TEPEDINO, Gustavo; FRAZÃO, Ana; OLIVA, Milena Donato (Coord.). *Lei geral de proteção de dados pessoais e suas repercussões no direito brasileiro*. São Paulo: Thomson Reuters Brasil, 2019.

KONDER, Carlos Nelson; LIMA, Marco Antônio de Almeida. Responsabilidade civil dos advogados no tratamento de dados à luz da Lei 13.709/2018. In: EHRHARDT JÚNIOR, Marcos; CATALAN, Marcos; MALHEIROS, Pablo (Coord.). *Direito Civil e Tecnologia*. Belo Horizonte: Fórum, 2020.

KOOPS, Bert-Jaap; HOEPMAN, Jaap-Henk; LEENES, Ronald. Open-source intelligence and privacy by design. *Computer Law & Security Review*, Londres, v. 29, p. 676-688, 2013.

KRIELE, Martin. *Introdução à teoria do Estado*: os fundamentos históricos da legitimidade do Estado Constitucional Democrático. Tradução de Urbano Carvelli. Porto Alegre: Sergio Antonio Fabris, 2009.

KRISCH, Nico; KINGSBURY, Benedict. Introduction: global governance and global administrative law in the international legal order. *European Journal of International Law*, [S.l], v. 17, n. 1, p. 1-13, 2006.

KÜMPEL, Vitor Frederico. *A teoria da aparência jurídica*. São Paulo: Método, 2007.

KURTZ, Christian; SEMMANN, Martin; BÖHMANN, Tilo. Privacy by design to comply with GDPR: a review on third-party data processors. Conference: Americas Conference on Information Systems, New Orleans, Louisiana. 2018. Disponível em: https://www.researchgate.net/publication/325415927_Privacy_by_Design_to_Comply_with_GDPR_A_Review_on_Third-Party_Data_Processors. Acesso em: 18 fev. 2025.

LANCASTER, Frederick. *Toward paperless information systems*. Nova York: Academic Press, 1978.

LEAL, Ana Luiza e MELLO, Luã Maia de. Capítulo VI. Agentes de tratamento de dados pessoais. In: FEIGELSON, Bruno; BECKER, Daniel; CAMARINHA, Sylvia M. F. (Coord.). *Comentários à Lei Geral de Proteção de Dados*. São Paulo: Thomson Reuters Brasil, 2020.

LEMOS, Ronaldo. Brasil derrapa em Inteligência artificial. *Folha de São Paulo*, 04.10.2020, disponível em: https://www1.folha.uol.com.br/colunas/ronaldolemos/2020/10/brasil-derrapa-em-inteligencia-artificial.shtml. Acesso em: 18 fev. 2025.

COMENTÁRIOS À LEI GERAL DE PROTEÇÃO DE DADOS PESSOAIS (LEI 13.709/2018)

LEONARDI, Marcel. Aspectos controvertidos entre a Lei Geral de Proteção de Dados e o Marco Civil da Internet. In: PALHARES, Felipe (Coord.). *Temas atuais de proteção de dados*. São Paulo: Thomson Reuters Brasil, 2020.

LEONARDI, Marcel. *Fundamentos de Direito Digital*. São Paulo: Thomson Reuters Brasil, 2019.

LEONARDI, Marcel. *Tutela e privacidade na Internet*. São Paulo: Saraiva, 2011.

LESSIG, Lawrence. *Code and Other Laws of Cyberspace*. New York: Basic Books, 1999.

LESSIG, Lawrence. *Code Version 2.0*. 2. ed. New York: Basic Books, 2006. *Versão Kindle.*

LESSIG, Lawrence. The constitution of code: limitations on choice-based critiques of cyberspace regulation. *CommLaw Conspectus*: Journal of Communications Law and Technology Policy, v. 5, n. 2, p. 181-192, 1997. Disponível em: https://scholarship.law.edu/cgi/viewcontent.cgi?article=1119&context=commlaw. Acesso em: 18 fev. 2025.

LÉVY, Pierre. *As tecnologias da inteligência*: o futuro do pensamento na era da informática. 2. ed. São Paulo: Editora 34, 2010.

LÉVY, Pierre. *Cibercultura*. Tradução de Carlos Irineu da Costa. São Paulo: Editora 34, 2008.

LIEBER, Eli et al. HIV/STD stigmatization fears as health-seeking barriers in China. *AIDS and Behavior*, [S.l], v. 10, n. 5, p. 463-471, 2006.

LIMA, Alvino. *Culpa e risco*. 2. ed. São Paulo: Revista dos Tribunais, 1998.

LIMA, Caio César Carvalho. Capítulo II – Do tratamento de dados pessoais. In: MALDONADO, Viviane Nóbrega; BLUM, Renato Opice (Coord.). *LGPD: Lei geral de proteção de dados*: manual de implementação. São Paulo: Thomson Reuters Brasil, 2019.

LIMA, Caio César Carvalho. Objeto, aplicação material e aplicação territorial. In: BLUM, Renato Opice; MALDONADO, Viviane Nóbrega (Coord.). *Comentários ao GDPR*: regulamento geral de proteção de dados da União Europeia. São Paulo: Thomson Reuters Brasil, 2018.

LIMA, Cíntia Rosa Pereira de. *A imprescindibilidade de uma entidade de garantia para a efetiva proteção dos dados pessoais no cenário futuro do Brasil*. 2015. 487f. Tese (Livre Docência em Direito Civil) – Faculdade de Direito de Ribeirão Preto, Universidade de São Paulo, Ribeirão Preto, 2015.

LIMA, Cíntia Rosa Pereira de. Agentes de Tratamento de Dados Pessoais (Controlador, Operador e Encarregado pelo Tratamento de Dados Pessoais. In: LIMA, Cíntia Rosa Pereira de (Coord.). *Comentários à lei geral de proteção de dados*: Lei 13.709/2018. São Paulo: Almedina, 2020.

LIMA, Cíntia Rosa Pereira de. *Autoridade Nacional de Proteção de Dados e a efetividade da Lei Geral de Proteção de Dados*: de acordo com a Lei Geral de Proteção de Dados (Lei 13.709/2018 e as alterações da Lei 13.853/2019), o Marco Civil da Internet (Lei 12.965/2014) e as sugestões de alteração do CDC (PL 3.514/2015). São Paulo: Almedina, 2020.

LIMA, Cíntia Rosa Pereira de. Capítulo 30 – As funções da autoridade nacional de proteção de dados e as sanções previstas na LGPD. *In:* FRANCOSKI, Denise de Souza Luiz; TASSO, Fernando Antonio (Coord.). *A Lei Geral de Proteção de Dados Pessoais*: Aspectos Práticos e Teóricos Relevantes no Setor Público e Privado. São Paulo: Revista dos Tribunais, 2021.

LIMA, Cíntia Rosa Pereira de. Contratos de adesão eletrônicos (*shrink-wrap* e *click-wrap*) e os termos de condições de uso (*browse-wrap*). In: LIMA, Cíntia Rosa Pereira de; NUNES, Lydia Neves Bastos Telles (Coord.). *Estudos avançados de direito digital*. Rio de Janeiro: Elsevier, 2014.

LIMA, Cíntia Rosa Pereira de. *Validade e obrigatoriedade dos contratos de adesão eletrônicos (shrink-wrap e click-wrap) e dos termos e condições de uso (browse-wrap)*: um estudo comparado entre Brasil e Canadá. 2009, 673f. Tese (Doutorado em Direito) – Faculdade de Direito, Universidade de São Paulo. São Paulo, 2009.

REFERÊNCIAS

LIMA, Cintia Rosa Pereira de; DE LUCCA, Newton. Polêmicas em torno da vigência da Lei Geral de Proteção de Dados. *Migalhas*. 11 de outubro de 2020. Disponível em: https://www.migalhas.com.br/coluna/migalhas-de-protecao-de-dados/331758/polemicas-em-torno-da-vigencia-da-lei-geral-de-protecao-de-dados. Acesso em: 18 fev. 2025.

LIMA, Cíntia Rosa Pereira de; PEROLI, Kelvin. *Direito digital*: compliance, regulação e governança. São Paulo: Quartier Latin, 2019.

LIMA, Cintia Rosa Pereira de; RAMIRO, Lívia Froner Moreno. Direitos do titular dos dados pessoais. In: LIMA, Cíntia Rosa Pereira de (Coord.). *Comentários à lei geral de proteção de dados*: Lei 13.709/2018. São Paulo: Almedina, 2020.

LIMBERGER, Têmis. A informática e a proteção à intimidade. *Revista de Direito Constitucional e Internacional,* São Paulo, v. 33, p. 110 – 124, out./dez. 2000.

LIMBERGER, Têmis. *Cibertransparência*: informação pública em rede – a virtualidade e suas repercussões na realidade. Porto Alegre: Livraria do Advogado, 2016.

LIMBERGER, Têmis. *Direito à intimidade na era da informática*: a necessidade de proteção dos dados pessoais. Porto Alegre: Livraria do Advogado, 2007.

LIMBERGER, Têmis. Lei Geral de Proteção de Dados (LGPD) e a Lei de Acesso à informação pública (LAI): um diálogo (im)possível? As influências do direito europeu. *Revista de Direito Administrativo*, Rio de Janeiro, v. 281, n. 1, p. 113-144, jan./abr. 2022.

LIMBERGER, Têmis. A proteção de dados do consumidor e a ANPD. In: MARQUES, Claudia Lima; MARTINS, Fernando Rodrigues; MARTINS, Guilherme Magalhães; BESSA, Leonardo Roscoe (Coord.). *5 anos de LGPD*: Estudos em Homenagem a Danilo Doneda. São Paulo: Thomson Reuters Brasil, 2023.

LIMBERGER, Têmis; TRONQUINI, Luiz Felipe Menezes. A transparência na concessão de incentivos tributários e a demonstração da renúncia de receita tributária: realidade, perspectivas e possibilidades. *Revista de Interesse Público*, Belo Horizonte, v. 22, n. 120, p. 02-20, 2020.

LIMBERGER, Têmis; SANTANNA, Gustavo da Silva. A (in)eficiência do Processo Judicial Eletrônico na sociedade da informação. *Revista Opinião Jurídica*, Fortaleza, v. 16, p. 130-155, 2018.

LIMBERGER, Têmis; SANTANNA, Gustavo da Silva. Administração Pública e(m) rede pós-pandemia: novos rumos. *Interesse Público*, Belo Horizonte, v. 24, p. 53-58, 2022.

LIMBERGER, Têmis; QUEVEDO, Marcelo. As transformações administrativas, políticas públicas e a execução do Orçamento Geral da União – A função econômica da Caixa Econômica Federal – CEF. Novos Estudos Jurídicos (Univali), Itajaí, v. 21, p. 1185-1221, 2016.

LINDSTROM, Martin. *Brandwashed*: o lado oculto do marketing. Controlamos o que compramos ou são as empresas que escolhem por nós? Tradução de Rosemarie Ziegelmaier. Rio de Janeiro: Alta Books, 2018.

LISSARDY, Gerardo. "'Despreparada para a era digital, a democracia está sendo destruída', afirma guru do 'big data'. *BBC Mundo*, [S. l.], 9 abr. 2017. Disponível em: https://www.bbc.com/portuguese/geral-39535650. Acesso em: 18 fev. 2025.

LOCHAGIN, Gabriel; MORAES, Emanuele Pezati Franco de; PEROLI, Kelvin. A Autoridade Nacional de Proteção de Dados como garantia institucional ao equilíbrio entre agentes econômicos e os titulares de dados pessoais. In: LIMA, Cíntia Rosa Pereira de (Coord.). *ANPD e LGPD*: desafios e perspectivas. São Paulo: Almedina, 2021.

LODGE, Martin; et all. *The problem-solving capacity of the modern state*: governance challenges and administrative capacities. New York: Oxford University Press, 2014.

LOHSSE, Sebastian. SCHULZE, Reiner. STAUDENMAYER, Dirk. Trading Data in the Digital Economy: legal concepts and tools. *In*: LOHSSE, Sebastian. SCHULZE, Reiner. STAUDENMAYER, Dirk (Ed.). *Trading Data in the Digital Economy*: legal concepts and tools: Münster Colloquia on EU Law and the Digital Economy III. Baden-Baden: Nomos, 2017.

LOIDEAIN, Nora Ni; ADAMS, Rachel. From Alexa to Siri and the GDPR: the gendering of virtual personal assistants and the role of data protection impact assessments. *Computer Law & Security Review*, Londres, v. 36, n. 105366, 2020.

LONGHI, Joao Victor Rozatti. Marco Civil da Internet no Brasil: breves considerações sobre seus fundamentos, princípios e análise crítica do regime de responsabilidade civil dos provedores. *In*: MARTINS, Guilherme Magalhaes; LONGHI, João Victor Rozatti (Coord.). *Direito digital*: direito privado e internet. 3. ed. Indaiatuba: Foco, 2020.

LOPES, Teresa Vale. Responsabilidade e governação das empresas no âmbito do novo Regulamento sobre a Proteção de Dados. *Anuário da Proteção de Dados*, Lisboa, pp. 45-69, 2018. Disponível em: http://cedis.fd.unl.pt/wp-content/uploads/2018/04/ANUARIO-2018-Eletronico.pdf. Acesso em: 18 fev. 2025.

LORENZETTI, Ricardo Luis. *Comércio eletrônico*. Tradução de Fabiano Menke. São Paulo: Revista dos Tribunais, 2004.

LORENZETTI, Ricardo Luis. *Fundamentos do direito privado*. Tradução de Vera Maria Jacob de Fradera. São Paulo: Revista dos Tribunais, 1998.

LORENZETTI, Ricardo Luis. *Teoria da decisão judicial*: fundamentos de direito. Tradução de Bruno Miragem; notas de Claudia Lima Marques. 2. ed. São Paulo: Revista dos Tribunais, 2010.

LOTUFO, Maria Alice Zaratin. Das pessoas naturais. In: LOTUFO, Renan; NANNI, Giovanni Ettore (Coord.). *Teoria geral do direito civil*. São Paulo: Atlas, 2008.

LUNDQVIST, Bjorn. Portability in Datasets under Intellectual Property, Competition Law, and Blockchain. *Stockholm University Research Paper No.* 62, 2018.

LYNSKEY, Orla. Deconstructing data protection: The "Added-Value" of a right to data protection in the EU Legal Order. *International and Comparative Law Quarterly*, Cambridge, n. 63, p. 569-597, jul. 2014.

LYNSKEY, Orla. *The foundations of EU Data Protection Law*. Oxford: Oxford University Press, 2015.

LYON, David. *Surveillance society*: monitoring everyday life. Buckingham: Open University Press, 2001.

LYRA, Ellen; GUEIROS, Pedro. Capítulo X: Disposições finais e transitórias. In: FEIGELSON, Bruno; SIQUEIRA, Antônio Henrique Albani (Coord.). *Comentários à Lei Geral de Proteção de Dados* [livro eletrônico]: Lei 13.709/2018. São Paulo: Thomson Reuters Brasil, 2020.

MACHADO, Diego; DONEDA, Danilo. Proteção de dados pessoais e criptografia: tecnologias criptográficas entre anonimização e pseudonimização de dados. *Revista dos Tribunais*, São Paulo, v. 998, Caderno Especial. p. 99-128, dez. 2018.

MACHADO, José Pedro. *Dicionário Etimológico da Língua Portuguesa*. 3. vol. Lisboa: Livros Horizonte, 2003.

MAGLIO, Marco *et al*. *Manuale di diritto alla protezione dei dati personali*. Santarcangelo di Romagna: Maggioli, 2019.

MAGRANI, Eduardo. *A internet das coisas*. Rio de Janeiro: FGV Direito Rio, 2018.

MAHMOUD-DAVIS, Sara A. Direct-to-Consumer Genetic Testing: Empowering EU Consumers and Giving Meaning to the Informed Consent Process within the IVDR and GDPR Frameworks. *Washington University Global Studies Law Review*, [S.l], v. 19, n. 1, p. 45, 2020.

REFERÊNCIAS

MALDONADO, Viviane Nóbrega. Direitos dos titulares de dados. In: BLUM, Renato Opice; MALDONADO, Viviane Nóbrega (Coord.). *Comentários ao GDPR*: regulamento geral de proteção de dados da União Europeia. São Paulo: Thomson Reuters Brasil, 2018.

MALGIERI, Gianclaudio, Trade Secrets v Personal Data: A Possible Solution for Balancing Rights. *International Data Privacy Law*, [S.l], v. 6, n. 2, p. 102-116, maio 2016.

MANCINI, Anna. *Justice et internet*: une philosophie du droit pour le monde virtuel. Paris: Buenos Books International, 2004. *Versão Kindle.*

MARANHÃO, Juliano; CAMPOS, Ricardo. A divisão informacional de poderes e o cadastro base do cidadão. *Jota*, 18 out. 2019. Disponível em: https://www.jota.info/opiniao-e-analise/artigos/a-divisao-informacional-de-poderes-e-o-cadastro-base-do-cidadao-18102019 Acesso em: 18 fev. 2025.

MARCHETTI, Anne M. *Beyond Sarbanes-Oxley compliance*: effective enterprise risk management. Nova Jersey: John Wiley & Sons, 2005.

MARTINS, Guilherme Magalhães. A Lei Geral de Proteção de Dados Pessoais (Lei 13.709/2018) e a Proteção dos Consumidores. In: MIRAGEM, Bruno; MARQUES, Claudia Lima; MAGALHÃES, Lucia Ancona (Coord.) *Direito do Consumidor*: 30 anos do CDC. Da consolidação como direito fundamental aos atuais desafios da sociedade. Rio de Janeiro: Forense, 2021.

MARTINS, Guilherme Magalhães. O direito ao esquecimento na Internet. *In*: MARTINS, Guilherme Magalhães; LONGHI, João Victor Rozatti (Coord.). *Direito digital*: direito privado e internet. 3. ed. Indaiatuba: Foco, 2020.

MARTINS, Guilherme Magalhães. *Responsabilidade civil por acidente de consumo na Internet.* 3.ed. São Paulo: Revista dos Tribunais, 2020.

MARTINS, Guilherme Magalhães. Responsabilidade civil, acidente de consumo e a proteção do titular de dados na Internet. In: FALEIROS JÚNIOR, José Luiz de Moura; LONGHI, João Victor Rozatti; GUGLIARA, Rodrigo (Coord.). *Proteção de dados pessoais na sociedade da informação;* entre dados e danos. Indaiatuba: Foco, 2021.

MARTINS, Guilherme Magalhães. Risco, solidariedade e responsabilidade civil. In: MARTINS, Guilherme Magalhães (Coord.). *Temas de responsabilidade civil.* Rio de Janeiro: Lumen Juris, 2012.

MARTINS, Guilherme Magalhães; BASAN, Arthur Pinheiro; FALEIROS JÚNIOR, José Luiz de Moura. A responsabilidade civil pela perturbação de sossego na internet. *Revista de Direito do Consumidor*, São Paulo, v. 128, p. 227-253, mar./abr. 2020.

MARTINS, Guilherme Magalhães; FALEIROS JÚNIOR, José Luiz de Moura. A anonimização de dados pessoais: consequências jurídicas do processo de reversão, a importância da entropia e sua tutela à luz da Lei Geral de Proteção de Dados. *In*: DE LUCCA, Newton; SIMÃO FILHO, Adalberto; LIMA, Cíntia Rosa Pereira de; MACIEL, Renata Mota (Coord.). *Direito & Internet IV*: sistema de proteção de dados pessoais. São Paulo: Quartier Latin, 2019.

MARTINS, Guilherme Magalhães; FALEIROS JÚNIOR, José Luiz de Moura. Compliance digital e responsabilidade civil na Lei Geral de Proteção de Dados. In: MARTINS, Guilherme Magalhães; ROSENVALD, Nelson (Coord.). *Responsabilidade civil e novas tecnologias.* Indaiatuba: Foco, 2020.

MARTINS, Guilherme Magalhães; FALEIROS JÚNIOR, José Luiz de Moura. O direito à portabilidade de dados pessoais e sua função na efetiva proteção às relações concorrenciais e de consumo. In: LÓSSIO, Claudio Joel Brito; NASCIMENTO, Luciano; TREMEL, Rosangela. (Org.). *Cibernética jurídica*: estudos sobre direito digital. Campina Grande: EDUEPB, 2020.

MARTINS, Guilherme Magalhães; FALEIROS JÚNIOR, José Luiz de Moura. Segurança, boas práticas, governança e compliance. In: LIMA, Cíntia Rosa Pereira de (Coord.). *Comentários à lei geral de proteção de dados:* Lei 13.709/2018. São Paulo: Almedina, 2020.

MARTINS, Guilherme Magalhães; LONGHI, João Victor Rozatti; FALEIROS, José Luiz de Moura Júnior. *Migalhas de Peso*. A pandemia da covid-19, o "profiling" e a Lei Geral de Proteção de Dados. 28 abr. 2020. Disponível em: https://www.migalhas.com.br/depeso/325618/a-pandemia-da-covid-19-o-profiling-e-a-lei-geral-de-protecao-de-dados. Acesso em: 18 fev. 2025.

MARTINS, Patrícia Helena; TOMÉ, Bruna; PEGAS, Carolina Vargas. Relações de consumo e as excludentes de responsabilidade civil na LGPD, *Consultor Jurídico*, 01 jun. 2021. Disponível em: https://www.conjur.com.br/2021-jun-01/opiniao-excludentes-responsabilidade-civil-lgpd. Acesso em: 18 fev. 2025.

MARTINS, Ricardo Marcondes. Lei geral de proteção de dados pessoais e direito administrativo: questões polêmicas. In: DAL POZZO, Augusto Neves; MARTINS, Ricardo Marcondes (Coord.). *LGPD e administração pública*: uma análise ampla dos impactos. São Paulo: Thomson-Reuters Brasil, 2020.

MARQUES, Claudia Lima. *Comentários ao Código de Defesa do Consumidor*. São Paulo: Revista dos Tribunais, 2003.

MARQUES, Claudia Lima. *Manual de direito do consumidor*. 2. ed. São Paulo: Revista dos Tribunais, 2009.

MARQUES, Claudia Lima. O diálogo das fontes como método da nova teoria geral do direito: um tributo a Erik Jayme. In.: MARQUES, Claudia Lima (Coord.) *Diálogo das fontes*: do conflito à coordenação de normas no direito brasileiro novo regime das relações contratuais. São Paulo: Revista dos Tribunais, 2012.

MARQUES, Claudia Lima; MIRAGEM, Bruno. *O novo direito privado e a proteção dos vulneráveis*. São Paulo: Revista dos Tribunais, 2012.

MARQUES, Claudia Lima; MIRAGEM, Bruno. *O novo direito privado e a proteção dos vulneráveis*. 2. ed. São Paulo: Revista dos Tribunais, 2014.

MARQUES, Claudia Lima; MARTINS, Fernando Rodrigues; MARTINS, Guilherme Magalhães; BESSA, Leonardo Roscoe (Coord.). *5 anos de LGPD*: Estudos em Homenagem a Danilo Doneda. São Paulo: Thomson Reuters Brasil, 2023.

MARQUES, Fernanda Mascarenhas. Cláusulas-padrão contratuais como autorizadoras para a Transferência Internacional de Dados: alternativas em caso de ausência de decisão de adequação. *Revista do Advogado*, São Paulo, n. 144, nov. 2019.

MARTÍNEZ GUTIÉRREZ, Rubén. *Administración Pública Electrónica*. Pamplona: Civitas, 2009.

MARTINS-COSTA, Judith. *A boa-fé no direito privado*: critérios para a sua aplicação. São Paulo: Saraiva Educação, 2018.

MARTINS-COSTA, Judith. O novo Código Civil brasileiro: em busca da "ética da situação". In: MARTINS-COSTA, Judith; BRANCO, Gerson Luiz Carlos. *Diretrizes Teóricas do Novo Código Civil Brasileiro*. São Paulo: Saraiva, 2002.

MATTIUZZO, Marcela; PONCE, Paula. O legítimo interesse e o teste da proporcionalidade: uma proposta interpretativa. *Internet & sociedade*, [S.l], v. 1, n. 2, p. 54-76, dez. 2020.

MATTLI, Walter; BÜTHE, Tim. Setting international standards: technological rationality or primacy of power? *World Politics*, [S.l], p. 1-42, 2003.

MATTLI, Walter; BÜTHE, Tim. Global private governance: Lessons from a national model of setting standards in accounting. *Law and Contemporary Problems*, [S.l], v. 68, n. 3/4, p. 225-262, 2005.

MATURANA, Humberto R.; VARELA, Francisco. *A árvore do conhecimento*. Tradução de Jonas Pereira dos Santos. Campinas: Editora Psy, 1995.

MEDEIROS JÚNIOR, Leonardo. *Processo estrutural consequencialista*. Rio de Janeiro: Lumen Juris, 2018.

REFERÊNCIAS

MEDEIROS NETO, Xisto Tiago de. *Dano moral coletivo*. 2. ed. São Paulo: LTr, 2007.

MEIRA, Silvio. *Chegou a hora das estratégias de informação*. Disponível em https://silvio.meira.com/silvio/chegou-a-hora-das-estrategias-de-informacao/. Acesso em: 18 fev. 2025.

MEIRELES, Rose Melo Vencelau. *Autonomia privada e dignidade humana*. Rio de janeiro: Renovar, 2009.

MELLO, Celso Antônio Bandeira de. *Curso de direito administrativo*. 20. ed. São Paulo: Malheiros, 2005.

MELLO, Celso Antônio Bandeira de. *Curso de direito administrativo*. 25. ed. São Paulo: Malheiros, 2008.

MELLO, Celso Antônio Bandeira de. *Curso de direito administrativo*. 28. ed. São Paulo: Malheiros, 2011.

MELLO, Celso Antônio Bandeira de. *Curso de direito administrativo*. 33. ed. São Paulo. Malheiros, 2016.

MELLO, Celso Antônio Bandeira de. *Discricionariedade e controle jurisdicional*. São Paulo: Malheiros, 2017.

MELLO, Marcos Bernardes de. Achegas para uma teoria das capacidades em direito. *Revista de Direito Privado*, São Paulo, v. 3, p. 9-34, jul. 2000.

MENDES, Laura Schertel. Autodeterminação informativa: a história de um conceito. *Pensar: Revista de Ciências Jurídicas*, Fortaleza, v. 25, n. 4, p. 1-18, out./dez. 2020.

MENDES, Laura Schertel. Autodeterminação informacional: origem e desenvolvimento conceitual na jurisprudência da corte constitucional alemã. In: VILLAS BÔAS CUEVA, Ricardo, DONEDA, Danilo, MENDES, Laura Schertel (Org.). *Lei Geral de Proteção de Dados (Lei 13.709/2018) – A caminho da efetividade*: contribuições para a implementação da LGPD. São Paulo: Thomson Reuters Brasil, 2020.

MENDES, Laura Schertel. Decisão histórica do STF reconhece direito fundamental à proteção de dados pessoais. *Jota*, 10 maio 2020. Disponível em: https://www.jota.info/opini ao-e-analise/artigos/decisao-historica-do-stf-reconhece-direito-fundamental-a-protecao-de-dados-pessoais-1005 2020. Acesso em: 18 fev. 2025.

MENDES, Laura Schertel. Habeas data e autodeterminação informativa: os dois lados da mesma moeda. *Direitos Fundamentais & Justiça*, Belo Horizonte, ano 12, n. 39, p. 185-216, jul./dez. 2018.

MENDES, Laura Schertel. *Privacidade, proteção de dados e defesa do consumidor*: linhas gerais de um novo direito fundamental. São Paulo: Saraiva, 2014.

MENDES, Laura Schertel. *Transparência e privacidade*: violação e proteção da informação pessoal na sociedade de consumo. 2008. 158 f. Dissertação (Mestrado em Direito) Faculdade de Direito da Universidade de Brasília, 2008.

MENDES, Laura Schertel; BIONI, Bruno Ricardo. O Regulamento Europeu de Proteção de Dados Pessoais e a Lei Geral de Proteção de Dados brasileira: Mapeando convergências na direção de um nível de equivalência. *Revista de Direito do Consumidor*, São Paulo, v. 124, jul./ago. 2019.

MENDES, Laura Schertel; DONEDA, Danilo. Comentário à nova Lei de Proteção de Dados (Lei 13.709/2018): o novo paradigma da proteção de dados no Brasil. *Revista de Direito do Consumidor*, São Paulo, v. 120, 2018.

MENDES, Laura Schertel; DONEDA, Danilo. Marco Jurídico para a Cidadania Digital: uma análise do Projeto de Lei 5.276 de 2016. *Revista de Direito Civil Contemporâneo*, São Paulo, v. 9, p. 35-48, out./dez. 2016.

MENDES, Laura Schertel; DONEDA, Danilo. Reflexões iniciais sobre a nova lei geral de proteção de dados. *Revista de Direito do Consumidor*, São Paulo, n. 120, p. 471, nov./dez. 2018.

MENDES, Laura Schertel; FONSECA, Gabriel Campos Soares da. Proteção de dados para além do consentimento: tendências de materialização. In: MENDES, Laura Schertel; DONEDA, Danilo;

SARLET, Ingo Wolfgang; RODRIGUES JR, Otavio Luiz; BIONI, Bruno (Coord.). *Tratado de proteção de dados pessoais*. Rio de Janeiro: Forense, 2021.

MENEZES, Joyceane Bezerra de; COLAÇO, Hian Silva. Quando a Lei Geral de Proteção de Dados não se aplica? In: TEPEDINO, Gustavo; FRAZÃO, Ana; OLIVA, Milena Donato (Coord.). *Lei Geral de Proteção de Dados Pessoais e suas repercussões no direito brasileiro*. São Paulo: Thomson Reuters Brasil, 2019.

MENKE, Fabiano. A alocação dos riscos na utilização da assinatura digital. *Migalhas de Responsabilidade Civil*, 02 jun. 2020. Disponível em: https://www.migalhas.com.br/coluna/migalhas-de-responsabilidade-civil/328076/a-alocacao-dos-riscos-na-utilizacao-da-assinatura-digital. Acesso em: 18 fev. 2025.

MENKE, Fabiano. A proteção de dados e o direito fundamental à garantia da confidencialidade e da integridade dos sistemas técnico-informacionais no direito alemão. *Revista Jurídica Luso-Brasileira*, Lisboa, ano 5, n. 1, p. 781-809, 2019.

MENKE, Fabiano. As origens alemãs e o significado da autodeterminação informativa. In: MENKE, Fabiano; DRESCH, Rafael de Freitas Valle (Coord.). *Lei Geral de Proteção de Dados*: aspectos relevantes. Indaiatuba: Foco, 2021.

MENKE, Fabiano. *Assinatura eletrônica no direito brasileiro*. São Paulo: Revista dos Tribunais, 2005.

MENKE, Fabiano; GOULART, Guilherme Damasio. Segurança da informação e vazamento de dados. In: MENDES, Laura Schertel; DONEDA, Danilo; SARLET, Ingo Wolfgang; RODRIGUES JR, Otavio Luiz; BIONI, Bruno (Coord.). *Tratado de proteção de dados pessoais*. Rio de Janeiro: Forense, 2021.

MESSINETTI, Raffaela. I Limiti e il contenuto della libertà di manifestazione del pensiero. *In*: BIANCA, Mirzia; GAMBINO, Alberto; MESSINETTI, Raffaela (a cura di). *Libertà di manifestazione del pensiero e diritti fondamentali*. Milão: Giuffrè, 2016.

MINISTÉRIO DA JUSTIÇA. Secretaria de Direito Econômico. Nota Técnica 107 2009/CGAJ/DPDC/SDR, 2009.

MINISTÉRIO PÚBLICO FEDERAL. *Nota técnica do grupo de apoio sobre criminalidade cibernética sobre a convenção do cibercrime (Convenção de Budapeste)*. Disponível em: http://www.mpf.mp.br/atuacao-tematica/ccr2/coordenacao/comissoes-e-grupos-de-trabalho/combate-crimes-cirberneticos/notas-tecnicas/nota_tecnica_convencao_budapeste.pdf. Acesso em: 18 fev. 2025.

MIR PUIGPELAT, Oriol. *Globalización, Estado y Derecho*. Las transformaciones recientes del Derecho Administrativo. Madrid: Thomson & Civitas, 2004.

MIRAGEM, Bruno. A Lei Geral de Proteção de Dados (Lei 13.709/2018) e o Direito do Consumidor. *Revista dos Tribunais*, São Paulo, v. 1009, p. 173-222, nov. 2019.

MIRAGEM, Bruno. A Lei Geral de Proteção de Dados (Lei 13.709/2018) e o direito do consumidor. In: MARTINS, Guilherme Magalhães; ROSENVALD, Nelson (Coord.). *Responsabilidade civil e novas tecnologias*. Indaiatuba: Foco, 2020.

MIRAGEM, Bruno. *Curso de Direito do Consumidor*. 3. ed. São Paulo: Revista dos Tribunais, 2012.

MIRAGEM, Bruno. *Curso de Direito do Consumidor*. 6. ed. São Paulo: Revista dos Tribunais, 2016.

MIRAGEM, Bruno. *Curso de direito do consumidor*. 8. ed. São Paulo: Thomson Reuters Brasil, 2019.

MIRAGEM, Bruno. *Direito administrativo aplicado*. A nova administração pública e o direito administrativo. 3. ed. São Paulo: Thomson Reuters Brasil, 2019.

MIRAGEM, Bruno. *Direito civil*: responsabilidade civil. São Paulo: Saraiva, 2015.

MIRAGEM, Bruno. *Teoria geral do direito civil*. Rio de Janeiro: Forense, 2021.

REFERÊNCIAS

MIRAGEM, Bruno; PETERSEN, Luiza. O contrato de seguro e a Lei Geral de Proteção de Dados. *Revista dos Tribunais*, São Paulo, v. 1018, ago. 2020, versão Revista dos Tribunais On-Line.

MIRANDA, Felipe Arady. *O direito fundamental ao livre desenvolvimento da personalidade*. Disponível em: https://www.cidp.pt/revistas/ridb/2013/10/2013_10_11175_11211.pdf. Acesso em: 18 fev. 2025.

MIRANDA, Jorge. A constituição e a responsabilidade civil do estado. *Revista Brasileira de Direito Constitucional*, São Paulo, v. 1, n. 1, p. 97-106, 2003.

MODENESI, Pedro. Contratos eletrônicos de consumo: aspectos doutrinário, legislativo e jurisprudencial. In: MARTINS, Guilherme Magalhães; LONGHI, João Victor Rozatti (Coord.). *Direito digital*: direito privado e Internet. 3. ed. Indaiatuba: Foco, 2020.

MODENESI, Pedro. *Privacy by design* e código digital: a tecnologia a favor de direitos e valores fundamentais. *In*: FALEIROS JÚNIOR, José Luiz de Moura; LONGHI, João Victor Rozatti; GUGLIARA, Rodrigo (Coord.). *Proteção de dados pessoais na sociedade da informação*: entre dados e danos. Indaiatuba: Foco, 2021.

MONCAU, Luiz Fernando Marrey. *Direito ao esquecimento* – entre a liberdade de expressão, a privacidade e a proteção de dados pessoais. São Paulo: Thomson Reuters Brasil, 2020.

MONTELEONE, Andrea Giulia. Il Diritto Alla Portabilità Dei Dati. Tra Diritti Della Persona e Diritti Del Mercato. *LUISS Law Review*, Roma, n. 2, p. 202-213, 2017.

MONTEROSSI, Michael W. Estrazione e (ri) utilizzo di informazioni digitali all'interno della rete Internet. Il fenomeno del c.d. web scraping. Il Diritto Dell'Unione Europea, [S.l], v. 36, n. 2, p. 327-369, out. 2020.

MORAES, Lauro Escorel de. O conceito interesse nacional e a responsabilidade de diplomacia brasileira. *Revista da Faculdade de Direito da Universidade de São Paulo*, São Paulo, v. 81, 1986. Disponível em: https://www.revistas.usp.br/rfdusp/article/view/67074. Acesso: 18 fev. 2025.

MORASSUTTI, Bruno Schimitt. *Responsabilidade civil, discriminação ilícita e algoritmos computacionais*: breve estudo sobre as práticas de geoblocking e geopricing. Revista de Direito do Consumidor, São Paulo, v. 124, ano 28, jul./ago. 2019.

MOREIRA, Rodrigo Pereira; ALVES, Rubens Valtecides. Direito ao esquecimento e o livre desenvolvimento da personalidade da pessoa transexual. *Revista de Direito Privado*, São Paulo, v. 64, p. 81-102, out./dez. 2015.

MOREIRA, Vital. *Auto-regulação profissional e administração pública*. Coimbra: Almedina, 1997.

MOREIRA NETO, Diogo de Figueiredo. *Direito Regulatório*. Rio de Janeiro: Renovar, 2003.

MOREIRA NETO, Diogo de Figueiredo. *Legitimidade e discricionariedade*: novas reflexões sobre os limites e controle da discricionariedade. 2. ed. Rio de Janeiro, 1998.

MOREIRA NETO, Diogo de Figueiredo. Novos institutos consensuais da ação administrativa. *Revista de Direito Administrativo*, Rio de Janeiro, v. 231, n. 1, p. 123-156, jan./mar. 2003

MOREIRA NETO, Diogo de Figueiredo. *Quatro paradigmas do direito administrativo pós-moderno*: legitimidade, finalidade, eficiência e resultados. Belo Horizonte: Fórum, 2008.

MORI, Alexandre; CARVALHO, Cedric Luiz. *Metadados no contexto da Web semântica*. Instituto de Informática, Universidade Federal de Goiás, 2004. Disponível em: http://ww2.inf.ufg.br/sites/default/files/uploads/relatorios-tecnicos/RT-INF_002-04.pdf Acesso em: 18 fev. 2025.

MOROZOV, Evgeny. *Big tech:* a ascensão dos dados e a morte da política. Trad. Claudio Marcondes. São Paulo: Ed. Ubu, 2018.

MOTTA, Fabricio; SANTOS, Marcela de Oliveira. Regulação do tratamento de dados pessoais no Brasil – o estado da arte. In: DAL POZZO, Augusto Neves; MARTINS, Ricardo Marcondes (Coord.). *LGPD e administração pública*: uma análise ampla dos impactos. São Paulo: Thomson-Reuters Brasil, 2020.

MULHOLLAND, Caitlin. A LGPD e o fundamento da responsabilidade civil dos agentes de tratamento de dados pessoais: culpa ou risco? *Migalhas de Responsabilidade Civil*, 30 jun. 2020. Disponível em: https://www.migalhas.com.br/coluna/migalhas-de-responsabilidade-civil/329909/a-lgpd-e-o-fundamento-da-responsabilidade-civil-dos-agentes-de-tratamento-de-dados-pessoais--culpa-ou-risco. Acesso em: 18 fev. 2025.

MULHOLLAND, Caitlin. Dados pessoais sensíveis e a tutela de direitos fundamentais: uma análise à luz da Lei Geral de Proteção de Dados (Lei 13.709/18). *Revista de Direitos e Garantias Fundamentais*, Vitória, v. 19, n. 3, p. 159-180, set./dez. 2018.

MULHOLLAND, Caitlin. Dados pessoais sensíveis e consentimento na Lei Geral de Proteção de Dados Pessoais. *Migalhas*, publicado em 22 de junho de 2020. Disponível em: https://migalhas.uol.com.br/coluna/migalhas-de-vulnerabilidade/329261/dados-pessoais-sensiveis-e-consentimento-na-lei-geral-de-protecao-de-dados-pessoais Acesso em: 18 fev. 2025.

MULHOLLAND, Caitlin. Dados pessoais sensíveis e consentimento na Lei geral de Proteção de Dados Pessoais. *Revista do Advogado*, São Paulo, n. 144, p. 47-53, nov. 2019.

MULHOLLAND, Caitlin. O tratamento de dados pessoais sensíveis. In: MULHOLLAND, Caitlin (Org.). *LGPD e o novo marco normativo no Brasil*. Porto Alegre: Arquipélago Editorial, 2020.

MULHOLLAND, Caitlin. Responsabilidade civil por danos causados pela violação de dados sensíveis e a Lei Geral de Proteção de Dados Pessoais. In: MARTINS, Guilherme Magalhães; ROSENVALD, Nelson (Coord.). *Responsabilidade civil e novas tecnologias*. Indaiatuba: Foco, 2020.

MULHOLLAND, Caitlin; FRAJHOF, Isabella Z. Inteligência Artificial e a Lei Geral de Proteção de Dados Pessoais: breves anotações sobre o direito à explicação frente à tomada de decisões por meio de machine learning. In: FRAZÃO, Ana; MULHOLLAND, Caitlin (Org.). *Inteligência Artificial e Direito*: Ética, Regulação e Responsabilidade. São Paulo: Thomson Reuters Brasil, 2019.

MULHOLLAND, Caitlin; KREMER, Bianca. Responsabilidade civil por danos causados pela violação do princípio da igualdade no tratamento de dados pessoais. In: TEPEDINO, Gustavo; SILVA, Rodrigo da Guia (Coord.). *O Direito Civil na era da inteligência artificial*. São Paulo: Revista dos Tribunais, 2020.

MULHOLLAND, Caitlin; MATERA, Vinicius. O tratamento de dados pessoais pelo Poder Público. In: MULHOLLAND, Caitlin (Org.). *A LGPD e o novo marco normativo no Brasil*. Porto Alegre: Arquipélago Editorial, 2020.

MUNANGA, Kabengele. *Negritude*: usos e sentidos. 4. ed. Belo Horizonte: Autêntica, 2019.

MUNANGA, Kabengele. *Rediscutindo a mestiçagem no Brasil:* identidade nacional versus identidade negra. 5. ed. Belo Horizonte: Autêntica, 2019.

MUNN, Robert Edward. *Environmental impact assessment*: principles and procedures. 2. ed. Chichester: Wiley, 1979.

MURRAY, Kyle; HÄUBL, Gerald. Explaining cognitive lock-in: the role of skill-based habits of use in consumer choice. *Journal of Consumer Research*, [S.l], v. 34, p. 1-12, jun. 2007.

NARAYANAN, Arvind; SHMATIKOV, Vitaly. *Robust de-anonymization of large sparse datasets*. Disponível em: www.cs.utexas.edu/~shmat/shmat_cacm10.pdf Acesso em: 18 fev. 2025.

NASCIMENTO, Valéria Ribas do. Direitos fundamentais da personalidade na era da sociedade da informação: transversalidade da tutela à privacidade. *Revista de Informação Legislativa*: RIL, Brasília, DF, v. 54, n. 213, p. 272, jan./mar. 2017.

REFERÊNCIAS

NAUGHTON, Jessie D.; VANABLE, Peter A. HIV stigmatization among healthcare providers: review of the evidence and implications for HIV care. *Stigma, discrimination and living with HIV/AIDS*, [S.l], p. 97-114, 2013.

NEGRI, Sergio Marcos Carvalho de Ávila; KORKMAZ, Maria Regina Rigolon. Autonomia privada, portabilidade de dados e planejamento sucessório. *In*: TEIXEIRA, Daniele Chaves (Coord.). *Arquitetura do planejamento sucessório* – Tomo II. Belo Horizonte: Fórum, 2021.

NEGRI, Sergio Marcos Carvalho de Ávila; KORKMAZ, Maria Regina Rigolon; FERNANDES, Elora. Portabilidade e proteção de dados pessoais: tensões entre pessoa e mercado. *Civilistica.com – Revista Eletrônica de Direito Civil*, Rio de Janeiro, v. 1, 2021.

NEVES, Rodrigo Santos. O direito à imagem como direito da personalidade. *Doutrinas Essenciais de Direito Constitucional*, São Paulo, v. 8, p. 545-562, ago. 2015.

NIEDERMEIER, Robert. MPAME, Mario Egbe. Processing personal data under article 6(f) of the GDPR: The concept of legitimate interest. *International Journal for the Data Protection Officer, Privacy Officer and Privacy Counsel*. 2019.

NISSENBAUM, Helen. *Privacy in context*: technology, policy, and the integrity of social life. Stanford: Stanford University Press, 2010.

NOBLE, Safiya Umoja. *Algorithms of oppression*: how search engines reinforce racism. New York: NYU, 2018.

NORA, Simon; MINC, Alain. *Informe Nora-Minc – La informatización de la sociedad*. Madrid: [S.n.], 1982 (Colección popular).

NORONHA, Carlos Silveira. Uma síntese dos direitos humanos da origem à pós modernidade. *Revista da Faculdade de Direito da Universidade Federal do Rio Grande do Sul*, Porto Alegre, v. 28, out. 2011.

NOTARIO, Nicolás *et al*. PRIPARE: integrating privacy best practices into a privacy engineering methodology. In: *2015 IEEE Security and Privacy Workshops*. IEEE, 2015.

O'NEIL, Cathy. *Weapons of Math Destruction*: How Big Data Increases Inequality and Threatens Democracy. New York: Crown Publishers, 2016.

OBSERVATÓRIO da Privacidade e da Proteção de Dados. Por que a transferência internacional de dados tem que ser segura? *Data Privacy BR*. 5 out. 2020. Disponível em: https://observatorioprivacidade. com.br/2020/10/05/por-que-a-transferencia-internacional-de-dados-tem-que-ser-segura/ Acesso em: 18 fev. 2025.

OFFICE OF FAIR TRADE. *Switching costs*. Londres: OFT, 2003.

OHM, Paul. Broken promises of privacy: responding to the surprising failure of anonymization. *UCLA Law Review*, Los Angeles, v. 57, p. 1701-1777, 2010.

OLIVA, Milena Donato; VIÉGAS, Francisco de Assis. Tratamento de dados para a concessão de crédito. In: TEPEDINO, Gustavo; FRAZÃO, Ana; OLIVA, Milena Donato (Coord.). *Lei Geral de Proteção de Dados Pessoais e suas repercussões no direito brasileiro*. São Paulo: Thomson Reuters Brasil, 2019.

OLIVEIRA, Caio César de. A Lei Geral de Proteção de Dados e um "Direito ao Esquecimento" no Brasil. In: MAGRANI, Eduardo; SILVA, Priscila; SOUZA, Carlos Affonso (Coord.). *Caderno Especial*: Lei Geral de Proteção de Dados (LGPD). São Paulo: Thomson Reuters Brasil, 2019.

OLIVEIRA, Gustavo Henrique Justino de. As audiências públicas e o processo administrativo brasileiro. *Revista de Informação Legislativa*, Brasília, v. 34, n. 135, p. 271-281, jul./set. 1997.

OLIVEIRA, Jordan Vinícius de; SILVA, Lorena Abbas. Cookies de navegador e história da internet: desafios à lei brasileira de proteção de dados pessoais. *Revista de Estudos Jurídicos UNESP*, Franca, a. 22, n. 36, 2018.

OLIVEIRA, Marco Aurélio Bellizze Oliveira, LOPES, Isabela Maria Pereira. Os princípios norteadores da proteção de dados pessoais no Brasil e sua otimização pela Lei 13.709/2018. In: TEPEDINO, Gustavo; FRAZÃO, Ana; OLIVA, Milena Donato (Coord.). *Lei geral de proteção de dados pessoais e suas repercussões no direito brasileiro*. São Paulo: Thomson Reuters Brasil, 2019.

OLIVEIRA, Ricardo Alexandre de. Lei geral de proteção de dados pessoais e seus impactos no ordenamento jurídico, *Revista dos Tribunais*, São Paulo, v. 998. p. 241-261, dez. 2018.

OLIVEIRA, Samanta. LGPD: as diferenças entre o privacy by design e o privacy by default. *Consumidor Moderno*. Disponível em: https://www.consumidormoderno.com.br/2019/05/27/lgpd-diferencas-privacy-design-privacy-default/. Acesso em: 18 fev. 2025.

OLIVEIRA JÚNIOR, José Alcebíades de. *Teoria jurídica e novos direitos*. Rio de Janeiro: Lumen Juris, 2000.

ORGANIZAÇÃO PARA A COOPERAÇÃO E DESENVOLVIMENTO ECONÔMICO. *Recommendation of the Council concerning Guidelines governing the Protection of Privacy and Transborder Flows of Personal Data*. 2013. Disponível em: https://www.oecd.org/sti/ieconomy/2013-oecd-privacy-guidelines.pdf. Acesso em: 18 fev. 2025.

ORGANIZAÇÃO PARA A COOPERAÇÃO E DESENVOLVIMENTO ECONÔMICO. *Good Practice Principles for Data Ethics in the Public Sector*, 2020. Disponível em: https://www.oecd.org/digital/digital-government/good-practice-principles-for-data-ethics-in-thepublic-sector.htm. Acesso: 18 fev. 2025.

ORGANISATION FOR ECONOMIC COOPERATION AND DEVELOPMENT (OECD). *Digitalisation and responsible business conduct*: stocktaking of policies and initiatives. Paris: OECD Publishing, 2020. Disponível em: https://mneguidelines.oecd.org/Digitalisation-and-responsible-business-conduct.pdf. Acesso em: 18 fev. 2025.

ORGANISATION FOR ECONOMIC COOPERATION AND DEVELOPMENT (OECD). *Regulatory Reform in Brazil*. Paris: OECD Publishing, 2022. https://www.oecd-ilibrary.org/governance/reforma-regulatoria-no-brasil_f7455d72-pt. Acesso em: 18 fev. 2025.

ORWELL, George. *Nineteen Eighty-four*. Londres: Penguin/Martin Secker & Warburg, 2008.

PAGALLO, Ugo. *La tutela della privacy negli Stati Uniti D'America e in Europa*: modelli giuridici a confronto. Milão: Giuffrè, 2008.

PALHARES, Felipe. As falácias do amanhã: A saga da entrada em vigor da LGPD. In: PALHARES, Felipe (Coord.). *Temas atuais de proteção de dados*. São Paulo: Thomson Reuters Brasil, 2020.

PALHARES, Felipe. O Relatório de Impacto à Proteção de Dados Pessoais In: BLUM, Renato Opice; MALDONADO, Viviane Nóbrega (Coord.). *LGPD*: Lei Geral de Proteção de Dados comentada. São Paulo: Thomson Reuters Brasil, 2019.

PALHARES, Felipe. Vantagem econômica no compartilhamento de dados de saúde: interpretação do artigo 11, § 4º, da LGPD. In: DALLARI, Analluza Bolivar; MONACO; Gustavo Ferraz de Campos (Coord.). *LGPD na saúde*. São Paulo: Revista dos Tribunais, 2021.

PALHARES, Felipe; PRADO, Luis; VIDIGAL, Paulo. *Compliance digital e LGPD*. São Paulo: Thomson Reuters Brasil, 2021.

PALMEIRA, Mariana de Moraes. A segurança e as boas práticas no tratamento de dados pessoais. In: MULHOLLAND, Caitlin. (org.). *A LGPD e o novo marco normativo no Brasil*. Porto Alegre: Arquipélago Editorial, 2020.

PALMEIRA, Mariana de Moraes. Mídia programática: não atire no mensageiro. *Jota*, 22 jun. 2020. Disponível em: . Acesso em: 18 fev. 2025.

PAPAZAFEIROPOULOU, Anastasia; SPANAKI, Konstantina. Understanding governance, risk and compliance information systems (GRC IS): The experts view. *Information Systems Frontiers*, jun.

REFERÊNCIAS

2015. Disponível em: https://www.researchgate.net/publication/286945691_Understanding_governance_risk_and_compliance_information_systems_GRC_IS_The_experts_view Acesso em: 18 fev. 2025.

PARGENDLER, Mariana. The corporate governance obsession. *The Journal of Corporation Law*, Iowa City, v. 42, n. 2, p. 359-402, 2016.

PARKER, Geoffrey; ALSTYNE, Marshall. Two-Sided Network Effects: A Theory of Information Product Design. *Management Science*, [S.l], v. 51, n. 10, p. 1494-1504, out. 2005.

PARLAMENTO EUROPEU. *Resolução do Parlamento Europeu, de 16 de fevereiro de 2017, que contém recomendações à Comissão sobre disposições de Direito Civil sobre Robótic* Disponível em: https://www.europarl.europa.eu/doceo/document/TA-8-2017-0051_PT.html. Acesso em: 18 fev. 2025.

PAPP, Marco Borges; OLIVEIRA, Cristina Godoy Bernardo de. A MP 1124 como amálgama para a adequação do Brasil aos parâmetros da OCDE e do GDPR. *Migalhas de Proteção de Dados*, 7 out. 2022. Disponível em: https://s.migalhas.com.br/S/4A83BD Acesso em: 18 fev. 2025.

PASQUALE, Frank. *The Black Box Society*: the secret algorithms that control money and information. Cambridge: Harvard University Press, 2015.

PEDROSA, Laurício Alves Carvalho. O discurso de ódio nas mídias digitais e os danos gerados pela violação às identidade culturais. In: EHRHARDT JR., Marcos (Coord.). *Vulnerabilidade e novas tecnologias*. Indaiatuba: Foco, 2023.

PEIRANO, Marta. *El enemigo conoce el sistema*: manipulación de datos, personas y influencias después de la Economia de la atención. Barcelona: Penguin Random House, 2019.

PELA, Juliana Krueger. The Brazilian Regulation of Trade Secrets. A proposal for its review. *Gewerblicher Rechtsschutz und Urheberrecht – Internationaler Teil*, [S.l], v. 6, p. 546-550, 2018.

PEREIRA, Ana Luíza Rodrigues Pereira, ANDREO, Lucas Zorzenoni, LIMA, Thainá Lopes Gomes. Geodiscriminação: análise à luz do caso decolar.com In: LONGHI, João Victor Rozatti; FALEIROS JÚNIOR, José Luiz de Moura; BORGES, Gabriel Oliveira de Aguiar; REIS, Guilherme. (Org.). *Fundamentos do Direito Digital*. Uberlândia: LAECC, 2020.

PEREIRA, Caio Mario da Silva. *Instituições de direito civil*: introdução ao direito civil. 20. ed. Rio de Janeiro: Forense, 2004, v. 1.

PEREIRA, Caio Mario da Silva. *Responsabilidade Civil*. 4. ed. Rio de Janeiro: Forense, 1993.

PÉREZ LUÑO, Antonio-Enrique. *Ciberciudadani@ o ciudadani@?* Barcelona: Gedisa, 2004.

PFEIFFER, Roberto Augusto Castellanos. A saga da Autoridade Nacional de Proteção de Dados: do veto à Lei n. 13.853/2019. *In:* DE LUCCA, Newton; SIMÃO FILHO, Adalberto; LIMA, Cíntia Rosa Pereira de; MACIEL, Renata Mota (Coord.). *Direito & Internet IV*: sistema de proteção de dados pessoais. São Paulo: Quartier Latin, 2019.

PIÑAR MAÑAS, José Luis et al. *El derecho a protección de datos em la jurisprudencia del Tribunal de Justicia de la Unión Europea*. Madrid: La Ley, 2018.

PIÑAR MAÑAS, José Luis. Transparencia y protección de datos. Una referencia de la Ley Española 19/2013 de transparencia, acceso a la información y buen gobierno. In: SARLET, Ingo Wolfgang et al (Coord.). *Acesso à informação como direito fundamental e dever estatal*. Porto Alegre: Livraria do Advogado, 2016.

PIÑAR MAÑAS, José Luis. *Administración Electrónica y Ciudadanos*. Pamplona: Civitas, 2011.

PIÑAR MAÑAS, José Luis et al. *El derecho a protección de datos em la jurisprudencia del Tribunal de Justicia de la Unión Europea*. Madrid: La Ley, 2018.

PINHEIRO, Alexandre Sousa; GONÇALVES, Carlos Jorge. Artigo 6º. *In*: PINHEIRO, Sousa Alexandre (Coord.). *Comentário ao Regulamento Geral de Proteção de Dados*. Coimbra: Almedina, 2018.

PINHEIRO, Patrícia Peck. *Proteção de dados pessoais*: comentários à Lei n. 13.709/18 (LGPD). São Paulo: Saraiva, 2018.

PINTO, Paulo Mota. O direito ao livre desenvolvimento da personalidade. *Boletim da Faculdade de Direito de Coimbra,* Portugal-Brasil Ano 2000, p. 149-246, 1999.

PIZZETTI, Franco. La Protezione dei dati personali e la sfida della'Intelligenza Artificiale. In: PIZZETTI, Franco (Org.). *Intelligenza Artificiale, Protezione dei Dati Personali e Regolazione*. Turim: G. Giappichelli, 2018.

PONCE, Paula Pedigoni, Direito à portabilidade de dados: entre a proteção de dados e a concorrência. *Revista de Defesa da Concorrência*, [S.l], v. 8, n. 1, p.134-176, jun. 2020.

PONTES DE MIRANDA, Francisco Cavalcanti. *Direito das obrigações*: fatos ilícitos absolutos. Coleção Tratado de Direito Privado: parte especial. Atualização de Rui Stoco. São Paulo: Revista dos Tribunais, 2012.

PONTES DE MIRANDA, Francisco Cavalcanti. *Tratado de Direito Privado*. Rio de Janeiro: Borsoi, 1955, t. V.

PONTES DE MIRANDA, Francisco Cavalcanti. *Tratado de Direito Privado*. Atualizado por Vilson Rodrigues Alves. São Paulo: Bookseller, 2008, t. 31.

PORTELA, Paulo Henrique Gonçalves. *Direito Internacional Público e Privado*. 3. ed. rev., atual., ampl. Salvador: Juspodivm, 2011.

PORTO, Antônio José Maristrello; GAROUPA, Nuno; GUERRA, Sérgio. Análise de Impacto Regulatório: Dimensões Econômicas de sua Aplicação. *Economic Analysis of Law Review*, [S.l], v. 10, n. 2, p. 173-190, 2019.

PSCHEIDT, Kristian Rodrigo. A relação entre a LGPD e a apuração da boa-fé contratual. *Consultor Jurídico*, 7 dez. 2020. Disponível em: https://www.conjur.com.br/2020-dez-07/pscheidt-relacao-entre-lgpd-boa-fe-contratual Acesso em: 18 fev. 2025.

PUCCINELLI, Oscar. El derecho a la portabilidade de los datos personales. Orígenes, sentido y alcances. *Pensamiento Constitucional*, [S.l], n. 22, p. 203-228, 2017.

PUENTE ESCOBAR, Agustín. Principios y licitud del tratamiento. In: RALLO LOMBARTE, Artemi (Dir.). *Tratado de Protección de Datos*. Valencia: Tirant lo Blanc, 2019.

PULVERIENTI, Orlando. *Derechos humanos e internet*. Buenos Aires: Errepar, 2013.

PUPP, Karin Anneliese. O direito de autodeterminação informacional e os bancos de dados dos consumidores: a Lei 12.414/2011 e a Bundesdatenschutzgesetz (BDSG) em um estudo de casos comparados sobre a configuração do dano indenizável nas Cortes de Justiça do Brasil e da Alemanha. *Revista de Direito do Consumidor*, São Paulo, v. 118, p. 247-278, jul./ago. 2018.

PUYOL MONTERO, Javier. Transparencia de la información y derecho de acceso de los interesados em la nueva normativa de protección de datos. In: RALLO LOMBARTE, Artemi (Dir.). *Tratado de Protección de Datos*. Valencia: Tirant lo Blanc, 2019.

QUEIROZ, Renata Capriolli Zocatelli. *Encarregado de proteção de dados pessoais – DPO*: regulamentação e responsabilidade civil. São Paulo: Quartier Latin, 2022.

QUEVEDO, Marcelo. *Transformações administrativas*: A Caixa Econômica Federal, a execução do Orçamento Geral da União e a efetividade das Política Públicas. Curitiba: Juruá, 2017.

REFERÊNCIAS

RAMS RAMOS, Leonor. Tratamiento y el acceso del público a los documentos oficiales. In: PINÃR MAÑAS, José Luis (Dir.). *Reglamento General de protección de datos*: hacia un nuevo modelo europeo de privacidad. Madrid: Reus, 2016.

RAO, Ashwini; PFEFFER, Juergen. Types of Privacy Expectations. *Frontiers in Big Data*, [S.l], v. 3, 2020. Disponível em: https://www.frontiersin.org/articles/10.3389/fdata.2020.00007/full. Acesso em: 18 fev. 2025.

REALE, Miguel. *Estudos preliminares do Código Civil*. São Paulo: Editora Revista dos Tribunais, 2003.

REALE, Miguel. Visão geral do Projeto de Código Civil. *Revista dos Tribunais*, São Paulo, n. 752, ano 87, jun. 1998.

REGIS, Erick da Silva. Linhas gerais sobre a Lei 13.709/2018 (LGPD): objetivos, fundamentos e axiologia da Lei Geral de Proteção de Dados brasileira e a tutela de personalidade/privacidade. *Revista de Direito Privado*, São Paulo, v. 103, p. 63-100, jan./fev. 2020.

REIDENBERG, Joel R. Lex informatica: the formulation of information policy rules through technology. *Texas Law Review*, Austin, v. 76, n. 3, pp. 553-584, 1998. Disponível em: http://zoomsea.com/lawcourse/internetprivacy/resources/assets/lex_informatica.pdf. Acesso em: 18 fev. 2025.

REINO UNIDO. *Data Mobility: the data portability growth opportunity for the UK economy*. Disponível em: https://www.ctrl-shift.co.uk/reports/DCMS_Ctrl-Shift_Data_mobility_report_full.pdf Acesso em: 18 fev. 2025.

REIS, Ana Carolina; GUIMARÃES, Camila de Araújo. Artigo 5.º. In: BLUM, Rento Opice; MORAES, Henrique Fabretti (coord.). *EU AI Act comentado artigo por artigo*. São Paulo: Thomson Reuters Brasil, 2024.

REQUIÃO, Maurício; PRAZERES, Gustavo Cunha. Natureza jurídica dos dados pessoais: entre as projeções existenciais e os direitos patrimoniais. In: EHRHARDT JÚNIOR, Marcos; CATALAN, Marcos (coord.). Dados pessoais e a proteção dos direitos da personalidade na era da inteligência artificial. Belo Horizonte: Fórum, 2025.

RESTREPO-AMARILES, David. From Computational Indicators to Law into Technologies: The Internet of Things, Data Analytics and Encoding in COVID-19 Contact Tracing Apps. *International Journal of Law in Context (Forthcoming)*, 2020. Disponível em: https://ssrn.com/abstract=3751126. Acesso em: 18 fev. 2025.

RESTREPO-AMARILES, David; TROUSSEL, Aurore Clemént; EL HAMDANI, Rajaa. Compliance Generation for Privacy Documents under GDPR: A Roadmap for Implementing Automation and Machine Learning. *arXiv e-prints*, p. arXiv: 2012.12718, 2020. Disponível em: https://arxiv.org/abs/2012.12718. Acesso em: 18 fev. 2025.

REUS, Jurre; BILDERBEEK, Nicole. Data portability in the EU: An obscure data subject right. *International Association of Privacy Professionals*, 2022. Disponível em: https://iapp.org/news/a/data-portability-in-the-eu-an-obscure-data-subject-right/. Acesso em: 18 fev. 2025.

RIBAS, Lidia Maria; GODOY, Zaida de Andrade Lopes. Governança regulatória: cooperação e parcerias para o desenvolvimento sustentável. In: POMPEU, Gina Vidal Marcílio; PINTO, Felipe Chiarello de Souza; CLARK, Giovani (Coord.). *Direito e Economia*. Florianópolis: FUNJAB 2013, p. 220-248. Disponível em: http://www.publicadireito.com.br/publicacao/uninove/livro.php?gt=82. Acesso em: 18 fev. 2025.

RIBEIRO, Renato Ventura. *Dever de diligência dos administradores de sociedades*. São Paulo: Quartier Latin, 2006.

RICCIO, Giovanni Maria. Data Protection Officer e altre figure. In: SICA, Salvatore; D'ANTONIO, Virgilio; RICCIO, Giovanni Maria (a cura di). *La Nuova Disciplina Europea della Privacy*. Padova: Cedam, Wolters Kluwer, 2016.

ROCHER, Luc; HENDRICKX, Julien M; MONTJOYE, Yves-Alexandre. Estimating the success of re-identifications incomplete datasets using generative models. *Nature Communications*, Nova York, v/ 10, art. 3069, 2019.

ROCKNESS, Howard; ROCKNESS, Joanne. Legislated Ethics: from Enron to Sarbanes-Oxley, the impact on Corporate America. *Journal of Business Ethics*, Cham, n. 57, p. 31-54, 2005.

RODOTÀ, Stefano. *A vida na sociedade da vigilância*: a privacidade hoje. Tradução de Danilo Doneda e Luciana Cabral Doneda. Rio de Janeiro: Renovar, 2008.

RODOTÀ, Stefano. *Elaboratori elettronici e controllo sociale*. Bologna: II Mulino, 1973.

RODOTÀ, Stefano. *Il diritto di avere diritti*. Roma/Bari: Laterza, 2012.

RODOTÀ, Stefano. *Il mondo nella rete*: quali i diritti, quali i vincoli. Roma/Bari: Laterza, 2014.

RODOTÀ, Stefano. *Il problema della responsabilità civile*. Milano: Giuffrè, 1966.

RODOTÀ, Stefano. Privacy e costruzione della sfera privata. Ipotesi e prospettive. *Politica del Diritto*, Bologna: Il Mulino, ano XXI, n. 1, pp. 544-545, 1991.

RODOTÀ, Stefano. Transformações do corpo. *Revista Trimestral de Direito Civil*, Rio de Janeiro, v. 19, n. 5, p. 91, 2004.

RODRIGUES, Alexandre; SANTOS, Priscilla. A ciência que faz você comprar mais. *Galileu*. out. 2012. Disponível em: http://revistagalileu.globo.com/Revista/Common/0,,EMI317687-17579,00-A+CIENCIA+QUE+FAZ+VOCE+COMPRAR+MAIS.html Acesso em: 18 fev. 2025.

RODRIGUES JR., Otávio Luiz. Esquecimento de um direito ou o preço da coerência retrospectiva? (Parte 1). *Consultor Jurídico*, 25 fev. 2021. Disponível em: https://www.conjur.com.br/2021-fev-25/direito-comparado-esquecimento-direito-ou-preco-coerencia-retrospectiva-parte. Acesso em: 18 fev. 2025.

RODRIGUEZ, Daniel Piñeiro. *O direito fundamental à proteção de dados*: vigilância, privacidade e regulação. Rio de Janeiro: Lumen Juris, 2021.

ROSENVALD, Nelson. A polissemia da responsabilidade civil na LGPD. *Migalhas de Proteção de Dados*, 06 nov. 2020. Disponível em: https://s.migalhas.com.br/S/928B53 Acesso em: 18 fev. 2025.

ROSENVALD, Nelson. *A responsabilidade civil pelo ilícito lucrativo*: o disgorgement e a indenização restitutória. Salvador: JusPodivm, 2019.

ROSENVALD, Nelson; BRAGA NETTO, Felipe. *Código Civil comentado*: artigo por artigo. 2. ed. Salvador: Juspodivm, 2021.

ROSENVALD, Nelson; FARIAS, Cristiano Chaves de; BRAGA NETTO, Felipe Peixoto. *Curso de direito civil*: responsabilidade civil. Salvador: Juspodvm, 2017, v. 3.

ROSSELLO, Carlo. Riflessioni. De Jure Condendo in materia di responsabilità del provider. *Il Diritto dell'Informazione e Dell'Informatica*, Roma, v. 26, n. 6, p. 617-629, nov./dez. 2010.

ROTHBARTH, Renata. Monetização de dados de saúde à luz da LGPD: interpretação do artigo 11, §3º. In: DALLARI, Analluza Bolivar; MONACO; Gustavo Ferraz de Campos (Coord.). *LGPD na saúde*. São Paulo: Revista dos Tribunais, 2021.

ROUVROY, Antoinette; POULLET, Yves. The right to informational self-determination and the value of self-development: reassessing the importance of privacy for democracy. In: GUTWIRTH, Serge; POULLET, Yves; DE HERT, Paul; DE TERWANGNE, Cécile; NOUWT, Sjaak (Ed.). *Reinventing data protection?* Cham: Springer, 2009.

RUIZ, Evandro Eduardo Seron. Anonimização, Pseudonimização e Desanonimização de Dados Pessoais. In: LIMA, Cíntia Rosa Pereira de (Coord.). *Comentários à lei geral de proteção de dados*: Lei 13.709/2018. São Paulo: Almedina, 2020.

REFERÊNCIAS

RUIZ, Isabela; BUCCI, Maria Paula Dallari. Quadro de problemas de políticas públicas: uma ferramenta para análise jurídico-institucional. *REI – Revista Estudos Institucionais*, Rio de Janeiro, v. 5, n. 3, p. 1142-1167, 2019.

RYAN, Paul; CRANE, Martin; BRENNAN, Rob. Design Challenges for GDPR RegTech. *arXiv preprint arXiv:2005.12138*, 2020. Disponível em: https://arxiv.org/abs/2005.12138. Acesso em: 18 fev. 2025.

SALINAS, Natasha Schmitt Caccia. A Intervenção do Congresso Nacional na Autonomia das Agências Reguladoras. *REI – Revista Estudos Institucionais*, Rio de Janeiro, v. 5, n. 2, p. 586-614, 2019.

SALINAS, Natasha Schmitt Caccia. *Avaliação Legislativa no Brasil*: um estudo de caso sobre as normas de controle das transferências voluntárias de recursos públicos para entidades do terceiro setor. 2008. 256 f. Dissertação de Mestrado. Universidade de São Paulo, São Paulo, 2008.

SANSEVERINO, Paulo de Tarso Vieira. *Responsabilidade civil no código do consumidor e a defesa do fornecedor*. São Paulo: Editora Saraiva, 2000.

SANTA CATARINA. Tribunal de Justiça do Estado de Santa Catarina. *Política de Privacidade e Proteção de Dados Pessoais para navegação no site do PJSC*. Disponível em: https://www.tjsc.jus.br/web/ouvidoria/lei-geral-de-protecao-de-dados-pessoais/politica-de-privacidade-e-protecao-de-dados-pessoais. Acesso em: 18 fev. 2025.

SANTAELLA, Lucia. *Linguagens líquidas na era da mobilidade*. São Paulo: Paulus, 2011.

SARLET, Ingo Wolfgang. *A eficácia dos direitos fundamentais*: uma teoria geral dos direitos fundamentais na perspectiva constitucional. Porto Alegre: Livraria do Advogado, 2015.

SARLET, Ingo Wolfgang. Fundamentos Constitucionais: o direito fundamental à proteção de dados In: MENDES, Laura Schertel; DONEDA, Danilo; SARLET, Ingo Wolfgang; RODRIGUES JR, Otavio Luiz; BIONI, Bruno (Coord.). *Tratado de proteção de dados pessoais*. 2. reimpr. Rio de Janeiro: Forense, 2021.

SARLET, Ingo Wolfgang. O direito fundamental à proteção de dados. In: MENDES, Laura Schertel; DONEDA, Danilo; SARLET, Ingo Wolfgang; RODRIGUES JR., Otavio Luiz; BIONI, Bruno Ricardo (Coord.). *Tratado de proteção de dados pessoais*. Rio de Janeiro: Forense, 2020.

SARLET, Ingo Wolfgang. Proteção de dados pessoais como direito fundamental na Constituição Federal Brasileira de 1988: contributo para a construção de uma dogmática constitucionalmente adequada. *Direitos Fundamentais & Justiça*, Belo Horizonte, ano 14, n. 42, p. 179-218, jan./jun. 2020.

SARTORI, Régis Rogério Vicente; BIALLE, Letycia. O instituto da Recomendação. *Revista Jurídica do Ministério Público do Paraná*, Curitiba, n. 5, p. 329-371, dez. 2016.

SCHREIBER, Anderson. Direito ao esquecimento e proteção de dados pessoais na Lei 13.709/2019: distinções e potenciais convergências. In: TEPEDINO, Gustavo; FRAZÃO, Ana; OLIVA, Milena Donato. (Coord.). *Lei Geral de Proteção de Dados e suas repercussões no Direito Brasileiro*. São Paulo: Thomson Reuters Brasil, 2019.

SCHREIBER, Anderson. *Novos paradigmas da responsabilidade civil*: Da erosão dos filtros da reparação à diluição dos danos. 2. ed. São Paulo: Atlas, 2009.

SCHREIBER, Anderson. *Novos paradigmas da responsabilidade civil*: Da erosão dos filtros da reparação à diluição dos danos. 5. ed. São Paulo: Atlas 2013.

SCHREIBER, Anderson. Responsabilidade civil da Lei Geral de Proteção de Dados Pessoais. In: MENDES, Laura Schertel; DONEDA, Danilo; SARLET, Ingo Wolfgang; RODRIGUES JR., Otavio Luiz; BIONI, Bruno (Coord.). *Tratado de proteção de dados pessoais*. Rio de Janeiro: Forense, 2021.

SCHREIBER, Anderson; TARTUCE, Flávio; SIMÃO, Fernando; MELO, Marco Aurélio Bezerra de; DELGADO, Mário Luiz. *Código Civil Comentado*. 2. ed. Rio de Janeiro: Forense, 2020.

SCHULMAN, Gabriel; PEREIRA, Paula Moura. Futuro da saúde e saúde do futuro: impactos e limites reais da inteligência artificial. In: TEPEDINO, Gustavo; SILVA, Rodrigo da Guia (Coord.). *O Direito Civil na era da inteligência artificial*. São Paulo: Thomson Reuters Brasil, 2020.

SCHWAB, Klaus. *A quarta revolução industrial*. Tradução de Daniel Moreira Miranda. São Paulo: Edipro, 2016.

SCOTT, Colin. Analysing regulatory space: fragmented resources and institutional design. *Public Law*, [S.l], p. 283-305, 2001.

SIEGEL, Eric. *Análise preditiva*: o poder de prever quem vai clicar, comprar, mentir ou morrer. Tradução de Wendy Campos. Rio de Janeiro: Alta Books, 2017.

SILVA, José Afonso da. *Comentário Contextual à Constituição*. 3. ed. São Paulo: Malheiros, 2007.

SILVA, José Afonso da. *Curso de direito constitucional positivo*. São Paulo: Malheiros, 2007.

SILVA, Natália Balbino. O que esperar do contencioso de dados. In: PALHARES, Felipe (Coord.) *Temas atuais de proteção de dados*. São Paulo: Revista dos Tribunais, 2020, *E-book*.

SILVESTRE, Hugo Consciência. *A (nova) governança pública*. Brasília: ENAP, 2019.

SIMÃO, José Fernando. *Responsabilidade civil do incapaz*. São Paulo: Atlas, 2008.

SIMÃO FILHO, Adalberto. A governança corporativa aplicada às boas práticas e compliance na segurança de dados. In: LIMA, Cíntia Rosa Pereira de (Coord.). *Comentários à lei geral de proteção de dados*: Lei 13.709/2018. São Paulo: Almedina, 2020.

SIMITIS, Spiros. Die informationelle Selbstbestimmung – Grundbedingung einer verfassungskonformen Informationsordnung. *Neue Juristische Wochenschrift*, 8. München: C.H. Beck, 1984.

SIMITIS, Spiros. Reviewing privacy in an information society. *University of Pennsylvania Law Review*, Filadélfia, v. 135, n. 3, p. 707, pp. 737-738, 1987. Disponível em: https://scholarship.law.upenn.edu/cgi/viewcontent.cgi?article=3952&context=penn_law_review. Acesso em: 18 fev. 2025.

SIMPLY. Big Techs: o que são e seu impacto no mercado financeiro. Disponível em: https://blog.simply.com.br/big-techs-o-que-sao-e-seu-impacto-no-mercado-financeiro/. Acesso em: 18 fev. 2025.

SINGAPURA. Comissão de Proteção de Dados Pessoais. *Response to Feedback on the Public Consultation on Proposed Data Portability and Data Innovation Provisions*. Disponível em: https://www.pdpc.gov.sg/Legislation-and-Guidelines/Public-Consultations. Acesso em: 18 fev. 2025.

SOARES, Flaviana Rampazzo. Consentimento no direito da saúde nos contextos de atendimento médico e de LGPD: diferenças, semelhanças e consequências no âmbito dos defeitos e da responsabilidade. *Revista IBERC*, Belo Horizonte, v. 4, n. 2, p. 18-46, maio/ago. 2021.

SOLOVE, Daniel J. *The Digital Person*. Technology and Privacy in the Information Age. Nova York: New York University Press, 2004.

SOLOVE, Daniel J.; SCHWARTZ, Paul M. *Information privacy law*. Washington: Wolters Kluwer, 2015.

SOMBRA, Thiago Luís Santos. *Fundamentos da regulação da privacidade e proteção de dados pessoais*. São Paulo: Thomson Reuters, 2019.

SOUSA, Fábio Torres. O poder judiciário e os 25 anos do CDC: Construção da efetividade da lei e novas perspectivas. In: MIRAGEM, Bruno; MARQUES, Claudia Lima; OLIVEIRA, Amanda Flávio (Coord.). *25 Anos do Código de Defesa do Consumidor*: Trajetórias e perspectivas. São Paulo: Revista dos Tribunais, 2016.

SOUTO, Marcos Juruena Villela. Audiência pública e regulação. *Revista de Direito da Procuradoria Geral*, Rio de Janeiro, Edição Especial, p. 298-322, 2012.

REFERÊNCIAS

SOUTO, Marcos Juruena Villela. *Direito administrativo regulatório*. Rio de Janeiro: Lumen Juris, 2005.

SOUZA, Carlos Affonso Pereira de. Eles sabem quem é você? Entenda o monitoramento de celulares na quarentena. Disponível em: https://tecfront. blogosfera.uol.com.br/2020/04/17/eles-sabem-quem-e-voce-entenda-o-monitoramento-de-celulares-na-quarentena/. Acesso em: 18 fev. 2025.

SOUZA, Carlos Affonso Pereira de. Segurança e sigilo dos dados pessoais: primeiras impressões à luz da Lei 13.709/2018. In: TEPEDINO, Gustavo; FRAZÃO, Ana; OLIVA, Milena Donato (Coord.). *Lei Geral de Proteção de Dados e suas repercussões no direito brasileiro*. 2. ed. São Paulo: Thomson Reuters Brasil, 2020.

SOUZA, Carlos Affonso; PERRONE, Christian; MAGRANI, Eduardo. O direito à explicação entre a experiência europeia e a sua positivação na LGPD. In: MENDES, Laura Schertel; DONEDA, Danilo; SARLET, Ingo Wolfgang; RODRIGUES JR, Otavio Luiz; BIONI, Bruno (Coord.). *Tratado de Proteção de Dados Pessoais*. Rio de Janeiro: Forense, 2021.

SOUZA, Eduardo Nunes de; SILVA, Rodrigo da Guia. Direitos do titular de dados pessoais na Lei 13.709/2018: uma abordagem sistemática. In: TEPEDINO, Gustavo; FRAZÃO, Ana; OLIVA, Milena Donato (Coord.). *Lei Geral de Proteção de Dados Pessoais e suas repercussões no Direito Brasileiro*. São Paulo: Revista dos Tribunais, 2019.

SOUZA, Matheus Silveira de; BUCCI, Maria Paula Dallari. O estado da arte da abordagem direito e políticas públicas em âmbito internacional: primeiras aproximações. *REI – Revista Estudos Institucionais*, Rio de Janeiro, v. 5, n. 3, p. 833-855, 2019.

STANZIONE, Maria Gabriella. Il Regolamento Europeo sulla Privacy: origini e ambito di applicazione. *Europa e Diritto Privato*, [S.l], n. 4, p. 1249-1264, 2016.

STIFTUNG DATENSCHUTZ. *Practical Implementation of the Right to Data Portability*. Disponível em: https://stiftungdatenschutz.org/fileadmin/Redaktion/Datenportabilitaet/studie-datenportabilitaet.pdf Acesso em: 18 fev. 2025.

SUNSTEIN, Cass R. Nudging: Um Guia (Muito) Resumido. *REI – Revista Estudos Institucionais*, Rio de Janeiro, v. 3, n. 2, p. 1023-1034/1035-1044, 2017.

SWINHOE, Dan. EU Courts invalidates Privacy Shield data transfer agrément. *CSO US*. 16 jul. 2020. Disponível em: https://www.csoonline.com/article/3567061/eu-court-invalidates-privacy-shield-data-transfer-agreement.html Acesso em: 18 fev. 2025.

SWIRE, Peter. The Portability and Other Required Transfers Impact Assessment: Assessing Competition, Privacy, Cybersecurity, and Other Considerations, 2020. *Georgia Tech Scheller College of Business Research Paper No. 3689171*. Disponível em: https://ssrn.com/abstract=3689171. Acesso em: 18 fev. 2025.

SWIRE, Peter; LAGOS, Yianni. Why the right to data portability likely reduces consumer welfare: antitrust and privacy critique. *Maryland Law Review*, Baltimore, v. 72, n. 335, p. 335-380, maio 2013.

SYNCHRONICITY. *SynchroniCity Guidebook*. Disponível em: https://synchronicity-iot.eu/wp-content/uploads/2020/01/SynchroniCity-guidebook.pdf Acesso em: 18 fev. 2025.

TABORDA, Máren. IV Congresso Mundial de Justiça Constitucional, Auditório do MP/RS, Porto Alegre, FMP, 28 a 30 de agosto de 2019, "no prelo".

TÁCITO, Caio. Transformações do direito administrativo. *Revista de Direito Administrativo*, Rio de Janeiro, v. 242, pp. 151-158, 2005.

TAMBOSI, Paulo. *Responsabilidade civil pelo tratamento de dados pessoais conforma a Lei Geral de Proteção de Dados: subjetiva ou objetiva*? Trabalho de Conclusão de Curso, Universidade Federal de Santa Catarina, Graduação em Direito, Florianópolis, 2021.

COMENTÁRIOS À LEI GERAL DE PROTEÇÃO DE DADOS PESSOAIS (LEI 13.709/2018)

TAMÒ-LARRIEUX, Aurelia. *Designing for Privacy and its Legal Framework*: Data Protection by Design and Default for the Internet of Things. Cham: Springer, 2018.

TASSO, Fernando. A responsabilidade civil na Lei Geral de Proteção de Dados e sua interface com o Código Civil e o Código de Defesa do Consumidor, *Cadernos Jurídicos da Escola Paulista de Magistratura*, São Paulo, ano 21, n. 53, jan./mar. 2020.

TEFFÉ, Chiara Spadaccini de. A saúde na sociedade da vigilância: como proteger os dados sensíveis? *Migalhas*. Publicado em: 14 abr. 2020. Disponível em: https://www.migalhas.com.br/coluna/migalhas-de-vulnerabilidade/324485/a-saude-na-sociedade-da-vigilancia-como-proteger-os-dados-sensiveis. Acesso em: 18 fev. 2025.

TEFFÉ, Chiara Spadaccini de. Como tratar dados pessoais sensíveis? Cinco recomendações que você precisa saber. *ITS Rio*, 2021. Disponível em: https://itsrio.org/pt/artigos/5-recomendacoes-para-tratar-dados-sensiveis-que-voce-precisa-saber/. Acesso em: 18 fev. 2025.

TEFFÉ, Chiara Spadaccini de. Compliance de dados em tecnologias de segurança e vigilância. In: FRAZÃO, Ana; CUEVA, Ricardo Villas Bôas (Coord.). *Compliance e políticas de proteção de dados*. São Paulo: Thomson Reuters Brasil, 2021.

TEFFÉ, Chiara Spadaccini de. *Dados pessoais sensíveis*: qualificação, tratamento e boas práticas. Indaiatuba: Foco, 2022.

TEFFÉ, Chiara Spadaccini de. Dados sensíveis de crianças e adolescentes. In: TEIXEIRA, Ana Carolina Brochado; FALEIROS JÚNIOR, José Luiz de Moura; DENSA, Roberta (Coord.). *Infância, adolescência e tecnologia*: o Estatuto da Criança e do Adolescente na sociedade da informação. Indaiatuba: Foco, 2022.

TEFFÉ, Chiara Spadaccini de. LGPD em programas de compliance: vantagem competitiva e aderência às práticas ESG. *Jota*, 10 jun. 2023. Disponível em: https://www.jota.info/opiniao-e-analise/artigos/lgpd-em-programas-de-compliance-vantagem-competitiva-e-aderencia-as-praticas-esg-10062021 Acesso em: 18 fev. 2025.

TEFFÉ, Chiara Spadaccini de. Proteção de dados pessoais na Rede: resenha à obra "A internet das coisas", de Eduardo Magrani. *Civilistica.com*. Rio de Janeiro, a. 7, n. 1, 2018. Disponível em: http://civilistica.com/protecao-de-dados-pessoais-na-rede/ Acesso em: 18 fev. 2025.

TEFFÉ, Chiara Spadaccini de; CEIA, Eleonora. M. Facial recognition and public security in the city of Rio de Janeiro: a critical analysis in the perspective of federative competences and fundamental rights. *Ius Publicum Network Review*, [S.l], 2021.

TEFFÉ, Chiara Spadaccini de; GUEIROS, Pedro Teixeira. A revogação do consentimento pelo titular de dados na LGPD. In: FRANCOSKI, Denise de Souza Luiz; TEIVE, Marcello Muller (Coord.). *LGPD*: direitos dos titulares. Belo Horizonte: Fórum, 2023.

TEFFÉ, Chiara Spadaccini de; MAGRANI, Eduardo; STEIBEL, Fabro. Juguetes conectados y tutela de la privacidad de niños y adolescentes: explorando beneficios y desafíos. In: GARAVAGLIA, Lionel Ricardo Brossi; ROJAS, Tomás Dodds; PASSERON, Ezequiel (Org.). *Inteligencia artificial y bienestar de las juventudes en América Latina*. Santiago: LOM ediciones, 2019, v. 1.

TEFFÉ, Chiara Spadaccini de; MEDON, Filipe. Responsabilidade civil e regulação de novas tecnologias: questões acerca de inteligência artificial na tomada de decisões empresariais. *REI – Revista Estudos Institucionais*, Rio de Janeiro, v. 6, n. 1, p. 301-333, 2020.

TEFFÉ, Chiara Spadaccini de; TEPEDINO, Gustavo. Consentimento de dados pessoais na LGPD. In: TEPEDINO, Gustavo; FRAZÃO, Ana; OLIVA, Milena Donato (Coord.). *Lei geral de proteção de dados pessoais e suas repercussões no direito brasileiro*. 2. ed. São Paulo: Thomson Reuters Brasil, 2020.

REFERÊNCIAS

TEFFÉ, Chiara Spadaccini de; VIOLA, Mario. Tratamento de dados pessoais na LGPD: estudo sobre as bases legais. *Civilistica.com*. Rio de Janeiro, a. 9, n. 1, 2020. Disponível em: http://civilistica.com/tratamento-de-dados-pessoais-na-lgpd/ Acesso em: 18 fev. 2025.

TEFFÉ, Chiara Spadaccini de; VIOLA, Mario. Tratamento de dados pessoais na LGPD: estudo sobre as bases legais dos artigos 7º e 11. In: DONEDA, Danilo; SARLET, Ingo Wolfgang; SCHERTEL, Laura; RODRIGUES JUNIOR, Otavio Luiz (Coord.); BIONI, Bruno (Org.). *Tratado de Proteção de Dados Pessoais*. 2. ed. Rio de Janeiro: Editora Forense, 2023.

TEIXEIRA, Tarcísio; ARMELIN, Ruth Maria Guerreiro da Fonseca. *Lei geral de proteção de dados*: comentada artigo por artigo. Salvador: Juspodivm, 2020.

TELLES, Camilla. Experiência do usuário (user experience) e legal design. In: FALEIROS JÚNIOR, José Luiz de Moura; CALAZA, Tales (Coord.). *Legal design*: teoria e prática. Indaiatuba: Foco, 2021.

TEPEDINO, Gustavo. Normas constitucionais e direito civil na construção unitária do ordenamento. In: SOUZA NETO, Cláudio Pereira; SARMENTO, Daniel (Orgs.). *A constitucionalização do direito*: fundamentos teóricos e aplicações específicas. Rio de Janeiro: Lumen Juris, 2007.

TEPEDINO, Gustavo; KONDER, Carlos Nelson; BANDEIRA, Paula Grego. *Fundamentos do Direito Civil*: Contratos. Rio de Janeiro: Forense, 2020.

TEPEDINO, Gustavo; SILVA, Rodrigo da Guia. Desafios da inteligência artificial em matéria de responsabilidade civil. *Revista Brasileira de Direito Civil – RBDCivil*, Belo Horizonte, v. 21, jul./set. 2019, p. 61-86.

TEPEDINO, Gustavo; TEFFÉ, Chiara Spadaccini de. Consentimento e proteção de dados pessoais na LGPD. In: TEPEDINO, Gustavo; FRAZÃO, Ana; OLIVA, Milena Donato (Coord.). *Lei Geral de Proteção de Dados e suas repercussões no direito brasileiro*. 2. ed. São Paulo: Thomson Reuters Brasil, 2020.

TEPEDINO, Gustavo; TEFFÉ, Chiara Spadaccini de. O consentimento na circulação de dados pessoais. *Revista Brasileira de Direito Civil – RBDCivil*, Belo Horizonte, v. 25, p. 83-116, jul./set. 2020.

THALER, Richard H. *Misbehaving*: The making of behavioral economics. New York: WW Norton, 2015.

THALER, Richard H.; SUNSTEIN, Cass R. *Nudge*: Improving decisions about health, wealth, and happiness. Penguin, 2009.

THE ECONOMIST. The world's most valuable resource is no longer oil, but data. 06 maio 2017. Disponível em: https://www.economist.com/leaders/2017/05/06/the-worlds-most-valuable-resource-is-no-longer-oil-but-data. Acesso em: 18 fev. 2025.

THE NEW YORK TIMES. *Google's Sundar Pichai: privacy should not be a luxury good*. Disponível em: https://www.nytimes.com/2019/05/07/opinion/google-sundar-pichai-privacy.html. Acesso em: 18 fev. 2025.

THIERER, Adam. *Kids. Privacy, Free Speech and the Internet*: Finding the right balance. Disponível em http://ssrn.com/abstract=1909261 Acesso em: 18 fev. 2025.

TIBÚRCIO, Carmen; BARROSO, Luis Roberto. *Direito Constitucional Internacional*. Rio de Janeiro: Renovar, 2003.

TOMASEVICIUS FILHO, Eduardo. Finalmente entrou em vigor a LGPD! *Revista Consultor Jurídico*, São Paulo, 3 de agosto de 2021. Disponível em: https://www.conjur.com.br/2021-ago-03/tomasevicius-filho-finalmente-entrou-vigor-lgpd Acesso em: 18 fev. 2025.

TOMASEVICIUS FILHO, Eduardo. *O princípio da boa-fé no direito civil*. São Paulo: Almedina, 2020.

TRINDADE, Antonio Augusto Cançado. *Tratado de direito internacional dos direitos humanos*. Porto Alegre: Fabris, 2003. v. 3.

COMENTÁRIOS À LEI GERAL DE PROTEÇÃO DE DADOS PESSOAIS (LEI 13.709/2018)

TSORMPATZOUDI, Pagona; BERENDT, Bettina; COUDERT, Fanny. Privacy by design: from research and policy to practice – the challenge of multi-disciplinarity. *Annual Privacy Forum*. Springer, Cham, 2015.

TWINING, William. *General jurisprudence*: understanding law from a global perspective. Cambridge: Cambridge University Press, 2009.

UNIÃO EUROPEIA. 2003/490/CE: Decisão da Comissão, de 30 de Junho de 2003, nos termos da Diretiva 95/46/CE do Parlamento Europeu e do Conselho relativa à adequação do nível de proteção de dados pessoais na Argentina (Texto relevante para efeitos do EEE). Jornal Oficial L 168 de 05.07.2003 p. 0019 – 0022. Disponível em: https://eur-lex.europa.eu/legal-content/ES/TXT/?uri=CELEX%3A32003D0490. Acesso em: 18 fev. 2025.

UNIÃO EUROPEIA. Carta dos Direitos Fundamentais da União Europeia. Jornal Oficial das Comunidades Europeias, 18 fev. 2000. Disponível em: https://www.europarl.europa.eu/charter/pdf/text_pt.pdf. Acesso em: 18 fev. 2025.

UNIÃO EUROPEIA. Directive 95/46/EC of the European Parliament and of the Council of 24 October 1995 on the protection of individuals with regard to the processing of personal data and on the free movement of such data Official Journal L 281, 23/11/1995 P. 0031 – 0050. Disponível em: https://eur-lex.europa.eu/legal-content/EN/TXT/HTML/?uri=CELEX:31995L0046&from=pt,. Acesso em: 18 fev. 2025.

UNIÃO EUROPEIA. *Regulamento n.º 2016/679, de 27 de abril de 2016*. Regulamento Geral Sobre A Proteção de Dados. 2016. Disponível em: https://eur-lex.europa.eu/legal-content/PT/TXT/PDF/?uri=CELEX:32016R0679&from=PT. Acesso em: 18 fev. 2025.

UNIÃO EUROPEIA. *Inteligência artificial para a Europa*. Disponível em: https://ec.europa.eu/transparency/regdoc/rep/1/2018/PT/COM-2018-237-F1-PT-MAIN-PART-1.PDF. Acesso em: 18 fev. 2025.

UNIÃO EUROPÉIA. *Parecer 8/2014 sobre os recentes desenvolvimentos na internet das coisas*. Adotado em 16 de setembro de 2014. Disponível em: https://www.gpdp.gov.mo/uploadfile/2016/0831/20160831044137578.pdf. Acesso em: 18 fev. 2025.

UNIÃO EUROPEIA. *Regime relativo aos aspetos éticos da inteligência artificial, da robótica e das tecnologias conexas*. Disponível em: https://www.europarl.europa.eu/doceo/document/TA-9-2020-0275_PT.html. Acesso em: 18 fev. 2025.

UNIÃO EUROPÉIA. *Regulamento (UE) 2016/679 do Parlamento Europeu e do Conselho de 27 de abril de 2016*. Disponível em: https://eur-lex.europa.eu/legal-content/PT/TXT/HTML/?uri=CELEX:32016R0679&from=PT. Acesso em: 18 fev. 2025.

UNIÃO EUROPEIA. *Regulation (EU) 2024/1689*. Official Journal of the European Union. Disponível em: https://eur-lex.europa.eu/eli/reg/2024/1689/oj/eng. Acesso em: 18 fev. 2025.

USTARAN, Eduardo. *European Data Protection Law and Practice*. Portsmouth: IAPP Publications, 2018.

VAIDHYANATHAN, Siva. *The googlization of everything*: and why we should worry. Berkeley: University California Press. 2012.

VAINZOF, Rony. Capítulo I: disposições preliminares. *In*: MALDONADO, Viviane Nóbrega; OPICE BLUM, Renato (Coord.). *LGPD*: Lei Geral de Proteção de Dados comentada. 2. ed. São Paulo: Thomson Reuters Brasil, 2019.

VAINZOF, Rony. Dados pessoais, tratamento e princípios. In: BLUM, Renato Opice; MALDONADO, Viviane Nóbrega (Coord.). *Comentários ao GDPR*: regulamento geral de proteção de dados da União Europeia. São Paulo: Thomson Reuters Brasil, 2018.

REFERÊNCIAS

VAINZOF, Rony. Disposições preliminares. In: BLUM, Renato Opice; MALDONADO, Viviane Nóbrega (Coord.). *LGPD*: Lei Geral de Proteção de Dados comentada. São Paulo: Thomson Reuters Brasil, 2019.

VAN CREVELD, Martin L. *Ascensão e declínio do Estado*. Tradução de Jussara Simões. São Paulo: Martins Fontes, 2004.

VARON, Joana. Entrevista II. *Panorama Setorial da Internet*, v. 11, n. 2, p. 12-14, 2019. Privacidade e dados pessoais. Disponível em: https://www.cetic.br/media/docs/publicacoes/6/15122520190717-panorama_setorial_ano-xi_n_2_privacidade_e_dados_pessoais.pdf Acesso em: 18 fev. 2025.

VENOSA, Silvio de Salvo. A responsabilidade objetiva no novo Código Civil, *Migalhas de Peso*, 08 de janeiro, 2003. Disponível em: https://www.migalhas.com.br/depeso/916/a-responsabilidade-objetiva-no-novo-codigo-civil. Acesso em: 18 fev. 2025.

VENOSA, Silvio de Salvo. *Direito civil*: parte geral. 15. ed. São Paulo: Atlas, 2010.

VENTURI, Thais Goveia Pascoaloto, *Responsabilidade Civil Preventiva*. São Paulo: Malheiros, 2014

VICENTE, Anamaria de Almeida. Lei Geral Proteção de Dados Pessoais e atividades do setor da saúde. *Consultor Jurídico*, 12 nov. 2019. Disponível em: https://www.conjur.com.br/2019-nov-12/lei-geral-protecao-dados-pessoais-atividades-setor-saude Acesso em: 18 fev. 2025.

VIEIRA, Elba Lúcia de Carvalho. A proteção de dados desde a concepção (by design) e por padrão (by default). In: MALDONADO, Viviane Nóbrega (Coord.). *LGPD: Lei Geral de Proteção de Dados Pessoais: manual de implementação*. São Paulo: Thomson Reuters Brasil, 2019.

VILLANI, Mônica; GUGLIARA, Rodrigo; COPPOLA JÚNIOR, Ruy. Aplicação do legal design como ferramenta essencial do compliance de proteção de dados. In: FALEIROS JÚNIOR, José Luiz de Moura; CALAZA, Tales (Coord.). *Legal design*: teoria e prática. Indaiatuba: Foco, 2021.

VILLAVERDE MENÉZES, Ignácio. *Estado democrático e información*: El derecho a ser informado y La Constitución Española de 1978. Junta General del Principado de Asturias: Oviedo, 1994.

VIOLA, Mario. *Transferência de dados entre Europa e Brasil*: análise da adequação da legislação brasileira. Parceria ITS Rio e Great for Partership–Britain & Northern Ireland. Rev. SILVA, Priscilla; PERRONE, Christian; CARNEIRO, Giovana. Nov. 2019, p. 3. Disponível em: https://itsrio.org/wp-content/uploads/2019/12/Relatorio_UK_Azul_INTERACTIVE_Justificado.pdf. Acesso em: 18 fev. 2025.

VILLANI, Cédric. *For a Meaningful Artificial Intelligence*. Disponível em: https://www.aiforhumanity.fr/pdfs/MissionVillani_Report_ENG-VF.pdf. Acesso em: 18 fev. 2025.

VINEY, Geneviève. *Droit Civil*. Introduction à la responsabilité. 2. ed. Paris: LGDJ, 1995.

VINEY, Geneviève; JOURDAIN, Patrice. *Traité de droit civil*. Les effets de la responsabilité. 2. ed. Paris: LGDJ, 2001.

VIOLA, Mario; HERINGER, Leonardo. A Portabilidade na Lei Geral de Proteção de Dados. Rio de Janeiro: ITS, 2020. Disponível em: https://itsrio.org/wp-content/uploads/2020/10/A-Portabilidade-na-LGPD.pdf Acesso em: 18 fev. 2025.

VIOLA, Mario; HERINGER, Leonardo. Um Olhar Internacional: Lei Geral de Proteção de Dados Pessoais (LGPD) e o General Data Protection Regulation (GDPR), Adequação e Transferência Internacional de Dados. In: SOUZA, Carlos Affonso; MAGRANI, Eduardo; SILVA, Priscilla (Coord.). *Caderno Especial*: Lei Geral de Proteção de Dados (PGPD). São Paulo: Revista dos Tribunais, 2019.

VIVARELLI, Angela. *Il Consenso al trattamento dei dati personali nell'era digitale*: Sfide tecnologiche e soluzioni giuridiche. Il Foro Napoletano, Quaderni, 33. Napoli: Edizioni Scientifiche Italiane, 2019.

VOIGT, Paul; VON DEM BUSSCHE, Axel. *The EU General Data Protection Regulation (GDPR)*: A Practical Guide. Cham: Springer, 2017.

VRABEC, Helena. *Unfolding the New-Born Right to Data Portability: Four Gateways to Data Subject Control*. Disponível em: https://ssrn.com/abstract=3176820. Acesso em: 18 fev. 2025.

WACHTER, Sandra; MITTELSTADT, Brent, A Right to Reasonable Inferences: Re-Thinking Data Protection Law in the Age of Big Data and AI. *Columbia Business Law Review*, Nova York, n. 494, 2019.

WANG, Henry; YANG, Bill. Fixed and sunk costs revisited. *Journal of Economic Education*, [S.l], v. 32, n. 2, p. 178-185, 2001.

WANG, Yilun; KOSINSKI, Michal. Deep neural networks are more accurate than humans at detecting sexual orientation from facial images. *Journal of Personality and Social Psychology*, Stanford, v. 114, n. 2, p. 246-257, fev. 2018. Disponível em: psyarxiv.com/hv28a Acesso: 18 fev. 2025.

WARREN, Samuel; BRANDEIS, Louis. The right to privacy. *Harvard Law Review*, Cambridge, v. 4, n. 5, dec. 1890. Disponível em: https://www.jstor.org/stable/1321160. Acesso em: 18 fev. 2025.

WATANABE, Kazuo. *Da Cognição no Processo Civil*. 3. ed. São Paulo: Perfil, 2005.

WERMUTH, Maiquel Angelo Dezordi; CARDIN, Valéria Silva Galdino; MAZARO, Juliana Luiza. Tecnologias de controle e dados sensíveis: Como fica a proteção da sexualidade na lei geral de proteção de dados pessoais? *Revista Jurídica Luso-Brasileira*, Lisboa, Ano 8, n. 3, 2022.

WERNER, Patricia Ulson Pizarro. A abordagem de direito e políticas públicas como ferramenta de aprimoramento das instituições jurídicas: qualidade organizacional, sistematização de dados e fomento das relações interinstitucionais. *REI – Revista Estudos Institucionais*, Rio de Janeiro, v. 5, n. 3, p. 926-941, 2019.

WESTIN, Alan. *Information Technology in a Democracy*. Cambridge: Harvard University Press, 1971.

WESTIN, Alan. *Privacy and freedom*. New York: IG, 2015.

WESTIN, Alan; BAKER, Michael. *Databanks in a free society*. Nova York: Quadrangle Books, 1972.

WIMMER, Miriam. Interfaces entre proteção de dados pessoais e segurança da informação: um debate sobre a relação entre Direito e tecnologia. *In*: DONEDA, Danilo; MENDES, Laura Schertel; CUEVA, Ricardo Villas Bôas (Coord.). *Lei geral de proteção de dados (Lei n. 13.709/2018)*: a caminho da efetividade: contribuições para a implementação da LGPD. São Paulo: Thomson Reuters Brasil, 2020.

WIMMER, Miriam. O regime jurídico do tratamento de dados pessoais pelo poder público. In: MENDES, Laura Schertel; DONEDA, Danilo; SARLET, Ingo Wolfgang; RODRIGUES JR., Otavio Luiz (Coord.); BIONI, Bruno Ricardo (Org.). *Tratado de Proteção de dados pessoais*. Rio de Janeiro: Forense, 2021. E-book.

WORKING PARTY. *Guidelines on Automated individual decision-making and Profiling for the purposes of Regulation 2016/679*. Disponível em https://ec.europa.eu/newsroom/article29/item-detail.cfm?item_id=612053 Acesso em: 18 fev. 2025.

WORLD BANK. *Worldwide Governance Indicators*. Disponível em: https://info.worldbank.org/governance/wgi/. Acesso em: 18 fev. 2025.

YEUNG, Karen. Algorithmic regulation: a critical interrogation. *Regulation & Governance*, Nova Jersey, v. 12, n. 4, p. 505-523, 2018.

YEUNG, Karen. Algorithmic regulation and intelligent enforcement. *LSE CARR Workshop: 'Regulation Scholarship in Crisis'*, p. 50-62, 2016.

YEUNG, Karen. 'Hypernudge': Big Data as a mode of regulation by design. *Information, Communication & Society*, [S.l], v. 20, n. 1, p. 118-136, 2017.

YEUNG, Karen; LODGE, Martin (Ed.). *Algorithmic regulation*. Oxford: Oxford University Press, 2019.

REFERÊNCIAS

YOO, Christopher. When antitrust met Facebook. *George Mason Law Review*, Arlington, v. 19, n. 5, p. 1147-1162, 2012.

YOSIFON, David. Consumer lock-in and the theory of the firm. *Seattle University Law Review*, Seattle, v. 35:1429, p. 1430-1467, 2012.

ZANATTA, Rafael A. F. Perfilização, Discriminação e Direitos: do Código de Defesa do Consumidor à Lei Geral de Proteção de Dados. *ResearchGate*. fev. 2019. Disponível em: https://bit.ly/3hQe5wM. Acesso em: 18 fev. 2025.

ZANATTA, Rafael A. F.; SOUZA, Michel R. O. A tutela coletiva em proteção de dados pessoais: tendências e desafios. In: DE LUCCA, Newton; SIMÃO FILHO, Adalberto; LIMA, Cíntia Rosa Pereira de; MACIEL, Renata Mota (Coord.). *Direito & Internet IV*: sistema de proteção de dados pessoais. São Paulo: Quartier Latin, 2019.

ZANFIR, Gabriela. The right to data portability in the context of the EU data protection reform. *International Data Privacy Law*, Oxford, v. 2, n. 3, p. 1-14, 2012.

ZENKNER, Marcelo. Sistemas públicos de integridade: evolução e modernização da Administração Pública brasileira. ZENKNER, Marcelo; CASTRO, Rodrigo Pironti Aguirre de (Coord.). *Compliance no setor público*. Belo Horizonte: Fórum, 2020.

ZENO-ZENCOVICH, Vincenzo. La 'Comunione' di dati personali. Un contributo al Sistema dei Diritti della Personalità. *Il Diritto dell'Informazione e Dell'Informatica*, Roma, Ano XXV, n. 1, p. 5-22, jan.-fev. 2009.

ZUBOFF, Shoshana. *The age of surveillance capitalism*: the fight for a human future at the new frontier of power. New York: PublicAffairs, 2018.

ZUBOFF, Shoshana. *The age of surveillance capitalism*: the fight for a human future at the new frontier of power. Londres: Profile Books, 2019.

JURISPRUDÊNCIA BRASILEIRA

STF, ADI 8.815/DF, Tribunal Pleno, Rel. Min. Cármen Lúcia, j. 10.06.2015, DJe 10.06.2015.

STF, ADI 1.642-3 MG, TP, Rel. Min. Eros Grau, j. 03.04.2008, DJe 19.09.2008.

STF, ADI 1.949, TP, Rel. Min. Dias Toffoli, j. 17.09.2014, Dje 13.11.2014.

STF, *ADI 6.387/DF-MC*, Tribunal Pleno, Rel. Min. Rosa Weber, j. 24.04.2020, DJe 27.04.2020.

STF, *ADI 6.649/DF*, Tribunal Pleno, Rel. Min. Gilmar Mendes, j. 23.09.2022, DJe 19.06.2023.

STF, AI 550.530-AgR, Rel. Min. Joaquim Barbosa, j. 26.06.2012, Segunda Turma, DJe 16.08.2012.

STF, AI 734.487-AgR, Rel. Min. Ellen Gracie, j. 03.08.2010, Segunda Turma, DJe de 20.08.2010.

STF, ARE 652777, TP, Rel. Teori Zavascki, j. 23.04.2015, DJe 1º.07.2015.

STF, RE 101.126/RJ, TP, Rel. Min. Moreira Alves, j. 24.10.1984, DJe 1º.03.1985.

STF, RE 219.900 AgR, T1, Rel. Min. Ellen Gracie, j. 04.06.2004, DJ 16.08.2002.

STF, RE 201.819. Rel. Min. Ellen Gracie, DJ 27.10.2006.

STF, RE 271.286-AgR, Rel. Min. Celso de Mello, j. 12.09.2000, Segunda Turma, DJ de 24.11.2000.

STF, RE 436.996-AgR, Rel. Min. Celso de Mello, j. 22.11.2005, Segunda Turma, DJ de 03.02.2006.

STF, RE 511.961/SP, Tribunal Pleno, Rel. Min. Gilmar Mendes, j. 17.06.2009, DJe 17.06.2009.

COMENTÁRIOS À LEI GERAL DE PROTEÇÃO DE DADOS PESSOAIS (LEI 13.709/2018)

STF, RE 1.010.606/RJ, Rel. Min. Dias Toffoli, j. 04.02.2021.

STF, RE 1.055.941/SP, Rel. Min. Dias Toffoli, j. 28.11.2019, DJe 11.12.2019.

STF. ADI 2.714/DF. Rel. Min. Maurício Corrêa, DJ 03.03.2003, DJ 27.02.2004.

STF. Parecer da AGU na ADI 3.074/DF.

STF. Voto do Ministro Gilmar Mendes no Rext n. 466.343/SP. rel. Ministro Cezar Peluso, DJ 05.06.2009.

STJ, REsp. 1.095.271/RS, T4, Rel. Min. Felipe Salomão, j. 07.02.2013, DJe 05.03.2013.

STJ. REsp 1.784.264/SP. T2. Rel.: Min. Herman Benjamin, j. 25.06.2018; Dje 20.08.2018.

STJ, REsp 2.115.461/SP, T3, Rel. Min. Nancy Andrighi, j. 08.10.2024, Dje 14.10.2024.

STJ, Resp 2.147.374/SP, T3, Rel. Min. Ricardo Villas Bôas Cueva, j. 03.12.2024, DJe 06.12.2024.

STJ, AREsp 1.330.025- PE, Min. Og Fernandes, DJE, 18.12.2018.

STJ. AREsp 254.219/MG. rel. Ministro Benedito Gonçalves, DJ 07.12.2012.

STJ, AREso 2.130.619/SP. Rel. Min. Francisco Falcão, j. 07.03.2023.

STJ. Recurso Especial 1.266. Relator: Ministro Carlos Madeira, RTJ n. 124.

STJ. Recurso Especial 1.492. Rel.: Min. Octavio Gallotti, RTJ n. 127.

STJ. Recurso Especial 1.133. Rel.: Min. Aldir Passarinho, RTJ n. 113.

STJ. Recurso Especial 2.130.619/SP, Segunda Turma, Min. Rel. Francisco Falcão, j. 07.03.2023.

TJPR, 9ª Câmara Cível, Apelação Cível n. 1727103-5, Rel. Des. Domingos José Perfetto, j. 30.11.2017, DJ 23.01.2018.

TJRS, Mandado de Segurança Cível 70082840042, Tribunal Pleno, Relator: Luiz Felipe Brasil Santos, Redator: Vanderlei Teresinha Tremeia Kubiak, j. em: 17.02.2020.

TJRS, 12ª. Câmara Cível, Apelação Cível 70083485789, Rel. Des. Ana Lúcia Carvalho Pinto Vieira Rebout, j. 10.06.2020.

TJSP. 34ª Câmara de Direito Privado, Apelação Cível 1000407-06.2021.8.26.0405; Rel. Des. Soares Levada. j. 16/08/2021.

TJSP. 36ª Câmara de Direito Privado, Apelação Cível 1025180-52.2020.8.26.0405; Rel. Des. Arantes Theodoro. j. 26.08.2021.

TRF1. AI 0031982-42.2015.4.01.0000. Rel. Des. Federal Maria do Carmo Cardoso, em 22.05.2017.

JURISPRUDÊNCIA EUROPEIA

Acórdão de 4 de maio de 2017, Rīgas satiksme, C-13/16, EU:C:2017:336, n. 30.

Acórdão de 11 de dezembro de 2019, TK v Asociația de Proprietari bloc M5A-ScaraA., C-708/18, ECLI:EU:C:2019:1064.